The ICS Ancient Chinese Text Concordance Series

# 先秦兩漢古籍逐字索引叢刊

# 吳越春秋逐字索引

# A CONCORDANCE TO THE WUYUECHUNQIU

香港中文大學中國文化研究所
先秦兩漢古籍逐字索引叢刊

叢刊主編：劉殿爵　　　陳方正
計劃主任：何志華
系統主任：何國杰
程式助理：梁偉明
資料處理：黃祿添　　　洪瑞強
研究助理：陳麗珠
顧　　問：張雙慶　　　黃坤堯　　　朱國藩
版本顧問：沈　津
程式顧問：何玉成　　　梁光漢

本《逐字索引》乃據「先秦兩漢一切傳世文獻電腦化資料庫」編纂而成，而資
料庫之建立，有賴香港大學及理工撥款委員會資助，謹此致謝。

CUHK.ICS.
The Ancient Chinese Texts Concordance Series

SERIES EDITORS             D.C. Lau            Chen Fong Ching
PROJECT DIRECTOR           Ho Che Wah
COMPUTER PROJECTS OFFICER  Ho Kwok Kit
PROGRAMMING ASSISTANT      Leung Wai Ming
DATA PROCESSING            Wong Luk Tim        Hung Sui Keung
RESEARCH ASSISTANT         Uppathamchat Nimitra
CONSULTANTS                Chang Song Hing     Wong Kuan Io     Chu Kwok Fan
TEXT CONSULTANT            Shum Chun
PROGRAMMING CONSULTANTS    Ho Yuk Shing        Leung Kwong Han

THIS CONCORDANCE IS COMPILED FROM THE ANCIENT CHINESE TEXTS DATABASE,
WHICH IS ESTABLISHED WITH A RESEARCH AWARD FROM THE UNIVERSITY AND
POLYTECHNIC GRANTS COMMITTEE OF HONG KONG, FOR WHICH WE WISH TO
ACKNOWLEDGE OUR GRATITUDE.

---

吳越春秋逐字索引

編　　輯：劉殿爵
執行編輯：何志華
研究助理：陳麗珠
校　　對：陳建樑　　　羅福祥　　　姚道生
　　　　　葉　勇　　　胡家和
系統設計：何國杰
程式助理：梁偉明


The Concordance to the Wuyuechunqiu

EDITOR                  D.C. Lau
EXECUTIVE EDITOR        Ho Che Wah
RESEARCH ASSISTANT      Uppathamchat Nimitra
PROOF-READERS           Chan Kin Leung      Lo Fuk Cheung     Yiu To Sang
                        Yip Yung            Hu Ka Wo
SYSTEM DESIGN           Ho Kwok Kit
PROGRAMMING ASSISTANT   Leung Wai Ming

香港中文大學中國文化研究所

The Chinese University of Hong Kong
Institute of Chinese Studies

The ICS Ancient Chinese Text Concordance Series

# 先秦兩漢古籍逐字索引叢刊

# 吳越春秋逐字索引

# A CONCORDANCE TO THE WUYUECHUNQIU

叢刊主編：劉殿爵　陳方正

本書編者：劉殿爵

臺灣商務印書館 發行

The Commercial Press, Ltd.

吳越春秋逐字索引＝A concordance to the
Wuyuechunqiu／劉殿爵編. --初版. --臺北
市：臺灣商務, 1994 [民 83]
　　面；　公分. --（香港中文大學中國文化研
究所先秦兩漢古籍逐字索引叢刊）
　　ISBN 957-05-0893-0（精裝）

1. 吳越春秋 - 語詞索引

621.658　　　　　　　　　　　　　83003308

香港中文大學中國文化研究所
先秦兩漢古籍逐字索引叢刊

# 吳越春秋逐字索引
*A Concordance to the Wuyuechunqiu*

定價新臺幣 900 元

| 叢 刊 主 編 | 劉殿爵　陳方正 |
| 本 書 編 者 | 劉　殿　爵 |
| 執 行 編 輯 | 何　志　華 |
| 發 行 人 | 張　連　生 |
| 出 版 者<br>印 刷 所 | 臺灣商務印書館股份有限公司<br>臺北市 10036 重慶南路 1 段 37 號<br>電話：(02)3116118・3115538<br>傳眞：(02)3710274<br>郵政劃撥：0000165-1 號<br>出版事業<br>登 記 證：局版臺業字第 0836 號 |

• 1994 年 6 月初版第 1 次印刷

ISBN　957-05-0893-0（精裝）　　　　　b 24523000

# 目　次

## 主編者簡介

劉殿爵教授（Prof. D. C. Lau）早歲肄業於香港大學中文系，嗣赴蘇格蘭格拉斯哥大學攻讀西洋哲學，畢業後執教於倫敦大學達二十八年之久，一九七八年應邀回港出任香港中文大學中文系講座教授。劉教授於一九八九年榮休，隨即出任中國文化研究所榮譽教授至今。劉教授興趣在哲學及語言學，以準確嚴謹的態度翻譯古代典籍，其中《論語》、《孟子》、《老子》三書之英譯，已成海外研究中國哲學必讀之書。

陳方正博士（Dr. Chen Fong Ching），一九六二年哈佛（Harvard）大學物理學學士，一九六四年拔蘭（Brandeis）大學理學碩士，一九六六年獲理學博士，隨後執教於香港中文大學物理系，一九八六年任中國文化研究所所長至今。陳博士一九九零年創辦學術文化雙月刊《二十一世紀》，致力探討中國文化之建設。

# 出 版 說 明

　　一九八八年，香港中文大學中國文化研究所獲香港「大學及理工撥款委員會」撥款資助，並得香港中文大學電算機服務中心提供技術支援，建立「漢及以前全部傳世文獻電腦化資料庫」，決定以三年時間，將漢及以前全部傳世文獻共約八百萬字輸入電腦。資料庫建立後，將陸續編印《香港中文大學中國文化研究所先秦兩漢古籍逐字索引叢刊》，以便利語言學、文學，及古史學之研究。

　　《香港中文大學先秦兩漢古籍逐字索引叢刊》之編輯工作，將分兩階段進行，首階段先行處理未有「逐字索引」之古籍，至於已有「逐字索引」者，將於次一階段重新編輯出版，以求達致更高之準確度，與及提供更爲詳審之異文校勘紀錄。

　　「逐字索引」作爲學術研究工具書，對治學幫助極大。西方出版界、學術界均極重視索引之編輯工作，早於十三世紀，聖丘休（Hugh of St. Cher）已編成《拉丁文聖經通檢》。

　　我國蔡耀堂（‧廷幹　）於民國十一年(1922)編刊《老解老》一書，以武英殿聚珍版《道德經》全文爲底本，先正文，後逐字索引，以原書之每字爲目，下列所有出現該字之句子，並標出句子所出現之章次，此種表示原句位置之方法，雖未詳細至表示原句之頁次、行次，然已具備逐字索引之功能。《老解老》一書爲非賣品，今日坊間已不常見，然而蔡氏草創引得之編纂，其功實不可泯滅。我國大規模編輯引得，須至一九三零年，美國資助之哈佛燕京學社引得編纂處之成立然後開始。此引得編纂處，由洪業先生主持，費時多年，爲中國六十多種傳統文獻，編輯引得，功績斐然。然而漢學資料卷帙浩繁，未編成引得之古籍仍遠較已編成者爲多。本計劃希望能利用今日科技之先進產品——電腦，重新整理古代傳世文獻；利用電腦程式，將先秦兩漢近八百萬字傳世文獻，悉數編爲「逐字索引」。俾使學者能據以掌握文獻資料，進行更高層次及更具創意之研究工作。

　　一九三二年，洪業先生著《引得說》，以「引得」對譯 Index，音義兼顧，巧妙工整。Index 原意謂「指點」，引伸而爲一種學術工具，日本人譯爲「索引」。而洪先生又將西方另一種逐字索引之學術工具 Concordance 譯爲「堪靠燈」。Index 與 Concordance 截然不同；前者所重視者乃原書之意義名物，只收重要之字、詞，不收虛字及連繫詞等，故用處有限；後者則就文獻中所見之字，全部收納，大小不遺，故有助於文辭訓詁，語法句式之研究及字書之編纂。洪先生將選索性之 Index 譯作「引得」，將字字可索的 Concordance 譯作「堪靠燈」，足見卓識，然其後於一九三零年間，主

持哈佛燕京學社編纂工作，所編成之大部分《引得》，反屬全索之「堪靠燈」，以致名實混淆，實為可惜。今為別於選索之引得（Index），本計劃將全索之 Concordance 稱為「逐字索引」。

　　利用電腦編纂古籍逐字索引，本計劃經驗尚淺，是書倘有失誤之處，尚望學者方家不吝指正。

# PREFACE

In 1988, the Institute of Chinese Studies of The Chinese University of Hong Kong put forward a proposal for the establishment of a computerized database of the entire body of extant Han and pre-Han traditional Chinese texts. This project received a grant from the UPGC and was given technical support by the Computer Services Centre of The Chinese University of Hong Kong. The project was to be completed in three years.

From such a database, a series of concordances to individual ancient Chinese texts will be compiled and published in printed form. Scholars whether they are interested in Chinese literature, history, philosophy, linguistics, or lexicography, will find in this series of concordances a valuable tool for their research.

The *Ancient Chinese Texts Concordance Series* is planned in two stages. In the first stage, texts without existing concordances will be dealt with. In the second stage, texts with existing concordances will be redone with a view to greater accuracy and more adequate textual notes.

In the Western tradition, the concordance was looked upon as one of the most useful tools for research. As early as c. 1230, appeared the concordance to the *Vulgate*, compiled by Hugh of St. Cher.

In China, the first concordance to appear was *Laozi Laojielao* in the early nineteen twenties. Cai Yaotang who produced it was in all probability unaware of the Western tradition of concordances.

As the *Laojielao* was not for sale, it had probably a very limited circulation. However, Cai Yaotang's contribution to the compilation of concordances to Chinese texts should not go unmentioned.

The *Harvard-Yenching Sinological Concordance Series* was begun in the 1930s under the direction of Dr. William Hung. Unfortunately, work on this series was cut short by the Second World War. Although some sixty concordances were published, a far greater number of texts remains to be done. However, with the advent of the computer the establishment of a database of all extant ancient works become a distinct possibility. Once such a database is established, a series of concordances can be compiled to cover the entire field of ancient Chinese studies.

Back in 1932, William Hung in his *"What is Index ?"* used the term 引得 for "Index" in preference to the Japanese 索引, and the term 堪靠燈 for concordance. However, when he came to compile the *Harvard Yenching Sinological Concordance Series*, he abandoned the term 堪靠燈 and used the term 引得 for both index and concordance. This was unfortunate as this blurs the difference between a concordance and an index. The former, because of its exhaustive listing of the occurrence of every word, is a far more powerful tool for research than the latter. To underline this difference we decided to use 逐字索引 for concordance.

The *Ancient Chinese Texts Concordance Series* is compiled from the computerized database. As we intend to extend our work to cover subsequent ages, any ideas and suggestions which may be of help to us in our future work are welcome.

# 凡　例

一．《吳越春秋》正文：

1．本《逐字索引》所附正文據《四部叢刊》影明弘治鄺璠刻本。由於傳世刊本，均甚殘闕，今除別本、類書外，並據其他文獻所見之重文，加以校改。校改只供讀者參考，故不論在「正文」或在「逐字索引」，均加上校改符號，以便恢復底本原來面貌。

2．（　）表示刪字；〔　〕表示增字。除用以表示增刪字外，凡誤字之改正，例如 a 字改正爲 b 字，亦以（a）〔b〕方式表示。

　　例如：周室卑（弱）約　　　　　　　　　　5/25/16

　　　　表示《四部叢刊》本衍「弱」字。讀者翻檢《增字、刪字改正說明表》，即知刪字之依據爲《國語‧吳語》（頁 19/7b）。

　　例如：大敗〔之〕　　　　　　　　　　　4/14/10

　　　　表示《四部叢刊》本脫「之」字。讀者翻檢《增字、刪字改正說明表》，即知增字之依據爲《左傳‧定公四年》（頁 951）。

　　例如：（卑）〔畢〕子去齊　　　　　　　1/2/6

　　　　表示《四部叢刊》本作「卑」，乃誤字，今改正爲「畢」。讀者翻檢《誤字改正說明表》，即知改字之依據爲世界書局影明弘治覆元大德本（頁 38）。

3．本《逐字索引》據別本，及其他文獻對校原底本，或改正底本原文，或只標注異文。有關此等文獻之版本名稱，以及本《逐字索引》標注其出處之方法，均列《徵引書目》中。

4．本《逐字索引》所收之字一律劃一用正體，以昭和四十九年大修館書店發行之《大漢和辭典》，及一九八六至一九九零年湖北辭書出版社、四川辭書出版社出版之《漢語大字典》所收之正體爲準，遇有異體或訛體，一律代以正體。

例如：伯夷自海濱而往　　　　　　　　　　1/2/1

《四部叢刊》本原作「伯夷自海濱而徃」，據《大漢和辭典》，「往」、「徃」乃異體字，音義無別，今代以正體「往」字。爲便讀者了解底本原貌，凡異體之改正，均列《通用字表》中。

5．異文校勘主要參考一九八六年江蘇古籍出版社出版苗麓點校本《吳越春秋》。

　5.1.異文紀錄欄

　　a．凡正文文字右上方標有數碼者，表示當頁下端有注文

　　　例如：妍²營種之術　　　　　　　　　　1/1/9

　　　當頁注 2 注出「妍」字有異文「研」。

　　b．數碼前加 ˋ ˋ，表示範圍。

　　　例如：次曰ˋ餘眛ˋ³　　　　　　　　　　3/6/27

　　　當頁注 3 注出「夷末」爲「餘眛」二字之異文。

　　c．異文多於一種者：加 A．B．C．以區別之。

　　　例如：楚之邊邑脾¹梁之女　　　　　　　3/7/10

　　　當頁注 1 下注出異文：

　　　　　A.胛　B.卑

　　　表示兩種不同異文分見不同別本。

　　d．異文後所加按語，外括〈　〉號。

　　　例如：與定公爭長未合⁴　　　　　　　　5/25/6

　　　當頁注 4 注出異文及出處後，再加按語：

　　　成《國語・吳語》頁19/5b〈韋昭注：成、定也。〉

　5.2.校勘除選錄不同版本所見異文之外，亦選錄其他文獻、類書等引錄所見異文。

　5.3.讀者欲知異文詳細情況，可參看苗麓點校本《吳越春秋》。凡據別本，及其他文獻所紀錄之異文，於標注異文後，均列明出處，包括書名、篇名、頁次、有關所據文獻之版本名稱，及標注其出處之方法，請參《徵引書目》。

二．逐字索引編排：

1．以單字為綱，旁列該字在全文出現之頻數（書末另附《全書用字頻數表》〔附錄一〕，按頻數次序列出全書單字），下按原文先後列明該字出現之全部例句，句中遇該字則代以「○」號。

2．全部《逐字索引》按漢語拼音排列；一字多音者，於最常用讀音下，列出全部例句。

3．每一例句後加上編號 a/b/c 表明於原文中位置，例如 1/2/3，「1」表示原文的篇章次、「2」表示頁次、「3」表示行次。

三．檢字表：

備有《漢語拼音檢字表》、《筆畫檢字表》兩種：

1．漢語拼音據《辭源》修訂本（一九七九年至一九八三年北京商務印書館）及《漢語大字典》。一字多音者，按不同讀音在音序中分別列出；例如「說」字有 shuō, shuì, yuè, tuō 四讀，分列四處。聲母、韻母相同之字，按陰平、陽平、上、去四聲先後排列。讀音未詳者，一律置於表末。

2．《逐字索引》中某字所出現之頁數，在《漢語拼音檢字表》中所列該字任一讀音下皆可檢得。

3．筆畫數目、部首歸類均據《康熙字典》。畫數相同之字，其先後次序依部首排列。

4．另附《威妥碼－漢語拼音對照表》，以方便使用威妥碼拼音之讀者。

# Guide to the use of the Concordance

## 1. Text

1.1 The text printed with the concordance is based on the *Sibu congkan* (*SBCK*) edition. As all extant editions are marred by serious corruptions, besides other editions, parallel texts in other works have been used for collation purposes. As emendations of the text have been incorporated for the reference of the reader, care has been taken to have them clearly marked as such, both in the case of the full text as well as in the concordance, so that the original text can be recovered by ignoring the emendations.

1.2 Round brackets signify deletions while square brackets signify additions. This device is also used for emendations. An emendation of character <u>a</u> to character <u>b</u> is indicated by （a）〔b〕. e.g.,

周室卑（弱）約                                 5/25/16

The character 弱 in the *SBCK* edition, being an interpolation, is deleted on the authority of the *Wuyu* chapter of the *Guoyu* (p.19/7b).

大敗〔之〕                                       4/14/10

The character 之 missing in the *SBCK* edition, is added on the authority of the *Zuozhuan* Ding 4 (p.951).

A list of all deletions and additions is appended on p.42, where the authority for each emendation is given.

（卑）〔畢〕子去齊                              1/2/6

The character 卑 in the *SBCK* edition has been emended to 畢 on the authority of *Ming hongzhi fu yuan dade* (Taibei : Shijie shuju, 1962) edition (p.38).

A list of all emendations is appended on p.39 where the authority for each is given.

1.3 Where the text has been emended on the authority of other editions or the parallel text found in other works, such emendations are either incorporated into the text or entered as footnotes. For explanations, the reader is referred to the Bibliography on p.38.

1.4 For all concordanced characters only the standard form is used. Variant or incorrect forms have been replaced by the standard forms as given in Morohashi Tetsuji's *Dai Kan-Wa jiten*, (Tokyo : Taishūkan shōten, 1974), and the *Hanyu da zidian* (Hubei cishu chubanshe and Sichuan cishu chubanshe 1986-1990) e.g.,

伯夷自海濱而往                                    1/2/1

The *SBCK* edition has 徃 which, being a variant form, has been replaced by the standard form 往 as given in the *Dai Kan-Wa jiten*. A list of all variant forms that have been in this way replaced is appended on p.34.

1.5 The textual notes are mainly based on the punctuated edition of the *Wuyuechunqiu* (Jiangsu guji chubanshe, 1986)

1.5.1.a A figure on the upper right hand corner of a character indicates that a collation note is to be found at the bottom of the page, e.g.,

妍² 營種之術                                    1/1/9

the superscript ² refers to note 2 at the bottom of the page.

1.5.1.b A range marker ‧ ‧ is added to the figure superscribed to indicate the total number of characters affected, e.g.,

次曰‧餘昧‧³                                    3/6/27

The range marker indicates that note 3 covers the two characters 餘昧.

1.5.1.c Where there are more than one variant reading, these are indicated by A, B, C, e.g.,

楚之邊邑脾¹梁之女                                    3/7/10

Note 1 reads A.胛 B.卑, showing that for 脾 one version reads 胛, while another version reads 卑.

1.5.1.d  A comment on a collation note is marked off by the sign 〈 〉 , e.g..

與定公爭長未合[4]                              5/25/6

Note 4 reads: 成《國語・吳語》頁19/5b〈韋昭注：成、定也。〉

1.5.2  Besides readings from other editions, readings from quotations found in encyclopaedias and other works are also included.

1.5.3  For further information on variant readings given in the collation notes the reader is referred to the punctuated edition of the *Wuyue chunqiu* (Jiangsu guji chubanshe, 1986), and for further information on references to sources the reader is referred to Bibliography on p.38.

## 2. Concordance

2.1  In the entries the concordanced character is replaced by the ○ sign. The entries are arranged according to the order of appearance in the text. The frequency of appearance of the character concerned in the whole text is shown, and a list of all the concordanced characters in frequency order is appended. (Appendix One)

2.2  The entries are listed according to Hanyupinyin. In the body of the concordance all occurrences of a character with more than one pronunciation are located under its most common pronunciation.

2.3  Figures in three columns show the location of a character in the text, e.g., 1/2/3,

1 denotes the chapter.
2 denotes the page.
3 denotes the line.

## 3. Index

A Stroke Index and an Index arranged according to Hanyupinyin are included.

3.1  The pronunciation given in the *Ciyuan* (The Commercial Press , Beijing, 1979 - 1983) and the *Hanyu da zidian* is used. Where a character has two or more pronunciations, it can be found under any of these in the index. For example : 說 which has four pronunciations : shuō, shuì, yuè, tuō is to be found under any one of these four entries. Characters with the same pronunciation but different tones are listed according to tone order. Characters of which the pronunciation is unknown are relegated to the end of the index.

3.2 In the body of the Concordance all occurrences of a character with more than one pronunciation will be located under its most common pronunciation, but this location is given under all alternative pronunciations of the character in the index.

3.3 In the stroke index, characters with the same number of strokes appear under the radicals in the same order as given in the *Kangxi zidian*.

3.4 A correspondence table between the Hanyupinyin and the Wade-Giles systems is also provided.

# 漢語拼音檢字表

| | | | | | | | | | |
|---|---|---|---|---|---|---|---|---|---|
| **ā** | | **bá** | | **bāo** | | **bèn** | | 躄 | 58 |
| 阿(ē) | 95 | 拔 | 52 | 包 | 54 | 奔(bēn) | 56 | | |
| | | 弊(bì) | 58 | 枹(fú) | 109 | | | **biān** | |
| **āi** | | | | 褒 | 54 | **bēng** | | 編 | 58 |
| 哀 | 51 | **bǎ** | | | | 崩 | 56 | 鞭 | 58 |
| | | 把 | 52 | **bǎo** | | 傍(páng) | 192 | 邊 | 58 |
| **ài** | | | | 保 | 54 | | | | |
| 艾 | 51 | **bà** | | 飽 | 54 | **bī** | | **biǎn** | |
| 阨(è) | 95 | 把(bǎ) | 52 | 寶 | 54 | 幅(fú) | 109 | 扁 | 58 |
| 愛 | 51 | 伯(bó) | 60 | | | 逼 | 56 | 辨(biàn) | 58 |
| | | 罷 | 52 | **bào** | | | | | |
| **ān** | | 霸 | 52 | 抱 | 54 | **bí** | | **biàn** | |
| 安 | 51 | | | 豹 | 54 | 鼻 | 56 | 便 | 58 |
| 陰(yīn) | 315 | **bái** | | 報 | 54 | | | 扁(biǎn) | 58 |
| 闇(àn) | 51 | 白 | 52 | 暴 | 55 | **bǐ** | | 編(biān) | 58 |
| | | | | 鮑 | 55 | 匕 | 56 | 辨 | 58 |
| **àn** | | **bǎi** | | | | 比 | 56 | 辯 | 58 |
| 岸 | 51 | 百 | 53 | **bēi** | | 妣 | 57 | 變 | 58 |
| 按 | 51 | 柏(bó) | 61 | 陂 | 55 | 彼 | 57 | | |
| 案 | 51 | | | 杯 | 55 | 卑(bēi) | 55 | **biāo** | |
| 暗 | 51 | **bài** | | 波(bō) | 60 | 鄙 | 57 | 剽(piào) | 194 |
| 闇 | 51 | 拜 | 53 | 卑 | 55 | | | 熛 | 58 |
| 黯 | 52 | 敗 | 53 | 背(bèi) | 56 | **bì** | | | |
| | | | | 悲 | 55 | 必 | 57 | **biǎo** | |
| **àng** | | **bǎn** | | | | 陂(bēi) | 55 | 表 | 59 |
| 盎 | 52 | 反(fǎn) | 103 | **běi** | | 服(fú) | 109 | 剽(piào) | 194 |
| | | 坂 | 54 | 北 | 55 | 被(bèi) | 56 | | |
| **áo** | | 板 | 54 | | | 畢 | 57 | **biē** | |
| 敖 | 52 | | | **bèi** | | 椑 | 57 | 鱉 | 59 |
| 翱 | 52 | **bàn** | | 北(běi) | 55 | 婢 | 57 | | |
| | | 半 | 54 | 拔(bá) | 52 | 閉 | 57 | **bié** | |
| **ào** | | 辨(biàn) | 58 | 背 | 56 | 費(fèi) | 105 | 別 | 59 |
| 敖(áo) | 52 | 辦 | 54 | 倍 | 56 | 辟(pì) | 193 | | |
| 傲 | 52 | | | 被 | 56 | 幣 | 58 | **bīn** | |
| | | **bāng** | | 備 | 56 | 弊 | 58 | 邠 | 59 |
| **ba** | | 邦 | 54 | | | 蔽 | 58 | 賓 | 59 |
| 罷(bà) | 52 | | | **bēn** | | 變 | 58 | 濱 | 59 |
| | | **bàng** | | 奔 | 56 | 避 | 58 | | |
| **bā** | | 並(bìng) | 60 | | | 臂 | 58 | **bìn** | |
| 八 | 52 | 旁(páng) | 192 | **běn** | | 璧 | 58 | 賓(bīn) | 59 |
| | | 傍(páng) | 192 | 本 | 56 | 斃 | 58 | 殯 | 59 |
| | | 謗 | 54 | | | 繫 | 58 | | |

| bīng | | 擘(bò) | 61 | càn | | chá | | chāo | |
|---|---|---|---|---|---|---|---|---|---|
| 并(bìng) | 60 | | | 參(shēn) | 225 | 察 | 69 | 超 | 71 |
| 冰 | 59 | bū | | 操(cāo) | 68 | | | | |
| 兵 | 59 | 逋 | 61 | | | chà | | cháo | |
| 屏(píng) | 194 | 餔 | 61 | cāng | | 差(chā) | 68 | 巢 | 71 |
| | | | | 倉 | 68 | | | 朝(zhāo) | 346 |
| bǐng | | bǔ | | 蒼 | 68 | chāi | | 潮 | 71 |
| 丙 | 60 | 卜 | 61 | | | 拆 | 69 | | |
| 秉 | 60 | 哺 | 61 | cáng | | 差(chā) | 68 | chē | |
| 柄 | 60 | 捕 | 61 | 臧(zāng) | 342 | | | 車 | 71 |
| 屏(píng) | 194 | 撫(fǔ) | 110 | 藏 | 68 | chái | | | |
| 稟 | 60 | | | | | 豺 | 69 | chě | |
| | | bù | | cǎng | | | | 尺(chǐ) | 76 |
| bìng | | 不 | 61 | 蒼(cāng) | 68 | chài | | | |
| 并 | 60 | 布 | 67 | | | 差(chā) | 68 | chè | |
| 並 | 60 | 步 | 67 | cāo | | | | 宅(zhái) | 345 |
| 柄(bǐng) | 60 | 怖 | 67 | 操 | 68 | chán | | | |
| 屏(píng) | 194 | 部 | 67 | | | 亶(dǎn) | 86 | chēn | |
| 病 | 60 | 餔(bū) | 61 | cáo | | 漸(jiàn) | 146 | 瞋 | 71 |
| | | | | 曹 | 68 | 禪(shàn) | 222 | | |
| bō | | cái | | | | 蟬 | 69 | chén | |
| 波 | 60 | 才 | 67 | cǎo | | 讒 | 69 | 臣 | 71 |
| 發(fā) | 101 | 材 | 67 | 草 | 68 | | | 辰 | 74 |
| 番(fān) | 102 | 財 | 67 | | | chǎn | | 沉 | 73 |
| 播 | 60 | 裁 | 67 | cè | | 產 | 69 | 陳 | 74 |
| 磻 | 60 | 纔 | 67 | 側 | 68 | 諂 | 69 | 晨 | 74 |
| | | | | 策 | 68 | | | 湛(zhàn) | 345 |
| bó | | cǎi | | 測 | 68 | chāng | | 塡(tián) | 253 |
| 百(bǎi) | 53 | 采 | 67 | 惻 | 68 | 昌 | 69 | | |
| 伯 | 60 | 採 | 67 | 筴 | 68 | 猖 | 69 | chèn | |
| 佛(fó) | 107 | 彩 | 67 | | | 閶 | 69 | 疢(zhěn) | 350 |
| 帛 | 61 | 綵 | 67 | cēn | | | | 稱(chēng) | 74 |
| 柏 | 61 | | | 參(shēn) | 225 | cháng | | | |
| 博 | 61 | cài | | | | 長 | 69 | chēng | |
| 搏 | 61 | 采(cǎi) | 67 | cén | | 尙(shàng) | 223 | 稱 | 74 |
| 蒲(pú) | 195 | 蔡 | 67 | 岑 | 68 | 常 | 70 | | |
| 暴(bào) | 55 | | | | | 場 | 70 | chéng | |
| 魄(pò) | 195 | cān | | céng | | 腸 | 70 | 成 | 74 |
| 薄 | 61 | 參(shēn) | 225 | 曾(zēng) | 344 | 嘗 | 70 | 承 | 75 |
| | | 餐 | 67 | 增(zēng) | 344 | 裳 | 70 | 城 | 75 |
| bǒ | | | | | | 償 | 70 | 乘 | 75 |
| 播(bō) | 60 | cán | | cèng | | | | 盛 | 75 |
| | | 殘 | 67 | 蹭 | 68 | chàng | | 誠 | 75 |
| bò | | 慚 | 68 | | | 悵 | 71 | | |
| 辟(pì) | 193 | 蠶 | 68 | chā | | 唱 | 71 | chèng | |
| 薄(bó) | 61 | | | 差 | 68 | 暢 | 71 | 稱(chēng) | 74 |
| 擘 | 61 | | | 捷(jié) | 150 | | | | |

| | | | | | | | | | |
|---|---|---|---|---|---|---|---|---|---|
| **chī** | | **chǒu** | | **chuī** | | **cōng** | | 挫 | 83 |
| 絺 | 76 | 丑 | 77 | 炊 | 80 | 從(cóng) | 82 | 摧(cuī) | 83 |
| 鷗 | 76 | 醜 | 77 | | | 聰 | 82 | 錯 | 83 |
| 離(lí) | 167 | | | **chuí** | | | | | |
| | | **chòu** | | 垂 | 80 | **cóng** | | **dá** | |
| **chí** | | 臭 | 77 | 椎 | 80 | 從 | 82 | 妲 | 83 |
| 池 | 76 | | | 鎚 | 80 | | | 怛 | 83 |
| 治(zhì) | 365 | **chū** | | | | **còu** | | 答 | 83 |
| 持 | 76 | 出 | 77 | **chūn** | | 奏(zòu) | 379 | 達 | 83 |
| 馳 | 76 | 初 | 78 | 春 | 80 | 族(zú) | 380 | 憚(dàn) | 86 |
| 遲 | 76 | 貙 | 78 | | | 湊 | 82 | | |
| | | | | **chún** | | | | **dà** | |
| **chǐ** | | **chú** | | 唇 | 80 | **cú** | | 大 | 83 |
| 尺 | 76 | 助(zhù) | 372 | | | 徂 | 82 | | |
| 赤(chì) | 76 | 除 | 78 | **chǔn** | | | | **dài** | |
| 侈 | 76 | 屠(tú) | 255 | 春(chūn) | 80 | **cù** | | 大(dà) | 83 |
| 恥 | 76 | 著(zhù) | 372 | | | 取(qǔ) | 208 | 代 | 86 |
| 移(yí) | 306 | 廚 | 78 | | | 卒(zú) | 379 | 毒(dú) | 93 |
| 齒 | 76 | 諸(zhū) | 370 | **chuò** | | 促 | 83 | 殆 | 86 |
| | | | | 惙 | 80 | 戚(qī) | 195 | 怠 | 86 |
| **chì** | | **chǔ** | | 啜 | 80 | 數(shù) | 240 | 待 | 86 |
| 赤 | 76 | 處 | 78 | 掇(duó) | 94 | 趨(qū) | 208 | 帶 | 86 |
| 勑(lài) | 165 | 楚 | 78 | 輟 | 80 | | | 貸 | 86 |
| 嚇(xiào) | 289 | 儲 | 80 | | | **cuàn** | | 逮 | 86 |
| 熾 | 76 | | | **cī** | | 篡 | 83 | 戴 | 86 |
| | | **chù** | | 差(chā) | 68 | | | | |
| **chōng** | | 怵 | 80 | 恣(zì) | 379 | **cuī** | | **dān** | |
| 沖 | 76 | 畜 | 80 | | | 衰(shuāi) | 240 | 丹 | 86 |
| 衝 | 76 | 處(chǔ) | 78 | **cí** | | 摧 | 83 | 湛(zhàn) | 345 |
| | | | | 子(zǐ) | 373 | | | 簞 | 86 |
| **chóng** | | **chuān** | | 祠 | 80 | **cuì** | | | |
| 重(zhòng) | 368 | 川 | 80 | 茲(zī) | 373 | 卒(zú) | 379 | **dán** | |
| 崇 | 77 | 穿 | 80 | 詞 | 80 | 脆 | 83 | 但(dàn) | 86 |
| 蟲 | 77 | | | 粢(zī) | 373 | | | | |
| | | **chuán** | | 雌 | 81 | **cún** | | **dǎn** | |
| **chǒng** | | 船 | 80 | 慈 | 81 | 存 | 83 | 亶 | 86 |
| 龍(lóng) | 173 | 傳 | 80 | 辭 | 81 | | | 膽 | 86 |
| 寵 | 77 | 摶(tuán) | 256 | | | **cùn** | | | |
| | | | | **cǐ** | | 寸 | 83 | **dàn** | |
| **chōu** | | **chuáng** | | 此 | 81 | | | 旦 | 86 |
| 瘳 | 77 | 床 | 80 | | | **cuō** | | 但 | 86 |
| | | | | **cì** | | 差(chā) | 68 | 妲(dá) | 83 |
| **chóu** | | **chuàng** | | 次 | 81 | 蹉 | 83 | 亶(dǎn) | 86 |
| 愁 | 77 | 倉(cāng) | 68 | 伺(sì) | 244 | | | 憚 | 86 |
| 酬 | 77 | 愴 | 80 | 刺 | 82 | **cuò** | | 彈 | 86 |
| 疇 | 77 | | | 恣(zì) | 379 | 昔(xī) | 283 | 壇(tán) | 250 |
| 讎 | 77 | | | 賜 | 82 | 剉 | 83 | | |

| dāng | | dí | | 趙(zhào) | 347 | 頓(dùn) | 94 | 頓 | 94 |
|---|---|---|---|---|---|---|---|---|---|
| 當 | 86 | 狄 | 90 | 調(tiáo) | 253 | 獨 | 93 | | |
| | | 條(tiáo) | 253 | | | 瀆 | 93 | duō | |
| dǎng | | 嫡 | 90 | dié | | 擣 | 93 | 多 | 94 |
| 党 | 87 | 翟 | 90 | 昳 | 92 | 犢 | 93 | | |
| | | 敵 | 90 | 涉(shè) | 224 | | | duó | |
| dàng | | 適(shì) | 237 | 経 | 92 | dǔ | | 度(dù) | 93 |
| 湯(tāng) | 251 | 糴 | 90 | 喋 | 92 | 睹 | 93 | | |
| 當(dāng) | 86 | | | | | 覩 | 93 | dúo | |
| 蕩 | 87 | dǐ | | dīng | | | | 剟 | 94 |
| | | 抵 | 90 | 丁 | 92 | dù | | | |
| dāo | | 砥 | 90 | | | 土(tǔ) | 255 | duó | |
| 刀 | 87 | | | dǐng | | 杜 | 93 | 掇 | 94 |
| 叨 | 87 | dì | | 鼎 | 92 | 妒 | 93 | 奪 | 94 |
| | | 弔(diào) | 92 | | | 度 | 93 | | |
| dǎo | | 地 | 90 | dìng | | 渡 | 94 | duò | |
| 倒 | 87 | 弟 | 91 | 定 | 92 | 塗(tú) | 255 | 墮 | 95 |
| 道(dào) | 87 | 帝 | 91 | | | | | | |
| 導 | 87 | 第 | 91 | dōng | | duān | | ē | |
| 蹈 | 87 | 啇 | 91 | 冬 | 92 | 端 | 94 | 阿 | 95 |
| | | 題(tí) | 252 | 東 | 92 | | | | |
| dào | | | | | | duǎn | | è | |
| 到 | 87 | diān | | dòng | | 短 | 94 | 厄 | 95 |
| 倒(dǎo) | 87 | 顛 | 91 | 洞 | 93 | | | 阨 | 95 |
| 悼 | 87 | 巔 | 91 | 動 | 93 | duàn | | 啞 | 95 |
| 敦(dūn) | 94 | | | 棟 | 93 | 段 | 94 | 鄂 | 95 |
| 盜 | 87 | diǎn | | | | 鍛 | 94 | 愕 | 95 |
| 道 | 87 | 典 | 91 | dōu | | 斷 | 94 | 惡 | 95 |
| 稻 | 88 | | | 兜 | 93 | | | 關 | 95 |
| | | diàn | | | | duī | | 餓 | 95 |
| dé | | 田(tián) | 253 | dǒu | | 追(zhuī) | 373 | 鍔 | 95 |
| 得 | 88 | 甸 | 92 | 斗 | 93 | 敦(dūn) | 94 | | |
| 德 | 89 | 佃(tián) | 253 | 豆(dòu) | 93 | | | ēn | |
| | | 殿 | 92 | 兜(dōu) | 93 | duì | | 恩 | 95 |
| dēng | | 電 | 92 | | | 隊 | 94 | | |
| 登 | 89 | 填(tián) | 253 | dòu | | 敦(dūn) | 94 | ěn | |
| 蹬(dèng) | 90 | 簟 | 92 | 豆 | 93 | 對 | 94 | 眼(yǎn) | 299 |
| | | | | 投(tóu) | 255 | 銳(ruì) | 218 | | |
| děng | | diāo | | 瀆(dú) | 93 | | | ér | |
| 等 | 89 | 敦(dūn) | 94 | 竇 | 93 | dūn | | 而 | 95 |
| | | 雕 | 92 | 鬬 | 93 | 敦 | 94 | 兒 | 100 |
| dèng | | | | | | | | 濡(rú) | 216 |
| 蹬 | 90 | diǎo | | dū | | dùn | | | |
| | | 鳥(niǎo) | 190 | 都 | 93 | 盾 | 94 | ěr | |
| dī | | | | | | 豚(tún) | 256 | 耳 | 100 |
| 堤 | 90 | diào | | dú | | 敦(dūn) | 94 | 珥 | 100 |
| | | 弔 | 92 | 毒 | 93 | 遁 | 94 | 爾 | 100 |

| | | | | | | | | | |
|---|---|---|---|---|---|---|---|---|---|
| 餌 | 100 | 芳 | 104 | 憤 | 105 | 佛(fó) | 107 | gài | |
| | | 放(fàng) | 104 | 奮 | 106 | 扶 | 109 | 蓋 | 112 |
| **èr** | | | | 糞 | 106 | 服 | 109 | 概 | 113 |
| 二 | 100 | **fáng** | | | | 咈 | 109 | | |
| | | 方(fāng) | 104 | **fēng** | | 彿 | 109 | **gān** | |
| **fā** | | 妨 | 104 | 風 | 106 | 枹 | 109 | 干 | 113 |
| 發 | 101 | 防 | 104 | 封 | 106 | 浮 | 109 | 甘 | 113 |
| | | 房 | 104 | 峰 | 106 | 符 | 109 | 肝 | 113 |
| **fá** | | | | 逢(féng) | 106 | 幅 | 109 | 乾(qián) | 203 |
| 乏 | 101 | **fǎng** | | 鳳(fèng) | 107 | 福 | 110 | | |
| 伐 | 101 | 彷 | 104 | 鋒 | 106 | | | **gǎn** | |
| 罰 | 102 | 放(fàng) | 104 | 豐 | 106 | **fǔ** | | 敢 | 113 |
| | | | | | | 父(fù) | 110 | 感 | 114 |
| **fǎ** | | **fàng** | | **féng** | | 甫 | 110 | | |
| 法 | 102 | 放 | 104 | 逢 | 106 | 府 | 110 | **gāng** | |
| | | | | | | 拊 | 110 | 剛 | 114 |
| **fà** | | **fēi** | | **fěng** | | 附(fù) | 111 | 綱 | 114 |
| 髮 | 102 | 妃 | 104 | 泛(fàn) | 103 | 釜 | 110 | | |
| | | 非 | 104 | 諷 | 106 | 俯 | 110 | **gāo** | |
| **fān** | | 飛 | 105 | | | 拊 | 110 | 咎(jiù) | 155 |
| 反(fǎn) | 103 | 霏 | 105 | **fèng** | | 脯 | 110 | 高 | 114 |
| 番 | 102 | | | 奉 | 106 | 輔 | 110 | 皋 | 114 |
| 潘(pān) | 192 | **féi** | | 風(fēng) | 106 | 腐 | 110 | 槁(gǎo) | 114 |
| 藩 | 102 | 肥 | 105 | 鳳 | 107 | 撫 | 110 | 橋(qiáo) | 204 |
| | | | | | | | | | |
| **fán** | | **fěi** | | **fó** | | **fù** | | **gǎo** | |
| 凡 | 102 | 非(fēi) | 104 | 佛 | 107 | 父 | 110 | 槁 | 114 |
| 番(fān) | 102 | 誹 | 105 | | | 付 | 111 | 稾 | 114 |
| 煩 | 102 | | | **fōu** | | 伏(fú) | 109 | | |
| 樊 | 103 | **fèi** | | 不(bù) | 61 | 附 | 111 | **gào** | |
| 繁 | 103 | 費 | 105 | | | 服(fú) | 109 | 告 | 114 |
| 騵 | 103 | 廢 | 105 | **fǒu** | | 赴 | 111 | | |
| | | | | 不(bù) | 61 | 負 | 111 | **gē** | |
| **fǎn** | | **fēn** | | 否 | 107 | 拊(fǔ) | 110 | 戈 | 114 |
| 反 | 103 | 分 | 105 | | | 婦 | 111 | 格(gé) | 115 |
| 返 | 103 | 氛 | 105 | **fū** | | 副 | 111 | 割 | 114 |
| | | 棻 | 105 | 夫 | 107 | 報(bào) | 54 | 歌 | 114 |
| **fàn** | | | | 不(bù) | 61 | 傅 | 112 | | |
| 反(fǎn) | 103 | **fén** | | 拊(fǔ) | 110 | 富 | 112 | **gé** | |
| 犯 | 103 | 焚 | 105 | 鈇 | 109 | 復 | 111 | 革 | 114 |
| 泛 | 103 | 墳 | 105 | 傅(fù) | 112 | 腹 | 112 | 格 | 115 |
| 范 | 103 | | | 膚 | 109 | 賦 | 112 | 假(jiǎ) | 144 |
| 飯 | 104 | **fèn** | | | | 蝮 | 112 | 葛 | 115 |
| | | 分(fēn) | 105 | **fú** | | 覆 | 112 | | |
| **fāng** | | 忿 | 105 | 夫(fū) | 107 | | | **gě** | |
| 方 | 104 | 焚(fén) | 105 | 弗 | 109 | **gǎi** | | 合(hé) | 129 |
| 妨(fáng) | 104 | 墳(fén) | 105 | 伏 | 109 | 改 | 112 | 蓋(gài) | 112 |

| gè | | 構(gòu) | 118 | 挂 | 122 | 跪 | 124 | 寒 | 128 |
|---|---|---|---|---|---|---|---|---|---|
| 各 | 115 | | | 掛 | 122 | | | | |
| 浩(hào) | 129 | gǒu | | | | gǔn | | hàn | |
| | | 苟 | 118 | guāi | | 緄 | 124 | 汗 | 128 |
| gēn | | | | 乖 | 122 | | | 含(hán) | 128 |
| 根 | 115 | gòu | | | | guō | | 旱 | 128 |
| | | 勾(gōu) | 118 | guài | | 活(huó) | 138 | 感(gǎn) | 114 |
| gēng | | 句(gōu) | 118 | 怪 | 122 | 郭 | 124 | 漢 | 128 |
| 更 | 115 | 姤 | 118 | | | 過(guò) | 127 | | |
| 庚 | 115 | 垢 | 118 | guān | | 瘑 | 124 | háng | |
| 耕 | 115 | 區(qū) | 208 | 官 | 122 | | | 行(xíng) | 291 |
| 羹 | 115 | 構 | 118 | 冠 | 122 | guó | | 杭 | 128 |
| | | | | 矜(jīn) | 153 | 國 | 124 | | |
| gěng | | gū | | 棺 | 122 | 號 | 127 | hàng | |
| 鯁 | 115 | 姑 | 118 | 關 | 122 | | | 行(xíng) | 291 |
| | | 呱 | 119 | 觀 | 122 | guǒ | | | |
| gèng | | 孤 | 119 | | | 果 | 127 | hāo | |
| 更(gēng) | 115 | 皋(gāo) | 114 | guǎn | | 椁 | 127 | 蒿 | 128 |
| | | 家(jiā) | 143 | 管 | 123 | 裹 | 127 | | |
| gōng | | 辜 | 119 | 館 | 123 | | | háo | |
| 弓 | 115 | | | | | guò | | 皋(gāo) | 114 |
| 工 | 115 | gǔ | | guàn | | 過 | 127 | 號 | 128 |
| 公 | 115 | 古 | 119 | 冠(guān) | 122 | | | 豪 | 128 |
| 功 | 116 | 谷 | 120 | 貫 | 123 | hāi | | 嚎 | 128 |
| 共(gòng) | 117 | 角(jué) | 157 | 棺(guān) | 122 | 咳(ké) | 161 | | |
| 攻 | 117 | 姑(gū) | 118 | 關(guān) | 122 | | | hǎo | |
| 供 | 117 | 苦(kǔ) | 163 | 觀(guān) | 122 | hái | | 好 | 128 |
| 宮 | 117 | 骨 | 120 | | | 咳(ké) | 161 | | |
| 躬 | 117 | 鼓 | 120 | guāng | | 骸 | 127 | hào | |
| 恭 | 117 | 穀 | 120 | 光 | 123 | | | 好(hǎo) | 128 |
| | | 轂 | 120 | | | hǎi | | 浩 | 129 |
| gǒng | | 蠱 | 120 | guǎng | | 海 | 127 | 皓 | 129 |
| 共(gòng) | 117 | | | 廣 | 123 | | | 號(háo) | 128 |
| | | gù | | | | hài | | 皞 | 129 |
| gòng | | 告(gào) | 114 | guī | | 亥 | 127 | | |
| 共 | 117 | 固 | 120 | 圭 | 123 | 害 | 127 | hē | |
| 供(gōng) | 117 | 故 | 120 | 規 | 123 | 蓋(gài) | 112 | 何(hé) | 129 |
| 貢 | 118 | 顧 | 121 | 龜 | 123 | 駭 | 128 | 阿(ē) | 95 |
| 恐(kǒng) | 163 | | | 歸 | 123 | | | 苛(kē) | 161 |
| | | guā | | | | hān | | | |
| gōu | | 瓜 | 121 | guǐ | | 酣 | 128 | hé | |
| 勾 | 118 | | | 癸 | 124 | 歛(liǎn) | 170 | 禾 | 129 |
| 句 | 118 | guǎ | | 鬼 | 124 | | | 合 | 129 |
| 拘(jū) | 156 | 寡 | 121 | 詭 | 124 | hán | | 何 | 129 |
| 區(qū) | 208 | | | | | 汗(hàn) | 128 | 河 | 130 |
| 溝 | 118 | guà | | guì | | 含 | 128 | 和 | 130 |
| 鉤 | 118 | 卦 | 122 | 貴 | 124 | 函 | 128 | 害(hài) | 127 |

| | | | | | | | | |
|---|---|---|---|---|---|---|---|
| 蓋 (gài) | 112 | 厚 | 132 | huài | | 晦 | 137 | 激 | 139 |
| 闔 | 130 | 候 | 133 | 壞 | 135 | 惠 | 137 | 積 | 139 |
| 闔 | 130 | | | | | 稅 (shuì) | 241 | 擊 | 139 |
| | | hū | | huān | | 賄 | 137 | 績 | 139 |
| hè | | 乎 | 133 | 歡 | 135 | 會 | 137 | 饑 | 139 |
| 何 (hé) | 129 | 忽 | 134 | | | 誨 | 138 | 雞 | 139 |
| 和 (hé) | 130 | 呼 | 134 | huán | | 穢 | 138 | 羈 | 139 |
| 賀 | 131 | 武 (wǔ) | 282 | 桓 | 135 | 壞 (huài) | 135 | | |
| 渴 (kě) | 162 | 惡 (è) | 95 | 環 | 136 | | | jí | |
| 葛 (gé) | 115 | 戲 (xì) | 285 | 還 | 136 | hūn | | 及 | 139 |
| 褐 | 131 | | | | | 昏 | 138 | 即 | 140 |
| 鶴 | 131 | hú | | huǎn | | | | 革 (gé) | 114 |
| | | 狐 | 134 | 緩 | 136 | hún | | 急 | 140 |
| hēi | | 弧 | 134 | | | 昆 (kūn) | 164 | 疾 | 140 |
| 黑 | 131 | 胡 | 134 | huàn | | 魂 | 138 | 棘 | 141 |
| | | 斛 | 134 | 宦 | 136 | | | 集 | 140 |
| hèn | | 湖 | 134 | 眩 (xuàn) | 296 | huó | | 殛 | 141 |
| 恨 | 131 | 壺 | 134 | 患 | 136 | 活 | 138 | 極 | 141 |
| | | 號 (háo) | 128 | | | 越 (yuè) | 338 | 楫 | 141 |
| hēng | | 鍋 (huá) | 135 | huāng | | | | 戢 | 141 |
| 亨 | 131 | 穀 | 134 | 皇 | 136 | huǒ | | 籍 | 141 |
| | | | | 荒 | 136 | 火 | 138 | | |
| héng | | hǔ | | | | | | jǐ | |
| 恒 | 131 | 虎 | 134 | huáng | | huò | | 己 | 141 |
| 橫 | 131 | 許 (xǔ) | 296 | 凰 | 136 | 呼 (hū) | 134 | 紀 (jì) | 142 |
| 衡 | 131 | | | 徨 | 136 | 或 | 138 | 給 | 141 |
| | | hù | | 黃 | 136 | 貨 | 138 | 幾 | 141 |
| hèng | | 戶 | 135 | 惶 | 136 | 惑 | 138 | 棘 (jí) | 141 |
| 橫 (héng) | 131 | 扈 | 135 | | | 禍 | 138 | 戟 | 141 |
| | | | | huī | | 霍 | 138 | 濟 (jì) | 143 |
| hōng | | huā | | 灰 | 137 | 獲 | 138 | | |
| 薨 | 131 | 華 (huá) | 135 | 撝 | 137 | | | jì | |
| | | | | 揮 | 137 | jī | | 吉 | 141 |
| hóng | | huá | | 墮 (duò) | 95 | 机 | 138 | 忌 | 141 |
| 洪 | 131 | 華 | 135 | 戲 (xì) | 285 | 居 (jū) | 156 | 季 | 141 |
| 降 (jiàng) | 148 | 鍋 | 135 | 隳 | 137 | 奇 (qí) | 196 | 近 (jìn) | 153 |
| 鴻 | 131 | 譁 | 135 | | | 其 (qí) | 196 | 其 (qí) | 196 |
| | | | | huí | | 姬 | 138 | 紀 | 142 |
| hòng | | huà | | 廻 | 137 | 笄 | 138 | 既 | 142 |
| 鴻 (hóng) | 131 | 化 | 135 | 徊 | 137 | 迹 | 138 | 計 | 142 |
| | | 畫 | 135 | | | 倚 (yǐ) | 312 | 記 | 142 |
| hóu | | 華 (huá) | 135 | huǐ | | 期 (qī) | 195 | 寄 | 142 |
| 侯 | 131 | | | 悔 | 137 | 幾 (jǐ) | 141 | 寂 | 142 |
| | | huái | | 毀 | 137 | 齊 (qí) | 199 | 祭 | 142 |
| hòu | | 徊 (huí) | 137 | | | 箕 | 138 | 結 (jié) | 150 |
| 后 | 132 | 淮 | 135 | huì | | 稽 | 139 | 棘 (jí) | 141 |
| 後 | 132 | 懷 | 135 | 恚 | 137 | 機 | 139 | 幾 (jǐ) | 141 |

| | | | | | | | | | |
|---|---|---|---|---|---|---|---|---|---|
| 跡 | 143 | 漸(jiàn) | 146 | 郊 | 149 | 截 | 150 | 驚 | 154 |
| 齊(qí) | 199 | | | 教(jiào) | 149 | 潔 | 150 | | |
| 際 | 143 | **jiǎn** | | 椒 | 149 | 頡(xié) | 290 | **jǐng** | |
| 稷 | 143 | 前(qián) | 202 | 焦 | 149 | | | 井 | 154 |
| 髻 | 143 | 剪 | 144 | 喬(qiáo) | 204 | **jiě** | | 頸 | 154 |
| 冀 | 143 | 揀 | 144 | 嬌 | 149 | 解 | 150 | | |
| 濟 | 143 | 齊(qí) | 199 | 徼(jiào) | 149 | | | **jìng** | |
| 騎(qí) | 200 | 儉 | 144 | 橋(qiáo) | 204 | **jiè** | | 勁 | 154 |
| 繼 | 143 | 踐(jiàn) | 146 | 驕 | 149 | 介 | 150 | 俓 | 154 |
| 驥 | 143 | 陷(xiǎn) | 287 | | | 戒 | 150 | 徑 | 154 |
| | | 檢 | 145 | **jiǎo** | | 界 | 151 | 陘(xíng) | 292 |
| **jiā** | | 簡 | 145 | 狡 | 149 | 疥 | 151 | 竟 | 154 |
| 加 | 143 | | | 校(jiào) | 149 | 借 | 151 | 敬 | 154 |
| 夾 | 143 | **jiàn** | | 徼(jiào) | 149 | 解(jiě) | 150 | 境 | 155 |
| 家 | 143 | 見 | 145 | 橋(qiáo) | 204 | 誡 | 151 | 靜 | 155 |
| 挾(xié) | 290 | 建 | 145 | 矯 | 149 | 籍(jí) | 141 | | |
| 筴(cè) | 68 | 荐 | 146 | 繳(zhuó) | 373 | | | **jiǒng** | |
| 葭 | 144 | 間(jiān) | 144 | | | **jīn** | | 窘 | 155 |
| 嘉 | 144 | 僭 | 146 | **jiào** | | 今 | 151 | | |
| | | 漸 | 146 | 校 | 149 | 金 | 152 | **jiū** | |
| **jiá** | | 賤 | 146 | 斛(hú) | 134 | 矜 | 153 | 鳩 | 155 |
| 夾(jiā) | 143 | 劍 | 146 | 教 | 149 | 津 | 153 | 繆(móu) | 184 |
| 袷 | 144 | 踐 | 146 | 徼 | 149 | 筋 | 153 | | |
| 頡(xié) | 290 | 諫 | 147 | 覺(jué) | 158 | 禁(jìn) | 154 | **jiǔ** | |
| | | 薦 | 147 | | | 襟 | 153 | 九 | 155 |
| **jiǎ** | | 濫(làn) | 165 | **jie** | | | | 久 | 155 |
| 甲 | 144 | 鑒 | 147 | 家(jiā) | 143 | **jǐn** | | 句(gōu) | 118 |
| 夏(xià) | 286 | | | | | 菫(qín) | 205 | 酒 | 155 |
| 假 | 144 | **jiāng** | | **jiē** | | 盡(jìn) | 154 | | |
| 暇(xià) | 286 | 江 | 147 | 皆 | 149 | 謹 | 153 | **jiù** | |
| | | 姜 | 147 | 接 | 150 | | | 咎 | 155 |
| **jià** | | 將 | 147 | 揭 | 150 | **jìn** | | 救 | 155 |
| 假(jiǎ) | 144 | 漿 | 148 | 階 | 150 | 吟(yín) | 315 | 就 | 156 |
| 嫁 | 144 | 僵 | 148 | 價(jià) | 144 | 近 | 153 | 舊 | 156 |
| 駕 | 144 | 彊(qiáng) | 203 | | | 晉 | 153 | | |
| 價 | 144 | 疆 | 148 | **jié** | | 菫(qín) | 205 | **jū** | |
| | | | | 劫 | 150 | 進 | 153 | 且(qiě) | 204 |
| **jiān** | | **jiàng** | | 桀 | 150 | 浸 | 154 | 車(chē) | 71 |
| 肩 | 144 | 匠 | 148 | 接(jiē) | 150 | 禁 | 154 | 沮(jǔ) | 156 |
| 姦 | 144 | 降 | 148 | 捷 | 150 | 盡 | 154 | 拘 | 156 |
| 咸(xián) | 287 | 將(jiāng) | 147 | 袷(jiá) | 144 | 薦(jiàn) | 147 | 居 | 156 |
| 兼 | 144 | 強(qiáng) | 203 | 結 | 150 | | | 俱 | 156 |
| 堅 | 144 | 彊(qiáng) | 203 | 渴(kě) | 162 | **jīng** | | | |
| 淺(qiǎn) | 203 | 疆(jiāng) | 148 | 節 | 150 | 荊 | 154 | **jú** | |
| 間 | 144 | | | 詰 | 150 | 旌 | 154 | 告(gào) | 114 |
| 湛(zhàn) | 345 | **jiāo** | | 碣 | 150 | 經 | 154 | | |
| 菅 | 144 | 交 | 149 | 竭 | 150 | 精 | 154 | | |

**jǔ**

| | |
|---|---|
| 巨（jù） | 157 |
| 去（qù） | 208 |
| 沮 | 156 |
| 拒（jù） | 157 |
| 矩 | 156 |
| 筥 | 156 |
| 舉 | 156 |

**jù**

| | |
|---|---|
| 句（gōu） | 118 |
| 巨 | 157 |
| 足（zú） | 379 |
| 沮（jǔ） | 156 |
| 拒 | 157 |
| 具 | 157 |
| 俱（jū） | 156 |
| 距 | 157 |
| 聚 | 157 |
| 據 | 157 |
| 遽 | 157 |
| 懼 | 157 |

**juān**

| | |
|---|---|
| 泫（xuàn） | 296 |
| 捐 | 157 |

**juàn**

| | |
|---|---|
| 倦 | 157 |

**juē**

| | |
|---|---|
| 祖（zǔ） | 380 |
| 嗟 | 157 |

**jué**

| | |
|---|---|
| 抉 | 157 |
| 決 | 157 |
| 角 | 157 |
| 屈（qū） | 208 |
| 掘 | 157 |
| 訣 | 157 |
| 厥 | 158 |
| 絕 | 158 |
| 爵 | 158 |
| 闕（què） | 210 |
| 覺 | 158 |

**jūn**

| | |
|---|---|
| 均 | 158 |
| 君 | 158 |
| 軍 | 160 |
| 鈞 | 160 |
| 龜（guī） | 123 |

**jùn**

| | |
|---|---|
| 俊 | 160 |
| 郡 | 160 |
| 峻 | 160 |
| 駿 | 161 |

**kāi**

| | |
|---|---|
| 開 | 161 |

**kǎi**

| | |
|---|---|
| 豈（qǐ） | 201 |

**kài**

| | |
|---|---|
| 咳（ké） | 161 |

**kǎn**

| | |
|---|---|
| 埳 | 161 |

**kāng**

| | |
|---|---|
| 杭（háng） | 128 |
| 康 | 161 |

**kàng**

| | |
|---|---|
| 康（kāng） | 161 |

**kǎo**

| | |
|---|---|
| 考 | 161 |
| 槁（gǎo） | 114 |

**kào**

| | |
|---|---|
| 槀（gǎo） | 114 |
| 槁（gǎo） | 114 |

**kē**

| | |
|---|---|
| 苛 | 161 |
| 柯 | 161 |

**ké**

| | |
|---|---|
| 咳 | 161 |

**kě**

| | |
|---|---|
| 可 | 161 |
| 渴 | 162 |

**kè**

| | |
|---|---|
| 可（kě） | 161 |
| 克 | 162 |
| 刻 | 162 |
| 剋 | 162 |
| 客 | 162 |

**kěn**

| | |
|---|---|
| 肯 | 162 |
| 墾 | 162 |

**kōng**

| | |
|---|---|
| 空 | 162 |

**kǒng**

| | |
|---|---|
| 孔 | 162 |
| 空（kōng） | 162 |
| 恐 | 163 |

**kòng**

| | |
|---|---|
| 空（kōng） | 162 |

**kǒu**

| | |
|---|---|
| 口 | 163 |

**kòu**

| | |
|---|---|
| 叩 | 163 |
| 扣 | 163 |
| 寇 | 163 |

**kū**

| | |
|---|---|
| 枯 | 163 |
| 哭 | 163 |
| 掘（jué） | 157 |

**kǔ**

| | |
|---|---|
| 苦 | 163 |

**kù**

| | |
|---|---|
| 庫 | 163 |
| 嚳 | 164 |

**kuā**

| | |
|---|---|
| 華（huá） | 135 |

**kuà**

| | |
|---|---|
| 跨 | 164 |

**kuài**

| | |
|---|---|
| 快 | 164 |
| 會（huì） | 137 |
| 鱠 | 164 |

**kuān**

| | |
|---|---|
| 寬 | 164 |

**kuāng**

| | |
|---|---|
| 皇（huāng） | 136 |

**kuáng**

| | |
|---|---|
| 狂 | 164 |

**kuàng**

| | |
|---|---|
| 兄（xiōng） | 293 |
| 況 | 164 |
| 皇（nuāng） | 136 |
| 貺 | 164 |
| 壙 | 164 |

**kuī**

| | |
|---|---|
| 規（guī） | 123 |
| 窺 | 164 |
| 虧 | 164 |

**kuí**

| | |
|---|---|
| 夔 | 164 |

**kuǐ**

| | |
|---|---|
| 頃（qǐng） | 206 |
| 窺（kuī） | 164 |

**kuì**

| | |
|---|---|
| 臾（yú） | 326 |
| 喟 | 164 |
| 愧 | 164 |
| 匱 | 164 |
| 潰 | 164 |
| 歸（guī） | 123 |
| 饋 | 164 |

**kūn**

| | |
|---|---|
| 卵（luǎn） | 176 |
| 昆 | 164 |
| 坤 | 164 |
| 崑 | 164 |
| 髡 | 164 |

**kǔn**

| | |
|---|---|
| 梱 | 165 |

**kùn**

| | |
|---|---|
| 困 | 165 |

**kuò**

| | |
|---|---|
| 會（huì） | 137 |

**lái**

| | |
|---|---|
| 來（lài） | 165 |

**lài**

| | |
|---|---|
| 來 | 165 |
| 勑 | 165 |
| 賴 | 165 |
| 瀨 | 165 |

**lán**

| | |
|---|---|
| 闌 | 165 |

**lǎn**

| | |
|---|---|
| 濫（làn） | 165 |
| 覽 | 165 |

**làn**

| | |
|---|---|
| 濫 | 165 |
| 爛 | 165 |

**láng**

| | |
|---|---|
| 狼 | 166 |
| 琅 | 166 |
| 瑯 | 166 |
| 螂 | 166 |
| 羹（gēng） | 115 |

**lǎng**

| | |
|---|---|
| 朗 | 166 |

| | | | | | | | | | |
|---|---|---|---|---|---|---|---|---|---|
| **lūn** | | **mán** | | **měi** | | 蜜 | 179 | **mìng** | |
| 輪(lún) | 176 | 蔓(màn) | 177 | 每 | 178 | | | 命 | 182 |
| | | 謾 | 177 | 美 | 178 | **mián** | | 暝(míng) | 182 |
| **lún** | | 蠻 | 177 | | | 綿 | 179 | | |
| 淪 | 176 | | | **mèi** | | | | **miù** | |
| 崙 | 176 | **mǎn** | | 每(měi) | 178 | **miǎn** | | 繆(móu) | 184 |
| 輪 | 176 | 滿 | 177 | 妹 | 178 | 免 | 180 | 謬 | 183 |
| 論(lùn) | 176 | | | 昧 | 178 | 勉 | 180 | | |
| | | **màn** | | 媚 | 178 | 冕 | 180 | **mó** | |
| **lùn** | | 慢 | 177 | 寐 | 178 | 湎 | 180 | 莫(mò) | 183 |
| 論 | 176 | 漫 | 177 | | | | | 無(wú) | 279 |
| | | 幕(mù) | 185 | **mén** | | **miàn** | | 募(mù) | 185 |
| **luó** | | 蔓 | 177 | 門 | 178 | 面 | 180 | 磨 | 183 |
| 臝(luǒ) | 176 | 謾(mán) | 177 | | | | | 靡(mǐ) | 179 |
| 羅 | 176 | | | **mèn** | | **miáo** | | | |
| 蠡(lǐ) | 168 | **máng** | | 滿(mǎn) | 177 | 苗 | 180 | **mò** | |
| 蘿 | 176 | 盲 | 177 | | | 鐃 | 180 | 末 | 183 |
| | | 茫 | 177 | **méng** | | | | 百(bǎi) | 53 |
| **luǒ** | | 痝 | 177 | 萌 | 179 | **miǎo** | | 沒 | 183 |
| 果(guǒ) | 127 | 萌(méng) | 179 | 盟 | 179 | 眇 | 180 | 脈(mài) | 177 |
| 累(lěi) | 166 | 龍(lóng) | 173 | 蒙 | 179 | | | 秣 | 183 |
| 臝 | 176 | | | 夢(mèng) | 179 | **miào** | | 莫 | 183 |
| 蠡(lǐ) | 168 | **mǎng** | | | | 眇(miǎo) | 180 | 幕(mù) | 185 |
| | | 莽 | 177 | **měng** | | 廟 | 180 | 墨 | 184 |
| **luò** | | | | 猛 | 179 | 繆(móu) | 184 | 默 | 184 |
| 格(gé) | 115 | **máo** | | | | | | 磨(mó) | 183 |
| 路(lù) | 175 | 毛 | 177 | **mèng** | | **miè** | | | |
| 落 | 176 | 矛 | 177 | 孟 | 179 | 滅 | 180 | **móu** | |
| 雒 | 176 | 茅 | 177 | 盟(méng) | 179 | | | 謀 | 184 |
| 樂(yuè) | 340 | 髦 | 177 | 夢 | 179 | **mín** | | 鍪 | 184 |
| 駱 | 176 | | | | | 民 | 180 | 繆 | 184 |
| 爍(shuò) | 242 | **mǎo** | | **mí** | | | | | |
| 轢(lì) | 170 | 卯 | 177 | 迷 | 179 | **mǐn** | | **mòu** | |
| | | | | 麋 | 179 | 昏(hūn) | 138 | 戊(wù) | 282 |
| **má** | | **mào** | | 糜 | 179 | 愍 | 181 | | |
| 麻 | 176 | 茂 | 177 | 靡(mǐ) | 179 | | | **mǔ** | |
| | | 毛 | 177 | | | **míng** | | 母 | 184 |
| **mǎ** | | 貌 | 177 | **mǐ** | | 名 | 181 | 畝 | 184 |
| 馬 | 176 | | | 米 | 179 | 明 | 182 | | |
| | | **méi** | | 芈 | 179 | 冥 | 182 | **mù** | |
| **mái** | | 枚 | 178 | 弭 | 179 | 盟(méng) | 179 | 木 | 185 |
| 埋 | 177 | 眉 | 178 | 辟(pì) | 193 | 鳴 | 182 | 目 | 185 |
| | | 梅 | 178 | 靡 | 179 | 暝 | 182 | 牧 | 185 |
| | | 墨(mò) | 184 | | | 銘 | 182 | 莫(mò) | 183 |
| **mài** | | 糜(mí) | 179 | **mì** | | | | 募 | 185 |
| 脈 | 177 | | | 秘 | 179 | **mǐng** | | 幕 | 185 |
| 麥 | 177 | | | 密 | 179 | 澠(yǐng) | 317 | 墓 | 185 |

| | | | | | | | | |
|---|---|---|---|---|---|---|---|---|
| 慕 | 185 | **néng** | | **niǔ** | | **òu** | | 珮 | 192 |

| 慕 | 185 |
| 暮 | 185 |
| 穆 | 185 |
| 繆（móu） | 184 |

**ná**
| 南（nán） | 187 |

**nà**
| 內（nèi） | 188 |
| 納 | 185 |

**nǎi**
| 乃 | 185 |

**nài**
| 奈 | 187 |
| 能（néng） | 188 |

**nán**
| 男 | 187 |
| 南 | 187 |
| 枏 | 187 |
| 難 | 187 |

**nàn**
| 難（nán） | 187 |

**náng**
| 囊 | 188 |

**nǎng**
| 曩 | 188 |

**náo**
| 撓 | 188 |
| 橈 | 188 |

**nǎo**
| 腦 | 188 |

**něi**
| 餒 | 188 |
| 餧（wèi） | 270 |

**nèi**
| 內 | 188 |

**néng**
| 而（ér） | 95 |
| 能 | 188 |

**ní**
| 兒（ér） | 100 |
| 鯢 | 189 |

**nǐ**
| 疑（yí） | 306 |
| 擬 | 189 |

**nì**
| 逆 | 189 |
| 匿 | 189 |
| 溺 | 189 |

**nián**
| 年 | 189 |

**niàn**
| 念 | 190 |

**niǎo**
| 鳥 | 190 |

**niào**
| 溺（nì） | 189 |

**niè**
| 孽 | 190 |
| 攝（shè） | 225 |
| 躡 | 190 |

**níng**
| 冰（bīng） | 59 |
| 寧 | 190 |
| 疑（yí） | 306 |

**nìng**
| 佞 | 190 |
| 寧（níng） | 190 |

**niú**
| 牛 | 191 |

**niǔ**
| 紐 | 191 |

**nóng**
| 農 | 191 |

**nú**
| 奴 | 191 |

**nǔ**
| 努 | 191 |
| 弩 | 191 |

**nù**
| 怒 | 191 |

**nǚ**
| 女 | 191 |

**nǜ**
| 女（nǚ） | 191 |
| 衄 | 192 |

**nuán**
| 濡（rú） | 216 |

**nüè**
| 虐 | 192 |

**nuó**
| 難（nán） | 187 |

**nuò**
| 諾 | 192 |

**ōu**
| 區（qū） | 208 |
| 嘔 | 192 |
| 漚（òu） | 192 |
| 歐（ǒu） | 192 |
| 鷗 | 192 |

**ǒu**
| 禺（yú） | 327 |
| 寓（yù） | 331 |
| 嘔（ōu） | 192 |
| 歐 | 192 |

**òu**
| 漚 | 192 |
| 嘔（ōu） | 192 |

**pá**
| 把（bǎ） | 52 |

**pái**
| 徘 | 192 |

**pān**
| 判（pàn） | 192 |
| 番（fān） | 102 |
| 潘 | 192 |

**pán**
| 番（fān） | 102 |
| 樊（fán） | 103 |
| 潘（pān） | 192 |
| 磐 | 192 |
| 繁（fán） | 103 |
| 磻（bō） | 60 |

**pàn**
| 反（fǎn） | 103 |
| 半（bàn） | 54 |
| 判 | 192 |
| 叛 | 192 |

**pāng**
| 滂 | 192 |

**páng**
| 方（fāng） | 104 |
| 彷（fǎng） | 104 |
| 房（fáng） | 104 |
| 旁 | 192 |
| 逢（féng） | 106 |
| 傍 | 192 |

**páo**
| 包（bāo） | 54 |
| 袍 | 192 |

**pèi**
| 妃（fēi） | 104 |
| 佩 | 192 |

| 珮 | 192 |
| 配 | 192 |

**pēng**
| 亨（hēng） | 131 |
| 烹 | 192 |

**péng**
| 朋 | 192 |
| 逢（féng） | 106 |
| 蓬 | 193 |

**pěng**
| 奉（fèng） | 106 |

**pī**
| 皮（pí） | 193 |
| 被（bèi） | 56 |
| 鈹 | 193 |
| 劈 | 193 |

**pí**
| 比（bǐ） | 56 |
| 皮 | 193 |
| 陂（bēi） | 55 |
| 疲 | 193 |
| 脾 | 193 |
| 辟（pì） | 193 |
| 罷（bà） | 52 |
| 貔 | 193 |

**pǐ**
| 匹 | 193 |
| 否（fǒu） | 107 |
| 噽 | 193 |

**pì**
| 匹（pǐ） | 193 |
| 副（fù） | 111 |
| 辟 | 193 |
| 僻 | 193 |
| 擘（bò） | 61 |
| 譬 | 193 |
| 闢 | 193 |

**piān**
| 扁（biǎn） | 58 |

| | | | | | | | |
|---|---|---|---|---|---|---|---|
| 偏 | 193 | **pǒ** | | 溪(xī) | 284 | 漸(jiàn) | 146 | **qiē** | |
| 翩 | 193 | 頗(pō) | 194 | | | 潛 | 203 | 切 | 204 |
| 篇 | 193 | | | **qí** | | 黔 | 203 | | |
| | | **pò** | | 岐 | 196 | | | **qiě** | |
| **pián** | | 朴 | 194 | 其 | 196 | **qiǎn** | | 且 | 204 |
| 平(píng) | 194 | 柏(bó) | 61 | 奇 | 196 | 淺 | 203 | | |
| 便(biàn) | 58 | 迫 | 194 | 祇 | 199 | 遣 | 203 | **qiè** | |
| 梗 | 193 | 破 | 194 | 俟(sì) | 244 | 譴 | 203 | 切(qiē) | 204 |
| 辯(biàn) | 58 | 魄 | 195 | 耆 | 199 | | | 妾 | 204 |
| | | 霸(bà) | 52 | 崎 | 199 | **qiàn** | | 捷(jié) | 150 |
| **piàn** | | | | 幾(jǐ) | 141 | 淒(qī) | 195 | 篋 | 204 |
| 辨(biàn) | 58 | **pōu** | | 齊 | 199 | 牽(qiān) | 202 | 竊 | 204 |
| | | 朴(pò) | 194 | 旗 | 200 | | | | |
| **piāo** | | 剖 | 195 | 錡 | 200 | **qiāng** | | **qīn** | |
| 縹(piǎo) | 194 | | | 騎 | 200 | 牂 | 203 | 侵 | 205 |
| 飄 | 194 | **póu** | | 麒 | 200 | 羌 | 203 | 菫 | 205 |
| | | 褒(bāo) | 54 | 蘄 | 200 | 將(jiāng) | 147 | 浸(jìn) | 154 |
| **piáo** | | | | | | 慶(qìng) | 207 | 親 | 205 |
| 剽(piào) | 194 | **pǒu** | | **qǐ** | | 鏘 | 203 | | |
| | | 附(fù) | 111 | 乞 | 200 | | | **qín** | |
| **piǎo** | | 部(bù) | 67 | 豈 | 201 | **qiáng** | | 秦 | 205 |
| 縹 | 194 | | | 起 | 200 | 強 | 203 | 琴 | 205 |
| | | **pū** | | 啓 | 201 | 墻 | 204 | 禽 | 205 |
| **piào** | | 朴(pò) | 194 | 幾(jǐ) | 141 | 彊 | 203 | 擒 | 205 |
| 剽 | 194 | | | 稽(jī) | 139 | 牆 | 204 | | |
| | | **pú** | | | | | | **qǐn** | |
| **piē** | | 扶(fú) | 109 | **qì** | | **qiǎng** | | 侵(qīn) | 205 |
| 蔽(bì) | 58 | 脯(fǔ) | 110 | 乞(qǐ) | 200 | 強(qiáng) | 203 | 寢 | 205 |
| | | 蒲 | 195 | 切(qiē) | 204 | 彊(qiáng) | 203 | | |
| **pín** | | 僕 | 195 | 妻(qī) | 195 | | | **qìn** | |
| 貧 | 194 | | | 泣 | 201 | **qiāo** | | 親(qīn) | 205 |
| | | **pǔ** | | 氣 | 201 | 橋(qiáo) | 204 | | |
| **pìn** | | 朴(pò) | 194 | 訖 | 201 | | | **qīng** | |
| 聘 | 194 | | | 揭(jiē) | 150 | **qiáo** | | 青 | 206 |
| | | **pù** | | 棄 | 201 | 招(zhāo) | 346 | 卿 | 206 |
| **píng** | | 暴(bào) | 55 | 器 | 202 | 焦(jiāo) | 149 | 頃(qǐng) | 206 |
| 平 | 194 | | | | | 喬 | 204 | 清 | 206 |
| 屏 | 194 | **qī** | | **qiān** | | 樵 | 204 | 傾 | 206 |
| | | 七 | 195 | 千 | 202 | 橋 | 204 | 輕 | 206 |
| **pō** | | 妻 | 195 | 允(yǔn) | 341 | | | 慶(qìng) | 207 |
| 朴(pò) | 194 | 戚 | 195 | 牽 | 202 | **qiǎo** | | | |
| 陂(bēi) | 55 | 淒 | 195 | 褰 | 202 | 巧 | 204 | **qíng** | |
| 頗 | 194 | 悽 | 195 | | | 愀 | 204 | 情 | 206 |
| | | 棲 | 196 | **qián** | | | | 請(qǐng) | 206 |
| **pó** | | 期 | 195 | 前 | 202 | **qiào** | | | |
| 番(fān) | 102 | 萋 | 195 | 虔 | 203 | 削(xuē) | 296 | **qǐng** | |
| 繁(fán) | 103 | 欺 | 195 | 乾 | 203 | 誚 | 204 | 頃 | 206 |

| | | | | | | | | | |
|---|---|---|---|---|---|---|---|---|---|
| 請 | 206 | **quán** | | **ráo** | | **rǔ** | | **sāng** | |
| | | 全 | 209 | 橈(náo) | 188 | 女(nǚ) | 191 | 桑 | 220 |
| **qìng** | | 泉 | 209 | 饒 | 211 | 汝 | 217 | 喪(sàng) | 220 |
| 請(qǐng) | 206 | 詮 | 209 | | | 乳 | 217 | | |
| 慶 | 207 | 權 | 209 | **rǎo** | | 辱 | 217 | **sǎng** | |
| | | | | 擾 | 211 | | | 顙 | 220 |
| **qióng** | | **quǎn** | | | | **rù** | | | |
| 窮 | 207 | 犬 | 209 | **rě** | | 入 | 217 | **sàng** | |
| | | | | 若(ruò) | 218 | 褥 | 218 | 喪 | 220 |
| **qiū** | | **quàn** | | | | | | | |
| 丘 | 207 | 勸 | 209 | **rè** | | **ruì** | | **sāo** | |
| 坵 | 207 | | | 熱 | 211 | 汭 | 218 | 艘 | 220 |
| 秋 | 207 | **quē** | | | | 瑞 | 218 | | |
| 區(qū) | 208 | 屈(qū) | 208 | **rén** | | 銳 | 218 | **sǎo** | |
| 龜(guī) | 123 | 缺 | 209 | 人 | 211 | | | 掃 | 220 |
| | | 闕(què) | 210 | 仁 | 214 | **rùn** | | | |
| **qiú** | | | | 壬 | 214 | 潤 | 218 | **sè** | |
| 仇 | 207 | **què** | | 任(rèn) | 215 | | | 色 | 220 |
| 囚 | 207 | 卻 | 210 | | | **ruò** | | 塞 | 220 |
| 求 | 207 | 雀 | 210 | **rěn** | | 若 | 218 | 瑟 | 220 |
| 裘 | 208 | 確 | 210 | 忍 | 214 | 弱 | 218 | | |
| | | 爵(jué) | 158 | 稔 | 214 | | | **shā** | |
| **qū** | | 闋 | 210 | | | **sǎ** | | 沙 | 220 |
| 去(qù) | 208 | 鵲 | 210 | **rèn** | | 灑 | 219 | 砂 | 220 |
| 曲 | 208 | | | 刃 | 214 | | | 殺 | 220 |
| 屈 | 208 | **qūn** | | 任 | 215 | **sà** | | | |
| 取(qǔ) | 208 | 逡(dùn) | 94 | 妊 | 215 | 殺(shā) | 220 | **shá** | |
| 區 | 208 | | | | | 蔡(cài) | 67 | 奢(shē) | 224 |
| 嶇 | 208 | **qún** | | **réng** | | | | | |
| 歐(ǒu) | 192 | 群 | 210 | 仍 | 215 | **sāi** | | **shà** | |
| 趨 | 208 | | | | | 思(sī) | 242 | 沙(shā) | 220 |
| 軀 | 208 | **rán** | | **rì** | | | | 舍(shè) | 224 |
| | | 枏(nán) | 187 | 日 | 215 | **sài** | | | |
| **qú** | | 然 | 210 | | | 塞(sè) | 220 | **shài** | |
| 句(gōu) | 118 | | | **róng** | | | | 殺(shā) | 220 |
| 鉤(gōu) | 118 | **ráng** | | 戎 | 215 | **sān** | | | |
| 蕖 | 208 | 壤(rǎng) | 211 | 容 | 216 | 三 | 219 | **shān** | |
| 懼(jù) | 157 | 攘 | 211 | 榮 | 216 | 參(shēn) | 225 | 山 | 221 |
| | | | | | | | | 縿(cái) | 67 |
| **qǔ** | | **rǎng** | | **ròu** | | **sǎn** | | | |
| 曲(qū) | 208 | 攘(ráng) | 211 | 肉 | 216 | 參(shēn) | 225 | **shàn** | |
| 取 | 208 | 壤 | 211 | | | 散(sàn) | 220 | 剡(yǎn) | 299 |
| 娶 | 208 | 讓(ràng) | 211 | **rú** | | | | 訕 | 222 |
| | | | | 如 | 216 | **sàn** | | 善 | 222 |
| **qù** | | **ràng** | | 濡 | 216 | 散 | 220 | 壇(tán) | 250 |
| 去 | 208 | 攘(ráng) | 211 | 褥 | 217 | | | 擅 | 222 |
| 趨(qū) | 208 | 讓 | 211 | | | | | 鄯 | 222 |

| | | | | |
|---|---|---|---|---|
| 禪　222 | 舍　224 | **shī** | 嗜　237 | **shǔ** |
| | 涉　224 | 失　228 | 筮　237 | 黍　239 |
| **shāng** | 射　224 | 施　228 | 勢　237 | 暑　240 |
| 商　222 | 赦　225 | 屍　228 | 誓　237 | 蜀　240 |
| 湯(tāng)　251 | 設　225 | 師　228 | 飾　237 | 數(shù)　240 |
| 傷　222 | 葉(yè)　304 | 詩　229 | 適　237 | 屬　240 |
| 觴　222 | 攝　225 | 濕　229 | 澨　237 | |
| | | | 澤(zé)　344 | **shù** |
| **shǎng** | **shēn** | **shí** | 諡　237 | 戍　240 |
| 上(shàng)　222 | 申　225 | 十　229 | 曙　237 | 束　240 |
| 賞　222 | 伸　225 | 石　229 | 識(shí)　231 | 述　240 |
| | 身　225 | 食　230 | 釋　237 | 術　240 |
| **shàng** | 信(xìn)　291 | 時　230 | | 庶　240 |
| 上　222 | 娠　225 | 提(tí)　252 | **shōu** | 疏(shū)　239 |
| 尚　223 | 參　225 | 實　231 | 收　237 | 踈(shū)　239 |
| 賞(shǎng)　222 | 莘　225 | 蝕　231 | | 豎　240 |
| | 深　226 | 識　231 | **shǒu** | 數　240 |
| **shāo** | | | 手　237 | 樹　240 |
| 稍　223 | **shén** | **shǐ** | 守　238 | |
| 燒　223 | 神　226 | 史　231 | 首　238 | **shuā** |
| | | 矢　231 | | 選(xuǎn)　296 |
| **sháo** | **shěn** | 豕　231 | **shòu** | |
| 招(zhāo)　346 | 審　226 | 始　232 | 受　238 | **shuāi** |
| | | 使　231 | 狩　238 | 衰　240 |
| **shǎo** | **shèn** | 施(shī)　228 | 授　239 | |
| 少　223 | 甚　226 | | 綬　239 | **shuài** |
| | 慎　226 | **shì** | 壽　239 | 帥　240 |
| **shào** | | 士　233 | 獸　239 | 率　241 |
| 少(shǎo)　223 | **shēng** | 氏　234 | | |
| 召(zhào)　346 | 升　226 | 仕　234 | **shū** | **shuāng** |
| 削(xuē)　296 | 生　226 | 示　234 | 殳　239 | 霜　241 |
| 稍(shāo)　223 | 勝(shèng)　227 | 世　234 | 叔　239 | 雙　241 |
| 燒(shāo)　223 | 聲　227 | 市　234 | 書　239 | |
| | | 侍　234 | 殊　239 | **shuí** |
| **shē** | **shéng** | 事　234 | 荼(tú)　255 | 誰　241 |
| 奢　224 | 繩　227 | 舍(shè)　224 | 舒　239 | |
| | | 恃　236 | 疏　239 | **shuǐ** |
| **shé** | **shěng** | 是　235 | 踈　239 | 水　241 |
| 舌　224 | 省(xǐng)　292 | 室　236 | 銖　239 | |
| 蛇　224 | | 耆(qí)　199 | 樞　239 | **shuì** |
| | **shèng** | 眂　236 | 輸　239 | 稅　241 |
| **shě** | 甸(diàn)　92 | 商(dì)　91 | | 說(shuō)　242 |
| 舍(shè)　224 | 乘(chéng)　75 | 逝　236 | **shú** | |
| 捨　224 | 盛(chéng)　75 | 視　236 | 孰　239 | **shùn** |
| | 勝　227 | 弒　236 | 熟　239 | 舜　241 |
| **shè** | 聖　228 | 試　237 | 贖　239 | 順　241 |
| 社　224 | | 軾　237 | | 瞬　242 |

| | | | | | | | | | |
|---|---|---|---|---|---|---|---|---|---|
| **shuō** | | 誦 | 245 | **suì** | | **tán** | | **tí** | |
| 說 | 242 | | | 術(shù) | 240 | 彈(dàn) | 86 | 折(zhé) | 347 |
| | | **sōu** | | 隊(duì) | 94 | 壇 | 250 | 提 | 252 |
| **shuò** | | 溲(sóu) | 245 | 歲 | 246 | 譚 | 250 | 啼 | 252 |
| 數(shù) | 240 | 廋 | 245 | 遂 | 246 | | | 題 | 252 |
| 爍 | 242 | 艘(sāo) | 220 | 穗 | 247 | **tǎn** | | | |
| | | | | | | 袒 | 251 | **tǐ** | |
| **sī** | | **sóu** | | **sūn** | | **tàn** | | 體 | 252 |
| 司 | 242 | 溲 | 245 | 孫 | 247 | 炭 | 251 | | |
| 私 | 242 | | | | | 貪(tān) | 250 | **tì** | |
| 思 | 242 | **sǒu** | | **sǔn** | | 嘆 | 251 | 狄(dí) | 90 |
| 絲 | 243 | 廋(sōu) | 245 | 損 | 248 | 歎 | 251 | 弟(dì) | 91 |
| 斯 | 242 | | | | | | | 涕 | 252 |
| | | **sū** | | **suō** | | **tāng** | | 惕 | 252 |
| **sǐ** | | 蘇 | 245 | 獻(xiàn) | 287 | 湯 | 251 | 裼(xī) | 284 |
| 死 | 243 | | | | | 蕩(dàng) | 87 | 適(shì) | 237 |
| | | **sú** | | **suǒ** | | 闖(chāng) | 69 | | |
| **sì** | | 俗 | 245 | 所 | 248 | | | **tiān** | |
| 巳 | 244 | | | 索 | 249 | **táng** | | 天 | 252 |
| 四 | 244 | **sù** | | | | 唐 | 251 | | |
| 司(sī) | 242 | 泝 | 245 | **tā** | | 堂 | 251 | **tián** | |
| 似 | 244 | 素 | 245 | 他 | 249 | 棠 | 251 | 田 | 253 |
| 伺 | 244 | 宿 | 245 | | | 螳 | 251 | 甸(diàn) | 92 |
| 兕 | 244 | 訴 | 245 | **tà** | | | | 佃 | 253 |
| 祀 | 244 | 粟 | 246 | 達(dá) | 83 | **tàng** | | 恬 | 253 |
| 姒 | 244 | 遡 | 246 | 濕(shī) | 229 | 湯(tāng) | 251 | 填 | 253 |
| 泗 | 244 | 愬 | 246 | | | | | 顛(diān) | 91 |
| 食(shí) | 230 | 數(shù) | 240 | **tāi** | | **tāo** | | | |
| 思(sī) | 242 | 蘇(sū) | 245 | 台(tái) | 249 | 滔 | 251 | **tiǎn** | |
| 俟 | 244 | | | | | | | 填(tián) | 253 |
| 笥 | 245 | **suān** | | **tái** | | **táo** | | | |
| 嗣 | 245 | 酸 | 246 | 台 | 249 | 逃 | 251 | **tiāo** | |
| 飼 | 245 | | | 邰 | 249 | 桃 | 251 | 條(tiáo) | 253 |
| 飴(yí) | 306 | **suàn** | | 能(néng) | 188 | | | | |
| 駟 | 245 | 選(xuǎn) | 296 | 臺 | 249 | **tǎo** | | **tiáo** | |
| | | | | | | 討 | 251 | 脩(xiū) | 294 |
| **sōng** | | **suī** | | **tài** | | | | 條 | 253 |
| 松 | 245 | 濉 | 246 | 大(dà) | 83 | **tè** | | 蜩 | 253 |
| | | 雖 | 246 | 太 | 249 | 慝(nì) | 189 | 調 | 253 |
| **sǒng** | | | | 能(néng) | 188 | 貸(dài) | 86 | | |
| 從(cóng) | 82 | **suí** | | 泰 | 250 | | | **tiào** | |
| 聳 | 245 | 綏 | 246 | 態 | 250 | **téng** | | 糶 | 253 |
| 縱(zòng) | 379 | 隨 | 246 | | | 滕 | 251 | | |
| | | | | **tān** | | 騰 | 251 | **tiē** | |
| **sòng** | | **suǐ** | | 貪 | 250 | | | 帖(tiē) | 254 |
| 宋 | 245 | 髓 | 246 | | | | | | |
| 送 | 245 | | | | | | | | |

| tiě | | tū | | 敦(dūn) | 94 | wáng | | wèi | |
|---|---|---|---|---|---|---|---|---|---|
| 帖(tiè) | 254 | 吐(tǔ) | 256 | | | 亡 | 257 | 未 | 269 |
| 銕 | 254 | | | tuō | | 王 | 258 | 位 | 269 |
| 鐵 | 254 | tú | | 他(tā) | 249 | | | 味 | 269 |
| | | 徒 | 255 | 託 | 256 | wǎng | | 畏 | 270 |
| tiè | | 荼 | 255 | 脫 | 256 | 方(fāng) | 104 | 尉 | 270 |
| 帖 | 254 | 途 | 255 | 稅(shuì) | 241 | 王(wáng) | 258 | 蔚 | 270 |
| | | 屠 | 255 | 說(shuō) | 242 | 罔 | 264 | 慰 | 270 |
| tīng | | 塗 | 255 | | | 往 | 264 | 衛 | 270 |
| 聽 | 254 | 圖 | 255 | tuó | | 網 | 264 | 謂 | 270 |
| | | | | 池(chí) | 76 | | | 遺(yí) | 306 |
| tíng | | tǔ | | 橐 | 256 | wàng | | 餧 | 270 |
| 亭 | 254 | 土 | 255 | | | 王(wáng) | 258 | 魏 | 270 |
| 庭 | 254 | 吐 | 256 | tuǒ | | 妄 | 264 | | |
| 挺(tǐng) | 254 | | | 綏(suí) | 246 | 忘 | 264 | wēn | |
| 霆 | 254 | tù | | | | 盲(máng) | 177 | 溫 | 270 |
| | | 吐(tǔ) | 256 | tuò | | 往(wǎng) | 264 | | |
| tǐng | | 兔 | 256 | 魄(pò) | 195 | 望 | 264 | wén | |
| 挺 | 254 | | | | | | | 文 | 270 |
| | | tuán | | wā | | wēi | | 梱(kǔn) | 165 |
| tìng | | 專(zhuān) | 372 | 污(wū) | 273 | 危 | 265 | 聞 | 271 |
| 庭(tíng) | 254 | 敦(dūn) | 94 | 蠹 | 256 | 委(wěi) | 268 | | |
| | | 傅 | 256 | | | 畏(wèi) | 270 | wěn | |
| tōng | | 摶 | 256 | wǎ | | 威 | 265 | 昧(mèi) | 178 |
| 桐(tóng) | 254 | | | 瓦 | 256 | 微 | 265 | | |
| 通 | 254 | tuàn | | | | | | wèn | |
| | | 稅(shuì) | 241 | wà | | wéi | | 文(wén) | 270 |
| tóng | | 緣(yuán) | 332 | 瓦(wǎ) | 256 | 爲 | 265 | 免(miǎn) | 180 |
| 同 | 254 | | | | | 僞(wěi) | 268 | 問 | 272 |
| 洞(dòng) | 93 | tuī | | wài | | 唯 | 268 | 聞(wén) | 271 |
| 重(zhòng) | 368 | 推 | 256 | 外 | 256 | 惟 | 268 | | |
| 桐 | 254 | | | | | 圍 | 268 | wēng | |
| 童 | 254 | tuí | | wān | | 違 | 268 | 翁 | 272 |
| 僮 | 255 | 弟(dì) | 91 | 貫(guàn) | 123 | 維 | 268 | | |
| | | 隤 | 256 | 關(guān) | 122 | 魏(wèi) | 270 | wěng | |
| tǒng | | | | | | 巍 | 268 | 翁(wēng) | 272 |
| 甬(yǒng) | 317 | tuì | | wán | | | | | |
| 統 | 255 | 退 | 256 | 丸 | 257 | wěi | | wǒ | |
| | | 脫(tuō) | 256 | 翫 | 257 | 尾 | 268 | 我 | 272 |
| tòng | | 稅(shuì) | 241 | | | 委 | 268 | 果(guǒ) | 127 |
| 痛 | 255 | | | wǎn | | 唯(wéi) | 268 | | |
| 慟 | 255 | tūn | | 宛 | 257 | 偉 | 268 | wò | |
| | | 吞 | 256 | 惋 | 257 | 僞 | 268 | 沃 | 273 |
| tóu | | | | | | 葦 | 268 | 臥 | 273 |
| 投 | 255 | tún | | wàn | | 蔿 | 268 | 握 | 273 |
| 頭 | 255 | 屯(zhūn) | 373 | 萬 | 257 | 緯 | 268 | | |
| | | 豚 | 256 | | | | | | |

**wū**

| | |
|---|---|
| 污 | 273 |
| 巫 | 273 |
| 於(yú) | 322 |
| 洿 | 273 |
| 烏 | 273 |
| 惡(è) | 95 |

**wú**

| | |
|---|---|
| 亡(wáng) | 257 |
| 吾 | 277 |
| 吳 | 274 |
| 梧 | 279 |
| 無 | 279 |
| 鋘(huá) | 135 |
| 廡(wǔ) | 282 |

**wǔ**

| | |
|---|---|
| 五 | 280 |
| 午 | 281 |
| 伍 | 281 |
| 武 | 282 |
| 侮 | 282 |
| 務(wù) | 282 |
| 舞 | 282 |
| 廡 | 282 |

**wù**

| | |
|---|---|
| 勿 | 282 |
| 戊 | 282 |
| 物 | 282 |
| 掘(jué) | 157 |
| 務 | 282 |
| 梧(wú) | 279 |
| 惡(è) | 95 |
| 寤 | 282 |
| 誤 | 282 |
| 寱 | 282 |
| 霧 | 282 |

**xī**

| | |
|---|---|
| 夕 | 282 |
| 兮 | 282 |
| 西 | 283 |
| 希 | 283 |
| 吸 | 283 |
| 昔 | 283 |
| 奚 | 283 |
| 息 | 283 |
| 惜 | 284 |
| 悉 | 283 |
| 訢(xīn) | 291 |
| 棲(qī) | 196 |
| 喜(xǐ) | 285 |
| 犀 | 284 |
| 翕 | 284 |
| 溪 | 284 |
| 褐 | 284 |
| 熙 | 284 |
| 嘻 | 284 |
| 膝 | 284 |
| 嬉 | 284 |
| 熹 | 284 |
| 燨 | 284 |
| 谿 | 284 |
| 戲(xì) | 285 |
| 攜 | 284 |

**xí**

| | |
|---|---|
| 席 | 284 |
| 習 | 284 |
| 隰 | 284 |
| 檄 | 284 |
| 襲 | 284 |

**xǐ**

| | |
|---|---|
| 徙 | 285 |
| 喜 | 285 |
| 屣 | 285 |

**xì**

| | |
|---|---|
| 卻(què) | 210 |
| 係 | 285 |
| 郤 | 285 |
| 氣(qì) | 201 |
| 細 | 285 |
| 隙 | 285 |
| 綌 | 285 |
| 戲 | 285 |
| 繫 | 285 |

**xiā**

| | |
|---|---|
| 蝦 | 285 |

**xiá**

| | |
|---|---|
| 甲(jiǎ) | 144 |
| 夾(jiā) | 143 |
| 狹 | 285 |
| 假(jiǎ) | 144 |
| 葭(jiā) | 144 |
| 暇(xià) | 286 |

**xià**

| | |
|---|---|
| 下 | 285 |
| 夏 | 286 |
| 假(jiǎ) | 144 |
| 暇 | 286 |

**xiān**

| | |
|---|---|
| 先 | 287 |
| 跣(xiǎn) | 287 |

**xián**

| | |
|---|---|
| 弦 | 287 |
| 咸 | 287 |
| 絃 | 287 |
| 銜 | 287 |
| 嫌 | 287 |
| 賢 | 287 |

**xiǎn**

| | |
|---|---|
| 省(xǐng) | 292 |
| 跣 | 287 |
| 險 | 287 |
| 顯 | 287 |

**xiàn**

| | |
|---|---|
| 見(jiàn) | 145 |
| 臽 | 287 |
| 陷 | 287 |
| 羨 | 287 |
| 獻 | 287 |

**xiāng**

| | |
|---|---|
| 相 | 288 |
| 鄉 | 288 |
| 襄 | 288 |

**xiáng**

| | |
|---|---|
| 降(jiàng) | 148 |
| 祥 | 288 |
| 翔 | 288 |

**xiǎng**

| | |
|---|---|
| 亨(hēng) | 131 |
| 鄉(xiāng) | 288 |
| 餉 | 288 |
| 攘(ráng) | 211 |
| 響 | 288 |

**xiàng**

| | |
|---|---|
| 向 | 288 |
| 巷 | 289 |
| 相(xiāng) | 288 |
| 項 | 289 |
| 象 | 289 |
| 鄉(xiāng) | 288 |
| 像 | 289 |

**xiāo**

| | |
|---|---|
| 肖(xiào) | 289 |
| 消 | 289 |
| 銷 | 289 |
| 驕(jiāo) | 149 |

**xiáo**

| | |
|---|---|
| 校(jiào) | 149 |

**xiǎo**

| | |
|---|---|
| 小 | 289 |
| 曉 | 289 |

**xiào**

| | |
|---|---|
| 孝 | 289 |
| 肖 | 289 |
| 校(jiào) | 149 |
| 效 | 289 |
| 笑 | 289 |
| 嘯 | 289 |

**xiē**

| | |
|---|---|
| 歇 | 289 |

**xié**

| | |
|---|---|
| 邪 | 289 |
| 挾 | 290 |
| 脅 | 290 |
| 頡 | 290 |

**xī**

| | |
|---|---|
| 攜(xī) | 284 |

**xiě**

| | |
|---|---|
| 寫 | 290 |

**xiè**

| | |
|---|---|
| 泄 | 290 |
| 洩 | 290 |
| 械 | 290 |
| 解(jiě) | 150 |
| 寫(xiě) | 290 |
| 豫(yù) | 331 |
| 褻 | 290 |
| 謝 | 290 |

**xīn**

| | |
|---|---|
| 心 | 290 |
| 辛 | 291 |
| 莘(shēn) | 225 |
| 訢 | 291 |
| 新 | 291 |
| 親(qīn) | 205 |
| 薪 | 291 |

**xìn**

| | |
|---|---|
| 信 | 291 |
| 疊 | 291 |

**xīng**

| | |
|---|---|
| 星 | 291 |
| 興 | 291 |

**xíng**

| | |
|---|---|
| 行 | 291 |
| 刑 | 292 |
| 形 | 292 |
| 陘 | 292 |

**xǐng**

| | |
|---|---|
| 省 | 292 |

**xìng**

| | |
|---|---|
| 行(xíng) | 291 |
| 姓 | 293 |
| 性 | 293 |
| 幸 | 293 |
| 倖 | 293 |

| | | | | | | | | |
|---|---|---|---|---|---|---|---|---|
| 興（xīng） | 291 | 恤 | 296 | 循 | 297 | 顏 | 298 | **yāo** | |
| | | 畜（chù） | 80 | 尋 | 297 | 嚴 | 299 | 妖 | 300 |
| **xiōng** | | 蓄 | 296 | 遁（dùn） | 94 | 巖 | 299 | 要 | 300 |
| 凶 | 293 | 續 | 296 | 潯 | 297 | | | 腰 | 300 |
| 兄 | 293 | | | | | **yǎn** | | 徼（jiào） | 149 |
| 胸 | 293 | **xuān** | | **xùn** | | 剡 | 299 | | |
| | | 泫（xuàn） | 296 | 徇 | 297 | 掩 | 299 | **yáo** | |
| **xióng** | | 宣 | 296 | 孫（sūn） | 247 | 眼 | 299 | 猶（yóu） | 318 |
| 雄 | 293 | | | 遜 | 297 | 演 | 299 | 堯 | 300 |
| 熊 | 293 | **xuán** | | 選（xuǎn） | 296 | 厭（yàn） | 299 | 搖 | 300 |
| | | 玄 | 296 | | | 閹（àn） | 51 | 遙 | 300 |
| **xiū** | | 旋 | 296 | **yā** | | 儼 | 299 | 踰（yú） | 328 |
| 休 | 293 | 滋 | 296 | 烏（wū） | 273 | | | 繇 | 301 |
| 修 | 294 | 還（huán） | 136 | 雅（yǎ） | 297 | **yàn** | | | |
| 羞 | 294 | 懸 | 296 | 厭（yàn） | 299 | 炎（yán） | 298 | **yǎo** | |
| 脩 | 294 | | | | | 咽（yān） | 297 | 杳 | 301 |
| | | **xuǎn** | | **yá** | | 宴 | 299 | 要（yāo） | 300 |
| **xiù** | | 選 | 296 | 牙 | 297 | 晏 | 299 | | |
| 秀 | 294 | | | | | 厭 | 299 | **yào** | |
| 臭（chòu） | 77 | **xuàn** | | **yǎ** | | 燕 | 299 | 幼（yòu） | 322 |
| 宿（sù） | 245 | 泫 | 296 | 啞（è） | 95 | 嚥 | 299 | 要（yāo） | 300 |
| 繡 | 294 | 眩 | 296 | 雅 | 297 | 驗 | 299 | 樂（yuè） | 340 |
| | | 旋（xuán） | 296 | | | 鷰 | 299 | 藥 | 301 |
| **xū** | | 選（xuǎn） | 296 | **yà** | | | | 耀 | 301 |
| 于（yú） | 322 | | | 啞（è） | 95 | **yāng** | | | |
| 戌 | 294 | **xuē** | | 御（yù） | 330 | 泱 | 299 | **yē** | |
| 吁 | 294 | 削 | 296 | | | 殃 | 299 | 掖（yè） | 304 |
| 呼（hū） | 134 | 薛 | 296 | **yān** | | 鞅 | 299 | | |
| 胥 | 294 | | | 身（shēn） | 225 | | | **yé** | |
| 虛 | 295 | **xué** | | 咽 | 297 | **yáng** | | 邪（xié） | 289 |
| 須 | 296 | 穴 | 296 | 殷（yīn） | 315 | 羊 | 299 | 耶 | 301 |
| 頊 | 296 | 學 | 297 | 焉 | 297 | 佯 | 299 | 琊 | 301 |
| 嘔（ōu） | 192 | | | 淹 | 297 | 徉 | 299 | | |
| 墟 | 296 | **xuě** | | 煙 | 297 | 湯（tāng） | 251 | **yě** | |
| 鬚 | 296 | 雪 | 297 | 厭（yàn） | 299 | 揚 | 300 | 也 | 301 |
| | | | | 閼（è） | 95 | 陽 | 299 | 冶 | 304 |
| **xú** | | **xuè** | | 燕（yàn） | 299 | 颺 | 300 | 野 | 304 |
| 邪（xié） | 289 | 血 | 297 | | | | | | |
| 余（yú） | 322 | 決（jué） | 157 | **yán** | | **yǎng** | | **yè** | |
| 徐 | 296 | | | 巡（xún） | 297 | 仰 | 300 | 曳 | 304 |
| | | **xūn** | | 妍 | 298 | 泱（yāng） | 299 | 夜 | 304 |
| **xǔ** | | 勳 | 297 | 言 | 298 | 養 | 300 | 咽（yān） | 297 |
| 休（xiū） | 293 | 薰 | 297 | 延 | 298 | | | 射（shè） | 224 |
| 許 | 296 | | | 炎 | 298 | **yàng** | | 掖 | 304 |
| | | **xún** | | 硯 | 298 | 怏 | 300 | 業 | 304 |
| **xù** | | 巡 | 297 | 羨（xiàn） | 287 | | | 葉 | 304 |
| 恤（chù） | 80 | 徇（xùn） | 297 | 險（xiǎn） | 287 | | | 謁 | 305 |

| yī | | 昳(dié) | 92 | yǐn | | yǒng | | 污(wū) | 273 |
|---|---|---|---|---|---|---|---|---|---|
| 一 | 305 | 施(shī) | 228 | 引 | 316 | 永 | 317 | 邪(xié) | 289 |
| 伊 | 305 | 食(shí) | 230 | 尹 | 316 | 甬 | 317 | 吾(wú) | 277 |
| 衣 | 305 | 洩(xiè) | 290 | 殷(yīn) | 315 | 勇 | 317 | 余 | 322 |
| 依 | 306 | 羿 | 313 | 飲 | 316 | 臾(yú) | 326 | 於 | 322 |
| 意(yì) | 313 | 射(shè) | 224 | 隱 | 316 | 詠 | 317 | 禺 | 327 |
| 漪 | 306 | 益 | 313 | | | | | 俞 | 326 |
| 醫 | 306 | 翌 | 313 | yìn | | yòng | | 臾 | 326 |
| | | 場 | 313 | 印 | 316 | 用 | 317 | 魚 | 327 |
| yí | | 移(yí) | 306 | 陰(yīn) | 315 | | | 隅 | 327 |
| 台(tái) | 249 | 異 | 313 | 飲(yǐn) | 316 | yōu | | 喻(yù) | 331 |
| 夷 | 306 | 溢 | 314 | 隱(yǐn) | 316 | 幽 | 318 | 虞 | 327 |
| 沂 | 306 | 裔 | 313 | | | 憂 | 318 | 愚 | 327 |
| 宜 | 306 | 詣 | 313 | yīng | | 繇(yáo) | 301 | 與(yǔ) | 328 |
| 怠(dài) | 86 | 義 | 314 | 英 | 316 | 優 | 318 | 漁 | 327 |
| 施(shī) | 228 | 意 | 313 | 應 | 316 | | | 踰 | 328 |
| 焉(yān) | 297 | 厭(yàn) | 299 | 嬰 | 316 | yóu | | 餘 | 327 |
| 蛇(shé) | 224 | 毅 | 314 | 膺 | 316 | 尤 | 318 | 諛 | 327 |
| 移 | 306 | 億 | 314 | 纓 | 316 | 由 | 318 | 輿 | 328 |
| 羨(xiàn) | 287 | 澤(zé) | 344 | 鷹 | 316 | 游 | 318 | | |
| 銕(tiě) | 254 | 隸(lì) | 170 | | | 猶 | 318 | yǔ | |
| 疑 | 306 | 翼 | 314 | yíng | | 遊 | 319 | 予 | 328 |
| 飴 | 306 | 臆 | 314 | 迎 | 316 | 繇(yáo) | 301 | 宇 | 328 |
| 儀 | 306 | 翳 | 314 | 盈 | 316 | | | 羽 | 328 |
| 遺 | 306 | 薏 | 314 | 營 | 316 | yǒu | | 雨 | 328 |
| | | 曜(shì) | 237 | 贏 | 316 | 又(yòu) | 321 | 臾(yú) | 326 |
| yǐ | | 鎰 | 314 | | | 友 | 319 | 禹 | 328 |
| 乙 | 306 | 釋(shì) | 237 | yǐng | | 有 | 319 | 梧(wú) | 279 |
| 已 | 306 | 議 | 314 | 郢 | 317 | 酉 | 321 | 嫗(yù) | 331 |
| 以 | 307 | | | 影 | 317 | 幽(yōu) | 318 | 語 | 328 |
| 矣 | 311 | yīn | | 潁 | 317 | 脩(xiū) | 294 | 與 | 328 |
| 依(yī) | 306 | 因 | 314 | | | | | | |
| 苡 | 312 | 音 | 315 | yìng | | yòu | | yù | |
| 倚 | 312 | 殷 | 315 | 迎(yíng) | 316 | 又 | 321 | 玉 | 330 |
| 錡(qí) | 200 | 茵 | 315 | 應(yīng) | 316 | 右 | 321 | 谷(gǔ) | 120 |
| | | 陰 | 315 | 繩(shéng) | 227 | 幼 | 322 | 或(huò) | 138 |
| yì | | 煙(yān) | 297 | | | 有(yǒu) | 319 | 雨(yǔ) | 328 |
| 失(shī) | 228 | | | yōng | | 囿 | 322 | 禺(yú) | 327 |
| 艾(ài) | 51 | yín | | 庸 | 317 | 祐 | 322 | 浴 | 330 |
| 衣(yī) | 305 | 吟 | 315 | 傭 | 317 | | | 尉(wèi) | 270 |
| 亦 | 312 | 沂(yí) | 306 | 雍 | 317 | yū | | 御 | 330 |
| 役 | 312 | 訢(xīn) | 291 | 擁 | 317 | 污(wū) | 273 | 域 | 330 |
| 邑 | 312 | 寅 | 315 | 壅 | 317 | 紆 | 322 | 欲 | 330 |
| 抑 | 312 | 淫 | 315 | | | | | 衒(xián) | 287 |
| 泄(xiè) | 290 | 銀 | 316 | yóng | | yú | | 寓 | 331 |
| 易 | 313 | | | 禺(yú) | 327 | 于 | 322 | 馭 | 331 |
| 洗 | 313 | | | 喁 | 317 | 予(yǔ) | 328 | 喻 | 331 |

| | | | | |
|---|---|---|---|---|
| 粥(zhōu) 369 | **yuè** | **zāng** | **zhāi** | **zhǎo** |
| 愈 331 | 月 337 | 臧 342 | 啇(dì) 91 | 爪 346 |
| 遇 331 | 悅 337 | 藏(cáng) 68 | 齊(qí) 199 | **zhào** |
| 預 331 | 稅(shuì) 241 | **zàng** | 齋 345 | 召 346 |
| 語(yǔ) 328 | 越 338 | 葬 342 | **zhái** | 兆 347 |
| 與(yǔ) 328 | 鉞 340 | 臧(zāng) 342 | 宅 345 | 罩 347 |
| 嫗 331 | 說(shuō) 242 | 藏(cáng) 68 | 翟(dí) 90 | 照 347 |
| 蔚(wèi) 270 | 樂 340 | | | 趙 347 |
| 閼(è) 95 | 蹙 340 | **zāo** | **zhài** | |
| 禦 331 | 嶽 340 | 遭 343 | 祭(jì) 142 | **zhé** |
| 豫 331 | | | 責(zé) 344 | 折 347 |
| 譽 332 | **yún** | **zǎo** | | 輒 347 |
| 鬻 332 | 云 340 | 早 343 | **zhān** | 適(shì) 237 |
| | 均(jūn) 158 | | 占 345 | 攝(shè) 225 |
| **yuān** | 員(yuán) 332 | **zào** | 霑 345 | |
| 宛(wǎn) 257 | 雲 340 | 造 343 | | **zhě** |
| 咽(yān) 297 | 鄖 340 | 慥 343 | **zhǎn** | 者 347 |
| 冤 332 | | 躁 343 | 斬 345 | |
| 淵 332 | **yǔn** | | | **zhè** |
| 鳶 332 | 允 341 | **zé** | **zhàn** | 浙 349 |
| | 盾(dùn) 94 | 則 343 | 占(zhān) 345 | |
| **yuán** | 苑(yuàn) 333 | 責 344 | 湛 345 | **zhēn** |
| 元 332 | 隕 341 | 賊 344 | 戰 345 | 貞 349 |
| 垣 332 | | 幘 344 | | 珍 349 |
| 袁 332 | **yùn** | 澤 344 | **zhāng** | 唇(chún) 80 |
| 員 332 | 孕 341 | 擇 344 | 章 346 | 娠(shēn) 225 |
| 原 332 | 均(jūn) 158 | | 張 345 | 真 349 |
| 援 332 | 怨(yuàn) 333 | **zè** | 偉 346 | 振(zhèn) 350 |
| 隕(yǔn) 341 | 溫(wēn) 270 | 側(cè) 68 | 彰 346 | 甄 349 |
| 猿 332 | 運 341 | | | 榛 349 |
| 園 332 | 慍 341 | **zēng** | **zhǎng** | |
| 圓 332 | | 曾 344 | 長(cháng) 69 | **zhěn** |
| 嫄 332 | **zāi** | 憎 344 | 掌 346 | 疹 350 |
| 緣 332 | 災 341 | 增 344 | | 振(zhèn) 350 |
| | 哉 341 | 贈 344 | **zhàng** | |
| **yuǎn** | | | 丈 346 | **zhèn** |
| 遠 332 | **zǎi** | **zèng** | 仗 346 | 娠(shēn) 225 |
| | 宰 341 | 甑 344 | 杖 346 | 朕 350 |
| **yuàn** | 載(zài) 342 | | 長(cháng) 69 | 陣 350 |
| 苑 333 | | **zhá** | 張(zhāng) 345 | 振 350 |
| 怨 333 | **zài** | 札 344 | | 陳(chén) 74 |
| 原(yuán) 332 | 在 342 | 喋(dié) 92 | **zhāo** | 填(tián) 253 |
| 願 333 | 再 342 | | 招 346 | 賑 350 |
| | 載 342 | **zhà** | 昭 346 | 甄(zhēn) 349 |
| **yuē** | | 作(zuò) 381 | 朝 346 | 震 350 |
| 曰 333 | **zān** | 詐 345 | 著(zhù) 372 | |
| 約 337 | 簪 342 | | | |

| | | | | | | | | | |
|---|---|---|---|---|---|---|---|---|---|
| **zhēng** | | 砥(dǐ) | 90 | **zhōu** | | 鑄 | 372 | 濁 | 373 |
| 丁(dīng) | 92 | 耆(qí) | 199 | 州 | 369 | | | 擢 | 373 |
| 正(zhèng) | 350 | 視(shì) | 236 | 舟 | 369 | **zhuān** | | 繳 | 373 |
| 政(zhèng) | 350 | 軹 | 364 | 周 | 369 | 專 | 372 | | |
| 征 | 350 | | | 洲 | 369 | 摶(tuán) | 256 | **zī** | |
| 爭 | 350 | **zhì** | | 粥 | 369 | 顓 | 372 | 次(cì) | 81 |
| 蒸 | 350 | 至 | 364 | 調(tiáo) | 253 | | | 茲 | 373 |
| | | 志 | 365 | 鬻(yù) | 332 | **zhuǎn** | | 粢 | 373 |
| **zhěng** | | 豸 | 365 | | | 轉 | 372 | 孳 | 373 |
| 承(chéng) | 75 | 知(zhī) | 362 | **zhǒu** | | | | 齊(qí) | 199 |
| 整 | 350 | 制 | 365 | 帚 | 370 | **zhuàn** | | 齋(zhāi) | 345 |
| | | 治 | 365 | | | 傳(chuán) | 80 | | |
| **zhèng** | | 炙 | 365 | **zhòu** | | 瑑 | 372 | **zǐ** | |
| 正 | 350 | 致 | 365 | 紂 | 370 | 摶(tuán) | 256 | 子 | 373 |
| 爭(zhēng) | 350 | 智 | 366 | 祝(zhù) | 372 | 縳 | 372 | 紫 | 378 |
| 政 | 350 | 雉 | 366 | 晝 | 370 | 轉(zhuǎn) | 372 | 梓 | 378 |
| 鄭 | 351 | 置 | 366 | 啄(zhuó) | 373 | | | | |
| 靜(jìng) | 155 | 滯 | 366 | 繇(yáo) | 301 | **zhuāng** | | **zì** | |
| 證 | 351 | 質 | 366 | | | 莊 | 372 | 自 | 378 |
| | | 遲(chí) | 76 | **zhū** | | 裝 | 372 | 字 | 378 |
| **zhī** | | 擲 | 366 | 朱 | 370 | | | 事(shì) | 234 |
| 氐(shì) | 234 | 職(zhí) | 364 | 邾 | 370 | **zhuàng** | | 恣 | 379 |
| 之 | 351 | 織(zhī) | 363 | 珠 | 370 | 壯 | 373 | 眥 | 379 |
| 支 | 362 | 識(shí) | 231 | 誅 | 370 | 狀 | 373 | 孳(zī) | 373 |
| 枝 | 363 | 鷙 | 366 | 銖(shū) | 239 | 僮(tóng) | 255 | 漬 | 379 |
| 知 | 362 | 躓 | 366 | 諸 | 370 | | | | |
| 祇 | 363 | | | | | **zhuī** | | **zōng** | |
| 智(zhì) | 366 | **zhōng** | | **zhú** | | 追 | 373 | 宗 | 379 |
| 織 | 363 | 中 | 366 | 竹 | 371 | | | 從(cóng) | 82 |
| | | 忠 | 367 | 逐 | 371 | **zhuì** | | 縱(zòng) | 379 |
| **zhí** | | 衷 | 367 | 燭 | 371 | 隊(duì) | 94 | | |
| 直 | 363 | 眾(zhòng) | 369 | | | 墜 | 373 | **zǒng** | |
| 執 | 364 | 終 | 367 | **zhǔ** | | | | 從(cóng) | 82 |
| 植 | 364 | 鍾 | 367 | 主 | 371 | **zhūn** | | 縱(zòng) | 379 |
| 殖 | 364 | 鐘 | 368 | 柱(zhù) | 372 | 屯 | 373 | | |
| 遲(chí) | 76 | | | 渚 | 372 | 頓(dùn) | 94 | **zòng** | |
| 縶 | 364 | **zhǒng** | | 屬(shǔ) | 240 | | | 從(cóng) | 82 |
| 蹢 | 364 | 種 | 368 | | | **zhuō** | | 縱 | 379 |
| 職 | 364 | 踵 | 368 | **zhù** | | 拙 | 373 | | |
| | | | | 助 | 372 | 掇(duó) | 94 | **zǒu** | |
| **zhǐ** | | **zhòng** | | 苧 | 372 | 掘(jué) | 157 | 走 | 379 |
| 止 | 364 | 中(zhōng) | 366 | 柱 | 372 | | | 奏(zòu) | 379 |
| 旨 | 364 | 仲 | 368 | 除(chú) | 78 | **zhuó** | | | |
| 抵(dǐ) | 90 | 重 | 368 | 祝 | 372 | 斫 | 373 | **zòu** | |
| 祇(qí) | 199 | 衷(zhōng) | 367 | 庶(shù) | 240 | 窆 | 373 | 奏 | 379 |
| 指 | 364 | 眾 | 369 | 著 | 372 | 啄 | 373 | 族(zú) | 380 |
| 祉 | 364 | 種(zhǒng) | 368 | 築 | 372 | 著(zhù) | 372 | | |

| zū | | 挫（cuò） | 83 |
|---|---|---|---|
| 租 | 379 | 鑿 | 382 |
| 諸（zhū） | 370 | | |
| | | （音未詳） | |
| zú | | 蹠 | 382 |
| 足 | 379 | | |
| 卒 | 379 | | |
| 族 | 380 | | |
| | | | |
| zǔ | | | |
| 作（zuò） | 381 | | |
| 阻 | 380 | | |
| 俎 | 380 | | |
| 祖 | 380 | | |
| 組 | 380 | | |
| | | | |
| zuì | | | |
| 罪 | 380 | | |
| 醉 | 380 | | |
| 檇 | 380 | | |
| | | | |
| zūn | | | |
| 尊 | 381 | | |
| 遵 | 381 | | |
| 樽 | 381 | | |
| | | | |
| zǔn | | | |
| 尊（zūn） | 381 | | |
| 樽（zūn） | 381 | | |
| | | | |
| zuō | | | |
| 作（zuò） | 381 | | |
| | | | |
| zuó | | | |
| 作（zuò） | 381 | | |
| 昨 | 381 | | |
| 捽 | 381 | | |
| | | | |
| zuǒ | | | |
| 左 | 381 | | |
| | | | |
| zuò | | | |
| 左（zuǒ） | 381 | | |
| 作 | 381 | | |
| 坐 | 381 | | |
| 阼 | 382 | | |
| 昨（zuó） | 381 | | |

# 威 妥 碼 － 漢 語 拼 音 對 照 表

| | | | | | | | | | |
|---|---|---|---|---|---|---|---|---|---|
| **A** | | ch'ing | qing | **F** | | hui | hui | k'ou | kou |
| a | a | chiu | jiu | fa | fa | hun | hun | ku | gu |
| ai | ai | ch'iu | qiu | fan | fan | hung | hong | k'u | ku |
| an | an | chiung | jiong | fang | fang | huo | huo | kua | gua |
| ang | ang | ch'iung | qiong | fei | fei | | | k'ua | kua |
| ao | ao | cho | zhuo | fen | fen | **J** | | kuai | guai |
| | | ch'o | chuo | feng | feng | jan | ran | k'uai | kuai |
| **C** | | chou | zhou | fo | fo | jang | rang | kuan | guan |
| cha | zha | ch'ou | chou | fou | fou | jao | rao | k'uan | kuan |
| ch'a | cha | chu | zhu | fu | fu | je | re | kuang | guang |
| chai | zhai | ch'u | chu | | | jen | ren | k'uang | kuang |
| ch'ai | chai | chua | zhua | **H** | | jeng | reng | kuei | gui |
| chan | zhan | ch'ua | chua | ha | ha | jih | ri | k'uei | kui |
| ch'an | chan | chuai | zhuai | hai | hai | jo | ruo | kun | gun |
| chang | zhang | ch'uai | chuai | han | han | jou | rou | k'un | kun |
| ch'ang | chang | chuan | zhuan | hang | hang | ju | ru | kung | gong |
| chao | zhao | ch'uan | chuan | hao | hao | juan | ruan | k'ung | kong |
| ch'ao | chao | chuang | zhuang | he | he | jui | rui | kuo | guo |
| che | zhe | ch'uang | chuang | hei | hei | jun | run | k'uo | kuo |
| ch'e | che | chui | zhui | hen | hen | jung | rong | | |
| chei | zhei | ch'ui | chui | heng | heng | | | **L** | |
| chen | zhen | chun | zhun | ho | he | **K** | | la | la |
| ch'en | chen | ch'un | chun | hou | hou | ka | ga | lai | lai |
| cheng | zheng | chung | zhong | hsi | xi | k'a | ka | lan | lan |
| ch'eng | cheng | ch'ung | chong | hsia | xia | kai | gai | lang | lang |
| chi | ji | chü | ju | hsiang | xiang | k'ai | kai | lao | lao |
| ch'i | qi | ch'ü | qu | hsiao | xiao | kan | gan | le | le |
| chia | jia | chüan | juan | hsieh | xie | k'an | kan | lei | lei |
| ch'ia | qia | ch'üan | quan | hsien | xian | kang | gang | leng | leng |
| chiang | jiang | chüeh | jue | hsin | xin | k'ang | kang | li | li |
| ch'iang | qiang | ch'üeh | que | hsing | xing | kao | gao | lia | lia |
| chiao | jiao | chün | jun | hsiu | xiu | k'ao | kao | liang | liang |
| ch'iao | qiao | ch'ün | qun | hsiung | xiong | ke | ge | liao | liao |
| chieh | jie | | | hsü | xu | k'e | ke | lieh | lie |
| ch'ieh | qie | **E** | | hsüan | xuan | kei | gei | lien | lian |
| chien | jian | e | e | hsüeh | xue | ken | gen | lin | lin |
| ch'ien | qian | eh | ê | hsün | xun | k'en | ken | ling | ling |
| chih | zhi | ei | ei | hu | hu | keng | geng | liu | liu |
| ch'ih | chi | en | en | hua | hua | k'eng | keng | lo | le |
| chin | jin | eng | eng | huai | huai | ko | ge | lou | lou |
| ch'in | qin | erh | er | huan | huan | k'o | ke | lu | lu |
| ching | jing | | | huang | huang | kou | gou | luan | luan |

| Wade-Giles | Pinyin | Wade-Giles | Pinyin | Wade-Giles | Pinyin | Wade-Giles | Pinyin | Wade-Giles | Pinyin |
|---|---|---|---|---|---|---|---|---|---|
| lun | lun | nu | nu | sai | sai | t'e | te | tsung | zong |
| lung | long | nuan | nuan | san | san | teng | deng | ts'ung | cong |
| luo | luo | nung | nong | sang | sang | t'eng | teng | tu | du |
| lü | lü | nü | nü | sao | sao | ti | di | t'u | tu |
| lüeh | lüe | nüeh | nüe | se | se | t'i | ti | tuan | duan |
|  |  |  |  | sen | sen | tiao | diao | t'uan | tuan |
| **M** |  | **O** |  | seng | seng | t'iao | tiao | tui | dui |
| ma | ma | o | o | sha | sha | tieh | die | t'ui | tui |
| mai | mai | ou | ou | shai | shai | t'ieh | tie | tun | dun |
| man | man |  |  | shan | shan | tien | dian | t'un | tun |
| mang | mang | **P** |  | shang | shang | t'ien | tian | tung | dong |
| mao | mao | pa | ba | shao | shao | ting | ding | t'ung | tong |
| me | me | p'a | pa | she | she | t'ing | ting | tzu | zi |
| mei | mei | pai | bai | shei | shei | tiu | diu | tz'u | ci |
| men | men | p'ai | pai | shen | shen | to | duo |  |  |
| meng | meng | pan | ban | sheng | sheng | t'o | tuo | **W** |  |
| mi | mi | p'an | pan | shih | shi | tou | dou | wa | wa |
| miao | miao | pang | bang | shou | shou | t'ou | tou | wai | wai |
| mieh | mie | p'ang | pang | shu | shu | tsa | za | wan | wan |
| mien | mian | pao | bao | shua | shua | ts'a | ca | wang | wang |
| min | min | p'ao | pao | shuai | shuai | tsai | zai | wei | wei |
| ming | ming | pei | bei | shuan | shuan | ts'ai | cai | wen | wen |
| miu | miu | p'ei | pei | shuang | shuang | tsan | zan | weng | weng |
| mo | mo | pen | ben | shui | shui | ts'an | can | wo | wo |
| mou | mou | p'en | pen | shun | shun | tsang | zang | wu | wu |
| mu | mu | peng | beng | shuo | shuo | ts'ang | cang |  |  |
|  |  | p'eng | peng | so | suo | tsao | zao | **Y** |  |
| **N** |  | pi | bi | sou | sou | ts'ao | cao | ya | ya |
| na | na | p'i | pi | ssu | si | tse | ze | yang | yang |
| nai | nai | piao | biao | su | su | ts'e | ce | yao | yao |
| nan | nan | p'iao | piao | suan | suan | tsei | zei | yeh | ye |
| nang | nang | pieh | bie | sui | sui | tsen | zen | yen | yan |
| nao | nao | p'ieh | pie | sun | sun | ts'en | cen | yi | yi |
| ne | ne | pien | bian | sung | song | tseng | zeng | yin | yin |
| nei | nei | p'ien | pian |  |  | ts'eng | ceng | ying | ying |
| nen | nen | pin | bin | **T** |  | tso | zuo | yo | yo |
| neng | neng | p'in | pin | ta | da | ts'o | cuo | yu | you |
| ni | ni | ping | bing | t'a | ta | tsou | zou | yung | yong |
| niang | niang | p'ing | ping | tai | dai | ts'ou | cou | yü | yu |
| niao | niao | po | bo | t'ai | tai | tsu | zu | yüan | yuan |
| nieh | nie | p'o | po | tan | dan | ts'u | cu | yüeh | yue |
| nien | nian | p'ou | pou | t'an | tan | tsuan | zuan | yün | yun |
| nin | nin | pu | bu | tang | dang | ts'uan | cuan |  |  |
| ning | ning | p'u | pu | t'ang | tang | tsui | zui |  |  |
| niu | niu |  |  | tao | dao | ts'ui | cui |  |  |
| no | nuo | **S** |  | t'ao | tao | tsun | zun |  |  |
| nou | nou | sa | sa | te | de | ts'un | cun |  |  |

# 筆 畫 檢 字 表

| 部首 | 字 | 頁 | 部首 | 字 | 頁 | 部首 | 字 | 頁 | 部首 | 字 | 頁 | 部首 | 字 | 頁 | 部首 | 字 | 頁 | 部首 | 字 | 頁 |
|---|---|---|---|---|---|---|---|---|---|---|---|---|---|---|---|---|---|---|---|---|
| 而 | 而 | 95 | | 吳 | 274 | | 材 | 67 | 里 | 里 | 167 | 夕 | 夜 | 304 | | 快 | 300 | | 沂 | 245 |
| 耳 | 耳 | 100 | | 吾 | 277 | | 束 | 240 | 阜 | 防 | 104 | 大 | 奉 | 106 | 戈 | 或 | 138 | | 泆 | 313 |
| 肉 | 肉 | 216 | | 吸 | 283 | | 李 | 167 | | 陁 | 95 | | 奇 | 196 | | 戕 | 203 | | 泄 | 290 |
| 臣 | 臣 | 71 | | 吟 | 315 | | 杖 | 346 | | | | 女 | 姑 | 118 | 戶 | 房 | 104 | | 泫 | 296 |
| 自 | 自 | 378 | 囗 | 困 | 165 | 止 | 步 | 67 | **八畫** | | | | 姐 | 83 | | 戾 | 169 | | 決 | 299 |
| 至 | 至 | 364 | 土 | 坂 | 54 | 毋 | 每 | 178 | 一 | 並 | 60 | | 妬 | 93 | | 所 | 248 | | 泗 | 244 |
| 舌 | 舌 | 224 | | 均 | 158 | 水 | 沉 | 73 | 丿 | 乖 | 122 | | 妻 | 195 | 手 | 抵 | 90 | | 治 | 365 |
| 舟 | 舟 | 369 | | 坐 | 381 | | 沖 | 76 | 乙 | 乳 | 217 | | 姜 | 204 | | 承 | 75 | 火 | 炊 | 80 |
| 色 | 色 | 220 | 士 | 壯 | 373 | | 汭 | 218 | 亅 | 事 | 234 | | 妹 | 178 | | 拔 | 52 | | 炙 | 365 |
| 艸 | 艾 | 51 | 大 | 夾 | 143 | | 沒 | 183 | 人 | 供 | 117 | | 始 | 232 | | 抱 | 54 | | 炎 | 298 |
| 血 | 血 | 297 | 女 | 妨 | 104 | | 求 | 207 | | 侈 | 76 | | 姒 | 244 | | 拆 | 69 | 爪 | 爭 | 350 |
| 行 | 行 | 291 | | 妣 | 57 | | 決 | 157 | | 佩 | 192 | | 委 | 268 | | 拊 | 110 | 牛 | 牧 | 185 |
| 衣 | 衣 | 305 | | 妊 | 215 | | 沙 | 220 | | 來 | 165 | | 姓 | 293 | | 拘 | 156 | | 物 | 282 |
| 西 | 西 | 283 | | 妖 | 300 | | 沃 | 273 | | 侍 | 234 | 子 | 孤 | 119 | | 拒 | 157 | 犬 | 狐 | 134 |
| | | | | 妍 | 298 | | 沂 | 306 | | 使 | 231 | | 季 | 141 | | 拙 | 373 | | 狀 | 373 |
| **七畫** | | | 子 | 孝 | 289 | 火 | 災 | 341 | | 依 | 306 | | 孟 | 179 | | 招 | 346 | 目 | 盲 | 177 |
| 一 | 亨 | 131 | 宀 | 宋 | 245 | 犬 | 狄 | 90 | | 佯 | 299 | 宀 | 官 | 122 | 攴 | 放 | 104 | | 直 | 363 |
| 人 | 但 | 86 | 尸 | 尾 | 268 | | 狂 | 164 | 儿 | 兒 | 100 | | 定 | 92 | | 政 | 350 | 矢 | 知 | 362 |
| | 佛 | 107 | 山 | 岑 | 68 | 用 | 甫 | 110 | | 兕 | 244 | | 宛 | 257 | 方 | 於 | 322 | 示 | 社 | 224 |
| | 伯 | 60 | | 岐 | 196 | | 甬 | 317 | | 兔 | 256 | | 宜 | 306 | 日 | 昏 | 138 | | 祀 | 244 |
| | 何 | 129 | 巛 | 巡 | 297 | 田 | 甸 | 92 | 入 | 兩 | 170 | | 宗 | 379 | | 昌 | 69 | 禾 | 秉 | 60 |
| | 佞 | 190 | 工 | 巫 | 273 | | 男 | 187 | 八 | 典 | 91 | 小 | 尚 | 223 | | 明 | 182 | 穴 | 空 | 162 |
| | 伸 | 225 | 巾 | 希 | 283 | 矢 | 矣 | 311 | | 其 | 196 | 尸 | 屈 | 208 | | 昆 | 164 | 网 | 罔 | 264 |
| | 余 | 322 | 广 | 床 | 80 | 禾 | 私 | 242 | | 具 | 157 | | 居 | 156 | | 昔 | 283 | 羊 | 羌 | 203 |
| | 位 | 269 | 廴 | 延 | 298 | | 秀 | 294 | 凵 | 函 | 128 | 山 | 岸 | 51 | | 易 | 313 | | 羊 | 179 |
| | 佃 | 253 | 弓 | 弟 | 91 | 肉 | 肝 | 113 | 刀 | 到 | 87 | 巾 | 帛 | 61 | 月 | 服 | 109 | 肉 | 肩 | 144 |
| | 似 | 244 | 彡 | 形 | 292 | | 肖 | 289 | | 刺 | 82 | | 帚 | 370 | | 朋 | 192 | | 肥 | 105 |
| | 伺 | 244 | 彳 | 彷 | 104 | 艮 | 良 | 170 | | 刻 | 162 | | 帖 | 254 | 木 | 果 | 127 | | 肯 | 162 |
| | 作 | 381 | | 役 | 312 | 見 | 見 | 145 | | 制 | 365 | 干 | 幸 | 293 | | 杭 | 128 | 臣 | 臥 | 273 |
| 儿 | 克 | 162 | 心 | 忌 | 141 | 角 | 角 | 157 | 十 | 卑 | 55 | 广 | 府 | 110 | | 杯 | 55 | 臼 | 臽 | 287 |
| | 兌 | 180 | | 忍 | 214 | 言 | 言 | 298 | | 卒 | 379 | | 庚 | 115 | | 東 | 92 | 舌 | 舍 | 224 |
| 八 | 兵 | 59 | | 快 | 164 | 谷 | 谷 | 120 | 卜 | 卦 | 122 | 弓 | 弧 | 134 | | 板 | 54 | 艸 | 芳 | 104 |
| 冫 | 冶 | 304 | | 志 | 365 | 豆 | 豆 | 93 | 又 | 取 | 208 | | 弩 | 191 | | 林 | 171 | 虍 | 虎 | 134 |
| 刀 | 初 | 78 | | 忘 | 264 | 豕 | 豕 | 231 | | 叔 | 239 | | 弦 | 287 | | 枚 | 178 | 衣 | 表 | 59 |
| | 別 | 59 | 戈 | 戒 | 150 | 豸 | 豸 | 365 | | 受 | 238 | 彳 | 彿 | 109 | | 杏 | 301 | 辵 | 返 | 103 |
| | 判 | 192 | | 我 | 272 | 赤 | 赤 | 76 | 口 | 和 | 130 | | 彼 | 57 | | 枝 | 363 | | 近 | 153 |
| | 利 | 169 | 手 | 扶 | 109 | 走 | 走 | 379 | | 咈 | 109 | | 征 | 350 | | 松 | 245 | | 迎 | 316 |
| 力 | 劫 | 150 | | 把 | 52 | 足 | 足 | 379 | | 呱 | 119 | | 往 | 264 | 止 | 武 | 282 | 邑 | 郤 | 249 |
| | 努 | 191 | | 抉 | 157 | 身 | 身 | 225 | | 呼 | 134 | 心 | 怵 | 80 | 毋 | 毒 | 93 | 采 | 采 | 67 |
| | 助 | 372 | | 抑 | 312 | 車 | 車 | 71 | | 命 | 182 | | 忿 | 105 | 气 | 氛 | 105 | 金 | 金 | 152 |
| 卩 | 即 | 140 | | 投 | 255 | 辛 | 辛 | 291 | | 咎 | 155 | | 怛 | 83 | 水 | 波 | 60 | 長 | 長 | 69 |
| | 卵 | 176 | | 折 | 347 | 辰 | 辰 | 74 | | 周 | 369 | | 忽 | 134 | | 河 | 130 | 門 | 門 | 178 |
| 口 | 告 | 114 | 攴 | 攻 | 117 | 邑 | 邦 | 54 | | 味 | 269 | | 怪 | 122 | | 法 | 102 | 阜 | 陂 | 55 |
| | 含 | 128 | | 改 | 112 | | 邪 | 59 | 囗 | 固 | 120 | | 怖 | 67 | | 泛 | 103 | | 阿 | 95 |
| | 否 | 107 | 日 | 旱 | 128 | | 邑 | 312 | 土 | 垂 | 80 | | 念 | 190 | | 況 | 164 | | 附 | 111 |
| | 君 | 158 | 曰 | 更 | 115 | | 邪 | 289 | | 坤 | 164 | | 性 | 293 | | 沮 | 156 | | 阼 | 382 |
| | 吞 | 256 | 木 | 杜 | 93 | 酉 | 酉 | 321 | | 垍 | 207 | | 忠 | 367 | | 泣 | 201 | | 阻 | 380 |

雨 雨 328
青 青 206
非 非 104

## 九畫

亠 亭 254
人 便 58
侯 131
保 54
促 83
俓 154
侵 205
俊 160
係 285
俗 245
信 291
侮 282
俟 244
俎 380
入 俞 326
冖 冠 122
刀 剉 83
前 202
剋 162
則 343
削 296
力 勉 180
勁 154
勇 317
十 南 187
卩 卻 210
厂 厚 132
又 叛 192
口 哀 51
咳 161
咽 297
哉 341
咸 287
囗 囿 322
土 城 75
垢 118
垣 332
大 奔 56
奏 379
女 姬 138
姦 144
姤 118
姜 147
威 265
宀 宦 136
客 162
室 236
宣 296
寸 封 106
尸 屏 194
屍 228
己 巷 289
巾 帝 91
帥 240
幺 幽 318
广 度 93
廴 廻 137
建 145
弓 弭 179
彳 徊 137
待 86
後 132
律 175
徇 297
徉 299
心 恒 131
恨 131
怠 86
急 140
恃 236
怯 172
怒 191
怨 333
思 242
恤 296
恬 253
戶 扁 58
手 挂 122
持 76
按 51
拜 53
指 364
支 故 120
斤 斫 373
方 施 228
无 既 142
日 春 80
昳 92
是 235
昧 178
星 291
昭 346
昨 381
木 柏 61
枹 109
柄 60
柟 187
柰 187
柳 173
枯 163
柯 161
柱 372
歹 殂 82
殆 86
殃 299
殳 段 94
水 洞 93
洪 131
活 138
津 153
泉 209
洲 369
洿 273
洩 290
火 爲 265
炭 251
犬 狩 238
狡 149
玉 珍 349
甘 甚 226
田 界 151
畏 270
疒 疥 151
癶 癸 124
白 皇 136
皆 149
皿 盈 316
目 盾 94
眉 178
眇 180
省 292
相 288
矛 矜 153
石 砂 220
示 祇 199
祉 364
内 禹 328
禺 327
禾 秋 207
穴 穿 80
糸 紀 142
約 337
紂 370
羊 美 178
羽 羿 313
老 者 347
耳 耶 301
肉 胡 134
背 56
胥 294
至 致 365
臼 臾 326
艸 范 103
苟 118
茅 177
茂 177
若 218
苦 163
苛 161
苗 180
苧 372
英 316
苡 312
苑 333
虍 虐 192
襾 要 300
言 計 142
貝 負 111
貞 349
走 赴 111
車 軍 160
辵 述 240
迫 194
邑 郊 149
郄 285
郕 370
里 重 368
阜 降 148
陋 173
面 面 180
革 革 114
音 音 315
風 風 106
飛 飛 105
食 食 230
首 首 238

## 十畫

丿 乘 75
人 倍 56
俯 110
候 133
倒 87
倉 68
倦 157
借 151
俱 156
倚 312
倖 293
修 294
儿 党 87
八 兼 144
冖 冥 182
冤 332
冫 凌 172
刀 剟 94
剛 114
剖 195
剡 299
力 勑 165
厂 原 332
口 哺 61
唇 80
哭 163
員 332
唐 251
土 埋 177
夊 夏 286
大 奚 283
女 娠 225
子 孫 247
宀 家 143
害 127
宮 117
容 216
宴 299
宰 341
寸 射 224
山 峰 106
峻 160
工 差 68
巾 師 228
席 284
广 庫 163
庭 254
弓 弱 218
彳 徑 154
徒 255
徐 296
心 恩 95
恥 76
恚 137
悔 137
恭 117
恐 163
息 283
悅 337
恣 379
手 挫 83
捕 61
捐 157
挾 290
振 350
挺 254
攴 效 289
斗 料 171
方 旅 175
旁 192
日 時 230
晉 153
晏 299
曰 書 239
月 朗 166
朕 350
木 格 115
根 115
桓 135
案 51
桑 220
校 149
桀 150
桃 251
桐 254
歹 殊 239
殳 殷 315
气 氣 201
水 浮 109
海 127
浩 129
流 173
涉 224
泰 250
浙 349
涕 252
消 289
浴 330
火 烈 171
烏 273
犬 狼 166
狸 166
狹 285
玉 珥 100
珮 192
珠 370
田 畜 80
留 173
畝 184
疒 疾 140
病 60
疲 193
疹 350
白 皐 114
皿 盎 52
益 313
目 眡 236
眩 296
眞 349
眥 379
矢 矩 156
石 砥 90
破 194
示 祠 80
神 226
祐 322
祝 372
祗 363
祖 380
禾 秘 179
秣 183
秦 205
租 379
穴 窋 373
竹 笄 138
笑 289

| | | | | | | | | | | | | | | | | | | | | |
|---|---|---|---|---|---|---|---|---|---|---|---|---|---|---|---|---|---|---|---|---|
| 糸 | 紐 | 191 | | 退 | 256 | 土 | 堅 | 144 | | 惕 | 252 | | 淪 | 176 | 虍 | 處 | 78 | 力 | 勞 | 166 |
| | 納 | 185 | | 追 | 373 | | 培 | 161 | | 惜 | 284 | | 淺 | 203 | 虫 | 蛇 | 224 | | 勝 | 227 |
| | 素 | 245 | | 逃 | 251 | | 董 | 205 | | 惟 | 268 | | 清 | 206 | 行 | 術 | 240 | 十 | 博 | 61 |
| | 索 | 249 | 邑 | 郡 | 160 | | 堂 | 251 | | 惋 | 257 | | 淒 | 195 | 衣 | 袷 | 144 | 厂 | 厥 | 158 |
| 缶 | 缺 | 209 | | 郢 | 317 | | 場 | 313 | 戈 | 戚 | 195 | | 淹 | 297 | 見 | 規 | 123 | 口 | 喋 | 92 |
| 羽 | 翁 | 272 | 酉 | 酒 | 155 | | 域 | 330 | 戶 | 扈 | 135 | | 淫 | 315 | 言 | 設 | 225 | | 喟 | 164 |
| 老 | 耆 | 199 | | 配 | 192 | | 執 | 364 | 手 | 採 | 67 | | 淵 | 332 | | 訣 | 157 | | 喬 | 204 |
| | 耄 | 177 | 金 | 釜 | 110 | 女 | 婦 | 111 | | 捫 | 110 | 火 | 烹 | 192 | | 訴 | 291 | | 喪 | 220 |
| 耒 | 耕 | 115 | 阜 | 除 | 78 | | 婢 | 57 | | 掛 | 122 | | 焉 | 297 | | 許 | 296 | | 善 | 222 |
| 肉 | 脆 | 83 | | 陜 | 292 | | 婆 | 208 | | 掇 | 94 | 牛 | 牽 | 202 | 豕 | 豚 | 256 | | 喜 | 285 |
| | 能 | 188 | | 陣 | 350 | 子 | 孰 | 239 | | 捨 | 224 | | 犁 | 166 | 貝 | 貨 | 138 | | 喻 | 331 |
| | 脈 | 177 | 馬 | 馬 | 176 | 宀 | 寂 | 142 | | 掃 | 220 | 犬 | 猖 | 69 | | 貫 | 123 | | 喎 | 317 |
| | 胸 | 293 | 骨 | 骨 | 120 | | 寄 | 142 | | 捷 | 150 | | 猛 | 179 | | 貧 | 194 | | 啼 | 252 |
| | 脅 | 290 | 高 | 高 | 114 | | 密 | 179 | | 授 | 239 | 玄 | 率 | 241 | | 貪 | 250 | 囗 | 圍 | 268 |
| 自 | 臭 | 77 | 鬼 | 鬼 | 124 | | 寇 | 163 | | 接 | 150 | 玉 | 琅 | 166 | | 責 | 344 | 土 | 場 | 70 |
| 艸 | 草 | 68 | | | | | 宿 | 245 | | 掘 | 157 | | 理 | 167 | 赤 | 赦 | 225 | | 報 | 54 |
| | 荐 | 146 | **十一畫** | | | | 寅 | 315 | | 披 | 304 | | 琊 | 301 | 辵 | 逋 | 61 | | 堤 | 90 |
| | 荒 | 136 | 乙 | 乾 | 203 | 寸 | 將 | 147 | | 掩 | 299 | 生 | 產 | 69 | | 逢 | 106 | | 堯 | 300 |
| | 茫 | 177 | 人 | 偟 | 136 | | 專 | 372 | | 推 | 256 | 田 | 畢 | 57 | | 連 | 170 | 士 | 壺 | 134 |
| | 荊 | 154 | | 假 | 144 | | 尉 | 270 | | 捽 | 381 | 目 | 眼 | 299 | | 逝 | 236 | 大 | 奢 | 224 |
| | 茵 | 315 | | 側 | 68 | 山 | 崩 | 56 | 攴 | 敗 | 53 | | 眾 | 369 | | 通 | 254 | 女 | 媚 | 178 |
| | 茲 | 373 | | 偏 | 193 | | 崇 | 77 | | 敖 | 52 | 示 | 祭 | 142 | | 造 | 343 | 宀 | 富 | 112 |
| 虍 | 虔 | 203 | | 偉 | 268 | | 崙 | 176 | | 教 | 149 | | 祥 | 288 | | 逐 | 371 | | 寒 | 128 |
| 血 | 衄 | 192 | | 偽 | 268 | | 崎 | 199 | | 救 | 155 | 禾 | 移 | 306 | | 途 | 255 | | 寐 | 178 |
| 衣 | 被 | 56 | 儿 | 兜 | 93 | | 崑 | 164 | 斗 | 斛 | 134 | 立 | 竟 | 154 | 邑 | 郭 | 124 | | 寓 | 331 |
| | 袍 | 192 | 冂 | 冕 | 180 | 巛 | 巢 | 71 | 斤 | 斬 | 345 | | 章 | 346 | | 部 | 67 | 寸 | 尋 | 297 |
| | 衰 | 240 | 几 | 凰 | 136 | 巾 | 帶 | 86 | 方 | 旌 | 154 | 竹 | 第 | 91 | 里 | 野 | 304 | | 尊 | 381 |
| | 袁 | 332 | 刀 | 副 | 111 | | 常 | 70 | | 旋 | 296 | | 符 | 109 | 門 | 閉 | 57 | 尢 | 就 | 156 |
| | 衷 | 367 | | 剪 | 144 | 广 | 康 | 161 | | 族 | 380 | | 筍 | 245 | 阜 | 陳 | 74 | 尸 | 屠 | 255 |
| | 袓 | 251 | 力 | 動 | 93 | | 庶 | 240 | 日 | 晨 | 74 | 糸 | 累 | 166 | | 陵 | 172 | 巾 | 幅 | 109 |
| 言 | 記 | 142 | | 勒 | 166 | | 庸 | 317 | | 晦 | 137 | | 絃 | 287 | | 陸 | 174 | 幺 | 幾 | 141 |
| | 訖 | 201 | | 務 | 282 | 弓 | 強 | 203 | | 晝 | 370 | | 終 | 367 | | 陰 | 315 | 弋 | 弑 | 236 |
| | 訕 | 222 | 匚 | 匿 | 189 | | 張 | 345 | 曰 | 曹 | 68 | | 細 | 285 | | 陷 | 287 | 彳 | 復 | 111 |
| | 討 | 251 | | 區 | 208 | 彡 | 彩 | 67 | 月 | 望 | 264 | | 紫 | 378 | 隹 | 雀 | 210 | | 循 | 297 |
| | 託 | 256 | 卩 | 卿 | 206 | 彳 | 從 | 82 | 木 | 椄 | 57 | | 組 | 380 | 雨 | 雪 | 297 | 心 | 惑 | 138 |
| 豆 | 豈 | 201 | 厶 | 參 | 225 | | 得 | 88 | | 梅 | 178 | 羊 | 羞 | 294 | 頁 | 頃 | 206 | | 愕 | 95 |
| 豸 | 豺 | 69 | 口 | 商 | 91 | | 徘 | 192 | | 梁 | 170 | 羽 | 習 | 284 | 魚 | 魚 | 327 | | 惶 | 136 |
| | 豹 | 54 | | 唱 | 71 | | 徙 | 285 | | 梱 | 165 | | 翊 | 313 | 鳥 | 鳥 | 190 | | 惻 | 68 |
| 貝 | 財 | 67 | | 啜 | 80 | | 御 | 330 | | 械 | 290 | 耳 | 聊 | 171 | 鹿 | 鹿 | 174 | | 惡 | 95 |
| | 貢 | 118 | | 啞 | 95 | 心 | 悾 | 80 | | 條 | 253 | 肉 | 脯 | 110 | 麥 | 麥 | 177 | | 惠 | 137 |
| 走 | 起 | 200 | | 商 | 222 | | 悼 | 87 | | 梧 | 279 | | 脩 | 294 | 麻 | 麻 | 176 | | 悲 | 55 |
| 身 | 躬 | 117 | | 啓 | 201 | | 悵 | 71 | | 梓 | 378 | | 脫 | 256 | | | | | 愀 | 204 |
| 辰 | 辱 | 217 | | 喉 | 169 | | 患 | 136 | 欠 | 欲 | 330 | 舟 | 船 | 80 | **十二畫** | | | 戈 | 戟 | 141 |
| 辵 | 迹 | 138 | | 啄 | 373 | | 情 | 206 | 殳 | 殺 | 220 | 艸 | 莘 | 225 | 人 | 傅 | 112 | 手 | 揭 | 137 |
| | 逆 | 189 | | 唯 | 268 | | 悞 | 170 | 水 | 淮 | 135 | | 莫 | 183 | | 備 | 56 | | 揀 | 144 |
| | 迷 | 179 | | 問 | 272 | | 悽 | 195 | | 深 | 226 | | 莊 | 372 | | 傍 | 192 | | 揮 | 137 |
| | 送 | 245 | 囗 | 國 | 124 | | 悉 | 283 | | 淚 | 166 | | 荼 | 255 | 刀 | 割 | 114 | | 揭 | 150 |

| | | | | | |
|---|---|---|---|---|---|
| 握 273 | 广 瘀 177 | 貸 86 | 勢 237 | 殿 92 | 運 341 |
| 援 332 | 痛 255 | 貴 124 | 口 嗟 157 | 水 溝 118 | 遊 319 |
| 提 252 | 癶 登 89 | 貶 164 | 嗜 237 | 溺 189 | 違 268 |
| 掌 346 | 發 101 | 走 超 71 | 嗣 245 | 滂 192 | 遂 246 |
| 揚 300 | 白 皓 129 | 越 338 | 囗 園 332 | 溧 170 | 邑 鄉 288 |
| 支 敢 113 | 皿 盛 75 | 足 距 157 | 圓 332 | 滅 180 | 郞 340 |
| 敦 94 | 盜 87 | 車 軤 364 | 土 塞 220 | 溫 270 | 酉 酬 77 |
| 散 220 | 矢 短 94 | 辛 辜 119 | 填 253 | 溢 314 | 金 鉤 118 |
| 斤 斯 242 | 禾 稍 223 | 辵 逮 86 | 塗 255 | 滕 251 | 鈸 193 |
| 日 智 366 | 稅 241 | 進 153 | 女 嫁 144 | 滋 296 | 鉞 340 |
| 曰 曾 344 | 穴 窘 155 | 邑 都 93 | 嫄 332 | 溪 284 | 阜 隙 285 |
| 月 期 195 | 立 童 254 | 鄂 95 | 嫌 287 | 滔 251 | 隕 341 |
| 朝 346 | 竹 等 89 | 酉 酤 128 | 子 孳 373 | 溲 245 | 隹 雌 81 |
| 木 棺 122 | 答 83 | 里 量 171 | 宀 寢 154 | 火 煩 102 | 雉 366 |
| 棘 141 | 策 68 | 金 鈇 109 | 广 廉 170 | 照 347 | 雍 317 |
| 棻 105 | 筋 153 | 鈞 160 | 廋 245 | 煙 297 | 雨 電 92 |
| 椎 80 | 米 粥 369 | 門 間 144 | 彳 微 265 | 犬 猿 332 | 雷 166 |
| 棟 93 | 粟 246 | 開 161 | 心 愛 51 | 玉 瑞 218 | 頁 頓 94 |
| 椁 127 | 森 373 | 阜 隊 94 | 愁 77 | 瑟 220 | 頑 296 |
| 樓 196 | 糸 絰 92 | 階 150 | 愴 80 | 瑕 372 | 預 331 |
| 椒 149 | 給 141 | 隆 173 | 感 114 | 田 當 86 | 食 飯 104 |
| 棄 201 | 結 150 | 陽 299 | 愧 164 | 皿 盟 179 | 飲 316 |
| 植 364 | 絕 158 | 隅 327 | 愍 181 | 石 碗 298 | 馬 馳 76 |
| 棠 251 | 統 255 | 隹 集 140 | 慎 226 | 示 禁 154 | 髟 髦 164 |
| 欠 欺 195 | 絲 243 | 雄 293 | 愈 331 | 祿 175 | 鳥 鳩 155 |
| 歹 殘 67 | 羽 翔 288 | 雅 297 | 愚 327 | 内 禽 205 | 鼎 鼎 92 |
| 殖 364 | 翕 284 | 雨 雲 340 | 意 313 | 禾 稟 60 | 鼓 鼓 120 |
| 水 渡 94 | 肉 脾 193 | 頁 須 296 | 愷 341 | 稔 214 | **十四畫** |
| 測 68 | 舌 舒 239 | 順 241 | 戈 戡 141 | 竹 筮 68 | 人 僭 146 |
| 湊 82 | 舛 舜 241 | 項 289 | 手 搏 61 | 節 150 | 僕 195 |
| 湖 134 | 艸 華 135 | 馬 馭 331 | 搖 300 | 筵 237 | 僚 171 |
| 湎 180 | 萋 195 | 黃 黃 136 | 損 248 | 筥 156 | 僅 255 |
| 渴 162 | 莽 177 | 黍 黍 239 | 攴 敬 154 | 糸 絺 76 | 像 289 |
| 湯 251 | 萌 179 | 黑 黑 131 | 斤 新 291 | 經 154 | 匚 匱 164 |
| 湛 345 | 虍 虜 174 | | 日 暗 51 | 綃 285 | 厂 厭 299 |
| 游 318 | 虛 295 | **十三畫** | 暑 240 | 綏 246 | 口 嘉 144 |
| 渚 372 | 行 衖 287 | 乙 亂 176 | 暇 286 | 网 罩 347 | 嘗 70 |
| 火 焚 105 | 衣 裁 67 | 亠 亶 86 | 曰 會 137 | 置 366 | 嘔 192 |
| 然 210 | 裂 171 | 人 傲 52 | 木 楚 78 | 罪 380 | 嘆 251 |
| 焦 149 | 見 視 236 | 傳 80 | 楣 141 | 羊 群 210 | 囗 圖 255 |
| 無 279 | 言 詞 80 | 傷 222 | 極 141 | 義 314 | 土 墓 185 |
| 牛 犀 284 | 詐 345 | 傾 206 | 梗 193 | 羨 287 | 境 155 |
| 犬 猶 318 | 訴 245 | 僇 171 | 業 304 | 耳 聖 228 | 士 壽 239 |
| 玉 琴 205 | 詠 317 | 備 317 | 欠 歇 289 | 聘 194 | 夕 夢 179 |
| 田 番 102 | 豕 象 289 | 偉 346 | 止 歲 246 | 辰 農 191 | 大 奪 94 |
| 畫 135 | 貝 費 105 | 刀 剝 194 | 歹 殛 141 | 辵 遒 94 | 女 嫡 90 |
| 異 313 | 賀 131 | 力 募 185 | 殳 毀 137 | 逼 56 | |
| | | | | 達 83 | |
| | | | | 過 127 | |
| | | | | 道 87 | |
| | | | | 遇 331 | |

| 部首 | 字 | 頁 |
|---|---|---|
| | 媼 | 331 |
| 宀 | 察 | 69 |
| | 寡 | 121 |
| | 實 | 231 |
| | 寧 | 190 |
| | 寢 | 205 |
| | 寤 | 282 |
| 寸 | 對 | 94 |
| 尸 | 屨 | 285 |
| 山 | 嶇 | 208 |
| 巾 | 幕 | 185 |
| | 幗 | 344 |
| 彡 | 彰 | 346 |
| 心 | 慈 | 81 |
| | 慚 | 68 |
| | 慢 | 177 |
| | 愷 | 343 |
| | 博 | 256 |
| | 態 | 250 |
| | 慟 | 255 |
| | 愬 | 246 |
| 戈 | 截 | 150 |
| 手 | 摧 | 83 |
| | 摶 | 256 |
| 方 | 旗 | 200 |
| 日 | 暢 | 71 |
| | 暝 | 182 |
| 木 | 槁 | 114 |
| | 構 | 118 |
| | 槊 | 114 |
| | 榮 | 216 |
| | 榛 | 349 |
| 欠 | 歌 | 114 |
| 水 | 漸 | 146 |
| | 漢 | 128 |
| | 漚 | 192 |
| | 滿 | 177 |
| | 漏 | 174 |
| | 漫 | 177 |
| | 漁 | 327 |
| | 滯 | 366 |
| | 漪 | 306 |
| | 演 | 299 |
| | 漬 | 379 |
| 火 | 熙 | 284 |
| | 熊 | 293 |
| 爻 | 爾 | 100 |

| 部首 | 字 | 頁 |
|---|---|---|
| 玉 | 瑠 | 166 |
| 瓦 | 甄 | 349 |
| 疋 | 疑 | 306 |
| 疒 | 瘍 | 124 |
| 皿 | 盡 | 154 |
| 目 | 睨 | 93 |
| 石 | 碣 | 150 |
| 示 | 福 | 110 |
| | 禍 | 138 |
| 禾 | 稱 | 74 |
| | 種 | 368 |
| 立 | 端 | 94 |
| | 竭 | 150 |
| 竹 | 箕 | 138 |
| | 管 | 123 |
| | 箖 | 171 |
| | 箋 | 322 |
| 米 | 精 | 154 |
| 糸 | 綵 | 67 |
| | 綱 | 114 |
| | 綿 | 179 |
| | 綠 | 175 |
| | 綏 | 239 |
| | 網 | 264 |
| | 維 | 268 |
| 网 | 罰 | 102 |
| 羽 | 翟 | 90 |
| 耳 | 聚 | 157 |
| | 聞 | 271 |
| 肉 | 腐 | 110 |
| 臣 | 臧 | 342 |
| 至 | 臺 | 249 |
| 臼 | 與 | 328 |
| 舛 | 舞 | 282 |
| 艸 | 蓋 | 112 |
| | 萬 | 128 |
| | 蒼 | 68 |
| | 蒙 | 179 |
| | 蒞 | 170 |
| | 蒲 | 195 |
| | 蓄 | 296 |
| | 蒸 | 350 |
| 虫 | 蜜 | 179 |
| | 蝸 | 253 |
| 衣 | 褐 | 131 |
| | 裹 | 127 |
| | 裳 | 70 |

| 部首 | 字 | 頁 |
|---|---|---|
| 言 | 誨 | 138 |
| | 誓 | 237 |
| | 誚 | 204 |
| | 誠 | 151 |
| | 說 | 242 |
| | 誤 | 282 |
| | 語 | 328 |
| | 誦 | 245 |
| 豕 | 豪 | 128 |
| 豸 | 貌 | 177 |
| 貝 | 賓 | 59 |
| | 賑 | 350 |
| 走 | 趙 | 347 |
| 足 | 踈 | 239 |
| 車 | 輔 | 110 |
| | 輕 | 206 |
| | 輒 | 347 |
| 辵 | 遣 | 203 |
| | 遜 | 297 |
| | 遠 | 332 |
| | 遙 | 300 |
| | 遡 | 246 |
| 邑 | 鄙 | 57 |
| 酉 | 酸 | 246 |
| 金 | 銘 | 182 |
| | 銖 | 239 |
| | 銕 | 254 |
| | 銀 | 316 |
| 阜 | 際 | 143 |
| 隹 | 雒 | 176 |
| 革 | 鞁 | 299 |
| 頁 | 領 | 172 |
| | 顏 | 194 |
| 食 | 飽 | 54 |
| | 飾 | 237 |
| | 飼 | 245 |
| | 飴 | 306 |
| 髟 | 髦 | 177 |
| 鬼 | 魂 | 138 |
| 鳥 | 鳳 | 107 |
| | 鳴 | 182 |
| | 鳶 | 332 |
| 鼻 | 鼻 | 56 |
| 齊 | 齊 | 199 |

### 十五畫

| 部首 | 字 | 頁 |
|---|---|---|
| 人 | 儉 | 144 |
| | 價 | 144 |
| | 僻 | 193 |
| | 僵 | 148 |
| | 儀 | 306 |
| | 億 | 314 |
| 刀 | 劍 | 146 |
| | 劉 | 173 |
| | 劈 | 193 |
| 口 | 嘩 | 128 |
| | 嘻 | 284 |
| | 嘯 | 289 |
| 土 | 墮 | 95 |
| | 墳 | 105 |
| | 墨 | 184 |
| | 墜 | 373 |
| | 墟 | 296 |
| | 增 | 344 |
| 女 | 嬌 | 149 |
| | 嬉 | 284 |
| 宀 | 審 | 226 |
| | 寬 | 164 |
| | 寫 | 290 |
| 尸 | 履 | 175 |
| 巾 | 幣 | 58 |
| 广 | 廚 | 78 |
| | 廣 | 123 |
| | 廢 | 105 |
| | 廟 | 180 |
| | 廡 | 282 |
| 廾 | 弊 | 58 |
| 弓 | 彈 | 86 |
| 彡 | 影 | 317 |
| 彳 | 德 | 89 |
| 心 | 憤 | 105 |
| | 憚 | 86 |
| | 慶 | 207 |
| | 慮 | 175 |
| | 憐 | 170 |
| | 慕 | 185 |
| | 憂 | 318 |
| | 憎 | 344 |
| | 慰 | 270 |
| 戈 | 戮 | 175 |
| 手 | 撫 | 110 |
| | 播 | 60 |
| | 撓 | 188 |
| 攴 | 敵 | 90 |

| 部首 | 字 | 頁 |
|---|---|---|
| | 數 | 240 |
| 日 | 暴 | 55 |
| | 暮 | 185 |
| 木 | 樊 | 103 |
| | 概 | 113 |
| | 樞 | 239 |
| | 樓 | 173 |
| | 樂 | 340 |
| 欠 | 歐 | 192 |
| | 歎 | 251 |
| 殳 | 毅 | 314 |
| 水 | 潮 | 71 |
| | 潘 | 192 |
| | 潰 | 164 |
| | 潔 | 150 |
| | 潤 | 218 |
| | 潛 | 203 |
| | 漿 | 148 |
| | 潯 | 297 |
| 火 | 熛 | 58 |
| | 熱 | 211 |
| | 熟 | 239 |
| 白 | 皚 | 129 |
| 目 | 瞋 | 71 |
| 石 | 磕 | 210 |
| | 磐 | 192 |
| 禾 | 穀 | 120 |
| | 稽 | 139 |
| | 稷 | 143 |
| | 稻 | 88 |
| 穴 | 窮 | 207 |
| 竹 | 篇 | 193 |
| | 箴 | 204 |
| 糸 | 緩 | 136 |
| | 編 | 58 |
| | 練 | 170 |
| | 緯 | 268 |
| | 緣 | 332 |
| 网 | 罵 | 52 |
| 羽 | 翦 | 193 |
| | 翫 | 257 |
| 肉 | 膚 | 109 |
| | 膝 | 284 |
| 艸 | 蔡 | 67 |
| | 蔘 | 171 |
| | 蓬 | 193 |
| | 蔓 | 177 |

| 部首 | 字 | 頁 |
|---|---|---|
| | 蔚 | 270 |
| 虍 | 號 | 127 |
| 虫 | 蝮 | 112 |
| | 蝕 | 231 |
| | 蝦 | 285 |
| 行 | 衝 | 76 |
| 衣 | 褓 | 218 |
| 言 | 誹 | 105 |
| | 諂 | 69 |
| | 請 | 206 |
| | 論 | 176 |
| | 誰 | 241 |
| | 調 | 253 |
| 豆 | 豎 | 240 |
| 貝 | 賜 | 82 |
| | 賦 | 112 |
| | 賤 | 146 |
| | 賞 | 222 |
| | 賢 | 287 |
| | 質 | 366 |
| 足 | 踐 | 146 |
| 車 | 輟 | 80 |
| | 輪 | 176 |
| 辵 | 適 | 237 |
| | 遭 | 343 |
| 邑 | 鄰 | 171 |
| | 鄭 | 351 |
| 酉 | 醉 | 380 |
| 金 | 鋹 | 135 |
| | 鋒 | 106 |
| | 銳 | 218 |
| | 銷 | 289 |
| 門 | 閭 | 175 |
| 阜 | 隤 | 256 |
| 雨 | 霆 | 254 |
| | 震 | 350 |
| 頁 | 頡 | 290 |
| 食 | 餌 | 100 |
| | 餉 | 288 |
| | 養 | 300 |
| 馬 | 駕 | 144 |
| | 駔 | 245 |
| 髟 | 髮 | 102 |
| 鬼 | 魄 | 195 |
| 魚 | 魯 | 174 |
| 黍 | 黎 | 166 |
| 齒 | 齒 | 76 |

### 十六畫

| 部首 | 字 | 頁 |
|---|---|---|
| 八 | 冀 | 143 |
| 力 | 勳 | 297 |
| 口 | 器 | 202 |
| 土 | 壂 | 162 |
| | 墻 | 204 |
| | 壇 | 250 |
| | 壅 | 317 |
| 大 | 奮 | 106 |
| 女 | 變 | 58 |
| 子 | 學 | 297 |
| 寸 | 導 | 87 |
| 广 | 廩 | 172 |
| 弓 | 彊 | 203 |
| 彳 | 徹 | 149 |
| 戈 | 戰 | 345 |
| 手 | 操 | 68 |
| | 據 | 157 |
| | 擅 | 222 |
| | 擒 | 205 |
| | 擇 | 344 |
| | 擁 | 317 |
| 攴 | 整 | 350 |
| 日 | 曆 | 170 |
| | 曉 | 289 |
| 木 | 横 | 131 |
| | 機 | 139 |
| | 橋 | 204 |
| | 樵 | 204 |
| | 橈 | 188 |
| | 樹 | 240 |
| | 橐 | 256 |
| | 樽 | 381 |
| 止 | 歷 | 170 |
| 水 | 激 | 139 |
| | 澡 | 237 |
| | 濁 | 373 |
| | 濉 | 246 |
| | 澤 | 344 |
| 火 | 熾 | 76 |
| | 燒 | 223 |
| | 燴 | 284 |
| | 熹 | 284 |
| | 燕 | 299 |
| 犬 | 獨 | 93 |
| 广 | 癢 | 77 |
| 皿 | 盧 | 174 |

| 部 | 字 | 頁 |
|---|---|---|
| 石 | 磨 | 183 |
| 示 | 禦 | 331 |
| 禾 | 積 | 139 |
|  | 穆 | 185 |
| 穴 | 窺 | 164 |
|  | 竂 | 282 |
| 竹 | 篡 | 83 |
|  | 築 | 372 |
| 糸 | 縠 | 134 |
| 网 | 罹 | 166 |
| 羽 | 翮 | 130 |
|  | 翱 | 52 |
| 臼 | 興 | 291 |
| 舟 | 艘 | 220 |
| 艸 | 蕆 | 58 |
|  | 蕩 | 87 |
|  | 葉 | 208 |
| 虫 | 螂 | 166 |
| 行 | 衡 | 131 |
|  | 衛 | 270 |
| 衣 | 襃 | 202 |
| 見 | 覬 | 93 |
|  | 親 | 205 |
| 言 | 諫 | 147 |
|  | 諷 | 106 |
|  | 謀 | 184 |
|  | 諾 | 192 |
|  | 謂 | 270 |
|  | 諸 | 370 |
|  | 謁 | 305 |
|  | 諛 | 327 |
| 豕 | 豫 | 331 |
| 貝 | 賴 | 165 |
| 足 | 踰 | 328 |
|  | 踵 | 368 |
|  | 蹀 | 340 |
| 車 | 輸 | 239 |
| 辛 | 辦 | 54 |
|  | 辨 | 58 |
| 辵 | 遲 | 76 |
|  | 遼 | 171 |
|  | 遺 | 306 |
|  | 選 | 296 |
|  | 遵 | 381 |
| 金 | 錯 | 83 |
|  | 錡 | 200 |
| 門 | 閭 | 69 |

| 部 | 字 | 頁 |
|---|---|---|
|  | 關 | 95 |
| 阜 | 險 | 287 |
|  | 隨 | 246 |
| 隹 | 雕 | 92 |
| 雨 | 霍 | 138 |
|  | 霏 | 105 |
|  | 霑 | 345 |
| 青 | 靜 | 155 |
| 頁 | 頸 | 154 |
|  | 頭 | 255 |
| 食 | 餓 | 95 |
|  | 舖 | 61 |
|  | 餐 | 67 |
|  | 餞 | 188 |
|  | 餘 | 327 |
| 馬 | 駭 | 128 |
|  | 駱 | 176 |
| 骨 | 骸 | 127 |
| 髟 | 髻 | 143 |
| 魚 | 鮑 | 55 |
|  | 鮏 | 222 |
| 鳥 | 鴟 | 76 |
| 黑 | 黔 | 203 |
|  | 默 | 184 |
| 龍 | 龍 | 173 |
| 龜 | 龜 | 123 |

**十七畫**

| 部 | 字 | 頁 |
|---|---|---|
| 人 | 償 | 70 |
|  | 優 | 318 |
| 力 | 勵 | 170 |
| 女 | 嬰 | 316 |
| 山 | 嶽 | 340 |
| 心 | 應 | 316 |
| 戈 | 戲 | 285 |
| 手 | 擎 | 61 |
|  | 擊 | 139 |
|  | 擬 | 189 |
|  | 擢 | 373 |
| 木 | 檢 | 145 |
|  | 檄 | 284 |
|  | 檣 | 380 |
| 欠 | 歛 | 170 |
| 水 | 濟 | 143 |
|  | 濱 | 59 |
|  | 濫 | 165 |
|  | 濡 | 216 |

| 部 | 字 | 頁 |
|---|---|---|
|  | 濕 | 229 |
| 火 | 營 | 316 |
|  | 燭 | 371 |
| 爿 | 牆 | 204 |
| 犬 | 獲 | 138 |
| 玉 | 環 | 136 |
| 瓦 | 甌 | 344 |
| 目 | 瞬 | 242 |
| 矢 | 矯 | 149 |
|  | 繒 | 344 |
| 石 | 磽 | 60 |
| 示 | 禪 | 222 |
| 禾 | 穗 | 247 |
| 米 | 糞 | 106 |
| 糸 | 繁 | 103 |
|  | 績 | 139 |
|  | 縹 | 194 |
|  | 糜 | 179 |
|  | 繆 | 184 |
|  | 繇 | 301 |
|  | 縛 | 372 |
|  | 縶 | 364 |
|  | 縱 | 379 |
| 羽 | 翳 | 314 |
|  | 翼 | 314 |
| 耳 | 聰 | 82 |
|  | 聲 | 227 |
|  | 聳 | 245 |
| 肉 | 膽 | 86 |
|  | 臂 | 58 |
|  | 臆 | 314 |
|  | 膺 | 316 |
| 臣 | 臨 | 171 |
| 臼 | 舉 | 156 |
| 艸 | 薄 | 61 |
|  | 薨 | 131 |
|  | 薦 | 147 |
|  | 薛 | 296 |
|  | 薪 | 291 |
|  | 蕙 | 314 |
| 虍 | 虧 | 164 |
| 虫 | 螳 | 251 |
| 衣 | 褻 | 54 |
|  | 襞 | 290 |
|  | 襄 | 288 |
| 言 | 謗 | 54 |
|  | 謚 | 237 |

| 部 | 字 | 頁 |
|---|---|---|
|  | 謝 | 290 |
| 谷 | 谿 | 284 |
| 豸 | 貉 | 193 |
| 走 | 趨 | 208 |
| 足 | 蹈 | 87 |
|  | 蹉 | 83 |
|  | 蹊 | 382 |
| 車 | 轂 | 120 |
|  | 輿 | 328 |
| 辵 | 還 | 136 |
|  | 避 | 58 |
|  | 邃 | 157 |
| 酉 | 醜 | 77 |
| 金 | 鍛 | 94 |
|  | 鍔 | 95 |
|  | 鍪 | 184 |
|  | 鍾 | 367 |
| 門 | 闈 | 51 |
|  | 闌 | 165 |
| 阜 | 隙 | 284 |
|  | 隱 | 316 |
| 隸 | 隸 | 170 |
| 隹 | 雖 | 246 |
| 雨 | 霜 | 241 |
| 食 | 館 | 123 |
|  | 餒 | 270 |
| 馬 | 駿 | 161 |
| 鳥 | 鴻 | 131 |
| 鹿 | 麋 | 179 |
| 齊 | 齋 | 345 |

**十八畫**

| 部 | 字 | 頁 |
|---|---|---|
| 人 | 儲 | 80 |
| 土 | 壘 | 166 |
|  | 壞 | 164 |
| 戈 | 戴 | 86 |
| 手 | 擯 | 93 |
|  | 擾 | 211 |
|  | 擲 | 366 |
| 攴 | 斃 | 58 |
| 斤 | 斷 | 94 |
| 止 | 歸 | 123 |
| 歹 | 殯 | 59 |
| 水 | 瀆 | 93 |
| 爪 | 爵 | 158 |
| 玉 | 璧 | 58 |
| 目 | 瞳 | 237 |

| 部 | 字 | 頁 |
|---|---|---|
| 示 | 禮 | 167 |
| 禾 | 穡 | 138 |
| 竹 | 簞 | 86 |
|  | 簟 | 92 |
|  | 簡 | 145 |
|  | 簪 | 342 |
| 米 | 糧 | 170 |
| 糸 | 繡 | 294 |
|  | 織 | 363 |
| 耳 | 職 | 364 |
| 臼 | 舊 | 156 |
| 艸 | 藏 | 68 |
|  | 薰 | 297 |
| 虫 | 蟬 | 69 |
|  | 蟲 | 77 |
| 衣 | 襟 | 153 |
| 襾 | 覆 | 112 |
| 角 | 觸 | 222 |
| 言 | 謨 | 177 |
|  | 謹 | 153 |
|  | 謬 | 183 |
| 豆 | 豐 | 106 |
| 豸 | 貙 | 78 |
| 足 | 蹟 | 364 |
| 身 | 軀 | 208 |
| 車 | 轉 | 372 |
| 酉 | 醫 | 306 |
| 金 | 鎚 | 80 |
|  | 鎰 | 314 |
| 門 | 闔 | 130 |
|  | 闊 | 210 |
| 阜 | 隳 | 137 |
| 隹 | 雙 | 241 |
| 革 | 鞭 | 58 |
| 頁 | 顏 | 298 |
|  | 顓 | 372 |
|  | 題 | 252 |
| 風 | 颺 | 300 |
| 馬 | 騎 | 200 |
| 鬼 | 魏 | 270 |
| 魚 | 鯀 | 124 |
|  | 鯁 | 115 |

**十九畫**

| 部 | 字 | 頁 |
|---|---|---|
| 口 | 譆 | 193 |
|  | 嚬 | 299 |
| 土 | 壞 | 135 |

| 部 | 字 | 頁 |
|---|---|---|
| 宀 | 寵 | 77 |
| 广 | 廬 | 174 |
| 心 | 懷 | 135 |
| 水 | 瀨 | 165 |
|  | 瀝 | 170 |
| 火 | 爍 | 242 |
| 牛 | 犢 | 93 |
| 犬 | 獸 | 239 |
| 田 | 疇 | 77 |
|  | 疆 | 148 |
| 糸 | 繫 | 58 |
|  | 繩 | 227 |
|  | 繳 | 373 |
|  | 繫 | 285 |
| 网 | 羅 | 176 |
| 羊 | 羹 | 115 |
| 臼 | 豐 | 291 |
| 艸 | 藩 | 102 |
|  | 藥 | 301 |
| 虫 | 蠃 | 176 |
| 衣 | 襦 | 217 |
| 言 | 譁 | 135 |
|  | 譖 | 231 |
|  | 證 | 351 |
|  | 譚 | 250 |
| 足 | 蹬 | 90 |
|  | 蹭 | 68 |
| 辛 | 辭 | 81 |
| 辵 | 邊 | 58 |
| 金 | 鏜 | 80 |
|  | 鏤 | 174 |
|  | 鏘 | 203 |
| 門 | 關 | 122 |
| 隹 | 離 | 167 |
|  | 難 | 187 |
| 雨 | 霧 | 282 |
| 非 | 靡 | 179 |
| 頁 | 顛 | 91 |
|  | 顙 | 220 |
|  | 類 | 166 |
|  | 願 | 333 |
| 風 | 颼 | 103 |
| 魚 | 鯢 | 189 |
| 鳥 | 鵲 | 210 |
| 鹿 | 麒 | 200 |
| 黽 | 鼀 | 256 |

**二十畫**

| 部 | 字 | 頁 |
|---|---|---|
| 力 | 勸 | 209 |
| 口 | 譽 | 164 |
|  | 嚴 | 299 |
| 土 | 壤 | 211 |
| 夊 | 夔 | 164 |
| 子 | 孽 | 190 |
| 宀 | 寶 | 54 |
| 心 | 懸 | 296 |
| 手 | 攘 | 211 |
| 水 | 瀼 | 317 |
| 火 | 爐 | 174 |
| 犬 | 獻 | 287 |
| 穴 | 竇 | 93 |
| 竹 | 籍 | 141 |
| 糸 | 繼 | 143 |
| 羽 | 耀 | 301 |
| 艸 | 薪 | 200 |
|  | 盧 | 174 |
|  | 蘇 | 245 |
| 見 | 覺 | 158 |
| 言 | 譬 | 193 |
|  | 議 | 314 |
| 貝 | 贏 | 316 |
| 足 | 躄 | 58 |
|  | 躁 | 343 |
| 采 | 釋 | 237 |
| 金 | 鐘 | 368 |
| 雨 | 露 | 175 |
| 風 | 飄 | 194 |
| 馬 | 騰 | 251 |

**廿一畫**

| 部 | 字 | 頁 |
|---|---|---|
| 尸 | 屬 | 240 |
| 山 | 巍 | 268 |
| 心 | 懼 | 157 |
| 手 | 攝 | 225 |
|  | 攜 | 284 |
| 日 | 曩 | 188 |
| 火 | 爛 | 165 |
| 石 | 礱 | 173 |
| 糸 | 續 | 296 |
| 虫 | 蠡 | 168 |
| 見 | 覽 | 165 |
| 言 | 譴 | 203 |
|  | 譽 | 332 |
| 辛 | 辯 | 58 |

| 金 鐵 | 254 | 骨 髓 | 246 |
| 門 闢 | 193 | 　 體 | 252 |
| 雨 霸 | 52 | 魚 鱉 | 59 |
| 頁 顧 | 121 | 　 鐃 | 180 |
| 食 饑 | 139 | 鳥 鷟 | 299 |
| 　 饋 | 164 | 鹿 麟 | 172 |
| 　 饒 | 211 | | |
| 鳥 鷄 | 139 | **廿四畫** | |
| 　 鶴 | 131 | 网 羈 | 139 |
| 黑 黯 | 52 | 虫 蠶 | 68 |
| | | 言 讒 | 69 |
| **廿二畫** | | 　 讓 | 211 |
| 人 儼 | 299 | 金 鑑 | 170 |
| 口 囊 | 188 | 雨 靈 | 172 |
| 山 巔 | 91 | 鬥 鬮 | 93 |
| 木 權 | 209 | 魚 鱠 | 164 |
| 欠 歡 | 135 | 鳥 鷹 | 316 |
| 水 灑 | 219 | | |
| 穴 竊 | 204 | **廿五畫** | |
| 米 糴 | 90 | 竹 籮 | 167 |
| 耳 聾 | 173 | 米 糶 | 253 |
| 　 聽 | 254 | 虫 蠻 | 177 |
| 衣 襲 | 284 | 見 觀 | 122 |
| 貝 贖 | 239 | 足 躡 | 190 |
| 足 躔 | 170 | 髟 鬢 | 171 |
| 金 鑒 | 147 | | |
| 　 鑄 | 372 | **廿七畫** | |
| 音 響 | 288 | 馬 驥 | 143 |
| 馬 驕 | 149 | | |
| 髟 鬚 | 296 | **廿八畫** | |
| 鬲 鬻 | 332 | 金 鑿 | 382 |
| 鳥 鷗 | 192 | | |
| 　 鷟 | 366 | **三十畫** | |
| | | 鳥 鸞 | 176 |
| **廿三畫** | | | |
| 山 巖 | 299 | | |
| 心 戀 | 170 | | |
| 糸 纔 | 67 | | |
| 　 纓 | 316 | | |
| 艸 蘿 | 176 | | |
| 虫 蠱 | 120 | | |
| 言 變 | 58 | | |
| 　 讐 | 77 | | |
| 金 鑕 | 366 | | |
| 頁 顯 | 287 | | |
| 馬 驚 | 154 | | |
| 　 驗 | 299 | | |

# 通 用 字 表

| 編號 | 本索引<br>用字 | 原底本<br>用字 | 章/頁/行 | 內文 |
|---|---|---|---|---|
| 1 | 妊 | 姙 | 1/1/5<br>6/28/4 | 後妊娠<br>因而妊孕 |
| 2 | 冰 | 氷 | 1/1/6<br>8/35/30 | 復置於澤中冰上<br>休息食室於冰廚 |
| 3 | 樹 | 樹 | 1/1/7<br>3/5/23<br>3/5/24<br>5/24/23<br>8/35/17<br>9/42/1 | 爲兒時好種樹、禾黍、桑麻、五穀<br>子俟我此樹下<br>求之樹下<br>夫秋蟬登高樹<br>今大王欲國樹都<br>袁公則飛上樹 |
| 4 | 攜 | 携 | 1/1/17 | 負老攜幼 |
| 5 | 往 | 往 | 1/2/1<br>3/4/15<br>3/4/21<br>3/4/28<br>3/4/29<br>3/4/29<br>3/4/31<br>3/5/3<br>3/5/8<br>4/9/28<br>4/10/22<br>4/10/24<br>4/10/26<br>4/11/29<br>4/16/11<br>4/16/17<br>4/17/1<br>5/17/7<br>5/17/12<br>5/21/11<br>5/23/30<br>5/24/9<br>5/24/22<br>5/25/19 | 伯夷自海濱而往<br>而使城父司馬奮揚往殺太子<br>往許召子尚、子胥<br>今往方死<br>尚且無往<br>兄若誤往<br>尚從是往<br>與使俱往<br>胥欲往之<br>及平王往而大驚曰<br>生往死還<br>暝即往攻要離<br>椒丘訢果往<br>深恐以兵往破滅而已<br>往年繫綿於此<br>令女往遊其上<br>楚懼吳兵復往<br>今未往告急<br>乃往諫曰<br>王乃遣王孫駱往請公孫聖<br>亡臣安往<br>依潮來往<br>往而觀之<br>敢煩使者往來 |

| 編號 | 本索引用字 | 原底本用字 | 章/頁/行 | 內文 |
|---|---|---|---|---|
| 5 | 往 | 徃 | 5/27/1 | 心不能往 |
| | | | 6/29/22 | 往來有常 |
| | | | 7/30/25 | 往而不返 |
| | | | 7/31/21 | 往而必反、與君復讎者 |
| | | | 7/31/23 | 賂往遺來 |
| | | | 7/32/4 | 任厥兮往還 |
| | | | 7/32/5 | 颼颼獨兮西往 |
| | | | 9/40/8 | 往獻美女 |
| | | | 9/40/25 | 吉往則凶來 |
| | | | 9/41/8 | 恩往義來 |
| | | | 9/42/6 | 與神俱往 |
| | | | 9/42/6 | 呼吸往來 |
| | | | 9/42/24 | 往不止也 |
| | | | 10/43/14 | 送往迎來 |
| | | | 10/43/14 | 往宦士三百人於吳 |
| | | | 10/44/8 | 未可往也 |
| | | | 10/46/3 | 自今以往 |
| | | | 10/46/8 | 吾方往征討我宗廟之讎 |
| | | | 10/50/2 | 往若飄然 |
| 6 | 讎 | 讐 | 2/2/16 | 二國從斯結讎 |
| | | | 3/4/31 | 冤讎不除 |
| | | | 3/5/1 | 父兄之讎 |
| | | | 3/5/8 | 願吾因於諸侯以報讎矣 |
| | | | 3/5/11 | 吾聞父母之讎 |
| | | | 3/5/11 | 兄弟之讎 |
| | | | 3/5/12 | 朋友之讎 |
| | | | 3/6/12 | 彼必復父之讎 |
| | | | 3/6/14 | 稍道其讎 |
| | | | 3/6/14 | 欲爲興師復讎 |
| | | | 3/6/16 | 但欲自復私讎耳 |
| | | | 4/15/4 | 子之報讎 |
| | | | 7/32/13 | 子不念先君之讎乎 |
| | | | 8/36/7 | 越王念復吳讎 |
| | | | 9/41/8 | 仇讎之人不可親 |
| | | | 9/41/9 | 以饒無益之讎 |
| | | | 10/43/12 | 以大國報讎 |
| | | | 10/44/2 | 以塞吾之宿讎 |
| | | | 10/44/3 | 以除君王之宿讎 |
| | | | 10/46/8 | 吾方往征討我宗廟之讎 |
| | | | 10/47/29 | 復讎還恥 |
| | | | 10/48/4 | 滅讎破吳 |
| 7 | 效 | 効 | 2/3/13 | 以效不恨士也 |

| 編號 | 本索引用字 | 原底本用字 | 章/頁/行 | 內文 |
|---|---|---|---|---|
| 8 | 解 | 解 | 2/3/16 | 心恨不解 |
| | | | 3/5/27 | 胥乃解百金之劍以與漁者 |
| | | | 3/7/7 | 欲以解殺建之過 |
| | | | 4/14/17 | 懷怒不解 |
| | | | 5/22/4 | 遣下吏太宰嚭、王孫駱解冠幘 |
| | | | 8/36/5 | 解救其本 |
| | | | 8/37/10 | 構怨不解 |
| | | | 8/37/15 | 士散而衆解 |
| | | | 10/47/7 | 人衆分解 |
| 9 | 恥 | 耻 | 3/4/19 | 蒙垢受恥 |
| | | | 3/4/22 | 外愧諸侯之恥 |
| | | | 3/4/31 | 恥辱日大 |
| | | | 3/5/12 | 以雪父兄之恥 |
| | | | 4/10/23 | 勇士所恥 |
| | | | 4/16/6 | 鞭辱腐屍恥難雪 |
| | | | 5/17/20 | 丘常恥之 |
| | | | 5/27/17 | 何王之忍辱厚恥也 |
| | | | 7/30/14 | 今遭辱恥 |
| | | | 7/30/28 | 蒙不赦之恥 |
| | | | 7/31/21 | 不恥屈厄之難 |
| | | | 8/35/15 | 受辱被恥 |
| | | | 8/37/1 | 恥聞天下 |
| | | | 9/38/1 | 寡人獲辱受恥 |
| | | | 9/38/4 | 受囚破之恥 |
| | | | 10/44/13 | 而患其志行之少恥也 |
| | | | 10/44/14 | 不患其志行之少恥也 |
| | | | 10/46/11 | 雪我王宿恥兮 |
| | | | 10/47/29 | 復讎還恥 |
| | | | 10/48/17 | 夫恥辱之心不可以大 |
| | | | 10/48/19 | 定功雪恥 |
| | | | 10/49/13 | 雪恥於吳 |
| 10 | 慚 | 慙 | 3/4/21 | 平王內慚囚繫忠臣 |
| | | | 5/27/1 | 吾以畏責天下之慚 |
| | | | 5/27/23 | 吾生既慚 |
| | | | 7/34/2 | 意者內慚至仁之存也 |
| | | | 9/38/2 | 下慚晉、楚 |
| | | | 9/38/24 | 內慚朝臣 |
| | | | 10/48/16 | 王之慚辱 |
| 11 | 怪 | 恠 | 3/6/12 | 王僚怪其狀偉 |
| | | | 3/6/21 | 子胥怪而問其狀 |
| | | | 5/23/13 | 王怪而視之 |

| 編號 | 本索引用字 | 原底本用字 | 章/頁/行 | 內文 |
|---|---|---|---|---|
| 11 | 怪 | 恠 | 5/24/21<br>8/35/22 | 王怪而問之曰<br>而怪山自生者 |
| 12 | 鉤 | 鈎 | 4/9/16 | 復命於國中作金鉤 |
| 13 | 著 | 着 | 4/9/21 | 著父之胸 |
| 14 | 臥 | 卧 | 4/10/10<br>4/10/26<br>4/10/28<br>4/16/25<br>5/21/1<br>5/21/12 | 臥不安席<br>放髮僵臥無所懼<br>臥不守御<br>闔閭出入游臥<br>寡人晝臥有夢<br>吳王晝臥姑胥之臺 |
| 15 | 卻 | 却 | 4/12/8<br>4/15/21<br>9/41/3<br>10/47/7 | 卒不卻行<br>夫概師敗卻退<br>卻行馬前<br>松陵卻退 |
| 16 | 床 | 牀 | 4/13/1 | 得吳王湛盧之劍於床 |
| 17 | 概 | 槩 | 4/14/8<br>4/14/9<br>4/15/19<br>4/15/21<br>4/15/21<br>4/15/22 | 闔閭之弟夫概晨起請於闔閭曰<br>夫概曰<br>大敗夫概<br>夫概師敗卻退<br>欲殺夫概<br>昭王封夫概於棠溪 |
| 18 | 姦 | 姧 | 4/16/2 | 姦喜以辱楚君臣 |
| 19 | 鱉 | 鼈 | 5/19/5<br>5/19/13<br>5/20/9<br>5/24/8 | 唯魚鱉見矣<br>身為魚鱉<br>身為魚鱉<br>魚鱉食汝肉 |
| 20 | 弊 | 獘 | 5/19/11<br>5/20/15<br>5/25/15<br>8/37/9 | 騎士、銳兵弊乎齊<br>弊邑雖小<br>今大國越次而造弊邑之軍壘<br>越承其弊 |
| 21 | 衂 | 衄 | 5/23/7 | 欲以妖孽挫衂吾師 |
| 22 | 昏 | 昬 | 5/25/9<br>10/46/28 | 夫差昏〔乃戒令〕秣馬食士<br>乃以黃昏令於左軍 |

| 編號 | 本索引用字 | 原底本用字 | 章/頁/行 | 內文 |
|---|---|---|---|---|
| 23 | 脈 | 脉 | 6/28/21 | 召其神而問之山川脈理、金玉所有、鳥獸昆蟲之類及八方之民俗、殊國異域土地里數 |
|  |  |  | 6/29/3 | 脈地理 |
| 24 | 皋 | 皐 | 7/31/8 | 大夫皋如曰 |
|  |  |  | 7/31/28 | 大夫皋如曰 |
|  |  |  | 10/45/18 | 大夫皋如曰 |
|  |  |  | 10/48/28 | 大夫曳庸、扶同、皋如之徒 |
| 25 | 帚 | 箒 | 7/32/12 | 使執箕帚 |
|  |  |  | 9/40/12 | 願納以供箕帚之用 |
| 26 | 博 | 愽 | 10/45/20 | 廣恩以博施 |
| 27 | 峰 | 峯 | 10/49/23 | 或入三峰之下 |
| 28 | 楫 | 檝 | 10/50/2 | 以楫爲馬 |

# 徵 引 書 目

| 編號 | 書名 | 標注出處方法 | 版本 |
|---|---|---|---|
| 1 | 吳越春秋 | 頁數 | 世界書局影明弘治覆元大德本1962年 |
| 2 | 吳越春秋 | 頁數 | 江蘇古籍出版社排印本1986年 |
| 3 | 吳越春秋 | 卷/頁（a、b爲頁之上下面） | 古今逸史本臺灣商務印書館1969年 |
| 4 | 藝文類聚 | 卷頁 | 上海古籍出版社1965年 |
| 5 | 孟子 | 頁數 | 臺北藝文印書館1985年影十三經注疏本 |
| 6 | 左傳 | 頁數 | 臺北藝文印書館1985年影十三經注疏本 |
| 7 | 史記 | 頁數 | 北京中華書局1982年 |
| 8 | 越絕書 | 卷/頁（a、b爲頁之上下面） | 四部叢刊影江安傅氏雙鑑樓藏明雙柏堂本 |
| 9 | 國語 | 卷/頁（a、b爲頁之上下面） | 黃丕烈士禮居叢書重雕天聖明道本 |

# 誤字改正說明表

| 編號 | 原句 / 位置（章/頁/行） | 改正說明 |
|---|---|---|
| 1 | （卑）〔畀〕子去齊 1/2/6 | 世界書局影明弘治覆元大德本頁38 |
| 2 | （大）〔太〕子能爲內應而滅鄭 3/5/15 | 世界書局影明弘治覆元大德本頁57 |
| 3 | 發其（簞）〔簞〕笥 3/6/4 | 世界書局影明弘治覆元大德本頁61 |
| 4 | 乃被髮（徉）〔佯〕狂 3/6/8 | 世界書局影明弘治覆元大德本頁61 |
| 5 | 金鐵（刀）〔乃〕濡 4/9/11 | 世界書局影明弘治覆元大德本頁78 |
| 6 | 是（囊）〔瓦〕之罪也 4/12/25 | 左傳・昭公二十七年頁910 |
| 7 | 臣聞越王（元）〔允〕常使歐冶子造劍五枚 4/13/5 | 據元徐天祜注改 |
| 8 | 越王（元）〔允〕常曰 4/13/18 | 據元徐天祜注改 |
| 9 | 隨君（作）〔卜〕昭王與吳王 4/14/19 | 世界書局影明弘治覆元大德本頁108 |
| 10 | 秦（桓）〔哀〕公素沉湎 4/15/7 | 據元徐天祜注改 |
| 11 | （桓）〔哀〕公大驚 4/15/9 | 據元徐天祜注改 |
| 12 | 王不憂鄰國疆（場）〔場〕之患 4/15/11 | 左傳・定公四年頁953 |
| 13 | 越王（元）〔允〕常恨闔閭破之檇里 4/15/17 | 據上文元徐天祜注改 |
| 14 | 而〔自〕（即）〔稷〕會之 4/15/19 | 左傳・定公五年頁958 |
| 15 | （與）〔敗〕楚師於淮澨 4/15/22 | 左傳・定公五年頁958 |
| 16 | 波太子夫差日夜告（許）〔於〕伍胥曰 4/16/19 | 世界書局影明弘治覆元大德本頁119 |
| 17 | 我入則（波）〔決〕矣 4/16/20 | 世界書局影明弘治覆元大德本頁119 |
| 18 | （耳）〔自〕治宮室 4/16/25 | 世界書局影明弘治覆元大德本頁120 |
| 19 | 器飽（努）〔弩〕勁 5/17/25 | 越絕書・越絕內傳陳成恒頁7/3b |
| 20 | 此君上於（王）〔主〕有遷 5/18/5 | 史記・仲尼弟子列傳頁2197、<br>　越絕書・越絕內傳陳成恒頁7/4a |
| 21 | （吾）〔若〕去〔而〕之吳 5/18/9 | 越絕書・越絕內傳陳成恒頁7/4a |
| 22 | 臣聞仁人不（因居）〔困厄〕以廣其德 5/18/18 | 越絕書・越絕內傳陳成恒頁7/5b |
| 23 | 臣（誠）〔請〕東見越王 5/18/19 | 史記・仲尼弟子列傳頁2198、<br>　越絕書・越絕內傳陳成恒頁7/5b |
| 24 | 故孤敢以（報）〔疑〕 5/19/15 | 越絕書・越絕內傳陳成恒頁7/8a |
| 25 | （情）〔請〕〔遂言之〕 5/19/15 | 越絕書・越絕內傳陳成恒頁7/8a |
| 26 | 〔是〕存亡國〔而〕（舉）〔興〕死人〔也〕 5/19/20 | 越絕書・越絕內傳陳成恒頁7/8b |
| 27 | 孤賴（矣）〔先〕〔人之〕賜 5/20/1 | 越絕書・越絕內傳陳成恒頁7/8b |
| 28 | 甲二十領、屈盧之（予）〔矛〕、步光之劍 5/20/14 | 史記・仲尼弟子列傳頁2199、<br>　越絕書・越絕內傳陳成恒頁7/10a |
| 29 | 以賀（君）〔軍〕吏 5/20/14 | 史記・仲尼弟子列傳頁2200、<br>　越絕書・越絕內傳陳成恒頁7/10a |
| 30 | 兵不預（辨）〔辨〕 5/20/19 | 史記・仲尼弟子列傳頁2200、<br>　越絕書・越絕內傳陳成恒頁7/10b |
| 31 | 不能（博）〔博〕大 5/21/9 | 世界書局影明弘治覆元大德本頁139 |
| 32 | 多見（博）〔博〕觀 5/21/11 | 世界書局影明弘治覆元大德本頁139 |
| 33 | 賴天降（哀）〔衷〕 5/23/7 | 國語・吳語頁19/4b |
| 34 | 闕爲闌溝於（商）〔商〕魯之間 5/24/18 | 世界書局影明弘治覆元大德本頁154 |
| 35 | 敗太子友於（始）〔姑〕熊夷 5/25/4 | 國語・吳語頁19/5b |

| 編號 | 原句 / 位置（章/頁/行） | 改正說明 |
|---|---|---|
| 36 | 邊（候）〔邃〕〔乃至〕 5/25/6 | 國語・吳語頁19/5b |
| 37 | 不得事君（命）〔亦〕在今日矣 5/25/19 | 國語・吳語頁19/8a |
| 38 | 遂緣江（沂）〔沂〕淮（開）〔闕〕溝深水 5/26/9 | 國語・吳語頁19/9b |
| 39 | 出於（商）〔商〕、魯之閒 5/26/10 | 國語・吳語頁19/9b |
| 40 | 余實（加）〔嘉〕之 5/26/11 | 國語・吳語頁19/9b |
| 41 | 乃有白狐（有）〔九〕尾造於禹 6/28/23 | 世界書局影明弘治覆元大德本頁179 |
| 42 | 讓位（南）〔商〕均 6/29/9 | 江蘇古籍出版社排印本頁84 |
| 43 | 萬民不附（南）〔商〕均 6/29/9 | 江蘇古籍出版社排印本頁84 |
| 44 | 無余質（林）〔朴〕 6/29/27 | 世界書局影明弘治覆元大德本頁186 |
| 45 | 夫譚生（元）〔允〕常 6/30/2 | 據上文元徐天祜注改 |
| 46 | 越之興霸自（元）〔允〕常矣 6/30/3 | 據上文元徐天祜注改 |
| 47 | 大王德（受）〔壽〕 7/30/12 | 世界書局影明弘治覆元大德本頁190 |
| 48 | 身（居）〔拘〕而名尊 7/30/28 | 世界書局影明弘治覆元大德本頁193 |
| 49 | 五帝德厚（而）〔無〕窮厄之恨 7/30/29 | 據元徐天祜注改 |
| 50 | 吾聞父死子（伐）〔代〕 7/31/12 | 世界書局影明弘治覆元大德本頁196 |
| 51 | 夫適市之（妻）〔妻〕教嗣冀除 7/31/17 | 世界書局影明弘治覆元大德本頁197 |
| 52 | 社稷（壞）〔壞〕崩 7/32/21 | 世界書局影明弘治覆元大德本頁204 |
| 53 | 越王服（攢）〔犢〕鼻 7/32/27 | 世界書局影明弘治覆元大德本頁205 |
| 54 | 則功（寇）〔冠〕於五霸 7/33/16 | 世界書局影明弘治覆元大德本頁209 |
| 55 | 今年三月甲（戍）〔戌〕 7/34/18 | 江蘇古籍出版社排印本頁102 |
| 56 | 甲（戍）〔戌〕 7/34/19 | 江蘇古籍出版社排印本頁102 |
| 57 | 吳王乃（隱）〔引〕越王登車 7/34/29 | 世界書局影明弘治覆元大德本頁217 |
| 58 | 霸王之迹自（期）〔斯〕而起 8/35/7 | 世界書局影明弘治覆元大德本頁219 |
| 59 | 齋臺在於（襟）〔稷〕山 8/35/30 | 越絕書・越絕外傳記〔越〕地傳頁 8/4a，參注文。 |
| 60 | 冬常抱（兵）〔冰〕 8/36/8 | 世界書局影明弘治覆元大德本頁226 |
| 61 | 越王遂師（入）〔八〕臣與其四友 8/36/24 | 世界書局影明弘治覆元大德本頁229 |
| 62 | 昔（之）〔者〕亡國流民 8/37/3 | 世界書局影明弘治覆元大德本頁231 |
| 63 | 必（餌）〔弭〕毛帖伏 8/37/4 | 據元徐天祜注改 |
| 64 | 鷙鳥將（搏）〔搏〕 8/37/4 | 世界書局影明弘治覆元大德本頁231 |
| 65 | （茂葉）〔葉茂〕者摧 8/37/12 | 世界書局影明弘治覆元大德本頁233 |
| 66 | 以別其（熊）〔態〕 9/38/17 | 越絕書・越絕外傳計倪頁9/3a |
| 67 | 竹枝上頡橋（未）〔末〕墮地 9/41/29 | 藝文類聚卷89頁1551引 |
| 68 | 其意（其）〔甚〕幽而深 9/42/4 | 世界書局影明弘治覆元大德本頁258 |
| 69 | 死則（裏）〔裹〕以白茅 9/42/12 | 世界書局影明弘治覆元大德本頁260 |
| 70 | 道（女）〔要〕在斯 9/43/2 | 世界書局影明弘治覆元大德本頁264 |
| 71 | （誠）〔越〕四封之內 10/44/2 | 國語・越語上頁20/3b |
| 72 | 寒就蒲（贏）〔贏〕於東海之濱 10/44/6 | 據元徐天祜注改 |
| 73 | 王若起（斯）〔師〕 10/44/7 | 世界書局影明弘治覆元大德本頁271 |
| 74 | 丙（戍）〔戌〕遂虜殺太子 10/44/21 | 江蘇古籍出版社排印本頁135 |
| 75 | 〔能〕（傳賢）〔博取〕於諸侯 10/44/29 | 國語・吳語頁19/10b |
| 76 | 吾（今修）〔修令〕寬刑 10/45/3 | 國語・吳語頁19/10b |
| 77 | （決）〔決〕可否之議 10/45/10 | 世界書局影明弘治覆元大德本頁277 |
| 78 | 審（伐）〔罰〕則可戰 10/45/15 | 國語・吳語頁19/11b |
| 79 | 則是（子）〔我〕也 10/45/27 | 國語・吳語頁19/12a |

| 編號 | 原句 / 位置（章/頁/行） | 改正說明 |
|---|---|---|
| 80 | 食（士）〔土〕不均 10/46/2 | 國語・吳語頁19/12b |
| 81 | （越）〔赴〕國家之急 10/46/16 | 世界書局影明弘治覆元大德本頁283 |
| 82 | 道見蟲張（復）〔腹〕而怒 10/46/22 | 世界書局影明弘治覆元大德本頁284 |
| 83 | 部各自令其（圭）〔士〕 10/46/25 | 世界書局影明弘治覆元大德本頁285 |
| 84 | 越（君）〔軍〕於江南 10/46/27 | 世界書局影明弘治覆元大德本頁285 |
| 85 | 將以（使）〔夾〕攻我衆 10/47/1 | 國語・吳語頁19/13b |
| 86 | （三）〔二〕十四年 10/48/14 | 世界書局影明弘治覆元大德本頁295 |
| 87 | 斯湯武克夏（南）〔商〕而成王業者 10/48/18 | 世界書局影明弘治覆元大德本頁296 |
| 86 | 知臣（心）〔忠〕也 10/49/7 | 世界書局影明弘治覆元大德本頁299 |
| 89 | （射）〔躬〕求賢士 10/49/26 | 越絕書・越絕外傳記〔越〕地傳頁 8/2a |
| 90 | 取（元）〔允〕常之喪 10/50/3 | 據上文元徐天祜注改 |
| 91 | 三穿（元）〔允〕常之墓 10/50/4 | 據上文元徐天祜注改 |
| 92 | 承（元）〔允〕常之德 10/50/15 | 據上文元徐天祜注改 |
| 93 | 蒙天靈之祐、神（祇）〔祇〕之福 10/50/16 | 江蘇古籍出版社排印本頁152 |
| 94 | （元）〔允〕常 10/50/24 | 據上文元徐天祜注改 |
| 95 | 尊親（夫）〔失〕琅邪 10/50/27 | 世界書局影明弘治覆元大德本頁308 |

# 增字、刪字改正說明表

| 編號 | 原句 / 位置（章/頁/行） | 改正說明 |
|---|---|---|
| 1 | 楚發兵絕吳〔兵〕後　3/7/18 | 史記・吳太伯世家頁1463 |
| 2 | 內〔空〕無骨鯁之臣　3/7/22 | 史記・吳太伯世家頁1463 |
| 3 | 苟前君無廢〔祀〕　3/8/2 | 左傳・昭公二十七年頁908、史記・吳太伯世家頁1465 |
| 4 | 〔民人無廢主〕　3/8/2 | 左傳・昭公二十七年頁908、史記・吳太伯世家頁1465 |
| 5 | 〔國家無傾〕　3/8/2 | 左傳・昭公二十七年頁908、史記・吳太伯世家頁1465 |
| 6 | 〔乃吾〕君也　3/8/2 | 左傳・昭公二十七年頁908、史記・吳太伯世家頁1465 |
| 7 | 乃舞白鶴〔於吳市中〕，〔令萬民隨而觀之〕，〔還〕，〔使男女與鶴〕俱入羨門　4/12/29 | 世界書局影明弘治覆元大德本頁98 |
| 8 | 大敗〔之〕　4/14/10 | 左傳・定公四年頁951 |
| 9 | 〔子常〕走奔鄭　4/14/11 | 左傳・定公四年頁951 |
| 10 | 〔親〕北面事之　4/15/4 | 史記・伍子胥列傳頁2176 |
| 11 | 今〔至〕於僇屍之辱　4/15/4 | 史記・伍子胥列傳頁2176 |
| 12 | 為我謝申包胥〔曰〕：〔日暮路遠〕，〔倒行而逆施之於道也〕。〔申包胥〕知不可　4/15/5 | 世界書局影明弘治覆元大德本頁111 |
| 13 | 而〔自〕（即）〔稷〕會之　4/15/19 | 左傳・定公五年頁958 |
| 14 | 夫〔差〕愚而不仁　4/16/23 | 據元徐天祜注補 |
| 15 | 〔夫〕越　5/17/12 | 史記・伍子胥列傳頁2179 |
| 16 | 〔其〕大臣〔偽而〕無用　5/17/24 | 史記・仲尼弟子列傳頁2197、越絕書・越絕內傳陳成恒頁7/3b |
| 17 | 〔其〕士〔民又〕惡甲兵〔之事〕　5/17/24 | 史記・仲尼弟子列傳頁2197，越絕書・越絕內傳陳成恒頁7/3b「又」作「有」、「事」作「心」 |
| 18 | 〔此〕不可與戰　5/17/25 | 史記・仲尼弟子列傳頁2197、越絕書・越絕內傳陳成恒頁7/3b |
| 19 | 人之所易〔也〕　5/18/1 | 越絕書・越絕內傳陳成恒頁7/3b |
| 20 | 人之所難〔也〕　5/18/2 | 越絕書・越絕內傳陳成恒頁7/3b |
| 21 | 是君上驕〔主心〕　5/18/4 | 史記・仲尼弟子列傳頁2197、越絕書・越絕內傳陳成恒頁7/4a |
| 22 | 而下與大臣交爭〔也〕　5/18/5 | 史記・仲尼弟子列傳頁2197 |
| 23 | 〔將〕明於法禁　5/18/6 | 越絕書・越絕內傳陳成恒頁7/4a |
| 24 | （吾）〔若〕去〔而〕之吳　5/18/9 | 越絕書・越絕內傳陳成恒頁7/4a |
| 25 | 千鈞之重加銖〔兩〕而移　5/18/11 | 史記・仲尼弟子列傳頁2198 |
| 26 | 今〔以〕萬乘之齊而私千乘之魯　5/18/12 | 史記・仲尼弟子列傳頁2198 |
| 27 | 〔實〕害暴齊而威彊晉　5/18/13 | 史記・仲尼弟子列傳頁2198 |
| 28 | 夫越君、賢主〔也〕　5/18/14 | 越絕書・越絕內傳陳成恒頁7/6b |

| 編號 | 原句 / 位置（章/頁/行） | 改正說明 |
|---|---|---|
| 29 | 身御至舍〔而〕問曰 5/18/20 | 史記・仲尼弟子列傳頁2198、<br>越絕書・越絕內傳陳成恒頁7/6a |
| 30 | 孤聞〔之〕 5/19/1 | 越絕書・越絕內傳陳成恒頁7/6a |
| 31 | 今大夫之弔〔孤〕 5/19/1 | 越絕書・越絕內傳陳成恒頁7/6a |
| 32 | 其心〔申〕 5/19/2 | 越絕書・越絕內傳陳成恒頁7/6a |
| 33 | 〔其志〕畏越 5/19/2 | 越絕書・越絕內傳陳成恒頁7/6a |
| 34 | 且夫無報人之志、而使人疑之〔者〕 5/19/2 | 越絕書・越絕內傳陳成恒頁7/6b |
| 35 | 有報人之意、而使人知之〔者〕 5/19/3 | 越絕書・越絕內傳陳成恒頁7/6b |
| 36 | 〔遺先人恥〕 5/19/5 | 越絕書・越絕內傳陳成恒頁7/6b |
| 37 | 遁逃〔出走〕 5/19/5 | 越絕書・越絕內傳陳成恒頁7/6b |
| 38 | 臣聞〔之〕 5/19/7 | 越絕書・越絕內傳陳成恒頁7/7a |
| 39 | 〔其〕惟〔臣〕幾乎 5/19/10 | 越絕書・越絕內傳陳成恒頁7/7a |
| 40 | （情）〔請〕〔遂言之〕 5/19/15 | 越絕書・越絕內傳陳成恒頁7/8a |
| 41 | 〔是〕存亡國〔而〕（舉）〔興〕死人〔也〕 5/19/20 | 越絕書・越絕內傳陳成恒頁7/8b |
| 42 | 孤賴（矣）〔先〕〔人之〕賜 5/20/1 | 越絕書・越絕內傳陳成恒頁7/8b |
| 43 | 夫吳王〔之〕爲人〔也〕 5/20/2 | 越絕書・越絕內傳陳成恒頁7/8b |
| 44 | 何謀之敢〔慮〕 5/20/10 | 史記・仲尼弟子列傳頁2199、<br>越絕書・越絕內傳陳成恒頁7/9b |
| 45 | 逋逃〔出走〕 5/20/12 | 越絕書・越絕內傳陳成恒頁7/9b |
| 46 | 〔棲於〕會稽 5/20/12 | 越絕書・越絕內傳陳成恒頁7/9b |
| 47 | 今竊聞大王〔將〕興大義 5/20/13 | 史記・仲尼弟子列傳頁2199、<br>越絕書・越絕內傳陳成恒頁7/9b |
| 48 | 故使賤臣以奉前王所藏〔器〕 5/20/13 | 史記・仲尼弟子列傳頁2199、<br>越絕書・越絕內傳陳成恒頁7/10a |
| 49 | 〔孤〕請躬被堅執銳 5/20/15 | 越絕書・越絕內傳陳成恒頁7/10a |
| 50 | 其君〔又〕從之 5/20/16 | 越絕書・越絕內傳陳成恒頁7/10a |
| 51 | 〔君〕受〔其〕幣 5/20/18 | 史記・仲尼弟子列傳頁2200、<br>越絕書・越絕內傳陳成恒頁7/10a |
| 52 | 〔而〕辭其君 5/20/18 | 越絕書・越絕內傳陳成恒頁7/10b |
| 53 | 子貢去〔之〕晉 5/20/18 | 史記・仲尼弟子列傳頁2200、<br>越絕書・越絕內傳陳成恒頁7/10b |
| 54 | 臣聞〔之〕 5/20/19 | 史記・仲尼弟子列傳頁2200、<br>越絕書・越絕內傳陳成恒頁7/10b |
| 55 | 前園橫〔索〕生梧桐 5/21/4 | 越絕書・越絕外傳記吳王占夢頁<br>10/1b |
| 56 | 前園橫〔索〕生梧桐者 5/21/8 | 越絕書・越絕外傳記吳王占夢頁<br>10/2a |
| 57 | 非子〔之〕所〔能〕知也 5/21/14 | 張宗祥校本越絕書・越絕外傳記吳王<br>占夢頁10/2a |
| 58 | 〔伏地而泣者〕 5/21/15 | 越絕書・越絕外傳記吳王占夢頁<br>10/2b |
| 59 | 前園橫〔索〕生梧桐者 5/22/2 | 越絕書・越絕外傳記吳王占夢頁<br>10/4a |
| 60 | 王孫駱爲左校〔司馬〕 5/22/10 | 越絕書・越絕外傳記吳王占夢頁<br>10/4b |

| 編號 | 原句／位置（章／頁／行） | 改正說明 |
|---|---|---|
| 61 | 吾前王履德明〔聖〕達於上帝 5/23/4 | 國語・吳語頁19/4b |
| 62 | 以能遂疑計〔惡〕 5/23/9 | 國語・吳語頁19/5a |
| 63 | 今王播棄〔黎老〕 5/23/9 | 國語・吳語頁19/5a |
| 64 | 邊（候）〔遽〕〔乃至〕 5/25/6 | 國語・吳語頁19/5b |
| 65 | 〔以越亂告〕 5/25/6 | 國語・吳語頁19/5b |
| 66 | 〔乃〕合諸侯〔而〕謀曰 5/25/7 | 國語・吳語頁19/5b |
| 67 | 夫差昏〔乃戒令〕秣馬食士 5/25/9 | 國語・吳語頁19/6b |
| 68 | 〔夜中乃令〕服兵被甲 5/25/9 | 國語・吳語頁19/6b |
| 69 | 〔既〕陣 5/25/13 | 國語・吳語頁19/7a |
| 70 | 王乃〔秉枹〕親鳴金鼓 5/25/13 | 國語・吳語頁19/7b |
| 71 | 晉〔師〕大驚 5/25/14 | 國語・吳語頁19/7b |
| 72 | 周室卑（弱）約 5/25/16 | 國語・吳語頁19/7b |
| 73 | 大則越人入〔吳〕 5/25/22 | 國語・吳語頁19/8a |
| 74 | 〔以〕辟遠兄弟之國 5/26/6 | 國語・吳語頁19/9a |
| 75 | 吳王還歸自〔黃〕池 5/26/12 | 國語・吳語頁19/10a |
| 76 | 孤承前王〔餘〕德（得） 7/30/14 | 世界書局影明弘治覆元大德本頁190 |
| 77 | 若魂魄有〔知〕 7/30/25 | 據元徐天祜注補 |
| 78 | 何謂〔也〕 9/38/7 | 越絕書・越絕外傳計倪頁9/1b |
| 79 | 〔以〕取天下不難 9/39/4 | 越絕書・越絕內經九術頁12/1b |
| 80 | 謹再拜獻之〔大王〕 9/39/12 | 越絕書・越絕內經九術頁12/1b |
| 81 | 遂受〔之〕而起姑蘇之臺 9/39/14 | 越絕書・越絕內經九術頁12/2a |
| 82 | 爲〔我〕駕車 9/41/3 | 越絕書・越絕請糴內傳頁5/2b |
| 83 | 〔今〕狐雉之相戲也 9/41/6 | 越絕書・越絕請糴內傳頁5/2b |
| 84 | 女即捷〔其〕末 9/42/1 | 藝文類聚卷89頁1551引 |
| 85 | 寡人不知其力之不足〔也〕 10/43/12 | 國語・越語上頁20/2a |
| 86 | 〔今〕寡人不能爲政 10/43/16 | 國語・越語上頁20/2b |
| 87 | 七年不收〔於〕國 10/43/23 | 國語・越語上頁20/3a |
| 88 | 〔寡人之罪也〕 10/44/1 | 國語・越語上頁20/3b |
| 89 | 不患其眾〔之〕不足〔也〕 10/44/13 | 國語・越語上頁20/3b |
| 90 | 今夫差衣水犀〔之〕甲者十有三萬人 10/44/14 | 國語・越語上頁20/3b |
| 91 | 而患其眾之不足〔也〕 10/44/14 | 國語・越語上頁20/3b |
| 92 | 越王固問〔焉〕 10/44/28 | 國語・吳語頁19/10b |
| 93 | 〔能〕（傳賢）〔博取〕於諸侯 10/44/29 | 國語・吳語頁19/10b |
| 94 | 敢問君王之所〔以與之〕戰者何 10/44/29 | 國語・吳語頁19/10b |
| 95 | 吾欲〔與之〕徼天之中 10/45/12 | 國語・吳語頁19/11b |
| 96 | 則是子〔也〕 10/45/27 | 國語・吳語頁19/12a |
| 97 | 使左軍〔右軍〕涉江鳴鼓 10/46/30 | 國語・吳語頁19/13b |
| 98 | 天〔既〕降禍於吳國 10/47/20 | 國語・吳語頁19/14a |
| 99 | 〔臺〕周七里 10/49/25 | 越絕書・越絕外傳記〔越〕地傳頁8/2a |
| 100 | 出死士（以）三百人爲陣闕下 10/49/27 | 越絕書・越絕外傳記〔越〕地傳頁8/2b |
| 101 | 孔子有頃到〔越〕 10/49/27 | 越絕書・越絕外傳記〔越〕地傳頁8/2b |

| 編號 | 原句 ／ 位置（章／頁／行） | 改正說明 |
|---|---|---|
| 102 | 〔夫〕越性脆而愚　10/50/1 | 越絕書・越絕外傳記〔越〕地傳頁8/2b |
| 103 | 水行〔而〕山處　10/50/1 | 越絕書・越絕外傳記〔越〕地傳頁8/2b |
| 104 | 越之常〔性〕也　10/50/2 | 越絕書・越絕外傳記〔越〕地傳頁8/2b |
| 105 | 〔墓〕中生熛風飛砂（砂）石以射人　10/50/4 | 世界書局影明弘治覆元大德本頁304-305 |

# 正 文

# 1 吳太伯傳第一

　　吳之前君太伯者，后稷之苗裔也。后稷其母，台氏之女姜嫄，爲帝嚳元妃。年少未孕，出游於野，見大人跡而觀之，中心歡然，喜其形像，因履而踐之。身動，意若爲人所感。後妊娠，恐被淫泆之禍，遂祭祀以求，謂無子，履上帝之跡，天猶令有之。姜嫄怪而棄于阨狹之巷，牛馬過者折易而避之。復棄於林中，適會伐木之人多。復置於澤中冰上，衆鳥以羽覆之。后稷遂得不死。姜嫄以爲神，收而養之，長因名棄。爲兒時好種樹、禾黍、桑麻、五穀，相五土之宜，青赤黃黑，陵水高下，粢稷黍禾，蘗麥豆稻，各得其理。堯遭洪水，人民泛濫，遂[1]高而居。堯聘棄，使教民山居，隨地造區，妍[2]營種之術。三年餘，行人無饑乏之色。乃拜棄爲農師，封之台，號爲后稷，姓姬氏。后稷就國爲諸侯。卒，子不窋立，遭夏氏世衰，失官，奔戎狄之間。其孫公劉。公劉慈仁，行不履生草，運車以避葭葦。公劉避夏桀於戎狄，變易風俗，民化其政。公劉卒，子慶節立。其後八世而得古公亶甫。脩公劉、后稷之業，積德行義，爲狄人所慕。薰鬻[3]戎姤而伐之，古公事之以犬馬牛羊，其伐不止。事以皮幣、金玉、重寶，而亦伐之不止。古公問：「何所欲？」曰：「欲其土地。」古公曰：「君子不以養害害所養[4]，國所以亡也。而爲身害，吾所不居也。」古公乃杖策去邠，踰梁山而處岐周。曰：「彼君與我何異？」邠人父子兄弟相帥，負[5]老攜幼，揭釜甑而歸古公。居三月，成城郭，一年成邑，二年成都，而民五倍其初。古公三子，長曰太伯，次曰仲雍，雍一名吳仲[6]，少曰季歷。季歷娶妻太任氏，生子昌。昌有聖瑞，古公知昌聖，欲傳國以及昌。曰：「興王業者，其在昌乎。」因更名曰季歷。太伯、仲雍望風知指，曰：「歷者，適也。」知古公欲以國及昌。古公病，二人託名採藥於衡山。遂之荊蠻，斷髮文身，爲夷狄之服，示不可用。古公卒，太伯、仲雍歸。赴喪畢，還荊蠻。國民君而事之，自號爲勾吳。吳人或問：「何像[7]而爲勾吳？」太伯曰：「吾以伯長居國，絕嗣者也。其當有封者，吳仲也。故自號勾吳，非其方乎？」荊蠻義之，從而歸之者千有餘家，共立以爲勾吳。數年之間，民人殷富。遭殷之末世衰，中國侯王數用兵。恐及於荊蠻，故太伯起城，周三里二百步，外郭三百餘里，在西北隅，名曰故吳。人民皆耕田其中。古公病，將卒，令季歷讓國於太伯，而三讓不受。故云：「太伯三以天下讓。」於是季歷涖政，脩先王之業，守仁義之道。季歷卒，子昌立，號曰西伯。遵公劉、古公之術，業於養老，天下歸

---

1. 元徐天祜注云：「遂」疑當作「逐」。　　　　　　2. 研
3. A.獫鬻　B.薰育　C.葷粥
4. 《孟子·梁惠王》曰：「君子不以其所以養人者害人。」
5. 扶《史記·周本紀》頁114　　　6.《史記·周本紀》頁115作「虞仲」。
7. 元徐天祜注云：「像」疑當作「據」。

之。西伯致太平，伯夷自海濱而往。西伯卒，太子發立，任周、召而伐殷。天下已安，乃稱王，追謚古公爲太[1]王，追封太伯於吳。太伯祖卒，葬於梅里平墟。仲雍立，是爲吳仲雍。仲雍卒，子季簡，簡子叔達，達子周章，章子熊，熊子遂，遂子柯相，相子彊鳩夷，夷子餘喬[2]疑吾，吾子柯盧[3]，盧[4]子周繇，繇子屈羽，羽子夷吾，吾子禽處，處子專[5]，專子頗高，高子句畢立。是時，晉獻公滅周北虞，虞公以開晉之伐虢氏。（卑）〔畢〕子去齊，齊子壽夢立，而吳益彊。稱王。凡從太伯至壽夢之世，與中國時通朝會，而國斯霸焉。

# 2 吳王壽夢傳第二

壽夢元年，朝周，適楚，觀諸侯禮樂。魯成公會於鍾離，深問周公禮樂，成公悉爲陳前王之禮樂，因爲詠歌三代之風。壽夢曰：「孤在夷蠻，徒以椎髻爲俗，豈有斯之服哉？」因歎而去曰：「於乎哉，禮也！」

二年，楚之亡大夫申公巫臣適吳，以爲行人，教吳射御，導之伐楚。楚莊王怒，使子反將，敗吳師，二國從斯結讎。於是吳始通中國，而與諸侯爲敵。

五年，伐楚，敗子反。

十六年，楚恭[6]王怨吳爲巫臣伐之也，乃舉兵伐吳，至衡山而還。

十七年，壽夢以巫臣子狐庸爲相，任以國政。

二十五年，壽夢病將卒，有子四人，長曰諸樊，次曰餘祭，次曰餘眛，次曰季札。季札賢，壽夢欲立之。季札讓曰：「禮有舊制，奈何廢前王之禮，而行父子之私乎？」壽夢乃命諸樊曰：「我欲傳國及札，爾無忘寡人之言。」諸樊曰：「周之太王知西伯之聖，廢長立少，王之道興。今欲授國於札，臣誠耕於野。」王曰：「昔周行之德加於四海，今汝於區區之國、荊蠻之鄉，奚能成天子之業乎？且今子不忘前人之言，必授國以次及于季札。」諸樊曰：「敢不如命？」壽夢卒，諸樊以適長攝行事，當國政。

---

1. 大          2. 橋          3. 盧          4. 盧          5. 轉
6. 共

吳王諸樊元年，已除喪，讓季札，曰：「昔前王未薨之時，嘗晨昧不安，吾望其色也，意在於季札。又復三朝悲吟而命我曰：『吾知公子札之賢。』欲廢長立少，重發言於口。雖然，我心已許之。然前王不忍行其私計，以國付我。我敢不從命乎？今國者，子之國也。吾願達前王之義。」季札謝曰：「夫適長當國，非前王之私，乃宗廟社稷之制，豈可變乎？」諸樊曰：「苟可施於國，何先王之命有？太王改爲季歷，二伯來入荊蠻，遂成[1]爲國，周道就成。前人誦之不絕於口，而子之所習也。」札復謝曰：「昔曹公卒，庶存適亡，諸侯與曹人不義而立於國。子臧聞之，行吟而歸。曹君懼，將立子臧。子臧去之，以成曹之道。札雖不才，願附子臧之義，吾誠避之。」吳人固立季札，季札不受而耕於野，吳人舍之。諸樊驕恣，輕慢鬼神，仰天求死。將死，命弟餘祭曰：「必以國及季札。」乃封季札於延陵，號曰「延陵季子」。

餘祭十二年，楚靈王會諸侯伐吳，圍朱方，誅慶封。慶封數爲吳伺祭[2]，故晉、楚伐之也。吳王餘祭怒曰：「慶封窮來奔吳，封之朱方，以效不恨士也。」即舉兵伐楚，取二邑而去。

十三年，楚怨吳爲慶封故伐之，心恨不解，伐吳。至乾谿，吳擊之，楚師敗走。

十七年，餘祭卒，餘昧立。四年，卒。欲授位季札，季札讓，逃去，曰：「吾不受位，明矣。昔前君有命，已附子臧之義，潔身清行，仰高履尚，惟仁是處，富貴之於我，如秋風之過耳。」遂逃歸延陵。吳人立餘昧子州于，號爲吳王僚也。

## 3 王僚使公子光傳第三

二年，王僚使公子光伐楚，以報前來誅慶封也。吳師敗而亡舟，光懼，因捨，復得王舟而還。光欲謀殺王僚，未有所與合議，陰求賢，乃命善相者爲吳市吏。

五年，楚之亡臣伍子胥來奔吳。伍子胥者，楚人也，名員。員父奢，兄尚。其前名曰伍舉，以直諫事楚莊王。王即位三年，不聽國政，沉湎於酒，淫於聲色，左手擁秦姬，右手抱越女，身坐鐘鼓之間而令曰：「有敢諫者，死！」於是伍舉進諫曰：「有一大鳥，集楚國之庭，三年不飛亦不鳴，此何鳥也？」於是莊王曰：「此鳥不飛，飛則沖天。不鳴，鳴則驚人。」伍舉曰：「不飛不鳴，將爲射者所圖。絃矢卒發，豈得沖天而

---

1. 城　　　　2. 元徐天祜注云：「祭」當作「察」。

驚人乎？」於是莊王棄其秦姬、越女，罷鐘鼓之樂，用孫叔敖，任以國政，遂霸天下，
威伏諸侯。莊王卒，靈王立。建章華之臺，與登焉。王曰：「臺美！」伍舉曰：「臣聞
國君服寵以爲美，安民以爲樂，克聽以爲聰，致遠以爲明。不聞以土木之崇高、蠹鏤之
刻畫、金石之清音、絲竹之淒唳以之爲美。前莊王爲抱居之臺，高不過望國氛，大不過
容宴豆。木不妨守備，用不煩官府，民不敗時務，官不易朝常。今君爲此臺七年，國人
怨焉，財用盡焉，年穀敗焉，百姓煩焉，諸侯忿怨，卿士訕謗，豈前王之所盛、人君之
美者耶？臣誠愚，不知所謂也。」靈王即除工去飾，不遊於臺。由是，伍氏三世爲楚忠
臣。楚平王有太子名建，平王以伍奢爲太子太傅，費無忌爲少傅。平王使無忌爲太子娶
於秦。秦女美容，無忌報平王曰：「秦女天下無雙，王可自取。」王遂納秦女爲夫人，
而幸愛之，生子珍。而更爲太子娶齊女。無忌因去太子而事平王。深念平王一旦卒而太
子立，當害己也，乃復讒太子建。建母蔡氏無寵，乃使太子守城父，備邊兵。頃之，無
忌日夜言太子之短，曰：「太子以秦女之故，不能無怨望之心，願王自備。太子居城父
將兵，外交諸侯，將入爲亂。」平王乃召伍奢而按問之。奢知無忌之讒，因諫之曰：
「王獨奈何以讒賊小臣而疎骨肉乎？」無忌承宴，復言曰：「王今不制，其事成矣，王
且見擒。」平王大怒，因囚伍奢，而使城父司馬奮揚往殺太子。奮揚使人前告太子：
「急去！不然將誅。」三月，太子奔宋。無忌復言平王曰：「伍奢有二子，皆賢，不
誅，且爲楚憂，可以其父爲質而召之。」王使使謂奢曰：「能致二子則生，不然則
死。」伍奢曰：「臣有二子，長曰尚，少曰胥。尚爲人慈溫仁信，若聞臣召，輒來。胥
爲人少好於文，長習於武，文治邦國，武定天下，執綱守戾，蒙垢受恥，雖冤不爭，能
成大事，此前知之士，安可致耶？」平王謂伍奢之譽二子，即遣使者駕駟馬，封函印
綬，往許[1]召子尚、子胥。令曰：「賀二子，父奢以忠信慈仁，去難就免。平王內慚囚
繫忠臣，外愧諸侯之恥，反遇[2]奢爲國相，封二子爲侯。尚賜鴻都侯，胥賜蓋侯。相去
不遠三百餘里，奢久囚繫，憂思二子，故遣臣來奉進印綬。」尚曰：「父繫三年，中心
忉[3]怛，食不甘味，嘗苦饑渴，晝夜感思，憂父不活，惟父獲免，何敢貪印綬哉？」使
者曰：「父囚三年，王今幸赦，無以賞賜，封二子爲侯。一言當至，何所陳哉？」尚乃
入報子胥曰：「父幸免死，二子爲侯，使者在門，兼封印綬，汝可見使。」子胥曰：
「尚且安坐，爲兄卦之。今日甲子，時加於巳，支傷日下，氣不相受，君欺其臣，父欺
其子，今往方死，何侯之有？」尚曰：「豈貪於侯，思見父耳！一面而別，雖死而
生。」子胥曰：「尚且無往，父當我活。楚畏我勇，勢不敢殺。兄若誤往，必死不
脫。」尚曰：「父子之愛，恩從中出，徼倖相見，以自濟達。」於是子胥歎曰：「與父
俱誅，何明於世？冤讎不除，恥辱日大。尚從是往，我從是決。」尚泣曰：「吾之生

---

1. 詐　　　　　2. 進　　　　　3. 切

也，爲世所笑，終老地上，而亦何之！不能報仇，畢爲廢物。汝懷文武，勇於策謀，父兄之讎，汝可復也。吾如得返，是天祐之。其遂沉埋，亦吾所喜。」胥曰：「尚且行矣，吾去不顧。勿使臨難，雖悔何追！」旋泣辭行，與使俱往。楚得子尚，執而囚之。復遣追捕子胥。胥乃貫弓執矢去楚。楚追之，見其妻，曰：「胥亡矣，去三百里。」使者追及無人之野，胥乃張弓布矢欲害使者，使者俯伏而走。胥曰：「報汝平王，欲國不滅，釋吾父兄。若不爾者，楚爲墟矣。」使返報平王，王聞之，即發大軍追子胥。至江，失其所在，不獲而返。子胥行至大江，仰天行哭林澤之中，言：「楚王無道，殺吾父兄，願吾因於諸侯以報讎矣！」聞太子建在宋，胥欲往。伍奢初聞子胥之亡，曰：「楚之君臣且苦兵矣！」尚至楚就父，俱戮於市。伍員奔宋，道遇申包胥，謂曰：「楚王殺吾父兄，爲之奈何？」申包胥曰：「於乎！吾欲教子報楚，則爲不忠。教子不報，則爲無親友也。子其行矣，吾不容言。」子胥曰：「吾聞父母之讎，不與戴天履地；兄弟之讎，不與同域接壤；朋友之讎，不與鄰鄉共里。今吾將復楚辜，以雪父兄之恥。」申包胥曰：「子能亡之，吾能存之。子能危之，吾能安之。」胥遂奔宋。宋元公無信於國，國人惡之。大夫華氏謀殺元公，國人與華氏，因作大亂。子胥乃與太子建俱奔鄭，鄭人甚禮之。太子建又適晉。晉頃公曰：「太子既在鄭，鄭信太子矣。（大）〔太〕子能爲內應而滅鄭，即以鄭封太子。」太子還鄭，事未成，會欲私其從者，從者知其謀，乃告之於鄭。鄭定公與子產誅殺太子建。建有子名勝，伍員與勝奔吳。到昭關，關吏欲執之。伍員因詐曰：「上所以索我者，美珠也。今我已亡矣，將去取之。」關吏因舍之。與勝行去，追者在後，幾不得脫。至江，江中有漁父乘船從下方泝水而上。子胥呼之，謂曰：「漁父渡我！」如是者再，漁父欲渡之。適會旁有人窺之，因而歌曰：「日月昭昭乎侵已馳，與子期乎蘆之漪。」子胥即止蘆之漪。漁父又歌曰：「日已夕兮予心憂悲，月已馳兮何不渡爲？事寖急兮當奈何？」子胥入船，漁父知其意也，乃渡之千潯之津。子胥既渡，漁父乃視之，有其饑色。乃謂曰：「子俟我此樹下，爲子取餉。」漁父去後，子胥疑之，乃潛身於深葦之中。有頃，父來，持麥飯、鮑魚羹、盎漿。求之樹下，不見，因歌而呼之曰：「蘆中人，蘆中人，豈非窮士乎？」如是至再，子胥乃出蘆中而應。漁父曰：「吾見子有饑色，爲子取餉，子何嫌哉？」子胥曰：「性命屬天，今屬丈人，豈敢有嫌哉？」二人飲食畢，欲去，胥乃解百金之劍以與漁者：「此吾前君之劍，中有七星，價直百金，以此相答。」漁父曰：「吾聞楚之法令：得伍胥者，賜粟五萬石，爵執圭。豈圖取百金之劍乎？」遂辭不受，謂子胥曰：「子急去，勿留，且爲楚所得。」子胥曰：「請丈人姓字。」漁父曰：「今日凶凶，兩賊相逢，吾所謂渡楚賊也。兩賊相得，得形於默，何用姓字爲？子爲蘆中人，吾爲漁丈人，富貴莫相忘也。」子胥曰：「諾。」既去，誡漁父曰：「掩子之盎漿，無令其露。」漁父諾。子胥行數

步，顧視漁者，已覆船自沉於江水之中矣。子胥默然。遂行至吳，疾於中道，乞食溧
陽。適會女子擊綿於瀨水之上，筥中有飯。子胥遇之，謂曰：「夫人，可得一餐乎？」
女子曰：「妾獨與母居，三十未嫁，飯不可得。」子胥曰：「夫人賑窮途少飯，亦何嫌
哉？」女子知非恒人，遂許之。發其（簞）〔簞〕筥，飯其盎漿，長跪而與之。子胥再
餐而止。女子曰：「君有遠逝之行，何不飽而餐之？」子胥已餐而去，又謂女子曰：
「掩夫人之壺漿，無令其露。」女子歎曰：「嗟乎！妾獨與母居三十年，自守貞明，不
願從適，何宜饋飯而與丈夫，越虧禮儀，妾不忍也。子行矣。」子胥行，反顧女子，已
自投於瀨水矣。於乎！貞明執操，其丈夫女哉！子胥之吳，乃被髮（佯）〔佯〕狂，跣
足塗面，行乞於市。市人觀，罔有識者。翌日，吳市吏善相者見之，曰：「吾之相人多
矣，未嘗見斯人也。非異國之亡臣乎？」乃白吳王僚，具陳其狀：「王宜[1]召之。」王
僚曰：「與之俱入。」公子光聞之，私喜曰：「吾聞楚殺忠臣伍奢，其子子胥，勇而且
智，彼必復父之讎，來入於吳。」陰欲養之。市吏於是與子胥俱入見王，王僚怪其狀
偉：身長一丈，腰十圍，眉間一尺。王僚與語三日，辭無復者。王曰：「賢人也。」子
胥知王好之，每入與語，遂有勇壯之氣，稍道其讎，而有切切之色。王僚知之，欲爲興
師復讎。公子謀殺王僚，恐子胥前親於王而害其謀，因讒：「伍胥之諫[2]伐楚者，非爲
吳也，但欲自復私讎耳，王無用之。」子胥知公子光欲害王僚，乃曰：「彼光有內志，
未可說以外事。」入見王僚，曰：「臣聞諸侯不爲匹夫興師用兵於比國。」王僚曰：
「何以言之？」子胥曰：「諸侯專爲政，非以意救急後興師，今大王踐國制威，爲匹夫
興兵，其義非也。臣固不敢如王之命。」吳王乃止。子胥退耕於野，求勇士薦之公子
光，欲以自媚。乃得勇士專諸。專諸者，堂邑人也。伍胥之亡楚如吳時，遇之於途。專
諸方與人鬪，將就敵，其怒有萬人之氣，甚不可當，其妻一呼即還。子胥怪而問其狀：
「何夫子之怒盛也，聞一女子之聲而折道，寧有說乎？」專諸曰：「子視吾之儀，寧類
愚者也？何言之鄙也？夫屈一人之下，必伸萬人之上。」子胥因相其貌，磤顙而深目，
虎膺而熊背，戾於從難，知其勇士，陰而結之，欲以爲用。遭公子光之有謀也，而進之
公子光。光既得專諸而禮待之。公子光曰：「天以夫子輔孤之失根也。」專諸曰：「前
王餘眜卒，僚立，自其分也。公子何因而欲害之乎？」光曰：「前君壽夢有子四人，長
曰諸樊，則光之父也。次曰餘祭，次曰餘眜[3]，次曰季札，札之賢也。將卒，傳付適
長，以及季札。念季札爲使，亡在諸侯未還。餘眜卒，國空，有立者適長也。適長之
後，即光之身也。今僚何以當代立乎？吾力弱無助於掌事之間，非用有力徒，能安吾
志？吾雖代立，季子東還，不吾廢也。」專諸曰：「何不使近臣從容言於王側，陳前王
之命，以諷其意，令知國之所歸？何須私備劍士，以捐先王之德？」光曰：「僚素貪而

---

1. 宜　　　　2. 元徐天祜注云：「諫」當作「謀」。　　　　3. 夷末

恃力，知進之利，不覩退讓。吾故求同憂之士，欲與之并力，惟夫子詮斯義也。」專諸
曰：「君言甚露乎，於公子何意也？」光曰：「不也。此社稷之言也，小人不能奉行，
惟委命矣。」專諸曰：「願公子命之。」公子光曰：「時未可也。」專諸曰：「凡欲殺
人君，必前求其所好。吳王何好？」光曰：「好味。」專諸曰：「何味所甘？」光曰：
「好嗜魚之炙也。」專諸乃去，從太湖學炙魚。三月得其味，安坐待公子命之。 5

八年，僚遣公子伐楚，大敗楚師，因迎故太子建母於鄭。鄭君送建母珠玉簪珥，欲
以解殺建之過。

九年，吳使光伐楚，拔居巢、鍾離。吳所以相攻者，初，楚之邊邑脾[1]梁之女，與 10
吳邊邑處女蠶，爭界上之桑。二家相攻，吳國不勝，遂更相伐，滅吳之邊邑。吳怒，故
伐楚取二邑而去。

十二年冬，楚平王卒。伍子胥謂白公勝曰：「平王卒，吾志不悉矣。然楚國有，吾
何憂矣？」白公默然不對，伍子胥坐泣於室。 15

十三年，春，吳欲因楚葬[2]而伐之。使公子蓋餘、燭傭以兵圍•楚•[3]，使季札於晉，
以觀諸侯之變。楚發兵絕吳〔兵〕後，吳兵不得還。於是公子光心動。伍胥知光之見機
也，乃說光曰：「今吳王伐楚，二弟將兵，未知吉凶。專諸之事，於斯急矣。時不再
來，不可失也。」於是公子見專諸曰：「今二弟伐楚，季子未還。當此之時，不求[4]何 20
獲？時不可失，且光眞王嗣也。」專諸曰：「僚可殺也。母老，子弱，弟伐楚，楚絕其
後，方今吳外困於楚，內〔空〕無骨鯁之臣，是無如[5]我何也。」四月，公子光伏甲士
於•窋室•[6]中，具酒而請王僚。僚白其母曰：「公子光爲我具酒來請，期無變意乎？」
母曰：「光心氣怏怏，常有愧恨之色，不可不愼。」王僚乃被棠銕之甲三重，使兵衛陳
於道，自宮門至於光家之門，階席左右皆王僚之親戚，使坐立侍皆操長戟交戟。酒酣， 25
公子光伴爲足疾，入•窋室•[7]裏足，使專諸置魚腸劍炙魚中進之。既至王僚前，專諸乃
擘炙魚，因推匕首，立戟交戟倚專諸胸，胸斷臆開，匕首如故，以刺王僚，貫甲達背。
王僚既死，左右共殺專諸。衆士擾動，公子光伏其甲士，以攻僚衆，盡滅之。遂自立，

---

1. A.脾 B.卑
2. 喪《左傳·昭公二十七年》頁906、《史記·吳太伯世家》頁1463
3. A.潛《左傳·昭公二十七年》頁906 B.楚之六、灊《史記·吳太伯世家》頁1463
4. 索《史記·吳太伯世家》頁1463 5. 柰《史記·吳太伯世家》頁1463
6. A.堀室《左傳·昭公二十七年》頁908 B.窟室《史記·吳太伯世家》頁1463
7. 同上注。

是為吳王闔閭也。乃封專諸之子，拜為客卿。季札使還，至吳，闔閭以位讓。季札曰：
「苟前[1]君無廢〔祀〕，〔民人無廢主〕，社稷以[2]奉，〔國家無傾〕，〔乃吾〕君也，
▸吾誰怨乎◂[3]？哀死待[4]生，以俟[5]天命。非我所[6]亂，立者從之，是前[7]人之道。」命哭
僚墓，復位而待。公子蓋餘、燭傭二人將兵遇圍於楚者，聞公子光殺王僚自立，乃以兵
5   降楚，楚封之於舒。

# 4 闔閭內傳第四

▸闔閭◂[8]元年，始任賢使能，施恩行惠，以仁義聞於諸侯。仁未施，恩未行，恐國
10  人不就，諸侯不信，乃舉伍子胥為行人，以客禮事之，而與謀國政。闔閭謂子胥曰：
「寡人欲彊國霸王，何由而可？」伍子胥膝進，垂淚頓首曰：「臣，楚國之亡虜也，父
兄棄捐，骸骨不葬，魂不血食，蒙罪受辱，來歸命於大王，幸不加戮，何敢與政事
焉？」闔閭曰：「非夫子，寡人不免於縶禦之使。今幸奉一言之教，乃至於斯，何為中
道生進退耶？」子胥曰：「臣聞謀議之臣，何足處於危亡之地？然憂除事定，必不為君
15  主所親。」闔閭曰：「不然。寡人非子無所盡議，何得讓乎？吾國僻遠，顧在東南之
地，險阻潤濕，又有江海之害，君無守禦，民無所依，倉庫不設，田疇不墾，為之奈
何？」子胥良久對曰：「臣聞治國之道，安君理民[9]，是其上者。」闔閭曰：「安君治
民，其術奈何？」子胥曰：「凡欲安君治民、興霸成王、從近制遠者，必先立城郭，設
守備，實倉廩，治兵庫，斯則其術也。」闔閭曰：「善。夫築城郭，立倉庫，因地制
20  宜，豈有天氣之數，以威鄰國者乎？」子胥曰：「有。」闔閭曰：「寡人委計於子。」
子胥乃使相土嘗水，象天法地，造築大城。周廻四十七里。陸門八，以象天八風。水門
八，以法地八聰。築小城，周十里，陵門三。不開東面者，欲以絕越明也。立閶門者，
以象天門，通閶闔風也。立蛇門者，以象地戶也。闔閭欲西破楚，楚在西北，故立閶門
以通天氣，因復名之破楚門。欲東并大越，越在東南，故立蛇門以制敵國。吳在辰，其

1. 先《左傳‧昭公二十七年》頁908、《史記‧吳太伯世家》頁1465
2. 有《左傳‧昭公二十七年》頁908、《史記‧吳太伯世家》頁1465
3. A.吾誰敢怨《左傳‧昭公二十七年》頁908 B.吾敢誰怨乎《史記‧吳太伯世家》頁1465
4. 事《左傳‧昭公二十七年》頁908、《史記‧吳太伯世家》頁1465
5. 待《左傳‧昭公二十七年》頁908、《史記‧吳太伯世家》頁1465
6. 生《左傳‧昭公二十七年》頁908、《史記‧吳太伯世家》頁1465
7. 先《左傳‧昭公二十七年》頁908、《史記‧吳太伯世家》頁1465
8. 元徐天祜注云：《左傳》作「闔廬」，《史記‧世家》同。
9. 編者按：下文「治民」兩見，則此文亦應作「治民」，今作「理民」，疑為避諱回改未
   盡者。

位龍也，故小城南門上反羽爲兩鯢鱙，以象龍角。越在巳地，其位蛇也，故南大門上有木蛇，北向首內，示越屬於吳也。城郭以成，倉庫以具，闔閭復使子胥、屈蓋餘、燭傭習術戰騎射御之巧，未有所用。請干將鑄作名劍二枚。干將者，吳人也，與歐冶子同師，俱能爲劍。越前來獻三枚，闔閭得而寶之，以故使劍匠作爲二枚：一曰干將，二曰莫耶。莫耶，干將之妻也。干將作劍，采五山之鐵精，六合之金英。候天伺地，陰陽同光，百神臨觀，天氣下降，而金鐵之精不銷淪流。於是干將不知其由。莫耶曰：「子以善爲劍聞於王，使子作劍，三月不成，其有意乎？」干將曰：「吾不知其理也。」莫耶曰：「夫神物之化，須人而成。今夫子作劍，得無得其人而後成乎？」干將曰：「昔吾師作冶，金鐵之類不銷，夫妻俱入冶爐中，然後成物。至今後世，即山作冶，麻絰菅服，然後敢鑄金於山。今吾作劍不變化者，其若斯耶？」莫耶曰：「師知爍身以成物，吾何難哉？」於是干將妻乃斷髮剪爪，投於爐中。使童女童男三百人鼓橐裝炭，金鐵（刀）〔乃〕濡，遂以成劍。陽曰干將，陰曰莫耶。陽作龜文，陰作漫理。干將匿其陽，出其陰而獻之，闔閭甚重。既得寶劍，適會魯使季孫聘於吳，闔閭使掌劍大夫以莫耶獻之，季孫拔劍之鍔中缺者大如黍米，歎曰：「美哉！劍也。雖上國之師，何能加之！夫劍之成也，吳霸。有缺，則亡矣。我雖好之，其可受乎！」不受而去。闔閭既寶莫耶，復命於國中作金鉤，令曰：「能爲善鉤者，賞之百金。」吳作鉤者甚衆，而有之[1]貪王之重賞也，殺其二子，以血釁金，遂成二鉤。獻於闔閭，詣宮門而求賞。王曰：「爲鉤者衆，而子獨求賞，何以異於衆夫子之鉤乎？」作鉤者曰：「吾之作鉤也，貪而殺二子，釁成二鉤。」王乃舉衆鉤以示之：「何者是也？」王鉤甚多，形體相類，不知其所在。於是鉤師向鉤而呼二子之名：「吳鴻、扈稽，我在於此，王不知汝之神也。」聲絕於口，兩鉤俱飛，著父之胸。吳王大驚，曰：「嗟乎！寡人誠負於子。」乃賞百金，遂服而不離身。六月，欲用兵，會楚之白喜[2]來奔。吳王問子胥曰：「白喜、何如人也？」子胥曰：「白喜者，楚白[3]州犁之孫。平王誅州犁，喜因出奔，聞臣在吳而來也。」闔閭曰：「州犁何罪？」子胥曰：「白州犁，楚之左尹，號曰郤宛，事平王。平王幸之，常與盡日而語，襲朝而食。費無忌望而妬之，因謂平王曰：『王愛幸宛，一國所知，何不爲酒，一至宛家，以示群臣於宛之厚。』平王曰：『善。』乃具酒於郤宛之舍。無忌教宛曰：『平王甚毅猛而好兵，子必故[4]陳兵堂下門庭。』宛信其言，因而爲之。及平王往而大驚曰：『宛何等也？』無忌曰：『殆且有篡殺之憂，王急去之，事未可知。』平王大怒，遂殺[5]郤宛。諸侯聞之，莫不歎息。喜聞臣在吳，故來，請見之。」闔閭見白喜而問曰：「寡人國僻遠，東濱海，側聞子前人爲楚荊之暴怒，費無忌之讒口。不遠吾國而來，於斯將何以教寡人？」喜曰：「楚國之失虜，前人

---

1. 人　　　2. 伯嚭　　　3. 伯　　　4. 前　　　5. 誅

無罪，橫被暴誅。臣聞大王收伍子胥之窮厄，不遠千里，故來歸命，惟大王賜其死。」
闔閭傷之，以爲大夫，與謀國事。吳大夫被離承宴，問子胥曰：「何見而信喜？」子胥
曰：「吾之怨與喜同，子不聞河上歌乎？同病相憐，同憂相救。驚翔之鳥，相隨而集。
瀨下之水，因復俱流。胡馬望北風而立，越鷰向日而熙。誰不愛其所近，悲其所思者
5 乎！」被離曰：「君之言外也，豈有內意以決疑乎？」子胥曰：「吾不見也。」被離
曰：「吾觀喜之爲人，鷹視虎步，專功擅殺之性，不可親也。」子胥不然其言，與之俱
事吳王。


　　二年，吳王前既殺王僚，又憂慶忌之在鄰國，恐合諸侯來伐。問子胥曰：「昔專諸
0 之事於寡人厚矣。今聞公子慶忌有計於諸侯，吾食不甘味，臥不安席，以付於子。」子
胥曰：「臣不忠無行，而與大王圖王僚於私室之中，今復欲討其子，恐非皇天之意。」
闔閭曰：「昔武王討紂而後殺武庚，周人無怨色。今若斯議，何乃天子[1]！」子胥
曰：「臣事君王，將遂吳統，又何懼焉？臣之所厚其人者，細人也，願從於謀。」吳王
曰：「吾之憂也，其敵有萬人之力，豈細人之所能謀乎？」子胥曰：「其細人之謀事，
5 而有萬人之力也。」王曰：「其爲何誰？子以言之。」子胥曰：「姓要，名離。臣昔嘗
見曾拆[2]辱壯士椒丘訢[3]也。」王曰：「辱之奈何？」子胥曰：「椒丘訢[4]者，東海上人
也，爲齊王使於吳，過淮津，欲飲馬於津，津吏曰：『水中有神，見馬即出，以害其
馬。君勿飲也。』訢[5]曰：『壯士所當，何神敢干？』乃使從者飲馬於津，水神果取其
馬，馬沒。椒丘訢[6]大怒，袒裼持劍，入水求神決戰，連日乃出，眇其一目。遂之吳，
0 會於友人之喪。訢[7]恃其與水[8]戰之勇也，於友人之喪席而輕傲於士大夫，言辭不遜，有
陵人之氣。要離與之對坐，合坐不忍其溢於力也。時要離乃挫訢[9]曰：『吾聞勇士之鬪
也，與日戰不移表，與神鬼戰者不旋踵，與人戰者不達聲，生往死還，不受其辱。今子
與神鬪於水，亡馬失御，又受眇目之病，形殘名勇，勇士所恥。不即喪命於敵，而戀其
生，猶傲色於我哉！』於是，椒丘訢[10]卒於詰責，恨怒並發，暝即往攻要離。於是，要
5 離席闌至舍，誡其妻曰：『我辱壯[11]士椒丘訢[12]於大家之喪，餘恨蔚恚，暝必來也，慎
無閉吾門。』至夜，椒丘訢果往，見其門不閉。登其堂，不關。入其室，不守。放髮僵
臥無所懼。訢[13]乃手劍而捽要離曰：『子有當死之過者三，子知之乎？』離曰：『不
知。』訢[14]曰：『子辱我於大家之眾，一死也。歸不關閉，二死也。臥不守御，三死
也。子有三死之過，欲無得怨。』要離曰：『吾無三死之過，子有三不肖之愧，子知之

---

1. A.何乃天乎 B.何及夫子　　　　2. 折　　　　3. 訢　　　　4. 訢
5. 訢　　　　6. 訢　　　　7. 訢
8. 元徐天祜注云：「水」字下當有「神」字。　　　　9. 訢　　　　10. 訢
11. 勇　　　　12. 訢　　　　13. 訢　　　　14. 訢

乎？」訴[1]曰：「不知。」要離曰：「吾辱子於千人之衆，子無敢報，一不肖也。入門不咳，登堂無聲，二不肖也。前拔子劍，手挫捽吾頭，乃敢大言，三不肖也。子有三不肖而威於我，豈不鄙哉？」於是，椒丘訴[2]投劍而嘆曰：「吾之勇也，人莫敢辇占者，離乃加吾之上，此天下壯士也。」臣聞要離若斯，誠以聞矣。」吳王曰：「願承宴而待焉。」子胥乃見要離曰：「吳王聞子高義，惟一臨之。」乃與子胥見吳王，王曰：「子何爲者？」要離曰：「臣，國東千里之人。臣細小無力，迎風則僵，負風則伏，大王有命，臣敢不盡力？」吳王心非子胥進此人，良久，默然不言。要離即進曰：「大王患慶忌乎？臣能殺之。」王曰：「慶忌之勇，世所聞也，筋骨果勁，萬人莫當，走追奔獸，手接飛鳥，骨騰肉飛，拊膝數百里。吾嘗追之於江，駟馬馳不及。射之，闇接矢不可中。今子之力不如也。」要離曰：「王有意焉，臣能殺之。」王曰：「慶忌、明智之人，歸窮於諸侯，不下諸侯之士。」要離曰：「臣聞安其妻子之樂，不盡事君之義，非忠也。懷家室之愛，而不除君之患者，非義也。臣詐以負罪出奔，願王戮臣妻子，斷臣右手，慶忌必信臣矣。」王曰：「諾。」要離乃詐得罪出奔，吳王乃取其妻子，焚棄於市。要離乃奔諸侯而行怨言，以無罪聞於天下。遂如衛，求見慶忌，見曰：「闔閭無道，王子所知。今戮吾妻子，焚之於市，無罪見誅。吳國之事，吾知其情，願因王子之勇，闔閭可得也。何不與我東之於吳？」慶忌信其謀。後三月，揀練士卒，遂之吳。將渡江，於中流，要離力微，坐與上風，因風勢以矛鉤其冠，順風而刺慶忌。慶忌顧而揮之，三捽其頭於水中，乃加於膝上：「嘻嘻哉！天下之勇士也，乃敢加兵刃於我。」左右欲殺之，慶忌止之曰：「此是天下勇士，豈可一日而殺天下勇士二人哉！」乃誡左右曰：「可令還吳，以旌其忠。」於是慶忌死。要離渡至江陵，愍然不行。從者曰：「君何不行？」要離曰：「殺吾妻子，以事其[3]君，非仁也。爲新君而殺故君之子，非義也。重其死，不貴無義，今吾貪生棄行，非義也。夫人有三惡以立於世，吾何面目以視天下之士？」言訖，遂投身於江。未絕，從者出之。要離曰：「吾寧能不死乎？」從者曰：「君且勿死，以俟爵祿。」要離乃自斷手足，伏劍而死。

三年，吳將欲伐楚，未行。伍子胥、白喜相謂曰：「吾等爲王養士，畫其策謀，有利於國，而王故伐楚，出其令，託而無興師之意，奈何？」有頃，吳王問子胥、白喜曰：「寡人欲出兵，於二子何如？」子胥、白喜對曰：「臣願用命。」吳王內計二子皆怨楚，深恐以兵往破滅而已。登臺向南風而嘯，有頃而嘆，群臣莫有曉王意者。子胥深知王之不定，乃薦孫子於王。孫子者，名武，吳人也。善爲兵法，辟隱深居，世人莫知其能。胥乃明知鑒辯，知孫子可以折衝銷敵。乃一旦與吳王論兵，七薦孫子。吳王曰：

---

1. 訴　　　2. 訴　　　3. 吾

「子胥託言進士，欲以自納。」而召孫子問以兵法。每陳一篇，王不知口之稱善，其意大悅。問曰：「兵法寧可以小試耶？」孫子曰：「可！可以小試於後宮之女。」王曰：「諾。」孫子曰：「得大王寵姬二人，以爲軍隊長，各將一隊。」令三百人皆被甲兜鍪，操劍盾而立，告以軍法，隨鼓進退，左右廻旋，使知其禁。乃令曰：「一鼓皆振，二鼓操進，三鼓爲戰形。」於是宮女皆掩口而笑。孫子乃親自操枹擊鼓，三令五申，其笑如故。孫子顧視諸女連笑不止，孫子大怒，兩目忽張，聲如駭虎，髮上衝冠，項旁絕纓，顧謂執法曰：「取鈇鑕！」孫子曰：「約束不明，申令不信，將之罪也。既以約束，三令五申，卒不卻行，士之過也。軍法如何？」執法曰：「斬！」武乃令斬隊長二人，即吳王之寵姬也。吳王登臺觀望，正見斬二愛姬，馳使下之令曰：「寡人已知將軍用兵矣。寡人非此二姬，食不甘味，宜勿斬之。」孫子曰：「臣既已受命爲將，將法在軍，君雖有令，臣不受之。」孫子復攟鼓之，當左右進退，廻旋規矩，不敢瞬目，二隊寂然無敢顧者。於是乃報吳王曰：「兵已整齊，願王觀之。惟所欲用，使赴水火，猶無難矣，而可以定天下。」吳王忽然不悅，曰：「寡人知子善用兵，雖可以霸，然而無所施也。將軍罷兵就舍，寡人不願。」孫子曰：「王徒好其言而不用其實。」子胥諫曰：「臣聞兵者、凶事，不可空試。故爲兵者，誅伐不行，兵道不明。今大王虔心思士，欲興兵戈以誅暴楚，以霸天下而威諸侯。非孫武之將，而[1]誰能涉淮踰泗、越千里而戰者乎？」於是吳王大悅，因鳴鼓會軍，集而攻楚。孫子爲將，拔舒，殺吳亡將二公子蓋餘、燭庸。謀欲入郢，孫武曰：「民勞未可恃也。」楚聞吳使孫子、伍子胥、白喜爲將，楚國苦之，群臣皆怨，咸言費無忌讒殺伍奢、白州犁，而吳侵境不絕於寇，楚國郡臣有一朝之患。於是，司馬成乃謂子常曰：「太傅伍奢、左尹白州犁，邦人莫知其罪，君與王謀誅之，流謗於國，至於今日，其言不絕，誠惑之。蓋聞仁者殺人以掩謗者猶弗爲也，今子殺人以興謗於國，不亦異乎！夫費無忌、楚之讒口，‧民莫知其過‧[2]。今無辜殺三賢士，以結怨於吳。內傷忠臣之心，外爲鄰國所笑。且郤、伍之家出奔於吳，吳新有伍員、白喜，秉威銳志，結讎於楚，故彊敵之兵日駭。楚國有事，子即危矣。夫智者除讒以自安，愚者受佞以自亡。今子受讒，國以危矣。」子常曰：「是（囊）〔瓦〕之罪也，敢不圖之？」九月，子常與昭王共誅費無忌，遂滅其族，‧國人乃謗止‧[3]。吳王有女滕玉，因謀伐楚，與夫人及女會蒸魚，王前嘗半而與女，女怒曰：「王食魚辱我，不忘久生。」乃自殺。闔閭痛之，葬於國西閶門外。鑿池積土，文石爲椁，題湊爲中，金鼎、玉杯、銀樽、珠襦之寶，皆以送女。乃舞白鶴〔於吳市中〕，〔令萬民隨而觀之〕，〔還〕，〔使男女與鶴〕俱入羡門，因發機以掩之。殺生以送死，國人非之。

---

1. 編者按：「而」疑當作「其」。
2. 民莫不知《左傳‧昭公二十七年》頁910
3. 以說于國，謗言乃止《左傳‧昭公二十七年》頁910

湛盧之劍惡闔閭之無道也，乃去而出，水行如楚。楚昭王臥而寤，得吳王湛盧之劍於
床。昭王不知其故，乃召風湖子而問曰：「寡人臥覺而得寶劍，不知其名，是何劍
也？」風湖子曰：「此謂湛盧之劍。」昭王曰：「何以言之？」風湖子曰：「臣聞吳王
得越所獻寶劍三枚，一曰魚腸，二曰磐郢，三曰湛盧。魚腸之劍已用殺吳王僚也，磐郢
以送其死女，今湛盧入楚也。」昭王曰：「湛盧所以去者，何也？」風湖子曰：「臣聞  5
越王（元）〔允〕常使歐冶子造劍五枚，以示薛燭，燭對曰：『魚腸劍逆理不順，不可
服也，臣以殺君，子以殺父。』故闔閭以殺王僚。一名磐郢，亦曰豪曹，不法之物，無
益於人，故以送死。一名湛盧，五金之英，太陽之精，寄氣託靈，出之有神，服之有
威，可以折衝拒敵。然人君有逆理之謀，其劍即出，故去無道以就有道。今吳王無道，
殺君謀楚，故湛盧入楚。」昭王曰：「其直幾何？」風湖子曰：「臣聞此劍在越之時，  10
客有酬其直者，有市之鄉三十、駿馬千匹、萬戶之都二，是其一也。薛燭對曰：『赤菫
之山已令無雲，若耶之溪深而莫測，群臣上天，歐冶死矣。』雖傾城量金，珠玉盈河，
猶不能得此寶，而況有市之鄉、駿馬千匹、萬戶之都，何足言也。」昭王大悅，遂以為
寶。闔閭聞楚得湛盧之劍，因斯發怒，遂使孫武、伍胥、白喜伐楚。子胥陰令宣言於楚
曰：「楚用子期為將，吾即得而殺之。子常用兵，吾即去之。」楚聞之，因用子常，退  15
子期。吳拔六與潛二邑。

五年，吳王以越不從伐楚，南伐越。越王（元）〔允〕常曰：「吳不信前日之盟，
棄貢賜之國，而滅其交親。」闔閭不然其言。遂伐，破檇里。

 20

六年，楚昭王使公子囊瓦伐吳，報潛、六之役。吳使伍胥、孫武擊之，圍於豫章。
吳王曰：「吾欲乘危入楚都而破其郢，不得入郢，二子何功？」於是圍楚師於豫章，大
破之。遂圍巢，克之。獲楚公子繁以歸，為質。

九年，吳王謂子胥、孫武曰：「始子言郢不可入，今果何如？」二將曰：「夫戰，  25
借勝以成其威，非常勝之道。」吳王曰：「何謂也？」二將曰：「楚之為兵，天下彊敵
也。今臣與之爭鋒，十亡一存，而王入郢者，天也。臣不敢必。」吳王曰：「吾欲復擊
楚，奈何而有功？」伍胥、孫武曰：「囊瓦者，貪而多過於諸侯，而唐、蔡怨之。王必
伐，得唐、蔡何怨？」二將曰：「昔蔡昭公朝於楚，有美裘二枚、善珮二枚，各以一枚
獻之昭王。王服之以臨朝，昭公自服一枚。子常欲之，昭公不與。子常三年留之不使歸  30
國。唐成公朝楚，有二文馬，子常欲之，公不與，亦三年止之。唐成[1]相與謀，從成公

---

1. 元徐天祜注云：「成」當作「人」。

從者請馬，以贖成公。飲從者酒，醉之，竊馬而獻子常，常乃遣成公歸國。群臣誹謗曰：「君以一馬之故，三年自囚，願賞竊馬之功。」於是，成公常思報楚，君臣未嘗絕口。蔡人聞之，固請獻裘、珮於子常，蔡侯得歸。如晉告訴，以子元與太子質，而請伐楚。故曰，得唐、蔡而可伐楚。」吳王於是使使謂唐、蔡曰：「楚爲無道，虐殺忠良，侵食諸侯，困辱二君，寡人欲舉兵伐楚，願二君有謀。」唐[1]侯使其子乾爲質於吳，三國合謀伐楚。舍兵[2]於淮汭，自豫章與楚夾漢水爲陣。子常遂濟漢而陣，自小別山至於大別山，三不利，自知不可進，欲奔亡。史皇曰：「今子常無故與王共殺忠臣三人，天禍來下，王之所致。」子常不應。十月，楚二師陣於柏舉，闔閭之弟夫概晨起請於闔閭曰：「子常不仁，貪而少恩，其臣下莫有死志，追之必破矣。」闔閭不許。夫概曰：「所謂‣臣行其志‣[3]不待命者，其謂此也。」遂以其部五千人擊子常，大敗〔之〕，〔子常〕走奔鄭，楚師大亂。吳師乘之，遂破楚眾。楚人未濟漢，會楚人食，吳因奔而擊破之。雍滯[4]五戰，徑至於郢。王追於吳寇，出固將亡，與妹季芈出河瀙之間，楚大夫尹固與王同舟而去。吳師遂入郢，求昭王。王涉瀙濟江，入于雲中。‣暮宿‣[5]，群盜攻之，以戈擊‣王頭‣[6]，‣大夫尹固‣[7]隱王，以背受之，中肩，王懼，奔鄖。大夫種建負季芈以從。鄖公辛得昭王，大喜，欲還之。其弟懷怒曰：「昭王是我讎也。」欲殺之，謂其兄辛曰：「昔平王殺我父，吾殺其子，不亦可乎！」辛曰：「君討其臣，敢讎之者？夫乘人之禍，非仁也。滅宗廢祀，非孝也。動無令名，非智也。」懷怒不解。辛陰與其季弟巢以王奔隨。吳兵逐之，謂隨君曰：「周之子孫在漢水上者，楚滅之。謂天報其禍，加罰於楚，君何寶之？周室何罪而隱其賊？能出昭王，即重惠也。」隨君（作）〔卜〕昭王與吳王，不吉，乃辭吳王曰：「今隨之僻小，密近於楚，楚實存我，有盟至今未改，若今有難而棄之，今且安靜，楚敢不聽命？」吳師多其辭，乃退。是時，大夫子期雖與昭王俱亡，陰與吳師爲市，欲出昭王。王聞之，得免，即割子期心以與隨君盟而去。吳王入郢，止留。伍胥以不得昭王，乃掘平王之墓，出其屍，鞭之三百，左足踐腹，右手抉其目。誚之曰：「誰使汝用讒諛之口，殺我父兄，豈不冤哉！」即令闔閭妻昭王夫人，伍胥、孫武、白喜亦妻子常、司馬成之妻，以辱楚之君臣也。遂引軍擊鄭。鄭定公前殺太子建而困迫子胥。自此鄭定公大懼，乃令國中曰：「有能還吳軍者，吾與分國而治。」漁者之子應募曰：「臣能還之，不用尺兵斗糧，得一橈而行歌道中，即還矣。」公乃與漁者之子橈。子胥軍將至，當道扣橈而歌曰：「蘆中人！」如是再。子胥聞之，愕然大驚，曰：「何等？」謂與語：「公爲何誰矣？」曰：「漁父者子。吾國君

1. 蔡《左傳・定公四年》頁950　　2. 舟《左傳・定公四年》頁950

3. 臣義而行《左傳・定公四年》頁951

4. 潃《左傳・定公四年》頁951　　5. 王寢《左傳・定公四年》頁952

6. 王《左傳・定公四年》頁952

7. 王孫由于《左傳・定公四年》頁952

懼怖，令於國：有能還吳軍者，與之分國而治。臣念前人與君相逢於途，今從君乞鄭之
國。」子胥歎曰：「悲哉！吾蒙子前人之恩，自致於此，上天蒼蒼，豈敢忘也。」於
是，乃釋鄭國，還軍守楚，求昭王所在日急。申包胥亡在山中，聞之，乃使人謂子胥
曰：「子之報讎，其以甚乎！子，故平王之臣，〔親〕北面事之，今〔至〕於僇屍之
辱，豈道之極乎？」子胥曰：「為我謝申包胥〔曰〕：『〔日暮路遠〕，〔倒行而逆
施之於道也〕[1]。』」〔申包胥〕知不可，乃之於秦，求救楚。晝馳夜趨，足踵蹠劈，
裂裳裹膝，鶴倚哭於秦庭，七日七夜口不絕聲。秦（桓）〔哀〕公素沉湎，不恤國事。
申包胥哭已歌曰：「吳為無道，封豕長蛇，以食上國，欲有天下，政從楚起。寡君出在
草澤，使來告急。」如此七日，（桓）〔哀〕公大驚：「楚有賢臣如是，吳猶欲滅之。
寡人無臣若斯者，其亡無日矣。」為賦《無衣》之詩曰：「豈曰無衣，與子同袍。王于
興師，與子同仇。」包胥曰：「臣聞戾[2]德無厭，王不憂鄰國疆（場）〔場〕之患，逮
吳之未定，王[3]其取分焉，若楚遂亡，於秦何利？則亦亡君之土也。願王以神靈存之，
世以事王。」秦伯使辭焉，曰：「寡人聞命矣，子且[4]就館，將圖而告。」包胥曰：
「寡君▸今在草野◂[5]，未獲所伏，▸臣◂[6]何敢即安？」▸復立◂[7]於庭，倚牆而哭，日夜不
絕聲，▸水◂[8]不入口。秦伯為之垂涕，即出師而送之。

　　十年，秦師未出，越王（元）〔允〕常恨闔閭破之檇里，興兵伐吳。吳在楚，越盜
掩襲之。六月，申包胥以秦師至，秦使公子子蒲、子虎率車五百乘，救楚擊吳。二子
曰：「吾未知吳道。」使楚師前與吳戰，而〔自〕（即）〔稷〕會之，大敗夫概。七
月，楚司馬子成、秦公子子蒲與吳王相守，私以間兵伐唐，滅之。子胥久留楚求昭王，
不去。夫概師敗卻退。九月，潛歸，自立為吳王。闔閭聞之，乃釋楚師，欲殺夫概。弃
楚，昭王封夫概於▸棠谿◂[9]。闔閭遂歸。子胥、孫武、白喜留，（與）〔敗〕楚師於
淮[10]澨。秦師又敗吳師，楚子期將焚吳軍。子西曰：「吾國父兄身戰暴骨草野焉，▸不
收◂[11]，又焚之，其可乎？」子期曰：「亡國失眾，存沒所在，又何殺生以愛死。死如
有知，必將乘煙起而助我。如其無知，何惜草中之骨，而亡吳國。」遂焚而戰，吳師大
敗。子胥等相謂曰：「彼楚雖敗我餘兵，未有所損我者。」孫武曰：「吾以吳干戈西破
楚，逐昭王而屠荆平王墓，割戮其屍，亦已足矣。」子胥曰：「自霸王已來，未有人臣

1. 吾日莫途遠，吾故倒行而逆施之《史記·伍子胥列傳》頁2177
2. 夷《左傳·定公四年》頁953　　3. 君《左傳·定公四年》頁953
4. 姑《左傳·定公四年》頁953　　5. 越在草莽《左傳·定公四年》頁953
6. 下臣《左傳·定公四年》頁953　　7. 立依《左傳·定公四年》頁953
8. 勺飲《左傳·定公四年》頁953
9. 堂谿《左傳·定公五年》頁958、《史記·伍子胥列傳》頁2177
10. 雍《左傳·定公五年》頁958　　11. 不能收《左傳·定公五年》頁958

報讎如此者也。行去矣！」吳軍去後，昭王反國。樂師扈子非荆王信讒佞，殺伍奢、白州犂，而寇不絕於境，至乃掘平王墓戮屍，姦喜以辱楚君臣；又傷昭王困迫，幾爲天下大鄙，然已愧矣。乃援琴爲楚作窮劫[1]之曲，以暢[2]君之迫厄之暢達也。其詞曰：「王耶，王耶，何乖烈[3]，不顧宗廟聽讒孽。任用無忌多所殺，誅夷白氏族幾滅。二子東奔適吳越，吳王哀痛助忉怛。垂涕舉兵將西伐，伍胥、白喜、孫武決。三戰破郢王奔發，留兵縱騎虜荆闕。楚荆骸骨遭發掘，鞭辱腐屍恥難雪。幾危宗廟社稷滅，嚴王何罪國幾絕。卿士悽愴民惻恨，吳軍雖去怖不歇。願王更隱撫忠節，勿爲讒口能謗爇。」昭王垂涕，深知琴曲之情，扈子遂不復鼓矣。子胥等過溧陽瀨水之上，乃長太息曰：「吾嘗饑於此，乞食於一女子，女子飼我，遂投水而亡。」將欲報以百金而不知其家，乃投金水中而去。有頃，一老嫗行哭而來，人問曰：「何哭之悲？」嫗曰：「吾有女子，守居三十不嫁，往年擊綿於此，遇一窮途君子而輒飯之，而恐事泄，自投於瀨水。今聞伍君來，不得其償，自傷虛死，是故悲耳。」人曰：「子胥欲報百金，不知其家，投金水中而去矣。」嫗遂取金而歸。子胥歸吳，吳王聞三師將至，治魚爲膾。將到之日，過時不至，魚臭。須臾，子胥至，闔閭出膾而食，不知其臭。王復重爲之，其味如故。吳人作膾者，自闔閭之造也。諸將既從還楚，因更名閶門曰破楚門。復謀伐齊，齊子使女爲質於吳，吳王因爲太子波聘齊女。女少思齊，日夜號泣，因乃爲病。闔閭乃起北門，名曰望齊門，令女往遊其上。女思不止，病日益甚，乃至殂落。女曰：「令死者有知，必葬我於虞山之巔，以望齊國。」闔閭傷之，正如其言，乃葬虞山之巔。是時，太子亦病而死。闔閭謀擇諸公子可立者，未有定計。波太子[4]夫差日夜告（許）〔於〕伍胥曰：「王欲立太子，非我而誰當立？此計在君耳。」伍子胥曰：「太子未有定，我入則（波）〔決〕矣。」闔閭有頃召子胥謀立太子，子胥曰：「臣聞祀廢於絕後，興於有嗣，今太子不祿，早失侍御，今王欲立太子者，莫大乎波秦[5]之子夫差。」闔閭曰：「夫〔差〕愚而不仁，恐不能奉統於吳國。」子胥曰：「夫差信以愛人，端於守節，敦於禮義，父死子代，經之明文。」闔閭曰：「寡人從子。」立夫差爲太子。使太子屯兵守楚留止。（耳）〔自〕治宮室，立射臺於安里，華池在平昌，南城宮在長樂。闔閭出入游臥，秋冬治於城中，春夏治於城外。治姑蘇之臺，旦食鮋[6]山，晝游・蘇臺・[7]。射於鷗[8]陂，馳於游臺。興樂石城，走犬長洲。斯且[9]闔閭之霸時。於是太子定，因伐楚，破

---

1. 元徐天祜注云：「劫」疑當作「刦」。
2. 元徐天祜注云：「暢」當作「傷」。
3. 編者按：「乖烈」疑爲「乖戾」或「乖剌」之聲誤。
4. 元徐天祜注云：此「太子」下當又有「子」字。
5. 元徐天祜注云：「秦」字疑衍。　6. 紐《越絕書・越絕外傳記吳地傳》頁2/1b
7. 胥母《越絕書・越絕外傳記吳地傳》2/1b
8. 軀《越絕書・越絕外傳記吳地傳》2/1b　　　　9. 止

師拔番。楚懼吳兵復往，乃去郢。徙于蒍若。當此之時，吳以子胥、白喜、孫武之謀，西破彊楚，北威齊、晉，南伐於越。

# 5 夫差內傳第五

5

十一年，夫差北伐齊，齊使大夫高氏謝吳師曰：「齊孤立寡¹國，倉庫空虛，民人離散，齊以吳為彊輔，今未往告急，而吳見伐，請伏國人於郊，不敢陳戰爭之辭，惟吳哀齊之不濫也。」吳師即還。

十二年，夫差復北伐齊。越王聞之，率眾以朝於吳，而以重寶厚獻太宰嚭，嚭喜受 10
越之賂，愛信越殊甚，日夜為言於吳王。王信用嚭之計，伍胥大懼，曰：「是棄吾也。」乃往²諫曰：「〔夫〕越，在心腹之病，不前除其疾，今信浮辭僞詐而貪齊。破齊，譬由³磐石之田，無立其苗也。願王釋齊而前越。不然，悔之無及。」吳王不聽，使子胥使於齊，通期戰之會。子胥⁴謂其子曰：「我數諫王，王不我用，今見吳之亡矣。汝與吾⁵俱亡，亡無為也。」乃屬其子於齊鮑氏而還。太宰嚭既與子胥有隙，因讒 15
之曰：「子胥為彊暴力諫，願王少厚焉。」王曰：「寡人知之。」未興師，會魯使子貢聘於吳。

十三年，齊大夫陳成恒⁶欲弒簡公，陰憚高、國、鮑、晏，故前興兵伐魯，魯君憂之。孔子患之，召門人而謂之曰：「諸侯有相伐者，丘常恥之。夫魯，父母之國也，丘 20
墓在焉。今齊將伐之，子無意一出耶？」子路辭出⁷，孔子止之。子張、子石請行，孔子弗許。子貢辭出⁸，孔子遣⁹之。子貢北之齊，見成恒，因謂曰：「夫魯者，難伐之國¹⁰，而君伐，過矣。」成恒曰：「魯何難伐也？」子貢曰：「其城薄以卑，其池¹¹狹以淺¹²，其君愚而不仁，〔其〕大臣〔僞而〕無用，〔其〕士〔民又〕惡甲兵〔之事〕，〔此〕不可與戰。君不若伐吳。夫吳，城厚而崇，池¹³廣以深，甲堅士選，器飽 25

---

1. 於　　　　2. 進　　　　3. 猶 《史記・伍子胥列傳》頁2179
4. 子胥臨行 《史記・伍子胥列傳》頁2179
5. 吳 《史記・伍子胥列傳》頁2179
6. 編者按：《史記・仲尼弟子列傳》頁2197作「田常」，作「常」者蓋避漢諱改。
7. 請出 《史記・仲尼弟子列傳》頁2197
8. 請行 《史記・仲尼弟子列傳》頁2197
9. 許 《史記・仲尼弟子列傳》頁2197
10. 編者按：《越絕書・越絕內傳陳成恒》頁7/3a作「邦」，此文作「國」者蓋避漢諱改。
11. 地 《史記・仲尼弟子列傳》頁2197
12. 泄 《史記・仲尼弟子列傳》頁2197
13. 地 《史記・仲尼弟子列傳》頁2197

（努）〔弩〕勁，又使明大夫守之，此易伐也。」成恒忿然作色，曰：「子之所難，人之所易〔也〕，子之所易，人之所難〔也〕。而以教恒，何也？」子貢曰：「臣聞君三封而三不成者，大臣有所不聽者也。今君又欲破魯以廣齊，驟魯以自尊，而君功不與焉，是君上驕〔主心〕，下恣群臣，而求以成大事，難矣。且夫上驕則犯[1]，臣驕則爭，此君上於[2]（王）〔主〕有遽[3]，而下與大臣交爭〔也〕。如此，則君立於齊，危於累卵。故曰不如伐吳。且吳王剛猛而毅，能行其令，百姓習於戰守，〔將〕明於法禁，齊遇爲擒，必矣[4]。今君悉四境[5]之中，出大臣以環之，人民[6]外死，大臣內空，是君上無彊敵之臣，下無黔首之士[7]，孤主[8]制齊者，君也。」成[9]恒曰：「善。雖然，吾兵已在魯之城下矣，（吾）〔若〕去〔而〕之吳，大臣將有疑我之心，爲之奈何？」子貢曰：「君按兵無伐，請爲君南見吳王，請之救魯而伐齊，君因以兵迎之。」成恒許諾。子貢南見吳王，謂吳王曰：「臣聞之，王者不絕世，而霸者無彊敵。千鈞之重加銖〔兩〕而移。今〔以〕萬乘之齊而私千乘之魯，而與吳爭彊，臣竊爲君恐焉。且夫救魯，顯名也；伐齊，大利也。義[10]存亡魯，〔實〕害暴齊而威彊晉，則王不疑也。」吳王曰：「善。雖然，吾嘗與越戰，棲之會稽，入臣於吳，不即誅之。三年使歸。夫越君、賢主〔也〕，苦身勞力，夜以接日，內飾其政，外事諸侯，必將有報我之心。子待我伐越而聽子。」子貢曰：「不可。夫越之彊[11]不過於魯，吳之彊不過於齊。主以伐越而不聽臣，齊亦已私魯矣。且畏小越而惡彊齊[12]，不[13]勇也。見小利而忘大害，不智也。臣聞仁人不（因居）〔困厄〕[14]以廣其德，智者不棄時以舉其功，王者不絕世以立其義。且夫畏越如此，臣（誠）〔請〕東見越王，使出師以從下吏。」吳王大悅。子貢東見越王，王聞之，除道郊迎，身御至舍〔而〕問曰：「此僻狹[15]之國[16]、蠻夷之民，大夫何索然若不辱[17]，乃至於此？」子貢曰：「君處[18]故來。」越王勾踐再拜稽

---

1. 恣 《史記・仲尼弟子列傳》頁2197

2. 與 《史記・仲尼弟子列傳》頁2197

3. 卻 《史記・仲尼弟子列傳》頁2197、《越絕書・越絕內傳陳成恒》頁7/4a

4. 齊之愚，爲禽必矣 《越絕書・越絕內傳陳成恒》頁7/4a

5. 彊 《越絕書・越絕內傳陳成恒》頁7/4b

6. 黔首 《越絕書・越絕內傳陳成恒》頁7/4b

7. 上無彊臣之敵，下無民人之過 《史記・仲尼弟子列傳》頁2197

8. 立 《越絕書・越絕內傳陳成恒》頁7/4b            9. 陳

10. 名 《史記・仲尼弟子列傳》頁2198

11. 勁 《史記・仲尼弟子列傳》頁2198

12. 夫伐小越而畏彊齊 《史記・仲尼弟子列傳》頁2198、《越絕書・越絕內傳陳成恒》頁7/5b

13. 非 《史記・仲尼弟子列傳》頁2198

14. 《史記・仲尼弟子列傳》頁2198作「窮約」，今據《越絕書》改。

15. 陋 《越絕書・越絕內傳陳成恒》頁7/6a

16. 編者按：《越絕書・越絕內傳陳成恒》頁7/6a作「邦」，此文及《史記》作「國」者蓋避漢諱改。

17. A.居然而辱《越絕書・越絕內傳陳成恒》頁7/6a B.儼然辱《史記・仲尼弟子列傳》頁2198            18. 弔君《越絕書・越絕內傳陳成恒》頁7/6a

首，曰：「孤聞〔之〕，禍與福爲鄰，今大夫之弔〔孤〕，孤之福矣。孤敢不問其
說？」子貢曰：「臣今者見吳王，告以救魯而伐齊，其心〔申〕，〔其志〕畏越。且夫
無報人之志、而使人疑之〔者〕，拙也。有報人之意[1]、而使人知之〔者〕，殆也。事
未發而聞之者，危也。三者，舉事之大忌[2]也。」越王再拜，曰：「孤少失前[3]人，內不
自量，與吳人戰，軍敗身辱，〔遺先人恥〕，遁逃〔出走〕，上棲會稽，下守海濱，唯
魚鱉‧見矣‧[4]。今大夫‧辱弔‧[5]而身見之，又發[6]玉聲以教孤，孤賴‧天‧[7]之賜也。敢不承
教？」子貢曰：「臣聞〔之〕，明主任人不失其能，直士舉賢不容於世。故臨財分利則
使仁，涉患犯難則使勇，‧用智圖國‧[8]則使賢，正天下、定諸侯則使聖。兵強而不能行
其威，勢在上位而不能施其政令於下者，其君幾乎？難矣！臣竊自擇可與成功而至王
者，〔其〕惟〔臣〕幾乎？今吳王有伐齊、晉之志。君無愛重器以喜其心，無惡卑辭以
盡其禮，而伐齊，齊必戰。不勝，君之福也；彼戰而勝，必以其兵臨晉。騎士、銳兵弊
乎齊，重寶、車騎、羽毛盡乎晉，則君制其餘[9]矣。」越王再拜，曰：「昔者，吳王分
其民之眾以殘吾國[10]，殺敗吾民，鄙[11]吾百姓，夷吾宗廟，國[12]爲墟棘，身爲魚
‧鱉‧[13]。孤之怨吳，深於骨髓；而孤之事吳，如子之畏父，弟之敬兄。此孤之死[14]言
也。今大夫有賜，故孤敢以（報）〔疑〕？（情）〔請〕〔遂言之〕，孤身不安重[15]
席，口不嘗厚味，目不視美色，耳不聽雅音，既已三年矣。焦脣乾舌，苦身勞力，上事
群臣，下養百姓，願一與吳交戰於天下平原之野，‧正身臂‧[16]而奮，吳越之士繼踵連
死、‧肝腦塗地‧[17]者，孤之願也。思之三年，不可得也。今內量吾國不足以傷吳，外事
諸侯而不能也。願空國[18]、棄群臣、變容貌、易姓名、執箕帚、養牛馬以事之。孤雖知
要領不屬，手足異處，四支布陳，爲鄉邑笑，孤之意出焉。今大夫有賜，〔是〕存亡[20]

---

1. 志《史記・仲尼弟子列傳》頁2198
2. 患《史記・仲尼弟子列傳》頁2199
3. 先《越絕書・越絕內傳陳成恒》頁7/6b
4. 是見《越絕書・越絕內傳陳成恒》頁7/7a
5. 不辱《越絕書・越絕內傳陳成恒》7/7a
6. 出《越絕書・越絕內傳陳成恒》頁7/7a
7. 先人《越絕書・越絕內傳陳成恒》頁7/7a
8. 用衆治民《越絕書・越絕內傳陳成恒》頁7/7a
9. 敝《史記・仲尼弟子列傳》頁2199、《越絕書・越絕內傳陳成恒》頁7/7b
10. 編者按：《越絕書・越絕內傳陳成恒》頁7/7b作「邦」，此文作「國」者蓋避漢諱改。
11. 圖《越絕書・越絕內傳陳成恒》頁7/7b〈《越絕書》別本作「屠」。〉
12. 編者按：《越絕書・越絕內傳陳成恒》頁7/7b作「邦」，此文作「國」者蓋避漢諱改。
13. 鱉餌《越絕書・越絕內傳陳成恒》頁7/7b
14. 外《越絕書・越絕內傳陳成恒》頁7/8a
15. 床《越絕書・越絕內傳陳成恒》頁7/8a
16. 整襟交臂《越絕書・越絕內傳陳成恒》頁7/8a
17. 士民流離，肝腦塗地《越絕書・越絕內傳陳成恒》頁7/8a
18. 《越絕書・越絕內傳陳成恒》頁7/8b作「邦」，此文作「國」者蓋避漢諱改。

國[1]〔而〕（舉）〔興〕死人〔也〕，孤賴（矣）〔先〕〔人之〕賜，敢不待令乎？」

子貢曰：「夫吳王〔之〕爲人〔也〕，貪功名而不知利害。」越王愳然避位。子貢曰：

「臣觀吳王爲數戰伐，士卒‧不恩‧[2]，大臣內引，讒人益眾。夫子胥爲人，精誠中廉，

外明而知時，不以身死隱君之過，正言以忠君，直行以爲國，其身死而不聽。太宰嚭爲

人，智而愚，彊而弱，巧言利辭以固[3]其身，善爲詭詐以事其君，知其前而不知其後，

順君之過以安其私，是殘國傷君之佞臣也。」越王大悅。子貢去，越王送之金百鎰、寶

劍一、良馬二，子貢不受。至吳，謂吳王曰：「臣以下吏之言告於越王，越王大恐，

曰：『昔者孤身不幸，少失前[4]人，內不自量，抵罪於吳。軍敗身辱，逋逃出走，棲於

會稽，國[5]爲墟[6]莽，身爲魚‧鱉‧[7]。賴大王之賜，使得奉俎豆，修祭祀，死且不敢

忘，何謀之敢〔慮〕？』其志甚恐，將使使者來謝於王。」子貢館五日，越使果來，

曰：「東海役臣勾踐之使者臣種，敢修下吏，少聞於左右：昔孤不幸，少失前[8]人，內

不自量，抵罪上國，軍敗身辱，逋逃〔出走〕，〔棲於〕會稽，賴王賜得奉祭祀，死且

不忘。今竊聞大王〔將〕興大義，誅彊救弱，困暴齊而撫周室，故使賤臣以奉前[9]王所

藏〔器〕：甲二十領、屈盧之（予）〔矛〕、步光之劍，以賀（君）〔軍〕吏。若將遂

大義，弊邑雖小，請悉四方之內士卒三千人以從下吏，〔孤〕請躬被堅執銳，以前受矢

石，君臣死無所恨矣。」吳王大悅，乃召子貢曰：「越使果來，請出士卒三千，其君

〔又〕從之，與寡人伐齊，可乎？」子貢曰：「不可。夫空人之國[10]，悉人之眾，又從

其君，不仁[11]也。〔君〕受〔其〕幣，許其師，〔而〕辭其君，即可。」吳王許諾。子

貢去〔之〕晉，見定公曰：「臣聞〔之〕，慮不預[12]定，不可以應卒；兵不預[13]（辦）

〔辨〕，不可以勝敵。今吳、齊將戰，戰而不勝，越亂之必矣。與戰而勝，必以其兵臨

晉，君爲之奈何？」定公曰：「‧何以待之‧[14]？」子貢曰：「修兵伏[15]卒以待之。」晉

君許之。子貢返魯，吳王果興九郡之兵，將與齊戰。道出‧胥門‧[16]，因過姑胥之臺，忽

---

1. 《越絕書‧越絕內傳陳成恒》頁7/8b作「邦」，此文作「國」者蓋避漢諱改。
2. 不能忍 《越絕書‧越絕內傳陳成恒》頁7/9a
3. 內 《越絕書‧越絕內傳陳成恒》頁7/9a
4. 先 《史記‧仲尼弟子列傳》頁2199、《越絕書‧越絕內傳陳成恒》頁7/9a
5. 《越絕書‧越絕內傳陳成恒》頁7/9a作「邦」，此文作「國」者蓋避漢諱改。
6. A.虛 《史記‧仲尼弟子列傳》頁2199　B.空 《越絕書‧越絕內傳陳成恒》頁7/9a
7. 鱉餌 《越絕書‧越絕內傳陳成恒》頁7/9b
8. 先 《越絕書‧越絕內傳陳成恒》頁7/9b
9. 先 《史記‧仲尼弟子列傳》頁2199、《越絕書‧越絕內傳陳成恒》頁7/10a
10. 《越絕書‧越絕內傳陳成恒》頁7/10a作「邦」，此文作「國」者蓋避漢諱改。
11. 義 《史記‧仲尼弟子列傳》頁2200
12. 先 《越絕書‧越絕內傳陳成恒》頁7/10b、《史記‧仲尼弟子列傳》頁2200
13. 先 《史記‧仲尼弟子列傳》頁2200、《越絕書‧越絕內傳陳成恒》頁7/10b
14. 爲之奈何 《越絕書‧越絕內傳陳成恒》頁7/10b
15. 休 《史記‧仲尼弟子列傳》頁2200、《越絕書‧越絕內傳陳成恒》7/10b
16. 姑胥之門 《越絕書‧越絕外傳記吳王占夢》頁10/1a

晝假寐於姑胥之臺而得夢，及[1]寤而起，其心恬然悵焉。乃命太宰嚭，告曰：「寡人晝臥有夢，覺而恬然悵焉。請占之，得無所憂哉？夢入章明宮，見兩鬵，蒸而不炊[2]，兩黑犬嘷以南、嘷以北，兩鋘殖吾宮墻[3]，流水湯湯，越吾宮堂[4]，後房鼓震簴簴有鍛工，前園橫〔索〕生梧桐。子爲寡人占之。」太宰嚭曰：「美[5]哉！王之興師伐齊也。臣聞章者，德鏘鏘也。明者，破敵聞功朗明也。兩鬵蒸而不炊[6]者，大王聖德氣有餘也。兩黑犬嘷以南、嘷以北者，四夷已服，朝諸侯也。兩鋘殖宮墻[7]者，農夫就成田夫耕也。湯湯越宮堂[8]者，鄰國貢獻財有餘也。後房簴簴鼓震有鍛工者，宮女悅樂琴瑟和也。前園橫〔索〕生梧桐者，樂府鼓聲也。」吳王大悅，而其心不已。召王孫駱問曰：「寡人忽晝夢，爲予陳之。」王孫駱曰：「臣鄙淺於道，不能（博）〔博〕大[9]，今王所夢，臣不能占。其有所知者，東掖門亭長長城公弟公孫聖[10]。聖爲人少而好游，長而好學，多見（博）〔博〕觀，知鬼神之情狀，願王問之。」王乃遣王孫駱往請公孫聖，曰：「吳王晝臥姑胥之臺，忽然感夢，覺而悵然，使子占之，急詣姑胥之臺。」公孫聖伏地而泣，有頃而[11]起，其妻從旁謂聖曰：「子何性鄙！希睹[12]人主，卒得急召，涕泣如雨。」公孫聖仰天嘆曰：「悲哉！非子〔之〕所〔能〕知也。今日壬午，時加南方，命屬上[13]天，不得逃亡。〔伏地而泣者〕，非但自哀，誠傷吳王。」妻曰：「子以道自達於主，有道當行，上以諫王，下以約身。今聞急召，憂惑潰亂，非賢人所宜。」公孫聖曰：「愚哉！女子之言也。吾受道十年，隱身避害，欲終壽命。不意卒得急召，中世自棄，故悲與子相離耳。」遂去，詣姑胥臺。吳王曰：「寡人將北伐齊魯，道出胥門，過姑胥之臺，忽然晝夢。子爲占之，其言吉凶。」公孫聖曰：「臣不言，身名全，言之，必死百段於王前。然忠臣不顧其軀。」乃仰天歎曰：「臣聞好船者必溺，好戰者必亡。臣好直言，不顧於命，願王圖之。臣聞章者，戰不勝、敗走偟偟[14]也。明者，去昭昭、就冥冥也。入門見鬵蒸而不炊[15]者，大王不得火食也。兩黑犬嘷

1. 覺《越絕書·越絕外傳記吳王占夢》頁10/1a
2. 炊而不蒸《越絕書·越絕外傳記吳王占夢》頁10/1a
3. 兩鋘倚吾宮堂《越絕書·越絕外傳記吳王占夢》頁10/1b
4. 牆《越絕書·越絕外傳記吳王占夢》頁10/1b
5. 善《越絕書·越絕外傳記吳王占夢》頁10/1b
6. 炊而不蒸《越絕書·越絕外傳記吳王占夢》頁10/1b
7. 兩鋘倚吾宮堂《越絕書·越絕外傳記吳王占夢》頁10/1b
8. 牆《越絕書·越絕外傳記吳王占夢》頁10/1b
9. 智淺能薄《越絕書·越絕外傳記吳王占夢》頁10/2a
10. 越公弟子王孫聖《越絕書·越絕外傳記吳王占夢》頁10/2a
11. 不《越絕書·越絕外傳記吳王占夢》頁10/2b
12. 見《越絕書·越絕外傳記吳王占夢》頁10/2b
13. 蒼《越絕書·越絕外傳記吳王占夢》頁10/2b
14. 偟《越絕書·越絕外傳記吳王占夢》頁10/3b
15. 炊而不蒸《越絕書·越絕外傳記吳王占夢》頁10/3b

以南、噚以北者，黑者、陰也，北者、匿也。兩鍭殖宮牆[1]者，越軍[2]入吳國[3]，伐宗廟，掘社稷也。流水湯湯越宮堂[4]者，宮空虛也[5]。後房鼓震簇簇者，坐太息也。前園橫〔索〕生梧桐者，梧桐心空，不爲用器[6]，但爲盲僮，與死人俱葬也[7]。願大王按兵修德，無伐於齊，則可銷也。遣下吏太宰嚭、王孫駱解冠幘，肉袒徒跣，稽首謝於勾踐，國可安存也，身可不死矣。」吳王聞之，索然作怒，乃曰：「吾天之所生，神之所使。」顧力士石番以鐵鎚擊殺之，聖乃仰頭向天而言曰：「吁嗟！天知吾之冤乎[8]。忠而獲罪，身死無辜[9]，以葬我以爲直者，不如相隨爲柱，提我至深山，後世相屬爲聲響。」於是吳王乃使門人提之蒸丘，「豺狼食汝肉，野火燒汝骨，東風數至，飛揚汝骸[10]，骨肉糜爛，何[11]能爲聲響哉？」太宰嚭趨進曰：「賀大王喜，災已滅矣。因舉行觴，兵可以行。」吳王乃使太宰嚭爲右校司馬，王孫駱爲左校〔司馬〕，及從勾踐之師伐齊。伍子胥聞之，諫曰：「臣聞興十萬之衆，奉師千里，百姓之費，國家之出，日數千金。不念士民之死，而爭一日之勝，臣以爲危國亡身之甚。且與賊居，不知其禍，外復求怨，徼幸他國，猶治救疥疥，而棄心腹之疾，發當死矣。疥疥，皮膚之疾，不足患也。今齊陵遲千里之外，更歷楚趙之界，齊爲疾，其疥耳。越之爲病，乃心腹也。不發則傷，動則有死。願大王定越而後圖齊。臣之言決矣，敢不盡忠？臣今年老，耳目不聰，以狂惑之心，無能益國。竊觀《金匱》第八，其可傷也。」吳王曰：「何謂也？」子胥曰：「今年七月辛亥平旦，大王以首事。辛，歲位也。亥，陰前之辰也。合壬子歲前合也，利以行武。武決勝矣，然德在。合斗擊丑，丑，辛之本也。大吉爲白虎而臨辛，功曹爲太常所臨亥。大吉得辛爲九醜，又與白虎并重。有人若以此首事，前雖小勝，后必大敗，天地行殃，禍不久矣！」吳王不聽，遂九月使太宰嚭伐齊。軍臨北郊，吳王謂嚭曰：「行矣，無忘有功，無赦有罪。愛民養士，視如赤子。與智者謀，與仁者友。」太宰嚭受命，遂行。吳王召大夫被離，問曰：「汝常與子胥同心合志，并慮一謀，寡人興師伐齊，子胥獨何言焉？」被離曰：「子胥欲盡誠於前王，自謂老狂，耳目不聰，不知當世之所行，無益吳國。」王遂伐齊，齊與吳戰於艾陵之上，齊師敗績。吳

---

1. 兩鏵倚吾宮堂《越絕書・越絕外傳記吳王占夢》頁10/3b
2. 人《越絕書・越絕外傳記吳王占夢》頁10/4a
3. 編者按：《越絕書・越絕外傳記吳王占夢》頁10/4a作「邦」，此文作「國」者蓋避漢諱改。　　4. 牆《越絕書・越絕外傳記吳王占夢》頁10/4a
5. 大王宮堂虛也《越絕書・越絕外傳記吳王占夢》頁10/4a
6. 器用《越絕書・越絕外傳記吳王占夢》頁10/4a
7. 但爲甬，當與人俱葬《越絕書・越絕外傳記吳王占夢》頁10/4a
8. 蒼天知冤乎《越絕書・越絕外傳記吳王占夢》頁10/4a
9. 功《越絕書・越絕外傳記吳王占夢》頁10/4b
10. 灰《越絕書・越絕外傳記吳王占夢》頁10/4b
11. 更《越絕書・越絕外傳記吳王占夢》頁10/4b

王既勝，乃使行人成好於齊，曰：「吳王聞齊有沒水之慮，帥軍來觀。而齊興師蒲草，吳不知所安集，設陣爲備，不意頗傷齊師。願結和親而去。」齊王曰：「寡人處此北邊，無出境之謀。今吳乃濟江淮，踰千里而來我壞土，戮我衆庶。賴上帝哀存，國猶不至顛隕。王今讓以和親，敢不如命？」吳齊遂盟而去。吳王還，乃讓子胥曰：「吾前王履德明〔聖〕達於上帝，垂功用力，爲子西結彊讎於楚。今前王譬若農夫之艾殺四方蓬蒿，以立名于荆蠻，斯亦大夫之力。今大夫昏耄而不自安，生變起詐，怨惡而出。出則罪吾士衆，亂吾法度，欲以妖孽挫衄吾師。賴天降（哀）〔衷〕，齊師受服。寡人豈敢自歸其功？乃前王之遺德，神靈之祐福也。若子於吳則何力焉？」伍子胥攘臂大怒，釋劍而對曰：「昔吾前王，有不庭之臣，以能遂疑計〔惡〕，不陷於大難。今王播棄〔黎老〕，所患外不憂，此孤僨之謀，非霸王之事。天所未棄，必趣其小喜，而近其大憂。王若覺寤，吳國世世存焉。若不覺寤，吳國之命斯促矣。員不忍稱疾辟易，乃見王之爲擒。員誠前死，掛吾目於門，以觀吳國之喪。」吳王不聽。坐於殿上，獨見四人向庭相背而倚。王怪而視之，群臣問曰：「王何所見？」王曰：「吾見四人相背而倚，聞人言則四分走矣。」子胥曰：「如王言，將失衆矣。」吳王怒曰：「子言不祥。」子胥曰：「非惟不祥，王亦亡矣。」後五日，吳王復坐殿上，望見兩人相對，北向人殺南向人。王問群臣：「見乎？」曰：「無所見。」子胥曰：「王何見？」王曰：「前日所見四人，今日又見二人相對，北向人殺南向人。」子胥曰：「臣聞四人走，叛也。北向殺南向，臣殺君也。」王不應。吳王置酒文臺之上，群臣悉在，太宰嚭執政，越王侍坐，子胥在焉。王曰：「寡人聞之：君不賤有功之臣，父不憎有力之子。今太宰嚭爲寡人有功，吾將爵之上賞。越王慈仁忠信，以孝事於寡人，吾將復增其國，以還助伐之功。於衆大夫如何？」群臣賀曰：「大王躬行至德，虛心養士，群臣並進，見難爭死，名號顯著，威震四海，有功蒙賞，亡國復存，霸功王事，咸被群臣。」於是，子胥據地垂涕曰：「於乎，哀哉！遭此默默；忠臣掩口，讒夫在側；政敗道壞，諂諛無極；邪說僞辭，以曲爲直；舍讒攻忠，將滅吳國；宗廟既夷，社稷不食；城郭丘墟，殿生荆棘。」吳王大怒曰：「老臣多詐，爲吳妖孽。乃欲專權擅威，獨傾吳[1]國。寡人以前王之故，未忍行法。今退自計，無沮吳謀。」子胥曰：「今臣不忠不信，不得爲前王之臣。臣不敢愛身，恐吳[2]國之亡矣。昔者桀殺關龍逢，紂殺王子比干，今大王誅臣，參於桀紂。大王勉之，臣請辭矣。」子胥歸，謂被離曰：「吾貫弓接矢於鄭楚之界，越渡江淮，自致於斯。前王聽從吾計，破楚見凌之讎，欲報前王之恩而至於此。吾非自惜，禍將及汝。」被離曰：「未諫不聽，自殺何益？何如亡乎？」子胥曰：「亡臣安往？」吳王聞子胥之怨恨也，乃使人賜屬鏤之劍。子胥受劍，徒跣褰裳，下堂中庭，仰天呼怨，曰：

---

1. 吾　　　2. 吾

「吾始爲汝父忠臣立吳，設謀破楚，南服勁越，威加諸侯，有霸王之功。今汝不用吾
言，反賜我劍。吾今日死，吳宮爲墟，庭生蔓草，越人掘汝社稷。安忘我乎？昔前王不
欲立汝，我以死爭之，卒得汝之願；公子多怨於我。我徒有功於吳，今乃忘我定國之
恩，反賜我死，豈不謬哉！」吳王聞之，大怒曰：「汝不忠信，爲寡人使齊，託汝子於
齊鮑氏，有我外之心。」急令自裁。「孤不使汝得有所見。」子胥把劍，仰天嘆曰：
「自我死後，後世必以我爲忠。上配夏殷之世，亦得與龍逢、比干爲友。」遂伏劍而
死。吳王乃取子胥屍，盛以鴟夷之器，投之於江中，言曰：「胥，汝一死之後，何能有
知？」即斷其頭，置高樓上，謂之曰：「日月炙汝肉，飄風飄汝眼，炎光燒汝骨，魚鱉
食汝肉，汝骨變形灰，有何所見？」乃棄其軀，投之江中。子胥因隨流揚波，依潮來
往，蕩激崩岸。於是吳王謂被離曰：「汝嘗與子胥論寡人之短。」乃髡被離而刑之。王
孫駱聞之，不朝。王召而問曰：「子何非寡人而不朝乎？」駱曰：「臣恐耳！」曰：
「子以我殺子胥爲重乎？」駱曰：「大王氣高，子胥位下，王誅之。臣命何異於子胥？
臣以是恐也。」王曰：「▸非聽宰嚭以殺子胥，胥圖寡人也◂[1]。」駱曰：「臣聞▸人君◂[2]
者，必有敢諫[3]之臣；在上位者，必有敢言之交。夫子胥，先王之老臣也。不忠不信，
不得爲前[4]王臣。」吳王中心悵然，悔殺子胥：「豈非宰嚭之讒子胥？」而欲殺之。駱
曰：「不可。王若殺嚭，此爲二子胥也。」於是不誅。

十四年，夫差既殺子胥，▸連年不熟◂[5]，民多怨恨。吳王復伐齊，闕爲闌[6]溝▸於◂[7]
（商）〔商〕魯之間，北屬蘄[8]，西屬濟。欲與魯晉合攻於黃池之上。恐群臣復諫，乃
令國中曰：「寡人伐齊，有敢諫者死。」太子友知子胥忠而不用、太宰嚭佞而專政，欲
切言之，恐罹尤也，乃以諷諫激於王。清旦懷丸持彈，從後園而來，衣袷履濡，王怪而
問之曰：「子何爲袷衣濡履，體如斯也？」太子友曰：「適游後園，聞秋蜩之聲，往而
觀之。夫秋蟬登高樹，飲清露，隨風撝撓，長吟悲鳴，自以爲安。不知螳螂超枝緣條，
曳腰聳距，而稷其形。夫螳螂翕心而進，志在有利。不知黃雀盈綠林，徘徊枝陰，踠踂
微進，欲啄螳螂。夫黃雀但知伺螳螂之有味，不知臣挾彈危擲，蹭蹬飛丸而集其背。今
臣但虛心志在黃雀，不知空培其旁闇忽培中，陷於深井。臣故袷體濡履，幾爲大王取
笑。」王曰：「天下之愚，莫過於斯。但貪前利，不覩後患。」太子曰：「天下之愚，
復有甚者。魯承周公之末，有孔子之教，守仁抱德，無欲於鄰國，而齊舉兵伐之，不愛

1. 我非聽子殺胥，胥乃圖謀寡人《越絕書・越絕請糴內傳》頁5/7b
2. 君人《越絕書・越絕請糴內傳》頁5/8a
3. 言《越絕書・越絕請糴內傳》頁5/8a
4. 先《越絕書・越絕請糴內傳》5/8a
5. 不稔於歲《國語・吳語》頁19/5b                    6. 深《國語・吳語》頁19/5b
7. 通於《國語・吳語》頁19/5b    8. 沂《國語・吳語》頁19/5b

民命，惟有所獲。夫齊徒舉而伐魯，不知吳悉境內之士，盡府庫之財，暴師千里而攻之。夫吳徒知踰境征伐非吾之國，不知越王將選死士，出三江之口，入五湖之中，屠我吳國，滅我吳宮。天下之危，莫過於斯也。」吳王不聽太子之諫，遂北伐齊。越王聞吳王伐齊，使范蠡、洩庸[1]率師屯海通江[2]，以絕吳路。敗太子友於（始）〔姑〕熊夷，通江淮轉襲吳，遂入吳國，燒姑胥臺[3]，徙其大舟。吳敗齊師於艾陵之上，還師臨晉，與定公爭長未合[4]。邊（候）〔遽〕[5]〔乃至〕，〔以越亂告〕。吳王夫差大懼，〔乃〕合諸侯〔而〕謀曰：「吾道遼遠，無會前進[6]，孰利？」王孫駱曰：「不如前進，則執諸侯之柄，以求其志。請王屬[7]士，以明其令[8]，勸之以高位，辱之以不從，令各盡[9]其死。」夫差昏〔乃戒令〕秣馬食士，〔夜中乃令〕服兵被[10]甲，勒馬銜枚，出火於造[11]，闇行而進。吳師皆文犀、長盾、扁諸之劍，方陣而行。中校之軍皆白裳、白旄[12]、素甲、素[13]羽之矰，望之若荼。王親秉鉞，戴旗以陣[14]而立。左軍皆赤裳、赤旄[15]、丹甲、朱羽之矰，望之若火。右軍皆玄裳、玄輿[16]、黑甲、烏羽之矰，望之如墨。帶甲三萬六千，雞鳴而定。〔既〕陣，去晉軍一里。天尚未明，王乃〔秉枹〕親鳴金鼓，三軍譁吟[17]，以振其旅，其聲動天徒地。晉〔師〕大驚，不出，反距堅壘。乃令童褐[18]請軍[19]，曰：「兩軍邊兵[20]接好，日中無[21]期。今大國越次[22]而造弊邑之軍壘，敢請辭[23]故。」吳王親對曰：「天子有命，周室卑（弱）約，諸侯貢獻，莫入王府，上帝鬼神而不可以告，無姬姓之所振懼，遣使來告，冠蓋不絕於道。始周依負於晉，故忽於夷狄。會晉今反叛如斯，吾是以蒲服就君，不肯長弟，徒以爭彊。孤進不敢去，君不命長，爲諸侯笑。孤之事君決在今日，不得事君（命）〔亦〕在今日矣。敢煩使者往來，孤躬[24]親聽命於藩籬之外。」童褐[25]將還，吳王躓左足與褐決矣。及報，與諸侯、大夫列坐於晉定公前。既以通命，乃告趙鞅曰：「臣觀吳王之色，類有大憂，小則嬖妾、嫡子死，否[26]則吳國有難，大則越人入〔吳〕，不得還也。其意有愁毒之

---

1. 后庸 《國語・吳語》頁19/5b　　2. 沿海沂淮 《國語・吳語》頁19/5b
3. 姑蘇 《國語・吳語》頁19/5b
4. 成 《國語・吳語》頁19/5b〈韋昭注：成、定也。〉
5. 韋昭注：遽、傳也。　　　　　6. 無會而歸，與會而先晉 《國語・吳語》頁19/6a
7. 勵 《國語・吳語》頁19/6b　　8. 以奮其朋勢 《國語・吳語》頁19/6b
9. 輕 《國語・吳語》頁19/6b　　10. 擐 《國語・吳語》頁19/6b
11. 竈 《國語・吳語》頁19/6b　　12. 旄 《國語・吳語》頁19/7a
13. 白 《國語・吳語》頁19/7a　　14. 中陳 《國語・吳語》頁19/7a
15. 旗 《國語・吳語》頁19/7a　　16. 旗 《國語・吳語》頁19/7a
17. 鈿 《國語・吳語》頁19/7b
18. 董褐 《國語・吳語》頁19/7b〈韋昭注：董褐、晉大夫司馬演。〉
19. 事 《國語・吳語》頁19/7b　　20. 兩君偃兵 《國語・吳語》頁19/7b
21. 爲 《國語・吳語》頁19/7b　　22. 錄 《國語・吳語》頁19/7b
23. 亂 《國語・吳語》頁19/7b　　24. 用 《國語・吳語》頁19/8a
25. 董褐 《國語・吳語》頁19/8a　　26. 不 《國語・吳語》頁19/8a

憂，進退輕難，不可與戰。主君宜許之以前期，無以爭行而危國也。然不可徒許，必明
其信。」趙鞅許諾，入謁定公曰：「姬姓於周，吳爲先老可長，以盡國禮。」定公許
諾，命童褐復命。於是，吳王愧晉之義，乃退‧幕‧[1]而會。二國君臣並在，吳王稱公
前，晉侯次之，群臣畢盟。吳既長晉而還，未踰於黃池。越聞吳王久留未歸，乃悉士衆
將踰章山，濟三江，而欲伐之。吳又恐齊、宋之爲害，乃命王孫駱[2]告勞于周，曰：
「昔楚‧不承供貢‧[3]，〔以〕辟遠兄弟之國，吾前[4]君闔閭‧不忍其惡‧[5]，帶劍挺鈹，與
楚昭王相[6]逐於中原。天念[7]其忠，楚師敗績。今齊不賢於楚，又不‧恭‧[8]王命，以遠辟
兄弟之國。夫差不忍其惡，被甲帶劍，徑至艾陵，天福於吳，齊師還鋒而退。夫差豈敢
自多其功？是文武之德所祐助。時歸吳，不熟[9]於歲，遂緣[10]江（沂）〔沿〕淮（開）
〔闕〕溝深水，出於（商）〔商〕、魯之間，而歸告於天子執事。」周王答曰：「伯父
令子來乎，盟國一人則依矣，余實（加）〔嘉〕之。伯父若能輔余一人，則兼受永福，
周室何憂焉？」乃賜弓弩王祚，以增號謚。吳王還歸自〔黃〕池，息民散兵。

　　二十年越王興師伐吳，吳與越戰於檇李。吳師大敗，軍散，死者不可勝計。越追破
吳，吳王困急，使王孫駱稽首請成，如越之來也。越王對曰：「昔天以越賜吳，吳不受
也。今天以吳賜越，其可逆乎？吾請獻勾甬東之地，吾與君爲二君乎！」吳王曰：「吾
之在周，禮前王一飯。如越王不忘周室之義，而使爲附邑，亦寡人之願也。行人請成列
國之義，惟君王有意焉。」大夫種曰：「吳爲無道，今幸擒之，願王制其命。」越王
曰：「吾將殘汝社稷、夷汝宗廟。」吳王默然。請成七反，越王不聽。

　　二十三年，十月，越王復伐吳。吳國因不戰，士卒分散，城門不守，遂屠吳。吳王
率群臣遁去，晝馳夜走，三日三夕，達於秦餘杭山。胸中愁憂，目視茫茫，行步猖狂，
腹餒口饑，顧得生[11]稻而食之，伏地而飲水。顧左右曰：「此何名也？」對曰：「是
生[12]稻也。」吳王曰：「是公孫聖所言不得火食走偟偟也。」王孫駱曰：「飽食而去，
前有胥山，西坂中可以匿止。」王行，有頃，因得生瓜已熟，吳王掇而食之。謂左右
曰：「何多而生瓜，近道人不食何也？」左右曰：「謂糞種之物，人不食也。」吳王
曰：「何謂糞種？」左右曰：「盛夏之時，人食生瓜，起居道傍，子復生，秋霜惡之，
故不食。」吳王歎曰：「子胥所謂且食者也。」謂太宰嚭曰：「吾戮公孫聖，投胥山之

1. 就幕《國語‧吳語》頁19/9a　　2. 苟《國語‧吳語》頁19/9a
3. 不共承王事《國語‧吳語》頁19/9a　　　　　4. 先《國語‧吳語》頁19/9a
5. 不貰不忍《國語‧吳語》頁19/9a　　　　　　6. 毒《國語‧吳語》頁19/9a
7. 舍《國語‧吳語》頁19/9a　　8. 承共《國語‧吳語》頁19/9b
9. 稔《國語‧吳語》頁19/9b　　10. 沿《國語‧吳語》頁19/9b
11. 籠《越絕書‧越絕外傳記吳王占夢》頁10/5a　　12. 同上注

巔，吾以畏責天下之慚，吾足不能進，心不能往。」太宰嚭曰：「死與生，敗與成，故有避乎？」王曰：「然。曾無所知乎？子試前呼之，聖在，當即有應。」吳王止秦餘杭山，呼曰：「公孫聖！」三反呼，聖從山中應曰：「公孫聖！」三呼三應。吳王仰天呼曰：「寡人豈可返乎，寡人世世得聖也[1]。」須臾，越兵至，三圍吳。范蠡在中行，左手提[2]鼓，右手操枹而鼓之。吳王書其矢而射種、蠡之軍，辭曰：「吾聞狡兔以死，良犬就烹。敵國如滅，謀臣必亡。今吳病矣，大夫何慮乎？」大夫種、相國蠡急而攻。大夫種書矢射之，曰：「上天蒼蒼，若存若亡。越君勾踐下臣種敢言之：昔天以越賜吳，吳不肯受，是天所反。勾踐敬天而功，既得返國，今上天報越之功，敬而受之，不敢忘也。且吳有大過六[3]，以至於亡，王知之乎？有忠臣伍子胥忠諫而身死，大過一也。公孫聖直說而無功，大過二也。太宰嚭愚而佞言，輕而讒諛，妄語恣口，聽而用之，大過三也。夫齊、晉無返逆行，無僭侈之過，而吳伐二國，辱君臣，毀社稷，大過四也。且吳與越同音共律，上合星宿，下共一理，而吳侵伐，大過五也。昔越親戕吳之前王，罪莫大焉，而幸伐之，不從天命而棄其仇，後為大患，大過六也。越王謹上刻青天，敢不如命？」大夫種謂越君曰：「中冬氣定，天將殺戮。不行天殺，反受其殃。」越王敬拜，曰：「諾。今圖吳王，將為何如？」大夫種曰：「君被五勝之衣，帶步光之劍，仗屈盧之矛[4]，瞋目大言以執之。」越王曰：「諾。」乃如大夫種辭吳王曰：「誠以今日聞命。」言有頃，吳王不自殺。越王復使謂曰：「何王之忍辱厚恥也！世無萬歲之君[5]，死生一也。今子尚有遺榮，何必使吾師眾加刃於王。」吳王仍未肯自殺。勾踐謂種、蠡曰：「二子何不誅之？」種、蠡曰：「臣，人臣之位，不敢加誅於人主。願主急而命之，天誅當行，不可久留。」越王復瞋目怒曰：「死者，人之所惡。惡者，無罪於天，不負於人。今君抱六過之罪，不知愧辱而欲求生，豈不鄙哉？」吳王乃太息，四顧而望，言曰：「諾！」乃引劍而伏之，死。越王謂太宰嚭曰：「子為臣，不忠無信，亡國滅君。」乃誅嚭并妻子。吳王臨欲伏劍，顧謂左右曰：「吾生既慚，死亦愧矣。使死者有知，吾羞前君地下，不忍覩忠臣伍子胥及公孫聖。使其無知，吾負於生[6]。死必連繁組以罩吾目，恐其不蔽，願復重羅繡三幅，以為掩明。生不昭我，死勿見我形。吾何可哉！」越王乃葬吳王以禮，於秦餘杭山卑猶。越王使軍士集於我戎之功，人一隔土以葬之。宰嚭亦葬卑猶之旁。

---

1. 公孫聖令寡人得邦，誠世世相事《越絕書‧越絕外傳記吳王占夢》頁10/5b
2. 持《越絕書‧越絕外傳記吳王占夢》頁10/6b
3. 五《越絕書‧越絕外傳記吳王占夢》頁10/5b
4. 弓《越絕書‧越絕外傳記吳王占夢》頁10/6a
5. 千歲之人《越絕書‧越絕外傳記吳王占夢》頁10/6b
6. 恥生《越絕書‧越絕外傳記吳王占夢》10/6b

## 6 越王無余外傳第六

　　越之前君無余者，夏禹之末封也。禹父鯀者，帝顓頊之後。鯀娶於有莘氏之女，名曰女嬉，年壯未孳，嬉於砥山，得薏苡而吞之，意若為人所感，因而妊孕，剖脅而產高密。家於西羌，地曰石紐。石紐在蜀西川也。帝堯之時，遭洪水滔滔，天下沉漬，九州閼塞，四瀆壅閉，帝乃憂中國之不康，悼黎元之罹咎，乃命四嶽，乃舉賢良，將任治水。自中國至於條方，莫薦人，帝靡所任。四嶽乃舉鯀而薦之於堯，帝曰：「鯀負命毀族，不可。」四嶽曰：「等之群臣未有如鯀者。」堯用治水，受命九載，功不成。帝怒曰：「朕知不能也。」乃更求之，得舜。使攝行天子之政，巡狩。觀鯀之治水無有形狀，乃殛鯀于羽山。鯀投于水，化為黃能，因為羽淵之神。舜與四嶽舉鯀之子高密。四嶽謂禹曰：「舜以治水無功，舉爾嗣考之勳。」禹曰：「俞！小子敢悉考績以統天意，惟委而已！」禹傷父功不成，循江泝河，盡濟甄淮，乃勞身焦思，以行七年。聞樂不聽，過門不入，冠挂不顧，履遺不躡，功未及成，愁然沉思。乃案《黃帝中經曆》，蓋聖人所記，曰：「在于九山東南，天柱號曰宛委。赤帝在闕，其巖之巔承以文玉，覆以磐石，其書金簡，青玉為字，編以白銀，皆瑑其文。」禹乃東巡登衡嶽，血白馬以祭，不幸所求。禹乃登山，仰天而嘯。因夢見赤繡衣男子，自稱玄夷蒼水使者。「聞帝使文命于斯，故來候之。非厥歲月，將告以期，無為戲吟，故倚歌覆釜之山。」東顧謂禹曰：「欲得我山神書者，齋於黃帝巖嶽之下，三月庚子，登山發石，金簡之書存矣。」禹退又齋。三月庚子，登宛委山，發金簡之書，案金簡玉字，得通水之理。復返歸嶽，乘四載以行川，始於霍山，徊集五嶽。詩云：「信彼南山，惟禹甸之。」遂巡行四瀆，與益夔共謀。行到名山大澤，召其神而問之山川脈理、金玉所有、鳥獸昆蟲之類及八方之民俗、殊國異域土地里數，使益疏而記之。故名之曰《山海經》。禹三十未娶，行到塗山，恐時之暮，失其度制，乃辭云：「吾娶也，必有應矣。」乃有白狐（有）〔九〕尾造於禹，禹曰：「白者，吾之服也。其九尾者，王之證也。塗山之歌曰：『綏綏白狐，九尾痝痝。我家嘉夷，來賓為王。成家成室，我造彼昌。』天人之際於茲，則行明矣哉！」禹因娶塗山，謂之女嬌，取辛壬癸甲。禹行十月，女嬌生子啓。啓生不見父，晝夕呱呱啼泣。禹行，使太[1]章步東西，豎亥度南北，暢八極之廣，旋天地之數。禹濟江南省水理，黃龍負舟，舟中人怖駭，禹乃啞然而笑曰：「我受命於天，竭力以勞萬民。生，性也；死，命也，爾何為者？」顏色不變，謂舟人曰：「此天所以為我用。」龍曳尾舍舟而去，南到計於蒼梧，而見縛人，禹拊其背而哭。益曰：「斯人犯罪[2]，自合如此，哭之何也？」禹曰：「天下有道，民不罹辜。天下無道，罪及善人。吾聞一男

---

1. 大　　　　　　2. 法

不耕，有受其饑；一女不桑，有受其寒。吾爲帝統治水土，調民安居，使得其所。今乃
罹法如斯，此吾德薄不能化民證也。故哭之悲耳。」於是，周行寓[1]內，東造絕迹，西
延積石，南踰赤岸，北過寒谷，徊崑崙，察六扈，脈地理，名金石。寫流沙於西隅，決
弱水於北漢。青泉、赤淵分入洞穴，通江東流至於碣石。疏九河於潛[2]淵，開五水於東
北，鑿龍門，闢伊闕。平易相土，觀地分州。殊方各進，有所納貢，民去崎嶇，歸於中 5
國。堯曰：「俞！以固冀於此。」乃號禹曰伯禹，官曰司空，賜姓姒氏，領統州伯以巡
十二部。堯崩，禹服三年之喪，如喪考妣，畫哭夜泣，氣不屬聲。堯禪位於舜，舜薦大
禹，改官司徒，內輔虞位，外行九伯。舜崩，禪位命禹，禹服三年，形體枯槁，面目黎
黑。讓位（商）〔商〕均，退處陽山之南、陰阿之北。萬民不附（商）〔商〕均，追就
禹之所。狀若驚鳥揚天，駭魚入淵，畫歌夜吟，登高號呼，曰：「禹棄我，如何所 10
戴！」禹三年服畢，哀民不得已，即天子之位。三載考功，五年政定。周行天下，歸還
大越，登茅山以朝四方，群臣觀示。中州諸侯，防風後至，斬以示衆，示天下悉屬禹
也。乃大會計治國之道，內美釜山中[3]慎之功，外演聖德以應天心。遂更名茅山曰會稽
之山。因傳國政，休養萬民，國號曰夏后。封有功，爵有德，惡無細而不誅，功無微而
不賞。天下喁喁，若兒思母，子歸父，而留越。恐群臣不從，言曰：「吾聞食其實者， 15
不傷其枝。飲其水者，不濁其流。吾獲覆釜之書，得以除天下之災，令民歸於里閭，其
德彰彰，若斯豈可忘乎？」乃納言聽諫，安民治室居，靡山伐木爲邑，畫作印，橫木爲
門。調權衡，平斗斛，造井示民，以爲法度。鳳凰棲於樹，鸞鳥巢於側，麒麟步於庭，
百鳥佃於澤。遂已耆艾將老，歎曰：「吾晏歲年暮，壽將盡矣，止絕斯矣。」命群臣
曰：「吾百世之後，葬我會稽之山，葦椁桐棺。穿壙七尺，下無及泉，墳高三尺，土階 20
三等葬之。」後曰：「無改畝以爲居之者樂，爲之者苦。」禹崩之後，衆瑞並去。天美
禹德而勞其功，使百鳥還爲民田，大小有差，進退有行，一盛一衰，往來有常。禹崩，
傳位與益。益服三年，思禹未嘗不言。喪畢，益避禹之子啓於箕山之陽。諸侯去益而朝
啓，曰：「吾君，帝禹子也。」啓遂即天子之位，治國於夏。遵禹貢之美，悉九州之
土，以種五穀，累歲不絕。啓使使以歲時春秋而祭禹於越，立宗廟於南山之上。禹以下 25
六世而得帝少康，少康恐禹祭之絕祀，乃封其庶子於越，號曰無余。余始受封，人民山
居，雖有鳥田之利，租貢纔給宗廟祭祀之費。乃復隨陵陸而耕種，或逐禽鹿而給食。無
余質（林）〔朴〕，不設宮室之飾，從民所居，春秋祠禹墓於會稽。無余傳世十餘，末
君微劣，不能自立，轉從衆庶爲編戶之民，禹祀斷絕。十有餘歲，有人生而言語，其語
曰「鳥禽呼」，嚛喋嚛喋，指天向禹墓曰：「我是無余君之苗末。我方修前君祭祀，復 30
我禹墓之祀，爲民請福於天，以通鬼神之道。」衆民悅喜，皆助奉禹祭，四時致貢，因

---

1. 宇　　　　2. 潛　　　　3. 州

　　共封立，以承越君之後，復夏王之祭。安集鳥田之瑞，以爲百姓請命，自後稍有君臣之義，號曰無壬。壬生無瞫，瞫專心守國，不失上天之命。無瞫卒，或爲夫譚。夫譚生（元）〔允〕常，常立，當吳王壽夢、諸樊、闔閭之時，越之興霸自（元）〔允〕常矣。

# 7 勾踐入臣外傳第七

　　越王勾踐五年，五月，與大夫種、范蠡入臣於吳，群臣皆送至浙江之上，臨水祖道，軍陣固陵。大夫文種前爲祝，其詞曰：「皇天祐助，前沉後揚。禍爲德根，憂爲福堂。威人者滅，服從者昌。王雖牽致，其後無殃。君臣生離，感動上皇。衆天悲哀[1]，莫不感傷。臣請薦脯，行酒三[2]觴。」越王仰天太息，舉杯垂涕，默無所言。種復前祝曰：「大王德（受）〔壽〕，無疆無極。乾坤受靈，神祇輔翼。我王厚之，祉祐在側。德銷百殃，利受其福。去彼吳庭，來歸越國。觴酒既升，請稱萬歲。」越王曰：「孤承前王〔餘〕德（得），守國於邊，幸蒙諸大夫之謀，遂保前王丘墓。今遭辱恥，爲天下笑，將孤之罪耶？諸大夫之責也，吾不知其咎，願二三子論其意。」大夫扶同[3]曰：「何言之鄙也！昔湯繫於夏臺，伊尹不離其側。文王囚於石室，太公不棄其國。興衰在天，存亡繫於人。湯改儀而媚於桀，文王服從而幸於紂。夏殷恃力而虐二聖，兩君屈己以得天道。故湯王不以窮自傷，周文不以困爲病。」越王曰：「昔堯任舜、禹而天下治，雖有洪水之害，不爲人災。變異不及於民，豈況於人君乎？」大夫苦成曰：「不如君王之言。天有曆數，德有薄厚。黃帝不讓，堯傳天子。三王，臣弒其君。五霸，子弒其父。德有廣狹，氣有高下。今之世猶人之市，置貨以設詐，抱謀以待敵，不幸陷厄，求伸而已。大王不覽於斯，而懷喜怒。」越王曰：「任人者不辱身，自用者危其國，大夫皆前圖未然之端，傾敵破讎，坐招泰山之福。今寡人守窮若斯，而云湯文困厄後必霸，何言之違禮儀？夫君子爭寸陰而棄珠玉，今寡人冀得免於軍旅之憂，而復反係獲[4]敵人之手，身爲僕隸，妻爲僕妾，往而不返，客死敵國。若魂魄有〔知〕，愧於前君。其無知，體骨棄捐。何大夫之言，不合於寡人之意？」於是大夫種、范蠡曰：「聞古人曰：居不幽，志不廣；形不愁，思不遠。聖王賢主，皆遇困厄之難，蒙不赦之恥，身（居）〔拘〕而名尊，軀辱而聲榮，處卑而不以爲惡，居危而不以爲薄。五帝德厚（而）〔無〕窮厄之恨，然尙有泛濫之憂。三守暴困之辱，不離三嶽之困[5]。泣涕而受冤，行哭而爲隸，演《易》作卦，天道祐之。時過於期，否終則泰。諸

---

1. 哀悲　　　　2. 二　　　　　3. 逢同
4. 元徐天祜注云：「獲」當作「於」。　　　　　　　5. 囚

侯並救王命，見符朱鼇、玄狐，輔臣結髮，拆嶽破械，反國修德，遂討其讎。擢假海內，若覆手背，天下宗之，功垂萬世。大王屈厄，臣誠盡謀。夫截骨之劍無削剟之利，刍鐵之矛無分髮之便，建策之士無暴興之說。今臣遂天文，案墜籍，二氣共萌，存亡異處。彼興則我辱，我霸則彼亡。二國爭道，未知所就。君王之危，天道之數，何必自傷哉？夫吉者，凶之門；福者，禍之根。今大王雖在危困之際，孰知其非暢達之兆哉？」 5

大夫計硯曰：「今君王國於會稽，窮於入吳，言悲辭苦，群臣泣之。雖則恨恨之心，莫不感動，而君王何為護辭譁說，用而相欺？臣誠不取。」越王曰：「寡人將去入吳，以國累諸侯大夫，願各自述，吾將屬焉。」大夫皋如曰：「臣聞大夫種忠而善慮，民親其知，士樂為用。今委國一人，其道必守。何順心佛命群臣？」大夫曳庸曰：「大夫文種者，國之梁棟，君之爪牙。夫驥不可與匹馳，日月不可並照，君王委國於種，則萬綱千 10 紀無不舉者。」越王曰：「夫國者，前王之國，孤力弱勢劣，不能遵守社稷，奉承宗廟。吾聞父死子（伐）〔代〕，君亡臣親。今事棄諸大夫，客官於吳，委國歸民，以付二三子，吾之由也，亦子之憂也。君臣同道，父子共氣，天性自然。豈得以在者盡忠、亡者為不信乎？何諸大夫論事一合一離，令孤懷心不定也？夫推國任賢、度功績成者，君之命也。奉教順理，不失分者，臣之職也。吾顧諸大夫以其所能，而云委質而已。於 15 乎！悲哉！」計硯曰：「君王所陳者，固其理也。昔湯入夏，付國於文祀。西伯之殷，委國於一[1]老。今懷夏將滯，志在於還。大適市之（妻）〔妻〕教嗣糞除，出亡之君勑臣守禦。子問以事，臣謀以能。今君王欲士之所志，各陳其情，舉其能者，議其宜也。」越王曰：「大夫之論是也。吾將逝矣，願諸君之風。」大夫種曰：「夫內修封疆之役，外修耕戰之備。荒無遺土，百姓親附。臣之事也。」大夫范蠡曰：「輔危主，存 20 亡國。不恥屈厄之難，安守被辱之地。往而必反、與君復讎者，臣之事也。」大夫苦成曰：「發君之令，明君之德。窮與俱厄，進與俱霸。統煩理亂，使民知分。臣之事也。」大夫曳庸曰：「奉令受使，結和諸侯。通命達旨，賂往遺來。解憂失[2]患，使無所疑。出不忘命，入不被尤。臣之事也。」大夫皓進曰：「一心齊志，上與等之。下不違令，動從君命。修德履義，守信溫故。臨非決疑，君誤臣諫。直心不撓，舉過列平。 25 不阿親戚，不私於外。推身致君，終始一分。臣之事也。」大夫諸稽郢曰：「望敵設陣，飛矢揚兵。履腹涉屍，血流滂滂。貪進不退，二師相當。破敵攻眾，威凌百邦。臣之事也。」大夫皋如曰：「修德行惠，撫慰百姓。身臨憂勞，動輒躬親。弔死存疾，救活民命。蓄陳儲新，食不二味。國富民實，為君養器。臣之事也。」大夫計硯曰：「候天察地，紀歷陰陽。觀變參災，分別妖祥。日月含色，五精錯行。福見知吉，妖出知 30 凶。臣之事也。」越王曰：「孤雖入於北國，為吳窮虜，有諸大夫懷德抱術，各守一

1. 二　　　　　2. 釋

分，以保社稷，孤何憂焉？」遂別於浙江之上，群臣垂泣，莫不咸哀。越王仰天歎曰：
「死者，人之所畏。若孤之聞死，其於心胸中會無忧惕。」遂登船徑去，終不返顧。越
王夫人乃據船哭，顧烏鵲啄江渚之蝦，飛去復來。因哭而歌之曰：「仰飛鳥兮烏鳶，凌
玄虛號[1]翩翩。集洲渚兮優恣，啄蝦矯翮兮雲間。任厥兮往還。妾無罪兮負地，有何辜
兮譴天。颭颭獨兮西往，孰知返兮何年！心悢悢兮若割，淚泫泫兮雙懸。」又哀吟[2]
曰：「彼飛鳥兮鳶烏，已廻翔兮翕蘇。心在專兮素蝦，何居食兮江湖。徊復翔兮游颺，
去復返兮於乎！始事君兮去家，終我命兮君都。終來遇兮何幸[3]，離我國兮去吳。妻衣
褐兮為婢，夫去冕兮為奴。歲遙遙兮難極，冤悲痛兮心惻。腸千結兮服膺，於乎哀兮忘
食。願我身兮如鳥，身翱翔兮矯翼。去我國兮心搖，情憤惋兮誰識！」越王聞夫人怨
歌，心中內慟，乃曰：「孤何憂？吾之六翮備矣！」於是入吳。見夫差，稽首再拜稱
臣，曰：「東海賤臣勾踐，上愧皇天，下負后土。不裁功力，污辱王之軍士，抵罪邊
境。大王赦其深辜，裁加役臣，使執箕帚。誠蒙厚恩，得保須臾之命，不勝仰感俯愧。
臣勾踐叩頭頓首。」吳王夫差曰：「寡人於子亦過矣，子不念先君之讎乎？」越王曰：
「臣死則死矣，惟大王原之。」伍胥在旁，目若燿火，聲如雷霆，乃進曰：「夫飛鳥在
青雲之上，尚欲繳微矢以射之，豈況近臥於華池，集於庭廡乎？今越王放於南山之中，
游於不可存之地，幸來涉我壤土，入吾楥梱，此乃廚宰之成事食也，豈可失之乎？」吳
王曰：「吾聞誅降殺服，禍及三世。吾非愛越而不殺也，畏皇天之咎，教我[4]赦之。」
太宰嚭諫曰：「子胥明於一時之計，不通安國之道。願大王遂其所執，無拘群小之
口。」夫差遂不誅越王，令駕車養馬，祕於宮室之中，三月，吳王召越王入見。越王伏
於前，范蠡立於後，吳王謂范蠡曰：「寡人聞貞婦不嫁破亡之家，仁賢不官絕滅之國。
今越王無道，國已將亡，社稷（壤）〔壞〕崩，身死世絕，為天下笑。而子及主俱為奴
僕，來歸於吳，豈不鄙哉[5]！吾欲赦子之罪，子能改心自新，棄越歸吳乎？」范蠡對
曰：「臣聞亡國之臣不敢語政，敗軍之將不敢語勇。臣在越不忠不信，今越王不奉大王
命號，用兵與大王相持，至今獲罪，君臣俱降，蒙大王鴻恩，得君臣相保，願得入備掃
除，出給趨走，臣之願也。」此時越王伏地流涕，自謂遂失范蠡矣。吳王知范蠡不可得
為臣，謂曰：「子既不移其志，吾復置子於石室之中。」范蠡曰：「臣請如命。」吳王
起入宮中，越王、范蠡趨入石室。越王服（攢）〔犢〕鼻，著樵頭。夫人衣無緣之裳，
施左關之襦。夫斫剉養馬，妻給水、除糞、灑掃。三年不慍怒，面無恨色。吳王登遠
臺，望見越王及夫人、范蠡坐於馬糞之旁，君臣之禮存，夫婦之儀具。王顧謂太宰嚭
曰：「彼越王者，一節之人。范蠡，一介之士。雖在窮厄之地，不失君臣之禮，寡人傷

---

1. 元徐天祐注云：「號」當作「兮」。　　　　　2. 今
3. 元徐天祐注云：「幸」當作「辜」。　　　　　4. 而　　　　5. 乎

之。」太宰嚭曰：「願大王以聖人之心，哀窮孤之士。」吳王曰：「爲子赦之。」後三月，乃擇吉日而欲赦之。召太宰嚭謀曰：「越之與吳，同土連域，勾踐愚黯[1]，親欲爲賊。寡人承天之神靈，前王之遺德，誅討越寇，囚之石室。寡人心不忍見，而欲赦之，於子奈何？」太宰嚭曰：「臣聞無德不復，大王垂仁恩加越，越豈敢不報哉？願大王卒意。」越王聞之，召范蠡告之曰：「孤聞於外，心獨喜之，又恐其不卒也。」范蠡曰：「大王安心，事將有意，在玉門第一，今年十二月戊寅之日，時加日出。戊，囚日也。寅，陰後之辰也。合庚辰歲後會也。夫以戊寅日聞喜，不以其罪罰，日也。時加卯而賊戊，功曹爲騰蛇而臨戊，謀利事在青龍。青龍在，勝先。而臨酉，死氣也。而剋寅，是時剋其日，用又助之，所求之事，上下有憂。此豈非天網四張，萬物盡傷者乎？王何喜焉？」果子胥諫吳王曰：「昔桀囚湯而不誅，紂囚文王而不殺，天道還反，禍轉成福。故夏爲湯所誅，殷爲周所滅。今大王既囚越君而不行誅，臣謂大王惑之深也。得無夏殷之患乎？」吳王遂召越王，久之不見。范蠡、文種憂而占之曰：「吳王見擒也。」有頃，太宰嚭出，見大夫種、范蠡而言越王復拘於石室。伍子胥復諫吳王曰：「臣聞王者攻敵國，克之則加以誅，故後無報復之憂，遂免子孫之患。今越王已入石室，宜早圖之，後必爲吳之患。」太宰嚭曰：「昔者齊桓割燕所至之地以貺燕公，而齊君獲其美名。宋襄濟河而戰，春秋以多其義。功立而名稱，軍敗而德存。今大王誠赦越王，則功（寇）〔冠〕於五霸，名越於前古。」吳王曰：「待吾疾愈，方爲太宰赦之。」後一月，越王出石室，召范蠡曰：「吳王疾，三月不愈。吾聞人臣之道，主疾臣憂。且吳王遇孤，恩甚厚矣。疾之無瘳，惟公卜焉。」范蠡曰：「吳王不死，明矣。到己巳日，當瘳。惟大王留意。」越王曰：「孤所以窮而不死者，賴公之策耳。中復猶豫，豈孤之志哉！可與不可，惟公圖之。」范蠡曰：「臣竊見吳王眞非人也，數言成湯之義而不行之。願大王請求問疾，得見，因求其糞而嘗之，觀其顏色，當拜賀焉。言其不死，以瘳起日期之。既言信後，則大王何憂。」越王明日謂太宰嚭曰：「囚臣欲一見問疾。」太宰嚭即入言於吳王，王召而見之。適遇吳王之便，太宰嚭奉溲惡以出，逢戶中，越王因拜，請嘗大王之溲，以決吉凶。即以手取其便與惡而嘗之。因入曰：「下囚臣勾踐賀於大王，王之疾至己巳日有瘳，至三月壬申病愈。」吳王曰：「何以知之？」越王曰：「下臣嘗事師聞糞者，順穀味、逆時氣者死，順時氣者生。今者，臣竊嘗大王之糞，其惡味苦且楚酸。是味也，應春夏之氣，臣以是知之。」吳王大悅，曰：「仁人也。」乃赦越王得離其石室，去就其宮室，執牧養之事如故。越王從嘗糞惡之後，遂病口臭，范蠡乃令左右皆食岑草，以亂其氣。其後，吳王如越王期日疾愈，心念其忠，臨政之後，大縱酒於文臺。吳王出令曰：「今日爲越王陳北面之坐，群臣以客禮事之。」伍子胥趨

---

1. 黠

出，到舍上，不御坐。酒酣。太宰嚭曰：「異乎！今日坐者，各有其詞。不仁者逃，其
仁者留。臣聞：同聲相和，同心相求。今國相剛勇之人，意者內慚至仁之存也，而不御
坐，其亦是乎？」吳王曰：「然。」於是范蠡與越王俱起，爲吳王壽，其辭曰：「下臣
勾踐從小臣范蠡，奉觴上千歲之壽。辭曰：皇在上，令昭下四時，并心察慈仁者。大王
躬親鴻恩，立義行仁，九德四塞，威服群臣。於乎休哉！傳德無極，上感太陽，降瑞翼
翼，大王延壽萬歲，長保吳國。四海咸承，諸侯賓服。觴酒既升，永受萬福。」於是吳
王大悅。明日，伍子胥入諫曰：「昨日大王何見乎？臣聞內懷虎狼之心，外執美詞之
說，但爲外情以存其身。豺不可謂廉，狼不可親。今大王好聽須臾之說，不慮萬歲之
患。放棄忠直之言，聽用讒夫之語。不滅瀝血之仇，不絕懷毒之怨。猶縱毛爐炭之上幸
其[1]焦，投卵千鈞之下望必全，豈不殆哉？臣聞桀登高自知危，然不知所以自安也；前
據白刃自知死，而不知所以自存也。惑者知返，迷道不遠。願大王察之。」吳王曰：
「寡人有疾三月，曾不聞相國一言，是相國之不慈也。又不進口之所嗜，心不相思，是
相國之不仁也。夫爲人臣不仁不慈，焉能知其忠信者乎？越王迷惑，棄守邊之事，親將
其臣民，來歸寡人，是其義也。躬親爲虜，妻親爲妾，不慍寡人；寡人有疾，親嘗寡人
之溲，是其慈也。虛其府庫，盡其寶幣，不念舊故，是其忠信。三者既立，以養寡
人。寡人曾聽相國而誅之，是寡人之不智也，而爲相國快私意耶！豈不負皇天乎？」子
胥曰：「何大王之言反也？夫虎之卑勢，將以有擊也。狸之卑身，將求所取也。雉以眩
移拘於網，魚以有悅死於餌。且大王初臨政，負玉門之第九，誠事之敗，無咎矣。今年
三月甲（戌）〔戍〕，時加雞鳴。甲（戌）〔戍〕，歲位之會將也。青龍在酉，德在
土，刑在金，是日賊其德也。知父將有不順之子，君有逆節之臣。大王以越王歸吳爲
義，以飲溲食惡爲慈，以虛府庫爲仁。是故爲無愛於人，其不可親。面聽貌觀，以存其
身。今越王入臣於吳，是其謀深也。虛其府庫，不見恨色，是欺我王也。下飲王之溲
者，是上食王之心也。下嘗王之惡者，是上食王之肝也。大哉！越王之崇吳，吳將爲所
擒也。惟大王留意察之，臣不敢逃死以負前王。一旦社稷坵墟，宗廟荊棘，其悔可追
乎！」吳王曰：「相國置之，勿復言矣，寡人不忍復聞。」於是，遂赦越王歸國，送於
蛇門之外，群臣祖道。吳王曰：「寡人赦君，使其返國，必念終始，王其勉之。」越王
稽首曰：「今大王哀臣孤窮，使得生全還國，與種蠡之徒，願死於轂下。上天蒼蒼，臣
不敢負。」吳王曰：「於乎！吾聞君子一言不再，今已行矣，王勉之。」越王再拜跪
伏，吳王乃（隱）〔引〕越王登車，范蠡執御，遂去。至三津之上，仰天歎曰：「嗟
乎！孤之屯厄，誰念復生渡此津也？」謂范蠡曰：「今三月甲辰，時加日昳，孤蒙上天
之命，還歸故鄉，得無後患乎？」范蠡曰：「大王勿疑，直眡道行。越將有福，吳當有

---

1. 元徐天祜注云：「其」當作「不」。

憂。」至浙江之上，望見大越山川重秀，天地再清。王與夫人歎曰：「吾已絕望，永辭萬民。豈料再還，重復鄉國。」言竟掩面，涕泣闌干。此時萬姓咸歡，群臣畢賀。

## 8 勾踐歸國外傳第八

越王勾踐臣吳，至歸越，勾踐七年也。百姓拜之於道，曰：「君王獨無苦矣。今王受天之福，復於越國，霸王之迹自（期）〔斯〕而起。」王曰：「寡人不愼天教，無德於民。今勞萬姓擁於岐路，將何德化以報國人？」顧謂范蠡曰：「今十有二月己巳之日，時加禺中，孤欲以此到國，何如？」蠡曰：「大王且留，以臣卜日。」於是范蠡進曰：「異哉！大王之擇日也。王當疾趨，車馳人走。」越王策馬飛輿，遂復宮闕。吳封地百里於越，東至炭瀆，西止周宗，南造於山，北薄於海。越王謂范蠡曰：「孤獲辱連年，勢足以死，得相國之策，再返南鄉。今欲定國立城，人民不足，其功不可以興，爲之奈何？」范蠡對曰：「唐虞卜地，夏殷封國，古公營城，周雒威折萬里，德致八極，豈直欲破彊敵收鄰國乎？」越王曰：「孤不能承前君之制，修德自守，亡衆棲於會稽之山，請命乞恩，受辱被恥，囚結吳宮，幸來歸國，追以百里之封。將尊[1]前君之意，復以[2]會稽之上，而宜釋吳之地。」范蠡曰：「昔公劉去邰而德彰於夏，亶父讓地而名發於岐。今大王欲[3]國樹都，并敵國之境，不處平易之都，據四達之地，將焉立霸王之業？」越王曰：「寡人之計未有決定，欲築城立郭，分設里閭，欲委屬於相國。」於是范蠡乃觀天文，擬法於紫宮，築作小城。周千一百二十一[4]步，一圓三方。西北立龍飛翼之樓，以象天門。東南伏漏石竇，以象地戶。陵門四達，以象八風。外郭築城而缺西北，示服事吳也，不敢壅塞。內以取吳，故缺西北，而吳不知也。北向稱臣，委命吳國。左右易處，不得其位，明臣屬也。城既成，而怪山自生者，琅琊東武海中山也。一夕自來，故名怪山。范蠡曰：「臣之築城也，其應天矣。崑崙之象存焉。」越王曰：「寡人聞崑崙之山乃地之柱，上承皇天，氣吐宇內，下處后土，稟受無外，滋聖生神，嘔養帝會，故帝[5]處其陽陸，三王居其正地。吾之國也，扁天地之壤，乘東南之維，斗去極北，非糞土之城，何能與王者比隆盛哉？」范蠡曰：「君徒見外，未見於內。臣乃承天門制城，合氣於后土，嶽象已設，崑崙故出，越之霸也。」越王曰：「苟如相國之言，孤之命也。」范蠡曰：「天地卒號，以著其實，名東武。起游臺其上，東南爲司馬門，立增樓冠其山巔，以爲靈臺。」起離宮於淮陽，中宿臺在於高平，駕臺在於成丘，立苑於樂野，燕臺在於石室，齋臺在於（襟）〔稷〕[6]山。勾踐之出游也，休息食室於

---

1. 遵　　　2. 於　　　3. 元徐天祜注云：「欲」字下當有「立」字。
4. 二　　　5. 元徐天祜注云：「帝」字上當有「五」字。
6. 《越絕書‧越絕外傳記越地傳》頁8/4a云：「稷山者，句踐齋戒臺也。」今據改。

冰廚。越王乃召相國范蠡、大夫種、大夫郢，問曰：「孤欲以今日上明堂、臨國政，專
恩致令，以撫百姓，何日可矣？惟三聖紀綱維持。」范蠡曰：「今日，丙午日也。丙，
陽將也，是日吉矣。又因良時，臣愚以爲可無始有終，得天下之中。」大夫種曰：「前
車已覆，後車必戒，願王深察。」范蠡曰：「夫子故不一二見也。吾王今以丙午復初臨
政，解救其本，是一宜。夫金制始，而火救其終，是二宜。蓄金之憂，轉而及水，是三
宜。君臣有差，不失其理，是四宜。王相俱起，天下立矣，是五宜。臣願急升明堂臨
政。」越王是日立政，翼翼小心，出不敢奢，入不敢侈。越王念復吳讎，非一旦也。苦
身勞心，夜以接日。目臥則攻之以蓼，足寒則漬之以水。冬常抱（兵）〔冰〕，夏還握
火。愁心苦志，懸膽於戶，出入嘗之，不絕於口。中夜潛泣，泣而復嘯。越王曰：「吳
王好服之離體，吾欲采葛，使女工織細布獻之，以求吳王之心，於子何如？」群臣曰：
「善。」乃使國中男女入山采葛，以作黃絲之布，欲獻之。未及遣使，吳王聞越王盡心
自守，食不重味，衣不重綵，雖有五臺之游，未嘗一日登翫。「吾欲因而賜之以書，增
之以封。」東至於勾甬，西至於橋李，南至於姑末，北至於平[1]原，縱橫八百餘里。越
王乃使大夫種索葛布十萬、甘蜜九党、文笥七枚、狐皮五雙、晉竹十廋[2]，以復封禮。
吳王得之，曰：「以越僻狄[3]之國無珍，今舉其貢貨而以復禮，此越小心念功，不忘吳
之效也。夫越本興國千里，吾雖封之，未盡其國。」子胥聞之，退臥於舍，謂侍者曰：
「吾君失其石室之囚，縱於南林之中，今但因虎豹之野而與荒外之草。於吾之心，其無
損也？」吳王得葛布之獻，乃復增越之封，賜羽毛之飾、机杖、諸侯之服。越國大悅，
采葛之婦傷越王用心之苦，乃作苦之詩，曰：「葛不連蔓棻台台，我君心苦命更之。嘗
膽不苦甘如飴，令我采葛以作絲。女工織兮不敢遲。弱於羅兮輕霏霏，號絺素兮將獻
之。越王悅兮忘罪除，吳王歡兮飛尺書。增封益地賜羽奇，機杖茵褥諸侯儀。群臣拜舞
天顏舒，我王何憂能不移！」於是，越王內修其德，外布其道，君不名教，臣不名謀，
民不名使，官不名事。國中蕩蕩，無有政令。越王內實府庫，墾其田疇，民富國彊，眾
安道泰。越王遂師（入）〔八〕臣與其四友，時問政焉。大夫種曰：「愛民而已。」越
王曰：「奈何？」種曰：「利之無害，成之無敗，生之無殺，與之無奪。」越王曰：
「願聞。」種曰：「無奪民所好，則利也。民不失其時，則成之。省刑去罰，則生之。
薄其賦歛，則與之。無多臺游，則樂之。靜而無苛，則喜之。民失所好，則害之。農失
其時，則敗之。有罪不赦，則殺之。重賦厚歛，則奪之。多作臺游以罷民，則苦之。勞
擾民力，則怒之。臣聞善爲國者，遇民如父母之愛其子，如兄之愛其弟，聞有饑寒爲之
哀，見其勞苦爲之悲。」越王乃緩刑薄罰，省其賦歛。於是，人民殷富，皆有帶甲之

---

1. 武                    2. 元徐天祐注云：「庾」當作「搜」。
3. 元徐天祐注云：「狄」當作「狹」。

勇。九年，正月，越王召五大夫而告之曰：「昔者，越國遁棄宗廟，身爲窮虜，恥聞天下，辱流諸侯。今寡人念吳，猶躄者不忘走，盲者不忘視。孤未知策謀，惟大夫誨之。」扶同曰：「昔（之）〔者〕亡國流民，天下莫不聞知。今欲有計，不宜前露其辭。臣聞擊鳥之動，故前俯伏。猛獸將擊，必（餌）〔弭〕毛帖伏。鷙鳥將（搏）〔搏〕，必卑飛戢翼。聖人將動，必順辭和衆。聖人之謀，不可見其象，不可知其情。臨事而伐，故前無剽過之兵，後無伏襲之患。今大王臨敵破吳，宜損之[1]辭，無令泄也。臣聞吳王兵彊於齊、晉，而怨結於楚。大王宜親於齊，深結於晉，陰固於楚，而厚事於吳。夫吳之志猛驕而自矜，必輕諸侯而凌鄰國。三國決權，還爲敵國，必角勢交爭。越承其弊，因而伐之，可克也。雖五帝之兵，無以過此。」范蠡曰：「臣聞謀國破敵，動觀其符。孟津之會，諸侯曰可，武王辭之。方今吳、楚結讎，構怨不解。齊雖不親，外爲其救。晉雖不附，猶效其義。夫內臣謀而決讎其策，鄰國通而不絕其援，斯正吳之興霸，諸侯之上尊。臣聞峻高者隤，（茂葉）〔葉茂〕者摧。日中則移，月滿則虧。四時不並盛，五行不俱馳。陰陽更唱，氣有盛衰。故溢堤之水，不淹其量，燋乾之火，不復其熾。水靜則無漚瀯之怒，火消則無熹毛之熱。今吳乘諸侯之威，以號令於天下，不知德薄而恩淺，道狹而怨廣，權懸而智衰，力竭而威折，兵剉[2]而軍退，士散而衆解。臣請按師整兵，待其壞敗，隨而襲之。兵不血刃，士不旋踵，吳之君臣爲虜矣。臣願大王匿聲，無見其動，以觀其靜。」大夫苦成曰：「夫水能浮草木，亦能沉之。地能生萬物，亦能殺之。江海能下谿谷，亦能朝之。聖人能從衆，亦能使之。今吳承闔閭之軍制、子胥之典教，政平未虧，戰勝未敗。大夫嚭者，狂佞之人，達於策慮，輕於朝事。子胥力於戰伐，死於諫議。二人權，必有壞敗。願王虛心自匿，無示謀計，則吳可滅矣。」大夫浩曰：「今吳君驕臣奢，民飽軍勇，外有侵境之敵，內有爭臣之震，其可攻也。」大夫皋如[3]曰：「天有四時，人有五勝。昔湯武乘四時之利而制夏殷，桓繆據五勝之便而列六國。此乘其時而勝者也。」王曰：「未有四時之利、五勝之便，願各就職也。」

# 9 勾踐陰謀外傳第九

　　越王勾踐十年二月，越王深念遠思，侵辱於吳，蒙天祉福，得[4]越國。群臣教誨，各畫一策，辭合意同，勾踐敬從，其國已富。反越五年，未聞敢死之友。或謂諸大夫愛其身，惜其軀者。乃登漸臺，望觀其群臣有憂與否。相國范蠡、大夫種、句如之屬儼然

---

1. 少　　　　2. 挫　　　　3. 皋如
4. 元徐天祜注云：「得」下當有「返」字。

列坐，雖懷憂患，不形顏色。越王即鳴鐘驚檄而召群臣，與之盟曰：「寡人獲辱受恥，上愧周王，下慚晉、楚。幸蒙諸大夫之策，得返國修政，富民養士。而五年未聞敢死之士、雪仇之臣，奈何而有功乎？」群臣默然莫對者。越王仰天歎曰：「孤聞主憂臣辱，主辱臣死。今孤親被奴虜之厄，受囚破之恥，不能自輔，須賢任仁，然後討吳，重負諸

5　臣大夫，何易見而難使也？」於是，計硯年少官卑，列坐於後，乃舉手而趨[1]，蹈席而前進曰：「謬哉君王之言也。非大夫易見而難使，君王[2]之不能使也。」越王曰：「何謂〔也〕？」計硯曰：「夫官位、財幣、金賞者，君之所輕也；操鋒履刃、艾命投死者，士之所重也。今王易財之所輕[3]，而責士之所重，何其殆哉！」於是越王默然不悅，面有愧色，即辭群臣，進計硯而問曰：「孤之所得士心者何等？」計硯對曰：

10　「夫君人尊其仁義者，治之門也。士民者，君之根[4]也。開門固根，莫如正身。正身之道，謹左右[5]。左右者，君之所以盛衰者也。願王明選左右，得賢而已。昔太公九聲而足，磻溪之餓人也，西伯任之而王。管仲，魯之亡囚，有貪分之毀，齊桓得之而霸。故傳曰：失士者亡。得士者昌。願王審於左右，何患群臣之不使也？」越王曰：「吾使賢任能，各殊其事。孤虛心高望，冀聞報復之謀。今咸匿聲隱形，不聞其語，厥

15　咎安在？」計硯曰：「選賢實事[6]，各有一等。遠使以難，以效其誠。內告以匿，以知其信。與之論事，以觀其智。飲之以酒，以視其亂。指之以使，以察其能。示之以色，以別其（熊）〔態〕。五色以設，士盡其實，人竭其智。知其智盡實，則君臣何憂？」越王曰：「吾以謀士效實，人盡其智，而士有未盡進辭有益寡人也。」計硯曰：「范蠡明而知內，文種遠以見外。願王請大夫種與深議，則霸王之術在矣。」越王乃請大夫種

20　而問曰：「吾昔日受夫子之言，自免於窮厄之地。今欲奉不羈之計，以雪吾之宿讎，何行而功[7]乎？」大夫種曰：「臣聞高飛之鳥死於美食，深泉之魚死於芳餌。今欲伐吳，必前求其所好，參其所願，然後能得其實。」越王曰：「人之所好，雖其願，何以定而制之死乎？」大夫種曰：「夫欲報怨復讎、破吳滅敵者，有九術，君王察焉。」越王曰：「寡人被辱懷憂，內慚朝臣，外愧諸侯，中心迷惑，精神空虛，雖有九術，安能知

25　之？」大夫種曰：「夫九術者，湯、文得之以王，桓、穆得之以霸，其攻城取邑，易於脫屣，願大夫覽之。」種曰：「一曰尊天事鬼[8]，以求其福。二曰重財幣以遺其君，

---

1. 舉首而起《越絕書·越絕外傳計倪》頁9/1a
2. 是大王《越絕書·越絕外傳計倪》頁9/1a
3. 王愛所輕《越絕書·越絕外傳計倪》頁9/1b
4. 根本《越絕書·越絕外傳計倪》頁9/1b
5. 謹選左右《越絕書·越絕外傳計倪》頁9/1b　　　6. 士
7. 編者按：「功」上疑脫「有」字，《越絕書·越絕內經九術》頁12/1a作「奈何能有功乎」，亦有「有」字。
8. 尊天地，事鬼神《越絕書·越絕內經九術》頁12/1a

多貨賄以喜其臣。三曰貴糴粟槁以虛[1]其國[2]，利所欲以疲其民。四曰遺美女以惑其心，而亂其謀。五曰遺之巧工良材，使之起宮室，以盡其財。六曰遺之諛臣，使之易伐。七曰彊其諫臣，使之自殺。八曰君王國[3]富，而備利器。九曰利甲兵以承其弊。凡此九術，君王閉[4]口無傳，守之以神，〔以〕取天下不難，而況於吳乎？」越王曰：「善！」乃行第一術，立東郊以祭陽，名曰東皇公。立西郊以祭陰，名曰西王母。祭陵山於會稽，祀水澤於江州。事鬼神一[5]年，國不被災。越王曰：「善哉！大夫之術。願論其餘。」種曰：「吳王好起宮室，用工不輟。王選名山神材，奉而獻之。」越王乃使木工三千餘人，入山伐木。一年，師無所幸。作士思歸，皆有怨望之心，而歌木客之吟。一夜，天生神木一雙，大二十圍，長五十尋，陽爲文梓，陰爲楩柟。巧工施校，制以規繩，雕治圓轉，刻削磨礱，分以丹青，錯畫文章，嬰以白璧，鏤以黃金，狀類龍蛇，文彩生光。乃使大夫種獻之於吳王。曰：「東海役臣臣孤勾踐使臣種，敢因[6]下吏，聞於左右：賴大王[7]之力，竊爲小殿，有餘材，謹再拜獻之〔大王〕。」吳王大悅。子胥諫曰：「王勿受也，昔者桀起靈臺[8]，紂起鹿臺，陰陽不和，寒暑不時，五穀不熟，天與其[9]災，民虛國變，遂取滅亡。大王受之，必爲越王所戮。」吳王不聽，遂受〔之〕而起姑蘇之臺。三年聚材，五年乃成，高見二百里。行路之人，道死巷哭，不絕嗟嘻之聲，民疲士苦，人不聊生。越王曰：「善哉！第二術也。」

十一年，越王深念永思，惟欲伐吳，乃請計硯問曰：「吾欲伐吳，恐不能破，早欲興師，惟問於子。」計硯對曰：「夫興師舉兵，必且內蓄五穀，實其金銀，滿其府庫，勵其甲兵。凡此四者，必察天地之氣，原於陰陽，明於孤虛，審於存亡，乃可量敵。」越王曰：「天地存亡，其要奈何？」計硯曰：「天地之氣，物有死生。原陰陽者，物貴賤也；明孤虛者，知會際也；審存亡者，別真僞也。」越王曰：「何謂死生、真僞乎？」計硯曰：「春種八穀，夏長而養，秋成而聚，冬畜而藏。夫天時有生而不救種，是一死也。夏長無苗，二死也。秋成無聚，三死也。冬藏無畜，四死也。雖有堯舜之德，無如之何。夫天時有生，勸者老，作者少，反氣應數，不失厥理，一生也。留意省察，謹除苗穢，穢除苗盛，二生也。前時設備，物至則收，國無逋稅，民無失穗，三生

---

1. 空《越絕書・越絕內經九術》頁12/1a
2. 編者按：《越絕書・越絕內經九術》頁12/1a作「邦」，此文作「國」者蓋避漢諱改。
3. 編者按：《越絕書・越絕內經九術》頁12/1b作「邦」，此文作「國」者蓋避漢諱改。
4. 戒《越絕書・越絕內經九術》頁12/1b　　　　5. 二
6. 修《越絕書・越絕內經九術》頁12/1b
7. 有天下《越絕書・越絕內經九術》頁12/1b
8. 門《越絕書・越絕內經九術》頁12/2a
9. 之《越絕書・越絕內經九術》頁12/2a

也。倉已封塗，除陳入新，君樂臣歡，男女及信，四生也。夫陰陽者，太陰所居之歲，留息三年，貴賤見矣。夫孤虛者，謂天門地戶也。存亡者，君之道德也。」越王曰：「何子之年少於物之長也？」計硯曰：「有美之士，不拘長少。」越王曰：「善哉！子之道也。」乃仰觀天文，集察緯宿，曆象四時，以下者上，虛設八倉，從陰收著，望陽出糶，筴其極計，三年五倍，越國熾富。勾踐歎曰：「吾之霸矣。善！計硯之謀也。」

十二年，越王謂大夫種曰：「孤聞吳王淫而好色，惑亂沉湎，不領政事。因此而謀，可乎？」種曰：「可破。夫吳王淫而好色，宰嚭佞以曳心，往獻美女，其必受之。惟王選擇美女二人而進之。」越王曰：「善。」乃使相者國中，得苧蘿山鬻薪之女曰西施、鄭旦。飾以羅穀，教以容步，習於土城，臨於都巷，三年學服而獻於吳。乃使相國范蠡進曰：「越王勾踐竊有二遺女，越國洿下困迫，不敢稽留，謹使臣蠡獻之大王，不以鄙陋寢容，願納以供箕帚之用。」吳王大悅，曰：「越貢二女，乃勾踐之盡忠於吳之證也。」子胥諫曰：「不可，王勿受也。臣聞五色令人目盲，五音令人耳聾。昔桀易湯而滅，紂易文王而亡。大王受之，後必有殃。臣聞越王朝[1]書不倦，晦誦竟夜，且聚敢死之士[2]數萬，是人不死，必得其願。越王服誠行仁，聽諫進賢[3]，是人不死，必成[4]其名。越王夏[5]被毛裘，冬[6]御絺綌，是人不死，必爲對隙[7]。臣聞：賢士，國[8]之寶；美女，國[9]之咎。夏亡以妹喜，殷亡以妲己，周亡以褒姒。」吳王不聽，遂受其女。越王曰：「善哉！第三術也。」

十三年，越王謂大夫種曰：「孤蒙子之術，所圖者吉，未嘗有不合也。今欲復謀吳，奈何？」種曰：「君王自陳越國微鄙，年穀不登，願王請糴以入其意，天若棄吳，必許王矣。」越乃使大夫種使吳，因宰嚭求見吳王，辭曰：「越國洿下，水旱不調，年穀不登，人民饑乏，道荐饑餒。願從大王請糴，來歲即復太倉。惟大王救其窮窘。」吳王曰：「越王信誠守道，不懷二心，今窮歸愬，吾豈愛惜財寶，奪其所願？」子胥諫曰：「不可！非吳有越，越必有吳。吉往則凶來，是養生寇而破國家[10]者也。與之不

---

1. 晝《越絕書‧越絕內經九術》頁12/2b
2. 死臣《越絕書‧越絕內經九術》頁12/2b
3. 進賢士《越絕書‧越絕內經九術》頁12/2b
4. 得《越絕書‧越絕內經九術》頁12/2b
5. 冬《越絕書‧越絕內經九術》頁12/2b
6. 夏《越絕書‧越絕內經九術》頁12/2b
7. 利害《越絕書‧越絕內經九術》頁12/2b
8. 編者按：《越絕書‧越絕內經九術》頁12/2b作「邦」，此文作「國」者蓋避漢諱改。
9. 編者按：《越絕書‧越絕內經九術》頁12/2b作「邦」，此文作「國」者蓋避漢諱改。
10. 編者按：《越絕書‧越絕請糴內傳》頁5/2a作「貧邦家」，此文作「破國家」者蓋避漢諱改。

爲親，不與未成冤。且越有聖臣范蠡，勇以善謀，‧將有修飾攻戰‧[1]，以伺吾間。觀越
王之使使來請糴者，非國貧民困而請糴也。以入吾國，伺吾王間也。」吳王曰：「寡人
卑服越王，而有其衆，懷其社稷，以愧勾踐。勾踐氣服，爲〔我〕駕車，卻行馬前，諸
侯莫不聞知。今吾使之歸國，奉其宗廟，復其社稷，豈敢有反吾之心乎？」子胥曰：
「臣聞士窮非難抑心下人，其後有激人之色。臣聞越王饑餓，民之困窮，可因而破也。　　5
今不用天之道，順地之理，而反輸之食，因[2]君之命[3]。〔今〕狐雉之相戲也。夫狐卑
體，而雉信之。故狐得其志，而雉必死。可不愼哉？」吳王曰：「勾踐國憂，而寡人給
之以粟。恩往義來，其德昭昭，亦何憂乎？」子胥曰：「臣聞狼子有野心，仇讎之人不
可親。夫虎不可餧以食，蝮蛇不恣其意。今大王捐國家之福，以饒無益之讎，棄忠臣之
言，以[4]順敵人之欲。臣必見越之破吳，豺鹿游於姑胥之臺，荊榛蔓於宮闕，願王覽武　　10
王伐紂之事也。」太宰嚭從旁對曰：「武王非紂王臣也，率諸侯以伐其君，雖勝殷[5]謂
義乎？」子胥曰：「武王即成其名矣。」太宰嚭曰：「親戮主以爲名，吾不[6]忍也。」
子胥曰：「盜國者封侯，盜金者誅。令使武王失其理，則周何爲三家之表？」太宰嚭
曰：「子胥爲人臣，徒欲干君之好，咈君之心，以自稱滿，君何不知過乎？」子胥曰：
「太宰嚭固欲以求其親，前縱石室之囚，受其寶女之遺，外交敵國，內惑於君，大王察　　15
之，無爲群小所侮。今大王譬若浴嬰兒，雖啼無聽宰嚭之言。」吳王曰：「宰嚭是。子
無乃聞寡人言，非忠臣之道，類於佞諛之人。」太宰嚭曰：「臣聞鄰國有急，千里馳
救，是乃王者。封亡國之後，五霸輔絕滅之末者也。」吳王乃與越粟萬石，而令之曰：
「寡人逆群臣之議而輸於越，年豐而歸寡人。」大夫種曰：「臣奉使返越，歲登誠還吳
貸。」大夫種歸越，越國群臣皆稱萬歲，即以粟賞賜群臣，及於萬民。二年，越王粟　　20
稔，揀擇精粟而蒸，還於吳，復還斗斛之數，亦使大夫種歸之吳王。王得越粟，長太
息，謂太宰嚭曰：「越地肥沃，其種甚嘉，可留使吾民植之。」於是吳種越粟，粟種殺
而無生者，吳民大饑。越王曰：「彼以窮居，其可攻也。」大夫種曰：「未可。國始貧
耳，忠臣尚在，天氣未見，須俟其時。」越王又問相國范蠡曰：「孤有報復之謀，水戰
則乘舟，陸行則乘輿，輿舟之利，頓於兵弩。今子爲寡人謀事，莫不謬者乎？」范蠡對　　25
曰：「臣聞古之聖君莫不習戰用兵，然行陣隊伍軍鼓之事，吉凶決在其工。今聞越有處
女，出於南林，國人稱善，願王請之，立可見。」越王乃使使聘之，問以劍戟之術。處
女將北見於王，道逢一翁，自稱曰袁公。問於處女：「吾聞子善劍，願一見之。」女
曰：「妾不敢有所隱，惟公試之。」於是，袁公‧即杖箖箊竹‧[7]，竹枝上頡橋‧（未）

---

1. 將修士卒，飾戰具《古今逸史》影明本《越絕書‧越絕請糴內傳》頁5/1b

2. 固　　　　3. 編者按：此句有誤。　　　　4. 而

5. 可《越絕書‧越絕請糴內傳》頁5/3b

6. 編者按：《越絕書‧越絕請糴內傳》頁5/3b作「弗」，此文作「不」者蓋避漢諱改。

7. 跪拔林於竹《藝文類聚》卷89頁1551。

〔末〕墮地•¹，女即捷〔其〕末，袁公則飛上樹，變為白猿。遂別去，見越王。越王問
曰：「夫劍之道則如之何？」女曰：「妾生深林之中，長於無人之野，無道不習。不達
諸侯，竊好擊之道，誦之不休。妾非受於人也，而忽自有之。」越王曰：「其道如
何？」女曰：「其道甚微而易，其意（其）〔甚〕幽而深。道有門戶，亦有陰陽，開門
閉戶，陰衰陽興。凡手戰之道，內實精神，外示安儀，見之似好婦，奪之似懼虎。布形
候氣，與神俱往。杳之若日，偏如滕²兔。追形逐影，光若彿彷。呼吸往來，不及法
禁。縱橫逆順，直復不聞。斯道者，一人當百，百人當萬。王欲試之，其驗即見。」越
王即加女號，號曰：「越女」。乃命五板之墮長高習之教軍士。當世勝越女之劍。於是
范蠡復進善射者陳音。音，楚人也。越王請音而問曰：「孤聞子善射，道何所生？」音
曰：「臣，楚之鄙人，嘗步於射術，未能悉知其道。」越王曰：「然，願子一二其
辭。」音曰：「臣聞弩生於弓，弓生於彈，彈起古之孝子。」越王曰：「孝子彈者奈
何？」音曰：「古者，人民朴質，饑食鳥獸，渴飲霧露，死則（裹）〔裹〕以白茅，投
於中野。孝子不忍見父母為禽獸所食，故作彈以守之，絕鳥獸之害。故歌曰：『斷竹續
竹，飛土逐害』之謂也。於是神農皇³帝弦木為弧，剡木為矢，弧矢之利，以威四方。
黃帝之後，楚有弧父。弧父者，生於楚之荊山，生不見父母。為兒之時，習用弓矢，所
射無脫。以其道傳於羿，羿傳逢蒙，逢蒙傳於楚琴氏。琴氏以為弓矢不足以威天下。當
是之時，諸侯相伐，兵刃交錯，弓矢之威不能制服。琴氏乃橫弓著臂，施機設樞，加之
以力，然後諸侯可服。琴氏傳之楚三侯，所謂句亶、鄂、章，人號麋侯、翼侯、魏侯
也。自楚之三侯傳至靈王，自稱之楚累世，蓋以桃弓棘矢而備鄰國也。自靈王之後，射
道分流，百家能人用，莫得其正。臣前人受之於楚，五世於臣矣。臣雖不明其道，惟王
試之。」越王曰：「弩之狀何法焉？」陳音曰：「郭為方城，守臣子也。教為人君，命
所起也。牙為執法，守吏卒也。牛為中將，主內裏⁴也。關為守禦，檢去止也。錡為侍
從，聽人主也。臂為道路，通所使也。弓為將軍，主重負也。弦為軍師，禦戰士也。矢
為飛客，主教使也。金為實敵，往不止也。衛為副使，正道里也。又為受教，知可否
也。縹為都尉，執左右也。敵為百死，不得駭也。鳥不及飛，獸不暇走，弩之所向，無
不死也。臣之愚劣，道悉如此。」越王曰：「願聞正射之道。」音曰：「臣聞正射之
道，道眾而微。古之聖人，射弩未發而前名其所中。臣未能如古之聖人，請悉其要：夫
射之道，身若戴板，頭若激卵。左蹉右足橫，左手若附枝，右手若抱兒。舉弩望敵，翕
心咽煙。與氣俱發，得其和平。神定思去，去止分離。右手發機，左手不知。一身異
教，豈況雄雌。此正射持弩之道也。」「願聞望敵儀表、投分飛矢之道。」音曰：「夫

---

1. 末折墮地《藝文類聚》卷89頁1551。
2. 元徐天祜注云：「滕」當作「騰」。
3. 元徐天祜注云：「皇」當作「黃」。                          4. 裏

射之道，從分望敵，合以參連，弩有斗石，矢有輕重，石取一兩，其數乃平，遠近高下，求之銖分。道（女）〔要〕在斯，無有遺言。」越王曰：「善。盡子之道，願子悉以教吾國人。」音曰：「道出於天，事在於人。人之所習，無有不神。」於是，乃使陳音教士習射於北郊之外。三月，軍士皆能用弓弩之巧。陳音死，越王傷之，葬於國西，號其葬所曰「陳音山」。

## 10 勾踐伐吳外傳第十

勾踐十五年，謀伐吳，謂大夫種曰：「孤用夫子之策，免於天虐之誅，還歸於國，吾誠已說於國人，國人喜悅。而子昔日云：有天氣即來陳之。今豈有應乎？」種曰：「吳之所以彊者，爲有子胥。今伍子胥忠諫而死，是天氣前見亡國之證也。願君悉心盡意以說國人。」越王曰：「聽孤說國人之辭：『寡人不知其力之不足〔也〕，‧以大國報讎‧[1]，以暴露百姓之骨於中原，此則寡人之罪也。寡人誠[2]更其術。』於是，‧乃葬死問傷‧[3]，弔有憂，賀有喜，‧送往迎來‧[4]，除民所害。然後卑事夫差，往宦士三百人於吳。吳封孤數百里之地，因約吳國父兄昆弟而誓之曰：『寡人聞古之賢君，四方之民歸之‧若水‧[5]。〔今〕寡人不能爲政，將率二三子夫婦以爲藩輔。」令壯者無娶老妻，老者無娶壯婦。女子十七未[6]嫁，其父母有罪。丈夫二十不娶，其父母有罪。將免者以告於孤，‧令醫‧[7]守之。生男二，賑之以壺酒、一犬。生女二，賜以壺酒、一豚。生子三人，‧孤以乳母‧[8]。生子二人，‧弧與一養‧[9]。‧長子‧[10]死，三年釋吾政，季子死，三月釋吾政。必哭泣葬埋之如吾子也。令孤子、寡婦、疾疹、貧病者，納官其子。‧欲仕‧[11]，量其居，好其衣，飽其食，而簡銳之。凡四方之士來者，必朝[12]而禮之。載‧飯與羹‧[13]以游國中。國中僮子戲而遇孤，孤餔而啜之，施以愛，問其名。非孤飯不食，非夫人事不衣。七年不收〔於〕國，民家有三年之畜。男即歌樂，女即會笑。今國之父兄日請於孤曰：『昔夫差辱吾君王於‧諸侯‧[14]，長爲天下所恥，今越國富饒，君王

1. 而又與大國執讎《國語・越語上》頁20/2a-2b〈韋昭注：執猶結也。〉
2. 請《國語・越語上》頁20/2b
3. 葬死者，問傷者，養生者《國語・越語上》頁20/2b
4. 送往者，迎來者《國語・越語上》20/2b
5. 若水之歸下也《國語・越語上》頁20/2b
6. 不《國語・越語上》頁20/2b　　7. 公豎《國語・越語上》頁20/2b
8. 公與之母《國語・越語上》頁20/3a
9. 公與之餼《國語・越語上》頁20/3a
10. 當室者《國語・越語上》頁20/3a
11. 其達士《國語・越語上》頁20/3a
12. 廟《國語・越語上》頁20/3a　　13. 稻與脂《國語・越語上》頁20/3a
14. 諸侯之國《國語・越語上》頁20/2b

節儉，請可報恥。」孤辭之曰：『昔者我辱[1]也，非二三子之罪也，〔寡人之罪
也〕。如寡人者，何敢勞吾國之人，以塞吾之宿讎。』父兄又復請曰：『（誠）〔越〕
四封之內，盡吾君子[2]。子報父仇，臣復君隙，豈敢有不盡力者乎？臣請復戰，以除
君王之宿讎。』孤悅而許之。」大夫種曰：「臣觀吳王得志於齊、晉，謂當遂涉吾地，
以兵臨境。今疲師休卒，一年而不試，以忘於我。我不可以怠，臣當卜之於天。吳民既
疲於軍，困於戰鬥，市無赤米之積，國廩空虛，其民必有移徙之心，寒就蒲（贏）
〔羸〕於東海之濱。夫占兆人事，又見於卜筮。王若起（斯）〔師〕，以可會之利，犯
吳之邊鄙，未可往也。吳王雖無伐我之心，亦雖[3]動之以怒，不如詮其間，以知其
意。」越王曰：「孤不欲有征伐之心，國人請戰者三年矣，吾不得不從民人之欲。今聞
大夫種諫難。」越父兄又諫曰：「吳可伐，勝則滅其國，不勝則困其兵。吳國有成，王
與之盟，功名聞於諸侯。」王曰：「善。」於是，乃大會群臣而令之曰：「有敢諫伐吳
者，罪不赦。」蠡、種相謂曰：「吾諫已不合矣，然猶聽君王之令。」越王會軍列士而
大誡眾，而誓之曰：「寡人聞古之賢君，不患其眾〔之〕不足〔也〕，而患其志行之少
恥也。今夫差衣水犀〔之〕甲者十有三萬人[4]，不患其志行之少恥也，而患其眾之不
足〔也〕。今寡人將助天威[5]。吾不欲匹夫之小勇也，吾欲士卒進則思賞，退則避
刑。」於是越民父勉其子，兄勸其弟，曰：「吳可伐也。」越王復召范蠡謂曰：「吳已
殺子胥，道諛者眾。吾國之民又勸孤伐吳，其可伐乎？」范蠡曰：「未可，須明年之春
然後可耳。」王曰：「何也？」范蠡曰：「臣觀吳王北會諸侯於黃池，精兵從王，國中
空虛，老弱在後，太子留守。兵始出境未遠，聞越掩其空虛，兵還不難也。不如來
春。」其夏六月丙子，勾踐復問，范蠡曰：「可伐矣。」乃發習流二千人、俊士四萬、
君子六千、諸御千人，以乙酉與吳戰。丙（成）〔戌〕遂虜殺太子。丁亥入吳，焚姑胥
臺。吳告急於夫差，夫差方會諸侯於黃池，恐天下聞之，即密不令洩，已盟黃池，乃使
人請成於越。勾踐自度未能滅，乃與吳平。

　　　　二十一年，七月，越王復悉國中兵[6]卒伐吳。會楚使申包胥聘於越，越王乃問包胥
曰：「吳可伐耶？」申包胥曰：「臣鄙於策謀，未足以卜。」越王曰：「吳為不道，殘
我社稷，夷吾宗廟，以為平原，使不[7]得血食。吾欲與之徼天之中，惟是輿馬、兵
革、卒伍既具，無以行之。誠聞於戰，何以為可？」申包胥曰：「臣愚不能知。」越王
固問〔焉〕，包胥乃曰：「夫吳，良國也，〔能〕（傳賢）〔博取〕[8]於諸侯。敢問君

---

1. 之戰《國語·越語上》20/3a　　2. 親吾君也，猶父母也《國語·越語上》頁20/3b
3. 難　　　　　　　4. 億有三千《國語·越語上》頁20/3b
5. 威之《國語·越語上》頁20/3b　6. 士
7. 編者按：《國語·吳語》頁19/10b作「弗使」，此文作「使不」者蓋避漢諱改。
8. 據《國語·吳語》頁19/10b改。韋昭注云：取貢賦也。

王之所〔以與之〕戰者何？」越王曰：「在孤之側者，飲酒食肉，未嘗不分。孤之飲食
不致其味，聽樂不盡其聲，求以報吳。願以此戰。」包胥曰：「善則善矣，未可以
戰。」越王曰：「越國之中，吾博愛以子之，忠惠以養之。吾（今修）〔修令〕寬刑，
欲民所欲，去民所惡，稱其善，掩其惡，求以報吳。願以此戰。」包胥曰：「善則善
矣，未可以戰。」王曰：「越國之中，富者吾安之，貧者吾予之，救其不足，損[1]其有                    5
餘，使貧富不失其利，求以報吳。願以此戰。」包胥曰：「善則善矣，未可以戰。」王
曰：「邦[2]國南則距楚，西則薄晉，北則望齊，春秋奉幣、玉帛、子女以貢獻[3]焉，未
嘗敢絕，求以報吳。願以此戰。」包胥曰：「善哉！無以加斯矣，猶未可戰。夫戰之
道，知爲之始，以仁次之，以勇斷之。君將不知，即無權變之謀，以別衆寡之數。不
仁，則不得與三軍同饑寒之節[4]，齊苦樂之喜。不勇，則不能斷去就之疑，（決）              10
〔決〕可否之議。」於是，越王曰：「敬從命矣。」冬十月，越王乃請八[5]大夫曰：
「昔吳爲不道，殘我宗廟，夷我社稷，以爲平原，使不[6]血食。吾欲〔與之〕徼天之
中，兵革既具，無所以行之。吾問於申包胥，即已命孤矣。敢告諸大夫，如何？」大夫
曳[7]庸曰：「審賞則可戰也。審其賞，明其信，無功不及，有功必加，則士卒不怠。」
王曰：「聖哉！」大夫苦成曰：「審（伐）〔罰〕則可戰。審罰則士卒望而畏之，不敢              15
違命。」王曰：「勇[8]哉！」大夫文種曰：「審物則可戰。審物則別是非，是非明察，
人莫能惑。」王曰：「辨哉！」大夫范蠡曰：「審備則可戰。審備不[9]守，以待不虞，
備設守固，必可應難。」王曰：「愼[10]哉！」大夫皋如曰：「審聲則可戰。審於聲音，
以別清濁。清濁者，謂吾國君名，聞於周室，令諸侯不怨於外。」王曰：「得哉！」大
夫扶同曰：「廣恩知分則可戰。廣恩以博施，知分而不外。」王曰：「神哉！」大夫計              20
硯曰：「候天察地，參應其變，則可戰。天變、地應、人道便利，三者前見，則可。」
王曰：「明哉！」於是，勾踐乃退齋而命國人曰：「吾將有不虞之議，自近及遠，無不
聞者。」乃復命有司與國人曰：「承命有賞，皆造國門之期，有不從命者，吾將有顯
戮。」勾踐恐民不信，使以征不義，聞於周室，令諸侯不怨於外，令國中曰：「五日之
內，則吾良人矣。過五日之外，則非吾之民也，又將加之以誅。」教令既行，乃入命於              25
夫人，王背屛，夫人向屛而立，王曰：「自今日之後，內政無出，外政無入。各守其
職，以盡其信。內中辱者，則是子〔也〕。境外千里辱者，則是（子）〔我〕也。吾見
子於是，以爲明誠矣。」王出宮，夫人送王不過[11]屛。王因反闔其門，塡之以土。夫人

---

1. 裁《國語・吳語》頁19/11a       2. 越《國語・吳語》頁19/11a
3. 賓服《國語・吳語》頁19/11a     4. 饑勞之殃《國語・吳語》頁19/11b
5. 五《國語・吳語》頁19/11b       6. 不使《國語・吳語》頁19/11b
7. 后《國語・吳語》頁19/11b       8. 猛《國語・吳語》頁19/11b       9. 愼
10. 巧《國語・吳語》頁19/12a      11. 出《國語・吳語》頁19/12a

去笄，側席而坐，安心無容，三月不掃。王出則復背垣[1]而立，大夫向垣[2]而敬，王乃令大夫曰：「食（士）〔土〕不均，地壞不修，使孤有辱於國，是子之罪。臨敵不戰，軍士不死，有辱於諸侯，功墮於天下，是孤之責。自今以往，內政無出，外政無入。吾固誠子。」大夫敬受命矣，王乃出，大夫送出垣[3]，反闔外宮之門，填之以土。大夫側席而坐，不御五味，不答所勸。勾踐有命於夫人、大夫曰：「國有守禦。」乃坐露壇之上，列鼓而鳴之，軍行成陣，即斬有罪者三人，以徇於軍，令曰：「不從吾令者如斯矣。」明日，徙軍於郊，斬有罪者三人，徇之於軍，令曰：「不從吾令者如斯矣。」王乃令國中不行者，與之訣而告之曰：「爾安土守職，吾方往征討我宗廟之讎，以謝於二三子。」令國人各送其子弟於郊境之上。軍士各與父兄昆弟取訣，國人悲哀，皆作離別相去之詞，曰：「躒躒摧長惡[4]兮，擢戟馭殳。所離不降兮，以泄我王氣蘇。三軍一飛降兮，所向皆殂。一士判死兮，而當百夫。道祐有德兮，吳卒自屠。雪我王宿恥兮，威振八都。軍伍難更兮，勢如貔貙。行行各努力兮，於乎於乎！」於是，觀者莫不悽惻。明日，復徙軍於境上，斬有罪者三人，徇之於軍，曰：「有不從令者如此。」後三日，復徙軍於檇李，斬有罪者三人，以徇於軍，曰：「其淫心匿行、不當敵者如斯矣。」勾踐乃命有司大徇軍，曰：「其有父母無昆弟者，來告我。我有大事，子離父母之養、親老之愛，（越）〔赴〕國家之急。子在軍寇之中，父母昆弟有在疾病之地，吾視之如吾父母昆弟之疾病也。其有死亡者，吾葬埋殯送之，如吾父母昆弟之有死亡葬埋之矣。」明日，又徇於軍，曰：「士有疾病，不能隨軍從兵者，吾予其醫藥，給其糜粥，與之同食。」明日，又徇於軍，曰：「筋力不足以勝甲兵，志行不足以聽王命者，吾輕其重，和其任。」明日，旋軍於江南，更陳嚴法，復誅有罪者五人，徇曰：「吾愛士也，雖吾子不能過也。及其犯誅，自吾子亦不能脫也。」恐軍士畏法不使，自謂未能得士之死力。道見黿張（復）〔腹〕而怒，將有戰爭之氣，即為之軾。其士卒有問於王曰：「君何為敬黿蟲而為之軾？」勾踐曰：「吾思士卒之怒久矣，而未有稱吾意者。今黿蟲無知之物，見敵而有怒氣，故為之軾。」於是，軍士聞之，莫不懷心樂死，人致其命。有司將軍大徇軍中曰：「隊各自令其部，部各自令其（圭）〔士〕，歸而不歸，處而不處，進而不進，退而不退，左而不左，右而不右，不如令者，斬。」於是，吳悉兵屯於江北，越（君）〔軍〕於江南。越王中分其師以為左右軍，皆被兕甲，又令安廣之人佩石碣之矢，張盧生之弩，躬率君子之軍六千人以為中陣。明日，將戰[5]於江，乃以黃昏令於左軍，銜枚遡江而上五里，以須吳兵。復令於右軍，銜枚踰江十里，復須吳兵。於夜半，使左軍〔右軍〕涉江鳴鼓，中水以待吳發。吳師聞之，中大駭[6]，相謂曰：

---

1. 檣《國語‧吳語》頁19/12a      2. 檣《國語‧吳語》頁19/12a
3. 送王不出檣《國語‧吳語》頁19/12b              4. 恐
5. 舟戰《國語‧吳語》頁19/13b    6. 大駭《國語‧吳語》頁19/13b

「今越軍分爲二師，將以（使）〔夾〕攻我衆。」亦即以夜暗中分其師，以圍越。越王陰使左右軍與吳望戰，以大鼓相聞。潛伏其私卒六千人，銜枚不鼓攻吳，吳師大敗。越之左右軍乃遂伐之，大敗之於囿[1]。又敗之於郊，又敗之於津。如是三戰三北，徑至吳，圍吳於西城。吳王大懼，夜遁。越王追奔，攻吳兵，入於江陽、松陵。欲入胥門，來至六七里，望吳南城，見伍子胥頭，巨若車輪，目若耀電，鬚髮四張，射於十里。越軍大懼，留兵假道。即日夜半，暴風疾雨，雷奔電激，飛石揚砂，疾如[2]弓弩。越軍壞敗，松陵卻退，兵士僵斃，人衆分解，莫能救止。范蠡、文種乃稽顙肉袒，拜謝子胥，願乞假道。子胥乃與種、蠡夢，曰：「吾知越之必入吳矣，故求置吾頭於南門，以觀汝之破吳也。惟欲以窮夫差。定汝入我之國，吾心又不忍，故爲風雨以還汝軍。然越之伐吳，自是天也。吾安能止哉？越如欲入，更從東門，我當爲汝開道貫城，以通汝路。」於是，越軍明日更從江出，入海陽於三道之翟水，乃穿東南隅以達，越軍遂圍吳。守一年，吳師累敗，遂棲吳王於姑胥之山。吳使王孫駱肉袒膝行而前，請成於越王，曰：「孤臣夫差，敢布腹心，異日得罪於會稽，夫差不敢逆命，得與君王結成以歸。今君王舉兵而誅孤臣，孤臣惟命是聽，意者猶以今日之姑胥，曩日之會稽也。若徼天之中，得赦其大辟，則吳願長爲臣妾。」勾踐不忍其言，將許之成。范蠡曰：「會稽之事，天以越賜吳，吳不取。今天以吳賜越，越可逆命乎？且君王早朝晏罷，切齒銘骨，謀之二十餘年，豈不緣一朝之事耶？今日得而棄之，其計可乎？天與不取，還受其咎。君何忘會稽之厄乎？」勾踐曰：「吾欲聽子言，不忍對其使者。」范蠡遂鳴鼓而進兵，曰：「王已屬政於執事，使者急去，不時得罪。」吳使涕泣而去。勾踐憐之，使令入謂吳王曰：「吾置君於甬東，給君夫婦三百餘人[3]，以沒王世，可乎？」吳王辭曰：「天〔既〕降禍於吳國，不在前後，正[4]孤之身，失滅宗廟社稷者。吳之土地民臣，越既有之，孤老矣，不能臣王。」遂伏劍自殺。勾踐已滅吳，乃以兵北渡江淮，與齊、晉諸侯會於徐州，致貢於周。周元王使人賜勾踐。已受命號，去還江南。以淮上地與楚，歸吳所侵宋地，與魯泗東方百里。當是之時，越兵橫行於江淮之上，諸侯畢賀。越王還於吳，當歸而問於范蠡曰：「何子言之其合於天？」范蠡曰：「此素女之道，一言即合大王之事。王問爲[5]，實《金匱》之要在於上下。」越王曰：「善哉。吾不稱王。其可悉乎？」蠡曰：「不可。昔吳之稱王，僭天子之號，天變於上，日爲陰蝕。今君遂僭號不歸，恐天變復見。」越王還於吳，置酒文臺，群臣爲樂。乃命樂作伐吳之曲，樂師曰：「臣聞即事作操，功成作樂。君王崇德，誨化有道之國，誅無義之人，復讎還恥，威加諸侯，受霸王之功。功可象於圖畫，德可刻於金石，聲可託於絃管，名可留於竹帛。臣請引琴而

---

1. 沒《國語·吳語》頁19/13b　　2. 於　　　　3. 家
4. 當《國語·吳語》頁19/14a　　5. 元徐天祜注云：「爲」當作「焉」。

鼓之。」遂作章暢辭曰：「屯乎，今欲伐吳，可未耶？」大夫種、蠡曰：「吳殺忠臣伍
子胥，今不伐吳，人[1]何須？」大夫種進祝酒，其辭曰：「皇天祐助，我王受福。良臣
集謀，我王之德。宗廟輔政，鬼神承翼。君不忘臣，臣盡其力。上天蒼蒼，不可掩塞。
觴酒二升，萬福無極。」於是，越王默然無言。大夫種曰：「我王賢仁，懷道抱德。滅
5　讎破吳，不忘返國。賞無所悋，群邪杜塞。君臣同和，福祐千億。觴酒二升，萬歲難
極。」臺上群臣大悅而笑，越王面無喜色。范蠡知勾踐愛壞土，不惜群臣之死，以其謀
成國定，必復不須功而返國也，故面有憂色而不悅也。范蠡從吳欲去，恐勾踐未返，失
人臣之義，乃從入越。行謂文種曰：「子來去矣，越王必將誅子。」種不然言。蠡復爲
書遺種曰：「吾聞天有四時，春生多伐。人有盛衰，泰終必否。知進退存亡而不失其
10　正，惟賢人乎？蠡雖不才，明知進退。高鳥已散，良弓將藏。狡兔已盡，良犬就烹。夫
越王爲人長頸鳥喙，鷹視狼步，可以[2]共患難而不可共處樂，可與履危，不可與安。子
若不去，將害於子，明矣。」文種不信其言。越王陰謀，范蠡議欲去，徹倖。

　　　　（三）〔二〕十四年，九月丁未，范蠡辭於王曰：「臣聞主憂臣勞，主辱臣死，義
15　一也。今臣事大王，前則無滅未萌之端，後則無救已傾之禍。雖然，臣終欲成君霸國，
故不辭一死一生，臣竊自惟，乃使於吳。王之慚辱，蠡所以不死者，誠恐讒於大[3]宰
嚭，成伍子胥之事。故不敢前死，且須臾而生。夫恥辱之心不可以大[4]，流汗之愧不可
以忍。幸賴宗廟之神靈，大王之威德，以敗爲成。斯湯武克夏（商）〔商〕而成王業
者，定功雪恥，臣所以當席日久。臣請從斯辭矣。」越王惻然，泣下霑衣，言曰：「國
20　之士大夫是子，國之人民是子，使孤寄身託號以俟命矣。今子云去，欲將逝矣。是天之
棄越而喪孤也，亦無所恃者矣。孤竊有言：公位[5]乎，分國共之；去乎，妻子受戮。」
范蠡曰：「臣聞君子俟時，計不數謀，死不被疑，內不自欺。臣既逝矣，妻子何法乎？
王其勉之，臣從此辭。」乃乘扁舟，出三江，入五湖，人莫知其所適。范蠡既去，越王
愀然變色，召大夫種曰：「蠡可追乎？」種曰：「不及也。」王曰：「奈何！」種曰：
25　「蠡去時，陰畫六，陽畫三，日前之神莫能制者，玄武天空威行，孰敢止者？度天關，
涉天梁，後入天一，前翳神光。言之者死，視之者狂。臣願大王勿復追也。蠡終不還
矣。」越王乃收其妻子，封百里之地，有敢侵之者，上天所殃。於是，越王乃使良工鑄
金象范蠡之形，置之坐側，朝夕論政。自是之後，計硯佯狂。大夫曳庸、扶同、皋如之
徒，日益踈遠，不親於朝。大夫種內憂不朝，人或讒之於王曰：「文種棄宰相之位，而
30　令君王霸於諸侯，今官不加增，位不益封，乃懷怨望之心，憤發於內，色變於外，故不

---

1. 元徐天祜注云：「人」當作「又」。　　　　　　　2. 與　　　　3. 太
4. 元徐天祜注云：「大」當作「久」。
5. 元徐天祜注云：「位」當作「住」。

朝耳。」異日，種諫曰：「臣所以在[1]朝而晏罷若身疾作者，但爲吳耳。今已滅之，王何憂乎？」越王默然。時魯哀公患三桓，欲因諸侯以伐之。三桓亦患哀公之怒，以故君臣作難。哀公奔陘，三桓攻哀公。公奔衛，又奔越。魯國空虛，國人悲之，來迎哀公，與之俱歸。勾踐憂文種之不圖，故不爲哀公伐三桓也。

二十五年，丙午平旦，越王召相國大夫種而問之：「吾聞知人易，自知難。其知相國何如人也？」種曰：「哀哉，大王知臣勇也，不知臣仁也。知臣（心）〔忠〕也，不知臣信也。臣誠數以損聲色，滅淫樂，奇說怪論，盡言竭忠，以犯大王，逆心咈耳，必以獲罪。臣非敢愛死不言，言而後死，昔子胥於吳矣。夫差之誅也，謂臣曰：『狡兔死，良犬烹。敵國滅，謀臣亡。』范蠡亦有斯言。何大王問犯玉門之第八？臣見王志也。」越王默然不應，大夫亦罷。哺其耳以成人惡。其妻曰：「君賤！一國之相，少王祿乎？臨食不亨[2]，哺以惡何？妻子在側，匹夫之能。自致相國，尙何望哉？無乃爲貪乎？何其志忽忽若斯？」種曰：「悲哉，子不知也。吾王既免於患難，雪恥於吳，我悉徙宅自投死亡之地，盡九術之謀，於彼爲佞，在君爲忠，王不察也。乃曰：知人易，自知難。吾答之又無他語，是凶妖之證也。吾將復入，恐不再還，與子長訣，相求於玄冥之下。」妻曰：「何以知之？」種曰：「吾見王時，正犯玉門之第八也。辰剋其日，上賊於下，是爲亂醜，必害其良。今日剋其辰，上賊下止，吾命須臾之間耳。」越王復召相國，謂曰：「子有陰謀兵法，傾敵取國。九術之策，今用三，已破彊吳，其六尙在子所，願幸以餘術爲孤前王於地下謀吳之前人。」於是種仰天嘆曰：「嗟乎！吾聞大恩不報，大功不還，其謂斯乎？吾悔不隨范蠡之謀，乃爲越王所戮。吾不食善言，故哺以人惡。」越王遂賜文種屬盧[3]之劍。種得劍，又嘆曰：「南陽之宰而爲越王之擒。」自笑曰：「後百世之末，忠臣必以吾爲喻矣。」遂伏劍而死。越王葬種於國之西山，樓船之卒三千餘人，造鼎足之羨，或入三峰之下。葬一[4]年，伍子胥從海上穿山脅而持種去，與之俱浮於海。故前潮水潘候者，伍子胥也。後重水者，大夫種也。越王既已誅忠臣，霸於關東，從瑯琊起觀臺，〔臺〕周七里，以望東海，死士八千人，戈船三百艘。居無幾，（射）〔躬〕求賢士[5]。孔子聞之，從弟子奉先王雅琴禮樂奏於越。越王乃被唐夷[6]之甲，帶步光之劍，杖屈[7]盧之矛，出死士（以）三百人爲陣關下。孔子有頃到〔越〕，越王曰：「唯唯，夫子何以教之？」孔子曰：「丘能述五帝三王之道，故奏雅

---

1. 元徐天祜注云：「在」當作「蚤」。
2. 元徐天祜注云：「亨」當作「享」。
3. 元徐天祜注云：「盧」當作「鏤」。　　　　4. 七
5. 聖《越絕書·越絕外傳記越地傳》頁8/2a
6. 賜夷《越絕書·越絕外傳記越地傳》頁8/2b
7. 物《越絕書·越絕外傳記越地傳》頁8/2a

琴以獻之大王。」越王喟然嘆曰：「〔夫〕越性脆而愚，水行〔而〕山處，以船爲車，
以楫爲馬，往若飄然[1]，去則難從，悅[2]兵敢[3]死，越之常〔性〕也。夫子何說而欲教
之？」孔子不答，因辭而去。越王使人如木客山，取（元）〔允〕常之喪，欲徙葬琅
邪。三穿（元）〔允〕常之墓，〔墓〕中生熛風飛砂（砂）石以射人，人莫能入。勾踐
曰：「吾前君其不徙乎？」遂置而去。勾踐乃使使號令齊楚秦晉，皆輔周室，血盟而
去。秦桓公不如越王之命，勾踐乃選吳越將士，西渡河以攻秦。軍士苦之。會秦怖懼，
逆自引咎，越乃還軍。軍人悅樂，遂作河梁之詩，曰：「渡河梁兮渡河梁，舉兵所伐攻
秦王。孟冬十月多雪霜，隆寒道路誠難當。陣兵未濟秦師降，諸侯怖懼皆恐惶。聲傳海
內威遠邦，稱霸穆桓齊楚莊。天下安寧壽考長，悲去歸兮何無梁。」自越滅吳，中國皆
畏之。

　　二十六年，越王以郯子無道而執以歸，立其太子何。冬，魯哀公以三桓之逼來奔。
越王欲爲伐三桓，以諸侯大夫不用命，故不果耳。

　　二十七年，冬，勾踐寢疾，將卒，謂太子興夷曰：「吾自禹之後，承（元）〔允〕
常之德，蒙天靈之祐、神（祇）〔祇〕之福，從窮越之地，籍楚之前鋒，以摧吳王之干
戈。跨江涉淮，從晉、齊之地，功德巍巍。自致於斯，其可不誠[4]乎？夫霸者之後，難
以久立，其愼之哉！」遂卒。興夷即位一年卒，子翁。翁卒，子不揚。不揚卒，子無
彊。無彊卒[5]，子玉。玉卒，子尊。尊卒，子親。自勾踐至于親，其歷八主皆稱霸，
積年二百二十四年。親衆皆失，而去琅邪，徙於吳矣。自黃帝至少康，十世。自禹受禪
至少康即位，六世，爲一百四十四年。少康去顓頊即位，四百二十四年。

　　黃帝。昌意。顓頊。鯀。禹。啓。太康。仲廬。相。少康。無余。無壬[6]去無余十
世。無皡。夫康。（元）〔允〕常。勾踐。興夷。不壽。不揚。無彊。魯穆柳有幽公爲
名。王侯自稱爲君。

　　尊親（夫）〔失〕琅邪，爲楚所滅。勾踐至王親，歷八主，格[7]霸二百二十四年，
從無余越國始封至餘善返越國空滅，凡一千九百二十二年。

---

1. 風《越絕書・越絕外傳記越地傳》頁8/2b
2. 銳《越絕書・越絕外傳記越地傳》頁8/2b
3. 任《越絕書・越絕外傳記越地傳》頁8/2b　　　　　　4. 誠　　　　5. 彊卒
6. 玉　　　　　7. 元徐天祜注云：「格」當作「稱」。

# 逐字索引

| | |
|---|---|
| 不知空堝其旁○忽堝中 | 5/24/26 |
| ○行而進 | 5/25/10 |

**黯 àn**　1

| | |
|---|---|
| 勾踐愚○ | 7/33/2 |

**盎 àng**　3

| | |
|---|---|
| 持麥飯、鮑魚羹、○漿 | 3/5/24 |
| 掩子之○漿 | 3/5/32 |
| 飯其○漿 | 3/6/4 |

**敖 áo**　1

| | |
|---|---|
| 用孫叔○ | 3/4/1 |

**翱 áo**　1

| | |
|---|---|
| 身○翔兮矯翼 | 7/32/9 |

**傲 ào**　2

| | |
|---|---|
| 於友人之喪席而輕○於　士大夫 | 4/10/20 |
| 猶○色於我哉 | 4/10/24 |

**八 bā**　23

| | |
|---|---|
| 其後○世而得古公亶甫 | 1/1/13 |
| ○年 | 3/7/7 |
| 陸門○ | 4/8/21 |
| 以象天○風 | 4/8/21 |
| 水門○ | 4/8/21 |
| 以法地○聰 | 4/8/22 |
| 竊觀《金匱》第○ | 5/22/16 |
| 召其神而問之山川脈理　、金玉所有、鳥獸昆　蟲之類及○方之民俗　、殊國異域土地里數 | 6/28/21 |
| 暢○極之廣 | 6/28/27 |
| 德致○極 | 8/35/13 |
| 以象○風 | 8/35/20 |
| 縱橫○百餘里 | 8/36/13 |
| 越王遂師（入）〔○〕　臣與其四友 | 8/36/24 |
| ○曰君王國富 | 9/39/3 |

| | |
|---|---|
| 春種○穀 | 9/39/23 |
| 虛設○倉 | 9/40/4 |
| 越王乃請○大夫曰 | 10/45/11 |
| 威振○都 | 10/46/11 |
| 何大王問犯玉門之第○ | 10/49/10 |
| 正犯玉門之第○也 | 10/49/16 |
| 死士○千人 | 10/49/25 |
| 其歷○主皆稱霸 | 10/50/19 |
| 歷○主 | 10/50/27 |

**拔 bá**　6

| | |
|---|---|
| ○居巢、鍾離 | 3/7/10 |
| 季孫○劍之鍔中缺者大　如黍米 | 4/9/14 |
| 前○子劍 | 4/11/2 |
| ○舒 | 4/12/17 |
| 吳○六與潛二邑 | 4/13/16 |
| 破師○番 | 4/16/27 |

**把 bǎ**　1

| | |
|---|---|
| 子胥○劍 | 5/24/5 |

**罷 bà**　6

| | |
|---|---|
| ○鐘鼓之樂 | 3/4/1 |
| 將軍○兵就舍 | 4/12/14 |
| 多作臺游以○民 | 8/36/28 |
| 且君王早朝晏○ | 10/47/16 |
| 臣所以在朝而晏○若身　疾作者 | 10/49/1 |
| 大夫亦○ | 10/49/11 |

**霸 bà**　36

| | |
|---|---|
| 而國斯○焉 | 1/2/7 |
| 遂○天下 | 3/4/1 |
| 寡人欲彊國○王 | 4/8/11 |
| 凡欲安君治民、興○成　王、從近制遠者 | 4/8/18 |
| 吳○ | 4/9/15 |
| 雖可以○ | 4/12/13 |
| 以○天下而威諸侯 | 4/12/16 |
| 自○王已來 | 4/15/27 |
| 斯且闔閭之○時 | 4/16/27 |
| 而○者無彊敵 | 5/18/11 |

| | |
|---|---|
| 非○王之事 | 5/23/10 |
| ○功王事 | 5/23/22 |
| 有○王之功 | 5/24/1 |
| 越之興○自（元）〔允〕　常矣 | 6/30/3 |
| 五○ | 7/30/21 |
| 而云湯文困厄後必○ | 7/30/23 |
| 我○則彼亡 | 7/31/4 |
| 進與俱○ | 7/31/22 |
| 則功（寇）〔冠〕於五○ | 7/33/16 |
| ○王之迹自（期）〔斯〕　而起 | 8/35/7 |
| 將焉立○王之業 | 8/35/17 |
| 越之○也 | 8/35/27 |
| 斯正吳之興○ | 8/37/11 |
| 齊桓得之而○ | 9/38/12 |
| 則○王之術在矣 | 9/38/19 |
| 桓、穆得之以○ | 9/38/25 |
| 吾之○矣 | 9/40/5 |
| 五○輔絕滅之末者也 | 9/41/18 |
| 受○王之功 | 10/47/29 |
| 臣終欲成君○國 | 10/48/15 |
| 而令君王○於諸侯 | 10/48/29 |
| ○於關東 | 10/49/25 |
| 稱○穆桓齊楚莊 | 10/50/9 |
| 夫○者之後 | 10/50/17 |
| 其歷八主皆稱○ | 10/50/19 |
| 格○二百二十四年 | 10/50/27 |

**白 bái**　38

| | |
|---|---|
| 乃○吳王僚 | 3/6/10 |
| 伍子胥謂○公勝曰 | 3/7/14 |
| ○公默然不對 | 3/7/15 |
| 僚○其母曰 | 3/7/23 |
| 會楚之○喜來奔 | 4/9/22 |
| ○喜、何如人也 | 4/9/22 |
| ○喜者 | 4/9/23 |
| 楚○州犁之孫 | 4/9/23 |
| ○州犁 | 4/9/24 |
| 闔閭見○喜而問曰 | 4/9/30 |
| 伍子胥、○喜相謂曰 | 4/11/26 |
| 吳王問子胥、○喜曰 | 4/11/27 |
| 子胥、○喜對曰 | 4/11/28 |
| 楚聞吳使孫子、伍子胥　、○喜爲將 | 4/12/18 |
| 咸言費無忌讒殺伍奢、 | |

| | |
|---|---|
| ○州犁 | 4/12/19 |
| 太傅伍奢、左尹○州犁 | 4/12/20 |
| 吳新有伍員、○喜 | 4/12/23 |
| 乃舞○鶴〔於吳市中〕 | 4/12/29 |
| 遂使孫武、伍胥、○喜　伐楚 | 4/13/14 |
| 伍胥、孫武、○喜亦妻　子常、司馬成之妻 | 4/14/25 |
| 子胥、孫武、○喜留 | 4/15/22 |
| 殺伍奢、○州犁 | 4/16/1 |
| 誅夷○氏族幾滅 | 4/16/4 |
| 伍胥、○喜、孫武決 | 4/16/5 |
| 吳以子胥、○喜、孫武　之謀 | 4/17/1 |
| 大吉爲○虎而臨辛 | 5/22/18 |
| 又與○虎并重 | 5/22/19 |
| 中校之軍皆○裳、○髦　、素甲、素羽之矰 | 5/25/10 |
| 編以○銀 | 6/28/15 |
| 血○馬以祭 | 6/28/15 |
| 乃有○狐（有）〔九〕　尾造於禹 | 6/28/23 |
| ○者 | 6/28/24 |
| 綏綏○狐 | 6/28/24 |
| 前據○刃自知死 | 7/34/10 |
| 嬰以○璧 | 9/39/10 |
| 變爲○猿 | 9/42/1 |
| 死則（裏）〔裏〕以○茅 | 9/42/12 |

## 百 bǎi　　58

| | |
|---|---|
| 周三里二○步 | 1/1/25 |
| 外郭三○餘里 | 1/1/26 |
| ○姓煩焉 | 3/4/6 |
| 相去不遠三○餘里 | 3/4/22 |
| 去三○里 | 3/5/4 |
| 胥乃解○金之劍以與漁者 | 3/5/27 |
| 價直○金 | 3/5/28 |
| 豈圖取○金之劍乎 | 3/5/29 |
| ○神臨觀 | 4/9/6 |
| 使童女童男三○人鼓橐　裝炭 | 4/9/11 |
| 賞之○金 | 4/9/16 |
| 乃賞○金 | 4/9/21 |
| 拊膝數○里 | 4/11/9 |
| 令三○人皆被甲兜鍪 | 4/12/3 |
| 鞭之三○ | 4/14/23 |

| | |
|---|---|
| 秦使公子子蒲、子虎率　車五○乘 | 4/15/18 |
| 將欲報以○金而不知其家 | 4/16/9 |
| 子胥欲報○金 | 4/16/12 |
| ○姓習於戰守 | 5/18/6 |
| 鄙吾○姓 | 5/19/13 |
| 下養○姓 | 5/19/17 |
| 越王送之金○鎰、寶劍　一、良馬二 | 5/20/6 |
| 必死○段於王前 | 5/21/20 |
| ○姓之費 | 5/22/11 |
| ○鳥佃於澤 | 6/29/19 |
| 吾○世之後 | 6/29/20 |
| 使○鳥還爲民田 | 6/29/22 |
| 以爲○姓請命 | 6/30/1 |
| 德銷○殃 | 7/30/13 |
| ○姓親附 | 7/31/20 |
| 威凌○邦 | 7/31/27 |
| 撫慰○姓 | 7/31/28 |
| ○姓拜之於道 | 8/35/6 |
| 吳封地○里於越 | 8/35/10 |
| 追以○里之封 | 8/35/15 |
| 周千一○二十一步 | 8/35/19 |
| 以撫○姓 | 8/36/2 |
| 縱橫八○餘里 | 8/36/13 |
| 高見二○里 | 9/39/15 |
| 一人當○ | 9/42/7 |
| ○人當萬 | 9/42/7 |
| ○家能人用 | 9/42/20 |
| 敵爲○死 | 9/42/25 |
| 以暴露○姓之骨於中原 | 10/43/13 |
| 往宦士三○人於吳 | 10/43/14 |
| 吳封孤數○里之地 | 10/43/15 |
| 而當○夫 | 10/46/11 |
| 給君夫婦三○餘人 | 10/47/20 |
| 與魯泗東方○里 | 10/47/24 |
| 封○里之地 | 10/48/27 |
| 後○世之末 | 10/49/22 |
| 戈船三○艘 | 10/49/25 |
| 出死士（以）三○人爲　陣關下 | 10/49/27 |
| 積年二○二十四年 | 10/50/20 |
| 爲一○四十四年 | 10/50/21 |
| 四○二十四年 | 10/50/21 |
| 格霸二○二十四年 | 10/50/27 |
| 凡一千九○二十二年 | 10/50/28 |

## 拜 bài　　14

| | |
|---|---|
| 乃○棄爲農師 | 1/1/10 |
| ○爲客卿 | 3/8/1 |
| 越王勾踐再○稽首 | 5/18/21 |
| 越王再○ | 5/19/4,5/19/12 |
| 越王敬○ | 5/27/15 |
| 稽首再○稱臣 | 7/32/10 |
| 當○賀焉 | 7/33/22 |
| 越王因○ | 7/33/24 |
| 越王再○跪伏 | 7/34/28 |
| 百姓○之於道 | 8/35/6 |
| 群臣○舞天顏舒 | 8/36/21 |
| 謹再○獻之〔大王〕 | 9/39/12 |
| ○謝子胥 | 10/47/7 |

## 敗 bài　　42

| | |
|---|---|
| ○吳師 | 2/2/16 |
| ○子反 | 2/2/18 |
| 楚師○走 | 2/3/16 |
| 吳師○而亡舟 | 3/3/24 |
| 民不○時務 | 3/4/5 |
| 年穀○焉 | 3/4/6 |
| 大○楚師 | 3/7/7 |
| 大○〔之〕 | 4/14/10 |
| 大○夫概 | 4/15/19 |
| 夫概師○卻退 | 4/15/21 |
| （與）〔○〕楚師於淮滋 | 4/15/22 |
| 秦師又○吳師 | 4/15/23 |
| 吳師大○ | 4/15/25　5/26/14,10/47/2 |
| 彼楚雖○我餘兵 | 4/15/26 |
| 軍○身辱 | 5/19/5,5/20/8,5/20/12 |
| 殺○吾民 | 5/19/13 |
| 戰不勝、○走偟偟也 | 5/21/21 |
| 后必大○ | 5/22/20 |
| 齊師○績 | 5/22/24 |
| 政○道壞 | 5/23/23 |
| ○太子友於（始）〔姑〕　熊夷 | 5/25/4 |
| 吳○齊師於艾陵之上 | 5/25/5 |
| 楚師○績 | 5/26/7 |
| ○與成 | 5/27/1 |
| ○軍之將不敢語勇 | 7/32/23 |
| 軍○而德存 | 7/33/16 |
| 誠事之○ | 7/34/18 |

| | |
|---|---|
| 成之無○ | 8/36/25 |
| 則○之 | 8/36/28 |
| 待其壞○ | 8/37/16 |
| 戰勝未○ | 8/37/19 |
| 必有壞○ | 8/37/20 |
| 大○之於圍 | 10/47/3 |
| 又○之於郊 | 10/47/3 |
| 又○之於津 | 10/47/3 |
| 越軍壞○ | 10/47/6 |
| 吳師累○ | 10/47/12 |
| 以○爲成 | 10/48/18 |

**坂 bǎn　　1**

| | |
|---|---|
| 西○中可以匿止 | 5/26/25 |

**板 bǎn　　2**

| | |
|---|---|
| 乃命五○之墮長高習之 | |
| 　教軍士 | 9/42/8 |
| 身若戴○ | 9/42/28 |

**半 bàn　　3**

| | |
|---|---|
| 王前嘗○而與女 | 4/12/27 |
| 於夜○ | 10/46/29 |
| 即日夜○ | 10/47/6 |

**辦 bàn　　1**

| | |
|---|---|
| 兵不預（○）〔辦〕 | 5/20/19 |

**邦 bāng　　5**

| | |
|---|---|
| 文治○國 | 3/4/19 |
| ○人莫知其罪 | 4/12/20 |
| 威凌百○ | 7/31/27 |
| ○國南則距楚 | 10/45/7 |
| 聲傳海內威遠○ | 10/50/8 |

**謗 bàng　　7**

| | |
|---|---|
| 卿士訕○ | 3/4/6 |
| 流○於國 | 4/12/21 |
| 蓋聞仁者殺人以掩○者 | |
| 　猶弗爲也 | 4/12/21 |
| 今子殺人以興○於國 | 4/12/22 |
| 國人乃○止 | 4/12/26 |
| 群臣誹○曰 | 4/14/1 |
| 勿爲讒口能○襲 | 4/16/7 |

**包 bāo　　20**

| | |
|---|---|
| 道遇申○胥 | 3/5/9 |
| 申○胥曰 | 3/5/10 |
| | 3/5/13,10/44/26,10/44/28 |
| 申○胥亡在山中 | 4/15/3 |
| 爲我謝申○胥〔曰〕 | 4/15/5 |
| 〔申○胥〕知不可 | 4/15/6 |
| 申○胥哭已歌曰 | 4/15/8 |
| ○胥曰 | 4/15/11,4/15/13,10/45/2 |
| | 10/45/4,10/45/6,10/45/8 |
| 申○胥以秦師至 | 4/15/18 |
| 會楚使申○胥聘於越 | 10/44/25 |
| 越王乃問○胥曰 | 10/44/25 |
| ○胥乃曰 | 10/44/29 |
| 吾問於申○胥 | 10/45/13 |

**襃 bāo　　1**

| | |
|---|---|
| 周亡以○姒 | 9/40/17 |

**保 bǎo　　5**

| | |
|---|---|
| 遂○前王丘墓 | 7/30/14 |
| 以○社稷 | 7/32/1 |
| 得○須臾之命 | 7/32/12 |
| 得君臣相○ | 7/32/24 |
| 長○吳國 | 7/34/6 |

**飽 bǎo　　5**

| | |
|---|---|
| 何不○而餐之 | 3/6/5 |
| 器（努）〔弩〕勁 | 5/17/25 |
| ○食而去 | 5/26/24 |
| 民○軍勇 | 8/37/21 |
| ○其食 | 10/43/21 |

**寶 bǎo　　17**

| | |
|---|---|
| 事以皮幣、金玉、重○ | 1/1/14 |
| 闔閭得而○之 | 4/9/4 |
| 既得○劍 | 4/9/13 |
| 闔閭既○莫耶 | 4/9/15 |
| 金鼎、玉杯、銀樽、珠 | |
| 　襦之○ | 4/12/29 |
| 寡人臥覺而得○劍 | 4/13/2 |
| 臣聞吳王得越所獻○劍 | |
| 　三枚 | 4/13/3 |
| 猶不能得此○ | 4/13/13 |
| 遂以爲○ | 4/13/13 |
| 君何○之， | 4/14/19 |
| 而以重○厚獻太宰嚭 | 5/17/10 |
| 重○、車騎、羽毛盡乎晉 | 5/19/12 |
| 越王送之金百鎰、○劍 | |
| 　一、良馬二 | 5/20/6 |
| 盡其○幣 | 7/34/15 |
| 國之○ | 9/40/16 |
| 吾豈愛惜財○ | 9/40/24 |
| 受其○女之遺 | 9/41/15 |

**抱 bào　　9**

| | |
|---|---|
| 右手○越女 | 3/3/29 |
| 前莊王爲○居之臺 | 3/4/4 |
| 守仁○德 | 5/24/28 |
| 今君○六過之罪 | 5/27/21 |
| ○謀以待敵 | 7/30/21 |
| 有諸大夫懷德○術 | 7/31/31 |
| 多常○（兵）〔冰〕 | 8/36/8 |
| 右手若○兒 | 9/42/28 |
| 懷道○德 | 10/48/4 |

**豹 bào　　1**

| | |
|---|---|
| 今但因虎○之野而與荒 | |
| 　外之草 | 8/36/17 |

**報 bào　　39**

| | |
|---|---|
| 以○前來誅慶封也 | 3/3/24 |
| 無忌○平王曰 | 3/4/9 |
| 尙乃入○子胥曰 | 3/4/25 |
| 不能○仇 | 3/5/1 |
| ○汝平王 | 3/5/5 |
| 使返○平王 | 3/5/6 |
| 願吾因於諸侯以○讎矣 | 3/5/8 |
| 吾欲教子○楚 | 3/5/10 |
| 教子不○ | 3/5/10 |
| 子無敢○ | 4/11/1 |
| 於是乃○吳王曰 | 4/12/12 |

○潛、六之役　4/13/21
成公常思○楚　4/14/2
謂天○其禍　4/14/18
子之○讎　4/15/4
未有人臣○讎如此者也　4/15/27
將欲○以百金而不知其家　4/16/9
子胥欲○百金　4/16/12
必將有○我之心　5/18/15
且夫無○人之志、而使
　人疑之〔者〕　5/19/2
有○人之意、而使人知
　之〔者〕　5/19/3
故孤敢以（○）〔疑〕　5/19/15
欲○前王之恩而至於此
及○　5/23/29
　5/25/20
今上天○越之功　5/27/8
越豈敢不○哉　7/33/4
故後無○復之憂　7/33/14
將何德化以○國人　8/35/8
冀聞○復之謀　9/38/14
夫欲○怨復讎、破吳滅
　敵者　9/38/23
孤有○復之謀　9/41/24
以大國○讎　10/43/12
請可○恥　10/44/1
子○父仇　10/44/3
求以○吳　10/45/2
　10/45/4,10/45/6,10/45/8
吾聞大恩不○　10/49/19

**暴 bào　12**

側聞子前人爲楚荊之○怒　4/9/30
橫被○誅　4/10/1
欲興兵戈以誅○楚　4/12/15
吾國父兄身戰○骨草野焉　4/15/23
子胥爲彊○力諫　5/17/16
〔實〕害○齊而威彊晉　5/18/13
困○齊而撫周室　5/20/13
○師千里而攻之　5/25/1
三守○困之辱　7/30/29
建策之士無○興之說　7/31/3
以○露百姓之骨於中原　10/43/13
○風疾雨　10/47/6

**鮑 bào　4**

持麥飯、○魚羹、盎漿　3/5/24
乃屬其子於齊○氏而還　5/17/15
陰憚高、國、○、晏　5/17/19
託汝子於齊○氏　5/24/4

**卑 bēi　14**

（○）〔畢〕子去齊　1/2/6
其城薄以○　5/17/23
無惡○辭以盡其禮　5/19/10
周室○（弱）約　5/25/16
於秦餘杭山○猶　5/27/26
宰嚭亦葬○猶之旁　5/27/27
處○而不以爲惡　7/30/28
夫虎之○勢　7/34/17
狸之○身　7/34/17
必○飛戢翼　8/37/5
計硯年少官○　9/38/5
寡人○服越王　9/41/2
夫狐○體　9/41/6
然後○事夫差　10/43/14

**陂 bēi　1**

射於鷗○　4/16/26

**杯 bēi　2**

金鼎、玉○、銀樽、珠
　襦之寶　4/12/29
舉○垂涕　7/30/11

**悲 bēi　19**

又復三朝○吟而命我曰　2/3/2
日已夕兮予心憂○　3/5/21
○其所思者乎　4/10/4
○哉　4/15/2
　5/21/14,7/31/16,10/49/13
何哭之○　4/16/10
是故○耳　4/16/12
故○與子相離耳　5/21/18
長吟○鳴　5/24/23
故哭之○耳　6/29/2
衆天○哀　7/30/10

言○辭苦　7/31/6
冤○痛兮心惻　7/32/8
見其勞苦爲之○　8/36/30
國人○哀　10/46/9
國人○之　10/49/3
○去歸兮何無梁　10/50/9

**北 běi　44**

在西○隅　1/1/26
晉獻公滅周○虞　1/2/5
楚在西○　4/8/23
○向首內　4/9/2
胡馬望○風而立　4/10/4
〔親〕○面事之　4/15/4
閭閻乃起○門　4/16/16
○威齊、晉　4/17/2
夫差○伐齊　5/17/6
夫差復○伐齊　5/17/10
子貢○之齊　5/17/22
兩黑犬嗥以南、嗥以○　5/21/3
兩黑犬嗥以南、嗥以○者　5/21/6
　5/21/22
寡人將○伐齊魯　5/21/18
○者、匿也　5/22/1
軍臨○郊　5/22/20
寡人處此○邊　5/23/2
○向人殺南向人　5/23/15,5/23/17
○向殺南向　5/23/17
○屬薊　5/24/19
遂○伐齊　5/25/3
豎亥度南○　6/28/27
○過寒谷　6/29/3
決弱水於○漢　6/29/3
開五水於東○　6/29/4
退處陽山之南、陰阿之○　6/29/9
孤雖入於○國　7/31/31
今日爲越王陳○面之坐　7/33/31
○薄於海　8/35/11
西○立龍飛翼之樓　8/35/19
外郭築城而缺西○　8/35/20
故缺西○　8/35/21
○向稱臣　8/35/21
斗去極○　8/35/25
○至於平原　8/36/13
處女將○見於王　9/41/27
乃使陳音教士習射於○

| | | | | | | |
|---|---|---|---|---|---|---|
| 郊之外 | 9/43/3 | 皆○兜甲 | 10/46/27 | ○郢 | 4/14/14 |
| 臣觀吳王○會諸侯於黃 | | 死不○疑 | 10/48/22 | 辛陰與其季弟巢以王○隨 | 4/14/17 |
| 　池 | 10/44/18 | 越王乃○唐夷之甲 | 10/49/26 | ○楚 | 4/15/21 |
| ○則望齊 | 10/45/7 | | | 二子東○適吳越 | 4/16/4 |
| 吳悉兵屯於江○ | 10/46/26 | **倍 bèi** | **2** | 三戰破郢王○發 | 4/16/5 |
| 如是三戰三○ | 10/47/3 | | | 越王追○ | 10/47/4 |
| 乃以兵○渡江淮 | 10/47/22 | 而民五○其初 | 1/1/18 | 雷○電激 | 10/47/6 |
| | | 三年五○ | 9/40/5 | 哀公○陘 | 10/49/3 |
| **背 bèi** | **10** | | | 公○衛 | 10/49/3 |
| | | **備 bèi** | **15** | 又○越 | 10/49/3 |
| 虎膺而熊○ | 3/6/24 | | | 魯哀公以三桓之逼來○ | 10/50/12 |
| 貫甲達○ | 3/7/27 | 木不妨守○ | 3/4/5 | | |
| 以○受之 | 4/14/14 | ○邊兵 | 3/4/11 | **本 běn** | **3** |
| 獨見四人向庭相○而倚 | 5/23/12 | 願王自○ | 3/4/12 | | |
| 吾見四人相○而倚 | 5/23/13 | 何須私○劍士 | 3/6/31 | 辛之○也 | 5/22/18 |
| 蹭蹬飛丸而集其○ | 5/24/25 | 設守○ | 4/8/18 | 解救其○ | 8/36/5 |
| 禹掮其○而哭 | 6/28/30 | 設陣爲○ | 5/23/2 | 夫越○興國千里 | 8/36/16 |
| 若覆手○ | 7/31/2 | 外修耕戰之○ | 7/31/20 | | |
| 王○屏 | 10/45/26 | 吾之六翻○矣 | 7/32/10 | **崩 bēng** | **6** |
| 王出則復○垣而立 | 10/46/1 | 願得入○掃除 | 7/32/24 | | |
| | | 而○利器 | 9/39/3 | 蕩激○岸 | 5/24/10 |
| **被 bèi** | **29** | 前時設○ | 9/39/26 | 堯○ | 6/29/7 |
| | | 蓋以桃弓棘矢而○鄰國也 | 9/42/19 | 舜○ | 6/29/8 |
| 恐○淫洗之禍 | 1/1/5 | 審○則可戰 | 10/45/17 | 禹○之後 | 6/29/21 |
| 乃○髮（佯）〔佯〕狂 | 3/6/8 | 審○不守 | 10/45/17 | 禹○ | 6/29/22 |
| 王僚乃○棠銕之甲三重 | 3/7/24 | ○設守固 | 10/45/18 | 社稷（壞）〔壞〕○ | 7/32/21 |
| 橫○暴誅 | 4/10/1 | | | | |
| 吳大夫○離承宴 | 4/10/2 | **奔 bēn** | **29** | **逼 bī** | **1** |
| ○離曰 | 4/10/5 | | | | |
| 　4/10/5,5/22/23,5/23/30 | | ○戎狄之間 | 1/1/11 | 魯哀公以三桓之○來奔 | 10/50/12 |
| 令三百人皆○甲兜鍪 | 4/12/3 | 慶封窮來○吳 | 2/3/13 | | |
| 〔孤〕請躬○堅執銳 | 5/20/15 | 楚之亡臣伍子胥來○吳 | 3/3/27 | **鼻 bí** | **1** |
| 吳王召大夫○離 | 5/22/22 | 太子○宋 | 3/4/16 | | |
| 咸○群臣 | 5/23/22 | 伍員○宋 | 3/5/9 | 越王服（擯）〔攢〕○ | 7/32/27 |
| 謂○離曰 | 5/23/28 | 胥遂○宋 | 3/5/13 | | |
| 於是吳王謂○離曰 | 5/24/10 | 子胥乃與太子建俱○鄭 | 3/5/14 | **匕 bǐ** | **2** |
| 乃髡○離而刑之 | 5/24/10 | 伍員與勝○吳 | 3/5/17 | | |
| 〔夜中乃令〕服兵○甲 | 5/25/9 | 會楚之白喜來○ | 4/9/22 | 因推○首 | 3/7/27 |
| ○甲帶劍 | 5/26/8 | 喜因出○ | 4/9/23 | ○首如故 | 3/7/27 |
| 君○五勝之衣 | 5/27/15 | 走追○獸 | 4/11/8 | | |
| 安守○辱之地 | 7/31/21 | 臣詐以負罪出○ | 4/11/12 | **比 bǐ** | **4** |
| 入不○尤 | 7/31/24 | 要離乃詐得罪出○ | 4/11/13 | | |
| 受辱○恥 | 8/35/15 | 要離○諸侯而行怨言 | 4/11/14 | 臣聞諸侯不爲匹夫興師 | |
| 今孤親○奴虜之厄 | 9/38/4 | 且郢、伍之家出○於吳 | 4/12/23 | 　用兵於○國 | 3/6/17 |
| 寡人○辱懷憂 | 9/38/24 | 欲○亡 | 4/14/7 | 紂殺王子○干 | 5/23/27 |
| 國不○災 | 9/39/6 | 〔子常〕走○鄭 | 4/14/11 | 亦得與龍逢、○干爲友 | 5/24/6 |
| 越王夏○毛裘 | 9/40/16 | 吳因○而擊破之 | 4/14/11 | 何能與王者○隆盛哉 | 8/35/26 |

## 妣 bǐ　1

如喪考○　6/29/7

## 彼 bǐ　14

○君與我何異　1/1/16
○必復父之讎　3/6/12
○光有內志　3/6/16
○楚雖敗我餘兵　4/15/26
○戰而勝　5/19/11
信○南山　6/28/20
我造○昌　6/28/25
去○吳庭　7/30/13
○興則我辱　7/31/4
我霸則○亡　7/31/4
○飛鳥兮鳶鳥　7/32/6
○越王者　7/32/30
○以窮居　9/41/23
於○爲佞　10/49/14

## 鄙 bǐ　14

何言之○也　3/6/23,7/30/16
豈不○哉　4/11/3
　　　5/27/21,7/32/22
幾爲天下大○　4/16/2
○吾百姓　5/19/13
臣○淺於道　5/21/9
子何性○　5/21/13
不以○陋寢容　9/40/11
君王自陳越國微○　9/40/21
楚之○人　9/42/10
犯吳之邊○　10/44/7
臣○於策謀　10/44/26

## 必 bǐ　74

○授國以次及于季札　2/2/28
○以國及季札　2/3/10
○死不脫　3/4/29
彼○復父之讎　3/6/12
○伸萬人之上　3/6/23
○前求其所好　3/7/4,9/38/22
○不爲君主所親　4/8/14
○先立城郭　4/8/18
子○故陳兵堂下門庭　4/9/27

瞑○來也　4/10/25
慶忌○信臣矣　4/11/13
臣不敢○　4/13/27
王○伐　4/13/28
追之○破矣　4/14/9
○將乘煙起而助我　4/15/25
○葬我於虞山之巔　4/16/17
○矣　5/18/7
○將有報我之心　5/18/15
齊○戰　5/19/11
○以其兵臨晉　5/19/11,5/20/20
越亂之○矣　5/20/20
○死百段於王前　5/21/20
臣聞好船者○溺　5/21/20
好戰者○亡　5/21/21
后○大敗　5/22/20
○趨其小喜　5/23/10
後世○以我爲忠　5/24/6
○有敢諫之臣　5/24/14
○有敢言之交　5/24/14
○明其信　5/26/1
謀臣○亡　5/27/6
何○使吾師衆加刃於王　5/27/18
死○連縶組以罩吾目　5/27/25
○有應矣　6/28/23
而云湯文困厄後○霸　7/30/23
何○自傷哉　7/31/4
其道○守　7/31/9
往而○反、與君復讎者　7/31/21
後○爲吳之患　7/33/15
投卵千鈞之下望○全　7/34/10
○念終始　7/34/26
後車○戒　8/36/4
○(餌)〔弨〕毛帖伏　8/37/4
○卑飛戢翼　8/37/5
○順辭和衆　8/37/5
○輕諸侯而凌鄰國　8/37/8
○角勢交爭　8/37/8
○有壞敗　8/37/20
○爲越王所戮　9/39/14
○且內蓄五穀　9/39/19
○察天地之氣　9/39/20
其○受之　9/40/8
後○有殃　9/40/14
○得其願　9/40/15
○成其名　9/40/15
○爲對際　9/40/16

○許王矣　9/40/22
越○有吳　9/40/25
而雉○死　9/41/7
臣○見越之破吳　9/41/10
○哭泣葬埋之如吾子也　10/43/20
○朝而禮之　10/43/21
其民○有移徙之心　10/44/6
有功○加　10/45/14
○可應難　10/45/18
吾知越之○入吳矣　10/47/8
○復不須功而返國也　10/48/7
越王○將誅子　10/48/8
泰終○否　10/48/9
○以獲罪　10/49/8
○害其良　10/49/17
忠臣○以吾爲喻矣　10/49/22

## 閉 bǐ　6

慎無○吾門　4/10/25
見其門不○　4/10/26
歸不關○　4/10/28
四瀆壅○　6/28/6
君王○口無傳　9/39/4
開門○戶　9/42/4

## 婢 bǐ　1

妻衣褐兮爲○　7/32/7

## 畢 bǐ　10

赴喪○　1/1/22
高子句○立　1/2/5
(卑)〔○〕子去齊　1/2/6
○爲廢物　3/5/1
二人飲食○　3/5/27
群臣○盟　5/26/4
禹三年服○　6/29/11
喪○　6/29/23
群臣○賀　7/35/2
諸侯○賀　10/47/24

## 桛 bǐ　1

入吾○梱　7/32/16

## 弊 bì　5

| | |
|---|---|
| 騎士、銳兵○乎齊 | 5/19/11 |
| ○邑雖小 | 5/20/15 |
| 今大國越次而造○邑之<br>　軍壘 | 5/25/15 |
| 越承其○ | 8/37/9 |
| 九日利甲兵以承其○ | 9/39/3 |

## 幣 bì　6

| | |
|---|---|
| 事以皮○、金玉、重寶 | 1/1/14 |
| 〔君〕受〔其〕○ | 5/20/18 |
| 盡其寶○ | 7/34/15 |
| 夫官位、財○、金賞者 | 9/38/7 |
| 二曰重財○以遺其君 | 9/38/26 |
| 春秋奉○、玉帛、子女<br>　以貢獻焉 | 10/45/7 |

## 孼 bì　1

| | |
|---|---|
| 小則○妾、嫡子死 | 5/25/22 |

## 蔽 bì　1

| | |
|---|---|
| 恐其不○ | 5/27/25 |

## 臂 bì　4

| | |
|---|---|
| 正身○而奮 | 5/19/17 |
| 伍子胥攘○大怒 | 5/23/8 |
| 琴氏乃橫弓著○ | 9/42/17 |
| ○爲道路 | 9/42/23 |

## 避 bì　9

| | |
|---|---|
| 牛馬過者折易而○之 | 1/1/6 |
| 運車以○葭葦 | 1/1/12 |
| 公劉○桀於戎狄 | 1/1/12 |
| 吾誠○之 | 2/3/8 |
| 越王慬然○位 | 5/20/2 |
| 隱身○害 | 5/21/17 |
| 故有○乎 | 5/27/1 |
| 益○禹之子啓於箕山之陽 | 6/29/23 |
| 退則○刑 | 10/44/15 |

## 斃 bì　1

| | |
|---|---|
| 兵士僵○ | 10/47/7 |

## 璧 bì　1

| | |
|---|---|
| 嬰以白○ | 9/39/10 |

## 繄 bì　1

| | |
|---|---|
| 死必連○組以罩吾目 | 5/27/25 |

## 躄 bì　1

| | |
|---|---|
| 猶○者不忘走 | 8/37/2 |

## 編 biān　2

| | |
|---|---|
| ○以白銀 | 6/28/15 |
| 轉從衆庶爲○戶之民 | 6/29/29 |

## 鞭 biān　2

| | |
|---|---|
| ○之三百 | 4/14/23 |
| ○辱腐屍恥難雪 | 4/16/6 |

## 邊 biān　11

| | |
|---|---|
| 備○兵 | 3/4/11 |
| 楚之○邑脾梁之女 | 3/7/10 |
| 與吳○邑處女蠶 | 3/7/10 |
| 滅吳之○邑 | 3/7/11 |
| 寡人處此北○ | 5/23/2 |
| ○（候）〔遽〕〔乃至〕 | 5/25/6 |
| 兩軍○兵接好 | 5/25/15 |
| 守國於○ | 7/30/14 |
| 抵罪○境 | 7/32/11 |
| 棄守○之事 | 7/34/13 |
| 犯吳之○鄙 | 10/44/7 |

## 扁 biǎn　3

| | |
|---|---|
| 吳師皆文犀、長盾、○<br>　諸之劍 | 5/25/10 |
| ○天地之壤 | 8/35/25 |
| 乃乘○舟 | 10/48/23 |

## 便 biàn　6

| | |
|---|---|
| 召鐵之矛無分髮之○ | 7/31/3 |
| 適遇吳王之○ | 7/33/24 |
| 即以手取其○與惡而嘗之 | 7/33/25 |
| 桓繆據五勝之○而列六國 | 8/37/22 |
| 未有四時之利、五勝之○ | 8/37/23 |
| 天變、地應、人道○利 | 10/45/21 |

## 辨 biàn　2

| | |
|---|---|
| 兵不預（辦）〔○〕 | 5/20/19 |
| ○哉 | 10/45/17 |

## 辯 biàn　1

| | |
|---|---|
| 胥乃明知鑒○ | 4/11/31 |

## 變 biàn　20

| | |
|---|---|
| ○易風俗 | 1/1/12 |
| 豈可○乎 | 2/3/5 |
| 以觀諸侯之○ | 3/7/18 |
| 期無○意乎 | 3/7/23 |
| 今吾作劍不○化者 | 4/9/10 |
| 願空國、棄群臣、○容<br>　貌、易姓名、執箕帚<br>　、養牛馬以事之 | 5/19/19 |
| 生○起詐 | 5/23/6 |
| 汝骨○形灰 | 5/24/9 |
| 顏色不○ | 6/28/29 |
| ○異不及於民 | 7/30/19 |
| 觀○參災 | 7/31/30 |
| 民虛國○ | 9/39/14 |
| ○爲白猿 | 9/42/1 |
| 即無權○之謀 | 10/45/9 |
| 參應其○ | 10/45/21 |
| 天○、地應、人道便利 | 10/45/21 |
| 天○於上 | 10/47/27 |
| 恐天○復見 | 10/47/27 |
| 越王愀然○色 | 10/48/23 |
| 色○於外 | 10/48/30 |

## 熛 biāo　2

| | |
|---|---|
| 目若○火 | 7/32/14 |
| 〔墓〕中生○風飛砂 | |

| | |
|---|---|
| （砂）石以射人 | 10/50/4 |

## 表 biǎo　3

| | |
|---|---|
| 與日戰不移○ | 4/10/22 |
| 則周何爲三家之○ | 9/41/13 |
| 願聞望敵儀○、投分飛 | |
| 　矢之道 | 9/42/30 |

## 鷩 biē　4

| | |
|---|---|
| 唯魚○見矣 | 5/19/5 |
| 身爲魚○ | 5/19/13,5/20/9 |
| 魚○食汝肉 | 5/24/8 |

## 別 bié　12

| | |
|---|---|
| 一面而○ | 3/4/28 |
| 自小○山至於大○山 | 4/14/6 |
| 分○妖祥 | 7/31/30 |
| 遂○於浙江之上 | 7/32/1 |
| 以○其（熊）〔態〕 | 9/38/17 |
| ○眞僞也 | 9/39/22 |
| 遂○去 | 9/42/1 |
| 以○衆寡之數 | 10/45/9 |
| 審物則○是非 | 10/45/16 |
| 以○清濁 | 10/45/19 |
| 皆作離○相去之詞 | 10/46/9 |

## 邠 bīn　2

| | |
|---|---|
| 古公乃杖策去○ | 1/1/16 |
| ○人父子兄弟相帥 | 1/1/17 |

## 賓 bīn　2

| | |
|---|---|
| 來○爲王 | 6/28/25 |
| 諸侯○服 | 7/34/6 |

## 濱 bīn　4

| | |
|---|---|
| 伯夷自海○而往 | 1/2/1 |
| 東○海 | 4/9/30 |
| 下守海○ | 5/19/5 |
| 寒就蒲（贏）〔羸〕於 | |
| 　東海之○ | 10/44/6 |

## 殯 bìn　1

| | |
|---|---|
| 吾葬埋○送之 | 10/46/17 |

## 冰 bīng　3

| | |
|---|---|
| 復置於澤中○上 | 1/1/6 |
| 休息食室於○廚 | 8/35/30 |
| 多常抱（兵）〔○〕 | 8/36/8 |

## 兵 bīng　107

| | |
|---|---|
| 中國侯王數用○ | 1/1/25 |
| 乃舉○伐吳 | 2/2/20 |
| 即舉○伐楚 | 2/3/13 |
| 備邊○ | 3/4/11 |
| 太子居城父將○ | 3/4/12 |
| 楚之君臣且苦○矣 | 3/5/9 |
| 臣聞諸侯不爲匹夫興師 | |
| 　用○於比國 | 3/6/17 |
| 爲匹夫興○ | 3/6/18 |
| 使公子蓋餘、燭庸以○ | |
| 　圍楚 | 3/7/17 |
| 楚發○絕吳〔○〕後 | 3/7/18 |
| 吳○不得還 | 3/7/18 |
| 二弟將○ | 3/7/19 |
| 使○衛陳於道 | 3/7/24 |
| 公子蓋餘、燭庸二人將 | |
| 　○遇圍於楚者 | 3/8/4 |
| 乃以○降楚 | 3/8/4 |
| 治○庫 | 4/8/19 |
| 欲用○ | 4/9/22 |
| 平王甚毅猛而好○ | 4/9/27 |
| 子必故陳○堂下門庭 | 4/9/27 |
| 乃敢加○刃於我 | 4/11/18 |
| 寡人欲出○ | 4/11/28 |
| 深恐以○往破滅而已 | 4/11/29 |
| 善爲○法 | 4/11/30 |
| 乃一旦與吳王論○ | 4/11/31 |
| 而召孫子問以○法 | 4/12/1 |
| ○法寧可以小試耶 | 4/12/2 |
| 寡人已知將軍用○矣 | 4/12/9 |
| ○已整齊 | 4/12/12 |
| 寡人知子善用○ | 4/12/13 |
| 將軍罷○就舍 | 4/12/14 |
| 臣聞○者、凶事 | 4/12/15 |
| 故爲○者 | 4/12/15 |

| | |
|---|---|
| ○道不明 | 4/12/15 |
| 欲興○戈以誅暴楚 | 4/12/15 |
| 故彊敵之○日駭 | 4/12/24 |
| 子常用○ | 4/13/15 |
| 楚之爲○ | 4/13/26 |
| 寡人欲舉○伐楚 | 4/14/5 |
| 舍○於淮汭 | 4/14/6 |
| 吳○逐之 | 4/14/18 |
| 不用尺○斗糧 | 4/14/27 |
| 興○伐吳 | 4/15/17 |
| 私以間○伐唐 | 4/15/20 |
| 彼楚雖敗我餘○ | 4/15/26 |
| 垂涕舉○將西伐 | 4/16/5 |
| 留○縱騎虜荆闒 | 4/16/6 |
| 使太子屯○守楚留止 | 4/16/24 |
| 楚懼吳○復往 | 4/17/1 |
| 故前興○伐魯 | 5/17/19 |
| 〔其〕士〔民又〕惡甲 | |
| 　○〔之事〕 | 5/17/24 |
| 吾○已在魯之城下矣 | 5/18/9 |
| 君按○無伐 | 5/18/10 |
| 君因以○迎之 | 5/18/10 |
| ○强而不能行其威 | 5/19/8 |
| 必以其○臨晉 | 5/19/11,5/20/20 |
| 騎士、銳○弊乎齊 | 5/19/11 |
| ○不預（辦）〔辨〕 | 5/20/19 |
| 修○伏卒以待之 | 5/20/21 |
| 吳王果興九郡之○ | 5/20/22 |
| 願大王按○修德 | 5/22/3 |
| ○可以行 | 5/22/10 |
| 而齊舉○伐之 | 5/24/28 |
| 〔夜中乃令〕服○被甲 | 5/25/9 |
| 兩軍邊○接好 | 5/25/15 |
| 息民散○ | 5/26/12 |
| 越○至 | 5/27/4 |
| 飛矢揚○ | 7/31/27 |
| 用○與大王相持 | 7/32/24 |
| 多常抱（○）〔冰〕 | 8/36/8 |
| 故前無剿過之 | 8/37/6 |
| 臣聞吳王○彊於齊、晉 | 8/37/7 |
| 雖五帝之○ | 8/37/9 |
| ○剉而軍退 | 8/37/15 |
| 臣請按師整○ | 8/37/16 |
| ○不血刃 | 8/37/16 |
| 九日利甲○以承其弊 | 9/39/3 |
| 夫興師舉○ | 9/39/19 |
| 勵其甲○ | 9/39/20 |

| | | | | | |
|---|---|---|---|---|---|
| 頓於○弩 | 9/41/25 | 柄 bǐng | 1 | 疾○也 | 10/46/16 |
| 臣聞古之聖君莫不習戰 | | | | 士有疾○ | 10/46/18 |
| 　用○ | 9/41/26 | 則執諸侯之○ | 5/25/8 | | |
| ○刃交錯 | 9/42/17 | | | 波 bō | 5 |
| 以○臨境 | 10/44/5 | 稟 bǐng | 1 | | |
| 不勝則困其○ | 10/44/10 | | | 吳王因爲太子○聘齊女 | 4/16/16 |
| 精○從王 | 10/44/18 | ○受無外 | 8/35/24 | ○太子夫差日夜告（許） | |
| ○始出境未遠 | 10/44/19 | | | 　〔於〕伍胥曰 | 4/16/19 |
| ○還不難也 | 10/44/19 | 并 bìng | 7 | 我入則（○）〔決〕矣 | 4/16/20 |
| 越王復悉國中○卒伐吳 | 10/44/25 | | | 莫大乎○秦之子夫差 | 4/16/22 |
| 惟是輿馬、○革、卒伍 | | 欲與之○力 | 3/7/1 | 子胥因隨流揚○ | 5/24/9 |
| 　既具 | 10/44/27 | 欲東○大越 | 4/8/24 | | |
| ○革既具 | 10/45/13 | 又與白虎○重 | 5/22/19 | 播 bō | 1 |
| 不能隨軍從○者 | 10/46/18 | ○慮一謀 | 5/22/22 | | |
| 筋力不足以勝甲○ | 10/46/19 | 乃誅嚭○妻子 | 5/27/23 | 今王○棄〔黎老〕 | 5/23/9 |
| 吳悉○屯於江北 | 10/46/26 | ○心察慈仁者 | 7/34/4 | | |
| 以須吳○ | 10/46/29 | ○敵國之境 | 8/35/17 | 磻 bō | 1 |
| 復須吳○ | 10/46/29 | | | | |
| 攻吳○ | 10/47/4 | 並 bìng | 7 | ○溪之餓人也 | 9/38/12 |
| 留○假道 | 10/47/6 | | | | |
| ○士僵斃 | 10/47/7 | 恨怒○發 | 4/10/24 | 伯 bó | 27 |
| 今君王舉○而誅孤臣 | 10/47/13 | 群臣○進 | 5/23/21 | | |
| 范蠡遂鳴鼓而進○ | 10/47/18 | 二國君臣○在 | 5/26/3 | 吳之前君太○者 | 1/1/3 |
| 乃以○北渡江淮 | 10/47/22 | 衆瑞○去 | 6/29/21 | 長曰太○ | 1/1/18 |
| 越○橫行於江淮之上 | 10/47/24 | 諸侯○救王命 | 7/30/30 | 太○、仲雍望風知指 | 1/1/20 |
| 子有陰謀○法 | 10/49/18 | 日月不可○照 | 7/31/10 | 太○、仲雍歸 | 1/1/22 |
| 悅○敢死 | 10/50/2 | 四時不○盛 | 8/37/13 | 太○曰 | 1/1/23 |
| 舉○所伐攻秦王 | 10/50/7 | | | 吾以○長居國 | 1/1/23 |
| 陣○未濟秦師降 | 10/50/8 | 病 bìng | 18 | 故太○起城 | 1/1/25 |
| | | | | 令季歷讓國於太○ | 1/1/26 |
| 丙 bǐng | 6 | 古公○ | 1/1/21,1/1/26 | 太○三以天下讓 | 1/1/27 |
| | | 壽夢○將卒 | 2/2/24 | 號曰西○ | 1/1/28 |
| ○午日也 | 8/36/2 | 同○相憐 | 4/10/3 | 西○致太平 | 1/2/1 |
| ○ | 8/36/2 | 又受眇目之○ | 4/10/23 | ○夷自海濱而往 | 1/2/1 |
| 吾王今以○午復初臨政 | 8/36/4 | 因乃爲○ | 4/16/16 | 西○卒 | 1/2/1 |
| 其夏六月○子 | 10/44/20 | ○日益甚 | 4/16/17 | 追封太○於吳 | 1/2/2 |
| ○（戌）〔戍〕遂虜殺 | | 太子亦○而死 | 4/16/18 | 太○祖卒 | 1/2/2 |
| 　太子 | 10/44/21 | 在心腹之○ | 5/17/12 | 凡從太○至壽夢之世 | 1/2/6 |
| ○午平旦 | 10/49/6 | 越之爲○ | 5/22/14 | 周之太王知西○之聖 | 2/2/26 |
| | | 今吳○矣 | 5/27/6 | 二○來入荊蠻 | 2/3/5 |
| 秉 bǐng | 3 | 周文不以困爲○ | 7/30/18 | 秦○使辭焉 | 4/15/13 |
| | | 至三月壬申○愈 | 7/33/26 | 秦○爲之垂涕 | 4/15/15 |
| ○威銳志 | 4/12/24 | 遂○口臭 | 7/33/29 | ○父令子來乎 | 5/26/10 |
| 王親○鉞 | 5/25/11 | 令孤子、寡婦、疾疹、 | | ○父若能輔余一人 | 5/26/11 |
| 王乃〔○枹〕親鳴金鼓 | 5/25/13 | 　貧○者 | 10/43/20 | 乃號禹曰○禹 | 6/29/6 |
| | | 父母昆弟有在疾○之地 | 10/46/16 | 領統州○以巡十二部 | 6/29/6 |
| | | 吾視之如吾父母昆弟之 | | 外行九○ | 6/29/8 |

西○之殷　7/31/16
西○任之而王　9/38/12

**帛 bó**　2

春秋奉幣、玉○、子女以貢獻焉　10/45/7
名可留於竹○　10/47/30

**柏 bó**　1

楚二師陣於○舉　4/14/8

**博 bó**　5

不能（傅）〔○〕大　5/21/9
多見（傅）〔○〕觀　5/21/11
〔能〕（傳賢）〔○取〕於諸侯　10/44/29
吾○愛以子之　10/45/3
廣恩以○施　10/45/20

**搏 bó**　1

鷙鳥將（摶）〔○〕　8/37/4

**薄 bó**　9

其城○以卑　5/17/23
此吾德○不能化民證也　6/29/2
德有○厚　7/30/20
居危而不以爲○　7/30/28
北○於海　8/35/11
○其賦斂　8/36/27
越王乃緩刑○罰　8/36/30
不知德○而恩淺　8/37/15
西則○晉　10/45/7

**擘 bò**　1

專諸乃○炙魚　3/7/26

**逋 bū**　3

○逃出走　5/20/8
○逃〔出走〕　5/20/12
國無○稅　9/39/26

**餔 bū**　1

孤○而啜之　10/43/22

**卜 bǔ**　7

隨君（作）〔○〕昭王與吳王　4/14/19
惟公○焉　7/33/19
以臣○日　8/35/9
唐虞○地　8/35/13
臣當○之於天　10/44/5
又見於○筮　10/44/7
未足以○　10/44/26

**捕 bǔ**　1

復遣追○子胥　3/5/4

**哺 bǔ**　3

○其耳以成人惡　10/49/11
○以惡何　10/49/12
故○以人惡　10/49/20

**不 bù**　796

后稷遂得○死　1/1/7
子○窋立　1/1/11
行○履生草　1/1/11
其伐○止　1/1/14
而亦伐之○止　1/1/14
君子○以養害害所養　1/1/15
吾所○居也　1/1/16
示○可用　1/1/22
而三讓○受　1/1/27
且今子○忘前人之言　2/2/28
敢○如命　2/2/29,5/23/4,5/27/14
嘗晨昧○安　2/3/1
然前王○忍行其私計　2/3/3
我敢○從命乎　2/3/3
前人誦之○絕於口　2/3/6
諸侯與曹人○義而立於國　2/3/7
札雖○才　2/3/8
季札○受而耕於野　2/3/9
以效○恨士也　2/3/13
心恨○解　2/3/16
吾○受位　2/3/18
○聽國政　3/3/28
三年○飛亦○鳴　3/3/30
此鳥○飛　3/3/30
○鳴　3/3/31
○飛○鳴　3/3/31
○聞以土木之崇高、蟲鏤之刻畫、金石之清音、絲竹之淒唳以之爲美　3/4/3
高○過望國氛　3/4/4
大○過容宴豆　3/4/4
木○妨守備　3/4/5
用○煩官府　3/4/5
民○敗時務　3/4/5
官○易朝常　3/4/5
○知所謂也　3/4/7
○遊於臺　3/4/7
○能無怨望之心　3/4/12
王今○制　3/4/14
○然將誅　3/4/16
○誅　3/4/16
○然則死　3/4/17
雖冤○爭　3/4/19
相去○遠三百餘里　3/4/22
食○甘味　3/4/24,4/12/10
憂父○活　3/4/24
氣○相受　3/4/27
勢○敢殺　3/4/29
必死○脫　3/4/29
冤讎○除　3/4/31
○能報仇　3/5/1
吾去○顧　3/5/3
欲國○滅　3/5/5
若○爾者　3/5/6
○獲而返　3/5/7
則爲○忠　3/5/10
教子○報　3/5/10
吾○容言　3/5/11
○與戴天履地　3/5/11
○與同域接壤　3/5/12
○與鄰鄉共里　3/5/12
幾○得脫　3/5/19
月已馳兮何○渡爲　3/5/22
○見　3/5/25
遂辭○受　3/5/29
飯○可得　3/6/3

| | | | | | |
|---|---|---|---|---|---|
| 何○飽而餐之 | 3/6/5 | 誰○愛其所近 | 4/10/4 | 臣○受之 | 4/12/11 |
| ○願從適 | 3/6/6 | 吾○見也 | 4/10/5 | ○敢瞬目 | 4/12/11 |
| 妾○忍也 | 3/6/7 | ○可親也 | 4/10/6 | 吳王忽然○悅 | 4/12/13 |
| 臣聞諸侯○爲匹夫興師 | | 子胥○然其言 | 4/10/6 | 寡人○願 | 4/12/14 |
| 　用兵於比國 | 3/6/17 | 吾食○甘味 | 4/10/10 | 王徒好其言而○用其實 | 4/12/14 |
| 臣固○敢如王之命 | 3/6/19 | 臥○安席 | 4/10/10 | ○可空試 | 4/12/15 |
| 甚○可當 | 3/6/21 | 臣○忠無行 | 4/10/11 | 誅伐○行 | 4/12/15 |
| ○吾廢也 | 3/6/30 | 言辭○遜 | 4/10/20 | 兵道○明 | 4/12/15 |
| 何○使近臣從容言於王側 | 3/6/30 | 合坐○忍其溢於力也 | 4/10/21 | 而吳侵境○絕於寇 | 4/12/19 |
| ○覯退讓 | 3/7/1 | 與日戰○移表 | 4/10/22 | 其言○絕 | 4/12/21 |
| ○也 | 3/7/2 | 與神鬼戰者○旋踵 | 4/10/22 | ○亦異乎 | 4/12/22 |
| 小人○能奉行 | 3/7/2 | 與人戰者○達聲 | 4/10/22 | 敢○圖之 | 4/12/26 |
| 吳國○勝 | 3/7/11 | ○受其辱 | 4/10/22 | ○忘久生 | 4/12/28 |
| 吾志○悉矣 | 3/7/14 | ○即喪命於敵 | 4/10/23 | 昭王○知其故 | 4/13/2 |
| 白公默然○對 | 3/7/15 | 見其門○閉 | 4/10/26 | ○知其名 | 4/13/2 |
| 吳兵○得還 | 3/7/18 | ○關 | 4/10/26 | 魚腸劍逆理○順 | 4/13/6 |
| 時○再來 | 3/7/19 | ○守 | 4/10/26 | ○可服也 | 4/13/6 |
| ○可失也 | 3/7/20 | ○知 | 4/10/27, 4/11/1 | ○法之物 | 4/13/7 |
| ○求何獲 | 3/7/20 | 歸○關閉 | 4/10/28 | 猶○能得此寶 | 4/13/13 |
| 時○可失 | 3/7/21 | 臥○守御 | 4/10/28 | 吳王以越○從伐楚 | 4/13/18 |
| ○可慎 | 3/7/24 | 子有三○肖之愧 | 4/10/29 | 吳○信前日之盟 | 4/13/18 |
| 恐國人○就 | 4/8/9 | 一○肖也 | 4/11/1 | 闔閭○然其言 | 4/13/19 |
| 諸侯○信 | 4/8/10 | 入門○欬 | 4/11/1 | ○得入郢 | 4/13/22 |
| 骸骨○葬 | 4/8/12 | 二○肖也 | 4/11/2 | 始子言郢○可入 | 4/13/25 |
| 魂○血食 | 4/8/12 | 三○肖也 | 4/11/2 | 臣○敢必 | 4/13/27 |
| 幸○加戮 | 4/8/12 | 子有三○肖而威於我 | 4/11/2 | 昭公○與 | 4/13/30 |
| 寡人○免於繫縶之使 | 4/8/13 | 豈○鄙哉 | 4/11/3 | 子常三年留之○使歸國 | 4/13/30 |
| 必○爲君主所親 | 4/8/14 | | 5/27/21, 7/32/22 | 公○與 | 4/13/31 |
| ○然 | 4/8/15, 5/17/13 | 臣敢○盡力 | 4/11/7 | 三○利 | 4/14/7 |
| 倉庫○設 | 4/8/16 | 默然○言 | 4/11/7 | 自知○可進 | 4/14/7 |
| 田疇○墾 | 4/8/16 | 馳馬馳○及 | 4/11/9 | 子常○應 | 4/14/8 |
| ○開東面者 | 4/8/22 | 闔接矢○可中 | 4/11/9 | 子常○仁 | 4/14/9 |
| 而金鐵之精○銷淪流 | 4/9/6 | 今子之力○如也 | 4/11/10 | 闔閭○許 | 4/14/9 |
| 於是干將○知其由 | 4/9/6 | ○下諸侯之士 | 4/11/11 | 所謂臣行其志○待命者 | 4/14/10 |
| 三月○成 | 4/9/7 | ○盡事君之義 | 4/11/11 | ○亦可乎 | 4/14/16 |
| 吾○知其理也 | 4/9/7 | 而○除君之患者 | 4/11/12 | 懷怒○解 | 4/14/17 |
| 金鐵之類○銷 | 4/9/9 | 何○與我東之於吳 | 4/11/16 | ○吉 | 4/14/20 |
| 今吾作劍○變化者 | 4/9/10 | 憖然○行 | 4/11/20 | 楚敢○聽命 | 4/14/21 |
| ○受而去 | 4/9/15 | 君何○行 | 4/11/20 | 伍胥以○得昭王 | 4/14/23 |
| ○知其所在 | 4/9/20 | ○貴無義 | 4/11/22 | 豈○冤哉 | 4/14/24 |
| 王○知汝之神也 | 4/9/20 | 吾寧能○死乎 | 4/11/23 | ○用尺兵斗糧 | 4/14/27 |
| 遂服而○離身 | 4/9/22 | 子胥深知王之○定 | 4/11/29 | 〔申包胥〕知○可 | 4/15/6 |
| 何○爲酒 | 4/9/26 | 王○知口之稱善 | 4/12/1 | 七日七夜口○絕聲 | 4/15/7 |
| 莫○歎息 | 4/9/29 | 孫子顧視諸女連笑○止 | 4/12/6 | ○恤國事 | 4/15/7 |
| ○遠吾國而來 | 4/9/31 | 約束○明 | 4/12/7 | 王○憂鄰國疆（場） | |
| ○遠千里 | 4/10/1 | 申令○信 | 4/12/7 | 　〔場〕之患 | 4/15/11 |
| 子○聞河上歌乎 | 4/10/3 | 卒○卻行 | 4/12/8 | 日夜○絕聲 | 4/15/14 |

| | |
|---|---|
| 水○入口 | 4/15/15 |
| ○去 | 4/15/21 |
| ○收 | 4/15/23 |
| 而寇○絕於境 | 4/16/2 |
| ○顧宗廟聽讒孽 | 4/16/4 |
| 吳軍雖去怖○歇 | 4/16/7 |
| 扈子遂○復鼓矣 | 4/16/8 |
| 將欲報以百金而○知其家 | 4/16/9 |
| 守居三十○嫁 | 4/16/10 |
| ○得其償 | 4/16/12 |
| ○知其家 | 4/16/12 |
| 過時○至 | 4/16/13 |
| ○知其臭 | 4/16/14 |
| 女思○止 | 4/16/17 |
| 今太子○祿 | 4/16/22 |
| 夫〔差〕愚而○仁 | 4/16/23 |
| 恐○能奉統於吳國 | 4/16/23 |
| ○敢陳戰爭之辭 | 5/17/7 |
| 惟吳哀齊之○濫也 | 5/17/7 |
| ○前除其疾 | 5/17/12 |
| 吳王○聽 | 5/17/13, 5/22/20 |
| | 5/23/12, 9/39/14, 9/40/17 |
| 王○我用 | 5/17/14 |
| 其君愚而○仁 | 5/17/24 |
| 〔此〕○可與戰 | 5/17/25 |
| 君○若伐吳 | 5/17/25 |
| 臣聞君三封而三○成者 | 5/18/2 |
| 大臣有所○聽者也 | 5/18/3 |
| 而君功○與焉 | 5/18/3 |
| 故曰○如伐吳 | 5/18/6 |
| 王者○絕世 | 5/18/11 |
| 則王○疑也 | 5/18/13 |
| ○即誅之 | 5/18/14 |
| ○可 | 5/18/16 |
| | 5/20/17, 5/24/16, 6/28/8 |
| | 9/40/13, 9/40/25, 10/47/27 |
| 夫越之彊○過於魯 | 5/18/16 |
| 吳之彊○過於齊 | 5/18/16 |
| 主以伐越而○聽臣 | 5/18/16 |
| ○勇也 | 5/18/17 |
| ○智也 | 5/18/17 |
| 臣聞仁人○（因居） | |
| 〔困厄〕以廣其德 | 5/18/18 |
| 智者○棄時以舉其功 | 5/18/18 |
| 王者○絕世以立其義 | 5/18/18 |
| 大夫何索然若○辱 | 5/18/21 |
| 孤敢○問其說 | 5/19/1 |

| | |
|---|---|
| 內○自量 | 5/19/4, 5/20/8, 5/20/11 |
| 敢○承教 | 5/19/6 |
| 明主任人○失其能 | 5/19/7 |
| 直士舉賢○容於世 | 5/19/7 |
| 兵強而○能行其威 | 5/19/8 |
| 勢在上位而○能施其政 | |
| 令於下者 | 5/19/9 |
| ○勝 | 5/19/11 |
| 孤身○安重席 | 5/19/15 |
| 口○嘗厚味 | 5/19/16 |
| 目○視美色 | 5/19/16 |
| 耳○聽雅音 | 5/19/16 |
| ○可得也 | 5/19/18 |
| 今內量吾國○足以傷吳 | 5/19/18 |
| 外事諸侯而○能也 | 5/19/18 |
| 孤雖知要領○屬 | 5/19/19 |
| 敢○待令乎 | 5/20/1 |
| 貪功名而○知利害 | 5/20/2 |
| 士卒○恩 | 5/20/3 |
| ○以身死隱君之過 | 5/20/4 |
| 其身死而○聽 | 5/20/4 |
| 知其前而○知其後 | 5/20/5 |
| 子貢○受 | 5/20/7 |
| 昔者孤身○幸 | 5/20/8 |
| 死且○敢忘 | 5/20/9 |
| 昔孤○幸 | 5/20/11 |
| 死且○忘 | 5/20/12 |
| ○仁也 | 5/20/18 |
| 慮○預定 | 5/20/19 |
| ○可以應卒 | 5/20/19 |
| 兵○預（辦）〔辨〕 | 5/20/19 |
| ○可以勝敵 | 5/20/20 |
| 戰而○勝 | 5/20/20 |
| 蒸而○炊 | 5/21/2 |
| 兩鑕蒸而○炊者 | 5/21/5 |
| 而其心○已 | 5/21/8 |
| ○能（愽）〔博〕大 | 5/21/9 |
| 臣○能占 | 5/21/10 |
| ○得逃亡 | 5/21/15 |
| ○意卒得急召 | 5/21/17 |
| 臣○言 | 5/21/19 |
| 然忠臣○顧其軀 | 5/21/20 |
| ○顧於命 | 5/21/21 |
| 戰○勝、敗走偟偟也 | 5/21/21 |
| 入門見鑕蒸而○炊者 | 5/21/22 |
| 大王○得火食也 | 5/21/22 |
| ○為用器 | 5/22/3 |

| | |
|---|---|
| 身可○死矣 | 5/22/5 |
| ○如相隨為柱 | 5/22/7 |
| ○念士民之死 | 5/22/12 |
| ○知其禍 | 5/22/12 |
| ○足患也 | 5/22/13 |
| ○發則傷 | 5/22/14 |
| 敢○盡忠 | 5/22/15 |
| 耳目○聽 | 5/22/15, 5/22/23 |
| 禍○久矣 | 5/22/20 |
| ○知當世之所行 | 5/22/24 |
| 吳○知所安集 | 5/23/2 |
| ○意頗傷齊師 | 5/23/2 |
| 國猶○至顛隕 | 5/23/3 |
| 今大夫昏耄而○自安 | 5/23/6 |
| 有○庭之臣 | 5/23/9 |
| ○陷於大難 | 5/23/9 |
| 所患外○憂 | 5/23/10 |
| 若○覺寤 | 5/23/11 |
| 員○忍稱疾辟易 | 5/23/11 |
| 子言○祥 | 5/23/14 |
| 非惟○祥 | 5/23/15 |
| 王○應 | 5/23/18 |
| 君○賤有功之臣 | 5/23/19 |
| 父○憎有力之子 | 5/23/19 |
| 社稷○食 | 5/23/24 |
| 今臣○忠○信 | 5/23/26 |
| ○得為前王之臣 | 5/23/26 |
| 臣○敢愛身 | 5/23/26 |
| 未諫○聽 | 5/23/30 |
| 今汝○用吾言 | 5/24/1 |
| 昔前王○欲立汝 | 5/24/2 |
| 豈○謬哉 | 5/24/4 |
| 汝○忠信 | 5/24/4 |
| 孤○使汝得有所見 | 5/24/5 |
| ○朝 | 5/24/11 |
| 子何非寡人而○朝乎 | 5/24/11 |
| ○忠○信 | 5/24/14 |
| ○得為前王臣 | 5/24/15 |
| 於是○誅 | 5/24/16 |
| 連年○熟 | 5/24/18 |
| 太子友知子胥忠而○用 | |
| 、太宰嚭佞而專政 | 5/24/20 |
| ○知螳蜋超枝緣條 | 5/24/23 |
| ○知黃雀盈綠林 | 5/24/24 |
| ○知臣挾彈危擲 | 5/24/25 |
| ○知空堁其旁闇忽堁中 | 5/24/26 |
| ○覩後患 | 5/24/27 |

| | | | | | |
|---|---|---|---|---|---|
| ○愛民命 | 5/24/28 | ○忍覩忠臣伍子胥及公 | | 居○幽 | 7/30/27 |
| ○知吳悉境內之士 | 5/25/1 | 　孫聖 | 5/27/24 | 志○廣 | 7/30/27 |
| ○知越王將選死士 | 5/25/2 | 恐其○藏 | 5/27/25 | 形○愁 | 7/30/27 |
| 吳王○聽太子之諫 | 5/25/3 | 生○昭我 | 5/27/25 | 思○遠 | 7/30/27 |
| ○如前進 | 5/25/7 | 帝乃憂中國之○康 | 6/28/6 | 蒙○赦之恥 | 7/30/28 |
| 辱之以○從 | 5/25/8 | 功○成 | 6/28/8 | 處卑而○以爲惡 | 7/30/28 |
| ○出 | 5/25/14 | 朕知○能也 | 6/28/9 | 居危而○以爲薄 | 7/30/28 |
| 上帝鬼神而○可以告 | 5/25/17 | 禹傷父功○成 | 6/28/12 | ○離三獄之困 | 7/30/29 |
| 冠蓋○絕於道 | 5/25/17 | 聞樂○聽 | 6/28/12 | 莫○感動 | 7/31/6 |
| ○肯長弟 | 5/25/18 | 過門○入 | 6/28/13 | 臣誠○取 | 7/31/7 |
| 孤進○敢去 | 5/25/18 | 冠挂○顧 | 6/28/13 | 夫驥○可與匹馳 | 7/31/10 |
| 君○命長 | 5/25/19 | 履遺○躡 | 6/28/13 | 日月○可並照 | 7/31/10 |
| ○得事君（命）〔亦〕 | | ○幸所求 | 6/28/16 | 則萬綱千紀無○舉者 | 7/31/10 |
| 　在今日矣 | 5/25/19 | 啓生○見父 | 6/28/26 | ○能遵守社稷 | 7/31/11 |
| ○得還也 | 5/25/22 | 顏色○變 | 6/28/29 | 豈得以在者盡忠、亡者 | |
| ○可與戰 | 5/26/1 | 民○罷幸 | 6/28/31 | 　爲○信乎 | 7/31/13 |
| 然○可徒許 | 5/26/1 | 吾聞一男○耕 | 6/28/31 | 令孤懷心○定也 | 7/31/14 |
| 昔楚○承供貢 | 5/26/6 | 一女○桑 | 6/29/1 | ○失分者 | 7/31/15 |
| 吾前君闔閭○忍其惡 | 5/26/6 | 此吾德薄○能化民證也 | 6/29/2 | ○恥屈厄之難 | 7/31/21 |
| 今齊○賢於楚 | 5/26/7 | 氣○屬聲 | 6/29/7 | 出○忘命 | 7/31/24 |
| 又○恭王命 | 5/26/7 | 萬民○附（商）〔商〕均 | 6/29/9 | 入○被尤 | 7/31/24 |
| 夫差○忍其惡 | 5/26/8 | 哀民○得已 | 6/29/11 | 下○違令 | 7/31/24 |
| ○熟於歲 | 5/26/9 | 惡無細而○誅 | 6/29/14 | 直心○撓 | 7/31/25 |
| 死者○可勝計 | 5/26/14 | 功無微而○賞 | 6/29/14 | ○阿親戚 | 7/31/26 |
| 吳○受也 | 5/26/15 | 恐群臣○從 | 6/29/15 | ○私於外 | 7/31/26 |
| 如越王○忘周室之義 | 5/26/17 | ○傷其枝 | 6/29/16 | 貪進○退 | 7/31/27 |
| 越王○聽 | 5/26/19 | ○濁其流 | 6/29/16 | 食○二味 | 7/31/29 |
| 吳國困○戰 | 5/26/21 | 思禹未嘗○言 | 6/29/23 | 莫○咸哀 | 7/32/1 |
| 城門○守 | 5/26/21 | 累歲○絕 | 6/29/25 | 終○返顧 | 7/32/2 |
| 是公孫聖所言○得火食 | | ○設宮室之飾 | 6/29/28 | ○裁功力 | 7/32/11 |
| 　走偉偟也 | 5/26/24 | ○能自立 | 6/29/29 | ○勝仰感俯愧 | 7/32/12 |
| 近道人○食何也 | 5/26/26 | ○失上天之命 | 6/30/2 | 子○念先君之讎乎 | 7/32/13 |
| 人○食也 | 5/26/26 | 莫○感傷 | 7/30/11 | 游於○可存之地 | 7/32/16 |
| 故○食 | 5/26/28 | 吾○知其咎 | 7/30/15 | 吾非愛越而○殺也 | 7/32/17 |
| 吾足○能進 | 5/27/1 | 伊尹○離其側 | 7/30/16 | ○通安國之道 | 7/32/18 |
| 心○能往 | 5/27/1 | 太公○棄其國 | 7/30/16 | 夫差遂○誅越王 | 7/32/19 |
| 吳○肯受 | 5/27/8 | 故湯王○以窮自傷 | 7/30/18 | 寡人聞貞婦○嫁破亡之家 | 7/32/20 |
| ○敢忘也 | 5/27/8 | 周文○以困爲病 | 7/30/18 | 仁賢○官絕滅之國 | 7/32/20 |
| ○從天命而棄其仇 | 5/27/13 | ○爲人災 | 7/30/19 | 臣聞亡國之臣○敢語政 | 7/32/23 |
| ○行天殺 | 5/27/14 | 變異○及於民 | 7/30/19 | 敗軍之將○敢語勇 | 7/32/23 |
| 吳王○自殺 | 5/27/17 | ○如君王之言 | 7/30/20 | 臣在越○忠○信 | 7/32/23 |
| 二子何○誅之 | 5/27/19 | 黃帝○讓 | 7/30/20 | 今越王○奉大王命號 | 7/32/23 |
| ○敢加誅於人主 | 5/27/19 | ○幸陷厄 | 7/30/22 | 吳王知范蠡○可得爲臣 | 7/32/25 |
| ○可久留 | 5/27/20 | 大王○覽於斯 | 7/30/22 | 子既○移其志 | 7/32/26 |
| ○負於人 | 5/27/21 | 任人者○辱身 | 7/30/22 | 三年○慍怒 | 7/32/28 |
| ○知愧辱而欲求生 | 5/27/21 | 往而○返 | 7/30/25 | ○失君臣之禮 | 7/32/30 |
| ○忠無信 | 5/27/22 | ○合於寡人之意 | 7/30/26 | 寡人心○忍見 | 7/33/3 |

| | | | | | |
|---|---|---|---|---|---|
| 臣聞無德〇復 | 7/33/4 | 〇處平易之都 | 8/35/17 | 國〇被災 | 9/39/6 |
| 越豈敢〇報哉 | 7/33/4 | 〇敢壅塞 | 8/35/21 | 用工〇輟 | 9/39/7 |
| 又恐其〇卒也 | 7/33/5 | 而吳〇知也 | 8/35/21 | 陰陽〇和 | 9/39/13 |
| 〇以其罪罰 | 7/33/7 | 〇得其位 | 8/35/22 | 寒暑〇時 | 9/39/13 |
| 昔桀囚湯而〇誅 | 7/33/10 | 夫子故〇一二見也 | 8/36/4 | 五穀〇熟 | 9/39/13 |
| 紂囚文王而〇殺 | 7/33/10 | 〇失其理 | 8/36/6 | 〇絕嗟嘻之聲 | 9/39/15 |
| 今大王既囚越君而〇行誅 | 7/33/11 | 出〇敢奢 | 8/36/7 | 人〇聊生 | 9/39/16 |
| 久之〇見 | 7/33/12 | 入〇敢侈 | 8/36/7 | 恐〇能破 | 9/39/18 |
| 三月〇愈 | 7/33/18 | 〇絕於口 | 8/36/9 | 夫天時有生而〇救種 | 9/39/23 |
| 吳王〇死 | 7/33/19 | 食〇重味 | 8/36/12 | 〇失厥理 | 9/39/25 |
| 孤所以窮而〇死者 | 7/33/20 | 衣〇重綵 | 8/36/12 | 〇拘長少 | 9/40/3 |
| 可與〇可 | 7/33/21 | 〇忘吳之效也 | 8/36/15 | 〇領政事 | 9/40/7 |
| 數言成湯之義而〇行之 | 7/33/21 | 葛〇連蔓菜台台 | 8/36/19 | 〇敢稽留 | 9/40/11 |
| 言其〇死 | 7/33/22 | 嘗膽〇苦甘如飴 | 8/36/19 | 〇以鄙陋寢容 | 9/40/11 |
| 〇御坐 | 7/34/1 | 女工織兮〇敢遲 | 8/36/20 | 臣聞越王朝書〇倦 | 9/40/14 |
| 〇仁者逃 | 7/34/1 | 我王何憂能〇移 | 8/36/22 | 是人〇死 | 9/40/15 |
| 而〇御坐 | 7/34/2 | 君〇名教 | 8/36/22 | | 9/40/15, 9/40/16 |
| 豺〇可謂廉 | 7/34/8 | 臣〇名謀 | 8/36/22 | 未嘗有〇合也 | 9/40/20 |
| 狼〇可親 | 7/34/8 | 民〇名使 | 8/36/23 | 年穀〇登 | 9/40/21, 9/40/22 |
| 〇慮萬歲之患 | 7/34/8 | 官〇名事 | 8/36/23 | 水旱〇調 | 9/40/22 |
| 〇滅瀝血之仇 | 7/34/9 | 民〇失其時 | 8/36/26 | 〇懷二心 | 9/40/24 |
| 〇絕懷毒之怨 | 7/34/9 | 有罪〇赦 | 8/36/28 | 與之〇爲親 | 9/40/25 |
| 豈〇殆哉 | 7/34/10 | 猶躄者〇忘走 | 8/37/2 | 〇與未成冤 | 9/41/1 |
| 然〇知所以自安也 | 7/34/10 | 盲者〇忘視 | 8/37/2 | 諸侯莫〇聞知 | 9/41/3 |
| 而〇知所以自存也 | 7/34/11 | 天下莫〇聞知 | 8/37/3 | 今〇用天之道 | 9/41/6 |
| 迷道〇遠 | 7/34/11 | 〇宜前露其辭 | 8/37/3 | 可〇慎哉 | 9/41/7 |
| 曾〇聞相國一言 | 7/34/12 | 〇可見其象 | 8/37/5 | 仇讎之人〇可親 | 9/41/8 |
| 是相國之〇慈也 | 7/34/12 | 〇可知其情 | 8/37/5 | 夫虎〇可餒以食 | 9/41/9 |
| 又〇進口之所嗜 | 7/34/12 | 構怨〇解 | 8/37/10 | 蝮蛇〇恣其意 | 9/41/9 |
| 心〇相思 | 7/34/12 | 齊雖〇親 | 8/37/10 | 吾〇忍也 | 9/41/12 |
| 是相國之〇仁也 | 7/34/12 | 晉雖〇附 | 8/37/11 | 君何〇知過乎 | 9/41/14 |
| 夫爲人臣〇仁〇慈 | 7/34/13 | 鄰國通而〇絕其援 | 8/37/11 | 莫〇謬者乎 | 9/41/25 |
| 〇慍寡人 | 7/34/14 | 四時〇並盛 | 8/37/13 | 臣聞古之聖君莫〇習戰 | |
| 〇念舊故 | 7/34/15 | 五行〇俱馳 | 8/37/13 | 　用兵 | 9/41/26 |
| 是寡人之〇智也 | 7/34/16 | 〇淹其量 | 8/37/13 | 妾〇敢有所隱 | 9/41/29 |
| 豈〇負皇天乎 | 7/34/16 | 〇復其熾 | 8/37/14 | 無道〇習 | 9/42/2 |
| 知父將有〇順之子 | 7/34/20 | 〇知德薄而恩淺 | 8/37/15 | 〇達諸侯 | 9/42/2 |
| 其〇可親 | 7/34/21 | 兵〇血刃 | 8/37/16 | 誦之〇休 | 9/42/3 |
| 〇見恨色 | 7/34/22 | 士〇旋踵 | 8/37/16 | 〇及法禁 | 9/42/6 |
| 臣〇敢逃死以負前王 | 7/34/24 | 〇形顏色 | 9/38/1 | 直復〇聞 | 9/42/7 |
| 寡人〇忍復聞 | 7/34/25 | 〇能自輔 | 9/38/4 | 孝子〇忍見父母爲禽獸 | |
| 臣〇敢負 | 7/34/27 | 君王之〇能使也 | 9/38/6 | 　所食 | 9/42/13 |
| 吾聞君子一言〇再 | 7/34/28 | 於是越王默然〇悅 | 9/38/8 | 生〇見父母 | 9/42/15 |
| 寡人〇慎天教 | 8/35/7 | 何患群臣之〇使也 | 9/38/13 | 琴氏以爲弓矢〇足以威 | |
| 人民〇足 | 8/35/12 | 〇聞其語 | 9/38/14 | 　天下 | 9/42/16 |
| 其功〇可以興 | 8/35/12 | 今欲奉〇羈之計 | 9/38/20 | 弓矢之威〇能制服 | 9/42/17 |
| 孤〇能承前君之制 | 8/35/14 | 〔以〕取天下〇難 | 9/39/4 | 臣雖〇明其道 | 9/42/20 |

| | | | | | |
|---|---|---|---|---|---|
| 往○止也 | 9/42/24 | 無功○及 | 10/45/14 | 吳○取 | 10/47/16 |
| ○得駭也 | 9/42/25 | 則士卒○怠 | 10/45/14 | 豈○緣一朝之事耶 | 10/47/17 |
| 鳥○及飛 | 9/42/25 | ○敢違命 | 10/45/15 | 天與○取 | 10/47/17 |
| 獸○暇走 | 9/42/25 | 審備○守 | 10/45/17 | ○忍對其使者 | 10/47/18 |
| 無○死也 | 9/42/25 | 以待○虞 | 10/45/17 | ○時得罪 | 10/47/19 |
| 左手○知 | 9/42/29 | 令諸侯○怨於外 | 10/45/19 | ○在前後 | 10/47/21 |
| 無有○神 | 9/43/3 | | 10/45/24 | ○能臣王 | 10/47/22 |
| 寡人○知其力之○足 | | 知分而○外 | 10/45/20 | 吾○稱王 | 10/47/26 |
| 〔也〕 | 10/43/12 | 吾將有○虞之議 | 10/45/22 | 今君遂僭號○歸 | 10/47/27 |
| 〔今〕寡人○能爲政 | 10/43/16 | 無○聞者 | 10/45/22 | 今○伐吳 | 10/48/2 |
| 丈夫二十○娶 | 10/43/17 | 有○從命者 | 10/45/23 | 君○忘臣 | 10/48/3 |
| 非孤飯○食 | 10/43/22 | 勾踐恐民○信 | 10/45/24 | ○可掩塞 | 10/48/3 |
| 非夫人事○衣 | 10/43/23 | 使以征○義 | 10/45/24 | ○忘返國 | 10/48/5 |
| 七年○收〔於〕國 | 10/43/23 | 夫人送王○過屏 | 10/45/28 | ○惜群臣之死 | 10/48/6 |
| 豈敢有○盡力者乎 | 10/44/3 | 三月○掃 | 10/46/1 | 必復○須功而返國也 | 10/48/7 |
| 一年而○試 | 10/44/5 | 食（士）〔土〕○均 | 10/46/2 | 故面有憂色而○悅也 | 10/48/7 |
| 我○可以怠 | 10/44/5 | 地壞○修 | 10/46/2 | 種○然言 | 10/48/8 |
| ○如詮其間 | 10/44/8 | 臨敵○戰 | 10/46/2 | 知進退存亡而○失其正 | 10/48/9 |
| 孤○欲有征伐之心 | 10/44/9 | 軍士○死 | 10/46/2 | 蠡雖○才 | 10/48/10 |
| 吾○得○從民人之欲 | 10/44/9 | ○御五味 | 10/46/5 | 可以共患難而○可共處 | |
| ○勝則因其兵 | 10/44/10 | ○答所勸 | 10/46/5 | 樂 | 10/48/11 |
| 罪○赦 | 10/44/12 | ○從吾令者如斯矣 | 10/46/6 | ○可與安 | 10/48/11 |
| 吾諫已○合矣 | 10/44/12 | | 10/46/7 | 子若○去 | 10/48/11 |
| ○患其眾〔之〕○足 | | 王乃令國中○行者 | 10/46/7 | 文種○信其言 | 10/48/12 |
| 〔也〕 | 10/44/13 | 所離○降兮 | 10/46/10 | 故○辭一死一生 | 10/48/16 |
| ○患其志行之少恥也 | 10/44/14 | 觀者莫○悽惻 | 10/46/12 | 蠡所以○死者 | 10/48/16 |
| 而患其眾之○足〔也〕 | 10/44/14 | 有○從令者如此 | 10/46/13 | 故○敢前死 | 10/48/17 |
| 吾○欲匹夫之小勇也 | 10/44/15 | 其淫心匿行、○當敵者 | | 夫恥辱之心○可以大 | 10/48/17 |
| 兵還○難也 | 10/44/19 | 如斯矣 | 10/46/14 | 流汗之愧○可以忍 | 10/48/17 |
| ○如來春 | 10/44/19 | ○能隨軍從兵者 | 10/46/18 | 計○數謀 | 10/48/22 |
| 即密○令洩 | 10/44/22 | 筋力○足以勝甲兵 | 10/46/19 | 死○被疑 | 10/48/22 |
| 吳爲○道 | 10/44/26 | 志行○足以聽王命者 | 10/46/19 | 內○自欺 | 10/48/22 |
| 使○得血食 | 10/44/27 | 雖吾子○能過也 | 10/46/20 | ○及也 | 10/48/24 |
| 臣愚○能知 | 10/44/28 | 自吾子亦○能脫也 | 10/46/21 | 蠡終○還矣 | 10/48/26 |
| 未嘗○分 | 10/45/1 | 恐軍士畏法○使 | 10/46/21 | ○親於朝 | 10/48/29 |
| 孤之飲食○致其味 | 10/45/1 | 莫○懷心樂死 | 10/46/24 | 大夫種內憂○朝 | 10/48/29 |
| 聽樂○盡其聲 | 10/45/2 | 歸而○歸 | 10/46/25 | 今官○加增 | 10/48/30 |
| 救其○足 | 10/45/5 | 處而○處 | 10/46/25 | 位○益封 | 10/48/30 |
| 使貧富○失其利 | 10/45/6 | 進而○進 | 10/46/26 | 故○朝耳 | 10/48/30 |
| 君將○知 | 10/45/9 | 退而○退 | 10/46/26 | 勾踐憂文種之○圖 | 10/49/4 |
| ○仁 | 10/45/9 | 左而○左 | 10/46/26 | 故○爲哀公伐三桓也 | 10/49/4 |
| 則○得與三軍同饑寒之 | | 右而○右 | 10/46/26 | ○知臣仁也 | 10/49/7 |
| 節 | 10/45/10 | ○如令者 | 10/46/26 | ○知臣信也 | 10/49/7 |
| ○勇 | 10/45/10 | 銜枚○鼓攻吳 | 10/47/2 | 臣非敢愛死○言 | 10/49/9 |
| 則○能斷去就之疑 | 10/45/10 | 吾心又○忍 | 10/47/9 | 越王默然○應 | 10/49/11 |
| 昔吳爲○道 | 10/45/12 | 夫差○敢逆命 | 10/47/13 | 臨食○亨 | 10/49/12 |
| 使○血食 | 10/45/12 | 勾踐○忍其言 | 10/47/15 | 子○知也 | 10/49/13 |

| | | | | | |
|---|---|---|---|---|---|
| 王○察也 | 10/49/14 | 怖 bù | 5 | 纔 cái | 1 |
| 恐○再還 | 10/49/15 | | | | |
| 吾聞大恩○報 | 10/49/19 | 吾國君懼○ | 4/14/29 | 租貢○給宗廟祭祀之費 | 6/29/27 |
| 大功○還 | 10/49/20 | 吳軍雖去○歇 | 4/16/7 | | |
| 吾悔○隨范蠡之謀 | 10/49/20 | 舟中人○駭 | 6/28/28 | 采 cǎi | 5 |
| 吾○食善言 | 10/49/20 | 會秦○懼 | 10/50/6 | | |
| 孔子○答 | 10/50/3 | 諸侯○懼皆恐惶 | 10/50/8 | ○五山之鐵精 | 4/9/5 |
| 吾前君其○徙乎 | 10/50/5 | | | 吾欲○葛 | 8/36/10 |
| 秦桓公○如越王之命 | 10/50/6 | 部 bù | 4 | 乃使國中男女入山○葛 | 8/36/11 |
| 以諸侯大夫○用命 | 10/50/13 | | | ○葛之婦傷越王用心之苦 | 8/36/19 |
| 故○果耳 | 10/50/13 | 遂以其○五千人擊子常 | 4/14/10 | 令我○葛以作絲 | 8/36/20 |
| 其可○誠乎 | 10/50/17 | 領統州伯以巡十二○ | 6/29/6 | | |
| 子○揚 | 10/50/18 | 隊各自令其○ | 10/46/25 | 採 cǎi | 1 |
| ○揚卒 | 10/50/18 | ○各自令其（圭）〔士〕 | | | |
| ○壽 | 10/50/24 | | 10/46/25 | 二人託名○藥於衡山 | 1/1/21 |
| ○揚 | 10/50/24 | | | | |
| | | 才 cái | 2 | 彩 cǎi | 1 |
| 布 bù | 9 | | | | |
| | | 札雖不○ | 2/3/8 | 文○生光 | 9/39/11 |
| 胥乃張弓○矢欲害使者 | 3/5/5 | 蠢雖不○ | 10/48/10 | | |
| 四支○陳 | 5/19/20 | | | 綵 cǎi | 1 |
| 使女工織細○獻之 | 8/36/10 | 材 cái | 4 | | |
| 以作黃絲之○ | 8/36/11 | | | 衣不重○ | 8/36/12 |
| 越王乃使大夫種索葛○ | | 五曰遺之巧工良○ | 9/39/2 | | |
| 　十萬、甘蜜九党、文 | | 王選名山神○ | 9/39/7 | 蔡 cài | 8 |
| 　笥七枚、狐皮五雙、 | | 有餘○ | 9/39/12 | | |
| 　晉竹十廈 | 8/36/13 | 三年聚○ | 9/39/15 | 建母○氏無寵 | 3/4/11 |
| 吳王得葛○之獻 | 8/36/18 | | | 而唐、○怨之 | 4/13/28 |
| 外○其道 | 8/36/22 | 財 cái | 9 | 得唐、○何怨 | 4/13/29 |
| ○形候氣 | 9/42/5 | | | 昔○昭公朝於楚 | 4/13/29 |
| 敢○腹心 | 10/47/13 | ○用盡焉 | 3/4/6 | ○人聞之 | 4/14/3 |
| | | 故臨○分利則使仁 | 5/19/7 | ○侯得歸 | 4/14/3 |
| 步 bù | 13 | 鄰國貢獻○有餘也 | 5/21/7 | 得唐、○而可伐楚 | 4/14/4 |
| | | 盡府庫之○ | 5/25/1 | 吳王於是使使謂唐、○曰 | 4/14/4 |
| 周三里二百○ | 1/1/25 | 夫官位、○幣、金賞者 | 9/38/7 | | |
| 子胥行數○ | 3/5/32 | 今王易○之所輕 | 9/38/8 | 餐 cān | 4 |
| 鷹視虎○ | 4/10/6 | 二曰重○幣以遺其君 | 9/38/26 | | |
| 甲二十領、屈盧之（予） | | 以盡其○ | 9/39/2 | 可得一○乎 | 3/6/2 |
| 　〔矛〕、○光之劍 | 5/20/14 | 吾豈愛惜○寶 | 9/40/24 | 子胥再○而止 | 3/6/4 |
| 行○猖狂 | 5/26/22 | | | 何不飽而○之 | 3/6/5 |
| 帶○光之劍　5/27/15,10/49/27 | | 裁 cái | 3 | 子胥已○而去 | 3/6/5 |
| 使太章○東西 | 6/28/27 | | | | |
| 麒麟○於庭 | 6/29/18 | 急令自○ | 5/24/5 | 殘 cán | 6 |
| 周千一百二十一○ | 8/35/19 | 不○功力 | 7/32/11 | | |
| 教以容○ | 9/40/10 | ○加役臣 | 7/32/12 | 形○名勇 | 4/10/23 |
| 嘗○於射術 | 9/42/10 | | | 吳王分其民之眾以○吾國 | 5/19/12 |
| 鷹視狼○ | 10/48/11 | | | 是○國傷君之佞臣也 | 5/20/6 |

吾將○汝社稷、夷汝宗廟 5/26/19
○我社稷 10/44/26
○我宗廟 10/45/12

**慚 cán**　　7

平王內○囚繫忠臣 3/4/21
吾以畏責天下之○ 5/27/1
吾生既○ 5/27/23
意者內○至仁之存也 7/34/2
下○晉、楚 9/38/2
內○朝臣 9/38/24
王之○辱 10/48/16

**蠶 cán**　　1

與吳邊邑處女○ 3/7/10

**倉 cāng**　　8

○庫不設 4/8/16
實○廩 4/8/19
立○庫 4/8/19
○庫以具 4/9/2
○庫空虛 5/17/6
○已封塗 9/40/1
虛設八○ 9/40/4
來歲即復太○ 9/40/23

**蒼 cāng**　　10

上天○○ 4/15/2
　　5/27/7,7/34/27,10/48/3
自稱玄夷○水使者 6/28/16
南到計於○梧 6/28/30

**藏 cáng**　　4

故使賤臣以奉前王所○
〔器〕 5/20/13
多畜而○ 9/39/23
多○無畜 9/39/24
良弓將○ 10/48/10

**操 cāo**　　8

貞明執○ 3/6/8

使坐立侍皆○長戟交韯 3/7/25
○劍盾而立 4/12/4
二鼓○進 4/12/5
孫子乃親自○枹擊鼓 4/12/5
右手○枹而鼓之 5/27/5
○鋒履刃、艾命投死者 9/38/7
臣聞即事作○ 10/47/28

**曹 cáo**　　7

昔○公卒 2/3/6
諸侯與○人不義而立於國 2/3/7
○君懼 2/3/7
以成○之道 2/3/8
亦曰豪○ 4/13/7
功○爲太常所臨亥 5/22/19
功○爲騰蛇而臨戌 7/33/8

**草 cǎo**　　10

行不履生○ 1/1/11
寡君出在○澤 4/15/8
寡君今在○野 4/15/14
吾國父兄身戰暴骨○野焉 4/15/23
何惜○中之骨 4/15/25
而齊興師蒲○ 5/23/1
庭生蔓○ 5/24/2
范蠡乃令左右皆食岑○ 7/33/29
今但因虎豹之野而與荒
　　外之○ 8/36/17
夫水能浮○木 8/37/17

**側 cè**　　11

何不使近臣從容言於王○ 3/6/30
○聞子前人爲楚荊之暴怒 4/9/30
讒夫在○ 5/23/23
鷙鳥巢於○ 6/29/18
祉祐在○ 7/30/12
伊尹不離其○ 7/30/16
在孤之○者 10/45/1
○席而坐 10/46/1
大夫○席而坐 10/46/4
置之坐○ 10/48/28
妻子在○ 10/49/12

**策 cè**　　15

古公乃杖○去邠 1/1/16
勇於○謀 3/5/1
畫其○謀 4/11/26
建○之士無暴興之說 7/31/3
賴公之○耳 7/33/20
越王○馬飛輿 8/35/10
得相國之○ 8/35/12
孤未知○謀 8/37/2
夫內臣謀而決讎其○ 8/37/11
達於○慮 8/37/19
各畫一○ 9/37/29
幸蒙諸大夫之○ 9/38/2
孤用夫子之○ 10/43/9
臣鄙於○謀 10/44/26
九術之○ 10/49/18

**測 cè**　　1

若耶之溪深而莫○ 4/13/12

**惻 cè**　　4

卿士悽愴民○悢 4/16/7
冤悲痛兮心○ 7/32/8
觀者莫不悽○ 10/46/12
越王○然 10/48/19

**筴 cè**　　1

○其極計 9/40/5

**岑 cén**　　1

范蠡乃令左右皆食○草 7/33/29

**蹭 cèng**　　1

○蹬飛丸而集其背 5/24/25

**差 chā**　　26

波太子夫○日夜告（許）
　〔於〕伍胥曰 4/16/19
莫大乎波秦之子夫○ 4/16/22
夫〔○〕愚而不仁 4/16/23

| | |
|---|---|
| 夫○信以愛人 | 4/16/23 |
| 立夫○爲太子 | 4/16/24 |
| 夫○北伐齊 | 5/17/6 |
| 夫○復北伐齊 | 5/17/10 |
| 夫○既殺子胥 | 5/24/18 |
| 吳王夫○大懼 | 5/25/6 |
| 夫○昏〔乃戒令〕秣馬 | |
| 　食士 | 5/25/9 |
| 夫○不忍其惡 | 5/26/8 |
| 夫○豈敢自多其功 | 5/26/8 |
| 大小有○ | 6/29/22 |
| 見夫○ | 7/32/10 |
| 吳王夫○曰 | 7/32/13 |
| 夫○遂不誅越王 | 7/32/19 |
| 君臣有○ | 8/36/6 |
| 然後卑事夫○ | 10/43/14 |
| 昔夫○辱吾君王於諸侯 | 10/43/24 |
| 今夫○衣水犀〔之〕甲 | |
| 　者十有三萬人 | 10/44/14 |
| 吳告急於夫○ | 10/44/22 |
| 夫○方會諸侯於黃池 | 10/44/22 |
| 惟欲以窮夫○ | 10/47/9 |
| 孤臣夫○ | 10/47/13 |
| 夫○不敢逆命 | 10/47/13 |
| 夫○之誅也 | 10/49/9 |

**察 chá　　15**

| | |
|---|---|
| ○六屚 | 6/29/3 |
| 候天○地 | 7/31/29, 10/45/21 |
| 并心○慈仁者 | 7/34/4 |
| 願大王○之 | 7/34/11 |
| 惟大王留意○之 | 7/34/24 |
| 願王深○ | 8/36/4 |
| 以○其能 | 9/38/16 |
| 君王○焉 | 9/38/23 |
| 必○天地之氣 | 9/39/20 |
| 留意省○ | 9/39/25 |
| 集○緯宿 | 9/40/4 |
| 大王○之 | 9/41/15 |
| 是非明○ | 10/45/16 |
| 王不○也 | 10/49/14 |

**拆 chāi　　2**

| | |
|---|---|
| 臣昔嘗見曾○辱壯士椒 | |
| 　丘訴也 | 4/10/15 |

| | |
|---|---|
| ○嶽破械 | 7/31/1 |

**豺 chái　　2**

| | |
|---|---|
| ○狼食汝肉 | 5/22/8 |
| ○不可謂廉 | 7/34/8 |

**蟬 chán　　1**

| | |
|---|---|
| 夫秋○登高樹 | 5/24/23 |

**讒 chán　　22**

| | |
|---|---|
| 乃復○太子建 | 3/4/11 |
| 奢知無忌之○ | 3/4/13 |
| 王獨奈何以○賊小臣而 | |
| 　踈骨肉乎 | 3/4/14 |
| 因○ | 3/6/15 |
| 費無忌之○口 | 4/9/31 |
| 咸言費無忌○殺伍奢、 | |
| 　白州犁 | 4/12/19 |
| 夫費無忌、楚之○口 | 4/12/22 |
| 夫智者除○以自安 | 4/12/24 |
| 今子受○ | 4/12/25 |
| 誰使汝用○諛之口 | 4/14/24 |
| 樂師扈子非荊王信○佞 | 4/16/1 |
| 不顧宗廟聽○孽 | 4/16/4 |
| 勿爲○口能謗毀 | 4/16/7 |
| 因○之曰 | 5/17/15 |
| ○人益眾 | 5/20/3 |
| ○夫在側 | 5/23/23 |
| 舍○攻忠 | 5/23/24 |
| 豈非宰嚭之○子胥 | 5/24/15 |
| 輕而○諛 | 5/27/10 |
| 聽用○夫之語 | 7/34/9 |
| 誠恐○於大宰嚭 | 10/48/16 |
| 人或○之於王曰 | 10/48/29 |

**產 chǎn　　2**

| | |
|---|---|
| 鄭定公與子○誅殺太子建 | 3/5/17 |
| 剖脅而○高密 | 6/28/4 |

**諂 chǎn　　1**

| | |
|---|---|
| ○諛無極 | 5/23/23 |

**昌 chāng　　12**

| | |
|---|---|
| 生子○ | 1/1/19 |
| ○有聖瑞 | 1/1/19 |
| 古公知○聖 | 1/1/19 |
| 欲傳國以及○ | 1/1/19 |
| 其在○乎 | 1/1/20 |
| 知古公欲以國及○ | 1/1/20 |
| 子○立 | 1/1/28 |
| 華池在平○ | 4/16/25 |
| 我造彼○ | 6/28/25 |
| 服從者○ | 7/30/10 |
| 得士者○ | 9/38/13 |
| ○意 | 10/50/23 |

**猖 chāng　　1**

| | |
|---|---|
| 行步○狂 | 5/26/22 |

**閶 chāng　　5**

| | |
|---|---|
| 立○門者 | 4/8/22 |
| 通○闔風也 | 4/8/23 |
| 故立○門以通天氣 | 4/8/23 |
| 葬於國西○門外 | 4/12/28 |
| 因更名○門曰破楚門 | 4/16/15 |

**長 cháng　　49**

| | |
|---|---|
| ○因名棄 | 1/1/7 |
| ○曰太伯 | 1/1/18 |
| 吾以伯○居國 | 1/1/23 |
| ○曰諸樊 | 2/2/24, 3/6/26 |
| 廢○立少 | 2/2/27 |
| 諸樊以適○攝行事 | 2/2/29 |
| 欲廢○立少 | 2/3/2 |
| 夫適○當國 | 2/3/4 |
| ○曰尚 | 3/4/18 |
| ○習於武 | 3/4/19 |
| ○跪而與之 | 3/6/4 |
| 身○一丈 | 3/6/13 |
| 傳付適○ | 3/6/27 |
| 有立者適○也 | 3/6/28 |
| 適○之後 | 3/6/28 |
| 使坐立侍皆操○戟交戟 | 3/7/25 |
| 以爲軍隊○ | 4/12/3 |
| 武乃令斬隊○二人 | 4/12/8 |

| | |
|---|---|
| 封家○蛇 | 4/15/8 |
| 乃○太息曰 | 4/16/8 |
| 南城宮在○樂 | 4/16/25 |
| 走犬○洲 | 4/16/27 |
| 東掖門亭○○城公弟公孫聖 | 5/21/10 |
| ○而好學 | 5/21/11 |
| ○吟悲鳴 | 5/24/23 |
| 與定公爭○未合 | 5/25/6 |
| 吳師皆文犀、○盾、扁諸之劍 | 5/25/10 |
| 不肖○弟 | 5/25/18 |
| 君不命○ | 5/25/19 |
| 吳爲先老可○ | 5/26/2 |
| 吳既○晉而還 | 5/26/4 |
| ○保吳國 | 7/34/6 |
| ○五十尋 | 9/39/9 |
| 夏○而養 | 9/39/23 |
| 夏○無苗 | 9/39/24 |
| 何子之年少於物之○也 | 9/40/3 |
| 不拘○少 | 9/40/3 |
| ○太息 | 9/41/21 |
| ○於無人之野 | 9/42/2 |
| 乃命五板之墮○高習之教軍士 | 9/42/8 |
| ○子死 | 10/43/19 |
| ○爲天下所恥 | 10/43/24 |
| 躁躁摧○惡兮 | 10/46/10 |
| 則吳願○爲臣妾 | 10/47/15 |
| 夫越王爲人○頸鳥喙 | 10/48/10 |
| 與子○訣 | 10/49/15 |
| 天下安寧壽考○ | 10/50/9 |

## 常 cháng　39

| | |
|---|---|
| 官不易朝○ | 3/4/5 |
| ○有愧恨之色 | 3/7/24 |
| ○與盡日而語 | 4/9/25 |
| 司馬成乃謂子○曰 | 4/12/20 |
| 子○曰 | 4/12/25 |
| 子○與昭王共誅費無忌 | 4/12/26 |
| 臣聞越王（元）〔允〕○使歐冶子造劍五枚 | 4/13/5 |
| 子○用兵 | 4/13/15 |
| 因用子○ | 4/13/15 |
| 越王（元）〔允〕○曰 | 4/13/18 |
| 非○勝之道 | 4/13/26 |
| 子○欲之 | 4/13/30,4/13/31 |
| 子○三年留之不使歸國 | 4/13/30 |
| 竊馬而獻子○ | 4/14/1 |
| ○乃遣成公歸國 | 4/14/1 |
| 成公○思報楚 | 4/14/2 |
| 固請獻裘、珮於子○ | 4/14/3 |
| 子○遂濟漢而陣 | 4/14/6 |
| 今子○無故與王共殺忠臣三人 | 4/14/7 |
| 子○不應 | 4/14/8 |
| 子○不仁 | 4/14/9 |
| 遂以其部五千人擊子○ | 4/14/10 |
| 〔子○〕走奔鄭 | 4/14/11 |
| 伍胥、孫武、白喜亦妻子○、司馬成之妻 | 4/14/25 |
| 越王（元）〔允〕○恨闔閭破之檇里 | 4/15/17 |
| 丘○恥之 | 5/17/20 |
| 功曹爲太○所臨亥 | 5/22/19 |
| 汝○與子胥同心合志 | 5/22/22 |
| 往來有○ | 6/29/22 |
| 夫譚生（元）〔允〕○ | 6/30/2 |
| ○立 | 6/30/3 |
| 越之興霸自（元）〔允〕○矣 | 6/30/3 |
| 多○抱（兵）〔冰〕 | 8/36/8 |
| 越之○〔性〕也 | 10/50/2 |
| 取（元）〔允〕○之喪 | 10/50/3 |
| 三穿（元）〔允〕○之墓 | 10/50/4 |
| 承（元）〔允〕○之德 | 10/50/15 |
| （元）〔允〕○ | 10/50/24 |

## 場 cháng　1

| | |
|---|---|
| 王不憂鄰國疆（○）〔場〕之患 | 4/15/11 |

## 腸 cháng　5

| | |
|---|---|
| 使專諸置魚○劍炙魚中進之 | 3/7/26 |
| 一曰魚○ | 4/13/4 |
| 魚○之劍已用殺吳王僚也 | 4/13/4 |
| 魚○劍逆理不順 | 4/13/6 |
| ○千結兮服膺 | 7/32/8 |

## 嘗 cháng　28

| | |
|---|---|
| ○晨昧不安 | 2/3/1 |
| ○苦饑渴 | 3/4/24 |
| 未○見斯人也 | 3/6/10 |
| 子胥乃使相土○水 | 4/8/21 |
| 臣昔○見曾拆辱壯士椒丘訢也 | 4/10/15 |
| 吾○追之於江 | 4/11/9 |
| 王前○半而與女 | 4/12/27 |
| 君臣未○絕口 | 4/14/2 |
| 吾○饑於此 | 4/16/8 |
| 吾○與越戰 | 5/18/14 |
| 口不○厚味 | 5/19/16 |
| 汝○與子胥論寡人之短 | 5/24/10 |
| 思禹未○不言 | 6/29/23 |
| 因求其糞而○之 | 7/33/22 |
| 請○大王之溲 | 7/33/25 |
| 即以手取其便與惡而○之 | 7/33/25 |
| 下臣○事師聞糞者 | 7/33/27 |
| 臣竊○大王之糞 | 7/33/27 |
| 越王從○糞惡之後 | 7/33/29 |
| 親○寡人之溲 | 7/34/14 |
| 下○王之惡者 | 7/34/23 |
| 出入○之 | 8/36/9 |
| 未○一日登翫 | 8/36/12 |
| ○膽不苦甘如飴 | 8/36/19 |
| 未○有不合也 | 9/40/20 |
| ○步於射術 | 9/42/10 |
| 未○不分 | 10/45/1 |
| 未○敢絕 | 10/45/7 |

## 裳 cháng　6

| | |
|---|---|
| 裂○裹膝 | 4/15/7 |
| 徒跣褰○ | 5/23/31 |
| 中校之軍皆白○、白髦、素甲、素羽之矰 | 5/25/10 |
| 左軍皆赤○、赤髦、丹甲、朱羽之矰 | 5/25/11 |
| 右軍皆玄○、玄輿、黑甲、烏羽之矰 | 5/25/12 |
| 夫人衣無緣之○ | 7/32/27 |

## 償 cháng　1

| | |
|---|---|
| 不得其○ | 4/16/12 |

| | | | | | |
|---|---|---|---|---|---|
| **悵** chàng | 3 | 以船爲○ | 10/50/1 | ○敢不盡力 | 4/11/7 |
| | | | | ○能殺之　4/11/8,4/11/10 | |
| 其心怏然○焉 | 5/21/1 | **瞋** chēn | 2 | ○聞安有妻子之樂 | 4/11/11 |
| 覺而怏然○焉 | 5/21/2 | | | ○詐以負罪出奔 | 4/11/12 |
| 覺而○然 | 5/21/12 | ○目大言以叱之 | 5/27/16 | 願王戮○妻子 | 4/11/12 |
| | | 越王復○目怒曰 | 5/27/20 | 斷○右手 | 4/11/12 |
| **唱** chàng | 1 | | | 慶忌必信○矣 | 4/11/13 |
| | | **臣** chén | 358 | ○願用命 | 4/11/28 |
| 陰陽更○ | 8/37/13 | | | 群○莫有曉王意者 | 4/11/29 |
| | | 楚之亡大夫申公巫○適吳 | 2/2/15 | ○既已受命爲將 | 4/12/10 |
| **暢** chàng | 5 | 楚恭王怨吳爲巫○伐之也 | 2/2/20 | ○不受之 | 4/12/11 |
| | | 壽夢以巫○子狐庸爲相 | 2/2/22 | ○聞兵者、凶事 | 4/12/15 |
| 以○君之迫厄之○達也 | 4/16/3 | ○誠耕於野 | 2/2/27 | 群○皆怨 | 4/12/19 |
| ○八極之廣 | 6/28/27 | 楚之亡○伍子胥來奔吳 | 3/3/27 | 楚國郡○有一朝之患 | 4/12/19 |
| 孰知其非○達之兆哉 | 7/31/5 | ○聞國君服寵以爲美 | 3/4/2 | 內傷忠○之心 | 4/12/23 |
| 遂作章○辭曰 | 10/48/1 | ○誠愚 | 3/4/7 | ○聞吳王得越所獻寶劍 | |
| | | 伍氏三世爲楚忠 | 3/4/7 | 　三枚 | 4/13/3 |
| **超** chāo | 1 | 王獨奈何以讒賊小○而 | | ○聞越王〔元〕〔允〕 | |
| | | 　疎骨肉乎 | 3/4/14 | 　常使歐冶子造劍五枚 | 4/13/5 |
| 不知螳蜋○枝緣條 | 5/24/23 | ○有二子 | 3/4/18 | ○以殺君 | 4/13/7 |
| | | 若聞○召 | 3/4/18 | ○聞此劍在越之時 | 4/13/10 |
| **巢** cháo | 4 | 平王內慚囚繫忠○ | 3/4/21 | 群○上天 | 4/13/12 |
| | | 故遣○來奉進印綬 | 3/4/23 | 今○與之爭鋒 | 4/13/27 |
| 拔居○、鍾離 | 3/7/10 | 君欺其○ | 3/4/27 | ○不敢必 | 4/13/27 |
| 遂圍○ | 4/13/23 | 楚之君○且苦兵矣 | 3/5/9 | 群○誹謗曰 | 4/14/1 |
| 辛陰與其季弟○以王奔隨 | 4/14/17 | 非異國之亡○乎 | 3/6/10 | 君○未嘗絕口 | 4/14/2 |
| 鷔鳥○於側 | 6/29/18 | 吾聞楚殺忠○伍奢 | 3/6/11 | 今子常無故與王共殺忠 | |
| | | ○聞諸侯不爲匹夫興師 | | 　○三人 | 4/14/7 |
| **潮** cháo | 2 | 　用兵於比國 | 3/6/17 | 其○下莫有死志 | 4/14/9 |
| | | ○固不敢如王之命 | 3/6/19 | 所謂○行其志不待命者 | 4/14/10 |
| 依○來往 | 5/24/9 | 何不使近○從容言於王側 | 3/6/30 | 君討其○ | 4/14/16 |
| 故前○水潘候者 | 10/49/24 | 內〔空〕無骨鯁之○ | 3/7/22 | 以辱楚之君○也 | 4/14/25 |
| | | ○ | | ○能還之 | 4/14/27 |
| **車** chē | 11 | 　4/11/6,5/27/19,9/42/10 | | ○念前人與君相逢於途 | 4/15/1 |
| | | ○聞謀議之○ | 4/8/14 | 故平王之○ | 4/15/4 |
| 運○以避葭葦 | 1/1/12 | ○聞治國之道 | 4/8/17 | 楚有賢○如是 | 4/15/9 |
| 秦使公子子蒲、子虎率 | | 聞○在吳而來也 | 4/9/23 | 寡人無○若斯者 | 4/15/10 |
| 　○五百乘 | 4/15/18 | 以示群○於宛之厚 | 4/9/26 | ○聞戾德無厭 | 4/15/11 |
| 重寶、○騎、羽毛盡乎晉 | 5/19/12 | 喜聞○在吳 | 4/9/29 | ○何敢即安 | 4/15/14 |
| 令駕○養馬 | 7/32/19 | ○聞大王收伍子胥之窮厄 | 4/10/1 | 未有人○報讎如此者也 | 4/15/27 |
| 吳王乃〔隱〕〔引〕越 | | ○不忠無行 | 4/10/11 | 姦喜以辱楚君○ | 4/16/2 |
| 　王登○ | 7/34/29 | ○事君王 | 4/10/13 | ○聞祀廢於絕後 | 4/16/21 |
| ○馳人走 | 8/35/10 | ○之所厚其人者 | 4/10/13 | 〔其〕大○〔僞而〕無用 | 5/17/24 |
| 前○已覆 | 8/36/3 | ○昔嘗見曾拆辱壯士椒 | | ○聞君三封而三不成者 | 5/18/2 |
| 後○必戒 | 8/36/4 | 　丘訴也 | 4/10/15 | 大○有所不聽者也 | 5/18/3 |
| 爲〔我〕駕○ | 9/41/3 | ○聞要離若斯 | 4/11/4 | 下恣群○ | 5/18/4 |
| 巨若○輪 | 10/47/5 | ○細小無力 | 4/11/6 | ○驕則爭 | 5/18/4 |

| | | | | | |
|---|---|---|---|---|---|
| 而下與大○交爭〔也〕 | 5/18/5 | 群○賀曰 | 5/23/21 | 今○遂天文 | 7/31/3 |
| 出大○以環之 | 5/18/7 | 群○並進 | 5/23/21 | 群○泣之 | 7/31/6 |
| 大○內空 | 5/18/7 | 咸被群○ | 5/23/22 | ○誠不取 | 7/31/7 |
| 是君上無彊敵之○ | 5/18/7 | 忠○掩口 | 5/23/23 | ○聞大夫種忠而善慮 | 7/31/8 |
| 大○將有疑我之心 | 5/18/9 | 老○多詐 | 5/23/25 | 何順心佛命群○ | 7/31/9 |
| ○聞之 | 5/18/11 | 今○不忠不信 | 5/23/26 | 君亡○親 | 7/31/12 |
| ○竊爲君恐焉 | 5/18/12 | 不得爲前王之○ | 5/23/26 | 君○同道 | 7/31/13 |
| 入○於吳 | 5/18/14 | ○不敢愛身 | 5/23/26 | ○之職也 | 7/31/15 |
| 主以伐越而不聽○ | 5/18/16 | 今大王誅○ | 5/23/27 | 出亡之君勑○守禦 | 7/31/17 |
| ○聞仁人不（因居） | | ○請辭矣 | 5/23/28 | ○謀以能 | 7/31/18 |
| 〔困厄〕以廣其德 | 5/18/18 | 亡○安往 | 5/23/30 | ○之事也 | 7/31/20,7/31/21 |
| ○（誠）〔請〕東見越王 | 5/18/19 | 吾始爲汝父忠○立吳 | 5/24/1 | | 7/31/22,7/31/24,7/31/26 |
| ○今者見吳王 | 5/19/2 | ○恐耳 | 5/24/11 | | 7/31/27,7/31/29,7/31/31 |
| ○聞〔之〕 | 5/19/7,5/20/19 | ○命何異於子胥 | 5/24/12 | 君誤○諫 | 7/31/25 |
| ○竊自擇可與成功而至 | | ○以是恐也 | 5/24/13 | 群○垂泣 | 7/32/1 |
| 王者 | 5/19/9 | ○聞人君者 | 5/24/13 | 稽首再拜稱○ | 7/32/10 |
| 〔其〕惟〔○〕幾乎 | 5/19/10 | 必有敢諫之○ | 5/24/14 | 東海賤○勾踐 | 7/32/11 |
| 上事群○ | 5/19/16 | 先王之老○也 | 5/24/14 | 裁加役○ | 7/32/12 |
| 願空國、棄群○、變容 | | 不得爲前王○ | 5/24/15 | ○勾踐叩頭頓首 | 7/32/13 |
| 貌、易姓名、執箕帚 | | 恐群○復諫 | 5/24/19 | ○死則死矣 | 7/32/14 |
| 、養牛馬以事之 | 5/19/19 | 不知〔挾彈危擲 | 5/24/25 | ○聞亡國之○不敢語政 | 7/32/23 |
| ○觀吳王爲數戰伐 | 5/20/3 | 今○但虛心志在黃雀 | 5/24/25 | ○在越不忠不信 | 7/32/23 |
| 大○內引 | 5/20/3 | ○故袷體濡履 | 5/24/26 | 君○俱降 | 7/32/24 |
| 是殘國傷君之佞○也 | 5/20/6 | ○觀吳王之色 | 5/25/21 | 得君○相保 | 7/32/24 |
| ○以下吏之言告於越王 | 5/20/7 | 二國君○並在 | 5/26/3 | ○之願也 | 7/32/25 |
| 東海役○勾踐之使者〕種 | 5/20/11 | 群○畢盟 | 5/26/4 | 吳王知范蠡不可得爲○ | 7/32/25 |
| 故使賤○以奉前王所藏 | | 吳王率群○遁去 | 5/26/21 | ○請如命 | 7/32/26 |
| 〔器〕 | 5/20/13 | 謀○必亡 | 5/27/6 | 君○之禮存 | 7/32/29 |
| 君○死無所恨矣 | 5/20/16 | 越君勾踐下○種敢言之 | 5/27/7 | 不失君○之禮 | 7/32/30 |
| ○聞章者 | 5/21/5,5/21/21 | 有忠○伍子胥忠諫而身死 | 5/27/9 | ○聞無德不復 | 7/33/4 |
| ○鄙淺於道 | 5/21/9 | 辱君○ | 5/27/11 | ○謂大王惑之深也 | 7/33/11 |
| ○不能占 | 5/21/10 | 人○之位 | 5/27/19 | ○聞王者攻敵國 | 7/33/13 |
| ○不言 | 5/21/19 | 子爲○ | 5/27/22 | 吾聞人○之道 | 7/33/18 |
| 然忠○不顧其軀 | 5/21/20 | 不忍覩忠○伍子胥及公 | | 主疾○憂 | 7/33/18 |
| ○聞好船者必溺 | 5/21/20 | 孫聖 | 5/27/24 | ○竊見吳王眞非人也 | 7/33/21 |
| ○好直言 | 5/21/21 | 等之群○未有如緜者 | 6/28/8 | 囚○欲一見問疾 | 7/33/23 |
| ○聞興十萬之衆 | 5/22/11 | 群○觀示 | 6/29/12 | 下囚○勾踐賀於大王 | 7/33/25 |
| ○以爲危國亡身之甚 | 5/22/12 | 恐群○不從 | 6/29/15 | 下○嘗事師聞糞者 | 7/33/27 |
| ○之言決矣 | 5/22/15 | 命群○曰 | 6/29/19 | ○竊嘗大王之糞 | 7/33/28 |
| ○今年老 | 5/22/15 | 自後稍有君○之義 | 6/30/1 | ○以是知之 | 7/33/31 |
| 有不庭之○ | 5/23/9 | 與大夫種、范蠡入○於吳 | 7/30/8 | 群○以客禮事之 | 7/33/31 |
| 群○問曰 | 5/23/13 | 群○皆送至浙江之上 | 7/30/8 | ○聞 | 7/34/2,9/40/16 |
| 王問群○ | 5/23/16 | 君○生離 | 7/30/10 | 下○勾踐從小○范蠡 | 7/34/3 |
| ○聞四人走 | 5/23/17 | ○請薦脯 | 7/30/11 | 威服群○ | 7/34/5 |
| ○殺君也 | 5/23/18 | ○弒其君 | 7/30/20 | ○聞內懷虎狼之心 | 7/34/7 |
| 群○悉在 | 5/23/18 | 輔○結髮 | 7/31/1 | ○聞桀登高自知危 | 7/34/10 |
| 君不賤有功之○ | 5/23/19 | ○誠盡謀 | 7/31/2 | 夫爲人○不仁不慈 | 7/34/13 |

| | | | | | |
|---|---|---|---|---|---|
| 親將其○民 | 7/34/13 | 多貨賄以喜其○ | 9/39/1 | 不能○王 | 10/47/22 |
| 君有逆節之○ | 7/34/20 | 六曰遺之諛○ | 9/39/2 | 群○爲樂 | 10/47/28 |
| 今越王入○於吳 | 7/34/22 | 七曰彊其諫○ | 9/39/2 | ○聞即事作操 | 10/47/28 |
| ○不敢逃死以負前王 | 7/34/24 | 東海役○○孤勾踐使○種 | 9/39/11 | ○請引琴而鼓之 | 10/47/30 |
| 群○祖道 | 7/34/26 | 君樂○歡 | 9/40/1 | 吳殺忠○伍子胥 | 10/48/1 |
| 今大王哀○孤窮 | 7/34/27 | 謹使○蠡獻之大王 | 9/40/11 | 良○集謀 | 10/48/2 |
| ○不敢負 | 7/34/27 | ○聞五色令人目盲 | 9/40/13 | 君不忘○ | 10/48/3 |
| 群○畢賀 | 7/35/2 | ○聞越王朝書不倦 | 9/40/14 | ○盡其力 | 10/48/3 |
| 越王勾踐○吳 | 8/35/6 | 且越有聖○范蠡 | 9/41/1 | 君○同和 | 10/48/5 |
| 以○卜日 | 8/35/9 | ○聞士窮非難抑心下人 | 9/41/5 | 臺上群○大悅而笑 | 10/48/6 |
| 北向稱○ | 8/35/21 | ○聞越王饑餓 | 9/41/5 | 不惜群○之死 | 10/48/6 |
| 明○屬也 | 8/35/22 | ○聞狼子有野心 | 9/41/8 | 失人○之義 | 10/48/7 |
| ○之築城也 | 8/35/23 | 棄忠○之言 | 9/41/9 | ○聞主憂○勞 | 10/48/14 |
| ○乃承天門制城 | 8/35/26 | ○必見越之破吳 | 9/41/10 | 今○事大王 | 10/48/15 |
| ○愚以爲可無始有終 | 8/36/3 | 武王非紂王○也 | 9/41/11 | ○終欲成君霸國 | 10/48/15 |
| 君○有差 | 8/36/6 | 子胥爲人○ | 9/41/14 | ○竊自惟 | 10/48/16 |
| ○願急升明堂臨政 | 8/36/6 | 非忠○之道 | 9/41/17 | ○所以當席日久 | 10/48/19 |
| 群○曰 | 8/36/10 | ○聞鄰國有急 | 9/41/17 | ○請從斯辭矣 | 10/48/19 |
| 群○拜舞天顏舒 | 8/36/21 | 寡人逆群○之議而輸於越 | 9/41/19 | ○聞君子俟時 | 10/48/22 |
| ○不名謀 | 8/36/22 | ○奉使返越 | 9/41/19 | ○既逝矣 | 10/48/22 |
| 越王遂師（入）〔八〕 | | 越國群○皆稱萬歲 | 9/41/20 | ○從此辭 | 10/48/23 |
| 　○與其四友 | 8/36/24 | 即以粟賞賜群○ | 9/41/20 | ○願大王勿復追也 | 10/48/26 |
| ○聞善爲國者 | 8/36/29 | 忠○尙在 | 9/41/24 | ○所以在朝而晏罷若身 | |
| ○聞擊鳥之動 | 8/37/4 | ○聞古之聖君莫不習戰 | | 　疾作者 | 10/49/1 |
| ○聞吳王兵彊於齊、晉 | 8/37/7 | 　用兵 | 9/41/26 | 以故君○作難 | 10/49/2 |
| ○聞謀國破敵 | 8/37/9 | ○聞弩生於弓 | 9/42/11 | 大王知○勇也 | 10/49/7 |
| 夫內○謀而決讎其策 | 8/37/11 | ○前人受之於楚 | 9/42/20 | 不知○仁也 | 10/49/7 |
| ○聞峻高者隤 | 8/37/12 | 五世於○矣 | 9/42/20 | 知○（心）〔忠〕也 | 10/49/7 |
| ○請按師整兵 | 8/37/16 | ○雖不明其道 | 9/42/20 | 不知○信也 | 10/49/7 |
| 吳之君○爲虜矣 | 8/37/16 | 守○子也 | 9/42/21 | ○誠數以損聲色 | 10/49/8 |
| ○願大王匿聲 | 8/37/17 | ○之愚劣 | 9/42/26 | ○非敢愛死不言 | 10/49/9 |
| 今吳君驕○奢 | 8/37/21 | ○聞正射之道 | 9/42/26 | 謂○曰 | 10/49/9 |
| 內有爭○之震 | 8/37/21 | ○未能如古之聖人 | 9/42/27 | 謀○亡 | 10/49/10 |
| 群○教誨 | 9/37/28 | ○復君隙 | 10/44/3 | ○見王志也 | 10/49/10 |
| 望觀其群○有憂與否 | 9/37/30 | ○請復戰 | 10/44/3 | 忠○必以吾爲喻矣 | 10/49/22 |
| 越王即鳴鐘驚檄而召群○ | 9/38/1 | ○觀吳王得志於齊、晉 | 10/44/4 | 越王既已誅忠○ | 10/49/24 |
| 而五年未聞敢死之士、 | | ○當卜之於天 | 10/44/5 | | |
| 　雪仇之○ | 9/38/2 | 乃大會群○而令之曰 | 10/44/11 | 沉 chén | 9 |
| 群○默然莫對者 | 9/38/3 | ○觀吳王北會諸侯於黃 | | | |
| 孤聞主憂○辱 | 9/38/3 | 　池 | 10/44/18 | ○湎於酒 | 3/3/28 |
| 主辱○死 | 9/38/4, 10/48/14 | ○鄙於策謀 | 10/44/26 | 其遂○埋 | 3/5/2 |
| 重負諸○大夫 | 9/38/4 | ○愚不能知 | 10/44/28 | 已覆船自○於江水之中矣 | 3/6/1 |
| 即辭群○ | 9/38/9 | 孤○夫差 | 10/47/13 | 秦（桓）〔哀〕公素○湎 | 4/15/7 |
| 何患群○之不使也 | 9/38/13 | 今君王舉兵而誅孤○ | 10/47/13 | 天下○漬 | 6/28/5 |
| 則君○何憂 | 9/38/17 | 孤○惟命是聽 | 10/47/14 | 愁然○思 | 6/28/13 |
| ○聞高飛之鳥死於美食 | 9/38/21 | 則吳願長爲○妾 | 10/47/15 | 前○後揚 | 7/30/9 |
| 內慚朝○ | 9/38/24 | 吳之土地民 | 10/47/21 | 亦能○之 | 8/37/17 |

| | |
|---|---|
| 惑亂○洒 | 9/40/7 |

## 辰 chén     7

| | |
|---|---|
| 吳在○ | 4/8/24 |
| 陰前之○也 | 5/22/17 |
| 陰後之○也 | 7/33/7 |
| 合庚○歲後會也 | 7/33/7 |
| 今三月甲○ | 7/34/30 |
| ○剋其日 | 10/49/16 |
| 今日剋其○ | 10/49/17 |

## 陳 chén     24

| | |
|---|---|
| 成公悉爲○前王之禮樂 | 2/2/11 |
| 何所○哉 | 3/4/25 |
| 具○其狀 | 3/6/10 |
| ○前王之命 | 3/6/30 |
| 使兵衛○於道 | 3/7/24 |
| 子必故○兵堂下門庭 | 4/9/27 |
| 每○一篇 | 4/12/1 |
| 不敢○戰爭之辭 | 5/17/7 |
| 齊大夫○成恒欲弒簡公 | 5/17/19 |
| 四支布○ | 5/19/20 |
| 爲予○之 | 5/21/9 |
| 君王所○者 | 7/31/16 |
| 各○其情 | 7/31/18 |
| 蓄○儲新 | 7/31/29 |
| 今日爲越王○北面之坐 | 7/33/31 |
| 除○入新 | 9/40/1 |
| 君王自○越國微鄙 | 9/40/21 |
| 於是范蠡復進善射者○音 | 9/42/8 |
| ○音曰 | 9/42/21 |
| 乃使○音教士習射於北<br>　郊之外 | 9/43/3 |
| ○音死 | 9/43/4 |
| 號其葬所曰「○音山」 | 9/43/5 |
| 有天氣即來○之 | 10/43/10 |
| 更○嚴法 | 10/46/20 |

## 晨 chén     2

| | |
|---|---|
| 嘗○昧不安 | 2/3/1 |
| 闔閭之弟夫概○起請於<br>　闔閭曰 | 4/14/8 |

## 稱 chēng     22

| | |
|---|---|
| 乃○王 | 1/2/2 |
| ○王 | 1/2/6 |
| 王不知口之○善 | 4/12/1 |
| 員不忍○疾辟易 | 5/23/11 |
| 吳王○公前 | 5/26/3 |
| 自○玄夷蒼水使者 | 6/28/16 |
| 請○萬歲 | 7/30/13 |
| 稽首再拜○臣 | 7/32/10 |
| 功立而名○ | 7/33/16 |
| 北向○臣 | 8/35/21 |
| 以自○滿 | 9/41/14 |
| 越國群臣皆○萬歲 | 9/41/20 |
| 國人○善 | 9/41/27 |
| 自○曰袁公 | 9/41/28 |
| 自○之楚累世 | 9/42/19 |
| ○其善 | 10/45/4 |
| 而未有○吾意者 | 10/46/23 |
| 吾不○王 | 10/47/26 |
| 昔吳之○王 | 10/47/27 |
| ○霸穆桓齊楚莊 | 10/50/9 |
| 其歷八主皆○霸 | 10/50/19 |
| 王侯自○爲君 | 10/50/25 |

## 成 chéng     84

| | |
|---|---|
| ○城郭 | 1/1/17 |
| 一年○邑 | 1/1/17 |
| 二年○都 | 1/1/18 |
| 魯○公會於鍾離 | 2/2/11 |
| ○公悉爲陳前王之禮樂 | 2/2/11 |
| 奚能○天子之業乎 | 2/2/28 |
| 遂○爲國 | 2/3/6 |
| 周道就○ | 2/3/6 |
| 以○曹之道 | 2/3/8 |
| 其事○矣 | 3/4/14 |
| 能○大事 | 3/4/19 |
| 事未○ | 3/5/16 |
| 凡欲安君治民、興霸○<br>　王、從近制遠者 | 4/8/18 |
| 城郭以○ | 4/9/2 |
| 三月不○ | 4/9/7 |
| 須人而○ | 4/9/8 |
| 得無得其人而後○乎 | 4/9/8 |
| 然後○物 | 4/9/9 |
| 師知爍身以○物 | 4/9/10 |

| | |
|---|---|
| 遂以○劍 | 4/9/12 |
| 夫劍之○也 | 4/9/15 |
| 遂○二鉤 | 4/9/17 |
| 豐○二鉤 | 4/9/19 |
| 司馬○乃謂子常曰 | 4/12/20 |
| 借勝○以其威 | 4/13/26 |
| 唐○公朝楚 | 4/13/31 |
| 唐○相與謀 | 4/13/31 |
| 從○公從者請馬 | 4/13/31 |
| 以贖○公 | 4/14/1 |
| 常乃遣○公歸國 | 4/14/1 |
| ○公常思報楚 | 4/14/2 |
| 伍胥、孫武、白喜亦妻<br>　子常、司馬○之妻 | 4/14/25 |
| 楚司馬子○、秦公子子<br>　蒲與吳王相守 | 4/15/20 |
| 齊大夫陳○恒欲弒簡公 | 5/17/19 |
| 見○恒 | 5/17/22 |
| ○恒曰 | 5/17/23,5/18/8 |
| ○恒忿然作色 | 5/18/1 |
| 臣聞君三封而三不○者 | 5/18/2 |
| 而求以○大事 | 5/18/4 |
| ○恒許諾 | 5/18/10 |
| 臣竊自擇可與○功而至<br>　王者 | 5/19/9 |
| 農夫就○田夫耕也 | 5/21/6 |
| 乃使行人○好於齊 | 5/23/1 |
| 使王孫駱稽首請○ | 5/26/15 |
| 行人請○列國之義 | 5/26/17 |
| 請○七反 | 5/26/19 |
| 敗與○ | 5/27/1 |
| 功不○ | 6/28/8 |
| 禹傷父功不○ | 6/28/12 |
| 功未及○ | 6/28/13 |
| ○家○室 | 6/28/25 |
| 大夫苦○曰 | 7/30/19 |
|      7/31/21,8/37/17,10/45/15 |
| 夫推國任賢、度功績○者 | 7/31/14 |
| 此乃廚宰之○事食也 | 7/32/16 |
| 禍轉○福 | 7/33/10 |
| 數言○湯之義而不行之 | 7/33/21 |
| 城既○ | 8/35/22 |
| 駕臺在於○丘 | 8/35/29 |
| ○之無敗 | 8/36/25 |
| 則○之 | 8/36/26 |
| 五年乃○ | 9/39/15 |
| 秋○而聚 | 9/39/23 |

秋○無聚　　　　　　9/39/24
必○其名　　　　　　9/40/15
不與未○冤　　　　　9/41/1
武王即○其名矣　　　9/41/12
吳國有○　　　　　　10/44/10
乃使人請○於越　　　10/44/22
軍行○陣　　　　　　10/46/6
請○於越王　　　　　10/47/12
得與君王結○以歸　　10/47/13
將許之○　　　　　　10/47/15
功○作樂　　　　　　10/47/29
以其謀○國定　　　　10/48/6
臣終欲○君霸國　　　10/48/15
○伍子胥之事　　　　10/48/17
以敗爲○　　　　　　10/48/18
斯湯武克夏（商）〔商〕
　而○王業者　　　　10/48/18
哺其耳以○人惡　　　10/49/11

## 承 chéng　　　　　　　21

無忌○宴　　　　　　3/4/14
吳大夫被離○宴　　　4/10/2
願○宴而待焉　　　　4/11/4
敢不○教　　　　　　5/19/6
魯○周公之末　　　　5/24/28
昔楚不○供貢　　　　5/26/6
其巖之巔○以文玉　　6/28/14
以○越君之後　　　　6/30/1
孤○前王〔餘〕德（得）7/30/14
奉○宗廟　　　　　　7/31/11
寡人○天之神靈　　　7/33/3
四海咸○　　　　　　7/34/6
孤不能○前君之制　　8/35/14
上○皇天　　　　　　8/35/24
臣乃○天門制城　　　8/35/26
越○其弊　　　　　　8/37/9
今吳○闔閭之軍制、子
　胥之典教　　　　　8/37/18
九曰利甲兵以○其弊　9/39/3
○命有賞　　　　　　10/45/23
鬼神○翼　　　　　　10/48/3
○（元）〔允〕常之德　10/50/15

## 城 chéng　　　　　　　37

成○郭　　　　　　　1/1/17

故太伯起○　　　　　1/1/25
乃使太子守○父　　　3/4/11
太子居○父將兵　　　3/4/12
而使○父司馬奮揚往殺
　太子　　　　　　　3/4/15
必先立○郭　　　　　4/8/18
夫築○郭　　　　　　4/8/19
造築大○　　　　　　4/8/21
築小○　　　　　　　4/8/22
故小○南門上反羽爲兩鯢鱙 4/9/1
○郭以成　　　　　　4/9/2
雖傾○量金　　　　　4/13/12
南○宮在長樂　　　　4/16/25
秋冬治於○中　　　　4/16/26
春夏治於○外　　　　4/16/26
興樂石○　　　　　　4/16/27
其○薄以卑　　　　　5/17/23
○厚而崇　　　　　　5/17/25
吾兵已在魯之○下矣　5/18/9
東披門亭長長○公弟公
　孫聖　　　　　　　5/21/10
○郭丘墟　　　　　　5/23/24
○門不守　　　　　　5/26/21
今欲定國立○　　　　8/35/12
古公營○　　　　　　8/35/13
欲築○立郭　　　　　8/35/18
築作小○　　　　　　8/35/19
外郭築○而缺西北　　8/35/20
○既成　　　　　　　8/35/22
臣之築○也　　　　　8/35/23
非糞土之○　　　　　8/35/26
臣乃承天門制○　　　8/35/26
其攻○取邑　　　　　9/38/25
習於土○　　　　　　9/40/10
郭爲方○　　　　　　9/42/21
圍吳於西○　　　　　10/47/4
望吳南○　　　　　　10/47/5
我當爲汝開道貫○　　10/47/10

## 乘 chéng　　　　　　　16

江中有漁父○船從下方
　泝水而上　　　　　3/5/19
吾欲○危入楚都而破其郢 4/13/22
吳師○之　　　　　　4/14/11
夫○人之禍　　　　　4/14/17
秦使公子子蒲、子虎率

車五百○　　　　　　4/15/18
必將○煙起而助我　　4/15/25
今〔以〕萬○之齊而私
　千○之魯　　　　　5/18/12
○四載以行川　　　　6/28/20
○東南之維　　　　　8/35/25
今吳○諸侯之威　　　8/37/14
昔湯武○四時之利而制
　夏殷　　　　　　　8/37/22
此○其時而勝者也　　8/37/23
水戰則○舟　　　　　9/41/24
陸行則○輿　　　　　9/41/25
乃○扁舟　　　　　　10/48/23

## 盛 chéng　　　　　　　11

豈前王之所○、人君之
　美者耶　　　　　　3/4/6
何夫子之怒○也　　　3/6/22
○以鴟夷之器　　　　5/24/7
○夏之時　　　　　　5/26/27
一○一衰　　　　　　6/29/22
何能與王者比隆○哉　8/35/26
四時不並○　　　　　8/37/13
氣有○衰　　　　　　8/37/13
君之所以○衰者也　　9/38/11
穢除苗○　　　　　　9/39/26
人有○衰　　　　　　10/48/9

## 誠 chéng　　　　　　　28

臣○耕於野　　　　　2/2/27
吾○避之　　　　　　2/3/8
臣○愚　　　　　　　3/4/7
寡人○負於子　　　　4/9/21
○以聞矣　　　　　　4/11/4
○惑之　　　　　　　4/12/21
臣（○）〔請〕東見越王 5/18/19
精○中廉　　　　　　5/20/3
○傷吳王　　　　　　5/21/15
子胥欲盡○於前王　　5/22/23
員○前死　　　　　　5/23/12
○以今日聞命　　　　5/27/16
臣○盡謀　　　　　　7/31/2
臣○不取　　　　　　7/31/7
○蒙厚恩　　　　　　7/32/12
今大王○赦越王　　　7/33/16

| | |
|---|---|
| 以效其○ | 9/38/15 |
| 越王服○行仁 | 9/40/15 |
| 越王信○守道 | 9/40/24 |
| 歲登○還吳貸 | 9/41/19 |
| 吾○已說於國人 | 10/43/10 |
| 寡人○更其術 | 10/43/13 |
| （○）〔越〕四封之內 | 10/44/2 |
| ○聞於戰 | 10/44/28 |
| ○恐讒於大宰嚭 | 10/48/16 |
| 臣○數以損聲色 | 10/49/8 |
| 隆寒道路○難當 | 10/50/8 |
| 其可不○乎 | 10/50/17 |

**絺 chī**　2

| | |
|---|---|
| 號○素兮將獻之 | 8/36/20 |
| 冬御○綌 | 9/40/16 |

**鶒 chī**　1

| | |
|---|---|
| 盛以○夷之器 | 5/24/7 |

**池 chí**　11

| | |
|---|---|
| 鑿○積土 | 4/12/28 |
| 華○在平昌 | 4/16/25 |
| 其○狹以淺 | 5/17/23 |
| ○廣以深 | 5/17/25 |
| 欲與魯晉合攻於黃○之上 | 5/24/19 |
| 未踰於黃○ | 5/26/4 |
| 吳王還歸自〔黃〕○ | 5/26/12 |
| 豈況近臥於華○ | 7/32/15 |
| 臣觀吳王北會諸侯於黃 | |
| 　○ | 10/44/18 |
| 夫差方會諸侯於黃○ | 10/44/22 |
| 已盟黃○ | 10/44/22 |

**持 chí**　7

| | |
|---|---|
| ○麥飯、鮑魚羹、盎漿 | 3/5/24 |
| 袒裼○劍 | 4/10/19 |
| 清旦懷丸○彈 | 5/24/21 |
| 用兵與大王相○ | 7/32/24 |
| 惟三聖紀綱維○ | 8/36/2 |
| 此正射○弩之道也 | 9/42/30 |
| 伍子胥從海上穿山脅而 | |
| 　○種去 | 10/49/23 |

| | |
|---|---|
| **馳 chí** | 11 |
| 日月昭昭乎侵已○ | 3/5/20 |
| 月已○兮何不渡爲 | 3/5/22 |
| 駟馬○不及 | 4/11/9 |
| ○使下之令曰 | 4/12/9 |
| 晝○夜趨 | 4/15/6 |
| ○於游臺 | 4/16/27 |
| 晝○夜走 | 5/26/22 |
| 夫驥不可與匹○ | 7/31/10 |
| 車○人走 | 8/35/10 |
| 五行不俱○ | 8/37/13 |
| 千里○救 | 9/41/17 |

**遲 chí**　2

| | |
|---|---|
| 今齊陵○千里之外 | 5/22/14 |
| 女工織兮不敢○ | 8/36/20 |

**尺 chí**　5

| | |
|---|---|
| 眉間一○ | 3/6/13 |
| 不用○兵斗糧 | 4/14/27 |
| 穿壙七○ | 6/29/20 |
| 墳高三○ | 6/29/20 |
| 吳王歡兮飛○書 | 8/36/21 |

**侈 chí**　2

| | |
|---|---|
| 無僭○之過 | 5/27/11 |
| 入不敢○ | 8/36/7 |

**恥 chǐ**　25

| | |
|---|---|
| 蒙垢受○ | 3/4/19 |
| 外愧諸侯之○ | 3/4/22 |
| ○辱日大 | 3/4/31 |
| 以雪父兄之○ | 3/5/12 |
| 勇士所○ | 4/10/23 |
| 鞭辱腐屍○難雪 | 4/16/6 |
| 丘常○之 | 5/17/20 |
| 〔遺先人○〕 | 5/19/5 |
| 何王之忍辱厚○也 | 5/27/17 |
| 今遭辱○ | 7/30/14 |
| 蒙不赦之○ | 7/30/28 |
| 不○屈厄之難 | 7/31/21 |
| 受辱被○ | 8/35/15 |

| | |
|---|---|
| ○聞天下 | 8/37/1 |
| 寡人獲辱受○ | 9/38/1 |
| 受囚破之○ | 9/38/4 |
| 長爲天下所○ | 10/43/24 |
| 請可報○ | 10/44/1 |
| 而患其志行之少○也 | 10/44/13 |
| 不患其志行之少○也 | 10/44/14 |
| 雪我王宿○兮 | 10/46/11 |
| 復讎還○ | 10/47/29 |
| 夫○辱之心不可以大 | 10/48/17 |
| 定功雪○ | 10/48/19 |
| 雪○於吳 | 10/49/13 |

**齒 chǐ**　1

| | |
|---|---|
| 切○銘骨 | 10/47/16 |

**赤 chì**　10

| | |
|---|---|
| 青○黃黑 | 1/1/8 |
| ○堇之山已令無雲 | 4/13/11 |
| 視如○子 | 5/22/21 |
| 左軍皆○裳、○髦、丹 | |
| 　甲、朱羽之矰 | 5/25/11 |
| ○帝在闕 | 6/28/14 |
| 因夢見○繡衣男子 | 6/28/16 |
| 南踰○岸 | 6/29/3 |
| 青泉、○淵分入洞穴 | 6/29/4 |
| 市無○米之積 | 10/44/6 |

**熾 chì**　2

| | |
|---|---|
| 不復其○ | 8/37/14 |
| 越國○富 | 9/40/5 |

**沖 chōng**　2

| | |
|---|---|
| 飛則○天 | 3/3/30 |
| 豈得○天而驚人乎 | 3/3/31 |

**衝 chōng**　3

| | |
|---|---|
| 知孫子可以折○銷敵 | 4/11/31 |
| 髮上○冠 | 4/12/6 |
| 可以折○拒敵 | 4/13/9 |

| 崇 chóng | 4 |
|---|---|
| 不聞以土木之○高、蠱<br>鏤之刻畫、金石之清<br>音、絲竹之淒唳以之<br>爲美 | 3/4/3 |
| 城厚而○ | 5/17/25 |
| 越王之○吳 | 7/34/23 |
| 君王○德 | 10/47/29 |

| 蟲 chóng | 3 |
|---|---|
| 召其神而問之山川脈理<br>、金玉所有、鳥獸昆<br>○之類及八方之民俗<br>、殊國異域土地里數 | 6/28/21 |
| 君何爲敬蠡○而爲之軾 | 10/46/22 |
| 今蠡○無知之物 | 10/46/23 |

| 寵 chǒng | 4 |
|---|---|
| 臣聞國君服○以爲美 | 3/4/2 |
| 建母蔡氏無○ | 3/4/11 |
| 得大王○姬二人 | 4/12/3 |
| 即吳王之○姬也 | 4/12/9 |

| 瘳 chōu | 4 |
|---|---|
| 疾之無○ | 7/33/19 |
| 當○ | 7/33/19 |
| 以○起日期之 | 7/33/22 |
| 王之疾至己巳日有○ | 7/33/26 |

| 愁 chóu | 5 |
|---|---|
| 其意有○毒之憂 | 5/25/22 |
| 胸中○憂 | 5/26/22 |
| ○然沉思 | 6/28/13 |
| 形不○ | 7/30/27 |
| ○心苦志 | 8/36/9 |

| 酬 chóu | 1 |
|---|---|
| 客有○其直者 | 4/13/11 |

| 疇 chóu | 2 |
|---|---|
| 田○不墾 | 4/8/16 |
| 墾其田○ | 8/36/23 |

| 讎 chóu | 35 |
|---|---|
| 二國從斯結○ | 2/2/16 |
| 冤○不除 | 3/4/31 |
| 父兄之○ | 3/5/1 |
| 願吾因於諸侯以報○矣 | 3/5/8 |
| 吾聞父母之○ | 3/5/11 |
| 兄弟之○ | 3/5/11 |
| 朋友之○ | 3/5/12 |
| 彼必復父之○ | 3/6/12 |
| 稍道其○ | 3/6/14 |
| 欲爲興師復○ | 3/6/14 |
| 但欲自復私○耳 | 3/6/16 |
| 結○於楚 | 4/12/24 |
| 昭王是我○也 | 4/14/15 |
| 敢○之者 | 4/14/16 |
| 子之報○ | 4/15/4 |
| 未有人臣報○如此者也 | 4/15/27 |
| 爲子西結彊○於楚 | 5/23/5 |
| 破楚見凌之○ | 5/23/29 |
| 傾敵破○ | 7/30/23 |
| 遂討其○ | 7/31/1 |
| 往而必反、與君復○者 | 7/31/21 |
| 子不念先君之○乎 | 7/32/13 |
| 越王念復吳○ | 8/36// |
| 方今吳、楚結○ | 8/37/10 |
| 夫內臣謀而決○其策 | 8/37/11 |
| 以雪吾之宿○ | 9/38/20 |
| 夫欲報怨復○、破吳滅<br>敵者 | 9/38/23 |
| 仇○之人不可親 | 9/41/8 |
| 以饒無益之○ | 9/41/9 |
| 以大國報○ | 10/43/12 |
| 以塞吾之宿○ | 10/44/2 |
| 以除君王之宿○ | 10/44/3 |
| 吾方往征討我宗廟之○ | 10/46/8 |
| 復○還恥 | 10/47/29 |
| 滅○破吳 | 10/48/4 |

| 丑 chǒu | 2 |
|---|---|
| 合斗擊○ | 5/22/18 |

| | 5/22/18 |
|---|---|

| 醜 chǒu | 2 |
|---|---|
| 大吉得辛爲九○ | 5/22/19 |
| 是爲亂○ | 10/49/17 |

| 臭 chòu | 3 |
|---|---|
| 魚○ | 4/16/14 |
| 不知其○ | 4/16/14 |
| 遂病口○ | 7/33/29 |

| 出 chū | 73 |
|---|---|
| ○游於野 | 1/1/4 |
| 恩從中○ | 3/4/30 |
| 子胥乃○蘆中而應 | 3/5/25 |
| ○其陰而獻之 | 4/9/13 |
| 喜因○奔 | 4/9/23 |
| 見馬即○ | 4/10/17 |
| 連日乃○ | 4/10/19 |
| 臣詐以負罪○奔 | 4/11/12 |
| 要離乃詐得罪○奔 | 4/11/13 |
| 從者○之 | 4/11/23 |
| ○其令 | 4/11/27 |
| 寡人欲○兵 | 4/11/28 |
| 且郤、伍之家○奔於吳 | 4/12/23 |
| 乃去而○ | 4/13/1 |
| ○之有神 | 4/13/8 |
| 其劍即○ | 4/13/9 |
| ○固將亡 | 4/14/12 |
| 與妹季芊○河滬之間 | 4/14/12 |
| 能○昭王 | 4/14/19 |
| 欲○昭王 | 4/14/22 |
| ○其屍 | 4/14/23 |
| 寡君○在草澤 | 4/15/8 |
| 即○師而送之 | 4/15/15 |
| 秦師未○ | 4/15/17 |
| 闔閭○鱠而食 | 4/16/14 |
| 闔閭○入游臥 | 4/16/25 |
| 子無意一○耶 | 5/17/21 |
| 子路辭○ | 5/17/21 |
| 子貢辭○ | 5/17/22 |
| ○大臣以環之 | 5/18/7 |
| 使○師以從下吏 | 5/18/19 |
| 遁逃〔○走〕 | 5/19/5 |

| | | | | | |
|---|---|---|---|
| 孤之意〇焉 | 5/19/20 | 且大王〇臨政 | 7/34/18 |
| 逋逃〇走 | 5/20/8 | 吾王今以丙午復〇臨政 | 8/36/4 |
| 逋逃〔〇走〕 | 5/20/12 | | |
| 請〇士卒三千 | 5/20/16 | **貙 chū　　　1** | |
| 道〇胥門 | 5/20/22,5/21/19 | | |
| 國家之〇 | 5/22/11 | 勢如貙〇 | 10/46/12 |
| 無〇境之謀 | 5/23/3 | | |
| 怨惡而〇 | 5/23/6 | **除 chú　　　18** | |
| 〇則罪吾士衆 | 5/23/6 | | |
| 〇三江之口 | 5/25/2 | 已〇喪 | 2/3/1 |
| 〇火於造 | 5/25/10 | 靈王即〇工去飾 | 3/4/7 |
| 不〇 | 5/25/14 | 冤讎不〇 | 3/4/31 |
| 〇於（南）〔商〕、魯 | | 然憂〇事定 | 4/8/14 |
| 　之間 | 5/26/10 | 而不〇君之患者 | 4/11/12 |
| 〇亡之君勑臣守禦 | 7/31/17 | 夫智者〇讒以自安 | 4/12/24 |
| 〇不忘命 | 7/31/24 | 不前〇其疾 | 5/17/12 |
| 妖〇知凶 | 7/31/30 | 〇道郊迎 | 5/18/20 |
| 〇給趨走 | 7/32/25 | 得以〇天下之災 | 6/29/16 |
| 時加日〇 | 7/33/6 | 夫適市之（妻）〔妻〕 | |
| 太宰嚭〇 | 7/33/13 | 　教嗣冀〇 | 7/31/17 |
| 越王〇石室 | 7/33/18 | 願得入備掃〇 | 7/32/24 |
| 太宰嚭奉溲惡以〇 | 7/33/24 | 妻給水、糞、灑掃 | 7/32/28 |
| 吳王〇令曰 | 7/33/31 | 越王悅兮忘罪〇 | 8/36/21 |
| 伍子胥趨〇 | 7/33/31 | 謹〇苗穢 | 9/39/26 |
| 崑崙故〇 | 8/35/27 | 穢〇苗盛 | 9/39/26 |
| 勾踐之〇游也 | 8/35/30 | 〇陳入新 | 9/40/1 |
| 〇不敢奢 | 8/36/7 | 〇民所害 | 10/43/14 |
| 〇入嘗之 | 8/36/9 | 以〇君王之宿讎 | 10/44/3 |
| 望陽〇糴 | 9/40/4 | | |
| 〇於南林 | 9/41/27 | **廚 chú　　　2** | |
| 道〇於天 | 9/43/3 | | |
| 兵始〇境未遠 | 10/44/19 | 此乃〇宰之成事食也 | 7/32/16 |
| 內政無〇 | 10/45/26,10/46/3 | 休息食室於冰〇 | 8/35/30 |
| 王〇宮 | 10/45/28 | | |
| 王〇則復背垣而立 | 10/46/1 | **處 chǔ　　　23** | |
| 王乃〇 | 10/46/4 | | |
| 大夫送〇垣 | 10/46/4 | 踰梁山而〇岐周 | 1/1/16 |
| 越軍明日更從江〇 | 10/47/11 | 吾子禽〇 | 1/2/4 |
| 〇三江 | 10/48/23 | 〇子專 | 1/2/4 |
| 〇死士（以）三百人爲 | | 惟仁是〇 | 2/3/19 |
| 　陣關下 | 10/49/27 | 與吳邊邑〇女蠶 | 3/7/10 |
| | | 何足〇於危亡之地 | 4/8/14 |
| **初 chū　　　5** | | 君〇故來 | 5/18/21 |
| | | 手足異〇 | 5/19/20 |
| 而民五倍其〇 | 1/1/18 | 寡人〇此北邊 | 5/23/2 |
| 伍奢〇聞子胥之亡 | 3/5/8 | 退〇陽山之南、陰阿之北 | 6/29/9 |
| 〇 | 3/7/10 | 〇卑而不以爲惡 | 7/30/28 |

| | |
|---|---|
| 存亡異〇 | 7/31/3 |
| 不〇平易之都 | 8/35/17 |
| 左右易〇 | 8/35/22 |
| 下〇后土 | 8/35/24 |
| 故帝〇其陽陸 | 8/35/25 |
| 今聞越有〇女 | 9/41/26 |
| 〇女將北見於王 | 9/41/27 |
| 問於〇女 | 9/41/28 |
| 〇而不〇 | 10/46/25 |
| 可以共患難而不可共 | |
| 　樂 | 10/48/11 |
| 水行〔而〕山〇 | 10/50/1 |

**楚 chǔ　　　168**

| | |
|---|---|
| 適〇 | 2/2/11 |
| 〇之亡大夫申公巫臣適吳 | 2/2/15 |
| 導之伐〇 | 2/2/15 |
| 〇莊王怒 | 2/2/15 |
| 伐〇 | 2/2/18 |
| 〇恭王怨吳爲巫臣伐之也 | 2/2/20 |
| 〇靈王會諸侯伐吳 | 2/3/12 |
| 故晉、〇伐之也 | 2/3/12 |
| 即舉兵伐〇 | 2/3/13 |
| 〇怨吳爲慶封故伐之 | 2/3/16 |
| 〇師敗走 | 2/3/16 |
| 王僚使公子光伐〇 | 3/3/24 |
| 〇之亡臣伍子胥來奔吳 | 3/3/27 |
| 〇人也 | 3/3/27,9/42/9 |
| 以直諫事〇莊王 | 3/3/28 |
| 集〇國之庭 | 3/3/30 |
| 伍氏三世爲〇忠臣 | 3/4/7 |
| 〇平王有太子名建 | 3/4/8 |
| 且爲〇憂 | 3/4/17 |
| 〇畏我勇 | 3/4/29 |
| 〇得子尚 | 3/5/3 |
| 胥乃貫弓執矢去〇 | 3/5/4 |
| 〇追之 | 3/5/4 |
| 〇爲墟矣 | 3/5/6 |
| 〇王無道 | 3/5/7 |
| 〇之君臣且苦兵矣 | 3/5/9 |
| 尚至〇就父 | 3/5/9 |
| 〇王殺吾父兄 | 3/5/9 |
| 吾欲教子報〇 | 3/5/10 |
| 今吾將復〇肇 | 3/5/12 |
| 吾聞〇之法令 | 3/5/28 |
| 且爲〇所得 | 3/5/29 |

| | |
|---|---|
| 吾所謂渡〇賊也 | 3/5/30 |
| 吾聞〇殺忠臣伍奢 | 3/6/11 |
| 伍胥之諫伐〇者 | 3/6/15 |
| 伍胥之亡〇如吳時 | 3/6/20 |
| 僚遣公子伐〇 | 3/7/7 |
| 大敗〇師 | 3/7/7 |
| 吳使光伐〇 | 3/7/10 |
| 〇之邊邑脾梁之女 | 3/7/10 |
| 故伐〇取二邑而去 | 3/7/11 |
| 〇平王卒 | 3/7/14 |
| 然〇國有 | 3/7/14 |
| 吳欲因〇葬而伐之 | 3/7/17 |
| 使公子蓋餘、燭傭以兵 | |
| 　圍〇 | 3/7/17 |
| 〇發兵絕吳〔兵〕後 | 3/7/18 |
| 今吳王伐〇 | 3/7/19 |
| 今二弟伐〇 | 3/7/20 |
| 弟伐〇 | 3/7/21 |
| 〇絕其後 | 3/7/21 |
| 方今吳外困於〇 | 3/7/22 |
| 公子蓋餘、燭傭二人將 | |
| 　兵遇圍於〇者 | 3/8/4 |
| 乃以兵降〇 | 3/8/4 |
| 〇封之於舒 | 3/8/5 |
| 〇國之亡虜也 | 4/8/11 |
| 闔閭欲西破〇 | 4/8/23 |
| 〇在西北 | 4/8/23 |
| 因復名之破〇門 | 4/8/24 |
| 會〇之白喜來奔 | 4/9/22 |
| 〇白州犂之孫 | 4/9/23 |
| 〇之左尹 | 4/9/24 |
| 側聞子前人爲〇荊之暴怒 | 4/9/30 |
| 〇國之失虜 | 4/9/31 |
| 吳將欲伐〇 | 4/11/26 |
| 而王故伐〇 | 4/11/27 |
| 吳王內計二子皆怨〇 | 4/11/28 |
| 欲興兵以誅暴〇 | 4/12/15 |
| 集而攻〇 | 4/12/17 |
| 〇聞吳使孫子、伍子胥 | |
| 　、白喜爲將 | 4/12/18 |
| 〇國苦之 | 4/12/19 |
| 〇郡臣有一朝之患 | 4/12/19 |
| 夫費無忌、〇之讒口 | 4/12/22 |
| 結讎於〇 | 4/12/24 |
| 〇國有事 | 4/12/24 |
| 因謀伐〇 | 4/12/27 |
| 水行如〇 | 4/13/1 |

| | |
|---|---|
| 〇昭王臥而寤 | 4/13/1 |
| 今湛盧入〇也 | 4/13/5 |
| 殺君謀〇 | 4/13/10 |
| 故湛盧入〇 | 4/13/10 |
| 闔閭聞〇得湛盧之劍 | 4/13/14 |
| 遂使孫武、伍胥、白喜 | |
| 　伐〇 | 4/13/14 |
| 子胥陰令宣言於〇曰 | 4/13/14 |
| 〇用子期爲將 | 4/13/15 |
| 〇聞之 | 4/13/15 |
| 吳王以越不從伐〇 | 4/13/18 |
| 〇昭王使公子囊瓦伐吳 | 4/13/21 |
| 吾欲乘危入〇都而破其郢 | 4/13/22 |
| 於是圍〇師於豫章 | 4/13/22 |
| 獲〇公子繁以歸 | 4/13/23 |
| 〇之爲兵 | 4/13/26 |
| 吾欲復擊〇 | 4/13/27 |
| 昔蔡昭公朝於〇 | 4/13/29 |
| 唐成公朝〇 | 4/13/31 |
| 成公常思報〇 | 4/14/2 |
| 而請伐〇 | 4/14/3 |
| 得唐、蔡而可伐〇 | 4/14/4 |
| 〇爲無道 | 4/14/4 |
| 寡人欲舉兵伐〇 | 4/14/5 |
| 三國合謀伐〇 | 4/14/5 |
| 自豫章與〇夾漢水爲陣 | 4/14/6 |
| 〇二師陣於柏舉 | 4/14/8 |
| 〇師大亂 | 4/14/11 |
| 遂破〇衆 | 4/14/11 |
| 〇人未濟漢 | 4/14/11 |
| 會〇人食 | 4/14/11 |
| 〇大夫尹固與王同舟而去 | 4/14/12 |
| 〇滅之 | 4/14/18 |
| 加罰於〇 | 4/14/19 |
| 密近於〇 | 4/14/20 |
| 〇實存我 | 4/14/20 |
| 〇敢不聽命 | 4/14/21 |
| 以辱〇之君臣也 | 4/14/25 |
| 還軍守〇 | 4/15/3 |
| 求救〇 | 4/15/6 |
| 政從〇起 | 4/15/8 |
| 〇有賢臣如是 | 4/15/9 |
| 若〇遂亡 | 4/15/12 |
| 吳在〇 | 4/15/17 |
| 救〇擊吳 | 4/15/18 |
| 使〇師前與吳戰 | 4/15/19 |
| 〇司馬子成、秦公子子 | |

| | |
|---|---|
| 蒲與吳王相守 | 4/15/20 |
| 子胥久留〇求昭王 | 4/15/20 |
| 乃釋〇師 | 4/15/21 |
| 奔〇 | 4/15/21 |
| （與）〔敗〕〇師於淮滋 | 4/15/22 |
| 〇子期將焚吳軍 | 4/15/23 |
| 彼〇雖敗我餘兵 | 4/15/26 |
| 吾以吳干戈西破〇 | 4/15/26 |
| 姦喜以辱〇君臣 | 4/16/2 |
| 乃援琴爲〇作窮劫之曲 | 4/16/3 |
| 〇荊骸骨遭發掘 | 4/16/6 |
| 諸將既從還 | 4/16/15 |
| 因更名閶門曰破〇門 | 4/16/15 |
| 使太子屯兵守〇留止 | 4/16/24 |
| 因伐〇 | 4/16/27 |
| 〇懼吳兵復往 | 4/17/1 |
| 西破彊〇 | 4/17/2 |
| 更歷〇趙之界 | 5/22/14 |
| 爲子西結彊讎於〇 | 5/23/5 |
| 吾貫弓接矢於鄭〇之界 | 5/23/28 |
| 破〇見凌之讎 | 5/23/29 |
| 設謀破〇 | 5/24/1 |
| 昔〇不承供貢 | 5/26/6 |
| 與〇昭王相逐於中原 | 5/26/6 |
| 〇師敗績 | 5/26/7 |
| 今齊不賢於〇 | 5/26/7 |
| 其惡味苦且〇酸 | 7/33/27 |
| 而怨結於〇 | 8/37/7 |
| 陰固於〇 | 8/37/7 |
| 方今吳、〇結讎 | 8/37/10 |
| 下慚晉、〇 | 9/38/2 |
| 〇之鄙人 | 9/42/10 |
| 〇有弧父 | 9/42/15 |
| 生於〇之荊山 | 9/42/15 |
| 逢蒙傳於〇琴氏 | 9/42/16 |
| 琴氏傳之〇三侯 | 9/42/18 |
| 自〇之三侯傳至靈王 | 9/42/19 |
| 自稱之〇累世 | 9/42/19 |
| 臣前人受之於〇 | 9/42/20 |
| 會〇使申包胥聘於越 | 10/44/25 |
| 邦國南則距〇 | 10/45/7 |
| 以淮上地與〇 | 10/47/23 |
| 勾踐乃使使號令齊〇秦晉 | 10/50/5 |
| 稱霸穆桓齊〇莊 | 10/50/9 |
| 籍〇之前鋒 | 10/50/16 |
| 爲〇所滅 | 10/50/27 |

| 儲 chǔ | 1 |
|---|---|
| 蓄陳○新 | 7/31/29 |

| 怵 chù | 1 |
|---|---|
| 其於心胸中會無○惕 | 7/32/2 |

| 畜 chù | 3 |
|---|---|
| 多○而藏 | 9/39/23 |
| 多藏無○ | 9/39/24 |
| 民家有三年之○ | 10/43/23 |

| 川 chuān | 4 |
|---|---|
| 石紐在蜀西○也 | 6/28/5 |
| 乘四載以行○ | 6/28/20 |
| 召其神而問之山○脈理 | |
| 　、金玉所有、鳥獸昆 | |
| 　蟲之類及八方之民俗 | |
| 　、殊國異域土地里數 | 6/28/21 |
| 望見大越山○重秀 | 7/35/1 |

| 穿 chuān | 4 |
|---|---|
| ○壙七尺 | 6/29/20 |
| 乃○東南隅以達 | 10/47/11 |
| 伍子胥從海上○山脅而 | |
| 　持種去 | 10/49/23 |
| 三○（元）〔允〕常之墓 | 10/50/4 |

| 船 chuán | 9 |
|---|---|
| 江中有漁父乘○從下方 | |
| 　沂水而上 | 3/5/19 |
| 子胥入○ | 3/5/22 |
| 已覆○自沉於江水之中矣 | 3/6/1 |
| 臣聞好○者必溺 | 5/21/20 |
| 遂登○徑去 | 7/32/2 |
| 越王夫人乃據○哭 | 7/32/2 |
| 樓○之卒三千餘人 | 10/49/22 |
| 戈○三百艘 | 10/49/25 |
| 以○爲車 | 10/50/1 |

| 傳 chuán | 17 |
|---|---|
| 欲○國以及昌 | 1/1/19 |
| 我欲○國及札 | 2/2/26 |
| ○付適長 | 3/6/27 |
| 因○國政 | 6/29/14 |
| ○位與益 | 6/29/23 |
| 無余○世十餘 | 6/29/28 |
| 堯○天子 | 7/30/20 |
| ○德無極 | 7/34/5 |
| 故○曰 | 9/38/13 |
| 君王閉口無○ | 9/39/4 |
| 以其道○於羿 | 9/42/16 |
| 羿○逢蒙 | 9/42/16 |
| 逢蒙○於楚琴氏 | 9/42/16 |
| 琴氏○之楚三侯 | 9/42/18 |
| 自楚之三侯○至靈王 | 9/42/19 |
| 〔能〕（○賢）〔博取〕 | |
| 　於諸侯 | 10/44/29 |
| 聲○海內威遠邦 | 10/50/8 |

| 床 chuáng | 1 |
|---|---|
| 得吳王湛盧之劍於○ | 4/13/1 |

| 愴 chuàng | 1 |
|---|---|
| 卿士悽○民惻恨 | 4/16/7 |

| 炊 chuī | 3 |
|---|---|
| 蒸而不○ | 5/21/2 |
| 兩鬴蒸而不○者 | 5/21/5 |
| 入門見鬴蒸而不○者 | 5/21/22 |

| 垂 chuí | 10 |
|---|---|
| ○淚頓首曰 | 4/8/11 |
| 秦伯爲之○涕 | 4/15/15 |
| ○涕舉兵將西伐 | 4/16/5 |
| 昭王○涕 | 4/16/7 |
| ○功用力 | 5/23/5 |
| 子胥據地○涕曰 | 5/23/22 |
| 舉杯○涕 | 7/30/11 |
| 功○萬世 | 7/31/2 |
| 群臣○泣 | 7/32/1 |
| 大王○仁恩加越 | 7/33/4 |

| 椎 chuí | 1 |
|---|---|
| 徒以○髻爲俗 | 2/2/12 |

| 鎚 chuí | 1 |
|---|---|
| 顧力士石番以鐵○擊殺之 | 5/22/6 |

| 春 chūn | 11 |
|---|---|
| ○ | 3/7/17 |
| ○夏治於城外 | 4/16/26 |
| 啓使使以歲時○秋而祭 | |
| 　禹於越 | 6/29/25 |
| ○秋祠禹墓於會稽 | 6/29/28 |
| ○秋以多其義 | 7/33/16 |
| 應○夏之氣 | 7/33/28 |
| ○種八穀 | 9/39/23 |
| 須明年之○然後可耳 | 10/44/17 |
| 不如來○ | 10/44/19 |
| ○秋奉幣、玉帛、子女 | |
| 　以貢獻焉 | 10/45/7 |
| ○生多伐 | 10/48/9 |

| 脣 chún | 1 |
|---|---|
| 焦○乾舌 | 5/19/16 |

| 啜 chuò | 1 |
|---|---|
| 孤餔而○之 | 10/43/22 |

| 惙 chuò | 2 |
|---|---|
| 心○○兮若割 | 7/32/5 |

| 輟 chuò | 1 |
|---|---|
| 用工不○ | 9/39/7 |

| 祠 cí | 1 |
|---|---|
| 春秋○禹墓於會稽 | 6/29/28 |

| 詞 cí | 5 |
|---|---|
| 其○曰 | 4/16/3, 7/30/9 |

| | | | | | |
|---|---|---|---|---|---|
| 各有其〇 | 7/34/1 | 必順〇和衆 | 8/37/5 | 〇君上於（王）〔主〕 | |
| 外執美〇之說 | 7/34/7 | 宜損之〇 | 8/37/6 | 　有遽 | 5/18/5 |
| 皆作離別相去之〇 | 10/46/9 | 武王〇之 | 8/37/10 | 如〇 | 5/18/5 |
| | | 〇合意同 | 9/37/29 | 且夫畏越如〇 | 5/18/19 |
| **雌** cí | 1 | 即〇群臣 | 9/38/9 | 〇僻狹之國、蠻夷之民 | 5/18/20 |
| | | 而士有未盡進〇有益寡 | | 乃至於〇 | 5/18/21 |
| 豈況雌〇 | 9/42/30 | 　人也 | 9/38/18 | 〇孤之死言也 | 5/19/14 |
| | | 願子一二其〇 | 9/42/10 | 有人若以〇首事 | 5/22/19 |
| **慈** cí | 9 | 聽孤說國人之〇 | 10/43/12 | 寡人處〇北邊 | 5/23/2 |
| | | 孤〇之日 | 10/44/1 | 〇孤僮之謀 | 5/23/10 |
| 公劉〇仁 | 1/1/11 | 吳王〇曰 | 10/47/20 | 遭〇默默 | 5/23/23 |
| 尙爲人〇溫仁信 | 3/4/18 | 遂作章暢〇曰 | 10/48/1 | 欲報前王之恩而至於〇 | 5/23/29 |
| 父奢以忠信〇仁 | 3/4/21 | 范蠡〇於王曰 | 10/48/14 | 〇爲二子胥也 | 5/24/16 |
| 越王〇仁忠信 | 5/23/20 | 故不〇一死一生 | 10/48/16 | 〇何名也 | 5/26/23 |
| 并心察〇仁者 | 7/34/4 | 臣請從斯〇矣 | 10/48/19 | 天所以爲我用 | 6/28/29 |
| 是相國之不〇也 | 7/34/12 | 臣從此〇 | 10/48/23 | 自合如〇 | 6/28/30 |
| 夫爲人臣不仁不〇 | 7/34/13 | 因〇而去 | 10/50/3 | 〇吾德薄不能化民證也 | 6/29/2 |
| 是其〇也 | 7/34/15 | | | 以固冀於〇 | 6/29/6 |
| 以飮溲食惡爲〇 | 7/34/21 | **此** cí | 67 | 〇乃廚宰之成事食也 | 7/32/16 |
| | | | | 〇時越王伏地流涕 | 7/32/25 |
| **辭** cí | 44 | 〇何鳥也 | 3/3/30 | 〇豈非天網四張 | 7/33/9 |
| | | 〇鳥不飛 | 3/3/30 | 誰念復生渡〇津也 | 7/34/30 |
| 旋泣〇行 | 3/5/3 | 今君爲〇臺七年 | 3/4/5 | 〇時萬姓咸歡 | 7/35/2 |
| 遂〇不受 | 3/5/29 | 〇前知之士 | 3/4/20 | 孤欲以〇到國 | 8/35/9 |
| 〇無復者 | 3/6/13 | 子俟我〇樹下 | 3/5/23 | 越小心念功 | 8/36/15 |
| 言〇不遜 | 4/10/20 | 〇吾前君之劍 | 3/5/27 | 無以過〇 | 8/37/9 |
| 乃〇吳王曰 | 4/14/20 | 以〇相答 | 3/5/28 | 〇乘其時而勝者也 | 8/37/23 |
| 吳師多其〇 | 4/14/21 | 〇社稷之言也 | 3/7/2 | 凡〇九術 | 9/39/3 |
| 秦伯使〇焉 | 4/15/13 | 當〇之時 | 3/7/20,4/17/1 | 凡〇四者 | 9/39/20 |
| 不敢陳戰爭之〇 | 5/17/7 | 我在於〇 | 4/9/20 | 因〇而謀 | 9/40/7 |
| 今信浮〇僞詐而貪齊 | 5/17/12 | 〇天下壯士也 | 4/11/4 | 道悉如〇 | 9/42/26 |
| 子路〇出 | 5/17/21 | 吳王心非子胥進〇人 | 4/11/7 | 〇正射持弩之道也 | 9/42/30 |
| 子貢〇出 | 5/17/22 | 〇是天下勇士 | 4/11/19 | 〇則寡人之罪也 | 10/43/13 |
| 無惡卑〇以盡其禮 | 5/19/10 | 寡人非〇二姬 | 4/12/10 | 願以〇戰 | 10/45/2 |
| 巧言利〇以固其身 | 5/20/5 | 〇謂湛盧之劍 | 4/13/3 | | 10/45/4,10/45/6,10/45/8 |
| 〔而〕〇其君 | 5/20/18 | 臣聞〇劍在越之時 | 4/13/10 | 有不從令者如〇 | 10/46/13 |
| 邪說僞〇 | 5/23/23 | 猶不能得〇寶 | 4/13/13 | 〇素女之道 | 10/47/25 |
| 臣請〇矣 | 5/23/28 | 其謂〇也 | 4/14/10 | 臣從〇辭 | 10/48/23 |
| 敢請〇故 | 5/25/16 | 自〇鄭定公大懼 | 4/14/26 | | |
| 〇曰 | 5/27/5,7/34/4,9/40/22 | 自致於〇 | 4/15/2 | **次** cí | 11 |
| 乃如大夫種〇吳王曰 | 5/27/16 | 如〇七日 | 4/15/9 | | |
| 乃〇云 | 6/28/23 | 未有人臣報讎如〇者也 | 4/15/27 | 〇曰仲雍 | 1/1/18 |
| 言悲〇苦 | 7/31/6 | 吾嘗鐵於〇 | 4/16/8 | 〇曰餘祭 | 2/2/24,3/6/27 |
| 而君王何爲護〇謹說 | 7/31/7 | 往年擊綿於〇 | 4/16/11 | 〇曰餘眛 | 2/2/24,3/6/27 |
| 其〇曰 | 7/34/3,10/48/2 | 〇計在君耳 | 4/16/20 | 〇曰季札 | 2/2/24,3/6/27 |
| 永〇萬民 | 7/35/1 | 〔〇〕不可與戰 | 5/17/25 | 必授國以〇及于季札 | 2/2/28 |
| 不宜前露其〇 | 8/37/3 | 〇易伐也 | 5/18/1 | 今大國越〇而造弊邑之 | |

## 促 cù　　　　　　　　　1

吳國之命斯○矣　　　5/23/11

## 篡 cuàn　　　　　　　1

殆且有○殺之憂　　　4/9/28

## 摧 cuī　　　　　　　　3

（茂葉）〔葉茂〕者○　8/37/12
躒躒○長惡兮　　　10/46/10
以○吳王之干戈　　　10/50/16

## 脆 cuì　　　　　　　　1

〔夫〕越性○而愚　　10/50/1

## 存 cún　　　　　　　31

庶○適亡　　　　　　2/3/7
吾能○之　　　　　　3/5/13
十亡一○　　　　　　4/13/27
楚實○我　　　　　　4/14/20
願王以神靈○之　　　4/15/12
○沒所在　　　　　　4/15/24
義○亡魯　　　　　　5/18/13
〔是〕○亡國〔而〕
　（舉）〔興〕死人
　〔也〕　　　　　　5/19/20
國可安○也　　　　　5/22/5
賴上帝哀○　　　　　5/23/3
吳國世世○焉　　　　5/23/11
亡國復○　　　　　　5/23/22
若○若亡　　　　　　5/27/7
金簡之書○矣　　　　6/28/18
○亡繫於人　　　　　7/30/17
○亡異處　　　　　　7/31/3
○亡國　　　　　　　7/31/20
弔死○疾　　　　　　7/31/28
游於不可○之地　　　7/32/16
君臣之禮○　　　　　7/32/29
軍敗而德○　　　　　7/33/16
意者內慚至仁之○也　7/34/2
但爲外情以○其身　　7/34/8
而不知所以自○也　　7/34/11
以○其身　　　　　　7/34/21

崑崙之象○焉　　　　8/35/23
審於○亡　　　　　　9/39/20
天地○亡　　　　　　9/39/21
審○亡者　　　　　　9/39/22
○亡者　　　　　　　9/40/2
知進退○亡而不失其正　10/48/9

## 寸 cùn　　　　　　　1

夫君子爭○陰而棄珠玉　7/30/24

## 蹉 cuō　　　　　　　1

左○右足橫　　　　　9/42/28

## 剉 cuò　　　　　　　2

夫斫○養馬　　　　　7/32/28
兵○而軍退　　　　　8/37/15

## 挫 cuò　　　　　　　3

時要離乃○訴曰　　　4/10/21
手○捽吾頭　　　　　4/11/2
欲以妖孽○衄吾師　　5/23/7

## 錯 cuò　　　　　　　3

五精○行　　　　　　7/31/30
○畫文章　　　　　　9/39/10
兵刃交○　　　　　　9/42/17

## 怛 dá　　　　　　　　2

中心切○　　　　　　3/4/23
吳王哀痛助切○　　　4/16/5

## 妲 dá　　　　　　　　1

殷亡以○己　　　　　9/40/17

## 答 dá　　　　　　　　5

以此相○　　　　　　3/5/28
周王○曰　　　　　　5/26/10
不○所勸　　　　　　10/46/5
吾○之又無他語　　　10/49/15

孔子不○　　　　　　10/50/3

## 達 dá　　　　　　　17

簡子叔○　　　　　　1/2/3
○子周章　　　　　　1/2/3
吾願○前王之義　　　2/3/4
以自濟○　　　　　　3/4/30
貫甲○背　　　　　　3/7/27
與人戰者不○聲　　　4/10/22
以暢君之迫厄之暢○也　4/16/3
子以道自○於主　　　5/21/16
吾前王履德明〔聖〕○
　於上帝　　　　　　5/23/4
○於秦餘杭山　　　　5/26/22
孰知其非暢○之兆哉　7/31/5
通命○旨　　　　　　7/31/23
據四○之地　　　　　8/35/17
陵門四○　　　　　　8/35/20
○於策慮　　　　　　8/37/19
不○諸侯　　　　　　9/42/2
乃穿東南隅以○　　　10/47/11

## 大 dà　　　　　　315

見○人跡而觀之　　　1/1/4
楚之亡○夫申公巫臣適吳　2/2/15
有一○鳥　　　　　　3/3/29
○不過容籩豆　　　　3/4/4
平王○怒　　　　　3/4/15,4/9/29
能成○事　　　　　　3/4/19
恥辱日○　　　　　　3/4/31
即發○軍追子胥　　　3/5/6
子胥行至○江　　　　3/5/7
○夫華氏謀殺元公　　3/5/14
因作○亂　　　　　　3/5/14
（○）〔太〕子能爲內
　應而滅鄭　　　　　3/5/15
今○王踐國制威　　　3/6/18
○敗楚師　　　　　　3/7/7
來歸命於○王　　　　4/8/12
造築○城　　　　　　4/8/21
欲東并○越　　　　　4/8/24
故南○門上有木蛇　　4/9/1
闔閭使掌劍○夫以莫耶
　獻之　　　　　　　4/9/13
季孫拔劍之鍔中缺者○

| | | | | | |
|---|---|---|---|---|---|
| 如黍米 | 4/9/14 | 而求以成○事 | 5/18/4 | 晉〔師〕○驚 | 5/25/14 |
| 吳王○驚 | 4/9/21 | 而下與○臣交爭〔也〕 | 5/18/5 | 今○國越次而造弊邑之 | |
| 及平王往而○驚曰 | 4/9/28 | 出○臣以環之 | 5/18/7 | 　軍壘 | 5/25/15 |
| 臣聞○王收伍子胥之窮厄 | 4/10/1 | ○臣內空 | 5/18/7 | 與諸侯、○臣列坐於晉 | |
| 惟○王賜其死 | 4/10/1 | ○臣將有疑我之心 | 5/18/9 | 　定公前 | 5/25/21 |
| 以爲○夫 | 4/10/2 | ○利也 | 5/18/13 | 類有○憂 | 5/25/21 |
| 吳○夫被離承宴 | 4/10/2 | 見小利而忘○害 | 5/18/17 | ○則越人入〔吳〕 | 5/25/22 |
| 而與○王圖王僚於私室 | | 吳王○悅 | 5/18/19 | ○夫種曰 | 5/26/18 |
| 　之中 | 4/10/11 | 5/20/16,5/21/8,7/33/28 | | 　5/27/15,7/31/19,8/36/3 | |
| 椒丘訴○怒 | 4/10/19 | 9/39/12,9/40/12 | | 　8/36/24,9/38/21,9/38/23 | |
| 於友人之喪席而輕傲於 | | ○夫何索然若不辱 | 5/18/21 | 　9/38/25,9/41/19,9/41/23 | |
| 　士○夫 | 4/10/20 | 今○夫之弔〔孤〕 | 5/19/1 | 　10/44/4,10/48/4 | |
| 我辱壯士椒丘訴於○家 | | 舉事之○忌也 | 5/19/4 | ○夫何慮乎 | 5/27/6 |
| 　之喪 | 4/10/25 | 今○夫辱弔而身見之 | 5/19/6 | ○夫種、相國蠡急而攻 | 5/27/6 |
| 子辱我於○家之眾 | 4/10/28 | 今○夫有賜 | 5/19/15,5/19/20 | ○夫種書矢射之 | 5/27/7 |
| 乃敢○言 | 4/11/2 | ○臣內引 | 5/20/3 | 且吳有○過六 | 5/27/9 |
| ○王有命 | 4/11/6 | 越王○悅 | 5/20/6 | ○過一也 | 5/27/9 |
| ○王患慶忌乎 | 4/11/7 | 越王○恐 | 5/20/7 | ○過二也 | 5/27/10 |
| 其意○悅 | 4/12/1 | 賴○王之賜 | 5/20/9 | ○過三也 | 5/27/11 |
| 得○王寵姬二人 | 4/12/3 | 今竊聞○王〔將〕興○義 | 5/20/13 | ○過四也 | 5/27/11 |
| 孫子○怒 | 4/12/6 | 若將遂○義 | 5/20/14 | ○過五也 | 5/27/12 |
| 今○王虔心思士 | 4/12/15 | ○王聖德氣有餘也 | 5/21/5 | 罪莫○焉 | 5/27/13 |
| 於是吳王○悅 | 4/12/17,7/34/6 | 不能（傳）〔博〕○ | 5/21/9 | 後爲○患 | 5/27/13 |
| 昭王○悅 | 4/13/13 | ○王不得火食也 | 5/21/22 | ○過六也 | 5/27/13 |
| ○破之 | 4/13/22 | 願○王按兵修德 | 5/22/3 | ○夫種謂越君曰 | 5/27/14 |
| 自小別山至於○別山 | 4/14/6 | 賀○王喜 | 5/22/9 | 瞋目○言以執之 | 5/27/16 |
| ○敗〔之〕 | 4/14/10 | 願○王定越而後圖齊 | 5/22/15 | 乃如○夫種辭吳王曰 | 5/27/16 |
| 楚師○亂 | 4/14/11 | ○王以首事 | 5/22/17 | 行到名山○澤 | 6/28/21 |
| 楚○夫尹固與王同舟而去 | 4/14/12 | 吉爲白虎而臨辛 | 5/22/18 | 舜薦○禹 | 6/29/7 |
| ○夫尹固隱王 | 4/14/14 | 吉得辛爲九醜 | 5/22/19 | 歸還○越 | 6/29/11 |
| ○夫種建負季芉以從 | 4/14/14 | 后必○敗 | 5/22/20 | 乃○會計治國之道 | 6/29/13 |
| ○喜 | 4/14/15 | 吳王召○夫被離 | 5/22/22 | ○小有差 | 6/29/22 |
| ○夫子期雖與昭王俱亡 | 4/14/21 | 斯亦○夫之力 | 5/23/6 | 與○夫種、范蠡入臣於吳 | 7/30/8 |
| 自此鄭定公○懼 | 4/14/26 | 今○夫昏毣而不自安 | 5/23/6 | ○夫文種前爲祝 | 7/30/9 |
| 愕然○驚 | 4/14/29 | 伍子胥攘臂○怒 | 5/23/8 | ○王德（受）〔壽〕 | 7/30/12 |
| （桓）〔哀〕公○驚 | 4/15/9 | 不陷於○難 | 5/23/9 | 幸蒙諸○夫之謀 | 7/30/14 |
| ○敗夫概 | 4/15/19 | 而近其○憂 | 5/23/10 | 諸○夫之責也 | 7/30/15 |
| 吳師○敗 | 4/15/25 | 於眾○夫如何 | 5/23/20 | ○夫扶同曰 7/30/15,10/45/19 | |
| 5/26/14,10/47/2 | | ○王躬行至德 | 5/23/21 | ○夫苦成曰 | 7/30/19 |
| 幾爲天下○鄙 | 4/16/2 | 吳王○怒曰 | 5/23/25 | 7/31/21,8/37/17,10/45/15 | |
| 莫○乎波秦之子夫差 | 4/16/22 | 今○王誅臣 | 5/23/27 | ○王不覽於斯 | 7/30/22 |
| 齊使○夫高氏謝吳師曰 | 5/17/6 | ○王勉之 | 5/23/28 | ○夫皆前圖未然之端 | 7/30/23 |
| 伍胥○懼 | 5/17/11 | ○怒曰 | 5/24/4 | 何○夫之言 | 7/30/26 |
| 齊○夫陳成恒欲弒簡公 | 5/17/19 | ○王氣高 | 5/24/12 | 於是○夫種、范蠡曰 | 7/30/26 |
| 〔其〕○臣〔僞而〕無用 | 5/17/24 | 幾爲○王取笑 | 5/24/26 | ○王屈厄 | 7/31/2 |
| 又使明○夫守之 | 5/18/1 | 徙其○舟 | 5/25/5 | 今○王雖在危困之際 | 7/31/5 |
| ○臣有所不聽者也 | 5/18/3 | 吳王夫差○懼 | 5/25/6 | ○夫計硯曰 | 7/31/6 |

| | |
|---|---|
| 以諸侯〇夫不用命 | 10/50/13 |

**代 dài** 5

| | |
|---|---|
| 因爲詠歌三〇之風 | 2/2/12 |
| 今僚何以當〇立乎 | 3/6/29 |
| 吾雖〇立 | 3/6/30 |
| 父死子〇 | 4/16/24 |
| 吾聞父死子（伐）〔〇〕 | 7/31/12 |

**殆 dài** 4

| | |
|---|---|
| 〇且有篡殺之憂 | 4/9/28 |
| 〇也 | 5/19/3 |
| 豈不〇哉 | 7/34/10 |
| 何其〇哉 | 9/38/8 |

**怠 dài** 2

| | |
|---|---|
| 我不可以〇 | 10/44/5 |
| 則士卒不〇 | 10/45/14 |

**待 dài** 15

| | |
|---|---|
| 光既得專諸而禮〇之 | 3/6/25 |
| 安坐〇公子命之 | 3/7/5 |
| 哀死〇生 | 3/8/3 |
| 復位而〇 | 3/8/4 |
| 願承宴而〇焉 | 4/11/4 |
| 所謂臣行其志不〇命者 | 4/14/10 |
| 子〇我伐越而聽子 | 5/18/15 |
| 敢不〇令乎 | 5/20/1 |
| 何以〇之 | 5/20/21 |
| 修兵伏卒以〇之 | 5/20/21 |
| 抱謀以〇敵 | 7/30/21 |
| 〇吾疾愈 | 7/33/17 |
| 〇其壞敗 | 8/37/16 |
| 以〇不虞 | 10/45/17 |
| 中水以〇吳發 | 10/46/30 |

**帶 dài** 6

| | |
|---|---|
| 〇甲三萬六千 | 5/25/13 |
| 〇劍挺鈹 | 5/26/6 |
| 被甲〇劍 | 5/26/8 |
| 〇步光之劍 | 5/27/15,10/49/27 |
| 皆有〇甲之勇 | 8/36/30 |

**貸 dài** 1

| | |
|---|---|
| 歲登誠還吳〇 | 9/41/19 |

**逮 dài** 1

| | |
|---|---|
| 〇吳之未定 | 4/15/11 |

**戴 dài** 4

| | |
|---|---|
| 不與〇天履地 | 3/5/11 |
| 〇旗以陣而立 | 5/25/11 |
| 如何所〇 | 6/29/10 |
| 身若〇板 | 9/42/28 |

**丹 dān** 2

| | |
|---|---|
| 左軍皆赤裳、赤髦、〇<br>　甲、朱羽之矰 | 5/25/11 |
| 分以〇青 | 9/39/10 |

**簞 dān** 1

| | |
|---|---|
| 發其（簞）〔〇〕笥 | 3/6/4 |

**亶 dǎn** 3

| | |
|---|---|
| 其後八世而得古公〇甫 | 1/1/13 |
| 〇父讓地而名發於岐 | 8/35/16 |
| 所謂句〇、鄂、章 | 9/42/18 |

**膽 dǎn** 2

| | |
|---|---|
| 懸〇於戶 | 8/36/9 |
| 嘗〇不苦甘如飴 | 8/36/19 |

**旦 dàn** 10

| | |
|---|---|
| 深念平王一〇卒而太子立 | 3/4/10 |
| 乃一〇與吳王論兵 | 4/11/31 |
| 〇食魦山 | 4/16/26 |
| 今年七月辛亥平〇 | 5/22/17 |
| 清〇懷丸持彈 | 5/24/21 |
| 子胥所謂〇食者也 | 5/26/28 |
| 一〇社稷坵墟 | 7/34/24 |
| 非一〇也 | 8/36/7 |
| 得苧蘿山鬻薪之女曰西 | |

| | |
|---|---|
| 施、鄭〇 | 9/40/9 |
| 丙午平〇 | 10/49/6 |

**但 dàn** 9

| | |
|---|---|
| 〇欲自復私讎耳 | 3/6/16 |
| 非〇自哀 | 5/21/15 |
| 〇爲盲僮 | 5/22/3 |
| 夫黃雀〇知伺螳螂之有味 | 5/24/25 |
| 今臣〇虛心志在黃雀 | 5/24/25 |
| 〇貪前利 | 5/24/27 |
| 〇爲外情以存其身 | 7/34/8 |
| 今〇因虎豹之野而與荒<br>　外之草 | 8/36/17 |
| 〇爲吳耳 | 10/49/1 |

**彈 dàn** 6

| | |
|---|---|
| 清旦懷丸持〇 | 5/24/21 |
| 不知臣挾〇危擲 | 5/24/25 |
| 弓生於〇 | 9/42/11 |
| 〇起古之孝子 | 9/42/11 |
| 孝子〇者奈何 | 9/42/11 |
| 故作〇以守之 | 9/42/13 |

**憚 dàn** 1

| | |
|---|---|
| 陰〇高、國、鮑、晏 | 5/17/19 |

**當 dāng** 41

| | |
|---|---|
| 其〇有封者 | 1/1/23 |
| 〇國政 | 2/2/29 |
| 夫適長〇國 | 2/3/4 |
| 〇害己也 | 3/4/11 |
| 一言〇至 | 3/4/25 |
| 父〇我活 | 3/4/29 |
| 事寖急兮〇奈何 | 3/5/22 |
| 甚不可〇 | 3/6/21 |
| 今僚何以〇代立乎 | 3/6/29 |
| 〇此之時 | 3/7/20,4/17/1 |
| 壯士所〇 | 4/10/18 |
| 子有〇死之過者三 | 4/10/27 |
| 萬人莫〇 | 4/11/8 |
| 〇左右進退 | 4/12/11 |
| 〇道扣橈而歌曰 | 4/14/28 |
| 非我而誰〇立 | 4/16/20 |

| | | |
|---|---|---|
| 有道○行 | | 5/21/16 |
| 發○死矣 | | 5/22/13 |
| 不知○世之所行 | | 5/22/24 |
| ○即有應 | | 5/27/2 |
| 天誅○行 | | 5/27/20 |
| ○吳王壽夢、諸樊、闔 | | |
| 　閭之時 | | 6/30/3 |
| 二師相○ | | 7/31/27 |
| ○瘳 | | 7/33/19 |
| ○拜賀焉 | | 7/33/22 |
| 吳○有憂 | | 7/34/31 |
| 王○疾趨 | | 8/35/10 |
| 一人○百 | | 9/42/7 |
| 百人○萬 | | 9/42/7 |
| ○世勝越女之劍 | | 9/42/8 |
| ○是之時 | | 9/42/16,10/47/24 |
| 謂○遂涉吾地 | | 10/44/4 |
| 臣○卜之於天 | | 10/44/5 |
| 而○百夫 | | 10/46/11 |
| 其淫心匿行、不○敵者 | | |
| 　如斯矣 | | 10/46/14 |
| 我○爲汝開道貫城 | | 10/47/10 |
| ○歸而問於范蠡曰 | | 10/47/24 |
| 臣所以○席日久 | | 10/48/19 |
| 隆寒道路誠難○ | | 10/50/8 |

**党 dǎng　1**

越王乃使大夫種索葛布
　十萬、甘蜜九○、文
　筍七枚、狐皮五雙、
　晉竹十廋　8/36/13

**蕩 dàng　3**

○激崩岸　5/24/10
國中○○　8/36/23

**刀 dāo　1**

金鐵（○）〔乃〕濡　4/9/11

**忉 dāo　2**

中心○怛　3/4/23
吳王哀痛助○怛　4/16/5

**倒 dǎo　1**

〔○行而逆施之於道也〕　4/15/5

**導 dǎo　1**

○之伐楚　2/2/15

**蹈 dǎo　1**

○席而前進曰　9/38/5

**到 dào　9**

○昭關　3/5/17
將○之日　4/16/13
行○名山大澤　6/28/21
行○塗山　6/28/22
南○計於蒼梧　6/28/30
○己巳日　7/33/19
○舍上　7/34/1
孤欲以此○國　8/35/9
孔子有頃○〔越〕　10/49/27

**悼 dào　1**

○黎元之罹咎　6/28/6

**盜 dào　4**

群○攻之　4/14/13
越○掩襲之　4/15/17
○國者封侯　9/41/13
○金者誅　9/41/13

**道 dào　114**

守仁義之○　1/1/28
王之○興　2/2/27
周○就成　2/3/6
以成曹之○　2/3/8
楚王無○　3/5/7
○遇申包胥　3/5/9
疾於中○　3/6/1
稍○其讎　3/6/14
聞一女子之聲而折○　3/6/22
使兵衛陳於○　3/7/24
是前人之○　3/8/3
何爲中○生進退耶　4/8/13
臣聞治國之○　4/8/17
闔閭無○　4/11/14
兵○不明　4/12/15
湛盧之劍惡闔閭之無○也　4/13/1
故去無○以就有　4/13/9
今吳王無○　4/13/9
非常勝之○　4/13/26
楚爲無○　4/14/4
得一橃而行歌○中　4/14/27
當○扣橃而歌曰　4/14/28
豈○之極乎　4/15/5
〔倒行而逆施之於○也〕　4/15/5
吳爲無○　4/15/8,5/26/18
吾未知吳○　4/15/19
除○郊迎　5/18/20
○出胥門　5/20/22,5/21/19
臣鄙淺於○　5/21/9
子以○自達於主　5/21/16
有○當行　5/21/16
吾受○十年　5/21/17
政敗○壞　5/23/23
吾○遼遠　5/25/7
冠蓋不絕於○　5/25/17
近○人不食何也　5/26/26
起居○傍　5/26/27
天下有○　6/28/31
天下無○　6/28/31
乃大會計治國之○　6/29/13
以通鬼神之○　6/29/31
臨水祖○　7/30/8
兩君屈己以得天○　7/30/18
天○祐之　7/30/30
二國爭○　7/31/4
天○之數　7/31/4
其○必守　7/31/9
君臣同○　7/31/13
不通安國之○　7/32/18
今越王無○　7/32/21
天○還反　7/33/10
吾聞人臣之○　7/33/18
迷○不遠　7/34/11
群臣祖○　7/34/26
直眠○行　7/34/31
百姓拜之於○　8/35/6
外布其○　8/36/22

| | | | | | |
|---|---|---|---|---|---|
| 衆安○泰 | 8/36/23 | 我當爲汝開○貫城 | 10/47/10 | 三枚 | 4/13/3 |
| ○狹而怨廣 | 8/37/15 | 入海陽於三○之翟水 | 10/47/11 | 猶不能○此寶 | 4/13/13 |
| 正身之○ | 9/38/10 | 此素女之○ | 10/47/25 | 闔閭聞楚○湛盧之劍 | 4/13/14 |
| ○死巷哭 | 9/39/15 | 誨化有○之國 | 10/47/29 | 吾即○而殺之 | 4/13/15 |
| 君之○德也 | 9/40/2 | 懷○抱德 | 10/48/4 | 不○入郢 | 4/13/22 |
| 子之○也 | 9/40/3 | 丘能述五帝三王之○ | 10/49/28 | ○唐、蔡何怨 | 4/13/29 |
| ○荐饑饉 | 9/40/23 | 隆寒○路誠難當 | 10/50/8 | 蔡侯○歸 | 4/14/3 |
| 越王信誠守○ | 9/40/24 | 越王以邾子無○而執以 | | ○唐、蔡而可伐楚 | 4/14/4 |
| 今不用天之○ | 9/41/6 | 　歸 | 10/50/12 | 郳公辛○昭王 | 4/14/15 |
| 非忠臣之○ | 9/41/17 | | | ○免 | 4/14/22 |
| ○逢一翁 | 9/41/28 | **稻 dào** | 3 | 伍胥以不○昭王 | 4/14/23 |
| 夫劍之○則如之何 | 9/42/2 | | | ○一橈而行歌道中 | 4/14/27 |
| 無○不習 | 9/42/2 | 菓麥豆○ | 1/1/8 | 不○其償 | 4/16/12 |
| 竊好擊之○ | 9/42/3 | 顧得生○而食之 | 5/26/23 | 不可○也 | 5/19/18 |
| 其○如何 | 9/42/3 | 是生○也 | 5/26/23 | 使○奉俎豆 | 5/20/9 |
| 其○甚微而易 | 9/42/4 | | | 賴王賜○奉祭祀 | 5/20/12 |
| ○有門戶 | 9/42/4 | **得 dé** | 118 | 忽晝假寐於姑胥之臺而 | |
| 凡手戰之○ | 9/42/5 | | | 　○夢 | 5/20/22 |
| 斯○者 | 9/42/7 | 后稷遂○不死 | 1/1/7 | ○無所憂哉 | 5/21/2 |
| ○何所生 | 9/42/9 | 各○其理 | 1/1/8 | 卒○急召 | 5/21/13 |
| 未能悉知其○ | 9/42/10 | 其後八世而○古公亶甫 | 1/1/13 | 不○逃亡 | 5/21/15 |
| 以其○傳於羿 | 9/42/16 | 復○王舟而還 | 3/3/24 | 不意卒○急召 | 5/21/17 |
| 射○分流 | 9/42/19 | 豈○沖天而驚人乎 | 3/3/31 | 大王不○火食也 | 5/21/22 |
| 臣雖不明其○ | 9/42/20 | 吾如○返 | 3/5/2 | 大吉○辛爲九醜 | 5/22/19 |
| 臂爲○路 | 9/42/23 | 楚○子尙 | 3/5/3 | 不○爲前王之臣 | 5/23/26 |
| 正○里也 | 9/42/24 | 幾不○脫 | 3/5/19 | 卒○汝之願 | 5/24/3 |
| ○悉如此 | 9/42/26 | ○伍胥者 | 3/5/28 | 孤不使汝○有所見 | 5/24/5 |
| 願聞正射之○ | 9/42/26 | 且爲楚所○ | 3/5/29 | 亦○與龍逢、比干爲友 | 5/24/6 |
| 臣聞正射之○ | 9/42/26 | 兩賊相○ | 3/5/31 | 不○爲前王臣 | 5/24/15 |
| ○衆而微 | 9/42/27 | ○形於默 | 3/5/31 | 不○事君（命）〔亦〕 | |
| 夫射之○ | 9/42/27,9/42/30 | 可○一餐乎 | 3/6/2 | 　在今日矣 | 5/25/19 |
| 此正射持弩之○也 | 9/42/30 | 飯不可○ | 3/6/3 | 不○還也 | 5/25/22 |
| 願聞望敵儀表、投分飛 | | 乃○勇士專諸 | 3/6/20 | 顧○生稻而食之 | 5/26/23 |
| 　矢之○ | 9/42/30 | 光既○專諸而禮待之 | 3/6/25 | 是公孫聖所言不○火食 | |
| ○（女）〔要〕在斯 | 9/43/2 | 三月○其味 | 3/7/5 | 　走偟偟也 | 5/26/24 |
| 盡子之○ | 9/43/2 | 吳兵不○還 | 3/7/18 | 因○生瓜已熟 | 5/26/25 |
| ○出於天 | 9/43/3 | 何○讓乎 | 4/8/15 | 寡人世世○聖也 | 5/27/4 |
| ○諛者衆 | 10/44/17 | 闔閭○而寶之 | 4/9/4 | 既○返國 | 5/27/8 |
| 吳爲不○ | 10/44/26 | ○無其人而後成乎 | 4/9/8 | ○薏苡而吞之 | 6/28/4 |
| 夫戰之○ | 10/45/8 | 既○寶劍 | 4/9/13 | ○舜 | 6/28/9 |
| 昔吳爲不○ | 10/45/12 | 欲無○怨 | 4/10/29 | 欲○我山神書者 | 6/28/18 |
| 天變、地應、人○便利 | 10/45/21 | 要離乃詐○罪出奔 | 4/11/13 | ○通水之理 | 6/28/19 |
| ○祐有德兮 | 10/46/11 | 闔閭可○也 | 4/11/16 | 使○其所 | 6/29/1 |
| ○見蠱張（復）〔腹〕 | | ○大王寵姬二人 | 4/12/3 | 哀民不○已 | 6/29/11 |
| 　而怒 | 10/46/22 | ○吳湛盧之劍於床 | 4/13/1 | ○以除天下之災 | 6/29/16 |
| 留兵假○ | 10/47/6 | 寡人臥覺而○寶劍 | 4/13/2 | 禹以下六世而○帝少康 | 6/29/25 |
| 願乞假○ | 10/47/8 | 臣聞吳王○越所獻寶劍 | | 孤承前王〔餘〕德（○） | 7/30/14 |

| | | | | | |
|---|---|---|---|---|---|
| 兩君屈己以○天道 | 7/30/18 | 種○劍 | 10/49/21 | ○致八極 | 8/35/13 |
| 今寡人冀○免於軍旅之憂 | 7/30/24 | | | 修○自守 | 8/35/14 |
| 豈○以在者盡忠、亡者 | | **德 dé** | **56** | 昔公劉去邰而○彰於夏 | 8/35/16 |
| 　爲不信乎 | 7/31/13 | 積○行義 | 1/1/13 | 越王內修其○ | 8/36/22 |
| ○保須臾之命 | 7/32/12 | 昔周行之○加於四海 | 2/2/27 | 不知○薄而恩淺 | 8/37/15 |
| ○君臣相保 | 7/32/24 | 以捐先王之○ | 3/6/31 | 雖有堯舜之○ | 9/39/24 |
| 願○入備掃除 | 7/32/24 | 臣聞戾○無厭 | 4/15/11 | 君之道○也 | 9/40/2 |
| 吳王知范蠡不可○爲臣 | 7/32/25 | 臣聞仁人不（因居） | | 其○昭昭 | 9/41/8 |
| ○無夏殷之患乎 | 7/33/11 | 　〔困厄〕以廣其○ | 5/18/18 | 道祐有○兮 | 10/46/11 |
| ○見 | 7/33/22 | ○鏽鏽也 | 5/21/5 | 君王崇○ | 10/47/29 |
| 乃赦越王○離其石室 | 7/33/28 | 大王聖○氣有餘也 | 5/21/5 | ○可刻於金石 | 10/47/30 |
| 使○生全還國 | 7/34/27 | 願大王按兵修○ | 5/22/3 | 我王之○ | 10/48/3 |
| ○無後患乎 | 7/34/31 | 然○在 | 5/22/18 | 懷道抱○ | 10/48/4 |
| ○相國之策 | 8/35/12 | 吾前王履○明〔聖〕達 | | 大王之威○ | 10/48/18 |
| 不○其位 | 8/35/22 | 　於上帝 | 5/23/4 | 承（元）〔允〕常之○ | 10/50/15 |
| ○天下之中 | 8/36/3 | 乃前王之遺○ | 5/23/8 | 功○巍巍 | 10/50/17 |
| 吳王○之 | 8/36/15 | 大王躬行至○ | 5/23/21 | | |
| 吳王○葛布之獻 | 8/36/18 | 守仁抱○ | 5/24/28 | **登 dēng** | **21** |
| ○越國 | 9/37/28 | 是文武之○所祐助 | 5/26/9 | | |
| ○返國修政 | 9/38/2 | 此吾○薄不能化民證也 | 6/29/2 | 與○焉 | 3/4/2 |
| 孤之所○士心者何等 | 9/38/9 | 外演聖○以應天心 | 6/29/13 | ○其堂 | 4/10/26 |
| ○賢而已 | 9/38/11 | 爵有○ | 6/29/14 | ○堂無聲 | 4/11/2 |
| 齊桓○之而霸 | 9/38/12 | 其○彰彰 | 6/29/16 | ○臺向南風而嘯 | 4/11/29 |
| ○士者昌 | 9/38/13 | 天美禹○而勞其功 | 6/29/21 | 吳王○臺觀望 | 4/12/9 |
| 然後能○其實 | 9/38/22 | 禍爲○根 | 7/30/9 | 夫秋蟬○高樹 | 5/24/23 |
| 湯、文○之以王 | 9/38/25 | 大王○（受）〔壽〕 | 7/30/12 | 禹乃東巡○衡嶽 | 6/28/15 |
| 桓、穆○之以霸 | 9/38/25 | ○銷百殃 | 7/30/13 | 禹乃○山 | 6/28/16 |
| ○苧蘿山鬻薪之女曰西 | | 孤承前王〔餘〕○（得） | 7/30/14 | ○山發石 | 6/28/18 |
| 　施、鄭旦 | 9/40/9 | ○有薄厚 | 7/30/20 | ○宛委山 | 6/28/19 |
| 必○其願 | 9/40/15 | ○有廣狹 | 7/30/21 | ○高號呼 | 6/29/10 |
| 故狐○其志 | 9/41/7 | 五帝○厚（而）〔無〕 | | ○茅山以朝四方 | 6/29/12 |
| 王○越粟 | 9/41/21 | 　窮厄之恨 | 7/30/29 | 遂○船徑去 | 7/32/2 |
| 莫○其正 | 9/42/20 | 反國修○ | 7/31/1 | 吳王○遠臺 | 7/32/28 |
| 不○駭也 | 9/42/25 | 明君之○ | 7/31/22 | 臣聞桀○高自知危 | 7/34/10 |
| ○其和平 | 9/42/29 | 修○履義 | 7/31/25 | 吳王乃（隱）〔引〕越 | |
| 臣觀吳王○志於齊、晉 | 10/44/4 | 修○行惠 | 7/31/28 | 　王○車 | 7/34/29 |
| 吾不○不從民人之欲 | 10/44/9 | 有諸大夫懷○抱術 | 7/31/31 | 未嘗一日○酞 | 8/36/12 |
| 使不○血食 | 10/44/27 | 前王之遺○ | 7/33/3 | 乃○漸臺 | 9/37/30 |
| 則不○與三軍同饑寒之 | | 臣聞無○不復 | 7/33/4 | 年穀不○ | 9/40/21, 9/40/22 |
| 　節 | 10/45/10 | 軍敗而○存 | 7/33/16 | 歲○誠還吳貸 | 9/41/19 |
| ○哉 | 10/45/19 | 九○四塞 | 7/34/5 | | |
| 自謂未能○士之死力 | 10/46/21 | 傳○無極 | 7/34/5 | **等 děng** | **10** |
| 異日○罪於會稽 | 10/47/13 | ○在土 | 7/34/19 | | |
| ○與君王結成以歸 | 10/47/13 | 是日賊其○也 | 7/34/20 | 宛何○也 | 4/9/28 |
| ○赦其大辟 | 10/47/14 | 無○於民 | 8/35/7 | 吾○爲王養士 | 4/11/26 |
| 今日○而棄之 | 10/47/17 | 將何○化以報國人 | 8/35/8 | 何○ | 4/14/29 |
| 不時○罪 | 10/47/19 | | | 子胥○相謂曰 | 4/15/26 |

子胥○過溧陽瀨水之上　4/16/8
○之群臣未有如鯀者　6/28/8
土階三○葬之　6/29/20
上與○之　7/31/24
孤之所得士心者何○　9/38/9
各有一○　9/38/15

**蹬 dèng**　　1

蹭○飛丸而集其背　5/24/25

**堤 dī**　　1

故溢○之水　8/37/13

**狄 dí**　　6

奔戎○之間　1/1/11
公劉避夏桀於戎○　1/1/12
爲○人所慕　1/1/13
爲夷○之服　1/1/21
故忽於夷○　5/25/18
以越僻○之國無珍　8/36/15

**嫡 dí**　　1

小則變妾、○子死　5/25/22

**翟 dí**　　1

入海陽於三道之○水　10/47/11

**敵 dí**　　41

而與諸侯爲○　2/2/16
將就　3/6/21
故立蛇門以制○國　4/8/24
其○有萬人之力　4/10/14
不即喪命於○　4/10/23
知孫子可以折衝銷○　4/11/31
故彊○之兵日駭　4/12/24
可以折衝拒○　4/13/9
天下彊○也　4/13/26
是君上無彊○之臣　5/18/7
而霸者無彊○　5/18/11
不可以勝○　5/20/20
破○聲聞功朗明也　5/21/5

○國如滅　5/27/6
抱謀以待○　7/30/21
傾○破讎　7/30/23
而復反係獲○人之手　7/30/25
客死○國　7/30/25
望○設陣　7/31/26
破○攻衆　7/31/27
臣聞王者攻○國　7/33/13
豈直欲破彊○收鄰國乎　8/35/14
并○國之境　8/35/17
今大王臨○破吳　8/37/6
還爲○國　8/37/8
臣聞謀國破○　8/37/9
外有侵境之○　8/37/21
夫欲報怨復讎、破吳滅
　○者　9/38/23
乃可量○　9/39/20
以順○人之欲　9/41/10
外交○國　9/41/15
金爲實○　9/42/24
○爲百死　9/42/25
舉弩望○　9/42/28
願聞望○儀表、投分飛
　矢之道　9/42/30
從分望○　9/43/1
臨○不戰　10/46/2
其淫心匿行、不當○者
　如斯矣　10/46/14
見○而有怒氣　10/46/24
○國滅　10/49/10
傾○取國　10/49/18

**糴 dí**　　5

三曰貴○粟藁以虛其國　9/39/1
願王請○以入其意　9/40/21
願從大王請○　9/40/23
觀越王之使使來請○者　9/41/1
非國貧民困而請○也　9/41/2

**抵 dǐ**　　3

○罪於吳　5/20/8
○罪上國　5/20/12
○罪邊境　7/32/11

**砥 dǐ**　　1

嬉於○山　6/28/4

**地 dì**　　68

隨○造區　1/1/9
欲其土○　1/1/15
終老○上　3/5/1
不與戴天履○　3/5/11
何足處於危亡之○　4/8/14
顧在東南之○　4/8/15
因○制宜　4/8/19
象天法○　4/8/21
以法○八聰　4/8/22
以象○戶也　4/8/23
越在巳○　4/9/1
候天伺○　4/9/5
吳越之士繼踵連死、肝
　腦塗○者　5/19/17
公孫聖伏○而泣　5/21/13
〔伏○而泣者〕　5/21/15
天○行殃　5/22/20
子胥據○垂涕曰　5/23/22
其聲動天徙○　5/25/14
吾請獻勾甬東之○　5/26/16
伏○而飲水　5/26/23
吾羞前君○下　5/27/24
○曰石紐　6/28/5
召其神而問之山川脈理
　、金玉所有、鳥獸昆
　蟲之類及八方之民俗
　、殊國異域土○里數　6/28/21
旋天○之數　6/28/27
脈○理　6/29/3
觀○分州　6/29/5
安守被辱之○　7/31/21
候天察○　7/31/29,10/45/21
妾無罪兮負○　7/32/4
游於不可存之○　7/32/16
此時越王伏○流涕　7/32/25
雖在窮厄之○　7/32/30
昔者齊桓割燕所至之○
　以貺燕公　7/33/15
天○再清　7/35/1
吳封○百里於越　8/35/10
唐虞卜○　8/35/13

| | | | | |
|---|---|---|---|---|
| **甸 diàn** | 1 | **鼎 dǐng** | 2 | 何○而生瓜　5/26/26 |
| | | | | 中○氣定　5/27/14 |
| 惟禹○之　6/28/20 | | 金○、玉杯、銀樽、珠 | | ○常抱（兵）〔冰〕　8/36/8 |
| | | 襦之寶　4/12/29 | | ○畜而藏　9/39/23 |
| **殿 diàn** | 4 | 造○足之羡　10/49/23 | | ○藏無畜　9/39/24 |
| | | | | ○御絺綌　9/40/16 |
| 坐於○上　5/23/12 | | **定 dìng** | 32 | ○十月　10/45/11 |
| 吳王復坐○上　5/23/15 | | | | 春生○伐　10/48/9 |
| ○生荆棘　5/23/24 | | 武○天下　3/4/19 | | 孟○十月多雪霜　10/50/8 |
| 竊爲小○　9/39/12 | | 鄭○公與子產誅殺太子建　3/5/17 | | ○　10/50/12,10/50/15 |
| | | 然憂除事○　4/8/14 | | |
| **電 diàn** | 2 | 子胥深知王之不○　4/11/29 | | **東 dōng** | 41 |
| | | 而可以○天下　4/12/13 | | |
| 目若耀○　10/47/5 | | 鄭○公前殺太子建而困 | | 季子○還　3/6/30 |
| 雷奔○激　10/47/6 | | 　迫子胥　4/14/26 | | 顧在○南之地　4/8/15 |
| | | 自此鄭○公大懼　4/14/26 | | 不開○面者　4/8/22 |
| **簟 diàn** | 1 | 逮吳之未○　4/15/11 | | 欲○幷大越　4/8/24 |
| | | 未有○計　4/16/19 | | 越在○南　4/8/24 |
| 發其（○）〔簟〕笠　3/6/4 | | 太子未有○　4/16/20 | | ○濱海　4/9/30 |
| | | 於是太子○　4/16/27 | | ○海上人也　4/10/16 |
| **雕 diāo** | 1 | 正天下、○諸侯則使聖　5/19/8 | | 國○千里之人　4/11/6 |
| | | 見○公曰　5/20/19 | | 何不與我○之於吳　4/11/16 |
| ○治圓轉　9/39/10 | | 慮不預○　5/20/19 | | 二子○奔適吳越　4/16/4 |
| | | ○公曰　5/20/21 | | 臣（誠）〔請〕○見越王　5/18/19 |
| **弔 diào** | 4 | 願大王○越而後圖齊　5/22/15 | | 子貢○見越王　5/18/19 |
| | | 今乃忘我○國之恩　5/24/3 | | ○海役臣勾踐之使者臣種　5/20/11 |
| 今大夫之○〔孤〕　5/19/1 | | 與○公爭長未合　5/25/6 | | ○掖門亭長長城公弟公 |
| 今大夫辱○而身見之　5/19/6 | | 雞鳴而○　5/25/13 | | 　孫聖　5/21/10 |
| ○死存疾　7/31/28 | | 與諸侯、大夫列坐於晉 | | ○風數至　5/22/8 |
| ○有憂　10/43/14 | | 　○公前　5/25/21 | | 吾請獻勾甬○之地　5/26/16 |
| | | 入謁○公曰　5/26/2 | | 在于九山○南　6/28/14 |
| **昳 dié** | 1 | ○公許諾　5/26/2 | | 禹乃○巡登衡嶽　6/28/15 |
| | | 中多氣○　5/27/14 | | ○顧謂禹曰　6/28/17 |
| 時加日○　7/34/30 | | 五年政○　6/29/11 | | 使太章步○西　6/28/27 |
| | | 令孤懷心不○也　7/31/14 | | ○造絕迹　6/29/2 |
| **絰 dié** | 1 | 今欲○國立城　8/35/12 | | 通江○流至於碣石　6/29/4 |
| | | 寡人之計未有決○　8/35/18 | | 開五水於○北　6/29/4 |
| 麻○葌服　4/9/9 | | 何以○而制之死乎　9/38/22 | | ○海賤臣勾踐　7/32/11 |
| | | 神○思去　9/42/29 | | ○至炭瀆　8/35/11 |
| **喋 dié** | 2 | ○汝入我之國　10/47/9 | | ○南伏漏石竇　8/35/20 |
| | | 以其謀成國○　10/48/6 | | 琅琊○武海中山也　8/35/22 |
| 嗛○嗛○　6/29/30 | | ○功雪恥　10/48/19 | | 乘○南之維　8/35/25 |
| | | | | 名○武　8/35/28 |
| **丁 dīng** | 2 | **冬 dōng** | 13 | ○南爲司馬門　8/35/28 |
| | | | | ○至於勾甬　8/36/13 |
| ○亥入吳　10/44/21 | | 十二年○　3/7/14 | | 立○郊以祭陽　9/39/5 |
| 九月○未　10/48/14 | | 秋○治於城中　4/16/26 | | 名曰○皇公　9/39/5 |

| | | | | | |
|---|---|---|---|---|---|
| ○海役臣臣孤勾踐使臣種 | 9/39/11 | 弩有○石 | 9/43/1 | 子胥○何言焉 | 5/22/23 |
| 寒就蒲（臝）〔臝〕於 | | | | ○見四人向庭相背而倚 | 5/23/12 |
| 　○海之濱 | 10/44/6 | **豆 dòu** | 3 | ○傾吳國 | 5/23/25 |
| 更從○門 | 10/47/10 | | | 飄飄○兮西往 | 7/32/5 |
| 乃穿○南隅以達 | 10/47/11 | 蓻麥○稻 | 1/1/8 | 心○喜之 | 7/33/5 |
| 吾置君於甬○ | 10/47/20 | 大不過容宴○ | 3/4/4 | 君王○無苦矣 | 8/35/6 |
| 與魯泗○方百里 | 10/47/24 | 使得奉俎○ | 5/20/9 | | |
| 霸於關○ | 10/49/25 | | | **瀆 dú** | 3 |
| 以望○海 | 10/49/25 | **竇 dòu** | 1 | | |
| | | | | 四○壅閉 | 6/28/6 |
| **洞 dòng** | 1 | 東南伏漏石○ | 8/35/20 | 遂巡行四○ | 6/28/20 |
| | | | | 東至炭○ | 8/35/11 |
| 青泉、赤淵分入○穴 | 6/29/4 | **鬪 dòu** | 4 | | |
| | | | | **擻 dú** | 1 |
| **動 dòng** | 15 | 專諸方與人○ | 3/6/20 | | |
| | | 吾聞勇士之○也 | 4/10/21 | 越王服（○）〔犢〕鼻 | 7/32/27 |
| 身○ | 1/1/4 | 今子與神○於水 | 4/10/22 | | |
| 於是公子光心○ | 3/7/18 | 困於戰○ | 10/44/6 | **犢 dú** | 1 |
| 眾士擾○ | 3/7/28 | | | | |
| ○無令名 | 4/14/17 | **都 dū** | 11 | 越王服（擻）〔○〕鼻 | 7/32/27 |
| ○則有死 | 5/22/15 | | | | |
| 其聲○天徙地 | 5/25/14 | 二年成○ | 1/1/18 | **睹 dǔ** | 1 |
| 感○上皇 | 7/30/10 | 尙賜鴻○侯 | 3/4/22 | | |
| 莫不感○ | 7/31/6 | 有市之鄉三十、駿馬千 | | 希○人主 | 5/21/13 |
| ○從君命 | 7/31/25 | 　匹、萬戶之○二 | 4/13/11 | | |
| ○輒躬親 | 7/31/28 | 而況有市之鄉、駿馬千 | | **覩 dǔ** | 3 |
| 臣聞擊鳥之○ | 8/37/4 | 　匹、萬戶之○ | 4/13/13 | | |
| 聖人將○ | 8/37/5 | 吾欲乘危入楚○而破其郢 | 4/13/22 | 不○退讓 | 3/7/1 |
| ○觀其符 | 8/37/10 | 終我命兮君○ | 7/32/7 | 不○後患 | 5/24/27 |
| 無見其○ | 8/37/17 | 今大王欲圍樹○ | 8/35/17 | 不忍○忠臣伍子胥及公 | |
| 亦雖○之以怒 | 10/44/8 | 不處平易之○ | 8/35/17 | 　孫聖 | 5/27/24 |
| | | 臨於○巷 | 9/40/10 | | |
| **棟 dòng** | 1 | 繆爲○尉 | 9/42/25 | **杜 dù** | 1 |
| | | 威振八○ | 10/46/11 | | |
| 國之梁○ | 7/31/10 | | | 群邪○塞 | 10/48/5 |
| | | **毒 dú** | 2 | | |
| **兜 dōu** | 1 | | | **妬 dù** | 1 |
| | | 其意有愁○之憂 | 5/25/22 | | |
| 令三百人皆被甲○鍪 | 4/12/3 | 不絕懷○之怨 | 7/34/9 | 費無忌望而○之 | 4/9/25 |
| | | | | | |
| **斗 dǒu** | 6 | **獨 dú** | 10 | **度 dù** | 7 |
| | | | | | |
| 不用尺兵○糧 | 4/14/27 | 王○奈何以讒賊小臣而 | | 亂吾法○ | 5/23/7 |
| 合○擊丑 | 5/22/18 | 　踈骨肉乎 | 3/4/14 | 失其○制 | 6/28/23 |
| 平○斛 | 6/29/18 | 姜○與母居 | 3/6/3 | 豎亥○南北 | 6/28/27 |
| ○去極北 | 8/35/25 | 姜○與母居三十年 | 3/6/6 | 以爲法○ | 6/29/18 |
| 復還○斛之數 | 9/41/21 | 而子○求賞 | 4/9/18 | 夫推國任賢、○功績成者 | 7/31/14 |

| | |
|---|---|
| 勾踐自○未能滅 | 10/44/23 |
| ○天關 | 10/48/25 |

**渡 dù** 　14

| | |
|---|---|
| 漁父○我 | 3/5/20 |
| 漁父欲○之 | 3/5/20 |
| 月已馳兮何不○爲 | 3/5/22 |
| 乃○之千潯之津 | 3/5/22 |
| 子胥既○ | 3/5/23 |
| 吾所謂○楚賊也 | 3/5/30 |
| 將○江 | 4/11/16 |
| 要離○至江陵 | 4/11/20 |
| 越○江淮 | 5/23/28 |
| 誰念復生○此津也 | 7/34/30 |
| 乃以兵北○江淮 | 10/47/22 |
| 西○河以攻秦 | 10/50/6 |
| ○河梁兮○河梁 | 10/50/7 |

**端 duān** 　3

| | |
|---|---|
| ○於守節 | 4/16/23 |
| 大夫皆前圖未然之○ | 7/30/23 |
| 前則無滅未萌之○ | 10/48/15 |

**短 duǎn** 　2

| | |
|---|---|
| 無忌日夜言太子之○ | 3/4/11 |
| 汝嘗與子胥論寡人之○ | 5/24/10 |

**段 duàn** 　1

| | |
|---|---|
| 必死百○於王前 | 5/21/20 |

**鍛 duàn** 　2

| | |
|---|---|
| 後房鼓震篋篋有○工 | 5/21/3 |
| 後房篋篋鼓震有○工者 | 5/21/7 |

**斷 duàn** 　10

| | |
|---|---|
| ○髮文身 | 1/1/21 |
| 胸○臆開 | 3/7/27 |
| 於是干將妻乃○髮剪爪 | 4/9/11 |
| ○臣右手 | 4/11/12 |
| 要離乃自○手足 | 4/11/24 |
| 即○其頭 | 5/24/8 |

| | |
|---|---|
| 禹祀○絕 | 6/29/29 |
| ○竹續竹 | 9/42/13 |
| 以勇○之 | 10/45/9 |
| 則不能○去就之疑 | 10/45/10 |

**隊 duì** 　6

| | |
|---|---|
| 以爲軍○長 | 4/12/3 |
| 各將一○ | 4/12/3 |
| 武乃令斬○長二人 | 4/12/8 |
| 二○寂然無敢顧者 | 4/12/11 |
| 然行陣○伍軍鼓之事 | 9/41/26 |
| ○各自令其部 | 10/46/25 |

**對 duì** 　21

| | |
|---|---|
| 白公默然不○ | 3/7/15 |
| 子胥良久○曰 | 4/8/17 |
| 要離與之○坐 | 4/10/21 |
| 子胥、白喜○曰 | 4/11/28 |
| 燭○曰 | 4/13/6 |
| 薛燭○曰 | 4/13/11 |
| 釋劍而○曰 | 5/23/8 |
| 望見兩人相○ | 5/23/15 |
| 今日又見二人相○ | 5/23/17 |
| 吳王親○曰 | 5/25/16 |
| 越王○曰 | 5/26/15 |
| ○曰 | 5/26/23 |
| 范蠡○曰 | 7/32/22 |
| | 8/35/13, 9/41/25 |
| 群臣默然莫○者 | 9/38/3 |
| 計硯○曰 | 9/38/9, 9/39/19 |
| 必爲○隙 | 9/40/16 |
| 太宰嚭從旁○曰 | 9/41/11 |
| 不忍○其使者 | 10/47/18 |

**敦 dūn** 　1

| | |
|---|---|
| ○於禮義 | 4/16/23 |

**盾 dùn** 　2

| | |
|---|---|
| 操劍○而立 | 4/12/4 |
| 吳師皆文犀、長○、扁 諸之劍 | 5/25/10 |

**遁 dùn** 　4

| | |
|---|---|
| ○逃〔出走〕 | 5/19/5 |
| 吳王牽群臣○去 | 5/26/21 |
| 越國○棄宗廟 | 8/37/1 |
| 夜○ | 10/47/4 |

**頓 dùn** 　3

| | |
|---|---|
| 垂淚○首曰 | 4/8/11 |
| 臣勾踐叩頭○首 | 7/32/13 |
| ○於兵弩 | 9/41/25 |

**多 duō** 　16

| | |
|---|---|
| 適會伐木之人○ | 1/1/6 |
| 吾之相人○矣 | 3/6/9 |
| 王鉤甚○ | 4/9/19 |
| 貪而○過於諸侯 | 4/13/28 |
| 吳師○其辭 | 4/14/21 |
| 任用無忌○所殺 | 4/16/4 |
| ○見（博）〔博〕觀 | 5/21/11 |
| 老臣○詐 | 5/23/25 |
| 公子○怨於我 | 5/24/3 |
| 民○怨恨 | 5/24/18 |
| 夫差豈敢自○其功 | 5/26/8 |
| 春秋以○其義 | 7/33/16 |
| 無○臺游 | 8/36/27 |
| ○作臺游以罷民 | 8/36/28 |
| ○貨賄以喜其臣 | 9/39/1 |
| 孟多十月○雪霜 | 10/50/8 |

**剟 dúo** 　1

| | |
|---|---|
| 夫截骨之劍無削○之利 | 7/31/2 |

**掇 duó** 　1

| | |
|---|---|
| 吳王○而食之 | 5/26/25 |

**奪 duó** 　5

| | |
|---|---|
| 與之無○ | 8/36/25 |
| 無○民所好 | 8/36/26 |
| 則○之 | 8/36/28 |
| ○其所願 | 9/40/24 |
| ○之似懼虎 | 9/42/5 |

| | | | | | |
|---|---|---|---|---|---|
| **墮 duò** | 2 | 且畏小越而○彊齊 | 5/18/17 | **恩 ēn** | 20 |
| | | 無○卑辭以盡其禮 | 5/19/10 | | |
| 竹枝上頡橋（未）〔末〕 | | 怨○而出 | 5/23/6 | ○從中出 | 3/4/30 |
| ○地 | 9/41/29 | 以能遂疑計〔○〕 | 5/23/9 | 施○行惠 | 4/8/9 |
| 乃命五板之○長高習之 | | 吾前君闔閭不忍其○ | 5/26/6 | ○未行 | 4/8/9 |
| 教軍士 | 9/42/8 | 夫差不忍其○ | 5/26/8 | 貪而少○ | 4/14/9 |
| | | 秋霜○之 | 5/26/27 | 吾蒙子前人之○ | 4/15/2 |
| **阿 ē** | 2 | 人之所○ | 5/27/20 | 士卒不○ | 5/20/3 |
| | | ○者 | 5/27/20 | 欲報前王之○而至於此 | 5/23/29 |
| 退處陽山之南、陰○之北 | 6/29/9 | ○無細而不誅 | 6/29/14 | 今乃忘我定國之○ | 5/24/3 |
| 不○親戚 | 7/31/26 | 處卑而不以爲○ | 7/30/28 | 誠蒙厚○ | 7/32/12 |
| | | 太宰嚭奉溲○以出 | 7/33/24 | 蒙大王鴻○ | 7/32/24 |
| **厄 è** | 15 | 即以手取其便與○而嘗之 | 7/33/25 | 大王垂仁○加越 | 7/33/4 |
| | | 其○味苦且楚酸 | 7/33/27 | ○甚厚矣 | 7/33/19 |
| 臣聞大王收伍子胥之窮○ | 4/10/1 | 越王從嘗糞○之後 | 7/33/29 | 大王躬親鴻○ | 7/34/4 |
| 以暢君之迫○之暢達也 | 4/16/3 | 以飲溲食○爲慈 | 7/34/21 | 請命乞○ | 8/35/15 |
| 臣聞仁人不（因居） | | 下嘗王之○者 | 7/34/23 | 專○致令 | 8/36/1 |
| 〔困○〕以廣其德 | 5/18/18 | 去民所○ | 10/45/4 | 不知德薄而○淺 | 8/37/15 |
| 不幸陷○ | 7/30/22 | 掩其○ | 10/45/4 | ○往義來 | 9/41/8 |
| 而云湯文困○後必霸 | 7/30/23 | 躒躒摧長○兮 | 10/46/10 | 廣○知分則可戰 | 10/45/20 |
| 皆遇困○之難 | 7/30/27 | 哺其耳以成人○ | 10/49/11 | 廣○以博施 | 10/45/20 |
| 五帝德厚（而）〔無〕 | | 哺以○何 | 10/49/12 | 吾聞大○不報 | 10/49/19 |
| 窮○之恨 | 7/30/29 | 故哺以人○ | 10/49/20 | | |
| 大王屈○ | 7/31/2 | | | **而 ér** | 549 |
| 不恥屈○之難 | 7/31/21 | **鄂 è** | 1 | | |
| 窮與俱○ | 7/31/22 | | | 見大人跡○觀之 | 1/1/4 |
| 雖在窮○之地 | 7/32/30 | 所謂句亶、○、章 | 9/42/18 | 因履○踐之 | 1/1/4 |
| 孤之屯○ | 7/34/30 | | | 姜嫄怪○棄于阨狹之巷 | 1/1/5 |
| 今孤親被奴虜之○ | 9/38/4 | **愕 è** | 1 | 牛馬過者折易○避之 | 1/1/6 |
| 自免於窮○之地 | 9/38/20 | | | 收○養之 | 1/1/7 |
| 君何忘會稽之○乎 | 10/47/17 | ○然大驚 | 4/14/29 | 遂高○居 | 1/1/9 |
| | | | | 其後八世○得古公亶甫 | 1/1/13 |
| **陒 è** | 1 | **餓 è** | 2 | 薰鬻戎姤○伐之 | 1/1/13 |
| | | | | ○亦伐之不止 | 1/1/14 |
| 姜嫄怪而棄于○狹之巷 | 1/1/5 | 磻溪之○人也 | 9/38/12 | ○爲身害 | 1/1/16 |
| | | 臣聞越王饑○ | 9/41/5 | 踰梁山○處岐周 | 1/1/16 |
| **啞 è** | 1 | | | 揭釜甑○歸古公 | 1/1/17 |
| | | **闋 è** | 1 | ○民五倍其初 | 1/1/18 |
| 禹乃○然而笑曰 | 6/28/28 | | | 國民君○事之 | 1/1/22 |
| | | 九州○塞 | 6/28/5 | 何像○爲勾吳 | 1/1/23 |
| **惡 è** | 27 | | | 從○歸之者千有餘家 | 1/1/24 |
| | | **鍔 è** | 1 | ○三讓不受 | 1/1/27 |
| 國人○之 | 3/5/14 | | | 伯夷自海濱○往 | 1/2/1 |
| 夫人有三○以立於世 | 4/11/22 | 季孫拔劍之○中缺者大 | | 任周、召○伐殷 | 1/2/1 |
| 湛盧之劍○闔閭之無道也 | 4/13/1 | 如黍米 | 4/9/14 | ○吳益彊 | 1/2/6 |
| 〔其〕士〔民又〕○甲 | | | | ○國斯霸焉 | 1/2/7 |
| 兵〔之事〕 | 5/17/24 | | | 因歎○去曰 | 2/2/13 |

| | |
|---|---|
| ○與諸侯爲敵 | 2/2/16 |
| 至衡山○還 | 2/2/20 |
| ○行父子之私乎 | 2/2/25 |
| 又復三朝悲吟○命我日 | 2/3/2 |
| ○子之所習也 | 2/3/6 |
| 諸侯與曹人不義○立於國 | 2/3/7 |
| 行吟○歸 | 2/3/7 |
| 季札不受○耕於野 | 2/3/9 |
| 取二邑○去 | 2/3/14 |
| 吳師敗○亡舟 | 3/3/24 |
| 復得王舟○還 | 3/3/24 |
| 身坐鐘鼓之間○令日 | 3/3/29 |
| 豈得沖天○驚人乎 | 3/3/31 |
| ○幸愛之 | 3/4/10 |
| ○更爲太子娶齊女 | 3/4/10 |
| 無忌因去太子○事平王 | 3/4/10 |
| 深念平王一旦卒○太子立 | 3/4/10 |
| 平王乃召伍奢○按問之 | 3/4/13 |
| 王獨奈何以讒賊小臣○ | |
| 疎骨肉乎 | 3/4/14 |
| ○使城父司馬奮揚往殺 | |
| 太子 | 3/4/15 |
| 可以其父爲質○召之 | 3/4/17 |
| 一面○別 | 3/4/28 |
| 雖死○生 | 3/4/28 |
| ○亦何之 | 3/5/1 |
| 執○囚之 | 3/5/3 |
| 使者俯伏○走 | 3/5/5 |
| 不獲○返 | 3/5/7 |
| （大）〔太〕子能爲內 | |
| 應○滅鄭 | 3/5/15 |
| 江中有漁父乘船從下方 | |
| 泝水○上 | 3/5/19 |
| 因○歌日 | 3/5/20 |
| 因歌○呼之日 | 3/5/25 |
| 子胥乃出蘆中○應 | 3/5/25 |
| 長跪○與之 | 3/6/4 |
| 子胥再餐○止 | 3/6/4 |
| 何不飽○餐之 | 3/6/5 |
| 子胥已餐○去 | 3/6/5 |
| 何宜饋飯○與丈夫 | 3/6/7 |
| 勇○且智 | 3/6/11 |
| ○有切切之色 | 3/6/14 |
| 恐子胥前親於王○害其謀 | 3/6/15 |
| 子胥怪○問其狀 | 3/6/21 |
| 聞一女子之聲○折道 | 3/6/22 |
| 確顙○深目 | 3/6/23 |
| 虎膺○熊背 | 3/6/24 |
| 陰○結之 | 3/6/24 |
| ○進之公子光 | 3/6/24 |
| 光既得專諸○禮待之 | 3/6/25 |
| 公子何因○欲害之乎 | 3/6/26 |
| 僚素貪○恃力 | 3/6/31 |
| 故伐楚取二邑○去 | 3/7/11 |
| 吳欲因楚葬○伐之 | 3/7/17 |
| 具酒○請王僚 | 3/7/23 |
| 復位○待 | 3/8/4 |
| ○與謀國政 | 4/8/10 |
| 何由○可 | 4/8/11 |
| 闔閭得○寶之 | 4/9/4 |
| ○金鐵之精不銷淪流 | 4/9/6 |
| 須人○成 | 4/9/8 |
| 得無得其人○後成乎 | 4/9/8 |
| 出其陰○獻之 | 4/9/13 |
| 不受○去 | 4/9/15 |
| ○有之貪王之重賞也 | 4/9/16 |
| 詣宮門○求賞 | 4/9/17 |
| ○子獨求賞 | 4/9/18 |
| 貪○殺二子 | 4/9/19 |
| 於是鉤師向鉤○呼二子 | |
| 之名 | 4/9/20 |
| 遂服○不離身 | 4/9/22 |
| 聞臣在吳○來也 | 4/9/23 |
| 常與盡日○語 | 4/9/25 |
| 襲朝○食 | 4/9/25 |
| 費無忌望○妬之 | 4/9/25 |
| 平王甚毅猛○好兵 | 4/9/27 |
| 因○爲之 | 4/9/28 |
| 及平王往○大驚日 | 4/9/28 |
| 闔閭見白喜○問日 | 4/9/30 |
| 不遠吾國○來 | 4/9/31 |
| 何見○信喜 | 4/10/2 |
| 相隨○集 | 4/10/3 |
| 胡馬望北風○立 | 4/10/4 |
| 越燕向日○熙 | 4/10/4 |
| ○與大王圖王僚於私室 | |
| 之中 | 4/10/11 |
| 昔武王討討○後殺武庚 | 4/10/12 |
| ○有萬人之力也 | 4/10/15 |
| 於友人之喪席○輕傲於 | |
| 士大夫 | 4/10/20 |
| ○戀其生 | 4/10/23 |
| 訴乃手劍○捽要離日 | 4/10/27 |
| 子有三不肖○威於我 | 4/11/2 |
| 椒丘訴投劍○嘆日 | 4/11/3 |
| 願承宴○待焉 | 4/11/4 |
| ○不除君之患者 | 4/11/12 |
| 要離乃奔諸侯○行怨言 | 4/11/14 |
| 順風○刺慶忌 | 4/11/17 |
| 慶忌顧○揮之 | 4/11/17 |
| 豈可一日○殺天下勇士 | |
| 二人哉 | 4/11/19 |
| 爲新君○殺故君之子 | 4/11/21 |
| 伏劍○死 | 4/11/24 |
| ○王故伐楚 | 4/11/27 |
| 託○無興師之意 | 4/11/27 |
| 深恐以兵往破滅○已 | 4/11/29 |
| 登臺向南風○嘯 | 4/11/29 |
| 有頃○嘆 | 4/11/29 |
| ○召孫子問以兵法 | 4/12/1 |
| 操劍盾○立 | 4/12/4 |
| 於是宮女皆掩口○笑 | 4/12/5 |
| ○可以定天下 | 4/12/13 |
| 然○無所施也 | 4/12/13 |
| 王徒好其言○不用其實 | 4/12/14 |
| 以霸天下○威諸侯 | 4/12/16 |
| ○誰能涉淮踰泗、越千 | |
| 里○戰者乎 | 4/12/16 |
| 集○攻楚 | 4/12/17 |
| ○吳侵境不絕於寇 | 4/12/19 |
| 王前嘗半○與女 | 4/12/27 |
| 〔令萬民隨○觀之〕 | 4/12/29 |
| 乃去○出 | 4/13/1 |
| 楚昭王臥○寤 | 4/13/1 |
| 乃召風湖子○問日 | 4/13/2 |
| 寡人臥覺○得寶劍 | 4/13/2 |
| 若耶之溪深○莫測 | 4/13/12 |
| ○況有市之鄉、駿馬千 | |
| 匹、萬戶之都 | 4/13/13 |
| 吾即得○殺之 | 4/13/15 |
| ○滅其交親 | 4/13/19 |
| 吾欲乘危入楚都○破其郢 | 4/13/22 |
| ○王入郢者 | 4/13/27 |
| 奈何○有功 | 4/13/28 |
| 貪○多過於諸侯 | 4/13/28 |
| ○唐、蔡怨之 | 4/13/28 |
| 竊馬○獻子常 | 4/14/1 |
| ○請伐楚 | 4/14/3 |
| 得唐、蔡○可伐楚 | 4/14/4 |
| 子常遂濟漢○陣 | 4/14/6 |
| 貪○少恩 | 4/14/9 |

| | | | | | |
|---|---|---|---|---|---|
| 夫齊徒擧○伐魯 | 5/25/1 | 召其神○問之山川脈理 | | ○欲赦之 | 7/33/3 |
| 暴師千里○攻之 | 5/25/1 | 、金玉所有、鳥獸昆 | | 時加卯○賊戊 | 7/33/7 |
| 〔乃〕合諸侯〔○〕謀曰 | 5/25/7 | 蟲之類及八方之民俗 | | 功曹爲騰蛇○臨戊 | 7/33/8 |
| 闔行○進 | 5/25/10 | 、殊國異域土地里數 | 6/28/21 | ○臨酉 | 7/33/8 |
| 方陣○行 | 5/25/10 | 使益疏○記之 | 6/28/22 | ○剋寅 | 7/33/8 |
| 戴旗以陣○立 | 5/25/11 | 禹乃啞然○笑曰 | 6/28/28 | 昔桀囚湯○不誅 | 7/33/10 |
| 鷄鳴○定 | 5/25/13 | 龍曳尾舍舟○去 | 6/28/30 | 紂囚文王○不殺 | 7/33/10 |
| 今大國越次○造弊邑之 | | ○見縛人 | 6/28/30 | 今大王既囚越君○不行誅 | 7/33/11 |
| 軍壘 | 5/25/15 | 禹捫其背○哭 | 6/28/30 | 范蠡、文種憂○占之曰 | 7/33/12 |
| 上帝鬼神○不可以告 | 5/25/17 | 惡無細○不誅 | 6/29/14 | 見大夫種、范蠡○言越 | |
| 無以爭行○危國也 | 5/26/1 | 功無微○不賞 | 6/29/14 | 王復拘於石室 | 7/33/13 |
| 乃退幕○會 | 5/26/3 | ○留越 | 6/29/15 | ○齊君獲其美名 | 7/33/15 |
| 吳既長晉○還 | 5/26/4 | 天美禹德○勞其功 | 6/29/21 | 宋襄濟河○戰 | 7/33/16 |
| ○欲伐之 | 5/26/5 | 諸侯去益○朝啓 | 6/29/23 | 功立○名稱 | 7/33/16 |
| 齊師還鋒○退 | 5/26/8 | 啓使使以歲時春秋○祭 | | 軍敗○德存 | 7/33/16 |
| ○歸告於天子執事 | 5/26/10 | 禹於越 | 6/29/25 | 孤所以窮○不死者 | 7/33/20 |
| ○使爲附邑 | 5/26/17 | 禹以下六世○得帝少康 | 6/29/25 | 數言成湯之義○不行之 | 7/33/21 |
| 顧得生稻○食之 | 5/26/23 | 乃復隨陵陸○耕種 | 6/29/27 | 因求其糞○嘗之 | 7/33/22 |
| 伏地○飮水 | 5/26/23 | 或逐禽鹿○給食 | 6/29/27 | 王召○見之 | 7/33/24 |
| 飽食○去 | 5/26/24 | 有人生○言語 | 6/29/29 | 即以手取其便與惡○嘗之 | 7/33/25 |
| 吳王掇○食之 | 5/26/25 | 湯改儀○媚於桀 | 7/30/17 | ○不御坐 | 7/34/2 |
| 何冬○生瓜 | 5/26/26 | 文王愼從○幸於紂 | 7/30/17 | ○不知所以自存也 | 7/34/11 |
| 右手操枹○鼓之 | 5/27/5 | 夏殷恃力○虐二聖 | 7/30/17 | 寡人曾聽相國○誅之 | 7/34/16 |
| 吳王書其矢○射種、蠡 | | 昔堯任舜、禹○天下治 | 7/30/18 | ○爲相國快私意耶 | 7/34/16 |
| 之軍 | 5/27/5 | 求伸○已 | 7/30/22 | 霸王之迹自（期）〔斯〕 | |
| 大夫種、相國蠡急○攻 | 5/27/6 | ○懷喜怒 | 7/30/22 | ○起 | 8/35/7 |
| 勾踐敬天○功 | 5/27/8 | ○云湯文困厄後必霸 | 7/30/23 | ○宜釋吳之地 | 8/35/16 |
| 敬○受之 | 5/27/8 | 夫君子爭寸陰○棄珠玉 | 7/30/24 | 昔公劉去郃○德彰於夏 | 8/35/16 |
| 有忠臣伍子胥忠諫○身死 | 5/27/9 | ○復反係獲敵人之手 | 7/30/25 | 亶父讓地○名發於岐 | 8/35/16 |
| 公孫聖直說○無功 | 5/27/10 | 往○不返 | 7/30/25 | 外郭築城○缺西北 | 8/35/20 |
| 太宰嚭愚○佞言 | 5/27/10 | 身（居）〔拘〕○名尊 | 7/30/28 | ○吳不知也 | 8/35/21 |
| 輕○讒諛 | 5/27/10 | 軀辱○聲榮 | 7/30/28 | ○怪山自生者 | 8/35/22 |
| 聽○用之 | 5/27/10 | 處卑○不以爲惡 | 7/30/28 | ○火救其終 | 8/36/5 |
| ○吳伐二國 | 5/27/11 | 居危○不以爲薄 | 7/30/28 | 轉○及水 | 8/36/5 |
| ○吳侵伐 | 5/27/12 | 五帝德厚（○）〔無〕 | | 泣○復嘯 | 8/36/9 |
| ○幸伐之 | 5/27/13 | 窮厄之恨 | 7/30/29 | 吾欲因○賜之以書 | 8/36/12 |
| 不從天命○棄其仇 | 5/27/13 | 泣涕○受冤 | 7/30/30 | 今擧其貢貨○以復禮 | 8/36/15 |
| 願主急○命之 | 5/27/19 | 行哭○爲隸 | 7/30/30 | 今但因虎豹之野○與荒 | |
| 不知愧辱○欲求生 | 5/27/21 | ○君王何爲謾辭譁說 | 7/31/7 | 外之草 | 8/36/17 |
| 四顧○望 | 5/27/22 | 用○相欺 | 7/31/7 | 愛民○已 | 8/36/24 |
| 乃引劍○伏之、死 | 5/27/22 | 臣聞大夫種忠○善慮 | 7/31/8 | 靜○無奇 | 8/36/27 |
| 得薏苡○吞之 | 6/28/4 | ○云委質○已 | 7/31/15 | 越王召五大夫○告之曰 | 8/37/1 |
| 因○妊孕 | 6/28/4 | 往○必反、與君復讎者 | 7/31/21 | 臨事○伐 | 8/37/6 |
| 剖脅○產高密 | 6/28/4 | 因哭○歌之曰 | 7/32/3 | ○怨結於楚 | 8/37/7 |
| 四嶽乃擧鯀○薦之於堯 | 6/28/7 | 吾非越殺○不殺也 | 7/32/17 | ○厚事於吳 | 8/37/7 |
| 惟委○已 | 6/28/12 | ○子及主俱爲奴僕 | 7/32/21 | 夫吳之志猛驕○自矜 | 8/37/8 |
| 仰天○嘯 | 6/28/16 | 乃擇吉日○欲赦之 | 7/33/2 | 必輕諸侯○凌鄰國 | 8/37/8 |

| | |
|---|---|
| 因○伐之 | 8/37/9 |
| 夫內臣謀○決讎其策 | 8/37/11 |
| 鄰國通○不絕其援 | 8/37/11 |
| 不知德薄○恩淺 | 8/37/15 |
| 道狹○怨廣 | 8/37/15 |
| 權懸○智衰 | 8/37/15 |
| 力竭○威折 | 8/37/15 |
| 兵剉○軍退 | 8/37/15 |
| 士散○衆解 | 8/37/15 |
| 隨○襲之 | 8/37/16 |
| 昔湯武乘四時之利○制夏殷 | 8/37/22 |
| 桓繆據五勝之便○列六國 | 8/37/22 |
| 此乘其時○勝者也 | 8/37/23 |
| 越王即鳴鐘驚檄○召群臣 | 9/38/1 |
| ○五年未聞敢死之士、雪仇之臣 | 9/38/2 |
| 柰何○有功乎 | 9/38/3 |
| 何易見○難使也 | 9/38/5 |
| 乃舉手○趨 | 9/38/5 |
| 蹈席○前進曰 | 9/38/5 |
| 非大夫易見○難使 | 9/38/6 |
| ○責士之所重 | 9/38/8 |
| 進計硯○問曰 | 9/38/9 |
| 得賢○已 | 9/38/11 |
| 昔太公九聲○足 | 9/38/11 |
| 西伯任之○王 | 9/38/12 |
| 齊桓得之○霸 | 9/38/12 |
| ○士有未盡進辭有益寡人也 | 9/38/18 |
| 范蠡明○知內 | 9/38/18 |
| 越王乃請大夫種○問曰 | 9/38/19 |
| 何行○功乎 | 9/38/20 |
| 何以定○制之死乎 | 9/38/22 |
| ○亂其謀 | 9/39/2 |
| ○備利器 | 9/39/3 |
| ○況於吳乎 | 9/39/4 |
| 奉○獻之 | 9/39/7 |
| ○歌木客之吟 | 9/39/8 |
| 遂受〔之〕○起姑蘇之臺 | 9/39/14 |
| 夏長○養 | 9/39/23 |
| 秋成○聚 | 9/39/23 |
| 冬畜○藏 | 9/39/23 |
| 夫天時有生○不救種 | 9/39/23 |
| 孤聞吳王淫○好色 | 9/40/7 |
| 因此○謀 | 9/40/7 |
| 夫吳王淫○好色 | 9/40/8 |
| 惟王選擇美女二人○進之 | 9/40/9 |
| 三年學服○獻於吳 | 9/40/10 |
| 昔桀易湯○滅 | 9/40/13 |
| 紂易文王○亡 | 9/40/14 |
| 是養生寇○破國家者也 | 9/40/25 |
| 非國貧民困○請糴也 | 9/41/2 |
| ○有其衆 | 9/41/3 |
| 可因○破也 | 9/41/5 |
| ○反輸之食 | 9/41/6 |
| ○雉信之 | 9/41/7 |
| ○雉必死 | 9/41/7 |
| ○寡人給之以粟 | 9/41/7 |
| ○令之曰 | 9/41/18 |
| 寡人逆群臣之議○輸於越 | 9/41/19 |
| 年豐○歸寡人 | 9/41/19 |
| 揀擇精粟○蒸 | 9/41/21 |
| 粟種殺○無生者 | 9/41/22 |
| ○忽自有之 | 9/42/3 |
| 其道甚微○易 | 9/42/4 |
| 其意（其）〔甚〕幽○深 | 9/42/4 |
| 越王請音○問曰 | 9/42/9 |
| 蓋以桃弓棘矢○備鄰國也 | 9/42/19 |
| 道衆○微 | 9/42/27 |
| 射弩未發○前名其所中 | 9/42/27 |
| ○子昔日云 | 10/43/10 |
| 今伍子胥忠諫○死 | 10/43/11 |
| 因約吳國父兄昆弟○誓之曰 | 10/43/15 |
| ○簡銳之 | 10/43/21 |
| 必朝○禮之 | 10/43/21 |
| 國中僮子戲○遇孤 | 10/43/22 |
| 孤餔○啜之 | 10/43/22 |
| 孤悅○許之 | 10/44/4 |
| 一年○不試 | 10/44/5 |
| 乃大會群臣○令之曰 | 10/44/11 |
| 越王會軍列士○大誡衆 | 10/44/12 |
| ○誓之曰 | 10/44/13 |
| ○患其志行之少恥也 | 10/44/13 |
| ○患其衆之不足〔也〕 | 10/44/14 |
| 審罰則士卒望○畏之 | 10/45/15 |
| 知分○不外 | 10/45/20 |
| 勾踐乃退齋○命國人曰 | 10/45/22 |
| 夫人向屏○立 | 10/45/26 |
| 側席○坐 | 10/46/1 |
| 王出則復背垣○立 | 10/46/1 |
| 大夫向垣○敬 | 10/46/1 |
| 大夫側席○坐 | 10/46/4 |
| 列鼓○鳴之 | 10/46/6 |
| 與之訣○告之曰 | 10/46/8 |
| ○當百夫 | 10/46/11 |
| 道見鼃張（復）〔腹〕○怒 | 10/46/22 |
| 君何為敬鼃蟲○為之軾 | 10/46/22 |
| ○未有稱吾意者 | 10/46/23 |
| 見敵○有怒氣 | 10/46/24 |
| 歸○不歸 | 10/46/25 |
| 處○不處 | 10/46/25 |
| 進○不進 | 10/46/26 |
| 退○不退 | 10/46/26 |
| 左○不左 | 10/46/26 |
| 右○不右 | 10/46/26 |
| 銜枚遡江○上五里 | 10/46/29 |
| 吳使王孫駱肉袒膝行○前 | 10/47/12 |
| 今君王舉兵○誅孤臣 | 10/47/13 |
| 今日得○棄之 | 10/47/17 |
| 范蠡遂鳴鼓○進兵 | 10/47/18 |
| 吳使涕泣○去 | 10/47/19 |
| 當歸○問於范蠡曰 | 10/47/24 |
| 臣請引琴○鼓之 | 10/47/30 |
| 臺上群臣大悅○笑 | 10/48/6 |
| 必復不須功○返國也 | 10/48/7 |
| 故面有憂色○不悅也 | 10/48/7 |
| 知進退存亡○不失其正 | 10/48/9 |
| 可以共患難○不可共處樂 | 10/48/11 |
| 且須臾○生 | 10/48/17 |
| 斯湯武克夏（商）〔商〕○成王業者 | 10/48/18 |
| 是天之棄越○喪孤也 | 10/48/20 |
| ○令君王霸於諸侯 | 10/48/29 |
| 臣所以在朝○晏罷若身疾作者 | 10/49/1 |
| 越王召相國大夫種○問之 | 10/49/6 |
| 言○後死 | 10/49/9 |
| 南陽之宰○為越王之擒 | 10/49/21 |
| 伍子胥從海上穿山脅○持種去 | 10/49/23 |
| 〔夫〕越性脆○愚 | 10/50/1 |
| 水行〔○〕山處 | 10/50/1 |
| 夫子何說○欲教之 | 10/50/2 |
| 因辭○去 | 10/50/3 |
| 遂置○去 | 10/50/5 |
| 血盟○去 | 10/50/5 |

| | | | | | |
|---|---|---|---|---|---|
| 食不○味 | 7/31/29 | ○其（篳）〔篳〕笭 | 3/6/4 | 伍胥之諫○楚者 | 3/6/15 |
| 今年十月戊寅之日 | 7/33/6 | 楚○兵絕吳〔兵〕後 | 3/7/18 | 僚遣公子○楚 | 3/7/7 |
| 今十有○月己巳之日 | 8/35/8 | 恨怒並○ | 4/10/24 | 吳使光○楚 | 3/7/10 |
| 周千一百○十一步 | 8/35/19 | 因○機以掩之 | 4/12/30 | 遂更相○ | 3/7/11 |
| 夫子故不一○見也 | 8/36/4 | 因斯○怒 | 4/13/14 | 故○楚取二邑而去 | 3/7/11 |
| 是○宜 | 8/36/5 | 三戰破郢王奔○ | 4/16/5 | 吳欲因楚葬而○之 | 3/7/17 |
| ○人權 | 8/37/20 | 楚荊骸骨遭○掘 | 4/16/6 | 今吳王○楚 | 3/7/19 |
| 越王勾踐十年○月 | 9/37/28 | 事未○而聞之者 | 5/19/3 | 今二弟○楚 | 3/7/20 |
| ○曰重財幣以遺其君 | 9/38/26 | 又○玉聲以教孤 | 5/19/6 | 弟○楚 | 3/7/21 |
| 大○十圍 | 9/39/9 | ○當死矣 | 5/22/13 | 恐合諸侯來○ | 4/10/9 |
| 高見○百里 | 9/39/15 | 不○則傷 | 5/22/14 | 吳將欲○楚 | 4/11/26 |
| 第○術也 | 9/39/16 | 登山○石 | 6/28/18 | 而王故○楚 | 4/11/27 |
| ○生也 | 9/39/26 | ○金簡之書 | 6/28/19 | 誅○不行 | 4/12/15 |
| 惟王選擇美女○人而進之 | 9/40/9 | ○君之令 | 7/31/22 | 因謀○楚 | 4/12/27 |
| 越王勾踐竊有○遺女 | 9/40/11 | 亶父讓地而名○於岐 | 8/35/16 | 遂使孫武、伍胥、白喜 | |
| 越貢○女 | 9/40/12 | 射弩未○而前名其所中 | 9/42/27 | ○楚 | 4/13/14 |
| 不懷○心 | 9/40/24 | 與氣俱○ | 9/42/29 | 吳王以越不從○楚 | 4/13/18 |
| 願子一○其辭 | 9/42/10 | 右手○機 | 9/42/29 | 南○越 | 4/13/18 |
| 將率○三子夫婦以爲藩 | | 乃○習流二千人、俊士 | | 遂○ | 4/13/19 |
| 　輔 | 10/43/16 | 　四萬、君子六千、諸 | | 楚昭王使公子囊瓦○吳 | 4/13/21 |
| 丈夫○十不娶 | 10/43/17 | 　御千人 | 10/44/20 | 王必○ | 4/13/28 |
| 生男○ | 10/43/18 | 中水以待吳○ | 10/46/30 | 而請○楚 | 4/14/3 |
| 生女○ | 10/43/18 | 憤○於內 | 10/48/30 | 得唐、蔡而可○楚 | 4/14/4 |
| 生子○人 | 10/43/19 | | | 寡人欲舉兵○楚 | 4/14/5 |
| 非○三子之罪也 | 10/44/1 | **乏 fá** | **2** | 三國合謀○楚 | 4/14/5 |
| 乃發習流○千人、俊士 | | | | 興兵○吳 | 4/15/17 |
| 　四萬、君子六千、諸 | | 行人無饑○之色 | 1/1/10 | 私以間兵○唐 | 4/15/20 |
| 　御千人 | 10/44/20 | 人民饑○ | 9/40/23 | 垂涕舉兵將西○ | 4/16/5 |
| ○十一年 | 10/44/25 | | | 復謀○齊 | 4/16/15 |
| 以謝於○三子 | 10/46/8 | **伐 fá** | **125** | 因○楚 | 4/16/27 |
| 今越軍分爲○師 | 10/47/1 | | | 南○於越 | 4/17/2 |
| 謀之○十餘年 | 10/47/16 | 適會○木之人多 | 1/1/6 | 夫差北○齊 | 5/17/6 |
| 觴酒○升 | 10/48/4, 10/48/5 | 薰鬻戎姤而○之 | 1/1/13 | 而吳見○ | 5/17/7 |
| （三）〔○〕十四年 | 10/48/14 | 其○不止 | 1/1/14 | 夫差復北○齊 | 5/17/10 |
| ○十六年 | 10/50/12 | 而亦○之不止 | 1/1/14 | 故前興兵○魯 | 5/17/19 |
| ○十七年 | 10/50/15 | 任周、召而○殷 | 1/2/1 | 諸侯有相○者 | 5/17/20 |
| 積年○百○十四年 | 10/50/20 | 虞公以開晉之○虢氏 | 1/2/5 | 今齊將○之 | 5/17/21 |
| 四百○十四年 | 10/50/21 | 導之○楚 | 2/2/15 | 難○之國 | 5/17/22 |
| 格霸○百○十四年 | 10/50/27 | ○楚 | 2/2/18 | 而君○ | 5/17/23 |
| 凡一千九百○十年 | 10/50/28 | 楚恭王怨吳爲巫臣○之也 | 2/2/20 | 魯何難○也 | 5/17/23 |
| | | 乃舉兵○吳 | 2/2/20 | 君不若○吳 | 5/17/25 |
| **發 fā** | **25** | 楚靈王會諸侯○吳 | 2/3/12 | 此易○也 | 5/18/1 |
| | | 故晉、楚○之也 | 2/3/12 | 故曰不如○吳 | 5/18/6 |
| 太子○立 | 1/2/1 | 即舉兵○楚 | 2/3/13 | 君按兵無○ | 5/18/10 |
| 重○言於口 | 2/3/2 | 楚怨吳爲慶封故○之 | 2/3/16 | 請之救魯而○齊 | 5/18/10 |
| 絃矢卒○ | 3/3/31 | ○吳 | 2/3/16 | ○齊 | 5/18/13 |
| 即○大軍追子胥 | 3/5/6 | 王僚使公子光○楚 | 3/3/24 | 子待我○越而聽子 | 5/18/15 |

主以○越而不聽臣　5/18/16
告以救魯而○齊　5/19/2
今吳王有○齊、晉之志　5/19/10
而○齊　5/19/11
臣觀吳王爲數戰○　5/20/3
與寡人○齊　5/20/17
王之興師○齊也　5/21/4
寡人將北○齊魯　5/21/18
○宗廟　5/22/1
無○於齊　5/22/4
及從勾踐之師○齊　5/22/10
遂九月使太宰嚭○齊　5/22/20
寡人興師○齊　5/22/23
王遂○齊　5/22/24
以還助○之功　5/23/20
吳王復○齊　5/24/18
寡人○齊　5/24/20
而齊舉兵○之　5/24/28
夫齊徒舉而○魯　5/25/1
夫吳徒知踰境征○非吾
　之國　5/25/2
遂北○齊　5/25/3
越王聞吳王○齊　5/25/3
而欲○之　5/26/5
二十年越王興師○吳　5/26/14
越王復○吳　5/26/21
而吳○二國　5/27/11
而吳侵○　5/27/12
而幸○之　5/27/13
麛山○木爲邑　6/29/17
吾聞父死子（○）〔代〕　7/31/12
臨事而○　8/37/6
因而○之　8/37/9
子胥力於戰○　8/37/20
今欲○吳　9/38/21,10/48/1
使之易○　9/39/2
入山○木　9/39/8
惟欲○吳　9/39/18
吾欲○吳　9/39/18
願王覽武王○紂之事也　9/41/10
率諸侯以○其君　9/41/11
諸侯相○　9/42/17
謀○吳　10/43/9
吳王雖無○我之心　10/44/8
孤不欲有征○之心　10/44/9
吳可○　10/44/10
有敢諫○吳者　10/44/11

吳可○也　10/44/16
吾國之民又勸孤○吳　10/44/17
其可○乎　10/44/17
可○矣　10/44/20
越王復悉國中兵卒○吳　10/44/25
吳可○耶　10/44/26
審（○）〔罰〕則可戰　10/45/15
越之左右軍乃遂○之　10/47/2
然越之○吳　10/47/9
乃命樂作○吳之曲　10/47/28
今不○吳　10/48/2
春生冬○　10/48/9
欲因諸侯以○之　10/49/2
故不爲哀公○三桓也　10/49/4
舉兵所○攻秦王　10/50/7
越王欲爲○三桓　10/50/13

## 罰 fá　6

加○於楚　4/14/19
不以其罪○　7/33/7
省刑去○　8/36/26
越王乃緩刑薄○　8/36/30
審（伐）〔○〕則可戰　10/45/15
審○則士卒望而畏之　10/45/15

## 法 fǎ　25

吾聞楚之○令　3/5/28
象天○地　4/8/21
以○地八聰　4/8/22
善爲兵○　4/11/30
而召孫子問以兵○　4/12/1
兵○寧可以小試耶　4/12/2
告以軍○　4/12/4
顧謂執○曰　4/12/7
軍○如何　4/12/8
執○曰　4/12/8
將○在軍　4/12/10
不○之物　4/13/7
〔將〕明於○禁　5/18/6
亂吾○度　5/23/7
未忍行○　5/23/26
今乃罹○如斯　6/29/1
以爲○度　6/29/18
擬○於紫宮　8/35/19
不及○禁　9/42/6

弩之狀何○焉　9/42/21
牙爲執○　9/42/22
更陳嚴○　10/46/20
恐軍士畏○不使　10/46/21
妻子何○乎　10/48/22
子有陰謀兵○　10/49/18

## 髮 fà　8

斷○文身　1/1/21
乃被○（徉）〔佯〕狂　3/6/8
於是干將妻乃斷○剪爪　4/9/11
放○僵臥無所懼　4/10/26
○上衝冠　4/12/6
輔臣結○　7/31/1
召鐵之矛無分○之便　7/31/3
鬢○四張　10/47/5

## 番 fān　2

破師拔○　4/16/27
顧力士石○以鐵鎚擊殺之　5/22/6

## 藩 fān　2

孤躬親聽命於○籬之外　5/25/20
將率二三子夫婦以爲○
　輔　10/43/16

## 凡 fán　8

○從太伯至壽夢之世　1/2/6
○欲殺人君　3/7/3
○欲安君治民、興霸成
　王、從近制遠者　4/8/18
○此九術　9/39/3
○此四者　9/39/20
○手戰之道　9/42/5
○四方之士來者　10/43/21
○一千九百二十二年　10/50/28

## 煩 fán　4

用不○官府　3/4/5
百姓○焉　3/4/6
敢○使者往來　5/25/19
統○理亂　7/31/22

| | | | | | | |
|---|---|---|---|---|---|---|
| ○蠡議欲去 | 10/48/12 | ○今吳、楚結讎 | 8/37/10 | ○異國之亡臣乎 | 3/6/10 |
| ○蠡辭於王曰 | 10/48/14 | 以威四○ | 9/42/14 | ○爲吳也 | 3/6/15 |
| ○蠡既去 | 10/48/23 | 郭爲○城 | 9/42/21 | ○以意救急後興師 | 3/6/18 |
| 越王乃使良工鑄金象○ | | 四○之民歸之若水 | 10/43/15 | 其義○也 | 3/6/19 |
| 蠡之形 | 10/48/27 | 凡四○之士來者 | 10/43/21 | ○用有力徒 | 3/6/29 |
| ○蠡亦有斯言 | 10/49/10 | 夫差○會諸侯於黃池 | 10/44/22 | ○我所亂 | 3/8/3 |
| 吾悔不隨○蠡之謀 | 10/49/20 | 吾○往征討我宗廟之讎 | 10/46/8 | ○夫子 | 4/8/13 |
| | | 與魯泗東○百里 | 10/47/24 | 寡人○子無所盡議 | 4/8/15 |
| **飯 fàn** | **10** | | | 恐○皇天之意 | 4/10/11 |
| | | **芳 fāng** | **1** | 吳王心○子胥進此人 | 4/11/7 |
| 持麥○、鮑魚羹、盎漿 | 3/5/24 | | | ○忠也 | 4/11/11 |
| 笥中有○ | 3/6/2 | 深泉之魚死於○餌 | 9/38/21 | ○義也 4/11/12,4/11/21,4/11/22 |
| ○不可得 | 3/6/3 | | | ○仁也 | 4/11/21,4/14/17 |
| 夫人賑窮途少○ | 3/6/3 | **妨 fáng** | **1** | 寡人○此二姬 | 4/12/10 |
| ○其盎漿 | 3/6/4 | | | ○孫武之將 | 4/12/16 |
| 何宜饋○而與丈夫 | 3/6/7 | 木不○守備 | 3/4/5 | 國人○之 | 4/12/30 |
| 遇一窮途君子而輒○之 | 4/16/11 | | | ○常勝之道 | 4/13/26 |
| 禮前王一○ | 5/26/17 | **防 fáng** | **1** | ○孝也 | 4/14/17 |
| 載○與羹以游國中 | 10/43/21 | | | ○智也 | 4/14/17 |
| 非孤○不食 | 10/43/22 | ○風後至 | 6/29/12 | 樂師扈子○荊王信讒佞 | 4/16/1 |
| | | | | ○我而誰當立 | 4/16/20 |
| **方 fāng** | **26** | **房 fáng** | **3** | ○子〔之〕所〔能〕知也 | 5/21/14 |
| | | | | ○但自哀 | 5/21/15 |
| 非其○乎 | 1/1/24 | 後○鼓震箧箧有鍛工 | 5/21/3 | ○賢人所宜 | 5/21/16 |
| 圍朱○ | 2/3/12 | 後○箧箧鼓震有鍛工者 | 5/21/7 | ○霸王之事 | 5/23/10 |
| 封之朱○ | 2/3/13 | 後○鼓震箧箧者 | 5/22/2 | ○惟不祥 | 5/23/15 |
| 今往○死 | 3/4/28 | | | 吾○自惜 | 5/23/29 |
| 江中有漁父乘船從下○ | | **彷 fǎng** | **1** | 子何○寡人而不朝乎 | 5/24/11 |
| 泝水而上 | 3/5/19 | | | ○聽宰嚭以殺子胥 | 5/24/13 |
| 專諸○與人鬥 | 3/6/20 | 光若彿○ | 9/42/6 | 豈○宰嚭之讒子胥 | 5/24/15 |
| ○今吳外困於楚 | 3/7/22 | | | 夫吳徒知踰境征伐○吾 | |
| 請悉四○之內士卒三千 | | **放 fàng** | **3** | 之國 | 5/25/2 |
| 人以從下吏 | 5/20/15 | | | ○嚴歲月 | 6/28/17 |
| 時加南○ | 5/21/15 | ○髮僵臥無所懼 | 4/10/26 | 孰知其○暢達之兆哉 | 7/31/5 |
| 今前王譬若農夫之艾殺 | | 今越王○於南山之中 | 7/32/15 | 臨○決疑 | 7/31/25 |
| 四○蓬蒿 | 5/23/5 | ○棄忠直之言 | 7/34/9 | 吾○愛越而不殺也 | 7/32/17 |
| ○陣而行 | 5/25/10 | | | 此豈○天網四張 | 7/33/9 |
| 自中國至於條○ | 6/28/7 | **妃 fēi** | **1** | 臣竊見吳王眞○人也 | 7/33/21 |
| 召其神而問之山川脈理 | | | | ○糞土之城 | 8/35/26 |
| 、金玉所有、鳥獸昆 | | 爲帝嚳元○ | 1/1/3 | ○一旦也 | 8/36/7 |
| 蟲之類及八○之民俗 | | | | ○大夫易見而難使 | 9/38/6 |
| 、殊國異域土地里數 | 6/28/21 | **非 fēi** | **60** | ○吳有越 | 9/40/25 |
| 殊○各進 | 6/29/5 | | | ○國貧民困而請糴也 | 9/41/2 |
| 登茅山以朝四○ | 6/29/12 | ○其方乎 | 1/1/24 | 臣聞士窮○難抑心下人 | 9/41/5 |
| 我○修前君祭祀 | 6/29/30 | ○前王之私 | 2/3/4 | 武王○紂王臣也 | 9/41/11 |
| ○爲太宰嚭之 | 7/33/17 | 豈○窮士乎 | 3/5/25 | ○忠臣之道 | 9/41/17 |
| 一圓三○ | 8/35/19 | 女子知○恒人 | 3/6/4 | 妾○受於人也 | 9/42/3 |

| | | | | | |
|---|---|---|---|---|---|
| ○孤飯不食 | 10/43/22 | 誹 fěi | 1 | 有貪○之毀 | 9/38/12 |
| ○夫人事不衣 | 10/43/23 | | | ○以丹青 | 9/39/10 |
| ○二三子之罪也 | 10/44/1 | 群臣○謗曰 | 4/14/1 | 射道○流 | 9/42/19 |
| 審物則別是○ | 10/45/16 | | | 去止○離 | 9/42/29 |
| 是○明察 | 10/45/16 | 費 fèi | 8 | 願聞望敵儀表、投○飛 | |
| 則○吾之民也 | 10/45/25 | | | 　矢之道 | 9/42/30 |
| 臣○敢愛死不言 | 10/49/9 | ○無忌爲少傅 | 3/4/8 | 從○望敵 | 9/43/1 |
| | | ○無忌望而妬之 | 4/9/25 | 求之鈇○ | 9/43/2 |
| 飛 fēi | 27 | ○無忌之讒口 | 4/9/31 | 未嘗不○ | 10/45/1 |
| | | 咸言○無忌讒殺伍奢、 | | 廣恩知○則可戰 | 10/45/20 |
| 三年不○亦不鳴 | 3/3/30 | 　白州犁 | 4/12/19 | 知○而不外 | 10/45/20 |
| 此鳥不○ | 3/3/30 | 夫○無忌、楚之讒口 | 4/12/22 | 越王中○其師以爲左右 | |
| ○則沖天 | 3/3/30 | 子常與昭王共誅○無忌 | 4/12/26 | 　軍 | 10/46/27 |
| 不○不鳴 | 3/3/31 | 百姓之○ | 5/22/11 | 今越軍○爲二師 | 10/47/1 |
| 兩鉤俱○ | 4/9/21 | 租貢纖給宗廟祭祀之○ | 6/29/27 | 亦即以夜暗中○其師 | 10/47/1 |
| 手接○鳥 | 4/11/9 | | | 人衆○解 | 10/47/7 |
| 骨騰肉○ | 4/11/9 | 廢 fèi | 9 | ○國共之 | 10/48/21 |
| ○揚汝骸 | 5/22/8 | | | | |
| 蹭蹬○丸而集其背 | 5/24/25 | 奈何○前王之禮 | 2/2/25 | 氛 fēn | 1 |
| ○矢揚兵 | 7/31/27 | ○長立少 | 2/2/27 | | |
| ○去復來 | 7/32/3 | 欲○長立少 | 2/3/2 | 高不過望國○ | 3/4/4 |
| 仰○鳶兮烏鳶 | 7/32/3 | 畢爲○物 | 3/5/1 | | |
| 彼○鳶兮鳶鳥 | 7/32/6 | 不吾○也 | 3/6/30 | 棻 fēn | 1 |
| 夫○鳥在青雲之上 | 7/32/14 | 苟前君無○〔祀〕 | 3/8/2 | | |
| 越王策馬○輿 | 8/35/10 | 〔民人無○主〕 | 3/8/2 | 葛不連蔓○台台 | 8/36/19 |
| 西北立龍○翼之樓 | 8/35/19 | 滅宗○祀 | 4/14/17 | | |
| 吳王歡兮○尺書 | 8/36/21 | 臣聞祀○於絕後 | 4/16/21 | 焚 fén | 6 |
| 必卑○戢翼 | 8/37/5 | | | | |
| 臣聞高○之鳥死於美食 | 9/38/21 | 分 fēn | 32 | ○棄於市 | 4/11/13 |
| 袁公則○上樹 | 9/42/1 | | | ○之於市 | 4/11/15 |
| ○土逐害」之謂也 | 9/42/14 | 自其○也 | 3/6/26 | 楚子期將○吳軍 | 4/15/23 |
| 矢爲○客 | 9/42/23 | 吾與○國而治 | 4/14/26 | 又○之 | 4/15/24 |
| 鳥不及○ | 9/42/25 | 與之○國而治 | 4/15/1 | 遂○而戰 | 4/15/25 |
| 願聞望敵儀表、投分○ | | 王其取○焉 | 4/15/12 | ○姑胥臺 | 10/44/21 |
| 　矢之道 | 9/42/30 | 故臨財○利則使仁 | 5/19/7 | | |
| 三軍一○降兮 | 10/46/10 | 吳王○其民之衆以殘吾國 | 5/19/12 | 墳 fén | 1 |
| ○石揚砂 | 10/47/6 | 聞人言則四○走矣 | 5/23/13 | | |
| 〔墓〕中生熛風○砂 | | 士卒○散 | 5/26/21 | ○高三尺 | 6/29/20 |
| 　（砂）石以射人 | 10/50/4 | 青泉、赤淵○入洞穴 | 6/29/4 | | |
| | | 觀地○州 | 6/29/5 | 忿 fèn | 2 |
| 霏 fēi | 2 | 召鐵之矛無○髮之便 | 7/31/3 | | |
| | | 不失○者 | 7/31/15 | 諸侯○怨 | 3/4/6 |
| 弱於羅兮輕○○ | 8/36/20 | 使民知○ | 7/31/22 | 成恒○然作色 | 5/18/1 |
| | | 終始一○ | 7/31/26 | | |
| 肥 féi | 1 | ○別妖祥 | 7/31/30 | 憤 fèn | 2 |
| | | 各守一○ | 7/31/31 | | |
| 越地○沃 | 9/41/22 | ○設里閭 | 8/35/18 | 情○惋兮誰識 | 7/32/9 |

| | | | | | |
|---|---|---|---|---|---|
| 大○種書矢射之 | 5/27/7 | ○飛鳥在青雲之上 | 7/32/14 | 乃使大○種獻之於吳王 | 9/39/11 |
| ○齊、晉無返逆行 | 5/27/11 | ○差遂不誅越王 | 7/32/19 | ○興師舉兵 | 9/39/19 |
| 大○種謂越君曰 | 5/27/14 | ○人衣無緣之裳 | 7/32/27 | ○天時有生而不救種 | 9/39/23 |
| 乃如大○種辭吳王曰 | 5/27/16 | ○斫剉養馬 | 7/32/28 | ○天時有生 | 9/39/25 |
| 或爲○譚 | 6/30/2 | 望見越王及○人、范蠡 | | ○陰陽者 | 9/40/1 |
| ○譚生（元）〔允〕常 | 6/30/2 | 坐於馬糞之旁 | 7/32/29 | ○孤虛者 | 9/40/2 |
| 與大○種、范蠡入臣於吳 | 7/30/8 | ○婦之儀具 | 7/32/29 | 越王謂大○種曰 9/40/7,9/40/20 | |
| 大○文種前爲祝 | 7/30/9 | ○以戊寅日聞喜 | 7/33/7 | ○吳王淫而好色 | 9/40/8 |
| 幸蒙諸大○之謀 | 7/30/14 | 見大○種、范蠡而言越 | | 越乃使大○種使吳 | 9/40/22 |
| 諸大○之責也 | 7/30/15 | 王復拘於石室 | 7/33/13 | ○狐卑體 | 9/41/6 |
| 大○扶同曰 7/30/15,10/45/19 | | 聽用讒○之語 | 7/34/9 | ○虎不可餧以食 | 9/41/9 |
| 大○苦成曰 | 7/30/19 | ○爲人臣不仁不慈 | 7/34/13 | 大○種歸越 | 9/41/20 |
| 7/31/21,8/37/17,10/45/15 | | ○虎之卑勢 | 7/34/17 | 亦使大○種歸之吳王 | 9/41/21 |
| 大○皆前圖未然之端 | 7/30/23 | 王與○人歎曰 | 7/35/1 | ○劍之道則如之何 | 9/42/2 |
| ○君子爭寸陰而棄珠玉 | 7/30/24 | 越王乃召相國范蠡、大 | | ○射之道 9/42/27,9/42/30 | |
| 何大○之言 | 7/30/26 | ○種、大○郢 | 8/36/1 | 謂大○種曰 | 10/43/9 |
| 於是大○種、范蠡曰 | 7/30/26 | ○子故不一二見也 | 8/36/4 | 孤用○子之策 | 10/43/9 |
| ○截骨之劍無削剟之利 | 7/31/2 | ○金制始 | 8/36/5 | 然後卑事○差 | 10/43/14 |
| ○吉者 | 7/31/5 | 越王乃使大○種索葛布 | | 將率二三子○婦以爲藩 | |
| 大○計硯曰 | 7/31/6 | 十萬、甘蜜九党、文 | | 輔 | 10/43/16 |
| 7/31/29,10/45/20 | | 笥七枚、狐皮五雙、 | | 丈○二十不娶 | 10/43/17 |
| 以國累諸侯大○ | 7/31/7 | 晉竹十度 | 8/36/13 | 非○人事不衣 | 10/43/23 |
| 大○皋如曰 | 7/31/8 | ○越本興國千里 | 8/36/16 | 昔○差辱吾君王於諸侯 | 10/43/24 |
| 7/31/28,10/45/18 | | 越王召五大○而告之曰 | 8/37/1 | ○占兆人事 | 10/44/7 |
| 臣聞大○種忠而善慮 | 7/31/8 | 惟大○誨之 | 8/37/2 | 今聞大○種諫難 | 10/44/9 |
| 大○曳庸曰 | 7/31/9 | ○吳之志猛驕而自矜 | 8/37/8 | 今○差衣水犀〔之〕甲 | |
| 7/31/23,10/45/13 | | ○內臣謀而決讎其策 | 8/37/11 | 者十有三萬人 | 10/44/14 |
| 大○文種者 | 7/31/9 | ○水能浮草木 | 8/37/17 | 吾不欲匹○之小勇也 | 10/44/15 |
| ○驥不可與匹馳 | 7/31/10 | 大○囂者 | 8/37/19 | 吳告急於○差 | 10/44/22 |
| ○國者 | 7/31/11 | 大○浩曰 | 8/37/21 | ○差方會諸侯於黃池 | 10/44/22 |
| 今事棄諸大○ | 7/31/12 | 大○句如曰 | 8/37/22 | ○戰之道 | 10/45/8 |
| 何諸大○論事一合一離 | 7/31/14 | 或謂諸大○愛其身 | 9/37/29 | 越王乃請八大○曰 | 10/45/11 |
| ○推國任賢、度功績成者 | 7/31/14 | 相國范蠡、大○種、句 | | 敢告諸大○ | 10/45/13 |
| 吾顧諸大○以其所能 | 7/31/15 | 如之屬儼然列坐 | 9/37/30 | 大○文種曰 | 10/45/16 |
| ○適市之（妻）〔妻〕 | | 幸蒙諸大○之策 | 9/38/2 | 乃入命於○人 | 10/45/25 |
| 教嗣糞除 | 7/31/17 | 重負諸臣大○ | 9/38/4 | ○人向屛而立 | 10/45/26 |
| 大○之論是也 | 7/31/19 | 非大○易見而難使 | 9/38/6 | ○人送王不過屛 | 10/45/28 |
| ○內修封疆之役 | 7/31/19 | ○官位、財幣、金賞者 | 9/38/7 | ○人去笄 | 10/45/28 |
| 大○范蠡曰 7/31/20,10/45/17 | | ○君人尊其仁義者 | 9/38/10 | 大○向垣而敬 | 10/46/1 |
| 大○皓進曰 | 7/31/24 | 願王請大○種與深議 | 9/38/19 | 王乃令大○曰 | 10/46/1 |
| 大○諸稽郢曰 | 7/31/26 | 越王乃請大○種而問曰 | 9/38/19 | 大○敬受命矣 | 10/46/4 |
| 有諸大○懷德抱術 | 7/31/31 | 吾昔日受○子之言 | 9/38/20 | 大○送出垣 | 10/46/4 |
| 越王○人乃據船哭 | 7/32/2 | ○欲報怨復讎、破吳滅 | | 大○側席而坐 | 10/46/4 |
| ○去冕兮爲奴 | 7/32/8 | 敵者 | 9/38/23 | 勾踐有命於○人、大○曰 | 10/46/5 |
| 越王聞○人怨歌 | 7/32/9 | ○九術者 | 9/38/25 | 而當百○ | 10/46/11 |
| 見○差 | 7/32/10 | 願大○覽之 | 9/38/26 | 惟欲以窮○差 | 10/47/9 |
| 吳王○差曰 | 7/32/13 | 大○之術 | 9/39/6 | 孤臣○差 | 10/47/13 |

| | | | | | |
|---|---|---|---|---|---|
| ○差不敢逆命 | 10/47/13 | 請○國人於郊 | 5/17/7 | 禹○三年 | 6/29/8 |
| 給君○婦三百餘人 | 10/47/20 | 修兵○卒以待之 | 5/20/21 | 禹三年○畢 | 6/29/11 |
| 大○種、蠡曰 | 10/48/1 | 公孫聖○地而泣 | 5/21/13 | 益○三年 | 6/29/23 |
| 大○種進祝酒 | 10/48/2 | 〔○地而泣者〕 | 5/21/15 | ○從者昌 | 7/30/10 |
| ○越王爲人長頸鳥啄 | 10/48/10 | 遂○劍而死 | 5/24/6,10/49/22 | 文王○從而幸於紂 | 7/30/17 |
| ○恥辱之心不可以大 | 10/48/17 | ○地而飲水 | 5/26/23 | 腸千結兮○膺 | 7/32/8 |
| 國之士大○是子 | 10/48/19 | 乃引劍而○之、死 | 5/27/22 | 吾聞誅降殺○ | 7/32/17 |
| 召大○種曰 | 10/48/24 | 吳王臨欲○劍 | 5/27/23 | 越王○（攅）〔犢〕鼻 | 7/32/27 |
| 大○曳庸、扶同、皋如 | | 越王○於前 | 7/32/19 | 威○群臣 | 7/34/5 |
| 　之徒 | 10/48/28 | 此時越王○地流涕 | 7/32/25 | 諸侯賓○ | 7/34/6 |
| 大○種內憂不朝 | 10/48/29 | 越王再拜跪○ | 7/34/28 | 示○事吳也 | 8/35/21 |
| 越王召相國大○種而問之 | 10/49/6 | 東南○漏石寶 | 8/35/20 | 吳王好○之離體 | 8/36/9 |
| ○差之誅也 | 10/49/9 | 故前俯○ | 8/37/4 | 賜羽毛之飾、机杖、諸 | |
| 大○亦罷 | 10/49/11 | 必（餌）〔弭〕毛帖○ | 8/37/4 | 　侯之○ | 8/36/18 |
| 匹○之能 | 10/49/12 | 後無○襲之患 | 8/37/6 | 三年學○而獻於吳 | 9/40/10 |
| 大○種也 | 10/49/24 | 潛○其私卒六千人 | 10/47/2 | 越王○誠行仁 | 9/40/15 |
| ○子何以教之 | 10/49/28 | 遂○劍自殺 | 10/47/22 | 寡人卑○越王 | 9/41/2 |
| 〔○〕越性脆而愚 | 10/50/1 | | | 勾踐氣○ | 9/41/3 |
| ○子何說而欲教之 | 10/50/2 | **扶 fú** | **4** | 弓矢之威不能制○ | 9/42/17 |
| 以諸侯大○不用命 | 10/50/13 | | | 然後諸侯可○ | 9/42/18 |
| ○霸者之後 | 10/50/17 | 大夫○同曰 | 7/30/15,10/45/19 | | |
| ○康 | 10/50/24 | ○同曰 | 8/37/3 | **咈 fú** | **2** |
| 尊親（○）〔失〕琅邪 | 10/50/27 | 大夫曳庸、○同、皋如 | | | |
| | | 　之徒 | 10/48/28 | ○君之心 | 9/41/14 |
| **鈇 fū** | **1** | | | 逆心○耳 | 10/49/8 |
| | | **彿 fú** | **1** | | |
| 取○鑕 | 4/12/7 | | | **枹 fú** | **3** |
| | | 光若○彷 | 9/42/6 | | |
| **膚 fū** | **1** | | | 孫子乃親自操○擊鼓 | 4/12/5 |
| | | **服 fú** | **35** | 王乃〔秉○〕親鳴金鼓 | 5/25/13 |
| 皮○之疾 | 5/22/13 | | | 右手操○而鼓之 | 5/27/5 |
| | | 爲夷狄之○ | 1/1/21 | | |
| **弗 fú** | **2** | 豈有斯之○哉 | 2/2/12 | **浮 fú** | **3** |
| | | 臣聞國君○寵以爲美 | 3/4/2 | | |
| 蓋聞仁者殺人以掩謗者 | | 麻絰菅○ | 4/9/9 | 今信○辭僞詐而貪齊 | 5/17/12 |
| 　猶○爲也 | 4/12/21 | 遂○而不離身 | 4/9/22 | 夫水能○草木 | 8/37/17 |
| 孔子○許 | 5/17/22 | 不可○也 | 4/13/6 | 與之俱○於海 | 10/49/24 |
| | | ○之有威 | 4/13/8 | | |
| **伏 fú** | **25** | 王○之以臨朝 | 4/13/30 | **符 fú** | **2** |
| | | 昭公自○一枚 | 4/13/30 | | |
| 威○諸侯 | 3/4/2 | 四夷已○ | 5/21/6 | 見○朱鬐、玄狐 | 7/31/1 |
| 使者俯○而走 | 3/5/5 | 齊師受○ | 5/23/7 | 動觀其○ | 8/37/10 |
| 公子光○甲士於窗室中 | 3/7/22 | 南○勁越 | 5/24/1 | | |
| 公子光○其甲士 | 3/7/28 | 〔夜中乃令〕○兵被甲 | 5/25/9 | **幅 fú** | **1** |
| 負風則○ | 4/11/6 | 吾是以蒲○就君 | 5/25/18 | | |
| ○劍而死 | 4/11/24 | 吾之○也 | 6/28/24 | 願復重羅繡三○ | 5/27/25 |
| 未獲所○ | 4/15/14 | 禹○三年之喪 | 6/29/7 | | |

## 福 fú　　23

| | |
|---|---|
| 禍與○爲鄰 | 5/19/1 |
| 孤之○矣 | 5/19/1 |
| 君之○也 | 5/19/11 |
| 神靈之祐○也 | 5/23/8 |
| 天○於吳 | 5/26/8 |
| 則兼受永○ | 5/26/11 |
| 爲民請○於天 | 6/29/31 |
| 憂爲○堂 | 7/30/9 |
| 利受其○ | 7/30/13 |
| 坐招泰山之○ | 7/30/23 |
| ○者 | 7/31/5 |
| ○見知吉 | 7/31/30 |
| 禍轉成○ | 7/33/10 |
| 永受萬○ | 7/34/6 |
| 越將有○ | 7/34/31 |
| 今王受天之○ | 8/35/6 |
| 蒙天祉○ | 9/37/28 |
| 以求其○ | 9/38/26 |
| 今大王捐國家之○ | 9/41/9 |
| 我王受○ | 10/48/2 |
| 萬○無極 | 10/48/4 |
| ○祐千億 | 10/48/5 |
| 蒙天靈之祐、神（祇） | |
| 〔祇〕之○ | 10/50/16 |

## 甫 fǔ　　1

| | |
|---|---|
| 其後八世而得古公亶○ | 1/1/13 |

## 府 fǔ　　9

| | |
|---|---|
| 用不煩官○ | 3/4/5 |
| 樂○鼓聲也 | 5/21/8 |
| 盡○庫之財 | 5/25/1 |
| 莫入王○ | 5/25/16 |
| 虛其○庫 | 7/34/15, 7/34/22 |
| 以虛○庫爲仁 | 7/34/21 |
| 越王內實○庫 | 8/36/23 |
| 滿其○庫 | 9/39/19 |

## 拊 fǔ　　1

| | |
|---|---|
| ○膝數百里 | 4/11/9 |

## 釜 fǔ　　4

| | |
|---|---|
| 揭○甑而歸古公 | 1/1/17 |
| 故倚歌覆○之山 | 6/28/17 |
| 內美○山中慎之功 | 6/29/13 |
| 吾獲覆○之書 | 6/29/16 |

## 俯 fǔ　　3

| | |
|---|---|
| 使者○伏而走 | 3/5/5 |
| 不勝仰感○愧 | 7/32/12 |
| 故前○伏 | 8/37/4 |

## 脯 fǔ　　1

| | |
|---|---|
| 臣請薦○ | 7/30/11 |

## 撫 fǔ　　1

| | |
|---|---|
| 禹○其背而哭 | 6/28/30 |

## 輔 fǔ　　12

| | |
|---|---|
| 天以夫子○孤之失根也 | 3/6/25 |
| 齊以吳爲彊○ | 5/17/7 |
| 伯父若能○余一人 | 5/26/11 |
| 內○虞位 | 6/29/8 |
| 神祇○翼 | 7/30/12 |
| ○臣結髮 | 7/31/1 |
| ○危主 | 7/31/20 |
| 不能自○ | 9/38/4 |
| 五霸○絕滅之末者也 | 9/41/18 |
| 將率二三子夫婦以爲藩 | |
| ○ | 10/43/16 |
| 宗廟○政 | 10/48/3 |
| 皆○周室 | 10/50/5 |

## 腐 fǔ　　1

| | |
|---|---|
| 鞭辱○屍恥難雪 | 4/16/6 |

## 撫 fǔ　　4

| | |
|---|---|
| 願王更隱○忠節 | 4/16/7 |
| 因暴齊而○周室 | 5/20/13 |
| ○慰百姓 | 7/31/28 |
| 以○百姓 | 8/36/2 |

## 父 fù　　82

| | |
|---|---|
| 邠人○子兄弟相帥 | 1/1/17 |
| 而行○子之私乎 | 2/2/25 |
| 員○奢 | 3/3/27 |
| 乃使太子守城○ | 3/4/11 |
| 太子居城○將兵 | 3/4/12 |
| 而使城○司馬奮揚往殺 | |
| 太子 | 3/4/15 |
| 可以其○爲質而召之 | 3/4/17 |
| ○奢以忠信慈仁 | 3/4/21 |
| ○繫三年 | 3/4/23 |
| 憂○不活 | 3/4/24 |
| 惟○獲免 | 3/4/24 |
| ○囚三年 | 3/4/25 |
| ○幸免死 | 3/4/26 |
| ○欺其子 | 3/4/27 |
| 思見○耳 | 3/4/28 |
| ○當我活 | 3/4/29 |
| ○子之愛 | 3/4/30 |
| 與○俱誅 | 3/4/30 |
| ○兄之讎 | 3/5/1 |
| 釋吾○兄 | 3/5/6 |
| 殺吾○兄 | 3/5/7 |
| 尚至楚就○ | 3/5/9 |
| 楚王殺吾○兄 | 3/5/9 |
| 吾聞○母之讎 | 3/5/11 |
| 以雪○兄之恥 | 3/5/12 |
| 江中有漁○乘船從下方 | |
| 泝水而上 | 3/5/19 |
| 漁○渡我 | 3/5/20 |
| 漁○欲渡之 | 3/5/20 |
| 漁○又歌曰 | 3/5/21 |
| 漁○知其意也 | 3/5/22 |
| 漁○乃視之 | 3/5/23 |
| 漁○去後 | 3/5/23 |
| ○來 | 3/5/24 |
| 漁○曰　　3/5/26, 3/5/28, 3/5/30 | |
| 誠漁○曰 | 3/5/32 |
| 漁○諾 | 3/5/32 |
| 彼必復○之讎 | 3/6/12 |
| 則光之○也 | 3/6/27 |
| ○兄棄捐 | 4/8/11 |
| 著○之胸 | 4/9/21 |
| 子以殺○ | 4/13/7 |
| 昔平王殺我○ | 4/14/16 |
| 殺我○兄 | 4/14/24 |

| | | | | | |
|---|---|---|---|---|---|
| 漁〇者子 | 4/14/29 | 以〇二三子 | 7/31/12 | 輔 | 10/43/16 |
| 吾國〇兄身戰暴骨草野焉 | 4/15/23 | 〇國於文祀 | 7/31/16 | 老者無娶壯〇 | 10/43/17 |
| 〇死子代 | 4/16/24 | | | 令孤子、寡〇、疾疹、 | |
| 〇母之國也 | 5/17/20 | **附 fù** | 7 | 貧病者 | 10/43/20 |
| 如子之畏〇 | 5/19/14 | | | 給君夫〇三百餘人 | 10/47/20 |
| 〇不憎有力之子 | 5/23/19 | 願〇子臧之義 | 2/3/8 | | |
| 吾始爲汝〇忠臣立吳 | 5/24/1 | 已〇子臧之義 | 2/3/19 | **副 fù** | 1 |
| 伯〇令子來乎 | 5/26/10 | 而使爲〇邑 | 5/26/17 | | |
| 伯〇若能輔余一人 | 5/26/11 | 萬民不〇（商）〔商〕均 | 6/29/9 | 衛爲〇使 | 9/42/24 |
| 禹〇鯀者 | 6/28/3 | 百姓親〇 | 7/31/20 | | |
| 禹傷〇功不成 | 6/28/12 | 晉雖不〇 | 8/37/11 | **復 fù** | 102 |
| 啓生不見〇 | 6/28/26 | 左手若〇枝 | 9/42/28 | | |
| 子歸〇 | 6/29/15 | | | 〇棄於林中 | 1/1/6 |
| 子弒其〇 | 7/30/21 | **赴 fù** | 3 | 〇置於澤中冰上 | 1/1/6 |
| 吾聞〇死子（伐）〔代〕 | 7/31/12 | | | 又〇三朝悲吟而命我曰 | 2/3/2 |
| 〇子共氣 | 7/31/13 | 〇喪畢 | 1/1/22 | 札〇謝曰 | 2/3/6 |
| 知〇將有不順之子 | 7/34/20 | 使〇水火 | 4/12/12 | 〇得王舟而還 | 3/3/24 |
| 亶〇讓地而名發於岐 | 8/35/16 | （越）〔〇〕國家之急 | 10/46/16 | 乃〇讒太子建 | 3/4/11 |
| 遇民如〇母之愛其子 | 8/36/29 | | | 〇言曰 | 3/4/14 |
| 孝子不忍見〇母爲禽獸 | | **負 fù** | 18 | 無忌〇言平王曰 | 3/4/16 |
| 所食 | 9/42/13 | | | 汝可〇也 | 3/5/2 |
| 楚有弧〇 | 9/42/15 | 〇老攜幼 | 1/1/17 | 〇遣追捕子胥 | 3/5/4 |
| 弧〇者 | 9/42/15 | 寡人誠〇於子 | 4/9/21 | 今吾將〇楚辜 | 3/5/12 |
| 生不見〇母 | 9/42/15 | 〇風則伏 | 4/11/6 | 彼必〇父之讎 | 3/6/12 |
| 因約吳國〇兄昆弟而誓 | | 臣詐以〇罪出奔 | 4/11/12 | 辭無〇者 | 3/6/13 |
| 之日 | 10/43/15 | 大夫種建〇季芉以從 | 4/14/14 | 欲爲興師〇讎 | 3/6/14 |
| 其〇母有罪　10/43/17,10/43/17 | | 始周依〇於晉 | 5/25/17 | 但欲自〇私讎耳 | 3/6/16 |
| 今國之〇兄日請於孤曰 | 10/43/23 | 不〇於人 | 5/27/21 | 〇位而待 | 3/8/4 |
| 〇兄又復請曰 | 10/44/2 | 吾〇於生 | 5/27/24 | 因〇名之破楚門 | 4/8/24 |
| 子報〇仇 | 10/44/3 | 鯀〇命毀族 | 6/28/7 | 闔閭〇使子胥、屈蓋餘 | |
| 越〇兄又諫曰 | 10/44/10 | 黃龍〇舟 | 6/28/28 | 、燭傭習術戰騎射御 | |
| 於是越民〇勉其子 | 10/44/16 | 姜無罪兮〇地 | 7/32/4 | 之巧 | 4/9/2 |
| 軍士各與〇兄昆弟取訣 | 10/46/9 | 下〇后土 | 7/32/11 | 〇命於國中作金鉤 | 4/9/16 |
| 其有〇母無昆弟者 | 10/46/15 | 豈不〇皇天乎 | 7/34/16 | 因〇俱流 | 4/10/4 |
| 子離〇母之養、親老之 | | 〇玉門之第九 | 7/34/18 | 今〇欲討其子 | 4/10/11 |
| 愛 | 10/46/15 | 臣不敢逃死以〇前王 | 7/34/24 | 孫子〇撾鼓之 | 4/12/11 |
| 〇母昆弟有在疾病之地 | 10/46/16 | 臣不敢〇 | 7/34/27 | 吾欲〇擊楚 | 4/13/27 |
| 吾視之如吾〇母昆弟之 | | 重〇諸臣大夫 | 9/38/4 | 〇立於庭 | 4/15/14 |
| 疾病也 | 10/46/16 | 主重〇也 | 9/42/23 | 扈子遂不〇鼓矣 | 4/16/8 |
| 如吾〇母昆弟之有死亡 | | | | 王〇重爲之 | 4/16/14 |
| 葬埋之矣 | 10/46/17 | **婦 fù** | 8 | 〇謀伐齊 | 4/16/15 |
| | | | | 楚懼吳兵〇往 | 4/17/1 |
| **付 fù** | 5 | 寡人聞貞〇不嫁破亡之家 | 7/32/20 | 夫差〇北伐齊 | 5/17/10 |
| | | 夫〇之儀具 | 7/32/29 | 外〇求怨 | 5/22/12 |
| 以國〇我 | 2/3/3 | 采葛之〇傷越王用心之苦 | 8/36/19 | 吳王〇坐殿上 | 5/23/15 |
| 傳〇適長 | 3/6/27 | 見之似好〇 | 9/42/5 | 吾將〇增其國 | 5/23/20 |
| 以〇於子 | 4/10/10 | 將率二三子夫〇以爲藩 | | 亡國〇存 | 5/23/22 |

## 感 gǎn　　9

| | |
|---|---|
| 意若爲人所○ | 1/1/4,6/28/4 |
| 晝夜○思 | 3/4/24 |
| 忽然○夢 | 5/21/12 |
| ○動上皇 | 7/30/10 |
| 莫不○傷 | 7/30/11 |
| 莫不○動 | 7/31/6 |
| 不勝仰○俯愧 | 7/32/12 |
| 上○太陽 | 7/34/5 |

## 剛 gāng　　2

| | |
|---|---|
| 且吳王○猛而毅 | 5/18/6 |
| 今國相○勇之人 | 7/34/2 |

## 綱 gāng　　3

| | |
|---|---|
| 執○守戾 | 3/4/19 |
| 則萬○千紀無不舉者 | 7/31/10 |
| 惟三聖紀○維持 | 8/36/2 |

## 高 gāo　　28

| | |
|---|---|
| 陵水○下 | 1/1/8 |
| 遂○而居 | 1/1/9 |
| 專子頗○ | 1/2/5 |
| ○子句畢立 | 1/2/5 |
| 仰○履尚 | 2/3/19 |
| 不閟以土木之崇○、蠹鏤之刻畫、金石之清音、絲竹之凄唳以之爲美 | 3/4/3 |
| ○不過望國氛 | 3/4/4 |
| 吳王聞子○義 | 4/11/5 |
| 齊使大夫○氏謝吳師曰 | 5/17/6 |
| 陰憚○、國、鮑、晏 | 5/17/19 |
| 置○樓上 | 5/24/8 |
| 大王氣○ | 5/24/12 |
| 夫秋蟬登○樹 | 5/24/23 |
| 勸之以○位 | 5/25/8 |
| 剖脅而產○密 | 6/28/4 |
| 舜與四嶽舉鯀之子○密 | 6/28/10 |
| 登○號呼 | 6/29/10 |
| 墳○三尺 | 6/29/20 |
| 氣有○下 | 7/30/21 |
| 臣聞桀登○自知危 | 7/34/10 |

| | |
|---|---|
| 中宿臺在於○平 | 8/35/29 |
| 臣聞峻○者隤 | 8/37/12 |
| 孤虛心○望 | 9/38/14 |
| 臣聞○飛之鳥死於美食 | 9/38/21 |
| ○見二百里 | 9/39/15 |
| 乃命五板之墮長○習之教軍士 | 9/42/8 |
| 遠近○下 | 9/43/1 |
| ○鳥已散 | 10/48/10 |

## 皋 gāo　　4

| | |
|---|---|
| 大夫○如日 | 7/31/8 |
| | 7/31/28,10/45/18 |
| 大夫曳庸、扶同、○如之徒 | 10/48/28 |

## 槁 gǎo　　1

| | |
|---|---|
| 形體枯○ | 6/29/8 |

## 稾 gǎo　　1

| | |
|---|---|
| 三日貴糴粟○以虛其國 | 9/39/1 |

## 告 gào　　26

| | |
|---|---|
| 奮揚使人前○太子 | 3/4/15 |
| 乃○之於鄭 | 3/5/17 |
| ○以軍法 | 4/12/4 |
| 如晉○訴 | 4/14/3 |
| 使來○急 | 4/15/9 |
| 將圖而○ | 4/15/13 |
| 波太子夫差日夜○（許） | |
| 〔於〕伍胥曰 | 4/16/19 |
| 今未往○急 | 5/17/7 |
| ○以救魯而伐齊 | 5/19/2 |
| 臣以下吏之言○於越王 | 5/20/7 |
| ○曰 | 5/21/1 |
| 〔以越亂○〕 | 5/25/6 |
| 上帝鬼神而不可以○ | 5/25/17 |
| 遣使來○ | 5/25/17 |
| 乃○趙鞅曰 | 5/25/21 |
| 乃命王孫駱○勞于周 | 5/26/5 |
| 而歸○於天子執事 | 5/26/10 |
| 將○以期 | 6/28/17 |
| 召范蠡○之曰 | 7/33/5 |

| | |
|---|---|
| 越王召五大夫而○之曰 | 8/37/1 |
| 內○以匿 | 9/38/15 |
| 將免者以○於孤 | 10/43/17 |
| 吳○急於夫差 | 10/44/22 |
| 敢○諸大夫 | 10/45/13 |
| 與之訣而○之曰 | 10/46/8 |
| 來○我 | 10/46/15 |

## 戈 gē　　5

| | |
|---|---|
| 欲興兵○以誅暴楚 | 4/12/15 |
| 以○擊王頭 | 4/14/14 |
| 吾以吳干○西破楚 | 4/15/26 |
| ○船三百艘 | 10/49/25 |
| 以摧吳王之干○ | 10/50/16 |

## 割 gē　　4

| | |
|---|---|
| 即○子期心以與隨君盟而去 | 4/14/22 |
| ○戮其屍 | 4/15/27 |
| 心惙惙兮若○ | 7/32/5 |
| 昔者齊桓○燕所至之地以貺燕公 | 7/33/15 |

## 歌 gē　　16

| | |
|---|---|
| 因爲詠○三代之風 | 2/2/12 |
| 因而○曰 | 3/5/20 |
| 漁父又○曰 | 3/5/21 |
| 因○而呼之曰 | 3/5/25 |
| 子不聞河上○乎 | 4/10/3 |
| 得一橈而行○道中 | 4/14/27 |
| 當道扣橈而○曰 | 4/14/28 |
| 申包胥哭已○曰 | 4/15/8 |
| 故倚○覆釜之山 | 6/28/17 |
| 塗山之○曰 | 6/28/24 |
| 晝○夜吟 | 6/29/10 |
| 因哭而○之曰 | 7/32/3 |
| 越王聞夫人怨○ | 7/32/9 |
| 而○木客之吟 | 9/39/8 |
| 故○曰 | 9/42/13 |
| 男即○樂 | 10/43/23 |

## 革 gé　　2

| | |
|---|---|
| 惟是輿馬、兵○、卒伍 | |

**功 gōng**　　55

| | |
|---|---|
| 寡人豈敢自歸其○ | 5/23/7 |
| 君不賤有○之臣 | 5/23/19 |
| 今太宰嚭爲寡人有○ | 5/23/19 |
| 以還助伐之○ | 5/23/20 |
| 有○蒙賞 | 5/23/22 |
| 霸○王事 | 5/23/22 |
| 有霸王之○ | 5/24/1 |
| 我徒有○於吳 | 5/24/3 |
| 夫差豈敢自多其○ | 5/26/8 |
| 勾踐敬天而○ | 5/27/8 |
| 今上天報越之○ | 5/27/8 |
| 公孫聖直說而無○ | 5/27/10 |
| 越王使軍士集於我戎之○ | 5/27/26 |
| ○不成 | 6/28/8 |
| 舜以治水無○ | 6/28/11 |
| 禹傷父○不成 | 6/28/12 |
| ○未及成 | 6/28/13 |
| 三載考○ | 6/29/11 |
| 內美釜山中慎之○ | 6/29/13 |
| 封有○ | 6/29/14 |
| ○無微而不賞 | 6/29/14 |
| 天美禹德而勞其○ | 6/29/21 |
| ○垂萬世 | 7/31/2 |
| 夫推國任賢、度○績成者 | 7/31/14 |
| 不裁○力 | 7/32/11 |
| ○曹爲騰蛇而臨戊 | 7/33/8 |
| ○立而名稱 | 7/33/16 |
| 則○（寇）〔冠〕於五霸 | 7/33/16 |
| 其○不可以興 | 8/35/12 |
| 此越小心念○ | 8/36/15 |
| 奈何而有○乎 | 9/38/3 |
| 何行而○乎 | 9/38/20 |
| ○名聞於諸侯 | 10/44/11 |
| 無○不及 | 10/45/14 |
| 有○必加 | 10/45/14 |
| ○隮於天下 | 10/46/3 |
| ○成作樂 | 10/47/29 |
| 受霸王之○ | 10/47/29 |
| ○可象於圖畫 | 10/47/30 |
| 必復不須○而返國也 | 10/48/7 |
| 定○雪恥 | 10/48/19 |
| 大○不還 | 10/49/20 |
| ○德巍巍 | 10/50/17 |

**攻 gōng　　　　23**

| | |
|---|---|
| 吳所以相○者 | 3/7/10 |
| 二家相○ | 3/7/11 |
| 以○僚衆 | 3/7/28 |
| 暝即往○要離 | 4/10/24 |
| 集而○楚 | 4/12/17 |
| 群盜○之 | 4/14/13 |
| 舍讒○忠 | 5/23/24 |
| 欲與魯晉合○於黃池之上 | 5/24/19 |
| 暴師千里而○之 | 5/25/1 |
| 大夫種、相國蠡急而○ | 5/27/6 |
| 破敵○衆 | 7/31/27 |
| 臣聞王者○敵國 | 7/33/13 |
| 目臥則○之以蓼 | 8/36/8 |
| 其可○也 | 8/37/21,9/41/23 |
| 其○城取邑 | 9/38/25 |
| 將有修飾○戰 | 9/41/1 |
| 將以（使）〔夾〕○我衆 | 10/47/1 |
| 衘枚不鼓○吳 | 10/47/2 |
| ○吳兵 | 10/47/4 |
| 三桓○哀公 | 10/49/3 |
| 西渡河以○秦 | 10/50/6 |
| 舉兵所伐○秦王 | 10/50/7 |

**供 gōng　　　　2**

| | |
|---|---|
| 昔楚不承○貢 | 5/26/6 |
| 願納以○箕帚之用 | 9/40/12 |

**宮 gōng　　　　30**

| | |
|---|---|
| 自○門至於光家之門 | 3/7/25 |
| 詣○門而求賞 | 4/9/17 |
| 可以小試於後○之女 | 4/12/2 |
| 於是○女皆掩口而笑 | 4/12/5 |
| （耳）〔自〕治○室 | 4/16/25 |
| 南城○在長樂 | 4/16/25 |
| 夢入章明○ | 5/21/2 |
| 兩鋊殖吾○墻 | 5/21/3 |
| 越吾○堂 | 5/21/3 |
| 兩鋊殖○墻者 | 5/21/6 |
| 湯湯越○堂者 | 5/21/7 |
| ○女悅樂琴瑟和也 | 5/21/7 |
| 兩鋊殖○牆者 | 5/22/1 |
| 流水湯湯越○堂者 | 5/22/2 |
| ○空虛也 | 5/22/2 |
| 吳○爲墟 | 5/24/2 |
| 滅我吳○ | 5/25/3 |
| 不設○室之飾 | 6/29/28 |

| | |
|---|---|
| 秘於○室之中 | 7/32/19 |
| 吳王起入○中 | 7/32/26 |
| 去就其○室 | 7/33/29 |
| 遂復○闕 | 8/35/10 |
| 囚結吳○ | 8/35/15 |
| 擬法於紫○ | 8/35/19 |
| 起離○於淮陽 | 8/35/29 |
| 使之起○室 | 9/39/2 |
| 吳王好起○室 | 9/39/7 |
| 荊榛蔓於○闕 | 9/41/10 |
| 王出○ | 10/45/28 |
| 反闔外○之門 | 10/46/4 |

**躬 gōng　　　　8**

| | |
|---|---|
| 〔孤〕請○被堅執銳 | 5/20/15 |
| 大王○行至德 | 5/23/21 |
| 孤○親聽命於藩籬之外 | 5/25/20 |
| 動輒○親 | 7/31/28 |
| 大王○親鴻恩 | 7/34/4 |
| ○親爲虜 | 7/34/14 |
| ○牽君子之軍六千人以爲中陣 | 10/46/28 |
| （射）〔○〕求賢士 | 10/49/26 |

**恭 gōng　　　　2**

| | |
|---|---|
| 楚○王怨吳爲巫臣伐之也 | 2/2/20 |
| 又不○王命 | 5/26/7 |

**共 gòng　　　　14**

| | |
|---|---|
| ○立以爲勾吳 | 1/1/24 |
| 不與鄰鄉○里 | 3/5/12 |
| 左右○殺專諸 | 3/7/28 |
| 子常與昭王○誅費無忌 | 4/12/26 |
| 今子常無故與王○殺忠臣三人 | 4/14/7 |
| 且吳與越同音○律 | 5/27/12 |
| 下○一理 | 5/27/12 |
| 與益夔○謀 | 6/28/21 |
| 因○封立 | 6/29/31 |
| 二氣○萌 | 7/31/3 |
| 父子○氣 | 7/31/13 |
| 可以○患難而不可○處樂 | 10/48/11 |
| 分國○之 | 10/48/21 |

| | | |
|---|---|---|
| 忽畫假寐於○胥之臺而 | | |
| 　得夢 | 5/20/22 | |
| 吳王晝臥○胥之臺 | 5/21/12 | |
| 急詣○胥之臺 | 5/21/12 | |
| 詣○胥臺 | 5/21/18 | |
| 過○胥之臺 | 5/21/19 | |
| 敗太子友於（始）〔○〕 | | |
| 　熊夷 | 5/25/4 | |
| 燒○胥臺 | 5/25/5 | |
| 南至於○末 | 8/36/13 | |
| 遂受〔之〕而起○蘇之臺 | 9/39/14 | |
| 豸鹿游於○胥之臺 | 9/41/10 | |
| 焚○胥臺 | 10/44/21 | |
| 遂棲吳王於○胥之山 | 10/47/12 | |
| 意者猶以今日之○胥 | 10/47/14 | |

**呱 gū** 　2

| | |
|---|---|
| 晝夕○○啼泣 | 6/28/27 |

**孤 gū** 　90

| | |
|---|---|
| ○在夷蠻 | 2/2/12 |
| 天以夫子輔○之失根也 | 3/6/25 |
| 齊○立寡國 | 5/17/6 |
| ○主制齊者 | 5/18/8 |
| ○聞〔之〕 | 5/19/1 |
| 今大夫之弔〔○〕 | 5/19/1 |
| ○之福矣 | 5/19/1 |
| ○敢不問其說 | 5/19/1 |
| ○少失前人 | 5/19/4 |
| 又發玉聲以教○ | 5/19/6 |
| ○賴天之賜也 | 5/19/6 |
| ○之怨吳 | 5/19/14 |
| 而○之事吳 | 5/19/14 |
| 此○之死言也 | 5/19/14 |
| 故○敢以（報）〔疑〕 | 5/19/15 |
| ○身不安重席 | 5/19/15 |
| ○之願也 | 5/19/18 |
| ○雖知要領不屬 | 5/19/19 |
| ○之意出焉 | 5/19/20 |
| ○賴（矣）〔先〕〔人 | |
| 　之〕賜 | 5/20/1 |
| 昔者○身不幸 | 5/20/8 |
| 昔○不幸 | 5/20/11 |
| 〔○〕請躬被堅執銳 | 5/20/15 |
| 此○僅之謀 | 5/23/10 |

| | | |
|---|---|---|
| ○不使汝得有所見 | 5/24/5 | |
| ○進不敢去 | 5/25/18 | |
| ○之事君決在今日 | 5/25/19 | |
| ○躬親聽命於藩籬之外 | 5/25/20 | |
| ○承前王〔餘〕德（得） | 7/30/14 | |
| 將○之罪耶 | 7/30/15 | |
| ○力弱勢劣 | 7/31/11 | |
| 令○懷心不定也 | 7/31/14 | |
| ○雖入於北國 | 7/31/31 | |
| ○何憂焉 | 7/32/1 | |
| 若○之聞死 | 7/32/2 | |
| ○何憂 | 7/32/10 | |
| 哀窮○之士 | 7/33/1 | |
| ○聞於外 | 7/33/5 | |
| 且吳王遇○ | 7/33/18 | |
| ○所以窮而不死者 | 7/33/20 | |
| 豈○之志哉 | 7/33/20 | |
| 今大王哀臣○窮 | 7/34/27 | |
| ○之屯厄 | 7/34/30 | |
| ○蒙上天之命 | 7/34/30 | |
| ○欲以此到國 | 8/35/9 | |
| ○獲辱連年 | 8/35/11 | |
| ○不能承前君之制 | 8/35/14 | |
| ○之命也 | 8/35/28 | |
| ○欲以今日上明堂、臨 | | |
| 　國政 | 8/36/1 | |
| ○未知策謀 | 8/37/2 | |
| ○聞主憂臣辱 | 9/38/3 | |
| 今○親被奴虜之厄 | 9/38/4 | |
| ○之所得士心者何等 | 9/38/9 | |
| ○虛心高望 | 9/38/14 | |
| 東海役臣臣○勾踐使臣種 | 9/39/11 | |
| 明於○虛 | 9/39/20 | |
| 明○虛者 | 9/39/22 | |
| 夫○虛者 | 9/40/2 | |
| ○聞吳王淫而好色 | 9/40/7 | |
| ○蒙子之術 | 9/40/20 | |
| ○有報復之謀 | 9/41/24 | |
| ○聞子善射 | 9/42/9 | |
| ○用夫子之策 | 10/43/9 | |
| 聽○說國人之辭 | 10/43/12 | |
| 吳封○數百里之地 | 10/43/15 | |
| 將免者以告於○ | 10/43/17 | |
| ○以乳母 | 10/43/19 | |
| 令○子、寡婦、疾疹、 | | |
| 　貧病者 | 10/43/20 | |
| 國中僮子戲而遇○ | 10/43/22 | |

| | | |
|---|---|---|
| ○餔而啜之 | 10/43/22 | |
| 非○飯不食 | 10/43/22 | |
| 今國之父兄日請於○日 | 10/43/23 | |
| ○辭之曰 | 10/44/1 | |
| ○悅而許之 | 10/44/4 | |
| ○不欲有征伐之心 | 10/44/9 | |
| 吾國之民又勸○伐吳 | 10/44/17 | |
| 在○之側者 | 10/45/1 | |
| ○之飲食不致其味 | 10/45/1 | |
| 即已命○矣 | 10/45/13 | |
| 使○有辱於國 | 10/46/2 | |
| 是○之責 | 10/46/3 | |
| ○臣夫差 | 10/47/13 | |
| 今君王舉兵而誅○臣 | 10/47/13 | |
| ○臣惟命是聽 | 10/47/14 | |
| 正○之身 | 10/47/21 | |
| ○老矣 | 10/47/21 | |
| 使○寄身託號以俟命矣 | 10/48/20 | |
| 是天之棄越而喪○也 | 10/48/20 | |
| ○竊有言 | 10/48/21 | |
| 願幸以餘術爲○前王於 | | |
| 　地下謀吳之前人 | 10/49/19 | |

**辜 gū** 　6

| | |
|---|---|
| 今吾將復楚○ | 3/5/12 |
| 今無○殺三賢士 | 4/12/22 |
| 身死無○ | 5/22/7 |
| 民不罹○ | 6/28/31 |
| 有何○分譴天 | 7/32/4 |
| 大王赦其深○ | 7/32/12 |

**古 gǔ** 　24

| | |
|---|---|
| 其後八世而得○公亶甫 | 1/1/13 |
| ○公事之以犬馬牛羊 | 1/1/14 |
| ○公問 | 1/1/15 |
| ○公曰 | 1/1/15 |
| ○公乃杖策去邠 | 1/1/16 |
| 揭釜甑而歸○公 | 1/1/17 |
| ○公三子 | 1/1/18 |
| ○公知昌聖 | 1/1/19 |
| 知○公欲以國及昌 | 1/1/20 |
| ○公病 | 1/1/21,1/1/26 |
| ○公卒 | 1/1/22 |
| 遵公劉、○公之術 | 1/1/28 |
| 追諡○公爲太王 | 1/2/2 |

○湛盧入楚　4/13/10
君以一馬之○　4/14/2
○曰　4/14/4
今子常無○與王共殺忠
　臣三人　4/14/7
○平王之臣　4/15/4
是○悲耳　4/16/12
其味如○　4/16/14
○前興兵伐魯　5/17/19
○曰不如伐吳　5/18/6
君處○來　5/18/21
○臨財分利則使仁　5/19/7
○孤敢以（報）〔疑〕　5/19/15
○使賤臣以奉前王所藏
　〔器〕　5/20/13
○悲與子相離耳　5/21/18
寡人以前王之○　5/23/25
臣○裼體濡履　5/24/26
敢請辭○　5/25/16
○忽於夷狄　5/25/18
○不食　5/26/28
○有避乎　5/27/1
○來候之　6/28/17
○倚歌覆釜之山　6/28/17
○名之曰《山海經》　6/28/22
○哭之悲耳　6/29/2
○湯王不以窮自傷　7/30/18
守信溫○　7/31/25
○夏爲湯所誅　7/33/11
○後無報復之憂　7/33/14
執牧養之事如○　7/33/29
不念舊○　7/34/15
是○爲無愛於人　7/34/21
還歸○鄉　7/34/31
○缺西北　8/35/21
○名怪山　8/35/23
○帝處其陽陸　8/35/25
崑崙○出　8/35/27
夫子○不一二見也　8/36/4
○前俯伏　8/37/4
○前無剽過之兵　8/37/6
○溢堤之水　8/37/13
○傳曰　9/38/13
○狐得其志　9/41/7
○作彈以守之　9/42/13
○歌曰　9/42/13
○爲之軾　10/46/24

○求置吾頭於南門　10/47/8
○爲風雨以還汝軍　10/47/9
○面有憂色而不悅也　10/48/7
○不辭一死一生　10/48/16
○不敢前死　10/48/17
○不朝耳　10/48/30
以○君臣作難　10/49/2
○不爲哀公伐三桓也　10/49/4
○哺以人惡　10/49/20
○前潮水潘候者　10/49/24
○奏雅琴以獻之大王　10/49/28
○不果耳　10/50/13

## 顧 gù　23

吾去不○　3/5/3
○視漁者　3/6/1
反○女子　3/6/7
○在東南之地　4/8/15
慶忌○而揮之　4/11/17
孫子○視諸女連笑不止　4/12/6
○謂執法曰　4/12/7
二隊寂然無敢○者　4/12/11
不○宗廟聽讒孽　4/16/4
然忠臣不○其軀　5/21/20
不○於命　5/21/21
○力士石番以鐵鎚擊殺之　5/22/6
○得生稻而食之　5/26/23
○左右曰　5/26/23
四○而望　5/27/22
○謂左右曰　5/27/23
冠挂不○　6/28/13
東○謂禹曰　6/28/17
吾○諸大夫以其所能　7/31/15
終不返○　7/32/2
○烏鵲啄江渚之蝦　7/32/3
王○謂太宰嚭曰　7/32/29
○謂范蠡曰　8/35/8

## 瓜 guā　3

因得生○已熟　5/26/25
何多而生○　5/26/26
人食生○　5/26/27

## 寡 guǎ　86

爾無忘○人之言　2/2/26
○人欲彊國霸王　4/8/11
○人不免於褻禦之使　4/8/13
○人非子無所盡議　4/8/15
○人委計於子　4/8/20
○人誠負於子　4/9/21
○人國僻遠　4/9/30
於斯將何以教○人　4/9/31
昔專諸之事於○人厚矣　4/10/9
○人欲出兵　4/11/28
○人已知將軍用兵矣　4/12/9
○人非此二姬　4/12/10
○人知子善用兵　4/12/13
○人不願　4/12/14
○人臥覺而得寶劍　4/13/2
○人欲舉兵伐楚　4/14/5
○君出在草澤　4/15/8
○人無臣若斯者　4/15/10
○人聞命矣　4/15/13
○君今在草野　4/15/14
○人從子　4/16/24
齊孤立○國　5/17/6
○人知之　5/17/16
與○人伐齊　5/20/17
○人晝臥有夢　5/21/1
子爲○人占之　5/21/4
○人忽晝夢　5/21/9
○人將北伐齊魯　5/21/18
○人興師伐齊　5/22/23
○人處此北邊　5/23/2
○人豈敢自歸其功　5/23/7
○人聞之　5/23/19
今太宰嚭爲○人有功　5/23/19
以孝事於○人　5/23/20
○人以前王之故　5/23/25
爲○人使齊　5/24/4
汝嘗與子胥論○人之短　5/24/10
子何非○人而不朝乎　5/24/11
胥圖○人也　5/24/13
○人伐齊　5/24/20
亦○人之願也　5/26/17
○人豈可返乎　5/27/4
○人世世得聖也　5/27/4
今○人守窮若斯　7/30/23
今○人冀得免於軍旅之憂　7/30/24

| | | | | | |
|---|---|---|---|---|---|
| 不合於○人之意 | 7/30/26 | 卦 guà | 2 | 遣下吏太宰嚭、王孫駱 | |
| ○人將去入吳 | 7/31/7 | | | 　解○幡 | 5/22/4 |
| ○人於子亦過矣 | 7/32/13 | 爲兄○之 | 3/4/27 | ○蓋不絕於道 | 5/25/17 |
| ○人聞貞婦不嫁破亡之家 | 7/32/20 | 演《易》作○ | 7/30/30 | ○挂不顧 | 6/28/13 |
| ○人傷之 | 7/32/30 | | | 則功（寇）〔○〕於五霸 | 7/33/16 |
| ○人承天之神靈 | 7/33/3 | 挂 guà | 1 | 立增樓○其山巔 | 8/35/29 |
| ○人心不忍見 | 7/33/3 | | | | |
| ○人有疾三月 | 7/34/12 | 冠○不顧 | 6/28/13 | 棺 guān | 1 |
| 來歸○人 | 7/34/14 | | | | |
| 不慍○人 | 7/34/14 | 掛 guà | 1 | 葦椁桐○ | 6/29/20 |
| ○人有疾 | 7/34/14 | | | | |
| 親嘗○人之溲 | 7/34/14 | ○吾目於門 | 5/23/12 | 關 guān | 11 |
| 以養○人 | 7/34/15 | | | | |
| ○人曾聽相國而誅之 | 7/34/16 | 乖 guāi | 1 | 到昭○ | 3/5/17 |
| 是○人之不智也 | 7/34/16 | | | ○吏欲執之 | 3/5/17 |
| ○人不忍復聞 | 7/34/25 | 何○烈 | 4/16/4 | ○吏因舍之 | 3/5/18 |
| ○人赦君 | 7/34/26 | | | 不○ | 4/10/26 |
| ○人不慎天教 | 8/35/7 | 怪 guài | 8 | 歸不○閉 | 4/10/28 |
| ○人之計未有決定 | 8/35/18 | | | 昔者桀殺○龍逢 | 5/23/27 |
| ○人聞崑崙之山乃地之柱 | 8/35/24 | 姜嫄○而棄于阨狹之巷 | 1/1/5 | 施左○之襦 | 7/32/28 |
| 今○人念吳 | 8/37/2 | 王僚○其狀偉 | 3/6/12 | ○爲守禦 | 9/42/22 |
| ○人獲辱受恥 | 9/38/1 | 子胥○而問其狀 | 3/6/21 | 度天○ | 10/48/25 |
| 而士有未盡進辭有益○ | | 王○而視之 | 5/23/13 | 霸於○東 | 10/49/25 |
| 　人也 | 9/38/18 | 王○而問之曰 | 5/24/21 | 出死士（以）三百人爲 | |
| ○人被辱懷憂 | 9/38/24 | 而○山自生者 | 8/35/22 | 　陣○下 | 10/49/27 |
| ○人卑服越王 | 9/41/2 | 故名○山 | 8/35/23 | | |
| 而○人給之以粟 | 9/41/7 | 奇說○論 | 10/49/8 | 觀 guān | 34 |
| 子無乃聞○人言 | 9/41/16 | | | | |
| ○人逆群臣之議而輸於越 | 9/41/19 | 官 guān | 12 | 見大人跡而○之 | 1/1/4 |
| 年豐而歸○人 | 9/41/19 | | | ○諸侯禮樂 | 2/2/11 |
| 今子爲○人謀事 | 9/41/25 | 失○ | 1/1/11 | 市人○ | 3/6/9 |
| ○人不知其力之不足 | | 用不煩○府 | 3/4/5 | 以○諸侯之變 | 3/7/18 |
| 　〔也〕 | 10/43/12 | ○不易朝常 | 3/4/5 | 百神臨○ | 4/9/6 |
| 此則○人之罪也 | 10/43/13 | ○曰司空 | 6/29/6 | 吾○喜之爲人 | 4/10/6 |
| ○人誠更其術 | 10/43/13 | 改○司徒 | 6/29/8 | 吳王登臺○望 | 4/12/9 |
| ○人聞古之賢君 | 10/43/15 | 客○於吳 | 7/31/12 | 願王○之 | 4/12/12 |
| | 10/44/13 | 仁賢不○絕滅之國 | 7/32/20 | 〔令萬民隨而○之〕 | 4/12/29 |
| 〔今〕○人不能爲政 | 10/43/16 | ○不名事 | 8/36/23 | 臣○吳王爲數戰伐 | 5/20/3 |
| 令孤子、○婦、疾疹、 | | 計硯年少○卑 | 9/38/5 | 多見（博）〔博〕○ | 5/21/11 |
| 　貧病者 | 10/43/20 | 夫○位、財幣、金賞者 | 9/38/7 | 竊○《金匱》第八 | 5/22/16 |
| 〔○人之罪也〕 | 10/44/1 | 納○其子 | 10/43/20 | 帥軍來○ | 5/23/1 |
| 如○人者 | 10/44/2 | 今○不加增 | 10/48/30 | 以○吳國之喪 | 5/23/12 |
| 今○人將助天威 | 10/44/15 | | | 往而○之 | 5/24/22 |
| 以別眾○之數 | 10/45/9 | 冠 guān | 7 | 臣○吳王之色 | 5/25/21 |
| | | | | ○鯀之治水無有形狀 | 6/28/9 |
| | | 因風勢以矛鉤其○ | 4/11/17 | ○地分州 | 6/29/5 |
| | | 髮上衝○ | 4/12/6 | 群臣○示 | 6/29/12 |

| | | | | | | |
|---|---|---|---|---|---|---|
| ○變參災 | 7/31/30 | ○曰 | 3/6/26 | **規** guī | | 2 |
| ○其顏色 | 7/33/22 | | 3/6/31,3/7/2,3/7/4,3/7/4 | | | |
| 面聽貌○ | 7/34/21 | 則○之父也 | 3/6/27 | 廻旋○矩 | | 4/12/11 |
| 於是范蠡乃○天文 | 8/35/18 | 即○之身也 | 3/6/29 | 制以○繩 | | 9/39/9 |
| 動○其符 | 8/37/10 | 吳使○伐楚 | 3/7/10 | | | |
| 以○其靜 | 8/37/17 | 於是公子○心動 | 3/7/18 | **龜** guī | | 1 |
| 望○其群臣有憂與否 | 9/37/30 | 伍胥知○之見機也 | 3/7/18 | | | |
| 以○其智 | 9/38/16 | 乃說○曰 | 3/7/19 | 陽作○文 | | 4/9/12 |
| 乃仰○天文 | 9/40/4 | 且○眞王嗣也 | 3/7/21 | | | |
| ○越王之使使來請糴者 | 9/41/1 | 公子○伏甲士於空室中 | 3/7/22 | **歸** guī | | 58 |
| 臣○吳王得志於齊、晉 | 10/44/4 | 公子○爲我具酒來請 | 3/7/23 | | | |
| 臣○吳王北會諸侯於黃 | | ○心氣怏怏 | 3/7/24 | 揭釜甑而○古公 | | 1/1/17 |
| 　池 | 10/44/18 | 自宮門至於○家之門 | 3/7/25 | 太伯、仲雍○ | | 1/1/22 |
| ○者莫不悽惻 | 10/46/12 | 公子○佯爲足疾 | 3/7/26 | 從而○之者千有餘家 | | 1/1/24 |
| 以○汝之破吳也 | 10/47/8 | 公子○伏其甲士 | 3/7/28 | 天下○之 | | 1/1/28 |
| 從瑯琊起○臺 | 10/49/25 | 聞公子○殺王僚自立 | 3/8/4 | 行吟而○ | | 2/3/7 |
| | | 陰陽同○ | 4/9/5 | 遂逃○延陵 | | 2/3/20 |
| **管** guǎn | 2 | 甲二十領、屈盧之（予） | | 令知國之所○ | | 3/6/31 |
| | | 　〔矛〕、步○之劍 | 5/20/14 | 來○命於大王 | | 4/8/12 |
| ○仲 | 9/38/12 | 炎○燒汝骨 | 5/24/8 | 故來○命 | | 4/10/1 |
| 聲可託於絃○ | 10/47/30 | 帶步○之劍　5/27/15,10/49/27 | | ○不關閉 | | 4/10/28 |
| | | 文彩生○ | 9/39/11 | ○窮於諸侯 | | 4/11/11 |
| **館** guǎn | 2 | ○若彿彷 | 9/42/6 | 獲楚公子繁以○ | | 4/13/23 |
| | | 前翳神○ | 10/48/26 | 子常三年留之不使○國 | | 4/13/30 |
| 子且就○ | 4/15/13 | | | 常乃遣成公○國 | | 4/14/1 |
| 子貢○五日 | 5/20/10 | **廣** guǎng | 10 | 蔡侯得○ | | 4/14/3 |
| | | | | 潛○ | | 4/15/21 |
| **貫** guàn | 4 | 池○以深 | 5/17/25 | 闔閭遂○ | | 4/15/22 |
| | | 今君又欲破魯以○齊 | 5/18/3 | 嫗遂取金而○ | | 4/16/13 |
| 胥乃○弓執矢去楚 | 3/5/4 | 臣聞仁人不（因居） | | 子胥○吳 | | 4/16/13 |
| ○甲達背 | 3/7/27 | 　〔困厄〕以○其德 | 5/18/18 | 三年使○ | | 5/18/14 |
| 吾○弓接矢於鄭楚之界 | 5/23/28 | 暢八極之○ | 6/28/27 | 寡人豈敢自○其功 | | 5/23/7 |
| 我當爲汝開道○城 | 10/47/10 | 德有○狹 | 7/30/21 | 子胥○ | | 5/23/28 |
| | | 志不○ | 7/30/27 | 越聞吳王久留未○ | | 5/26/4 |
| **光** guāng | 39 | 道狹而怨○ | 8/37/15 | 時○吳 | | 5/26/9 |
| | | ○恩知分則可戰 | 10/45/20 | 而○告於天子執事 | | 5/26/10 |
| 王僚使公子○伐楚 | 3/3/24 | ○恩以博施 | 10/45/20 | 吳王還○自〔黃〕池 | | 5/26/12 |
| ○懼 | 3/3/24 | 又令安○之人佩石碣之 | | 復返○嶽 | | 6/28/19 |
| ○欲謀殺王僚 | 3/3/25 | 　矢 | 10/46/27 | ○於中國 | | 6/29/5 |
| 公子○聞之 | 3/6/11 | | | ○還大越 | | 6/29/11 |
| 子胥知公子○欲害王僚 | 3/6/16 | **圭** guī | 2 | 子○父 | | 6/29/15 |
| 彼○有內志 | 3/6/16 | | | 令民○於里閭 | | 6/29/16 |
| 求勇士薦之公子○ | 3/6/19 | 爵執○ | 3/5/29 | 來○越國 | | 7/30/13 |
| 遭公子○之有謀也 | 3/6/24 | 部各自令其（○）〔士〕 | | 委國○民 | | 7/31/12 |
| 而進之公子○ | 3/6/24 | | 10/46/25 | 來○於吳 | | 7/32/22 |
| ○既得專諸而禮待之 | 3/6/25 | | | 棄越○吳乎 | | 7/32/22 |
| 公子○曰　3/6/25,3/7/3 | | | | 來○寡人 | | 7/34/14 |

| | | | | | |
|---|---|---|---|---|---|
| 大王以越王○吳爲義 | 7/34/20 | 三曰○蘿粟棄以虛其國 | 9/39/1 | 中○侯王數用兵 | 1/1/25 |
| 遂赦越王○國 | 7/34/25 | 物○賤也 | 9/39/21 | 令季歷讓○於太伯 | 1/1/26 |
| 還○故鄉 | 7/34/31 | ○賤見矣 | 9/40/2 | 與中○時通朝會 | 1/2/6 |
| 至○越 | 8/35/6 | | | 而○斯霸焉 | 1/2/7 |
| 幸來○國 | 8/35/15 | **跪 guì** | 2 | 二○從斯結讎 | 2/2/16 |
| 作士思○ | 9/39/8 | | | 於是吳始通中○ | 2/2/16 |
| 今窮○愬 | 9/40/24 | 長○而與之 | 3/6/4 | 任以○政 | 2/2/22,3/4/1 |
| 今吾使之○國 | 9/41/4 | 越王再拜○伏 | 7/34/28 | 我欲傳○及札 | 2/2/26 |
| 年豐而○寡人 | 9/41/19 | | | 今欲授○於札 | 2/2/27 |
| 大夫種○越 | 9/41/20 | **鯀 gǔn** | 10 | 今汝於區區之○、荊蠻 | |
| 亦使大夫種○之吳王 | 9/41/21 | | | 之鄉 | 2/2/28 |
| 還○於國 | 10/43/9 | 禹父○者 | 6/28/3 | 必授○以次及于季札 | 2/2/28 |
| 四方之民○之若水 | 10/43/15 | ○娶於有莘氏之女 | 6/28/3 | 當○政 | 2/2/29 |
| ○而不○ | 10/46/25 | 四嶽乃舉○而薦之於堯 | 6/28/7 | 以○付我 | 2/3/3 |
| 得與君王結成以○ | 10/47/13 | ○負命毀族 | 6/28/7 | 今○者 | 2/3/3 |
| ○吳所侵宋地 | 10/47/23 | 等之群臣未有如○者 | 6/28/8 | 子之○也 | 2/3/4 |
| 當○而問於范蠡曰 | 10/47/24 | 觀○之治水無有形狀 | 6/28/9 | 夫適長當○ | 2/3/4 |
| 今君遂僭號不○ | 10/47/27 | 乃殛○于羽山 | 6/28/10 | 苟可施於○ | 2/3/5 |
| 與之俱○ | 10/49/4 | ○投于水 | 6/28/10 | 遂成爲○ | 2/3/6 |
| 悲去○兮何無梁 | 10/50/9 | 舜與四嶽舉○之子高密 | 6/28/10 | 諸侯與曹人不義而立於○ | 2/3/7 |
| 越王以邾子無道而執以 | | ○ | 10/50/23 | 必以○及季札 | 2/3/10 |
| ○ | 10/50/12 | | | 不聽○政 | 3/3/28 |
| | | **郭 guō** | 9 | 集楚○之庭 | 3/3/30 |
| **癸 guǐ** | 1 | | | 臣聞○君服寵以爲美 | 3/4/2 |
| | | 成城○ | 1/1/17 | 高不過望○氛 | 3/4/4 |
| 取辛壬○甲 | 6/28/26 | 外○三百餘里 | 1/1/26 | ○人怨焉 | 3/4/5 |
| | | 必先立城○ | 4/8/18 | 文治邦○ | 3/4/19 |
| **鬼 guǐ** | 8 | 夫築城○ | 4/8/19 | 反遇奢爲○相 | 3/4/22 |
| | | 城○以成 | 4/9/2 | 欲○不滅 | 3/5/5 |
| 輕慢○神 | 2/3/9 | 城○丘墟 | 5/23/24 | 宋元公無信於○ | 3/5/13 |
| 與神○戰者不旋踵 | 4/10/22 | 欲築城立○ | 8/35/18 | ○人惡之 | 3/5/14 |
| 知○神之情狀 | 5/21/11 | 外○築城而缺西北 | 8/35/20 | ○人與華氏 | 3/5/14 |
| 上帝○神而不可以告 | 5/25/17 | ○爲方城 | 9/42/21 | 非異○之亡臣乎 | 3/6/10 |
| 以通○神之道 | 6/29/31 | | | 臣聞諸侯不爲匹夫興師 | |
| 一曰尊天事○ | 9/38/26 | **鍋 guō** | 2 | 用兵於比○ | 3/6/17 |
| 事○神一年 | 9/39/6 | | | 今大王踐○制威 | 3/6/18 |
| ○神承翼 | 10/48/3 | 猶治救○疥 | 5/22/13 | ○空 | 3/6/28 |
| | | ○疥 | 5/22/13 | 令知○之所歸 | 3/6/31 |
| **詭 guǐ** | 1 | | | 吳○不勝 | 3/7/11 |
| | | **國 guó** | 325 | 然楚○有 | 3/7/14 |
| 善爲○詐以事其君 | 5/20/5 | | | 〔○家無傾〕 | 3/8/2 |
| | | 后稷就○爲諸侯 | 1/1/10 | 恐○人不就 | 4/8/9 |
| **貴 guì** | 6 | ○所以亡也 | 1/1/15 | 而與謀○政 | 4/8/10 |
| | | 欲傳○以及昌 | 1/1/19 | 寡人欲彊○霸王 | 4/8/11 |
| 富○之於我 | 2/3/19 | 知古公欲以○及昌 | 1/1/20 | 楚○之亡虜也 | 4/8/11 |
| 富○莫相忘也 | 3/5/31 | ○民君而事之 | 1/1/22 | 吾○僻遠 | 4/8/15 |
| 不○無義 | 4/11/22 | 吾以伯長居○ | 1/1/23 | 臣聞治○之道 | 4/8/17 |

| | | | | | | |
|---|---|---|---|---|---|---|
| 以威鄰○者乎 | 4/8/20 | 陰憚高、○、鮑、晏 | 5/17/19 | 二○君臣並在 | 5/26/3 |
| 故立蛇門以制敵○ | 4/8/24 | 父母之○也 | 5/17/20 | 〔以〕辟遠兄弟之○ | 5/26/6 |
| 雖上○之師 | 4/9/14 | 難伐之○ | 5/17/22 | 以遠辟兄弟之○ | 5/26/7 |
| 復命於○中作金鉤 | 4/9/16 | 此僻狹之○、蠻夷之民 | 5/18/20 | 盟○一人則依矣 | 5/26/11 |
| 一○所知 | 4/9/26 | 用智圖○則使賢 | 5/19/8 | 行人請成列○之義 | 5/26/17 |
| 寡人○僻遠 | 4/9/30 | 吳王分其民之衆以殘吾○ | 5/19/12 | 吳○困不戰 | 5/26/21 |
| 不遠吾○而來 | 4/9/31 | ○爲墟棘 | 5/19/13 | 敵○如滅 | 5/27/6 |
| 楚○之失虜 | 4/9/31 | 今內量吾○不足以傷吳 | 5/19/18 | 大夫種、相○轗急而攻 | 5/27/6 |
| 與謀○事 | 4/10/2 | 願空○、棄群臣、變容 | | 既得返○ | 5/27/8 |
| 又憂慶忌之在鄰○ | 4/10/9 | 貌、易姓名、執箕帚 | | 而吳伐二○ | 5/27/11 |
| ○東千里之人 | 4/11/6 | 、養牛馬以事之 | 5/19/19 | 亡○滅君 | 5/27/23 |
| 吳○之事 | 4/11/15 | 〔是〕存亡○〔而〕 | | 帝乃憂中○之不康 | 6/28/6 |
| 有利於○ | 4/11/26 | 〔舉〕〔興〕死人 | | 自中○至於條方 | 6/28/7 |
| 楚○苦之 | 4/12/19 | 〔也〕 | 5/19/20 | 召其神而問之山川脈理 | |
| 楚○郡臣有一朝之患 | 4/12/19 | 直行以爲○ | 5/20/4 | 、金玉所有、鳥獸昆 | |
| 流謗於○ | 4/12/21 | 是殘○傷君之佞臣也 | 5/20/6 | 蟲之類及八方之民俗 | |
| 今子殺人以興謗於○ | 4/12/22 | ○爲墟莽 | 5/20/9 | 、殊○異域土地里數 | 6/28/21 |
| 外爲鄰○所笑 | 4/12/23 | 抵罪上○ | 5/20/12 | 歸於中○ | 6/29/5 |
| 楚○有事 | 4/12/24 | 夫空人之○ | 5/20/17 | 乃大會計治○之道 | 6/29/13 |
| ○以危矣 | 4/12/25 | 鄰○貢獻財有餘也 | 5/21/7 | 因傳○政 | 6/29/14 |
| ○人乃謗止 | 4/12/26 | 越軍入吳○ | 5/22/1 | ○號曰夏后 | 6/29/14 |
| 葬於○西閭門外 | 4/12/28 | ○可安存也 | 5/22/5 | 治○於夏 | 6/29/24 |
| ○人非之 | 4/12/30 | ○家之出 | 5/22/11 | 曙專心守○ | 6/30/2 |
| 棄貢賜之○ | 4/13/19 | 臣以爲危○亡身之甚 | 5/22/12 | 來歸越○ | 7/30/13 |
| 子常三年留之不使歸○ | 4/13/30 | 微幸他○ | 5/22/13 | 守○於邊 | 7/30/14 |
| 常乃遣成公歸○ | 4/14/1 | 無能益○ | 5/22/16 | 太公不棄其○ | 7/30/16 |
| 三○合謀伐楚 | 4/14/5 | 無益吳○ | 5/22/24 | 自用者危其○ | 7/30/22 |
| 乃令○中曰 | 4/14/26,5/24/19 | ○猶不至顛隕 | 5/23/3 | 客死敵○ | 7/30/25 |
| 吾與分○而治 | 4/14/26 | 吳○世世存焉 | 5/23/11 | 反○修德 | 7/31/1 |
| 吾○君懼怖 | 4/14/29 | 吳○之命斯促矣 | 5/23/11 | 二○爭道 | 7/31/4 |
| 令於○ | 4/15/1 | 以觀吳○之喪 | 5/23/12 | 今君王○於會稽 | 7/31/6 |
| 與之分○而治 | 4/15/1 | 吾將復增其○ | 5/23/20 | 以○累諸侯大夫 | 7/31/7 |
| 今從君乞鄭之○ | 4/15/1 | 亡○復存 | 5/23/22 | 今委○一人 | 7/31/9 |
| 乃釋鄭○ | 4/15/3 | 將滅吳○ | 5/23/24 | ○之梁棟 | 7/31/10 |
| 不恤○事 | 4/15/7 | 獨傾吳○ | 5/23/25 | 君王委○於種 | 7/31/10 |
| 以食上○ | 4/15/8 | 恐吳○之亡矣 | 5/23/27 | 夫○者 | 7/31/11 |
| 王不憂鄰○疆（場） | | 今乃忘我定○之恩 | 5/24/3 | 前王之○ | 7/31/11 |
| 〔場〕之患 | 4/15/11 | 無欲於鄰○ | 5/24/28 | 委○歸民 | 7/31/12 |
| 吾○父兄身戰暴骨草野焉 | 4/15/23 | 夫吳徒知蹂境征伐非吾 | | 夫推○任賢、度功績成者 | 7/31/14 |
| 亡○失衆 | 4/15/24 | 之○ | 5/25/2 | 付○於文祀 | 7/31/16 |
| 而亡吳○ | 4/15/25 | 屠我吳○ | 5/25/2 | 委○於一老 | 7/31/17 |
| 昭王反○ | 4/16/1 | 遂入吳○ | 5/25/5 | 存亡○ | 7/31/20 |
| 嚴王何罪○幾絕 | 4/16/6 | 今大○越次而造弊邑之 | | ○富民實 | 7/31/29 |
| 以望齊○ | 4/16/18 | 軍壘 | 5/25/15 | 孤雖入於北○ | 7/31/31 |
| 恐不能奉統於吳○ | 4/16/23 | 否則吳○有難 | 5/25/22 | 離我○兮去吳 | 7/32/7 |
| 齊孤立寡○ | 5/17/6 | 無以爭行而危○也 | 5/26/1 | 去我○兮心搖 | 7/32/9 |
| 請伏○人於郊 | 5/17/7 | 以盡○禮 | 5/26/2 | 不通安○之道 | 7/32/18 |

| | | | | | |
|---|---|---|---|---|---|
| 仁賢不官絕滅之○ | 7/32/20 | 臣聞謀○破敵 | 8/37/9 | 載飯與羹以游○中 | 10/43/21 |
| ○已將亡 | 7/32/21 | 鄰○通而不絕其援 | 8/37/11 | ○中僮子戲而遇孤 | 10/43/22 |
| 臣聞亡之臣不敢語政 | 7/32/23 | 桓繆據五勝之便而列六○ | 8/37/22 | 七年不收〔於〕○ | 10/43/23 |
| 臣聞王者攻敵○ | 7/33/13 | 得越○ | 9/37/28 | 今○之父兄日請於孤曰 | 10/43/23 |
| 今○相剛勇之人 | 7/34/2 | 其○已富 | 9/37/29 | 今越○富饒 | 10/43/24 |
| 長保吳○ | 7/34/6 | 相○范蠡、大夫種、句 | | 何敢勞吾○之人 | 10/44/2 |
| 曾不聞相○一言 | 7/34/12 | 　如之屬儼然列坐 | 9/37/30 | ○廩空虛 | 10/44/6 |
| 是相○之不慈也 | 7/34/12 | 得返○修政 | 9/38/2 | ○人請戰者三年矣 | 10/44/9 |
| 是相○之不仁也 | 7/34/12 | 三曰貴糴粟槀以虛其○ | 9/39/1 | 勝則滅其○ | 10/44/10 |
| 寡人曾聽相○而誅之 | 7/34/16 | 八曰君王○富 | 9/39/3 | 吳○有成 | 10/44/10 |
| 而爲相○快私意耶 | 7/34/16 | ○不被災 | 9/39/6 | 吾○之民又勸孤伐吳 | 10/44/17 |
| 相○置之 | 7/34/25 | 民虛○變 | 9/39/14 | ○中空虛 | 10/44/18 |
| 遂赦越王歸○ | 7/34/25 | ○無逋稅 | 9/39/26 | 越王復悉○中兵卒伐吳 | 10/44/25 |
| 使其返○ | 7/34/26 | 越○燉富 | 9/40/5 | 良○也 | 10/44/29 |
| 使得生全還○ | 7/34/27 | 乃使相者○中 | 9/40/9 | 越○之中 | 10/45/3,10/45/5 |
| 重復鄉○ | 7/35/2 | 乃使相○范蠡進曰 | 9/40/10 | 邦○南則距楚 | 10/45/7 |
| 復於越○ | 8/35/7 | 越○湾下困迫 | 9/40/11 | 謂吾○君名 | 10/45/19 |
| 將何德化以報○人 | 8/35/8 | ○之寶 | 9/40/16 | 勾踐乃退齋而命○人曰 | 10/45/22 |
| 孤欲以此到○ | 8/35/9 | ○之咎 | 9/40/17 | 乃復命有司與○人曰 | 10/45/23 |
| 得相○之策 | 8/35/12 | 君王自陳越○微鄙 | 9/40/21 | 皆造○門之期 | 10/45/23 |
| 今欲定○立城 | 8/35/12 | 越○湾下 | 9/40/22 | 令○中曰 | 10/45/24 |
| 夏殷封○ | 8/35/13 | 是養生寇而破○家者也 | 9/40/25 | 使孤有辱於○ | 10/46/2 |
| 豈直欲破彊敵收鄰○乎 | 8/35/14 | 非○貧民困而請糴也 | 9/41/2 | ○有守禦 | 10/46/5 |
| 幸來歸○ | 8/35/15 | 以入吾○ | 9/41/2 | 王乃令○中不行者 | 10/46/7 |
| 今大王欲○樹都 | 8/35/17 | 今吾使之歸○ | 9/41/4 | 令○人各送其子弟於郊 | |
| 并敵○之境 | 8/35/17 | 勾踐○憂 | 9/41/7 | 　境之上 | 10/46/9 |
| 欲委屬於相○ | 8/35/18 | 今大王捐○家之福 | 9/41/9 | ○人悲哀 | 10/46/9 |
| 委命吳○ | 8/35/21 | 盜○者封侯 | 9/41/13 | （越）〔赴〕家之急 | 10/46/16 |
| 吾之○也 | 8/35/25 | 外交敵○ | 9/41/15 | 定汝入我之○ | 10/47/9 |
| 苟如相○之言 | 8/35/27 | 臣聞鄰○有急 | 9/41/17 | 天〔既〕降禍於吳○ | 10/47/20 |
| 越王乃召相○范蠡、大 | | 封亡○之後 | 9/41/18 | 誨化有道之○ | 10/47/29 |
| 　夫種、大夫郢 | 8/36/1 | 越○群臣皆稱萬歲 | 9/41/20 | 不忘返○ | 10/48/5 |
| 孤欲以今日上明堂、臨 | | ○始貧耳 | 9/41/23 | 以其謀成○定 | 10/48/6 |
| 　○政 | 8/36/1 | 越王又問相○范蠡曰 | 9/41/24 | 必復不須功而返○也 | 10/48/7 |
| 乃使○中男女入山采葛 | 8/36/11 | ○人稱善 | 9/41/27 | 臣終欲成君霸○ | 10/48/15 |
| 以越僻狄之○無珍 | 8/36/15 | 蓋以桃弓棘矢而備鄰○也 | 9/42/19 | ○之士大夫是子 | 10/48/19 |
| 夫越本興○千里 | 8/36/16 | 願子悉以教吾○人 | 9/43/2 | ○之人民是子 | 10/48/20 |
| 未盡其○ | 8/36/16 | 葬於○西 | 9/43/4 | 分○共之 | 10/48/21 |
| 越○大悅 | 8/36/18 | 還歸於○ | 10/43/9 | 魯○空虛 | 10/49/3 |
| ○中蕩蕩 | 8/36/23 | 吾誠已說於○人 | 10/43/10 | ○人悲之 | 10/49/3 |
| 民富○彊 | 8/36/23 | ○人喜悅 | 10/43/10 | 越王召相○大夫種而問之 | 10/49/6 |
| 臣聞善爲○者 | 8/36/29 | 是天氣前見亡○之證也 | 10/43/11 | 其知相○何如人也 | 10/49/6 |
| 越○遁棄宗廟 | 8/37/1 | 願君悉心盡意以說○人 | 10/43/11 | 敵○滅 | 10/49/10 |
| 昔（之）〔者〕亡○流民 | 8/37/3 | 聽孤說○人之辭 | 10/43/12 | 一○之相 | 10/49/11 |
| 必輕諸侯而凌鄰○ | 8/37/8 | 以大○報讎 | 10/43/12 | 自致相○ | 10/49/12 |
| 三○決權 | 8/37/8 | 因約吳○父兄昆弟而誓 | | 越王復召相○ | 10/49/17 |
| 還爲敵○ | 8/37/8 | 　之曰 | 10/43/15 | 傾敵取○ | 10/49/18 |

| | |
|---|---|
| 浩 hào | 1 |
| 大夫○曰 | 8/37/21 |
| 皓 hào | 1 |
| 大夫○進曰 | 7/31/24 |
| 皞 hào | 1 |
| 無○ | 10/50/24 |
| 禾 hé | 2 |
| 爲兒時好種樹、○黍、桑麻、五穀 | 1/1/7 |
| 粢稷黍○ | 1/1/8 |
| 合 hé | 24 |
| 未有所與○議 | 3/3/25 |
| 六○之金英 | 4/9/5 |
| 恐○諸侯來伐 | 4/10/9 |
| ○坐不忍其溢於力也 | 4/10/21 |
| 三國○謀伐楚 | 4/14/5 |
| ○壬子歲前○也 | 5/22/17 |
| ○斗擊丑 | 5/22/18 |
| 汝常與子胥同心○志 | 5/22/22 |
| 欲與魯晉○攻於黃池之上 | 5/24/19 |
| 與定公爭長未○ | 5/25/6 |
| 〔乃〕○諸侯〔而〕謀曰 | 5/25/7 |
| 上○星宿 | 5/27/12 |
| 自○如此 | 6/28/30 |
| 不○於寡人之意 | 7/30/26 |
| 何諸大夫論事一○一離 | 7/31/14 |
| ○庚辰歲後會也 | 7/33/7 |
| ○氣於后土 | 8/35/27 |
| 辭○意同 | 9/37/29 |
| 未嘗有不○也 | 9/40/20 |
| ○以參連 | 9/43/1 |
| 吾諫已不○矣 | 10/44/12 |
| 何子言之其○於天 | 10/47/25 |
| 一言即○大王之事 | 10/47/25 |
| 何 hé | 191 |
| ○所欲 | 1/1/15 |

| | |
|---|---|
| 彼君與我○異 | 1/1/16 |
| ○像而爲勾吳 | 1/1/23 |
| 奈○廢前王之禮 | 2/2/25 |
| ○先王之命有 | 2/3/5 |
| 此○鳥也 | 3/3/30 |
| 王獨奈○以讒賊小臣而踈骨肉乎 | 3/4/14 |
| ○敢貪印綬哉 | 3/4/24 |
| ○所陳哉 | 3/4/25 |
| ○侯之有 | 3/4/28 |
| ○明於世 | 3/4/31 |
| 而亦○之 | 3/5/1 |
| 雖悔○追 | 3/5/3 |
| 爲之奈○ | 3/5/10 4/8/16,5/18/9,8/35/12 |
| 月已馳兮○不渡爲 | 3/5/22 |
| 事寖急兮當奈○ | 3/5/22 |
| 子○嫌哉 | 3/5/26 |
| ○用姓字爲 | 3/5/31 |
| 亦○嫌哉 | 3/6/3 |
| ○不飽而餐之 | 3/6/5 |
| ○宜饋飯而與丈夫 | 3/6/7 |
| ○以言之 | 3/6/18,4/13/3 |
| ○夫子之怒盛也 | 3/6/22 |
| ○言之鄙也 | 3/6/23,7/30/16 |
| 公子○因而欲害之乎 | 3/6/26 |
| 今僚○以當代立乎 | 3/6/29 |
| ○不使近臣從容言於王側 | 3/6/30 |
| ○須私備劍士 | 3/6/31 |
| 於公子○意也 | 3/7/2 |
| 吳王○好 | 3/7/4 |
| ○味所甘 | 3/7/4 |
| 吾○憂矣 | 3/7/14 |
| 不求○獲 | 3/7/20 |
| 是無如我○也 | 3/7/22 |
| ○由而可 | 4/8/11 |
| ○敢與政事焉 | 4/8/12 |
| ○爲中道生進退耶 | 4/8/13 |
| ○足處於危亡之地 | 4/8/14 |
| ○得讓乎 | 4/8/15 |
| 其術奈○ | 4/8/18 |
| 吾○難哉 | 4/9/11 |
| ○能加之 | 4/9/14 |
| ○以異於衆夫子之鉤乎 | 4/9/18 |
| ○者是也 | 4/9/19 |
| 白喜、○如人也 | 4/9/22 |
| 州犂○罪 | 4/9/24 |

| | |
|---|---|
| ○不爲酒 | 4/9/26 |
| 宛○等也 | 4/9/28 |
| 於斯將○以教寡人 | 4/9/31 |
| ○見而信喜 | 4/10/2 |
| ○乃天子 | 4/10/12 |
| 又○懼焉 | 4/10/13 |
| 其爲○誰 | 4/10/15 |
| 辱之奈○ | 4/10/16 |
| ○神敢干 | 4/10/18 |
| 子○爲者 | 4/11/5 |
| ○不與我東之於吳 | 4/11/16 |
| 君○不行 | 4/11/20 |
| 吾○面目以視天下之士 | 4/11/22 |
| 奈○ | 4/11/27 8/36/25,9/40/21,10/48/24 |
| 於二子○如 | 4/11/28 |
| 軍法如○ | 4/12/8 |
| 是○劍也 | 4/13/2 |
| ○也 | 4/13/5,5/18/2,10/44/18 |
| 其直幾○ | 4/13/10 |
| ○足言也 | 4/13/13 |
| 二子○功 | 4/13/22 |
| 今果○如 | 4/13/25 |
| ○謂也 | 4/13/26,5/22/16 |
| 奈○而有功 | 4/13/28 |
| 得唐、蔡○怨 | 4/13/29 |
| 君○寶之 | 4/14/19 |
| 周室○罪而隱其賊 | 4/14/19 |
| ○等 | 4/14/29 |
| 公爲○誰矣 | 4/14/29 |
| 於秦○利 | 4/15/12 |
| 臣○敢即安 | 4/15/14 |
| 又○殺生以愛死 | 4/15/24 |
| ○惜草中之骨 | 4/15/25 |
| ○乖烈 | 4/16/4 |
| 嚴王○罪國幾絕 | 4/16/6 |
| ○哭之悲 | 4/16/10 |
| 魯○難伐也 | 5/17/23 |
| 大夫○索然若不辱 | 5/18/21 |
| ○謀之敢〔慮〕 | 5/20/10 |
| 君爲之奈○ | 5/20/21 |
| ○以待之 | 5/20/21 |
| 子○性鄙 | 5/21/13 |
| ○能爲聲響哉 | 5/22/9 |
| 子胥獨○言焉 | 5/22/23 |
| 若子於吳則○力焉 | 5/23/8 |
| 王○所見 | 5/23/13 |

○闔無道 4/11/14
○闔可得也 4/11/16
○闔痛之 4/12/28
湛盧之劍惡○闔之無道也 4/13/1
故○闔以殺王僚 4/13/7
○闔聞楚得湛盧之劍 4/13/14
○闔不然其言 4/13/19
○闔之弟夫概晨起請於
　○闔曰 4/14/8
○闔不許 4/14/9
即令○闔妻昭王夫人 4/14/24
越王（元）〔允〕常恨
　○闔破之檇里 4/15/17
○闔聞之 4/15/21
○闔遂歸 4/15/22
○闔出繪而食 4/16/14
自○闔之造也 4/16/15
○闔乃起北門 4/16/16
○闔謀擇諸公子可立者 4/16/19
○闔有頃召子胥謀立太子 4/16/21
○闔出入游臥 4/16/25
斯且○闔之霸時 4/16/27
吾前君○闔不忍其惡 5/26/6
當吳王壽夢、諸樊、○
　闔之時 6/30/3
今吳承○闔之軍制、子
　胥之典教 8/37/18
王因反○其門 10/45/28
反○外宮之門 10/46/4

**賀 hè　9**

○二子 3/4/21
以○（君）〔軍〕吏 5/20/14
○大王喜 5/22/9
群臣○曰 5/23/21
當拜○焉 7/33/22
下囚臣勾踐○於大王 7/33/25
群臣畢○ 7/35/2
○有喜 10/43/14
諸侯畢○ 10/47/24

**褐 hè　5**

乃令童○請軍 5/25/15
童○將還 5/25/20
吳王躓左足與○決矣 5/25/20

命童○復命 5/26/3
妻衣○兮爲婢 7/32/7

**鶴 hè　3**

乃舞白○〔於吳市中〕 4/12/29
〔使男女與○〕俱入羨門 4/12/30
○倚哭於秦庭 4/15/7

**黑 hēi　7**

青赤黄○ 1/1/8
兩○犬嘷以南、嘷以北 5/21/3
兩○犬嘷以南、嘷以北者 5/21/6
 5/21/22
○者、陰也 5/22/1
右軍皆玄裳、玄輿、○
　甲、鳥羽之矰 5/25/12
面目黎○ 6/29/8

**恨 hèn　13**

以效不○士也 2/3/13
心○不解 2/3/16
常有愧○之色 3/7/24
○怒並發 4/10/24
餘○蔚恚 4/10/25
越王（元）〔允〕常○
　闔閭破之檇里 4/15/17
君臣死無所○矣 5/20/16
吳王聞子胥之怨○也 5/23/30
民多怨○ 5/24/18
五帝德厚（而）〔無〕
　窮厄之○ 7/30/29
雖則○悔之心 7/31/6
面無○色 7/32/28
不見○色 7/34/22

**亨 hēng　1**

臨食不○ 10/49/12

**恒 héng　8**

女子知非○人 3/6/4
齊大夫陳成○欲弒簡公 5/17/19
見成○ 5/17/22

成○曰 5/17/23,5/18/8
成○忿然作色 5/18/1
而以教○ 5/18/2
成○許諾 5/18/10

**橫 héng　10**

○被暴誅 4/10/1
前園○〔索〕生梧桐 5/21/4
前園○〔索〕生梧桐者 5/21/8
 5/22/2
○木爲門 6/29/17
縱○八百餘里 8/36/13
縱○逆順 9/42/7
琴氏乃○弓著臂 9/42/17
左蹉右足○ 9/42/28
越兵○行於江淮之上 10/47/24

**衡 héng　4**

二人託名採藥於○山 1/1/21
至○山而還 2/2/20
禹乃東巡登○嶽 6/28/15
調權○ 6/29/18

**薨 hōng　1**

昔前王未○之時 2/3/1

**洪 hóng　3**

堯遭○水 1/1/9
遭○水滔滔 6/28/5
雖有○水之害 7/30/19

**鴻 hóng　4**

尚賜○都侯 3/4/22
吳○、扈稽 4/9/20
蒙大王○恩 7/32/24
大王躬親○恩 7/34/4

**侯 hóu　88**

后稷就國爲諸○ 1/1/10
中國○王數用兵 1/1/25
觀諸○禮樂 2/2/11

| | | | | | |
|---|---|---|---|---|---|
| 而與諸〇爲敵 | 2/2/16 | 諸〇並救王命 | 7/30/30 | 脩公劉、〇稷之業 | 1/1/13 |
| 諸〇與曹人不義而立於國 | 2/3/7 | 以國累諸〇大夫 | 7/31/7 | 〇必大敗 | 5/22/20 |
| 楚靈王會諸〇伐吳 | 2/3/12 | 結和諸〇 | 7/31/23 | 國號曰夏〇 | 6/29/14 |
| 威伏諸〇 | 3/4/2 | 諸〇賓服 | 7/34/6 | 下負〇土 | 7/32/11 |
| 諸〇忿怨 | 3/4/6 | 賜羽毛之飾、机杖、諸 | | 下處〇土 | 8/35/24 |
| 外交諸〇 | 3/4/13 | 　〇之服 | 8/36/18 | 合氣於〇土 | 8/35/27 |
| 外愧諸〇之恥 | 3/4/22 | 機杖茵褥諸〇儀 | 8/36/21 | | |
| 封二子爲〇 | 3/4/22,3/4/25 | 辱流諸〇 | 8/37/2 | **厚 hòu** | 15 |
| 尙賜鴻都〇 | 3/4/22 | 必輕諸〇而凌鄰國 | 8/37/8 | | |
| 胥賜蓋〇 | 3/4/22 | 諸〇曰可 | 8/37/10 | 以示群臣於宛之〇 | 4/9/26 |
| 二子爲〇 | 3/4/26 | 諸〇之上尊 | 8/37/12 | 昔專諸〇事於寡人〇矣 | 4/10/9 |
| 何〇之有 | 3/4/28 | 今吳乘諸〇之威 | 8/37/14 | 臣之所〇其人者 | 4/10/13 |
| 豈貪於〇 | 3/4/28 | 外愧諸〇 | 9/38/24 | 而以重寶〇獻太宰嚭 | 5/17/10 |
| 願吾因於諸〇以報讎矣 | 3/5/8 | 諸〇莫不聞知 | 9/41/3 | 願王少〇焉 | 5/17/16 |
| 臣聞諸〇不爲匹夫興師 | | 率諸〇以伐其君 | 9/41/11 | 城〇而崇 | 5/17/25 |
| 　用兵於比國 | 3/6/17 | 盜國者封〇 | 9/41/13 | 口不嘗〇味 | 5/19/16 |
| 諸〇專爲政 | 3/6/18 | 不達諸〇 | 9/42/2 | 何王之忍辱〇恥也 | 5/27/17 |
| 亡在諸〇未還 | 3/6/28 | 諸〇相伐 | 9/42/17 | 我王〇之 | 7/30/12 |
| 以觀諸〇之變 | 3/7/18 | 然後諸〇可服 | 9/42/18 | 德有薄〇 | 7/30/20 |
| 以仁義聞於諸〇 | 4/8/9 | 琴氏傳之楚三〇 | 9/42/18 | 五帝德〇（而）〔無〕 | |
| 諸〇不信 | 4/8/10 | 人號藥〇、翼〇、魏〇也 | 9/42/18 | 　窮厄之恨 | 7/30/29 |
| 諸〇聞之 | 4/9/29 | 自楚之三〇傳至靈王 | 9/42/19 | 誠蒙〇恩 | 7/32/12 |
| 恐合諸〇來伐 | 4/10/9 | 昔夫差辱吾王於諸〇 | 10/43/24 | 恩甚〇矣 | 7/33/19 |
| 今聞公子慶忌有計於諸〇 | 4/10/10 | 功名聞於諸〇 | 10/44/11 | 重賦〇斂 | 8/36/28 |
| 歸窮於諸〇 | 4/11/11 | 臣觀吳王北會諸〇於黃 | | 而〇事於吳 | 8/37/7 |
| 不下諸〇之士 | 4/11/11 | 　池 | 10/44/18 | | |
| 要離乃奔諸〇而行怨言 | 4/11/14 | 夫差方會諸〇於黃池 | 10/44/22 | **後 hòu** | 78 |
| 以霸天下而威諸〇 | 4/12/16 | 〔能〕（傳賢）〔博取〕 | | | |
| 貪而多過於諸〇 | 4/13/28 | 　於諸〇 | 10/44/29 | 〇妊娠 | 1/1/5 |
| 蔡〇得歸 | 4/14/3 | 令諸〇不怨於外 | 10/45/19 | 其〇八世而得古公亶甫 | 1/1/13 |
| 侵食諸〇 | 4/14/5 | | 10/45/24 | 追者在〇 | 3/5/19 |
| 唐〇使其子乾爲質於吳 | 4/14/5 | 有辱於諸〇 | 10/46/3 | 漁父去〇 | 3/5/23 |
| 諸〇有相伐者 | 5/17/20 | 與齊、晉諸〇會於徐州 | 10/47/22 | 非以意救急〇興師 | 3/6/18 |
| 外事諸〇 | 5/18/15 | 諸〇畢賀 | 10/47/24 | 適長之〇 | 3/6/28 |
| 正天下、定諸〇則使聖 | 5/19/8 | 而令君王霸於諸〇 | 10/48/29 | 楚發兵絕吳〔兵〕〇 | 3/7/18 |
| 外事諸〇而不能也 | 5/19/18 | 欲因諸〇以伐之 | 10/49/2 | 楚絕其〇 | 3/7/21 |
| 朝諸〇也 | 5/21/6 | 諸〇怖懼皆恐惶 | 10/50/8 | 得無得其人而〇成乎 | 4/9/8 |
| 威加諸〇 | 5/24/1,10/47/29 | 以諸〇大夫不用命 | 10/50/13 | 然〇成物 | 4/9/9 |
| 〔乃〕合諸〇〔而〕謀曰 | 5/25/7 | 王〇自稱爲君 | 10/50/25 | 至今〇世 | 4/9/9 |
| 則執諸〇之柄 | 5/25/8 | | | 然〇敢鑄金於山 | 4/9/10 |
| 諸〇貢獻 | 5/25/16 | **后 hòu** | 11 | 昔武王討紂而〇殺武庚 | 4/10/12 |
| 爲諸〇笑 | 5/25/19 | | | 〇三月 | 4/11/16,7/33/1 |
| 與諸〇、大夫列坐於晉 | | 〇稷之苗裔也 | 1/1/3 | 可以小試於〇宮之女 | 4/12/2 |
| 　定公前 | 5/25/21 | 〇稷其母 | 1/1/3 | 吳軍去〇 | 4/16/1 |
| 晉〇次之 | 5/26/4 | 〇稷遂得不死 | 1/1/7 | 臣聞祀廢於絕〇 | 4/16/21 |
| 中州諸〇 | 6/29/12 | 號爲〇稷 | 1/1/10 | 知其前而不知其〇 | 5/20/5 |
| 諸〇去益而朝啓 | 6/29/23 | 〇稷就國爲諸侯 | 1/1/10 | 〇房鼓震篋篋有鍛工 | 5/21/3 |

| | |
|---|---|
| ○房篋篋鼓震有鍛工者 | 5/21/7 |
| ○房鼓震篋篋者 | 5/22/2 |
| ○世相屬爲聲響 | 5/22/7 |
| 願大王定越而○圖齊 | 5/22/15 |
| ○五日 | 5/23/15 |
| 自我死○ | 5/24/6 |
| ○世必以我爲忠 | 5/24/6 |
| 汝一死之○ | 5/24/7 |
| 從○園而來 | 5/24/21 |
| 適游○園 | 5/24/22 |
| 不覩○患 | 5/24/27 |
| ○爲大患 | 5/27/13 |
| 帝顓頊之○ | 6/28/3 |
| 防風○至 | 6/29/12 |
| 吾百世之○ | 6/29/20 |
| ○日 | 6/29/21 |
| 禹崩之○ | 6/29/21 |
| 以承越君之○ | 6/30/1 |
| 自○稍有君臣之義 | 6/30/1 |
| 前沉○揚 | 7/30/9 |
| 其○無殃 | 7/30/10 |
| 而云湯文困厄○必霸 | 7/30/23 |
| 范蠡立於○ | 7/32/20 |
| 陰○之辰也 | 7/33/7 |
| 合庚辰歲○會也 | 7/33/7 |
| 故○無報復之憂 | 7/33/14 |
| ○必爲吳之患 | 7/33/15 |
| ○一月 | 7/33/17 |
| 既言信○ | 7/33/23 |
| 越王從譽冀惡之○ | 7/33/29 |
| 其○ | 7/33/30 |
| 臨政之○ | 7/33/30 |
| 得無○患乎 | 7/34/31 |
| ○車必戒 | 8/36/4 |
| ○無伏襲之患 | 8/37/6 |
| 然○討吳 | 9/38/4 |
| 列坐於○ | 9/38/5 |
| 然○能得其實 | 9/38/22 |
| ○必有殃 | 9/40/14 |
| 其○有激人之色 | 9/41/5 |
| 封亡國之○ | 9/41/18 |
| 黃帝之○ | 9/42/15 |
| 然○諸侯可服 | 9/42/18 |
| 自靈王之○ | 9/42/19 |
| 然○卑事夫差 | 10/43/14 |
| 須明年之春然○可耳 | 10/44/17 |
| 老弱在○ | 10/44/19 |

| | |
|---|---|
| 自今日之○ | 10/45/26 |
| ○三日 | 10/46/13 |
| 不在前○ | 10/47/21 |
| ○則無救已傾之禍 | 10/48/15 |
| ○入天一 | 10/48/26 |
| 自是之○ | 10/48/28 |
| 言而○死 | 10/49/9 |
| ○百世之末 | 10/49/22 |
| ○重水者 | 10/49/24 |
| 吾自禹之○ | 10/50/15 |
| 夫霸者之○ | 10/50/17 |

**候 hòu　　　　　　　　　7**

| | |
|---|---|
| ○天伺地 | 4/9/5 |
| 邊（○）〔邉〕〔乃至〕 | 5/25/6 |
| 故來○之 | 6/28/17 |
| ○天察地 | 7/31/29,10/45/21 |
| 布形○氣 | 9/42/5 |
| 故前潮水潘○者 | 10/49/24 |

**乎 hū　　　　　　　　　124**

| | |
|---|---|
| 其在昌○ | 1/1/20 |
| 非其方○ | 1/1/24 |
| 於○哉 | 2/2/13 |
| 而行父子之私○ | 2/2/25 |
| 奚能成天子之業○ | 2/2/28 |
| 我敢不從命○ | 2/3/3 |
| 豈可變○ | 2/3/5 |
| 豈得沖天而驚人○ | 3/3/31 |
| 王獨奈何以讒賊小臣而 | |
| 　疎骨肉○ | 3/4/14 |
| 於○ | 3/5/10,3/6/8 |
| | 5/23/23,7/31/15,7/34/28 |
| 日月昭昭○侵已馳 | 3/5/20 |
| 與子期○蘆之漪 | 3/5/21 |
| 豈非窮士○ | 3/5/25 |
| 豈圖取百金之劍○ | 3/5/29 |
| 可得一餐○ | 3/6/2 |
| 嗟○ | 3/6/6 |
| | 4/9/21,7/34/29,10/49/19 |
| 非異國之亡臣○ | 3/6/10 |
| 寧有說○ | 3/6/22 |
| 公子何因而欲害之○ | 3/6/26 |
| 今僚何以當代立○ | 3/6/29 |
| 君言甚露○ | 3/7/2 |

| | |
|---|---|
| 期無變意○ | 3/7/23 |
| 吾誰怨○ | 3/8/3 |
| 何得讓○ | 4/8/15 |
| 以威鄰國者○ | 4/8/20 |
| 其有意○ | 4/9/7 |
| 得無得其人而後成○ | 4/9/8 |
| 其可受○ | 4/9/15 |
| 何以異於衆夫子之鉤○ | 4/9/18 |
| 子不聞河上歌○ | 4/10/3 |
| 悲其所思者○ | 4/10/4 |
| 豈有內意以決疑○ | 4/10/5 |
| 豈細人之所能謀○ | 4/10/14 |
| 子知之○ | 4/10/27,4/10/29 |
| 大王患慶忌○ | 4/11/7 |
| 吾寧能不死○ | 4/11/23 |
| 而誰能涉淮踰泗、越千 | |
| 　里而戰者○ | 4/12/16 |
| 不亦異○ | 4/12/22 |
| 不亦可○ | 4/14/16 |
| 其以甚○ | 4/15/4 |
| 豈道之極○ | 4/15/5 |
| 其可○ | 4/15/24 |
| 莫大○波秦之子夫差 | 4/16/22 |
| 其君幾○ | 5/19/9 |
| 〔其〕惟〔臣〕幾○ | 5/19/10 |
| 騎士、銳兵弊○齊 | 5/19/11 |
| 重寶、車騎、羽毛盡○晉 | 5/19/12 |
| 敢不待令○ | 5/20/1 |
| 可○ | 5/20/17,9/40/8,10/47/20 |
| 天知吾之冤○ | 5/22/6 |
| 見○ | 5/23/16 |
| 何如亡○ | 5/23/30 |
| 安忘我○ | 5/24/2 |
| 子何非寡人而不朝○ | 5/24/11 |
| 子以我殺子胥爲重○ | 5/24/12 |
| 伯父令子來○ | 5/26/10 |
| 其可逆○ | 5/26/16 |
| 吾與君爲二君○ | 5/26/16 |
| 故有避○ | 5/27/1 |
| 曾無所知○ | 5/27/2 |
| 寡人豈可返○ | 5/27/4 |
| 大夫何慮○ | 5/27/6 |
| 王知之○ | 5/27/9 |
| 若斯豈可忘○ | 6/29/17 |
| 豈況於人君○ | 7/30/19 |
| 豈得以在者盡忠、亡者 | |
| 　爲不信○ | 7/31/13 |

| | | | | | | | |
|---|---|---|---|---|---|---|---|
| 去復返兮於○ | 7/32/7 | 忽 hū | 11 | 十萬、甘蜜九党、文 | |
| 於○哀兮忘食 | 7/32/8 | | | 筍七枚、○皮五雙、 | |
| 子不念先君之讎○ | 7/32/13 | 兩目○張 | 4/12/6 | 晉竹十廋 | 8/36/13 |
| 集於庭廡○ | 7/32/15 | 吳王○然不悅 | 4/12/13 | 〔今〕○雉之相戲也 | 9/41/6 |
| 豈可失之○ | 7/32/16 | ○晝假寐於姑胥之臺而 | | 夫○卑體 | 9/41/6 |
| 棄越歸吳○ | 7/32/22 | 　得夢 | 5/20/22 | 故○得其志 | 9/41/7 |
| 萬物盡傷者○ | 7/33/9 | 寡人○晝夢 | 5/21/9 | | |
| 得無夏殷之患○ | 7/33/11 | ○然感夢 | 5/21/12 | 胡 hú | 1 |
| 異○ | 7/34/1 | ○然晝夢 | 5/21/19 | | |
| 其亦是○ | 7/34/3 | 不知空埳其旁闇○埳中 | 5/24/26 | ○馬望北風而立 | 4/10/4 |
| 於○休哉 | 7/34/5 | 故○於夷狄 | 5/25/18 | | |
| 昨日大王何見○ | 7/34/7 | 而○自有之 | 9/42/3 | 斛 hú | 2 |
| 焉能知其忠信者○ | 7/34/13 | 何其志○○若斯 | 10/49/13 | | |
| 豈不負皇天○ | 7/34/16 | | | 平斗○ | 6/29/18 |
| 其悔可追○ | 7/34/24 | 呼 hū | 13 | 復還斗○之數 | 9/41/21 |
| 得無後患○ | 7/34/31 | | | | |
| 豈直欲破彊敵收鄰國○ | 8/35/14 | 子胥○之 | 3/5/19 | 壺 hú | 3 |
| 奈何而有功○ | 9/38/3 | 因歌而○之曰 | 3/5/25 | | |
| 何行而功○ | 9/38/20 | 其妻一○即還 | 3/6/21 | 掩夫人之○漿 | 3/6/6 |
| 何以定而制之死○ | 9/38/22 | 於是鉤師向鉤而○二子 | | 貺之以○酒、一犬 | 10/43/18 |
| 而況於吳○ | 9/39/4 | 　之名 | 4/9/20 | 賜以○酒、一豚 | 10/43/18 |
| 何謂死生、眞僞○ | 9/39/22 | 仰天○怨 | 5/23/31 | | |
| 豈敢有反吾之心○ | 9/41/4 | 子試前○之 | 5/27/2 | 湖 hú | 9 |
| 亦何憂○ | 9/41/8 | ○曰 | 5/27/3 | | |
| 雖勝殷謂義○ | 9/41/11 | 三反○ | 5/27/3 | 從太○學炙魚 | 3/7/5 |
| 君何不知過○ | 9/41/14 | 三○三應 | 5/27/3 | 乃召風○子而問曰 | 4/13/2 |
| 莫不謬者○ | 9/41/25 | 吳王仰天○曰 | 5/27/3 | 風○子曰 | 4/13/3 |
| 今豈有應○ | 10/43/10 | 登高號○ | 6/29/10 | | 4/13/3,4/13/5,4/13/10 |
| 豈敢有不盡力者○ | 10/44/3 | 其語曰「烏禽○」 | 6/29/29 | 入五○之中 | 5/25/2 |
| 其可伐○ | 10/44/17 | ○吸往來 | 9/42/6 | 何居食兮江○ | 7/32/6 |
| 於○於 | 10/46/12 | | | 入五○ | 10/48/23 |
| 越可逆命○ | 10/47/16 | 弧 hú | 5 | | |
| 其計可○ | 10/47/17 | | | 縠 hú | 1 |
| 君何忘會稽之厄○ | 10/47/17 | 於是神農皇帝弦木爲○ | 9/42/14 | | |
| 其可悉○ | 10/47/26 | ○矢之利 | 9/42/14 | 飾以羅○ | 9/40/10 |
| 屯○ | 10/48/1 | 楚有○父 | 9/42/15 | | |
| 惟賢人○ | 10/48/10 | ○父者 | 9/42/15 | 虎 hǔ | 11 |
| 公位○ | 10/48/21 | ○與一餐 | 10/43/19 | | |
| 去○ | 10/48/21 | | | ○膺而熊背 | 3/6/24 |
| 妻子何法○ | 10/48/22 | 狐 hú | 8 | 鷹視○步 | 4/10/6 |
| 蠡可追○ | 10/48/24 | | | 聲如駭○ | 4/12/6 |
| 王何憂○ | 10/49/1 | 壽夢以巫臣子○庸爲相 | 2/2/22 | 秦使公子子蒲、子○率 | |
| 少王祿○ | 10/49/11 | 乃有白○（有）〔九〕 | | 　車五百乘 | 4/15/18 |
| 無乃爲貪○ | 10/49/12 | 　尾造於禹 | 6/28/23 | 大吉爲白○而臨辛 | 5/22/18 |
| 其謂斯○ | 10/49/20 | 綏綏白○ | 6/28/24 | 又與白○并重 | 5/22/19 |
| 吾前君其不徙○ | 10/50/5 | 見符朱鬐、玄○ | 7/31/1 | 臣聞內懷○狼之心 | 7/34/7 |
| 其可不誠○ | 10/50/17 | 越王乃使大夫種索葛布 | | 夫○之卑勢 | 7/34/17 |

今但因○豹之野而與荒
　外之草　8/36/17
夫○不可餧以食　9/41/9
奪之似懼○　9/42/5

**戶 hù**　10

以象地○也　4/8/23
有市之鄉三十、駿馬千
　匹、萬○之都二　4/13/11
而況有市之鄉、駿馬千
　匹、萬○之都　4/13/13
轉從眾庶為編○之民　6/29/29
逢○中　7/33/24
以象地○　8/35/20
懸膽於○　8/36/9
謂天門地○也　9/40/2
道有門○　9/42/4
開門閉○　9/42/4

**扈 hù**　4

吳鴻、○稽　4/9/20
樂師○子非荊王信讒佞　4/16/1
○子遂不復鼓矣　4/16/8
察六○　6/29/3

**華 huá**　5

建章○之臺　3/4/2
大夫○氏謀殺元公　3/5/14
國人與○氏　3/5/14
○池在平昌　4/16/25
豈況近臥於○池　7/32/15

**鏵 huá**　3

兩○殖吾宮墻　5/21/3
兩○殖宮墻者　5/21/6
兩○殖宮牆者　5/22/1

**譁 huá**　2

三軍○吟　5/25/14
而君王何為護辭○說　7/31/7

**化 huà**　7

民○其政　1/1/12
夫神物之○　4/9/8
今吾作劍不變○者　4/9/10
○為黃能　6/28/10
此吾德薄不能○民證也　6/29/2
將何德○以報國人　8/35/8
誨○有道之國　10/47/29

**畫 huà**　8

不聞以土木之崇高、蠱
　鏤之刻○、金石之清
　音、絲竹之淒喉以之
　為美　3/4/3
○其策謀　4/11/26
○作印　6/29/17
各○一策　9/37/29
錯○文章　9/39/10
功可象於圖○　10/47/30
陰○六　10/48/25
陽○三　10/48/25

**淮 huái**　14

過○津　4/10/17
而誰能涉○踰泗、越千
　里而戰者乎　4/12/16
舍兵於○汭　4/14/6
（與）〔敗〕楚師於○澨　4/15/22
今吳乃濟江○　5/23/3
越渡江○　5/23/28
通江○轉襲吳　5/25/5
遂緣江（沂）〔沂〕○
　（開）〔闕〕溝深水　5/26/9
盡濟甄○　6/28/12
起離宮於○陽　8/35/29
乃以兵北渡江○　10/47/22
以○上地與楚　10/47/23
越兵橫行於江○之上　10/47/24
跨江涉○　10/50/17

**懷 huái**　18

汝○文武　3/5/1
○家室之愛　4/11/12

其弟○怒曰　4/14/15
○怒不解　4/14/17
清旦○丸持彈　5/24/21
而○喜怒　7/30/22
令孤○心不定也　7/31/14
今○夏將滯　7/31/17
有諸大夫○德抱術　7/31/31
臣聞內○虎狼之心　7/34/7
不絕○毒之怨　7/34/9
雖○憂患　9/38/1
寡人被辱○憂　9/38/24
不○二心　9/40/24
○其社稷　9/41/3
莫不○心樂死　10/46/24
○道抱德　10/48/4
乃○怨望之心　10/48/30

**壞 huài**　5

政敗道○　5/23/23
社稷（壞）〔○〕崩　7/32/21
待其○敗　8/37/16
必有○敗　8/37/20
越軍○敗　10/47/6

**歡 huān**　4

中心○然　1/1/4
此時萬姓咸○　7/35/2
吳王○兮飛尺書　8/36/21
君樂臣○　9/40/1

**桓 huán**　14

秦（○）〔哀〕公素沉湎　4/15/7
（○）〔哀〕公大驚　4/15/9
昔者齊○割燕所至之地
　以貺燕公　7/33/15
○繆據五勝之便而列六國　8/37/22
齊○得之而霸　9/38/12
○、穆得之以霸　9/38/25
時魯哀公患三○　10/49/2
三○亦患哀公之怒　10/49/2
三○攻哀公　10/49/3
故不為哀公伐三○也　10/49/4
秦○公不如越王之命　10/50/6
稱霸穆○齊楚莊　10/50/9

| | | | | | | |
|---|---|---|---|---|---|---|
| 魯哀公以三〇之逼來奔 | 10/50/12 | 〇爲敵國 | 8/37/8 | 〔也〕 | 10/44/13 |
| 越王欲爲伐三〇 | 10/50/13 | 歲登誠〇吳貸 | 9/41/19 | 而〇其志行之少恥也 | 10/44/13 |
| | | 〇於吳 | 9/41/21 | 不〇其志行之少恥也 | 10/44/14 |
| **環 huán** | **1** | 復〇斗斛之數 | 9/41/21 | 而〇其衆之不足〔也〕 | 10/44/14 |
| | | 〇歸於國 | 10/43/9 | 可以共〇難而不可共處 | |
| 出大臣以〇之 | 5/18/7 | 兵〇不難也 | 10/44/19 | 樂 | 10/48/11 |
| | | 故爲風雨以〇汝軍 | 10/47/9 | 時魯哀公〇三桓 | 10/49/2 |
| **還 huán** | **55** | 〇受其咎 | 10/47/17 | 三桓亦〇哀公之怒 | 10/49/2 |
| | | 去〇江南 | 10/47/23 | 吾王既免於〇難 | 10/49/13 |
| 〇荊蠻 | 1/1/22 | 越王〇於吳 | 10/47/24,10/47/28 | | |
| 至衡山而〇 | 2/2/20 | 復讎〇恥 | 10/47/29 | **皇 huāng** | **12** |
| 復得王舟而〇 | 3/3/24 | 蠡終不〇矣 | 10/48/26 | | |
| 太子〇鄭 | 3/5/16 | 恐不再〇 | 10/49/15 | 恐非〇天之意 | 4/10/11 |
| 其妻一呼即〇 | 3/6/21 | 大功不〇 | 10/49/20 | 史〇曰 | 4/14/7 |
| 亡在諸侯未〇 | 3/6/28 | 越乃〇軍 | 10/50/7 | 〇天祐助 | 7/30/9,10/48/2 |
| 季子東〇 | 3/6/30 | | | 感動上〇 | 7/30/10 |
| 吳兵不得〇 | 3/7/18 | **緩 huǎn** | **1** | 上愧〇天 | 7/32/11 |
| 季子未〇 | 3/7/20 | | | 畏〇天之咎 | 7/32/17 |
| 季札使〇 | 3/8/1 | 越王乃〇刑薄罰 | 8/36/30 | 〇在上 | 7/34/4 |
| 生往死〇 | 4/10/22 | | | 豈不負〇天乎 | 7/34/16 |
| 可令〇吳 | 4/11/20 | **宦 huàn** | **1** | 上承〇天 | 8/35/24 |
| 〔〇〕 | 4/12/30 | | | 名曰東〇公 | 9/39/5 |
| 欲〇之 | 4/14/15 | 往〇士三百人於吳 | 10/43/14 | 於是神農〇帝弦木爲弧 | 9/42/14 |
| 有能〇吳軍者 | 4/14/26,4/15/1 | | | | |
| 臣能〇之 | 4/14/27 | **患 huàn** | **27** | **荒 huāng** | **2** |
| 即〇矣 | 4/14/27 | | | | |
| 〇軍守楚 | 4/15/3 | 大王〇慶忌乎 | 4/11/7 | 〇無遺土 | 7/31/20 |
| 諸將既從〇楚 | 4/16/15 | 而不除君之〇者 | 4/11/12 | 今但因虎豹之野而與〇 | |
| 吳師即〇 | 5/17/8 | 楚國郡臣有一朝之〇 | 4/12/19 | 　外之草 | 8/36/17 |
| 乃屬其子於齊鮑氏而〇 | 5/17/15 | 王不憂鄰國疆（場） | | | |
| 吳王〇 | 5/23/4 | 　〔場〕之〇 | 4/15/11 | **凰 huáng** | **1** |
| 以〇助伐之功 | 5/23/20 | 孔子〇之 | 5/17/20 | | |
| 〇師臨晉 | 5/25/5 | 涉〇犯難則使勇 | 5/19/8 | 鳳〇棲於樹 | 6/29/18 |
| 童褐將〇 | 5/25/20 | 不足〇也 | 5/22/13 | | |
| 不得〇也 | 5/25/22 | 所〇外不憂 | 5/23/10 | **偟 huáng** | **2** |
| 吳既長晉而〇 | 5/26/4 | 不覩後〇 | 5/24/27 | | |
| 齊師〇鋒而退 | 5/26/8 | 後爲大〇 | 5/27/13 | 戰不勝、敗走偟〇也 | 5/21/21 |
| 吳王〇歸自〔黃〕池 | 5/26/12 | 解憂失〇 | 7/31/23 | 是公孫聖所言不得火食 | |
| 歸〇大越 | 6/29/11 | 得無夏殷之〇乎 | 7/33/11 | 　走偟〇也 | 5/26/24 |
| 使百鳥〇爲民田 | 6/29/22 | 遂免子孫之〇 | 7/33/14 | | |
| 志在於〇 | 7/31/17 | 後必爲吳之〇 | 7/33/15 | **惶 huáng** | **1** |
| 任厥兮往〇 | 7/32/4 | 不慮萬歲之〇 | 7/34/8 | | |
| 天道〇反 | 7/33/10 | 得無後〇乎 | 7/34/31 | 諸侯怖懼皆恐〇 | 10/50/8 |
| 使得生全〇國 | 7/34/27 | 後無伏襲之〇 | 8/37/6 | | |
| 〇歸故鄉 | 7/34/31 | 雖懷憂〇 | 9/38/1 | **黃 huáng** | **21** |
| 豈料再〇 | 7/35/2 | 何〇群臣之不使也 | 9/38/13 | | |
| 夏〇握火 | 8/36/8 | 不〇其衆〔之〕不足 | | 青赤〇黑 | 1/1/8 |

| | | | | | | |
|---|---|---|---|---|---|---|
| 欲與魯晉合攻於○池之上 | 5/24/19 | **廻** huí | 4 | 適○旁有人窺之 | 3/5/20 |
| 不知○雀盈綠林 | 5/24/24 | | | 適○女子擊綿於瀨水之上 | 3/6/2 |
| 夫○雀但知伺螳螂之有味 | 5/24/25 | 周○四十七里 | 4/8/21 | 適○魯使季孫聘於吳 | 4/9/13 |
| 今臣但虛心志在○雀 | 5/24/25 | 左右○旋 | 4/12/4 | ○楚之白喜來奔 | 4/9/22 |
| 未踰於○池 | 5/26/4 | ○旋規矩 | 4/12/11 | ○於友人之喪 | 4/10/20 |
| 吳王還歸自〔○〕池 | 5/26/12 | 已○翔兮翕蘇 | 7/32/6 | 因鳴鼓○軍 | 4/12/17 |
| 化為○能 | 6/28/10 | | | 與夫人及女○蒸魚 | 4/12/27 |
| 乃案《○帝中經曆》 | 6/28/13 | **悔** huǐ | 5 | ○楚人食 | 4/14/11 |
| 齋於○帝巖嶽之下 | 6/28/18 | | | 而〔自〕（即）〔稷〕 | |
| ○龍負舟 | 6/28/28 | 雖○何追 | 3/5/3 | 　○之 | 4/15/19 |
| ○帝不讓 | 7/30/20 | ○之無及 | 5/17/13 | 通期戰之○ | 5/17/14 |
| 以作○絲之布 | 8/36/11 | ○殺子胥 | 5/24/15 | ○魯使子貢聘於吳 | 5/17/16 |
| 鏤以○金 | 9/39/10 | 其○可追乎 | 7/34/24 | 棲之○稽 | 5/18/14 |
| ○帝之後 | 9/42/15 | 吾○不隨范蠡之謀 | 10/49/20 | 上棲○稽 | 5/19/5 |
| 臣觀吳王北會諸侯於○ | | | | 棲於○稽 | 5/20/8 |
| 　池 | 10/44/18 | **毀** huǐ | 3 | 〔棲於〕○稽 | 5/20/12 |
| 夫差方會諸侯於○池 | 10/44/22 | | | 無○前進 | 5/25/7 |
| 已盟○池 | 10/44/22 | ○社稷 | 5/27/11 | ○晉今反叛如斯 | 5/25/18 |
| 乃以○昏令於左軍 | 10/46/28 | 鯀負命○族 | 6/28/7 | 乃退幕而○ | 5/26/3 |
| 自○帝至少康 | 10/50/20 | 有貪分之○ | 9/38/12 | 乃大○計治國之道 | 6/29/13 |
| ○帝 | 10/50/23 | | | 遂更名茅山曰○稽之山 | 6/29/13 |
| | | **恚** huì | 1 | 葬我○稽之山 | 6/29/20 |
| **灰** huī | 1 | | | 春秋祠禹墓於○稽 | 6/29/28 |
| | | 餘恨蔚○ | 4/10/25 | 今君王國於○稽 | 7/31/6 |
| 汝骨變形○ | 5/24/9 | | | 其於心胸中○無怵惕 | 7/32/2 |
| | | **晦** huì | 1 | 合庚辰歲後○也 | 7/33/7 |
| **揮** huī | 1 | | | 歲位之○將也 | 7/34/19 |
| | | ○誦竟夜 | 9/40/14 | 亡眾棲於○稽之山 | 8/35/14 |
| 慶忌顧而○之 | 4/11/17 | | | 復以○稽之上 | 8/35/15 |
| | | **惠** huì | 4 | 嘔養帝○ | 8/35/25 |
| **撝** huī | 2 | | | 孟津之○ | 8/37/10 |
| | | 施恩行○ | 4/8/9 | 祭陵山於○稽 | 9/39/5 |
| 孫子復○鼓之 | 4/12/11 | 即重○也 | 4/14/19 | 知○際也 | 9/39/22 |
| 隨風○撓 | 5/24/23 | 修德行○ | 7/31/28 | 女即○笑 | 10/43/23 |
| | | 忠○以養之 | 10/45/3 | 以可○之利 | 10/44/7 |
| **隳** huī | 2 | | | 乃大○群臣而令之曰 | 10/44/11 |
| | | **賄** huì | 1 | 越王○軍列士而大誡衆 | 10/44/12 |
| ○魯以自尊 | 5/18/3 | | | 臣觀吳王北○諸侯於黃 | |
| 功○於天下 | 10/46/3 | 多貨○以喜其臣 | 9/39/1 | 　池 | 10/44/18 |
| | | | | 夫差方○諸侯於黃池 | 10/44/22 |
| **徊** huí | 4 | **會** huì | 50 | ○楚使申包胥聘於越 | 10/44/25 |
| | | | | 異日得罪於○稽 | 10/47/13 |
| 徘○枝陰 | 5/24/24 | 適○伐木之人多 | 1/1/6 | 曩日之○稽也 | 10/47/14 |
| ○集五嶽 | 6/28/20 | 與中國時通朝○ | 1/2/6 | ○稽之事 | 10/47/15 |
| ○崑嵩 | 6/29/3 | 魯成公○於鍾離 | 2/2/11 | 君何忘○稽之厄乎 | 10/47/17 |
| ○復翔兮游颺 | 7/32/6 | 楚靈王○諸侯伐吳 | 2/3/12 | 與齊、晉諸侯○於徐州 | 10/47/22 |
| | | ○欲私其從者 | 3/5/16 | ○秦怖懼 | 10/50/6 |

| | |
|---|---|
| 望見越王○夫人、范蠡 | |
| 　坐於馬糞之旁 | 7/32/29 |
| 轉而○水 | 8/36/5 |
| 未○遣使 | 8/36/11 |
| 男女○信 | 9/40/1 |
| ○於萬民 | 9/41/20 |
| 不○法禁 | 9/42/6 |
| 鳥不○飛 | 9/42/25 |
| 無功不○ | 10/45/14 |
| 自近○遠 | 10/45/22 |
| ○其犯誅 | 10/46/21 |
| 不○也 | 10/48/24 |

## 即 jí　　　　　　　　59

| | |
|---|---|
| ○舉兵伐楚 | 2/3/13 |
| 王○位三年 | 3/3/28 |
| 靈王○除工去飾 | 3/4/7 |
| ○遣使者駕馹馬 | 3/4/20 |
| ○發大軍追子胥 | 3/5/6 |
| ○以鄭封太子 | 3/5/16 |
| 子胥○止蘆之漪 | 3/5/21 |
| 其妻一呼○還 | 3/6/21 |
| ○光之身也 | 3/6/29 |
| ○山作冶 | 4/9/9 |
| 見馬○出 | 4/10/17 |
| 不○喪命於敵 | 4/10/23 |
| 暝○往攻要離 | 4/10/24 |
| 要離○進日 | 4/11/7 |
| ○吳王之寵姬也 | 4/12/9 |
| 子○危矣 | 4/12/24 |
| 其劍○出 | 4/13/9 |
| 吾○得而殺之 | 4/13/15 |
| 吾○去之 | 4/13/15 |
| ○重惠也 | 4/14/19 |
| ○割子期心以與隨君盟 | |
| 　而去 | 4/14/22 |
| ○令闔閭妻昭王夫人 | 4/14/24 |
| ○還矣 | 4/14/27 |
| 臣何敢○安 | 4/15/14 |
| ○出師而送之 | 4/15/15 |
| 而〔自〕（○）〔稷〕 | |
| 　會之 | 4/15/19 |
| 吳師○還 | 5/17/8 |
| 不○誅之 | 5/18/14 |
| ○可 | 5/20/18 |
| ○斷其頭 | 5/24/8 |

| | |
|---|---|
| 當○有應 | 5/27/2 |
| ○天子之位 | 6/29/11 |
| 啓遂○天子之位 | 6/29/24 |
| 太宰嚭○入言於吳王 | 7/33/23 |
| ○以手取其便與惡而嘗之 | 7/33/25 |
| 越王○鳴鐘驚檄而召群臣 | 9/38/1 |
| ○辭群臣 | 9/38/9 |
| 來歲○復太倉 | 9/40/23 |
| 武王○成其名矣 | 9/41/12 |
| ○以粟賞賜群臣 | 9/41/20 |
| 袁公○杖籍篿竹 | 9/41/29 |
| 女○捷〔其〕末 | 9/42/1 |
| 其驗○見 | 9/42/7 |
| 越王○加女號 | 9/42/7 |
| 有天氣○來陳之 | 10/43/10 |
| 男○歌樂 | 10/43/23 |
| 女○會笑 | 10/43/23 |
| ○密不令洩 | 10/44/22 |
| ○無權變之謀 | 10/45/9 |
| 已○命孤矣 | 10/45/13 |
| ○斬有罪者三人 | 10/46/6 |
| ○爲之軾 | 10/46/22 |
| 亦○以夜暗中分其師 | 10/47/1 |
| ○日夜半 | 10/47/6 |
| 一言○合大王之事 | 10/47/25 |
| 臣聞○事作操 | 10/47/28 |
| 興夷○位一年卒 | 10/50/18 |
| 自禹受禪至少康○位 | 10/50/20 |
| 少康去顓頊○位 | 10/50/21 |

## 急 jí　　　　　　　　22

| | |
|---|---|
| ○去 | 3/4/16 |
| 事寢○兮當奈何 | 3/5/22 |
| 子○去 | 3/5/29 |
| 非以意救○後興師 | 3/6/18 |
| 於斯○矣 | 3/7/19 |
| 王○去之 | 4/9/28 |
| 求昭王所在日○ | 4/15/3 |
| 使來告○ | 4/15/9 |
| 今未往告○ | 5/17/7 |
| ○詣姑胥之臺 | 5/21/12 |
| 卒得○召 | 5/21/13 |
| 今聞○召 | 5/21/16 |
| 不意卒得○召 | 5/21/17 |
| ○令自裁 | 5/24/5 |
| 吳王困○ | 5/26/15 |

| | |
|---|---|
| 大夫種、相國蠡○而攻 | 5/27/6 |
| 願主○而命之 | 5/27/19 |
| 臣願○升明堂臨政 | 8/36/6 |
| 臣聞鄰國有○ | 9/41/17 |
| 吳告○於夫差 | 10/44/22 |
| （越）〔赴〕國家之○ | 10/46/16 |
| 使者○去 | 10/47/19 |

## 疾 jí　　　　　　　　27

| | |
|---|---|
| ○於中道 | 3/6/1 |
| 公子光佯爲足○ | 3/7/26 |
| 不前除其○ | 5/17/12 |
| 而棄心腹之○ | 5/22/13 |
| 皮膚之○ | 5/22/13 |
| 齊爲○ | 5/22/14 |
| 員不忍稱○辟易 | 5/23/11 |
| 弔死存○ | 7/31/28 |
| 待吾○愈 | 7/33/17 |
| 吳王○ | 7/33/18 |
| 主○臣憂 | 7/33/18 |
| ○之無瘳 | 7/33/19 |
| 願大王請求問○ | 7/33/22 |
| 囚臣欲一見問○ | 7/33/23 |
| 王之○至己巳日有瘳 | 7/33/26 |
| 吳王如越王期日○愈 | 7/33/30 |
| 寡人有○三月 | 7/34/12 |
| 寡人有○ | 7/34/14 |
| 王當○趨 | 8/35/10 |
| 令孤子、寡婦、○疹、 | |
| 　貧病者 | 10/43/20 |
| 父母昆弟有在○病之地 | 10/46/16 |
| 吾視之如吾父母昆弟之 | |
| 　○病也 | 10/46/16 |
| 士有○病 | 10/46/18 |
| 暴風○雨 | 10/47/6 |
| ○如弓弩 | 10/47/6 |
| 臣所以在朝而晏罷若身 | |
| 　○作者 | 10/49/1 |
| 勾踐寢○ | 10/50/15 |

## 集 jí　　　　　　　　12

| | |
|---|---|
| ○楚國之庭 | 3/3/30 |
| 相隨而○ | 4/10/3 |
| ○而攻楚 | 4/12/17 |
| 吳不知所安○ | 5/23/2 |

| | | | | | |
|---|---|---|---|---|---|
| 於是○歷葅政 | 1/1/27 | 乃大會○治國之道 | 6/29/13 | ○以通命 | 5/25/21 |
| ○歷卒 | 1/1/28 | 大夫○硯曰 | 7/31/6 | 吳○長晉而還 | 5/26/4 |
| 子○簡 | 1/2/3 | | 7/31/29,10/45/20 | ○得返國 | 5/27/8 |
| 次曰○札 | 2/2/24,3/6/27 | ○硯曰 | 7/31/16 | 吾生○慚 | 5/27/23 |
| ○札賢 | 2/2/25 | | 9/38/7,9/38/15,9/38/18 | 觴酒○升 | 7/30/13,7/34/6 |
| ○札讓曰 | 2/2/25 | | 9/39/21,9/39/23,9/40/3 | 子○不移其志 | 7/32/26 |
| 必授國以次及于○札 | 2/2/28 | 子胥明於一時之○ | 7/32/18 | 今大王○囚越君而不行誅 | 7/33/11 |
| 讓○札 | 2/3/1 | 寡人之○未有決定 | 8/35/18 | ○言信後 | 7/33/23 |
| 意在於○札 | 2/3/2 | 今欲有○ | 8/37/3 | 三者○立 | 7/34/15 |
| ○札謝曰 | 2/3/4 | 無示謀○ | 8/37/20 | 城○成 | 8/35/22 |
| 太王改爲○歷 | 2/3/5 | ○硯年少官卑 | 9/38/5 | 吳民○疲於軍 | 10/44/5 |
| 吳人固立○札 | 2/3/8 | 進○硯而問曰 | 9/38/9 | 惟是輿馬、兵革、卒伍 | |
| ○札不受而耕於野 | 2/3/9 | ○硯對曰 | 9/38/9,9/39/19 | 　○具 | 10/44/27 |
| 必以國及○札 | 2/3/10 | 今欲奉不羈之○ | 9/38/20 | 兵革○具 | 10/45/13 |
| 乃封○札於延陵 | 2/3/10 | 乃請○硯問曰 | 9/39/18 | 教令○行 | 10/45/25 |
| 號曰「延陵○子」 | 2/3/10 | 筴其極○ | 9/40/5 | 天〔○〕降禍於吳國 | 10/47/20 |
| 欲授位○札 | 2/3/18 | ○硯之謀也 | 9/40/5 | 越○有之 | 10/47/21 |
| ○札讓 | 2/3/18 | 其○可乎 | 10/47/17 | 臣○逝矣 | 10/48/22 |
| 以及○札 | 3/6/28 | ○不數謀 | 10/48/22 | 范蠡○去 | 10/48/23 |
| 念○札爲使 | 3/6/28 | ○硯佯狂 | 10/48/28 | 吾王○免於患難 | 10/49/13 |
| ○子東還 | 3/6/30 | | | 越王○已誅忠臣 | 10/49/24 |
| 使○札於晉 | 3/7/17 | **紀 jì** | **3** | | |
| ○子未還 | 3/7/20 | | | **記 jì** | **2** |
| ○札使還 | 3/8/1 | 則萬綱千○無不舉者 | 7/31/10 | | |
| ○札曰 | 3/8/1 | ○歷陰陽 | 7/31/30 | 蓋聖人所○ | 6/28/13 |
| 適會魯使○孫聘於吳 | 4/9/13 | 惟三聖○綱維持 | 8/36/2 | 使益踈而○之 | 6/28/22 |
| ○孫拔劍之鍔中缺者大 | | | | | |
| 　如黍米 | 4/9/14 | **既 jì** | **39** | **寄 jì** | **2** |
| 與妹○芈出河灘之間 | 4/14/12 | | | | |
| 大夫種建負○芈以從 | 4/14/14 | 太子○在鄭 | 3/5/15 | ○氣託靈 | 4/13/8 |
| 辛陰與其○弟巢以王奔隨 | 4/14/17 | 子胥○渡 | 3/5/23 | 使孤○身託號以俟命矣 | 10/48/20 |
| ○子死 | 10/43/19 | ○去 | 3/5/32 | | |
| | | 光○得專諸而禮待之 | 3/6/25 | **寂 jì** | **1** |
| **計 jì** | **38** | ○至王僚前 | 3/7/26 | | |
| | | 王僚○死 | 3/7/28 | 二隊○然無敢顧者 | 4/12/11 |
| 然前王不忍行其私○ | 2/3/3 | ○得寶劍 | 4/9/13 | | |
| 寡人委○於子 | 4/8/20 | 闔閭○寶莫耶 | 4/9/15 | **祭 jì** | **20** |
| 今聞公子慶忌有○於諸侯 | 4/10/10 | 吳王前○殺王僚 | 4/10/9 | | |
| 吳王內○二子皆怨楚 | 4/11/28 | ○以約束 | 4/12/7 | 遂○祀以求 | 1/1/5 |
| 未有定○ | 4/16/19 | 臣○已受命爲將 | 4/12/10 | 次曰餘○ | 2/2/24,3/6/27 |
| 此○在君耳 | 4/16/20 | 諸將○從還楚 | 4/16/15 | 命弟餘○曰 | 2/3/9 |
| 王信用嚭之○ | 5/17/11 | 太宰嚭○與子胥有隙 | 5/17/15 | 餘○十二年 | 2/3/12 |
| 以能遂疑○〔惡〕 | 5/23/9 | ○已三年矣 | 5/19/16 | 慶封數爲吳伺○ | 2/3/12 |
| 今退自○ | 5/23/26 | 吳王○勝 | 5/22/24 | 吳王餘○怒曰 | 2/3/13 |
| 前王聽從吾○ | 5/23/29 | 宗廟○夷 | 5/23/24 | 餘○卒 | 2/3/18 |
| 死者不可勝○ | 5/26/14 | 夫差○殺子胥 | 5/24/18 | 修○祀 | 5/20/9 |
| 南到○於蒼梧 | 6/28/30 | 〔○〕陣 | 5/25/13 | 賴王賜得奉○祀 | 5/20/12 |

| | |
|---|---|
| 血白馬以〇 | 6/28/15 |
| 啓使使以歲時春秋而〇 | |
| 　禹於越 | 6/29/25 |
| 少康恐禹〇之絕祀 | 6/29/26 |
| 租貢纖給宗廟〇祀之費 | 6/29/27 |
| 我方修前君〇祀 | 6/29/30 |
| 皆助奉禹〇 | 6/29/31 |
| 復夏王之〇 | 6/30/1 |
| 立東郊以〇陽 | 9/39/5 |
| 立西郊以〇陰 | 9/39/5 |
| 〇陵山於會稽 | 9/39/5 |

## 跡 jì　　2

| | |
|---|---|
| 見大人〇而觀之 | 1/1/4 |
| 履上帝之〇 | 1/1/5 |

## 際 jì　　3

| | |
|---|---|
| 天人之〇於茲 | 6/28/25 |
| 今大王雖在危困之〇 | 7/31/5 |
| 知會〇也 | 9/39/22 |

## 稷 jì　　28

| | |
|---|---|
| 后〇之苗裔也 | 1/1/3 |
| 后〇其母 | 1/1/3 |
| 后〇遂得不死 | 1/1/7 |
| 粢〇秬秠 | 1/1/8 |
| 號爲后〇 | 1/1/10 |
| 后〇就國爲諸侯 | 1/1/10 |
| 脩公劉、后〇之業 | 1/1/13 |
| 乃宗廟社〇之制 | 2/3/4 |
| 此社〇之言也 | 3/7/2 |
| 社〇以奉 | 3/8/2 |
| 而〔自〕（即）〔〇〕 | |
| 　會之 | 4/15/19 |
| 幾危宗廟社〇滅 | 4/16/6 |
| 掘社〇也 | 5/22/2 |
| 社〇不食 | 5/23/24 |
| 越人掘汝社〇 | 5/24/2 |
| 而〇其形 | 5/24/24 |
| 吾將殘汝社〇、夷汝宗廟 | 5/26/19 |
| 毀社〇 | 5/27/11 |
| 不能遵守社〇 | 7/31/11 |
| 以保社〇 | 7/32/1 |
| 社〇（壞）〔壞〕崩 | 7/32/21 |

| | |
|---|---|
| 一旦社〇圮壚 | 7/34/24 |
| 齋臺在於（襟）〔〇〕山 | 8/35/30 |
| 懷其社〇 | 9/41/3 |
| 復其社〇 | 9/41/4 |
| 殘我社〇 | 10/44/26 |
| 夷我社〇 | 10/45/12 |
| 失滅宗廟社〇者 | 10/47/21 |

## 髻 jì　　1

| | |
|---|---|
| 徒以椎〇爲俗 | 2/2/12 |

## 冀 jì　　3

| | |
|---|---|
| 以固〇於此 | 6/29/6 |
| 今寡人〇得免於軍旅之憂 | 7/30/24 |
| 〇聞報復之謀 | 9/38/14 |

## 濟 jì　　11

| | |
|---|---|
| 以自〇達 | 3/4/30 |
| 子常遂〇漢而陣 | 4/14/6 |
| 楚人未〇漢 | 4/14/11 |
| 王涉灘〇江 | 4/14/13 |
| 今吳乃〇江淮 | 5/23/3 |
| 西屬〇 | 5/24/19 |
| 〇三江 | 5/26/5 |
| 盡〇甌淮 | 6/28/12 |
| 禹〇江南省水理 | 6/28/27 |
| 宋襄〇河而戰 | 7/33/16 |
| 陣兵未〇秦師降 | 10/50/8 |

## 繼 jì　　1

| | |
|---|---|
| 吳越之士〇踵連死、肝 | |
| 　腦塗地者 | 5/19/17 |

## 驥 jì　　1

| | |
|---|---|
| 夫〇不可與匹馳 | 7/31/10 |

## 加 jiā　　29

| | |
|---|---|
| 昔周行之德〇於四海 | 2/2/27 |
| 時〇於巳 | 3/4/27 |
| 幸不〇戮 | 4/8/12 |
| 何能〇之 | 4/9/14 |

| | |
|---|---|
| 離乃〇吾之上 | 4/11/4 |
| 乃〇於膝上 | 4/11/18 |
| 乃敢〇兵刃於我 | 4/11/18 |
| 〇罰於楚 | 4/14/19 |
| 千鈞之重〇銖〔兩〕而移 | 5/18/11 |
| 時〇南方 | 5/21/15 |
| 威〇諸侯 | 5/24/1,10/47/29 |
| 余寶（〇）〔嘉〕之 | 5/26/11 |
| 何必使吾師衆〇刃於王 | 5/27/18 |
| 不敢〇誅於人主 | 5/27/19 |
| 裁〇役臣 | 7/32/12 |
| 大王垂仁恩〇越 | 7/33/4 |
| 時〇日出 | 7/33/6 |
| 時〇卯而賊戊 | 7/33/7 |
| 克之則〇以誅 | 7/33/14 |
| 時〇雞鳴 | 7/34/19 |
| 時〇日昳 | 7/34/30 |
| 時〇禺中 | 8/35/9 |
| 越王即〇女號 | 9/42/7 |
| 〇之以力 | 9/42/17 |
| 無以〇斯矣 | 10/45/8 |
| 有功必〇 | 10/45/14 |
| 又將〇之以誅 | 10/45/25 |
| 今官不〇增 | 10/48/30 |

## 夾 jiā　　2

| | |
|---|---|
| 自豫章與楚〇漢水爲陣 | 4/14/6 |
| 將以（使）〔〇〕攻我衆 | 10/47/1 |

## 家 jiā　　23

| | |
|---|---|
| 從而歸之者千有餘〇 | 1/1/24 |
| 二〇相攻 | 3/7/11 |
| 自宮門至於光〇之門 | 3/7/25 |
| 〔國〇無傾〕 | 3/8/2 |
| 一至宛〇 | 4/9/26 |
| 我辱壯士椒丘訴於大〇 | |
| 　之喪 | 4/10/25 |
| 子辱我於大〇之衆 | 4/10/28 |
| 懷〇室之愛 | 4/11/12 |
| 且郡、伍之〇出奔於吳 | 4/12/23 |
| 將欲報以百金而不知其〇 | 4/16/9 |
| 不知其〇 | 4/16/12 |
| 國〇之出 | 5/22/11 |
| 〇於西羌 | 6/28/5 |
| 我〇嘉夷 | 6/28/25 |

| | | |
|---|---|---|
| **檢 jiǎn** 1 | ○成恒 5/17/22 | 不○恨色 7/34/22 |
| | 請爲君南○吳王 5/18/10 | 望○大越山川重秀 7/35/1 |
| ○去止也 9/42/22 | 子貢南○吳王 5/18/11 | 君徒○外 8/35/26 |
| | ○小利而忘大害 5/18/17 | 未○於內 8/35/26 |
| **簡 jiǎn** 8 | 臣（誠）〔請〕東○越王 5/18/19 | 夫子故不一二○也 8/36/4 |
| | 子貢東○越王 5/18/19 | ○其勞苦爲之悲 8/36/30 |
| 子季○ 1/2/3 | 臣今者○吳王 5/19/2 | 不可○其象 8/37/5 |
| ○子叔達 1/2/3 | 唯魚鱉○矣 5/19/5 | 無○其動 8/37/17 |
| 齊大夫陳成恒欲弒○公 5/17/19 | 今大夫辱弔而身○之 5/19/6 | 何易○而難使也 9/38/5 |
| 其書金○ 6/28/15 | ○定公曰 5/20/19 | 非大夫易○而難使 9/38/6 |
| 金○之書存矣 6/28/18 | ○兩鑷 5/21/2 | 文種遠以○外 9/38/19 |
| 發金○之書 6/28/19 | 多○（博）〔博〕觀 5/21/11 | 高○二百里 9/39/15 |
| 案金○玉字 6/28/19 | 入門○鑷蒸而不炊者 5/21/22 | 貴賤○矣 9/40/2 |
| 而○銳之 10/43/21 | 乃○王之爲擒 5/23/11 | 因宰嚭求○吳王 9/40/22 |
| | 獨○四人向庭相背而倚 5/23/12 | 臣必○越之破吳 9/41/10 |
| **見 jiàn** 108 | 王何所○ 5/23/13 | 天氣未○ 9/41/24 |
| | 吾○四人相背而倚 5/23/13 | 立可○ 9/41/27 |
| ○大人跡而觀之 1/1/4 | 望○兩人相對 5/23/15 | 處女將北○於王 9/41/27 |
| 王且○擒 3/4/14 | ○乎 5/23/16 | 願一○之 9/41/28 |
| 汝可○使 3/4/26 | 無所○ 5/23/16 | ○越王 9/42/1 |
| 思○父耳 3/4/28 | 王何○ 5/23/16 | ○之似好婦 9/42/5 |
| 徵倖相○ 3/4/30 | 前日所○四人 5/23/16 | 其驗即○ 9/42/7 |
| ○其妻 3/5/4 | 今日又○二人相對 5/23/17 | 孝子不忍○父母爲禽獸 |
| 不○ 3/5/25 | ○難爭死 5/23/21 | 　所食 9/42/13 |
| 吾○子有饑色 3/5/26 | 破楚○凌之讎 5/23/29 | 生不○父母 9/42/15 |
| 吳市吏善相者○之 3/6/9 | 孤不使汝得有所○ 5/24/5 | 是天氣前○亡國之證也 10/43/11 |
| 未嘗○斯人也 3/6/10 | 有何所○ 5/24/9 | 又○於卜筮 10/44/7 |
| 市吏於是與子胥俱入○王 3/6/12 | 死勿○我形 5/27/25 | 三者前○ 10/45/21 |
| 入○王僚 3/6/17 | 因夢○赤繡衣男子 6/28/16 | 吾○子於是 10/45/27 |
| 伍胥知光之○機也 3/7/18 | 啓生不○父 6/28/26 | 道○蟲張（復）〔腹〕 |
| 於是公子○專諸曰 3/7/20 | 而○縛人 6/28/30 | 　而怒 10/46/22 |
| 請○之 4/9/30 | ○符朱鱉、玄狐 7/31/1 | ○敵而有怒氣 10/46/24 |
| 闔閭○白喜而問曰 4/9/30 | 福○知吉 7/31/30 | ○伍子胥頭 10/47/5 |
| 何○而信喜 4/10/2 | ○夫差 7/32/10 | 恐天變復○ 10/47/27 |
| 吾不○也 4/10/5 | 吳王召越王入○ 7/32/19 | 臣○王志也 10/49/10 |
| 臣昔嘗○曾拆辱壯士椒 | 望○越王及夫人、范蠡 | 吾○王時 10/49/16 |
| 　丘訴也 4/10/15 | 　坐於馬糞之旁 7/32/29 | |
| ○馬即出 4/10/17 | 寡人心不忍○ 7/33/3 | **建 jiàn** 15 |
| ○其門不閉 4/10/26 | 久之不○ 7/33/12 | |
| 子胥乃○要離曰 4/11/5 | 吳王○擒也 7/33/12 | ○章華之臺 3/4/2 |
| 乃與子胥○吳王 4/11/5 | ○大夫種、范蠡而言越 | 楚平王有太子名○ 3/4/8 |
| 求○慶忌 4/11/14 | 　王復拘於石室 7/33/13 | 乃復讒太子○ 3/4/11 |
| ○曰 4/11/14 | 臣竊○吳王眞非人也 7/33/21 | ○母蔡氏無寵 3/4/11 |
| 無罪○誅 4/11/15 | 得○ 7/33/22 | 聞太子○在宋 3/5/8 |
| 正○斬二愛姬 4/12/9 | 因臣欲一○問疾 7/33/23 | 子胥乃與太子○俱奔鄭 3/5/14 |
| 而吳○伐 5/17/7 | 王召而○之 7/33/24 | 太子○又適晉 3/5/15 |
| 今○吳之亡矣 5/17/14 | 昨日大王何○乎 7/34/7 | 鄭定公與子產誅殺太子○ 3/5/17 |

| | | | | | |
|---|---|---|---|---|---|
| ○有子名勝 | 3/5/17 | 勾○歎曰 | 9/40/5 | 請干將鑄作名○二枚 | 4/9/3 |
| 因迎故太子○母於鄭 | 3/7/7 | 越王勾○竊有二遺女 | 9/40/11 | 俱能爲○ | 4/9/4 |
| 鄭君送○母珠玉簪珥 | 3/7/7 | 乃勾○之盡忠於吳之證也 | 9/40/12 | 以故使○匠作爲二枚 | 4/9/4 |
| 欲以解殺○之過 | 3/7/7 | 以愧勾○ | 9/41/3 | 干將作○ | 4/9/5 |
| 大夫種○負季羋以從 | 4/14/14 | 勾○氣服 | 9/41/3 | 子以善爲○聞於王 | 4/9/6 |
| 鄭定公前殺太子○而困 | | 勾○國憂 | 9/41/7 | 使子作○ | 4/9/7 |
| 　迫子胥 | 4/14/26 | 勾○十五年 | 10/43/9 | 今夫子作○ | 4/9/8 |
| ○策之士無暴興之說 | 7/31/3 | 勾○復問 | 10/44/20 | 今吾作○不變化者 | 4/9/10 |
| | | 勾○自度未能滅 | 10/44/23 | 遂以成○ | 4/9/12 |

**荐 jiàn　　1**

| | | | | | |
|---|---|---|---|---|---|
| 道○饑餒 | 9/40/23 | 勾○乃退齋而命國人曰 | 10/45/22 | 既得寶○ | 4/9/13 |
| | | 勾○恐民不信 | 10/45/24 | 闔閭使掌○大夫以莫耶 | |
| | | 勾○有命於夫人、大夫曰 | 10/46/5 | 　獻之 | 4/9/13 |

**僭 jiàn　　3**

| | | | | | |
|---|---|---|---|---|---|
| 無○侈之過 | 5/27/11 | 勾○乃命有司大徇軍 | 10/46/14 | 季孫拔○之鍔中缺者大 | |
| ○天子之號 | 10/47/27 | 勾○曰 | 10/46/23 | 　如黍米 | 4/9/14 |
| 今君遂○號不歸 | 10/47/27 | | 10/47/18,10/50/4 | ○也 | 4/9/14 |
| | | 勾○不忍其言 | 10/47/15 | 夫○之成也 | 4/9/15 |

**漸 jiàn　　1**

| | | | | | |
|---|---|---|---|---|---|
| 乃登○臺 | 9/37/30 | 勾○憐之 | 10/47/19 | 祖褐持○ | 4/10/19 |
| | | 勾○已滅吳 | 10/47/22 | 訴乃手○而捽要離曰 | 4/10/27 |
| | | 周元王使人賜勾○ | 10/47/23 | 前拔子○ | 4/11/2 |

**踐 jiàn　　51**

| | | | | | |
|---|---|---|---|---|---|
| 因履而○之 | 1/1/4 | 范蠡知勾○愛壤土 | 10/48/6 | 椒丘訴投○而嘆曰 | 4/11/3 |
| 今大王○國制威 | 3/6/18 | 恐勾○未返 | 10/48/7 | 伏○而死 | 4/11/24 |
| 左足○腹 | 4/14/23 | 勾○憂文種之不圖 | 10/49/4 | 操○盾而立 | 4/12/4 |
| 越王勾○再拜稽首 | 5/18/21 | 勾○乃使使號令齊楚秦晉 | 10/50/5 | 湛盧之○惡闔閭之無道也 | 4/13/1 |
| 東海役臣勾○之使者臣種 | 5/20/11 | 勾○乃選舉越將士 | 10/50/6 | 得吳王湛盧之○於床 | 4/13/1 |
| 稽首謝於勾○ | 5/22/4 | 勾○寢疾 | 10/50/15 | 寡人臥覺而得寶○ | 4/13/2 |
| 及從勾○之師伐齊 | 5/22/10 | 自勾○至于親 | 10/50/19 | 是何○也 | 4/13/2 |
| 越君勾○下臣種敢言之 | 5/27/7 | 勾○ | 10/50/24 | 此謂湛盧之○ | 4/13/3 |
| 勾○敬天而功 | 5/27/8 | 勾○至王親 | 10/50/27 | 臣聞吳王得越所獻寶○ | |
| 勾○謂種、蠡曰 | 5/27/18 | | | 　三枚 | 4/13/3 |
| 越王勾○五年 | 7/30/8 | | | 魚腸之○已用殺吳王僚也 | 4/13/4 |
| 東海賤臣勾○ | 7/32/11 | **賤 jiàn　　6** | | 臣聞越王（元）〔允〕 | |
| 臣勾○叩頭頓首 | 7/32/13 | | | 　常使歐冶子造○五枚 | 4/13/5 |
| 勾○愚黯 | 7/33/2 | 故使○臣以奉前王所藏 | | 魚腸○逆理不順 | 4/13/6 |
| 下因臣勾○賀於大王 | 7/33/25 | 　〔器〕 | 5/20/13 | 其○即出 | 4/13/9 |
| 下臣勾○從小臣范蠡 | 7/34/3 | 君不○有功之臣 | 5/23/19 | 臣聞此○在越之時 | 4/13/10 |
| 越王勾○臣吳 | 8/35/6 | 東海○臣勾踐 | 7/32/11 | 闔閭聞楚得湛盧之○ | 4/13/14 |
| 勾○七年也 | 8/35/6 | 物貴○也 | 9/39/21 | 越王送之金百鎰、寶○ | |
| 勾○之出游也 | 8/35/30 | 貴○見矣 | 9/40/2 | 　一、良馬二 | 5/20/6 |
| 越王勾○十年二月 | 9/37/28 | 君○ | 10/49/11 | 甲二十領、屈盧之（予） | |
| 勾○敬從 | 9/37/29 | | | 　〔矛〕、步光之○ | 5/20/14 |
| 東海役臣臣孤勾○使臣種 | 9/39/11 | **劍 jiàn　　61** | | 釋○而對曰 | 5/23/8 |
| | | | | 乃使人賜屬鏤之○ | 5/23/31 |
| | | 胥乃解百金之○以與漁者 | 3/5/27 | 子胥受○ | 5/23/31 |
| | | 此吾前君之○ | 3/5/27 | 反賜我○ | 5/24/2 |
| | | 豈圖取百金之○乎 | 3/5/29 | 子胥把○ | 5/24/5 |
| | | 何須私備○士 | 3/6/31 | 遂伏○而死 | 5/24/6,10/49/22 |
| | | 使專諸置魚腸○炙魚中 | | 吳師皆文犀、長盾、扁 | |
| | | 　進之 | 3/7/26 | | |

| | |
|---|---|
| 一曰干○ | 4/9/4 |
| 干○之妻也 | 4/9/5 |
| 干○作劍 | 4/9/5 |
| 於是干○不知其由 | 4/9/6 |
| 干○曰 | 4/9/7,4/9/8 |
| 於是干○妻乃斷髮剪爪 | 4/9/11 |
| 陽曰干○ | 4/9/12 |
| 干○匿其陽 | 4/9/12 |
| 於斯○何以教寡人 | 4/9/31 |
| ○遂吳統 | 4/10/13 |
| ○渡江 | 4/11/16 |
| 吳○欲伐楚 | 4/11/26 |
| 各○一隊 | 4/12/3 |
| ○之罪也 | 4/12/7 |
| 寡人已知○軍用兵矣 | 4/12/9 |
| 臣既已受命爲○ | 4/12/10 |
| ○法在軍 | 4/12/10 |
| ○軍罷兵就舍 | 4/12/14 |
| 非孫武之○ | 4/12/16 |
| 孫子爲○ | 4/12/17 |
| 殺吳亡○二公子蓋餘、 | |
| 　燭傭 | 4/12/17 |
| 楚聞吳使孫子、伍子胥 | |
| 　、白喜爲○ | 4/12/18 |
| 楚用子期爲○ | 4/13/15 |
| 二○曰 4/13/25,4/13/26,4/13/29 | |
| 出固○亡 | 4/14/12 |
| 子胥軍○至 | 4/14/28 |
| ○圖而告 | 4/15/13 |
| 楚子期○焚吳軍 | 4/15/23 |
| 必○乘煙起而助我 | 4/15/25 |
| 垂涕舉兵○西伐 | 4/16/5 |
| ○欲報以百金而不知其家 | 4/16/9 |
| 吳王聞三師○至 | 4/16/13 |
| ○到之日 | 4/16/13 |
| 諸○既從還楚 | 4/16/15 |
| 今齊○伐之 | 5/17/21 |
| 〔○〕明於法禁 | 5/18/6 |
| 大臣○有疑我之心 | 5/18/9 |
| 必○有報我之心 | 5/18/15 |
| ○使使者來謝於王 | 5/20/10 |
| 今竊聞大王〔○〕興大義 | 5/20/13 |
| 若○遂大義 | 5/20/14 |
| 今吳、齊○戰 | 5/20/20 |
| ○與齊戰 | 5/20/22 |
| 寡人○北伐齊魯 | 5/21/18 |
| ○失衆矣 | 5/23/14 |

| | |
|---|---|
| 吾○爵之上賞 | 5/23/20 |
| 吾○復增其國 | 5/23/20 |
| ○滅吳國 | 5/23/24 |
| 禍○及汝 | 5/23/29 |
| 不知越王○選死士 | 5/25/2 |
| 童褐○還 | 5/25/20 |
| 乃悉士衆○踰章山 | 5/26/4 |
| 吾○殘汝社稷、夷汝宗廟 | 5/26/19 |
| 天○殺戮 | 5/27/14 |
| ○爲何如 | 5/27/15 |
| ○任治水 | 6/28/6 |
| ○告以期 | 6/28/17 |
| 遂已着艾○老 | 6/29/19 |
| 壽○盡矣 | 6/29/19 |
| ○孤之罪耶 | 7/30/15 |
| 寡人○去入吳 | 7/31/7 |
| 吾○屬焉 | 7/31/8 |
| 今懷夏○滯 | 7/31/17 |
| 吾○逝矣 | 7/31/19 |
| 國已○亡 | 7/32/21 |
| 敗軍之○不敢語勇 | 7/32/23 |
| 事○有意 | 7/33/6 |
| 親○其臣民 | 7/34/13 |
| ○以有擊也 | 7/34/17 |
| ○求所取也 | 7/34/17 |
| 歲位之會○也 | 7/34/19 |
| 知父○有不順之子 | 7/34/20 |
| 吳○爲所擒也 | 7/34/23 |
| 越○有福 | 7/34/31 |
| ○何德化以報國人 | 8/35/8 |
| ○尊前君之意 | 8/35/15 |
| ○焉立霸王之業 | 8/35/17 |
| 陽○也 | 8/36/3 |
| 號絺素兮○獻之 | 8/36/20 |
| 猛獸○擊 | 8/37/4 |
| 驚鳥○（搏）〔搏〕 | 8/37/4 |
| 聖人○動 | 8/37/5 |
| ○有修飾攻戰 | 9/41/1 |
| 處女○北見於王 | 9/41/27 |
| 牛爲中○ | 9/42/22 |
| 弓爲○軍 | 9/42/23 |
| ○率二三子夫婦以爲藩 | |
| 　輔 | 10/43/16 |
| ○免者以告於孤 | 10/43/17 |
| 今寡人○助天威 | 10/44/15 |
| 君○不知 | 10/45/9 |
| 吾○有不虞之議 | 10/45/22 |

| | |
|---|---|
| 吾○有顯戮 | 10/45/23 |
| 又○加之以誅 | 10/45/25 |
| ○有戰爭之氣 | 10/46/22 |
| 有司○軍大徇軍中曰 | 10/46/24 |
| ○戰於江 | 10/46/28 |
| ○以（使）〔夾〕攻我衆 | 10/47/1 |
| ○許之成 | 10/47/15 |
| 越王必○誅子 | 10/48/8 |
| 良弓○藏 | 10/48/10 |
| ○害於子 | 10/48/12 |
| 欲○逝矣 | 10/48/20 |
| 吾○復入 | 10/49/15 |
| 勾踐乃選吳越○士 | 10/50/6 |

**漿 jiāng　　　　4**

| | |
|---|---|
| 持麥飯、鮑魚羹、盎○ | 3/5/24 |
| 掩子之盎○ | 3/5/32 |
| 飯其盎○ | 3/6/4 |
| 掩夫人之壺○ | 3/6/6 |

**僵 jiāng　　　　3**

| | |
|---|---|
| 放髮○臥無所懼 | 4/10/26 |
| 迎風則○ | 4/11/6 |
| 兵士○斃 | 10/47/7 |

**疆 jiāng　　　　3**

| | |
|---|---|
| 王不憂鄰國○（場） | |
| 　〔場〕之患 | 4/15/11 |
| 無○無極 | 7/30/12 |
| 夫內修封○之役 | 7/31/19 |

**匠 jiàng　　　　1**

| | |
|---|---|
| 以故使劍○作爲二枚 | 4/9/4 |

**降 jiàng　　　　10**

| | |
|---|---|
| 乃以兵○楚 | 3/8/4 |
| 天氣下○ | 4/9/6 |
| 賴天○（哀）〔衷〕 | 5/23/7 |
| 吾聞誅○殺服 | 7/32/17 |
| 君臣俱○ | 7/32/24 |
| ○瑞翼翼 | 7/34/5 |
| 所離不○兮 | 10/46/10 |

| | |
|---|---|
| 三軍一飛○兮 | 10/46/10 |
| 天〔既〕○禍於吳國 | 10/47/20 |
| 陣兵未濟秦師○ | 10/50/8 |

### 交 jiāo　　10

| | |
|---|---|
| 外○諸侯 | 3/4/13 |
| 使坐立侍皆操長戟○軹 | 3/7/25 |
| 立戟○軹倚專諸胸 | 3/7/27 |
| 而滅其○親 | 4/13/19 |
| 而下與大臣○爭〔也〕 | 5/18/5 |
| 願一與吳○戰於天下平<br>　原之野 | 5/19/17 |
| 必有敢言之○ | 5/24/14 |
| 必角勢○爭 | 8/37/8 |
| 外○敵國 | 9/41/15 |
| 兵刃○錯 | 9/42/17 |

### 郊 jiāo　　9

| | |
|---|---|
| 請伏國人於○ | 5/17/7 |
| 除道○迎 | 5/18/20 |
| 軍臨北○ | 5/22/20 |
| 立東○以祭陽 | 9/39/5 |
| 立西○以祭陰 | 9/39/5 |
| 乃使陳音教士習射於北<br>　○之外 | 9/43/3 |
| 徙軍於○ | 10/46/7 |
| 令國人各送其子弟於○<br>　境之上 | 10/46/9 |
| 又敗之於○ | 10/47/3 |

### 椒 jiāo　　7

| | |
|---|---|
| 臣昔嘗見曾拆辱壯士○<br>　丘訴也 | 4/10/15 |
| ○丘訴者 | 4/10/16 |
| ○丘訴大怒 | 4/10/19 |
| ○丘訴卒於詰責 | 4/10/24 |
| 我辱壯士○丘訴於大家<br>　之喪 | 4/10/25 |
| ○丘訴果往 | 4/10/26 |
| ○丘訴投劍而嘆曰 | 4/11/3 |

### 焦 jiāo　　3

| | |
|---|---|
| ○脣乾舌 | 5/19/16 |

| | |
|---|---|
| 乃勞身○思 | 6/28/12 |
| 猶縱毛爐炭之上幸其○ | 7/34/9 |

### 嬌 jiāo　　2

| | |
|---|---|
| 謂之女○ | 6/28/26 |
| 女○生子啓 | 6/28/26 |

### 驕 jiāo　　6

| | |
|---|---|
| 諸樊○恣 | 2/3/9 |
| 是君上○〔主心〕 | 5/18/4 |
| 且夫上○則犯 | 5/18/4 |
| 臣○則爭 | 5/18/4 |
| 夫吳之志猛○而自矜 | 8/37/8 |
| 今吳君○臣奢 | 8/37/21 |

### 狡 jiāo　　3

| | |
|---|---|
| 吾聞○兔以死 | 5/27/5 |
| ○兔已盡 | 10/48/10 |
| ○兔死 | 10/49/9 |

### 矯 jiāo　　2

| | |
|---|---|
| 啄蝦○翮兮雲間 | 7/32/4 |
| 身翱翔兮○翼 | 7/32/9 |

### 校 jiāo　　4

| | |
|---|---|
| 吳王乃使太宰嚭爲右○<br>　司馬 | 5/22/10 |
| 王孫駱爲左○〔司馬〕 | 5/22/10 |
| 中○之軍皆白裳、白髦<br>　、素甲、素羽之矰 | 5/25/10 |
| 巧工施○ | 9/39/9 |

### 教 jiāo　　29

| | |
|---|---|
| 使○民山居 | 1/1/9 |
| ○吳射御 | 2/2/15 |
| 吾欲○子報楚 | 3/5/10 |
| ○子不報 | 3/5/10 |
| 今幸奉一言之○ | 4/8/13 |
| 無忌○宛曰 | 4/9/27 |
| 於斯將何以○寡人 | 4/9/31 |
| 而以○恒 | 5/18/2 |

| | |
|---|---|
| 又發玉聲以○孤 | 5/19/6 |
| 敢不承○ | 5/19/6 |
| 有孔子之○ | 5/24/28 |
| 奉○順理 | 7/31/15 |
| 夫適市之（婆）〔妻〕<br>　○嗣糞除 | 7/31/17 |
| ○我赦之 | 7/32/17 |
| 寡人不慎天○ | 8/35/7 |
| 君不名○ | 8/36/22 |
| 今吳承闔閭之軍制、子<br>　胥之典○ | 8/37/18 |
| 群臣○誨 | 9/37/28 |
| ○以容步 | 9/40/10 |
| 乃命五板之墮長高習之<br>　○軍士 | 9/42/8 |
| ○爲人君 | 9/42/21 |
| 主○使也 | 9/42/24 |
| 又爲受○ | 9/42/24 |
| 一身異○ | 9/42/29 |
| 願子悉以○吾國人 | 9/43/2 |
| 乃使陳音○士習射於北<br>　郊之外 | 9/43/3 |
| ○令既行 | 10/45/25 |
| 夫子何以○之 | 10/49/28 |
| 夫子何說而欲○之 | 10/50/2 |

### 徼 jiāo　　6

| | |
|---|---|
| ○倖相見 | 3/4/30 |
| ○幸他國 | 5/22/13 |
| 吾欲與之○天之中 | 10/44/27 |
| 吾欲〔與之〕○天之中 | 10/45/12 |
| 若○天之中 | 10/47/14 |
| ○倖 | 10/48/12 |

### 皆 jiē　　33

| | |
|---|---|
| 人民○耕田其中 | 1/1/26 |
| ○賢 | 3/4/16 |
| 階席左右○王僚之親戚 | 3/7/25 |
| 使坐立侍○操長戟交軹 | 3/7/25 |
| 吳王內計二子○怨楚 | 4/11/28 |
| 令三百人○被甲兜鍪 | 4/12/3 |
| 一鼓○振 | 4/12/4 |
| 於是宮女○掩口而笑 | 4/12/5 |
| 群臣○怨 | 4/12/19 |
| ○以送女 | 4/12/29 |

| | | |
|---|---|---|
| 吳師○文犀、長盾、扁諸之劍 | 5/25/10 | **劫** jié 1 |
| 中校之軍○白裳、白髦、素甲、素羽之贈 | 5/25/10 | 乃援琴爲楚作窮○之曲　4/16/3 |
| 左軍○赤裳、赤髦、丹甲、朱羽之贈 | 5/25/11 | **桀** jié 8 |
| 右軍○玄裳、玄輿、黑甲、鳥羽之贈 | 5/25/12 | 公劉避夏○於戎狄　1/1/12 |
| ○琢其文 | 6/28/15 | 昔者○殺關龍逢　5/23/27 |
| ○助奉禹祭 | 6/29/31 | 參於○紂　5/23/27 |
| 群臣○送至浙江之上 | 7/30/8 | 湯改儀而媚於○　7/30/17 |
| 大夫○前圖未然之端 | 7/30/23 | 昔○囚湯而不誅　7/33/10 |
| ○遇困厄之難 | 7/30/27 | 臣聞○登高自知危　7/34/10 |
| 范蠡乃令左右○食岑草 | 7/33/29 | 昔者○起靈臺　9/39/13 |
| ○有帶甲之勇 | 8/36/30 | 昔○易湯而滅　9/40/13 |
| ○有怨望之心 | 9/39/8 | |
| 越國群臣○稱萬歲 | 9/41/20 | **捷** jié 1 |
| 軍士○能用弓弩之巧 | 9/43/4 | 女即○〔其〕末　9/42/1 |
| ○造國門之期 | 10/45/23 | |
| ○作離別相去之詞 | 10/46/9 | **結** jié 14 |
| 所向○殂 | 10/46/11 | 二國從斯○讎　2/2/16 |
| ○被兕甲 | 10/46/27 | 陰而○之　3/6/24 |
| ○輔周室 | 10/50/5 | 以○怨於吳　4/12/23 |
| 諸侯怖懼○恐惶 | 10/50/8 | ○讎於楚　4/12/24 |
| 中國○畏之 | 10/50/9 | 願○和親而去　5/23/2 |
| 其歷八主○稱霸 | 10/50/19 | 爲子西○彊讎於楚　5/23/5 |
| 親衆○失 | 10/50/20 | 輔臣○髮　7/31/1 |
| | | ○和諸侯　7/31/23 |
| **接** jié 7 | | 腸千○兮服膺　7/32/8 |
| | | 囚○吳宮　8/35/15 |
| 不與同域○壤 | 3/5/12 | 而怨○於楚　8/37/7 |
| 手○飛鳥 | 4/11/9 | 深○於晉　8/37/7 |
| 闇○矢不可中 | 4/11/9 | 方今吳、楚○讎　8/37/10 |
| 夜以○日 | 5/18/15,8/36/8 | 得與君王○成以歸　10/47/13 |
| 吾貫弓○矢於鄭楚之界 | 5/23/28 | |
| 兩軍邊兵○好 | 5/25/15 | **詰** jié 1 |
| | | 椒丘訴卒於○責　4/10/24 |
| **揭** jiē 1 | | |
| | | **節** jié 7 |
| ○釜甑而歸古公 | 1/1/17 | 子慶○立　1/1/12 |
| | | 願王更隱撫忠○　4/16/7 |
| **階** jiē 2 | | 端於守○　4/16/23 |
| | | 一○之人　7/32/30 |
| ○席左右皆王僚之親戚 | 3/7/25 | 君有逆○之臣　7/34/20 |
| 土○三等葬之 | 6/29/20 | |

| | |
|---|---|
| 君王○儉 | 10/43/24 |
| 則不得與三軍同饑寒之○ | 10/45/10 |
| **截** jié 1 | |
| 夫○骨之劍無削剽之利 | 7/31/2 |
| **竭** jié 4 | |
| ○力以勞萬民 | 6/28/28 |
| 力○而威折 | 8/37/15 |
| 人○其智 | 9/38/17 |
| 盡言○忠 | 10/49/8 |
| **碣** jié 2 | |
| 通江東流至於○石 | 6/29/4 |
| 又令安廣之人佩石○之矢 | 10/46/27 |
| **潔** jié 1 | |
| ○身清行 | 2/3/19 |
| **解** jiě 10 | |
| 心恨不○ | 2/3/16 |
| 胥乃○百金之劍以與漁者 | 3/5/27 |
| 欲以○殺建之過 | 3/7/7 |
| 懷怒不○ | 4/14/17 |
| 遣下吏太宰嚭、王孫駱○冠幘 | 5/22/4 |
| ○憂失患 | 7/31/23 |
| ○救其本 | 8/36/5 |
| 構怨不○ | 8/37/10 |
| 士散而衆○ | 8/37/15 |
| 人衆分○ | 10/47/7 |
| **介** jiè 1 | |
| 一○之士 | 7/32/30 |
| **戒** jiè 2 | |
| 夫差昏〔乃○令〕秣馬食士 | 5/25/9 |

後車必○　8/36/4

## 疥 jiè　3

猶治救瘠○　5/22/13
瘠○　5/22/13
其○耳　5/22/14

## 界 jiè　3

爭○上之桑　3/7/11
更歷楚趙之○　5/22/14
吾貫弓接矢於鄭楚之○　5/23/28

## 借 jiè　1

○勝以成其威　4/13/26

## 誡 jiè　7

○漁父曰　3/5/32
○其妻曰　4/10/25
乃○左右曰　4/11/19
○事之敗　7/34/18
越王會軍列士而大○衆　10/44/12
以爲明○矣　10/45/28
吾固○子　10/46/3

## 今 jīn　186

○欲授國於札　2/2/27
○汝於區區之國、荊蠻之鄉　2/2/28
且○子不忘前人之言　2/2/28
○國者　2/3/3
○君爲此臺七年　3/4/5
王○不制　3/4/14
王○幸赦　3/4/25
○日甲子　3/4/27
○往方死　3/4/28
○吾將復楚辜　3/5/12
○我已亡矣　3/5/18
○屬丈人　3/5/26
○日凶凶　3/5/30
○大王踐國制威　3/6/18
○僚何以當代立乎　3/6/29
○吳王伐楚　3/7/19

○二弟伐楚　3/7/20
方○吳外困於楚　3/7/22
○幸奉一言之教　4/8/13
○夫子作劍　4/9/8
至○後世　4/9/9
○吾作劍不變化者　4/9/10
○聞公子慶忌有計於諸侯　4/10/10
○復欲討其子　4/10/11
○若斯議　4/10/12
○子與神鬭於水　4/10/22
○子之力不如也　4/11/10
○戮吾妻子　4/11/15
○吾貪生棄行　4/11/22
○大王虔心思士　4/12/15
至於○日　4/12/21
○子殺人以興謗於國　4/12/22
○無辜殺三賢士　4/12/22
○子受讒　4/12/25
○湛盧入楚也　4/13/5
○吳王無道　4/13/9
○果何如　4/13/25
○臣與之爭鋒　4/13/27
○子常無故與王共殺忠臣三人　4/14/7
○隨之僻小　4/14/20
有盟至○未改　4/14/20
若○有難而棄之　4/14/21
○且安靜　4/14/21
○從君乞鄭之國　4/15/1
○〔至〕於僇屍之辱　4/15/4
寡君○在草野　4/15/14
○聞伍君來　4/16/11
○太子不祿　4/16/22
○王欲立太子者　4/16/22
○未往告急　5/17/7
○信浮辭僞詐而貪齊　5/17/12
○見吳之亡矣　5/17/14
○齊將伐之　5/17/21
○君又欲破魯以廣齊　5/18/3
○君悉四境之中　5/18/7
○〔以〕萬乘之齊而私千乘之魯　5/18/12
○大夫之弔〔孤〕　5/19/1
臣○者見吳王　5/19/2
○大夫辱弔而身見之　5/19/6
○吳王有伐齊、晉之志　5/19/10
○大夫有賜　5/19/15,5/19/20

○內量吾國不足以傷吳　5/19/18
○竊聞大王〔將〕興大義　5/20/13
○吳、齊將戰　5/20/20
○王所夢　5/21/10
○日壬午　5/21/14
○聞急召　5/21/16
○齊陵遲千里之外　5/22/14
臣○年老　5/22/15
○年七月辛亥平旦　5/22/17
○吳乃濟江淮　5/23/3
王○讓以和親　5/23/4
○前王嘗若農夫之艾殺四方蓬蒿　5/23/5
○大夫昏耄而不自安　5/23/6
○王播棄〔黎老〕　5/23/9
○日又見二人相對　5/23/17
○太宰嚭爲寡人有功　5/23/19
○退自計　5/23/26
○臣不忠不信　5/23/26
○大王誅臣　5/23/27
○汝不用吾言　5/24/1
吾○日死　5/24/2
○乃忘我定國之恩　5/24/3
○臣但虛心志在黃雀　5/24/25
○大國越次而造弊邑之軍壘　5/25/15
會晉○反叛如斯　5/25/18
孤之事君決在○日　5/25/19
不得事君〔命〕〔亦〕在○日矣　5/25/19
○齊不賢於楚　5/26/7
○天以吳賜越　5/26/16,10/47/16
○幸擒之　5/26/18
○吳病矣　5/27/6
○上天報越之功　5/27/8
○圖吳王　5/27/15
誠以○日聞命　5/27/16
○子尚有遺榮　5/27/18
○君抱六過之罪　5/27/21
○乃羅法如斯　6/29/1
○遭辱恥　7/30/14
○之世猶人之市　7/30/21
○寡人守窮若斯　7/30/23
○寡人冀得免於軍旅之憂　7/30/24
○臣遂天文　7/31/3
○大王雖在危困之際　7/31/5
○君王國於會稽　7/31/6

| | |
|---|---|
| ○委國一人 | 7/31/9 |
| ○事棄諸大夫 | 7/31/12 |
| ○懷夏將滯 | 7/31/17 |
| ○君王欲士之所志 | 7/31/18 |
| ○越王放於南山之中 | 7/32/15 |
| ○越王無道 | 7/32/21 |
| ○越王不奉大王命號 | 7/32/23 |
| 至○獲罪 | 7/32/24 |
| ○年十二月戊寅之日 | 7/33/6 |
| ○大王既囚越君而不行誅 | 7/33/11 |
| ○越王已入石室 | 7/33/14 |
| ○大王誠赦越王 | 7/33/16 |
| ○者 | 7/33/27 |
| ○日爲越王陳北面之坐 | 7/33/31 |
| ○日坐者 | 7/34/1 |
| ○國相剛勇之人 | 7/34/2 |
| ○大王好聽須臾之說 | 7/34/8 |
| ○年三月甲（戌）〔戌〕 | 7/34/18 |
| ○越王入臣於吳 | 7/34/22 |
| ○大王哀臣孤窮 | 7/34/27 |
| ○已行矣 | 7/34/28 |
| ○三月甲辰 | 7/34/30 |
| ○王受天之福 | 8/35/6 |
| ○勞萬姓擁於岐路 | 8/35/8 |
| ○十有二月己巳之日 | 8/35/8 |
| ○欲定國立城 | 8/35/12 |
| ○大王欲國樹都 | 8/35/17 |
| 孤欲以○日上明堂、臨 | |
| 　國政 | 8/36/1 |
| ○日 | 8/36/2 |
| 吾王○以丙午復初臨政 | 8/36/4 |
| ○舉其貢貨而以復禮 | 8/36/15 |
| ○但因虎豹之野而與荒 | |
| 　外之草 | 8/36/17 |
| ○寡人念吳 | 8/37/2 |
| ○欲有計 | 8/37/3 |
| ○大王臨敵破吳 | 8/37/6 |
| 方○吳、楚結讎 | 8/37/10 |
| ○吳乘諸侯之威 | 8/37/14 |
| ○吳承闔閭之軍制、子 | |
| 　胥之典教 | 8/37/18 |
| ○吳君驕臣奢 | 8/37/21 |
| ○孤親被奴虜之厄 | 9/38/4 |
| ○王易財之所輕 | 9/38/8 |
| ○咸匿聲隱形 | 9/38/14 |
| ○欲奉不羈之計 | 9/38/20 |
| ○欲伐吳 | 9/38/21,10/48/1 |

| | |
|---|---|
| ○欲復謀吳 | 9/40/20 |
| ○窮歸愬 | 9/40/24 |
| ○吾使之歸國 | 9/41/4 |
| ○不用天之道 | 9/41/6 |
| 〔○〕狐雉之相戲也 | 9/41/6 |
| ○大王捐國家之福 | 9/41/9 |
| ○大王譬若浴嬰兒 | 9/41/16 |
| ○子爲寡人謀事 | 9/41/25 |
| ○聞越有處女 | 9/41/26 |
| ○豈有應乎 | 10/43/10 |
| ○伍子胥忠諫而死 | 10/43/11 |
| 〔○〕寡人不能爲政 | 10/43/16 |
| ○國之父兄日請於孤日 | 10/43/23 |
| ○越國富饒 | 10/43/24 |
| ○疲師休卒 | 10/44/5 |
| ○聞大夫種諫難 | 10/44/9 |
| ○夫差衣水犀〔之〕甲 | |
| 　者十有三萬人 | 10/44/14 |
| ○寡人將助天威 | 10/44/15 |
| 吾（修）〔修令〕寬刑 | 10/45/3 |
| 自○日之後 | 10/45/26 |
| 自○以往 | 10/46/3 |
| ○蟲蟲無知之物 | 10/46/23 |
| ○越軍分爲二師 | 10/47/1 |
| ○君王舉兵而誅孤臣 | 10/47/13 |
| 意者猶以○日之姑胥 | 10/47/14 |
| ○日得而棄之 | 10/47/17 |
| ○君遂僭號不歸 | 10/47/27 |
| ○不伐吳 | 10/48/2 |
| ○臣事大王 | 10/48/15 |
| ○子云去 | 10/48/20 |
| ○官不加增 | 10/48/30 |
| ○已滅之 | 10/49/1 |
| ○日剋其辰 | 10/49/17 |
| ○用三 | 10/49/18 |

## 金 jīn　　　　　　　　　　43

| | |
|---|---|
| 事以皮幣、○玉、重寶 | 1/1/14 |
| 不聞以土木之崇高、蟲 | |
| 　鏤之刻畫、○石之清 | |
| 　音、絲竹之淒唳以之 | |
| 　爲美 | 3/4/3 |
| 胥乃解百○之劍以與漁者 | 3/5/27 |
| 價直百○ | 3/5/28 |
| 豈圖取百○之劍乎 | 3/5/29 |
| 六合之○英 | 4/9/5 |

| | |
|---|---|
| 而○鐵之精不銷淪流 | 4/9/6 |
| ○鐵之類不銷 | 4/9/9 |
| 然後敢鑄○於山 | 4/9/10 |
| ○鐵（刀）〔乃〕濡 | 4/9/11 |
| 復命於國中作○鉤 | 4/9/16 |
| 賞之百○ | 4/9/16 |
| 以血釁○ | 4/9/17 |
| 乃賞百○ | 4/9/21 |
| ○鼎、玉杯、銀樽、珠 | |
| 　襦之寶 | 4/12/29 |
| 五○之英 | 4/13/8 |
| 雖傾城量○ | 4/13/12 |
| 將欲報以百○而不知其家 | 4/16/9 |
| 乃投○水中而去 | 4/16/9 |
| 子胥欲報百○ | 4/16/12 |
| 投○水中而去矣 | 4/16/12 |
| 嫗遂取○而歸 | 4/16/13 |
| 越王送之○百鎰、寶劍 | |
| 　一、良馬二 | 5/20/6 |
| 日數千○ | 5/22/11 |
| 竊觀《○匱》第八 | 5/22/16 |
| 王乃〔秉枹〕親鳴○鼓 | 5/25/13 |
| 其書○簡 | 6/28/15 |
| ○簡之書存矣 | 6/28/18 |
| 發○簡之書 | 6/28/19 |
| 案○簡玉字 | 6/28/19 |
| 召其神而問之山川脈理 | |
| 　、○玉所有、鳥獸昆 | |
| 　蟲之類及八方之民俗 | |
| 　、殊國異域土地里數 | 6/28/21 |
| 名○石 | 6/29/3 |
| 刑在○ | 7/34/20 |
| 夫○制始 | 8/36/5 |
| 蓄之憂 | 8/36/5 |
| 夫官位、財幣、○賞者 | 9/38/7 |
| 鏤以黃○ | 9/39/10 |
| 實其○銀 | 9/39/19 |
| 盜○者誅 | 9/41/13 |
| ○爲實敵 | 9/42/24 |
| 實《○匱》之要在於上 | |
| 　下 | 10/47/26 |
| 德可刻於○石 | 10/47/30 |
| 越王乃使良工鑄○象范 | |
| 　蠡之形 | 10/48/27 |

| 禁 jìn | 3 |
|---|---|
| 使知其〇 | 4/12/4 |
| 〔將〕明於法〇 | 5/18/6 |
| 不及法〇 | 9/42/6 |

| 浸 jìn | 1 |
|---|---|
| 事〇急兮當奈何 | 3/5/22 |

| 盡 jìn | 37 |
|---|---|
| 財用〇焉 | 3/4/6 |
| 〇滅之 | 3/7/28 |
| 寡人非子無所〇議 | 4/8/15 |
| 常與〇日而語 | 4/9/25 |
| 臣敢不〇力 | 4/11/7 |
| 不〇事君之義 | 4/11/11 |
| 無惡卑辭以〇其禮 | 5/19/10 |
| 重寶、車騎、羽毛〇乎晉 | 5/19/12 |
| 敢不〇忠 | 5/22/15 |
| 子胥欲〇誠於前王 | 5/22/23 |
| 〇府庫之財 | 5/25/1 |
| 令各〇其死 | 5/25/9 |
| 以〇國禮 | 5/26/2 |
| 〇濟甄淮 | 6/28/12 |
| 壽將〇矣 | 6/29/19 |
| 臣誠〇謀 | 7/31/2 |
| 豈得以在者〇忠、亡者爲不信乎 | 7/31/13 |
| 萬物〇傷者乎 | 7/33/9 |
| 〇其寶幣 | 7/34/15 |
| 吳王聞越王〇心自守 | 8/36/11 |
| 未〇其國 | 8/36/16 |
| 士〇其實 | 9/38/17 |
| 知其智〇實 | 9/38/17 |
| 人〇其智 | 9/38/18 |
| 而士有未〇進辭有益寡人也 | 9/38/18 |
| 以〇其財 | 9/39/2 |
| 乃勾踐之〇忠於吳之證也 | 9/40/12 |
| 〇子之道 | 9/43/2 |
| 願君悉心〇意以說國人 | 10/43/11 |
| 〇吾君子 | 10/44/3 |
| 豈敢有不〇力者乎 | 10/44/3 |
| 聽樂不〇其聲 | 10/45/2 |
| 以〇其信 | 10/45/27 |
| 臣〇其力 | 10/48/3 |
| 狡兔已〇 | 10/48/10 |
| 〇言竭忠 | 10/49/8 |
| 〇九術之謀 | 10/49/14 |

| 荆 jīng | 16 |
|---|---|
| 遂之〇蠻 | 1/1/21 |
| 還〇蠻 | 1/1/22 |
| 〇蠻義之 | 1/1/24 |
| 恐及於〇蠻 | 1/1/25 |
| 今汝於區區之國、〇蠻之鄉 | 2/2/28 |
| 二伯來入〇蠻 | 2/3/5 |
| 側聞子前人爲楚〇之暴怒 | 4/9/30 |
| 逐昭王而屠〇平王墓 | 4/15/27 |
| 樂師扈子非〇王信讒佞 | 4/16/1 |
| 留兵縱騎虜〇闕 | 4/16/6 |
| 楚〇骸骨遭發掘 | 4/16/6 |
| 以立名于〇蠻 | 5/23/6 |
| 殿生〇棘 | 5/23/24 |
| 宗廟〇棘 | 7/34/24 |
| 〇榛蔓於宮闕 | 9/41/10 |
| 生於楚〇之山 | 9/42/15 |

| 旌 jīng | 1 |
|---|---|
| 以〇其忠 | 4/11/20 |

| 經 jīng | 3 |
|---|---|
| 〇之明文 | 4/16/24 |
| 乃案《黃帝中〇曆》 | 6/28/13 |
| 故名之曰《山海〇》 | 6/28/22 |

| 精 jīng | 9 |
|---|---|
| 采五山之鐵〇 | 4/9/5 |
| 而金鐵之〇不銷淪流 | 4/9/6 |
| 太陽之〇 | 4/13/8 |
| 〇誠中廉 | 5/20/3 |
| 五〇錯行 | 7/31/30 |
| 〇神空虛 | 9/38/24 |
| 揀擇〇粟而蒸 | 9/41/21 |
| 內實〇神 | 9/42/5 |
| 〇兵從王 | 10/44/18 |

| 驚 jīng | 10 |
|---|---|
| 鳴則〇人 | 3/3/31 |
| 豈得沖天而〇人乎 | 3/3/31 |
| 吳王大〇 | 4/9/21 |
| 及平王往而大〇曰 | 4/9/28 |
| 〇翔之鳥 | 4/10/3 |
| 愕然大〇 | 4/14/29 |
| （桓）〔哀〕公大〇 | 4/15/9 |
| 晉〔師〕大〇 | 5/25/14 |
| 狀若〇鳥揚天 | 6/29/10 |
| 越王即鳴鐘〇橄而召群臣 | 9/38/1 |

| 井 jīng | 2 |
|---|---|
| 陷於深〇 | 5/24/26 |
| 造〇示民 | 6/29/18 |

| 頸 jīng | 1 |
|---|---|
| 夫越王爲人長〇鳥啄 | 10/48/10 |

| 勁 jīng | 3 |
|---|---|
| 筋骨果〇 | 4/11/8 |
| 器飽（努）〔弩〕〇 | 5/17/25 |
| 南服〇越 | 5/24/1 |

| 俓 jìng | 1 |
|---|---|
| 〇至吳 | 10/47/3 |

| 徑 jìng | 3 |
|---|---|
| 〇至於郢 | 4/14/12 |
| 〇至艾陵 | 5/26/8 |
| 遂登船〇去 | 7/32/2 |

| 竟 jìng | 2 |
|---|---|
| 言〇掩面 | 7/35/2 |
| 晦誦〇夜 | 9/40/14 |

| 敬 jìng | 9 |
|---|---|
| 弟之〇兄 | 5/19/14 |
| 勾踐〇天而功 | 5/27/8 |

| | | | | | |
|---|---|---|---|---|---|
| 千里馳〇 | 9/41/17 | 臣聞仁人不（因〇） | | 而子及主〇爲奴僕 | 7/32/21 |
| 〇其不足 | 10/45/5 | 〔困厄〕以廣其德 | 5/18/18 | 君臣〇降 | 7/32/24 |
| 莫能〇止 | 10/47/7 | 且與賊〇 | 5/22/12 | 於是范蠡與越王〇起 | 7/34/3 |
| 後則無〇已傾之禍 | 10/48/15 | 起〇道傍 | 5/26/27 | 王相〇起 | 8/36/6 |
| | | 調民安〇 | 6/29/1 | 五行不〇馳 | 8/37/13 |
| **就 jiù** | **20** | 安民治室〇 | 6/29/17 | 與神〇往 | 9/42/6 |
| | | 無改畝以爲〇之者樂 | 6/29/21 | 與氣〇發 | 9/42/29 |
| 后稷〇國爲諸侯 | 1/1/10 | 人民山〇 | 6/29/26 | 與之〇歸 | 10/49/4 |
| 周道〇成 | 2/3/6 | 從民所〇 | 6/29/28 | 與之〇浮於海 | 10/49/24 |
| 去難〇免 | 3/4/21 | 〇不幽 | 7/30/27 | | |
| 尚至楚〇父 | 3/5/9 | 身（〇）〔拘〕而名尊 | 7/30/28 | **沮 jǔ** | **1** |
| 將〇敵 | 3/6/21 | 〇危而不以爲薄 | 7/30/28 | | |
| 恐國人不〇 | 4/8/9 | 何〇食兮江湖 | 7/32/6 | 無〇吳謀 | 5/23/26 |
| 將軍罷兵〇舍 | 4/12/14 | 三王〇其正地 | 8/35/25 | | |
| 故去無道以〇有道 | 4/13/9 | 太陰所〇之歲 | 9/40/1 | **矩 jǔ** | **1** |
| 子且〇館 | 4/15/13 | 彼以窮〇 | 9/41/23 | | |
| 農夫〇成田夫耕也 | 5/21/6 | 量其〇 | 10/43/21 | 廻旋規〇 | 4/12/11 |
| 去昭昭、〇冥冥也 | 5/21/22 | 〇無幾 | 10/49/25 | | |
| 吾是以蒲服〇君 | 5/25/18 | | | **筥 jǔ** | **2** |
| 良犬〇烹 | 5/27/6,10/48/10 | **拘 jū** | **5** | | |
| 追〇禹之所 | 6/29/9 | | | 〇中有飯 | 3/6/2 |
| 未知所〇 | 7/31/4 | 身（居）〔〇〕而名尊 | 7/30/28 | 發其（簞）〔筥〕〇 | 3/6/4 |
| 去〇其宮室 | 7/33/29 | 無〇群小之口 | 7/32/18 | | |
| 願各〇職也 | 8/37/23 | 見大夫種、范蠡而言越 | | **舉 jǔ** | **32** |
| 寒〇蒲（贏）〔嬴〕於 | | 王復〇於石室 | 7/33/13 | | |
| 東海之濱 | 10/44/6 | 雉以眩移〇於網 | 7/34/17 | 乃〇兵伐吳 | 2/2/20 |
| 則不能斷去〇之疑 | 10/45/10 | 不〇長少 | 9/40/3 | 即〇兵伐楚 | 2/3/13 |
| | | | | 其前名曰伍〇 | 3/3/27 |
| **舊 jiù** | **2** | **俱 jū** | **26** | 於是伍〇進諫曰 | 3/3/29 |
| | | | | 伍〇曰 | 3/3/31,3/4/2 |
| 禮有〇制 | 2/2/25 | 與父〇誅 | 3/4/30 | 乃〇伍子胥爲行人 | 4/8/10 |
| 不念〇故 | 7/34/15 | 與使〇往 | 3/5/3 | 王乃〇衆鉤以示之 | 4/9/19 |
| | | 〇戮於市 | 3/5/9 | 寡人欲〇兵伐楚 | 4/14/5 |
| **居 jū** | **29** | 子胥乃與太子建〇奔鄭 | 3/5/14 | 楚二師陣於柏〇 | 4/14/8 |
| | | 與之〇入 | 3/6/11 | 垂涕〇兵將西伐 | 4/16/5 |
| 遂高而〇 | 1/1/9 | 市吏於是與子胥〇入見王 | 3/6/12 | 智者不棄時以〇其功 | 5/18/18 |
| 使教民山〇 | 1/1/9 | 〇能爲劍 | 4/9/4 | 〇事之大忌也 | 5/19/4 |
| 吾所不〇也 | 1/1/16 | 夫妻〇入冶爐中 | 4/9/9 | 直士〇賢不容於世 | 5/19/7 |
| 〇三月 | 1/1/17 | 兩鉤〇飛 | 4/9/21 | 〔是〕存亡國〔而〕 | |
| 吾以伯長〇國 | 1/1/23 | 因復〇流 | 4/10/4 | （〇）〔興〕死人 | |
| 前莊王爲抱〇之臺 | 3/4/4 | 與之〇事吳王 | 4/10/6 | 〔也〕 | 5/19/20 |
| 太子〇城父將兵 | 3/4/12 | 〔使男女與鶴〕〇入羨門 | 4/12/30 | 因〇行觴 | 5/22/9 |
| 妾獨與母〇 | 3/6/3 | 大夫子期雖與昭王〇亡 | 4/14/21 | 而齊〇兵伐之 | 5/24/28 |
| 妾獨與母〇三十年 | 3/6/6 | 汝與吾〇亡 | 5/17/15 | 夫齊徒〇而伐魯 | 5/25/1 |
| 拔〇巢、鍾離 | 3/7/10 | 與死人〇葬也 | 5/22/3 | 乃〇賢良 | 6/28/6 |
| 辟隱深〇 | 4/11/30 | 窮與〇厄 | 7/31/22 | 四嶽乃〇鯀而薦之於堯 | 6/28/7 |
| 守〇三十不嫁 | 4/16/10 | 進與〇霸 | 7/31/22 | 舜與四嶽〇鯀之子高密 | 6/28/10 |

| | | |
|---|---|---|
| ○爾嗣考之勳 | 6/28/11 | |
| ○杯垂涕 | 7/30/11 | |
| 則萬綱千紀無不○者 | 7/31/10 | |
| ○其能者 | 7/31/18 | |
| ○過列平 | 7/31/25 | |
| 今○其貢貨而以復禮 | 8/36/15 | |
| 乃○手而趨 | 9/38/5 | |
| 夫興師○兵 | 9/39/19 | |
| ○弩望敵 | 9/42/28 | |
| 今君王○兵而誅孤臣 | 10/47/13 | |
| ○兵所伐攻秦王 | 10/50/7 | |

**巨 jù** 1

○若車輪　10/47/5

**具 jù** 8

| | |
|---|---|
| ○陳其狀 | 3/6/10 |
| ○酒而請王僚 | 3/7/23 |
| 公子光爲我○酒來請 | 3/7/23 |
| 倉庫以○ | 4/9/2 |
| 乃○酒於鄧宛之舍 | 4/9/26 |
| 夫婦之儀○ | 7/32/29 |
| 惟是輿馬、兵革、卒伍　既○ | 10/44/27 |
| 兵革既○ | 10/45/13 |

**拒 jù** 1

可以折衝○敵　4/13/9

**距 jù** 3

| | |
|---|---|
| 曳腰轡○ | 5/24/24 |
| 反○堅壘 | 5/25/14 |
| 邦國南則○楚 | 10/45/7 |

**聚 jù** 4

| | |
|---|---|
| 三年○材 | 9/39/15 |
| 秋成而○ | 9/39/23 |
| 秋成無○ | 9/39/24 |
| 且○敢死之士數萬 | 9/40/14 |

**據 jù** 5

| | |
|---|---|
| 子胥○地垂涕曰 | 5/23/22 |
| 越王夫人乃○船哭 | 7/32/2 |
| 前○白刃自知死 | 7/34/10 |
| ○四達之地 | 8/35/17 |
| 桓繆○五勝之便而列六國 | 8/37/22 |

**遽 jù** 2

| | |
|---|---|
| 此君上於（王）〔主〕　有○ | 5/18/5 |
| 邊（候）〔○〕〔乃至〕 | 5/25/6 |

**懼 jù** 16

| | |
|---|---|
| 曹君○ | 2/3/7 |
| 光○ | 3/3/24 |
| 又何○焉 | 4/10/13 |
| 放髮僵臥無所○ | 4/10/26 |
| 王○ | 4/14/14 |
| 自此鄭定公大○ | 4/14/26 |
| 吾國君○怖 | 4/14/29 |
| 楚○吳兵復往 | 4/17/1 |
| 伍胥大○ | 5/17/11 |
| 吳王夫差大○ | 5/25/6 |
| 無姬姓之所振○ | 5/25/17 |
| 奪之似○虎 | 9/42/5 |
| 吳王大○ | 10/47/4 |
| 越軍大○ | 10/47/5 |
| 會秦怖○ | 10/50/6 |
| 諸侯怖○皆恐惶 | 10/50/8 |

**捐 juān** 4

| | |
|---|---|
| 以○先王之德 | 3/6/31 |
| 父兄棄○ | 4/8/11 |
| 體骨棄○ | 7/30/26 |
| 今大王○國家之福 | 9/41/9 |

**倦 juàn** 1

臣聞越王朝書不○　9/40/14

**嗟 juē** 6

○乎　3/6/6

| | |
|---|---|
| | 4/9/21,7/34/29,10/49/19 |
| 吁○ | 5/22/6 |
| 不絕○嘻之聲 | 9/39/15 |

**決 jué** 17

| | |
|---|---|
| 我從是○ | 3/4/31 |
| 豈有內意以○疑乎 | 4/10/5 |
| 入水求神○戰 | 4/10/19 |
| 伍胥、白喜、孫武○ | 4/16/5 |
| 我入則（波）〔○〕矣 | 4/16/20 |
| 臣之言○矣 | 5/22/15 |
| 武○勝矣 | 5/22/18 |
| 孤之事君○在今日 | 5/25/19 |
| 吳王躃左足與褐○矣 | 5/25/20 |
| ○弱水於北漢 | 6/29/3 |
| 臨非○疑 | 7/31/25 |
| 以○吉凶 | 7/33/25 |
| 寡人之計未有○定 | 8/35/18 |
| 三國○權 | 8/37/8 |
| 夫內臣謀而○讎其策 | 8/37/11 |
| 吉凶○在其工 | 9/41/26 |
| （泱）〔○〕可否之議 | 10/45/10 |

**角 jué** 2

| | |
|---|---|
| 以象龍○ | 4/9/1 |
| 必○勢交爭 | 8/37/8 |

**抉 jué** 1

右手○其目　4/14/24

**掘 jué** 5

| | |
|---|---|
| 乃○平王之墓 | 4/14/23 |
| 至乃○平王墓戮屍 | 4/16/2 |
| 楚荊骸骨遭發○ | 4/16/6 |
| ○社稷也 | 5/22/2 |
| 越人○汝社稷 | 5/24/2 |

**訣 jué** 3

| | |
|---|---|
| 與之○而告之曰 | 10/46/8 |
| 軍士各與父兄昆弟取○ | 10/46/9 |
| 與子長○ | 10/49/15 |

| 厥 jué | 4 |
|---|---|
| 非○歲月 | 6/28/17 |
| 任○兮往還 | 7/32/4 |
| ○咎安在 | 9/38/14 |
| 不失○理 | 9/39/25 |

| 絕 jué | 35 |
|---|---|
| ○嗣者也 | 1/1/23 |
| 前人誦之不○於口 | 2/3/6 |
| 楚發兵○吳〔兵〕後 | 3/7/18 |
| 楚○其後 | 3/7/21 |
| 欲以○越明也 | 4/8/22 |
| 聲○於口 | 4/9/21 |
| 未○ | 4/11/23 |
| 項旁○纓 | 4/12/6 |
| 而吳侵境不○於寇 | 4/12/19 |
| 其言不○ | 4/12/21 |
| 君臣未嘗○口 | 4/14/2 |
| 七日七夜口不○聲 | 4/15/7 |
| 日夜不○聲 | 4/15/14 |
| 而寇不○於境 | 4/16/2 |
| 嚴王何罪國幾○ | 4/16/6 |
| 臣聞祀廢於○後 | 4/16/21 |
| 王者不○世 | 5/18/11 |
| 王者不○世以立其義 | 5/18/18 |
| 以○吳路 | 5/25/4 |
| 冠蓋不○於道 | 5/25/17 |
| 東造○迹 | 6/29/2 |
| 止○斯矣 | 6/29/19 |
| 累歲不○ | 6/29/25 |
| 少康恐禹祭之○祀 | 6/29/26 |
| 禹祀斷○ | 6/29/29 |
| 仁賢不官○滅之國 | 7/32/20 |
| 身死世○ | 7/32/21 |
| 不○懷毒之怨 | 7/34/9 |
| 吾已○望 | 7/35/1 |
| 不○於口 | 8/36/9 |
| 鄰國通而不○其援 | 8/37/11 |
| 不○嗟嘻之聲 | 9/39/15 |
| 五霸輔○滅之末者也 | 9/41/18 |
| ○鳥獸之害 | 9/42/13 |
| 未嘗敢○ | 10/45/7 |

| 爵 jué | 4 |
|---|---|
| ○執圭 | 3/5/29 |
| 以俟○祿 | 4/11/24 |
| 吾將○之上賞 | 5/23/20 |
| ○有德 | 6/29/14 |

| 覺 jué | 5 |
|---|---|
| 寡人臥○而得寶劍 | 4/13/2 |
| ○而恬然悵焉 | 5/21/2 |
| ○而悵然 | 5/21/12 |
| 王若○寤 | 5/23/11 |
| 若不○寤 | 5/23/11 |

| 均 jūn | 3 |
|---|---|
| 讓位（商）〔商〕○ | 6/29/9 |
| 萬民不附（商）〔商〕○ | 6/29/9 |
| 食（士）〔土〕不○ | 10/46/2 |

| 君 jūn | 228 |
|---|---|
| 吳之前○太伯者 | 1/1/3 |
| ○子不以養害所養 | 1/1/15 |
| 彼○與我何異 | 1/1/16 |
| 國民○而事之 | 1/1/22 |
| 曹○懼 | 2/3/7 |
| 昔前○有命 | 2/3/19 |
| 臣聞國○服寵以爲美 | 3/4/2 |
| 今○爲此臺七年 | 3/4/5 |
| 豈前王之所盛、人○之 | |
| 　美者耶 | 3/4/6 |
| ○欺其臣 | 3/4/27 |
| 楚之○且苦兵矣 | 3/5/9 |
| 此吾前○之劍 | 3/5/27 |
| ○有遠逝之行 | 3/6/5 |
| 前○壽夢有子四人 | 3/6/26 |
| ○言甚露乎 | 3/7/2 |
| 凡欲殺人○ | 3/7/3 |
| 鄭○送建母珠玉簪珥 | 3/7/7 |
| 苟前○無廢〔祀〕 | 3/8/2 |
| 〔乃吾〕○也 | 3/8/2 |
| 必不爲○主所親 | 4/8/14 |
| ○無守禦 | 4/8/16 |
| 安○理民 | 4/8/17 |
| 安○治民 | 4/8/17 |

| 凡欲安○治民、興霸成 | |
|---|---|
| 　王、從近制遠者 | 4/8/18 |
| ○之言外也 | 4/10/5 |
| 臣事○王 | 4/10/13 |
| ○勿飲也 | 4/10/18 |
| 不盡事○之義 | 4/11/11 |
| 而不除○之患者 | 4/11/12 |
| ○何不行 | 4/11/20 |
| 以事其○ | 4/11/21 |
| 爲新○而殺故○之子 | 4/11/21 |
| ○且勿死 | 4/11/24 |
| ○雖有令 | 4/12/11 |
| ○與王謀誅之 | 4/12/21 |
| 臣以殺○ | 4/13/7 |
| 然人○有逆理之謀 | 4/13/9 |
| 殺○謀楚 | 4/13/10 |
| ○以一馬之故 | 4/14/2 |
| ○臣未嘗絕口 | 4/14/2 |
| 困辱二○ | 4/14/5 |
| 願二○有謀 | 4/14/5 |
| ○討其臣 | 4/14/16 |
| 謂隨○日 | 4/14/18 |
| ○何寶之 | 4/14/19 |
| 隨（作）〔卜〕昭王 | |
| 　與吳王 | 4/14/19 |
| 即割子期心以與隨○盟 | |
| 　而去 | 4/14/22 |
| 以辱楚之○臣也 | 4/14/25 |
| 吾國○懼怖 | 4/14/29 |
| 臣念前人與○相逢於途 | 4/15/1 |
| 今從○乞鄭之國 | 4/15/1 |
| 寡○出在草澤 | 4/15/8 |
| 則亦亡○之土也 | 4/15/12 |
| 寡○今在草野 | 4/15/14 |
| 姦喜以辱楚○臣 | 4/16/2 |
| 以暢○之迫厄之暢達也 | 4/16/3 |
| 遇一窮途○子而輒飯之 | 4/16/11 |
| 今聞伍○來 | 4/16/11 |
| 此計在○耳 | 4/16/20 |
| 魯○憂之 | 5/17/19 |
| 而○伐 | 5/17/23 |
| 其○愚而不仁 | 5/17/24 |
| ○不若伐吳 | 5/17/25 |
| 臣聞○三封而三不成者 | 5/18/2 |
| 今○又欲破魯以廣齊 | 5/18/3 |
| 而○功不與焉 | 5/18/3 |
| 是○上驕〔主心〕 | 5/18/4 |

| | | | | | |
|---|---|---|---|---|---|
| 此○上於（王）〔主〕 | | 今○抱六過之罪 | 5/27/21 | 吾聞○子一言不再 | 7/34/28 |
| 　有遽 | 5/18/5 | 亡國滅○ | 5/27/23 | ○王獨無苦矣 | 8/35/6 |
| 則○立於齊 | 5/18/5 | 吾羞前○地下 | 5/27/24 | 孤不能承前○之制 | 8/35/14 |
| 今○悉四境之中 | 5/18/7 | 越之前○無余者 | 6/28/3 | 將尊前○之意 | 8/35/15 |
| 是○上無彊敵之臣 | 5/18/7 | 吾○ | 6/29/24 | ○徒見外 | 8/35/26 |
| ○也 | 5/18/8 | 末○微劣 | 6/29/28 | ○臣有差 | 8/36/6 |
| ○按兵無伐 | 5/18/10 | 我是無余○之苗末 | 6/29/30 | 吾○失其石室之囚 | 8/36/17 |
| 請爲○南見吳王 | 5/18/10 | 我方修前○祭祀 | 6/29/30 | 我○心苦命更之 | 8/36/19 |
| ○因以兵迎之 | 5/18/10 | 以承越○之後 | 6/30/1 | ○不名教 | 8/36/22 |
| 臣竊爲○恐焉 | 5/18/12 | 自後稍有○臣之義 | 6/30/1 | 吳之○臣爲虜矣 | 8/37/16 |
| 夫越○、賢主〔也〕 | 5/18/14 | ○臣生離 | 7/30/10 | 今吳○驕臣奢 | 8/37/21 |
| ○處故來 | 5/18/21 | 兩○屈己以得天道 | 7/30/18 | 謬哉○王之言也 | 9/38/6 |
| 其○幾乎 | 5/19/9 | 豈況於人○乎 | 7/30/19 | ○王之不能使也 | 9/38/6 |
| ○無愛重器以喜其心 | 5/19/10 | 不如○王之言 | 7/30/20 | ○之所輕也 | 9/38/7 |
| ○之福也 | 5/19/11 | 臣弒其○ | 7/30/20 | 夫○人尊其仁義者 | 9/38/10 |
| 則○制其餘矣 | 5/19/12 | 夫○子爭寸陰而棄珠玉 | 7/30/24 | ○之根也 | 9/38/10 |
| 不以身死隱○之過 | 5/20/4 | 愧於前○ | 7/30/26 | ○之所以盛衰者也 | 9/38/11 |
| 正言以忠○ | 5/20/4 | ○王之危 | 7/31/4 | 則○臣何憂 | 9/38/17 |
| 善爲詭詐以事其○ | 5/20/5 | 今○王國於會稽 | 7/31/6 | ○王察焉 | 9/38/23 |
| 順○之過以安其私 | 5/20/6 | 而○王何爲謾辭譁說 | 7/31/7 | 二曰重財幣以遺其○ | 9/38/26 |
| 是殘國傷○之佞臣也 | 5/20/6 | ○之爪牙 | 7/31/10 | 八曰○王國富 | 9/39/3 |
| 以賀（○）〔軍〕吏 | 5/20/14 | ○王委國於種 | 7/31/10 | ○王閉口無傳 | 9/39/4 |
| ○臣死無所恨矣 | 5/20/16 | ○亡臣親 | 7/31/12 | ○樂臣歡 | 9/40/1 |
| 其○〔又〕從之 | 5/20/16 | ○臣同道 | 7/31/13 | ○之道德也 | 9/40/2 |
| 又從其○ | 5/20/17 | ○之命也 | 7/31/15 | ○王自陳越國微鄙 | 9/40/21 |
| 〔○〕受〔其〕幣 | 5/20/18 | ○王所陳者 | 7/31/16 | 因○之命 | 9/41/6 |
| 〔而〕辭其○ | 5/20/18 | 出亡之○勑臣守禦 | 7/31/17 | 率諸侯以伐其○ | 9/41/11 |
| ○爲之奈何 | 5/20/21 | 今○王欲士之所志 | 7/31/18 | 徒欲干○之好 | 9/41/14 |
| 晉○許之 | 5/20/21 | 願諸○之風 | 7/31/19 | 咈○之心 | 9/41/14 |
| 臣殺○也 | 5/23/18 | 往而必反、與○復讎者 | 7/31/21 | ○何不知過乎 | 9/41/14 |
| ○不賤有功之臣 | 5/23/19 | 發○之令 | 7/31/22 | 內惑於○ | 9/41/15 |
| 臣聞人○者 | 5/24/13 | 明○之德 | 7/31/22 | 臣聞古之聖○莫不習戰 | |
| 吾是以蒲服就○ | 5/25/18 | 動從○命 | 7/31/25 | 　用兵 | 9/41/26 |
| ○不命長 | 5/25/19 | ○誤臣諫 | 7/31/25 | 教爲人○ | 9/42/21 |
| 孤之事○決在今日 | 5/25/19 | 推身致○ | 7/31/26 | 願○悉心盡意以說國人 | 10/43/11 |
| 不得事○（命）〔亦〕 | | 爲○養器 | 7/31/29 | 寡人聞古之賢○ | 10/43/15 |
| 　在今日矣 | 5/25/19 | 始事○兮去家 | 7/32/7 | | 10/44/13 |
| 主○宜許之以前期 | 5/26/1 | 終我命兮○都 | 7/32/7 | 昔夫差辱吾○王於諸侯 | 10/43/24 |
| 二國○臣並在 | 5/26/3 | 子不念先○之讎乎 | 7/32/13 | ○王節儉 | 10/43/24 |
| 吾前○闔閭不忍其惡 | 5/26/6 | ○臣俱降 | 7/32/24 | 盡吾○子 | 10/44/3 |
| 吾與○爲二○乎 | 5/26/16 | 得○臣相保 | 7/32/24 | 臣復○隊 | 10/44/3 |
| 惟○王有意焉 | 5/26/18 | ○臣之禮存 | 7/32/29 | 以除○王之宿讎 | 10/44/3 |
| 越○勾踐下臣種敢言之 | 5/27/7 | 不失○臣之禮 | 7/32/30 | 然猶聽○王之令 | 10/44/12 |
| 辱○臣 | 5/27/11 | 今大王既囚越○而不行誅 | 7/33/11 | 乃發習流二千人、俊士 | |
| 大夫種謂越○曰 | 5/27/14 | 而齊○獲其美名 | 7/33/15 | 　四萬、○子六千、諸 | |
| ○被五勝之衣 | 5/27/15 | ○有逆節之臣 | 7/34/20 | 　御千人 | 10/44/20 |
| 世無萬歲之○ | 5/27/17 | 寡人赦○ | 7/34/26 | 敢問○王之所〔以與之〕 | |

| | | | | | |
|---|---|---|---|---|---|
| 戰者何 | 10/44/29 | 帥○來觀 | 5/23/1 | 子在○寇之中 | 10/46/16 |
| ○將不知 | 10/45/9 | 中校之○皆白裳、白旄 | | 又徇於○ | 10/46/18,10/46/19 |
| 謂吾國○名 | 10/45/19 | 　、素甲、素羽之矰 | 5/25/10 | 不能隨○從兵者 | 10/46/18 |
| ○何爲敬蟲蟲而爲之軾 | 10/46/22 | 左○皆赤裳、赤旄、丹 | | 旋○於江南 | 10/46/20 |
| 越（○）〔軍〕於江南 | 10/46/27 | 　甲、朱羽之矰 | 5/25/11 | 恐○士畏法不使 | 10/46/21 |
| 躬率○子之軍六千人以 | | 右○皆玄裳、玄輿、黑 | | ○士聞之 | 10/46/24 |
| 　爲中陣 | 10/46/28 | 　甲、烏羽之矰 | 5/25/12 | 有司將○大徇○中曰 | 10/46/24 |
| 得與○王結成以歸 | 10/47/13 | 去晉○一里 | 5/25/13 | 越（君）〔○〕於江南 | 10/46/27 |
| 今○王舉兵而誅孤臣 | 10/47/13 | 三○譁吟 | 5/25/14 | 越王中分其師以爲左右 | |
| 且○王早朝晏罷 | 10/47/16 | 乃令童褐請○ | 5/25/15 | 　○ | 10/46/27 |
| ○何忘會稽之厄乎 | 10/47/17 | 兩○邊兵接好 | 5/25/15 | 躬率君子之○六千人以 | |
| 吾置○於甬東 | 10/47/20 | 今大國越次而造弊邑之 | | 　爲中陣 | 10/46/28 |
| 給○夫婦三百餘人 | 10/47/20 | 　壘 | 5/25/15 | 乃以黃昏令於左○ | 10/46/28 |
| 今○遂僭號不歸 | 10/47/27 | ○散 | 5/26/14 | 復令於右○ | 10/46/29 |
| ○王崇德 | 10/47/29 | 吳王書其矢而射種、蠡 | | 使左○〔右○〕涉江鳴 | |
| ○不忘臣 | 10/48/3 | 　之○ | 5/27/5 | 　鼓 | 10/46/30 |
| ○臣同和 | 10/48/5 | 越王使○士集於我戎之功 | 5/27/26 | 今越○分爲二師 | 10/47/1 |
| 臣終欲成○霸國 | 10/48/15 | ○陣固陵 | 7/30/9 | 越王陰使左右○與吳望戰 | 10/47/1 |
| 臣聞○子俟時 | 10/48/22 | 今寡人冀得免於○旅之憂 | 7/30/24 | 越之左右○乃遂伐之 | 10/47/2 |
| 而令○王霸於諸侯 | 10/48/29 | 污辱王之○士 | 7/32/11 | 越○大懼 | 10/47/5 |
| 以故○臣作難 | 10/49/2 | 敗○之將不敢語勇 | 7/32/23 | 越○壞敗 | 10/47/6 |
| ○賤 | 10/49/11 | ○敗而德存 | 7/33/16 | 故爲風雨以還汝○ | 10/47/9 |
| 在○爲忠 | 10/49/14 | 兵到而○退 | 8/37/15 | 越○明日更從江出 | 10/47/11 |
| 吾前○其不徙乎 | 10/50/5 | 今吳承闔閭之○制、子 | | 越○遂圍吳 | 10/47/11 |
| 王侯自稱爲○ | 10/50/25 | 　胥之典教 | 8/37/18 | ○士苦之 | 10/50/6 |
| | | 民飽○勇 | 8/37/21 | 越乃還○ | 10/50/7 |
| **軍 jūn** | **90** | 然行陣隊伍○鼓之事 | 9/41/26 | ○人悅樂 | 10/50/7 |
| | | 乃命五板之墮長高習之 | | | |
| 即發大○追子胥 | 3/5/6 | 　教○士 | 9/42/8 | **鈞 jūn** | **2** |
| 以爲○隊長 | 4/12/3 | 弓爲將○ | 9/42/23 | | |
| 告以○法 | 4/12/4 | 弦爲○師 | 9/42/23 | 千○之重加銖〔兩〕而移 | 5/18/11 |
| ○法如何 | 4/12/8 | ○士皆能用弓弩之巧 | 9/43/4 | 投卵千○之下望必全 | 7/34/10 |
| 寡人已知將○用兵矣 | 4/12/9 | 吳民既疲於○ | 10/44/5 | | |
| 將法在○ | 4/12/10 | 越王會○列士而大誡衆 | 10/44/12 | **俊 jùn** | **1** |
| 將○罷兵就舍 | 4/12/14 | 則不得與三○同饑寒之 | | | |
| 因鳴鼓會○ | 4/12/17 | 　節 | 10/45/10 | 乃發習流二千人、○士 | |
| 遂引○擊鄭 | 4/14/25 | ○士不死 | 10/46/2 | 　四萬、君子六千、諸 | |
| 有能還吳○者 | 4/14/26,4/15/1 | ○行成陣 | 10/46/6 | 　御千人 | 10/44/20 |
| 子胥○將至 | 4/14/28 | 以徇於○ | 10/46/6,10/46/14 | | |
| 還○守楚 | 4/15/3 | 徙○於郊 | 10/46/7 | **郡 jùn** | **2** |
| 楚王期將焚吳○ | 4/15/23 | 徇之於○ | 10/46/7,10/46/13 | | |
| 吳○去後 | 4/16/1 | ○士各與父兄昆弟取訣 | 10/46/9 | 楚國○臣有一朝之患 | 4/12/19 |
| 吳○雖去怖不歇 | 4/16/7 | 三○一飛降兮 | 10/46/10 | 吳王果興九○之兵 | 5/20/22 |
| ○敗身辱 5/19/5,5/20/8,5/20/12 | | ○伍難更兮 | 10/46/12 | | |
| 以賀（君）〔○〕吏 | 5/20/14 | 復徙○於境上 | 10/46/13 | **峻 jùn** | **1** |
| 越○入吳國 | 5/22/1 | 復徙○於檇李 | 10/46/14 | | |
| ○臨北郊 | 5/22/20 | 勾踐乃命有司大徇○ | 10/46/14 | 臣聞○高者隤 | 8/37/12 |

| 駿 jùn | 2 |
|---|---|
| 有市之鄉三十、○馬千 | |
| 　匹、萬戶之都二 | 4/13/11 |
| 而況有市之鄉、○馬千 | |
| 　匹、萬戶之都 | 4/13/13 |

| 開 kāi | 8 |
|---|---|
| 虞公以○晉之伐虢氏 | 1/2/5 |
| 胸斷臆○ | 3/7/27 |
| 不○東面者 | 4/8/22 |
| 遂緣江（沂）〔沂〕淮 | |
| 　（○）〔闢〕溝深水 | 5/26/9 |
| ○五水於東北 | 6/29/4 |
| ○門固根 | 9/38/10 |
| ○門閉戶 | 9/42/4 |
| 我當爲汝○道貫城 | 10/47/10 |

| 塪 kǎn | 2 |
|---|---|
| 不知空○其旁闢忽○中 | 5/24/26 |

| 康 kāng | 9 |
|---|---|
| 帝乃憂中國之不○ | 6/28/6 |
| 禹以下六世而得帝少○ | 6/29/25 |
| 少○恐禹祭之絕祀 | 6/29/26 |
| 自黃帝至少○ | 10/50/20 |
| 自禹受禪至少○即位 | 10/50/20 |
| 少○去顓頊即位 | 10/50/21 |
| 太○ | 10/50/23 |
| 少○ | 10/50/23 |
| 夫○ | 10/50/24 |

| 考 kǎo | 5 |
|---|---|
| 舉爾嗣○之勳 | 6/28/11 |
| 小子敢悉○續以統天意 | 6/28/11 |
| 如喪○妣 | 6/29/7 |
| 三載○功 | 6/29/11 |
| 天下安寧壽○長 | 10/50/9 |

| 苛 kē | 1 |
|---|---|
| 靜而無○ | 8/36/27 |

| 柯 kē | 2 |
|---|---|
| 遂子○相 | 1/2/3 |
| 吾子○廬 | 1/2/4 |

| 咳 ké | 1 |
|---|---|
| 入門不○ | 4/11/1 |

| 可 kě | 149 |
|---|---|
| 示不○用 | 1/1/22 |
| 豈○變乎 | 2/3/5 |
| 苟○施於國 | 2/3/5 |
| 王○自取 | 3/4/9 |
| ○以其父爲質而召之 | 3/4/17 |
| 安○致耶 | 3/4/20 |
| 汝○見使 | 3/4/26 |
| 汝○復也 | 3/5/2 |
| ○得一餐乎 | 3/6/2 |
| 飯不○得 | 3/6/3 |
| 未○說以外事 | 3/6/17 |
| 甚不○當 | 3/6/21 |
| 時未○也 | 3/7/3 |
| 不○失也 | 3/7/20 |
| 時不○失 | 3/7/21 |
| 僚○殺也 | 3/7/21 |
| 不○不慎 | 3/7/24 |
| 何由而○ | 4/8/11 |
| 其○受乎 | 4/9/15 |
| 事未○知 | 4/9/29 |
| 不○親也 | 4/10/6 |
| 闔接矢不○中 | 4/11/9 |
| 闔閭○得也 | 4/11/16 |
| 豈○一日而殺天下勇士 | |
| 　二人哉 | 4/11/19 |
| ○令還吳 | 4/11/20 |
| 知孫子○以折衝銷敵 | 4/11/31 |
| 兵法寧○以小試耶 | 4/12/2 |
| ○ | 4/12/2 |
| ○以小試於後宮之女 | 4/12/2 |
| 而○以定天下 | 4/12/13 |
| 雖○以霸 | 4/12/13 |
| 不○空試 | 4/12/15 |
| 民勞未○恃也 | 4/12/18 |
| 不○服也 | 4/13/6 |
| ○以折衝拒敵 | 4/13/9 |

| 始子言郢不○入 | 4/13/25 |
|---|---|
| 得唐、蔡而○伐楚 | 4/14/4 |
| 自知不○進 | 4/14/7 |
| 不亦○乎 | 4/14/16 |
| 〔申包胥〕知不○ | 4/15/6 |
| 其○乎 | 4/15/24 |
| 闔閭謀擇諸公子○立者 | 4/16/19 |
| 〔此〕不○與戰 | 5/17/25 |
| 不○ | 5/18/16 |
| | 5/20/17,5/24/16,6/28/8 |
| | 9/40/13,9/40/25,10/47/27 |
| 臣竊自擇○與成功而至 | |
| 　王者 | 5/19/9 |
| 不○得也 | 5/19/18 |
| ○乎 | 5/20/17,9/40/8,10/47/20 |
| 即○ | 5/20/18 |
| 不○以應卒 | 5/20/19 |
| 不○以勝敵 | 5/20/20 |
| 則○銷也 | 5/22/4 |
| 國○安存也 | 5/22/5 |
| 身○不死矣 | 5/22/5 |
| 兵○以行 | 5/22/10 |
| 其○傷也 | 5/22/16 |
| 上帝鬼神而不○以告 | 5/25/17 |
| 不○與戰 | 5/26/1 |
| 然不○徒許 | 5/26/1 |
| 吳爲先老○長 | 5/26/2 |
| 死者不○勝計 | 5/26/14 |
| 其○逆乎 | 5/26/16 |
| 西坂中○以匿止 | 5/26/25 |
| 寡人豈○返乎 | 5/27/4 |
| 不○久留 | 5/27/20 |
| 吾何○哉 | 5/27/26 |
| 若斯豈○忘乎 | 6/29/17 |
| 夫驥不○與匹馳 | 7/31/10 |
| 日月不○並照 | 7/31/10 |
| 游於不○存之地 | 7/32/16 |
| 豈○失之乎 | 7/32/16 |
| 吳王知范蠡不○得爲臣 | 7/32/25 |
| ○與不 | 7/33/21 |
| 豺不○謂廉 | 7/34/8 |
| 狼不○親 | 7/34/8 |
| 其不○親 | 7/34/21 |
| 其悔○追乎 | 7/34/24 |
| 其功不○以興 | 8/35/12 |
| 何日○矣 | 8/36/2 |
| 臣愚以爲○無始有終 | 8/36/3 |

| | | | | | |
|---|---|---|---|---|---|
| 不○見其象 | 8/37/5 | 名○留於竹帛 | 10/47/30 | ○有酬其直者 | 4/13/11 |
| 不○知其情 | 8/37/5 | ○未耶 | 10/48/1 | ○死敵國 | 7/30/25 |
| ○克也 | 8/37/9 | 不○掩塞 | 10/48/3 | ○官於吳 | 7/31/12 |
| 諸侯曰○ | 8/37/10 | ○以共患難而不○共處 | | 群臣以○禮事之 | 7/33/31 |
| 則吳○滅矣 | 8/37/20 | 　樂 | 10/48/11 | 而歌木○之吟 | 9/39/8 |
| 其○攻也 | 8/37/21,9/41/23 | ○與履危 | 10/48/11 | 矢爲飛○ | 9/42/23 |
| 乃○量敵 | 9/39/20 | 不○與安 | 10/48/11 | 越王使人如木○山 | 10/50/3 |
| ○破 | 9/40/8 | 夫恥辱之心不○以大 | 10/48/17 | | |
| ○因而破也 | 9/41/5 | 流汗之愧不○以忍 | 10/48/17 | **肯 kěn** | **3** |
| ○不愼哉 | 9/41/7 | 蠡○追乎 | 10/48/24 | | |
| 仇讎之人不○親 | 9/41/8 | 其○不誠乎 | 10/50/17 | 不○長弟 | 5/25/18 |
| 夫虎不○餧以食 | 9/41/9 | | | 吳不○受 | 5/27/8 |
| ○留使吾民植之 | 9/41/22 | **渴 kě** | **2** | 吳王仍未○自殺 | 5/27/18 |
| 未○ | 9/41/23,10/44/17 | | | | |
| 立○見 | 9/41/27 | 嘗苦饑○ | 3/4/24 | **墾 kěn** | **2** |
| 然後諸侯○服 | 9/42/18 | ○飮霧露 | 9/42/12 | | |
| 知○否也 | 9/42/24 | | | 田疇不○ | 4/8/16 |
| 請○報恥 | 10/44/1 | **克 kè** | **5** | ○其田疇 | 8/36/23 |
| 我不○以怠 | 10/44/5 | | | | |
| 以○會之利 | 10/44/7 | ○聽以爲聰 | 3/4/3 | **空 kōng** | **18** |
| 未○往也 | 10/44/8 | ○之 | 4/13/23 | | |
| 吳○伐 | 10/44/10 | ○之則加以誅 | 7/33/14 | 國○ | 3/6/28 |
| 吳○伐也 | 10/44/16 | 可○也 | 8/37/9 | 內〔○〕無骨鯁之臣 | 3/7/22 |
| 其○伐乎 | 10/44/17 | 斯湯武○夏（商）〔商〕 | | 不可○試 | 4/12/15 |
| 須明年之春然後○耳 | 10/44/17 | 　而成王業者 | 10/48/18 | 倉庫○虛 | 5/17/6 |
| ○伐矣 | 10/44/20 | | | 大臣內○ | 5/18/7 |
| 吳○伐耶 | 10/44/26 | **刻 kè** | **4** | 願○國、棄群臣、變容 | |
| 何以爲○ | 10/44/28 | | | 　貌、易姓名、執箕帚 | |
| 未○以戰 | 10/45/2 | 不聞以土木之崇高、蠹 | | 　、養牛馬以事之 | 5/19/19 |
| | 10/45/5,10/45/6 | 　鏤之○畫、金石之清 | | 夫○人之國 | 5/20/17 |
| 猶未○戰 | 10/45/8 | 　音、絲竹之淒唳以之 | | 宮○虛也 | 5/22/2 |
| （泱）〔決〕○否之議 | 10/45/10 | 　爲美 | 3/4/3 | 梧桐心○ | 5/22/3 |
| 審賞則○戰也 | 10/45/14 | 越王謹上○青天 | 5/27/13 | 不知○垹其旁闒忽垹中 | 5/24/26 |
| 審（伐）〔罰〕則○戰 | 10/45/15 | ○削磨礱 | 9/39/10 | 官曰司○ | 6/29/6 |
| 審物則○戰 | 10/45/16 | 德可○於金石 | 10/47/30 | 精神○虛 | 9/38/24 |
| 審備則○戰 | 10/45/17 | | | 國廩○虛 | 10/44/6 |
| 必○應難 | 10/45/18 | **剋 kè** | **4** | 國中○虛 | 10/44/18 |
| 審聲則○戰 | 10/45/18 | | | 聞越掩其○虛 | 10/44/19 |
| 廣恩知分則○戰 | 10/45/20 | 而○寅 | 7/33/8 | 玄武天○威行 | 10/48/25 |
| 則○戰 | 10/45/21 | 是時○其日 | 7/33/8 | 魯國○虛 | 10/49/3 |
| 則○ | 10/45/21 | 辰○其日 | 10/49/16 | 從無余越國始封至餘善 | |
| 越○逆命乎 | 10/47/16 | 今日○其辰 | 10/49/17 | 　返越國○滅 | 10/50/28 |
| 其計○乎 | 10/47/17 | | | | |
| 其○悉乎 | 10/47/26 | **客 kè** | **9** | **孔 kǒng** | **9** |
| 功○象於圖畫 | 10/47/30 | | | | |
| 德○刻於金石 | 10/47/30 | 拜爲○卿 | 3/8/1 | ○子患之 | 5/17/20 |
| 聲○託於絃管 | 10/47/30 | 以○禮事之 | 4/8/10 | ○子止之 | 5/17/21 |

| | | | | | | |
|---|---|---|---|---|---|---|
| ○子弗許 | 5/17/22 | 聲絕於○ | 4/9/21 | 鶴倚○於秦庭 | 4/15/7 |
| ○子遣之 | 5/17/22 | 費無忌之讒○ | 4/9/31 | 申包胥○已歌曰 | 4/15/8 |
| 有○子之教 | 5/24/28 | 王不知○之稱善 | 4/12/1 | 倚牆而○ | 4/15/14 |
| ○子聞之 | 10/49/26 | 於是宮女皆掩○而笑 | 4/12/5 | 一老嫗行○而來 | 4/16/10 |
| ○子有頃到〔越〕 | 10/49/27 | 夫費無忌、楚之讒○ | 4/12/22 | 何○之悲 | 4/16/10 |
| ○子曰 | 10/49/28 | 君臣未嘗絕○ | 4/14/2 | 禹搣其背而○ | 6/28/30 |
| ○子不答 | 10/50/3 | 誰使汝用讒諛之○ | 4/14/24 | ○之何也 | 6/28/31 |
| | | 七日七夜○不絕聲 | 4/15/7 | 故○之悲耳 | 6/29/2 |

**恐 kǒng　32**

| | | | | | | |
|---|---|---|---|---|---|---|
| | | 水不入○ | 4/15/15 | 晝○夜泣 | 6/29/7 |
| ○被淫泆之禍 | 1/1/5 | 勿爲讒○能謗讟 | 4/16/7 | 行○而爲隸 | 7/30/30 |
| ○及於荊蠻 | 1/1/25 | ○不嘗厚味 | 5/19/16 | 越王夫人乃據船○ | 7/32/2 |
| ○子胥前親於王而害其謀 | 3/6/15 | 忠臣掩○ | 5/23/23 | 因○而歌之曰 | 7/32/3 |
| ○國人不就 | 4/8/9 | 出三江之○ | 5/25/2 | 道死巷○ | 9/39/15 |
| ○合諸侯來伐 | 4/10/9 | 腹餒○饑 | 5/26/23 | 必○泣葬埋之如吾子也 | 10/43/20 |
| ○非皇天之意 | 4/10/11 | 妄語态○ | 5/27/10 | | |
| 深○以兵往破滅而已 | 4/11/29 | 無拘群小之○ | 7/32/18 | | |
| 而○事泄 | 4/16/11 | 遂病○臭 | 7/33/29 | **苦 kǔ　24** | |
| ○不能奉統於吳國 | 4/16/23 | 又不進○之所嗜 | 7/34/12 | | |
| 臣竊爲君○焉 | 5/18/12 | 不絕於○ | 8/36/9 | 嘗○饑渴 | 3/4/24 |
| 越王大○ | 5/20/7 | 君王閉○無傳 | 9/39/4 | 楚之君臣且○兵矣 | 3/5/9 |
| 其志甚○ | 5/20/10 | | | 楚國○之 | 4/12/19 |
| ○吳國之亡矣 | 5/23/27 | **叩 kòu　1** | | ○身勞力 | 5/18/15,5/19/16 |
| 臣○耳 | 5/24/11 | | | 爲之者○ | 6/29/21 |
| 臣以是○也 | 5/24/13 | 臣勾踐○頭頓首 | 7/32/13 | 大夫○成曰 | 7/30/19 |
| ○群臣復諫 | 5/24/19 | | | 　　7/31/21,8/37/17,10/45/15 | |
| ○罹尤也 | 5/24/21 | **扣 kòu　1** | | 言悲辭○ | 7/31/6 |
| 吳又○齊、宋之爲害 | 5/26/5 | | | 其惡味○且楚酸 | 7/33/27 |
| ○其不蔽 | 5/27/25 | 當道○橈而歌曰 | 4/14/28 | 君王獨無○矣 | 8/35/6 |
| ○時之暮 | 6/28/23 | | | ○身勞心 | 8/36/7 |
| ○群臣不從 | 6/29/15 | **寇 kòu　7** | | 愁心○志 | 8/36/9 |
| 少康○禹祭之絕祀 | 6/29/26 | | | 采葛之婦傷越王用心之○ | 8/36/19 |
| 又○其不卒也 | 7/33/5 | 而吳侵境不絕於○ | 4/12/19 | 乃作○之詩 | 8/36/19 |
| ○不能破 | 9/39/18 | 王追於吳○ | 4/14/12 | 我君心○命更之 | 8/36/19 |
| ○天下聞之 | 10/44/22 | 而○不絕於境 | 4/16/2 | 嘗膽不○甘如飴 | 8/36/19 |
| 勾踐○民不信 | 10/45/24 | 誅討越○ | 7/33/3 | 則○之 | 8/36/28 |
| ○軍士畏法不使 | 10/46/21 | 則功（○）〔冠〕於五霸 | 7/33/16 | 見其勞○爲之悲 | 8/36/30 |
| ○天變復見 | 10/47/27 | 是養生○而破國家者也 | 9/40/25 | 民疲士○ | 9/39/16 |
| ○勾踐未返 | 10/48/7 | 子在軍○之中 | 10/46/16 | 齊○樂之喜 | 10/45/10 |
| 誠○讒於大宰嚭 | 10/48/16 | | | 軍士○之 | 10/50/6 |
| ○不再還 | 10/49/15 | **枯 kū　1** | | | |
| 諸侯怖懼皆○惶 | 10/50/8 | | | **庫 kù　11** | |
| | | 形體○槁 | 6/29/8 | | |
| **口 kǒu　22** | | | | 倉○不設 | 4/8/16 |
| | | **哭 kū　16** | | 治兵○ | 4/8/19 |
| 重發言於○ | 2/3/2 | | | 立倉○ | 4/8/19 |
| 前人誦之不絕於○ | 2/3/6 | 仰天行○林澤之中 | 3/5/7 | 倉○以具 | 4/9/2 |
| | | 命○僚墓 | 3/8/3 | 倉○空虛 | 5/17/6 |
| | | | | 盡府○之財 | 5/25/1 |

| | | | | | |
|---|---|---|---|---|---|
| 虛其府〇 | 7/34/15，7/34/22 | 眖 **kuàng** | 2 | 匱 **kuì** | 2 |
| 以虛府〇爲仁 | 7/34/21 | | | | |
| 越王內實府〇˙ | 8/36/23 | 昔者齊桓割燕所至之地 | | 竊觀《金〇》第八 | 5/22/16 |
| 滿其府〇 | 9/39/19 | 　以〇燕公 | 7/33/15 | 實《金〇》之要在於上 | |
| | | 〇之以壺酒、一犬 | 10/43/18 | 　下 | 10/47/26 |
| 嚳 **kù** | 1 | | | | |
| | | 壙 **kuàng** | 1 | 潰 **kuì** | 1 |
| 爲帝〇元妃 | 1/1/3 | | | | |
| | | 穿〇七尺 | 6/29/20 | 憂惑〇亂 | 5/21/16 |
| 跨 **kuà** | 1 | | | | |
| | | 窺 **kuī** | 1 | 饋 **kuì** | 1 |
| 〇江涉淮 | 10/50/17 | | | | |
| | | 適會旁有人〇之 | 3/5/20 | 何宜〇飯而與丈夫 | 3/6/7 |
| 快 **kuài** | 1 | | | | |
| | | 虧 **kuī** | 3 | 坤 **kūn** | 1 |
| 而爲相國〇私意耶 | 7/34/16 | | | | |
| | | 越〇禮儀 | 3/6/7 | 乾〇受靈 | 7/30/12 |
| 繪 **kuài** | 3 | 月滿則〇 | 8/37/12 | | |
| | | 政平未〇 | 8/37/19 | 昆 **kūn** | 7 |
| 治魚爲〇 | 4/16/13 | | | | |
| 閭閻出〇而食 | 4/16/14 | 夔 **kuí** | 1 | 召其神而問之山川脈理 | |
| 吳人作〇者 | 4/16/14 | | | 　、金玉所有、鳥獸〇 | |
| | | 與益〇共謀 | 6/28/21 | 　蟲之類及八方之民俗 | |
| 寬 **kuān** | 1 | | | 　、殊國異域土地里數 | 6/28/21 |
| | | 喟 **kuì** | 1 | 因約吳國父兄〇弟而誓 | |
| 吾（今修）〔修令〕〇刑 | 10/45/3 | | | 　之曰 | 10/43/15 |
| | | 越王〇然嘆曰 | 10/50/1 | 軍士各與父兄〇弟取訣 | 10/46/9 |
| 狂 **kuáng** | 7 | | | 其有父母無〇弟者 | 10/46/15 |
| | | 愧 **kuì** | 15 | 父母〇弟有在疾病之地 | 10/46/16 |
| 乃被髮（佯）〔佯〕〇 | 3/6/8 | | | 吾視之如吾父母〇弟之 | |
| 以〇惑之心 | 5/22/16 | 外〇諸侯之恥 | 3/4/22 | 　疾病也 | 10/46/16 |
| 自謂老〇 | 5/22/23 | 常有〇恨之色 | 3/7/24 | 如吾父母〇弟之有死亡 | |
| 行步猖〇 | 5/26/22 | 子有三不肖之〇 | 4/10/29 | 　葬埋之矣 | 10/46/17 |
| 〇佞之人 | 8/37/19 | 然已〇矣 | 4/16/3 | | |
| 視之者〇 | 10/48/26 | 吳王〇晉之義 | 5/26/3 | 崑 **kūn** | 4 |
| 計硯佯〇 | 10/48/28 | 不知〇辱而欲求生 | 5/27/21 | | |
| | | 死亦〇矣 | 5/27/23 | 徊〇崙 | 6/29/3 |
| 況 **kuàng** | 5 | 〇於前君 | 7/30/26 | 〇崙之象存焉 | 8/35/23 |
| | | 上〇皇天 | 7/32/11 | 寡人聞〇崙之山乃地之柱 | 8/35/24 |
| 而〇有市之鄉、駿馬千 | | 不勝仰感俯〇 | 7/32/12 | 〇崙故出 | 8/35/27 |
| 　匹、萬戶之都 | 4/13/13 | 上〇周王 | 9/38/2 | | |
| 豈〇於人君乎 | 7/30/19 | 面有〇色 | 9/38/9 | 髡 **kūn** | 1 |
| 豈〇近臥於華池 | 7/32/15 | 外〇諸侯 | 9/38/24 | | |
| 而〇於吳乎 | 9/39/4 | 以〇勾踐 | 9/41/3 | 乃〇被離而刑之 | 5/24/10 |
| 豈〇雄雌 | 9/42/30 | 流汗之〇不可以忍 | 10/48/17 | | |

| 梱 kǔn | 1 |
|---|---|
| 入吾梱○ | 7/32/16 |

| 困 kùn | 19 |
|---|---|
| 方今吳外○於楚 | 3/7/22 |
| ○辱二君 | 4/14/5 |
| 鄭定公前殺太子建而○ | |
| 　迫子胥 | 4/14/26 |
| 又傷昭王○迫 | 4/16/2 |
| 臣聞仁人不（因居） | |
| 　〔○厄〕以廣其德 | 5/18/18 |
| ○暴齊而撫周室 | 5/20/13 |
| 吳王○急 | 5/26/15 |
| 吳國○不戰 | 5/26/21 |
| 周文不以○爲病 | 7/30/18 |
| 而云湯文○厄後必霸 | 7/30/23 |
| 皆遇○厄之難 | 7/30/27 |
| 三守暴○之辱 | 7/30/29 |
| 不離三獄之○ | 7/30/29 |
| 今大王雖在危○之際 | 7/31/5 |
| 越國洿下○迫 | 9/40/11 |
| 非國貧民○而請糴也 | 9/41/2 |
| 民之○窮 | 9/41/5 |
| ○於戰鬭 | 10/44/6 |
| 不勝則○其兵 | 10/44/10 |

| 來 lài | 62 |
|---|---|
| 二伯○入荊蠻 | 2/3/5 |
| 慶封窮○奔吳 | 2/3/13 |
| 以報前○誅慶封也 | 3/3/24 |
| 楚之亡臣伍子胥○奔吳 | 3/3/27 |
| 輒○ | 3/4/18 |
| 故遣臣○奉進印綬 | 3/4/23 |
| 父○ | 3/5/24 |
| ○入於吳 | 3/6/12 |
| 時不再○ | 3/7/19 |
| 公子光爲我具酒○請 | 3/7/23 |
| ○歸命於大王 | 4/8/12 |
| 越前○獻三枚 | 4/9/4 |
| 會楚之白喜○奔 | 4/9/22 |
| 聞臣在吳而○也 | 4/9/23 |
| 故○ | 4/9/29 |
| 不遠吾國而○ | 4/9/31 |
| 故○歸命 | 4/10/1 |

| 恐合諸侯○伐 | 4/10/9 |
|---|---|
| 暝必○也 | 4/10/25 |
| 天禍○下 | 4/14/7 |
| 使○告急 | 4/15/9 |
| 自霸王已○ | 4/15/27 |
| 一老嫗行哭而○ | 4/16/10 |
| 今聞伍君○ | 4/16/11 |
| 君處故○ | 5/18/21 |
| 將使使者○謝於王 | 5/20/10 |
| 越使果○ | 5/20/10,5/20/16 |
| 帥軍○觀 | 5/23/1 |
| 踰千里而○我壤土 | 5/23/3 |
| 依潮○往 | 5/24/9 |
| 從後園而○ | 5/24/21 |
| 遣使○告 | 5/25/17 |
| 敢煩使者往○ | 5/25/19 |
| 伯父令子○乎 | 5/26/10 |
| 如越之○也 | 5/26/15 |
| 故○候之 | 6/28/17 |
| ○賓爲王 | 6/28/25 |
| 往○有常 | 6/29/22 |
| ○歸越國 | 7/30/13 |
| 賂往遺○ | 7/31/23 |
| 飛去復○ | 7/32/3 |
| 終○遇兮何幸 | 7/32/7 |
| 幸○涉我壤土 | 7/32/16 |
| ○歸於吳 | 7/32/22 |
| ○歸寡人 | 7/34/14 |
| 幸○歸國 | 8/35/15 |
| 一夕自○ | 8/35/22 |
| ○歲即復太倉 | 9/40/23 |
| 吉往則凶○ | 9/40/25 |
| 觀越王之使使○請糴者 | 9/41/1 |
| 恩往義○ | 9/41/8 |
| 呼吸往○ | 9/42/6 |
| 有天氣即○陳之 | 10/43/10 |
| 送往迎○ | 10/43/14 |
| 凡四方之士○者 | 10/43/21 |
| 不如○春 | 10/44/19 |
| ○告我 | 10/46/15 |
| ○至六七里 | 10/47/5 |
| 子○去矣 | 10/48/8 |
| ○迎哀公 | 10/49/3 |
| 魯哀公以三桓之逼○奔 | 10/50/12 |

| 勑 lài | 1 |
|---|---|
| 出亡之君○臣守禦 | 7/31/17 |

| 賴 lài | 9 |
|---|---|
| 孤○天之賜也 | 5/19/6 |
| 孤○（矣）〔先〕〔人 | |
| 　之〕賜 | 5/20/1 |
| ○大王之賜 | 5/20/9 |
| ○王賜得奉祭祀 | 5/20/12 |
| ○上帝哀存 | 5/23/3 |
| ○天降（哀）〔夷〕 | 5/23/7 |
| ○公之策耳 | 7/33/20 |
| ○大王之力 | 9/39/12 |
| 幸○宗廟之神靈 | 10/48/18 |

| 瀨 lài | 5 |
|---|---|
| 適會女子擊綿於○水之上 | 3/6/2 |
| 已自投於○水矣 | 3/6/7 |
| ○下之水 | 4/10/4 |
| 子胥等過溧陽○水之上 | 4/16/8 |
| 自投於○水 | 4/16/11 |

| 闌 lán | 3 |
|---|---|
| 要離席○至舍 | 4/10/24 |
| 闕爲○溝於（商）〔商〕 | |
| 　魯之間 | 5/24/18 |
| 涕泣○干 | 7/35/2 |

| 覽 lǎn | 3 |
|---|---|
| 大王不○於斯 | 7/30/22 |
| 願大夫○之 | 9/38/26 |
| 願王○武王伐紂之事也 | 9/41/10 |

| 濫 làn | 3 |
|---|---|
| 人民泛○ | 1/1/9 |
| 惟吳哀齊之不○也 | 5/17/7 |
| 然尚有泛○之憂 | 7/30/29 |

| 爛 làn | 1 |
|---|---|
| 骨肉糜○ | 5/22/9 |

| 狼 láng | 5 |
|---|---|
| 豺○食汝肉 | 5/22/8 |
| 臣聞內懷虎○之心 | 7/34/7 |
| ○不可親 | 7/34/8 |
| 臣聞○子有野心 | 9/41/8 |
| 鷹視○步 | 10/48/11 |

| 琅 láng | 4 |
|---|---|
| ○瑯東武海中山也 | 8/35/22 |
| 欲徙葬○邪 | 10/50/3 |
| 而去○邪 | 10/50/20 |
| 尊親（夫）〔失〕○邪 | 10/50/27 |

| 瑯 láng | 1 |
|---|---|
| 從○瑯起觀臺 | 10/49/25 |

| 螂 láng | 4 |
|---|---|
| 不知螳○超枝緣條 | 5/24/23 |
| 夫螳○翕心而進 | 5/24/24 |
| 欲啄螳○ | 5/24/25 |
| 夫黃雀但知伺螳○之有味 | 5/24/25 |

| 朗 lǎng | 1 |
|---|---|
| 破敵聲聞功○明也 | 5/21/5 |

| 勞 láo | 14 |
|---|---|
| 民○未可恃也 | 4/12/18 |
| 苦身○力 | 5/18/15,5/19/16 |
| 乃命王孫駱告○于周 | 5/26/5 |
| 乃○身焦思 | 6/28/12 |
| 竭力以○萬民 | 6/28/28 |
| 天美禹德而○其功 | 6/29/21 |
| 身臨憂○ | 7/31/28 |
| 今○萬姓擁於岐路 | 8/35/8 |
| 苦身○心 | 8/36/7 |
| ○擾民力 | 8/36/28 |
| 見其○苦爲之悲 | 8/36/30 |
| 何敢○吾國之人 | 10/44/2 |
| 臣聞主憂臣○ | 10/48/14 |

| 老 lǎo | 19 |
|---|---|
| 負○攜幼 | 1/1/17 |
| 業於養○ | 1/1/28 |
| 終○地上 | 3/5/1 |
| 母○ | 3/7/21 |
| 一○嫗行哭而來 | 4/16/10 |
| 臣今年○ | 5/22/15 |
| 自謂○狂 | 5/22/23 |
| 今王播棄〔黎○〕 | 5/23/9 |
| ○臣多詐 | 5/23/25 |
| 先王之○臣也 | 5/24/14 |
| 吳爲先○可長 | 5/26/2 |
| 遂已耆艾將○ | 6/29/19 |
| 委國於一○ | 7/31/17 |
| 勸者○ | 9/39/25 |
| 令壯者無娶○妻 | 10/43/16 |
| ○者無娶壯婦 | 10/43/17 |
| ○弱在後 | 10/44/19 |
| 子離父母之養、親○之愛 | 10/46/15 |
| 孤○矣 | 10/47/21 |

| 勒 lè | 1 |
|---|---|
| ○馬銜枚 | 5/25/9 |

| 雷 léi | 2 |
|---|---|
| 聲如○霆 | 7/32/14 |
| ○奔電激 | 10/47/6 |

| 累 léi | 5 |
|---|---|
| 危於○卵 | 5/18/5 |
| ○歲不絕 | 6/29/25 |
| 以國○諸侯大夫 | 7/31/7 |
| 自稱之楚○世 | 9/42/19 |
| 吳師○敗 | 10/47/12 |

| 壘 lěi | 2 |
|---|---|
| 反距堅○ | 5/25/14 |
| 今大國越次而造弊邑之軍○ | 5/25/15 |

| 淚 lèi | 2 |
|---|---|
| 垂○頓首曰 | 4/8/11 |
| ○泫泫兮雙懸 | 7/32/5 |

| 類 lèi | 7 |
|---|---|
| 寧○愚者也 | 3/6/22 |
| 金鐵之○不銷 | 4/9/9 |
| 形體相○ | 4/9/19 |
| ○有大憂 | 5/25/21 |
| 召其神而問之山川脈理、金玉所有、鳥獸昆蟲之○及八方之民俗、殊國異域土地里數 | 6/28/21 |
| 狀○龍蛇 | 9/39/10 |
| ○於佞諛之人 | 9/41/17 |

| 狸 lí | 1 |
|---|---|
| ○之卑身 | 7/34/17 |

| 犁 lí | 7 |
|---|---|
| 楚白州○之孫 | 4/9/23 |
| 平王誅州○ | 4/9/23 |
| 州○何罪 | 4/9/24 |
| 白州○ | 4/9/24 |
| 咸言費無忌讒殺伍奢、白州○ | 4/12/19 |
| 太傅伍奢、左尹白州○ | 4/12/20 |
| 殺伍奢、白州○ | 4/16/1 |

| 黎 lí | 3 |
|---|---|
| 今王播棄〔○老〕 | 5/23/9 |
| 悼○元之罹咎 | 6/28/6 |
| 面目○黑 | 6/29/8 |

| 罹 lí | 4 |
|---|---|
| 恐○尤也 | 5/24/21 |
| 悼黎元之○咎 | 6/28/6 |
| 民不○辜 | 6/28/31 |
| 今乃○法如斯 | 6/29/1 |

奈何廢前王之○　　　2/2/25
鄭人甚○之　　　3/5/15
越虧○儀　　　3/6/7
光既得專諸而○待之　　　3/6/25
以客○事之　　　4/8/10
敦於○義　　　4/16/23
無惡卑辭以盡其○　　　5/19/10
以盡國○　　　5/26/2
○前王一飯　　　5/26/17
越王乃葬吳王以○　　　5/27/26
何言之違○儀　　　7/30/24
君臣之○存　　　7/32/29
不失君臣之○　　　7/32/30
群臣以客○事之　　　7/33/31
以復封○　　　8/36/14
今舉其貢貨而以復○　　　8/36/15
必朝而○之　　　10/43/21
從弟子奉先王雅琴○樂
　奏於越　　　10/49/26

**蠡 lí　　　83**

使范○、洩庸率師屯海
　通江　　　5/25/4
范○在中行　　　5/27/4
吳王書其矢而射種、○
　之軍　　　5/27/5
大夫種、相國○急而攻　　　5/27/6
勾踐謂種、○曰　　　5/27/18
種、○曰　　　5/27/19
與大夫種、范○入臣於吳　　　7/30/8
於是大夫種、范○曰　　　7/30/26
大夫范○曰　　　7/31/20,10/45/17
范○立於後　　　7/32/20
吳王謂范○曰　　　7/32/20
范○對曰　　　7/32/22
　　　8/35/13,9/41/25
自謂遂失范○矣　　　7/32/25
吳王知范○不可得爲臣　　　7/32/25
范○曰　　7/32/26,7/33/5,7/33/19
　　7/33/21,7/34/31,8/35/16
　　8/35/23,8/35/26,8/35/28
　　8/36/2,8/36/4,8/37/9
　10/44/17,10/44/18,10/44/20
　10/47/15,10/47/25,10/48/22
越王、范○趨入石室　　　7/32/27
望見越王及夫人、范○

坐於馬糞之旁　　　7/32/29
范○　　　7/32/30
召范○告之曰　　　7/33/5
范○、文種憂而占之曰　　　7/33/12
見大夫種、范○而言越
　王復拘於石室　　　7/33/13
召范○曰　　　7/33/18
范○乃令左右皆食岑草　　　7/33/29
於是范○與越王俱起　　　7/34/3
下臣勾踐從小臣范○　　　7/34/3
與種○之徒　　　7/34/27
范○執御　　　7/34/29
謂范○曰　　　7/34/30
顧謂范○曰　　　8/35/8
○曰　　　8/35/9,10/47/26
於是范○進曰　　　8/35/9
越王謂范○曰　　　8/35/11
於是范○乃觀天文　　　8/35/18
越王乃召相國范○、大
　夫種、大夫郢　　　8/36/1
相國范○、大夫種、句
　如之屬儼然列坐　　　9/37/30
范○明而知內　　　9/38/18
乃使相國范○進曰　　　9/40/10
謹使臣○獻之大王　　　9/40/11
且越有聖臣范○　　　9/41/1
越王又問相國范○曰　　　9/41/24
於是范○復進善射者陳音　　　9/42/8
○、種相謂曰　　　10/44/12
越王復召范○謂曰　　　10/44/16
范○、文種乃稽顙肉袒　　　10/47/7
子胥乃與種、○夢　　　10/47/8
范○遂鳴鼓而進兵　　　10/47/18
當歸而問於范○曰　　　10/47/24
大夫種、○曰　　　10/48/1
范○知勾踐愛壤土　　　10/48/6
范○從吳欲去　　　10/48/7
○復爲書遺種曰　　　10/48/8
○雖不才　　　10/48/10
范○議欲去　　　10/48/12
范○辭於王曰　　　10/48/14
○所以不死者　　　10/48/16
范○既去　　　10/48/23
○可追乎　　　10/48/24
○去時　　　10/48/25
○終不還矣　　　10/48/26
越王乃使良工鑄金象范

○之形　　　10/48/27
范○亦有斯言　　　10/49/10
吾悔不隨范○之謀　　　10/49/20

**力 lì　　　34**

吾○弱無助於掌事之間　　　3/6/29
非用有○徒　　　3/6/29
僚素貪而恃○　　　3/6/31
欲與之并○　　　3/7/1
其敵有萬人之○　　　4/10/14
而有萬人之○也　　　4/10/15
合坐不忍其溢於○也　　　4/10/21
臣細小無○　　　4/11/6
臣敢不盡○　　　4/11/7
今子之○不如也　　　4/11/10
要離○微　　　4/11/17
子胥爲彊暴○諫　　　5/17/16
苦身勞○　　　5/18/15,5/19/16
顧○士石番以鐵鎚擊殺之　　　5/22/6
垂功用○　　　5/23/5
斯亦大夫之○　　　5/23/6
若子於吳則何○焉　　　5/23/8
父不憎有○之子　　　5/23/19
竭○以勞萬民　　　6/28/28
夏殷恃○而虐二聖　　　7/30/17
孤○弱勢劣　　　7/31/11
不裁功○　　　7/32/11
勞擾民○　　　8/36/28
○竭而威折　　　8/37/15
子胥○於戰伐　　　8/37/20
賴大王之○　　　9/39/12
加之以○　　　9/42/17
寡人不知其○之不足
　〔也〕　　　10/43/12
豈敢有不盡○者乎　　　10/44/3
行行各努○兮　　　10/46/12
筋○不足以勝甲兵　　　10/46/19
自謂未能得士之死○　　　10/46/21
臣盡其○　　　10/48/3

**立 lì　　　76**

子不窋○　　　1/1/11
子慶節○　　　1/1/12
共○以爲勾吳　　　1/1/24
子昌○　　　1/1/28

| | |
|---|---|
| **悋** lì | 3 |
| 卿士悽愴民惻〇 | 4/16/7 |
| 吳王中心〇然 | 5/24/15 |
| 雖則恨〇之心 | 7/31/6 |

| | |
|---|---|
| **溧** lì | 2 |
| 乞食〇陽 | 3/6/1 |
| 子胥等過〇陽瀨水之上 | 4/16/8 |

| | |
|---|---|
| **菞** lì | 1 |
| 於是季歷〇政 | 1/1/27 |

| | |
|---|---|
| **曆** lì | 3 |
| 乃案《黃帝中經〇》 | 6/28/13 |
| 天有〇數 | 7/30/20 |
| 〇象四時 | 9/40/4 |

| | |
|---|---|
| **歷** lì | 12 |
| 少曰季〇 | 1/1/18 |
| 季〇娶妻太任氏 | 1/1/19 |
| 因更名曰季〇 | 1/1/20 |
| 〇者 | 1/1/20 |
| 令季〇讓國於太伯 | 1/1/26 |
| 於是季〇菞政 | 1/1/27 |
| 季〇卒 | 1/1/28 |
| 太王改爲季〇 | 2/3/5 |
| 更〇楚趙之界 | 5/22/14 |
| 紀〇陰陽 | 7/31/30 |
| 其〇八主皆稱霸 | 10/50/19 |
| 〇八主 | 10/50/27 |

| | |
|---|---|
| **勵** lì | 1 |
| 〇其甲兵 | 9/39/20 |

| | |
|---|---|
| **隸** lì | 2 |
| 身爲傭〇 | 7/30/25 |
| 行哭而爲〇 | 7/30/30 |

| | |
|---|---|
| **瀝** lì | 1 |
| 不滅〇血之仇 | 7/34/9 |

| | |
|---|---|
| **躒** lì | 1 |
| 〇躒摧長惡兮 | 10/46/10 |

| | |
|---|---|
| **鑗** lì | 3 |
| 見兩〇 | 5/21/2 |
| 兩〇蒸而不炊者 | 5/21/5 |
| 入門見〇蒸而不炊者 | 5/21/22 |

| | |
|---|---|
| **連** lián | 9 |
| 〇日乃出 | 4/10/19 |
| 孫子顧視諸女〇笑不止 | 4/12/6 |
| 吳越之士繼踵〇死、肝腦塗地者 | 5/19/17 |
| 〇年不熟 | 5/24/18 |
| 死必〇繫組以罩吾目 | 5/27/25 |
| 同土〇域 | 7/33/2 |
| 孤獲辱〇年 | 8/35/11 |
| 葛不〇蔓菜台台 | 8/36/19 |
| 合以參〇 | 9/43/1 |

| | |
|---|---|
| **廉** lián | 2 |
| 精誠中〇 | 5/20/3 |
| 豺不可謂〇 | 7/34/8 |

| | |
|---|---|
| **憐** lián | 2 |
| 同病相〇 | 4/10/3 |
| 勾踐〇之 | 10/47/19 |

| | |
|---|---|
| **歛** liǎn | 3 |
| 薄其賦〇 | 8/36/27 |
| 重賦厚〇 | 8/36/28 |
| 省其賦〇 | 8/36/30 |

| | |
|---|---|
| **練** liàn | 1 |
| 揀〇士卒 | 4/11/16 |

| | |
|---|---|
| **戀** liàn | 1 |
| 而〇其生 | 4/10/23 |

| | |
|---|---|
| **良** liáng | 16 |
| 子胥〇久對曰 | 4/8/17 |
| 〇久 | 4/11/7 |
| 虐殺忠〇 | 4/14/4 |
| 越王送之金百鎰、寶劍一、〇馬二 | 5/20/6 |
| 〇犬就烹 | 5/27/6,10/48/10 |
| 乃舉賢〇 | 6/28/6 |
| 又因〇時 | 8/36/3 |
| 五日遺之巧工〇材 | 9/39/2 |
| 〇國也 | 10/44/29 |
| 則吾〇人矣 | 10/45/25 |
| 〇臣集謀 | 10/48/2 |
| 〇弓將藏 | 10/48/10 |
| 越王乃使〇工鑄金象范蠡之形 | 10/48/27 |
| 〇犬烹 | 10/49/10 |
| 必害其〇 | 10/49/17 |

| | |
|---|---|
| **梁** liáng | 8 |
| 踰〇山而處岐周 | 1/1/16 |
| 楚之邊邑脾〇之女 | 3/7/10 |
| 國之〇棟 | 7/31/10 |
| 涉天〇 | 10/48/26 |
| 遂作河〇之詩 | 10/50/7 |
| 渡河〇兮渡河〇 | 10/50/7 |
| 悲去歸兮何無〇 | 10/50/9 |

| | |
|---|---|
| **糧** liáng | 1 |
| 不用尺兵斗〇 | 4/14/27 |

| | |
|---|---|
| **兩** liǎng | 18 |
| 〇賊相逢 | 3/5/30 |
| 〇賊相得 | 3/5/31 |
| 故小城南門上反羽爲〇鯢鐃 | 4/9/1 |
| 〇鉤俱飛 | 4/9/21 |
| 〇目忽張 | 4/12/6 |
| 千鈞之重加銖〔〇〕而移 | 5/18/11 |
| 見〇鑗 | 5/21/2 |

○黑犬嗥以南、嗥以北　5/21/3
○鍥殖吾宮墻　5/21/3
○鬻蒸而不炊者　5/21/5
○黑犬嗥以南、嗥以北者　5/21/6
　5/21/22
○鍥殖宮墻者　5/21/6
○鍥殖宮牆者　5/22/1
望見○人相對　5/23/15
○軍邊兵接好　5/25/15
○君屈己以得天道　7/30/18
石取一○　9/43/1

**量 liàng**　8

雖傾城○金　4/13/12
內不自○　5/19/4,5/20/8,5/20/11
今內○吾國不足以傷吳　5/19/18
不淹其○　8/37/13
乃可○敵　9/39/20
○其居　10/43/21

**聊 liáo**　1

人不○生　9/39/16

**僇 liáo**　1

今〔至〕於○屍之辱　4/15/4

**僚 liáo**　31

號爲吳王○也　2/3/20
王○使公子光伐楚　3/3/24
光欲謀殺王○　3/3/25
乃白吳王○　3/6/10
王○曰　3/6/10,3/6/17
王○怪其狀偉　3/6/12
王○與語三日　3/6/13
王○知之　3/6/14
公子謀殺王○　3/6/15
子胥知公子光欲害王○　3/6/16
入見王○　3/6/17
○立　3/6/26
今○何以當代立乎　3/6/29
○素貪而恃力　3/6/31
○遣公子伐楚　3/7/7
○可殺也　3/7/21

具酒而請王○　3/7/23
○白其母曰　3/7/23
王○乃被棠銕之甲三重　3/7/24
階席左右皆王○之親戚　3/7/25
既至王○前　3/7/26
以刺王○　3/7/27
王○既死　3/7/28
以攻○衆　3/7/28
命哭○墓　3/8/3
聞公子光殺王○自立　3/8/4
吳王前既殺王○　4/10/9
而與大王圖王○於私室
　之中　4/10/11
魚腸之劍已用殺吳王○也　4/13/4
故闔閭以殺王○　4/13/7

**遼 liáo**　1

吾道○遠　5/25/7

**蓼 liǎo**　1

目臥則攻之以○　8/36/8

**料 liào**　1

豈○再還　7/35/2

**劣 liè**　3

末君微○　6/29/28
孤力弱勢○　7/31/11
臣之愚○　9/42/26

**列 liè**　8

與諸侯、大夫○坐於晉
　定公前　5/25/21
行人請成○國之義　5/26/17
舉過○平　7/31/25
桓繆據五勝之便而○六國　8/37/22
相國范蠡、大夫種、句
　如之屬儼然○坐　9/37/30
○坐於後　9/38/5
越王會軍○士而大誡衆　10/44/12
○鼓而鳴之　10/46/6

**烈 liè**　1

何乖○　4/16/4

**裂 liè**　1

○裳裹膝　4/15/7

**鬣 liè**　1

見符朱○、玄狐　7/31/1

**林 lín**　7

復棄於○中　1/1/6
仰天行哭○澤之中　3/5/7
不知黃雀盈綠○　5/24/24
無余質（○）〔朴〕　6/29/27
縱於南○之中　8/36/17
出於南○　9/41/27
妾生深○之中　9/42/2

**棽 lín**　1

袁公即杖○篠竹　9/41/29

**鄰 lín**　13

不與○鄉共里　3/5/12
以威○國者乎　4/8/20
又憂慶忌之在○國　4/10/9
外爲○國所笑　4/12/23
王不憂○國疆（場）
　〔場〕之患　4/15/11
禍與福爲○　5/19/1
○國貢獻財有餘也　5/21/7
無欲於○國　5/24/28
豈直欲破彊敵收○國乎　8/35/14
必輕諸侯而凌○國　8/37/8
○國通而不絕其援　8/37/11
臣聞○國有急　9/41/17
蓋以桃弓棘矢而備○國也　9/42/19

**臨 lín**　28

勿使○難　3/5/3
百神○觀　4/9/6

願空國、棄群臣、變容〇、易姓名、執箕帚、養牛馬以事之 5/19/19
面聽〇觀 7/34/21

### 枚 méi 14

請干將鑄作名劍二〇 4/9/3
越前來獻三〇 4/9/4
以故使劍匠作爲二〇 4/9/4
臣聞吳王得越所獻寶劍三〇 4/13/3
臣聞越王（元）〔允〕常使歐冶子造劍五〇 4/13/5
有美裘二〇、善珮二〇 4/13/29
各以一〇獻之昭王 4/13/29
昭公自服一〇 4/13/30
勒馬銜〇 5/25/9
越王乃使大夫種索葛布十萬、甘蜜九党、文笥七〇、狐皮五雙、晉竹十廋 8/36/13
銜〇遡江而上五里 10/46/29
銜〇踰江十里 10/46/29
銜〇不鼓攻吳 10/47/2

### 眉 méi 1

〇間一尺 3/6/13

### 梅 méi 1

葬於〇里平墟 1/2/2

### 每 měi 2

〇入與語 3/6/14
〇陳一篇 4/12/1

### 美 měi 21

臺〇 3/4/2
臣聞國君服寵以爲〇 3/4/2
不聞以土木之崇高、蠱鏤之刻畫、金石之清音、絲竹之淒唳以之爲〇 3/4/3
豈前王之所盛、人君之〇者耶 3/4/6
秦女〇容 3/4/9
〇珠也 3/5/18
〇哉 4/9/14,5/21/4
有〇裘二枚、善珮二枚 4/13/29
目不視〇色 5/19/16
內〇釜山中愼之功 6/29/13
天〇禹德而勞其功 6/29/21
遵禹貢之〇 6/29/24
而齊君獲其〇名 7/33/15
外執〇詞之說 7/34/7
臣聞高飛之鳥死於〇食 9/38/21
四曰遺〇女以惑其心 9/39/1
有〇之士 9/40/3
往獻〇女 9/40/8
惟王選擇〇女二人而進之 9/40/9
〇女 9/40/17

### 妹 mèi 2

與〇季芈出河濉之間 4/14/12
夏亡以〇喜 9/40/17

### 昧 mèi 7

次日餘〇 2/2/24,3/6/27
嘗晨〇不安 2/3/1
餘〇立 2/3/18
吳人立餘〇子州于 2/3/20
前王餘〇卒 3/6/25
餘〇卒 3/6/28

### 媚 mèi 2

欲以自〇 3/6/20
湯改儀而〇於桀 7/30/17

### 寐 mèi 1

忽晝假〇於姑胥之臺而得夢 5/20/22

### 門 mén 57

使者在〇 3/4/26
自宮〇至於光家之〇 3/7/25
陸〇八 4/8/21
水〇八 4/8/21
陵〇三 4/8/22
立閶〇者 4/8/22
以象天〇 4/8/23,8/35/20
立蛇〇者 4/8/23
故立閶〇以通天氣 4/8/23
因復名之破楚〇 4/8/24
故立蛇〇以制敵國 4/8/24
故小城南〇上反羽爲兩鯢鱙 4/9/1
故南大〇上有木蛇 4/9/1
詣宮〇而求賞 4/9/17
子必故陳兵堂下〇庭 4/9/27
愼無閉吾〇 4/10/25
見其〇不閉 4/10/26
入〇不咳 4/11/1
葬於國西閶〇外 4/12/28
〔使男女與鶴〕俱入羨〇 4/12/30
因更名閶〇曰破楚〇 4/16/15
闔閭乃起北〇 4/16/16
名曰望齊〇 4/16/16
召〇人而謂之曰 5/17/20
道出胥〇 5/20/22,5/21/19
東掖〇亭長長城公弟公孫聖 5/21/10
入〇見鍾蒸而不炊者 5/21/22
於是吳王乃使〇人提之蒸丘 5/22/8
掛吾目於〇 5/23/12
城〇不守 5/26/21
過〇不入 6/28/13
鑿龍〇 6/29/5
橫木爲〇 6/29/17
囚之〇 7/31/5
在玉〇第一 7/33/6
負玉〇之第九 7/34/18
送於蛇〇之外 7/34/25
陵〇四達 8/35/20
臣乃承天〇制城 8/35/26
東南爲司馬〇 8/35/28
治之〇也 9/38/10
開〇固根 9/38/10
謂天〇地戶也 9/40/2
道有〇戶 9/42/4
開〇閉戶 9/42/4
皆造國〇之期 10/45/23
王因反闔其〇 10/45/28

| | | | | |
|---|---|---|---|---|
| 反闔外宮之○ | 10/46/4 | **猛 měng** | 4 | **糜 mí** | 2 |

反闔外宮之○　10/46/4
欲入胥○　10/47/4
故求置吾頭於南○　10/47/8
更從東○　10/47/10
何大王問犯玉○之第八　10/49/10
正犯玉○之第八也　10/49/16

**萌 méng**　2

二氣共○　7/31/3
前則無滅未○之端　10/48/15

**盟 méng**　10

吳不信前日之○　4/13/18
有○至今未改　4/14/20
即割子期心以與隨君○
　而去　4/14/22
吳齊遂○而去　5/23/4
群臣畢○　5/26/4
○國一人則依矣　5/26/11
與之○曰　9/38/1
王與之○　10/44/10
已○黃池　10/44/22
血○而去　10/50/5

**蒙 méng**　15

○垢受恥　3/4/19
○罪受辱　4/8/12
吾○子前人之恩　4/15/2
有功○賞　5/23/22
幸○諸大夫之謀　7/30/14
○不赦之恥　7/30/28
誠○厚恩　7/32/12
○大王鴻恩　7/32/24
孤○上天之命　7/34/30
○天祉福　9/37/28
幸○諸大夫之策　9/38/2
孤○子之術　9/40/20
羿傳逄○　9/42/16
逄○傳於楚琴氏　9/42/16
○天靈之祐、神（祇）
　〔祇〕之福　10/50/16

**猛 měng**　4

平王甚毅○而好兵　4/9/27
且吳王剛○而毅　5/18/6
○獸將擊　8/37/4
夫吳之志○驕而自矜　8/37/8

**孟 mèng**　2

○津之會　8/37/10
○冬十月多雪霜　10/50/8

**夢 mèng**　20

齊子壽○立　1/2/6
凡從太伯至壽○之世　1/2/6
壽○元年　2/2/11
壽○曰　2/2/12
壽○以巫臣子狐庸爲相　2/2/22
壽○病將卒　2/2/24
壽○欲立之　2/2/25
壽○乃命諸樊曰　2/2/26
壽○卒　2/2/29
前君壽○有子四人　3/6/26
忽晝假寐於姑胥之臺而
　得○　5/20/22
寡人晝臥有○　5/21/1
○入章明宮　5/21/2
寡人忽晝○　5/21/9
今王所○　5/21/10
忽然感○　5/21/12
忽然晝○　5/21/19
因○見赤繡衣男子　6/28/16
當吳王壽○、諸樊、闔
　閭之時　6/30/3
子胥乃與種、蠡○　10/47/8

**迷 mí**　3

○道不遠　7/34/11
越王○惑　7/34/13
中心○惑　9/38/24

**麋 mí**　1

骨肉○爛　5/22/9

**麋 mí**　2

人號○侯、翼侯、魏侯也　9/42/18
給其○粥　10/46/18

**米 mǐ**　2

季孫拔劍之鍔中缺者大
　如黍○　4/9/14
市無赤○之積　10/44/6

**芈 mǐ**　2

與妹季○出河滩之間　4/14/12
大夫種建負季○以從　4/14/14

**弭 mǐ**　1

必（餌）〔○〕毛帖伏　8/37/4

**麛 mí**　2

帝○所任　6/28/7
○山伐木爲邑　6/29/17

**秘 mì**　1

○於宮室之中　7/32/19

**密 mì**　4

○近於楚　4/14/20
剖脅而產高○　6/28/4
舜與四嶽舉鯀之子高○　6/28/10
即○不令洩　10/44/22

**蜜 mì**　1

越王乃使大夫種索葛布
　十萬、甘○九党、文
　笥七枚、狐皮五雙、
　晉竹十庾　8/36/13

**綿 mián**　2

適會女子擊○於瀨水之上　3/6/2
往年擊○於此　4/16/11

| 免 miǎn | 11 |
|---|---|
| 去難就〇 | 3/4/21 |
| 惟父獲〇 | 3/4/24 |
| 父幸〇死 | 3/4/26 |
| 寡人不〇於繋𤦲之使 | 4/8/13 |
| 得〇 | 4/14/22 |
| 今寡人冀得〇於軍旅之憂 | 7/30/24 |
| 遂〇子孫之患 | 7/33/14 |
| 自〇於窮厄之地 | 9/38/20 |
| 〇於天虐之誅 | 10/43/9 |
| 將〇者以告於孤 | 10/43/17 |
| 吾王既〇於患難 | 10/49/13 |

| 勉 miǎn | 5 |
|---|---|
| 大王〇之 | 5/23/28 |
| 王其〇之 | 7/34/26,10/48/23 |
| 王〇之 | 7/34/28 |
| 於是越民父〇其子 | 10/44/16 |

| 冕 miǎn | 1 |
|---|---|
| 夫去〇兮爲奴 | 7/32/8 |

| 湎 miǎn | 3 |
|---|---|
| 沉〇於酒 | 3/3/28 |
| 秦（桓）〔哀〕公素沉〇 | 4/15/7 |
| 惑亂沉〇 | 9/40/7 |

| 面 miàn | 13 |
|---|---|
| 一〇而別 | 3/4/28 |
| 跣足塗〇 | 3/6/8 |
| 不開東〇者 | 4/8/22 |
| 吾何〇目以視天下之士 | 4/11/22 |
| 〔親〕北〇事之 | 4/15/4 |
| 〇目黎黑 | 6/29/8 |
| 〇無恨色 | 7/32/28 |
| 今日爲越王陳北〇之坐 | 7/33/31 |
| 〇聽貌觀 | 7/34/21 |
| 言竟掩〇 | 7/35/2 |
| 〇有愧色 | 9/38/9 |
| 越王〇無喜色 | 10/48/6 |
| 故〇有憂色而不悅也 | 10/48/7 |

| 苗 miáo | 6 |
|---|---|
| 后稷之〇裔也 | 1/1/3 |
| 無立其〇也 | 5/17/13 |
| 我是無余君之〇末 | 6/29/30 |
| 夏長無〇 | 9/39/24 |
| 謹除〇穢 | 9/39/26 |
| 穢除〇盛 | 9/39/26 |

| 鳔 miáo | 1 |
|---|---|
| 故小城南門上反羽爲兩鯢〇 | 4/9/1 |

| 眇 miáo | 2 |
|---|---|
| 〇其一目 | 4/10/19 |
| 又受〇目之病 | 4/10/23 |

| 廟 miào | 19 |
|---|---|
| 乃宗〇社稷之制 | 2/3/4 |
| 不顧宗〇聽讒孽 | 4/16/4 |
| 幾危宗〇社稷滅 | 4/16/6 |
| 夷吾宗〇 | 5/19/13,10/44/27 |
| 伐宗〇 | 5/22/1 |
| 宗〇既夷 | 5/23/24 |
| 吾將殘汝社稷、夷汝宗〇 | 5/26/19 |
| 立宗〇於南山之上 | 6/29/25 |
| 租貢纖給宗〇祭祀之費 | 6/29/27 |
| 奉承宗〇 | 7/31/11 |
| 宗〇荊棘 | 7/34/24 |
| 越國遁棄宗〇 | 8/37/1 |
| 奉其宗〇 | 9/41/4 |
| 殘我宗〇 | 10/45/12 |
| 吾方往征討我宗〇之讎 | 10/46/8 |
| 失滅宗〇社稷者 | 10/47/21 |
| 宗〇輔政 | 10/48/3 |
| 幸賴宗〇之神靈 | 10/48/18 |

| 滅 miè | 40 |
|---|---|
| 晉獻公〇周北虞 | 1/2/5 |
| 欲國不〇 | 3/5/5 |
| （大）〔太〕子能爲內<br>　應而〇鄭 | 3/5/15 |
| 〇吳之邊邑 | 3/7/11 |
| 盡〇之 | 3/7/28 |

| 深恐以兵往破〇而已 | 4/11/29 |
|---|---|
| 遂〇其族 | 4/12/26 |
| 而〇其交親 | 4/13/19 |
| 〇宗廢祀 | 4/14/17 |
| 楚〇之 | 4/14/18 |
| 吳猶欲〇之 | 4/15/9 |
| 〇之 | 4/15/20 |
| 誅夷白氏族幾〇 | 4/16/4 |
| 幾危宗廟社稷〇 | 4/16/6 |
| 災已〇矣 | 5/22/9 |
| 將〇吳國 | 5/23/24 |
| 〇我吳宮 | 5/25/3 |
| 敵國如〇 | 5/27/6 |
| 亡國〇君 | 5/27/23 |
| 威人者〇 | 7/30/10 |
| 仁賢不官絕〇之國 | 7/32/20 |
| 殷爲周所〇 | 7/33/11 |
| 不〇瀝血之仇 | 7/34/9 |
| 則吳可〇矣 | 8/37/20 |
| 夫欲報怨復讎、破吳〇<br>　敵者 | 9/38/23 |
| 遂取〇亡 | 9/39/14 |
| 昔桀易湯而〇 | 9/40/13 |
| 五霸輔絕〇之末者也 | 9/41/18 |
| 勝則〇其國 | 10/44/10 |
| 勾踐自度未能〇 | 10/44/23 |
| 失〇宗廟社稷者 | 10/47/21 |
| 勾踐已〇吳 | 10/47/22 |
| 〇讎破吳 | 10/48/4 |
| 前則無〇未萌之端 | 10/48/15 |
| 今已〇之 | 10/49/1 |
| 〇淫樂 | 10/49/8 |
| 敵國〇 | 10/49/10 |
| 自越〇吳 | 10/50/9 |
| 爲楚所〇 | 10/50/27 |
| 從無余越國始封至餘善<br>　返越國空〇 | 10/50/28 |

| 民 mín | 96 |
|---|---|
| 人〇泛濫 | 1/1/9 |
| 使教〇山居 | 1/1/9 |
| 〇化其政 | 1/1/12 |
| 而〇五倍其初 | 1/1/18 |
| 國〇君而事之 | 1/1/22 |
| 〇人殷富 | 1/1/25 |
| 人〇皆耕田其中 | 1/1/26 |

| | | | | | |
|---|---|---|---|---|---|
| 安○以爲樂 | 3/4/3 | 委國歸○ | 7/31/12 | 愍 mǐn | 1 |
| ○不敗時務 | 3/4/5 | 使○知分 | 7/31/22 | | |
| 〔○人無廢主〕 | 3/8/2 | 救活○命 | 7/31/28 | ○然不行 | 4/11/20 |
| ○無所依 | 4/8/16 | 國富○實 | 7/31/29 | | |
| 安君理○ | 4/8/17 | 親將其臣○ | 7/34/13 | 名 míng | 56 |
| 安君治○ | 4/8/17 | 永辭萬○ | 7/35/1 | | |
| 凡欲安君治○、興霸成 | | 無德於○ | 8/35/7 | 長因○棄 | 1/1/7 |
| 王、從近制遠者 | 4/8/18 | 人○不足 | 8/35/12 | 雍一○吳仲 | 1/1/18 |
| ○勞未可恃也 | 4/12/18 | ○不名使 | 8/36/23 | 因更○曰季歷 | 1/1/20 |
| ○莫知其過 | 4/12/22 | ○富國彊 | 8/36/23 | 二人託○採藥於衡山 | 1/1/21 |
| 〔令萬○隨而觀之〕 | 4/12/29 | 愛○而已 | 8/36/24 | ○曰故吳 | 1/1/26 |
| 卿士悽愴○惻悵 | 4/16/7 | 無奪○所好 | 8/36/26 | ○員 | 3/3/27 |
| ○人離散 | 5/17/6 | ○不失其時 | 8/36/26 | 其前○曰伍舉 | 3/3/27 |
| 〔其〕士〔○又〕惡甲 | | ○失所好 | 8/36/27 | 楚平王有太子○建 | 3/4/8 |
| 兵〔之事〕 | 5/17/24 | 多作臺游以罷○ | 8/36/28 | 建有子○勝 | 3/5/17 |
| 人○外死 | 5/18/7 | 勞擾○力 | 8/36/28 | 因復○之破楚門 | 4/8/24 |
| 此僻狹之國、蠻夷之○ | 5/18/20 | 遇○如父母之愛其子 | 8/36/29 | 請干將鑄作○劍二枚 | 4/9/3 |
| 吳王分其○之衆以殘吾國 | 5/19/12 | 人○殷富 | 8/36/30 | 於是鉤師向鉤而呼二子 | |
| 殺敗吾○ | 5/19/13 | 昔（之）〔者〕亡國流○ | 8/37/3 | 之○ | 4/9/20 |
| 不念士○之死 | 5/22/12 | ○飽軍勇 | 8/37/21 | ○離 | 4/10/15 |
| 愛○養士 | 5/22/21 | 富○養士 | 9/38/2 | 形殘○勇 | 4/10/23 |
| ○多怨恨 | 5/24/18 | 士○者 | 9/38/10 | ○武 | 4/11/30 |
| 不愛○命 | 5/24/28 | 利所欲以疲其○ | 9/39/1 | 不知其○ | 4/13/2 |
| 息○散兵 | 5/26/12 | ○虛國變 | 9/39/14 | 一○磐郢 | 4/13/7 |
| 召其神而問之山川脈理 | | ○疲士苦 | 9/39/16 | 一○湛盧 | 4/13/8 |
| 、金玉所有、鳥獸昆 | | ○無失穗 | 9/39/26 | 動無令○ | 4/14/17 |
| 蟲之類及八方之○俗 | | 人○饑乏 | 9/40/23 | 因更○闔門曰破楚門 | 4/16/15 |
| 、殊國異域土地里數 | 6/28/21 | 非國貧○困而請糴也 | 9/41/2 | ○曰望齊門 | 4/16/16 |
| 竭力以勞萬○ | 6/28/28 | ○之困窮 | 9/41/5 | 顯○也 | 5/18/13 |
| ○不罹辜 | 6/28/31 | 及於萬○ | 9/41/20 | 願空國、棄群臣、變容 | |
| 調○安居 | 6/29/1 | 可留使吾○植之 | 9/41/22 | 貌、易姓○、執箕帚 | |
| 此吾德薄不能化○證也 | 6/29/2 | 吳○大饑 | 9/41/23 | 、養牛馬以事之 | 5/19/19 |
| ○去崎嶇 | 6/29/5 | 人○朴質 | 9/42/12 | 貪功○而不知利害 | 5/20/2 |
| 萬○不附（商）〔商〕均 | 6/29/9 | 除○所害 | 10/43/14 | 身○全 | 5/21/20 |
| 哀○不得已 | 6/29/11 | 四方之○歸之若水 | 10/43/15 | 以立○于荊蠻 | 5/23/6 |
| 休養萬○ | 6/29/14 | ○家有三年之畜 | 10/43/23 | ○號顯著 | 5/23/21 |
| 令○歸於里閭 | 6/29/16 | 吳○既疲於軍 | 10/44/5 | 此何○也 | 5/26/23 |
| 安○治室居 | 6/29/17 | 其○必有移徙之心 | 10/44/6 | ○曰女嬃 | 6/28/3 |
| 造井示○ | 6/29/18 | 吾不得不從○人之欲 | 10/44/9 | 行到○山大澤 | 6/28/21 |
| 使百鳥還爲○田 | 6/29/22 | 於是越○父勉其子 | 10/44/16 | 故○之曰《山海經》 | 6/28/22 |
| 人○山居 | 6/29/26 | 吾國之○又勸孤伐吳 | 10/44/17 | ○金石 | 6/29/3 |
| 從○所居 | 6/29/28 | 欲○所欲 | 10/45/4 | 遂更○茅山曰會稽之山 | 6/29/13 |
| 轉從衆庶爲編戶之○ | 6/29/29 | 去○所惡 | 10/45/4 | 身（居）〔拘〕而○尊 | 7/30/28 |
| 爲○請福於天 | 6/29/31 | 勾踐恐○不信 | 10/45/24 | 而齊君獲其美○ | 7/33/15 |
| 衆○悅喜 | 6/29/31 | 則非吾之○也 | 10/45/25 | 功立而○稱 | 7/33/16 |
| 變異不及於○ | 7/30/19 | 吳之土地○臣 | 10/47/21 | ○越於前古 | 7/33/17 |
| ○親其知 | 7/31/8 | 國之人○是子 | 10/48/20 | 亶父讓地而○發於岐 | 8/35/16 |

| | | | | | | |
|---|---|---|---|---|---|---|
| 故○怪山 | 8/35/23 | 子胥○於一時之計 | 7/32/18 | **瞑 míng** | | **2** |
| ○東武 | 8/35/28 | 越王○日謂太宰嚭曰 | 7/33/23 | | | |
| 君不○教 | 8/36/22 | ○日 | 7/34/7 | ○即往攻要離 | | 4/10/24 |
| 臣不○謀 | 8/36/22 | 　10/46/7,10/46/13,10/46/18 | | ○必來也 | | 4/10/25 |
| 民不○使 | 8/36/23 | 　10/46/19,10/46/20,10/46/28 | | | | |
| 官不○事 | 8/36/23 | ○臣屬也 | 8/35/22 | **命 mìng** | | **101** |
| ○曰東皇公 | 9/39/5 | 孤欲以今日上○堂、臨 | | | | |
| ○曰西王母 | 9/39/5 | 　國政 | 8/36/1 | 壽夢乃○諸樊曰 | | 2/2/26 |
| 王選○山神材 | 9/39/7 | 臣願急升○堂臨政 | 8/36/6 | 敢不如○ | 2/2/29,5/23/4,5/27/14 | |
| 必成其○ | 9/40/15 | 願王○選左右 | 9/38/11 | 又復三朝悲吟而○我日 | | 2/3/2 |
| 武王即成其○矣 | 9/41/12 | 范蠡○而知內 | 9/38/18 | 我敢不從○乎 | | 2/3/3 |
| 親戮主以爲○ | 9/41/12 | ○於孤虛 | 9/39/20 | 何先王之○有 | | 2/3/5 |
| 射弩未發而前○其所中 | 9/42/27 | ○孤虛者 | 9/39/22 | ○弟餘祭曰 | | 2/3/9 |
| 問其○ | 10/43/22 | 臣雖不○其道 | 9/42/20 | 昔前君有○ | | 2/3/19 |
| 功○聞於諸侯 | 10/44/11 | 須○年之春然後可耳 | 10/44/17 | 乃○善相者爲吳市吏 | | 3/3/25 |
| 謂吾國君○ | 10/45/19 | ○其信 | 10/45/14 | 性○屬天 | | 3/5/26 |
| ○可留於竹帛 | 10/47/30 | 是非○察 | 10/45/16 | 臣固不敢如王之○ | | 3/6/19 |
| 魯穆柳有幽公爲○ | 10/50/24 | ○哉 | 10/45/22 | 陳前王之○ | | 3/6/30 |
| | | 以爲○誠矣 | 10/45/28 | 惟委○矣 | | 3/7/3 |
| | | 越軍○日更從江出 | 10/47/11 | 願公子○之 | | 3/7/3 |
| **明 míng** | **52** | ○知進退 | 10/48/10 | 安坐待公子○之 | | 3/7/5 |
| | | | | 以俟天○ | | 3/8/3 |
| ○矣　2/3/19,7/33/19,10/48/12 | | **冥 míng** | **3** | ○哭僚墓 | | 3/8/3 |
| 致遠以爲○ | 3/4/3 | | | 來歸○於大王 | | 4/8/12 |
| 何○於世 | 3/4/31 | 去昭昭、就○○也 | 5/21/22 | 復○於國中作金鉤 | | 4/9/16 |
| 自守貞○ | 3/6/6 | 相求於玄○之下 | 10/49/15 | 故來歸○ | | 4/10/1 |
| 貞○執操 | 3/6/8 | | | 不即喪○於敵 | | 4/10/23 |
| 欲以絕越○也 | 4/8/22 | **銘 míng** | **1** | 大王有○ | | 4/11/6 |
| 慶忌、○智之人 | 4/11/10 | | | 臣願用○ | | 4/11/28 |
| 胥乃○知鑒辯 | 4/11/31 | 切齒○骨 | 10/47/16 | 臣既已受○爲將 | | 4/12/10 |
| 約束不○ | 4/12/7 | | | 所謂臣行其志不待○者 | | 4/14/10 |
| 兵道不○ | 4/12/15 | **鳴 míng** | **13** | 楚敢不聽○ | | 4/14/21 |
| 經之○文 | 4/16/24 | | | 寡人聞○矣 | | 4/15/13 |
| 又使○大夫守之 | 5/18/1 | 三年不飛亦不○ | 3/3/30 | 乃○太宰嚭 | | 5/21/1 |
| 〔將〕○於法禁 | 5/18/6 | 不○ | 3/3/31 | ○屬上天 | | 5/21/15 |
| ○主任人不失其能 | 5/19/7 | ○則驚人 | 3/3/31 | 欲終壽○ | | 5/21/17 |
| 外○而知時 | 5/20/4 | 不飛不○ | 3/3/31 | 不顧於○ | | 5/21/21 |
| 夢入章○宮 | 5/21/2 | 因○鼓會軍 | 4/12/17 | 太宰嚭受○ | | 5/22/22 |
| ○者　　5/21/5,5/21/22 | | 長吟悲○ | 5/24/23 | 吳國之○斯促矣 | | 5/23/11 |
| 破敵聲聞功朗○也 | 5/21/5 | 鷄○而定 | 5/25/13 | 臣○何異於子胥 | | 5/24/12 |
| 吾前王履德○〔聖〕達 | | 王乃〔秉枹〕親○金鼓 | 5/25/13 | 不愛民○ | | 5/24/28 |
| 　於上帝 | 5/23/4 | 時加鷄○ | 7/34/19 | 天子有○ | | 5/25/16 |
| 以○其令 | 5/25/8 | 越王即○鐘驚檄而召群臣 | 9/38/1 | 君不○長 | | 5/25/19 |
| 天尙未○ | 5/25/13 | 列鼓而○之 | 10/46/6 | 不得事君（○）〔亦〕 | | |
| 必○其信 | 5/26/1 | 使左軍〔右軍〕涉江○ | | 　在今日矣 | | 5/25/19 |
| 以爲掩○ | 5/27/25 | 　鼓 | 10/46/30 | 孤躬親聽○於藩籬之外 | | 5/25/20 |
| 則行○矣哉 | 6/28/25 | 范蠡遂○鼓而進兵 | 10/47/18 | 既以通○ | | 5/25/21 |
| ○君之德 | 7/31/22 | | | | | |

| | |
|---|---|
| ○童褐復○ | 5/26/3 |
| 乃○王孫駱告勞于周 | 5/26/5 |
| 又不恭王○ | 5/26/7 |
| 願王制其○ | 5/26/18 |
| 不從天○而棄其仇 | 5/27/13 |
| 誠以今日聞○ | 5/27/16 |
| 願主急而○之 | 5/27/19 |
| 乃○四嶽 | 6/28/6 |
| 鯀負○毀族 | 6/28/7 |
| 受○九載 | 6/28/8 |
| 聞帝使文○于斯 | 6/28/16 |
| 我受○於天 | 6/28/28 |
| ○也 | 6/28/29 |
| 禪位○禹 | 6/29/8 |
| ○群臣曰 | 6/29/19 |
| 以爲百姓請○ | 6/30/1 |
| 不失上天之○ | 6/30/2 |
| 諸侯並救王○ | 7/30/30 |
| 何順心佛○群臣 | 7/31/9 |
| 君之○也 | 7/31/15 |
| 通○達旨 | 7/31/23 |
| 出不忘○ | 7/31/24 |
| 動從君○ | 7/31/25 |
| 救活民○ | 7/31/28 |
| 終我○兮君都 | 7/32/7 |
| 得保須臾之○ | 7/32/12 |
| 今越王不奉大王○號 | 7/32/23 |
| 臣請如○ | 7/32/26 |
| 孤蒙上天之○ | 7/34/30 |
| 請○乞恩 | 8/35/15 |
| 委○吳國 | 8/35/21 |
| 孤之○也 | 8/35/28 |
| 我君心苦○更之 | 8/36/19 |
| 操鋒履刃、艾○投死者 | 9/38/7 |
| 因君之○ | 9/41/6 |
| 乃○五板之墮長高習之 | |
| 　教軍士 | 9/42/8 |
| ○所起也 | 9/42/21 |
| 敬從○矣 | 10/45/11 |
| 即已○孤矣 | 10/45/13 |
| 不敢違○ | 10/45/15 |
| 勾踐乃退齋而○國人曰 | 10/45/22 |
| 乃復○有司與國人曰 | 10/45/23 |
| 承○有賞 | 10/45/23 |
| 有不從○者 | 10/45/23 |
| 乃入○於夫人 | 10/45/25 |
| 大夫敬受○矣 | 10/46/4 |

| | |
|---|---|
| 勾踐有○於夫人、大夫曰 | 10/46/5 |
| 勾踐乃○有司大狗軍 | 10/46/14 |
| 志行不足以聽王○者 | 10/46/19 |
| 人致其○ | 10/46/24 |
| 夫差不敢逆○ | 10/47/13 |
| 孤臣惟○是聽 | 10/47/14 |
| 越可逆○乎 | 10/47/16 |
| 已受○號 | 10/47/23 |
| 乃○樂作伐吳之曲 | 10/47/28 |
| 使孤寄身託號以俟○矣 | 10/48/20 |
| 吾○須臾之間耳 | 10/49/17 |
| 秦桓公不如越王之○ | 10/50/6 |
| 以諸侯大夫不用○ | 10/50/13 |

**謬 miù　　　　3**

| | |
|---|---|
| 豈不○哉 | 5/24/4 |
| ○哉君王之言也 | 9/38/6 |
| 莫不○者乎 | 9/41/25 |

**磨 mó　　　　1**

| | |
|---|---|
| 刻削○礱 | 9/39/10 |

**末 mò　　　　10**

| | |
|---|---|
| 遭殷之○世衰 | 1/1/25 |
| 魯承周公之○ | 5/24/28 |
| 夏禹之○封也 | 6/28/3 |
| ○君微劣 | 6/29/28 |
| 我是無余君之苗○ | 6/29/30 |
| 南至於姑○ | 8/36/13 |
| 五霸輔絕滅之○者也 | 9/41/18 |
| 竹枝上頡橋（未）〔○〕 | |
| 　墮地 | 9/41/29 |
| 女即捷〔其〕○ | 9/42/1 |
| 後百世之○ | 10/49/22 |

**沒 mò　　　　4**

| | |
|---|---|
| 馬○ | 4/10/19 |
| 存○所在 | 4/15/24 |
| 吳王聞齊有○水之慮 | 5/23/1 |
| 以○王世 | 10/47/20 |

**秣 mò　　　　1**

| | |
|---|---|
| 夫差昏〔乃戒令〕○馬 | |
| 　食士 | 5/25/9 |

**莫 mò　　　　41**

| | |
|---|---|
| 富貴○相忘也 | 3/5/31 |
| 二曰○耶 | 4/9/4 |
| ○耶 | 4/9/5 |
| ○耶曰 | 4/9/6,4/9/7,4/9/10 |
| 陰曰○耶 | 4/9/12 |
| 闔閭使掌劍大夫以○耶 | |
| 　獻之 | 4/9/13 |
| 闔閭既寶○耶 | 4/9/15 |
| ○不歎息 | 4/9/29 |
| 人○敢昔呰者 | 4/11/3 |
| 萬人○當 | 4/11/8 |
| 群臣○有曉王意者 | 4/11/29 |
| 世人○知其能 | 4/11/30 |
| 邦人○知其罪 | 4/12/20 |
| 民○知其過 | 4/12/22 |
| 若耶之溪深而○測 | 4/13/12 |
| 其臣下○有死志 | 4/14/9 |
| ○大乎波秦之子夫差 | 4/16/22 |
| ○過於斯 | 5/24/27 |
| ○過於斯也 | 5/25/3 |
| ○入王府 | 5/25/16 |
| 罪○大焉 | 5/27/13 |
| ○薦人 | 6/28/7 |
| ○不感傷 | 7/30/11 |
| ○不感動 | 7/31/6 |
| ○不咸哀 | 7/32/1 |
| 天下○不聞知 | 8/37/3 |
| 群臣默然○對者 | 9/38/3 |
| ○如正身 | 9/38/10 |
| 諸侯○不聞知 | 9/41/3 |
| ○不謬者乎 | 9/41/25 |
| 臣聞古之聖君○不習戰 | |
| 　用兵 | 9/41/26 |
| ○得其正 | 9/42/20 |
| 人○能惑 | 10/45/17 |
| 觀者○不悽惻 | 10/46/12 |
| ○不懷心樂死 | 10/46/24 |
| ○能救止 | 10/47/7 |
| 人○知其所適 | 10/48/23 |
| 日前之神○能制者 | 10/48/25 |

| | |
|---|---|
| 人○能入 | 10/50/4 |

## 墨 mò　1

| | |
|---|---|
| 望之如○ | 5/25/12 |

## 默 mò　13

| | |
|---|---|
| 得形於○ | 3/5/31 |
| 子胥○然 | 3/6/1 |
| 白公○然不對 | 3/7/15 |
| ○然不言 | 4/11/7 |
| 遭此○○ | 5/23/23 |
| 吳王○然 | 5/26/19 |
| ○無所言 | 7/30/11 |
| 群臣○然莫對者 | 9/38/3 |
| 於是越王○然不悅 | 9/38/8 |
| 越王○然無言 | 10/48/4 |
| 越王○然 | 10/49/2 |
| 越王○然不應 | 10/49/11 |

## 謀 móu　72

| | |
|---|---|
| 光欲○殺王僚 | 3/3/25 |
| 勇於策○ | 3/5/1 |
| 大夫華氏○殺元公 | 3/5/14 |
| 從者知其○ | 3/5/16 |
| 公子○殺王僚 | 3/6/15 |
| 恐子胥前親於王而害其○ | 3/6/15 |
| 遭公子光之有○也 | 3/6/24 |
| 而與○國政 | 4/8/10 |
| 臣聞○議之臣 | 4/8/14 |
| 與○國事 | 4/10/2 |
| 願從於○ | 4/10/13 |
| 豈細人之所能○乎 | 4/10/14 |
| 其細人之○事 | 4/10/14 |
| 慶忌信其○ | 4/11/16 |
| 畫其策○ | 4/11/26 |
| ○欲入郢 | 4/12/18 |
| 君與王○誅之 | 4/12/21 |
| 因○伐楚 | 4/12/27 |
| 然人君有逆理之○ | 4/13/9 |
| 殺君○楚 | 4/13/10 |
| 唐成相與○ | 4/13/31 |
| 願二君有○ | 4/14/5 |
| 三國合○伐楚 | 4/14/5 |
| 復○伐齊 | 4/16/15 |

| | |
|---|---|
| 闔閭○擇諸公子可立者 | 4/16/19 |
| 闔閭有頃召子胥○立太子 | 4/16/21 |
| 吳以子胥、白喜、孫武之○ | 4/17/1 |
| 何○之敢〔慮〕 | 5/20/10 |
| 與智者○ | 5/22/21 |
| 并慮一○ | 5/22/22 |
| 無出境之○ | 5/23/3 |
| 此孤僅之○ | 5/23/10 |
| 無沮吳○ | 5/23/26 |
| 設○破楚 | 5/24/1 |
| 〔乃〕合諸侯〔而〕○曰 | 5/25/7 |
| ○臣必亡 | 5/27/6 |
| 與益夔共○ | 6/28/21 |
| 幸蒙諸大夫之○ | 7/30/14 |
| 抱○以待敵 | 7/30/21 |
| 臣誠盡○ | 7/31/2 |
| 臣○以能 | 7/31/18 |
| 召太宰嚭○曰 | 7/33/2 |
| ○利事在青龍 | 7/33/8 |
| 是其○深也 | 7/34/22 |
| 臣不名○ | 8/36/22 |
| 孤未知策○ | 8/37/2 |
| 聖人之○ | 8/37/5 |
| 臣聞○國破敵 | 8/37/9 |
| 夫內臣○而決讎其策 | 8/37/11 |
| 無示○計 | 8/37/20 |
| 冀聞報復之○ | 9/38/14 |
| 吾以○士效實 | 9/38/18 |
| 而亂其○ | 9/39/2 |
| 計硯之○也 | 9/40/5 |
| 因此而○ | 9/40/7 |
| 今欲復○吳 | 9/40/20 |
| 勇以善○ | 9/41/1 |
| 孤有報復之○ | 9/41/24 |
| 今子爲寡人○事 | 9/41/25 |
| ○伐吳 | 10/43/9 |
| 臣鄙於策○ | 10/44/26 |
| 即無權變之○ | 10/45/9 |
| ○之二十餘年 | 10/47/16 |
| 良臣集○ | 10/48/2 |
| 以其○成國定 | 10/48/6 |
| 越王陰○ | 10/48/12 |
| 計不數○ | 10/48/22 |
| ○臣亡 | 10/49/10 |
| 盡九術之○ | 10/49/14 |
| 子有陰○兵法 | 10/49/18 |

| | |
|---|---|
| 願幸以餘術爲孤前王於地下○吳之前人 | 10/49/19 |
| 吾悔不隨范蠡之○ | 10/49/20 |

## 繆 móu　1

| | |
|---|---|
| 桓○據五勝之便而列六國 | 8/37/22 |

## 鍪 móu　1

| | |
|---|---|
| 令三百人皆被甲兜○ | 4/12/3 |

## 母 mǔ　24

| | |
|---|---|
| 后稷其○ | 1/1/3 |
| 建○蔡氏無寵 | 3/4/11 |
| 吾聞父○之讎 | 3/5/11 |
| 妾獨與○居 | 3/6/3 |
| 妾獨與○居三十年 | 3/6/6 |
| 因迎故太子建○於鄭 | 3/7/7 |
| 鄭君送建○珠玉簪珥 | 3/7/7 |
| ○老 | 3/7/21 |
| 僚白其○曰 | 3/7/23 |
| ○曰 | 3/7/24 |
| 父○之國也 | 5/17/20 |
| 若兒思○ | 6/29/15 |
| 遇民如父○之愛其子 | 8/36/29 |
| 名曰西王○ | 9/39/5 |
| 孝子不忍見父○爲禽獸所食 | 9/42/13 |
| 生不見父○ | 9/42/15 |
| 其父○有罪　10/43/17, 10/43/17 |
| 孤以乳○ | 10/43/19 |
| 其有父○無昆弟者 | 10/46/15 |
| 子離父○之養、親老之愛 | 10/46/15 |
| 父○昆弟有在疾病之地 | 10/46/16 |
| 吾視之如吾父○昆弟之疾病也 | 10/46/16 |
| 如吾父○昆弟之有死亡葬埋之矣 | 10/46/17 |

## 畝 mǔ　1

| | |
|---|---|
| 無改○以爲居之者樂 | 6/29/21 |

| | | | | | | | |
|---|---|---|---|---|---|---|---|
| **木 mù** | 14 | **募 mù** | 1 | ○官其子 | 10/43/20 |

| | |
|---|---|
| 適會伐○之人多 | 1/1/6 |
| 不聞以土○之崇高、蠱 | |
| 　鏤之刻畫、金石之清 | |
| 　音、絲竹之凄唳以之 | |
| 　爲美 | 3/4/3 |
| ○不妨守備 | 3/4/5 |
| 故南大門上有○蛇 | 4/9/1 |
| 靡山伐○爲邑 | 6/29/17 |
| 橫○爲門 | 6/29/17 |
| 夫水能浮草○ | 8/37/17 |
| 越王乃使○工三千餘人 | 9/39/7 |
| 入山伐○ | 9/39/8 |
| 而歌○客之吟 | 9/39/8 |
| 天生神○一雙 | 9/39/9 |
| 於是神農皇帝弦○爲弧 | 9/42/14 |
| 剡○爲矢 | 9/42/14 |
| 越王使人如○客山 | 10/50/3 |

| | |
|---|---|
| **目 mù** | 20 |
| 確顙而深○ | 3/6/23 |
| 眇其一○ | 4/10/19 |
| 又受眇○之病 | 4/10/23 |
| 吾何面○以視天下之士 | 4/11/22 |
| 兩○忽張 | 4/12/6 |
| 不敢瞬○ | 4/12/11 |
| 右手抉其○ | 4/14/24 |
| ○不視美色 | 5/19/16 |
| 耳○不聰 | 5/22/15,5/22/23 |
| 掛吾○於門 | 5/23/12 |
| ○視茫茫 | 5/26/22 |
| 瞋○大言以抶之 | 5/27/16 |
| 越王復瞋○怒曰 | 5/27/20 |
| 死必連綮組以罩吾○ | 5/27/25 |
| 面○黎黑 | 6/29/8 |
| ○若熛火 | 7/32/14 |
| ○臥則攻之以藝 | 8/36/8 |
| 臣聞五色令人○盲 | 9/40/13 |
| ○若耀電 | 10/47/5 |

| | |
|---|---|
| **牧 mù** | 1 |
| 執○養之事如故 | 7/33/29 |

| | |
|---|---|
| **募 mù** | 1 |
| 漁者之子應○曰 | 4/14/27 |

| | |
|---|---|
| **墓 mù** | 11 |
| 命哭僚○ | 3/8/3 |
| 乃掘平王之○ | 4/14/23 |
| 逐昭王而屠荆平王○ | 4/15/27 |
| 至乃掘平王○戮屍 | 4/16/2 |
| 丘○在焉 | 5/17/20 |
| 春秋祠禹○於會稽 | 6/29/28 |
| 指天向禹○曰 | 6/29/30 |
| 復我禹○之祀 | 6/29/30 |
| 遂保前王丘○ | 7/30/14 |
| 三穿（元）〔允〕常之○ | 10/50/4 |
| 〔○〕中生熛風飛砂 | |
| 　（砂）石以射人 | 10/50/4 |

| | |
|---|---|
| **幕 mù** | 1 |
| 乃退○而會 | 5/26/3 |

| | |
|---|---|
| **慕 mù** | 1 |
| 爲狄人所○ | 1/1/13 |

| | |
|---|---|
| **暮 mù** | 4 |
| ○宿 | 4/14/13 |
| 〔日○路遠〕 | 4/15/5 |
| 恐時之○ | 6/28/23 |
| 吾晏歲年○ | 6/29/19 |

| | |
|---|---|
| **穆 mù** | 3 |
| 桓、○得之以霸 | 9/38/25 |
| 稱霸○桓齊楚莊 | 10/50/9 |
| 魯○柳有幽公爲名 | 10/50/24 |

| | |
|---|---|
| **納 nà** | 6 |
| 王遂○秦女爲夫人 | 3/4/9 |
| 欲以自○ | 4/12/1 |
| 有所○貢 | 6/29/5 |
| 乃○言聽諫 | 6/29/17 |
| 願○以供箕帚之用 | 9/40/12 |

| | |
|---|---|
| **乃 nǎi** | 225 |
| ○拜棄爲農師 | 1/1/10 |
| 古公○杖策去邠 | 1/1/16 |
| ○稱王 | 1/2/2 |
| ○舉兵伐吳 | 2/2/20 |
| 壽夢○命諸樊曰 | 2/2/26 |
| ○宗廟社稷之制 | 2/3/4 |
| ○封季札於延陵 | 2/3/10 |
| ○命善相者爲吳市吏 | 3/3/25 |
| ○復讒太子建 | 3/4/11 |
| ○使太子守城父 | 3/4/11 |
| 平王○召伍奢而按問之 | 3/4/13 |
| 尙○入報子胥曰 | 3/4/25 |
| 胥○貫弓執矢去楚 | 3/5/4 |
| 胥○張弓布矢欲害使者 | 3/5/5 |
| 子胥○與太子建俱奔鄭 | 3/5/14 |
| ○告之於鄭 | 3/5/17 |
| ○渡之千潯之津 | 3/5/22 |
| 漁父○視之 | 3/5/23 |
| ○謂曰 | 3/5/23 |
| ○潛身於深葦之中 | 3/5/24 |
| 子胥○出蘆中而應 | 3/5/25 |
| 胥○解百金之劍以與漁者 | 3/5/27 |
| ○被髮（佯）〔佯〕狂 | 3/6/8 |
| ○白吳王僚 | 3/6/10 |
| ○曰 | 3/6/16 |
| | 5/22/5,7/32/10,10/49/14 |
| 吳王○止 | 3/6/19 |
| ○得勇士專諸 | 3/6/20 |
| 專諸○去 | 3/7/5 |
| ○說光曰 | 3/7/19 |
| 王僚○被棠鐵之甲三重 | 3/7/24 |
| 專諸○擘炙魚 | 3/7/26 |
| ○封專諸之子 | 3/8/1 |
| 〔○吾〕君也 | 3/8/2 |
| ○以兵降楚 | 3/8/4 |
| ○舉伍子胥爲行人 | 4/8/10 |
| ○至於斯 | 4/8/13 |
| 子胥○使相土嘗水 | 4/8/21 |
| 於是干將妻○斷髮剪爪 | 4/9/11 |
| 金鐵（刀）〔○〕濡 | 4/9/11 |
| 王○舉衆鈞以示之 | 4/9/19 |
| ○賞百金 | 4/9/21 |
| ○具酒於郊宛之舍 | 4/9/26 |

| | |
|---|---|
| 何○天子 | 4/10/12 |
| ○使從者飲馬於津 | 4/10/18 |
| 連日○出 | 4/10/19 |
| 時要離○挫訴曰 | 4/10/21 |
| 訴○手劍而捽要離曰 | 4/10/27 |
| ○敢大言 | 4/11/2 |
| 離○加吾之上 | 4/11/4 |
| 子胥○見要離曰 | 4/11/5 |
| ○與子胥見吳王 | 4/11/5 |
| 要離○詐得罪出奔 | 4/11/13 |
| 吳王○取其妻子 | 4/11/13 |
| 要離○奔諸侯而行怨言 | 4/11/14 |
| ○加於膝上 | 4/11/18 |
| ○敢加兵刃於我 | 4/11/18 |
| ○誡左右曰 | 4/11/19 |
| 要離○自斷手足 | 4/11/24 |
| ○薦孫子於王 | 4/11/30 |
| 胥○明知鑒辯 | 4/11/31 |
| ○一旦與吳王論兵 | 4/11/31 |
| ○令曰 | 4/12/4 |
| 孫子○親自操枹擊鼓 | 4/12/5 |
| 武○令斬隊長二人 | 4/12/8 |
| 於是○報吳王曰 | 4/12/12 |
| 司馬成○謂子常曰 | 4/12/20 |
| 國人○謗止 | 4/12/26 |
| ○自殺 | 4/12/28 |
| ○舞白鶴〔於吳市中〕 | 4/12/29 |
| ○去而出 | 4/13/1 |
| ○召風湖子而問曰 | 4/13/2 |
| 常○遣成公歸國 | 4/14/1 |
| ○辭吳王曰 | 4/14/20 |
| ○退 | 4/14/21 |
| ○掘平王之墓 | 4/14/23 |
| ○令國中曰 | 4/14/26,5/24/19 |
| 公○與漁者之子櫂 | 4/14/28 |
| ○釋鄭國 | 4/15/3 |
| ○使人謂子胥曰 | 4/15/3 |
| ○之於秦 | 4/15/6 |
| ○釋楚師 | 4/15/21 |
| 至○掘平王墓戮屍 | 4/16/2 |
| ○援琴爲楚作窮劫之曲 | 4/16/3 |
| ○長太息曰 | 4/16/8 |
| ○投金水中而去 | 4/16/9 |
| 因○爲病 | 4/16/16 |
| 闔閭○起北門 | 4/16/16 |
| ○至殂落 | 4/16/17 |
| ○葬虞山之巔 | 4/16/18 |
| ○去郢 | 4/17/1 |
| ○往諫曰 | 5/17/12 |
| ○屬其子於齊鮑氏而還 | 5/17/15 |
| ○至於此 | 5/18/21 |
| ○召子貢曰 | 5/20/16 |
| ○命太宰嚭 | 5/21/1 |
| 王○遣王孫駱往請公孫聖 | 5/21/11 |
| ○仰天歎曰 | 5/21/20 |
| 聖○仰頭向天而言曰 | 5/22/6 |
| 於是吳王○使門人提之蒸丘 | 5/22/8 |
| 吳王○使太宰嚭爲右校司馬 | 5/22/10 |
| ○心腹也 | 5/22/14 |
| ○使行人成好於齊 | 5/23/1 |
| 今吳○濟江淮 | 5/23/3 |
| ○讓子胥曰 | 5/23/4 |
| ○前王之遺德 | 5/23/8 |
| ○見王之爲擒 | 5/23/11 |
| ○欲專權擅威 | 5/23/25 |
| ○使人賜屬鏤之劍 | 5/23/31 |
| 今○忘我定國之恩 | 5/24/3 |
| 吳王○取子胥屍 | 5/24/7 |
| ○棄其軀 | 5/24/9 |
| ○髡被離而刑之 | 5/24/10 |
| ○以諷諫激於王 | 5/24/21 |
| 邊（候）〔遽〕〔○至〕 | 5/25/6 |
| 〔○〕合諸侯〔而〕謀曰 | 5/25/7 |
| 夫差昏〔○戒令〕秣馬食士 | 5/25/9 |
| 〔夜中○令〕服兵被甲 | 5/25/9 |
| 王○〔秉枹〕親鳴金鼓 | 5/25/13 |
| ○令童褐請軍 | 5/25/15 |
| ○告趙鞅曰 | 5/25/21 |
| ○退幕而會 | 5/26/3 |
| ○悉士衆將踰章山 | 5/26/4 |
| ○命王孫駱告勞于周 | 5/26/5 |
| ○賜弓弩王阼 | 5/26/12 |
| ○如大夫種辭吳王曰 | 5/27/16 |
| 吳王○太息 | 5/27/21 |
| ○引劍而伏之、死 | 5/27/22 |
| ○誅嚭并妻子 | 5/27/23 |
| 越王○葬吳王以禮 | 5/27/26 |
| 帝○憂中國之不康 | 6/28/6 |
| ○命四嶽 | 6/28/6 |
| ○舉賢良 | 6/28/6 |
| 四嶽○舉鯀而薦之於堯 | 6/28/7 |
| ○更求之 | 6/28/9 |
| ○殛鯀于羽山 | 6/28/10 |
| ○勞身焦思 | 6/28/12 |
| ○案《黃帝中經曆》 | 6/28/13 |
| 禹○東巡登衡嶽 | 6/28/15 |
| 禹○登山 | 6/28/16 |
| ○辭云 | 6/28/23 |
| ○有白狐（有）〔九〕尾造於禹 | 6/28/23 |
| 禹○啞然而笑曰 | 6/28/28 |
| 今○罹法如斯 | 6/29/1 |
| ○號禹曰伯禹 | 6/29/6 |
| ○大會計治國之道 | 6/29/13 |
| ○納言聽諫 | 6/29/17 |
| ○封其庶子於越 | 6/29/26 |
| ○復隨陵陸而耕種 | 6/29/27 |
| 越王夫人○據船哭 | 7/32/2 |
| ○進曰 | 7/32/14 |
| 此○廚宰之成事食也 | 7/32/16 |
| ○擇吉日而欲赦之 | 7/33/2 |
| ○赦越王得離其石室 | 7/33/28 |
| 范蠡○令左右皆食岑草 | 7/33/29 |
| 吳王○（隱）〔引〕越王登車 | 7/34/29 |
| 於是范蠡○觀天文 | 8/35/18 |
| 寡人聞崑崙之山○地之柱 | 8/35/24 |
| 臣○承天門制城 | 8/35/26 |
| 越王○召相國范蠡、大夫種、大夫郢 | 8/36/1 |
| ○使國中男女入山采葛 | 8/36/11 |
| 越王○使大夫種索葛布十萬、甘蜜九党、文笥七枚、狐皮五雙、晉竹十廋 | 8/36/13 |
| ○復增越之封 | 8/36/18 |
| ○作苦之詩 | 8/36/19 |
| 越王○緩刑薄罰 | 8/36/30 |
| ○登漸臺 | 9/37/30 |
| ○舉手而趨 | 9/38/5 |
| 越王○請大夫種而問曰 | 9/38/19 |
| ○行第一術 | 9/39/5 |
| 越王○使木工三千餘人 | 9/39/7 |
| ○使大夫種獻之於吳王 | 9/39/11 |
| 五年○成 | 9/39/15 |
| ○請計硯問曰 | 9/39/18 |
| ○可量敵 | 9/39/20 |
| ○仰觀天文 | 9/40/4 |

| | | | | | | |
|---|---|---|---|---|---|---|
| ○使相者國中 | 9/40/9 | ○爲越王所戮 | 10/49/20 | 請爲君○見吳王 | 5/18/10 |
| ○使相國范蠡進曰 | 9/40/10 | 越王○被唐夷之甲 | 10/49/26 | 子貢○見吳王 | 5/18/11 |
| 勾踐之盡忠於吳之證也 | 9/40/12 | 勾踐○使使號令齊楚秦晉 | 10/50/5 | 兩黑犬嗥以○、嗥以北 | 5/21/3 |
| 越○使大夫種使吳 | 9/40/22 | 勾踐○選吳越將士 | 10/50/6 | 兩黑犬嗥以○、嗥以北者 | 5/21/6 |
| 子無○聞寡人言 | 9/41/16 | 越○還軍 | 10/50/7 | | 5/21/22 |
| 是○王者 | 9/41/18 | | | 時加○方 | 5/21/15 |
| 吳王○與越粟萬石 | 9/41/18 | **奈 nài** | 19 | 北向人殺○向人 5/23/15, 5/23/17 |
| 越王○使使聘之 | 9/41/27 | | | 北向殺○向 | 5/23/17 |
| ○命五板之墮長高智之 | | ○何廢前王之禮 | 2/2/25 | ○服勁越 | 5/24/1 |
| 　教軍士 | 9/42/8 | 王獨○何以讒賊小臣而 | | 在于九山東○ | 6/28/14 |
| 琴氏○橫弓著臂 | 9/42/17 | 　踈骨肉乎 | 3/4/14 | 信彼○山 | 6/28/20 |
| 其數○平 | 9/43/1 | 爲之○何 | 3/5/10 | 豎亥度○北 | 6/28/27 |
| ○使陳音教士習射於北 | | | 4/8/16, 5/18/9, 8/35/12 | 禹濟江○省水理 | 6/28/27 |
| 　郊之外 | 9/43/3 | 事寢急兮當○何 | 3/5/22 | ○到計於蒼梧 | 6/28/30 |
| ○葬死問傷 | 10/43/13 | 其術○何 | 4/8/18 | ○踰赤岸 | 6/29/3 |
| ○大會群臣而令之曰 | 10/44/11 | 辱之○何 | 4/10/16 | 退處陽山之○、陰阿之北 | 6/29/9 |
| ○發習流二千人、俊士 | | ○何 | 4/11/27 | 立宗廟於○山之上 | 6/29/25 |
| 　四萬、君子六千、諸 | | | 8/36/25, 9/40/21, 10/48/24 | 今越王放於○山之中 | 7/32/15 |
| 　御千人 | 10/44/20 | ○何而有功 | 4/13/28 | ○造於山 | 8/35/11 |
| ○使人請成於越 | 10/44/22 | 君爲之○何 | 5/20/21 | 再返○鄉 | 8/35/12 |
| ○與吳平 | 10/44/23 | 於子○何 | 7/33/4 | 東○伏漏石竇 | 8/35/20 |
| 越王○問包胥曰 | 10/44/25 | ○何而有功乎 | 9/38/3 | 乘東○之維 | 8/35/25 |
| 包胥○曰 | 10/44/29 | 其要○何 | 9/39/21 | 東○爲司馬門 | 8/35/28 |
| 越王○請八大夫曰 | 10/45/11 | 孝子彈者○何 | 9/42/11 | ○至於姑末 | 8/36/13 |
| 勾踐○退齋而命國人曰 | 10/45/22 | | | 縱於○林之中 | 8/36/17 |
| ○復命有司與國人曰 | 10/45/23 | **男 nán** | 8 | 出於○林 | 9/41/27 |
| ○入命於夫人 | 10/45/25 | | | 邦國○則距楚 | 10/45/7 |
| 王○令大夫曰 | 10/46/1 | 使童女童○三百人鼓橐 | | 旋軍於江○ | 10/46/20 |
| 王○出 | 10/46/4 | 　裝炭 | 4/9/11 | 越（君）〔軍〕於江○ | 10/46/27 |
| ○坐露壇之上 | 10/46/5 | 〔使○女與鶴〕俱入羨門 | 4/12/30 | 望吳○城 | 10/47/5 |
| 王○令國中不行者 | 10/46/7 | 因夢見赤繡衣○子 | 6/28/16 | 故求置吾頭於○門 | 10/47/8 |
| 勾踐○命有司大徇軍 | 10/46/14 | 吾聞一○不耕 | 6/28/31 | 乃穿東○隅以達 | 10/47/11 |
| ○以黃昏令於左軍 | 10/46/28 | 乃使國中○女入山采葛 | 8/36/11 | 去還江○ | 10/47/23 |
| 越之左右軍○遂伐之 | 10/47/2 | ○女及信 | 9/40/1 | ○陽之宰而爲越王之擒 | 10/49/21 |
| 范蠡、文種○稽顙肉袒 | 10/47/7 | 生○二 | 10/43/18 | | |
| 子胥○與種、蠡夢 | 10/47/8 | ○即歌樂 | 10/43/23 | **枏 nán** | 1 |
| ○穿東南隅以達 | 10/47/11 | | | | |
| ○以兵北渡江淮 | 10/47/22 | **南 nán** | 43 | 陰爲梗○ | 9/39/9 |
| ○命樂作伐吳之曲 | 10/47/28 | | | | |
| ○從入越 | 10/48/8 | 顧在東○之地 | 4/8/15 | **難 nán** | 39 |
| ○使於吳 | 10/48/16 | 越在東○ | 4/8/24 | | |
| ○乘扁舟 | 10/48/23 | 故小城○門上反羽爲兩鯢鱙 | 4/9/1 | 去○就免 | 3/4/21 |
| 越王○收其妻子 | 10/48/27 | 故○大門上有木蛇 | 4/9/1 | 勿使臨○ | 3/5/3 |
| 越王○使良工鑄金象范 | | 登臺向○風而嘯 | 4/11/29 | 戾於從○ | 3/6/24 |
| 　蠡之形 | 10/48/27 | ○伐越 | 4/13/18 | 吾何○哉 | 4/9/11 |
| ○懷怨望之心 | 10/48/30 | ○城宮在長樂 | 4/16/25 | 猶無○矣 | 4/12/12 |
| 無○爲貪乎 | 10/49/12 | ○伐於越 | 4/17/2 | 若今有○而棄之 | 4/14/21 |

| | | | | | |
|---|---|---|---|---|---|
| 鞭辱腐屍恥○雪 | 4/16/6 | 橈 náo | 3 | 越王○實府庫 | 8/36/23 |
| ○伐之國 | 5/17/22 | | | 夫○臣謀而決讎其策 | 8/37/11 |
| 魯何○伐也 | 5/17/23 | 得一○而行歌道中 | 4/14/27 | ○有爭臣之震 | 8/37/21 |
| 子之所○ | 5/18/1 | 公乃與漁者之子○ | 4/14/28 | ○告以匱 | 9/38/15 |
| 人之所○〔也〕 | 5/18/2 | 當道扣○而歌曰 | 4/14/28 | 范蠡明而知○ | 9/38/18 |
| ○矣 | 5/18/4,5/19/9 | | | ○慚朝臣 | 9/38/24 |
| 涉患犯○則使勇 | 5/19/8 | 腦 nǎo | 1 | 必且○蓄五穀 | 9/39/19 |
| 不陷於大○ | 5/23/9 | | | ○惑於君 | 9/41/15 |
| 見○爭死 | 5/23/21 | 吳越之士繼踵連死、肝 | | ○實精神 | 9/42/5 |
| 否則吳國有○ | 5/25/22 | 　○塗地者 | 5/19/17 | 主○裹也 | 9/42/22 |
| 進退輕○ | 5/26/1 | | | （誠）〔越〕四封之○ | 10/44/2 |
| 皆遇困厄之○ | 7/30/27 | 餒 něi | 2 | 五日之○ | 10/45/24 |
| 不恥屈厄之○ | 7/31/21 | | | ○政無出 | 10/45/26,10/46/3 |
| 歲遙遙兮○極 | 7/32/8 | 腹○口饑 | 5/26/23 | ○中辱者 | 10/45/27 |
| 何易見而○使也 | 9/38/5 | 道荐饑○ | 9/40/23 | ○不自欺 | 10/48/22 |
| 非大夫易見而○使 | 9/38/6 | | | 大夫種○憂不朝 | 10/48/29 |
| 遠使以○ | 9/38/15 | 內 nèi | 48 | 慎發於○ | 10/48/30 |
| 〔以〕取天下不○ | 9/39/4 | | | 聲傳海○威遠邦 | 10/50/8 |
| 臣聞士窮非○抑心下人 | 9/41/5 | 平王○慚囚繫忠臣 | 3/4/21 | | |
| 今聞大夫種諫○ | 10/44/9 | （大）〔太〕子能爲○ | | 能 néng | 94 |
| 兵還不○也 | 10/44/19 | 　應而滅鄭 | 3/5/15 | | |
| 必可應○ | 10/45/18 | 彼光有○志 | 3/6/16 | 奚○成天子之業乎 | 2/2/28 |
| 軍伍○更兮 | 10/46/12 | ○〔空〕無骨鯁之臣 | 3/7/22 | 不○無怨望之心 | 3/4/12 |
| 萬歲○極 | 10/48/5 | 北向首○ | 4/9/2 | ○致二子則生 | 3/4/17 |
| 可以共患○而不可共處 | | 豈有○意以決疑乎 | 4/10/5 | ○成大事 | 3/4/19 |
| 　樂 | 10/48/11 | 吳王○計二子皆怨楚 | 4/11/28 | 不○報仇 | 3/5/1 |
| 以故君臣作○ | 10/49/2 | ○傷忠臣之心 | 4/12/23 | 子○亡之 | 3/5/13 |
| 自知○ | 10/49/6,10/49/14 | 大臣○空 | 5/18/7 | 吾○存之 | 3/5/13 |
| 吾王既免於患○ | 10/49/13 | ○飾其政 | 5/18/15 | 子○危之 | 3/5/13 |
| 去則○從 | 10/50/2 | ○不自量 5/19/4,5/20/8,5/20/11 | | 吾○安之 | 3/5/13 |
| 隆寒道路誠○當 | 10/50/8 | 今○量吾國不足以傷吳 | 5/19/18 | （大）〔太〕子○爲內 | |
| ○以久立 | 10/50/17 | 大臣○引 | 5/20/3 | 　應而滅鄭 | 3/5/15 |
| | | 請悉四方之○士卒三千 | | ○安吾志 | 3/6/29 |
| 囊 náng | 3 | 　人以從下吏 | 5/20/15 | 小人不○奉行 | 3/7/2 |
| | | 不知吳悉境○之士 | 5/25/1 | 始任賢使○ | 4/8/9 |
| 是（○）〔瓦〕之罪也 | 4/12/25 | 周行寓○ | 6/29/2 | 俱○爲劍 | 4/9/4 |
| 楚昭王使公子○瓦伐吳 | 4/13/21 | ○輔虞位 | 6/29/8 | 何○加之 | 4/9/14 |
| ○瓦者 | 4/13/28 | ○美釜山中慎之功 | 6/29/13 | ○爲善鉤者 | 4/9/16 |
| | | 擢假海○ | 7/31/1 | 豈細人之所○謀乎 | 4/10/14 |
| 曩 nǎng | 1 | 夫○修封疆之役 | 7/31/19 | 臣○殺之 | 4/11/8,4/11/10 |
| | | 心中○慟 | 7/32/10 | 吾寧○不死乎 | 4/11/23 |
| ○日之會稽也 | 10/47/14 | 意者○慚至仁之存也 | 7/34/2 | 世人莫知其○ | 4/11/30 |
| | | 臣聞○懷虎狼之心 | 7/34/7 | 而誰○涉淮踰泗、越千 | |
| 撓 náo | 2 | ○以取吳 | 8/35/21 | 　里而戰者乎 | 4/12/16 |
| | | 氣吐宇○ | 8/35/24 | 猶不○得此寶 | 4/13/13 |
| 隨風撓○ | 5/24/23 | 未見於○ | 8/35/26 | ○出昭王 | 4/14/19 |
| 直心不○ | 7/31/25 | 越王○修其德 | 8/36/22 | 有○還吳軍者 | 4/14/26,4/15/1 |

| | | | | | |
|---|---|---|---|---|---|
| 臣○還之 | 4/14/27 | 未○悉知其道 | 9/42/10 | **匿** ni | 8 |
| 勿爲讒口○謗褻 | 4/16/7 | 弓矢之威不○制服 | 9/42/17 | | |
| 恐不○奉統於吳國 | 4/16/23 | 百家○人用 | 9/42/20 | 干將○其陽 | 4/9/12 |
| ○行其令 | 5/18/6 | 臣未○如古之聖人 | 9/42/27 | 北者、○也 | 5/22/1 |
| 明主任人不失其○ | 5/19/7 | 軍士皆○用弓弩之巧 | 9/43/4 | 西坂中可以○止 | 5/26/25 |
| 兵强而不○行其威 | 5/19/8 | 〔今〕寡人不○爲政 | 10/43/16 | 臣願大王○聲 | 8/37/17 |
| 勢在上位而不○施其政 | | 勾踐自度未○滅 | 10/44/23 | 願王虛心自○ | 8/37/20 |
| 　令於下者 | 5/19/9 | 臣愚不○知 | 10/44/28 | 今咸○聲隱形 | 9/38/14 |
| 外事諸侯而不○也 | 5/19/18 | 〔○〕（傳賢）〔博取〕 | | 內告以○ | 9/38/15 |
| 不○（傳）〔博〕大 | 5/21/9 | 　於諸侯 | 10/44/29 | 其淫心○行、不當敵者 | |
| 臣不○占 | 5/21/10 | 則不○斷去就之疑 | 10/45/10 | 　如斯矣 | 10/46/14 |
| 非子〔之〕所〔○〕知也 | 5/21/14 | 人莫○惑 | 10/45/17 | | |
| 何○爲聲響哉 | 5/22/9 | 不○隨軍從兵者 | 10/46/18 | **溺** ni | 1 |
| 無○益國 | 5/22/16 | 雖吾子不○過也 | 10/46/20 | | |
| 以○遂疑計〔惡〕 | 5/23/9 | 自吾子亦不○脫也 | 10/46/21 | 臣聞好船者必○ | 5/21/20 |
| 何○有知 | 5/24/7 | 自謂未○得士之死力 | 10/46/21 | | |
| 伯父若○輔余一人 | 5/26/11 | 莫○救止 | 10/47/7 | **年** nián | 110 |
| 吾足不○進 | 5/27/1 | 吾安○止哉 | 10/47/10 | | |
| 心不○往 | 5/27/1 | 不○臣王 | 10/47/22 | ○少未孕 | 1/1/3 |
| 朕知不○也 | 6/28/9 | 日前之神莫○制者 | 10/48/25 | 三○餘 | 1/1/10 |
| 化爲黃○ | 6/28/10 | 匹夫之○ | 10/49/12 | 一○成邑 | 1/1/17 |
| 此吾德薄不○化民證也 | 6/29/2 | 丘○述五帝三王之道 | 10/49/28 | 二○成都 | 1/1/18 |
| 不○自立 | 6/29/29 | 人莫○入 | 10/50/4 | 數○之間 | 1/1/24 |
| 不○遵守社稷 | 7/31/11 | | | 壽夢元○ | 2/2/11 |
| 吾顧諸大夫以其所○ | 7/31/15 | **鯢** ní | 1 | 二○ | 2/2/15 |
| 臣謀以○ | 7/31/18 | | | | 3/3/24,4/10/9,9/41/20 |
| 舉其○者 | 7/31/18 | 故小城南門上反羽爲兩○鯢 | 4/9/1 | 五○ | 2/2/18,3/3/27,4/13/18 |
| 子○改心自新 | 7/32/22 | | | 十六○ | 2/2/20 |
| 焉○知其忠信者乎 | 7/34/13 | **擬** ní | 1 | 十七○ | 2/2/22,2/3/18 |
| 孤不○承前君之制 | 8/35/14 | | | 二十五○ | 2/2/24,10/49/6 |
| 何○與王者比隆盛哉 | 8/35/26 | ○法於紫宮 | 8/35/19 | 吳王諸樊元○ | 2/3/1 |
| 我王何憂○不移 | 8/36/22 | | | 餘祭十二○ | 2/3/12 |
| 夫水○浮草木 | 8/37/17 | **逆** nì | 13 | 十三○ | 2/3/16 |
| 亦○沉之 | 8/37/17 | | | | 3/7/17,5/17/19,9/40/20 |
| 地○生萬物 | 8/37/17 | 魚腸劍○理不順 | 4/13/6 | 四○ | 2/3/18 |
| 亦○殺之 | 8/37/18 | 然人君有○理之謀 | 4/13/9 | 王即位三○ | 3/3/28 |
| 江海○下谿谷 | 8/37/18 | 〔倒行而○施之於道也〕 | 4/15/5 | 三○不飛亦不鳴 | 3/3/30 |
| 亦○朝之 | 8/37/18 | 其可○乎 | 5/26/16 | 今君爲此臺七○ | 3/4/5 |
| 聖人○從衆 | 8/37/18 | 夫齊、晉無返○行 | 5/27/11 | ○穀敗焉 | 3/4/6 |
| 亦○使之 | 8/37/18 | 順穀味、○時氣者死 | 7/33/27 | 父繫三○ | 3/4/23 |
| 不○自輔 | 9/38/4 | 君有○節之臣 | 7/34/20 | 父囚三○ | 3/4/25 |
| 君王之不○使也 | 9/38/6 | 寡人○群臣之議而輸於越 | 9/41/19 | 妾獨與母居三十○ | 3/6/6 |
| 吾使賢任○ | 9/38/14 | 縱橫○順 | 9/42/7 | 八○ | 3/7/7 |
| 以察其○ | 9/38/16 | 夫差不敢○命 | 10/47/13 | 九○　3/7/10,4/13/25,8/37/1 | |
| 然後○得其實 | 9/38/22 | 越可○命乎 | 10/47/16 | 十二○冬 | 3/7/14 |
| 安○知之 | 9/38/24 | ○心咈耳 | 10/49/8 | 闔閭元○ | 4/8/9 |
| 恐不○破 | 9/39/18 | ○自引咎 | 10/50/7 | 三○ | 4/11/26 |

| | | | | | |
|---|---|---|---|---|---|
| 六〇 | 4/13/21 | 〇豐而歸寡人 | 9/41/19 | 手接飛〇 | 4/11/9 |
| 子常三〇留之不使歸國 | 4/13/30 | 勾踐十五〇 | 10/43/9 | 召其神而問之山川脈理 | |
| 亦三〇止之 | 4/13/31 | 三〇釋吾政 | 10/43/19 | 　、金玉所有、〇獸昆 | |
| 三〇自囚 | 4/14/2 | 七〇不收〔於〕國 | 10/43/23 | 　蟲之類及八方之民俗 | |
| 十〇 | 4/15/17 | 民家有三〇之畜 | 10/43/23 | 　、殊國異域土地里數 | 6/28/21 |
| 往〇擊綿於此 | 4/16/11 | 一〇而不試 | 10/44/5 | 狀若驚〇揚天 | 6/29/10 |
| 十一〇 | 5/17/6,9/39/18 | 國人請戰者三〇矣 | 10/44/9 | 鸞〇巢於側 | 6/29/18 |
| 十二〇 | 5/17/10,9/40/7 | 須明〇之春然後可耳 | 10/44/17 | 百〇佃於澤 | 6/29/19 |
| 三〇使歸 | 5/18/14 | 二十一〇 | 10/44/25 | 使百〇還爲民田 | 6/29/22 |
| 既已三〇矣 | 5/19/16 | 守一〇 | 10/47/11 | 雖有〇田之利 | 6/29/27 |
| 思之三〇 | 5/19/18 | 謀之二十餘〇 | 10/47/16 | 其語曰「〇禽呼」 | 6/29/29 |
| 吾受道十〇 | 5/21/17 | （三）〔二〕十四〇 | 10/48/14 | 安集〇田之瑞 | 6/30/1 |
| 臣今〇老 | 5/22/15 | 葬一〇 | 10/49/23 | 仰飛〇兮烏鳶 | 7/32/3 |
| 今〇七月辛亥平旦 | 5/22/17 | 二十六〇 | 10/50/12 | 彼飛〇兮鳶烏 | 7/32/6 |
| 十四〇 | 5/24/18 | 二十七〇 | 10/50/15 | 願我身兮如〇 | 7/32/9 |
| 連〇不熟 | 5/24/18 | 興夷即位一〇卒 | 10/50/18 | 夫飛〇在青雲之上 | 7/32/14 |
| 二十〇越王興師伐吳 | 5/26/14 | 積二百二十四〇 | 10/50/20 | 臣聞擊〇之動 | 8/37/4 |
| 二十三〇 | 5/26/21 | 爲一百四十四〇 | 10/50/21 | 驚〇將（搏）〔搏〕 | 8/37/4 |
| 〇壯未葬 | 6/28/4 | 四百二十四〇 | 10/50/21 | 臣聞高飛之〇死於美食 | 9/38/21 |
| 以行七〇 | 6/28/12 | 格霸二百二十四〇 | 10/50/27 | 饑食〇獸 | 9/42/12 |
| 禹服三〇之喪 | 6/29/7 | 凡一千九百二十二〇 | 10/50/28 | 絕〇獸之害 | 9/42/13 |
| 禹服三〇 | 6/29/8 | | | 〇不及飛 | 9/42/25 |
| 禹三〇服畢 | 6/29/11 | **念 niàn** | **15** | 高〇已散 | 10/48/10 |
| 五〇政定 | 6/29/11 | | | 夫越王爲人長頸〇啄 | 10/48/10 |
| 吾晏歲〇暮 | 6/29/19 | 深〇平王一旦卒而太子立 | 3/4/10 | | |
| 益服三〇 | 6/29/23 | 〇季札爲使 | 3/6/28 | **孽 niè** | **3** |
| 越王勾踐五〇 | 7/30/8 | 臣〇前人與君相逢於途 | 4/15/1 | | |
| 孰知返兮何〇 | 7/32/5 | 不〇士民之死 | 5/22/12 | 不顧宗廟聽讒〇 | 4/16/4 |
| 三〇不慍怒 | 7/32/28 | 天〇其忠 | 5/26/7 | 欲以妖〇挫衄吾師 | 5/23/7 |
| 今〇十二月戊寅之日 | 7/33/6 | 子不〇先君之讎乎 | 7/32/13 | 爲吳妖〇 | 5/23/25 |
| 今〇三月甲（戌）〔戌〕 | 7/34/18 | 心〇其忠 | 7/33/30 | | |
| 勾踐七〇也 | 8/35/6 | 不〇舊故 | 7/34/15 | **躡 niè** | **2** |
| 孤獲辱連〇 | 8/35/11 | 必〇終始 | 7/34/26 | | |
| 越王勾踐十〇二月 | 9/37/28 | 誰〇復生渡此津也 | 7/34/30 | 吳王〇左足與褐決矣 | 5/25/20 |
| 反越五〇 | 9/37/29 | 越王〇復吳讎 | 8/36/7 | 履遺不〇 | 6/28/13 |
| 而五〇未聞敢死之士、 | | 此越小心〇功 | 8/36/15 | | |
| 　雪仇之臣 | 9/38/2 | 今寡人〇吳 | 8/37/2 | **寧 níng** | **5** |
| 計硯〇少官卑 | 9/38/5 | 越王深〇遠思 | 9/37/28 | | |
| 事鬼神一〇 | 9/39/6 | 越王深〇永思 | 9/39/18 | 〇有說乎 | 3/6/22 |
| 一〇 | 9/39/8 | | | 〇類愚者也 | 3/6/22 |
| 三〇聚材 | 9/39/15 | **鳥 niǎo** | **26** | 吾〇能不死乎 | 4/11/23 |
| 五〇乃成 | 9/39/15 | | | 兵法〇可以小試耶 | 4/12/2 |
| 留息三〇 | 9/40/2 | 衆〇以羽覆之 | 1/1/7 | 天下安〇壽考長 | 10/50/9 |
| 何子之〇少於物之長也 | 9/40/3 | 有一大〇 | 3/3/29 | | |
| 三〇五倍 | 9/40/5 | 此何〇也 | 3/3/30 | **佞 nìng** | **9** |
| 三〇學服而獻於吳 | 9/40/10 | 此〇不飛 | 3/3/30 | | |
| 〇穀不登 | 9/40/21,9/40/22 | 驚翔之〇 | 4/10/3 | 愚者受〇以自亡 | 4/12/25 |

| | |
|---|---|
| 樂師扈子非荊王信讒○ | 4/16/1 |
| 是殘國傷君之○臣也 | 5/20/6 |
| 太子友知子胥忠而不用、太宰嚭而專政 | 5/24/20 |
| 太宰嚭愚而○言 | 5/27/10 |
| 狂○之人 | 8/37/19 |
| 宰嚭○以曳心 | 9/40/8 |
| 類於○諛之人 | 9/41/17 |
| 於彼爲○ | 10/49/14 |

## 牛 niú　　4

| | |
|---|---|
| ○馬過者折易而避之 | 1/1/6 |
| 古公事之以犬馬○羊 | 1/1/14 |
| 願空國、棄群臣、變容貌、易姓名、執箕帚、養○馬以事之 | 5/19/19 |
| ○爲中將 | 9/42/22 |

## 紐 niǔ　　2

| | |
|---|---|
| 地曰石○ | 6/28/5 |
| 石○在蜀西川也 | 6/28/5 |

## 農 nóng　　5

| | |
|---|---|
| 乃拜棄爲○師 | 1/1/10 |
| ○夫就成田夫耕也 | 5/21/6 |
| 今前王響若○夫之艾殺四方蓬蒿 | 5/23/5 |
| ○失其時 | 8/36/27 |
| 於是神○皇帝弦木爲弧 | 9/42/14 |

## 奴 nú　　3

| | |
|---|---|
| 夫去冕兮爲○ | 7/32/8 |
| 而子及主俱爲○僕 | 7/32/21 |
| 今孤親被○虜之厄 | 9/38/4 |

## 努 nǔ　　2

| | |
|---|---|
| 器飽（○）〔弩〕勁 | 5/17/25 |
| 行行各○力兮 | 10/46/12 |

## 弩 nǔ　　13

| | |
|---|---|
| 器飽（努）〔○〕勁 | 5/17/25 |

| | |
|---|---|
| 乃賜弓○王陟 | 5/26/12 |
| 頓於兵○ | 9/41/25 |
| 臣聞○生於弓 | 9/42/11 |
| ○之狀何法焉 | 9/42/21 |
| ○之所向 | 9/42/25 |
| 射○未發而前名其所中 | 9/42/27 |
| 舉○望敵 | 9/42/28 |
| 此正射持○之道也 | 9/42/30 |
| ○有斗石 | 9/43/1 |
| 軍士皆能用弓○之巧 | 9/43/4 |
| 張盧生之○ | 10/46/28 |
| 疾如弓○ | 10/47/6 |

## 怒 nù　　31

| | |
|---|---|
| 楚莊王○ | 2/2/15 |
| 吳王餘祭○曰 | 2/3/13 |
| 平王大○ | 3/4/15,4/9/29 |
| 其○有萬人之氣 | 3/6/21 |
| 何夫子之○盛也 | 3/6/22 |
| 吳○ | 3/7/11 |
| 側聞子前人爲楚荊之暴○ | 4/9/30 |
| 椒丘訴大○ | 4/10/19 |
| 恨○並發 | 4/10/24 |
| 孫子大○ | 4/12/6 |
| 女○曰 | 4/12/27 |
| 因斯發○ | 4/13/14 |
| 其弟懷○曰 | 4/14/15 |
| 懷○不解 | 4/14/17 |
| 索然作○ | 5/22/5 |
| 伍子胥攘臂大○ | 5/23/8 |
| 吳王○曰 | 5/23/14 |
| 吳王大○曰 | 5/23/25 |
| 大○曰 | 5/24/4 |
| 越王復瞋目○曰 | 5/27/20 |
| 帝○曰 | 6/28/8 |
| 而懷喜○ | 7/30/22 |
| 三年不慍○ | 7/32/28 |
| 則○之 | 8/36/29 |
| 水靜則無漚㵼之○ | 8/37/14 |
| 亦雖動之以○ | 10/44/8 |
| 道見蠹張（復）〔腹〕而○ | 10/46/22 |
| 吾思士卒之○久矣 | 10/46/23 |
| 見敵而有○氣 | 10/46/24 |
| 三桓亦患哀公之○ | 10/49/2 |

## 女 nǚ　　75

| | |
|---|---|
| 台氏之○姜嫄 | 1/1/3 |
| 右手抱越○ | 3/3/29 |
| 於是莊王棄其秦姬、越○ | 3/4/1 |
| 秦○美容 | 3/4/9 |
| 秦○天下無雙 | 3/4/9 |
| 王遂納秦○爲夫人 | 3/4/9 |
| 而更爲太子娶齊○ | 3/4/10 |
| 太子以秦○之故 | 3/4/12 |
| 適會○子擊綿於瀨水之上 | 3/6/2 |
| ○子曰 | 3/6/3,3/6/5 |
| ○子知非恒人 | 3/6/4 |
| 又謂○子曰 | 3/6/5 |
| ○子歎曰 | 3/6/6 |
| 反顧○子 | 3/6/7 |
| 其丈夫○哉 | 3/6/8 |
| 聞一○子之聲而折道 | 3/6/22 |
| 楚之邊邑脾梁之○ | 3/7/10 |
| 與吳邊邑處○蠶 | 3/7/10 |
| 使童○童男三百人鼓橐裝炭 | 4/9/11 |
| 可以小試於後宮之○ | 4/12/2 |
| 於是宮○皆掩口而笑 | 4/12/5 |
| 孫子顧視諸○連笑不止 | 4/12/6 |
| 吳王有○滕玉 | 4/12/26 |
| 與夫人及○會蒸魚 | 4/12/27 |
| 王前嘗半而與○ | 4/12/27 |
| ○怒曰 | 4/12/27 |
| 皆以送○ | 4/12/29 |
| 〔使男○與鶴〕俱入羨門 | 4/12/30 |
| 磬郢以送其死○ | 4/13/4 |
| 乞食於一○子 | 4/16/9 |
| ○子飼我 | 4/16/9 |
| 吾有○子 | 4/16/10 |
| 齊子使○爲質於吳 | 4/16/15 |
| 吳王因爲太子波聘齊○ | 4/16/16 |
| ○少思齊 | 4/16/16 |
| 令○往遊其上 | 4/16/17 |
| ○思不止 | 4/16/17 |
| ○曰 | 4/16/17 |
| | 9/41/28,9/42/2,9/42/4 |
| 宮○悅樂琴瑟和也 | 5/21/7 |
| ○子之言也 | 5/21/17 |
| 鯀娶於有莘氏之○ | 6/28/3 |
| 名曰○嬉 | 6/28/3 |
| 謂之○嬌 | 6/28/26 |

| | | | | | |
|---|---|---|---|---|---|
| ○嬌生子啓 | 6/28/26 | 吳王許○ | 5/20/18 | 滂 pāng | 2 |
| 一○不桑 | 6/29/1 | 趙鞅許○ | 5/26/2 | | |
| 使○工織細布獻之 | 8/36/10 | 定公許○ | 5/26/2 | 血流○○ | 7/31/27 |
| 乃使國中男○入山采葛 | 8/36/11 | | | | |
| ○工織兮不敢遲 | 8/36/20 | 嘔 ōu | 1 | 旁 páng | 8 |
| 四日遺美○以惑其心 | 9/39/1 | | | | |
| 男○及信 | 9/40/1 | ○養帝會 | 8/35/25 | 適會○有人窺之 | 3/5/20 |
| 往獻美○ | 9/40/8 | | | 項○絕纓 | 4/12/6 |
| 惟王選擇美○二人而進之 | 9/40/9 | 鷗 ōu | 1 | 其妻從○謂聖曰 | 5/21/13 |
| 得苧蘿山鬻薪之○曰西 | | | | 不知空垖其○闇忽垖中 | 5/24/26 |
| 　施、鄭旦 | 9/40/9 | 射於○陂 | 4/16/26 | 宰嚭亦葬卑猶之○ | 5/27/27 |
| 越王勾踐竊有二遺○ | 9/40/11 | | | 伍胥在○ | 7/32/14 |
| 越貢二○ | 9/40/12 | 歐 ǒu | 3 | 望見越王及夫人、范蠡 | |
| 美○ | 9/40/17 | | | 　坐於馬糞之○ | 7/32/29 |
| 遂受其○ | 9/40/17 | 與○冶子同師 | 4/9/3 | 太宰嚭從○對曰 | 9/41/11 |
| 受其寶○之遺 | 9/41/15 | 臣聞越王（元）〔允〕 | | | |
| 今聞越有處○ | 9/41/26 | 　常使○冶子造劍五枚 | 4/13/5 | 傍 páng | 1 |
| 處○將北見於王 | 9/41/27 | ○冶死矣 | 4/13/12 | | |
| 問於處○ | 9/41/28 | | | 起居道○ | 5/26/27 |
| ○即捷〔其〕末 | 9/42/1 | 漚 òu | 1 | | |
| 越王即加○號 | 9/42/7 | | | 袍 páo | 1 |
| 越○ | 9/42/8 | 水靜則無○瀅之怒 | 8/37/14 | | |
| 當世勝越○之劍 | 9/42/8 | | | 與子同○ | 4/15/10 |
| 道（○）〔要〕在斯 | 9/43/2 | 徘 pái | 1 | | |
| ○子十七未嫁 | 10/43/17 | | | 佩 pèi | 1 |
| 生○二 | 10/43/18 | ○徊枝陰 | 5/24/24 | | |
| ○即會笑 | 10/43/23 | | | 又令安廣之人○石碣之 | |
| 春秋奉幣、玉帛、子○ | | 潘 pān | 1 | 　矢 | 10/46/27 |
| 　以貢獻焉 | 10/45/7 | | | | |
| 此素○之道 | 10/47/25 | 故前潮水○候者 | 10/49/24 | 配 pèi | 1 |
| | | | | | |
| 衄 nǜ | 1 | 磐 pán | 5 | 上○夏殷之世 | 5/24/6 |
| | | | | | |
| 欲以妖孽挫○吾師 | 5/23/7 | 二曰○郢 | 4/13/4 | 珮 pèi | 2 |
| | | ○郢以送其死女 | 4/13/4 | | |
| 虐 nüè | 3 | 一名○郢 | 4/13/7 | 有美裘二枚、善○二枚 | 4/13/29 |
| | | 礨由○石之田 | 5/17/13 | 固請獻裘、○於子常 | 4/14/3 |
| ○殺忠良 | 4/14/4 | 覆以○石 | 6/28/14 | | |
| 夏殷恃力而○二聖 | 7/30/17 | | | 烹 pēng | 3 |
| 免於天○之誅 | 10/43/9 | 判 pàn | 1 | | |
| | | | | 良犬就○ | 5/27/6,10/48/10 |
| 諾 nuò | 11 | 一士○死兮 | 10/46/11 | 良犬○ | 10/49/10 |
| | | | | | |
| ○　3/5/32,4/11/13,4/12/3 | | 叛 pàn | 2 | 朋 péng | 1 |
| 　5/27/15,5/27/16,5/27/22 | | | | | |
| 漁父○ | 3/5/32 | ○也 | 5/23/17 | ○友之讎 | 3/5/12 |
| 成恒許○ | 5/18/10 | 會晉今反○如斯 | 5/25/18 | | |

| | |
|---|---|
| **蓬 péng** | 1 |
| 今前王譬若農夫之艾殺<br>　四方○蒿 | 5/23/5 |
| **鈹 pī** | 1 |
| 帶劍挺○ | 5/26/6 |
| **劈 pī** | 1 |
| 足踵蹠○ | 4/15/6 |
| **皮 pí** | 3 |
| 事以○幣、金玉、重寶 | 1/1/14 |
| ○膚之疾 | 5/22/13 |
| 越王乃使大夫種索葛布<br>　十萬、甘蜜九党、文<br>　笥七枚、狐○五雙、<br>　晉竹十廋 | 8/36/13 |
| **疲 pí** | 4 |
| 利所欲以○其民 | 9/39/1 |
| 民○士苦 | 9/39/16 |
| 今○師休卒 | 10/44/5 |
| 吳民既○於軍 | 10/44/5 |
| **脾 pí** | 1 |
| 楚之邊邑○梁之女 | 3/7/10 |
| **貔 pí** | 1 |
| 勢如○貙 | 10/46/12 |
| **匹 pǐ** | 7 |
| 臣聞諸侯不爲○夫興師<br>　用兵於比國 | 3/6/17 |
| 爲○夫興兵 | 3/6/18 |
| 有市之鄉三十、駿馬千<br>　○、萬戶之都二 | 4/13/11 |
| 而況有市之鄉、駿馬千<br>　○、萬戶之都 | 4/13/13 |
| 夫驥不可與○馳 | 7/31/10 |

| | |
|---|---|
| 吾不欲○夫之小勇也 | 10/44/15 |
| ○夫之能 | 10/49/12 |
| **嚭 pǐ** | 48 |
| 而以重寶厚獻太宰○ | 5/17/10 |
| ○喜受越之賂 | 5/17/10 |
| 王信用○之計 | 5/17/11 |
| 太宰○既與子胥有隙 | 5/17/15 |
| 太宰○爲人 | 5/20/4 |
| 乃命太宰○ | 5/21/1 |
| 太宰○曰　5/21/4,5/27/1,7/33/1<br>　7/33/4,7/33/15,7/34/1<br>　9/41/12,9/41/13,9/41/17 | |
| 遣下吏太宰○、王孫駱<br>　解冠幘 | 5/22/4 |
| 太宰○趨進曰 | 5/22/9 |
| 吳王乃使太宰○爲右校<br>　司馬 | 5/22/10 |
| 遂九月使太宰○伐齊 | 5/22/20 |
| 吳王謂○曰 | 5/22/21 |
| 太宰○受命 | 5/22/22 |
| 太宰○執政 | 5/23/18 |
| 今太宰○爲寡人有功 | 5/23/19 |
| 非聽宰○以殺子胥 | 5/24/13 |
| 豈非宰○之讒子胥 | 5/24/15 |
| 王若殺○ | 5/24/16 |
| 太子友知子胥忠而不用<br>　、太宰○佞而專政 | 5/24/20 |
| 謂太宰○曰　5/26/28,9/41/22 | |
| 太宰○愚而佞言 | 5/27/10 |
| 越王謂太宰○曰 | 5/27/22 |
| 乃誅○并妻子 | 5/27/23 |
| 宰○亦葬卑猶之旁 | 5/27/27 |
| 太宰○諫曰 | 7/32/18 |
| 王顧謂太宰○曰 | 7/32/29 |
| 召太宰○謀曰 | 7/33/2 |
| 太宰○出 | 7/33/13 |
| 越王明日謂太宰○曰 | 7/33/23 |
| 太宰○即入言於吳王 | 7/33/23 |
| 太宰○奉洩惡以出 | 7/33/24 |
| 大夫○者 | 8/37/19 |
| 宰○佞以曳心 | 9/40/8 |
| 因宰○求見吳王 | 9/40/22 |
| 太宰○從旁對曰 | 9/41/11 |
| 太宰○固欲以求其親 | 9/41/15 |
| 雖啼無聽宰○之言 | 9/41/16 |

| | |
|---|---|
| 宰○是 | 9/41/16 |
| 誠恐讒於大宰○ | 10/48/16 |
| **辟 pì** | 5 |
| ○隱深居 | 4/11/30 |
| 員不忍稱疾○易 | 5/23/11 |
| 〔以〕○遠兄弟之國 | 5/26/6 |
| 以遠○兄弟之國 | 5/26/7 |
| 得赦其大○ | 10/47/14 |
| **僻 pì** | 5 |
| 吾國○遠 | 4/8/15 |
| 寡人國○遠 | 4/9/30 |
| 今隨之○小 | 4/14/20 |
| 此○狄之國、蠻夷之民 | 5/18/20 |
| 以越○狄之國無珍 | 8/36/15 |
| **譬 pì** | 3 |
| ○由磐石之田 | 5/17/13 |
| 今前王○若農夫之艾殺<br>　四方蓬蒿 | 5/23/5 |
| 今大王○若浴嬰兒 | 9/41/16 |
| **闢 pì** | 1 |
| ○伊闕 | 6/29/5 |
| **偏 piān** | 1 |
| ○如滕兔 | 9/42/6 |
| **翩 piān** | 2 |
| 凌玄虛號○○ | 7/32/3 |
| **篇 piān** | 1 |
| 每陳一○ | 4/12/1 |
| **楩 pián** | 1 |
| 陰爲○柟 | 9/39/9 |

以觀汝之○吳也　10/47/8
滅讎○吳　10/48/4
已○彊吳　10/49/18

**魄 pò**　1

若魂○有〔知〕　7/30/25

**剖 pōu**　1

○脅而產高密　6/28/4

**僕 pú**　2

妻爲○妾　7/30/25
而子及主俱爲奴○　7/32/21

**蒲 pú**　5

秦使公子子○、子虎率
　車五百乘　4/15/18
楚司馬子成、秦公子子
　○與吳王相守　4/15/20
而齊興師○草　5/23/1
吾是以○服就君　5/25/18
寒就○（羸）〔贏〕於
　東海之濱　10/44/6

**七 qī**　23

十○年　2/2/22,2/3/18
今君爲此臺○年　3/4/5
中有○星　3/5/28
周廻四十○里　4/8/21
○薦孫子　4/11/31
○日○夜口不絕聲　4/15/7
如此○日　4/15/9
○月　4/15/19,10/44/25
今年○月辛亥平旦　5/22/17
請成○反　5/26/19
以行○年　6/28/12
穿壙○尺　6/29/20
勾踐○年也　8/35/6
越王乃使大夫種索葛布
　十萬、甘蜜九党、文
　笥○枚、狐皮五雙、
　晉竹十廋　8/36/13

○曰彊其諫臣　9/39/2
女子十○未嫁　10/43/17
○年不收〔於〕國　10/43/23
來至六○里　10/47/5
〔臺〕周○里　10/49/25
二十○年　10/50/15

**妻 qī**　30

季歷娶○太任氏　1/1/19
見其○　3/5/4
其○一呼即還　3/6/21
干將之○也　4/9/5
夫○俱入冶爐中　4/9/9
於是干將○乃斷髮剪爪　4/9/11
誠其○曰　4/10/25
臣聞安其○子之樂　4/11/11
願王戮臣○子　4/11/12
吳王乃取其○子　4/11/13
今戮吾○子　4/11/15
殺吾○子　4/11/21
即令闔閭○昭王夫人　4/14/24
伍胥、孫武、白喜亦○
　子常、司馬成之○　4/14/25
其○從旁謂聖曰　5/21/13
○曰　5/21/15,10/49/16
乃誅豁并○子　5/27/23
○爲僕妾　7/30/25
夫適市之（妻）〔○〕
　教嗣糞除　7/31/17
○衣褐兮爲婢　7/32/7
○給水、除糞、灑掃　7/32/28
○親爲妾　7/34/14
令壯者無娶老○　10/43/16
○子受戮　10/48/21
○子何法乎　10/48/22
越王乃收其○子　10/48/27
其○曰　10/49/11
○子在側　10/49/12

**戚 qī**　2

階席左右皆王僚之親○　3/7/25
不阿親○　7/31/26

**淒 qī**　1

不聞以土木之崇高、蟲
　鏤之刻畫、金石之清
　音、絲竹之○嗟以之
　爲美　3/4/3

**悽 qī**　2

卿士○愴民惻愓　4/16/7
觀者莫不○惻　10/46/12

**欺 qī**　5

君○其臣　3/4/27
父○其子　3/4/27
用而相○　7/31/7
是○我王也　7/34/22
內不自○　10/48/22

**婁 qī**　1

夫適市之（○）〔妻〕
　教嗣糞除　7/31/17

**期 qī**　17

與子○乎蘆之漪　3/5/21
○無變意乎　3/7/23
楚用子○爲將　4/13/15
退子○　4/13/15
大夫子○雖與昭王俱亡　4/14/21
即割子○心以與隨君盟
　而去　4/14/22
楚子○將焚吳軍　4/15/23
子○曰　4/15/24
通○戰之會　5/17/14
日中無○　5/25/15
主君宜許之以前○　5/26/1
將告以○　6/28/17
時過於○　7/30/30
以瘳起日之　7/33/22
吳王如越王○日疾愈　7/33/30
霸王之迹自（○）〔斯〕
　而起　8/35/7
皆造國門之○　10/45/23

| | | | | | |
|---|---|---|---|---|---|
| **棲 qī** | 7 | 子○行矣 | 3/5/11 | 今復欲討○子 | 4/10/11 |
| | | 會欲私○從者 | 3/5/16 | 臣之所厚○人者 | 4/10/13 |
| ○之會稽 | 5/18/14 | 從者知○謀 | 3/5/16 | ○敵有萬人之力 | 4/10/14 |
| 上○會稽 | 5/19/5 | 漁父知○意也 | 3/5/22 | ○細人之謀事 | 4/10/14 |
| ○於會稽 | 5/20/8 | 有○饑色 | 3/5/23 | ○爲何誰 | 4/10/15 |
| 〔○於〕會稽 | 5/20/12 | 無令○露 | 3/5/32,3/6/6 | 以害○馬 | 4/10/17 |
| 鳳凰○於樹 | 6/29/18 | 發○（簞）〔簞〕笥 | 3/6/4 | 水神果取○馬 | 4/10/18 |
| 亡衆○於會稽之山 | 8/35/14 | 飯○盎漿 | 3/6/4 | 眇○一目 | 4/10/19 |
| 遂○吳王於姑胥之山 | 10/47/12 | ○丈夫女哉 | 3/6/8 | 訴恃○與水戰之勇也 | 4/10/20 |
| | | 具陳○狀 | 3/6/10 | 合坐不忍○溢於力也 | 4/10/21 |
| **岐 qí** | 3 | ○子子胥 | 3/6/11 | 不受○辱 | 4/10/22 |
| | | 王僚怪○狀偉 | 3/6/12 | 而戀○生 | 4/10/23 |
| 踰梁山而處○周 | 1/1/16 | 稍道○讎 | 3/6/14 | 誠○妻曰 | 4/10/25 |
| 今勞萬姓擁於○路 | 8/35/8 | 恐子胥前親於王而害○謀 | 3/6/15 | 見○門不閉 | 4/10/26 |
| 亶父讓地而名發於○ | 8/35/16 | ○義非也 | 3/6/19 | 登○堂 | 4/10/26 |
| | | ○怒有萬人之氣 | 3/6/21 | 入○室 | 4/10/26 |
| **奇 qí** | 2 | ○妻一呼即還 | 3/6/21 | 臣聞安○妻子之樂 | 4/11/11 |
| | | 子胥怪而問○狀 | 3/6/21 | 吳王乃取○妻子 | 4/11/13 |
| 增封益地賜羽○ | 8/36/21 | 子胥因相○貌 | 3/6/23 | 吾知○情 | 4/11/15 |
| ○說怪論 | 10/49/8 | 知○勇士 | 3/6/24 | 慶忌信○謀 | 4/11/16 |
| | | 自○分也 | 3/6/26 | 因風勢以矛鉤○冠 | 4/11/17 |
| **其 qí** | 507 | 以諷○意 | 3/6/31 | 三捽○頭於水中 | 4/11/18 |
| | | 必前求○所好 | 3/7/4,9/38/22 | 以旌○忠 | 4/11/20 |
| 后稷○母 | 1/1/3 | 三月得○味 | 3/7/5 | 以事○君 | 4/11/21 |
| 喜○形像 | 1/1/4 | 楚絕○後 | 3/7/21 | 重○死 | 4/11/22 |
| 各得○理 | 1/1/8 | 僚白○母曰 | 3/7/23 | 畫○策謀 | 4/11/26 |
| ○孫公劉 | 1/1/11 | 公子光伏○甲士 | 3/7/28 | 出○令 | 4/11/27 |
| 民化○政 | 1/1/12 | 是○上者 | 4/8/17 | 世人莫知○能 | 4/11/30 |
| ○後八世而得古公亶甫 | 1/1/13 | ○術奈何 | 4/8/18 | ○意大悅 | 4/12/1 |
| ○伐不止 | 1/1/14 | 斯則○術也 | 4/8/19 | 使知○禁 | 4/12/4 |
| 欲○土地 | 1/1/15 | ○位龍也 | 4/8/24 | ○笑如故 | 4/12/5 |
| 而民五倍○初 | 1/1/18 | ○位蛇也 | 4/9/1 | 王徒好○言而不用○實 | 4/12/14 |
| ○在昌乎 | 1/1/20 | 於是干將不知○由 | 4/9/6 | 邦人莫知○罪 | 4/12/20 |
| ○當有封者 | 1/1/23 | ○有意乎 | 4/9/7 | ○言不絕 | 4/12/21 |
| 非○方乎 | 1/1/24 | 吾不知○理也 | 4/9/7 | 民莫知○過 | 4/12/22 |
| 人民皆耕田○中 | 1/1/26 | 得無得○人而後成乎 | 4/9/8 | 遂滅○族 | 4/12/26 |
| 吾望○色也 | 2/3/1 | ○若斯耶 | 4/9/10 | 昭王不知○故 | 4/13/2 |
| 然前王不忍行○私計 | 2/3/3 | 干將匿○陽 | 4/9/12 | 不知○名 | 4/13/2 |
| ○前名曰伍舉 | 3/3/27 | 出○陰而獻之 | 4/9/13 | 磐郢以送○死女 | 4/13/4 |
| 於是莊王棄○秦姬、越女 | 3/4/1 | ○可受乎 | 4/9/15 | ○劍即出 | 4/13/9 |
| ○事成矣 | 3/4/14 | 殺○二子 | 4/9/17 | ○直幾何 | 4/13/10 |
| 可以○父爲質而召之 | 3/4/17 | 不知○所在 | 4/9/20 | 客有酬○直者 | 4/13/11 |
| 君欺○臣 | 3/4/27 | 宛信○言 | 4/9/27 | 是○一也 | 4/13/11 |
| 父欺○子 | 3/4/27 | 惟大王賜○死 | 4/10/1 | 而滅○交親 | 4/13/19 |
| ○遂沉埋 | 3/5/2 | 誰不愛○所近 | 4/10/4 | 闔閭不然○言 | 4/13/19 |
| 見○妻 | 3/5/4 | 悲○所思者乎 | 4/10/4 | 吾欲乘危入楚都而破○郢 | 4/13/22 |
| 失○所在 | 3/5/7 | 子胥不然○言 | 4/10/6 | 借勝以成○威 | 4/13/26 |

| | | | | | |
|---|---|---|---|---|---|
| 唐侯使○子乾爲質於吳 | 4/14/5 | 〔○志〕畏越 | 5/19/2 | ○意有愁毒之憂 | 5/25/22 |
| ○臣下莫有死志 | 4/14/9 | 明主任人不失○能 | 5/19/7 | 必明○信 | 5/26/1 |
| 所謂臣行○志不待命者 | 4/14/10 | 兵强而不能行○威 | 5/19/8 | 吾前君闔閭不忍○惡 | 5/26/6 |
| ○謂此也 | 4/14/10 | 勢在上位而不能施○政 | | 天念○忠 | 5/26/7 |
| 遂以○部五千人擊子常 | 4/14/10 | 　令於下者 | 5/19/9 | 夫差不忍○惡 | 5/26/8 |
| ○弟懷怒曰 | 4/14/15 | ○君幾乎 | 5/19/9 | 夫差豈敢自多○功 | 5/26/8 |
| 謂○兄辛曰 | 4/14/16 | 〔○〕惟〔臣〕幾乎 | 5/19/10 | ○可逆乎 | 5/26/16 |
| 吾殺○子 | 4/14/16 | 君無愛重器以喜○心 | 5/19/10 | 願王制○命 | 5/26/18 |
| 君討○臣 | 4/14/16 | 無惡卑辭以盡○禮 | 5/19/10 | 吳王書○矢而射種、蠡 | |
| 辛陰與○季弟巢以王奔隨 | 4/14/17 | 必以○兵臨晉 | 5/19/11,5/20/20 | 　之軍 | 5/27/5 |
| 謂天報○禍 | 4/14/18 | 則君制○餘矣 | 5/19/12 | 不從天命而棄○仇 | 5/27/13 |
| 周室何罪而隱○賊 | 4/14/19 | 吳王分○民之衆以殘吾國 | 5/19/12 | 反受○殃 | 5/27/14 |
| 吳師多○辭 | 4/14/21 | ○身死而不聽 | 5/20/4 | 使○無知 | 5/27/24 |
| 出○屍 | 4/14/23 | 巧言利辭以固○身 | 5/20/5 | 恐○不蔽 | 5/27/25 |
| 右手抉○目 | 4/14/24 | 善爲詭詐以事○君 | 5/20/5 | ○巖之巓承以文玉 | 6/28/14 |
| ○以甚乎 | 4/15/4 | 知○前而不知○後 | 5/20/5 | ○書金簡 | 6/28/15 |
| ○亡無日矣 | 4/15/10 | 順君之過以安○私 | 5/20/6 | 皆璆○文 | 6/28/15 |
| 王○取分焉 | 4/15/12 | ○志甚恐 | 5/20/10 | 召○神而問之山川脈理 | |
| ○可乎 | 4/15/24 | ○君〔又〕從之 | 5/20/16 | 　、金玉所有、鳥獸昆 | |
| 如○無知 | 4/15/25 | 又從○君 | 5/20/17 | 　蟲之類及八方之民俗 | |
| 割戮○屍 | 4/15/27 | 〔君〕受〔○〕幣 | 5/20/18 | 　、殊國異域土地里數 | 6/28/21 |
| ○詞曰 | 4/16/3,7/30/9 | 許○師 | 5/20/18 | 失○度制 | 6/28/23 |
| 將欲報以百金而不知○家 | 4/16/9 | 〔而〕辭○君 | 5/20/18 | ○九尾者 | 6/28/24 |
| 不得○償 | 4/16/12 | ○心恬然悵焉 | 5/21/1 | 禹擒○背而哭 | 6/28/30 |
| 不知○家 | 4/16/12 | 而○心不已 | 5/21/8 | 有受○饑 | 6/29/1 |
| 不知○臭 | 4/16/14 | ○有所知者 | 5/21/10 | 有受○寒 | 6/29/1 |
| ○味如故 | 4/16/14 | ○妻從旁謂聖曰 | 5/21/13 | 使得○所 | 6/29/1 |
| 令女往遊○上 | 4/16/17 | ○言吉凶 | 5/21/19 | 吾聞食○實者 | 6/29/15 |
| 正如○言 | 4/16/18 | 然忠臣不顧○軀 | 5/21/20 | 不傷○枝 | 6/29/16 |
| 不前除○疾 | 5/17/12 | 不知○禍 | 5/22/12 | 飲○水者 | 6/29/16 |
| 無立○苗也 | 5/17/13 | ○挤耳 | 5/22/14 | 不濁○流 | 6/29/16 |
| 子胥謂○子曰 | 5/17/14 | ○可傷也 | 5/22/16 | ○德彰彰 | 6/29/16 |
| 乃屬○子於齊鮑氏而還 | 5/17/15 | 寡人豈敢自歸○功 | 5/23/7 | 天美禹德而勞○功 | 6/29/21 |
| ○城薄以卑 | 5/17/23 | 必趨○小喜 | 5/23/10 | 乃封○庶子於越 | 6/29/26 |
| ○池狹以淺 | 5/17/23 | 而近○大憂 | 5/23/10 | ○語曰「鳥禽呼」 | 6/29/29 |
| ○君愚而不仁 | 5/17/24 | 吾將復增○國 | 5/23/20 | ○後無殃 | 7/30/10 |
| 〔○〕大臣〔僞而〕無用 | 5/17/24 | 即斷○頭 | 5/24/8 | 利受○福 | 7/30/13 |
| 〔○〕士〔民又〕惡甲 | | 乃棄○軀 | 5/24/9 | 吾不知○咎 | 7/30/15 |
| 　兵〔之事〕 | 5/17/24 | 而稷○形 | 5/24/24 | 願二三子論○意 | 7/30/15 |
| 能行○令 | 5/18/6 | 蹭蹬飛丸而集○背 | 5/24/25 | 伊尹不離○側 | 7/30/16 |
| 內飾○政 | 5/18/15 | 不知空堶○旁闇忽堶中 | 5/24/26 | 太公不棄○國 | 7/30/16 |
| 臣聞仁人不（因居） | | 徙○大舟 | 5/25/5 | 臣弑○君 | 7/30/20 |
| 　〔困厄〕以廣○德 | 5/18/18 | 以求○志 | 5/25/8 | 子弑○父 | 7/30/21 |
| 智者不棄時以舉○功 | 5/18/18 | 以明○令 | 5/25/8 | 自用者危○國 | 7/30/22 |
| 王者不絕世以立○義 | 5/18/18 | 令各盡○死 | 5/25/9 | ○無知 | 7/30/26 |
| 孤敢不問○說 | 5/19/1 | 以振○旅 | 5/25/14 | 遂討○讎 | 7/31/1 |
| ○心〔申〕 | 5/19/2 | ○聲動天徙地 | 5/25/14 | 孰知○非暢達之兆哉 | 7/31/5 |

| | | | | | |
|---|---|---|---|---|---|
| 民親○知 | 7/31/8 | 不得○位 | 8/35/22 | 夫君人尊○仁義者 | 9/38/10 |
| ○道必守 | 7/31/9 | ○應天矣 | 8/35/23 | 各殊○事 | 9/38/14 |
| 吾顧諸大夫以○所能 | 7/31/15 | 故帝處○陽陸 | 8/35/25 | 不聞○語 | 9/38/14 |
| 固○理也 | 7/31/16 | 三王居○正地 | 8/35/25 | 以效○誠 | 9/38/15 |
| 各陳○情 | 7/31/18 | 以著○實 | 8/35/28 | 以知○信 | 9/38/15 |
| 舉○能者 | 7/31/18 | 起游臺○上 | 8/35/28 | 以觀○智 | 9/38/16 |
| 議○宜也 | 7/31/18 | 立增樓冠○山巔 | 8/35/29 | 以視○亂 | 9/38/16 |
| ○於心胸中會無怵惕 | 7/32/2 | 解救○本 | 8/36/5 | 以察○能 | 9/38/16 |
| 大王赦○深辠 | 7/32/12 | 而火救○終 | 8/36/5 | 以別○（熊）〔態〕 | 9/38/17 |
| 願大王遂○所執 | 7/32/18 | 不失○理 | 8/36/6 | 士盡○實 | 9/38/17 |
| 子既不移○志 | 7/32/26 | 今舉○貢貨而以復禮 | 8/36/15 | 人竭○智 | 9/38/17 |
| 又恐○不卒也 | 7/33/5 | 未盡○國 | 8/36/16 | 知○智盡實 | 9/38/17 |
| 不以○罪罰 | 7/33/7 | 吾君失○石室之囚 | 8/36/17 | 人盡○智 | 9/38/18 |
| 是時剋○日 | 7/33/8 | ○無損也 | 8/36/17 | 參○所願 | 9/38/22 |
| 而齊君獲○美名 | 7/33/15 | 越王內修○德 | 8/36/22 | 然後能得○實 | 9/38/22 |
| 春秋以多○義 | 7/33/16 | 外布○道 | 8/36/22 | 雖○願 | 9/38/22 |
| 因求○冀而譽之 | 7/33/22 | 墾○田疇 | 8/36/23 | ○攻城取邑 | 9/38/25 |
| 觀○顏色 | 7/33/22 | 越王遂師（入）〔八〕 | | 以求○福 | 9/38/26 |
| 言○不死 | 7/33/22 | 　臣與○四友 | 8/36/24 | 二曰重財幣以遺○君 | 9/38/26 |
| 即以手取○便與惡而譽之 | 7/33/25 | 民不失○時 | 8/36/26 | 多貨賄以喜○臣 | 9/39/1 |
| ○惡味苦且楚酸 | 7/33/27 | 薄○賦歛 | 8/36/27 | 三曰貴糴粟稾以虛○國 | 9/39/1 |
| 乃赦越王得離○石室 | 7/33/28 | 農失○時 | 8/36/27 | 利所欲以疲○民 | 9/39/1 |
| 去就○宮室 | 7/33/29 | 遇民如父母之愛○子 | 8/36/29 | 四曰遺美女以惑○心 | 9/39/1 |
| 以亂○氣 | 7/33/30 | 如兄之愛○弟 | 8/36/29 | 而亂○謀 | 9/39/2 |
| ○後 | 7/33/30 | 見○勞苦爲之悲 | 8/36/30 | 以盡○財 | 9/39/2 |
| 心念○忠 | 7/33/30 | 省○賦歛 | 8/36/30 | 七曰彊○諫臣 | 9/39/2 |
| 各有○詞 | 7/34/1 | 不宜前露○辭 | 8/37/3 | 九曰利甲兵以承○弊 | 9/39/3 |
| ○仁者留 | 7/34/1 | 不可見○象 | 8/37/5 | 願論○餘 | 9/39/6 |
| ○亦是乎 | 7/34/3 | 不可知○情 | 8/37/5 | 天與○災 | 9/39/14 |
| ○辭曰 | 7/34/3,10/48/2 | 越承○弊 | 8/37/9 | 實○金銀 | 9/39/19 |
| 但爲外情以存○身 | 7/34/8 | 動觀○符 | 8/37/10 | 滿○府庫 | 9/39/19 |
| 猶縱毛爐炭之上幸○焦 | 7/34/9 | 外爲○救 | 8/37/11 | 勵○甲兵 | 9/39/20 |
| 焉能知○忠信者乎 | 7/34/13 | 猶效○義 | 8/37/11 | ○要奈何 | 9/39/21 |
| 親將○臣民 | 7/34/13 | 夫內臣謀而決軀○策 | 8/37/11 | 筴○極計 | 9/40/5 |
| 是○義也 | 7/34/14 | 鄰國通而不絕○援 | 8/37/11 | ○必受之 | 9/40/8 |
| 是○慈也 | 7/34/15 | 不淹○量 | 8/37/13 | 必得○願 | 9/40/15 |
| 虛○府庫 | 7/34/15,7/34/22 | 不復○熾 | 8/37/14 | 必成○名 | 9/40/15 |
| 盡○寶幣 | 7/34/15 | 待○壞敗 | 8/37/16 | 遂受○女 | 9/40/17 |
| 是○忠信也 | 7/34/15 | 無見○動 | 8/37/17 | 願王請糴以入○意 | 9/40/21 |
| 是日賊○德也 | 7/34/20 | 以觀○靜 | 8/37/17 | 惟大王救○窮窘 | 9/40/23 |
| ○不可親 | 7/34/21 | ○可攻也 | 8/37/21,9/41/23 | 奪○所願 | 9/40/24 |
| 以存○身 | 7/34/21 | 此乘○時而勝者也 | 8/37/23 | 而有○眾 | 9/41/3 |
| 是○謀深也 | 7/34/22 | ○國已富 | 9/37/29 | 懷○社稷 | 9/41/3 |
| ○悔可追乎 | 7/34/24 | 或謂諸大夫愛○身 | 9/37/29 | 奉○宗廟 | 9/41/4 |
| 使○返國 | 7/34/26 | 惜○軀者 | 9/37/30 | 復○社稷 | 9/41/4 |
| 王○勉之 | 7/34/26,10/48/23 | 望觀○群臣有憂與否 | 9/37/30 | ○後有激人之色 | 9/41/5 |
| ○功不可以興 | 8/35/12 | 何○殆哉 | 9/38/8 | 故狐得○志 | 9/41/7 |

| | | |
|---|---|---|
| ○德昭昭 9/41/8 | 聞越掩○空虛 10/44/19 | 越王乃收○妻子 10/48/27 |
| 蝮蛇不恋○意 9/41/9 | ○夏六月丙子 10/44/20 | ○知相國何如人也 10/49/6 |
| 率諸侯以伐○君 9/41/11 | 孤之飲食不致○味 10/45/1 | 哺○耳以成人惡 10/49/11 |
| 武王即成○名矣 9/41/12 | 聽樂不盡○聲 10/45/2 | ○妻曰 10/49/11 |
| 令使武王失○理 9/41/13 | 稱○善 10/45/4 | 何○志忽忽若斯 10/49/13 |
| 太宰嚭固欲以求○親 9/41/15 | 掩○惡 10/45/4 | 辰剋○日 10/49/16 |
| 受○寶女之遺 9/41/15 | 救○不足 10/45/5 | 必害○良 10/49/17 |
| ○種甚嘉 9/41/22 | 損○有餘 10/45/5 | 今日剋○辰 10/49/17 |
| 須俟○時 9/41/24 | 使貧富不失○利 10/45/6 | ○六甶在子所 10/49/18 |
| 吉凶決在○工 9/41/26 | 審○賞 10/45/14 | ○謂斯乎 10/49/20 |
| 女即捷〔○〕末 9/42/1 | 明○信 10/45/14 | 吾前君○不徙乎 10/50/5 |
| ○道如何 9/42/3 | 參應○變 10/45/21 | 立○太子何 10/50/12 |
| ○道甚微而易 9/42/4 | 各守○職 10/45/26 | ○可不誠乎 10/50/17 |
| ○意（○）〔甚〕幽而深 9/42/4 | 以盡○信 10/45/27 | ○慎之哉 10/50/18 |
| ○驗即見 9/42/7 | 王因反闔○門 10/45/28 | ○歷八主皆稱霸 10/50/19 |
| 未能悉知○道 9/42/10 | 令國人各送○子弟於郊 | |
| 願子一二○辭 9/42/10 | 　境之上 10/46/9 | 祇 qí 2 |
| 以○道傳於羿 9/42/16 | ○淫心匿行、不當敵者 | |
| 莫得○正 9/42/20 | 　如斯矣 10/46/14 | 神○輔翼 7/30/12 |
| 臣雖不明○道 9/42/20 | ○有父母無昆弟者 10/46/15 | 蒙天靈之祐、神（祗） |
| 射弩未發而前名○所中 9/42/27 | ○有死亡者 10/46/17 | 　〔○〕之福 10/50/16 |
| 請悉○要 9/42/27 | 吾予○醫藥 10/46/18 | |
| 得○和平 9/42/29 | 給○糜粥 10/46/18 | 耆 qí 1 |
| ○數乃平 9/43/1 | 吾輕○重 10/46/19 | |
| 號○葬所曰「陳音山」 9/43/5 | 和○任 10/46/20 | 遂已○艾將老 6/29/19 |
| 寡人不知○力之不足 | 及○犯誅 10/46/21 | |
| 　〔也〕 10/43/12 | ○士卒有問於王曰 10/46/22 | 崎 qí 1 |
| 寡人誠更○術 10/43/13 | 人致○命 10/46/24 | |
| ○父母有罪 10/43/17，10/43/17 | 隊各自令○部 10/46/25 | 民去○嶇 6/29/5 |
| 納官○子 10/43/20 | 部各自令○（圭）〔士〕 | |
| 量○居 10/43/21 | 　 10/46/25 | 齊 qí 92 |
| 好○衣 10/43/21 | 越王中分○師以爲左右 | |
| 飽○食 10/43/21 | 　軍 10/46/27 | （卑）〔畢〕子去○ 1/2/6 |
| 問○名 10/43/22 | 亦即以夜暗中分○師 10/47/1 | ○子壽夢立 1/2/6 |
| ○民必有移徙之心 10/44/6 | 潛伏○私卒六千人 10/47/2 | 而更爲太子娶○女 3/4/10 |
| 不如詮○間 10/44/8 | 得赦○大辟 10/47/14 | 爲○王使於吳 4/10/17 |
| 以知○意 10/44/8 | 勾踐不忍○言 10/47/15 | 兵已整○ 4/12/12 |
| 勝則滅○國 10/44/10 | ○計可乎 10/47/17 | 復謀伐○ 4/16/15 |
| 不勝則困○兵 10/44/10 | 還受○咎 10/47/17 | ○子使女爲質於吳 4/16/15 |
| 不患○衆〔之〕不足 | 不忍對○使者 10/47/18 | 吳王因爲太子波聘○女 4/16/16 |
| 　〔也〕 10/44/13 | 何子言之○合於天 10/47/25 | 女少思○ 4/16/16 |
| 而患○志行之少恥也 10/44/13 | ○可悉乎 10/47/26 | 名曰望○門 4/16/16 |
| 不患○志行之少恥也 10/44/14 | 臣盡○力 10/48/3 | 以望○國 4/16/18 |
| 而患○衆之不足〔也〕 10/44/14 | 以○謀成國定 10/48/6 | 北威○、晉 4/17/2 |
| 於是越民父勉○子 10/44/16 | 知進退存亡而不失○正 10/48/9 | 夫差北伐○ 5/17/6 |
| 兄勸○弟 10/44/16 | 文種不信○言 10/48/12 | ○使大夫高氏謝吳師曰 5/17/6 |
| ○可伐乎 10/44/17 | 人莫知○所適 10/48/23 | ○孤立寡國 5/17/6 |

| | | | | | |
|---|---|---|---|---|---|
| ○以吳爲彊輔 | 5/17/7 | 不意頗傷○師 | 5/23/2 | ○士、銳兵弊乎齊 | 5/19/11 |
| 惟吳哀○之不濫也 | 5/17/7 | ○王曰 | 5/23/2 | 重寶、車○、羽毛盡乎晉 | 5/19/12 |
| 夫差復北伐○ | 5/17/10 | 吳○遂盟而去 | 5/23/4 | | |
| 今信浮辭僞詐而貪○ | 5/17/12 | ○師受服 | 5/23/7 | **麒 qí** | 1 |
| 破○ | 5/17/12 | 爲寡人使○ | 5/24/4 | | |
| 願王釋○而前越 | 5/17/13 | 託汝子於○鮑氏 | 5/24/4 | ○麟步於庭 | 6/29/18 |
| 使子胥使於○ | 5/17/14 | 吳王復伐○ | 5/24/18 | | |
| 乃屬其子於○鮑氏而還 | 5/17/15 | 寡人伐○ | 5/24/20 | **蘄 qí** | 1 |
| ○大夫陳成恒欲弒簡公 | 5/17/19 | 而○舉兵伐之 | 5/24/28 | | |
| 今○將伐之 | 5/17/21 | 夫○徒舉而伐魯 | 5/25/1 | 北屬○ | 5/24/19 |
| 子貢北之○ | 5/17/22 | 遂北伐○ | 5/25/3 | | |
| 今君又欲破魯以廣○ | 5/18/3 | 越王聞吳王伐○ | 5/25/3 | **乞 qǐ** | 6 |
| 則君立於○ | 5/18/5 | 吳敗○師於艾陵之上 | 5/25/5 | | |
| ○遇爲擒 | 5/18/7 | 吳又恐○、宋之爲害 | 5/26/5 | ○食溧陽 | 3/6/1 |
| 孤主制○者 | 5/18/8 | 今○不賢於楚 | 5/26/7 | 行○於市 | 3/6/9 |
| 請之救魯而伐○ | 5/18/10 | ○師還鋒而退 | 5/26/8 | 今從君○鄭之國 | 4/15/1 |
| 今〔以〕萬乘之○而私 | | 夫、晉無返逆行 | 5/27/11 | ○食於一女子 | 4/16/9 |
| 　千乘之魯 | 5/18/12 | 一心○志 | 7/31/24 | 請命○恩 | 8/35/15 |
| 伐○ | 5/18/13 | 昔者○桓割燕所至之地 | | 願○假道 | 10/47/8 |
| 〔實〕害暴○而威彊晉 | 5/18/13 | 　以賑燕公 | 7/33/15 | | |
| 吳之彊不過於○ | 5/18/16 | 而○君獲其美名 | 7/33/15 | **起 qǐ** | 25 |
| ○亦已私魯矣 | 5/18/17 | 臣聞吳王兵彊於○、晉 | 8/37/7 | | |
| 且畏小越而惡彊○ | 5/18/17 | 大王宜親於○ | 8/37/7 | 故太伯○城 | 1/1/25 |
| 告以救魯而伐○ | 5/19/2 | ○雖不親 | 8/37/10 | 闔閭之弟夫概晨○請於 | |
| 今吳王有伐○、晉之志 | 5/19/10 | ○桓得之而霸 | 9/38/12 | 　闔閭曰 | 4/14/8 |
| 而伐○ | 5/19/11 | 臣觀吳王得志於○、晉 | 10/44/4 | 政從楚○ | 4/15/8 |
| ○必戰 | 5/19/11 | 北則望○ | 10/45/7 | 必將乘煙○而助我 | 4/15/25 |
| 騎士、銳兵弊乎○ | 5/19/11 | ○苦樂之喜 | 10/45/10 | 闔閭乃○北門 | 4/16/16 |
| 困暴○而撫周室 | 5/20/13 | 與、晉諸侯會於徐州 | 10/47/22 | 及竊而○ | 5/21/1 |
| 與寡人伐○ | 5/20/17 | 勾踐乃使使號令○楚秦晉 | 10/50/5 | 有頃而○ | 5/21/13 |
| 今吳、○將戰 | 5/20/20 | 稱霸穆桓○楚莊 | 10/50/9 | 生變○詐 | 5/23/6 |
| 將與○戰 | 5/20/22 | 從晉、○之地 | 10/50/17 | ○居道傍 | 5/26/27 |
| 王之興師伐○也 | 5/21/4 | | | 吳王○入宮中 | 7/32/26 |
| 寡人將北伐○魯 | 5/21/18 | **旗 qí** | 1 | 以瘳○日期之 | 7/33/22 |
| 無伐於○ | 5/22/4 | | | 於是范蠡與越王俱○ | 7/34/3 |
| 及從勾踐之師伐○ | 5/22/10 | 戴○以陣而立 | 5/25/11 | 霸王之迹自（期）〔斯〕 | |
| 今○陵遲千里之外 | 5/22/14 | | | 　而○ | 8/35/7 |
| ○爲疾 | 5/22/14 | **錡 qí** | 1 | ○游臺其上 | 8/35/28 |
| 願大王定越而後圖○ | 5/22/15 | | | ○離宮於淮陽 | 8/35/29 |
| 遂九月使太宰嚭伐○ | 5/22/20 | ○爲侍從 | 9/42/22 | 王相俱○ | 8/36/6 |
| 寡人興師伐○ | 5/22/23 | | | 使之○宮室 | 9/39/2 |
| 王遂伐○ | 5/22/24 | **騎 qí** | 4 | 吳王好○宮室 | 9/39/7 |
| ○與吳戰於艾陵之上 | 5/22/24 | | | 昔者桀○靈臺 | 9/39/13 |
| ○師敗績 | 5/22/24 | 闔閭復使子胥、屈蓋餘 | | 紂○鹿臺 | 9/39/13 |
| 乃使行人成好於○ | 5/23/1 | 　、燭傭習術戰○射御 | | 遂受〔之〕而○姑蘇之臺 | 9/39/14 |
| 吳王聞○有沒水之慮 | 5/23/1 | 　之巧 | 4/9/2 | 彈○古之孝子 | 9/42/11 |
| 而○興師蒲草 | 5/23/1 | 留兵縱○虜荊闕 | 4/16/6 | 命所○也 | 9/42/21 |

| | | | | | | |
|---|---|---|---|---|---|---|
| 陰○之辰也 | 5/22/17 | 將尊○君之意 | 8/35/15 | **黔 qián** | | 1 |
| 合壬子歲○合也 | 5/22/17 | ○車已覆 | 8/36/3 | | | |
| ○雖小勝 | 5/22/19 | 不宜○露其辭 | 8/37/3 | 下無○首之士 | 5/18/8 | |
| 子胥欲盡誠於○王 | 5/22/23 | 故○俯伏 | 8/37/4 | | | |
| 吾○王履德明〔聖〕達 | | 故○無剝過之兵 | 8/37/6 | **淺 qiǎn** | | 3 |
| 　於上帝 | 5/23/4 | 蹈席而○進曰 | 9/38/5 | | | |
| 今○王譬若農夫之艾殺 | | ○時設備 | 9/39/26 | 其池狹以○ | 5/17/23 | |
| 　四方蓬蒿 | 5/23/5 | 卻行馬○ | 9/41/3 | 臣鄙○於道 | 5/21/9 | |
| 乃○王之遺德 | 5/23/8 | ○縱石室之囚 | 9/41/15 | 不知德薄而恩○ | 8/37/15 | |
| 昔吾○王 | 5/23/9 | 臣○人受之於楚 | 9/42/20 | | | |
| 員誠○死 | 5/23/12 | 射弩未發而○名其所中 | 9/42/27 | **遣 qiǎn** | | 10 |
| ○日所見四人 | 5/23/16 | 是天氣○見亡國之證也 | 10/43/11 | | | |
| 寡人以○王之故 | 5/23/25 | 三者○見 | 10/45/21 | 即○使者駕馴馬 | 3/4/20 | |
| 不得爲○王之臣 | 5/23/26 | 吳使王孫駱肉袒膝行而 | | 故○臣來奉進印綬 | 3/4/23 | |
| ○王聽從吾計 | 5/23/29 | 　○ | 10/47/12 | 復○追捕子胥 | 3/5/4 | |
| 欲報○王之恩而至於此 | 5/23/29 | 不在○後 | 10/47/21 | 僚○公子伐楚 | 3/7/7 | |
| 昔○王不欲立汝 | 5/24/2 | ○則無滅未萌之端 | 10/48/15 | 常乃○成公歸國 | 4/14/1 | |
| 不得爲○王臣 | 5/24/15 | 故不敢○死 | 10/48/17 | 孔子○之 | 5/17/22 | |
| 但貪○利 | 5/24/27 | 日○之神莫能制者 | 10/48/25 | 王乃○王孫駱往請公孫聖 | 5/21/11 | |
| 無會○進 | 5/25/7 | ○翳神光 | 10/48/26 | ○下吏太宰嚭、王孫駱 | | |
| 不如○進 | 5/25/7 | 願幸以餘術爲孤○王於 | | 　解冠幘 | 5/22/4 | |
| 與諸侯、大夫列坐於晉 | | 　地下謀吳之○人 | 10/49/19 | ○使來告 | 5/25/17 | |
| 　定公○ | 5/25/21 | 故○潮水潘候者 | 10/49/24 | 未及○使 | 8/36/11 | |
| 主君宜許之以○期 | 5/26/1 | 吾○君其不徙乎 | 10/50/5 | | | |
| 吳王稱公○ | 5/26/3 | 籍楚之○鋒 | 10/50/16 | **譴 qiǎn** | | 1 |
| 吾○君闔閭不忍其惡 | 5/26/6 | | | | | |
| 禮○王一飯 | 5/26/17 | **虔 qián** | | 1 | 有何辜兮○天 | 7/32/4 |
| ○有胥山 | 5/26/25 | | | | | |
| 子試○呼之 | 5/27/2 | 今大王○心思士 | 4/12/15 | **羌 qiāng** | | 1 |
| 昔越親戕吳之○王 | 5/27/12 | | | | | |
| 吾羞○君地下 | 5/27/24 | **乾 qián** | | 5 | 家於西○ | 6/28/5 |
| 越之○君無余者 | 6/28/3 | | | | | |
| 我方修○君祭祀 | 6/29/30 | 至○谿 | 2/3/16 | **戕 qiāng** | | 1 |
| 大夫文種○爲祝 | 7/30/9 | 唐侯使其子○爲質於吳 | 4/14/5 | | | |
| ○沉後揚 | 7/30/9 | 焦脣○舌 | 5/19/16 | 昔越親○吳之前王 | 5/27/12 | |
| 種復○祝曰 | 7/30/11 | ○坤受靈 | 7/30/12 | | | |
| 孤承○王〔餘〕德（得） | 7/30/14 | 燴之火 | 8/37/13 | **鏘 qiāng** | | 2 |
| 遂保○王丘墓 | 7/30/14 | | | | | |
| 大夫皆○圖未然之端 | 7/30/23 | **潛 qián** | | 7 | 德○○也 | 5/21/5 |
| 愧於○君 | 7/30/26 | | | | | |
| ○王之國 | 7/31/11 | 乃○身於深葦之中 | 3/5/24 | **強 qiáng** | | 1 |
| 越王伏於○ | 7/32/19 | 吳拔六與○二邑 | 4/13/16 | | | |
| ○王之遺德 | 7/33/3 | 報○、六之役 | 4/13/21 | 兵○而不能行其威 | 5/19/8 | |
| 名越於○古 | 7/33/17 | ○歸 | 4/15/21 | | | |
| ○據白刃自知死 | 7/34/10 | 跳九河於○淵 | 6/29/4 | **彊 qiáng** | | 28 |
| 臣不敢逃死以負○王 | 7/34/24 | 中夜○泣 | 8/36/9 | | | |
| 孤不能承○君之制 | 8/35/14 | ○伏其私卒六千人 | 10/47/2 | 相子○鳩夷 | 1/2/3 | |

| | |
|---|---|
| 王者 | 5/19/9 |
| 今〇聞大王〔將〕興大義 | 5/20/13 |
| 〇觀《金匱》第八 | 5/22/16 |
| 臣〇見吳王真非人也 | 7/33/21 |
| 臣〇嘗大王之糞 | 7/33/27 |
| 〇爲小殿 | 9/39/12 |
| 越王勾踐〇有二遺女 | 9/40/11 |
| 〇好擊之道 | 9/42/3 |
| 臣〇自惟 | 10/48/16 |
| 孤〇有言 | 10/48/21 |

**侵 qīn　8**

| | |
|---|---|
| 日月昭昭乎〇已馳 | 3/5/20 |
| 而吳〇境不絕於寇 | 4/12/19 |
| 〇食諸侯 | 4/14/5 |
| 而吳〇伐 | 5/27/12 |
| 外有〇境之敵 | 8/37/21 |
| 〇辱於吳 | 9/37/28 |
| 歸吳所〇宋地 | 10/47/23 |
| 有敢〇之者 | 10/48/27 |

**菫 qīn　1**

| | |
|---|---|
| 赤〇之山已令無雲 | 4/13/11 |

**親 qīn　42**

| | |
|---|---|
| 則爲無〇友也 | 3/5/11 |
| 恐子胥前〇於王而害其謀 | 3/6/15 |
| 階席左右皆王僚之〇戚 | 3/7/25 |
| 必不爲君主所〇 | 4/8/14 |
| 不可〇也 | 4/10/6 |
| 孫子乃〇自操枹擊鼓 | 4/12/5 |
| 而滅其交〇 | 4/13/19 |
| 〔〇〕北面事之 | 4/15/4 |
| 願結和〇而去 | 5/23/2 |
| 王今讓以和〇 | 5/23/4 |
| 王〇秉鉞 | 5/25/11 |
| 王乃〔秉枹〕鳴金鼓 | 5/25/13 |
| 吳王〇對曰 | 5/25/16 |
| 孤躬〇聽命於藩籬之外 | 5/25/20 |
| 昔越〇戕吳之前王 | 5/27/12 |
| 民〇其知 | 7/31/8 |
| 君亡臣〇 | 7/31/12 |
| 百姓〇附 | 7/31/20 |
| 不阿〇戚 | 7/31/26 |

| | |
|---|---|
| 動輒躬〇 | 7/31/28 |
| 〇欲爲賊 | 7/33/2 |
| 大王躬〇鴻恩 | 7/34/4 |
| 狼不可〇 | 7/34/8 |
| 〇將其臣民 | 7/34/13 |
| 躬〇爲虜 | 7/34/14 |
| 妻〇爲妾 | 7/34/14 |
| 〇嘗寡人之溲 | 7/34/14 |
| 其不可〇 | 7/34/21 |
| 大王宜〇於齊 | 8/37/7 |
| 齊雖不〇 | 8/37/10 |
| 今孤〇被奴虜之厄 | 9/38/4 |
| 與之不爲〇 | 9/40/25 |
| 仇讎之人不可〇 | 9/41/8 |
| 〇戮主以爲名 | 9/41/12 |
| 太宰嚭固欲以求其〇 | 9/41/15 |
| 子離父母之養、〇老之愛 | 10/46/15 |
| 不〇於朝 | 10/48/29 |
| 子〇 | 10/50/19 |
| 自勾踐至于〇 | 10/50/19 |
| 〇衆皆失 | 10/50/20 |
| 尊〇（夫）〔失〕琅邪 | 10/50/27 |
| 勾踐至王〇 | 10/50/27 |

**秦 qín　28**

| | |
|---|---|
| 左手擁〇姬 | 3/3/28 |
| 於是莊王棄其〇姬、越女 | 3/4/1 |
| 平王使無忌爲太子娶於〇 | 3/4/8 |
| 〇女美容 | 3/4/9 |
| 〇女天下無雙 | 3/4/9 |
| 王遂納〇女爲夫人 | 3/4/9 |
| 太子以〇女之故 | 3/4/12 |
| 乃之於〇 | 4/15/6 |
| 鶴倚哭於〇庭 | 4/15/7 |
| 〇（桓）〔哀〕公素沉湎 | 4/15/7 |
| 於〇何利 | 4/15/12 |
| 〇伯使辭焉 | 4/15/13 |
| 〇伯爲之垂涕 | 4/15/15 |
| 〇師未出 | 4/15/17 |
| 申包胥以〇師至 | 4/15/18 |
| 〇使公子子蒲、子虎率車五百乘 | 4/15/18 |
| 楚司馬子成、〇公子子蒲與吳王相守 | 4/15/20 |
| 〇師又敗吳師 | 4/15/23 |

| | |
|---|---|
| 莫大乎波〇之子夫差 | 4/16/22 |
| 達於〇餘杭山 | 5/26/22 |
| 吳王止〇餘杭山 | 5/27/2 |
| 於〇餘杭山卑猶 | 5/27/26 |
| 勾踐乃使使號令齊楚〇晉 | 10/50/5 |
| 〇桓公不如越王之命 | 10/50/6 |
| 西渡河以攻〇 | 10/50/6 |
| 會〇怖懼 | 10/50/6 |
| 舉兵所伐攻〇王 | 10/50/7 |
| 陣兵未濟〇師降 | 10/50/8 |

**琴 qín　10**

| | |
|---|---|
| 乃援〇爲楚作窮劫之曲 | 4/16/3 |
| 深知〇曲之情 | 4/16/8 |
| 宮女悅樂〇瑟和也 | 5/21/7 |
| 逢蒙傳於楚〇氏 | 9/42/16 |
| 〇氏以爲弓矢不足以威天下 | 9/42/16 |
| 〇氏乃橫弓著臂 | 9/42/17 |
| 〇氏傳之楚三侯 | 9/42/18 |
| 臣請引〇而鼓之 | 10/47/30 |
| 從弟子奉先王雅〇禮樂奏於越 | 10/49/26 |
| 故奏雅〇以獻之大王 | 10/49/28 |

**禽 qín　4**

| | |
|---|---|
| 吾子〇處 | 1/2/4 |
| 或逐〇鹿而給食 | 6/29/27 |
| 其語曰「鳥〇呼」 | 6/29/29 |
| 孝子不忍見父母爲〇獸所食 | 9/42/13 |

**擒 qín　7**

| | |
|---|---|
| 王且見〇 | 3/4/14 |
| 齊遇爲〇 | 5/18/7 |
| 乃見王之爲〇 | 5/23/11 |
| 今幸〇之 | 5/26/18 |
| 吳王見〇也 | 7/33/12 |
| 吳將爲所〇也 | 7/34/23 |
| 南陽之宰而爲越王之〇 | 10/49/21 |

**寢 qǐn　2**

| | |
|---|---|
| 不以鄙陋〇容 | 9/40/11 |

| | | | | |
|---|---|---|---|---|
| 子胥久留楚○昭王 | 4/15/20 | 兩君○己以得天道 | 7/30/18 | ○鈇鑕 | 4/12/7 |
| 而○以成大事 | 5/18/4 | 大王○厄 | 7/31/2 | 王其○分焉 | 4/15/12 |
| 外復○怨 | 5/22/12 | 不恥○厄之難 | 7/31/21 | 嶇遂○金而歸 | 4/16/13 |
| 以○其志 | 5/25/8 | 杖○盧之矛 | 10/49/27 | 吳王乃○子胥屍 | 5/24/7 |
| 不知愧辱而欲○生 | 5/27/21 | | | 幾爲大王○笑 | 5/24/26 |
| 乃更○之 | 6/28/9 | **區 qū** | 3 | ○辛壬癸甲 | 6/28/26 |
| 不幸所○ | 6/28/16 | | | 臣誠不○ | 7/31/7 |
| ○伸而已 | 7/30/22 | 隨地造○ | 1/1/9 | 即以手○其便與惡而嘗之 | 7/33/25 |
| 所○之事 | 7/33/9 | 今汝於○○之國、荊蠻 | | 將求所○也 | 7/34/17 |
| 願大王請○問疾 | 7/33/22 | 　之鄉 | 2/2/28 | 內以○吳 | 8/35/21 |
| 因○其冀而嘗之 | 7/33/22 | | | 其攻城○邑 | 9/38/25 |
| 同心相○ | 7/34/2 | **嶇 qū** | 1 | 〔以〕○天下不難 | 9/39/4 |
| 將○所取也 | 7/34/17 | | | 遂○滅亡 | 9/39/14 |
| 以○吳王之心 | 8/36/10 | 民去崎○ | 6/29/5 | 石○一兩 | 9/43/1 |
| 以○其福 | 9/38/26 | | | 〔能〕〔傳賢〕〔博○〕 | |
| 因宰嚭○見吳王 | 9/40/22 | **趨 qū** | 8 | 　於諸侯 | 10/44/29 |
| 太宰嚭固欲以○其親 | 9/41/15 | | | 軍士各與父兄昆弟○訣 | 10/46/9 |
| ○之鈇分 | 9/43/2 | 晝馳夜○ | 4/15/6 | 吳不○ | 10/47/16 |
| ○以報吳 | 10/45/2 | 太宰嚭○進曰 | 5/22/9 | 天與不○ | 10/47/17 |
| 　10/45/4,10/45/6,10/45/8 | | 必○其小喜 | 5/23/10 | 傾敵○國 | 10/49/18 |
| 故○置吾頭於南門 | 10/47/8 | 出給○走 | 7/32/25 | ○〔元〕〔允〕常之喪 | 10/50/3 |
| 相○於玄冥之下 | 10/49/15 | 越王、范蠡○入石室 | 7/32/27 | | |
| 〔射〕〔躬〕○賢士 | 10/49/26 | 伍子胥○出 | 7/33/31 | **娶 qǔ** | 10 |
| | | 王當疾○ | 8/35/10 | | |
| **裘 qiú** | 3 | 乃舉手而○ | 9/38/5 | 季歷○妻太任氏 | 1/1/19 |
| | | | | 平王使無忌爲太子○於秦 | 3/4/8 |
| 有美○二枚、善珥二枚 | 4/13/29 | **軀 qū** | 4 | 而更爲太子○齊女 | 3/4/10 |
| 固請獻○、珥於子常 | 4/14/3 | | | 鯀○於有莘氏之女 | 6/28/3 |
| 越王夏被毛○ | 9/40/16 | 然忠臣不顧其○ | 5/21/20 | 禹三十未○ | 6/28/22 |
| | | 乃棄其○ | 5/24/9 | 吾○也 | 6/28/23 |
| **曲 qū** | 4 | ○辱而聲榮 | 7/30/28 | 禹因○塗山 | 6/28/26 |
| | | 惜其○者 | 9/37/30 | 令壯者無○老妻 | 10/43/16 |
| 乃援琴爲楚作窮劫之○ | 4/16/3 | | | 老者無○壯婦 | 10/43/17 |
| 深知琴○之情 | 4/16/8 | **蕖 qú** | 1 | 丈夫二十不○ | 10/43/17 |
| 以○爲直 | 5/23/24 | | | | |
| 乃命樂作伐吳之○ | 10/47/28 | ○麥豆稻 | 1/1/8 | **去 qù** | 95 |
| | | | | | |
| **屈 qū** | 9 | **取 qǔ** | 29 | 古公乃杖策○邠 | 1/1/16 |
| | | | | 〔卑〕〔畢〕子○齊 | 1/2/6 |
| 鯀子○羽 | 1/2/4 | ○二邑而去 | 2/3/14 | 因歎而○曰 | 2/2/13 |
| 夫○一人之下 | 3/6/23 | 王可自○ | 3/4/9 | 子臧○之 | 2/3/8 |
| 闔閭復使子胥、○蓋餘 | | 將去○之 | 3/5/18 | 取二邑而○ | 2/3/14 |
| 　、燭傭習術戰騎射御 | | 爲子○飽 | 3/5/23,3/5/26 | 逃○ | 2/3/18 |
| 　之巧 | 4/9/2 | 豈圖○百金之劍乎 | 3/5/29 | 靈王即除工○飾 | 3/4/7 |
| 甲二十領、○盧之〔予〕 | | 故伐楚○二邑而去 | 3/7/11 | 無忌因○太子而事平王 | 3/4/10 |
| 　〔矛〕、步光之劍 | 5/20/14 | 水神果○其馬 | 4/10/18 | 急○ | 3/4/16 |
| 仗○盧之矛 | 5/27/16 | 吳王乃○其妻子 | 4/11/13 | ○難就免 | 3/4/21 |

| | | | | | |
|---|---|---|---|---|---|
| 相○不遠三百餘里 | 3/4/22 | 遂登船徑○ | 7/32/2 | **泉 quán** | 3 |
| 吾○不顧 | 3/5/3 | 飛○復來 | 7/32/3 | | |
| 胥乃貫弓執矢○楚 | 3/5/4 | ○復返兮於乎 | 7/32/7 | 青○、赤淵分入洞穴 | 6/29/4 |
| ○三百里 | 3/5/4 | 始事君兮○家 | 7/32/7 | 下無及○ | 6/29/20 |
| 將○取之 | 3/5/18 | 離我國兮○吳 | 7/32/7 | 深○之魚死於芳餌 | 9/38/21 |
| 與勝行○ | 3/5/19 | 夫○晃兮爲奴 | 7/32/8 | | |
| 漁父○後 | 3/5/23 | ○我國兮心搖 | 7/32/9 | **詮 quán** | 2 |
| 欲○ | 3/5/27 | ○就其宮室 | 7/33/29 | | |
| 子急○ | 3/5/29 | 昔公劉○邰而德彰於夏 | 8/35/16 | 惟夫子○斯義也 | 3/7/1 |
| 既○ | 3/5/32 | 斗○極北 | 8/35/25 | 不如○其間 | 10/44/8 |
| 子胥已餐而○ | 3/6/5 | 省刑○罰 | 8/36/26 | | |
| 專諸乃○ | 3/7/5 | 遂別○ | 9/42/1 | **權 quán** | 6 |
| 故伐楚取二邑而○ | 3/7/11 | 檢○止也 | 9/42/22 | | |
| 不受而○ | 4/9/15 | 神定思○ | 9/42/29 | 乃欲專○擅威 | 5/23/25 |
| 王急○之 | 4/9/28 | ○止分離 | 9/42/29 | 調○衡 | 6/29/18 |
| 乃○而出 | 4/13/1 | ○民所惡 | 10/45/4 | 三國決○ | 8/37/8 |
| 湛盧所以○者 | 4/13/5 | 則不能斷○就之疑 | 10/45/10 | ○懸而智衰 | 8/37/15 |
| 故○無道以就有道 | 4/13/9 | 夫人○笄 | 10/45/28 | 二人○ | 8/37/20 |
| 吾即○之 | 4/13/15 | 皆作離別相○之詞 | 10/46/9 | 即無○變之謀 | 10/45/9 |
| 楚大夫尹固與王同舟而○ | 4/14/12 | 使者急○ | 10/47/19 | | |
| 即割子期心以與隨君盟 | | 吳使涕泣而○ | 10/47/19 | **犬 quǎn** | 9 |
| 　而 | 4/14/22 | ○還江南 | 10/47/23 | | |
| 不○ | 4/15/21 | 范蠡從吳欲○ | 10/48/7 | 古公事之以○馬牛羊 | 1/1/14 |
| 行○矣 | 4/16/1 | 子來○矣 | 10/48/8 | 走○長洲 | 4/16/27 |
| 吳軍○後 | 4/16/1 | 子若不○ | 10/48/11 | 兩黑○嘷以南、嘷以北 | 5/21/3 |
| 吳軍雖○怖不歇 | 4/16/7 | 范蠡議欲○ | 10/48/12 | 兩黑○嘷以南、嘷以北者 | 5/21/6 |
| 乃投金水中而○ | 4/16/9 | 今子云○ | 10/48/20 | | 5/21/22 |
| 投金水中而○矣 | 4/16/12 | ○乎 | 10/48/21 | 良○就烹　5/27/6,10/48/10 | |
| 乃○郢 | 4/17/1 | 范蠡既○ | 10/48/23 | 睨之以壺酒、一○ | 10/43/18 |
| （吾）〔若〕○〔而〕 | | 蠡○時 | 10/48/25 | 良○烹 | 10/49/10 |
| 　之吳 | 5/18/9 | 伍子胥從海上穿山脅而 | | | |
| 子貢○ | 5/20/6 | 　持種 | 10/49/23 | **勸 quàn** | 5 |
| 子貢○〔之〕晉 | 5/20/18 | ○則難從 | 10/50/2 | | |
| 遂○　　5/21/18,7/34/29 | | 因辭而○ | 10/50/3 | ○之以高位 | 5/25/8 |
| ○昭昭、就冥冥也 | 5/21/22 | 遂置而○ | 10/50/5 | ○者老 | 9/39/25 |
| 願結和親而○ | 5/23/2 | 血盟而○ | 10/50/5 | 兄○其弟 | 10/44/16 |
| 吳齊遂盟而○ | 5/23/4 | 悲○歸兮何無梁 | 10/50/9 | 吾國之民又○孤伐吳 | 10/44/17 |
| ○晉軍一里 | 5/25/13 | 而○琅邪 | 10/50/20 | 不答所○ | 10/46/5 |
| 孤進不敢○ | 5/25/18 | 少康○顓頊即位 | 10/50/21 | | |
| 吳王率群臣遁○ | 5/26/21 | 無壬○無余十世 | 10/50/23 | **缺 quē** | 4 |
| 飽食而○ | 5/26/24 | | | | |
| 龍曳尾舍舟而○ | 6/28/30 | **全 quán** | 3 | 季孫拔劍之鍔中○者大 | |
| 民○崎嶇 | 6/29/5 | | | 　如黍米 | 4/9/14 |
| 衆瑞並○ | 6/29/21 | 身名○ | 5/21/20 | 有○ | 4/9/15 |
| 諸侯○益而朝啓 | 6/29/23 | 投卵千鈞之下望必○ | 7/34/10 | 外郭築城而○西北 | 8/35/20 |
| ○彼吳庭 | 7/30/13 | 使得生○還國 | 7/34/27 | 故○西北 | 8/35/21 |
| 寡人將○入吳 | 7/31/7 | | | | |

**卻 què**　4

| | |
|---|---|
| 卒不○行 | 4/12/8 |
| 夫概師敗○退 | 4/15/21 |
| ○行馬前 | 9/41/3 |
| 松陵○退 | 10/47/7 |

**雀 què**　3

| | |
|---|---|
| 不知黃○盈綠林 | 5/24/24 |
| 夫黃○但知伺螳螂之有味 | 5/24/25 |
| 今臣但虛心志在黃○ | 5/24/25 |

**確 què**　1

| | |
|---|---|
| ○顙而深目　. | 3/6/23 |

**闕 què**　7

| | |
|---|---|
| 留兵縱騎虜荊○ | 4/16/6 |
| ○為闌溝於（商）〔商〕魯之間 | 5/24/18 |
| 遂緣江（沂）〔沂〕淮（開）〔○〕溝深水 | 5/26/9 |
| 赤帝在○ | 6/28/14 |
| 闔伊○ | 6/29/5 |
| 遂復宮○ | 8/35/10 |
| 荊榛蔓於宮○ | 9/41/10 |

**鵲 què**　1

| | |
|---|---|
| 顧烏○啄江渚之蝦 | 7/32/3 |

**群 qún**　48

| | |
|---|---|
| 以示○臣於宛之厚 | 4/9/26 |
| ○臣莫有曉王意者 | 4/11/29 |
| ○臣皆怨 | 4/12/19 |
| ○臣上天 | 4/13/12 |
| ○臣誹謗曰 | 4/14/1 |
| ○盜攻之 | 4/14/13 |
| 下忿○臣 | 5/18/4 |
| 上事○臣 | 5/19/16 |
| 願空國、棄○臣、變容貌、易姓名、執箕帚、養牛馬以事之 | 5/19/19 |
| ○臣問曰 | 5/23/13 |
| 王問○臣 | 5/23/16 |
| ○臣悉在 | 5/23/18 |
| ○臣賀曰 | 5/23/21 |
| ○臣並進 | 5/23/21 |
| 咸被○臣 | 5/23/22 |
| 恐○臣復諫 | 5/24/19 |
| ○臣畢盟 | 5/26/4 |
| 吳王率○臣遁去 | 5/26/21 |
| 等之○臣未有如蘇者 | 6/28/8 |
| ○臣觀示 | 6/29/12 |
| 恐○臣不從 | 6/29/15 |
| 命○臣曰 | 6/29/19 |
| ○臣皆送至浙江之上 | 7/30/8 |
| ○臣泣之 | 7/31/6 |
| 何順心佛命○臣 | 7/31/9 |
| ○臣垂泣 | 7/32/1 |
| 無拘○小之口 | 7/32/18 |
| ○臣以客禮事之 | 7/33/31 |
| 威服○臣 | 7/34/5 |
| ○臣祖道 | 7/34/26 |
| ○臣畢賀 | 7/35/2 |
| ○臣曰 | 8/36/10 |
| ○臣拜舞天顏舒 | 8/36/21 |
| ○臣教誨 | 9/37/28 |
| 望觀其○臣有憂與否 | 9/37/30 |
| 越王即鳴鐘驚檄而召○臣 | 9/38/1 |
| ○臣默然莫對者 | 9/38/3 |
| 即辭○臣 | 9/38/9 |
| 何患○臣之不使也 | 9/38/13 |
| 無為○小所侮 | 9/41/16 |
| 寡人逆○臣之議而輸於越 | 9/41/19 |
| 越國○臣皆稱萬歲 | 9/41/20 |
| 即以粟賞賜○臣 | 9/41/20 |
| 乃大會○臣而令之曰 | 10/44/11 |
| ○臣為樂 | 10/47/28 |
| ○邪杜塞 | 10/48/5 |
| 臺上○臣大悅而笑 | 10/48/6 |
| 不惜○臣之死 | 10/48/6 |

**然 rán**　68

| | |
|---|---|
| 中心歡○ | 1/1/4 |
| 雖○ | 2/3/3 |
| | 5/18/8,5/18/14,10/48/15 |
| ○前王不忍行其私計 | 2/3/3 |
| 不○將誅 | 3/4/16 |
| 不○則死 | 3/4/17 |
| 子胥默○ | 3/6/1 |
| ○楚國有 | 3/7/14 |
| 白公默○不對 | 3/7/15 |
| ○憂除事定 | 4/8/14 |
| 不○ | 4/8/15,5/17/13 |
| ○後成物 | 4/9/9 |
| ○後敢鑄金於山 | 4/9/10 |
| 子胥不○其言 | 4/10/6 |
| 默○不言 | 4/11/7 |
| 憖○不行 | 4/11/20 |
| 二隊寂○無敢顧者 | 4/12/11 |
| 吳王忽○不悅 | 4/12/13 |
| ○而無所施也 | 4/12/13 |
| ○人君有逆理之謀 | 4/13/9 |
| 闔閭不○其言 | 4/13/19 |
| 愕○大驚 | 4/14/29 |
| ○已愧矣 | 4/16/3 |
| 成恒忿○作色 | 5/18/1 |
| 大夫何索○若不辱 | 5/18/21 |
| 越王愾○避位 | 5/20/2 |
| 其心恬○悵焉 | 5/21/1 |
| 覺而恬○悵焉 | 5/21/2 |
| 忽○感夢 | 5/21/12 |
| 覺而悵○ | 5/21/12 |
| 忽○晝夢 | 5/21/19 |
| ○忠臣不顧其軀 | 5/21/20 |
| 索○作怒 | 5/22/5 |
| ○德在 | 5/22/18 |
| 吳王中心愯○ | 5/24/15 |
| ○不可徒許 | 5/26/1 |
| 吳王默○ | 5/26/19 |
| ○ | 5/27/2,7/34/3,9/42/10 |
| 愁○沉思 | 6/28/13 |
| 禹乃啞○而笑曰 | 6/28/28 |
| 大夫皆前圖未○之端 | 7/30/23 |
| ○尚有泛濫之憂 | 7/30/29 |
| 天性自○ | 7/31/13 |
| ○不知所以自安也 | 7/34/10 |
| 相國范蠡、大夫種、句如之屬儼○列坐 | 9/37/30 |
| 群臣默○莫對者 | 9/38/3 |
| ○後討吳 | 9/38/4 |
| 於是越王默○不悅 | 9/38/8 |
| ○後能得其實 | 9/38/22 |
| ○行陣隊伍軍鼓之事 | 9/41/26 |
| ○後諸侯可服 | 9/42/18 |
| ○後卑事夫差 | 10/43/14 |

| | | | | | |
|---|---|---|---|---|---|
| ○猶聽君王之令 | 10/44/12 | 擾 rǎo | 2 | 今屬丈○ | 3/5/26 |
| 須明年之春○後可耳 | 10/44/17 | | | 二○飲食畢 | 3/5/27 |
| ○越之伐吳 | 10/47/9 | 衆士○動 | 3/7/28 | 請丈○姓字 | 3/5/30 |
| 越王默○無言 | 10/48/4 | 勞○民力 | 8/36/28 | 子爲蘆中○ | 3/5/31 |
| 種不○言 | 10/48/8 | | | 吾爲漁丈○ | 3/5/31 |
| 越王惻○ | 10/48/19 | 熱 rè | 1 | 夫○ | 3/6/2 |
| 越王愀○變色 | 10/48/23 | | | 夫○賑窮途少飯 | 3/6/3 |
| 越王默○ | 10/49/2 | 火消則無熹毛之○ | 8/37/14 | 女子知非恒○ | 3/6/4 |
| 越王默○不應 | 10/49/11 | | | 掩夫○之壺漿 | 3/6/6 |
| 越王喟○嘆曰 | 10/50/1 | 人 rén | 404 | 市○觀 | 3/6/9 |
| 往若飄○ | 10/50/2 | | | 吾之相○多矣 | 3/6/9 |
| | | 見大○跡而觀之 | 1/1/4 | 未嘗見斯○也 | 3/6/10 |
| 攘 ráng | 1 | 意若爲○所感 | 1/1/4,6/28/4 | 賢○也 | 3/6/13 |
| | | 適會伐木之○多 | 1/1/6 | 堂邑○也 | 3/6/20 |
| 伍子胥○臂大怒 | 5/23/8 | ○民泛濫 | 1/1/9 | 專諸方與○鬭 | 3/6/20 |
| | | 行○無饑乏之色 | 1/1/10 | 其怒有萬○之氣 | 3/6/21 |
| 壤 rǎng | 7 | 爲狄○所慕 | 1/1/13 | 夫屈一○之下 | 3/6/23 |
| | | 邠○父子兄弟相帥 | 1/1/17 | 必伸萬○之上 | 3/6/23 |
| 不與同域接○ | 3/5/12 | 二○託名採藥於衡山 | 1/1/21 | 前君壽夢有子四○ | 3/6/26 |
| 踰千里而來我○土 | 5/23/3 | 吳○或問 | 1/1/22 | 小○不能奉行 | 3/7/2 |
| 幸來涉我○土 | 7/32/16 | 民○殷富 | 1/1/25 | 凡欲殺○君 | 3/7/3 |
| 社稷（○）〔壞〕崩 | 7/32/21 | ○民皆耕種其中 | 1/1/26 | 〔民○無廢主〕 | 3/8/2 |
| 扁天地之○ | 8/35/25 | 以爲行○ | 2/2/15 | 是前○之道 | 3/8/3 |
| 地○不修 | 10/46/2 | 有子四○ | 2/2/24 | 公子蓋餘、燭傭二○將 | |
| 范蠡知勾踐愛○土 | 10/48/6 | 爾無忘寡○之言 | 2/2/26 | 　兵遇圍於楚者 | 3/8/4 |
| | | 且今子不忘前○之言 | 2/2/28 | 恐國○不就 | 4/8/9 |
| 讓 ràng | 14 | 前○誦之不絕於口 | 2/3/6 | 乃舉伍子胥爲行○ | 4/8/10 |
| | | 諸侯與曹○不義而立於國 | 2/3/7 | 寡○欲彊國霸王 | 4/8/11 |
| 令季歷○國於太伯 | 1/1/26 | 吳○固立季札 | 2/3/8 | 寡○不免於縶絏之使 | 4/8/13 |
| 而三○不受 | 1/1/27 | 吳○舍之 | 2/3/9 | 寡○非子所盡議 | 4/8/15 |
| 太伯三以天下○ | 1/1/27 | 吳○立餘昧子州于 | 2/3/20 | 寡○委計於子 | 4/8/20 |
| 季札○曰 | 2/2/25 | 楚○也 | 3/3/27,9/42/9 | 吳○也 | 4/9/3,4/11/30 |
| ○季札 | 2/3/1 | 鳴則驚○ | 3/3/31 | 須○而成 | 4/9/8 |
| 季札○ | 2/3/18 | 豈得沖天而驚○乎 | 3/3/31 | 得無得其○而後成乎 | 4/9/8 |
| 不覩退○ | 3/7/1 | 國○怨焉 | 3/4/5 | 使童女童男三百○鼓橐 | |
| 闔閭以位○ | 3/8/1 | 豈前王之所盛、○君之 | | 　裝炭 | 4/9/11 |
| 何得○乎 | 4/8/15 | 　美者耶 | 3/4/6 | 寡○誠負於子 | 4/9/21 |
| 王今○以和親 | 5/23/4 | 王遂納秦女爲夫○ | 3/4/9 | 白喜、何如○也 | 4/9/22 |
| 乃○子胥曰 | 5/23/4 | 奮揚使○前告太子 | 3/4/15 | 寡○國僻遠 | 4/9/30 |
| ○位（商）〔商〕均 | 6/29/9 | 尙爲○慈溫仁信 | 3/4/18 | 側聞子前○爲楚荆之暴怒 | 4/9/30 |
| 黃帝不○ | 7/30/20 | 胥爲○少好於文 | 3/4/18 | 於斯將何以教寡○ | 4/9/31 |
| 亶父○地而名發於岐 | 8/35/16 | 使者追及無○之野 | 3/5/4 | 前○無罪 | 4/9/31 |
| | | 國○惡之 | 3/5/14 | 吾觀喜之爲○ | 4/10/6 |
| 饒 ráo | 2 | 國○與華氏 | 3/5/14 | 昔專諸之事於寡○厚矣 | 4/10/9 |
| | | 鄭○甚禮之 | 3/5/15 | 周○無怨色 | 4/10/12 |
| 以○無益之讎 | 9/41/9 | 適會旁有○窺之 | 3/5/20 | 臣之所厚其○者 | 4/10/13 |
| 今越國富○ | 10/43/24 | 蘆中○　3/5/25,3/5/25,4/14/28 | | 細○也 | 4/10/13 |

| | | | | | |
|---|---|---|---|---|---|
| 其敵有萬〇之力 | 4/10/14 | 臣念前〇與君相逢於途 | 4/15/1 | 希睹〇主 | 5/21/13 |
| 豈細〇之所能謀乎 | 4/10/14 | 吾蒙子前〇之恩 | 4/15/2 | 非賢〇所宜 | 5/21/16 |
| 其細〇之謀事 | 4/10/14 | 乃使〇謂子胥曰 | 4/15/3 | 寡〇將北伐齊魯 | 5/21/18 |
| 而有萬〇之力也 | 4/10/15 | 寡〇無臣若斯者 | 4/15/10 | 與死〇俱葬也 | 5/22/3 |
| 東海上〇也 | 4/10/16 | 寡〇聞命矣 | 4/15/13 | 於是吳王乃使門〇提之 | |
| 會於友〇之喪 | 4/10/20 | 未有〇臣報讎如此者也 | 4/15/27 | 　蒸丘 | 5/22/8 |
| 於友〇之喪席而輕傲於 | | 〇問曰 | 4/16/10 | 有〇若以此首事 | 5/22/19 |
| 　士大夫 | 4/10/20 | 〇曰 | 4/16/12 | 寡〇興師伐齊 | 5/22/23 |
| 有陵〇之氣 | 4/10/20 | 吳〇作鱠者 | 4/16/14 | 乃使行〇成好於齊 | 5/23/1 |
| 與〇戰者不達聲 | 4/10/22 | 夫差信以愛〇 | 4/16/23 | 寡〇處此北邊 | 5/23/2 |
| 吾辱子於千〇之衆 | 4/11/1 | 寡〇從子 | 4/16/24 | 寡〇豈敢自歸其功 | 5/23/7 |
| 〇莫敢眚占者 | 4/11/3 | 民〇離散 | 5/17/6 | 獨見四〇向庭相背而倚 | 5/23/12 |
| 國東千里之〇 | 4/11/6 | 請伏國〇於郊 | 5/17/7 | 吾見四〇相背而倚 | 5/23/13 |
| 吳王心非子胥進此〇 | 4/11/7 | 寡〇知之 | 5/17/16 | 聞〇言則四分走矣 | 5/23/13 |
| 萬〇莫當 | 4/11/8 | 召門〇而謂之曰 | 5/17/20 | 望見兩〇相對 | 5/23/15 |
| 慶忌、明智之〇 | 4/11/10 | 〇之所易〔也〕 | 5/18/1 | 北向〇殺南向 | 5/23/15, 5/23/17 |
| 豈可一日而殺天下勇士 | | 〇之所難〔也〕 | 5/18/2 | 前日所見四〇 | 5/23/16 |
| 　一〇哉 | 4/11/19 | 〇民外死 | 5/18/7 | 今日又見二〇相對 | 5/23/17 |
| 夫〇有三惡以立於世 | 4/11/22 | 臣聞仁〇不（因居） | | 臣聞四〇走 | 5/23/17 |
| 寡〇欲出兵 | 4/11/28 | 　〔因厄〕以廣其德 | 5/18/18 | 寡〇聞之 | 5/23/19 |
| 世〇莫知其能 | 4/11/30 | 且夫無報〇之志、而使 | | 今太宰嚭爲寡〇有功 | 5/23/19 |
| 得大王寵姬二〇 | 4/12/3 | 　〇疑之〔者〕 | 5/19/2 | 以孝事於寡〇 | 5/23/20 |
| 令三百〇皆被甲兜鍪 | 4/12/3 | 有報〇之意、而使〇知 | | 寡〇以前王之故 | 5/23/25 |
| 武乃令斬隊長二〇 | 4/12/8 | 　之〔者〕 | 5/19/3 | 乃使〇賜屬鏤之劍 | 5/23/31 |
| 寡〇已知將軍用兵矣 | 4/12/9 | 孤少失前〇 | 5/19/4 | 越〇掘汝社稷 | 5/24/2 |
| 寡〇非此二姬 | 4/12/10 | 與吳〇戰 | 5/19/5 | 爲寡〇使齊 | 5/24/4 |
| 寡〇知子善用兵 | 4/12/13 | 〔遺先〇恥〕 | 5/19/5 | 汝嘗與子胥論寡〇之短 | 5/24/10 |
| 寡〇不願 | 4/12/14 | 明主任〇不失其能 | 5/19/7 | 子何非寡〇而不朝乎 | 5/24/11 |
| 邦〇莫知其罪 | 4/12/20 | 〔是〕存亡國〔而〕 | | 胥圖寡〇也 | 5/24/13 |
| 蓋聞仁者殺〇以掩謗者 | | 　（舉）〔興〕死〇 | | 臣聞〇君者 | 5/24/13 |
| 　猶弗爲也 | 4/12/21 | 　〔也〕 | 5/19/20 | 寡〇伐齊 | 5/24/20 |
| 今子殺〇以興謗於國 | 4/12/22 | 孤賴（矣）〔先〕〔〇 | | 大則越〇入〔吳〕 | 5/25/22 |
| 國〇乃謗止 | 4/12/26 | 　之〕賜 | 5/20/1 | 盟國一〇則依矣 | 5/26/11 |
| 與夫〇及女會蒸魚 | 4/12/27 | 夫吳王〔之〕爲〇〔也〕 | 5/20/2 | 伯父若能輔余一〇 | 5/26/11 |
| 國〇非之 | 4/12/30 | 讒〇益衆 | 5/20/3 | 亦寡〇之願也 | 5/26/17 |
| 寡〇臥覺而得寶劍 | 4/13/2 | 夫子胥爲〇 | 5/20/3 | 行〇請成列國之義 | 5/26/17 |
| 無益於〇 | 4/13/7 | 太宰嚭爲〇 | 5/20/4 | 近道〇不食何也 | 5/26/26 |
| 然〇君有逆理之謀 | 4/13/9 | 少失前〇 | 5/20/8, 5/20/11 | 〇不食也 | 5/26/26 |
| 蔡〇聞之 | 4/14/3 | 請悉四方之內士卒三千 | | 〇食生瓜 | 5/26/27 |
| 寡〇欲舉兵伐楚 | 4/14/5 | 　〇以從下吏 | 5/20/15 | 寡〇豈可返乎 | 5/27/4 |
| 今子常無故與王共殺忠 | | 與寡〇伐齊 | 5/20/17 | 寡〇世世得聖也 | 5/27/4 |
| 　臣三〇 | 4/14/7 | 夫空〇之國 | 5/20/17 | 〇臣之位 | 5/27/19 |
| 遂以其部五千〇擊子常 | 4/14/10 | 悉〇之衆 | 5/20/17 | 不敢加誅於〇主 | 5/27/19 |
| 楚〇未濟漢 | 4/14/11 | 寡〇晝臥有夢 | 5/21/1 | 〇之所惡 | 5/27/20 |
| 會楚〇食 | 4/14/11 | 子爲寡〇占之 | 5/21/4 | 不貪於〇 | 5/27/21 |
| 夫乘〇之禍 | 4/14/17 | 寡〇忽晝夢 | 5/21/9 | 〇一隅土以葬之 | 5/27/27 |
| 即令闔閭妻昭王夫〇 | 4/14/24 | 聖爲〇少而好游 | 5/21/10 | 莫贖〇 | 6/28/7 |

| 任 rèn | 17 |
|---|---|
| 季歷娶妻太○氏 | 1/1/19 |
| ○周、召而伐殷 | 1/2/1 |
| ○以國政 | 2/2/22, 3/4/1 |
| 始○賢使能 | 4/8/9 |
| ○用無忌多所殺 | 4/16/4 |
| 明主○人不失其能 | 5/19/7 |
| 將○治水 | 6/28/6 |
| 帝靡所○ | 6/28/7 |
| 昔堯○舜、禹而天下治 | 7/30/18 |
| ○人者不辱身 | 7/30/22 |
| 夫推國○賢、度功續成者 | 7/31/14 |
| ○厥兮往還 | 7/32/4 |
| 須賢○仁 | 9/38/4 |
| 西伯○之而王 | 9/38/12 |
| 吾使賢○能 | 9/38/14 |
| 和其○ | 10/46/20 |

| 妊 rèn | 2 |
|---|---|
| 後○娠 | 1/1/5 |
| 因而○孕 | 6/28/4 |

| 仍 réng | 1 |
|---|---|
| 吳王○未肯自殺 | 5/27/18 |

| 日 rì | 102 |
|---|---|
| 無忌○夜言太子之短 | 3/4/11 |
| 今○甲子 | 3/4/27 |
| 支傷○下 | 3/4/27 |
| 恥辱○大 | 3/4/31 |
| ○月昭昭乎侵已馳 | 3/5/20 |
| ○已夕兮予心憂悲 | 3/5/21 |
| 今○凶凶 | 3/5/30 |
| 翌○ | 3/6/9 |
| 王僚與語三○ | 3/6/13 |
| 常與盡○而語 | 4/9/25 |
| 越鸞向○而熙 | 4/10/4 |
| 連○乃出 | 4/10/19 |
| 與○戰不移表 | 4/10/22 |
| 豈可一○而殺天下勇士二人哉 | 4/11/19 |
| 至於今○ | 4/12/21 |
| 故彊敵之兵○駭 | 4/12/24 |

| | |
|---|---|
| 吳不信前○之盟 | 4/13/18 |
| 求昭王所在○急 | 4/15/3 |
| 〔○暮路遠〕 | 4/15/5 |
| 七○七夜口不絕聲 | 4/15/7 |
| 如此七○ | 4/15/9 |
| 其亡無○矣 | 4/15/10 |
| ○夜不絕聲 | 4/15/14 |
| 將到之○ | 4/16/13 |
| ○夜號泣 | 4/16/16 |
| 病○益甚 | 4/16/17 |
| 波太子夫差○夜告（許）〔於〕伍胥曰 | 4/16/19 |
| ○夜爲言於吳王 | 5/17/11 |
| 夜以接○ | 5/18/15, 8/36/8 |
| 子貢館五○ | 5/20/10 |
| 今○壬午 | 5/21/14 |
| ○數千金 | 5/22/11 |
| 而爭一○之勝 | 5/22/12 |
| 後五○ | 5/23/15 |
| 前○所見四人 | 5/23/16 |
| 今○又見二人相對 | 5/23/17 |
| 吾今○死 | 5/24/2 |
| ○月炙汝肉 | 5/24/8 |
| ○中無期 | 5/25/15 |
| 孤之事君決在今○ | 5/25/19 |
| 不得事君（命）〔亦〕在今○矣 | 5/25/19 |
| 三○三夕 | 5/26/22 |
| 誠以今○聞命 | 5/27/16 |
| ○月不可並照 | 7/31/10 |
| ○月含色 | 7/31/30 |
| 乃擇吉○而欲敕之 | 7/33/2 |
| 今年十二月戊寅之○ | 7/33/6 |
| 時加○出 | 7/33/6 |
| 囚○也 | 7/33/6 |
| 夫以戊寅○聞喜 | 7/33/7 |
| ○也 | 7/33/7 |
| 是時剋其○ | 7/33/8 |
| 到己巳○ | 7/33/19 |
| 以瘳起○期之 | 7/33/22 |
| 越王明○謂太宰嚭曰 | 7/33/23 |
| 王之疾至己巳○有瘳 | 7/33/26 |
| 吳王如越王期○疾愈 | 7/33/30 |
| 今○爲越王陳北面之坐 | 7/33/31 |
| 今○坐者 | 7/34/1 |
| 明○ | 7/34/7 |
| 10/46/7, 10/46/13, 10/46/18 | |

| | |
|---|---|
| 10/46/19, 10/46/20, 10/46/28 | |
| 昨○大王何見乎 | 7/34/7 |
| 是○賊其德也 | 7/34/20 |
| 時加○昳 | 7/34/30 |
| 今十有二月己巳之○ | 8/35/8 |
| 以臣卜○ | 8/35/9 |
| 大王之擇○也 | 8/35/10 |
| 孤欲以今○上明堂、臨國政 | 8/36/1 |
| 何○可矣 | 8/36/2 |
| 今○ | 8/36/2 |
| 丙午○也 | 8/36/2 |
| 是○吉矣 | 8/36/3 |
| 越王是○立政 | 8/36/7 |
| 未嘗一○登翫 | 8/36/12 |
| ○中則移 | 8/37/12 |
| 吾昔○受夫子之言 | 9/38/20 |
| 杳之若○ | 9/42/6 |
| 而子昔○云 | 10/43/10 |
| 今國之父兄○請於孤曰 | 10/43/23 |
| 五○之內 | 10/45/24 |
| 過五○之外 | 10/45/25 |
| 自今○之後 | 10/45/26 |
| 後三○ | 10/46/13 |
| 即○夜半 | 10/47/6 |
| 越軍明○更從江出 | 10/47/11 |
| 異○得罪於會稽 | 10/47/13 |
| 意者猶以今○之姑胥 | 10/47/14 |
| 曩○之會稽也 | 10/47/14 |
| 今○得而棄之 | 10/47/17 |
| ○爲陰蝕 | 10/47/27 |
| 臣所以當席○久 | 10/48/19 |
| ○前之神莫能制者 | 10/48/25 |
| ○益疎遠 | 10/48/29 |
| 異○ | 10/49/1 |
| 辰剋其○ | 10/49/16 |
| 今○剋其辰 | 10/49/17 |

| 戎 róng | 4 |
|---|---|
| 奔○狄之間 | 1/1/11 |
| 公劉避夏桀於○狄 | 1/1/12 |
| 薰鬻○姤而伐之 | 1/1/13 |
| 越王使軍士集於我○之功 | 5/27/26 |

| | | | | | |
|---|---|---|---|---|---|
| 衣袷履○ | 5/24/21 | **乳 rǔ** | 1 | 境外千里○者 | 10/45/27 |
| 子何爲袷衣○履 | 5/24/22 | | | 使孤有○於國 | 10/46/2 |
| 臣故袷體○履 | 5/24/26 | 孤以○母 | 10/43/19 | 有○於諸侯 | 10/46/3 |
| | | | | 王之慙○ | 10/48/16 |
| **襦 rú** | 2 | **辱 rǔ** | 47 | 夫恥○之心不可以大 | 10/48/17 |
| | | | | | |
| 金鼎、玉杯、銀樽、珠 | | 恥○日大 | 3/4/31 | **入 rù** | 82 |
| ○之寶 | 4/12/29 | 蒙罪受○ | 4/8/12 | | |
| 施左關之○ | 7/32/28 | 臣昔嘗見曾拆○壯士椒 | | 二伯來○荊蠻 | 2/3/5 |
| | | 丘訴也 | 4/10/15 | 將○爲亂 | 3/4/13 |
| **汝 rǔ** | 35 | ○之奈何 | 4/10/16 | 尙乃○報子胥曰 | 3/4/25 |
| | | 不受其○ | 4/10/22 | 子胥○船 | 3/5/22 |
| 今○於區區之國、荊蠻 | | 我○壯士椒丘訴於大家 | | 與之俱○ | 3/6/11 |
| 之鄉 | 2/2/28 | 之喪 | 4/10/25 | 來○於吳 | 3/6/12 |
| ○可見使 | 3/4/26 | 子○我於大家之衆 | 4/10/28 | 市吏於是與子胥俱○見王 | 3/6/12 |
| ○懷文武 | 3/5/1 | 吾○子於千人之衆 | 4/11/1 | 每○與語 | 3/6/14 |
| ○可復也 | 3/5/2 | 王食魚○我 | 4/12/27 | ○見王僚 | 3/6/17 |
| 報○平王 | 3/5/5 | 困○二君 | 4/14/5 | ○窑室裏足 | 3/7/26 |
| 王不知○之神也 | 4/9/20 | 以○楚之君臣也 | 4/14/25 | 夫妻俱○冶爐中 | 4/9/9 |
| 誰使○用讒諛之口 | 4/14/24 | 今〔至〕於僇屍之○ | 4/15/4 | ○水求神決戰 | 4/10/19 |
| ○與吾俱亡 | 5/17/15 | 姦喜以○楚君臣 | 4/16/2 | ○其室 | 4/10/26 |
| 豺狼食○肉 | 5/22/8 | 鞭○腐屍恥難雪 | 4/16/6 | ○門不咳 | 4/11/1 |
| 野火燒○骨 | 5/22/8 | 大夫何索然若不○ | 5/18/21 | 謀欲○郢 | 4/12/18 |
| 飛揚○骸 | 5/22/8 | 軍敗身○ 5/19/5,5/20/8,5/20/12 | | 〔使男女與鶴〕俱○羨門 | 4/12/30 |
| ○常與子胥同心合志 | 5/22/22 | 今大夫○弔而身見之 | 5/19/6 | 今湛盧○楚也 | 4/13/5 |
| 禍將及○ | 5/23/29 | ○之以不從 | 5/25/8 | 故湛盧○楚 | 4/13/10 |
| 吾始爲○父忠臣立吳 | 5/24/1 | ○君臣 | 5/27/11 | 吾欲乘危○楚都而破其郢 | 4/13/22 |
| 今○不用吾言 | 5/24/1 | 何王之忍○厚恥也 | 5/27/17 | 不得○郢 | 4/13/22 |
| 越人掘○社稷 | 5/24/2 | 不知愧○而欲求生 | 5/27/21 | 始子言郢不可○ | 4/13/25 |
| 昔前王不欲立○ | 5/24/2 | 今遭○恥 | 7/30/14 | 而王○郢者 | 4/13/27 |
| 卒得○之願 | 5/24/3 | 任人者不○身 | 7/30/22 | 吳師遂○郢 | 4/14/13 |
| ○不忠信 | 5/24/4 | 驅○而聲榮 | 7/30/28 | ○于雲中 | 4/14/13 |
| 託○子於齊鮑氏 | 5/24/4 | 三守暴困之○ | 7/30/29 | 吳王○郢 | 4/14/23 |
| 孤不使○得有所見 | 5/24/5 | 彼興則我○ | 7/31/4 | 水不○口 | 4/15/15 |
| ○一死之後 | 5/24/7 | 安守被○之地 | 7/31/21 | 我○則（波）〔決〕矣 | 4/16/20 |
| 日月炙○肉 | 5/24/8 | 污○王之軍士 | 7/32/11 | 闔閭出○游臥 | 4/16/25 |
| 飄風飄○眼 | 5/24/8 | 孤獲○連年 | 8/35/11 | ○臣於吳 | 5/18/14 |
| 炎光燒○骨 | 5/24/8 | 受○被恥 | 8/35/15 | 夢○章明宮 | 5/21/2 |
| 魚鱉食○肉 | 5/24/8 | ○流諸侯 | 8/37/2 | ○門見鑊蒸而不炊者 | 5/21/22 |
| ○骨變形灰 | 5/24/9 | 侵○於吳 | 9/37/28 | 越軍○吳國 | 5/22/1 |
| ○嘗與子胥論寡人之短 | 5/24/10 | 寡人獲○受恥 | 9/38/1 | ○五湖之中 | 5/25/2 |
| 吾將殘○社稷、夷○宗廟 | 5/26/19 | 孤聞主憂臣○ | 9/38/3 | 遂○吳國 | 5/25/5 |
| 以觀○之破吳也 | 10/47/8 | 主○臣死 9/38/4,10/48/14 | | 莫○王府 | 5/25/16 |
| 定○入我之國 | 10/47/9 | 寡人被○懷憂 | 9/38/24 | 大則越人○〔吳〕 | 5/25/22 |
| 故爲風雨以還○軍 | 10/47/9 | 昔夫差○吾君王於諸侯 | 10/43/24 | ○謁定公曰 | 5/26/2 |
| 我當爲○開道貫城 | 10/47/10 | 昔者我○也 | 10/44/1 | 過門不○ | 6/28/13 |
| 以通○路 | 10/47/10 | 內中○者 | 10/45/27 | 青泉、赤淵分○洞穴 | 6/29/4 |

| | | | | | |
|---|---|---|---|---|---|
| 駮魚○淵 | 6/29/10 | 汭 ruì | 1 | 王○殺囂 | 5/24/16 |
| 與大夫種、范蠡○臣於吳 | 7/30/8 | | | 望之○荼 | 5/25/11 |
| 窮於○吳 | 7/31/6 | 舍兵於淮○ | 4/14/6 | 望之○火 | 5/25/12 |
| 寡人將去○吳 | 7/31/7 | | | 伯父○能輔余一人 | 5/26/11 |
| 昔湯○夏 | 7/31/16 | 瑞 ruì | 4 | ○存○亡 | 5/27/7 |
| ○不被尤 | 7/31/24 | | | 狀○驚鳥揚天 | 6/29/10 |
| 孤雖○於北國 | 7/31/31 | 昌有聖○ | 1/1/19 | ○兒思母 | 6/29/15 |
| 於是○吳 | 7/32/10 | 衆○並去 | 6/29/21 | ○斯豈可忘乎 | 6/29/17 |
| ○吾桎梏 | 7/32/16 | 安集鳥田之○ | 6/30/1 | 今寡人守窮○斯 | 7/30/23 |
| 吳王召越王○見 | 7/32/19 | 降○翼翼 | 7/34/5 | ○魂魄有〔知〕 | 7/30/25 |
| 願得○備掃除 | 7/32/24 | | | ○覆手背 | 7/31/2 |
| 吳王起○宮中 | 7/32/26 | 銳 ruì | 4 | ○孤之聞死 | 7/32/2 |
| 越王、范蠡趨○石室 | 7/32/27 | | | 心惙惙兮○割 | 7/32/5 |
| 今越王已○石室 | 7/33/14 | 秉威○志 | 4/12/24 | 目○熛火 | 7/32/14 |
| 太宰嚭即○言於吳王 | 7/33/23 | 騎士、○兵弊乎齊 | 5/19/11 | 天○棄吳 | 9/40/21 |
| 因○曰 | 7/33/25 | 〔孤〕請躬被堅執○ | 5/20/15 | 今大王譬○浴嬰兒 | 9/41/16 |
| 伍子胥○諫曰 | 7/34/7 | 而簡○之 | 10/43/21 | 杳之○日 | 9/42/6 |
| 今越王○臣於吳 | 7/34/22 | | | 光○彿彷 | 9/42/6 |
| ○不敢侈 | 8/36/7 | 潤 rùn | 1 | 身○戴板 | 9/42/28 |
| 出○嘗之 | 8/36/9 | | | 頭○激卵 | 9/42/28 |
| 乃使國中男女○山采葛 | 8/36/11 | 險阻○濕 | 4/8/16 | 左手○附枝 | 9/42/28 |
| 越王遂師（○）〔八〕 | | | | 右手○抱兒 | 9/42/28 |
| 　臣與其四友 | 8/36/24 | 若 ruò | 54 | 四方之民歸之○水 | 10/43/15 |
| ○山伐木 | 9/39/8 | | | 王○起（斯）〔師〕 | 10/44/7 |
| 除陳○新 | 9/40/1 | 意○爲人所感 | 1/1/4,6/28/4 | 巨○車輪 | 10/47/5 |
| 願王請糴以○其意 | 9/40/21 | ○聞臣召 | 3/4/18 | 目○耀電 | 10/47/5 |
| 以○吾國 | 9/41/2 | 兄○誤往 | 3/4/29 | ○徹天之中 | 10/47/14 |
| 丁亥○吳 | 10/44/21 | ○不爾者 | 3/5/6 | 子○不去 | 10/48/11 |
| 乃○命於夫人 | 10/45/25 | 其○斯耶 | 4/9/10 | 臣所以在朝而晏罷○身 | |
| 外政無○ | 10/45/26,10/46/3 | 今○斯議 | 4/10/12 | 　疾作者 | 10/49/1 |
| ○於江陽、松陵 | 10/47/4 | 臣聞要離○斯 | 4/11/4 | 何其志忽忽○斯 | 10/49/13 |
| 欲○胥門 | 10/47/4 | ○耶之溪深而莫測 | 4/13/12 | 往○飄然 | 10/50/2 |
| 吾知越之必○吳矣 | 10/47/8 | ○今有難而棄之 | 4/14/21 | | |
| 定汝○我之國 | 10/47/9 | 寡人無臣○斯者 | 4/15/10 | 弱 ruò | 9 |
| 越如欲○ | 10/47/10 | ○楚遂亡 | 4/15/12 | | |
| ○海陽於三道之翟水 | 10/47/11 | 徙于蔦○ | 4/17/1 | 吾力○無助於掌事之間 | 3/6/29 |
| 使令○謂吳王曰 | 10/47/19 | 君不○伐吳 | 5/17/25 | 子○ | 3/7/21 |
| 乃從○越 | 10/48/8 | （吾）〔○〕去〔而〕 | | 彊而○ | 5/20/5 |
| ○五湖 | 10/48/23 | 　之吳 | 5/18/9 | 誅彊救○ | 5/20/13 |
| 後○天一 | 10/48/26 | 大夫何索然○不辱 | 5/18/21 | 周室卑（○）約 | 5/25/16 |
| 吾將復○ | 10/49/15 | ○將遂大義 | 5/20/14 | 決○水於北漢 | 6/29/3 |
| 或○三峰之下 | 10/49/23 | 有人○以此首事 | 5/22/19 | 孤力○勢劣 | 7/31/11 |
| 人莫能○ | 10/50/4 | 今前王譬○農夫之艾殺 | | ○於羅兮輕霏霏 | 8/36/20 |
| | | 　四方蓬蒿 | 5/23/5 | 老○在後 | 10/44/19 |
| 褥 rù | 1 | ○子於吳則何力焉 | 5/23/8 | | |
| | | 王○覺寤 | 5/23/11 | | |
| 機杖茵○諸侯儀 | 8/36/21 | ○不覺寤 | 5/23/11 | | |

| | | | | | |
|---|---|---|---|---|---|
| **灑 sǎ** | **1** | ○鼓爲戰形 | 4/12/5 | 行酒○觴 | 7/30/11 |
| | | ○令五申 | 4/12/5,4/12/8 | 願二○子論其意 | 7/30/15 |
| 妻給水、除糞、○掃 | 7/32/28 | 今無辜殺○賢士 | 4/12/22 | ○王 | 7/30/20 |
| | | 臣聞吳王得越所獻寶劍 | | ○守暴困之辱 | 7/30/29 |
| **三 sān** | **164** | 　○枚 | 4/13/3 | 不離○嶽之困 | 7/30/29 |
| | | ○曰湛盧 | 4/13/4 | 以付二○子 | 7/31/12 |
| ○年餘 | 1/1/10 | 有市之鄉○十、駿馬千 | | 禍及○世 | 7/32/17 |
| 居○月 | 1/1/17 | 　匹、萬戶之都二 | 4/13/11 | ○年不慍怒 | 7/32/28 |
| 古公○子 | 1/1/18 | 子常○年留之不使歸國 | 4/13/30 | ○月不愈 | 7/33/18 |
| 周○里二百步 | 1/1/25 | 亦○年止之 | 4/13/31 | 至○月壬申病愈 | 7/33/26 |
| 外郭○百餘里 | 1/1/26 | ○年自囚 | 4/14/2 | 寡人有疾○月 | 7/34/12 |
| 而○讓不受 | 1/1/27 | ○國合謀伐楚 | 4/14/5 | ○者既立 | 7/34/15 |
| 太伯○以天下讓 | 1/1/27 | ○不利 | 4/14/7 | 今年○月甲（戌）〔戌〕 | 7/34/18 |
| 因爲詠歌○代之風 | 2/2/12 | 今子常無故與王共殺忠 | | 至○津之上 | 7/34/29 |
| 又復○朝悲吟而命我曰 | 2/3/2 | 　臣○人 | 4/14/7 | 今○月甲辰 | 7/34/30 |
| 十○年 | 2/3/16 | 鞭之○百 | 4/14/23 | 一圓○方 | 8/35/19 |
| 　　3/7/17,5/17/19,9/40/20 | | ○戰破郢王奔發 | 4/16/5 | ○王居其正地 | 8/35/25 |
| 王即位○年 | 3/3/28 | 守居○十不嫁 | 4/16/10 | 惟○聖紀綱維持 | 8/36/2 |
| ○年不飛亦不鳴 | 3/3/30 | 吳王聞○師將至 | 4/16/13 | 是○宜 | 8/36/5 |
| 伍氏○世爲楚忠臣 | 3/4/7 | 臣聞君○封而○不成者 | 5/18/2 | ○國決權 | 8/37/8 |
| ○月　3/4/16,7/32/19,9/43/4 | | ○年使歸 | 5/18/14 | ○曰貴糴粟藁以虛其國 | 9/39/1 |
| 相去不遠○百餘里 | 3/4/22 | ○者 | 5/19/4 | 越王乃使木工○千餘人 | 9/39/7 |
| 父繫○年 | 3/4/23 | 既已○年矣 | 5/19/16 | ○年聚材 | 9/39/15 |
| 父囚○年 | 3/4/25 | 思之○年 | 5/19/18 | ○生也 | 9/39/26 |
| 去○百里 | 3/5/4 | 請悉四方之內士卒○千 | | 留息○年 | 9/40/2 |
| ○十未嫁 | 3/6/3 | 　人以從下吏 | 5/20/15 | ○年五倍 | 9/40/5 |
| 姜獨與母居○十年 | 3/6/6 | 請出士卒○千 | 5/20/16 | ○年學服而獻於吳 | 9/40/10 |
| 王僚與語○日 | 3/6/13 | 出○江之口 | 5/25/2 | 第○術也 | 9/40/18 |
| ○月得其味 | 3/7/5 | 帶甲○萬六千 | 5/25/13 | 則周何爲○家之表 | 9/41/13 |
| 王僚乃被棠銕之甲○重 | 3/7/24 | ○軍譁吟 | 5/25/14 | 琴氏傳之楚○侯 | 9/42/18 |
| 陵門○ | 4/8/22 | 濟○江 | 5/26/5 | 自楚之○侯傳至靈王 | 9/42/19 |
| 越前來獻○枚 | 4/9/4 | 二十○年 | 5/26/21 | 往宦士○百人於吳 | 10/43/14 |
| ○月不成 | 4/9/7 | ○日○夕 | 5/26/22 | 將率二○子夫婦以爲藩 | |
| 使童女童男○百人鼓橐 | | ○反呼 | 5/27/3 | 　輔 | 10/43/16 |
| 　裝炭 | 4/9/11 | ○呼○應 | 5/27/3 | 生子○人 | 10/43/19 |
| 子有當死之過者○ | 4/10/27 | ○圍吳 | 5/27/4 | ○年釋吾政 | 10/43/19 |
| ○死也 | 4/10/28,9/39/24 | 大過○也 | 5/27/11 | ○月釋吾政 | 10/43/20 |
| 子有○死之過 | 4/10/29 | 願復重羅繡○幅 | 5/27/25 | 民家有○年之畜 | 10/43/23 |
| 吾無○死之過 | 4/10/29 | ○月庚子　6/28/18,6/28/19 | | 非二○子之罪也 | 10/44/1 |
| 子有○不肖之愧 | 4/10/29 | 禹○十未娶 | 6/28/22 | 國人請戰者○年矣 | 10/44/9 |
| ○不肖也 | 4/11/2 | 禹服○年之喪 | 6/29/7 | 今夫差衣水犀〔之〕甲 | |
| 子有○不肖而威於我 | 4/11/2 | 禹服○年 | 6/29/8 | 　者十有○萬人 | 10/44/14 |
| 後○月　4/11/16,7/33/1 | | 禹○年服畢 | 6/29/11 | 則不得與○軍同饑寒之 | |
| ○捽其頭於水中 | 4/11/18 | ○載考功 | 6/29/11 | 　節 | 10/45/10 |
| 夫人有○惡以立於世 | 4/11/22 | 墳高○尺 | 6/29/20 | ○者前見 | 10/45/21 |
| ○年 | 4/11/26 | 土階○等葬之 | 6/29/20 | ○月不掃 | 10/46/1 |
| 令○百人皆被甲兜鍪 | 4/12/3 | 益服○年 | 6/29/23 | 即斬有罪者○人 | 10/46/6 |

| | |
|---|---|
| 斬有罪者○人 | 10/46/7 |
| | 10/46/13，10/46/14 |
| 以謝於二○子 | 10/46/8 |
| ○軍一飛降兮 | 10/46/10 |
| 後○日 | 10/46/13 |
| 如是○戰○北 | 10/47/3 |
| 入海陽於○道之瞿水 | 10/47/11 |
| 給君夫婦○百餘人 | 10/47/20 |
| （○）〔二〕十四年 | 10/48/14 |
| 出○江 | 10/48/23 |
| 陽晝○ | 10/48/25 |
| 時魯哀公患○桓 | 10/49/2 |
| ○桓亦患哀公之怒 | 10/49/2 |
| ○桓攻哀公 | 10/49/3 |
| 故不爲哀公伐○桓也 | 10/49/4 |
| 今用○ | 10/49/18 |
| 樓船之卒○千餘人 | 10/49/22 |
| 或入○峰之下 | 10/49/23 |
| 戈船○百艘 | 10/49/25 |
| 出死士（以）○百人爲 | |
| 　陣闕下 | 10/49/27 |
| 丘能述五帝○王之道 | 10/49/28 |
| ○穿（元）〔允〕常之墓 | 10/50/4 |
| 魯哀公以○桓之逼來奔 | 10/50/12 |
| 越王欲爲伐○桓 | 10/50/13 |

## 散 sàn　　6

| | |
|---|---|
| 民人離○ | 5/17/6 |
| 息民○兵 | 5/26/12 |
| 軍○ | 5/26/14 |
| 士卒分○ | 5/26/21 |
| 士○而衆解 | 8/37/15 |
| 高鳥已○ | 10/48/10 |

## 桑 sāng　　3

| | |
|---|---|
| 爲兒時好種樹、禾黍、 | |
| 　○麻、五穀 | 1/1/7 |
| 爭界上之○ | 3/7/11 |
| 一女不○ | 6/29/1 |

## 顙 sǎng　　2

| | |
|---|---|
| 碓○而深目 | 3/6/23 |
| 范蠡、文種乃稽○肉袒 | 10/47/7 |

## 喪 sàng　　12

| | |
|---|---|
| 赴○畢 | 1/1/22 |
| 已除○ | 2/3/1 |
| 會於友人之○ | 4/10/20 |
| 於友人之○席而輕傲於 | |
| 　士大夫 | 4/10/20 |
| 不即○命於敵 | 4/10/23 |
| 我辱壯士椒丘訴於大家 | |
| 　之○ | 4/10/25 |
| 以觀吳國之○ | 5/23/12 |
| 禹服三年之○ | 6/29/7 |
| 如○考妣 | 6/29/7 |
| ○畢 | 6/29/23 |
| 是天之棄越而○孤也 | 10/48/20 |
| 取（元）〔允〕常之○ | 10/50/3 |

## 艘 sāo　　1

| | |
|---|---|
| 戈船三百○ | 10/49/25 |

## 掃 sǎo　　3

| | |
|---|---|
| 願得入備○除 | 7/32/24 |
| 妻給水、除糞、灑○ | 7/32/28 |
| 三月不○ | 10/46/1 |

## 色 sè　　30

| | |
|---|---|
| 行人無饑乏之○ | 1/1/10 |
| 吾望其○也 | 2/3/1 |
| 淫於聲○ | 3/3/28 |
| 有其饑○ | 3/5/23 |
| 吾見子有饑○ | 3/5/26 |
| 而有切切之○ | 3/6/14 |
| 常有愧恨之○ | 3/7/24 |
| 周人無怨○ | 4/10/12 |
| 猶傲○於我哉 | 4/10/24 |
| 成恒忿然作○ | 5/18/1 |
| 目不視美○ | 5/19/16 |
| 臣觀吳王之○ | 5/25/21 |
| 顏○不變 | 6/28/29 |
| 日月含○ | 7/31/30 |
| 面無恨○ | 7/32/28 |
| 觀其顏○ | 7/33/22 |
| 不見恨○ | 7/34/22 |
| 不形顏○ | 9/38/1 |

| | |
|---|---|
| 面有愧○ | 9/38/9 |
| 示之以○ | 9/38/16 |
| 五○以設 | 9/38/17 |
| 孤聞吳王淫而好○ | 9/40/7 |
| 夫吳王淫而好○ | 9/40/8 |
| 臣聞五○令人目盲 | 9/40/13 |
| 其後有激人之○ | 9/41/5 |
| 越王面無喜○ | 10/48/6 |
| 故面有憂○而不悅也 | 10/48/7 |
| 越王愀然變○ | 10/48/23 |
| ○變於外 | 10/48/30 |
| 臣誠數以損聲○ | 10/49/8 |

## 塞 sè　　6

| | |
|---|---|
| 九州關○ | 6/28/5 |
| 九德四○ | 7/34/5 |
| 不敢甕○ | 8/35/21 |
| 以○吾之宿讎 | 10/44/2 |
| 不可掩○ | 10/48/3 |
| 群邪杜○ | 10/48/5 |

## 瑟 sè　　1

| | |
|---|---|
| 宮女悅樂琴○和也 | 5/21/7 |

## 沙 shā　　1

| | |
|---|---|
| 寫流○於西隅 | 6/29/3 |

## 砂 shā　　3

| | |
|---|---|
| 飛石揚○ | 10/47/6 |
| 〔墓〕中生燻風飛○ | |
| 　（○）石以射人 | 10/50/4 |

## 殺 shā　　83

| | |
|---|---|
| 光欲謀○王僚 | 3/3/25 |
| 而使城父司馬奮揚往○ | |
| 　太子 | 3/4/15 |
| 勢不敢○ | 3/4/29 |
| ○吾父兄 | 3/5/7 |
| 楚王○吾父兄 | 3/5/9 |
| 大夫華氏謀○元公 | 3/5/14 |
| 鄭定公與子產誅○太子建 | 3/5/17 |
| 吾聞楚○忠臣伍奢 | 3/6/11 |

| | |
|---|---|
| 寡人聞崑崙之○乃地之柱 | 8/35/24 |
| 立增樓冠其○巓 | 8/35/29 |
| 齋臺在於（襟）〔稷〕○ | 8/35/30 |
| 乃使國中男女入○采葛 | 8/36/11 |
| 祭陵○於會稽 | 9/39/5 |
| 王選名○神材 | 9/39/7 |
| 入○伐木 | 9/39/8 |
| 得苧蘿○鬻薪之女曰西 | |
| 　施、鄭旦 | 9/40/9 |
| 生於楚之荆○ | 9/42/15 |
| 號其葬所曰「陳音○」 | 9/43/5 |
| 遂棲吳王於姑胥之○ | 10/47/12 |
| 越王葬種於國之西○ | 10/49/22 |
| 伍子胥從海上穿○脅而 | |
| 　持種去 | 10/49/23 |
| 水行〔而〕○處 | 10/50/1 |
| 越王使人如木客○ | 10/50/3 |

## 訕 shàn　　　　　　1

| | |
|---|---|
| 卿士○謗 | 3/4/6 |

## 善 shàn　　　　　42

| | |
|---|---|
| 乃命○相者爲吳市吏 | 3/3/25 |
| 吳市吏○相者見之 | 3/6/9 |
| ○ | 4/8/19 |
| 　4/9/26,5/18/8,5/18/14 | |
| 　8/36/11,9/39/5,9/40/5 | |
| 　9/40/9,9/43/2,10/44/11 | |
| 子以○爲劍聞於王 | 4/9/6 |
| 能爲○鉤者 | 4/9/16 |
| ○爲兵法 | 4/11/30 |
| 王不知口之稱○ | 4/12/1 |
| 寡人知子○用兵 | 4/12/13 |
| 有美裘二枚、○珮二枚 | 4/13/29 |
| ○爲詭詐以事其君 | 5/20/5 |
| 罪及○人 | 6/28/31 |
| 臣聞大夫種忠而○慮 | 7/31/8 |
| 臣聞○爲國者 | 8/36/29 |
| ○哉　9/39/6,9/39/16,9/40/3 | |
| 　9/40/18,10/45/8,10/47/26 | |
| 勇以○謀 | 9/41/1 |
| 國人稱○ | 9/41/27 |
| 吾聞子○劍 | 9/41/28 |
| 於是范蠡復進○射者陳音 | 9/42/8 |
| 孤聞子○射 | 9/42/9 |

| | |
|---|---|
| ○則○矣 | 10/45/2 |
| 　10/45/4,10/45/6 | |
| 稱其○ | 10/45/4 |
| 吾不食○言 | 10/49/20 |
| 從無余越國始封至餘○ | |
| 　返越國空滅 | 10/50/28 |

## 擅 shàn　　　　　2

| | |
|---|---|
| 專功○殺之性 | 4/10/6 |
| 乃欲專權○威 | 5/23/25 |

## 組 shàn　　　　　1

| | |
|---|---|
| 旦食○山 | 4/16/26 |

## 禪 shàn　　　　　3

| | |
|---|---|
| 堯○位於舜 | 6/29/7 |
| ○位命禹 | 6/29/8 |
| 自禹受○至少康即位 | 10/50/20 |

## 商 shāng　　　　　5

| | |
|---|---|
| 闕爲闔溝於（商）〔○〕 | |
| 　魯之間 | 5/24/18 |
| 出於（商）〔○〕、魯 | |
| 　之間 | 5/26/10 |
| 讓位（商）〔○〕均 | 6/29/9 |
| 萬民不附（商）〔○〕均 | 6/29/9 |
| 斯湯武克夏（商）〔○〕 | |
| 　而成王業者 | 10/48/18 |

## 傷 shāng　　　　22

| | |
|---|---|
| 支○日下 | 3/4/27 |
| 閭閻○之 | 4/10/2,4/16/18 |
| 內○忠臣之心 | 4/12/23 |
| 又○昭王困迫 | 4/16/2 |
| 自○虛死 | 4/16/12 |
| 今內量吾國不足以○吳 | 5/19/18 |
| 是殘國○君之佞臣也 | 5/20/6 |
| 誠○吳王 | 5/21/15 |
| 不發則○ | 5/22/14 |
| 其可○也 | 5/22/16 |
| 不意頗○齊師 | 5/23/2 |
| 禹○父功不成 | 6/28/12 |

| | |
|---|---|
| 不○其枝 | 6/29/16 |
| 莫不感○ | 7/30/11 |
| 故湯王不以窮自○ | 7/30/18 |
| 何必自○哉 | 7/31/4 |
| 寡人○之 | 7/32/30 |
| 萬物盡○者乎 | 7/33/9 |
| 采葛之婦○越王用心之苦 | 8/36/19 |
| 越王○之 | 9/43/4 |
| 乃葬死問○ | 10/43/13 |

## 觴 shāng　　　　7

| | |
|---|---|
| 因舉行○ | 5/22/9 |
| 行酒三○ | 7/30/11 |
| ○酒既升　7/30/13,7/34/6 | |
| 奉○上千歲之壽 | 7/34/4 |
| ○酒二升 | 10/48/4,10/48/5 |

## 賞 shǎng　　　　17

| | |
|---|---|
| 無以○賜 | 3/4/25 |
| ○之百金 | 4/9/16 |
| 而有之貪王之重也 | 4/9/16 |
| 詣宮門而求○ | 4/9/17 |
| 而子獨求○ | 4/9/18 |
| 乃○百金 | 4/9/21 |
| 願○竊馬之功 | 4/14/2 |
| 吾將爵之上○ | 5/23/20 |
| 有功蒙○ | 5/23/22 |
| 功無微而不○ | 6/29/14 |
| 夫官位、財幣、金○者 | 9/38/7 |
| 即以粟○賜群臣 | 9/41/20 |
| 吾欲士卒進則思○ | 10/44/15 |
| 審○則可戰也 | 10/45/14 |
| 審其○ | 10/45/14 |
| 承命有○ | 10/45/23 |
| ○無所恡 | 10/48/5 |

## 上 shàng　　　　94

| | |
|---|---|
| 履○帝之跡 | 1/1/5 |
| 復置於澤中冰○ | 1/1/6 |
| 終老地○ | 3/5/1 |
| ○所以索我者 | 3/5/18 |
| 江中有漁父乘船從下方 | |
| 　泝水而○ | 3/5/19 |
| 適會女子擊綿於瀨水之○ | 3/6/2 |

| | | | | | |
|---|---|---|---|---|---|
| 必伸萬人之○ | 3/6/23 | 越王謹○刻青天 | 5/27/13 | **尚 shàng** | 24 |
| 爭界○之桑 | 3/7/11 | 立宗廟於南山之○ | 6/29/25 | | |
| 是其○者 | 4/8/17 | 不失○天之命 | 6/30/2 | 仰高履○ | 2/3/19 |
| 故小城南門○反羽爲兩鯢鰌 | 4/9/1 | 群臣皆送至浙江之○ | 7/30/8 | 兄○ | 3/3/27 |
| 故南大門○有木蛇 | 4/9/1 | 感動○皇 | 7/30/10 | 長曰○ | 3/4/18 |
| 雖○國之師 | 4/9/14 | ○與等之 | 7/31/24 | ○爲人慈溫仁信 | 3/4/18 |
| 子不聞河○歌乎 | 4/10/3 | 遂別於浙江之○ | 7/32/1 | 往許召子○、子胥 | 3/4/21 |
| 東海○人也 | 4/10/16 | ○愧皇天 | 7/32/11 | ○賜鴻都侯 | 3/4/22 |
| 離乃加吾之○ | 4/11/4 | 夫飛鳥在青雲之○ | 7/32/14 | ○曰　　3/4/23,3/4/28,3/4/30 | |
| 坐與○風 | 4/11/17 | ○下有憂 | 7/33/9 | ○乃入報子胥曰 | 3/4/25 |
| 乃加於膝○ | 4/11/18 | 到舍○ | 7/34/1 | ○且安坐 | 3/4/27 |
| 髮○衝冠 | 4/12/6 | 奉觴○千歲之壽 | 7/34/4 | ○且無往 | 3/4/29 |
| 群臣○天 | 4/13/12 | 皇在○ | 7/34/4 | ○從是往 | 3/4/31 |
| 周之子孫在漢水○者 | 4/14/18 | ○感太陽 | 7/34/5 | ○泣曰 | 3/4/31 |
| ○天蒼蒼 | 4/15/2 | 猶縱毛爐炭之○幸其焦 | 7/34/9 | ○且行矣 | 3/5/2 |
| 　　5/27/7,7/34/27,10/48/3 | | 是其食王之心也 | 7/34/23 | 楚得子○ | 3/5/3 |
| 以食○國 | 4/15/8 | 是其食王之肝也 | 7/34/23 | ○至楚就父 | 3/5/9 |
| 子胥等過溧陽瀨水之○ | 4/16/8 | 至三津之○ | 7/34/29 | 天○未明 | 5/25/13 |
| 令女往遊其○ | 4/16/17 | 孤蒙○天之命 | 7/34/30 | 今子○有遺榮 | 5/27/18 |
| 是君○驕〔主心〕 | 5/18/4 | 至浙江之○ | 7/35/1 | 然○有泛濫之憂 | 7/30/29 |
| 且夫○驕則犯 | 5/18/4 | 復以會稽之○ | 8/35/15 | ○欲纖微矢以射之 | 7/32/15 |
| 此君○於（王）〔主〕 | | ○承皇天 | 8/35/24 | 忠臣○在 | 9/41/24 |
| 　　有遽 | 5/18/5 | 起游臺其○ | 8/35/28 | ○何望哉 | 10/49/12 |
| 是君○無彊敵之臣 | 5/18/7 | 孤欲以今日○明堂、臨 | | 其六○在子所 | 10/49/18 |
| ○樓會稽 | 5/19/5 | 　　國政 | 8/36/1 | | |
| 勢在○位而不能施其政 | | 諸侯之○尊 | 8/37/12 | **稍 shāo** | 2 |
| 　　令於下者 | 5/19/9 | ○愧周王 | 9/38/2 | | |
| ○事群臣 | 5/19/16 | 以下者○ | 9/40/4 | ○道其蹶 | 3/6/14 |
| 抵罪○國 | 5/20/12 | 竹枝○頡橋（未）〔末〕 | | 自後○有君臣之義 | 6/30/1 |
| 命屬○天 | 5/21/15 | 　　墮地 | 9/41/29 | | |
| ○以諫王 | 5/21/16 | 袁公則飛○樹 | 9/42/1 | **燒 shāo** | 3 |
| 齊與吳戰於艾陵之○ | 5/22/24 | 乃坐露壇之○ | 10/46/5 | | |
| 賴○帝哀存 | 5/23/3 | 令國人各送其子弟於郊 | | 野火○汝骨 | 5/22/8 |
| 吾前王履德明〔聖〕達 | | 　　境之○ | 10/46/9 | 炎光○汝骨 | 5/24/8 |
| 　　於○帝 | 5/23/4 | 復徙軍於境○ | 10/46/13 | ○姑胥臺 | 5/25/5 |
| 坐於殿○ | 5/23/12 | 銜枚遡江而○五里 | 10/46/29 | | |
| 吳王復坐殿○ | 5/23/15 | 以淮○地與楚 | 10/47/23 | **少 shào** | 29 |
| 吳王置酒文臺之○ | 5/23/18 | 越兵橫行於江淮之○ | 10/47/24 | | |
| 吾將爵之○賞 | 5/23/20 | 實《金匱》之要在於○ | | 年○未孕 | 1/1/3 |
| ○配夏殷之世 | 5/24/6 | 　　下 | 10/47/26 | ○曰季歷 | 1/1/18 |
| 置高樓○ | 5/24/8 | 天變於○ | 10/47/27 | 廢長立○ | 2/2/27 |
| 在○位者 | 5/24/14 | 臺○群臣大悅而笑 | 10/48/6 | 欲廢長立○ | 2/3/2 |
| 欲與魯晉合攻於黃池之○ | 5/24/19 | ○天所殃 | 10/48/27 | 費無忌爲○傅 | 3/4/8 |
| 吳敗齊師於艾陵之○ | 5/25/5 | ○賊於下 | 10/49/16 | ○曰胥 | 3/4/18 |
| ○帝鬼神而不可以告 | 5/25/17 | ○賊下止 | 10/49/17 | 胥爲人○好於文 | 3/4/18 |
| 今○天報越之功 | 5/27/8 | 伍子胥從海○穿山脅而 | | 夫人賑窮途○飯 | 3/6/3 |
| ○合星宿 | 5/27/12 | 　　持種去 | 10/49/23 | 貪而○恩 | 4/14/9 |

| | |
|---|---|
| 女〇思齊 | 4/16/16 |
| 願王〇厚焉 | 5/17/16 |
| 孤〇失前人 | 5/19/4 |
| 〇失前人 | 5/20/8,5/20/11 |
| 〇聞於左右 | 5/20/11 |
| 聖爲人〇而好游 | 5/21/10 |
| 禹以下六世而得帝〇康 | 6/29/25 |
| 〇康恐禹祭之絶祀 | 6/29/26 |
| 計硯年〇官卑 | 9/38/5 |
| 作者〇 | 9/39/25 |
| 何子之年〇於物之長也 | 9/40/3 |
| 不拘長〇 | 9/40/3 |
| 而患其志行之〇恥也 | 10/44/13 |
| 不患其志行之〇恥也 | 10/44/14 |
| 〇王祿乎 | 10/49/11 |
| 自黃帝至〇康 | 10/50/20 |
| 自禹受禪至〇康即位 | 10/50/20 |
| 〇康去顓頊即位 | 10/50/21 |
| 〇康 | 10/50/23 |

**奢 shē**　19

| | |
|---|---|
| 員父〇 | 3/3/27 |
| 平王以伍〇爲太子太傅 | 3/4/8 |
| 平王乃召伍〇而按問之 | 3/4/13 |
| 〇知無忌之讒 | 3/4/13 |
| 因囚伍〇 | 3/4/15 |
| 伍〇有二子 | 3/4/16 |
| 王使使謂〇曰 | 3/4/17 |
| 伍〇曰 | 3/4/18 |
| 平王謂伍〇之譽二子 | 3/4/20 |
| 父〇以忠信慈仁 | 3/4/21 |
| 反遇〇爲國相 | 3/4/22 |
| 〇久囚繫 | 3/4/23 |
| 伍〇初聞子胥之亡 | 3/5/8 |
| 吾聞楚殺忠臣伍〇 | 3/6/11 |
| 咸言費無忌讒殺伍〇、白州犁 | 4/12/19 |
| 太傅伍〇、左尹白州犁 | 4/12/20 |
| 殺伍〇、白州犁 | 4/16/1 |
| 出不敢〇 | 8/36/7 |
| 今吳君驕臣〇 | 8/37/21 |

**舌 shé**　1

| | |
|---|---|
| 焦脣乾〇 | 5/19/16 |

| | |
|---|---|
| **蛇 shé**　9 | |
| 立〇門者 | 4/8/23 |
| 故立〇門以制敵國 | 4/8/24 |
| 其位〇也 | 4/9/1 |
| 故南大門上有木〇 | 4/9/1 |
| 封豕長〇 | 4/15/8 |
| 功曹爲騰〇而臨戊 | 7/33/8 |
| 送於〇門之外 | 7/34/25 |
| 狀類龍〇 | 9/39/10 |
| 蝮〇不悆其意 | 9/41/9 |

**捨 shě**　1

| | |
|---|---|
| 因〇 | 3/3/24 |

**舍 shè**　11

| | |
|---|---|
| 吳人〇之 | 2/3/9 |
| 關吏因〇之 | 3/5/18 |
| 乃具酒於鄢宛之〇 | 4/9/26 |
| 要離席闚至〇 | 4/10/24 |
| 將軍罷兵就〇 | 4/12/14 |
| 〇兵於淮汭 | 4/14/6 |
| 身御至〇〔而〕問曰 | 5/18/20 |
| 〇讒攻忠 | 5/23/24 |
| 龍曳尾〇舟而去 | 6/28/30 |
| 到〇上 | 7/34/1 |
| 退臥於〇 | 8/36/16 |

**社 shè**　18

| | |
|---|---|
| 乃宗廟〇稷之制 | 2/3/4 |
| 此〇稷之言也 | 3/7/2 |
| 〇稷以奉 | 3/8/2 |
| 幾危宗廟〇稷滅 | 4/16/6 |
| 掘〇稷也 | 5/22/2 |
| 〇稷不食 | 5/23/24 |
| 越人掘汝〇稷 | 5/24/2 |
| 吾將殘汝〇稷、夷汝宗廟 | 5/26/19 |
| 毀〇稷 | 5/27/11 |
| 不能遵守〇稷 | 7/31/11 |
| 以保〇稷 | 7/32/1 |
| 〇稷（壞）〔壞〕崩 | 7/32/21 |
| 一旦〇稷坵墟 | 7/34/24 |
| 懷其〇稷 | 9/41/3 |
| 復其〇稷 | 9/41/4 |

| | |
|---|---|
| 殘我〇稷 | 10/44/26 |
| 夷我〇稷 | 10/45/12 |
| 失滅宗廟〇稷者 | 10/47/21 |

**涉 shè**　9

| | |
|---|---|
| 而誰能〇淮踰泗、越千里而戰者乎 | 4/12/16 |
| 王〇濰濟江 | 4/14/13 |
| 〇患犯難則使勇 | 5/19/8 |
| 履腹〇屍 | 7/31/27 |
| 幸來〇我壤土 | 7/32/16 |
| 謂當遂〇吾地 | 10/44/4 |
| 使左軍〔右軍〕〇江鳴鼓 | 10/46/30 |
| 〇天梁 | 10/48/26 |
| 跨江〇淮 | 10/50/17 |

**射 shè**　24

| | |
|---|---|
| 教吳〇御 | 2/2/15 |
| 將爲〇者所圖 | 3/3/31 |
| 闔閭復使子胥、屈蓋餘、燭傭習術戰騎〇御之巧 | 4/9/2 |
| 〇之 | 4/11/9 |
| 立〇臺於安里 | 4/16/25 |
| 〇於鷗陂 | 4/16/26 |
| 吳王書其矢而〇種、蠡之軍 | 5/27/5 |
| 大夫種書矢〇之 | 5/27/7 |
| 尙欲繳微矢以〇之 | 7/32/15 |
| 於是范蠡復進善〇者陳音 | 9/42/8 |
| 孤聞子善〇 | 9/42/9 |
| 嘗步於〇術 | 9/42/10 |
| 所〇無脫 | 9/42/15 |
| 〇道分流 | 9/42/19 |
| 願聞正〇之道 | 9/42/26 |
| 臣聞正〇之道 | 9/42/26 |
| 〇弩未發而前名其所中 | 9/42/27 |
| 夫〇之道 | 9/42/27,9/42/30 |
| 此正〇持弩之道也 | 9/42/30 |
| 乃使陳音教士習〇於北郊之外 | 9/43/3 |
| 〇於十里 | 10/47/5 |
| （〇）〔躬〕求賢士 | 10/49/26 |
| 〔墓〕中生燻風飛砂 | |

| | | | | | |
|---|---|---|---|---|---|
| （砂）石以〇人 | 10/50/4 | 道遇〇包胥 | 3/5/9 | 〇名全 | 5/21/20 |
| | | 〇包胥曰 | 3/5/10 | 〇可不死矣 | 5/22/5 |
| **設** shè | **14** | | 3/5/13,10/44/26,10/44/28 | 〇死無辜 | 5/22/7 |
| | | 三令五〇 | 4/12/5,4/12/8 | 臣以爲危國亡〇之甚 | 5/22/12 |
| 倉庫不〇 | 4/8/16 | 〇令不信 | 4/12/7 | 臣不敢愛〇 | 5/23/26 |
| 〇守備 | 4/8/18 | 〇包胥亡在山中 | 4/15/3 | 有忠臣伍子胥忠諫而〇死 | 5/27/9 |
| 〇陣爲備 | 5/23/2 | 爲我謝〇包胥〔曰〕 | 4/15/5 | 乃勞〇焦思 | 6/28/12 |
| 〇謀破楚 | 5/24/1 | 〔〇包胥〕知不可 | 4/15/6 | 任人者不辱〇 | 7/30/22 |
| 不〇宮室之飾 | 6/29/28 | 〇包胥哭已歌曰 | 4/15/8 | 〇爲備隷 | 7/30/25 |
| 置貨以〇詐 | 7/30/21 | 〇包胥以秦師至 | 4/15/18 | 〇（居）〔拘〕而名尊 | 7/30/28 |
| 望敵〇陣 | 7/31/26 | 其心〔〇〕 | 5/19/2 | 推〇致君 | 7/31/26 |
| 分〇里閭 | 8/35/18 | 至三月壬〇病愈 | 7/33/26 | 〇臨憂勞 | 7/31/28 |
| 獄象已〇 | 8/35/27 | 會楚使〇包胥聘於越 | 10/44/25 | 願我〇兮如鳥 | 7/32/9 |
| 五色以〇 | 9/38/17 | 吾問於〇包胥 | 10/45/13 | 〇翱翔兮矯翼 | 7/32/9 |
| 前時〇備 | 9/39/26 | | | 〇死世絕 | 7/32/21 |
| 虛〇八倉 | 9/40/4 | **伸** shēn | **2** | 但爲外情以存其〇 | 7/34/8 |
| 施機〇樞 | 9/42/17 | | | 狸之卑〇 | 7/34/17 |
| 備〇守固 | 10/45/18 | 必〇萬人之上 | 3/6/23 | 以存其〇 | 7/34/21 |
| | | 求〇而已 | 7/30/22 | 苦〇勞心 | 8/36/7 |
| **赦** shè | **17** | | | 〇爲窮虜 | 8/37/1 |
| | | **身** shēn | **57** | 或謂諸大夫愛其〇 | 9/37/29 |
| 王今幸〇 | 3/4/25 | | | 莫如正〇 | 9/38/10 |
| 無〇有罪 | 5/22/21 | 〇動 | 1/1/4 | 正〇之道 | 9/38/10 |
| 蒙不〇之恥 | 7/30/28 | 而爲〇害 | 1/1/16 | 〇若戴板 | 9/42/28 |
| 大王〇其深辜 | 7/32/12 | 斷髮文〇 | 1/1/21 | 一〇異教 | 9/42/29 |
| 教我〇之 | 7/32/17 | 潔〇清行 | 2/3/19 | 正孤之〇 | 10/47/21 |
| 吾欲〇子之罪 | 7/32/22 | 〇坐鐘鼓之間而令曰 | 3/3/29 | 使孤寄〇託號以俟命矣 | 10/48/20 |
| 爲子〇之 | 7/33/1 | 乃潛〇於深葦之中 | 3/5/24 | 臣所以在朝而晏罷若〇 | |
| 乃擇吉日而欲〇之 | 7/33/2 | 〇長一丈 | 3/6/13 | 　疾作者 | 10/49/1 |
| 而欲〇之 | 7/33/3 | 即光之〇也 | 3/6/29 | | |
| 今大王誠〇越王 | 7/33/16 | 師知爍〇以成物 | 4/9/10 | **娠** shēn | **1** |
| 方爲太宰〇之 | 7/33/17 | 遂服而不離〇 | 4/9/22 | | |
| 乃〇越王得離其石室 | 7/33/28 | 遂投〇於江 | 4/11/23 | 後妊〇 | 1/1/5 |
| 遂〇越王歸國 | 7/34/25 | 吾國父兄〇戰暴骨草野焉 | 4/15/23 | | |
| 寡人〇君 | 7/34/26 | 苦〇勞力 | 5/18/15,5/19/16 | **莘** shēn | **1** |
| 有罪不〇 | 8/36/28 | 〇御至舍〔而〕問曰 | 5/18/20 | | |
| 罪不〇 | 10/44/12 | 軍敗〇辱 | 5/19/5,5/20/8,5/20/12 | 鯀娶於有〇氏之女 | 6/28/3 |
| 得〇其大辟 | 10/47/14 | 今大夫辱弔而〇見之 | 5/19/6 | | |
| | | 〇爲魚鱉 | 5/19/13,5/20/9 | **參** shēn | **5** |
| **攝** shè | **2** | 孤〇不安重席 | 5/19/15 | | |
| | | 正〇臂而奮 | 5/19/17 | 〇於桀紂 | 5/23/27 |
| 諸樊以適長〇行事 | 2/2/29 | 不以〇死隱君之過 | 5/20/4 | 觀變〇災 | 7/31/30 |
| 使〇行天子之政 | 6/28/9 | 其〇死而不聽 | 5/20/4 | 〇其所願 | 9/38/22 |
| | | 巧言利辭以固其〇 | 5/20/5 | 合以〇連 | 9/43/1 |
| **申** shēn | **18** | 昔者孤〇不幸 | 5/20/8 | 〇應其變 | 10/45/21 |
| | | 下以約〇 | 5/21/16 | | |
| 楚之亡大夫〇公巫臣適吳 | 2/2/15 | 隱〇避害 | 5/21/17 | | |

| 深 shēn | 25 |
|---|---|
| ○問周公禮樂 | 2/2/11 |
| ○念平王一旦卒而太子立 | 3/4/10 |
| 乃潛身於○葦之中 | 3/5/24 |
| 確顙而○目 | 3/6/23 |
| ○恐以兵往破滅而已 | 4/11/29 |
| 子胥○知王之不定 | 4/11/29 |
| 辟隱○居 | 4/11/30 |
| 若耶之溪○而莫測 | 4/13/12 |
| ○知琴曲之情 | 4/16/8 |
| 池廣以○ | 5/17/25 |
| ○於骨髓 | 5/19/14 |
| 提我至○山 | 5/22/7 |
| 陷於○井 | 5/24/26 |
| 遂緣江（沂）〔沂〕淮（開）〔闓〕溝○水 | 5/26/9 |
| 大王赦其○辜 | 7/32/12 |
| 臣謂大王惑之○也 | 7/33/11 |
| 是其謀○也 | 7/34/22 |
| 願王○察 | 8/36/4 |
| ○結於晉 | 8/37/7 |
| 越王○念遠思 | 9/37/28 |
| 願王請大夫種與○議 | 9/38/19 |
| ○泉之魚死於芳餌 | 9/38/21 |
| 越王○念永思 | 9/39/18 |
| 妾生○林之中 | 9/42/2 |
| 其意（其）〔甚〕幽而○ | 9/42/4 |

| 神 shén | 40 |
|---|---|
| 姜嫄以爲○ | 1/1/7 |
| 輕慢鬼○ | 2/3/9 |
| 百○臨觀 | 4/9/6 |
| 夫○物之化 | 4/9/8 |
| 王不知汝之○也 | 4/9/20 |
| 水中有○ | 4/10/17 |
| 何○敢干 | 4/10/18 |
| 水○果取其馬 | 4/10/18 |
| 入水求○決戰 | 4/10/19 |
| 與○鬼戰者不旋踵 | 4/10/22 |
| 今子與○鬭於水 | 4/10/22 |
| 出之有○ | 4/13/8 |
| 願王以○靈存之 | 4/15/12 |
| 知鬼○之情狀 | 5/21/11 |
| ○之所使 | 5/22/5 |
| ○靈之祐福也 | 5/23/8 |

| 上帝鬼○而不可以告 | 5/25/17 |
|---|---|
| 因爲羽淵之○ | 6/28/10 |
| 欲得我山○書者 | 6/28/18 |
| 召其○而問之山川脈理、金玉所有、鳥獸昆蟲之類及八方之民俗、殊國異域土地里數 | 6/28/21 |
| 以通鬼○之道 | 6/29/31 |
| ○祇輔翼 | 7/30/12 |
| 寡人承天之○靈 | 7/33/3 |
| 滋聖生○ | 8/35/24 |
| 精○空虛 | 9/38/24 |
| 守之以○ | 9/39/4 |
| 事鬼○一年 | 9/39/6 |
| 王選名山○材 | 9/39/7 |
| 天生○木一雙 | 9/39/9 |
| 內實精○ | 9/42/5 |
| 與○俱往 | 9/42/6 |
| 於是○農皇帝弦木爲弧 | 9/42/14 |
| ○定思去 | 9/42/29 |
| 無有不○ | 9/43/3 |
| ○哉 | 10/45/20 |
| 鬼○承翼 | 10/48/3 |
| 幸賴宗廟之○靈 | 10/48/18 |
| 日前之○莫能制者 | 10/48/25 |
| 前翳○光 | 10/48/26 |
| 蒙天靈之祐、○（祇）〔祇〕之福 | 10/50/16 |

| 審 shěn | 13 |
|---|---|
| 願王○於左右 | 9/38/13 |
| ○於存亡 | 9/39/20 |
| ○存亡者 | 9/39/22 |
| ○賞則可戰也 | 10/45/14 |
| ○其賞 | 10/45/14 |
| ○（伐）〔罰〕則可戰 | 10/45/15 |
| ○罰則士卒望而畏之 | 10/45/15 |
| ○物則可戰 | 10/45/16 |
| ○物則別是非 | 10/45/16 |
| ○備則可戰 | 10/45/17 |
| ○備不守 | 10/45/17 |
| ○聲則可戰 | 10/45/18 |
| ○於聲音 | 10/45/18 |

| 甚 shèn | 17 |
|---|---|
| 鄭人○禮之 | 3/5/15 |
| ○不可當 | 3/6/21 |
| 君言○露乎 | 3/7/2 |
| 閶闔○重 | 4/9/13 |
| 吳作鉤者○眾 | 4/9/16 |
| 王鉤○多 | 4/9/19 |
| 平王○毅猛而好兵 | 4/9/27 |
| 其以○乎 | 4/15/4 |
| 病日益○ | 4/16/17 |
| 愛信越殊○ | 5/17/11 |
| 其志○恐 | 5/20/10 |
| 臣以爲危國亡身之○ | 5/22/12 |
| 復有○者 | 5/24/28 |
| 恩○厚矣 | 7/33/19 |
| 其種○嘉 | 9/41/22 |
| 其道○微而易 | 9/42/4 |
| 其意（其）〔○〕幽而深 | 9/42/4 |

| 慎 shèn | 7 |
|---|---|
| 不可不○ | 3/7/24 |
| ○無閉吾門 | 4/10/25 |
| 內美釜山中○之功 | 6/29/13 |
| 寡人不○天教 | 8/35/7 |
| 可不○哉 | 9/41/7 |
| ○哉 | 10/45/18 |
| 其○之哉 | 10/50/18 |

| 升 shēng | 5 |
|---|---|
| 觴酒既○ | 7/30/13,7/34/6 |
| 臣願急○明堂臨政 | 8/36/6 |
| 觴酒二○ | 10/48/4,10/48/5 |

| 生 shēng | 76 |
|---|---|
| 行不履○草 | 1/1/11 |
| ○子昌 | 1/1/19 |
| ○子珍 | 3/4/10 |
| 能致二子則○ | 3/4/17 |
| 雖死而○ | 3/4/28 |
| 吾之○也 | 3/4/31 |
| 哀死待○ | 3/8/3 |
| 何爲中道○進退耶 | 4/8/13 |
| ○往死還 | 4/10/22 |

| | | | | | | |
|---|---|---|---|---|---|
| 而戀其○ | 4/10/23 | 二○也 | 9/39/26 | 聽樂不盡其○ | 10/45/2 |
| 今吾貪○棄行 | 4/11/22 | 三○也 | 9/39/26 | 審○則可戰 | 10/45/18 |
| 不忘久○ | 4/12/28 | 四○也 | 9/40/1 | 審於○音 | 10/45/18 |
| 殺○以送死 | 4/12/30 | 是養○寇而破國家者也 | 9/40/25 | ○可託於絃管 | 10/47/30 |
| 又何殺○以愛死 | 4/15/24 | 粟種殺而無○者 | 9/41/22 | 臣誠數以損○色 | 10/49/8 |
| 前園橫〔索〕○梧桐 | 5/21/4 | 姜○深林之中 | 9/42/2 | ○傳海內威遠邦 | 10/50/8 |
| 前園橫〔索〕○梧桐者 | 5/21/8 | 道何所○ | 9/42/9 | | |
| | 5/22/2 | 臣聞弩○於弓 | 9/42/11 | **繩 shéng** | **1** |
| 吾天之所○ | 5/22/5 | 弓○於彈 | 9/42/11 | | |
| ○變起詐 | 5/23/6 | ○於楚之荊山 | 9/42/15 | 制以規○ | 9/39/9 |
| 殿○荊棘 | 5/23/24 | ○不見父母 | 9/42/15 | | |
| 庭○蔓草 | 5/24/2 | ○男二 | 10/43/18 | **勝 shèng** | **31** |
| 顧得○稻而食之 | 5/26/23 | ○女二 | 10/43/18 | | |
| 是○稻也 | 5/26/23 | ○子三人 | 10/43/19 | 建有子名○ | 3/5/17 |
| 因得○瓜已熟 | 5/26/25 | ○子二人 | 10/43/19 | 伍員與○奔吳 | 3/5/17 |
| 何多而○瓜 | 5/26/26 | 張盧○之弩 | 10/46/28 | 與○行去 | 3/5/19 |
| 人食○瓜 | 5/26/27 | 春○多伐 | 10/48/9 | 吳國不○ | 3/7/11 |
| 子復○ | 5/26/27 | 故不辭一死一○ | 10/48/16 | 伍子胥謂白公○曰 | 3/7/14 |
| 死與○ | 5/27/1 | 且須臾而○ | 10/48/17 | 借○以成其威 | 4/13/26 |
| 死○一也 | 5/27/18 | 〔墓〕中○熛風飛砂 | | 非常○之道 | 4/13/26 |
| 不知愧辱而欲求○ | 5/27/21 | 　（砂）石以射人 | 10/50/4 | 不○ | 5/19/11 |
| 吾○既慚 | 5/27/23 | | | 彼戰而○ | 5/19/11 |
| 吾負於○ | 5/27/24 | **聲 shēng** | **29** | 不可以○敵 | 5/20/20 |
| ○不昭我 | 5/27/25 | | | 與戰而○ | 5/20/20 |
| 女嬌○子啓 | 6/28/26 | 淫於○色 | 3/3/28 | 戰而不○ | 5/20/20 |
| 啓○不見父 | 6/28/26 | 聞一女子之○而折道 | 3/6/22 | 戰不○、敗走偟偟也 | 5/21/21 |
| ○ | 6/28/29 | ○絕於口 | 4/9/21 | 而爭一日之○ | 5/22/12 |
| 有人○而言語 | 6/29/29 | 與人戰者不達○ | 4/10/22 | 武決○矣 | 5/22/18 |
| 壬○無曛 | 6/30/2 | 登堂無○ | 4/11/2 | 前雖小○ | 5/22/19 |
| 夫譚○（元）〔允〕常 | 6/30/2 | ○如駭虎 | 4/12/6 | 吳王既○ | 5/22/24 |
| 君臣○離 | 7/30/10 | 七日七夜口不絕○ | 4/15/7 | 死者不可○計 | 5/26/14 |
| 順時氣者○ | 7/33/27 | 日夜不絕○ | 4/15/14 | 君被五○之衣 | 5/27/15 |
| 使得○全還國 | 7/34/27 | 又發玉○以教孤 | 5/19/6 | 不○仰感俯愧 | 7/32/12 |
| 誰念復○渡此津也 | 7/34/30 | 破敵○聞功朗明也 | 5/21/5 | ○先 | 7/33/8 |
| 而怪山自○者 | 8/35/22 | 樂府鼓○也 | 5/21/8 | 戰○未敗 | 8/37/19 |
| 滋聖○神 | 8/35/24 | 後世相屬爲○響 | 5/22/7 | 人有五○ | 8/37/22 |
| ○之無殺 | 8/36/25 | 何能爲○響哉 | 5/22/9 | 桓繆據五○之便而列六國 | 8/37/22 |
| 則○之 | 8/36/26 | 聞秋蜩之○ | 5/24/22 | 此乘其時而○者也 | 8/37/23 |
| 地能○萬物 | 8/37/17 | 其○動天徙地 | 5/25/14 | 未有四時之利、五○之便 | 8/37/23 |
| 天○神木一雙 | 9/39/9 | 氣不屬○ | 6/29/7 | 雖○殷謂義乎 | 9/41/11 |
| 文彩○光 | 9/39/11 | 驅辱而○榮 | 7/30/28 | 當世○越女之劍 | 9/42/8 |
| 人不聊○ | 9/39/16 | ○如雷霆 | 7/32/14 | ○則滅其國 | 10/44/10 |
| 物有死○ | 9/39/21 | 同○相和 | 7/34/2 | 不○則困其兵 | 10/44/10 |
| 何謂死○、真僞乎 | 9/39/22 | 臣願大王匿○ | 8/37/17 | 筋力不足以○甲兵 | 10/46/19 |
| 夫天時有○而不救種 | 9/39/23 | 昔太公九○而足 | 9/38/11 | | |
| 夫天時有○ | 9/39/25 | 今咸匿○隱形 | 9/38/14 | | |
| 一○也 | 9/39/25 | 不絕嗟嘻之○ | 9/39/15 | | |

| 聖 shèng | 39 |
|---|---|
| 昌有○瑞 | 1/1/19 |
| 古公知昌○ | 1/1/19 |
| 周之太王知西伯之○ | 2/2/26 |
| 正天下、定諸侯則使○ | 5/19/8 |
| 大王○德氣有餘也 | 5/21/5 |
| 東被門亭長長城公弟公 | |
| 　孫○ | 5/21/10 |
| ○爲人少而好游 | 5/21/10 |
| 王乃遣王孫駱往請公孫○ | 5/21/11 |
| 公孫○伏地而泣 | 5/21/13 |
| 其妻從旁謂○曰 | 5/21/13 |
| 公孫○仰天嘆曰 | 5/21/14 |
| 公孫○曰 | 5/21/17,5/21/19 |
| ○乃仰頭向天而言曰 | 5/22/6 |
| 吾前王履德明〔○〕達 | |
| 　於上帝 | 5/23/4 |
| 是公孫○所言不得火食 | |
| 　走偉偟也 | 5/26/24 |
| 吾戮公孫○ | 5/26/28 |
| ○在 | 5/27/2 |
| 公孫○ | 5/27/3,5/27/3 |
| ○從山中應日 | 5/27/3 |
| 寡人世世得○也 | 5/27/4 |
| 公孫○直說而無功 | 5/27/10 |
| 不忍覩忠臣伍子胥及公 | |
| 　孫○ | 5/27/24 |
| 蓋○人所記 | 6/28/13 |
| 外演○德以應天心 | 6/29/13 |
| 夏殷恃力而虐二○ | 7/30/17 |
| ○王賢主 | 7/30/27 |
| 願大王以○人之心 | 7/33/1 |
| 滋○生神 | 8/35/24 |
| 惟三○紀綱維持 | 8/36/2 |
| ○人將動 | 8/37/5 |
| ○人之謀 | 8/37/5 |
| ○人能從衆 | 8/37/18 |
| 且越有○臣范蠡 | 9/41/1 |
| 臣聞古之○君莫不習戰 | |
| 　用兵 | 9/41/26 |
| 古之○人 | 9/42/27 |
| 臣未能如古之○人 | 9/42/27 |
| ○哉 | 10/45/15 |

| 失 shī | 36 |
|---|---|
| ○官 | 1/1/11 |
| ○其所在 | 3/5/7 |
| 天以夫子輔孤之○根也 | 3/6/25 |
| 不可○也 | 3/7/20 |
| 時不可○ | 3/7/21 |
| 楚國之○虜 | 4/9/31 |
| 亡馬○御 | 4/10/23 |
| 亡國○衆 | 4/15/24 |
| 早○侍御 | 4/16/22 |
| 孤少○前人 | 5/19/4 |
| 明主任人不○其能 | 5/19/7 |
| 少○前人 | 5/20/8,5/20/11 |
| 將○衆矣 | 5/23/14 |
| ○其度制 | 6/28/23 |
| 不○上天之命 | 6/30/2 |
| 不○分者 | 7/31/15 |
| 解憂○患 | 7/31/23 |
| 豈可○之乎 | 7/32/16 |
| 自謂遂○范蠡矣 | 7/32/25 |
| 不○君臣之禮 | 7/32/30 |
| 不○其理 | 8/36/6 |
| 吾君○其石室之囚 | 8/36/17 |
| 民不○其時 | 8/36/26 |
| 民○所好 | 8/36/27 |
| 農○其時 | 8/36/27 |
| ○士者亡 | 9/38/13 |
| 不○厥理 | 9/39/25 |
| 民無○穗 | 9/39/26 |
| 令使武王○其理 | 9/41/13 |
| 使貧富不○其利 | 10/45/6 |
| ○滅宗廟社稷者 | 10/47/21 |
| ○人臣之義 | 10/48/7 |
| 知進退存亡而不○其正 | 10/48/9 |
| 親衆皆○ | 10/50/20 |
| 尊親（夫）〔○〕琅邪 | 10/50/27 |

| 屍 shī | 7 |
|---|---|
| 出其○ | 4/14/23 |
| 今〔至〕於僇○之辱 | 4/15/4 |
| 割戮其○ | 4/15/27 |
| 至乃掘平王墓戮○ | 4/16/2 |
| 鞭辱腐○恥難雪 | 4/16/6 |
| 吳王乃取子胥○ | 5/24/7 |
| 履腹涉○ | 7/31/27 |

| 施 shī | 12 |
|---|---|
| 苟可○於國 | 2/3/5 |
| ○恩行惠 | 4/8/9 |
| 仁未○ | 4/8/9 |
| 然而無所○也 | 4/12/13 |
| 〔倒行而逆○之於道也〕 | 4/15/5 |
| 勢在上位而不能○其政 | |
| 　令於下者 | 5/19/9 |
| ○左關之襦 | 7/32/28 |
| 巧工○校 | 9/39/9 |
| 得苧蘿山鬻薪之女曰西 | |
| 　○、鄭旦 | 9/40/9 |
| ○機設樞 | 9/42/17 |
| ○以愛 | 10/43/22 |
| 廣恩以博○ | 10/45/20 |

| 師 shī | 78 |
|---|---|
| 乃拜棄爲農○ | 1/1/10 |
| 敗吳 | 2/2/16 |
| 楚○敗走 | 2/3/16 |
| 吳○敗而亡舟 | 3/3/24 |
| 欲爲興○復讎 | 3/6/14 |
| 臣聞諸侯不爲匹夫興○ | |
| 　用兵於比國 | 3/6/17 |
| 非以意救急後興○ | 3/6/18 |
| 大敗楚○ | 3/7/7 |
| 與歐冶子同○ | 4/9/3 |
| 昔吾○作冶 | 4/9/8 |
| ○知爍身以成物 | 4/9/10 |
| 雖上國之○ | 4/9/14 |
| 於是鉤○向鉤而呼二子 | |
| 　之名 | 4/9/20 |
| 託而無興○之意 | 4/11/27 |
| 於是圍楚○於豫章 | 4/13/22 |
| 楚二○陣於柏舉 | 4/14/8 |
| 楚○大亂 | 4/14/11 |
| 吳○乘之 | 4/14/11 |
| 吳○遂入郢 | 4/14/13 |
| 吳○多其辭 | 4/14/21 |
| 陰與吳○爲市 | 4/14/22 |
| 王于興○ | 4/15/10 |
| 即出○而送之 | 4/15/15 |
| 秦○未出 | 4/15/17 |
| 申包胥以秦○至 | 4/15/18 |
| 使楚○前與吳戰 | 4/15/19 |

| | | | | | |
|---|---|---|---|---|---|
| 四〇不並盛 | 8/37/13 | **識 shí** | 2 | 而〇城父司馬奮揚往殺 | |
| 天有四〇 | 8/37/22 | | | 太子 | 3/4/15 |
| 昔湯武乘四〇之利而制 | | 罔有〇者 | 3/6/9 | 奮揚〇人前告太子 | 3/4/15 |
| 　夏殷 | 8/37/22 | 情憤惋兮誰〇 | 7/32/9 | 王〇〇謂奢曰 | 3/4/17 |
| 此乘其〇而勝者也 | 8/37/23 | | | 即遣〇者駕駟馬 | 3/4/20 |
| 未有四〇之利、五勝之便 | 8/37/23 | **矢 shǐ** | 20 | 〇者曰 | 3/4/24 |
| 寒暑不〇 | 9/39/13 | | | 〇者在門 | 3/4/26 |
| 夫天〇有生而不救種 | 9/39/23 | 絃〇卒發 | 3/3/31 | 汝可見〇 | 3/4/26 |
| 夫天〇有生 | 9/39/25 | 胥乃貫弓執〇去楚 | 3/5/4 | 勿〇臨難 | 3/5/3 |
| 前〇設備 | 9/39/26 | 胥乃張弓布〇欲害使者 | 3/5/5 | 與〇俱往 | 3/5/3 |
| 曆象四〇 | 9/40/4 | 闇接〇不可中 | 4/11/9 | 〇者追及無人之野 | 3/5/4 |
| 須俟其〇 | 9/41/24 | 以前受〇石 | 5/20/15 | 胥乃張弓布矢欲害〇者 | 3/5/5 |
| 爲兒之〇 | 9/42/15 | 吾貫弓接〇於鄭楚之界 | 5/23/28 | 〇者俯伏而走 | 3/5/5 |
| 當是之〇 | 9/42/16,10/47/24 | 吳王書其〇而射種、蠡 | | 〇返報平王 | 3/5/6 |
| 不〇得罪 | 10/47/19 | 　之軍 | 5/27/5 | 念季札爲〇 | 3/6/28 |
| 吾聞天有四〇 | 10/48/9 | 大夫種書〇射之 | 5/27/7 | 何不〇近臣從容言於王側 | 3/6/30 |
| 臣聞君子俟〇 | 10/48/22 | 飛〇揚兵 | 7/31/27 | 吳〇光伐楚 | 3/7/10 |
| 蠡去〇 | 10/48/25 | 尚欲繳微〇以射之 | 7/32/15 | 〇公子蓋餘、燭傭以兵 | |
| 〇魯哀公患三桓 | 10/49/2 | 剡木爲〇 | 9/42/14 | 　圍楚 | 3/7/17 |
| 吾見王〇 | 10/49/16 | 弧〇之利 | 9/42/14 | 〇季札於晉 | 3/7/17 |
| | | 習用弓〇 | 9/42/15 | 〇兵衛陳於道 | 3/7/24 |
| **實 shí** | 18 | 琴氏以爲弓〇不足以威 | | 〇坐立侍皆操長戟交軹 | 3/7/25 |
| | | 　天下 | 9/42/16 | 〇專諸置魚腸劍炙魚中 | |
| 〇倉廩 | 4/8/19 | 弓〇之威不能制服 | 9/42/17 | 　進之 | 3/7/26 |
| 王徒好其言而不用其〇 | 4/12/14 | 蓋以桃弓棘〇而備鄰國也 | 9/42/19 | 季札〇還 | 3/8/1 |
| 楚〇存我 | 4/14/20 | 〇爲飛客 | 9/42/23 | 始任賢〇能 | 4/8/9 |
| 〔〇〕害暴齊而威彊晉 | 5/18/13 | 願聞望敵儀表、投分飛 | | 寡人不免於縶縲之〇 | 4/8/13 |
| 余〇（加）〔嘉〕之 | 5/26/11 | 　〇之道 | 9/42/30 | 子胥乃〇相土嘗水 | 4/8/21 |
| 吾聞食其〇者 | 6/29/15 | 〇有輕重 | 9/43/1 | 闔閭復〇子胥、屈蓋餘 | |
| 國富民〇 | 7/31/29 | 又令安廣之人佩石碣之 | | 　、燭傭習術戰騎射御 | |
| 以著其〇 | 8/35/28 | 　〇 | 10/46/27 | 　之巧 | 4/9/2 |
| 越王內〇府庫 | 8/36/23 | | | 以故〇劍匠作爲二枚 | 4/9/4 |
| 選賢〇事 | 9/38/15 | **史 shǐ** | 1 | 〇子作劍 | 4/9/7 |
| 士盡其〇 | 9/38/17 | | | 〇童女童男三百人鼓橐 | |
| 知其智盡〇 | 9/38/17 | 〇皇曰 | 4/14/7 | 　裝炭 | 4/9/11 |
| 吾以謀士效〇 | 9/38/18 | | | 適會魯〇季孫聘於吳 | 4/9/13 |
| 然後能得其〇 | 9/38/22 | **豕 shǐ** | 1 | 闔閭〇掌劍大夫以莫耶 | |
| 〇其金銀 | 9/39/19 | | | 　獻之 | 4/9/13 |
| 內〇精神 | 9/42/5 | 封〇長蛇 | 4/15/8 | 爲齊王〇於吳 | 4/10/17 |
| 金爲〇敵 | 9/42/24 | | | 乃〇從者飲馬於津 | 4/10/18 |
| 〇《金匱》之要在於上 | | **使 shǐ** | 174 | 〇知其禁 | 4/12/4 |
| 　下 | 10/47/26 | | | 馳〇下之令曰 | 4/12/9 |
| | | 〇教民山居 | 1/1/9 | 〇赴水火 | 4/12/12 |
| **蝕 shí** | 1 | 〇子反將 | 2/2/15 | 楚聞吳〇孫子、伍子胥 | |
| | | 王僚〇公子光伐楚 | 3/3/24 | 　、白喜爲將 | 4/12/18 |
| 日爲陰〇 | 10/47/27 | 平王〇無忌爲太子娶於秦 | 3/4/8 | 〔〇男女與鶴〕俱入羨門 | 4/12/30 |
| | | 乃〇太子守城父 | 3/4/11 | 臣聞越王（元）〔允〕 | |

| | | | | | |
|---|---|---|---|---|---|
| 常○歐冶子造劍五枚 | 4/13/5 | 孤不○汝得有所見 | 5/24/5 | 乃○大夫種獻之於吳王 | 9/39/11 |
| 遂○孫武、伍胥、白喜 | | ○范蠡、洩庸率師屯海 | | 東海役臣臣孤勾踐○臣種 | 9/39/11 |
| 伐楚 | 4/13/14 | 通江 | 5/25/4 | 乃○相者國中 | 9/40/9 |
| 楚昭王○公子囊瓦伐吳 | 4/13/21 | 遣○來告 | 5/25/17 | 乃○相國范蠡進曰 | 9/40/10 |
| 吳○伍胥、孫武擊之 | 4/13/21 | 敢煩○者往來 | 5/25/19 | 謹○臣蠡獻之大王 | 9/40/11 |
| 子常三年留之不○歸國 | 4/13/30 | ○王孫駱稽首請成 | 5/26/15 | 越乃○大夫種○吳 | 9/40/22 |
| 吳王於是○○謂唐、蔡曰 | 4/14/4 | 而○爲附邑 | 5/26/17 | 觀越王之○○來請糴者 | 9/41/1 |
| 唐侯○其子乾爲質於吳 | 4/14/5 | 越王復○謂曰 | 5/27/17 | 今吾○之歸國 | 9/41/4 |
| 誰○汝用讒諛之口 | 4/14/24 | 何必○吾師衆加刃於王 | 5/27/18 | 令○武王失其理 | 9/41/13 |
| 乃○人謂子胥曰 | 4/15/3 | ○死者有知 | 5/27/24 | 臣奉○返越 | 9/41/19 |
| ○來告急 | 4/15/9 | ○其無知 | 5/27/24 | 亦○大夫種歸之吳王 | 9/41/21 |
| 秦伯○辭焉 | 4/15/13 | 越王○軍士集於我戎之功 | 5/27/26 | 可留○吾民植之 | 9/41/22 |
| 秦○公子子蒲、子虎率 | | ○攝行天子之政 | 6/28/9 | 越王乃○○聘之 | 9/41/27 |
| 車五百乘 | 4/15/18 | 自稱玄夷蒼水○者 | 6/28/16 | 通所○也 | 9/42/23 |
| ○楚師前與吳戰 | 4/15/19 | 聞帝○文命于斯 | 6/28/16 | 主教○也 | 9/42/24 |
| 齊子○女爲質於吳 | 4/16/15 | ○益疏而記之 | 6/28/22 | 衛爲副○ | 9/42/24 |
| ○太子屯兵守楚留止 | 4/16/24 | ○太章步東西 | 6/28/27 | 乃○陳音教士習射於北 | |
| 齊○大夫高氏謝吳師曰 | 5/17/6 | ○得其所 | 6/29/1 | 郊之外 | 9/43/3 |
| ○子胥○於齊 | 5/17/14 | ○百鳥還爲民田 | 6/29/22 | 乃○人請成於越 | 10/44/22 |
| 會魯○子貢聘於吳 | 5/17/16 | 啓○○以歲時春秋而祭 | | 會楚○申包胥聘於越 | 10/44/25 |
| 又○明大夫守之 | 5/18/1 | 禹於越 | 6/29/25 | ○不得血食 | 10/44/27 |
| 三年○歸 | 5/18/14 | ○民知分 | 7/31/22 | ○貧富不失其利 | 10/45/6 |
| ○出師以從下吏 | 5/18/19 | 奉令受○ | 7/31/23 | ○不血食 | 10/45/12 |
| 且夫無報人之志、而○ | | ○無所疑 | 7/31/23 | ○以征不義 | 10/45/24 |
| 人疑之〔者〕 | 5/19/2 | ○執箕帚 | 7/32/12 | ○孤有辱於國 | 10/46/2 |
| 有報人之意、而○人知 | | ○其返國 | 7/34/26 | 恐軍士畏法不○ | 10/46/21 |
| 之〔者〕 | 5/19/3 | ○得生全還國 | 7/34/27 | ○左軍〔右軍〕涉江鳴 | |
| 故臨財分利則○仁 | 5/19/7 | ○女工織細布獻之 | 8/36/10 | 鼓 | 10/46/30 |
| 涉患犯難則○勇 | 5/19/8 | 乃○國中男女入山采葛 | 8/36/11 | 將以（○）〔夾〕攻我衆 | 10/47/1 |
| 用智圖國則○賢 | 5/19/8 | 未及遣○ | 8/36/11 | 越王陰○左右軍與吳望戰 | 10/47/1 |
| 正天下、定諸侯則○聖 | 5/19/8 | 越王乃○大夫種索葛布 | | 吳○王孫駱肉袒膝行而 | |
| ○得奉俎豆 | 5/20/9 | 十萬、甘蜜九党、文 | | 前 | 10/47/12 |
| 將○○者來謝於王 | 5/20/10 | 笥七枚、狐皮五雙、 | | 不忍對其○者 | 10/47/18 |
| 越○果來 | 5/20/10,5/20/16 | 晉竹十廋 | 8/36/13 | ○者急去 | 10/47/19 |
| 東海役臣勾踐之○者臣種 | 5/20/11 | 民不名○ | 8/36/23 | 吳○涕泣而去 | 10/47/19 |
| 故○賤臣以奉前王所藏 | | 亦能○之 | 8/37/18 | ○令入謂吳王曰 | 10/47/19 |
| 〔器〕 | 5/20/13 | 何易見而難○也 | 9/38/5 | 周元王○人賜勾踐 | 10/47/23 |
| ○子占之 | 5/21/12 | 非大夫易見而難○ | 9/38/6 | 乃○於吳 | 10/48/16 |
| 神之所○ | 5/22/5 | 君王之不能○也 | 9/38/6 | ○孤寄身託號以俟命矣 | 10/48/20 |
| 於是吳王乃○門人提之 | | 何患群臣之不○也 | 9/38/13 | 越王乃○良工鑄金象范 | |
| 蒸丘 | 5/22/8 | 吾○賢任能 | 9/38/14 | 蠡之形 | 10/48/27 |
| 吳王乃○太宰嚭爲右校 | | 遠○以難 | 9/38/15 | 越王乃○人如木客山 | 10/50/3 |
| 司馬 | 5/22/10 | 指之以○ | 9/38/16 | 勾踐乃○○號令齊楚秦晉 | 10/50/5 |
| 遂九月○太宰嚭伐齊 | 5/22/20 | ○之起宮室 | 9/39/2 | | |
| 乃○行人成好於齊 | 5/23/1 | ○之易伐 | 9/39/2 | 始 shǐ | 17 |
| 乃○人賜屬鏤之劍 | 5/23/31 | ○之自殺 | 9/39/3 | | |
| 爲寡人○齊 | 5/24/4 | 越王乃○木工三千餘人 | 9/39/7 | 於是吳○通中國 | 2/2/16 |

| | | | | | |
|---|---|---|---|---|---|
| 　陣關下 | 10/49/27 | 世 shì | 40 | 示 shì | 13 |
| 勾踐乃選吳越將○ | 10/50/6 | 遭夏氏○衰 | 1/1/11 | ○不可用 | 1/1/22 |
| 軍○苦之 | 10/50/6 | 其後八○而得古公亶甫 | 1/1/13 | ○越屬於吳也 | 4/9/2 |
| | | 遭殷之末○衰 | 1/1/25 | 王乃舉衆鉤以○之 | 4/9/19 |
| **氏 shì** | **19** | 凡從太伯至壽夢之○ | 1/2/6 | 以○群臣於宛之厚 | 4/9/26 |
| | | 伍氏三○爲楚忠臣 | 3/4/7 | 以○薛燭 | 4/13/6 |
| 台○之女姜嫄 | 1/1/3 | 何明於○ | 3/4/31 | 群臣觀○ | 6/29/12 |
| 姓姬○ | 1/1/10 | 爲○所笑 | 3/5/1 | 斬以○衆 | 6/29/12 |
| 遭夏○世衰 | 1/1/11 | 至今後○ | 4/9/9 | ○天下悉屬禹也 | 6/29/12 |
| 季歷娶妻太任○ | 1/1/19 | ○所聞也 | 4/11/8 | 造井○民 | 6/29/18 |
| 虞公以開晉之伐虢○ | 1/2/5 | 夫人有三惡以立於○ | 4/11/22 | ○服事吳也 | 8/35/21 |
| 伍○三世爲楚忠臣 | 3/4/7 | ○人莫知其能 | 4/11/30 | 無○謀計 | 8/37/20 |
| 建母蔡○無寵 | 3/4/11 | ○以事王 | 4/15/13 | ○之以色 | 9/38/16 |
| 大夫華○謀殺元公 | 3/5/14 | 王者不絕○ | 5/18/11 | 外○安儀 | 9/42/5 |
| 國人與華○ | 3/5/14 | 王者不絕○以立其義 | 5/18/18 | | |
| 誅夷白○族幾滅 | 4/16/4 | 直士舉賢不容於○ | 5/19/7 | **侍 shì** | **5** |
| 齊使大夫高○謝吳師曰 | 5/17/6 | 中○自棄 | 5/21/18 | | |
| 乃屬其子於齊鮑○而還 | 5/17/15 | 後○相屬爲聲響 | 5/22/7 | 使坐立○皆操長戟交軹 | 3/7/25 |
| 託汝子於齊鮑○ | 5/24/4 | 不知當○之所行 | 5/22/24 | 早失○御 | 4/16/22 |
| 鯀娶於有莘○之女 | 6/28/3 | 吳國○○存焉 | 5/23/11 | 越王○坐 | 5/23/18 |
| 賜姓姒○ | 6/29/6 | 後○必以我爲忠 | 5/24/6 | 謂○者曰 | 8/36/16 |
| 逢蒙傳於楚琴○ | 9/42/16 | 上配夏殷之○ | 5/24/6 | 錡爲○從 | 9/42/22 |
| 琴○以爲弓矢不足以威 | | 寡人○○得聖也 | 5/27/4 | | |
| 　天下 | 9/42/16 | ○無萬歲之君 | 5/27/17 | **事 shì** | **97** |
| 琴○乃橫弓著臂 | 9/42/17 | 吾百○之後 | 6/29/20 | | |
| 琴○傳之楚三侯 | 9/42/18 | 禹以下六○而得帝少康 | 6/29/25 | 古公○之以犬馬牛羊 | 1/1/14 |
| | | 無余傳○十餘 | 6/29/28 | ○以皮幣、金玉、重寶 | 1/1/14 |
| **市 shì** | **15** | 今之○猶人之市 | 7/30/21 | 國民君而○之 | 1/1/22 |
| | | 功垂萬○ | 7/31/2 | 諸樊以適長攝行○ | 2/2/29 |
| 乃命善相者爲吳○吏 | 3/3/25 | 禍及三○ | 7/32/17 | 以直諫○楚莊王 | 3/3/28 |
| 俱戮於○ | 3/5/9 | 身死○絕 | 7/32/21 | 無忌因去太子而○平王 | 3/4/10 |
| 行乞於○ | 3/6/9 | 當○勝越女之劍 | 9/42/8 | 其○成矣 | 3/4/14 |
| ○人觀 | 3/6/9 | 自稱之楚累○ | 9/42/19 | 能成大○ | 3/4/19 |
| 吳○吏善相者見之 | 3/6/9 | 五○於臣矣 | 9/42/20 | ○未成 | 3/5/16 |
| ○吏於是與子胥俱入見王 | 3/6/12 | 以沒王○ | 10/47/20 | ○寖急兮當奈何 | 3/5/22 |
| 焚棄於○ | 4/11/13 | 後百○之末 | 10/49/22 | 未可說以外○ | 3/6/17 |
| 焚之於○ | 4/11/15 | 十○ | 10/50/20 | 吾力弱無助於掌○之間 | 3/6/29 |
| 乃舞白鶴〔於吳○中〕 | 4/12/29 | 六○ | 10/50/21 | 專諸之○ | 3/7/19 |
| 有○之鄉三十、駿馬千 | | 無壬去無余十○ | 10/50/23 | 以客禮○之 | 4/8/10 |
| 　匹、萬戶之都二 | 4/13/11 | | | 何敢與政○焉 | 4/8/12 |
| 而況有○之鄉、駿馬千 | | **仕 shì** | **1** | 然憂除○定 | 4/8/14 |
| 　匹、萬戶之都 | 4/13/13 | | | ○平王 | 4/9/24 |
| 陰與吳師爲○ | 4/14/22 | 欲○ | 10/43/21 | ○未可知 | 4/9/29 |
| 今之世猶人之○ | 7/30/21 | | | 與謀國○ | 4/10/2 |
| 夫適○之（妻）〔妻〕 | | | | 與之俱○吳王 | 4/10/6 |
| 　教嗣冀除 | 7/31/17 | | | 昔專諸之○於寡人厚矣 | 4/10/9 |
| ○無赤米之積 | 10/44/6 | | | | |

| | | | | | |
|---|---|---|---|---|---|
| 臣○君王 | 4/10/13 | 棄守邊之○ | 7/34/13 | 於○公子光心動 | 3/7/18 |
| 其細人之謀○ | 4/10/14 | 誠○之敗 | 7/34/18 | 於○公子見專諸曰 | 3/7/20 |
| 不盡○君之義 | 4/11/11 | 示服○吳也 | 8/35/21 | ○無如我何也 | 3/7/22 |
| 吳國之○ | 4/11/15 | 官不名○ | 8/36/23 | ○為吳王闔閭也 | 3/8/1 |
| 以○其君 | 4/11/21 | 臨○而伐 | 8/37/6 | ○前人之道 | 3/8/3 |
| 臣聞兵者、凶○ | 4/12/15 | 而厚○於吳 | 8/37/7 | ○其上者 | 4/8/17 |
| 楚國有○ | 4/12/24 | 輕於朝○ | 8/37/19 | 於○干將不知其由 | 4/9/6 |
| 〔親〕北面○之 | 4/15/4 | 各殊其○ | 9/38/14 | 於○干將妻乃斷髮剪爪 | 4/9/11 |
| 不恤國○ | 4/15/7 | 選賢實○ | 9/38/15 | 何者○也 | 4/9/19 |
| 世以○王 | 4/15/13 | 與之論○ | 9/38/16 | 於○鈞師向鈞而呼二子 | |
| 而恐○泄 | 4/16/11 | 一日尊天○鬼 | 9/38/26 | 之名 | 4/9/20 |
| 〔其〕士〔民又〕惡甲 | | ○鬼神一年 | 9/39/6 | 於○ | 4/10/24 |
| 兵〔之○〕 | 5/17/24 | 不領政○ | 9/40/7 | 4/10/24,4/11/3,4/12/20 | |
| 而求以成大○ | 5/18/4 | 願王覽武王伐紂之○也 | 9/41/10 | 4/14/2,4/15/2,5/23/22 | |
| 外○諸侯 | 5/18/15 | 今子為寡人謀○ | 9/41/25 | 5/26/3,6/29/2,7/34/25 | |
| ○未發而聞之者 | 5/19/3 | 然行陣隊伍軍鼓之○ | 9/41/26 | 8/36/22,8/36/30,9/38/5 | |
| 舉○之大忌也 | 5/19/4 | ○在於人 | 9/43/3 | 9/41/29,9/43/3,10/43/13 | |
| 而孤之○吳 | 5/19/14 | 然後卑○夫差 | 10/43/14 | 10/44/11,10/45/11,10/45/22 | |
| 上○群臣 | 5/19/16 | 非夫人○不衣 | 10/43/23 | 10/46/12,10/46/24,10/46/26 | |
| 外○諸侯而不能也 | 5/19/18 | 夫占兆人○ | 10/44/7 | 10/47/11,10/48/4,10/48/27 | |
| 願空國、棄群臣、變容 | | 我有大○ | 10/46/15 | 此○天下勇士 | 4/11/19 |
| 貌、易姓名、執箕帚 | | 會稽之○ | 10/47/15 | 於○慶忌死 | 4/11/20 |
| 、養牛馬以○之 | 5/19/19 | 豈不緣一朝之○耶 | 10/47/17 | 於○宮女皆掩口而笑 | 4/12/5 |
| 善為詭詐以○其君 | 5/20/5 | 王已屬政於執○ | 10/47/18 | 於○乃報吳王曰 | 4/12/12 |
| 大王以首○ | 5/22/17 | 一言即合大王之○ | 10/47/25 | 於○吳王大悅 | 4/12/17,7/34/6 |
| 有人若以此首○ | 5/22/19 | 臣聞即○作操 | 10/47/28 | ○（襄）〔瓦〕之罪也 | 4/12/25 |
| 非霸王之○ | 5/23/10 | 今臣○大王 | 10/48/15 | ○何劍也 | 4/13/2 |
| 以孝○於寡人 | 5/23/20 | 成伍子胥之○ | 10/48/17 | ○其一也 | 4/13/11 |
| 霸功王○ | 5/23/22 | | | 於○圍楚師於豫章 | 4/13/22 |
| 孤之○君決在今日 | 5/25/19 | **是 shì** | **146** | 吳王於○使使謂唐、蔡曰 | 4/14/4 |
| 不得○君（命）〔亦〕 | | | | 昭王○我讎也 | 4/14/15 |
| 在今日矣 | 5/25/19 | 於○季歷蒞政 | 1/1/27 | 如○再 | 4/14/28 |
| 而歸告於天子執○ | 5/26/10 | ○為吳仲雍 | 1/2/2 | 楚有賢臣如○ | 4/15/9 |
| 今○棄諸大夫 | 7/31/12 | ○時 | 1/2/5,4/14/21,4/16/18 | ○故悲耳 | 4/16/12 |
| 何諸大夫論○一合一離 | 7/31/14 | 於○吳始通中國 | 2/2/16 | 於○太子定 | 4/16/27 |
| 子問以○ | 7/31/18 | 惟仁○處 | 2/3/19 | ○棄吾也 | 5/17/11 |
| 臣之○也 | 7/31/20,7/31/21 | 於○伍舉進諫曰 | 3/3/29 | ○君上驕〔主心〕 | 5/18/4 |
| 7/31/22,7/31/24,7/31/26 | | 於○莊王曰 | 3/3/30 | ○君上無彊敵之臣 | 5/18/7 |
| 7/31/27,7/31/29,7/31/31 | | 於○莊王棄其秦姬、越女 | 3/4/1 | 〔○〕存亡國〔而〕 | |
| 始○君兮去家 | 7/32/7 | 由○ | 3/4/7 | （舉）〔興〕死人 | |
| 此乃廚宰之成○食也 | 7/32/16 | 於○子胥歎曰 | 3/4/30 | 〔也〕 | 5/19/20 |
| ○將有意 | 7/33/6 | 尚從○往 | 3/4/31 | ○殘國傷君之佞臣也 | 5/20/6 |
| 謀利○在青龍 | 7/33/8 | 我從○決 | 3/4/31 | 於○吳王乃使門人提之 | |
| 所求之○ | 7/33/9 | ○天祐之 | 3/5/2 | 蒸丘 | 5/22/8 |
| 下臣嘗○師聞糞者 | 7/33/27 | 如○者再 | 3/5/20 | 於○吳王謂被離曰 | 5/24/10 |
| 執牧養之○如故 | 7/33/29 | 如○至再 | 3/5/25 | 臣以○恐也 | 5/24/13 |
| 群臣以客禮○之 | 7/33/31 | 市吏於○與子胥俱入見王 | 3/6/12 | 於○不誅 | 5/24/16 |

| | | | | | |
|---|---|---|---|---|---|
| 吾○以蒲服就君 | 5/25/18 | ○天氣前見亡國之證也 | 10/43/11 | 今越王已入石○ | 7/33/14 |
| ○文武之德所祐助 | 5/26/9 | 於○越民父勉其子 | 10/44/16 | 越王出石○ | 7/33/18 |
| ○生稻也 | 5/26/23 | 惟○輿馬、兵革、卒伍 | | 乃赦越王得離其石○ | 7/33/28 |
| ○公孫聖所言不得火食 | | 　既具 | 10/44/27 | 去就其宮○ | 7/33/29 |
| 　走偟偟也 | 5/26/24 | 審物則別○非 | 10/45/16 | 燕臺在於石○ | 8/35/30 |
| ○天所反 | 5/27/8 | ○非明察 | 10/45/16 | 休息食○於冰廚 | 8/35/30 |
| 我○無余君之苗末 | 6/29/30 | 則○子〔也〕 | 10/45/27 | 吾君失其石○之囚 | 8/36/17 |
| 於○大夫種、范蠡曰 | 7/30/26 | 則○（子）〔我〕也 | 10/45/27 | 使之起宮○ | 9/39/2 |
| 大夫之論○也 | 7/31/19 | 吾見子於○ | 10/45/27 | 吳王好起宮○ | 9/39/7 |
| 於○入吳 | 7/32/10 | ○子之罪 | 10/46/2 | 前縱石○之囚 | 9/41/15 |
| ○時剋其日 | 7/33/8 | ○孤之責 | 10/46/3 | 聞於周○　10/45/19,10/45/24 | |
| ○昧也 | 7/33/28 | 如○三戰三北 | 10/47/3 | 皆輔周○ | 10/50/5 |
| 臣以○知之 | 7/33/28 | 自○天也 | 10/47/10 | | |
| 其亦○乎 | 7/34/3 | 孤臣惟命○聽 | 10/47/14 | **恃 shì** | **5** |
| 於○范蠡與越王俱起 | 7/34/3 | 國之士大夫○子 | 10/48/19 | | |
| ○相國之不慈也 | 7/34/12 | 國之人民○子 | 10/48/20 | 僚素貪而○力 | 3/6/31 |
| ○相國之不仁也 | 7/34/12 | ○天之棄越而喪孤也 | 10/48/20 | 訴○其與水戰之勇也 | 4/10/20 |
| ○其義也 | 7/34/14 | 自○之後 | 10/48/28 | 民勞未可○也 | 4/12/18 |
| ○其慈也 | 7/34/15 | ○凶妖之證也 | 10/49/15 | 夏殷○力而虐二聖 | 7/30/17 |
| ○其忠信也 | 7/34/15 | ○為亂醜 | 10/49/17 | 亦無所○者矣 | 10/48/21 |
| ○寡人之不智也 | 7/34/16 | 於○種仰天嘆曰 | 10/49/19 | | |
| ○日賊其德也 | 7/34/20 | | | **眄 shì** | **1** |
| ○故為無愛於人 | 7/34/21 | **室 shì** | **34** | | |
| ○其謀深也 | 7/34/22 | | | 直○道行 | 7/34/31 |
| ○欺我王也 | 7/34/22 | 伍子胥坐泣於○ | 3/7/15 | | |
| ○上食王之心也 | 7/34/23 | 公子光伏甲士於窟○中 | 3/7/22 | **逝 shì** | **4** |
| ○上食王之肝也 | 7/34/23 | 入窟○裏足 | 3/7/26 | | |
| 於○范蠡進曰 | 8/35/9 | 而與大王圖王僚於私○ | | 君有遠○之行 | 3/6/5 |
| 於○范蠡乃觀天文 | 8/35/18 | 　之中 | 4/10/11 | 吾將○矣 | 7/31/19 |
| ○日吉矣 | 8/36/3 | 入其○ | 4/10/26 | 欲將○矣 | 10/48/20 |
| ○一宜 | 8/36/5 | 懷家○之愛 | 4/11/12 | 臣既○矣 | 10/48/22 |
| ○二宜 | 8/36/5 | 周○何罪而隱其賊 | 4/14/19 | | |
| ○三宜 | 8/36/5 | （耳）〔自〕治宮○ | 4/16/25 | **弑 shì** | **3** |
| ○四宜 | 8/36/6 | 困暴齊而撫周○ | 5/20/13 | | |
| ○五宜 | 8/36/6 | 周○卑（弱）約 | 5/25/16 | 齊大夫陳成恒欲○簡公 | 5/17/19 |
| 越王○日立政 | 8/36/7 | 周○何憂焉 | 5/26/12 | 臣○其君 | 7/30/20 |
| 於○越王默然不悅 | 9/38/8 | 如越王不忘周○之義 | 5/26/17 | 子○其父 | 7/30/21 |
| ○一死也 | 9/39/24 | 成家成○ | 6/28/25 | | |
| ○人不死 | 9/40/15 | 安民治○居 | 6/29/17 | **視 shì** | **15** |
| 　　　　9/40/15,9/40/16 | | 不設宮○之飾 | 6/29/28 | | |
| ○養生寇而破國家者也 | 9/40/25 | 文王囚於石○ | 7/30/16 | 漁父乃○之 | 3/5/23 |
| 宰嚭○ | 9/41/16 | 秘於宮○之中 | 7/32/19 | 顧○漁者 | 3/6/1 |
| ○乃王者 | 9/41/18 | 吾復置子於石○之中 | 7/32/26 | 子○吾之儀 | 3/6/22 |
| 於○吳種越粟 | 9/41/22 | 越王、范蠡趨入石○ | 7/32/27 | 鷹○虎步 | 4/10/6 |
| 於○范蠡復進善射者陳音 | 9/42/8 | 囚之石○ | 7/33/3 | 吾何面目以○天下之士 | 4/11/22 |
| 於○神農皇帝弦木為弧 | 9/42/14 | 見大夫種、范蠡而言越 | | 孫子顧○諸女連笑不止 | 4/12/6 |
| 當○之時　9/42/16,10/47/24 | | 　王復拘於石○ | 7/33/13 | 目不○美色 | 5/19/16 |

| | | | | | |
|---|---|---|---|---|---|
| ○如赤子 | 5/22/21 | **飾** shì | 6 | 以增號○ | 5/26/12 |
| 王怪而○之 | 5/23/13 | | | | |
| 目○茫茫 | 5/26/22 | 靈王即除工去○ | 3/4/7 | **睪** shì | 3 |
| 盲者不忘○ | 8/37/2 | 內○其政 | 5/18/15 | | |
| 以○其亂 | 9/38/16 | 不設宮室之○ | 6/29/28 | 壬生無○ | 6/30/2 |
| 吾○之如吾父母昆弟之 | | 賜羽毛之○、机杖、諸 | | ○專心守國 | 6/30/2 |
| 　疾病也 | 10/46/16 | 　侯之服 | 8/36/18 | 無○卒 | 6/30/2 |
| 鷹○狼步 | 10/48/11 | ○以羅縠 | 9/40/10 | | |
| ○之者狂 | 10/48/26 | 將有修○攻戰 | 9/41/1 | **釋** shì | 8 |
| | | | | | |
| **軾** shì | 3 | **誓** shì | 2 | ○吾父兄 | 3/5/6 |
| | | | | 乃○鄭國 | 4/15/3 |
| 即為之○ | 10/46/22 | 因約吳國父兄昆弟而○ | | 乃○楚師 | 4/15/21 |
| 君何為敬蟲蟲而為之○ | 10/46/22 | 　之曰 | 10/43/15 | 願王○齊而前越 | 5/17/13 |
| 故為之○ | 10/46/24 | 而○之曰 | 10/44/13 | ○劍而對曰 | 5/23/8 |
| | | | | 而宜○吳之地 | 8/35/16 |
| **嗜** shì | 2 | **適** shì | 20 | 三年○吾政 | 10/43/19 |
| | | | | 三月○吾政 | 10/43/20 |
| 好○魚之炙也 | 3/7/5 | ○會伐木之人多 | 1/1/6 | | |
| 又不進口之所○ | 7/34/12 | ○也 | 1/1/20 | **收** shōu | 8 |
| | | ○楚 | 2/2/11 | | |
| **筮** shì | 1 | 楚之亡大夫申公巫臣○吳 | 2/2/15 | ○而養之 | 1/1/7 |
| | | 諸樊以○長攝行事 | 2/2/29 | 臣聞大王○伍子胥之窮厄 | 4/10/1 |
| 又見於卜○ | 10/44/7 | 夫○長當國 | 2/3/4 | 不○ | 4/15/23 |
| | | 庶存○亡 | 2/3/7 | 豈直欲破彊敵○鄰國乎 | 8/35/14 |
| **勢** shì | 8 | 太子建又○晉 | 3/5/15 | 物至則○ | 9/39/26 |
| | | ○會旁有人窺之 | 3/5/20 | 從陰○著 | 9/40/4 |
| ○不敢殺 | 3/4/29 | ○會女子擊綿於瀨水之上 | 3/6/2 | 七年不○〔於〕國 | 10/43/23 |
| 因風○以矛鉤其冠 | 4/11/17 | 不願從○ | 3/6/6 | 越王乃○其妻子 | 10/48/27 |
| ○在上位而不能施其政 | | 傳付○長 | 3/6/27 | | |
| 　令於下者 | 5/19/9 | 有立者○長也 | 3/6/28 | **手** shǒu | 20 |
| 孤力弱○劣 | 7/31/11 | ○長之後 | 3/6/28 | | |
| 夫虎之卑○ | 7/34/17 | ○會魯使季孫聘於吳 | 4/9/13 | 左○擁秦姬 | 3/3/28 |
| ○足以死 | 8/35/12 | 二子東奔○吳越 | 4/16/4 | 右○抱越女 | 3/3/29 |
| 必角○交爭 | 8/37/8 | ○游後園 | 5/24/22 | 訴乃○劍而捽要離曰 | 4/10/27 |
| ○如貔貙 | 10/46/12 | 夫○市之（妻）〔妻〕 | | ○挫捽吾頭 | 4/11/2 |
| | | 　教嗣糞除 | 7/31/17 | ○接飛鳥 | 4/11/9 |
| **試** shì | 8 | ○遇吳王之便 | 7/33/24 | 斷臣右○ | 4/11/12 |
| | | 人莫知其所○ | 10/48/23 | 要離乃自斷○足 | 4/11/24 |
| 兵法寧可以小○耶 | 4/12/2 | | | 右○抉其目 | 4/14/24 |
| 可以小○於後宮之女 | 4/12/2 | **澌** shì | 1 | ○足異處 | 5/19/20 |
| 不可空○ | 4/12/15 | | | 左○提鼓 | 5/27/5 |
| 子○前呼之 | 5/27/2 | （與）〔敗〕楚師於淮○ | 4/15/22 | 右○操枹而鼓之 | 5/27/5 |
| 惟公○之 | 9/41/29 | | | 而復反係獲敵人之○ | 7/30/25 |
| 王欲○之 | 9/42/7 | **謚** shì | 2 | 若覆○背 | 7/31/2 |
| 惟王○之 | 9/42/20 | | | 即以○取其便與惡而嘗之 | 7/33/25 |
| 一年而不○ | 10/44/5 | 追○古公為太王 | 1/2/2 | 乃舉○而趨 | 9/38/5 |

| | | | | | |
|---|---|---|---|---|---|
| 凡○戰之道 | 9/42/5 | 令醫○之 | 10/43/18 | 吾○道十年 | 5/21/17 |
| 左○若附枝 | 9/42/28 | 太子留○ | 10/44/19 | 太宰嚭○命 | 5/22/22 |
| 右○若抱兒 | 9/42/28 | 審備不○ | 10/45/17 | 齊師○服 | 5/23/7 |
| 右○發機 | 9/42/29 | 備設○固 | 10/45/18 | 子胥○劍 | 5/23/31 |
| 左○不知 | 9/42/29 | 各○其職 | 10/45/26 | 則兼○永福 | 5/26/11 |
| | | 國有○禦 | 10/46/5 | 吳不○也 | 5/26/15 |
| **守 shǒu** | **46** | 爾安土○職 | 10/46/8 | 吳不肯○ | 5/27/8 |
| | | ○一年 | 10/47/11 | 敬而○之 | 5/27/8 |
| ○仁義之道 | 1/1/28 | | | 反○其殃 | 5/27/14 |
| 木不妨○備 | 3/4/5 | **首 shǒu** | **13** | ○命九載 | 6/28/8 |
| 乃使太子○城父 | 3/4/11 | | | 我○命於天 | 6/28/28 |
| 執綱○戾 | 3/4/19 | 因推比○ | 3/7/27 | 有○其饑 | 6/29/1 |
| 自○貞明 | 3/6/6 | 比○如故 | 3/7/27 | 有○其寒 | 6/29/1 |
| 君無○禦 | 4/8/16 | 垂淚頓○曰 | 4/8/11 | 余始○封 | 6/29/26 |
| 設○備 | 4/8/18 | 北向○內 | 4/9/2 | 大王德（○）〔壽〕 | 7/30/12 |
| 不○ | 4/10/26 | 下無黔○之士 | 5/18/8 | 乾坤○靈 | 7/30/12 |
| 臥不○御 | 4/10/28 | 越王勾踐再拜稽○ | 5/18/21 | 利○其福 | 7/30/13 |
| 還軍○楚 | 4/15/3 | 稽○謝於勾踐 | 5/22/4 | 泣涕而○冤 | 7/30/30 |
| 楚司馬子成、秦公子子 | | 大王以○事 | 5/22/17 | 奉令○使 | 7/31/23 |
| 　蒲與吳王相○ | 4/15/20 | 有人若以此○事 | 5/22/19 | 永○萬福 | 7/34/6 |
| ○居三十不嫁 | 4/16/10 | 使王孫駱稽○請成 | 5/26/15 | 今王○天之福 | 8/35/6 |
| 端於○節 | 4/16/23 | 稽○再拜稱臣 | 7/32/10 | ○辱被恥 | 8/35/15 |
| 使太子屯兵○楚留止 | 4/16/24 | 臣勾踐叩頭頓○ | 7/32/13 | 稟○無外 | 8/35/24 |
| 又使明大夫○之 | 5/18/1 | 越王稽○曰 | 7/34/26 | 寡人獲辱○恥 | 9/38/1 |
| 百姓習於戰○ | 5/18/6 | | | ○囚破之恥 | 9/38/4 |
| 下○海濱 | 5/19/5 | **受 shòu** | **64** | 吾昔日○夫子之言 | 9/38/20 |
| ○仁抱德 | 5/24/28 | | | 王勿○也 | 9/39/13, 9/40/13 |
| 城門不○ | 5/26/21 | 而三讓不○ | 1/1/27 | 大王○之 | 9/39/14, 9/40/14 |
| 曤專心○國 | 6/30/2 | 季札不○而耕於野 | 2/3/9 | 遂○〔之〕而起姑蘇之臺 | 9/39/14 |
| ○國於邊 | 7/30/14 | 吾不○位 | 2/3/18 | 其必○之 | 9/40/8 |
| 今寡人○窮若斯 | 7/30/23 | 蒙垢○恥 | 3/4/19 | 遂○其女 | 9/40/17 |
| 三○暴困之辱 | 7/30/29 | 氣不相○ | 3/4/27 | ○其寶女之遺 | 9/41/15 |
| 其道必○ | 7/31/9 | 遂辭不○ | 3/5/29 | 妾非○於人也 | 9/42/3 |
| 不能遵○社稷 | 7/31/11 | 蒙罪○辱 | 4/8/12 | 臣前人○之於楚 | 9/42/20 |
| 出亡之君勑臣○禦 | 7/31/17 | 其可○乎 | 4/9/15 | 又爲○教 | 9/42/24 |
| 安○被辱之地 | 7/31/21 | 不○而去 | 4/9/15 | 大夫敬○命矣 | 10/46/4 |
| ○信溫故 | 7/31/25 | 不○其辱 | 4/10/22 | 還○其咎 | 10/47/17 |
| 各○一分 | 7/31/31 | 又○眇目之病 | 4/10/23 | 已○命號 | 10/47/23 |
| 棄○邊之事 | 7/34/13 | 臣既已○命爲將 | 4/12/10 | ○霸王之功 | 10/47/29 |
| 修德自○ | 8/35/14 | 臣不○之 | 4/12/11 | 我王○福 | 10/48/2 |
| 吳王聞越王盡心自○ | 8/36/11 | 愚者○佞以自亡 | 4/12/25 | 妻子○戮 | 10/48/21 |
| ○之以神 | 9/39/4 | 今子○讒 | 4/12/25 | 自禹○禪至少康即位 | 10/50/20 |
| 越王信誠○道 | 9/40/24 | 以背○之 | 4/14/14 | | |
| 故作彈以○之 | 9/42/13 | 囍喜○越之賂 | 5/17/10 | **狩 shòu** | **1** |
| ○臣子也 | 9/42/21 | 子貢不○ | 5/20/7 | | |
| ○吏卒也 | 9/42/22 | 以前○矢石 | 5/20/15 | 巡○ | 6/28/9 |
| 關爲○禦 | 9/42/22 | 〔君〕○〔其〕幣 | 5/20/18 | | |

| 授 shòu | 3 |
|---|---|
| 今欲○國於札 | 2/2/27 |
| 必○國以次及于季札 | 2/2/28 |
| 欲○位季札 | 2/3/18 |

| 壽 shòu | 19 |
|---|---|
| 齊子○夢立 | 1/2/6 |
| 凡從太伯至○夢之世 | 1/2/6 |
| ○夢元年 | 2/2/11 |
| ○夢曰 | 2/2/12 |
| ○夢以巫臣子狐庸爲相 | 2/2/22 |
| ○夢病將卒 | 2/2/24 |
| ○夢欲立之 | 2/2/25 |
| ○夢乃命諸樊曰 | 2/2/26 |
| ○夢卒 | 2/2/29 |
| 前君○夢有子四人 | 3/6/26 |
| 欲終○命 | 5/21/17 |
| ○將盡矣 | 6/29/19 |
| 當吳王○夢、諸樊、闔閭之時 | 6/30/3 |
| 大王德（受）〔○〕 | 7/30/12 |
| 爲吳王○ | 7/34/3 |
| 奉觴上千歲之○ | 7/34/4 |
| 大王延○萬歲 | 7/34/6 |
| 天下安寧○考長 | 10/50/9 |
| 不○ | 10/50/24 |

| 綬 shòu | 4 |
|---|---|
| 封函印○ | 3/4/20 |
| 故遣臣來奉進印○ | 3/4/23 |
| 何敢貪印○哉 | 3/4/24 |
| 兼封印○ | 3/4/26 |

| 獸 shòu | 7 |
|---|---|
| 走追奔○ | 4/11/8 |
| 召其神而問之山川脈理、金玉所有、鳥○昆蟲之類及八方之民俗、殊國異域土地里數 | 6/28/21 |
| 猛○將擊 | 8/37/4 |
| 饑食鳥○ | 9/42/12 |
| 孝子不忍見父母爲禽○所食 | 9/42/13 |
| 絕鳥○之害 | 9/42/13 |
| ○不暇走 | 9/42/25 |

| 殳 shū | 1 |
|---|---|
| 攉戟馭○ | 10/46/10 |

| 叔 shū | 2 |
|---|---|
| 簡子○達 | 1/2/3 |
| 用孫○敖 | 3/4/1 |

| 書 shū | 11 |
|---|---|
| 吳王○其矢而射種、蠡之軍 | 5/27/5 |
| 大夫種○矢射之 | 5/27/7 |
| 其○金簡 | 6/28/15 |
| 欲得我山神○者 | 6/28/18 |
| 金簡之○存矣 | 6/28/18 |
| 發金簡之○ | 6/28/19 |
| 吾獲覆釜之○ | 6/29/16 |
| 吾欲因而賜之以○ | 8/36/12 |
| 吳王歡兮飛尺○ | 8/36/21 |
| 臣聞越王朝○不倦 | 9/40/14 |
| 蠡復爲○遺種曰 | 10/48/8 |

| 殊 shū | 4 |
|---|---|
| 愛信越○甚 | 5/17/11 |
| 召其神而問之山川脈理、金玉所有、鳥獸昆蟲之類及八方之民俗、○國異域土地里數 | 6/28/21 |
| ○方各進 | 6/29/5 |
| 各○其事 | 9/38/14 |

| 舒 shū | 3 |
|---|---|
| 楚封之於○ | 3/8/5 |
| 拔○ | 4/12/17 |
| 群臣拜舞天顏○ | 8/36/21 |

| 疏 shū | 2 |
|---|---|
| 使益○而記之 | 6/28/22 |
| ○九河於潛淵 | 6/29/4 |

| 銖 shū | 2 |
|---|---|
| 千鈞之重加○〔兩〕而移 | 5/18/11 |
| 求之○分 | 9/43/2 |

| 疎 shū | 2 |
|---|---|
| 王獨奈何以讒賊小臣而○骨肉乎 | 3/4/14 |
| 日益○遠 | 10/48/29 |

| 樞 shū | 1 |
|---|---|
| 施機設○ | 9/42/17 |

| 輸 shū | 2 |
|---|---|
| 而反○之食 | 9/41/6 |
| 寡人逆群臣之議而○於越 | 9/41/19 |

| 孰 shú | 4 |
|---|---|
| ○利 | 5/25/7 |
| ○知其非暢達之兆哉 | 7/31/5 |
| ○知返兮何年 | 7/32/5 |
| ○敢止者 | 10/48/25 |

| 熟 shú | 4 |
|---|---|
| 連年不○ | 5/24/18 |
| 不○於歲 | 5/26/9 |
| 因得生瓜已○ | 5/26/25 |
| 五穀不○ | 9/39/13 |

| 贖 shú | 1 |
|---|---|
| 以○成公 | 4/14/1 |

| 黍 shǔ | 3 |
|---|---|
| 爲兒時好種樹、禾○、桑麻、五穀 | 1/1/7 |
| 桑稷○禾 | 1/1/8 |
| 季孫拔劍之鍔中缺者大如○米 | 4/9/14 |

| 蜀 shǔ | 1 |
|---|---|
| 石紐在〇西川也 | 6/28/5 |

| 暑 shǔ | 1 |
|---|---|
| 寒〇不時 | 9/39/13 |

| 屬 shǔ | 19 |
|---|---|
| 性命〇天 | 3/5/26 |
| 今〇丈人 | 3/5/26 |
| 示越〇於吳也 | 4/9/2 |
| 乃〇其子於齊鮑氏而還 | 5/17/15 |
| 孤雖知要領不〇 | 5/19/19 |
| 命〇上天 | 5/21/15 |
| 後世相〇爲聲響 | 5/22/7 |
| 乃使人賜〇鏤之劍 | 5/23/31 |
| 北〇薪 | 5/24/19 |
| 西〇濟 | 5/24/19 |
| 請王〇士 | 5/25/8 |
| 氣不〇聲 | 6/29/7 |
| 示天下悉〇禹也 | 6/29/12 |
| 吾將〇焉 | 7/31/8 |
| 欲委〇於相國 | 8/35/18 |
| 明臣〇也 | 8/35/22 |
| 相國范蠡、大夫種、句 | |
| 　如之〇儼然列坐 | 9/37/30 |
| 王已〇政於執事 | 10/47/18 |
| 越王遂賜文種〇盧之劍 | 10/49/21 |

| 戌 shù | 3 |
|---|---|
| 今年三月甲（〇）〔戌〕 | 7/34/18 |
| 甲（〇）〔戌〕 | 7/34/19 |
| 丙（〇）〔戌〕遂虜殺 | |
| 　太子 | 10/44/21 |

| 束 shù | 2 |
|---|---|
| 約〇不明 | 4/12/7 |
| 既以約〇 | 4/12/7 |

| 述 shù | 2 |
|---|---|
| 願各自〇 | 7/31/8 |
| 丘能〇五帝三王之道 | 10/49/28 |

| 庶 shù | 4 |
|---|---|
| 〇存適亡 | 2/3/7 |
| 戮我衆〇 | 5/23/3 |
| 乃封其〇子於越 | 6/29/26 |
| 轉從衆〇爲編戶之民 | 6/29/29 |

| 術 shù | 22 |
|---|---|
| 姸營種之〇 | 1/1/9 |
| 遵公劉、古公之〇 | 1/1/28 |
| 其〇奈何 | 4/8/18 |
| 斯則其〇也 | 4/8/19 |
| 闔閭復使子胥、屈蓋餘 | |
| 　、燭傭習〇戰騎射御 | |
| 　之巧 | 4/9/2 |
| 有諸大夫懷德抱〇 | 7/31/31 |
| 則霸王之〇在矣 | 9/38/19 |
| 有九〇 | 9/38/23 |
| 雖有九〇 | 9/38/24 |
| 夫九〇者 | 9/38/25 |
| 凡此九〇 | 9/39/3 |
| 乃行第一〇 | 9/39/5 |
| 大夫之〇 | 9/39/6 |
| 第二〇也 | 9/39/16 |
| 第三〇也 | 9/40/18 |
| 孤蒙子之〇 | 9/40/20 |
| 問以劍戟之〇 | 9/41/27 |
| 嘗步於射〇 | 9/42/10 |
| 寡人誠更其〇 | 10/43/13 |
| 盡九〇之謀 | 10/49/14 |
| 九〇之策 | 10/49/18 |
| 願幸以餘〇爲孤前王於 | |
| 　地下謀吳之前人 | 10/49/19 |

| 數 shù | 23 |
|---|---|
| 〇年之間 | 1/1/24 |
| 中國侯王〇用兵 | 1/1/25 |
| 慶封〇爲吳伺祭 | 2/3/12 |
| 子胥行〇步 | 3/5/32 |
| 豈有天氣之〇 | 4/8/20 |
| 拊膝〇百里 | 4/11/9 |
| 我〇諫王 | 5/17/14 |
| 臣觀吳王爲〇戰伐 | 5/20/3 |
| 東風〇至 | 5/22/8 |
| 日〇千金 | 5/22/11 |

| 召其神而問之山川脈理 | |
|---|---|
| 　、金玉所有、鳥獸昆 | |
| 　蟲之類及八方之民俗 | |
| 　、殊國異域土地里〇 | 6/28/21 |
| 旋天地之〇 | 6/28/27 |
| 天有曆〇 | 7/30/20 |
| 天道之〇 | 7/31/4 |
| 〇言成湯之義而不行之 | 7/33/21 |
| 反氣應〇 | 9/39/25 |
| 且聚敢死之士〇萬 | 9/40/14 |
| 復還斗斛之〇 | 9/41/21 |
| 其〇乃平 | 9/43/1 |
| 吳封孤〇百里之地 | 10/43/15 |
| 以別衆寡之〇 | 10/45/9 |
| 計不〇謀 | 10/48/22 |
| 臣誠〇以損聲色 | 10/49/8 |

| 豎 shù | 1 |
|---|---|
| 〇亥度南北 | 6/28/27 |

| 樹 shù | 7 |
|---|---|
| 爲兒時好種〇、禾黍、 | |
| 　桑麻、五穀 | 1/1/7 |
| 子俟我此〇下 | 3/5/23 |
| 求之〇下 | 3/5/24 |
| 夫秋蟬登高〇 | 5/24/23 |
| 鳳凰棲於〇 | 6/29/18 |
| 今大王欲國〇都 | 8/35/17 |
| 袁公則飛上〇 | 9/42/1 |

| 衰 shuāi | 9 |
|---|---|
| 遭夏氏世〇 | 1/1/11 |
| 遭殷之末世〇 | 1/1/25 |
| 一盛一〇 | 6/29/22 |
| 興〇在天 | 7/30/17 |
| 氣有盛〇 | 8/37/13 |
| 權懸而智〇 | 8/37/15 |
| 君之所以盛〇者也 | 9/38/11 |
| 陰〇陽興 | 9/42/5 |
| 人有盛〇 | 10/48/9 |

| 帥 shuài | 2 |
|---|---|
| 邠人父子兄弟相〇 | 1/1/17 |

| | | | | | | |
|---|---|---|---|---|---|---|
| ○軍來觀 | 5/23/1 | 堯遭洪○ | 1/1/9 | 轉而及○ | 8/36/5 |
| | | 江中有漁父乘船從下方 | | 足寒則漬之以○ | 8/36/8 |
| **率 shuài** | 7 | 　沂○而上 | 3/5/19 | 故溢堤之○ | 8/37/13 |
| | | 已覆船自沉於江○之中矣 | 3/6/1 | ○靜則無漚漻之怒 | 8/37/14 |
| 秦使公子子蒲、子虎○ | | 適會女子擊綿於瀨○之上 | 3/6/2 | 夫○能浮草木 | 8/37/17 |
| 　車五百乘 | 4/15/18 | 已自投於瀨○矣 | 3/6/7 | 祀○澤於江州 | 9/39/6 |
| ○衆以朝於吳 | 5/17/10 | 子胥乃使相土嘗○ | 4/8/21 | ○旱不調 | 9/40/22 |
| 使范蠡、洩庸○師屯海 | | ○門八 | 4/8/21 | ○戰則乘舟 | 9/41/24 |
| 　通江 | 5/25/4 | 瀨下之○ | 4/10/4 | 四方之民歸之若○ | 10/43/15 |
| 吳王○群臣遁去 | 5/26/21 | ○中有神 | 4/10/17 | 今夫差衣○犀〔之〕甲 | |
| ○諸侯以伐其君 | 9/41/11 | ○神果取其馬 | 4/10/18 | 　者十有三萬人 | 10/44/14 |
| 將○二三子夫婦以爲藩 | | 入○求神決戰 | 4/10/19 | 中○以待吳發 | 10/46/30 |
| 　輔 | 10/43/16 | 訴恃其與○戰之勇也 | 4/10/20 | 入海陽於三道之翟○ | 10/47/11 |
| 躬○君子之軍六千人以 | | 今子與神鬭於○ | 4/10/22 | 故前潮○潘候者 | 10/49/24 |
| 　爲中陣 | 10/46/28 | 三捽其頭於○中 | 4/11/18 | 後重○者 | 10/49/24 |
| | | 使赴○火 | 4/12/12 | ○行〔而〕山處 | 10/50/1 |
| **霜 shuāng** | 2 | ○行如楚 | 4/13/1 | | |
| | | 自豫章與楚夾漢○爲陣 | 4/14/6 | **稅 shuì** | 1 |
| 秋○惡之 | 5/26/27 | 周之子孫在漢○上者 | 4/14/18 | | |
| 孟冬十月多雪○ | 10/50/8 | ○不入口 | 4/15/15 | 國無逋○ | 9/39/26 |
| | | 子胥等過溧陽瀨○之上 | 4/16/8 | | |
| **雙 shuāng** | 4 | 遂投○而亡 | 4/16/9 | **順 shùn** | 12 |
| | | 乃投金○中而去 | 4/16/9 | | |
| 秦女天下無○ | 3/4/9 | 自投於瀨○ | 4/16/11 | ○風而刺慶忌 | 4/11/17 |
| 淚泫泫兮○懸 | 7/32/5 | 投金○中而去矣 | 4/16/12 | 魚腸劍逆理不○ | 4/13/6 |
| 越王乃使大夫種索葛布 | | 流○湯湯 | 5/21/3 | ○君之過以安其私 | 5/20/6 |
| 　十萬、甘蜜九党、文 | | 流○湯湯越宮堂者 | 5/22/2 | 何○心佛命群臣 | 7/31/9 |
| 　笥七枚、狐皮五○、 | | 吳王聞齊有沒○之慮 | 5/23/1 | 奉教○理 | 7/31/15 |
| 　晉竹十廋 | 8/36/13 | 遂緣江（沂）〔沂〕淮 | | ○穀味、逆時氣者死 | 7/33/27 |
| 天生神木一○ | 9/39/9 | 　（開）〔闕〕溝深○ | 5/26/9 | ○時氣者生 | 7/33/27 |
| | | 伏地而飲○ | 5/26/23 | 知父將有不○之子 | 7/34/20 |
| **誰 shuí** | 9 | 遭洪○滔滔 | 6/28/5 | 必○辭和衆 | 8/37/5 |
| | | 將任治○ | 6/28/6 | ○地之理 | 9/41/6 |
| 吾○怨乎 | 3/8/3 | 堯用治○ | 6/28/8 | 以○敵人之欲 | 9/41/10 |
| ○不愛其所近 | 4/10/4 | 觀鯀之治○無有形狀 | 6/28/9 | 縱橫逆○ | 9/42/7 |
| 其爲何○ | 4/10/15 | 鯀投于○ | 6/28/10 | | |
| 而○能涉淮踰泗、越千 | | 舜以治○無功 | 6/28/11 | **舜 shùn** | 8 |
| 　里而戰者乎 | 4/12/16 | 自稱玄夷蒼○使者 | 6/28/16 | | |
| ○使汝用讒諛之口 | 4/14/24 | 得通○之理 | 6/28/19 | 得○ | 6/28/9 |
| 公爲何○矣 | 4/14/29 | 禹濟江南省○理 | 6/28/27 | ○與四嶽舉鯀之子高密 | 6/28/10 |
| 非我而○當立 | 4/16/20 | 吾爲帝統治○土 | 6/29/1 | ○以治水無功 | 6/28/11 |
| 情憒愗兮○識 | 7/32/9 | 決弱○於北漢 | 6/29/3 | 堯禪位於○ | 6/29/7 |
| ○念復生渡此津也 | 7/34/30 | 開五○於東北 | 6/29/4 | ○薦大禹 | 6/29/7 |
| | | 飲其○者 | 6/29/16 | ○崩 | 6/29/8 |
| **水 shuǐ** | 61 | 臨○祖道 | 7/30/8 | 昔堯任○、禹而天下治 | 7/30/18 |
| | | 雖有洪○之害 | 7/30/19 | 雖有堯○之德 | 9/39/24 |
| 陵○高下 | 1/1/8 | 妻給○、除糞、灑掃 | 7/32/28 | | |

| 瞬 shùn | 1 |
|---|---|
| 不敢〇目 | 4/12/11 |

| 說 shuō | 15 |
|---|---|
| 未可〇以外事 | 3/6/17 |
| 寧有〇乎 | 3/6/22 |
| 乃〇光曰 | 3/7/19 |
| 孤敢不問其〇 | 5/19/1 |
| 邪〇偽辭 | 5/23/23 |
| 公孫聖直〇而無功 | 5/27/10 |
| 建策之士無暴興之〇 | 7/31/3 |
| 而君王何爲護辭譏〇 | 7/31/7 |
| 外執美詞之〇 | 7/34/7 |
| 今大王好聽須臾之〇 | 7/34/8 |
| 吾誠已〇於國人 | 10/43/10 |
| 願君悉心盡意以〇國人 | 10/43/11 |
| 聽孤〇國人之辭 | 10/43/12 |
| 奇〇怪論 | 10/49/8 |
| 夫子何〇而欲教之 | 10/50/2 |

| 爍 shuò | 1 |
|---|---|
| 師知〇身以成物 | 4/9/10 |

| 司 sī | 12 |
|---|---|
| 而使城父〇馬奮揚往殺<br>　太子 | 3/4/15 |
| 〇馬成乃謂子常曰 | 4/12/20 |
| 伍胥、孫武、白喜亦妻<br>　子常、〇馬成之妻 | 4/14/25 |
| 楚〇馬子成、秦公子子<br>　蒲與吳王相守 | 4/15/20 |
| 吳王乃使太宰嚭爲右校<br>　〇馬 | 5/22/10 |
| 王孫駱爲左校〔〇馬〕 | 5/22/10 |
| 官曰〇空 | 6/29/6 |
| 改官〇徒 | 6/29/8 |
| 東南爲〇馬門 | 8/35/28 |
| 乃復命有〇與國人曰 | 10/45/23 |
| 勾踐乃命有〇大徇軍 | 10/46/14 |
| 有〇將軍大徇軍中曰 | 10/46/24 |

| 私 sī | 15 |
|---|---|
| 而行父子之〇乎 | 2/2/25 |
| 然前王不忍行其〇計 | 2/3/3 |
| 非前王之〇 | 2/3/4 |
| 曾欲〇其從者 | 3/5/16 |
| 〇喜曰 | 3/6/11 |
| 但欲自復〇讎耳 | 3/6/16 |
| 何須〇備劍士 | 3/6/31 |
| 而與大王圖王僚於〇室<br>　之中 | 4/10/11 |
| 〇以間兵伐唐 | 4/15/20 |
| 今〔以〕萬乘之齊而〇<br>　千乘之魯 | 5/18/12 |
| 齊亦已〇魯矣 | 5/18/17 |
| 順君之過以安其〇 | 5/20/6 |
| 不〇於外 | 7/31/26 |
| 而爲相國快〇意耶 | 7/34/16 |
| 潛伏其〇卒六千人 | 10/47/2 |

| 思 sī | 21 |
|---|---|
| 憂〇二子 | 3/4/23 |
| 晝夜感〇 | 3/4/24 |
| 〇見父耳 | 3/4/28 |
| 悲其所〇者乎 | 4/10/4 |
| 今大王虔心〇士 | 4/12/15 |
| 成公常〇報楚 | 4/14/2 |
| 女少〇齊 | 4/16/16 |
| 女〇不止 | 4/16/17 |
| 〇之三年 | 5/19/18 |
| 乃勞身焦〇 | 6/28/12 |
| 愁然沉〇 | 6/28/13 |
| 若兒〇母 | 6/29/15 |
| 〇禹未嘗不言 | 6/29/23 |
| 〇不遠 | 7/30/27 |
| 心不相〇 | 7/34/12 |
| 越王深念遠〇 | 9/37/28 |
| 作士〇歸 | 9/39/8 |
| 越王深念永〇 | 9/39/18 |
| 神定〇去 | 9/42/29 |
| 吾欲士卒進則〇賞 | 10/44/15 |
| 吾〇士卒之怒久矣 | 10/46/23 |

| 斯 sī | 44 |
|---|---|
| 而國〇霸焉 | 1/2/7 |

| | |
|---|---|
| 豈有〇之服哉 | 2/2/12 |
| 二國從〇結讎 | 2/2/16 |
| 未嘗見〇人也 | 3/6/10 |
| 惟夫子詮〇義也 | 3/7/1 |
| 於〇急矣 | 3/7/19 |
| 乃至於〇 | 4/8/13 |
| 〇則其術也 | 4/8/19 |
| 其若〇耶 | 4/9/10 |
| 於〇將何以教寡人 | 4/9/31 |
| 今若〇議 | 4/10/12 |
| 臣聞要離若〇 | 4/11/4 |
| 因〇發怒 | 4/13/14 |
| 寡人無臣若〇者 | 4/15/10 |
| 〇且闔閭之霸時 | 4/16/27 |
| 〇亦大夫之力 | 5/23/6 |
| 吳國之命〇促矣 | 5/23/11 |
| 自致於〇 | 5/23/28,10/50/17 |
| 體如〇也 | 5/24/22 |
| 莫過於〇 | 5/24/27 |
| 莫過於〇也 | 5/25/3 |
| 會晉今反叛如〇 | 5/25/18 |
| 聞帝使文命于〇 | 6/28/16 |
| 〇人犯罪 | 6/28/30 |
| 今乃罹法如〇 | 6/29/1 |
| 若〇豈可忘乎 | 6/29/17 |
| 止絕〇矣 | 6/29/19 |
| 大王不覽於〇 | 7/30/22 |
| 今寡人守窮若〇 | 7/30/23 |
| 霸王之迹自（期）〔〇〕<br>　而起 | 8/35/7 |
| 〇正吳之興霸 | 8/37/11 |
| 〇道者 | 9/42/7 |
| 道（女）〔要〕在〇 | 9/43/2 |
| 王若起（〇）〔師〕 | 10/44/7 |
| 無以加〇矣 | 10/45/8 |
| 不從吾令者如〇矣 | 10/46/6 |
| | 10/46/7 |
| 其淫心匿行、不當敵者<br>　如〇矣 | 10/46/14 |
| 〇湯武克夏（商）〔商〕<br>　而成王業者 | 10/48/18 |
| 臣請從〇辭矣 | 10/48/19 |
| 范蠡亦有〇言 | 10/49/10 |
| 何其志忽忽若〇 | 10/49/13 |
| 其謂〇乎 | 10/49/20 |

| | | | | | |
|---|---|---|---|---|---|
| **絲 sī** | **3** | 此孤之○言也 | 5/19/14 | ○氣也 | 7/33/8 |
| | | 吳越之士繼踵連○、肝 | | 吳王不○ | 7/33/19 |
| 不聞以土木之崇高、蠹 | | 　腦塗地者 | 5/19/17 | 孤所以窮而不○者 | 7/33/20 |
| 　鏤之刻畫、金石之清 | | 〔是〕存亡國〔而〕 | | 言其不○ | 7/33/22 |
| 　音、○竹之淒唳以之 | | 　（舉）〔興〕○人 | | 順穀味、逆時氣者○ | 7/33/27 |
| 　爲美 | 3/4/3 | 　〔也〕 | 5/19/20 | 前據白刃自知○ | 7/34/10 |
| 以作黃○之布 | 8/36/11 | 不以身○隱君之過 | 5/20/4 | 魚以有悅○於餌 | 7/34/18 |
| 令我采葛以作○ | 8/36/20 | 其身○而不聽 | 5/20/4 | 臣不敢逃○以負前王 | 7/34/24 |
| | | ○且不敢忘 | 5/20/9 | 願○於轂下 | 7/34/27 |
| **死 sǐ** | **142** | ○且不忘 | 5/20/12 | 勢足以○ | 8/35/12 |
| | | 君臣○無所恨矣 | 5/20/16 | ○於諫議 | 8/37/20 |
| 后稷遂得不○ | 1/1/7 | 必○百段於王前 | 5/21/20 | 未聞敢○之友 | 9/37/29 |
| 仰天求○ | 2/3/9 | 與○人俱葬也 | 5/22/3 | 而五年未聞敢○之士、 | |
| 將○ | 2/3/9 | 身可不○矣 | 5/22/5 | 　雪仇之臣 | 9/38/2 |
| ○ | 3/3/29,6/28/29 | 身○無辜 | 5/22/7 | 主辱臣○ | 9/38/4,10/48/14 |
| 不然則○ | 3/4/17 | 不念士民之○ | 5/22/12 | 操鋒履刃、艾命投○者 | 9/38/7 |
| 父幸免○ | 3/4/26 | 發當○矣 | 5/22/13 | 臣聞高飛之鳥○於美食 | 9/38/21 |
| 今往方○ | 3/4/28 | 動則有○ | 5/22/15 | 深泉之魚○於芳餌 | 9/38/21 |
| 雖○而生 | 3/4/28 | 員誠前○ | 5/23/12 | 何以定而制之○乎 | 9/38/22 |
| 必○不脫 | 3/4/29 | 見難爭○ | 5/23/21 | 道○巷哭 | 9/39/15 |
| 王僚既○ | 3/7/28 | 吾今日○ | 5/24/2 | 物有○生 | 9/39/21 |
| 哀○待生 | 3/8/3 | 我以○爭之 | 5/24/3 | 何謂○生、眞僞乎 | 9/39/22 |
| 惟大王賜其○ | 4/10/1 | 反賜我○ | 5/24/4 | 是一○也 | 9/39/24 |
| 生往○還 | 4/10/22 | 自我○後 | 5/24/6 | 四○也 | 9/39/24 |
| 子有當○之過者三 | 4/10/27 | 遂伏劍而○ | 5/24/6,10/49/22 | 且聚敢○之士數萬 | 9/40/14 |
| 一○也 | 4/10/28 | 汝一○之後 | 5/24/7 | 是人不○ | 9/40/15 |
| 二○也 | 4/10/28,9/39/24 | 有敢諫者○ | 5/24/20 | | 9/40/15,9/40/16 |
| 三○也 | 4/10/28,9/39/24 | 不知越王將選○士 | 5/25/2 | 而雉必○ | 9/41/7 |
| 子有三○之過 | 4/10/29 | 令各盡其○ | 5/25/9 | ○則（裹）〔褁〕以白茅 | 9/42/12 |
| 吾無三○之過 | 4/10/29 | 小則變妾、嫡子○ | 5/25/22 | 敵爲百○ | 9/42/25 |
| 於是慶忌○ | 4/11/20 | ○者不可勝計 | 5/26/14 | 無不○也 | 9/42/25 |
| 重其○ | 4/11/22 | ○與生 | 5/27/1 | 陳音○ | 9/43/4 |
| 吾寧能不○乎 | 4/11/23 | 吾聞狡兔以○ | 5/27/5 | 今伍子胥忠諫而○ | 10/43/11 |
| 君且勿○ | 4/11/24 | 有忠臣伍子胥忠諫而身○ | 5/27/9 | 乃葬○問傷 | 10/43/13 |
| 伏劍而○ | 4/11/24 | ○生一也 | 5/27/18 | 長子○ | 10/43/19 |
| 殺生以送○ | 4/12/30 | ○者 | 5/27/20,7/32/2 | 季子○ | 10/43/19 |
| 磐郢以送其○女 | 4/13/4 | 乃引劍而伏之、○ | 5/27/22 | 軍士不○ | 10/46/2 |
| 故以送○ | 4/13/8 | ○亦愧矣 | 5/27/23 | 一士判○兮 | 10/46/11 |
| 歐冶○矣 | 4/13/12 | 使○者有知 | 5/27/24 | 其有○亡者 | 10/46/17 |
| 其臣下莫有○志 | 4/14/9 | ○必連繫組以罩吾目 | 5/27/25 | 如吾父母昆弟之有○亡 | |
| 又何殺生以愛○ | 4/15/24 | ○勿見我形 | 5/27/25 | 　葬埋之矣 | 10/46/17 |
| ○如有知 | 4/15/24 | 客○敵國 | 7/30/25 | 自謂未能得士之○力 | 10/46/21 |
| 自傷虛○ | 4/16/12 | 吾聞父○子（伐）〔代〕 | 7/31/12 | 莫不懷心樂○ | 10/46/24 |
| 令○者有知 | 4/16/17 | 弔○存疾 | 7/31/28 | 不惜群臣之○ | 10/48/6 |
| 太子亦病而○ | 4/16/18 | 若孤之聞○ | 7/32/2 | 故不辭一○一生 | 10/48/16 |
| 父○子代 | 4/16/24 | 臣○則○矣 | 7/32/14 | 藝所以不○者 | 10/48/16 |
| 人民外○ | 5/18/7 | 身○世絕 | 7/32/21 | 故不敢前○ | 10/48/17 |

| | | | | | |
|---|---|---|---|---|---|
| 熊子○ | 1/2/3 | ○伏劍而死 | 5/24/6,10/49/22 | **孫 sūn** | 57 |
| ○子柯相 | 1/2/3 | ○北伐齊 | 5/25/3 | | |
| ○成爲國 | 2/3/6 | ○入吳國 | 5/25/5 | 其○公劉 | 1/1/11 |
| ○逃歸延陵 | 2/3/20 | ○緣江（沂）〔沂〕淮 | | 用○叔敖 | 3/4/1 |
| ○霸天下 | 3/4/1 | （開）〔闕〕溝深水 | 5/26/9 | 適會魯使季○聘於吳 | 4/9/13 |
| 王○納秦女爲夫人 | 3/4/9 | ○屠吳 | 5/26/21 | 季○拔劍之鍔中缺者大 | |
| 其○沉埋 | 3/5/2 | ○巡行四瀆 | 6/28/20 | 　如黍米 | 4/9/14 |
| 胥○奔宋 | 3/5/13 | ○更名茅山曰會稽之山 | 6/29/13 | 楚白州犁之○ | 4/9/23 |
| ○辭不受 | 3/5/29 | ○已耆艾將老 | 6/29/19 | 乃薦○子於王 | 4/11/30 |
| ○行至吳 | 3/6/1 | 啓○即天子之位 | 6/29/24 | ○子者 | 4/11/30 |
| ○許之 | 3/6/4 | ○保前王丘墓 | 7/30/14 | 知○子可以折衝銷敵 | 4/11/31 |
| ○有勇壯之氣 | 3/6/14 | ○討其讎 | 7/31/1 | 七薦○子 | 4/11/31 |
| ○更相伐 | 3/7/11 | 今臣○天文 | 7/31/3 | 而召○子問以兵法 | 4/12/1 |
| ○自立 | 3/7/28 | ○別於浙江之上 | 7/32/1 | ○子曰 | 4/12/2,4/12/3 |
| ○以成劍 | 4/9/12 | ○登船徑去 | 7/32/2 | | 4/12/7,4/12/10,4/12/14 |
| ○成二鉤 | 4/9/17 | 願大王○其所執 | 7/32/18 | ○子乃親自操枹擊鼓 | 4/12/5 |
| ○服而不離身 | 4/9/22 | 夫差○不誅越王 | 7/32/19 | ○子顧視諸女連笑不止 | 4/12/6 |
| ○殺郄宛 | 4/9/29 | 自謂○失范蠡矣 | 7/32/25 | ○子大怒 | 4/12/6 |
| 將○吳統 | 4/10/13 | 吳王○召越王 | 7/33/12 | ○子復撾鼓之 | 4/12/11 |
| ○之吳 | 4/10/19,4/11/16 | ○免子孫之患 | 7/33/14 | 非○武之將 | 4/12/16 |
| ○如衛 | 4/11/14 | ○病口臭 | 7/33/29 | ○子爲將 | 4/12/17 |
| ○投身於江 | 4/11/23 | ○赦越王歸國 | 7/34/25 | ○武曰 | 4/12/18,4/15/26 |
| ○滅其族 | 4/12/26 | ○復宮闕 | 8/35/10 | 楚聞吳使○子、伍子胥 | |
| ○以爲寶 | 4/13/13 | 越王○師（入）〔八〕 | | 　、白喜爲將 | 4/12/18 |
| ○使孫武、伍胥、白喜 | | 　臣與其四友 | 8/36/24 | 遂使○武、伍胥、白喜 | |
| 　伐楚 | 4/13/14 | ○取滅亡 | 9/39/14 | 　伐楚 | 4/13/14 |
| ○伐 | 4/13/19 | ○受〔之〕而起姑蘇之臺 | 9/39/14 | 吳使伍胥、○武擊之 | 4/13/21 |
| ○圍巢 | 4/13/23 | ○受其女 | 9/40/17 | 吳王謂子胥、○武曰 | 4/13/25 |
| 子常○濟漢而陣 | 4/14/6 | ○別去 | 9/42/1 | 伍胥、○武曰 | 4/13/28 |
| ○以其部五千人擊子常 | 4/14/10 | 謂當○涉吾地 | 10/44/4 | 周之子○在漢水上者 | 4/14/18 |
| ○破楚衆 | 4/14/11 | 丙（戌）〔戌〕○虜殺 | | 伍胥、○武、白喜亦妻 | |
| 吳師○入郢 | 4/14/13 | 　太子 | 10/44/21 | 　子常、司馬成之妻 | 4/14/25 |
| ○引軍擊鄭 | 4/14/25 | 越之左右軍乃○伐之 | 10/47/2 | 子胥、○武、白喜留 | 4/15/22 |
| 若楚○亡 | 4/15/12 | 越軍○圍吳 | 10/47/11 | 伍胥、白喜、○武決 | 4/16/5 |
| 闔閭○歸 | 4/15/22 | ○棲吳王於姑胥之山 | 10/47/12 | 吳以子胥、白喜、○武 | |
| ○焚而戰 | 4/15/25 | 范蠡○鳴鼓而進兵 | 10/47/18 | 　之謀 | 4/17/1 |
| 屍子○不復鼓矣 | 4/16/8 | ○伏劍自殺 | 10/47/22 | 召王○駱問曰 | 5/21/8 |
| ○投水而亡 | 4/16/9 | 今君○僭號不歸 | 10/47/27 | 王○駱曰 | 5/21/9,5/25/7,5/26/24 |
| 嫗○取金而歸 | 4/16/13 | ○作章暢辭曰 | 10/48/1 | 東掖門亭長長城公弟公 | |
| （情）〔請〕〔○言之〕 | 5/19/15 | 越王○賜文種屬盧之劍 | 10/49/21 | 　○聖 | 5/21/10 |
| 若將○大義 | 5/20/14 | ○置而去 | 10/50/5 | 王乃遣王○駱往請公○聖 | 5/21/11 |
| ○去 | 5/21/18,7/34/29 | ○作河梁之詩 | 10/50/7 | 公○聖伏地而泣 | 5/21/13 |
| ○九月使太宰嚭伐齊 | 5/22/20 | ○卒 | 10/50/18 | 公○聖仰天嘆曰 | 5/21/14 |
| ○行 | 5/22/22 | | | 公○聖曰 | 5/21/17,5/21/19 |
| 王○伐齊 | 5/22/24 | **穗 suì** | 1 | 遣下吏太宰嚭、王○駱 | |
| 吳齊○盟而去 | 5/23/4 | | | 　解冠幘 | 5/22/4 |
| 以能○疑計〔惡〕 | 5/23/9 | 民無失○ | 9/39/26 | 王○駱爲左校〔司馬〕 | 5/22/10 |

| | | | | | |
|---|---|---|---|---|---|
| 王〇駱聞之 | 5/24/10 | 非我〇亂 | 3/8/3 | 〇患外不憂 | 5/23/10 |
| 乃命王〇駱告勞于周 | 5/26/5 | 必不爲君主〇親 | 4/8/14 | 天〇未棄 | 5/23/10 |
| 使王〇駱稽首請成 | 5/26/15 | 寡人非子無〇盡議 | 4/8/15 | 王何〇見 | 5/23/13 |
| 是公〇聖所言不得火食 | | 民無〇依 | 4/8/16 | 無〇見 | 5/23/16 |
| 　走偉偟也 | 5/26/24 | 未有〇用 | 4/9/3 | 前日〇見四人 | 5/23/16 |
| 吾戮公〇聖 | 5/26/28 | 不知其〇在 | 4/9/20 | 孤不使汝得有〇見 | 5/24/5 |
| 公〇聖 | 5/27/3,5/27/3 | 一國〇知 | 4/9/26 | 有何〇見 | 5/24/9 |
| 公〇聖直說而無功 | 5/27/10 | 誰不愛其〇近 | 4/10/4 | 惟有〇獲 | 5/25/1 |
| 不忍覩忠臣伍子胥及公 | | 悲其〇思者乎 | 4/10/4 | 無姬姓之〇振懼 | 5/25/17 |
| 　〇聖 | 5/27/24 | 臣之〇厚其人者 | 4/10/13 | 是文武之德〇祐助 | 5/26/9 |
| 遂免子〇之患 | 7/33/14 | 豈細人之〇能謀乎 | 4/10/14 | 是公孫聖〇言不得火食 | |
| 吳使王〇駱肉袒膝行而 | | 壯士〇當 | 4/10/18 | 　走偉偟也 | 5/26/24 |
| 　前 | 10/47/12 | 勇士〇恥 | 4/10/23 | 子胥〇謂旦食者也 | 5/26/28 |
| | | 放髮僵臥無〇懼 | 4/10/26 | 曾無〇知乎 | 5/27/2 |
| **損 sǔn** | **5** | 世〇聞也 | 4/11/8 | 是天〇反 | 5/27/8 |
| | | 王子〇知 | 4/11/15 | 人之〇惡 | 5/27/20 |
| 未有所〇我者 | 4/15/26 | 惟〇欲用 | 4/12/12 | 帝靡〇任 | 6/28/7 |
| 其無〇也 | 8/36/17 | 然而無〇施也 | 4/12/13 | 蓋聖人〇記 | 6/28/13 |
| 宜〇之辭 | 8/37/6 | 外爲鄰國〇笑 | 4/12/23 | 不幸〇求 | 6/28/16 |
| 〇其有餘 | 10/45/5 | 臣聞吳王得越〇獻寶劍 | | 召其神而問之山川脈理 | |
| 臣誠數以〇聲色 | 10/49/8 | 　三枚 | 4/13/3 | 　、金玉〇有、鳥獸昆 | |
| | | 湛盧〇以去者 | 4/13/5 | 　蟲之類及八方之民俗 | |
| **所 suǒ** | **162** | 王之〇致 | 4/14/8 | 　、殊國異域土地里數 | 6/28/21 |
| | | 〇謂臣行其志不待命者 | 4/14/10 | 此天〇以爲我用 | 6/28/29 |
| 意若爲人〇感 | 1/1/4,6/28/4 | 求昭王〇在日急 | 4/15/3 | 使得其〇 | 6/29/1 |
| 爲狄人〇慕 | 1/1/13 | 未獲〇伏 | 4/15/14 | 有〇納貢 | 6/29/5 |
| 何〇欲 | 1/1/15 | 存沒〇在 | 4/15/24 | 追就禹之〇 | 6/29/9 |
| 君子不以養害害〇養 | 1/1/15 | 未有〇損我者 | 4/15/26 | 如何〇戴 | 6/29/10 |
| 國〇以亡也 | 1/1/15 | 任用無忌多〇殺 | 4/16/4 | 從民〇居 | 6/29/28 |
| 吾〇不居也 | 1/1/16 | 子之〇難 | 5/18/1 | 默無〇言 | 7/30/11 |
| 而子之〇習也 | 2/3/6 | 人之〇易〔也〕 | 5/18/1 | 未知〇就 | 7/31/4 |
| 未有〇與合議 | 3/3/25 | 子之〇易 | 5/18/2 | 吾顧諸大夫以其〇能 | 7/31/15 |
| 將爲射者〇圖 | 3/3/31 | 人之〇難〔也〕 | 5/18/2 | 君王〇陳者 | 7/31/16 |
| 豈前王之〇盛、人君之 | | 大臣有〇不聽者也 | 5/18/3 | 今君王欲士之〇志 | 7/31/18 |
| 　美者耶 | 3/4/6 | 故使賤臣以奉前王〇藏 | | 使無〇疑 | 7/31/23 |
| 不知〇謂也 | 3/4/7 | 　〔器〕 | 5/20/13 | 人之〇畏 | 7/32/2 |
| 何〇陳哉 | 3/4/25 | 君臣死無〇恨矣 | 5/20/16 | 願大王遂其〇執 | 7/32/18 |
| 爲世〇笑 | 3/5/1 | 得無〇憂哉 | 5/21/2 | 〇求之事 | 7/33/9 |
| 亦吾〇喜 | 3/5/2 | 今王〇夢 | 5/21/10 | 故夏爲湯〇誅 | 7/33/11 |
| 失其〇在 | 3/5/7 | 其有〇知者 | 5/21/10 | 殷爲周〇滅 | 7/33/11 |
| 上〇以索我者 | 3/5/18 | 非子〔之〕〇〔能〕知也 | 5/21/14 | 昔者齊桓割燕〇至之地 | |
| 且爲楚〇得 | 3/5/29 | 非賢人〇宜 | 5/21/16 | 　以賜燕公 | 7/33/15 |
| 吾〇謂渡楚賊也 | 3/5/30 | 吾天之〇生 | 5/22/5 | 孤〇以窮而不死者 | 7/33/20 |
| 令知國之〇歸 | 3/6/31 | 神之〇使 | 5/22/5 | 然不知〇以自安也 | 7/34/10 |
| 必前求其〇好 | 3/7/4,9/38/22 | 功曹爲太常〇臨亥 | 5/22/19 | 而不知〇以自存也 | 7/34/11 |
| 何味〇甘 | 3/7/4 | 不知當世之〇行 | 5/22/24 | 又不進口之〇嗜 | 7/34/12 |
| 吳〇以相攻者 | 3/7/10 | 吳不知〇安集 | 5/23/2 | 將求〇取也 | 7/34/17 |

## 袒 tǎn　4

○褐持劍　4/10/19
肉○徒跣　5/22/4
范蠡、文種乃稽顙肉○　10/47/7
吳使王孫駱肉○膝行而前　10/47/12

## 炭 tàn　3

使童女童男三百人鼓橐裝○　4/9/11
猶縱毛爐○之上幸其焦　7/34/9
東至○瀆　8/35/11

## 嘆 tàn　7

椒丘訴投劍而○曰　4/11/3
有頃而○　4/11/29
公孫聖仰天○曰　5/21/14
仰天○曰　5/24/5
於是種仰天○曰　10/49/19
又○曰　10/49/21
越王喟然○曰　10/50/1

## 歎 tàn　14

因○而去曰　2/2/13
於是子胥○曰　3/4/30
女子○曰　3/6/6
○曰　4/9/14,6/29/19
莫不○息　4/9/29
子胥○曰　4/15/2
乃仰天○曰　5/21/20
吳王○曰　5/26/28
越王仰天○曰　7/32/1,9/38/3
仰天○曰　7/34/29
王與夫人○曰　7/35/1
勾踐○曰　9/40/5

## 湯 tāng　18

流水○○　5/21/3
○○越宮堂者　5/21/7
流水○○越宮堂者　5/22/2
昔○繫於夏臺　7/30/16
○改儀而媚於桀　7/30/17
故○王不以窮自傷　7/30/18
而云○文困厄後必霸　7/30/23
昔○入夏　7/31/16
昔桀囚○而不誅　7/33/10
故夏爲○所誅　7/33/11
數言成○之義而不行之　7/33/21
昔○武乘四時之利而制夏殷　8/37/22
○、文得之以王　9/38/25
昔桀易○而滅　9/40/13
斯○武克夏（商）〔商〕而成王業者　10/48/18

## 唐 táng　10

而○、蔡怨之　4/13/28
得○、蔡何怨　4/13/29
○成公朝楚　4/13/31
○成相與謀　4/13/31
得○、蔡而可伐楚　4/14/4
吳王於是使使謂○、蔡曰　4/14/4
○侯使其子乾爲質於吳　4/14/5
私以間兵伐○　4/15/20
○虞卜地　8/35/13
越王乃被○夷之甲　10/49/26

## 堂 táng　11

○邑人也　3/6/20
子必故陳兵○下門庭　4/9/27
登其○　4/10/26
登○無聲　4/11/2
越吾宮○　5/21/3
湯湯越宮○者　5/21/7
流水湯湯越宮○者　5/22/2
下○中庭　5/23/31
憂爲福○　7/30/9
孤欲以今日上明○、臨國政　8/36/1
臣願急升明○臨政　8/36/6

## 棠 táng　2

王僚乃被○銍之甲三重　3/7/24
昭王封夫概於○溪　4/15/22

## 螳 táng　4

不知○蜋超枝緣條　5/24/23
夫○蜋翕心而進　5/24/24
欲啄○蜋　5/24/25
夫黃雀但知伺○蜋之有味　5/24/25

## 滔 tāo　2

遭洪水○○　6/28/5

## 桃 táo　1

蓋以○弓棘矢而備鄰國也　9/42/19

## 逃 táo　8

○去　2/3/18
遂○歸延陵　2/3/20
遁○〔出走〕　5/19/5
遁○出走　5/20/8
遁○〔出走〕　5/20/12
不得○亡　5/21/15
不仁者○　7/34/1
臣不敢○死以負前王　7/34/24

## 討 tǎo　7

今復欲○其子　4/10/11
昔武王○紂而後殺武庚　4/10/12
君○其臣　4/14/16
遂○其讎　7/31/1
誅○越寇　7/33/3
然後○吳　9/38/4
吾方往征○我宗廟之讎　10/46/8

## 滕 téng　2

吳王有女○玉　4/12/26
偏如○兔　9/42/6

## 騰 téng　2

骨○肉飛　4/11/9
功曹爲○蛇而臨戊　7/33/8

| | | | | | | |
|---|---|---|---|---|---|---|
| ○下喁喁 | 6/29/15 | ○有四時 | 8/37/22 | ○下安寧壽考長 | 10/50/9 |
| 得以除○下之災 | 6/29/16 | 蒙○祉福 | 9/37/28 | 蒙○靈之祐、神（祇） | |
| ○美禹德而勞其功 | 6/29/21 | 一曰尊○事鬼 | 9/38/26 | 〔祇〕之福 | 10/50/16 |
| 啓遂即○子之位 | 6/29/24 | 〔以〕取○下不難 | 9/39/4 | | |
| 指○向禹墓曰 | 6/29/30 | ○生神木一雙 | 9/39/9 | **田 tián** | **8** |
| 爲民請福於○ | 6/29/31 | ○與其災 | 9/39/14 | | |
| 不失上○之命 | 6/30/2 | 必察○地之氣 | 9/39/20 | 人民皆耕○其中 | 1/1/26 |
| 皇○祐助 | 7/30/9,10/48/2 | ○地存亡 | 9/39/21 | ○疇不墾 | 4/8/16 |
| 衆○悲哀 | 7/30/10 | ○地之氣 | 9/39/21 | 譬由磐石之○ | 5/17/13 |
| 越王仰○太息 | 7/30/11 | 夫○時有生而不救種 | 9/39/23 | 農夫就成○夫耕也 | 5/21/6 |
| 爲○下笑 | 7/30/15,7/32/21 | 夫○時有生 | 9/39/25 | 使百鳥還爲民○ | 6/29/22 |
| 興衰在○ | 7/30/17 | 謂○門地戶也 | 9/40/2 | 雖有鳥○之利 | 6/29/27 |
| 兩君屈己以得○道 | 7/30/18 | 乃仰觀○文 | 9/40/4 | 安集鳥○之瑞 | 6/30/1 |
| 昔堯任舜、禹而○下治 | 7/30/18 | ○若棄吳 | 9/40/21 | 墾其○疇 | 8/36/23 |
| ○有曆數 | 7/30/20 | 今不用○之道 | 9/41/6 | | |
| 堯傳○子 | 7/30/20 | ○氣未見 | 9/41/24 | **佃 tián** | **1** |
| ○道祐之 | 7/30/30 | 琴氏以爲弓矢不足以威 | | | |
| ○下宗之 | 7/31/2 | 　○下 | 9/42/16 | 百鳥○於澤 | 6/29/19 |
| 今臣遂○文 | 7/31/3 | 道出於○ | 9/43/3 | | |
| ○道之數 | 7/31/4 | 免於○虐之誅 | 10/43/9 | **恬 tián** | **2** |
| ○性自然 | 7/31/13 | 有○氣即來陳之 | 10/43/10 | | |
| 候○察地 | 7/31/29,10/45/21 | 是○氣前見亡國之證也 | 10/43/11 | 其心○然悵焉 | 5/21/1 |
| 越王仰○歎曰 | 7/32/1,9/38/3 | 長爲○下所恥 | 10/43/24 | 覺而○然悵焉 | 5/21/2 |
| 有何辜兮譴○ | 7/32/4 | 臣當卜之於○ | 10/44/5 | | |
| 上愧皇○ | 7/32/11 | 今寡人將助○威 | 10/44/15 | **填 tián** | **2** |
| 畏皇○之咎 | 7/32/17 | 恐○下聞之 | 10/44/22 | | |
| 寡人承○之神靈 | 7/33/3 | 吾欲與之徹○之中 | 10/44/27 | ○之以土 | 10/45/28,10/46/4 |
| 此豈非○網四張 | 7/33/9 | 吾欲〔與之〕徹○之中 | 10/45/12 | | |
| ○道還反 | 7/33/10 | ○變、地應、人道便利 | 10/45/21 | **條 tiáo** | **2** |
| 豈不負皇○乎 | 7/34/16 | 功驟於○下 | 10/46/3 | | |
| 仰○歎曰 | 7/34/29 | 自是○也 | 10/47/10 | 不知螳螂超枝緣○ | 5/24/23 |
| 孤蒙上○之命 | 7/34/30 | 若徹○之中 | 10/47/14 | 自中國至於○方 | 6/28/7 |
| ○地再清 | 7/35/1 | ○以越賜吳 | 10/47/15 | | |
| 今王受○之福 | 8/35/6 | ○與不取 | 10/47/17 | **蜩 tiáo** | **1** |
| 寡人不愼○教 | 8/35/7 | ○〔既〕降禍於吳國 | 10/47/20 | | |
| 於是范蠡乃觀○文 | 8/35/18 | 何子言之其合於○ | 10/47/25 | 聞秋○之聲 | 5/24/22 |
| 其應○矣 | 8/35/23 | 僣○子之號 | 10/47/27 | | |
| 上承皇○ | 8/35/24 | ○變於上 | 10/47/27 | **調 tiáo** | **3** |
| 扁○地之壤 | 8/35/25 | 恐○變復見 | 10/47/27 | | |
| 臣乃承○門制城 | 8/35/26 | 吾聞○有四時 | 10/48/9 | ○民安居 | 6/29/1 |
| ○地卒號 | 8/35/28 | 是○之棄越而喪孤也 | 10/48/20 | ○權衡 | 6/29/18 |
| 得○下之中 | 8/36/3 | 玄武○空威行 | 10/48/25 | 水旱不○ | 9/40/22 |
| ○下立矣 | 8/36/6 | 度○關 | 10/48/25 | | |
| 群臣拜舞○顏舒 | 8/36/21 | 涉○梁 | 10/48/26 | **糶 tiào** | **1** |
| 恥聞○下 | 8/37/1 | 後入○一 | 10/48/26 | | |
| ○下莫不聞知 | 8/37/3 | 上○所殃 | 10/48/27 | 望陽出○ | 9/40/4 |
| 以號令於○下 | 8/37/14 | 於是種仰○嘆曰 | 10/49/19 | | |

| | | | | | | | |
|---|---|---|---|---|---|---|---|
| **銍 tiě** | **1** | 然猶○君王之令 | 10/44/12 | ○命達旨 | 7/31/23 |
| | | ○樂不盡其聲 | 10/45/2 | 不○安國之道 | 7/32/18 |
| 王僚乃被棠○之甲三重 | 3/7/24 | 志行不足以○王命者 | 10/46/19 | 鄰國○而不絕其援 | 8/37/11 |
| | | 孤臣惟命是○ | 10/47/14 | ○所使也 | 9/42/23 |
| **鐵 tiě** | **6** | 吾欲○子言 | 10/47/18 | 以○汝路 | 10/47/10 |

| | |
|---|---|
| 采五山之○精 | 4/9/5 |
| 而金○之精不銷淪流 | 4/9/6 |
| 金○之類不銷 | 4/9/9 |
| 金○〔刀〕〔乃〕濡 | 4/9/11 |
| 顧力士石番以○鎚擊殺之 | 5/22/6 |
| 召○之矛無分髮之便 | 7/31/3 |

| **亭 tíng** | **1** |
|---|---|
| 東披門○長長城公弟公孫聖 | 5/21/10 |

| **帖 tiě** | **1** |
|---|---|
| 必〔餌〕〔弭〕毛○伏 | 8/37/4 |

| **庭 tíng** | **11** |
|---|---|
| 集楚國之○ | 3/3/30 |
| 子必故陳兵堂下門○ | 4/9/27 |
| 鶴倚哭於秦○ | 4/15/7 |
| 復立於○ | 4/15/14 |
| 有不○之臣 | 5/23/9 |
| 獨見四人向○相背而倚 | 5/23/12 |
| 下堂中○ | 5/23/31 |
| ○生蔓草 | 5/24/2 |
| 麒麟步於○ | 6/29/18 |
| 去彼吳○ | 7/30/13 |
| 集於○廡乎 | 7/32/15 |

| **聽 tīng** | **36** |
|---|---|
| 不○國政 | 3/3/28 |
| 克○以為聰 | 3/4/3 |
| 楚敢不○命 | 4/14/21 |
| 不顧宗廟○讒孽 | 4/16/4 |
| 吳王不○ | 5/17/13,5/22/20 |
| | 5/23/12,9/39/14,9/40/17 |
| 大臣有所不○者也 | 5/18/3 |
| 子待我伐越而○子 | 5/18/15 |
| 主以伐越而不○臣 | 5/18/16 |
| 耳不○雅音 | 5/19/16 |
| 其身死而不○ | 5/20/4 |
| 前王○從吾計 | 5/23/29 |
| 未諫不○ | 5/23/30 |
| 非○宰嚭以殺子胥 | 5/24/13 |
| 吳王不○太子之諫 | 5/25/3 |
| 孤躬親○命於藩籬之外 | 5/25/20 |
| 越王不○ | 5/26/19 |
| ○而用之 | 5/27/10 |
| 聞樂不○ | 6/28/12 |
| 乃納言○諫 | 6/29/17 |
| 今大王好○須臾之說 | 7/34/8 |
| ○用讒夫之語 | 7/34/9 |
| 寡人曾○相國而誅之 | 7/34/16 |
| 面○貌觀 | 7/34/21 |
| ○諫進賢 | 9/40/15 |
| 雖啼無○宰嚭之言 | 9/41/16 |
| ○人主也 | 9/42/23 |
| ○孤說國人之辭 | 10/43/12 |

| **霆 tíng** | **1** |
|---|---|
| 聲如雷○ | 7/32/14 |

| **挺 tǐng** | **1** |
|---|---|
| 帶劍○鈹 | 5/26/6 |

| **通 tōng** | **16** |
|---|---|
| 與中國時○朝會 | 1/2/6 |
| 於是吳始○中國 | 2/2/16 |
| ○閭閻風也 | 4/8/23 |
| 故立閶門以○天氣 | 4/8/23 |
| ○期戰之會 | 5/17/14 |
| 使范蠡、洩庸率師屯海○江 | 5/25/4 |
| ○江淮轉襲吳 | 5/25/5 |
| 既以○命 | 5/25/21 |
| 得○水之理 | 6/28/19 |
| ○江東流至於碣石 | 6/29/4 |
| 以○鬼神之道 | 6/29/31 |

| **同 tóng** | **24** |
|---|---|
| 不與○域接壤 | 3/5/12 |
| 吾故求○憂之士 | 3/7/1 |
| 與歐冶子○師 | 4/9/3 |
| 陰陽○光 | 4/9/5 |
| 吾之怨與喜○ | 4/10/3 |
| ○病相憐 | 4/10/3 |
| ○憂相救 | 4/10/3 |
| 楚大夫尹固與王○舟而去 | 4/14/12 |
| 與子○袍 | 4/15/10 |
| 與子○仇 | 4/15/11 |
| 汝常與子胥○心合志 | 5/22/22 |
| 且吳與越○音共律 | 5/27/12 |
| 大夫扶○日 | 7/30/15,10/45/19 |
| 君臣○道 | 7/31/13 |
| ○土連域 | 7/33/2 |
| ○聲相和 | 7/34/2 |
| ○心相求 | 7/34/2 |
| 扶○日 | 8/37/3 |
| 辭合意○ | 9/37/29 |
| 則不得與三軍○饑寒之節 | 10/45/10 |
| 與之○食 | 10/46/18 |
| 君臣○和 | 10/48/5 |
| 大夫曳庸、扶○、皋如之徒 | 10/48/28 |

| **桐 tóng** | **5** |
|---|---|
| 前園橫〔索〕生梧○ | 5/21/4 |
| 前園橫〔索〕生梧○者 | 5/21/8 |
| | 5/22/2 |
| 梧○心空 | 5/22/3 |
| 葦樟○棺 | 6/29/20 |

| **童 tóng** | **5** |
|---|---|
| 使○女○男三百人鼓橐裝炭 | 4/9/11 |
| 乃令○褐請軍 | 5/25/15 |

| | |
|---|---|
| ○褐將還 | 5/25/20 |
| 命○褐復命 | 5/26/3 |

**僮 tóng** 3

| | |
|---|---|
| 但爲盲○ | 5/22/3 |
| 此孤○之謀 | 5/23/10 |
| 國中○子戲而遇孤 | 10/43/22 |

**統 tǒng** 6

| | |
|---|---|
| 將遂吳○ | 4/10/13 |
| 恐不能奉○於吳國 | 4/16/23 |
| 小子敢悉考績以○天意 | 6/28/11 |
| 吾爲帝○治水土 | 6/29/1 |
| 領○州伯以巡十二部 | 6/29/6 |
| ○煩理亂 | 7/31/22 |

**痛 tòng** 3

| | |
|---|---|
| 闔閭○之 | 4/12/28 |
| 吳王哀○助切怛 | 4/16/5 |
| 冤悲○兮心惻 | 7/32/8 |

**慟 tòng** 1

| | |
|---|---|
| 心中內○ | 7/32/10 |

**投 tóu** 17

| | |
|---|---|
| 已自○於瀨水矣 | 3/6/7 |
| ○於爐中 | 4/9/11 |
| 椒丘訴○劍而嘆曰 | 4/11/3 |
| 遂○身於江 | 4/11/23 |
| 遂○水而亡 | 4/16/9 |
| 乃○金水中而去 | 4/16/9 |
| 自○於瀨水 | 4/16/11 |
| ○金水中而去矣 | 4/16/12 |
| ○之於江中 | 5/24/7 |
| ○之江中 | 5/24/9 |
| ○胥山之巓 | 5/26/28 |
| 鯀○于水 | 6/28/10 |
| ○卵千鈞之下望必全 | 7/34/10 |
| 操鋒履刃、艾命○死者 | 9/38/7 |
| ○於中野 | 9/42/12 |
| 願聞望敵儀表、○分飛　矢之道 | 9/42/30 |

| | |
|---|---|
| 我悉徙宅自○死亡之地 | 10/49/13 |

**頭 tóu** 10

| | |
|---|---|
| 手挫捽吾○ | 4/11/2 |
| 三捽其○於水中 | 4/11/18 |
| 以戈擊王○ | 4/14/14 |
| 聖乃仰○向天而言曰 | 5/22/6 |
| 即斷其○ | 5/24/8 |
| 臣勾踐叩○頓首 | 7/32/13 |
| 著樵○ | 7/32/27 |
| ○若激卵 | 9/42/28 |
| 見伍子胥○ | 10/47/5 |
| 故求置吾○於南門 | 10/47/8 |

**徒 tú** 15

| | |
|---|---|
| ○以椎髻爲俗 | 2/2/12 |
| 非用有力○ | 3/6/29 |
| 王○好其言而不用其實 | 4/12/14 |
| 肉袒○跣 | 5/22/4 |
| ○跣褰裳 | 5/23/31 |
| 我○有功於吳 | 5/24/3 |
| 夫齊○舉而伐魯 | 5/25/1 |
| 夫吳○知踰境征伐非吾　之國 | 5/25/2 |
| ○以爭彊 | 5/25/18 |
| 然不可○許 | 5/26/1 |
| 改官司○ | 6/29/8 |
| 與種蠡之○ | 7/34/27 |
| 君○見外 | 8/35/26 |
| ○欲干君之好 | 9/41/14 |
| 大夫曳庸、扶同、皋如　之○ | 10/48/28 |

**荼 tú** 1

| | |
|---|---|
| 望之若○ | 5/25/11 |

**途 tú** 4

| | |
|---|---|
| 夫人賑窮○少飯 | 3/6/3 |
| 遇之於○ | 3/6/20 |
| 臣念前人與君相逢於○ | 4/15/1 |
| 遇一窮○君子而輒飯之 | 4/16/11 |

**屠 tú** 4

| | |
|---|---|
| 逐昭王而○荊平王墓 | 4/15/27 |
| ○我吳國 | 5/25/2 |
| 遂○吳 | 5/26/21 |
| 吳卒自○ | 10/46/11 |

**塗 tú** 6

| | |
|---|---|
| 跣足○面 | 3/6/8 |
| 吳越之士繼踵連死、肝　腦○地者 | 5/19/17 |
| 行到○山 | 6/28/22 |
| ○山之歌曰 | 6/28/24 |
| 禹因娶○山 | 6/28/26 |
| 倉已封○ | 9/40/1 |

**圖 tú** 16

| | |
|---|---|
| 將爲射者所○ | 3/3/31 |
| 豈○取百金之劍乎 | 3/5/29 |
| 而與大王○王僚於私室　之中 | 4/10/11 |
| 敢不○之 | 4/12/26 |
| 將○而告 | 4/15/13 |
| 用智○國則使賢 | 5/19/8 |
| 願王○之 | 5/21/21 |
| 願大王定越而後○齊 | 5/22/15 |
| 胥○寡人也 | 5/24/13 |
| 今○吳王 | 5/27/15 |
| 大夫皆前○未然之端 | 7/30/23 |
| 宜早○之 | 7/33/14 |
| 惟公○之 | 7/33/21 |
| 所○者吉 | 9/40/20 |
| 功可象於○畫 | 10/47/30 |
| 勾踐憂文種之不○ | 10/49/4 |

**土 tǔ** 29

| | |
|---|---|
| 相五○之宜 | 1/1/8 |
| 欲其○地 | 1/1/15 |
| 不聞以○木之崇高、蠶　鏤之刻畫、金石之清　音、絲竹之淒喨以之　爲美 | 3/4/3 |
| 子胥乃使相○嘗水 | 4/8/21 |
| 鑿池積○ | 4/12/28 |

| | | | | | |
|---|---|---|---|---|---|
| 則亦亡君之〇也 | 4/15/12 | **推 tuī** | 3 | **託 tuō** | 7 |
| 踰千里而來我壤〇 | 5/23/3 | | | | |
| 人一隙〇以葬之 | 5/27/27 | 因〇匕首 | 3/7/27 | 二人〇名採藥於衡山 | 1/1/21 |
| 召其神而問之山川脈理 | | 夫〇國任賢、度功績成者 | 7/31/14 | 〇而無興師之意 | 4/11/27 |
| 　、金玉所有、鳥獸昆 | | 〇身致君 | 7/31/26 | 子胥〇言進士 | 4/12/1 |
| 　蟲之類及八方之民俗 | | | | 寄氣〇靈 | 4/13/8 |
| 　、殊國異域〇地里數 | 6/28/21 | **隤 tuí** | 1 | 〇汝子於齊鮑氏 | 5/24/4 |
| 吾爲帝統治水〇 | 6/29/1 | | | 聲可〇於絃管 | 10/47/30 |
| 平易相〇 | 6/29/5 | 臣聞峻高者〇 | 8/37/12 | 使孤寄身〇號以俟命矣 | 10/48/20 |
| 〇階三等葬之 | 6/29/20 | | | | |
| 悉九州之〇 | 6/29/24 | **退 tuì** | 25 | **脫 tuō** | 5 |
| 荒無遺〇 | 7/31/20 | | | | |
| 下負后〇 | 7/32/11 | 子胥〇耕於野 | 3/6/19 | 必死不〇 | 3/4/29 |
| 幸來涉我壤〇 | 7/32/16 | 不覩〇讓 | 3/7/1 | 幾不得〇 | 3/5/19 |
| 同〇連域 | 7/33/2 | 何爲中道生進〇耶 | 4/8/13 | 易於〇屣 | 9/38/25 |
| 德在〇 | 7/34/19 | 隨鼓進〇 | 4/12/4 | 所射無〇 | 9/42/15 |
| 下處后〇 | 8/35/24 | 當左右進〇 | 4/12/11 | 自吾子亦不能〇也 | 10/46/21 |
| 非糞〇之城 | 8/35/26 | 〇子期 | 4/13/15 | | |
| 合氣於后〇 | 8/35/27 | 乃〇 | 4/14/21 | **橐 tuó** | 1 |
| 智於〇城 | 9/40/10 | 夫概師敗卻〇 | 4/15/21 | | |
| 飛〇逐害」之謂也 | 9/42/14 | 今〇自計 | 5/23/26 | 使童女童男三百人鼓〇 | |
| 塡之以〇 | 10/45/28,10/46/4 | 進〇輕難 | 5/26/1 | 　裝炭 | 4/9/11 |
| 食（士）〔〇〕不均 | 10/46/2 | 乃〇幕而會 | 5/26/3 | | |
| 爾安〇守職 | 10/46/8 | 齊師還鋒而〇 | 5/26/8 | **蠹 wā** | 3 |
| 吳之〇地民臣 | 10/47/21 | 禹〇又齋 | 6/28/19 | | |
| 范蠡知勾踐愛壤〇 | 10/48/6 | 〇處陽山之南、陰阿之北 | 6/29/9 | 道見〇張（復）〔腹〕 | |
| | | 進〇有行 | 6/29/22 | 　而怒 | 10/46/22 |
| **吐 tǔ** | 1 | 貪進不〇 | 7/31/27 | 君何爲敬〇蟲而爲之軾 | 10/46/22 |
| | | 〇臥於舍 | 8/36/16 | 今〇蟲無知之物 | 10/46/23 |
| 氣〇宇內 | 8/35/24 | 兵剉而軍〇 | 8/37/15 | | |
| | | 〇則避刑 | 10/44/15 | **瓦 wǎ** | 3 |
| **兔 tù** | 4 | 勾踐乃〇齋而命國人曰 | 10/45/22 | | |
| | | 〇而不 | 10/46/26 | 是（囊）〔〇〕之罪也 | 4/12/25 |
| 吾聞狡〇以死 | 5/27/5 | 松陵卻〇 | 10/47/7 | 楚昭王使公子囊〇伐吳 | 4/13/21 |
| 偏如膝〇 | 9/42/6 | 知進〇存亡而不失其正 | 10/48/9 | 囊〇者 | 4/13/28 |
| 狡〇已盡 | 10/48/10 | 明知進〇 | 10/48/10 | | |
| 狡〇死 | 10/49/9 | | | **外 wài** | 47 |
| | | **呑 tūn** | 1 | | |
| **摶 tuán** | 1 | | | 〇郭三百餘里 | 1/1/26 |
| | | 得蕙苨而〇之 | 6/28/4 | 〇交諸侯 | 3/4/13 |
| 鷙鳥將（〇）〔摶〕 | 8/37/4 | | | 〇愧諸侯之恥 | 3/4/22 |
| | | **豚 tún** | 1 | 未可說以〇事 | 3/6/17 |
| **博 tuán** | 2 | | | 方今吳〇困於楚 | 3/7/22 |
| | | 賜以壺酒、一〇 | 10/43/18 | 君之言〇也 | 4/10/5 |
| 不能（〇）〔博〕大 | 5/21/9 | | | 〇爲鄰國所笑 | 4/12/23 |
| 多見（〇）〔博〕觀 | 5/21/11 | | | 葬於國西閶門〇 | 4/12/28 |
| | | | | 春夏治於城〇 | 4/16/26 |

| | | | | | |
|---|---|---|---|---|---|
| 欲奔〇 | 4/14/7 | 審存〇者 | 9/39/22 | 楚靈〇會諸侯伐吳 | 2/3/12 |
| 出固將〇 | 4/14/12 | 存〇者 | 9/40/2 | 吳〇餘祭怒曰 | 2/3/13 |
| 大夫子期雖與昭王俱〇 | 4/14/21 | 紂易文王而〇 | 9/40/14 | 號爲吳〇僚也 | 2/3/20 |
| 申包胥〇在山中 | 4/15/3 | 夏〇以妹喜 | 9/40/17 | 〇僚使公子光伐楚 | 3/3/24 |
| 其〇無日矣 | 4/15/10 | 殷〇以妲己 | 9/40/17 | 復得〇舟而還 | 3/3/24 |
| 若楚遂〇 | 4/15/12 | 周〇以褒姒 | 9/40/17 | 光欲謀殺〇僚 | 3/3/25 |
| 則亦〇君之土也 | 4/15/12 | 封〇國之後 | 9/41/18 | 以直諫事楚莊〇 | 3/3/28 |
| 〇國失衆 | 4/15/24 | 是天氣前見〇國之證也 | 10/43/11 | 〇即位三年 | 3/3/28 |
| 而〇吳國 | 4/15/25 | 其有死〇者 | 10/46/17 | 於是莊〇曰 | 3/3/30 |
| 遂投水而〇 | 4/16/9 | 如吾父母昆弟之有死〇 | | 於是莊〇棄其秦姬、越女 | 3/4/1 |
| 今見吳之〇矣 | 5/17/14 | 　葬埋之矣 | 10/46/17 | 莊〇卒 | 3/4/2 |
| 汝與吾俱〇 | 5/17/15 | 知進退存〇而不失其正 | 10/48/9 | 靈〇立 | 3/4/2 |
| 〇無爲也 | 5/17/15 | 謀臣〇 | 10/49/10 | 前莊〇爲抱居之臺 | 3/4/4 |
| 義存〇魯 | 5/18/13 | 我悉徒宅自投死〇之地 | 10/49/13 | 豈前〇之所盛、人君之 | |
| 〔是〕存〇國〔而〕 | | | | 　美者耶 | 3/4/6 |
| 　（舉）〔興〕死人 | | **王 wáng** | **886** | 靈〇即除工去飾 | 3/4/7 |
| 　〔也〕 | 5/19/20 | | | 楚平〇有太子名建 | 3/4/8 |
| 不得逃〇 | 5/21/15 | 興〇業者 | 1/1/19 | 平〇以伍奢爲太子太傅 | 3/4/8 |
| 好戰者必〇 | 5/21/21 | 中國侯〇數用兵 | 1/1/25 | 平〇使無忌爲太子娶於秦 | 3/4/8 |
| 臣以爲危國〇身之甚 | 5/22/12 | 脩先〇之業 | 1/1/27 | 無忌報平〇曰 | 3/4/9 |
| 王亦〇矣 | 5/23/15 | 乃稱〇 | 1/2/2 | 〇可自取 | 3/4/9 |
| 〇國復存 | 5/23/22 | 追諡古公爲太〇 | 1/2/2 | 〇遂納秦女爲夫人 | 3/4/9 |
| 恐吳國之〇矣 | 5/23/27 | 稱〇 | 1/2/6 | 無忌因去太子而事平〇 | 3/4/10 |
| 何如〇乎 | 5/23/30 | 成公悉爲陳前〇之禮樂 | 2/2/11 | 深念平〇一旦卒而太子立 | 3/4/10 |
| 〇臣安往 | 5/23/30 | 楚莊〇怒 | 2/2/15 | 願〇自備 | 3/4/12 |
| 謀臣必〇 | 5/27/6 | 楚恭〇怨吳爲巫臣伐之也 | 2/2/20 | 平〇乃召伍奢而按問之 | 3/4/13 |
| 若存若〇 | 5/27/7 | 奈何廢前〇之禮 | 2/2/25 | 〇獨奈何以讒賊小臣而 | |
| 以至於〇 | 5/27/9 | 周之太〇知西伯之聖 | 2/2/26 | 　踈骨肉乎 | 3/4/14 |
| 〇國滅君 | 5/27/23 | 〇之道興 | 2/2/27 | 〇今不制 | 3/4/14 |
| 存〇繫於人 | 7/30/17 | 〇曰　　2/2/27,3/4/2,3/6/13 | | 〇且見擒 | 3/4/14 |
| 存〇異處 | 7/31/3 | 　　4/9/17,4/10/15,4/10/16 | | 平〇大怒　　　3/4/15,4/9/29 | |
| 我霸則彼〇 | 7/31/4 | 　　4/11/5,4/11/8,4/11/10 | | 無忌復言平〇曰 | 3/4/16 |
| 君〇臣親 | 7/31/12 | 　　4/11/13,4/12/2,5/17/16 | | 〇使使謂奢曰 | 3/4/17 |
| 豈得以在者盡忠、〇者 | | 　　5/23/13,5/23/16,5/23/19 | | 平〇謂伍奢之譽二子 | 3/4/20 |
| 　爲不信乎 | 7/31/13 | 　　5/24/13,5/24/27,5/27/2 | | 平〇內慚因繫忠臣 | 3/4/21 |
| 出〇之君勑臣守禦 | 7/31/17 | 　　8/35/7,8/37/23,10/44/11 | | 〇今幸赦 | 3/4/25 |
| 存〇國 | 7/31/20 | 　　10/44/18,10/45/5,10/45/6 | | 報汝平〇 | 3/5/5 |
| 寡人聞貞婦不嫁破〇之家 | 7/32/20 | 　　10/45/15,10/45/16,10/45/17 | | 使返報平〇 | 3/5/6 |
| 國已將〇 | 7/32/21 | 　　10/45/18,10/45/19,10/45/20 | | 〇聞之　3/5/6,4/14/22,5/18/20 | |
| 臣聞〇國之臣不敢語政 | 7/32/23 | 　　10/45/22,10/45/26,10/48/24 | | 楚〇無道 | 3/5/7 |
| 〇衆樓於會稽之山 | 8/35/14 | 吳〇諸樊元年 | 2/3/1 | 楚〇殺吾父兄 | 3/5/9 |
| 昔（之）〔者〕〇國流民 | 8/37/3 | 昔前〇未薨之時 | 2/3/1 | 乃白吳〇僚 | 3/6/10 |
| 魯之〇囚 | 9/38/12 | 然前〇不忍行其私計 | 2/3/3 | 〇宜召之 | 3/6/10 |
| 失士者〇 | 9/38/13 | 吾願達前〇之義 | 2/3/4 | 〇僚曰　　　　3/6/10,3/6/17 | |
| 遂取滅〇 | 9/39/14 | 非前〇之私 | 2/3/4 | 市吏於是與子胥俱入見〇 | 3/6/12 |
| 審於存〇 | 9/39/20 | 何先〇之命有 | 2/3/5 | 〇僚怪其狀偉 | 3/6/12 |
| 天地存〇 | 9/39/21 | 太〇改爲季歷 | 2/3/5 | 〇僚與語三日 | 3/6/13 |

| | | | | | |
|---|---|---|---|---|---|
| 子胥知○好之 | 3/6/13 | 臣聞大○收伍子胥之窮厄 | 4/10/1 | 子常與昭○共誅費無忌 | 4/12/26 |
| ○僚知之 | 3/6/14 | 惟大○賜其死 | 4/10/1 | 吳○有女滕玉 | 4/12/26 |
| 公子謀殺○僚 | 3/6/15 | 與之俱事吳○ | 4/10/6 | ○前嘗半而與女 | 4/12/27 |
| 恐子胥前親於○而害其謀 | 3/6/15 | 吳○前既殺○僚 | 4/10/9 | ○食魚辱我 | 4/12/27 |
| ○無用之 | 3/6/16 | 而與大○圖○僚於私室 | | 楚昭○臥而寤 | 4/13/1 |
| 子胥知公子光欲害○僚 | 3/6/16 | 　之中 | 4/10/11 | 得吳○湛盧之劍於床 | 4/13/1 |
| 入見○僚 | 3/6/17 | 昔武○討紂而後殺武庚 | 4/10/12 | 昭○不知其故 | 4/13/2 |
| 今大○踐國制威 | 3/6/18 | 臣事君○ | 4/10/13 | 昭○曰　4/13/3,4/13/5,4/13/10 | |
| 臣固不敢如○之命 | 3/6/19 | 吳○曰 | 4/10/13 | 臣聞吳○得越所獻寶劍 | |
| 吳○乃止 | 3/6/19 | 　4/11/4,4/11/31,4/13/22 | | 　三枚 | 4/13/3 |
| 前○餘昧卒 | 3/6/25 | 　4/13/26,4/13/27,5/18/13 | | 魚腸之劍已用殺吳○僚也 | 4/13/4 |
| 何不使近臣從容言於○側 | 3/6/30 | 　5/21/18,5/22/16,5/26/16 | | 臣聞越○（元）〔允〕 | |
| 陳前○之命 | 3/6/30 | 　5/26/24,5/26/26,7/32/16 | | 　常使歐冶子造劍五枚 | 4/13/5 |
| 以揖先○之德 | 3/6/31 | 　7/33/1,7/33/17,7/33/26 | | 故闔閭以殺○僚 | 4/13/7 |
| 吳○何好 | 3/7/4 | 　7/34/3,7/34/11,7/34/25 | | 今吳○無道 | 4/13/9 |
| 楚平○卒 | 3/7/14 | 　7/34/26,7/34/28,9/40/23 | | 昭○大悅 | 4/13/13 |
| 平○卒 | 3/7/14 | 　9/41/2,9/41/7,9/41/16 | | 吳○以越不從伐楚 | 4/13/18 |
| 今吳○伐楚 | 3/7/19 | 爲齊○使於吳 | 4/10/17 | 越○（元）〔允〕常曰 | 4/13/18 |
| 且光眞○嗣也 | 3/7/21 | 吳○聞子高義 | 4/11/5 | 楚昭○使公子囊瓦伐吳 | 4/13/21 |
| 具酒而請○僚 | 3/7/23 | 乃與子胥見吳○ | 4/11/5 | 吳○謂子胥、孫武曰 | 4/13/25 |
| ○僚乃被棠鐵之甲三重 | 3/7/24 | 大○有命 | 4/11/6 | 而○入郢者 | 4/13/27 |
| 階席左右皆○僚之親戚 | 3/7/25 | 吳○心非子胥進此人 | 4/11/7 | ○必伐 | 4/13/28 |
| 既至○僚前 | 3/7/26 | 大○患慶忌乎 | 4/11/7 | 各以一枚獻之昭○ | 4/13/29 |
| 以刺○僚 | 3/7/27 | ○有意焉 | 4/11/10 | ○服之以臨朝 | 4/13/30 |
| ○僚既死 | 3/7/28 | 願○戮臣妻子 | 4/11/12 | 吳○於是使使謂唐、蔡曰 | 4/14/4 |
| 是爲吳○闔閭也 | 3/8/1 | 吳○乃取其妻子 | 4/11/13 | 今子常無故與○共殺忠 | |
| 聞公子光殺○僚自立 | 3/8/4 | ○子所知 | 4/11/15 | 　臣三人 | 4/14/7 |
| 寡人欲彊國霸○ | 4/8/11 | 願因○子之勇 | 4/11/15 | ○之所致 | 4/14/8 |
| 來歸命於大○ | 4/8/12 | 吾等爲○養士 | 4/11/26 | ○追於吳寇 | 4/14/12 |
| 凡欲安君治民、興霸成 | | 而○故伐楚 | 4/11/27 | 楚大夫尹固與○同舟而去 | 4/14/12 |
| 　○、從近制遠者 | 4/8/18 | 吳○問子胥、白喜曰 | 4/11/27 | 求昭○ | 4/14/13 |
| 子以善爲劍聞於○ | 4/9/6 | 吳○內計二子皆怨楚 | 4/11/28 | ○涉濉濟江 | 4/14/13 |
| 而有之貪○之重賞也 | 4/9/16 | 群臣莫有曉○意者 | 4/11/29 | 以戈擊○頭 | 4/14/14 |
| ○乃舉衆鉤以示之 | 4/9/19 | 子胥深知○之不定 | 4/11/29 | 大夫尹固隱○ | 4/14/14 |
| ○鉤甚多 | 4/9/19 | 乃薦孫子於○ | 4/11/30 | ○懼 | 4/14/14 |
| ○不知汝之神也 | 4/9/20 | 乃一旦與吳○論兵 | 4/11/31 | 郹公辛得昭○ | 4/14/15 |
| 吳○大驚 | 4/9/21 | ○不知口之稱善 | 4/12/1 | 昭○是我讎也 | 4/14/15 |
| 吳○問子胥曰 | 4/9/22 | 得大○寵姬二人 | 4/12/3 | 昔平○殺我父 | 4/14/16 |
| 平○誅州犁 | 4/9/23 | 即吳○之寵姬也 | 4/12/9 | 辛陰與其季弟巢以○奔隨 | 4/14/17 |
| 事平○ | 4/9/24 | 吳○登臺觀望 | 4/12/9 | 能出昭○ | 4/14/19 |
| 平○幸之 | 4/9/25 | 於是乃報吳○曰 | 4/12/12 | 隨君（作）〔卜〕昭○ | |
| 因謂平○曰 | 4/9/25 | 願○觀之 | 4/12/12 | 　與吳○ | 4/14/19 |
| ○愛幸宛 | 4/9/25 | 吳○忽然不悅 | 4/12/13 | 乃辭吳○曰 | 4/14/20 |
| 平○曰 | 4/9/26 | ○徒好其言而不用其實 | 4/12/14 | 大夫子期雖與昭○俱亡 | 4/14/21 |
| 平○甚毅猛而好兵 | 4/9/27 | 今大○虔心思士 | 4/12/15 | 欲出昭○ | 4/14/22 |
| 及平○往而大驚曰 | 4/9/28 | 於是吳○大悅　4/12/17,7/34/6 | | 吳○入郢 | 4/14/23 |
| ○急去之 | 4/9/28 | 君與○謀誅之 | 4/12/21 | 伍胥以不得昭○ | 4/14/23 |

| | | | | | |
|---|---|---|---|---|---|
| 乃掘平○之墓 | 4/14/23 | 子貢南見吳○ | 5/18/11 | 遣下吏太宰嚭、○孫駱 | |
| 即令闔閭妻昭○夫人 | 4/14/24 | 謂吳○曰 | 5/18/11,5/20/7 | 　解冠幘 | 5/22/4 |
| 求昭○所在日急 | 4/15/3 | ○者不絕世 | 5/18/11 | 吳○聞之 | 5/22/5,5/24/4 |
| 故平○之臣 | 4/15/4 | 則○不疑也 | 5/18/13 | 於是吳○乃使門人提之 | |
| ○于興師 | 4/15/10 | ○者不絕世以立其義 | 5/18/18 | 　蒸丘 | 5/22/8 |
| ○不憂鄰國彊（場） | | 臣（誠）〔請〕東見越○ | 5/18/19 | 賀大○喜 | 5/22/9 |
| 　〔場〕之患 | 4/15/11 | 吳○大悅 | 5/18/19 | 吳○乃使太宰嚭爲右校 | |
| ○其取分焉 | 4/15/12 | | 5/20/16,5/21/8,7/33/28 | 　司馬 | 5/22/10 |
| 願○以神靈存之 | 4/15/12 | | 9/39/12,9/40/12 | ○孫駱爲左校〔司馬〕 | 5/22/10 |
| 世以事○ | 4/15/13 | 子貢東見越○ | 5/18/19 | 願大○定越而後圖齊 | 5/22/15 |
| 越○（元）〔允〕常恨 | | 越○勾踐再拜稽首 | 5/18/21 | 大○以首事 | 5/22/17 |
| 　闔閭破之檇里 | 4/15/17 | 臣今者見吳○ | 5/19/2 | 吳○謂嚭曰 | 5/22/21 |
| 楚司馬子成、秦公子子 | | 越○再拜 | 5/19/4,5/19/12 | 吳○召大夫被離 | 5/22/22 |
| 　蒲與吳○相守 | 4/15/20 | 臣竊自擇可與成功而至 | | 子胥欲盡誠於前○ | 5/22/23 |
| 子胥久留楚求昭○ | 4/15/20 | 　○者 | 5/19/9 | ○遂伐齊 | 5/22/24 |
| 自立爲吳○ | 4/15/21 | 今吳○有伐齊、晉之志 | 5/19/10 | 吳○既勝 | 5/22/24 |
| 昭○封夫概於棠溪 | 4/15/22 | 吳○分其民之衆以殘吾國 | 5/19/12 | 吳○聞齊有沒水之慮 | 5/23/1 |
| 逐昭○而屠荊平○墓 | 4/15/27 | 夫吳○〔之〕爲人〔也〕 | 5/20/2 | 齊○曰 | 5/23/2 |
| 自霸○已來 | 4/15/27 | 越○愓然避位 | 5/20/2 | ○今讓以和親 | 5/23/4 |
| 昭○反國 | 4/16/1 | 臣觀吳○爲數戰伐 | 5/20/3 | 吳○還 | 5/23/4 |
| 樂師扈子非荊○信讒佞 | 4/16/1 | 越○大悅 | 5/20/6 | 吾前○履德明〔聖〕達 | |
| 至乃掘平○墓戮屍 | 4/16/2 | 越○送之金百鎰、寶劍 | | 　於上帝 | 5/23/4 |
| 又傷昭○困迫 | 4/16/2 | 　一、良馬二 | 5/20/6 | 今前○譬若農夫之艾殺 | |
| ○耶 | 4/16/3,4/16/4 | 臣以下吏之言告於越○ | 5/20/7 | 　四方蓬蒿 | 5/23/5 |
| 吳○哀痛助怛悒 | 4/16/5 | 越○大恐 | 5/20/7 | 乃前○之遺德 | 5/23/8 |
| 三戰破郢○奔發 | 4/16/5 | 賴大○之賜 | 5/20/9 | 昔吾前○ | 5/23/9 |
| 嚴○何罪國幾絕 | 4/16/6 | 將使使者來謝於○ | 5/20/10 | 今○播棄〔黎老〕 | 5/23/9 |
| 願○更隱撫忠節 | 4/16/7 | 賴○賜得奉祭祀 | 5/20/12 | 非霸○之事 | 5/23/10 |
| 昭○垂涕 | 4/16/7 | 今竊聞大〔將〕興大義 | 5/20/13 | ○若覺寤 | 5/23/11 |
| 吳○聞三師將至 | 4/16/13 | 故使賤臣以奉前○所藏 | | 乃見○之爲擒 | 5/23/11 |
| ○復重爲之 | 4/16/14 | 　〔器〕 | 5/20/13 | ○怪而視之 | 5/23/13 |
| 吳○因爲太子波聘齊女 | 4/16/16 | 吳○許諾 | 5/20/18 | ○何所見 | 5/23/13 |
| ○欲立太子 | 4/16/20 | 吳○果興九郡之兵 | 5/20/22 | 如○言 | 5/23/14 |
| 今○欲立太子者 | 4/16/22 | ○之興師伐齊也 | 5/21/4 | 吳○怒曰 | 5/23/14 |
| 越○聞之 | 5/17/10,7/33/5 | 大○聖德氣有餘也 | 5/21/5 | ○亦亡矣 | 5/23/15 |
| 日夜爲言於吳○ | 5/17/11 | 召○孫駱問曰 | 5/21/8 | 吳○復坐殿上 | 5/23/15 |
| ○信用嚭之計 | 5/17/11 | ○孫駱曰 | 5/21/9,5/25/7,5/26/24 | ○問群臣 | 5/23/16 |
| 願○釋齊而前越 | 5/17/13 | 今○所夢 | 5/21/10 | ○何見 | 5/23/16 |
| 吳○不聽 | 5/17/13,5/22/20 | 願○問之 | 5/21/11 | ○不應 | 5/23/18 |
| | 5/23/12,9/39/14,9/40/17 | ○乃遣○孫駱往請公孫聖 | 5/21/11 | 吳○置酒文臺之上 | 5/23/18 |
| 我數諫○ | 5/17/14 | 吳○晝臥姑胥之臺 | 5/21/12 | 越○侍坐 | 5/23/18 |
| ○不我用 | 5/17/14 | 誠傷吳○ | 5/21/15 | 越○慈仁忠信 | 5/23/20 |
| 願○少厚焉 | 5/17/16 | 上以諫○ | 5/21/16 | 大○躬行至德 | 5/23/21 |
| 此君上於（○）〔主〕 | | 必死百段於○前 | 5/21/20 | 霸功○事 | 5/23/22 |
| 　有遽 | 5/18/5 | 願○圖之 | 5/21/21 | 吳○大怒曰 | 5/23/25 |
| 且吳○剛猛而毅 | 5/18/6 | 大○不得火食也 | 5/21/22 | 寡人以前○之故 | 5/23/25 |
| 請爲君南見吳○ | 5/18/10 | 願大○按兵修德 | 5/22/3 | 不得爲前○之臣 | 5/23/26 |

| | | | | | |
|---|---|---|---|---|---|
| 紂殺○子比干 | 5/23/27 | 如越○不忘周室之義 | 5/26/17 | ○之證也 | 6/28/24 |
| 今大○誅臣 | 5/23/27 | 惟君○有意焉 | 5/26/18 | 來賓爲○ | 6/28/25 |
| 大○勉之 | 5/23/28 | 願○制其命 | 5/26/18 | 復夏○之祭 | 6/30/1 |
| 前○聽從吾計 | 5/23/29 | 越○曰 5/26/18,5/27/16,7/30/13 | | 當吳○壽夢、諸樊、闔 | |
| 欲報前○之恩而至於此 | 5/23/29 | 7/30/18,7/30/22,7/31/7 | | 閭之時 | 6/30/3 |
| 吳○聞子胥之怨恨也 | 5/23/30 | 7/31/11,7/31/19,7/31/31 | | 越○勾踐五年 | 7/30/8 |
| 有霸○之功 | 5/24/1 | 7/32/13,7/33/20,7/33/26 | | ○雖牽致 | 7/30/10 |
| 昔前○不欲立汝 | 5/24/2 | 8/35/14,8/35/18,8/35/23 | | 越○仰天太息 | 7/30/11 |
| 吳○乃取子胥屍 | 5/24/7 | 8/35/27,8/36/9,8/36/24 | | 大○德（受）〔壽〕 | 7/30/12 |
| 於是吳○謂被離曰 | 5/24/10 | 8/36/25,9/38/6,9/38/13 | | 我○厚之 | 7/30/12 |
| ○孫駱聞之 | 5/24/10 | 9/38/18,9/38/22,9/38/23 | | 孤承前○〔餘〕德（得） | 7/30/14 |
| ○召而問曰 | 5/24/11 | 9/39/4,9/39/6,9/39/16 | | 遂保前○丘墓 | 7/30/14 |
| 大○氣高 | 5/24/12 | 9/39/21,9/39/22,9/40/2 | | 文○囚於石室 | 7/30/16 |
| ○誅之 | 5/24/12 | 9/40/3,9/40/9,9/40/18 | | 文○服從而幸於紂 | 7/30/17 |
| 先○之老臣也 | 5/24/14 | 9/41/23,9/42/3,9/42/10 | | 故湯○不以窮自傷 | 7/30/18 |
| 不得爲前○臣 | 5/24/15 | 9/42/11,9/42/21,9/42/26 | | 不如君○之言 | 7/30/20 |
| 吳○中心惔然 | 5/24/15 | 9/43/2,10/43/12,10/44/9 | | 三○ | 7/30/20 |
| ○若殺囂 | 5/24/16 | 10/44/26,10/45/1,10/45/3 | | 大○不覽於斯 | 7/30/22 |
| 吳○復伐齊 | 5/24/18 | 10/45/11,10/47/26,10/49/28 | | 聖○賢主 | 7/30/27 |
| 乃以諷諫激於○ | 5/24/21 | 吳○默然 | 5/26/19 | 諸侯並救○命 | 7/30/30 |
| ○怪而問之曰 | 5/24/21 | 越○不聽 | 5/26/19 | 大○屈厄 | 7/31/2 |
| 幾爲大○取笑 | 5/24/26 | 越○復伐吳 | 5/26/21 | 君○之危 | 7/31/4 |
| 不知越○將選死士 | 5/25/2 | 吳○率群臣遁去 | 5/26/21 | 今大○雖在危困之際 | 7/31/5 |
| 吳○不聽太子之諫 | 5/25/3 | ○行 | 5/26/25 | 今君○國於會稽 | 7/31/6 |
| 越○聞吳○伐齊 | 5/25/3 | 吳○掇而食之 | 5/26/25 | 而君○何爲謾辭譁說 | 7/31/7 |
| 吳○夫差大懼 | 5/25/6 | 吳○歎曰 | 5/26/28 | 君○委國於種 | 7/31/10 |
| 請○屬士 | 5/25/8 | 吳○止秦餘杭山 | 5/27/2 | 前○之國 | 7/31/11 |
| ○親秉鉞 | 5/25/11 | 吳○仰天呼曰 | 5/27/3 | 君○所陳者 | 7/31/16 |
| ○乃〔秉枹〕親鳴金鼓 | 5/25/13 | 吳○書其矢而射種、蠡 | | 今君○欲士之所志 | 7/31/18 |
| 吳○親對曰 | 5/25/16 | 之軍 | 5/27/5 | 越○仰天歎曰 7/32/1,9/38/3 |
| 莫入○府 | 5/25/16 | ○知之乎 | 5/27/9 | 越○夫人乃據船哭 | 7/32/2 |
| 吳○躃左足與褐決矣 | 5/25/20 | 昔越親戕吳之前○ | 5/27/12 | 越○聞夫人怨歌 | 7/32/9 |
| 臣觀吳○之色 | 5/25/21 | 越○謹上刻青天 | 5/27/13 | 污辱○之軍士 | 7/32/11 |
| 吳○愧晉之義 | 5/26/3 | 越○敬拜 | 5/27/15 | 大○赦其深辜 | 7/32/12 |
| 吳○稱公前 | 5/26/3 | 今圖吳○ | 5/27/15 | 吳○夫差曰 | 7/32/13 |
| 越聞吳○久留未歸 | 5/26/4 | 乃如大夫種辭吳○曰 | 5/27/16 | 惟大○原之 | 7/32/14 |
| 乃命○孫駱告勞于周 | 5/26/5 | 吳○不自殺 | 5/27/17 | 今越○放於南山之中 | 7/32/15 |
| 與楚昭○相逐於中原 | 5/26/6 | 越○復使謂曰 | 5/27/17 | 願大○遂其所執 | 7/32/18 |
| 又不恭○命 | 5/26/7 | 何○之忍辱厚恥也 | 5/27/17 | 夫差遂不誅越○ | 7/32/19 |
| 周○答曰 | 5/26/10 | 何必使吾師衆加刃於○ | 5/27/18 | 吳○召越○入見 | 7/32/19 |
| 乃賜弓弩○咋 | 5/26/12 | 吳○仍未肯自殺 | 5/27/18 | 越○伏於前 | 7/32/19 |
| 吳○還歸自〔黃〕池 | 5/26/12 | 越○復瞋目怒曰 | 5/27/20 | 吳○謂范蠡曰 | 7/32/20 |
| 二十年越○興師伐吳 | 5/26/14 | 吳○乃太息 | 5/27/21 | 今越○無道 | 7/32/21 |
| 吳○困急 | 5/26/15 | 越○謂太宰嚭曰 | 5/27/22 | 今越○不奉大○命號 | 7/32/23 |
| 使○孫駱稽首請成 | 5/26/15 | 吳○臨欲伏劍 | 5/27/23 | 用兵與大○相持 | 7/32/24 |
| 越○對曰 | 5/26/15 | 越○乃葬吳○以禮 | 5/27/26 | 蒙大○鴻恩 | 7/32/24 |
| 禮前○一飯 | 5/26/17 | 越○使軍士集於我戎之功 | 5/27/26 | 此時越○伏地流涕 | 7/32/25 |

| | | | | | |
|---|---|---|---|---|---|
| 吳○知范蠡不可得爲臣 | 7/32/25 | 吳○出令曰 | 7/33/31 | 夫種、大夫郢 | 8/36/1 |
| 吳○起入宮中 | 7/32/26 | 今日爲越○陳北面之坐 | 7/33/31 | 願○深察 | 8/36/4 |
| 越○、范蠡趨入石室 | 7/32/27 | 於是范蠡與越○俱起 | 7/34/3 | 吾○今以丙午復初臨政 | 8/36/4 |
| 越○服（攬）〔犢〕鼻 | 7/32/27 | 爲吳○壽 | 7/34/3 | ○相俱起 | 8/36/6 |
| 吳○登遠臺 | 7/32/28 | 大○躬親鴻恩 | 7/34/4 | 越○是日立政 | 8/36/7 |
| 望見越○及夫人、范蠡 | | 大○延壽萬歲 | 7/34/6 | 越○念復吳讎 | 8/36/7 |
| 　坐於馬糞之旁 | 7/32/29 | 昨日大○何見乎 | 7/34/7 | 吳○好服之離體 | 8/36/9 |
| ○顧謂太宰嚭曰 | 7/32/29 | 今大○好聽須臾之說 | 7/34/8 | 以求吳○之心 | 8/36/10 |
| 彼越○者 | 7/32/30 | 願大○察之 | 7/34/11 | 吳○聞越○盡心自守 | 8/36/11 |
| 願大○以聖人之心 | 7/33/1 | 越○迷惑 | 7/34/13 | 越○乃使大夫種索葛布 | |
| 前○之遺德 | 7/33/3 | 何大○之言反也 | 7/34/17 | 　十萬、甘蜜九党、文 | |
| 大○垂仁恩加越 | 7/33/4 | 且大○初臨政 | 7/34/18 | 　笥七枚、狐皮五雙、 | |
| 願大○卒意 | 7/33/4 | 大○以越○歸吳爲義 | 7/34/20 | 　晉竹十廋 | 8/36/13 |
| 大○安心 | 7/33/6 | 今越○入臣於吳 | 7/34/22 | 吳○得之 | 8/36/15 |
| ○何喜焉 | 7/33/9 | 是欺我○也 | 7/34/22 | 吳○得葛布之獻 | 8/36/18 |
| 果子胥諫吳○曰 | 7/33/10 | 下飲○之溲者 | 7/34/22 | 采葛之婦傷越○用心之苦 | 8/36/19 |
| 紂囚文○而不殺 | 7/33/10 | 是上食○之心也 | 7/34/23 | 越○悅兮忘罪除 | 8/36/21 |
| 今大○既囚越君而不行誅 | 7/33/11 | 下嘗○之惡者 | 7/34/23 | 吳○歡兮飛尺書 | 8/36/21 |
| 臣謂大○惑之深也 | 7/33/11 | 是上食○之肝也 | 7/34/23 | 我○何憂能不移 | 8/36/22 |
| 吳○遂召越○ | 7/33/12 | 越○之崇吳 | 7/34/23 | 越○內修其德 | 8/36/22 |
| 吳○見擒也 | 7/33/12 | 惟大○留意察之 | 7/34/24 | 越○內實府庫 | 8/36/23 |
| 見大夫種、范蠡而言越 | | 臣不敢逃死以負前○ | 7/34/24 | 越○遂師（入）〔八〕 | |
| 　○復拘於石室 | 7/33/13 | 遂赦越○歸國 | 7/34/25 | 　臣與其四友 | 8/36/24 |
| 伍子胥復諫吳○曰 | 7/33/13 | ○其勉之 | 7/34/26,10/48/23 | 越○乃緩刑薄罰 | 8/36/30 |
| 臣聞○者攻敵國 | 7/33/13 | 越○稽首曰 | 7/34/26 | 越○召五大夫而告之曰 | 8/37/1 |
| 今越○已入石室 | 7/33/14 | 今大○哀臣孤窮 | 7/34/27 | 今大○臨敵破吳 | 8/37/6 |
| 今大○誠赦越○ | 7/33/16 | ○勉之 | 7/34/28 | 臣聞吳○兵彊於齊、晉 | 8/37/7 |
| 越○出石室 | 7/33/18 | 越○再拜跪伏 | 7/34/28 | 大○宜親於齊 | 8/37/7 |
| 吳○疾 | 7/33/18 | 吳○乃（隱）〔引〕越 | | 武○辭之 | 8/37/10 |
| 且吳○遇孤 | 7/33/18 | 　○登車 | 7/34/29 | 臣願大○匿聲 | 8/37/17 |
| 吳○不死 | 7/33/19 | 大○勿疑 | 7/34/31 | 願○虛心自匿 | 8/37/20 |
| 惟大○留意 | 7/33/20 | ○與夫人歎曰 | 7/35/1 | 越○勾踐十年二月 | 9/37/28 |
| 臣竊見吳○眞非人也 | 7/33/21 | 越○勾踐臣吳 | 8/35/6 | 越○深念遠思 | 9/37/28 |
| 願大○請求問疾 | 7/33/22 | 君○獨無苦矣 | 8/35/6 | 越○即鳴鐘驚橄而召群臣 | 9/38/1 |
| 則大○何憂 | 7/33/23 | 今○受天之福 | 8/35/6 | 上愧周○ | 9/38/2 |
| 越○明日謂太宰嚭曰 | 7/33/23 | 霸○之迹自（期）〔斯〕 | | 謬哉君○之言也 | 9/38/6 |
| 太宰嚭即入言於吳○ | 7/33/23 | 　而起 | 8/35/7 | 君○之不能使也 | 9/38/6 |
| ○召而見之 | 7/33/24 | 大○且留 | 8/35/9 | 今○易財之所輕 | 9/38/8 |
| 適遇吳○之便 | 7/33/24 | 大○之擇日也 | 8/35/10 | 於是越○默然不悅 | 9/38/8 |
| 越○因拜 | 7/33/24 | ○當疾趨 | 8/35/10 | 願○明選左右 | 9/38/11 |
| 請嘗大○之溲 | 7/33/25 | 越○策馬飛輿 | 8/35/10 | 西伯任之而○ | 9/38/12 |
| 下因臣勾踐賀於大○ | 7/33/25 | 越○謂范蠡曰 | 8/35/11 | 願○審於左右 | 9/38/13 |
| ○之疾至己巳日有瘳 | 7/33/26 | 今大○欲國樹都 | 8/35/17 | 願○請大夫種與深議 | 9/38/19 |
| 臣竊嘗大○之糞 | 7/33/27 | 將焉立霸○之業 | 8/35/17 | 則霸○之術在矣 | 9/38/19 |
| 乃赦越○得離其石室 | 7/33/28 | 三○居其正地 | 8/35/25 | 越○乃請大夫種而問曰 | 9/38/19 |
| 越○從嘗糞惡之後 | 7/33/29 | 何能與○者比隆盛哉 | 8/35/26 | 君○察焉 | 9/38/23 |
| 吳○如越○期日疾愈 | 7/33/30 | 越○乃召相國范蠡、大 | | 湯、文得之以○ | 9/38/25 |

| | | | | | |
|---|---|---|---|---|---|
| 八曰君○國富 | 9/39/3 | 願○請之 | 9/41/27 | 越○追奔 | 10/47/4 |
| 君○閉口無傳 | 9/39/4 | 越○乃使使聘之 | 9/41/27 | 遂樓吳○於姑胥之山 | 10/47/12 |
| 名曰西○母 | 9/39/5 | 處女將北見於○ | 9/41/27 | 吳使○孫駱肉袒膝行而 | |
| 吳○好起宮室 | 9/39/7 | 見越○ | 9/42/1 | 前 | 10/47/12 |
| ○選名山神材 | 9/39/7 | 越○問曰 | 9/42/1 | 請成於越○ | 10/47/12 |
| 越○乃使木工三千餘人 | 9/39/7 | ○欲試之 | 9/42/7 | 得與君○結成以歸 | 10/47/13 |
| 乃使大夫種獻之於吳○ | 9/39/11 | 越○即加女號 | 9/42/7 | 今君○舉兵而誅孤臣 | 10/47/13 |
| 賴大○之力 | 9/39/12 | 越○請音而問曰 | 9/42/9 | 且君○早朝晏罷 | 10/47/16 |
| 謹再拜獻之〔大○〕 | 9/39/12 | 自楚之三侯傳至靈○ | 9/42/19 | ○已屬政於執事 | 10/47/18 |
| ○勿受也 | 9/39/13,9/40/13 | 自靈○之後 | 9/42/19 | 使令入謂吳○曰 | 10/47/19 |
| 大○受之 | 9/39/14,9/40/14 | 惟○試之 | 9/42/20 | 以沒○世 | 10/47/20 |
| 必爲越○所戮 | 9/39/14 | 越○傷之 | 9/43/4 | 吳○辭曰 | 10/47/20 |
| 越○深念永思 | 9/39/18 | 昔夫差辱吾君○於諸侯 | 10/43/24 | 不能臣○ | 10/47/22 |
| 越○謂大夫種曰 | 9/40/7,9/40/20 | 君○節儉 | 10/43/24 | 周元○使人賜勾踐 | 10/47/23 |
| 孤聞吳○淫而好色 | 9/40/7 | 以除君○之宿讎 | 10/44/3 | 越○還於吳 | 10/47/24,10/47/28 |
| 夫吳○淫而好色 | 9/40/8 | 臣觀吳○得志於齊、晉 | 10/44/4 | 一言即合大○之事 | 10/47/25 |
| 惟○選擇美女二人而進之 | 9/40/9 | ○若起（斯）〔師〕 | 10/44/7 | ○問爲 | 10/47/26 |
| 越○勾踐竊有二遺女 | 9/40/11 | 吳○雖無伐我之心 | 10/44/8 | 吾不稱○ | 10/47/26 |
| 謹使臣蠡獻之大○ | 9/40/11 | ○與之盟 | 10/44/10 | 昔吳之稱○ | 10/47/27 |
| 紂易文○而亡 | 9/40/14 | 然猶聽君○之令 | 10/44/12 | 君○崇德 | 10/47/29 |
| 臣聞越○朝書不倦 | 9/40/14 | 越○會軍列士而大誡眾 | 10/44/12 | 受霸○之功 | 10/47/29 |
| 越○服誠行仁 | 9/40/15 | 越○復召范蠡謂曰 | 10/44/16 | 我○受福 | 10/48/2 |
| 越○夏被毛裘 | 9/40/16 | 臣觀吳○北會諸侯於黃 | | 我○之德 | 10/48/3 |
| 君○自陳越國微鄙 | 9/40/21 | 池 | 10/44/18 | 越○默然無言 | 10/48/4 |
| 願○請糴以入其意 | 9/40/21 | 精兵從○ | 10/44/18 | 我○賢仁 | 10/48/4 |
| 必許○矣 | 9/40/22 | 越○復悉國中兵卒伐吳 | 10/44/25 | 越○面無喜色 | 10/48/6 |
| 因宰嚭求見吳○ | 9/40/22 | 越○乃問包胥曰 | 10/44/25 | 越○必將誅子 | 10/48/8 |
| 願從大○請糴 | 9/40/23 | 越○固問〔焉〕 | 10/44/28 | 夫越○爲人長頸鳥喙 | 10/48/10 |
| 惟大○救其窮窘 | 9/40/23 | 敢問君○之所〔以與之〕 | | 越○陰謀 | 10/48/12 |
| 越○信誠守道 | 9/40/24 | 　戰者何 | 10/44/29 | 范蠡辭於○曰 | 10/48/14 |
| 觀越○之使使來請糴者 | 9/41/1 | 越○乃請八大夫曰 | 10/45/11 | 今臣事大○ | 10/48/15 |
| 伺吾○間也 | 9/41/2 | ○背屏 | 10/45/26 | ○之慚辱 | 10/48/16 |
| 寡人卑服越○ | 9/41/2 | ○出宮 | 10/45/28 | 大○之威德 | 10/48/18 |
| 臣聞越○饑餓 | 9/41/5 | 夫人送○不過屛 | 10/45/28 | 斯湯武克夏（商）〔商〕 | |
| 今大○捐國家之福 | 9/41/9 | ○因反闔其門 | 10/45/28 | 　而成○業者 | 10/48/18 |
| 願○覽武○伐紂之事也 | 9/41/10 | ○出則復背垣而立 | 10/46/1 | 越○惻然 | 10/48/19 |
| 武○非紂○臣也 | 9/41/11 | ○乃令大夫曰 | 10/46/1 | 越○愀然變色 | 10/48/23 |
| 武○即成其名矣 | 9/41/12 | ○乃出 | 10/46/4 | 臣願大○勿復追也 | 10/48/26 |
| 令使武○失其理 | 9/41/13 | ○乃令國中不行者 | 10/46/7 | 越○乃收其妻子 | 10/48/27 |
| 大○察之 | 9/41/15 | 以泄我○氣蘇 | 10/46/10 | 越○乃使良工鑄金象范 | |
| 今大○譬若浴嬰兒 | 9/41/16 | 雪我○宿恥兮 | 10/46/11 | 　蠡之形 | 10/48/27 |
| 是乃○者 | 9/41/18 | 志行不足以聽○命者 | 10/46/19 | 人或讒之於○曰 | 10/48/29 |
| 吳○乃與越粟萬石 | 9/41/18 | 其士卒有問於○曰 | 10/46/22 | 而令君○霸於諸侯 | 10/48/29 |
| 越○粟稔 | 9/41/20 | 越○中分其師以爲左右 | | ○何憂乎 | 10/49/1 |
| 亦使大夫種歸之吳○ | 9/41/21 | 軍 | 10/46/27 | 越○默然 | 10/49/2 |
| ○得越粟 | 9/41/21 | 越○陰使左右軍與吳望戰 | 10/47/1 | 越○召相國大夫種而問之 | 10/49/6 |
| 越○又問相國范蠡曰 | 9/41/24 | 吳○大懼 | 10/47/4 | 大○知臣勇也 | 10/49/7 |

| | | | | | |
|---|---|---|---|---|---|
| 以犯大〇 | 10/49/8 | 胥欲〇之 | 3/5/8 | **忘 wàng** | **24** |
| 何大〇問犯玉門之第八 | 10/49/10 | 及平王〇而大驚曰 | 4/9/28 | | |
| 臣見〇志也 | 10/49/10 | 生〇死還 | 4/10/22 | 爾無〇寡人之言 | 2/2/26 |
| 越〇默然不應 | 10/49/11 | 暝即〇攻要離 | 4/10/24 | 且今子不〇前人之言 | 2/2/28 |
| 少〇祿乎 | 10/49/11 | 椒丘訴果〇 | 4/10/26 | 富貴莫相〇也 | 3/5/31 |
| 吾〇既免於患難 | 10/49/13 | 深恐以兵〇破滅而已 | 4/11/29 | 不〇久生 | 4/12/28 |
| 〇不察也 | 10/49/14 | 〇年擊綿於此 | 4/16/11 | 豈敢〇也 | 4/15/2 |
| 吾見〇時 | 10/49/16 | 令女〇遊其上 | 4/16/17 | 見小利而〇大害 | 5/18/17 |
| 越〇復召相國 | 10/49/17 | 楚懼吳兵復〇 | 4/17/1 | 死且不敢〇 | 5/20/9 |
| 願幸以餘術爲孤前〇於 | | 今未〇告急 | 5/17/7 | 死且不〇 | 5/20/12 |
| 　地下謀吳之前人 | 10/49/19 | 乃〇諫曰 | 5/17/12 | 無〇有功 | 5/22/21 |
| 乃爲越〇所戮 | 10/49/20 | 王乃遣王孫駱〇請公孫聖 | 5/21/11 | 安〇我乎 | 5/24/2 |
| 越〇遂賜文種屬盧之劍 | 10/49/21 | 亡臣安〇 | 5/23/30 | 今乃〇我定國之恩 | 5/24/3 |
| 南陽之宰而爲越〇之擒 | 10/49/21 | 依潮來〇 | 5/24/9 | 如越王不〇周室之義 | 5/26/17 |
| 越〇葬種於國之西山 | 10/49/22 | 〇而觀之 | 5/24/22 | 不敢〇也 | 5/27/8 |
| 越〇既已誅忠臣 | 10/49/24 | 敢煩使者〇來 | 5/25/19 | 若斯豈可〇乎 | 6/29/17 |
| 從弟子奉先〇雅琴禮樂 | | 心不能〇 | 5/27/1 | 出不〇命 | 7/31/24 |
| 　奏於越 | 10/49/26 | 〇來有常 | 6/29/22 | 於乎哀兮〇食 | 7/32/8 |
| 越〇乃被唐夷之甲 | 10/49/26 | 〇而不返 | 7/30/25 | 不〇吳之效也 | 8/36/15 |
| 丘能逃五帝三〇之道 | 10/49/28 | 〇而必反、與君復讎者 | 7/31/21 | 越王悅兮〇罪除 | 8/36/21 |
| 故奏雅琴以獻之大〇 | 10/49/28 | 賂〇遺來 | 7/31/23 | 猶躄者不〇走 | 8/37/2 |
| 越〇喟然嘆曰 | 10/50/1 | 任嚴兮〇還 | 7/32/4 | 盲者不〇視 | 8/37/2 |
| 越〇使人如木客山 | 10/50/3 | 飄飄獨兮西〇 | 7/32/5 | 以〇於我 | 10/44/5 |
| 秦桓公不如越〇之命 | 10/50/6 | 〇獻美女 | 9/40/8 | 君何〇會稽之厄乎 | 10/47/17 |
| 舉兵所伐攻秦〇 | 10/50/7 | 吉〇則凶來 | 9/40/25 | 君不〇臣 | 10/48/3 |
| 越〇以邾子無道而執以 | | 恩〇義來 | 9/41/8 | 不〇返國 | 10/48/5 |
| 　歸 | 10/50/12 | 與神俱〇 | 9/42/6 | | |
| 越〇欲爲伐三桓 | 10/50/13 | 呼吸〇來 | 9/42/6 | | |
| 以摧吳〇之干戈 | 10/50/16 | 〇不止也 | 9/42/24 | **望 wàng** | **33** |
| 〇侯自稱爲君 | 10/50/25 | 送〇迎來 | 10/43/14 | | |
| 勾踐至〇親 | 10/50/27 | 〇宦士三百人於吳 | 10/43/14 | 太伯、仲雍〇風知指 | 1/1/20 |
| | | 未可〇也 | 10/44/8 | 吾〇其色也 | 2/3/1 |
| **罔 wǎng** | **1** | 自今以〇 | 10/46/3 | 高不過〇國氛 | 3/4/4 |
| | | 吾方〇征討我宗廟之讎 | 10/46/8 | 不能無怨〇之心 | 3/4/12 |
| 〇有識者 | 3/6/9 | 〇若飄然 | 10/50/2 | 費無忌〇而妬之 | 4/9/25 |
| | | | | 胡馬〇北風而立 | 4/10/4 |
| | | | | 吳王登臺觀〇 | 4/12/9 |
| **往 wǎng** | **43** | **網 wǎng** | **2** | 名曰〇齊門 | 4/16/16 |
| | | | | 以〇齊國 | 4/16/18 |
| 伯夷自海濱而〇 | 1/2/1 | 此豈非天〇四張 | 7/33/9 | 〇見兩人相對 | 5/23/15 |
| 而使城父司馬奮揚〇殺 | | 雉以眩移拘於〇 | 7/34/17 | 〇之若荼 | 5/25/11 |
| 　太子 | 3/4/15 | | | 〇之若火 | 5/25/12 |
| 〇許召子尙、子胥 | 3/4/21 | | | 〇之如墨 | 5/25/12 |
| 今〇方死 | 3/4/28 | **妄 wàng** | **1** | 四顧而〇 | 5/27/22 |
| 尙且無〇 | 3/4/29 | | | 〇敵設陣 | 7/31/26 |
| 兄若誤〇 | 3/4/29 | 〇語态口 | 5/27/10 | 〇見越王及夫人、范蠡 | |
| 尙從是〇 | 3/4/31 | | | 　坐於馬冀之旁 | 7/32/29 |
| 與使俱〇 | 3/5/3 | | | 投卵千鈞之下〇必全 | 7/34/10 |

| | | | | | |
|---|---|---|---|---|---|
| ○見大越山川重秀 | 7/35/1 | 秉○銳志 | 4/12/24 | 而○身害 | 1/1/16 |
| 吾已絕○ | 7/35/1 | 服之有○ | 4/13/8 | ○夷狄之服 | 1/1/21 |
| ○觀其群臣有憂與否 | 9/37/30 | 借勝以成其○ | 4/13/26 | 自號○勾吳 | 1/1/22 |
| 孤虛心高○ | 9/38/14 | 北○齊、晉 | 4/17/2 | 何像而○勾吳 | 1/1/23 |
| 皆有怨○之心 | 9/39/8 | 〔實〕害暴齊而○彊晉 | 5/18/13 | 共立以○勾吳 | 1/1/24 |
| ○陽出糶 | 9/40/4 | 兵强而不能行其○ | 5/19/8 | 追謚古公○太王 | 1/2/2 |
| 舉弩○敵 | 9/42/28 | ○震四海 | 5/23/22 | 是○吳仲雍 | 1/2/2 |
| 願聞○敵儀表、投分飛 | | 乃欲專權擅○ | 5/23/25 | 成公悉○陳前王之禮樂 | 2/2/11 |
| 　矢之道 | 9/42/30 | ○加諸侯 | 5/24/1,10/47/29 | 因○詠歌三代之風 | 2/2/12 |
| 從分○敵 | 9/43/1 | ○人者滅 | 7/30/10 | 徒以椎髻○俗 | 2/2/12 |
| 北則○齊 | 10/45/7 | ○凌百邦 | 7/31/27 | 以○行人 | 2/2/15 |
| 審罰則士卒○而畏之 | 10/45/15 | ○服群臣 | 7/34/5 | 而與諸侯○敵 | 2/2/16 |
| 越王陰使左右軍與吳○戰 | 10/47/1 | 周雒○折萬里 | 8/35/13 | 楚恭王怨吳○巫臣伐之也 | 2/2/20 |
| ○吳南城 | 10/47/5 | 今吳乘諸侯之○ | 8/37/14 | 壽夢以巫臣子狐庸○相 | 2/2/22 |
| 乃懷怨○之心 | 10/48/30 | 力竭而○折 | 8/37/15 | 太王改○季歷 | 2/3/5 |
| 尚何○哉 | 10/49/12 | 以○四方 | 9/42/14 | 遂成○國 | 2/3/6 |
| 以○東海 | 10/49/25 | 琴氏以爲弓矢不足以○ | | 慶封數○吳伺祭 | 2/3/12 |
| | | 　天下 | 9/42/16 | 楚怨吳○慶封故伐之 | 2/3/16 |
| **危 wēi** | **19** | 弓矢之○不能制服 | 9/42/17 | 號○吳王僚也 | 2/3/20 |
| | | 今寡人將助天○ | 10/44/15 | 乃命善相者○吳市吏 | 3/3/25 |
| 子能○之 | 3/5/13 | ○振八都 | 10/46/11 | 將○射者所圖 | 3/3/31 |
| 何足處於○亡之地 | 4/8/14 | 大王之○德 | 10/48/18 | 臣聞國君服寵以○美 | 3/4/2 |
| 子即○矣 | 4/12/24 | 玄武天空○行 | 10/48/25 | 安民以○樂 | 3/4/3 |
| 國以○矣 | 4/12/25 | 聲傳海內○遠邦 | 10/50/8 | 克聽以○聰 | 3/4/3 |
| 吾欲乘○入楚都而破其郢 | 4/13/22 | | | 致遠以○明 | 3/4/3 |
| 幾○宗廟社稷滅 | 4/16/6 | **微 wēi** | **8** | 不聞以土木之崇高、蠦 | |
| ○於累卵 | 5/18/5 | | | 　鏤之刻畫、金石之清 | |
| ○也 | 5/19/4 | 要離力○ | 4/11/17 | 　音、絲竹之淒喨以之 | |
| 臣以爲○國亡身之甚 | 5/22/12 | 躈踰○進 | 5/24/24 | 　○美 | 3/4/3 |
| 不知臣挾彈○擲 | 5/24/25 | 功無○而不賞 | 6/29/14 | 前莊王○抱居之臺 | 3/4/4 |
| 天下之○ | 5/25/3 | 末君○劣 | 6/29/28 | 今君○此臺七年 | 3/4/5 |
| 無以爭行而○國也 | 5/26/1 | 尚欲繳○矢以射之 | 7/32/15 | 伍氏三世○楚忠臣 | 3/4/7 |
| 自用者○其國 | 7/30/22 | 君王自陳越國○鄙 | 9/40/21 | 平王以伍奢○太子太傅 | 3/4/8 |
| 居○而不以爲薄 | 7/30/28 | 其道甚○而易 | 9/42/4 | 費無忌○少傅 | 3/4/8 |
| 君王之○ | 7/31/4 | 道衆而○ | 9/42/27 | 平王使無忌○太子娶於秦 | 3/4/8 |
| 今大王雖在○困之際 | 7/31/5 | | | 王遂納秦女○夫人 | 3/4/9 |
| 輔○主 | 7/31/20 | **爲 wéi** | **347** | 而更○太子娶齊女 | 3/4/10 |
| 臣聞桀登高自知○ | 7/34/10 | | | 將入○亂 | 3/4/13 |
| 可與履○ | 10/48/11 | ○帝譽元妃 | 1/1/3 | 且○楚憂 | 3/4/17 |
| | | 意若○人所感 | 1/1/4,6/28/4 | 可以其父○質而召之 | 3/4/17 |
| **威 wēi** | **29** | 姜嫄以○神 | 1/1/7 | 尚○人慈溫仁信 | 3/4/18 |
| | | ○兒時好種樹、禾黍、 | | 胥○人少好於文 | 3/4/18 |
| ○伏諸侯 | 3/4/2 | 　桑麻、五穀 | 1/1/7 | 反遇奢○國相 | 3/4/22 |
| 今大王踐國制○ | 3/6/18 | 乃拜棄○農師 | 1/1/10 | 封二子○侯 | 3/4/22,3/4/25 |
| 以○鄰國者乎 | 4/8/20 | 號○后稷 | 1/1/10 | 二子○侯 | 3/4/26 |
| 子有三不肖而○於我 | 4/11/2 | 后稷就國○諸侯 | 1/1/10 | ○兄卦之 | 3/4/27 |
| 以霸天下而○諸侯 | 4/12/16 | ○狄人所慕 | 1/1/13 | ○世所笑 | 3/5/1 |

| | | | | | |
|---|---|---|---|---|---|
| 畢○廢物 | 3/5/1 | 三鼓○戰形 | 4/12/5 | 夫子胥○人 | 5/20/3 |
| 楚○墟矣 | 3/5/6 | 臣既已受命○將 | 4/12/10 | 直行以○國 | 5/20/4 |
| ○之奈何 | 3/5/10 | 故○兵者 | 4/12/15 | 太宰嚭○人 | 5/20/4 |
| | 4/8/16,5/18/9,8/35/12 | 孫子○將 | 4/12/17 | 善○詭詐以事其君 | 5/20/5 |
| 則○不忠 | 3/5/10 | 楚聞吳使孫子、伍子胥 | | 國○墟莽 | 5/20/9 |
| 則○無親友也 | 3/5/11 | 、白喜○將 | 4/12/18 | 君○之奈何 | 5/20/21 |
| （大）〔太〕子能○內 | | 蓋聞仁者殺人以掩謗者 | | 子○寡人占之 | 5/21/4 |
| 應而滅鄭 | 3/5/15 | 猶弗○也 | 4/12/21 | ○予陳之 | 5/21/9 |
| 月已馳兮何不渡○ | 3/5/22 | 外○鄰國所笑 | 4/12/23 | 聖○人少而好游 | 5/21/10 |
| ○子取餉 | 3/5/23,3/5/26 | 文石○椁 | 4/12/28 | 子○占之 | 5/21/19 |
| 且○楚所得 | 3/5/29 | 題湊○中 | 4/12/28 | 不○用器 | 5/22/3 |
| 何用姓字○ | 3/5/31 | 遂以○寶 | 4/13/13 | 但○盲僮 | 5/22/3 |
| 子○蘆中人 | 3/5/31 | 楚用子期○將 | 4/13/15 | 以葬我以○直者 | 5/22/7 |
| 吾○漁丈人 | 3/5/31 | ○質 | 4/13/23 | 不如相隨○枯 | 5/22/7 |
| 欲○興師復讎 | 3/6/14 | 楚之○兵 | 4/13/26 | 後世相屬○聲響 | 5/22/7 |
| 非○吳也 | 3/6/15 | 楚○無道 | 4/14/4 | 何能○聲響哉 | 5/22/9 |
| 臣聞諸侯不○匹夫興師 | | 唐侯使其子乾○質於吳 | 4/14/5 | 吳王乃使太宰嚭○右校 | |
| 用兵於比國 | 3/6/17 | 自豫章與楚夾漢水○陣 | 4/14/6 | 司馬 | 5/22/10 |
| 諸侯專○政 | 3/6/18 | 陰與吳師○市 | 4/14/22 | 王孫駱○左校〔司馬〕 | 5/22/10 |
| ○匹夫興兵 | 3/6/18 | 公○何誰矣 | 4/14/29 | 臣以○危國亡身之甚 | 5/22/12 |
| 欲以○用 | 3/6/24 | ○我謝申包胥〔曰〕 | 4/15/5 | 齊○疾 | 5/22/14 |
| 念季札○使 | 3/6/28 | 吳○無道 | 4/15/8,5/26/18 | 越之○病 | 5/22/14 |
| 公子光○我具酒來請 | 3/7/23 | ○賦《無衣》之詩曰 | 4/15/10 | 大吉○白虎而臨辛 | 5/22/18 |
| 公子光佯○足疾 | 3/7/26 | 秦伯○之垂涕 | 4/15/15 | 功曹○太常所臨亥 | 5/22/19 |
| 是○吳王闔閭也 | 3/8/1 | 自立○吳王 | 4/15/21 | 大吉得辛○九醜 | 5/22/19 |
| 拜○客卿 | 3/8/1 | 幾○天下大鄙 | 4/16/2 | 設陣○備 | 5/23/2 |
| 乃舉伍子胥○行人 | 4/8/10 | 乃援琴○楚作窮劫之曲 | 4/16/3 | ○子西結彊讎於楚 | 5/23/5 |
| 何○中道生進退耶 | 4/8/13 | 勿○讒口能謗襲 | 4/16/7 | 乃見王之○擒 | 5/23/11 |
| 必不○君主所親 | 4/8/14 | 治魚○鱠 | 4/16/13 | 今太宰嚭○寡人有功 | 5/23/19 |
| 故小城南門上反羽○兩鯢鰩 | 4/9/1 | 王復重○之 | 4/16/14 | 以曲○直 | 5/23/24 |
| 俱能○劍 | 4/9/4 | 齊王使女○質於吳 | 4/16/15 | ○吳妖孽 | 5/23/25 |
| 以故使劍匠作○二枚 | 4/9/4 | 吳王因○太子波聘齊女 | 4/16/16 | 不得○前王之臣 | 5/23/26 |
| 子以善○劍聞於王 | 4/9/6 | 因乃○病 | 4/16/16 | 吾始○汝父忠臣立吳 | 5/24/1 |
| 能○善鉤者 | 4/9/16 | 立夫差○太子 | 4/16/24 | 吳宮○墟 | 5/24/2 |
| ○鉤者眾 | 4/9/18 | 齊以吳○彊輔 | 5/17/7 | ○寡人使齊 | 5/24/4 |
| 何不○酒 | 4/9/26 | 日夜○言於吳王 | 5/17/11 | 後世必以我○忠 | 5/24/6 |
| 因而○之 | 4/9/28 | 亡無○也 | 5/17/15 | 亦得與龍逢、比干○友 | 5/24/6 |
| 側聞子前人○楚荊之暴怒 | 4/9/30 | 子胥○彊暴力諫 | 5/17/16 | 子以我殺子胥○重乎 | 5/24/12 |
| 以○大夫 | 4/10/2 | 齊遇○擒 | 5/18/7 | 不得○前王臣 | 5/24/15 |
| 吾觀喜之○人 | 4/10/6 | 請○君南見吳王 | 5/18/10 | 此○二子胥也 | 5/24/16 |
| 其○何誰 | 4/10/15 | 臣竊○君恐焉 | 5/18/12 | 闕○闡溝於（南）〔商〕 | |
| ○齊王使於吳 | 4/10/17 | 禍與福○鄰 | 5/19/1 | 魯之間 | 5/24/18 |
| 子何○者 | 4/11/5 | 國○墟棘 | 5/19/13 | 子何○袷衣濡履 | 5/24/22 |
| ○新君而殺故君之子 | 4/11/21 | 身○魚鱉 | 5/19/13,5/20/9 | 自以○安 | 5/24/23 |
| 吾等○王養士 | 4/11/26 | ○鄉邑笑 | 5/19/20 | 幾○大王取笑 | 5/24/26 |
| 善○兵法 | 4/11/30 | 夫吳王〔之〕○人〔也〕 | 5/20/2 | ○諸侯笑 | 5/25/19 |
| 以○軍隊長 | 4/12/3 | 臣觀吳王○數戰伐 | 5/20/3 | 吳○先老可長 | 5/26/2 |

| | | | | | |
|---|---|---|---|---|---|
| 吳又恐齊、宋之○害 | 5/26/5 | 親欲○賊 | 7/33/2 | 天下 | 9/42/16 |
| 吾與君○二君乎 | 5/26/16 | 功曹○騰蛇而臨戊 | 7/33/8 | 郭○方城 | 9/42/21 |
| 而使○附邑 | 5/26/17 | 故夏○湯所誅 | 7/33/11 | 教○人君 | 9/42/21 |
| 後○大患 | 5/27/13 | 殷○周所滅 | 7/33/11 | 牙○執法 | 9/42/22 |
| 將○何如 | 5/27/15 | 後必○吳之患 | 7/33/15 | 牛○中將 | 9/42/22 |
| 子○臣 | 5/27/22 | 方○太宰嚭之 | 7/33/17 | 關○守禦 | 9/42/22 |
| 以○掩明 | 5/27/25 | 今日○越王陳北面之坐 | 7/33/31 | 錡○侍從 | 9/42/22 |
| 化○黃能 | 6/28/10 | ○吳王壽 | 7/34/3 | 臂○道路 | 9/42/23 |
| 因○羽淵之神 | 6/28/10 | 但○外情以存其身 | 7/34/8 | 弓○將軍 | 9/42/23 |
| 青玉○字 | 6/28/15 | 夫○人臣不仁不慈 | 7/34/13 | 弦○軍師 | 9/42/23 |
| 無○戲吟 | 6/28/17 | 躬親○虜 | 7/34/14 | 矢○飛客 | 9/42/23 |
| 來賓○王 | 6/28/25 | 妻親○妾 | 7/34/14 | 金○實敵 | 9/42/24 |
| 爾何○者 | 6/28/29 | 而○相國快私意耶 | 7/34/16 | 衛○副使 | 9/42/24 |
| 此天所以○我用 | 6/28/29 | 大王以越王歸吳○義 | 7/34/20 | 又○受教 | 9/42/24 |
| 吾○帝統治水上 | 6/29/1 | 以飲溲食惡○慈 | 7/34/21 | 繚○都尉 | 9/42/25 |
| 麋山伐木○邑 | 6/29/17 | 以虛府庫○仁 | 7/34/21 | 敵○百死 | 9/42/25 |
| 橫木○門 | 6/29/17 | 是故○無愛於人 | 7/34/21 | ○有子胥 | 10/43/11 |
| 以○法度 | 6/29/18 | 吳將○所擒也 | 7/34/23 | 〔今〕寡人不能○政 | 10/43/16 |
| 無改歔以○居之者樂 | 6/29/21 | 東南○司馬門 | 8/35/28 | 將率二三子夫婦以○藩 | |
| ○之者苦 | 6/29/21 | 以○靈臺 | 8/35/29 | 　輔 | 10/43/16 |
| 使百鳥還○民田 | 6/29/22 | 臣愚以○可無始有終 | 8/36/3 | 長○天下所恥 | 10/43/24 |
| 轉從眾庶○編戶之民 | 6/29/29 | 臣聞善○國者 | 8/36/29 | 吳○不道 | 10/44/26 |
| ○民請福於天 | 6/29/31 | 聞有饑寒○之哀 | 8/36/29 | 以○平原 | 10/44/27,10/45/12 |
| 以○百姓請命 | 6/30/1 | 見其勞苦○之悲 | 8/36/30 | 何以○可 | 10/44/28 |
| 或○夫譚 | 6/30/2 | 身○窮虜 | 8/37/1 | 知○之始 | 10/45/9 |
| 大夫文種前○祝 | 7/30/9 | 還○敵國 | 8/37/8 | 昔吳○不道 | 10/45/12 |
| 禍○德根 | 7/30/9 | 外○其救 | 8/37/11 | 以○明誠矣 | 10/45/28 |
| 憂○福堂 | 7/30/9 | 吳之君臣○虜矣 | 8/37/16 | 即○之軾 | 10/46/22 |
| ○天下笑 | 7/30/15,7/32/21 | 陽○文梓 | 9/39/9 | 君何○敬蝨蟲而○之軾 | 10/46/22 |
| 周文不以困○病 | 7/30/18 | 陰○梗柟 | 9/39/9 | 故○之軾 | 10/46/24 |
| 不○人災 | 7/30/19 | 竊○小殿 | 9/39/12 | 越王中分其師以○左右 | |
| 身○傭隸 | 7/30/25 | 必○越王所戮 | 9/39/14 | 　軍 | 10/46/27 |
| 妻○僕妾 | 7/30/25 | 必○對陣 | 9/40/16 | 躬率君子之軍六千人以 | |
| 處卑而不以○惡 | 7/30/28 | 與之不○親 | 9/40/25 | 　○中陣 | 10/46/28 |
| 居危而不以○薄 | 7/30/28 | ○〔我〕駕車 | 9/41/3 | 今越軍分○二師 | 10/47/1 |
| 行哭而○隸 | 7/30/30 | 親戮主以○名 | 9/41/12 | 故○風雨以還汝軍 | 10/47/9 |
| 而君王何以○讓辭謙說 | 7/31/7 | 則周何○三家之表 | 9/41/13 | 我當○汝開道貫城 | 10/47/10 |
| 士樂○用 | 7/31/9 | 子胥○人臣 | 9/41/14 | 則吳願長○臣妾 | 10/47/15 |
| 豈得以在者盡忠、亡者 | | 無○群小所侮 | 9/41/16 | 王問○ | 10/47/26 |
| 　○不信乎 | 7/31/13 | 今子○寡人謀事 | 9/41/25 | 日○陰蝕 | 10/47/27 |
| ○君養器 | 7/31/29 | 變○白猿 | 9/42/1 | 群臣○樂 | 10/47/28 |
| ○吳窮虜 | 7/31/31 | 孝子不忍見父母○禽獸 | | 蠡復○書遺種曰 | 10/48/8 |
| 妻衣褐兮○婢 | 7/32/7 | 　所食 | 9/42/13 | 夫越王○人長頸鳥啄 | 10/48/10 |
| 夫去冕兮○奴 | 7/32/8 | 於是神農皇帝弦木○弧 | 9/42/14 | 以敗○成 | 10/48/18 |
| 而子及主俱○奴僕 | 7/32/21 | 剡木○矢 | 9/42/14 | 但○吳耳 | 10/49/1 |
| 吳王知范蠡不可得○臣 | 7/32/25 | ○兒之時 | 9/42/15 | 故不○哀公伐三桓也 | 10/49/4 |
| ○子赦之 | 7/33/1 | 琴氏以○弓矢不足以威 | | 無乃○貪乎 | 10/49/12 |

| | |
|---|---|
| 於彼○侫 | 10/49/14 |
| 在君○忠 | 10/49/14 |
| 是○亂醜 | 10/49/17 |
| 願幸以餘術○孤前王於 | |
| 　地下謀吳之前人 | 10/49/19 |
| 乃○越王所戮 | 10/49/20 |
| 南陽之宰而○越王之擒 | 10/49/21 |
| 忠臣必以吾○喻矣 | 10/49/22 |
| 出死士（以）三百人○ | |
| 　陣關下 | 10/49/27 |
| 以船○車 | 10/50/1 |
| 以楫○馬 | 10/50/2 |
| 越王欲○伐三桓 | 10/50/13 |
| ○一百四十四年 | 10/50/21 |
| 魯穆柳有幽公○名 | 10/50/24 |
| 王侯自稱○君 | 10/50/25 |
| ○楚所滅 | 10/50/27 |

**惟 wéi**　　　32

| | |
|---|---|
| ○仁是處 | 2/3/19 |
| ○父獲免 | 3/4/24 |
| ○夫子詮斯義也 | 3/7/1 |
| ○委命矣 | 3/7/3 |
| ○大王賜其死 | 4/10/1 |
| ○一臨之 | 4/11/5 |
| ○所欲用 | 4/12/12 |
| ○吳哀齊之不濫也 | 5/17/7 |
| 〔其〕○〔臣〕幾乎 | 5/19/10 |
| 非○不祥 | 5/23/15 |
| ○有所獲 | 5/25/1 |
| ○君王有意焉 | 5/26/18 |
| ○委而已 | 6/28/12 |
| ○禹旬之 | 6/28/20 |
| ○大王原之 | 7/32/14 |
| ○公卜焉 | 7/33/19 |
| ○大王留意 | 7/33/20 |
| ○公圖之 | 7/33/21 |
| ○大王留意察之 | 7/34/24 |
| ○三聖紀綱維持 | 8/36/2 |
| ○大夫誨之 | 8/37/2 |
| ○欲伐吳 | 9/39/18 |
| ○問於子 | 9/39/19 |
| ○王選擇美女二人而進之 | 9/40/9 |
| ○大王救其窮窘 | 9/40/23 |
| ○公試之 | 9/41/29 |
| ○王試之 | 9/42/20 |

| | |
|---|---|
| ○是輿馬、兵革、卒伍 | |
| 　既具 | 10/44/27 |
| ○欲以窮夫差 | 10/47/9 |
| 孤臣○命是聽 | 10/47/14 |
| ○賢人乎 | 10/48/10 |
| 臣竊自○ | 10/48/16 |

**唯 wéi**　　　3

| | |
|---|---|
| ○魚鱉見矣 | 5/19/5 |
| ○○ | 10/49/28 |

**圍 wéi**　　　12

| | |
|---|---|
| ○朱方 | 2/3/12 |
| 腰十○ | 3/6/13 |
| 使公子蓋餘、燭傭以兵 | |
| 　○楚 | 3/7/17 |
| 公子蓋餘、燭傭二人將 | |
| 　兵遇○於楚者 | 3/8/4 |
| ○於豫章 | 4/13/21 |
| 於是○楚師於豫章 | 4/13/22 |
| 遂○巢 | 4/13/23 |
| 三○吳 | 5/27/4 |
| 大二十○ | 9/39/9 |
| 以○越 | 10/47/1 |
| ○吳於西城 | 10/47/4 |
| 越軍遂○吳 | 10/47/11 |

**違 wéi**　　　3

| | |
|---|---|
| 何言之○禮儀 | 7/30/24 |
| 下不○令 | 7/31/24 |
| 不敢○命 | 10/45/15 |

**維 wéi**　　　2

| | |
|---|---|
| 乘東南之○ | 8/35/25 |
| 惟三聖紀綱○持 | 8/36/2 |

**巍 wéi**　　　2

| | |
|---|---|
| 功德○○ | 10/50/17 |

**尾 wěi**　　　4

乃有白狐（有）〔九〕

| | |
|---|---|
| ○造於禹 | 6/28/23 |
| 其九○者 | 6/28/24 |
| 九○痝痝 | 6/28/25 |
| 龍曳○舍舟而去 | 6/28/30 |

**委 wěi**　　　12

| | |
|---|---|
| 惟○命矣 | 3/7/3 |
| 寡人○計於子 | 4/8/20 |
| 惟○而已 | 6/28/12 |
| 天柱號曰宛○ | 6/28/14 |
| 登宛○山 | 6/28/19 |
| 今○國一人 | 7/31/9 |
| 君王○國於種 | 7/31/10 |
| ○國歸民 | 7/31/12 |
| 而云○質而已 | 7/31/15 |
| ○國於一老 | 7/31/17 |
| 欲○屬於相國 | 8/35/18 |
| ○命吳國 | 8/35/21 |

**偉 wěi**　　　1

| | |
|---|---|
| 王僚怪其狀○ | 3/6/12 |

**僞 wěi**　　　5

| | |
|---|---|
| 今信浮辭○詐而貪齊 | 5/17/12 |
| 〔其〕大臣〔○而〕無用 | 5/17/24 |
| 邪說○辭 | 5/23/23 |
| 別眞○也 | 9/39/22 |
| 何謂死生、眞○乎 | 9/39/22 |

**葦 wěi**　　　3

| | |
|---|---|
| 運車以避葭○ | 1/1/12 |
| 乃潛身於深○之中 | 3/5/24 |
| ○梓桐棺 | 6/29/20 |

**蔿 wěi**　　　1

| | |
|---|---|
| 徙于○若 | 4/17/1 |

**緯 wěi**　　　1

| | |
|---|---|
| 集察○宿 | 9/40/4 |

| | | | | | |
|---|---|---|---|---|---|
| **畏 wèi** | 11 | 因○平王曰 | 4/9/25 | 顧○范蠡曰 | 8/35/8 |
| | | 伍子胥、白喜相○曰 | 4/11/26 | 越王○范蠡曰 | 8/35/11 |
| 楚○我勇 | 3/4/29 | 顧○執法曰 | 4/12/7 | ○侍者曰 | 8/36/16 |
| 且○小越而惡彊齊 | 5/18/17 | 司馬成乃○子常曰 | 4/12/20 | 或○諸大夫愛其身 | 9/37/29 |
| 且夫○越如此 | 5/18/19 | 此○湛盧之劍 | 4/13/3 | 何○〔也〕 | 9/38/7 |
| 〔其志〕○越 | 5/19/2 | 吳王○子胥、孫武曰 | 4/13/25 | 何○死生、眞僞乎 | 9/39/22 |
| 如子之○父 | 5/19/14 | 何○也 | 4/13/26,5/22/16 | ○天門地戶也 | 9/40/2 |
| 吾以○責天下之慚 | 5/27/1 | 吳王於是使使○唐、蔡曰 | 4/14/4 | 越王○大夫種曰 | 9/40/7,9/40/20 |
| 人之所○ | 7/32/2 | 所○臣行其志不待命者 | 4/14/10 | 雖勝殷○義乎 | 9/41/11 |
| ○皇天之咎 | 7/32/17 | 其○此也 | 4/14/10 | 飛土逐害」之○也 | 9/42/14 |
| 審罰則士卒望而○之 | 10/45/15 | ○其兄辛曰 | 4/14/16 | 所○句覃、鄂、章 | 9/42/18 |
| 恐軍士○法不使 | 10/46/21 | ○隨君曰 | 4/14/18 | ○大夫種曰 | 10/43/9 |
| 中國皆○之 | 10/50/9 | ○天報其禍 | 4/14/18 | ○當遂涉吾地 | 10/44/4 |
| | | ○與語 | 4/14/29 | 蠡、種相○曰 | 10/44/12 |
| **尉 wèi** | 1 | 乃使人○子胥曰 | 4/15/3 | 越王復召范蠡○曰 | 10/44/16 |
| | | 子胥等相○曰 | 4/15/26 | ○吾國君名 | 10/45/19 |
| 繆爲都○ | 9/42/25 | 子胥○其子曰 | 5/17/14 | 自○未能得士之死力 | 10/46/21 |
| | | 召門人而○之曰 | 5/17/20 | 相○曰 | 10/46/30 |
| **慰 wèi** | 1 | 因○曰 | 5/17/22 | 使令入○吳王曰 | 10/47/19 |
| | | ○吳王曰 | 5/18/11,5/20/7 | 行○文種曰 | 10/48/8 |
| 撫○百姓 | 7/31/28 | 其妻從旁○聖曰 | 5/21/13 | ○臣曰 | 10/49/9 |
| | | 吳王○囍曰 | 5/22/21 | 其○斯乎 | 10/49/20 |
| **蔚 wèi** | 1 | 自○老狂 | 5/22/23 | ○太子興夷曰 | 10/50/15 |
| | | ○被離曰 | 5/23/28 | | |
| 餘恨○恚 | 4/10/25 | ○之曰 | 5/24/8 | **餧 wèi** | 1 |
| | | 於是吳王○被離曰 | 5/24/10 | | |
| **衛 wèi** | 4 | ○左右曰 | 5/26/25 | 夫虎不可○以食 | 9/41/9 |
| | | ○糞種之物 | 5/26/26 | | |
| 使兵○陳於道 | 3/7/24 | 何○糞種 | 5/26/27 | **魏 wèi** | 1 |
| 遂如○ | 4/11/14 | 子胥所○且食者也 | 5/26/28 | | |
| ○爲副使 | 9/42/24 | ○太宰囍曰 | 5/26/28,9/41/22 | 人號櫱侯、翼侯、○侯也 | 9/42/18 |
| 公奔○ | 10/49/3 | 大夫種○越君曰 | 5/27/14 | | |
| | | 越王復使○曰 | 5/27/17 | **溫 wēn** | 2 |
| **謂 wèi** | 89 | 勾踐○種、蠡曰 | 5/27/18 | | |
| | | 越○太宰囍曰 | 5/27/22 | 尙爲人慈○仁信 | 3/4/18 |
| ○無子 | 1/1/5 | 顧○左右曰 | 5/27/23 | 守信○故 | 7/31/25 |
| 不知所○也 | 3/4/7 | 四嶽○禹曰 | 6/28/10 | | |
| 王使使○奢曰 | 3/4/17 | 東顧○禹曰 | 6/28/17 | **文 wén** | 42 |
| 平王○伍奢之譽二子 | 3/4/20 | ○之女嬌 | 6/28/26 | | |
| ○曰 | 3/5/9,3/5/20 | ○舟人曰 | 6/28/29 | 斷髮○身 | 1/1/21 |
| | 3/6/2,7/32/26,10/49/18 | 吳王○范蠡曰 | 7/32/20 | 胥爲人少好於○ | 3/4/18 |
| 乃○曰 | 3/5/23 | 自○遂失范蠡矣 | 7/32/25 | ○治邦國 | 3/4/19 |
| ○子胥曰 | 3/5/29 | 王顧○太宰囍曰 | 7/32/29 | 汝懷○武 | 3/5/1 |
| 吾所○渡楚賊也 | 3/5/30 | 臣○大王惑之深也 | 7/33/11 | 陽作龜○ | 4/9/12 |
| 又○女子曰 | 3/6/5 | 越王明日○太宰囍曰 | 7/33/23 | ○石爲椁 | 4/12/28 |
| 伍子胥○白公勝曰 | 3/7/14 | 豺不可○廉 | 7/34/8 | 有二○馬 | 4/13/31 |
| 闔閭○子胥曰 | 4/8/10 | ○范蠡曰 | 7/34/30 | 經之明○ | 4/16/24 |

| | | | | |
|---|---|---|---|---|
| 吳王置酒○臺之上 | 5/23/18 | 若○臣召 | 3/4/18 | 閭閻○之　　4/15/21 |
| 吳師皆○犀、長盾、扁 | | 王○之　3/5/6,4/14/22,5/18/20 | | 今○伍君來　　4/16/11 |
| 　諸之劍 | 5/25/10 | ○太子建在宋 | 3/5/8 | 吳王○三師將至　　4/16/13 |
| 是○武之德所祐助 | 5/26/9 | 伍奢初○子胥之亡 | 3/5/8 | 臣○祀廢於絕後　　4/16/21 |
| 其嚴之巔承以○玉 | 6/28/14 | 吾○父母之讎 | 3/5/11 | 越王○之　　5/17/10,7/33/5 |
| 皆瑑其○ | 6/28/15 | 吾○楚之法令 | 3/5/28 | 臣○君三封而三不成者　5/18/2 |
| 聞帝使○命于斯 | 6/28/16 | 公子光○之 | 3/6/11 | 臣○之　　5/18/11 |
| 大夫○種前爲祝 | 7/30/9 | 吾○楚殺忠臣伍奢 | 3/6/11 | 臣○仁人不（因居） |
| ○王囚於石室 | 7/30/16 | 臣○諸侯不爲匹夫興師 | | 　〔困厄〕以廣其德　5/18/18 |
| ○王服從而幸於紂 | 7/30/17 | 　用兵於比國 | 3/6/17 | 孤○〔之〕　　5/19/1 |
| 周○不以困爲病 | 7/30/18 | ○一女子之聲而折道 | 3/6/22 | 事未發而○之者　　5/19/3 |
| 而云湯○困厄後必霸 | 7/30/23 | ○公子光殺王僚自立 | 3/8/4 | 臣○〔之〕　5/19/7,5/20/19 |
| 今臣遂天○ | 7/31/3 | 以仁義○於諸侯 | 4/8/9 | 少○於左右　　5/20/11 |
| 大夫○種者 | 7/31/9 | 臣○謀議之臣 | 4/8/14 | 今竊○大王〔將〕興大義　5/20/13 |
| 付國於○祀 | 7/31/16 | 臣○治國之道 | 4/8/17 | 臣○章者　　5/21/5,5/21/21 |
| 紂囚○王而不殺 | 7/33/10 | 子以善爲劍○於王 | 4/9/6 | 破敵聲○功朗明也　　5/21/5 |
| 范蠡、○種憂而占之曰 | 7/33/12 | ○臣在吳而來也 | 4/9/23 | 今○急召　　5/21/16 |
| 大縱酒於○臺 | 7/33/31 | 諸侯○之 | 4/9/29 | 臣○好船者必溺　　5/21/20 |
| 於是范蠡乃觀天○ | 8/35/18 | 喜○臣在吳 | 4/9/29 | 吳王○之　　5/22/5,5/24/4 |
| 越王乃使大夫種索葛布 | | 側○子前人爲楚荊之暴怒 | 4/9/30 | 伍子胥○之　　5/22/11 |
| 　十萬、甘蜜九党、○ | | 臣○大王收伍子胥之窮厄 | 4/10/1 | 臣○興十萬之衆　　5/22/11 |
| 　笥七枚、狐皮五雙、 | | 子不○河上歌乎 | 4/10/3 | 吳王○齊有沒水之慮　　5/23/1 |
| 　晉竹十廋 | 8/36/13 | 今○公子慶忌有計於諸侯 | 4/10/10 | ○人言則四分走矣　　5/23/13 |
| ○種遠以見外 | 9/38/19 | 吾○勇士之鬭也 | 4/10/21 | 臣○四人走　　5/23/17 |
| 湯、○得之以王 | 9/38/25 | 臣○要離若斯 | 4/11/4 | 寡人○之　　5/23/19 |
| 陽爲○梓 | 9/39/9 | 誠以○矣 | 4/11/4 | 吳王○子胥之怨恨也　　5/23/30 |
| 錯畫○章 | 9/39/10 | 吳王○子高義 | 4/11/5 | 王孫駱○之　　5/24/10 |
| ○彩生光 | 9/39/11 | 世所○也 | 4/11/8 | 臣○人君者　　5/24/13 |
| 乃仰觀天○ | 9/40/4 | 臣○安其妻子之樂 | 4/11/11 | ○秋蜩之聲　　5/24/22 |
| 紂易○王而亡 | 9/40/14 | 以無罪○於天下 | 4/11/14 | 越王○吳王伐齊　　5/25/3 |
| 大夫○種曰 | 10/45/16 | 臣○兵者、凶事 | 4/12/15 | 越○吳王久留未歸　　5/26/4 |
| 范蠡、○種乃稽顙肉袒 | 10/47/7 | 楚○吳使孫子、伍子胥 | | 吾○狡兔以死　　5/27/5 |
| 置酒○臺 | 10/47/28 | 　、白喜爲將 | 4/12/18 | 誠以今日○命　　5/27/16 |
| 行謂○種曰 | 10/48/8 | 蓋○仁者殺人以掩謗者 | | ○樂不聽　　6/28/12 |
| ○種不信其言 | 10/48/12 | 　猶弗爲也 | 4/12/21 | ○帝使文命于斯　　6/28/16 |
| ○種棄宰相之位 | 10/48/29 | 臣○吳王得越所獻寶劍 | | 吾○一男不耕　　6/28/31 |
| 勾踐憂○種之不圖 | 10/49/4 | 　三枚 | 4/13/3 | 吾○食其實者　　6/29/15 |
| 越王遂賜○種屬盧之劍 | 10/49/21 | 臣○越王（元）〔允〕 | | ○古人曰　　7/30/27 |
| | | 　常使歐冶子造劍五枚 | 4/13/5 | 臣○大夫種忠而善慮　　7/31/8 |
| **聞 wén** | **165** | 臣○此劍在越之時 | 4/13/10 | 吾○父死子（伐）〔代〕　7/31/12 |
| | | 閭閻○楚得湛盧之劍 | 4/13/14 | 若孤○之死　　7/32/2 |
| 子臧○之 | 2/3/7 | 楚○之 | 4/13/15 | 越王○夫人怨歌　　7/32/9 |
| 臣○國君服寵以爲美 | 3/4/2 | 蔡人○之 | 4/14/3 | 吾○誅降殺服　　7/32/17 |
| 不○以土木之崇高、蟲 | | 子胥○之　4/14/28,8/36/16 | | 寡人○貞婦不嫁破亡之家　7/32/20 |
| 　鏤之刻畫、金石之清 | | ○之 | 4/15/3 | 臣○亡國之臣不敢語政　　7/32/23 |
| 　音、絲竹之凄唳以之 | | 臣○戾德無厭 | 4/15/11 | 臣○無德不復　　7/33/4 |
| 　爲美 | 3/4/3 | 寡人○命矣 | 4/15/13 | 孤○於外　　7/33/5 |

| | | | | | |
|---|---|---|---|---|---|
| 夫以戊寅日○喜 | 7/33/7 | 願○望敵儀表、投分飛 | | 蟲之類及八方之民俗 | |
| 臣○王者攻敵國 | 7/33/13 | 　矢之道 | 9/42/30 | 　、殊國異域土地里數 | 6/28/21 |
| 吾○人臣之道 | 7/33/18 | 寡人○古之賢君 | 10/43/15 | 子○以事 | 7/31/18 |
| 下臣嘗事師○糞者 | 7/33/27 | | 10/44/13 | 願大王請求○疾 | 7/33/22 |
| 臣○ | 7/34/2,9/40/16 | 今○大夫種諫難 | 10/44/9 | 囚臣欲一見○疾 | 7/33/23 |
| 臣○內懷虎狼之心 | 7/34/7 | 功名○於諸侯 | 10/44/11 | 時○政焉 | 8/36/24 |
| 臣○桀登高自知危 | 7/34/10 | ○越掩其空虛 | 10/44/19 | 進計硯而○曰 | 9/38/9 |
| 曾不○相國一言 | 7/34/12 | 恐天下○之 | 10/44/22 | 越王乃請大夫種而○曰 | 9/38/19 |
| 寡人不忍復○ | 7/34/25 | 誠○於戰 | 10/44/28 | 乃請計硯○曰 | 9/39/18 |
| 吾○君子一言不再 | 7/34/28 | ○於周室 | 10/45/19,10/45/24 | 惟○於子 | 9/39/19 |
| 寡人○崑崙之山乃地之柱 | 8/35/24 | 無不○者 | 10/45/22 | 越王又○相國范蠡曰 | 9/41/24 |
| 吳王○越王盡心自守 | 8/36/11 | 軍士○之 | 10/46/24 | ○以劍戟之術 | 9/41/27 |
| 願○ | 8/36/26 | 吳師○之 | 10/46/30 | ○於處女 | 9/41/28 |
| 臣○善爲國者 | 8/36/29 | 以大鼓相○ | 10/47/2 | 越王○曰 | 9/42/1 |
| ○有饑寒爲之哀 | 8/36/29 | 臣○即事作操 | 10/47/28 | 越王請音而○曰 | 9/42/9 |
| 恥○天下 | 8/37/1 | 吾○天有四時 | 10/48/9 | 乃葬死○傷 | 10/43/13 |
| 天下莫不○知 | 8/37/3 | 臣○主憂臣勞 | 10/48/14 | ○其名 | 10/43/22 |
| 臣○擊鳥之動 | 8/37/4 | 臣○君子俟時 | 10/48/22 | 勾踐復○ | 10/44/20 |
| 臣○吳王兵彊於齊、晉 | 8/37/7 | 吾○知人易 | 10/49/6 | 越王乃○包胥曰 | 10/44/25 |
| 臣○謀國破敵 | 8/37/9 | 吾○大恩不報 | 10/49/19 | 越王固○〔焉〕 | 10/44/28 |
| 臣○峻高者隤 | 8/37/12 | 孔子○之 | 10/49/26 | 敢○君王之所〔以與之〕 | |
| 未○敢死之友 | 9/37/29 | | | 　戰者何 | 10/44/29 |
| 而五年未○敢死之士、 | | **問 wèn** | **50** | 吾○於申包胥 | 10/45/13 |
| 　雪仇之臣 | 9/38/2 | | | 其士卒有○於王曰 | 10/46/22 |
| 孤○主憂臣辱 | 9/38/3 | 古公○ | 1/1/15 | 當歸而○於范蠡曰 | 10/47/24 |
| 冀○報復之謀 | 9/38/14 | 吳人或○ | 1/1/22 | 王○爲 | 10/47/26 |
| 不○其語 | 9/38/14 | 深○周公禮樂 | 2/2/11 | 越王召相國大夫種而○之 | 10/49/6 |
| 臣○高飛之鳥死於美食 | 9/38/21 | 平王乃召伍奢而按○之 | 3/4/13 | 何大王○犯玉門之第八 | 10/49/10 |
| ○於左右 | 9/39/12 | 子胥怪而○其狀 | 3/6/21 | | |
| 孤○吳王淫而好色 | 9/40/7 | 吳王○子胥曰 | 4/9/22 | **翁 wēng** | **3** |
| 臣○五色令人目盲 | 9/40/13 | 闔閭見白喜而○曰 | 4/9/30 | | |
| 臣○越王朝書不倦 | 9/40/14 | ○子胥曰 | 4/10/2,4/10/9 | 道逢一○ | 9/41/28 |
| 諸侯莫不○知 | 9/41/3 | 吳王○子胥、白喜曰 | 4/11/27 | 子○ | 10/50/18 |
| 臣○士窮非難抑心下人 | 9/41/5 | 而召孫子○以兵法 | 4/12/1 | ○卒 | 10/50/18 |
| 臣○越王饑餓 | 9/41/5 | ○曰 | 4/12/2,5/22/22,8/36/1 | | |
| 臣○狼子有野心 | 9/41/8 | 乃召風湖子而○曰 | 4/13/2 | **我 wǒ** | **107** |
| 子無乃○寡人言 | 9/41/16 | 人○曰 | 4/16/10 | | |
| 臣○鄰國有急 | 9/41/17 | 身御至舍〔而〕○曰 | 5/18/20 | 彼君與○何異 | 1/1/16 |
| 臣○古之聖君莫不智戰 | | 孤敢不○其說 | 5/19/1 | ○欲傳國及札 | 2/2/26 |
| 　用兵 | 9/41/26 | 召王孫駱○曰 | 5/21/8 | 又復三朝悲吟而命○曰 | 2/3/2 |
| 今○越有處女 | 9/41/26 | 願王○之 | 5/21/11 | ○心已許之 | 2/3/3 |
| 吾○子善劍 | 9/41/28 | 群臣○曰 | 5/23/13 | 以國付○ | 2/3/3 |
| 直復不○ | 9/42/7 | 王○群臣 | 5/23/16 | ○敢不從命乎 | 2/3/3 |
| 孤○子善射 | 9/42/9 | 王召而○曰 | 5/24/11 | 富貴之於○ | 2/3/19 |
| 臣○弩生於弓 | 9/42/11 | 王怪而○之曰 | 5/24/21 | 父當○活 | 3/4/29 |
| 願○正射之道 | 9/42/26 | 召其神而○之山川脈理 | | 楚畏○勇 | 3/4/29 |
| 臣○正射之道 | 9/42/26 | 　、金玉所有、鳥獸昆 | | ○從是決 | 3/4/31 |

| | | | | | | |
|---|---|---|---|---|---|
| 仰飛鳥兮○鳶 | 7/32/3 | ○王何好 | 3/7/4 | ○將欲伐楚 | 4/11/26 |
| 彼飛鳥兮鳶○ | 7/32/6 | ○使光伐楚 | 3/7/10 | ○王問子胥、白喜曰 | 4/11/27 |
| | | ○所以相攻者 | 3/7/10 | ○王內計二子皆怨楚 | 4/11/28 |
| **吳 wú** | **496** | 與○邊邑處女蠶 | 3/7/10 | 乃一旦與○王論兵 | 4/11/31 |
| | | ○國不勝 | 3/7/11 | 即○王之寵姬也 | 4/12/9 |
| ○之前君太伯者 | 1/1/3 | 滅○之邊邑 | 3/7/11 | ○王登臺觀望 | 4/12/9 |
| 雍一名○仲 | 1/1/18 | ○怒 | 3/7/11 | 於是乃報○王曰 | 4/12/12 |
| 自號爲勾○ | 1/1/22 | ○欲因楚葬而伐之 | 3/7/17 | ○王忽然不悅 | 4/12/13 |
| ○人或問 | 1/1/22 | 楚發兵絕○〔兵〕後 | 3/7/18 | 於是○王大悅 | 4/12/17,7/34/6 |
| 何像而爲勾○ | 1/1/23 | ○兵不得還 | 3/7/18 | 殺○亡將二子蓋餘、 | |
| ○仲也 | 1/1/23 | 今○王伐楚 | 3/7/19 | 燭傭 | 4/12/17 |
| 故自號勾○ | 1/1/24 | 方今○外困於楚 | 3/7/22 | 楚聞○使孫子、伍子胥 | |
| 共立以爲勾○ | 1/1/24 | 是爲○王闔閭也 | 3/8/1 | 、白喜爲將 | 4/12/18 |
| 名曰故○ | 1/1/26 | 至○ | 3/8/1,5/20/7 | 而○侵境不絕於寇 | 4/12/19 |
| 追封太伯於○ | 1/2/2 | ○在辰 | 4/8/24 | 以結怨於○ | 4/12/23 |
| 是爲○仲雍 | 1/2/2 | 示越屬於○也 | 4/9/2 | 且郤、伍之家出奔於○ | 4/12/23 |
| 而○益彊 | 1/2/6 | ○人也 | 4/9/3,4/11/30 | ○新有伍員、白喜 | 4/12/23 |
| 楚之亡大夫申公巫臣適○ | 2/2/15 | 適會魯使季孫聘於○ | 4/9/13 | ○王有女滕玉 | 4/12/26 |
| 教○射御 | 2/2/15 | ○霸 | 4/9/15 | 乃舞白鶴〔於○市中〕 | 4/12/29 |
| 敗○師 | 2/2/16 | ○作鉤者甚衆 | 4/9/16 | 得○王湛盧之劍於床 | 4/13/1 |
| 於是○始通中國 | 2/2/16 | ○鴻、扈稽 | 4/9/20 | 臣聞○王得越所獻寶劍 | |
| 楚恭王怨○爲巫臣伐之也 | 2/2/20 | ○王大驚 | 4/9/21 | 三枚 | 4/13/3 |
| 乃舉兵伐○ | 2/2/20 | ○王問子胥曰 | 4/9/22 | 魚腸之劍已用殺○王僚也 | 4/13/4 |
| ○王諸樊元年 | 2/3/1 | 聞臣在○而來也 | 4/9/23 | 今○王無道 | 4/13/9 |
| ○人固立季札 | 2/3/8 | 喜聞臣在○ | 4/9/29 | ○拔六與潛二邑 | 4/13/16 |
| ○人舍之 | 2/3/9 | ○大夫被離承宴 | 4/10/2 | ○王以越不從伐楚 | 4/13/18 |
| 楚靈王會諸侯伐○ | 2/3/12 | 與○俱事○王 | 4/10/6 | ○不信前日之盟 | 4/13/18 |
| 慶封數爲○伺祭 | 2/3/12 | ○王前既殺王僚 | 4/10/9 | 楚昭王使公子囊瓦伐○ | 4/13/21 |
| ○王餘祭怒曰 | 2/3/13 | 將遂○統 | 4/10/13 | ○使伍胥、孫武擊之 | 4/13/21 |
| 慶封窮來奔○ | 2/3/13 | ○王曰 | 4/10/13 | ○王謂子胥、孫武曰 | 4/13/25 |
| 楚怨○爲慶封故伐之 | 2/3/16 | 4/11/4,4/11/31,4/13/22 | | ○王於是使食謂唐、蔡曰 | 4/14/4 |
| 伐○ | 2/3/16 | 4/13/26,4/13/27,5/18/13 | | 唐侯使其子乾爲質於○ | 4/14/5 |
| ○擊之 | 2/3/16 | 5/21/18,5/22/16,5/26/16 | | ○師乘之 | 4/14/11 |
| ○人立餘眛子州于 | 2/3/20 | 5/26/24,5/26/26,7/32/16 | | ○因奔而擊破之 | 4/14/11 |
| 號爲○王僚也 | 2/3/20 | 7/33/1,7/33/17,7/33/26 | | 王追於○寇 | 4/14/12 |
| ○師敗而亡舟 | 3/3/24 | 7/34/3,7/34/11,7/34/25 | | ○師遂入郢 | 4/14/13 |
| 乃命善相者爲○市吏 | 3/3/25 | 7/34/26,7/34/28,9/40/23 | | ○兵逐之 | 4/14/18 |
| 楚之亡臣伍子胥來奔○ | 3/3/27 | 9/41/2,9/41/7,9/41/16 | | 隨君（作）〔卜〕昭王 | |
| 伍員與勝奔○ | 3/5/17 | 爲齊王使於○ | 4/10/17 | 與○王 | 4/14/19 |
| 遂行至○ | 3/6/1 | 遂之○ | 4/10/19,4/11/16 | 乃辭○王曰 | 4/14/20 |
| 子胥之○ | 3/6/8 | ○王聞子高義 | 4/11/5 | ○師多其辭 | 4/14/21 |
| ○市吏善相者見之 | 3/6/9 | 乃與子胥見○王 | 4/11/5 | 陰與○師爲市 | 4/14/22 |
| 乃白○王僚 | 3/6/10 | ○王心非子胥進此人 | 4/11/7 | ○王入郢 | 4/14/23 |
| 來入於○ | 3/6/12 | ○王乃取其妻子 | 4/11/13 | 有能還○軍者 | 4/14/26,4/15/1 |
| 非爲○也 | 3/6/15 | ○國之事 | 4/11/15 | ○爲無道 | 4/15/8,5/26/18 |
| ○王乃止 | 3/6/19 | 何不與我東之於○ | 4/11/16 | ○猶欲滅之 | 4/15/9 |
| 伍胥之亡楚如○時 | 3/6/20 | 可令還○ | 4/11/20 | 逮○之未定 | 4/15/11 |

| | | | | | |
|---|---|---|---|---|---|
| 興兵伐〇 | 4/15/17 | 而與〇爭彊 | 5/18/12 | 〇王置酒文臺之上 | 5/23/18 |
| 〇在楚 | 4/15/17 | 入臣於〇 | 5/18/14 | 將滅〇國 | 5/23/24 |
| 救楚擊〇 | 4/15/18 | 〇之彊不過於齊 | 5/18/16 | 〇王大怒曰 | 5/23/25 |
| 吾未知〇道 | 4/15/19 | 〇王大悅 | 5/18/19 | 爲〇妖孽 | 5/23/25 |
| 使楚師前與〇戰 | 4/15/19 | | 5/20/16,5/21/8,7/33/28 | 獨傾〇國 | 5/23/25 |
| 楚司馬子成、秦公子子 | | | 9/39/12,9/40/12 | 無沮謀 | 5/23/26 |
|   蒲與〇王相守 | 4/15/20 | 臣今者見〇王 | 5/19/2 | 恐〇國之亡矣 | 5/23/27 |
| 自立爲〇王 | 4/15/21 | 與〇人戰 | 5/19/5 | 〇王聞子胥之怨恨也 | 5/23/30 |
| 秦師又敗〇師 | 4/15/23 | 今〇王有伐齊、晉之志 | 5/19/10 | 吾始爲汝父忠臣立〇 | 5/24/1 |
| 楚子期將焚〇軍 | 4/15/23 | 〇王分其民之衆以殘吾國 | 5/19/12 | 〇宮爲墟 | 5/24/2 |
| 而亡〇國 | 4/15/25 | 孤之怨〇 | 5/19/14 | 我徒有功於〇 | 5/24/3 |
| 〇師大敗 | 4/15/25 | 而孤之事〇 | 5/19/14 | 〇王乃取子胥屍 | 5/24/7 |
| | 5/26/14,10/47/2 | 願一與〇交戰於天下平 | | 於是〇王謂被離曰 | 5/24/10 |
| 吾以〇干戈西破楚 | 4/15/26 |   原之野 | 5/19/17 | 〇王中心惻然 | 5/24/15 |
| 〇軍去後 | 4/16/1 | 〇越之士繼踵連死、肝 | | 〇王復伐齊 | 5/24/18 |
| 二子東奔適〇越 | 4/16/4 |   腦塗地者 | 5/19/17 | 不知〇悉境內之士 | 5/25/1 |
| 〇王哀痛助切怛 | 4/16/5 | 今內量吾國不足以傷〇 | 5/19/18 | 夫〇徒知踰境征伐非吾 | |
| 〇軍雖去怖不歇 | 4/16/7 | 夫〇王〔之〕爲人〔也〕 | 5/20/2 |   之國 | 5/25/2 |
| 子胥歸〇 | 4/16/13 | 臣觀〇王爲數戰伐 | 5/20/3 | 屠我〇國 | 5/25/2 |
| 〇王聞三師將至 | 4/16/13 | 抵罪於〇 | 5/20/8 | 滅我〇宮 | 5/25/3 |
| 〇人作繪者 | 4/16/14 | 〇王許諾 | 5/20/18 | 〇王不聽太子之諫 | 5/25/3 |
| 齊子使女爲質於〇 | 4/16/15 | 今〇、齊將戰 | 5/20/20 | 越王聞〇王伐齊 | 5/25/3 |
| 〇王因爲太子波聘齊女 | 4/16/16 | 〇王果興九郡之兵 | 5/20/22 | 以絕〇路 | 5/25/4 |
| 恐不能奉統於〇國 | 4/16/23 | 〇王晝臥姑胥之臺 | 5/21/12 | 通江淮轉襲〇 | 5/25/5 |
| 楚懼〇兵復往 | 4/17/1 | 誠傷〇王 | 5/21/15 | 遂入〇國 | 5/25/5 |
| 〇以子胥、白喜、孫武 | | 越軍入〇國 | 5/22/1 | 〇敗齊師於艾陵之上 | 5/25/5 |
|   之謀 | 4/17/1 | 〇王聞之 | 5/22/5,5/24/4 | 〇王夫差大懼 | 5/25/6 |
| 齊使大夫高氏謝〇師曰 | 5/17/6 | 於是〇王乃使門人提之 | | 〇師皆文犀、長盾、扁 | |
| 齊以〇爲彊輔 | 5/17/7 |   蒸丘 | 5/22/8 |   諸之劍 | 5/25/10 |
| 而〇見伐 | 5/17/7 | 〇王乃使太宰嚭爲右校 | | 〇王親對曰 | 5/25/16 |
| 惟〇哀齊之不濫也 | 5/17/7 |   司馬 | 5/22/10 | 〇王躡左足與褐決矣 | 5/25/20 |
| 〇師即還 | 5/17/8 | 〇王謂嚭曰 | 5/22/21 | 臣觀〇王之色 | 5/25/21 |
| 率衆以朝於〇 | 5/17/10 | 〇王召大夫被離 | 5/22/22 | 否則〇國有難 | 5/25/22 |
| 日夜爲言於〇王 | 5/17/11 | 無益〇國 | 5/22/24 | 大則越人入〔〇〕 | 5/25/22 |
| 〇王不聽 | 5/17/13,5/22/20 | 齊與〇戰於艾陵之上 | 5/22/24 | 〇爲先老可長 | 5/26/2 |
| | 5/23/12,9/39/14,9/40/17 | 〇王既勝 | 5/22/24 | 〇王愧晉之義 | 5/26/3 |
| 今見〇之亡矣 | 5/17/14 | 〇王聞齊有沒水之慮 | 5/23/1 | 〇王稱公前 | 5/26/3 |
| 會魯使子貢聘於〇 | 5/17/16 | 〇不知所安集 | 5/23/2 | 〇既長晉而還 | 5/26/4 |
| 君不若伐〇 | 5/17/25 | 今〇乃濟江淮 | 5/23/3 | 越聞〇王久留未歸 | 5/26/4 |
| 夫〇 | 5/17/25,10/44/29 | 〇齊遂盟而去 | 5/23/4 | 〇又恐齊、宋之爲害 | 5/26/5 |
| 故曰不如伐〇 | 5/18/6 | 〇王還 | 5/23/4 | 天福於〇 | 5/26/8 |
| 且〇王剛猛而毅 | 5/18/6 | 若子於〇則何力焉 | 5/23/8 | 時歸〇 | 5/26/9 |
| （吾）〔若〕去〔而〕 | | 〇國世世存焉 | 5/23/11 | 〇王還歸自〔黃〕池 | 5/26/12 |
|   之〇 | 5/18/9 | 〇國之命斯促矣 | 5/23/11 | 二十年越王興師伐〇 | 5/26/14 |
| 請爲君南見〇王 | 5/18/10 | 以觀〇國之喪 | 5/23/12 | 〇與越戰於檇李 | 5/26/14 |
| 子貢南見〇王 | 5/18/11 | 〇王怒曰 | 5/23/14 | 越追破〇 | 5/26/14 |
| 謂〇王曰 | 5/18/11,5/20/7 | 〇王復坐殿上 | 5/23/15 | 〇王困急 | 5/26/15 |

| | | | | | |
|---|---|---|---|---|---|
| 吾國之民又勸孤伐○ | 10/44/17 | ○殺忠臣伍子胥 | 10/48/1 | ○爲漁丈人 | 3/5/31 |
| 臣觀○王北會諸侯於黃 | | 今不伐○ | 10/48/2 | ○之相人多矣 | 3/6/9 |
|   池 | 10/44/18 | 滅讎破○ | 10/48/4 | ○聞楚殺忠臣伍奢 | 3/6/11 |
| 以乙酉與○戰 | 10/44/21 | 范蠡從○欲去 | 10/48/7 | 子視○之儀 | 3/6/22 |
| 丁亥入○ | 10/44/21 | 乃使於○ | 10/48/16 | ○力弱無助於掌事之間 | 3/6/29 |
| ○告急於夫差 | 10/44/22 | 但爲○耳 | 10/49/1 | 能安○志 | 3/6/29 |
| 乃與○平 | 10/44/23 | 昔子胥於○矣 | 10/49/9 | ○雖代立 | 3/6/30 |
| 越王復悉國中兵卒伐○ | 10/44/25 | 雪恥於○ | 10/49/13 | 不○廢也 | 3/6/30 |
| ○可伐耶 | 10/44/26 | 已破彊○ | 10/49/18 | ○故求同憂之士 | 3/7/1 |
| ○爲不道 | 10/44/26 | 願幸以餘術爲孤前王於 | | ○志不悉矣 | 3/7/14 |
| 求以報○ | 10/45/2 |   地下謀○之前人 | 10/49/19 | ○何憂矣 | 3/7/14 |
|   10/45/4, 10/45/6, 10/45/8 | | 勾踐乃選○越將士 | 10/50/6 | 〔乃○〕君也 | 3/8/2 |
| 昔○爲不道 | 10/45/12 | 自越滅○ | 10/50/9 | 誰怨乎 | 3/8/3 |
| ○卒自屠 | 10/46/11 | 以摧○王之干戈 | 10/50/16 | ○國僻遠 | 4/8/15 |
| ○悉兵屯於江北 | 10/46/26 | 徙於○矣 | 10/50/20 | ○不知其理也 | 4/9/7 |
| 以須○兵 | 10/46/29 | | | 昔○師作冶 | 4/9/8 |
| 復須○兵 | 10/46/29 | **吾 wú** | **242** | 今○作劍不變化者 | 4/9/10 |
| 中水以待○發 | 10/46/30 | | | ○何難哉 | 4/9/11 |
| ○師聞之 | 10/46/30 | ○所不居也 | 1/1/16 | ○之作鉤也 | 4/9/18 |
| 越王陰使左右軍與○望戰 | 10/47/1 | ○以伯長居國 | 1/1/23 | 不遠○國而來 | 4/9/31 |
| 銜枚不鼓攻○ | 10/47/2 | 夷子餘喬疑○ | 1/2/4 | ○之怨與喜同 | 4/10/3 |
| 俓至○ | 10/47/3 | ○子柯廬 | 1/2/4 | ○不見也 | 4/10/5 |
| 圍○於西城 | 10/47/4 | 羽子夷○ | 1/2/4 | ○觀喜之爲人 | 4/10/6 |
| ○王大懼 | 10/47/4 | ○子禽處 | 1/2/4 | ○食不甘味 | 4/10/10 |
| 攻○兵 | 10/47/4 | ○望其色也 | 2/3/1 | ○之憂也 | 4/10/14 |
| 望○南城 | 10/47/5 | ○知公子札之賢 | 2/3/2 | ○聞勇上之鬬也 | 4/10/21 |
| 吾知越之必入○矣 | 10/47/8 | ○願達前王之義 | 2/3/4 | 慎無閉○門 | 4/10/25 |
| 以觀汝之破○也 | 10/47/8 | ○誠避之 | 2/3/8 | ○無三死之過 | 4/10/29 |
| 然越之伐○ | 10/47/9 | ○不受位 | 2/3/18 | ○辱子於千人之衆 | 4/11/1 |
| 越軍遂圍○ | 10/47/11 | ○之生也 | 3/4/31 | 手挫捽○頭 | 4/11/2 |
| ○師累敗 | 10/47/12 | ○如得返 | 3/5/2 | ○之勇也 | 4/11/3 |
| 遂樓○王於姑胥之山 | 10/47/12 | 亦○所喜 | 3/5/2 | 離乃加○之上 | 4/11/4 |
| ○使王孫駱肉袒膝行而 | | ○去不顧 | 3/5/3 | ○嘗追之於江 | 4/11/9 |
|   前 | 10/47/12 | 釋○父兄 | 3/5/6 | 今戮○妻子 | 4/11/15 |
| 則○願長爲臣妾 | 10/47/15 | 殺○父兄 | 3/5/7 | ○知其情 | 4/11/15 |
| 天以越賜○ | 10/47/15 | 願○因於諸侯以報讎矣 | 3/5/8 | 殺○妻子 | 4/11/21 |
| ○不取 | 10/47/16 | 楚王殺○父兄 | 3/5/9 | 今○貪生棄行 | 4/11/22 |
| ○使涕泣而去 | 10/47/19 | ○欲教子報楚 | 3/5/10 | ○何面目以視天下之士 | 4/11/22 |
| 使令入謂○王曰 | 10/47/19 | ○不容言 | 3/5/11 | ○寧能不死乎 | 4/11/23 |
| ○王辭曰 | 10/47/20 | ○聞父母之讎 | 3/5/11 | ○等爲王養士 | 4/11/26 |
| 天〔既〕降禍於○國 | 10/47/20 | 今○將復楚辜 | 3/5/12 | ○即得而殺之 | 4/13/15 |
| ○之土地民臣 | 10/47/21 | ○能存之 | 3/5/13 | ○即去之 | 4/13/15 |
| 勾踐已滅○ | 10/47/22 | ○能安之 | 3/5/13 | ○欲乘危入楚都而破其郢 | 4/13/22 |
| 歸○所侵宋地 | 10/47/23 | ○見子有饑色 | 3/5/26 | ○欲復擊楚 | 4/13/27 |
| 越王還於○   10/47/24, 10/47/28 | | 此○前君之劍 | 3/5/27 | ○殺其子 | 4/14/16 |
| 昔○之稱王 | 10/47/27 | ○聞楚之法令 | 3/5/28 | ○與分國而治 | 4/14/26 |
| 乃命樂作伐○之曲 | 10/47/28 | ○所謂渡楚賊也 | 3/5/30 | ○國君懼怖 | 4/14/29 |

| | | | | | |
|---|---|---|---|---|---|
| ○蒙子前人之恩 | 4/15/2 | ○戮公孫聖 | 5/26/28 | ○欲伐吳 | 9/39/18 |
| ○未知吳道 | 4/15/19 | 以畏責天下之慚 | 5/27/1 | ○之霸矣 | 9/40/5 |
| ○國父兄身戰暴骨草野焉 | 4/15/23 | ○足不能進 | 5/27/1 | ○豈愛惜財寶 | 9/40/24 |
| ○以吳干戈西破楚 | 4/15/26 | ○聞狡兔以死 | 5/27/5 | 以伺○間 | 9/41/1 |
| ○嘗饑於此 | 4/16/8 | 何必使○師衆加刃於王 | 5/27/18 | 以入○國 | 9/41/2 |
| ○有女子 | 4/16/10 | ○生既慚 | 5/27/23 | 伺○王間也 | 9/41/2 |
| 是棄○也 | 5/17/11 | ○羞前地下 | 5/27/24 | 今○使之歸國 | 9/41/4 |
| 汝與○俱亡 | 5/17/15 | ○負於生 | 5/27/24 | 豈敢有反○之心乎 | 9/41/4 |
| ○兵已在魯之城下矣 | 5/18/9 | 死必連縶組以罩○目 | 5/27/25 | ○不忍也 | 9/41/12 |
| （○）〔若〕去〔而〕 | | ○何可哉 | 5/27/26 | 可留使○民植之 | 9/41/22 |
| 　之吳 | 5/18/9 | ○娶也 | 6/28/23 | ○聞子善劍 | 9/41/28 |
| ○嘗與越戰 | 5/18/14 | ○之服也 | 6/28/24 | 願子悉以教○國人 | 9/43/2 |
| 吳王分其民之衆以殘○國 | 5/19/12 | ○聞一男不耕 | 6/28/31 | ○誠已說於國人 | 10/43/10 |
| 殺敗○民 | 5/19/13 | ○爲帝統治水土 | 6/29/1 | 三年釋○政 | 10/43/19 |
| 鄙○百姓 | 5/19/13 | 此○德薄不能化民證也 | 6/29/2 | 三月釋○政 | 10/43/20 |
| 夷○宗廟 | 5/19/13, 10/44/27 | ○聞食其實者 | 6/29/15 | 必哭泣葬埋之如○子也 | 10/43/20 |
| 今內量○國不足以傷吳 | 5/19/18 | ○獲釜之書 | 6/29/16 | 昔夫差辱○君王於諸侯 | 10/43/24 |
| 兩鎁殖○宮墻 | 5/21/3 | ○晏歲年暮 | 6/29/19 | 何敢勞○國之人 | 10/44/2 |
| 越○宮堂 | 5/21/3 | ○百世之後 | 6/29/20 | 以塞○之宿讎 | 10/44/2 |
| ○受道十年 | 5/21/17 | ○君 | 6/29/24 | 盡○君子 | 10/44/3 |
| ○天之所生 | 5/22/5 | ○不知其咎 | 7/30/15 | 謂當遂涉○地 | 10/44/4 |
| 天知○之冤乎 | 5/22/6 | ○將屬焉 | 7/31/8 | ○不得不從民人之欲 | 10/44/9 |
| ○前王履德明〔聖〕達 | | ○聞父死子（伐）〔代〕 | 7/31/12 | ○諫已不合矣 | 10/44/12 |
| 　於上帝 | 5/23/4 | ○之由也 | 7/31/13 | ○不欲匹夫之小勇也 | 10/44/15 |
| 出則罪○士衆 | 5/23/6 | ○顧諸大夫以其所能 | 7/31/15 | ○欲士卒進則思賞 | 10/44/15 |
| 亂○法度 | 5/23/7 | ○將逝矣 | 7/31/19 | ○國之民又勸孤伐吳 | 10/44/17 |
| 欲以妖孽挫衄○師 | 5/23/7 | ○之六翮備矣 | 7/32/10 | ○欲與之徼天之中 | 10/44/27 |
| 昔○前王 | 5/23/9 | 入○柙梏 | 7/32/16 | ○博愛以子之 | 10/45/3 |
| 掛○目於門 | 5/23/12 | ○聞誅降殺服 | 7/32/17 | ○（今修）〔修令〕寬刑 | 10/45/3 |
| ○見四人相背而倚 | 5/23/13 | ○非愛越而不殺也 | 7/32/17 | 富者○安之 | 10/45/5 |
| ○將爵之上賞 | 5/23/20 | ○欲赦子之罪 | 7/32/22 | 貧者○予之 | 10/45/5 |
| ○將復增其國 | 5/23/20 | ○復置子於石室之中 | 7/32/26 | ○欲〔與之〕徼天之中 | 10/45/12 |
| ○貫弓接矢於鄭楚之界 | 5/23/28 | 待○疾愈 | 7/33/17 | ○問於申包胥 | 10/45/13 |
| 前王聽從○計 | 5/23/29 | ○聞人臣之道 | 7/33/18 | 謂○國君名 | 10/45/19 |
| ○非自惜 | 5/23/29 | ○聞君子一言不再 | 7/34/28 | ○將有不虞之議 | 10/45/22 |
| ○始爲汝父忠臣立吳 | 5/24/1 | ○已絕望 | 7/35/1 | ○將有顯戮 | 10/45/23 |
| 今汝不用○言 | 5/24/1 | ○之國也 | 8/35/25 | 則○良人矣 | 10/45/25 |
| ○今日死 | 5/24/2 | 王今以丙午復初臨政 | 8/36/4 | 則非○之民也 | 10/45/25 |
| 夫吳徒知踰境征伐非○ | | ○欲采葛 | 8/36/10 | ○見子於是 | 10/45/27 |
| 　之國 | 5/25/2 | ○欲因而賜之以書 | 8/36/12 | ○固誠子 | 10/46/3 |
| ○道遼遠 | 5/25/7 | ○雖封之 | 8/36/16 | 不從○令者如斯矣 | 10/46/6 |
| ○是以蒲服就君 | 5/25/18 | ○君失其石室之囚 | 8/36/17 | | 10/46/7 |
| ○前君闔閭不忍其惡 | 5/26/6 | 於○心 | 8/36/17 | ○方往征討我宗廟之讎 | 10/46/8 |
| ○請獻勾甬東之地 | 5/26/16 | ○使賢任能 | 9/38/14 | ○視之如○父母昆弟之 | |
| ○與君爲二君乎 | 5/26/16 | ○以謀士效實 | 9/38/18 | 　疾病也 | 10/46/16 |
| ○之在周 | 5/26/16 | ○昔日受夫子之言 | 9/38/20 | ○葬埋殯送之 | 10/46/17 |
| ○將殘汝社稷、夷汝宗廟 | 5/26/19 | 以雪○之宿讎 | 9/38/20 | 如○父母昆弟之有死亡 | |

| | | | | | |
|---|---|---|---|---|---|
| 葬埋之矣 | 10/46/17 | 建母蔡氏○寵 | 3/4/11 | 然而○所施也 | 4/12/13 |
| ○予其醫藥 | 10/46/18 | ○忌日夜言太子之短 | 3/4/11 | 咸言費○忌讒殺伍奢、 | |
| ○輕其重 | 10/46/19 | 不能○怨望之心 | 3/4/12 | 白州犂 | 4/12/19 |
| ○愛士也 | 10/46/20 | 奢知○忌之讒 | 3/4/13 | 夫費○忌、楚之讒口 | 4/12/22 |
| 雖○子不能過也 | 10/46/20 | ○忌承宴 | 3/4/14 | 今○辜殺三賢士 | 4/12/22 |
| 自○子亦不能脫也 | 10/46/21 | ○忌復言平王曰 | 3/4/16 | 子常與昭王共誅費○忌 | 4/12/26 |
| ○思士卒之怒久矣 | 10/46/23 | ○以賞賜 | 3/4/25 | 湛盧之劍惡闔閭之○道也 | 4/13/1 |
| 而未有稱○意者 | 10/46/23 | 尚且○往 | 3/4/29 | ○益於人 | 4/13/7 |
| ○知越之必入吳矣 | 10/47/8 | 使者追及○人之野 | 3/5/4 | 故去○道以就有道 | 4/13/9 |
| 故求置○頭於南門 | 10/47/8 | 楚王○道 | 3/5/7 | 今吳王○道 | 4/13/9 |
| ○心又不忍 | 10/47/9 | 則爲○親友也 | 3/5/11 | 赤菫之山已令○雲 | 4/13/11 |
| ○安能止哉 | 10/47/10 | 宋元公○信於國 | 3/5/13 | 楚爲○道 | 4/14/4 |
| ○欲聽子言 | 10/47/18 | ○令其露 | 3/5/32,3/6/6 | 今子常○故與王共殺忠 | |
| ○置君於甬東 | 10/47/20 | 辭○復者 | 3/6/13 | 臣三人 | 4/14/7 |
| ○不稱王 | 10/47/26 | 王○用之 | 3/6/16 | 動○令名 | 4/14/17 |
| ○聞天有四時 | 10/48/9 | 吾力弱○助於掌事之間 | 3/6/29 | 吳爲○道 | 4/15/8,5/26/18 |
| ○聞知人易 | 10/49/6 | 內〔空〕○骨鯁之臣 | 3/7/22 | 寡人○臣若斯者 | 4/15/10 |
| ○王既免於患難 | 10/49/13 | 是○如我何也 | 3/7/22 | 其亡○日矣 | 4/15/10 |
| ○答之又無他語 | 10/49/15 | 期○變意乎 | 3/7/23 | 爲賦《衣》之詩曰 | 4/15/10 |
| ○將復入 | 10/49/15 | 苟前君○廢〔祀〕 | 3/8/2 | 豈曰○衣 | 4/15/10 |
| ○見王時 | 10/49/16 | 〔民人○廢主〕 | 3/8/2 | 臣聞戾德○厭 | 4/15/11 |
| ○命須臾之間耳 | 10/49/17 | 〔國家○傾〕 | 3/8/2 | 如其○知 | 4/15/25 |
| ○聞大恩不報 | 10/49/19 | 寡人非子○所盡議 | 4/8/15 | 任用○忌多所殺 | 4/16/4 |
| ○悔不隨范蠡之謀 | 10/49/20 | 君○守禦 | 4/8/16 | ○立其苗也 | 5/17/13 |
| ○不食善言 | 10/49/20 | 民○所依 | 4/8/16 | 悔之○及 | 5/17/13 |
| 忠臣必以○爲喻矣 | 10/49/22 | 得○得其人而後成乎 | 4/9/8 | 亡○爲也 | 5/17/15 |
| ○前君其不徙乎 | 10/50/5 | 費○忌望而妒之 | 4/9/25 | 子○意一出耶 | 5/17/21 |
| ○自禹之後 | 10/50/15 | ○忌教宛曰 | 4/9/27 | 〔其〕大臣〔僞而〕○用 | 5/17/24 |
| | | ○忌曰 | 4/9/28 | 是君上○彊敵之臣 | 5/18/7 |
| **梧** wú | 5 | 費○忌之讒口 | 4/9/31 | 下○黔首之士 | 5/18/8 |
| | | 前人○罪 | 4/9/31 | 君按兵○伐 | 5/18/10 |
| 前園橫〔索〕生○桐 | 5/21/4 | 臣不忠○行 | 4/10/11 | 而霸者○彊敵 | 5/18/11 |
| 前園橫〔索〕生○桐者 | 5/21/8 | 周人○怨色 | 4/10/12 | 且夫○報人之志、而使 | |
| | 5/22/2 | 慎○閉吾門 | 4/10/25 | 人疑之〔者〕 | 5/19/2 |
| ○桐心空 | 5/22/3 | 放髮僵臥○所懼 | 4/10/26 | 君○愛重器以喜其心 | 5/19/10 |
| 南到計於蒼○ | 6/28/30 | 欲○得怨 | 4/10/29 | ○惡卑辭以盡其禮 | 5/19/10 |
| | | 吾○三死之過 | 4/10/29 | 君臣死○所恨矣 | 5/20/16 |
| **無** wú | 236 | 子○敢報 | 4/11/1 | 得○所憂哉 | 5/21/2 |
| | | 登堂○聲 | 4/11/2 | ○伐於齊 | 5/22/4 |
| 謂○子 | 1/1/5 | 臣細小○力 | 4/11/6 | 身死○辜 | 5/22/7 |
| 行人○饑乏之色 | 1/1/10 | 以○罪聞於天下 | 4/11/14 | ○能益國 | 5/22/16 |
| 爾○忘寡人之言 | 2/2/26 | 闔閭○道 | 4/11/14 | ○忘有功 | 5/22/21 |
| 費○忌爲少傅 | 3/4/8 | ○罪見誅 | 4/11/15 | ○赦有罪 | 5/22/21 |
| 平王使○忌爲太子娶於秦 | 3/4/8 | 不貴○義 | 4/11/22 | ○益吳國 | 5/22/24 |
| ○忌報平王曰 | 3/4/9 | 託而○興師之意 | 4/11/27 | ○出境之謀 | 5/23/3 |
| 秦女天下○雙 | 3/4/9 | 二隊寂然○敢顧者 | 4/12/11 | ○所見 | 5/23/16 |
| ○忌因去太子而事平王 | 3/4/10 | 猶○難矣 | 4/12/12 | 詒諛○極 | 5/23/23 |

| | | | | |
|---|---|---|---|---|
| ○年 | 2/2/18,3/3/27,4/13/18 | ○年乃成 | 9/39/15 | ○子胥謂白公勝曰 | 3/7/14 |
| 二十○年 | 2/2/24,10/49/6 | 必且內蓄○穀 | 9/39/19 | ○子胥坐泣於室 | 3/7/15 |
| 賜粟○萬石 | 3/5/28 | 三年○倍 | 9/40/5 | ○胥知光之見機也 | 3/7/18 |
| 采○山之鐵精 | 4/9/5 | 臣聞○色令人目盲 | 9/40/13 | 乃舉○子胥爲行人 | 4/8/10 |
| 三令○申 | 4/12/5,4/12/8 | ○音令人耳聾 | 9/40/13 | ○子胥膝進 | 4/8/11 |
| 臣聞越王（元）〔允〕 | | ○霸輔絕滅之末者也 | 9/41/18 | 臣聞大王收○子胥之窮厄 | 4/10/1 |
| 　常使歐冶子造劍○枚 | 4/13/5 | 乃命○板之墮長高習之 | | ○子胥、白喜相謂曰 | 4/11/26 |
| ○金之英 | 4/13/8 | 　教軍士 | 9/42/8 | 楚聞吳使孫子、○子胥 | |
| 遂以其部○千人擊子常 | 4/14/10 | ○世於臣矣 | 9/42/20 | 　、白喜爲將 | 4/12/18 |
| 雍滯○戰 | 4/14/12 | 勾踐十○年 | 10/43/9 | 咸言費無忌讒殺○奢、 | |
| 秦使公子子蒲、子虎率 | | ○日之內 | 10/45/24 | 　白州犁 | 4/12/19 |
| 　車○百乘 | 4/15/18 | 過○日之外 | 10/45/25 | 太傅○奢、左尹白州犁 | 4/12/20 |
| 子貢館○日 | 5/20/10 | 不御○味 | 10/46/5 | 且郤、○之家出奔於吳 | 4/12/23 |
| 後○日 | 5/23/15 | 復誅有罪者○人 | 10/46/20 | 吳新有○員、白喜 | 4/12/23 |
| 入○湖之中 | 5/25/2 | 銜枚遡江而上○里 | 10/46/29 | 遂使孫武、○胥、白喜 | |
| 大過○也 | 5/27/12 | 入○湖 | 10/48/23 | 　伐楚 | 4/13/14 |
| 君被○勝之衣 | 5/27/15 | 丘能述○帝三王之道 | 10/49/28 | 吳使○胥、孫武擊之 | 4/13/21 |
| 徇集○獄 | 6/28/20 | | | ○胥、孫武曰 | 4/13/28 |
| 開○水於東北 | 6/29/4 | **午 wǔ** | **4** | ○胥以不得昭王 | 4/14/23 |
| ○年政定 | 6/29/11 | | | ○胥、孫武、白喜亦妻 | |
| 以種○穀 | 6/29/25 | 今日壬○ | 5/21/14 | 　子常、司馬成之妻 | 4/14/25 |
| 越王勾踐○年 | 7/30/8 | 丙○日也 | 8/36/2 | 殺○奢、白州犁 | 4/16/1 |
| ○月 | 7/30/8 | 吾王今以丙○復初臨政 | 8/36/4 | ○胥、白喜、孫武決 | 4/16/5 |
| ○霸 | 7/30/21 | 丙○平旦 | 10/49/6 | 今聞○君來 | 4/16/11 |
| ○帝德厚（而）〔無〕 | | | | 波太子夫差日夜告（許） | |
| 　窮厄之恨 | 7/30/29 | **伍 wǔ** | **61** | 　〔於〕○胥曰 | 4/16/19 |
| ○精錯行 | 7/31/30 | | | ○子胥曰 | 4/16/20 |
| 則功（寇）〔冠〕於○霸 | 7/33/16 | 楚之亡臣○子胥來奔吳 | 3/3/27 | ○胥大懼 | 5/17/11 |
| 是○宜 | 8/36/6 | ○子胥者 | 3/3/27 | ○子胥聞之 | 5/22/11 |
| 雖有○臺之游 | 8/36/12 | 其前名曰○舉 | 3/3/27 | ○子胥攘臂大怒 | 5/23/8 |
| 越王乃使大夫種索葛布 | | 於是○舉進諫曰 | 3/3/29 | 有忠臣○子胥忠諫而身死 | 5/27/9 |
| 　十萬、甘蜜九党、文 | | ○舉曰 | 3/3/31,3/4/2 | 不忍覩忠臣○子胥及公 | |
| 　笥七枚、狐皮○雙、 | | ○氏三世爲楚忠臣 | 3/4/7 | 　孫聖 | 5/27/24 |
| 　晉竹十廋 | 8/36/13 | 平王以○奢爲太子太傅 | 3/4/8 | ○胥在旁 | 7/32/14 |
| 越王召○大夫而告之曰 | 8/37/1 | 平王乃召○奢而按問之 | 3/4/13 | ○子胥復諫吳王曰 | 7/33/13 |
| 雖○帝之兵 | 8/37/9 | 因囚○奢 | 3/4/15 | ○子胥趨出 | 7/33/31 |
| ○行不俱馳 | 8/37/13 | ○奢有二子 | 3/4/16 | ○子胥入諫曰 | 7/34/7 |
| 人有○勝 | 8/37/22 | ○奢曰 | 3/4/18 | 然行陣隊○軍鼓之事 | 9/41/26 |
| 桓繆據○勝之便而列六國 | 8/37/22 | 平王謂○奢之譽二子 | 3/4/20 | 今○子胥忠諫而死 | 10/43/11 |
| 未有四時之利、○勝之便 | 8/37/23 | ○奢初聞子胥之亡 | 3/5/8 | 惟是輿馬、兵革、卒○ | |
| 反越○年 | 9/37/29 | ○員奔宋 | 3/5/9 | 　既具 | 10/44/27 |
| 而○年未聞敢死之士、 | | ○員與勝奔吳 | 3/5/17 | 軍○難更兮 | 10/46/12 |
| 　雪仇之臣 | 9/38/2 | ○員因詐曰 | 3/5/18 | 見○子胥頭 | 10/47/5 |
| ○色以設 | 9/38/17 | 得○胥者 | 3/5/28 | 吳殺忠臣○子胥 | 10/48/1 |
| ○曰遺之巧工良材 | 9/39/2 | 吾聞楚殺忠臣○奢 | 3/6/11 | 成○子胥之事 | 10/48/17 |
| 長○十尋 | 9/39/9 | ○胥之諫伐楚者 | 3/6/15 | ○子胥從海上穿山脅而 | |
| ○穀不熟 | 9/39/13 | ○胥之亡楚如吳時 | 3/6/20 | 　持種去 | 10/49/23 |

| | | |
|---|---|---|
| ○子胥也　10/49/24 | **廡 wǔ**　1 | **寤 wù**　1 |
| | 集於庭○乎　7/32/15 | 若不覺○　5/23/11 |
| **武 wǔ**　31 | | |
| 長習於○　3/4/19 | **勿 wù**　12 | **誤 wù**　2 |
| ○定天下　3/4/19 | ○使臨難　3/5/3 | 兄若○往　3/4/29 |
| 汝懷文○　3/5/1 | ○留　3/5/29 | 君○臣諫　7/31/25 |
| 昔○王討紂而後殺○庚　4/10/12 | 君○飲也　4/10/18 | |
| 名○　4/11/30 | 君且○死　4/11/24 | **寤 wù**　3 |
| ○乃令斬隊長二人　4/12/8 | 宜○斬之　4/12/10 | |
| 非孫○之將　4/12/16 | ○爲讒口能謗毀　4/16/7 | 楚昭王臥而○　4/13/1 |
| 孫○曰　4/12/18,4/15/26 | 死○見我形　5/27/25 | 及○而起　5/21/1 |
| 遂使孫○、伍胥、白喜 | ○復言矣　7/34/25 | 王若覺○　5/23/11 |
| 　伐楚　4/13/14 | 大王○疑　7/34/31 | |
| 吳使伍胥、孫○擊之　4/13/21 | 王○受也　9/39/13,9/40/13 | **霧 wù**　1 |
| 吳王謂子胥、孫○曰　4/13/25 | 臣願大王○復追也　10/48/26 | |
| 伍胥、孫○曰　4/13/28 | | 渴飲○露　9/42/12 |
| 伍胥、孫○、白喜亦妻 | | |
| 　子常、司馬成之妻　4/14/25 | **戊 wù**　5 | **夕 xī**　5 |
| 子胥、孫○、白喜留　4/15/22 | | |
| 伍胥、白喜、孫○決　4/16/5 | 今年十二月○寅之日　7/33/6 | 日已○兮予心憂悲　3/5/21 |
| 吳以子胥、白喜、孫○ | ○　7/33/6 | 三日三○　5/26/22 |
| 　之謀　4/17/1 | 夫以○寅日聞喜　7/33/7 | 晝○呱呱啼泣　6/28/27 |
| 利以行○　5/22/18 | 時加卯而賊○　7/33/7 | 一○自來　8/35/22 |
| ○決勝矣　5/22/18 | 功曹爲騰蛇而臨○　7/33/8 | 朝○論政　10/48/28 |
| 是文○之德所祐助　5/26/9 | | |
| 琅琊東○海中山也　8/35/22 | **物 wù**　15 | **兮 xī**　48 |
| 名東○　8/35/28 | | |
| ○王辭之　8/37/10 | 畢爲廢○　3/5/1 | 日已夕○予心憂悲　3/5/21 |
| 昔湯○乘四時之利而制 | 夫神○之化　4/9/8 | 月已馳○何不渡爲　3/5/22 |
| 　夏殷　8/37/22 | 然後成○　4/9/9 | 事寢急○當奈何　3/5/22 |
| 願王覽○王伐紂之事也　9/41/10 | 師知爍身以成○　4/9/10 | 仰飛鳥○烏鳶　7/32/3 |
| ○王非紂王臣也　9/41/11 | 不法之○　4/13/7 | 集洲渚○優恋　7/32/4 |
| ○王即成其名矣　9/41/12 | 謂糞種之○　5/26/26 | 啄蝦矯翩○雲間　7/32/4 |
| 令使○王失其理　9/41/13 | 萬○盡傷者乎　7/33/9 | 任廄○往還　7/32/4 |
| 斯湯○克夏（商）〔商〕 | 地能生萬○　8/37/17 | 妾無罪○負地　7/32/4 |
| 　而成王業者　10/48/18 | ○有死生　9/39/21 | 有何辜○譴天　7/32/4 |
| 玄○天空威行　10/48/25 | ○貴賤也　9/39/21 | 騤騤獨○西往　7/32/5 |
| | ○至則收　9/39/26 | 孰知返○何年　7/32/5 |
| **侮 wǔ**　1 | 何子之年少於○之長也　9/40/3 | 心惙惙○若割　7/32/5 |
| | 審○則可戰　10/45/16 | 淚泫泫○雙懸　7/32/5 |
| 無爲群小所○　9/41/16 | 審○則別是非　10/45/16 | 彼飛鳥○鳶鳥　7/32/6 |
| | 今蠢蟲無知之○　10/46/23 | 已迴翔○翕蘇　7/32/6 |
| **舞 wǔ**　2 | | 心在專○素蝦　7/32/6 |
| | **務 wù**　1 | 何居食○江湖　7/32/6 |
| 乃○白鶴〔於吳市中〕　4/12/29 | | 徊復翔○游颺　7/32/6 |
| 群臣拜○天顏舒　8/36/21 | 民不敗時○　3/4/5 | |

| | | | | | |
|---|---|---|---|---|---|
| 吾志不〇矣 | 3/7/14 | **裼** xī | 1 | 臥不安〇 | 4/10/10 |
| 今君〇四境之中 | 5/18/7 | | | 於友人之喪〇而輕傲於 | |
| 請〇四方之內士卒三千 | | 祖〇持劍 | 4/10/19 | 士大夫 | 4/10/20 |
| 　人以從下吏 | 5/20/15 | | | 要離〇闔至舍 | 4/10/24 |
| 〇人之眾 | 5/20/17 | **熙** xī | 1 | 孤身不安重〇 | 5/19/15 |
| 群臣〇在 | 5/23/18 | | | 蹻〇而前進曰 | 9/38/5 |
| 不知吳〇境內之士 | 5/25/1 | 越驚向日而〇 | 4/10/4 | 側〇而坐 | 10/46/1 |
| 乃〇士眾將踰章山 | 5/26/4 | | | 大夫側〇而坐 | 10/46/4 |
| 小子敢〇考績以統天意 | 6/28/11 | **嘻** xī | 3 | 臣所以當〇日久 | 10/48/19 |
| 示天下〇屬禹也 | 6/29/12 | | | | |
| 〇九州之土 | 6/29/24 | 〇〇哉 | 4/11/18 | **習** xí | 12 |
| 未能〇知其道 | 9/42/10 | 不絕嗟〇之聲 | 9/39/15 | | |
| 道〇如此 | 9/42/26 | | | 而子之所〇也 | 2/3/6 |
| 請〇其要 | 9/42/27 | **膝** xī | 5 | 長〇於武 | 3/4/19 |
| 願子〇以教吾國人 | 9/43/2 | | | 闔閭復使子胥、屈蓋餘 | |
| 願君〇心盡意以說國人 | 10/43/11 | 伍子胥〇進 | 4/8/11 | 　、燭傭〇術戰騎射御 | |
| 越王復〇國中兵卒伐吳 | 10/44/25 | 拊〇數百里 | 4/11/9 | 　之巧 | 4/9/2 |
| 吳〇兵屯於江北 | 10/46/26 | 乃加於〇上 | 4/11/18 | 百姓〇於戰守 | 5/18/6 |
| 其可〇乎 | 10/47/26 | 裂裳裹〇 | 4/15/7 | 〇於土城 | 9/40/10 |
| 我〇徙宅自投死亡之地 | 10/49/13 | 吳使王孫駱肉袒〇行而 | | 臣聞古之聖君莫不〇戰 | |
| | | 　前 | 10/47/12 | 　用兵 | 9/41/26 |
| **惜** xī | 5 | | | 無道不〇 | 9/42/2 |
| | | **嬉** xī | 2 | 乃命五板之墮長高〇之 | |
| 何〇草中之骨 | 4/15/25 | | | 　教軍士 | 9/42/8 |
| 吾非自〇 | 5/23/29 | 名曰女〇 | 6/28/3 | 〇用弓矢 | 9/42/15 |
| 〇其軀者 | 9/37/30 | 〇於砥山 | 6/28/4 | 人之所〇 | 9/43/3 |
| 吾豈愛〇財寶 | 9/40/24 | | | 乃使陳音教士〇射於北 | |
| 不〇群臣之死 | 10/48/6 | **熹** xī | 1 | 　郊之外 | 9/43/3 |
| | | | | 乃發〇流二千人、俊士 | |
| **犀** xī | 2 | 火消則無〇毛之熱 | 8/37/14 | 　四萬、君子六千、諸 | |
| | | | | 　御千人 | 10/44/20 |
| 吳師皆文〇、長盾、扁 | | **燨** xī | 1 | | |
| 　諸之劍 | 5/25/10 | | | **隰** xí | 1 |
| 今夫差衣水〇〔之〕甲 | | 〇乾之火 | 8/37/13 | | |
| 　者十有三萬人 | 10/44/14 | | | 人一〇土以葬之 | 5/27/27 |
| | | **谿** xī | 2 | | |
| **翁** xī | 3 | | | **橄** xí | 1 |
| | | 至乾〇 | 2/3/16 | | |
| 夫螳螂〇心而進 | 5/24/24 | 江海能下〇谷 | 8/37/18 | 越王即鳴鐘驚〇而召群臣 | 9/38/1 |
| 已廻翔兮〇蘇 | 7/32/6 | | | | |
| 〇心咽煙 | 9/42/28 | **攜** xī | 1 | **襲** xí | 5 |
| | | | | | |
| **溪** xī | 3 | 負老〇幼 | 1/1/17 | 〇朝而食 | 4/9/25 |
| | | | | 越盜掩〇之 | 4/15/17 |
| 若耶之〇深而莫測 | 4/13/12 | **席** xí | 9 | 通江淮轉〇吳 | 5/25/5 |
| 昭王封夫概於棠〇 | 4/15/22 | | | 後無伏〇之患 | 8/37/6 |
| 磻〇之餓人也 | 9/38/12 | 階〇左右皆王僚之親戚 | 3/7/25 | 隨而〇之 | 8/37/16 |

| | | | | | |
|---|---|---|---|---|---|
| 天氣○降 | 4/9/6 | 齋於黃帝巖嶽之○ | 6/28/18 | 相求於玄冥之○ | 10/49/15 |
| 子必故陳兵堂○門庭 | 4/9/27 | 天○有道 | 6/28/31 | 上賊於○ | 10/49/16 |
| 瀨○之水 | 4/10/4 | 天○無道 | 6/28/31 | 上賊○止 | 10/49/17 |
| 此天○壯士也 | 4/11/4 | 周行天○ | 6/29/11 | 願幸以餘術爲孤前王於 | |
| 不○諸侯之士 | 4/11/11 | 示天○悉屬禹也 | 6/29/12 | 地○謀吳之前人 | 10/49/19 |
| 以無罪聞於天○ | 4/11/14 | 天○喟喟 | 6/29/15 | 或入三峰之○ | 10/49/23 |
| 天○之勇士也 | 4/11/18 | 得以除天○之災 | 6/29/16 | 出死士（以）三百人爲 | |
| 此是天○勇士 | 4/11/19 | ○無及泉 | 6/29/20 | 陣關○ | 10/49/27 |
| 豈可一日而殺天○勇士 | | 禹以○六世而得帝少康 | 6/29/25 | 天○安寧壽考長 | 10/50/9 |
| 二人哉 | 4/11/19 | 爲天○笑　　7/30/15,7/32/21 | | | |
| 吾何面目以視天○之士 | 4/11/22 | 昔堯任舜、禹而天○治 | 7/30/18 | **夏 xià** | **26** |
| 馳使○之令曰 | 4/12/9 | 氣有高○ | 7/30/21 | | |
| 而可以定天○ | 4/12/13 | 天○宗之 | 7/31/2 | 遭○氏世衰 | 1/1/11 |
| 以霸天○而威諸侯 | 4/12/16 | ○不違令 | 7/31/24 | 公劉避○桀於戎狄 | 1/1/12 |
| 天○彊敵也 | 4/13/26 | ○負后土 | 7/32/11 | 春○治於城外 | 4/16/26 |
| 天禍來○ | 4/14/7 | 上○有憂 | 7/33/9 | 上配○殷之世 | 5/24/6 |
| 其臣○莫有死志 | 4/14/9 | ○囚臣勾踐賀於大王 | 7/33/25 | 盛○之時 | 5/26/27 |
| 欲有天○ | 4/15/8 | ○臣嘗事師聞冀者 | 7/33/27 | ○禹之末封也 | 6/28/3 |
| 幾爲天○大鄙 | 4/16/2 | ○臣勾踐從小臣范蠡 | 7/34/3 | 國號曰○后 | 6/29/14 |
| ○恣群臣 | 5/18/4 | 令昭○四時 | 7/34/4 | 治國於○ | 6/29/24 |
| 而○與大臣交爭〔也〕 | 5/18/5 | 投卵千鈞之○望必全 | 7/34/10 | 復○王之祭 | 6/30/1 |
| ○無黔首之士 | 5/18/8 | ○飲王之溲者 | 7/34/22 | 昔湯繫力○臺 | 7/30/16 |
| 吾兵已在魯之城○矣 | 5/18/9 | ○嘗王之惡者 | 7/34/23 | ○殷恃力而虐二聖 | 7/30/17 |
| 使出師以從○吏 | 5/18/19 | 願死於轂○ | 7/34/27 | 昔湯入○ | 7/31/16 |
| ○守海濱 | 5/19/5 | ○處后土 | 8/35/24 | 今懷○將滯 | 7/31/17 |
| 正天○、定諸侯則使聖 | 5/19/8 | 得天○之中 | 8/36/3 | 故○爲湯所誅 | 7/33/11 |
| 勢在上位而不能施其政 | | 天○立矣 | 8/36/6 | 得無○殷之患乎 | 7/33/11 |
| 令於○者 | 5/19/9 | 恥聞天○ | 8/37/1 | 應春○之氣 | 7/33/28 |
| ○養百姓 | 5/19/17 | 天○莫不聞知 | 8/37/3 | ○殷封國 | 8/35/13 |
| 願一與吳交戰於天○平 | | 以號令於天○ | 8/37/14 | 昔公劉去邰而德彰於○ | 8/35/16 |
| 原之野 | 5/19/17 | 江海能○谿谷 | 8/37/18 | ○還握火 | 8/36/8 |
| 臣以○吏之言告於越王 | 5/20/7 | ○慚晉、楚 | 9/38/2 | 昔湯武乘四時之利而制 | |
| 敢修○吏 | 5/20/11 | 〔以〕取天○不難 | 9/39/4 | ○殷 | 8/37/22 |
| 請悉四方之內士卒三千 | | 敢因○吏 | 9/39/11 | ○長而養 | 9/39/23 |
| 人以從○吏 | 5/20/15 | 以○者上 | 9/40/4 | ○長無苗 | 9/39/24 |
| ○以約身 | 5/21/16 | 越國洿○困迫 | 9/40/11 | 越王○被毛裘 | 9/40/16 |
| 遣○吏太宰囍、王孫駱 | | 越國洿○ | 9/40/22 | ○亡以妹喜 | 9/40/17 |
| 解冠幘 | 5/22/4 | 臣聞士窮非難抑心○人 | 9/41/5 | 其○六月丙子 | 10/44/20 |
| ○堂中庭 | 5/23/31 | 琴氏以爲弓矢不足以威 | | 斯湯武克○（商）〔商〕 | |
| 子胥位○ | 5/24/12 | 天○ | 9/42/16 | 而成王業者 | 10/48/18 |
| 天○之愚　　5/24/27,5/24/27 | | 遠近高○ | 9/43/1 | | |
| 天○之危 | 5/25/3 | 長爲天○所恥 | 10/43/24 | **暇 xià** | **1** |
| 吾以畏責天○之慚 | 5/27/1 | 恐天○聞之 | 10/44/22 | | |
| 越君勾踐○臣種敢言之 | 5/27/7 | 功顯於天○ | 10/46/3 | 獸不○走 | 9/42/25 |
| ○共一理 | 5/27/12 | 實《金匱》之要在於上 | | | |
| 吾羞前君地○ | 5/27/24 | ○ | 10/47/26 | | |
| 天○沈潰 | 6/28/5 | 泣○霑衣 | 10/48/19 | | |

| | |
|---|---|
| **先** xiān | 11 |

脩○王之業　　1/1/27
何○王之命有　　2/3/5
以捐○王之德　　3/6/31
必○立城郭　　4/8/18
〔遺○人恥〕　　5/19/5
孤賴（矣）〔○〕〔人
　之〕賜　　5/20/1
○王之老臣也　　5/24/14
吳爲○老可長　　5/26/2
子不念○君之讎乎　　7/32/13
勝○　　7/33/8
從弟子奉○王雅琴禮樂
　奏於越　　10/49/26

| | |
|---|---|
| **弦** xián | 2 |

於是神農皇帝○木爲弧　　9/42/14
○爲軍師　　9/42/23

| | |
|---|---|
| **咸** xián | 6 |

○言費無忌讒殺伍奢、
　白州犂　　4/12/19
○被群臣　　5/23/22
莫不○哀　　7/32/1
四海○承　　7/34/6
此時萬姓○歡　　7/35/2
今○匿聲隱形　　9/38/14

| | |
|---|---|
| **絃** xián | 2 |

○矢卒發　　3/3/31
聲可託於○管　　10/47/30

| | |
|---|---|
| **銜** xián | 4 |

勒馬○枚　　5/25/9
○枚遡江而上五里　　10/46/29
○枚踰江十里　　10/46/29
○枚不鼓攻吳　　10/47/2

| | |
|---|---|
| **嫌** xián | 3 |

子何○哉　　3/5/26
豈敢有○哉　　3/5/27

亦何○哉　　3/6/3

| | |
|---|---|
| **賢** xián | 30 |

季札○　　2/2/25
吾知公子札之○　　2/3/2
陰求○　　3/3/25
皆○　　3/4/16
○人也　　3/6/13
札之○也　　3/6/27
始任○使能　　4/8/9
今無辜殺三○士　　4/12/22
楚有○臣如是　　4/15/9
夫越君、○主〔也〕　　5/18/14
直士舉○不容於世　　5/19/7
用智圖國則使○　　5/19/8
非○人所宜　　5/21/16
今齊不○於楚　　5/26/7
乃舉○良　　6/28/6
聖王○主　　7/30/27
夫推國任○、度功績成者　　7/31/14
仁○不官絕滅之國　　7/32/20
須○任仁　　9/38/4
得○而已　　9/38/11
吾使○任能　　9/38/14
選○實事　　9/38/15
聽諫進○　　9/40/15
○士　　9/40/16
寡人聞古之○君　　10/43/15
　　　　10/44/13
〔能〕（傳○）〔博取〕
　於諸侯　　10/44/29
我王○仁　　10/48/4
惟○人乎　　10/48/10
（射）〔躬〕求○士　　10/49/26

| | |
|---|---|
| **跣** xiǎn | 3 |

○足塗面　　3/6/8
肉袒徒○　　5/22/4
徒○褰裳　　5/23/31

| | |
|---|---|
| **險** xiǎn | 1 |

○阻潤濕　　4/8/16

| | |
|---|---|
| **顯** xiǎn | 3 |

○名也　　5/18/13
名號○著　　5/23/21
吾將有○戮　　10/45/23

| | |
|---|---|
| **臽** xiàn | 1 |

○鐵之矛無分髮之便　　7/31/3

| | |
|---|---|
| **陷** xiàn | 3 |

不○於大難　　5/23/9
○於深井　　5/24/26
不幸○厄　　7/30/22

| | |
|---|---|
| **羨** xiàn | 2 |

〔使男女與鶴〕俱入○門　　4/12/30
造鼎足之○　　10/49/23

| | |
|---|---|
| **獻** xiàn | 25 |

晉○公滅周北虞　　1/2/5
越前來○三枚　　4/9/4
出其陰而○之　　4/9/13
闔閭使掌劍大夫以莫耶
　○之　　4/9/13
○於闔閭　　4/9/17
臣聞吳王得越所○寶劍
　三枚　　4/13/3
各以一枚○之昭王　　4/13/29
竊馬而○子常　　4/14/1
固請○裘、珮於子常　　4/14/3
而以重寶厚○太宰嚭　　5/17/10
鄰國貢○財有餘也　　5/21/7
諸侯貢○　　5/25/16
吾請○勾甬東之地　　5/26/16
使女工織細布○之　　8/36/10
欲○之　　8/36/11
吳王得葛布之○　　8/36/18
號絺素兮將○之　　8/36/20
奉而○之　　9/39/7
乃使大夫種○之於吳王　　9/39/11
謹再拜○之〔大王〕　　9/39/12
往○美女　　9/40/8
三年學服而○於吳　　9/40/10

| | | | | | | |
|---|---|---|---|---|---|---|
| 北〇稱臣 | 8/35/21 | 則可〇也 | 5/22/4 | 以〇事於寡人 | 5/23/20 |
| 弩之所〇 | 9/42/25 | 德〇百殃 | 7/30/13 | 彈起古之〇子 | 9/42/11 |
| 夫人〇屛而立 | 10/45/26 | | | 〇子彈者奈何 | 9/42/11 |
| 大夫〇垣而敬 | 10/46/1 | **小 xiǎo** | 25 | 〇子不忍見父母爲禽獸 | |
| 所〇皆俎 | 10/46/11 | | | 　所食 | 9/42/13 |
| | | 王獨奈何以讒賊〇臣而 | | | |
| **巷 xiàng** | 3 | 　踈骨肉乎 | 3/4/14 | **效 xiào** | 5 |
| | | 〇人不能奉行 | 3/7/2 | | |
| 姜嫄怪而棄于阨狹之〇 | 1/1/5 | 築〇城 | 4/8/22 | 以〇不恨士也 | 2/3/13 |
| 道死〇哭 | 9/39/15 | 故〇城南門上反羽爲兩鯢鰽 | 4/9/1 | 不忘吳之〇也 | 8/36/15 |
| 臨於都〇 | 9/40/10 | 臣細〇無力 | 4/11/6 | 猶〇其義 | 8/37/11 |
| | | 兵法寧可以〇試耶 | 4/12/2 | 以〇其誠 | 9/38/15 |
| **象 xiàng** | 14 | 可以〇試於後宮之女 | 4/12/2 | 吾以謀士〇實 | 9/38/18 |
| | | 自〇別山至於大別山 | 4/14/6 | | |
| 〇天法地 | 4/8/21 | 今隨之僻〇 | 4/14/20 | **笑 xiào** | 14 |
| 以〇天八風 | 4/8/21 | 且畏〇越而惡彊齊 | 5/18/17 | | |
| 以〇天門 | 4/8/23,8/35/20 | 見〇利而忘大害 | 5/18/17 | 爲世所〇 | 3/5/1 |
| 以〇地戶也 | 4/8/23 | 弊邑雖〇 | 5/20/15 | 於是宮女皆掩口而〇 | 4/12/5 |
| 以〇龍角 | 4/9/1 | 前雖〇勝 | 5/22/19 | 其〇如故 | 4/12/5 |
| 以〇地戶 | 8/35/20 | 必趨其〇喜 | 5/23/10 | 孫子顧視諸女連〇不止 | 4/12/6 |
| 以〇八風 | 8/35/20 | 〇則變妾、嫡子死 | 5/25/22 | 外爲鄰國所〇 | 4/12/23 |
| 崑崙之〇存焉 | 8/35/23 | 〇子敢悉考績以統天意 | 6/28/11 | 爲鄉邑〇 | 5/19/20 |
| 嶽〇已設 | 8/35/27 | 大〇有差 | 6/29/22 | 幾爲大王取〇 | 5/24/26 |
| 不可見其〇 | 8/37/5 | 無拘群〇之口 | 7/32/18 | 爲諸侯〇 | 5/25/19 |
| 曆〇四時 | 9/40/4 | 下臣勾踐從〇臣范蠡 | 7/34/3 | 禹乃啞然而〇曰 | 6/28/28 |
| 功可〇於圖畫 | 10/47/30 | 築作〇城 | 8/35/19 | 爲天下〇 | 7/30/15,7/32/21 |
| 越王乃使良工鑄金〇范 | | 翼翼〇心 | 8/36/7 | 女即會〇 | 10/43/23 |
| 　蠡之形 | 10/48/27 | 此越〇心念功 | 8/36/15 | 臺上群臣大悅而〇 | 10/48/6 |
| | | 竊爲〇殿 | 9/39/12 | 自〇曰 | 10/49/21 |
| **項 xiàng** | 1 | 無爲群〇所侮 | 9/41/16 | | |
| | | 吾不欲匹夫之〇勇也 | 10/44/15 | **嘯 xiào** | 3 |
| 〇旁絕縷 | 4/12/6 | | | | |
| | | **曉 xiǎo** | 1 | 登臺向南風而〇 | 4/11/29 |
| **像 xiàng** | 2 | | | 仰天而〇 | 6/28/16 |
| | | 群臣莫有〇王意者 | 4/11/29 | 泣而復〇 | 8/36/9 |
| 喜其形〇 | 1/1/4 | | | | |
| 何〇而爲勾吳 | 1/1/23 | **肖 xiào** | 5 | **歇 xiē** | 1 |
| | | | | | |
| **消 xiāo** | 1 | 子有三不〇之愧 | 4/10/29 | 吳軍雖去怖不〇 | 4/16/7 |
| | | 一不〇也 | 4/11/1 | | |
| 火〇則無熇毛之熱 | 8/37/14 | 二不〇也 | 4/11/2 | **邪 xié** | 5 |
| | | 三不〇也 | 4/11/2 | | |
| **銷 xiāo** | 5 | 子有三不〇而威於我 | 4/11/2 | 〇說僞辭 | 5/23/23 |
| | | | | 群〇杜塞 | 10/48/5 |
| 而金鐵之精不〇淪流 | 4/9/6 | **孝 xiào** | 5 | 欲徙葬琅〇 | 10/50/3 |
| 金鐵之類不〇 | 4/9/9 | | | 而去琅〇 | 10/50/20 |
| 知孫子可以折衝〇敵 | 4/11/31 | 非〇也 | 4/14/17 | 尊親（夫）〔失〕琅〇 | 10/50/27 |

| | | | | | | |
|---|---|---|---|---|---|---|
| 乃懷怨望之○ | 10/48/30 | 樂師屬子非荆王○讒佞 | 4/16/1 | 爲匹夫○兵 | 3/6/18 | |
| 知臣（○）〔忠〕也 | 10/49/7 | 夫差○以愛人 | 4/16/23 | 凡欲安君治民、○霸成 | | |
| 逆○咈耳 | 10/49/8 | 愛○越殊甚 | 5/17/11 | 　王、從近制遠者 | 4/8/18 | |

**辛 xīn**　10

| | | | |
|---|---|---|---|
| 鄖公○得昭王 | 4/14/15 | 王○用嚭之計 | 5/17/11 |
| 謂其兄○曰 | 4/14/16 | 今○浮辭僞詐而貪齊 | 5/17/12 |
| ○曰 | 4/14/16 | 越王慈仁忠○ | 5/23/20 |
| ○陰與其季弟巢以王奔隨 | 4/14/17 | 今臣不忠不○ | 5/23/26 |
| 今年七月○亥平旦 | 5/22/17 | 汝不忠○ | 5/24/4 |
| ○ | 5/22/17 | 不忠不○ | 5/24/14 |
| ○之本也 | 5/22/18 | 必明其○ | 5/26/1 |
| 大吉爲白虎而臨○ | 5/22/18 | 不忠無○ | 5/27/22 |
| 大吉得○爲九醜 | 5/22/19 | ○彼南山 | 6/28/20 |
| 取○壬癸甲 | 6/28/26 | 豈得以在者盡忠、亡者 | |

**訢 xīn**　1

| | |
|---|---|
| 椒丘○果往 | 4/10/26 |

**新 xīn**　5

| | |
|---|---|
| 爲○君而殺故君之子 | 4/11/21 |
| 吳○有伍員、白喜 | 4/12/23 |
| 蓄陳儲○ | 7/31/29 |
| 子能改心自○ | 7/32/22 |
| 除陳入○ | 9/40/1 |

**薪 xīn**　1

| | |
|---|---|
| 得苧蘿山鬻○之女曰西 | |
| 　施、鄭旦 | 9/40/9 |

**信 xìn**　38

| | |
|---|---|
| 尙爲人慈溫仁○ | 3/4/18 |
| 父奢以忠○慈仁 | 3/4/21 |
| 宋元公無○於國 | 3/5/13 |
| 鄭○太子矣 | 3/5/15 |
| 諸侯不○ | 4/8/10 |
| 宛○其言 | 4/9/27 |
| 何見而○喜 | 4/10/2 |
| 慶忌必○臣矣 | 4/11/13 |
| 慶忌○其謀 | 4/11/16 |
| 申令不○ | 4/12/7 |
| 吳不○前日之盟 | 4/13/18 |

| | |
|---|---|
| 　　爲不○乎 | 7/31/13 |
| 守○溫故 | 7/31/25 |
| 臣在越不忠不○ | 7/32/23 |
| 既言○後 | 7/33/23 |
| 焉能知其忠○者乎 | 7/34/13 |
| 是其忠○也 | 7/34/15 |
| 以知其○ | 9/38/15 |
| 男女及○ | 9/40/1 |
| 越王○誠守道 | 9/40/24 |
| 而雉○之 | 9/41/7 |
| 明其○ | 10/45/14 |
| 勾踐恐民不○ | 10/45/24 |
| 以盡其○ | 10/45/27 |
| 文種不○其言 | 10/48/12 |
| 不知臣○也 | 10/49/7 |

**疊 xìn**　2

| | |
|---|---|
| 以血○金 | 4/9/17 |
| ○成二鈞 | 4/9/19 |

**星 xīng**　2

| | |
|---|---|
| 中有七○ | 3/5/28 |
| 上合○宿 | 5/27/12 |

**興 xīng**　37

| | |
|---|---|
| ○王業者 | 1/1/19 |
| 王之道○ | 2/2/27 |
| 欲爲○師復讎 | 3/6/14 |
| 臣聞諸侯不爲匹夫○師 | |
| 　用兵於比國 | 3/6/17 |
| 非以意救急後○師 | 3/6/18 |

| | |
|---|---|
| 託而無○師之意 | 4/11/27 |
| 欲○兵戈以誅暴楚 | 4/12/15 |
| 今子殺人以○謗於國 | 4/12/22 |
| 王于○師 | 4/15/10 |
| ○兵伐吳 | 4/15/17 |
| ○於有嗣 | 4/16/21 |
| ○樂石城 | 4/16/27 |
| 未○師 | 5/17/16 |
| 故前○兵伐魯 | 5/17/19 |
| 〔是〕存亡國〔而〕 | |
| 　（舉）〔○〕死人 | |
| 　〔也〕 | 5/19/20 |
| 今竊聞大王〔將〕○大義 | 5/20/13 |
| 吳王果○九郡之兵 | 5/20/22 |
| 王之○師伐齊也 | 5/21/4 |
| 臣聞○十萬之衆 | 5/22/11 |
| 寡人○師伐齊 | 5/22/23 |
| 而齊○師蒲草 | 5/23/1 |
| 二十年越王○師伐吳 | 5/26/14 |
| 越之○霸自（元）〔允〕 | |
| 　常矣 | 6/30/3 |
| ○衰在天 | 7/30/17 |
| 建策之士無暴○之說 | 7/31/3 |
| 彼○則我辱 | 7/31/4 |
| 其功不可以○ | 8/35/12 |
| 夫越本○國千里 | 8/36/16 |
| 斯正吳之○霸 | 8/37/11 |
| 早欲○師 | 9/39/18 |
| 夫○師舉兵 | 9/39/19 |
| 陰衰陽○ | 9/42/5 |
| 謂太子○夷曰 | 10/50/15 |
| ○夷即位一年卒 | 10/50/18 |
| ○夷 | 10/50/24 |

**行 xíng**　111

| | |
|---|---|
| ○人無饑乏之色 | 1/1/10 |
| ○不履生草 | 1/1/11 |
| 積德○義 | 1/1/13 |
| 以爲○人 | 2/2/15 |
| 而○父子之私乎 | 2/2/25 |
| 昔周○之德加於四海 | 2/2/27 |
| 諸樊以適長攝○事 | 2/2/29 |
| 然前王不忍○其私計 | 2/3/3 |

○吟而歸　2/3/7
潔身清○　2/3/19
尙且○矣　3/5/2
旋泣辭○　3/5/3
子胥○至大江　3/5/7
仰天○哭林澤之中　3/5/7
子其○矣　3/5/11
與勝○去　3/5/19
子胥○數步　3/5/32
遂○至吳　3/6/1
君有遠逝之○　3/6/5
子○矣　3/6/7
子胥○　3/6/7
○乞於市　3/6/9
小人不能奉○　3/7/2
施恩○惠　4/8/9
恩未○　4/8/9
乃舉伍子胥爲○人　4/8/10
臣不忠無○　4/10/11
要離乃奔諸侯而○怨言　4/11/14
憨然不○　4/11/20
君何不○　4/11/20
今吾貪生棄○　4/11/22
未○　4/11/26
卒不卻○　4/12/8
誅伐不○　4/12/15
水○如楚　4/13/1
所謂臣○其志不待命者　4/14/10
得一橈而○歌道中　4/14/27
〔倒○而逆施之於道也〕　4/15/5
○去矣　4/16/1
一老嫗○哭而來　4/16/10
子張、子石請○　5/17/21
能○其令　5/18/6
兵强而不能○其威　5/19/8
直○以爲國　5/20/4
有道當○　5/21/16
因舉○觴　5/22/9
兵可以○　5/22/10
利以○武　5/22/18
天地○殃　5/22/20
○矣　5/22/21
遂○　5/22/22
不知當世之所○　5/22/24
乃使○人成好於齊　5/23/1
大王躬○至德　5/23/21
未忍○法　5/23/26

闔○而進　5/25/10
方陣而○　5/25/10
無以爭○而危國也　5/26/1
○人請成列國之義　5/26/17
○步狷狂　5/26/22
王○　5/26/25
范蠡在中○　5/27/4
夫齊、晉無返逆○　5/27/11
不○天殺　5/27/14
天誅當○　5/27/20
使攝○天子之政　6/28/9
以○七年　6/28/12
乘四載以○川　6/28/20
遂巡○四瀆　6/28/20
○到名山大澤　6/28/21
○到塗山　6/28/22
則○明矣哉　6/28/25
禹○十月　6/28/26
禹○　6/28/27
周○寓內　6/29/2
外○九伯　6/29/8
周○天下　6/29/11
進退有○　6/29/22
○酒三觴　7/30/11
○哭而爲隸　7/30/30
修德○惠　7/31/28
五精錯○　7/31/30
今大王既囚越君而不○誅　7/33/11
數言成湯之義而不○之　7/33/21
立義○仁　7/34/5
今已○矣　7/34/28
直眠道○　7/34/31
五○不俱馳　8/37/13
何○而功乎　9/38/20
乃○第一術　9/39/5
○路之人　9/39/15
越王服誠○仁　9/40/15
卻○馬前　9/41/3
陸○則乘輿　9/41/25
然○陣隊伍軍鼓之事　9/41/26
而患其志○之少恥也　10/44/13
不患其志○之少恥也　10/44/14
無以○之　10/44/28
無所以○之　10/45/13
教令既○　10/45/25
軍○成陣　10/46/6
王乃令國中不○者　10/46/7

○○各努力兮　10/46/12
其淫心匿○、不當敵者
　如斯矣　10/46/14
志○不足以聽王命者　10/46/19
吳使王孫駱肉祖膝○而
　前　10/47/12
越兵橫○於江淮之上　10/47/24
○謂文種曰　10/48/8
玄武天空威○　10/48/25
水○〔而〕山處　10/50/1

## 刑 xíng　　6

乃髡被離而○之　5/24/10
○在金　7/34/20
省○去罰　8/36/26
越王乃緩○薄罰　8/36/30
退則避○　10/44/15
吾（今修）〔修令〕寬○　10/45/3

## 形 xíng　　16

喜其○像　1/1/4
得○於默　3/5/31
○體相類　4/9/19
○殘名勇　4/10/23
三鼓爲戰　4/12/5
汝骨變○灰　5/24/9
而稷其○　5/24/24
死勿見我○　5/27/25
觀鯀之治水無有○狀　6/28/9
○體枯槁　6/29/8
○不愁　7/30/27
不○顏色　9/38/1
今咸匿聲隱○　9/38/14
布○候氣　9/42/5
追○逐影　9/42/6
越王乃使良工鑄金象范
　蠡之○　10/48/27

## 陘 xíng　　1

哀公奔○　10/49/3

## 省 xíng　　4

禹濟江南○水理　6/28/27

| | | | | | |
|---|---|---|---|---|---|
| ○刑去罰 | 8/36/26 | 平王○之 | 4/9/25 | 殺吾父○ | 3/5/7 |
| ○其賦歛 | 8/36/30 | 王愛○宛 | 4/9/25 | 楚王殺吾父○ | 3/5/9 |
| 留意○察 | 9/39/25 | 昔者孤身不○ | 5/20/8 | ○弟之讎 | 3/5/11 |
| | | 昔孤不○ | 5/20/11 | 以雪父○之恥 | 3/5/12 |
| **姓 xìng** | **21** | 徼○他國 | 5/22/13 | 父○棄捐 | 4/8/11 |
| | | 今○擒之 | 5/26/18 | 謂其○辛曰 | 4/14/16 |
| ○姬氏 | 1/1/10 | 而○伐之 | 5/27/13 | 殺我父○ | 4/14/24 |
| 百○煩焉 | 3/4/6 | 不○所求 | 6/28/16 | 吾國父○身戰暴骨草野焉 | 4/15/23 |
| 請丈人○字 | 3/5/30 | ○蒙諸大夫之謀 | 7/30/14 | 弟之敬○ | 5/19/14 |
| 何用○字爲 | 3/5/31 | 文王服從而○於紂 | 7/30/17 | 〔以〕辟遠○弟之國 | 5/26/6 |
| ○要 | 4/10/15 | 不○陷厄 | 7/30/22 | 以遠辟○弟之國 | 5/26/7 |
| 百○習於戰守 | 5/18/6 | 終來遇兮何○ | 7/32/7 | 如○之愛其弟 | 8/36/29 |
| 鄙吾百○ | 5/19/13 | ○來涉我壤土 | 7/32/16 | 因約吳國父○昆弟而誓 | |
| 下養百○ | 5/19/17 | 猶縱毛爐炭之上○其焦 | 7/34/9 | 　之曰 | 10/43/15 |
| 願空國、棄群臣、變容 | | ○來歸國 | 8/35/15 | 今國之父○日請於孤曰 | 10/43/23 |
| 　貌、易○名、執箕帚 | | ○蒙諸大夫之策 | 9/38/2 | 父○又復請曰 | 10/44/2 |
| 　、養牛馬以事之 | 5/19/19 | 師無所○ | 9/39/8 | 越父○又諫曰 | 10/44/10 |
| 百○之費 | 5/22/11 | ○賴宗廟之神靈 | 10/48/18 | ○勸其弟 | 10/44/16 |
| 無姬○之所振懼 | 5/25/17 | 願○以餘術爲孤前王於 | | 軍士各與父○昆弟取訣 | 10/46/9 |
| 姬○於周 | 5/26/2 | 　地下謀吳之前人 | 10/49/19 | | |
| 賜○姒氏 | 6/29/6 | | | **胸 xiōng** | **5** |
| 以爲百○請命 | 6/30/1 | **倖 xìng** | **2** | | |
| 百○親附 | 7/31/20 | | | 立戟交軹倚專諸○ | 3/7/27 |
| 撫慰百○ | 7/31/28 | 徼○相見 | 3/4/30 | ○斷臆開 | 3/7/27 |
| 此時萬○咸歡 | 7/35/2 | 徼○ | 10/48/12 | 著父之○ | 4/9/21 |
| 百○拜之於道 | 8/35/6 | | | ○中愁憂 | 5/26/22 |
| 今勞萬○擁於岐路 | 8/35/8 | **凶 xiōng** | **11** | 其於心○中會無怵惕 | 7/32/2 |
| 以撫百○ | 8/36/2 | | | | |
| 以暴露百○之骨於中原 | 10/43/13 | 今日○○ | 3/5/30 | **雄 xióng** | **1** |
| | | 未知吉○ | 3/7/19 | | |
| **性 xìng** | **7** | 臣聞兵者、○事 | 4/12/15 | 豈況○雌 | 9/42/30 |
| | | 其言吉○ | 5/21/19 | | |
| ○命屬天 | 3/5/26 | ○之門 | 7/31/5 | **熊 xióng** | **5** |
| 專功擅殺之○ | 4/10/6 | 妖出知○ | 7/31/30 | | |
| 子何○鄙 | 5/21/13 | 以決吉○ | 7/33/25 | 章子○ | 1/2/3 |
| ○也 | 6/28/29 | 吉往則○來 | 9/40/25 | ○子遂 | 1/2/3 |
| 天○自然 | 7/31/13 | 吉○決在其工 | 9/41/26 | 虎膺而○背 | 3/6/24 |
| 〔夫〕越○脆而愚 | 10/50/1 | 是○妖之證也 | 10/49/15 | 敗太子友於（始）〔姑〕 | |
| 越之常〔○〕也 | 10/50/2 | | | 　○夷 | 5/25/4 |
| | | **兄 xiōng** | **24** | 以別其（○）〔態〕 | 9/38/17 |
| **幸 xìng** | **24** | | | | |
| | | 邠人父子○弟相帥 | 1/1/17 | **休 xiū** | **5** |
| 而○愛之 | 3/4/10 | ○倚 | 3/3/27 | | |
| 王今○赦 | 3/4/25 | 爲○卦之 | 3/4/27 | ○養萬民 | 6/29/14 |
| 父○免死 | 3/4/26 | ○若誤往 | 3/4/29 | 於乎○哉 | 7/34/5 |
| ○不加戮 | 4/8/12 | 父○之讎 | 3/5/1 | ○息食室於冰廚 | 8/35/30 |
| 今○奉一言之教 | 4/8/13 | 釋吾父○ | 3/5/6 | 誦之不○ | 9/42/3 |

| | | | | | | |
|---|---|---|---|---|---|---|
| 今疲師○卒 | 10/44/5 | | | 得伍○者 | 3/5/28 |

**修 xiū　17**

| | |
|---|---|
| ○祭祀 | 5/20/9 |
| 敢○下吏 | 5/20/11 |
| ○兵伏卒以待之 | 5/20/21 |
| 願大王按兵○德 | 5/22/3 |
| 我方○前君祭祀 | 6/29/30 |
| 反國○德 | 7/31/1 |
| 夫內○封疆之役 | 7/31/19 |
| 外○耕戰之備 | 7/31/20 |
| ○德履義 | 7/31/25 |
| ○德行惠 | 7/31/28 |
| ○德自守 | 8/35/14 |
| 越王內○其德 | 8/36/22 |
| 得返國○政 | 9/38/2 |
| 將有○飾攻戰 | 9/41/1 |
| 吾（今○）〔○令〕寬刑 | 10/45/3 |
| 地壞不○ | 10/46/2 |

**羞 xiū　1**

| | |
|---|---|
| 吾○前君地下 | 5/27/24 |

**脩 xiū　2**

| | |
|---|---|
| ○公劉、后稷之業 | 1/1/13 |
| ○先王之業 | 1/1/27 |

**秀 xiù　1**

| | |
|---|---|
| 望見大越山川重○ | 7/35/1 |

**繡 xiù　2**

| | |
|---|---|
| 願復重羅○三幅 | 5/27/25 |
| 因夢見赤○衣男子 | 6/28/16 |

**戌 xū　3**

| | |
|---|---|
| 今年三月甲（戌）〔○〕 | 7/34/18 |
| 甲（戌）〔○〕 | 7/34/19 |
| 丙（戌）〔○〕遂虜殺<br>　太子 | 10/44/21 |

**吁 xū　1**

| | |
|---|---|
| ○嗟 | 5/22/6 |

**胥 xū　228**

| | |
|---|---|
| 楚之亡臣伍子○來奔吳 | 3/3/27 |
| 伍子○者 | 3/3/27 |
| 少日○ | 3/4/18 |
| ○爲人少好於文 | 3/4/18 |
| 往許召子尙、子○ | 3/4/21 |
| ○賜蓋侯 | 3/4/22 |
| 尙乃入報子○曰 | 3/4/25 |
| 子○曰　　3/4/26,3/4/29,3/5/11 |
| 　　3/5/26,3/5/30,3/5/32,3/6/3 |
| 　　3/6/18,4/8/14,4/8/18 |
| 　　4/8/20,4/9/23,4/9/24 |
| 　　4/10/2,4/10/5,4/10/10 |
| 　　4/10/12,4/10/14,4/10/15 |
| 　　4/10/16,4/15/5,4/15/27 |
| 　　4/16/21,4/16/23,5/22/17 |
| 　　5/23/14,5/23/14,5/23/16 |
| 　　5/23/17,5/23/26,5/23/30 |
| 　　7/34/16,9/41/4,9/41/8 |
| 　　9/41/12,9/41/13,9/41/14 |
| 於是子○歎曰 | 3/4/30 |
| ○曰　　　3/5/2,3/5/5 |
| 復遣追捕子○ | 3/5/4 |
| ○乃貫弓執矢去楚 | 3/5/4 |
| ○亡矣 | 3/5/4 |
| ○乃張弓布矢欲害使者 | 3/5/5 |
| 即發大軍追子○ | 3/5/6 |
| 子○行至大江 | 3/5/7 |
| ○欲往之 | 3/5/8 |
| 伍奢初聞子○之亡 | 3/5/8 |
| 道遇申包○ | 3/5/9 |
| 申包○曰 | 3/5/10 |
| 　　3/5/13,10/44/26,10/44/28 |
| ○遂奔宋 | 3/5/13 |
| 子○乃與太子建俱奔鄭 | 3/5/14 |
| 子○呼之 | 3/5/19 |
| 子○即止蘆之漪 | 3/5/21 |
| 子○入船 | 3/5/22 |
| 子○既渡 | 3/5/23 |
| 子○疑之 | 3/5/24 |
| 子○乃出蘆中而應 | 3/5/25 |
| ○乃解百金之劍以與漁者 | 3/5/27 |

| | |
|---|---|
| 得伍○者 | 3/5/28 |
| 謂子○曰 | 3/5/29 |
| 子○行數步 | 3/5/32 |
| 子○默然 | 3/6/1 |
| 子○遇之 | 3/6/2 |
| 子○再餐而止 | 3/6/4 |
| 子○已餐而去 | 3/6/5 |
| 子○行 | 3/6/7 |
| 子○之吳 | 3/6/8 |
| 其子子○ | 3/6/11 |
| 市吏於是與子○俱入見王 | 3/6/12 |
| 子○知王好之 | 3/6/13 |
| 恐子○前親於王而害其謀 | 3/6/15 |
| 伍○之諫伐楚者 | 3/6/15 |
| 子○知公子光欲害王僚 | 3/6/16 |
| 子○退耕於野 | 3/6/19 |
| 伍○之亡楚如吳時 | 3/6/20 |
| 子○怪而問其狀 | 3/6/21 |
| 子○因相其貌 | 3/6/23 |
| 伍子○謂白公勝曰 | 3/7/14 |
| 伍子○坐泣於室 | 3/7/15 |
| 伍○知光之見機也 | 3/7/18 |
| 乃舉伍子○爲行人 | 4/8/10 |
| 闔閭謂子○曰 | 4/8/10 |
| 伍子○膝進 | 4/8/11 |
| 子○良久對曰 | 4/8/17 |
| 子○乃使相土嘗水 | 4/8/21 |
| 闔閭復使子○、屈蓋餘<br>　、燭傭習術戰騎射御<br>　之巧 | 4/9/2 |
| 吳王問子○曰 | 4/9/22 |
| 臣聞大王收伍子○之窮厄 | 4/10/1 |
| 問子○曰　　4/10/2,4/10/9 |
| 子○不然其言 | 4/10/6 |
| 子○乃見要離曰 | 4/11/5 |
| 乃與子○見吳王 | 4/11/5 |
| 吳王心非子○進此人 | 4/11/7 |
| 伍子○、白喜相謂曰 | 4/11/26 |
| 吳王問子○、白喜曰 | 4/11/27 |
| 子○、白喜對曰 | 4/11/28 |
| 子○深知王之不定 | 4/11/29 |
| ○乃明知鑒辯 | 4/11/31 |
| 子○託言進士 | 4/12/1 |
| 子○諫曰 | 4/12/14 |
| 　　9/39/13,9/40/13,9/40/24 |
| 楚聞吳使孫子、伍子○<br>　、白喜爲將 | 4/12/18 |

| | |
|---|---|
| **須** xū | 15 |
| 何○私備劍士 | 3/6/31 |
| ○人而成 | 4/9/8 |
| ○臾 | 4/16/14、5/27/4 |
| 得保○臾之命 | 7/32/12 |
| 今大王好聽○臾之說 | 7/34/8 |
| ○賢任仁 | 9/38/4 |
| ○俟其時 | 9/41/24 |
| ○明年之春然後可耳 | 10/44/17 |
| 以○吳兵 | 10/46/29 |
| 復○吳兵 | 10/46/29 |
| 人何○ | 10/48/2 |
| 必復不○功而返國也 | 10/48/7 |
| 且○臾而生 | 10/48/17 |
| 吾命○臾之間耳 | 10/49/17 |

| | |
|---|---|
| **項** xū | 3 |
| 帝顓○之後 | 6/28/3 |
| 少康去顓○即位 | 10/50/21 |
| 顓○ | 10/50/23 |

| | |
|---|---|
| **壚** xū | 7 |
| 葬於梅里平○ | 1/2/2 |
| 楚爲○矣 | 3/5/6 |
| 國爲○棘 | 5/19/13 |
| 國爲○莽 | 5/20/9 |
| 城郭丘○ | 5/23/24 |
| 吳宮爲○ | 5/24/2 |
| 一旦社稷坵○ | 7/34/24 |

| | |
|---|---|
| **鬚** xū | 1 |
| ○髮四张 | 10/47/5 |

| | |
|---|---|
| **徐** xú | 1 |
| 與齊、晉諸侯會於○州 | 10/47/22 |

| | |
|---|---|
| **許** xǔ | 17 |
| 我心已○之 | 2/3/3 |
| 往○召子尙、子胥 | 3/4/21 |
| 遂○之 | 3/6/4 |
| 闔閭不○ | 4/14/9 |

| | |
|---|---|
| 波太子夫差日夜告（○） | |
| 〔於〕伍胥曰 | 4/16/19 |
| 孔子弗○ | 5/17/22 |
| 成恒○諾 | 5/18/10 |
| ○其師 | 5/20/18 |
| 吳王○諾 | 5/20/18 |
| 晉君○之 | 5/20/21 |
| 主君宜○之以前期 | 5/26/1 |
| 然不可徒○ | 5/26/1 |
| 趙鞅○諾 | 5/26/2 |
| 定公○諾 | 5/26/2 |
| 必○王矣 | 9/40/22 |
| 孤悅而○之 | 10/44/4 |
| 將○之成 | 10/47/15 |

| | |
|---|---|
| **恤** xù | 1 |
| 不○國事 | 4/15/7 |

| | |
|---|---|
| **蓄** xù | 3 |
| ○陳儲新 | 7/31/29 |
| ○金之憂 | 8/36/5 |
| 必且內○五穀 | 9/39/19 |

| | |
|---|---|
| **續** xù | 1 |
| 斷竹○竹 | 9/42/13 |

| | |
|---|---|
| **宣** xuān | 1 |
| 子胥陰令○言於楚曰 | 4/13/14 |

| | |
|---|---|
| **玄** xuán | 7 |
| 右軍皆○裳、○輿、黑 | |
| 甲、烏羽之矰 | 5/25/12 |
| 自稱○夷蒼水使者 | 6/28/16 |
| 見符朱鬐、○狐 | 7/31/1 |
| 凌○虛號翩翩 | 7/32/3 |
| ○武天空威行 | 10/48/25 |
| 相求於○冥之下 | 10/49/15 |

| | |
|---|---|
| **旋** xuán | 7 |
| ○泣辭行 | 3/5/3 |
| 與神鬼戰者不○踵 | 4/10/22 |

| | |
|---|---|
| 左右廻○ | 4/12/4 |
| 廻○規矩 | 4/12/11 |
| ○天地之數 | 6/28/27 |
| 士不○踵 | 8/37/16 |
| ○軍於江南 | 10/46/20 |

| | |
|---|---|
| **滋** xuán | 1 |
| ○聖生神 | 8/35/24 |

| | |
|---|---|
| **懸** xuán | 3 |
| 淚泫泫兮雙○ | 7/32/5 |
| ○膽於戶 | 8/36/9 |
| 權○而智衰 | 8/37/15 |

| | |
|---|---|
| **選** xuǎn | 7 |
| 甲堅士○ | 5/17/25 |
| 不知越王將○死士 | 5/25/2 |
| 願王明○左右 | 9/38/11 |
| ○賢實事 | 9/38/15 |
| 王○名山神材 | 9/39/7 |
| 惟王○擇美女二人而進之 | 9/40/9 |
| 勾踐乃○吳越將士 | 10/50/6 |

| | |
|---|---|
| **泫** xuàn | 2 |
| 淚○○兮雙懸 | 7/32/5 |

| | |
|---|---|
| **眩** xuàn | 1 |
| 雉以○移拘於網 | 7/34/17 |

| | |
|---|---|
| **削** xuē | 2 |
| 夫截骨之劍無○劙之利 | 7/31/2 |
| 刻○磨礱 | 9/39/10 |

| | |
|---|---|
| **薛** xuē | 2 |
| 以示○燭 | 4/13/6 |
| ○燭對曰 | 4/13/11 |

| | |
|---|---|
| **穴** xué | 1 |
| 青泉、赤淵分入洞○ | 6/29/4 |

| 學 xué | 3 |
|---|---|
| 從太湖○炙魚 | 3/7/5 |
| 長而好○ | 5/21/11 |
| 三年○服而獻於吳 | 9/40/10 |

| 雪 xuě | 8 |
|---|---|
| 以○父兄之恥 | 3/5/12 |
| 鞭辱腐屍恥難○ | 4/16/6 |
| 而五年未聞敢死之士、 | |
| 　○仇之臣 | 9/38/2 |
| 以○吾之宿讎 | 9/38/20 |
| ○我王宿恥兮 | 10/46/11 |
| 定功○恥 | 10/48/19 |
| ○恥於吳 | 10/49/13 |
| 孟冬十月多○霜 | 10/50/8 |

| 血 xuè | 9 |
|---|---|
| 魂不○食 | 4/8/12 |
| 以○釁金 | 4/9/17 |
| ○白馬以祭 | 6/28/15 |
| ○流滂滂 | 7/31/27 |
| 不滅瀝○之仇 | 7/34/9 |
| 兵不○刃 | 8/37/16 |
| 使不得○食 | 10/44/27 |
| 使不○食 | 10/45/12 |
| ○盟而去 | 10/50/5 |

| 勳 xūn | 1 |
|---|---|
| 舉爾嗣考之○ | 6/28/11 |

| 薰 xūn | 1 |
|---|---|
| ○鬻戎姤而伐之 | 1/1/13 |

| 巡 xún | 4 |
|---|---|
| ○狩 | 6/28/9 |
| 禹乃東○登衡嶽 | 6/28/15 |
| 遂○行四瀆 | 6/28/20 |
| 領統州伯以○十二部 | 6/29/6 |

| 循 xún | 1 |
|---|---|
| ○江沂河 | 6/28/12 |

| 尋 xún | 1 |
|---|---|
| 長五十○ | 9/39/9 |

| 潯 xún | 1 |
|---|---|
| 乃渡之千○之津 | 3/5/22 |

| 徇 xùn | 9 |
|---|---|
| 以○於軍 | 10/46/6, 10/46/14 |
| ○之於軍 | 10/46/7, 10/46/13 |
| 勾踐乃命有司大○軍 | 10/46/14 |
| 又○於軍 | 10/46/18, 10/46/19 |
| ○曰 | 10/46/20 |
| 有司將軍大○軍中曰 | 10/46/24 |

| 遜 xùn | 1 |
|---|---|
| 言辭不○ | 4/10/20 |

| 牙 yá | 2 |
|---|---|
| 君之爪○ | 7/31/10 |
| ○爲執法 | 9/42/22 |

| 雅 yǎ | 3 |
|---|---|
| 耳不聽○音 | 5/19/16 |
| 從弟子奉先王○琴禮樂 | |
| 　奏於越 | 10/49/26 |
| 故奏○琴以獻之大王 | 10/49/28 |

| 咽 yān | 1 |
|---|---|
| 翕心○煙 | 9/42/28 |

| 淹 yān | 1 |
|---|---|
| 不○其量 | 8/37/13 |

| 焉 yān | 40 |
|---|---|
| 而國斯霸○ | 1/2/7 |
| 與登○ | 3/4/2 |
| 國人怨○ | 3/4/5 |
| 財用盡○ | 3/4/6 |
| 年穀敗○ | 3/4/6 |
| 百姓煩○ | 3/4/6 |
| 何敢與政事○ | 4/8/12 |
| 又何懼○ | 4/10/13 |
| 願承宴而待○ | 4/11/4 |
| 王有意○ | 4/11/10 |
| 王其取分○ | 4/15/12 |
| 秦伯使辭○ | 4/15/13 |
| 吾國父兄身戰暴骨草野○ | 4/15/23 |
| 願王少厚○ | 5/17/16 |
| 丘墓在○ | 5/17/20 |
| 而君功不與○ | 5/18/3 |
| 臣竊爲君恐○ | 5/18/12 |
| 孤之意出○ | 5/19/20 |
| 其心恬然悵○ | 5/21/1 |
| 覺而恬然悵○ | 5/21/2 |
| 子胥獨何言○ | 5/22/23 |
| 若子於吳則何力○ | 5/23/8 |
| 吳國世世存○ | 5/23/11 |
| 子胥在○ | 5/23/18 |
| 周室何憂○ | 5/26/12 |
| 惟君王有意○ | 5/26/18 |
| 罪莫大○ | 5/27/13 |
| 吾將屬○ | 7/31/8 |
| 孤何憂○ | 7/32/1 |
| 王何喜○ | 7/33/9 |
| 惟公卜○ | 7/33/19 |
| 當拜賀○ | 7/33/22 |
| ○能知其忠信者乎 | 7/34/13 |
| 將○立霸王之業 | 8/35/17 |
| 崑崙之象存○ | 8/35/23 |
| 時問政○ | 8/36/24 |
| 君王察○ | 9/38/23 |
| 弩之狀何法○ | 9/42/21 |
| 越王固問〔○〕 | 10/44/28 |
| 春秋奉幣、玉帛、子女 | |
| 　以貢獻○ | 10/45/7 |

| 煙 yān | 2 |
|---|---|
| 必將乘○起而助我 | 4/15/25 |

| | | | | | |
|---|---|---|---|---|---|
| 觀其〇色 | 7/33/22 | 晏 yàn | 4 | 後必有〇 | 9/40/14 |
| 群臣拜舞天〇舒 | 8/36/21 | | | 上天所〇 | 10/48/27 |
| 不形〇色 | 9/38/1 | 陰憚高、國、鮑、〇 | 5/17/19 | | |
| | | 吾〇歲年暮 | 6/29/19 | 鞅 yāng | 2 |
| 嚴 yán | 2 | 且君王早朝〇罷 | 10/47/16 | | |
| | | 臣所以在朝而〇罷若身 | | 乃告趙〇曰 | 5/25/21 |
| 〇王何罪國幾絕 | 4/16/6 | 　疾作者 | 10/49/1 | 趙〇許諾 | 5/26/2 |
| 更陳〇法 | 10/46/20 | | | | |
| | | 宴 yàn | 4 | 羊 yáng | 1 |
| 巖 yán | 2 | | | | |
| | | 大不過容〇豆 | 3/4/4 | 古公事之以犬馬牛〇 | 1/1/14 |
| 其〇之巔承以文玉 | 6/28/14 | 無忌承〇 | 3/4/14 | | |
| 齋於黃帝〇嶽之下 | 6/28/18 | 吳大夫被離承〇 | 4/10/2 | 佯 yáng | 3 |
| | | 願承〇而待焉 | 4/11/4 | | |
| 剡 yǎn | 1 | | | 乃被髮（徉）〔〇〕狂 | 3/6/8 |
| | | 厭 yàn | 1 | 公子光〇爲足疾 | 3/7/26 |
| 〇木爲矢 | 9/42/14 | | | 計硯〇狂 | 10/48/28 |
| | | 臣聞戾德無〇 | 4/15/11 | | |
| 掩 yǎn | 12 | | | 徉 yáng | 1 |
| | | 燕 yàn | 3 | | |
| 〇子之盍漿 | 3/5/32 | | | 乃被髮（〇）〔徉〕狂 | 3/6/8 |
| 〇夫人之壺漿 | 3/6/6 | 昔者齊桓割〇所至之地 | | | |
| 於是宮女皆〇口而笑 | 4/12/5 | 　以貺〇公 | 7/33/15 | 陽 yáng | 28 |
| 蓋聞仁者殺人以〇謗者 | | 〇臺在於石室 | 8/35/30 | | |
| 　猶弗爲也 | 4/12/21 | | | 乞食溧〇 | 3/6/1 |
| 因發機以〇之 | 4/12/30 | 嚥 yàn | 2 | 陰〇同光 | 4/9/5 |
| 越盜〇襲之 | 4/15/17 | | | 〇曰干將 | 4/9/12 |
| 忠臣〇口 | 5/23/23 | 〇喋〇喋 | 6/29/30 | 〇作龜文 | 4/9/12 |
| 以爲〇明 | 5/27/25 | | | 干將匿其〇 | 4/9/12 |
| 言竟〇面 | 7/35/2 | 鷰 yàn | 1 | 太〇之精 | 4/13/8 |
| 聞越〇其空虛 | 10/44/19 | | | 子胥等過溧〇瀨水之上 | 4/16/8 |
| 〇其惡 | 10/45/4 | 越〇向日而熙 | 4/10/4 | 退處〇山之南、陰阿之北 | 6/29/9 |
| 不可〇塞 | 10/48/3 | | | 益避禹之子啓於箕山之〇 | 6/29/23 |
| | | 驗 yàn | 1 | 紀歷陰〇 | 7/31/30 |
| 眼 yǎn | 1 | | | 上感太〇 | 7/34/5 |
| | | 其〇即見 | 9/42/7 | 故帝處其〇陸 | 8/35/25 |
| 飄風飄汝〇 | 5/24/8 | | | 起離宮於淮〇 | 8/35/29 |
| | | 泱 yāng | 1 | 〇將也 | 8/36/3 |
| 演 yǎn | 2 | | | 陰〇更唱 | 8/37/13 |
| | | （〇）〔決〕可否之議 | 10/45/10 | 立東郊以祭〇 | 9/39/5 |
| 外〇聖德以應天心 | 6/29/13 | | | 〇爲文梓 | 9/39/9 |
| 〇《易》作卦 | 7/30/30 | 殃 yāng | 6 | 陰〇不和 | 9/39/13 |
| | | | | 原於陰〇 | 9/39/20 |
| 儼 yǎn | 1 | 天地行〇 | 5/22/20 | 原陰〇者 | 9/39/21 |
| | | 反受其〇 | 5/27/14 | 夫陰〇者 | 9/40/1 |
| 相國范蠡、大夫種、句 | | 其後無〇 | 7/30/10 | 望〇出糶 | 9/40/4 |
| 　如之屬〇然列坐 | 9/37/30 | 德銷百〇 | 7/30/13 | 亦有陰〇 | 9/42/4 |

| | |
|---|---|
| 陰衰○興 | 9/42/5 |
| 入於江○、松陵 | 10/47/4 |
| 入海○於三道之翟水 | 10/47/11 |
| ○畫三 | 10/48/25 |
| 南○之宰而爲越王之擒 | 10/49/21 |

### 揚 yáng　11

| | |
|---|---|
| 而使城父司馬奮○往殺太子 | 3/4/15 |
| 奮○使人前告太子 | 3/4/15 |
| 飛○汝骸 | 5/22/8 |
| 子胥因隨流○波 | 5/24/9 |
| 狀若驚鳥○天 | 6/29/10 |
| 前沉後○ | 7/30/9 |
| 飛矢○兵 | 7/31/27 |
| 飛石○砂 | 10/47/6 |
| 子不○ | 10/50/18 |
| 不○卒 | 10/50/18 |
| 不○ | 10/50/24 |

### 颺 yáng　1

| | |
|---|---|
| 徊復翔兮游○ | 7/32/6 |

### 仰 yǎng　18

| | |
|---|---|
| ○天求死 | 2/3/9 |
| ○高履尚 | 2/3/19 |
| ○天行哭林澤之中 | 3/5/7 |
| 公孫聖○天嘆曰 | 5/21/14 |
| 乃○天歎曰 | 5/21/20 |
| 聖乃○頭向天而言曰 | 5/22/6 |
| ○天呼怨 | 5/23/31 |
| ○天嘆曰 | 5/24/5 |
| 吳王○天呼曰 | 5/27/3 |
| ○天而嘯 | 6/28/16 |
| 越王○天太息 | 7/30/11 |
| 越王○天歎曰 | 7/32/1,9/38/3 |
| ○飛鳥兮烏鳶 | 7/32/3 |
| 不勝○感俯愧 | 7/32/12 |
| ○天歎曰 | 7/34/29 |
| 乃○觀天文 | 9/40/4 |
| 於是種○天嘆曰 | 10/49/19 |

### 養 yǎng　23

| | |
|---|---|
| 收而○之 | 1/1/7 |
| 君子不以○害害所○ | 1/1/15 |
| 業於○老 | 1/1/28 |
| 陰欲之 | 3/6/12 |
| 吾等爲王○士 | 4/11/26 |
| 下○百姓 | 5/19/17 |
| 願空國、棄群臣、變容貌、易姓名、執箕帚、○牛馬以事之 | 5/19/19 |
| 愛民○士 | 5/22/21 |
| 虛心○士 | 5/23/21 |
| 休○萬民 | 6/29/14 |
| 爲君○器 | 7/31/29 |
| 令駕車○馬 | 7/32/19 |
| 夫斫剉○馬 | 7/32/28 |
| 執牧○之事如故 | 7/33/29 |
| 以○寡人 | 7/34/15 |
| 嘔○帝會 | 8/35/25 |
| 富民○士 | 9/38/2 |
| 夏長而○ | 9/39/23 |
| 是○生寇而破國家者也 | 9/40/25 |
| 弧與一○ | 10/43/19 |
| 忠惠以○之 | 10/45/3 |
| 子離父母之○、親老之愛 | 10/46/15 |

### 怏 yàng　2

| | |
|---|---|
| 光心氣○○ | 3/7/24 |

### 妖 yāo　5

| | |
|---|---|
| 欲以○孽挫蚍吾師 | 5/23/7 |
| 爲吳○孽 | 5/23/25 |
| 分別○祥 | 7/31/30 |
| ○出知凶 | 7/31/30 |
| 是凶○之證也 | 10/49/15 |

### 要 yāo　26

| | |
|---|---|
| 姓○ | 4/10/15 |
| ○離與之對坐 | 4/10/21 |
| 時○離乃挫訴曰 | 4/10/21 |
| 暝即往攻○離 | 4/10/24 |
| ○離席闌至舍 | 4/10/24 |

| | |
|---|---|
| 訴乃手劍而捽○離曰 | 4/10/27 |
| ○離曰 | 4/10/29 |
| | 4/11/1,4/11/6,4/11/10 |
| | 4/11/11,4/11/21,4/11/23 |
| 臣聞○離若斯 | 4/11/4 |
| 子胥乃見○離曰 | 4/11/5 |
| ○離即進曰 | 4/11/7 |
| ○離乃詐得罪出奔 | 4/11/13 |
| ○離乃奔諸侯而行怨言 | 4/11/14 |
| ○離力微 | 4/11/17 |
| ○離渡至江陵 | 4/11/20 |
| ○離自斷手足 | 4/11/24 |
| 孤雖知○領不屬 | 5/19/19 |
| 其○奈何 | 9/39/21 |
| 請悉其○ | 9/42/27 |
| 道（女）〔○〕在斯 | 9/43/2 |
| 實《金匱》之○在於上下 | 10/47/26 |

### 腰 yāo　2

| | |
|---|---|
| ○十圍 | 3/6/13 |
| 曳○鏘距 | 5/24/24 |

### 堯 yáo　11

| | |
|---|---|
| ○遭洪水 | 1/1/9 |
| ○聘棄 | 1/1/9 |
| 帝○之時 | 6/28/5 |
| 四嶽乃舉鯀而薦之於○ | 6/28/7 |
| ○用治水 | 6/28/8 |
| ○曰 | 6/29/6 |
| ○崩 | 6/29/7 |
| ○禪位於舜 | 6/29/7 |
| 昔○任舜、禹而天下治 | 7/30/18 |
| ○傳天子 | 7/30/20 |
| 雖有○舜之德 | 9/39/24 |

### 搖 yáo　1

| | |
|---|---|
| 去我國兮心○ | 7/32/9 |

### 遙 yáo　2

| | |
|---|---|
| 歲○○兮難極 | 7/32/8 |

| | | | | | | |
|---|---|---|---|---|---|---|
| **繇 yáo** | 2 | **也 yě** | 435 | 不○ | 3/7/2 |
| | | | | 此社稷之言○ | 3/7/2 |
| 盧子周○ | 1/2/4 | 后稷之苗裔○ | 1/1/3 | 時未可○ | 3/7/3 |
| ○子屈羽 | 1/2/4 | 國所以亡○ | 1/1/15 | 好嗜魚之炙○ | 3/7/5 |
| | | 吾所不居○ | 1/1/16 | 伍胥知光之見機○ | 3/7/18 |
| **杏 yǎo** | 1 | 適○ | 1/1/20 | 不可失○ | 3/7/20 |
| | | 絕嗣者○ | 1/1/23 | 且光眞王嗣○ | 3/7/21 |
| ○之若日 | 9/42/6 | 吳仲○ | 1/1/23 | 僚可殺○ | 3/7/21 |
| | | 禮○ | 2/2/13 | 是無如我何○ | 3/7/22 |
| **藥 yào** | 2 | 楚恭王怨吳爲巫臣伐之○ | 2/2/20 | 是爲吳王闔閭○ | 3/8/1 |
| | | 吾望其色○ | 2/3/1 | 〔乃吾〕君○ | 3/8/2 |
| 二人託名探○於衡山 | 1/1/21 | 子之國○ | 2/3/4 | 楚國之亡虜○ | 4/8/11 |
| 吾予其醫○ | 10/46/18 | 而子之所習○ | 2/3/6 | 斯則其術○ | 4/8/19 |
| | | 故晉、楚伐之○ | 2/3/12 | 欲以絕越明○ | 4/8/22 |
| **耀 yào** | 1 | 以效不恨士○ | 2/3/13 | 通闖闔風○ | 4/8/23 |
| | | 號爲吳王僚○ | 2/3/20 | 以象地戶○ | 4/8/23 |
| 目若○電 | 10/47/5 | 以報前來誅慶封○ | 3/3/24 | 其位龍○ | 4/8/24 |
| | | 楚人○ | 3/3/27,9/42/9 | 其位蛇○ | 4/9/1 |
| **耶 yé** | 22 | 此何鳥○ | 3/3/30 | 示越屬於吳○ | 4/9/2 |
| | | 不知所謂○ | 3/4/7 | 吳人○ | 4/9/3,4/11/30 |
| 豈前王之所盛、人君之 | | 當害己○ | 3/4/11 | 干將之妻○ | 4/9/5 |
| 　美者○ | 3/4/6 | 吾之生○ | 3/4/31 | 吾不知其理○ | 4/9/7 |
| 安可致○ | 3/4/20 | 汝可復○ | 3/5/2 | 劍○ | 4/9/14 |
| 何爲中道生進退○ | 4/8/13 | 則爲無親友○ | 3/5/11 | 夫劍之成○ | 4/9/15 |
| 二日莫○ | 4/9/4 | 美珠○ | 3/5/18 | 而有之貪王之重賞○ | 4/9/16 |
| 莫○ | 4/9/5 | 漁父知其意○ | 3/5/22 | 吾之作鉤○ | 4/9/18 |
| 莫○曰 | 4/9/6,4/9/7,4/9/10 | 吾所謂渡楚賊○ | 3/5/30 | 何者是○ | 4/9/19 |
| 其若斯○ | 4/9/10 | 富貴莫相忘○ | 3/5/31 | 王不知汝之神○ | 4/9/20 |
| 陰日莫○ | 4/9/12 | 妾不忍○ | 3/6/7 | 白喜、何如人○ | 4/9/22 |
| 闔閭使掌劍大夫以莫○ | | 未嘗見斯人○ | 3/6/10 | 聞臣在吳而來○ | 4/9/23 |
| 　獻之 | 4/9/13 | 賢人○ | 3/6/13 | 宛何等○ | 4/9/28 |
| 闔閭既寶莫○ | 4/9/15 | 非爲吳○ | 3/6/15 | 君之言外○ | 4/10/5 |
| 兵法寧可以小試○ | 4/12/2 | 其義非○ | 3/6/19 | 吾不見○ | 4/10/5 |
| 若○之溪深而莫測 | 4/13/12 | 堂邑人○ | 3/6/20 | 不可親○ | 4/10/6 |
| 王○ | 4/16/3,4/16/4 | 何夫子之怒盛○ | 3/6/22 | 細人○ | 4/10/13 |
| 子無意一出○ | 5/17/21 | 寧類愚者○ | 3/6/22 | 吾之憂○ | 4/10/14 |
| 將孤之罪○ | 7/30/15 | 何言之鄙○ | 3/6/23,7/30/16 | 而有萬人之力○ | 4/10/15 |
| 而爲相國快私意○ | 7/34/16 | 遭公子光之有謀○ | 3/6/24 | 臣昔嘗見曾拆辱壯士椒 | |
| 吳可伐○ | 10/44/26 | 天以夫子輔孤之失根○ | 3/6/25 | 　丘訴 | 4/10/15 |
| 豈不緣一朝之事○ | 10/47/17 | 自其分○ | 3/6/26 | 東海上人○ | 4/10/16 |
| 可未○ | 10/48/1 | 則光之父○ | 3/6/27 | 君勿飮○ | 4/10/18 |
| | | 札之賢○ | 3/6/27 | 訴恃其與水戰之勇○ | 4/10/20 |
| **琊 yé** | 2 | 有立者適長○ | 3/6/28 | 合坐不忍其溢於力○ | 4/10/21 |
| | | 即光之身○ | 3/6/29 | 吾聞勇士之鬪○ | 4/10/21 |
| 琅○東武海中山也 | 8/35/22 | 不吾廢○ | 3/6/30 | 暝必來○ | 4/10/25 |
| 從瑯○起觀臺 | 10/49/25 | 惟夫子詮斯義○ | 3/7/1 | 一死○ | 4/10/28 |
| | | 於公子何意○ | 3/7/2 | 二死○ | 4/10/28,9/39/24 |

| | | | | | |
|---|---|---|---|---|---|
| 三死○ | 4/10/28,9/39/24 | 亡無爲○ | 5/17/15 | 掘社稷○ | 5/22/2 |
| 一不肖○ | 4/11/1 | 父母之國○ | 5/17/20 | 宮空虛○ | 5/22/2 |
| 二不肖○ | 4/11/2 | 魯何難伐○ | 5/17/23 | 坐太息○ | 5/22/2 |
| 三不肖○ | 4/11/2 | 此易伐○ | 5/18/1 | 與死人俱葬○ | 5/22/3 |
| 吾之勇○ | 4/11/3 | 人之所易〔○〕 | 5/18/1 | 則可銷○ | 5/22/4 |
| 此天下壯士○ | 4/11/4 | 人之所難〔○〕 | 5/18/2 | 國可安存○ | 5/22/5 |
| 世所聞○ | 4/11/8 | 大臣有所不聽者○ | 5/18/3 | 不足患○ | 5/22/13 |
| 今子之力不如○ | 4/11/10 | 而下與大臣交爭〔○〕 | 5/18/5 | 乃心腹○ | 5/22/14 |
| 非忠○ | 4/11/11 | 君○ | 5/18/8 | 其可傷○ | 5/22/16 |
| 非義 | 4/11/12,4/11/21,4/11/22 | 顯名○ | 5/18/13 | 歲位○ | 5/22/17 |
| 闔閭可得○ | 4/11/16 | 大利○ | 5/18/13 | 陰前之辰○. | 5/22/17 |
| 天下之勇士○ | 4/11/18 | 則王不疑○ | 5/18/13 | 合壬子歲前合○ | 5/22/17 |
| 非仁○ | 4/11/21,4/14/17 | 夫越君、賢主〔○〕 | 5/18/14 | 辛之本○ | 5/22/18 |
| 將之罪○ | 4/12/7 | 不勇○ | 5/18/17 | 神靈之祐福○ | 5/23/8 |
| 士之過○ | 4/12/8 | 不智○ | 5/18/17 | 叛○ | 5/23/17 |
| 即吳王之寵姬○ | 4/12/9 | 拙○ | 5/19/3 | 臣殺君○ | 5/23/18 |
| 然而無所施○ | 4/12/13 | 殆○ | 5/19/3 | 吳王聞子胥之怨恨○ | 5/23/30 |
| 民勞未可恃○ | 4/12/18 | 危○ | 5/19/4 | 臣以是恐○ | 5/24/13 |
| 蓋聞仁者殺人以掩謗者 | | 舉事之大忌○ | 5/19/4 | 胥圖寡人○ | 5/24/13 |
| 　猶弗爲○ | 4/12/21 | 孤賴天之賜○ | 5/19/6 | 先王之老臣○ | 5/24/14 |
| 是（囊）〔瓦〕之罪○ | 4/12/25 | 君之福○ | 5/19/11 | 此爲二子胥○ | 5/24/16 |
| 湛盧之劍惡闔閭之無道○ | 4/13/1 | 此孤之死言○ | 5/19/14 | 恐罹尤○ | 5/24/21 |
| 是何劍○ | 4/13/2 | 孤之願○ | 5/19/18 | 體如斯○ | 5/24/22 |
| 魚腸之劍已用殺吳王僚○ | 4/13/4 | 不可得○ | 5/19/18 | 莫過於斯○ | 5/25/3 |
| 今湛盧入楚○ | 4/13/5 | 外事諸侯而不能○ | 5/19/18 | 不得還○ | 5/25/22 |
| 何○ | 4/13/5,5/18/2,10/44/18 | 〔是〕存亡國〔而〕 | | 無以爭行而危國○ | 5/26/1 |
| 不可服○ | 4/13/6 | 　（舉）〔興〕死人 | | 如越之來○ | 5/26/15 |
| 是其一○ | 4/13/11 | 　〔○〕 | 5/19/20 | 吳不受○ | 5/26/15 |
| 何足言○ | 4/13/13 | 夫吳王〔之〕爲人〔○〕 | 5/20/2 | 亦寡人之願○ | 5/26/17 |
| 何謂○ | 4/13/26,5/22/16 | 是殘國傷君之佞臣○ | 5/20/6 | 此何名○ | 5/26/23 |
| 天下彊敵○ | 4/13/26 | 不仁○ | 5/20/18 | 是生稻○ | 5/26/23 |
| 天○ | 4/13/27 | 王之興師伐齊○ | 5/21/4 | 是公孫聖所言不得火食 | |
| 其謂此○ | 4/14/10 | 德鏘鏘○ | 5/21/5 | 　走偟偟○ | 5/26/24 |
| 昭王是我讎○ | 4/14/15 | 破敵聲聞功朗明○ | 5/21/5 | 近道人不食何○ | 5/26/26 |
| 非孝○ | 4/14/17 | 大王聖德氣有餘○ | 5/21/5 | 人不食○ | 5/26/26 |
| 非智○ | 4/14/17 | 朝諸侯○ | 5/21/6 | 子胥所謂且食者○ | 5/26/28 |
| 即重惠○ | 4/14/19 | 農夫就成田夫耕○ | 5/21/6 | 寡人世世得聖○ | 5/27/4 |
| 以辱楚之君臣○ | 4/14/25 | 鄰國貢獻財有餘○ | 5/21/7 | 不敢忘○ | 5/27/8 |
| 豈敢忘○ | 4/15/2 | 宮女悅樂琴瑟和○ | 5/21/7 | 大過一○ | 5/27/9 |
| 〔倒行而逆施之於道○〕 | 4/15/5 | 樂府鼓聲○ | 5/21/8 | 大過二○ | 5/27/10 |
| 則亦亡君之土○ | 4/15/12 | 非子〔之〕所〔能〕知○ | 5/21/14 | 大過三○ | 5/27/11 |
| 未有人臣報讎如此者○ | 4/15/27 | 女子之言○ | 5/21/17 | 大過四○ | 5/27/11 |
| 以暢君之迫厄之暢達○ | 4/16/3 | 戰不勝、敗走偟偟○ | 5/21/21 | 大過五○ | 5/27/12 |
| 自闔閭之造○ | 4/16/15 | 去昭昭、就冥冥○ | 5/21/22 | 大過六○ | 5/27/13 |
| 惟吳哀齊之不濫○ | 5/17/7 | 大王不得火食○ | 5/21/22 | 何王之忍辱厚恥○ | 5/27/17 |
| 是棄吾○ | 5/17/11 | 黑者、陰○ | 5/22/1 | 死生一○ | 5/27/18 |
| 無立其苗○ | 5/17/13 | 北者、匿○ | 5/22/1 | 夏禹之末封○ | 6/28/3 |

| | | | | | |
|---|---|---|---|---|---|
| 石紐在蜀西川○ | 6/28/5 | 將以有擊○ | 7/34/17 | 第二術○ | 9/39/16 |
| 朕知不能○ | 6/28/9 | 將求所取○ | 7/34/17 | 物貴賤○ | 9/39/21 |
| 吾娶○ | 6/28/23 | 歲位之會將○ | 7/34/19 | 知會際○ | 9/39/22 |
| 吾之服○ | 6/28/24 | 是日賊其德○ | 7/34/20 | 別眞僞○ | 9/39/22 |
| 王之證○ | 6/28/24 | 是其謀深○ | 7/34/22 | 是一死○ | 9/39/24 |
| 性○ | 6/28/29 | 是欺我王○ | 7/34/22 | 四死○ | 9/39/24 |
| 命○ | 6/28/29 | 是上食王之心○ | 7/34/23 | 一生○ | 9/39/25 |
| 哭之何○ | 6/28/31 | 是上食王之肝○ | 7/34/23 | 二生○ | 9/39/26 |
| 此吾德薄不能化民證○ | 6/29/2 | 吳將爲所擒○ | 7/34/23 | 三生○ | 9/39/26 |
| 示天下悉屬禹○ | 6/29/12 | 誰念復生渡此津○ | 7/34/30 | 四生○ | 9/40/1 |
| 帝禹子○ | 6/29/24 | 勾踐七年○ | 8/35/6 | 謂天門地戶○ | 9/40/2 |
| 諸大夫之責○ | 7/30/15 | 大王之擇日○ | 8/35/10 | 君之道德○ | 9/40/2 |
| 吾之由○ | 7/31/13 | 示服事吳○ | 8/35/21 | 何子之年少於物之長○ | 9/40/3 |
| 亦子之憂○ | 7/31/13 | 而吳不知○ | 8/35/21 | 子之道○ | 9/40/3 |
| 令孤懷心不定○ | 7/31/14 | 明臣屬○ | 8/35/22 | 計硯之謀○ | 9/40/5 |
| 君之命○ | 7/31/15 | 琅琊東武海中山○ | 8/35/22 | 乃勾踐之盡忠於吳之證○ | 9/40/12 |
| 臣之職○ | 7/31/15 | 臣之築城○ | 8/35/23 | 第三術○ | 9/40/18 |
| 固其理○ | 7/31/16 | 吾之國○ | 8/35/25 | 未嘗有不合○ | 9/40/20 |
| 議其宜○ | 7/31/18 | 越之霸○ | 8/35/27 | 是養生寇而破國家者○ | 9/40/25 |
| 大夫之論是○ | 7/31/19 | 孤之命○ | 8/35/28 | 非國貧民困而請糴○ | 9/41/2 |
| 臣之事○ | 7/31/20,7/31/21 | 勾踐之出游○ | 8/35/30 | 伺吾王間○ | 9/41/2 |
| | 7/31/22,7/31/24,7/31/26 | 丙午日○ | 8/36/2 | 可因而破○ | 9/41/5 |
| | 7/31/27,7/31/29,7/31/31 | 陽將○ | 8/36/3 | 〔今〕狐雉之相戲○ | 9/41/6 |
| 此乃廚宰之成事食○ | 7/32/16 | 夫子故不一二見○ | 8/36/4 | 願王覽武王伐紂之事○ | 9/41/10 |
| 吾非愛越而不殺○ | 7/32/17 | 非一旦○ | 8/36/7 | 武王非紂王臣○ | 9/41/11 |
| 臣之願○ | 7/32/25 | 不忘吳之效○ | 8/36/15 | 吾不忍○ | 9/41/12 |
| 又恐其不卒○ | 7/33/5 | 其無損○ | 8/36/17 | 五霸輔絕滅之末者○ | 9/41/18 |
| 囚日○ | 7/33/6 | 則利○ | 8/36/26 | 妾非受於人○ | 9/42/3 |
| 陰後之辰○ | 7/33/7 | 無令泄○ | 8/37/6 | 飛土逐害」之謂○ | 9/42/14 |
| 合庚辰歲後會○ | 7/33/7 | 可克○ | 8/37/9 | 人號爵侯、翼侯、魏侯○ | 9/42/18 |
| 日○ | 7/33/7 | 其可攻○ | 8/37/21,9/41/23 | 蓋以桃弓棘矢而備鄰國○ | 9/42/19 |
| 死氣○ | 7/33/8 | 此乘其時而勝者○ | 8/37/23 | 守臣子○ | 9/42/21 |
| 臣謂大王惑之深○ | 7/33/11 | 願各就職○ | 8/37/23 | 命所起○ | 9/42/21 |
| 吳王見擒○ | 7/33/12 | 何易見而難使○ | 9/38/5 | 守吏卒○ | 9/42/22 |
| 臣竊見吳王眞非人○ | 7/33/21 | 謬哉君王之言○ | 9/38/6 | 主內裏○ | 9/42/22 |
| 是味○ | 7/33/28 | 君王之不能使○ | 9/38/6 | 檢去止○ | 9/42/22 |
| 仁人○ | 7/33/28 | 何謂〔○〕 | 9/38/7 | 聽人主○ | 9/42/23 |
| 意者內慚至仁之存○ | 7/34/2 | 君之所輕○ | 9/38/7 | 通所使○ | 9/42/23 |
| 然不知所以自安○ | 7/34/10 | 士之所重○ | 9/38/8 | 主重負○ | 9/42/23 |
| 而不知所以自存○ | 7/34/11 | 治之門○ | 9/38/10 | 禦戰士○ | 9/42/23 |
| 是相國之不慈○ | 7/34/12 | 君之根○ | 9/38/10 | 主教使○ | 9/42/24 |
| 是相國之不仁○ | 7/34/12 | 君之所以盛衰者○ | 9/38/11 | 往不止○ | 9/42/24 |
| 是其義○ | 7/34/14 | 磻溪之餓人○ | 9/38/12 | 正道里○ | 9/42/24 |
| 是其慈○ | 7/34/15 | 何患群臣之不使○ | 9/38/13 | 知可否○ | 9/42/24 |
| 是其忠信○ | 7/34/15 | 而士有未盡進辭有益寡 | | 執左右○ | 9/42/25 |
| 是寡人之不智○ | 7/34/16 | 　人○ | 9/38/18 | 不得駮○ | 9/42/25 |
| 何大王之言反○ | 7/34/17 | 王勿受○ | 9/39/13,9/40/13 | 無不死○ | 9/42/25 |

| | | | | | |
|---|---|---|---|---|---|
| **謁 yè** | 1 | 願○與吳交戰於天下平 | | 天生神木○雙 | 9/39/9 |
| | | 　原之野 | 5/19/17 | 是○死也 | 9/39/24 |
| 入○定公曰 | 5/26/2 | 越王送之金百鎰、寶劍 | | ○生也 | 9/39/25 |
| | | 　○、良馬二 | 5/20/6 | 道逢○翁 | 9/41/28 |
| **一 yī** | 117 | 而爭○日之勝 | 5/22/12 | 願○見之 | 9/41/28 |
| | | 并慮○謀 | 5/22/22 | ○人當百 | 9/42/7 |
| ○年成邑 | 1/1/17 | 汝○死之後 | 5/24/7 | 願子○二其辭 | 9/42/10 |
| 雍○名吳仲 | 1/1/18 | 去吾軍○里 | 5/25/13 | ○身異教 | 9/42/29 |
| 有○大鳥 | 3/3/29 | 盟國○人則依矣 | 5/26/11 | 石取○兩 | 9/43/1 |
| 深念平王○旦卒而太子立 | 3/4/10 | 伯父若能輔余○人 | 5/26/11 | 既之以壹酒、○犬 | 10/43/18 |
| ○言當至 | 3/4/25 | 禮前王○飯 | 5/26/17 | 賜以壹酒、○豚 | 10/43/18 |
| ○面而別 | 3/4/28 | 大過○也 | 5/27/9 | 弧與○養 | 10/43/19 |
| 可得○飱乎 | 3/6/2 | 下共○理 | 5/27/12 | ○年而不試 | 10/44/5 |
| 身長○丈 | 3/6/13 | 死生○也 | 5/27/18 | 二十○年 | 10/44/25 |
| 眉間○尺 | 3/6/13 | 人○隙土以葬之 | 5/27/27 | 三軍○飛降兮 | 10/46/10 |
| 其妻○呼即還 | 3/6/21 | 吾聞○男不耕 | 6/28/31 | ○士判死兮 | 10/46/11 |
| 聞○女子之聲而折道 | 3/6/22 | ○女不桑 | 6/29/1 | 守○年 | 10/47/11 |
| 夫屈○人之下 | 3/6/23 | ○盛○衰 | 6/29/22 | 豈不緣○朝之事耶 | 10/47/17 |
| 今幸奉○言之教 | 4/8/13 | 今委國○人 | 7/31/9 | ○言即合大王之事 | 10/47/25 |
| ○曰干將 | 4/9/4 | 何諸大夫論事○合○離 | 7/31/14 | 義○也 | 10/48/14 |
| ○國所知 | 4/9/26 | 委國於○老 | 7/31/17 | 故不辭○死○生 | 10/48/16 |
| ○至宛家 | 4/9/26 | ○心齊志 | 7/31/24 | 後入天○ | 10/48/26 |
| 眇其○目 | 4/10/19 | 終始○分 | 7/31/26 | ○國之相 | 10/49/11 |
| ○死也 | 4/10/28 | 各守○分 | 7/31/31 | 葬○年 | 10/49/23 |
| ○不肖也 | 4/11/1 | 子胥明於○時之計 | 7/32/18 | 興夷即位○年卒 | 10/50/18 |
| 惟○臨之 | 4/11/5 | ○節之人 | 7/32/30 | 爲○百四十四年 | 10/50/21 |
| 豈可○日而殺天下勇士 | | ○介之士 | 7/32/30 | 凡○千九百二十二年 | 10/50/28 |
| 　二人哉 | 4/11/19 | 在玉門第○ | 7/33/6 | | |
| 乃○旦與吳王論兵 | 4/11/31 | 後○月 | 7/33/17 | **伊 yī** | 2 |
| 每陳○篇 | 4/12/1 | 囚臣欲○見問疾 | 7/33/23 | | |
| 各將○隊 | 4/12/3 | 曾不聞相國○言 | 7/34/12 | 闔○闕 | 6/29/5 |
| ○鼓皆振 | 4/12/4 | ○旦社稷圯墟 | 7/34/24 | ○尹不離其側 | 7/30/16 |
| 楚國郡臣有○朝之患 | 4/12/19 | 吾聞君子○言不再 | 7/34/28 | | |
| ○曰魚腸 | 4/13/4 | 周千○百二十○步 | 8/35/19 | **衣 yī** | 13 |
| ○名磐郢 | 4/13/7 | ○圓三方 | 8/35/19 | | |
| ○名湛盧 | 4/13/8 | ○夕自來 | 8/35/22 | 爲賦《無○》之詩曰 | 4/15/10 |
| 是其○也 | 4/13/11 | 夫子故不○二見也 | 8/36/4 | 豈曰無○ | 4/15/10 |
| 十亡○存 | 4/13/27 | 是○宜 | 8/36/5 | ○裕履濡 | 5/24/21 |
| 各以○枚獻之昭王 | 4/13/29 | 非○旦也 | 8/36/7 | 子何爲裕○濡履 | 5/24/22 |
| 昭公自服○枚 | 4/13/30 | 未嘗○日登飯 | 8/36/12 | 君被五勝之○ | 5/27/15 |
| 君以○馬之故 | 4/14/2 | 各畫○策 | 9/37/29 | 因夢見赤繡○男子 | 6/28/16 |
| 得○橈而行歌道中 | 4/14/27 | 各有○等 | 9/38/15 | 妻○褐兮爲婢 | 7/32/7 |
| 乞食於○女子 | 4/16/9 | ○曰尊天事鬼 | 9/38/26 | 夫人○無緣之裳 | 7/32/27 |
| ○老嫗行哭而來 | 4/16/10 | 乃行第○術 | 9/39/5 | ○不重綵 | 8/36/12 |
| 遇○窮途君子而輒飯之 | 4/16/11 | 事鬼神○年 | 9/39/6 | 好其○ | 10/43/21 |
| 十○年　　5/17/6,9/39/18 | | ○年 | 9/39/8 | 非夫人事不○ | 10/43/23 |
| 子無意○出耶 | 5/17/21 | ○夜 | 9/39/9 | 今夫差○水犀〔之〕甲 | |

| | |
|---|---|
| 者十有三萬人 | 10/44/14 |
| 泣下霑○ | 10/48/19 |

## 依 yī　　　　　4

| | |
|---|---|
| 民無所○ | 4/8/16 |
| ○潮來往 | 5/24/9 |
| 始周○負於晉 | 5/25/17 |
| 盟國一人則○矣 | 5/26/11 |

## 漪 yī　　　　　2

| | |
|---|---|
| 與子期乎蘆之○ | 3/5/21 |
| 子胥即止蘆之○ | 3/5/21 |

## 醫 yī　　　　　2

| | |
|---|---|
| 令○守之 | 10/43/18 |
| 吾予其○藥 | 10/46/18 |

## 夷 yí　　　　　23

| | |
|---|---|
| 爲○狄之服 | 1/1/21 |
| 伯○自海濱而往 | 1/2/1 |
| 相子彊鳩○ | 1/2/3 |
| ○子餘喬疑吾 | 1/2/4 |
| 羽子○吾 | 1/2/4 |
| 孤在○蠻 | 2/2/12 |
| 誅○白氏族幾滅 | 4/16/4 |
| 此僻狹之國、蠻○之民 | 5/18/20 |
| ○吾宗廟 | 5/19/13,10/44/27 |
| 四○已服 | 5/21/6 |
| 宗廟既○ | 5/23/24 |
| 盛以鴟○之器 | 5/24/7 |
| 敗太子友於（始）〔姑〕 | |
| 　熊○ | 5/25/4 |
| 故忽於○狄 | 5/25/18 |
| 吾將殘汝社稷、○汝宗廟 | 5/26/19 |
| 自稱玄○蒼水使者 | 6/28/16 |
| 我家嘉○ | 6/28/25 |
| ○我社稷 | 10/45/12 |
| 越王乃被唐○之甲 | 10/49/26 |
| 謂太子興○曰 | 10/50/15 |
| 興○即位一年卒 | 10/50/18 |
| 興○ | 10/50/24 |

## 沂 yí　　　　　1

| | |
|---|---|
| 遂緣江（○）〔沂〕淮 | |
| 　（開）〔闕〕溝深水 | 5/26/9 |

## 宜 yí　　　　　18

| | |
|---|---|
| 相五土之○ | 1/1/8 |
| 何○饋飯而與丈夫 | 3/6/7 |
| 王○召之 | 3/6/10 |
| 因地制○ | 4/8/19 |
| ○勿斬之 | 4/12/10 |
| 非賢人所○ | 5/21/16 |
| 主君○許之以前期 | 5/26/1 |
| 議其○也 | 7/31/18 |
| ○早圖之 | 7/33/14 |
| 而○釋吳之地 | 8/35/16 |
| 是一○ | 8/36/5 |
| 是二○ | 8/36/5 |
| 是三○ | 8/36/5 |
| 是四○ | 8/36/6 |
| 是五○ | 8/36/6 |
| 不○前露其辭 | 8/37/3 |
| ○損之辭 | 8/37/6 |
| 大王○親於齊 | 8/37/7 |

## 移 yí　　　　　7

| | |
|---|---|
| 與日戰不○表 | 4/10/22 |
| 千鈞之重加銖〔兩〕而○ | 5/18/11 |
| 子既不○其志 | 7/32/26 |
| 雖以眩○拘於網 | 7/34/17 |
| 我王何憂能不○ | 8/36/22 |
| 日中則○ | 8/37/12 |
| 其民必有○徙之心 | 10/44/6 |

## 飴 yí　　　　　1

| | |
|---|---|
| 嘗膽不苦甘如○ | 8/36/19 |

## 疑 yí　　　　　13

| | |
|---|---|
| 夷子餘喬○吾 | 1/2/4 |
| 子胥○之 | 3/5/24 |
| 豈有內意以決○乎 | 4/10/5 |
| 大臣將有○我之心 | 5/18/9 |
| 則王不○也 | 5/18/13 |

| | |
|---|---|
| 且夫無報人之志、而使 | |
| 　人○之〔者〕 | 5/19/2 |
| 故孤敢以（報）〔○〕 | 5/19/15 |
| 以能遂○計〔惡〕 | 5/23/9 |
| 使無所○ | 7/31/23 |
| 臨非決○ | 7/31/25 |
| 大王勿○ | 7/34/31 |
| 則不能斷去就之○ | 10/45/10 |
| 死不被○ | 10/48/22 |

## 儀 yí　　　　　8

| | |
|---|---|
| 越廕禮○ | 3/6/7 |
| 子視吾之○ | 3/6/22 |
| 湯改○而媚於桀 | 7/30/17 |
| 何言之違禮○ | 7/30/24 |
| 夫婦之○具 | 7/32/29 |
| 機杖茵褥諸侯○ | 8/36/21 |
| 外示安○ | 9/42/5 |
| 願聞望敵○表、投分飛 | |
| 　矢之道 | 9/42/30 |

## 遺 yí　　　　　15

| | |
|---|---|
| 〔○先人恥〕 | 5/19/5 |
| 乃前王之○德 | 5/23/8 |
| 今子尚有○榮 | 5/27/18 |
| 履○不躡 | 6/28/13 |
| 荒無○土 | 7/31/20 |
| 賂往○來 | 7/31/23 |
| 前王之○德 | 7/33/3 |
| 二曰重財幣以○其君 | 9/38/26 |
| 四曰○美女以惑其心 | 9/39/1 |
| 五曰○之巧工良材 | 9/39/2 |
| 六曰○之諛臣 | 9/39/2 |
| 越王勾踐竊有二○女 | 9/40/11 |
| 受其寶女之○ | 9/41/15 |
| 無有○言 | 9/43/2 |
| 蠡復爲書○種曰 | 10/48/8 |

## 乙 yǐ　　　　　1

| | |
|---|---|
| 以○酉與吳戰 | 10/44/21 |

## 已 yǐ　　　　　58

| | |
|---|---|
| 天下○安 | 1/2/1 |

| | | | | | |
|---|---|---|---|---|---|
| ○除喪 | 2/3/1 | 即○命孤矣 | 10/45/13 | 平王○伍奢爲太子太傅 | 3/4/8 |
| 我心○許之 | 2/3/3 | 王○屬政於執事 | 10/47/18 | 太子○秦女之故 | 3/4/12 |
| ○附子臧之義 | 2/3/19 | 勾踐○滅吳 | 10/47/22 | 王獨奈何○讒賊小臣而 | |
| 今我○亡矣 | 3/5/18 | ○受命號 | 10/47/23 | 　踈骨肉乎 | 3/4/14 |
| 日月昭昭乎侵○馳 | 3/5/20 | 高鳥○散 | 10/48/10 | 可○其父爲質而召之 | 3/4/17 |
| 日○夕兮予心憂悲 | 3/5/21 | 狡兔○盡 | 10/48/10 | 父奢○忠信慈仁 | 3/4/21 |
| 月○馳兮何不渡爲 | 3/5/22 | 後則無救○傾之禍 | 10/48/15 | 無○賞賜 | 3/4/25 |
| ○覆船自沉於江水之中矣 | 3/6/1 | 今○滅之 | 10/49/1 | ○自濟達 | 3/4/30 |
| 子胥○餐而去 | 3/6/5 | ○破彊吳 | 10/49/18 | 願吾因於諸侯○報讎矣 | 3/5/8 |
| ○自投於瀨水矣 | 3/6/7 | 越王既○誅忠臣 | 10/49/24 | ○雪父兄之恥 | 3/5/12 |
| 深恐以兵往破滅而○ | 4/11/29 | | | 即○鄭封太子 | 3/5/16 |
| 寡人○知將軍用兵矣 | 4/12/9 | **以 yǐ** | **561** | 上所○索我者 | 3/5/18 |
| 臣既○受命爲將 | 4/12/10 | | | 胥乃解百金之劍○與漁者 | 3/5/27 |
| 兵○整齊 | 4/12/12 | 遂祭祀○求 | 1/1/5 | ○此相答 | 3/5/28 |
| 魚腸之劍○用殺吳王僚也 | 4/13/4 | 衆鳥○羽覆之 | 1/1/7 | 未可說○外事 | 3/6/17 |
| 赤菫之山○令無雲 | 4/13/11 | 姜嫄○爲神 | 1/1/7 | 何○言之 | 3/6/18,4/13/3 |
| 申包胥哭○歌曰 | 4/15/8 | 運車○避葭葦 | 1/1/12 | 非○意救急後興師 | 3/6/18 |
| 亦○足矣 | 4/15/27 | 古公事之○犬馬牛羊 | 1/1/14 | 欲○自媚 | 3/6/20 |
| 自霸王○來 | 4/15/27 | 事○皮幣、金玉、重寶 | 1/1/14 | 欲○爲用 | 3/6/24 |
| 然○愧矣 | 4/16/3 | 君子不○養害害所養 | 1/1/15 | 天○夫子輔孤之失根也 | 3/6/25 |
| 吾兵○在魯之城下矣 | 5/18/9 | 國所○亡也 | 1/1/15 | ○及季札 | 3/6/28 |
| 齊亦○私魯矣 | 5/18/17 | 欲傳國○及昌 | 1/1/19 | 今僚何○當代立乎 | 3/6/29 |
| 既○三年矣 | 5/19/16 | 知古公欲○國及昌 | 1/1/20 | ○諷其意 | 3/6/31 |
| 四夷○服 | 5/21/6 | 吾○伯長居國 | 1/1/23 | ○捐先王之德 | 3/6/31 |
| 而其心不○ | 5/21/8 | 共立○爲勾吳 | 1/1/24 | 欲○解殺建之過 | 3/7/7 |
| 災○滅矣 | 5/22/9 | 太伯三○天下讓 | 1/1/27 | 吳所○相攻者 | 3/7/10 |
| 因得生瓜○熟 | 5/26/25 | 虞公○開晉之伐虢氏 | 1/2/5 | 使公子蓋餘、燭傭○兵 | |
| 惟委而○ | 6/28/12 | 徒○椎髻爲俗 | 2/2/12 | 　圍楚 | 3/7/17 |
| 哀民不得○ | 6/29/11 | ○爲行人 | 2/2/15 | ○觀諸侯之變 | 3/7/18 |
| 遂○耆艾將老 | 6/29/19 | 壽夢○巫臣子狐庸爲相 | 2/2/22 | ○刺王僚 | 3/7/27 |
| 求伸而○ | 7/30/22 | 任○國政 | 2/2/22,3/4/1 | ○攻僚衆 | 3/7/28 |
| 而云委質而○ | 7/31/15 | 必授國○次及于季札 | 2/2/28 | 闔閭○位讓 | 3/8/1 |
| ○廻翔兮翕蘇 | 7/32/6 | 諸樊○適長攝行事 | 2/2/29 | 社稷○奉 | 3/8/2 |
| 國○將亡 | 7/32/21 | ○國付我 | 2/3/3 | ○俟天命 | 3/8/3 |
| 今越王○入石室 | 7/33/14 | ○成曹之道 | 2/3/8 | 乃○兵降楚 | 3/8/4 |
| 今○行矣 | 7/34/28 | 必○國及季札 | 2/3/10 | ○仁義聞於諸侯 | 4/8/9 |
| 吾○絕望 | 7/35/1 | ○效不恨士也 | 2/3/13 | ○客禮事之 | 4/8/10 |
| 獄象○設 | 8/35/27 | ○報前來誅慶封也 | 3/3/24 | ○威鄰國者乎 | 4/8/20 |
| 前車○覆 | 8/36/3 | ○直諫事楚莊王 | 3/3/28 | ○象天八風 | 4/8/21 |
| 愛民而○ | 8/36/24 | 臣聞國君服寵○爲美 | 3/4/2 | ○法地八聰 | 4/8/22 |
| 其國○富 | 9/37/29 | 安民○爲樂 | 3/4/3 | 欲○絕越明也 | 4/8/22 |
| 得賢而○ | 9/38/11 | 克聰○爲聰 | 3/4/3 | ○象天門 | 4/8/23,8/35/20 |
| 倉○封塗 | 9/40/1 | 致遠○爲明 | 3/4/3 | ○象地戶也 | 4/8/23 |
| 吾誠○說於國人 | 10/43/10 | 不聞○土木之崇高、蠱 | | 故立閶門○通天氣 | 4/8/23 |
| 吾諫○不合矣 | 10/44/12 | 　鏤之刻畫、金石之清 | | 故立蛇門○制敵國 | 4/8/24 |
| 吳○殺子胥 | 10/44/16 | 　音、絲竹之淒唳○之 | | ○象龍角 | 4/9/1 |
| ○盟黃池 | 10/44/22 | 　爲美 | 3/4/3 | 城郭○成 | 4/9/2 |

| | | | | | |
|---|---|---|---|---|---|
| 倉庫○具 | 4/9/2 | 因發機○掩之 | 4/12/30 | 其城薄○卑 | 5/17/23 |
| ○故使劍匠作爲二枚 | 4/9/4 | 殺生○送死 | 4/12/30 | 其池狹○淺 | 5/17/23 |
| 子○善爲劍聞於王 | 4/9/6 | 磐郢○送其死女 | 4/13/4 | 池廣○深 | 5/17/25 |
| 師知爍身○成物 | 4/9/10 | 湛盧所○去者 | 4/13/5 | 而○教恒 | 5/18/2 |
| 遂○成劍 | 4/9/12 | ○示薛燭 | 4/13/6 | 今君又欲破魯○廣齊 | 5/18/3 |
| 闔閭使掌劍大夫○莫耶 | | 臣○殺君 | 4/13/7 | 隳魯○自尊 | 5/18/3 |
| 　獻之 | 4/9/13 | 子○殺父 | 4/13/7 | 而求○成大事 | 5/18/4 |
| ○血釁金 | 4/9/17 | 故闔閭○殺王僚 | 4/13/7 | 出大臣○環之 | 5/18/7 |
| 何○異於衆夫子之鉤乎 | 4/9/18 | 故○送死 | 4/13/8 | 君因○兵迎之 | 5/18/10 |
| 王乃舉衆鉤○示之 | 4/9/19 | 可○折衝拒敵 | 4/13/9 | 今〔○〕萬乘之齊而私 | |
| ○示群臣於宛之厚 | 4/9/26 | 故去無道○就有道 | 4/13/9 | 　千乘之魯 | 5/18/12 |
| 於斯將何○教寡人 | 4/9/31 | 遂○爲寶 | 4/13/13 | 夜○接日 | 5/18/15,8/36/8 |
| ○爲大夫 | 4/10/2 | 吳王○越不從伐楚 | 4/13/18 | 主○伐越而不聽臣 | 5/18/16 |
| 豈有內意○決疑乎 | 4/10/5 | 獲楚公子繁○歸 | 4/13/23 | 臣聞仁人不（因居） | |
| ○付於子 | 4/10/10 | 借勝○成其威 | 4/13/26 | 　〔因厄〕廣其德 | 5/18/18 |
| 子○言之 | 4/10/15 | 各○一枚獻之昭王 | 4/13/29 | 智者不棄時○舉其功 | 5/18/18 |
| ○害其馬 | 4/10/17 | 王服之○臨朝 | 4/13/30 | 王者不絕世○立其義 | 5/18/18 |
| 誠○聞矣 | 4/11/4 | ○贖成公 | 4/14/1 | 使出師○從下吏 | 5/18/19 |
| 臣詐○負罪出奔 | 4/11/12 | 君○一馬之故 | 4/14/2 | 告○救魯而伐齊 | 5/19/2 |
| ○無罪聞於天下 | 4/11/14 | ○子元與太子質 | 4/14/3 | 又發玉聲○教孤 | 5/19/6 |
| 因風勢○矛鉤其冠 | 4/11/17 | 遂○其部五千人擊子常 | 4/14/10 | 君無愛重器○喜其心 | 5/19/10 |
| ○旌其忠 | 4/11/20 | ○戈擊王頭 | 4/14/14 | 無惡卑辭○盡其禮 | 5/19/10 |
| ○事其君 | 4/11/21 | ○背受之 | 4/14/14 | 必○其兵臨晉 | 5/19/11,5/20/20 |
| 夫人有三惡○立於世 | 4/11/22 | 大夫種建負季羋○從 | 4/14/14 | 吳王分其民之衆○殘吾國 | 5/19/12 |
| 吾何面目○視天下之士 | 4/11/22 | 辛陰與其季弟巢○王奔隨 | 4/14/17 | 故孤敢○（報）〔疑〕 | 5/19/15 |
| ○俟爵祿 | 4/11/24 | 即割子期心○與隨君盟 | | 今內量吾國不足○傷吳 | 5/19/18 |
| 深恐○兵往破滅而已 | 4/11/29 | 　而去 | 4/14/22 | 願空國、棄群臣、變容 | |
| 知孫子可○折衝銷敵 | 4/11/31 | 伍胥○不得昭王 | 4/14/23 | 　貌、易姓名、執箕帚 | |
| 欲○自納 | 4/12/1 | ○辱楚之君臣也 | 4/14/25 | 　、養牛馬○事之 | 5/19/19 |
| 而召孫子問○兵法 | 4/12/1 | 其○甚乎 | 4/15/4 | 不○身死隱君之過 | 5/20/4 |
| 兵法寧可○小試耶 | 4/12/2 | ○食上國 | 4/15/8 | 正言○忠君 | 5/20/4 |
| 可○小試於後宮之女 | 4/12/2 | 願王○神靈存之 | 4/15/12 | 直行○爲國 | 5/20/4 |
| ○爲軍隊長 | 4/12/3 | 世○事王 | 4/15/13 | 巧言利辭○固其身 | 5/20/5 |
| 告○軍法 | 4/12/4 | 申包胥○秦師至 | 4/15/18 | 善爲詭詐○事其君 | 5/20/5 |
| 既○約束 | 4/12/7 | 私○間兵伐唐 | 4/15/20 | 順君之過○安其私 | 5/20/6 |
| 而可○定天下 | 4/12/13 | 又何殺生○愛死 | 4/15/24 | 臣○下吏之言告於越王 | 5/20/7 |
| 雖可○霸 | 4/12/13 | 吾○吳干戈西破楚 | 4/15/26 | 故使賤臣○奉前王所藏 | |
| 欲興兵戈○誅暴楚 | 4/12/15 | 姦喜○辱楚君臣 | 4/16/2 | 　〔器〕 | 5/20/13 |
| ○霸天下而威諸侯 | 4/12/16 | ○暢君之迫厄之暢達也 | 4/16/3 | ○賀（君）〔軍〕吏 | 5/20/14 |
| 蓋聞仁者殺人○掩謗者 | | 將欲報○百金而不知其家 | 4/16/9 | 請悉四方之內士卒三千 | |
| 　猶弗爲也 | 4/12/21 | ○望齊國 | 4/16/18 | 　人○從下吏 | 5/20/15 |
| 今子殺人○興謗於國 | 4/12/22 | 夫差信○愛人 | 4/16/23 | ○前受矢石 | 5/20/15 |
| ○結怨於吳 | 4/12/23 | 吳○子胥、白喜、孫武 | | 不可○應卒 | 5/20/19 |
| 夫智者除讒○自安 | 4/12/24 | 　之謀 | 4/17/1 | 不可○勝敵 | 5/20/20 |
| 愚者受佞○自亡 | 4/12/25 | 齊○吳爲彊輔 | 5/17/7 | 何○待之 | 5/20/21 |
| 國○危矣 | 4/12/25 | 牽衆○朝於吳 | 5/17/10 | 修兵伏卒○待之 | 5/20/21 |
| 皆○送女 | 4/12/29 | 而○重寶厚獻太宰嚭 | 5/17/10 | 兩黑犬嘷○南、嘷○北 | 5/21/3 |

| | | | | | |
|---|---|---|---|---|---|
| 兩黑犬嘷○南、嘷○北者 | 5/21/6 | ○增號謚 | 5/26/12 | ○付二三子 | 7/31/12 |
| | 5/21/22 | 昔天○越賜吳 | 5/26/15,5/27/7 | 豈得○在者盡忠、亡者 | |
| 子○道自達於主 | 5/21/16 | 今天○吳賜越 | 5/26/16,10/47/16 | 爲不信乎 | 7/31/13 |
| 上○諫王 | 5/21/16 | 西坂中可○匿止 | 5/26/25 | 吾顧諸大夫○其所能 | 7/31/15 |
| 下○約身 | 5/21/16 | 吾○畏責天下之慚 | 5/27/1 | 子問○事 | 7/31/18 |
| 顧力士石番○鐵鎚擊殺之 | 5/22/6 | 吾聞狡兔○死 | 5/27/5 | 臣謀○能 | 7/31/18 |
| ○葬我○爲直者 | 5/22/7 | ○至於亡 | 5/27/9 | ○保社稷 | 7/32/1 |
| 兵可○行 | 5/22/10 | 瞋目大言○執之 | 5/27/16 | 尙欲繳微矢○射之 | 7/32/15 |
| 臣○爲危國亡身之甚 | 5/22/12 | 誠○今日聞命 | 5/27/16 | 願大王○聖人之心 | 7/33/1 |
| ○狂惑之心 | 5/22/16 | 死必連縈組○罩吾目 | 5/27/25 | 夫○戊寅日聞喜 | 7/33/7 |
| 大王○首事 | 5/22/17 | ○爲掩明 | 5/27/25 | 不○其罪罰 | 7/33/7 |
| 利○行武 | 5/22/18 | 越王乃葬吳王○禮 | 5/27/26 | 克之則加○誅 | 7/33/14 |
| 有人若○此首事 | 5/22/19 | 人一隔土○葬之 | 5/27/27 | 昔者齊桓割燕所至之地 | |
| 王今讓○和親 | 5/23/4 | 舜○治水無功 | 6/28/11 | ○貺燕公 | 7/33/15 |
| ○立名于荆蠻 | 5/23/6 | 小子敢悉考績○統天意 | 6/28/11 | 春秋○多其義 | 7/33/16 |
| 欲○妖孽挫衄吾師 | 5/23/7 | ○行七年 | 6/28/12 | 孤所○窮而不死者 | 7/33/20 |
| ○能遂疑計〔惡〕 | 5/23/9 | 其巖之巓承○文玉 | 6/28/14 | ○瘳起日期之 | 7/33/22 |
| ○觀吳國之喪 | 5/23/12 | 覆○磐石 | 6/28/14 | 太宰嚭奉溲惡○出 | 7/33/24 |
| ○孝事於寡人 | 5/23/20 | 編○白銀 | 6/28/15 | ○決吉凶 | 7/33/25 |
| ○還助伐之功 | 5/23/20 | 血白馬○祭 | 6/28/15 | 即○手取其便與惡而嘗之 | 7/33/25 |
| ○曲爲直 | 5/23/24 | 將告○期 | 6/28/17 | 何○知之 | 7/33/26,10/49/16 |
| 寡人○前王之故 | 5/23/25 | 乘四載○行川 | 6/28/20 | 臣○是知之 | 7/33/28 |
| 我○死爭之 | 5/24/3 | 竭力○勞萬民 | 6/28/28 | ○亂其氣 | 7/33/30 |
| 後世必○我爲忠 | 5/24/6 | 此天所○爲我用 | 6/28/29 | 群臣○客禮事之 | 7/33/31 |
| 盛○鴟夷之器 | 5/24/7 | ○固冀於此 | 6/29/6 | 但爲外情○存其身 | 7/34/8 |
| 子○我殺子胥爲重乎 | 5/24/12 | 領統州伯○巡十二部 | 6/29/6 | 然不知所○自安也 | 7/34/10 |
| 臣○是恐也 | 5/24/13 | 登茅山○朝四方 | 6/29/12 | 而不知所○自存也 | 7/34/11 |
| 非聽宰嚭○殺子胥 | 5/24/13 | 斬○示衆 | 6/29/12 | ○養寡人 | 7/34/15 |
| 乃○諷諫激於王 | 5/24/21 | 外演聖德○應天心 | 6/29/13 | 將○有擊也 | 7/34/17 |
| 自○爲安 | 5/24/23 | 得○除天下之災 | 6/29/16 | 雉○眩移拘於網 | 7/34/17 |
| ○絶吳路 | 5/25/4 | ○爲法度 | 6/29/18 | 魚○有悅死於餌 | 7/34/18 |
| 〔○越亂告〕 | 5/25/6 | 無改畝○爲居之者樂 | 6/29/21 | 大王○越王歸吳爲義 | 7/34/20 |
| ○求其志 | 5/25/8 | ○種五穀 | 6/29/25 | ○飲溲食惡爲慈 | 7/34/21 |
| ○明其令 | 5/25/8 | 啓使使○歲時春秋而祭 | | ○虛府庫爲仁 | 7/34/21 |
| 勸之○高位 | 5/25/8 | 禹於越 | 6/29/25 | ○存其身 | 7/34/21 |
| 辱之○不從 | 5/25/8 | 禹○下六世而得帝少康 | 6/29/25 | 臣不敢逃死○負前王 | 7/34/24 |
| 戴旗○陣而立 | 5/25/11 | ○通鬼神之道 | 6/29/31 | 將何德化○報國人 | 8/35/8 |
| ○振其旅 | 5/25/14 | ○承越君之後 | 6/30/1 | 孤欲○此到國 | 8/35/9 |
| 上帝鬼神而不可○告 | 5/25/17 | ○爲百姓請命 | 6/30/1 | ○臣卜日 | 8/35/9 |
| 吾是○蒲服就君 | 5/25/18 | 兩君屈己○得天道 | 7/30/18 | 勢足○死 | 8/35/12 |
| 徒○爭彊 | 5/25/18 | 故湯王不○窮自傷 | 7/30/18 | 其功不可○興 | 8/35/12 |
| 既○通命 | 5/25/21 | 周文不○困爲病 | 7/30/18 | 追○百里之封 | 8/35/15 |
| 主君宜許之○前期 | 5/26/1 | 置貨○設詐 | 7/30/18 | 復○會稽之上 | 8/35/15 |
| 無○爭行而危國也 | 5/26/1 | 抱謀○待敵 | 7/30/21 | ○象地戶 | 8/35/20 |
| ○盡國禮 | 5/26/2 | 處卑而不○爲惡 | 7/30/28 | ○象八風 | 8/35/20 |
| 〔○〕辟遠兄弟之國 | 5/26/6 | 居危而不○爲薄 | 7/30/28 | 內○取吳 | 8/35/21 |
| ○遠辟兄弟之國 | 5/26/7 | ○國累諸侯大夫 | 7/31/7 | ○著其實 | 8/35/28 |

| | | | | | |
|---|---|---|---|---|---|
| ○爲靈臺 | 8/35/29 | 守之○神 | 9/39/4 | 將牽二三子夫婦○爲藩 | |
| 孤欲○今日上明堂、臨 | | 〔○〕取天下不難 | 9/39/4 | 　輔 | 10/43/16 |
| 　國政 | 8/36/1 | 立東郊○祭陽 | 9/39/5 | 將免者○告於孤 | 10/43/17 |
| ○撫百姓 | 8/36/2 | 立西郊○祭陰 | 9/39/5 | 覘之○壺酒、一犬 | 10/43/18 |
| 臣愚○爲可無始有終 | 8/36/3 | 制○規繩 | 9/39/9 | 賜○壺酒、一豚 | 10/43/18 |
| 吾王今○丙午復初臨政 | 8/36/4 | 分○丹青 | 9/39/10 | 孤○乳母 | 10/43/19 |
| 目臥則攻之○蓼 | 8/36/8 | 嬰○白璧 | 9/39/10 | 載飯與羹○游國中 | 10/43/21 |
| 足寒則漬之○水 | 8/36/8 | 鏤○黃金 | 9/39/10 | 施○愛 | 10/43/22 |
| ○求吳王之心 | 8/36/10 | ○下者上 | 9/40/4 | ○塞吾之宿讎 | 10/44/2 |
| ○作黃絲之布 | 8/36/11 | 宰嚭佞○曳心 | 9/40/8 | ○除君王之宿讎 | 10/44/3 |
| 吾欲因而賜之○書 | 8/36/12 | 飾○羅縠 | 9/40/10 | ○兵臨境 | 10/44/5 |
| 增之○封 | 8/36/12 | 教○容步 | 9/40/10 | ○忘於我 | 10/44/5 |
| ○復封禮 | 8/36/14 | 不○鄙陋寢容 | 9/40/11 | 我不可○怠 | 10/44/5 |
| ○越僻狄之國無珍 | 8/36/15 | 願納○供箕帚之用 | 9/40/12 | ○可會之利 | 10/44/7 |
| 今舉其貢貨而○復禮 | 8/36/15 | 夏亡○妹喜 | 9/40/17 | 亦雖動之○怒 | 10/44/8 |
| 令我采葛○作絲 | 8/36/20 | 殷亡○妲己 | 9/40/17 | ○知其意 | 10/44/8 |
| 多作臺游○罷民 | 8/36/28 | 周亡○襃姒 | 9/40/17 | ○乙酉與吳戰 | 10/44/21 |
| 無○過此 | 8/37/9 | 願王請羅○入其意 | 9/40/21 | 未足○卜 | 10/44/26 |
| ○號令於天下 | 8/37/14 | 勇○善謀 | 9/41/1 | ○爲平原 | 10/44/27,10/45/12 |
| ○觀其靜 | 8/37/17 | ○伺吾間 | 9/41/1 | 無○行之 | 10/44/28 |
| 君之所○盛衰者也 | 9/38/11 | ○入吾國 | 9/41/2 | 何○爲可 | 10/44/28 |
| 遠使○難 | 9/38/15 | ○愧勾踐 | 9/41/3 | 敢問君王之所〔○與之〕 | |
| ○效其誠 | 9/38/15 | 而寡人給之○粟 | 9/41/7 | 　戰者何 | 10/44/29 |
| 內告○匿 | 9/38/15 | 夫虎不可餧○食 | 9/41/9 | 求○報吳 | 10/45/2 |
| ○知其信 | 9/38/15 | ○饒無益之讎 | 9/41/9 | | 10/45/4,10/45/6,10/45/8 |
| ○觀其智 | 9/38/16 | ○順敵人之欲 | 9/41/10 | 願○此戰 | 10/45/2 |
| 飲之○酒 | 9/38/16 | 牽諸侯○伐其君 | 9/41/11 | | 10/45/4,10/45/6,10/45/8 |
| ○視其亂 | 9/38/16 | 親戮主○爲名 | 9/41/12 | 未可○戰 | 10/45/2 |
| 指之○使 | 9/38/16 | ○自稱滿 | 9/41/14 | | 10/45/5,10/45/6 |
| ○察其能 | 9/38/16 | 太宰嚭固欲○求其親 | 9/41/15 | 吾博愛○子之 | 10/45/3 |
| 示之○色 | 9/38/16 | 即○粟賞賜群臣 | 9/41/20 | 忠惠○養之 | 10/45/3 |
| ○別其（熊）〔態〕 | 9/38/17 | 彼○窮居 | 9/41/23 | 春秋奉幣、玉帛、子女 | |
| 五色○設 | 9/38/17 | 問○劍戟之術 | 9/41/27 | 　○貢獻焉 | 10/45/7 |
| 吾○謀士效實 | 9/38/18 | 死則（裹）〔裏〕○白茅 | 9/42/12 | 無○加斯矣 | 10/45/8 |
| 文種遠○見外 | 9/38/19 | 故作彈○守之 | 9/42/13 | ○仁次之 | 10/45/9 |
| ○雪吾之宿讎 | 9/38/20 | ○威四方 | 9/42/14 | ○勇斷之 | 10/45/9 |
| 何○定而制之死乎 | 9/38/22 | ○其道傳於羿 | 9/42/16 | ○別衆寡之數 | 10/45/9 |
| 湯、文得之○王 | 9/38/25 | 琴氏○爲弓矢不足○威 | | 無所○行之 | 10/45/13 |
| 桓、穆得之○霸 | 9/38/25 | 　天下 | 9/42/16 | ○待不虞 | 10/45/17 |
| ○求其福 | 9/38/26 | 加之○力 | 9/42/17 | ○別清濁 | 10/45/19 |
| 二曰重財幣○遺其君 | 9/38/26 | 蓋○桃弓棘矢而備鄰國也 | 9/42/19 | 廣恩○博施 | 10/45/20 |
| 多貨賄○喜其臣 | 9/39/1 | 合○參連 | 9/43/1 | 使○征不義 | 10/45/24 |
| 三曰貴糴粟槁○虛其國 | 9/39/1 | 願子悉○教吾國人 | 9/43/2 | 又將加之○誅 | 10/45/25 |
| 利所欲○疲其民 | 9/39/1 | 吳之所○彊者 | 10/43/11 | ○盡其信 | 10/45/27 |
| 四曰遺美女○惑其心 | 9/39/1 | 願君悉心盡意○說國人 | 10/43/11 | ○爲明誠矣 | 10/45/28 |
| ○盡其財 | 9/39/2 | ○大國報讎 | 10/43/12 | 填之○土 | 10/45/28,10/46/4 |
| 九曰利甲兵○承其弊 | 9/39/3 | ○暴露百姓之骨於中原 | 10/43/13 | 自今○往 | 10/46/3 |

| | | | | | |
|---|---|---|---|---|---|
| ○徇於軍 | 10/46/6,10/46/14 | 故哺○人惡 | 10/49/20 | 歐冶死○ | 4/13/12 |
| ○謝於二三子 | 10/46/8 | 忠臣必○吾爲喻矣 | 10/49/22 | 追之必破○ | 4/14/9 |
| ○泄我王氣蘇 | 10/46/10 | ○望東海 | 10/49/25 | 即還○ | 4/14/27 |
| 筋力不足○勝甲兵 | 10/46/19 | 出死士（○）三百人爲 | | 公爲何誰○ | 4/14/29 |
| 志行不足○聽王命者 | 10/46/19 | 　陣闕下 | 10/49/27 | 其亡無日○ | 4/15/10 |
| 越王中分其師○爲左右 | | 夫子何○教之 | 10/49/28 | 寡人聞命○ | 4/15/13 |
| 　軍 | 10/46/27 | 故奏雅琴○獻之大王 | 10/49/28 | 亦已足○ | 4/15/27 |
| 躬率君子之軍六千人○ | | ○船爲車 | 10/50/1 | 行去○ | 4/16/1 |
| 　爲中陣 | 10/46/28 | ○楫爲馬 | 10/50/2 | 然已愧○ | 4/16/3 |
| 乃○黃昏令於左軍 | 10/46/28 | 〔墓〕中生熛風飛砂 | | 屈子遂不復鼓○ | 4/16/8 |
| ○須吳兵 | 10/46/29 | 　（砂）石○射人 | 10/50/4 | 投金水中而去○ | 4/16/12 |
| 中水○待吳發 | 10/46/30 | 西渡河○攻秦 | 10/50/6 | 我入則（波）〔決〕○ | 4/16/20 |
| 將○（使）〔夾〕攻我衆 | 10/47/1 | 越王○邾子無道而執○ | | 今見吳之亡○ | 5/17/14 |
| 亦即○夜暗中分其師 | 10/47/1 | 　歸 | 10/50/12 | 過○ | 5/17/23 |
| ○圍越 | 10/47/1 | 魯哀公○三桓之逼來奔 | 10/50/12 | 難○ | 5/18/4,5/19/9 |
| ○大鼓相聞 | 10/47/2 | ○諸侯大夫不用命 | 10/50/13 | 必○ | 5/18/7 |
| ○觀汝之破吳也 | 10/47/8 | ○摧吳王之干戈 | 10/50/16 | 吾兵已在魯之城下○ | 5/18/9 |
| 惟欲○窮夫差 | 10/47/9 | 難○久立 | 10/50/17 | 齊亦已私魯 | 5/18/17 |
| 故爲風雨○還汝軍 | 10/47/9 | | | 孤之福○ | 5/19/1 |
| ○通汝路 | 10/47/10 | **矣 yǐ** | 129 | 唯魚鱉見○ | 5/19/5 |
| 乃穿東南隅○達 | 10/47/11 | | | 則君制其餘○ | 5/19/12 |
| 得與君王結成○歸 | 10/47/13 | 明○ | 2/3/19,7/33/19,10/48/12 | 既已三年○ | 5/19/16 |
| 意者猶○今日之姑胥 | 10/47/14 | 其事成○ | 3/4/14 | 孤賴（○）〔先〕〔人 | |
| 天○越賜吳 | 10/47/15 | 尙且行○ | 3/5/2 | 　之〕賜 | 5/20/1 |
| ○沒王世 | 10/47/20 | 胥亡○ | 3/5/4 | 君臣死無所恨○ | 5/20/16 |
| 乃○兵北渡江淮 | 10/47/22 | 楚爲墟○ | 3/5/6 | 越亂之必○ | 5/20/20 |
| ○淮上地與楚 | 10/47/23 | 願吾因於諸侯以報讎○ | 3/5/8 | 身可不死○ | 5/22/5 |
| ○其謀成國定 | 10/48/6 | 楚之君臣且苦兵○ | 3/5/9 | 災已滅○ | 5/22/9 |
| 可○共患難而不可共處 | | 子其行○ | 3/5/11 | 發當死○ | 5/22/13 |
| 　樂 | 10/48/11 | 鄭信太子○ | 3/5/15 | 臣之言決○ | 5/22/15 |
| 蠡所○不死者 | 10/48/16 | 今我已亡○ | 3/5/18 | 武決勝○ | 5/22/18 |
| 夫恥辱之心不可○大 | 10/48/17 | 已覆船自沉於江水之中○ | 3/6/1 | 禍不久○ | 5/22/20 |
| 流汗之愧不可○忍 | 10/48/17 | 子行○ | 3/6/7 | 行○ | 5/22/21 |
| ○敗爲成 | 10/48/18 | 已自投於瀨水○ | 3/6/7 | 吳國之命斯促○ | 5/23/11 |
| 臣所○當席日久 | 10/48/19 | 吾之相人多○ | 3/6/9 | 聞人言則四分走○ | 5/23/13 |
| 使孤寄身託號○俟命矣 | 10/48/20 | 惟委命○ | 3/7/3 | 將失衆○ | 5/23/14 |
| 臣所○在朝而晏龍若身 | | 吾志不悉○ | 3/7/14 | 王亦亡○ | 5/23/15 |
| 　疾作者 | 10/49/1 | 吾何憂○ | 3/7/14 | 恐吳國之亡○ | 5/23/27 |
| 欲因諸侯○伐之 | 10/49/2 | 於斯急○ | 3/7/19 | 臣請辭○ | 5/23/28 |
| ○故君臣作難 | 10/49/2 | 則亡○ | 4/9/15 | 不得事君（命）〔亦〕 | |
| 臣誠數○損聲色 | 10/49/8 | 昔專諸之事於寡人厚○ | 4/10/9 | 　在今日○ | 5/25/19 |
| ○犯大王 | 10/49/8 | 誠以聞○ | 4/11/4 | 吳王躃左足與褐決○ | 5/25/20 |
| 必○獲罪 | 10/49/8 | 慶忌必信臣○ | 4/11/13 | 盟國一人則依○ | 5/26/11 |
| 哺其耳○成人惡 | 10/49/11 | 寡人已知將軍用兵○ | 4/12/9 | 今吳病 | 5/27/6 |
| 哺○惡何 | 10/49/12 | 猶無難○ | 4/12/12 | 死亦愧○ | 5/27/23 |
| 願幸○餘術爲孤前王於 | | 子即危○ | 4/12/24 | 金簡之書存○ | 6/28/18 |
| 　地下謀吳之前人 | 10/49/19 | 國以危○ | 4/12/25 | 必有應○ | 6/28/23 |

| | | | | | |
|---|---|---|---|---|---|
| 則行明○哉 | 6/28/25 | 子來去○ | 10/48/8 | 死○愧矣 | 5/27/23 |
| 壽將盡○ | 6/29/19 | 臣請從斯辭○ | 10/48/19 | 宰嚭○葬卑猶之旁 | 5/27/27 |
| 止絕斯○ | 6/29/19 | 使孤寄身託號以俟命○ | 10/48/20 | ○子之憂也 | 7/31/13 |
| 越之興霸自（元）〔允〕 | | 欲將逝○ | 10/48/20 | 寡人於子○過矣 | 7/32/13 |
| 　常○ | 6/30/3 | 亦無所恃者○ | 10/48/21 | 其○是乎 | 7/34/3 |
| 吾將逝○ | 7/31/19 | 臣既逝○ | 10/48/22 | ○能沉之 | 8/37/17 |
| 吾之六翮備○ | 7/32/10 | 蠡終不還○ | 10/48/26 | ○能殺之 | 8/37/18 |
| 寡人於子亦過○ | 7/32/13 | 昔子胥於吳 | 10/49/9 | ○能朝之 | 8/37/18 |
| 臣死則死○ | 7/32/14 | 忠臣必以吾爲喻○ | 10/49/22 | ○能使之 | 8/37/18 |
| 自謂遂失范蠡○ | 7/32/25 | 徙於吳○ | 10/50/20 | ○何憂乎 | 9/41/8 |
| 恩甚厚○ | 7/33/19 | | | ○使大夫種歸之吳王 | 9/41/21 |
| 無咎○ | 7/34/18 | **苡 yǐ** | **1** | ○有陰陽 | 9/42/4 |
| 勿復言○ | 7/34/25 | | | ○雖動之以怒 | 10/44/8 |
| 今已行○ | 7/34/28 | 得薏○而吞之 | 6/28/4 | 自吾子○不能脫也 | 10/46/21 |
| 君王獨無苦○ | 8/35/6 | | | ○即以夜暗中分其師 | 10/47/1 |
| 其應天○ | 8/35/23 | **倚 yǐ** | **6** | ○無所恃者矣 | 10/48/21 |
| 何日可○ | 8/36/2 | | | 三桓○患哀公之怒 | 10/49/2 |
| 是日吉○ | 8/36/3 | 立戟交軹○專諸胸 | 3/7/27 | 范蠡○有斯言 | 10/49/10 |
| 天下立○ | 8/36/6 | 鶴○哭於秦庭 | 4/15/7 | 大夫○罷 | 10/49/11 |
| 吳之君臣爲虜○ | 8/37/16 | ○牆而哭 | 4/15/14 | | |
| 則吳可滅○ | 8/37/20 | 獨見四人向庭相背而○ | 5/23/12 | **抑 yì** | **1** |
| 則霸王之術在○ | 9/38/19 | 吾見四人相背而○ | 5/23/13 | | |
| 貴賤見○ | 9/40/2 | 故○歌覆釜之山 | 6/28/17 | 臣聞士窮非難○心下人 | 9/41/5 |
| 吾之霸○ | 9/40/5 | | | | |
| 必許王○ | 9/40/22 | **亦 yì** | **38** | **役 yì** | **5** |
| 武王即成其名○ | 9/41/12 | | | | |
| 五世於臣○ | 9/42/20 | 而○伐之不止 | 1/1/14 | 報潛、六之○ | 4/13/21 |
| 國人請戰者三年○ | 10/44/9 | 三年不飛○不鳴 | 3/3/30 | 東海○臣勾踐之使者臣種 | 5/20/11 |
| 吾諫已不合○ | 10/44/12 | 而○何之 | 3/5/1 | 夫內修封疆之○ | 7/31/19 |
| 可伐○ | 10/44/20 | ○吾所喜 | 3/5/2 | 裁加○臣 | 7/32/12 |
| 善則善○ | 10/45/2 | ○何嫌哉 | 3/6/3 | 東海○臣臣孤勾踐使臣種 | 9/39/11 |
| | 10/45/4,10/45/6 | 不○異乎 | 4/12/22 | | |
| 無以加斯○ | 10/45/8 | ○曰豪曹 | 4/13/7 | **邑 yì** | **14** |
| 敬從命○ | 10/45/11 | ○三年止之 | 4/13/31 | | |
| 即已命孤○ | 10/45/13 | 不○可乎 | 4/14/16 | 一年成○ | 1/1/17 |
| 則吾良人○ | 10/45/25 | 伍胥、孫武、白喜○妻 | | 取二○而去 | 2/3/14 |
| 以爲明誠○ | 10/45/28 | 　子常、司馬成之妻 | 4/14/25 | 堂○人也 | 3/6/20 |
| 大夫敬受命○ | 10/46/4 | 則○亡君之土也 | 4/15/12 | 楚之邊○脾梁之女 | 3/7/10 |
| 不從吾令者如斯○ | 10/46/6 | ○已足矣 | 4/15/27 | 與吳邊○處女蠶 | 3/7/10 |
| | 10/46/7 | 太子○病而死 | 4/16/18 | 滅吳之邊○ | 3/7/11 |
| 其淫心匿行、不當敵者 | | 齊○已私魯矣 | 5/18/17 | 故伐楚取二○而去 | 3/7/11 |
| 　如斯○ | 10/46/14 | 斯○大夫之力 | 5/23/6 | 吳拔六與潛二○ | 4/13/16 |
| 如吾父母昆弟之有死亡 | | 王○亡矣 | 5/23/15 | 爲鄉○笑 | 5/19/20 |
| 　葬埋之○ | 10/46/17 | ○得與龍逢、比干爲友 | 5/24/6 | 弊○雖小 | 5/20/15 |
| 吾思士卒之怒久○ | 10/46/23 | 不得事君（命）〔○〕 | | 今大國越次而造弊○之 | |
| 吾知越之必入吳○ | 10/47/8 | 　在今日矣 | 5/25/19 | 　軍壘 | 5/25/15 |
| 孤老○ | 10/47/21 | ○寡人之願也 | 5/26/17 | 而使爲附○ | 5/26/17 |

| | | | | | |
|---|---|---|---|---|---|
| 夫吳王○而好色 | 9/40/8 | 隱 yǐn | 9 | 越王默然不○ | 10/49/11 |
| 其○心匿行、不當敵者 | | 辟○深居 | 4/11/30 | 嬰 yīng | 2 |
| 　如斯矣 | 10/46/14 | 大夫尹固○王 | 4/14/14 | | |
| 滅○樂 | 10/49/8 | 周室何罪而○其賊 | 4/14/19 | ○以白璧 | 9/39/10 |
| | | 願王更○撫忠節 | 4/16/7 | 今大王譬若浴○兒 | 9/41/16 |
| 銀 yín | 3 | 不以身死○君之過 | 5/20/4 | | |
| | | ○身避害 | 5/21/17 | 膺 yīng | 2 |
| 金鼎、玉杯、○樽、珠 | | 吳王乃（○）〔引〕越 | | | |
| 　襦之寶 | 4/12/29 | 　王登車 | 7/34/29 | 虎○而熊背 | 3/6/24 |
| 編以白○ | 6/28/15 | 今咸匿聲○形 | 9/38/14 | 腸千結兮服○ | 7/32/8 |
| 實其金○ | 9/39/19 | 妾不敢有所○ | 9/41/29 | | |
| | | | | 纓 yīng | 1 |
| 引 yǐn | 6 | 印 yìn | 5 | | |
| | | | | 項旁絕○ | 4/12/6 |
| 遂○軍擊鄭 | 4/14/25 | 封函○綬 | 3/4/20 | | |
| 大臣內○ | 5/20/3 | 故遣臣來奉進○綬 | 3/4/23 | 鷹 yīng | 2 |
| 乃○劍而伏之、死 | 5/27/22 | 何敢貪○綬哉 | 3/4/24 | | |
| 吳王乃（隱）〔○〕越 | | 兼封○綬 | 3/4/26 | ○視虎步 | 4/10/6 |
| 　王登車 | 7/34/29 | 畫作○ | 6/29/17 | ○視狼步 | 10/48/11 |
| 臣請○琴而鼓之 | 10/47/30 | | | | |
| 逆自○咎 | 10/50/7 | 英 yīng | 2 | 迎 yíng | 6 |
| | | | | | |
| 尹 yǐn | 5 | 六合之金○ | 4/9/5 | 因○故太子建母於鄭 | 3/7/7 |
| | | 五金之○ | 4/13/8 | ○風則僵 | 4/11/6 |
| 楚之左○ | 4/9/24 | | | 君因以兵○之 | 5/18/10 |
| 太傅伍奢、左○白州犁 | 4/12/20 | 應 yīng | 19 | 除道郊○ | 5/18/20 |
| 楚大夫○固與王同舟而去 | 4/14/12 | | | 送往○來 | 10/43/14 |
| 大夫○固隱王 | 4/14/14 | （大）〔太〕子能為內 | | 來○哀公 | 10/49/3 |
| 伊○不離其側 | 7/30/16 | 　○而滅鄭 | 3/5/15 | | |
| | | 子胥乃出蘆中而○ | 3/5/25 | 盈 yíng | 2 |
| 飲 yǐn | 14 | 子常不○ | 4/14/8 | | |
| | | 漁者之子○募曰 | 4/14/27 | 珠玉○河 | 4/13/12 |
| 二人○食畢 | 3/5/27 | 不可以○卒 | 5/20/19 | 不知黃雀○綠林 | 5/24/24 |
| 欲○馬於津 | 4/10/17 | 王不○ | 5/23/18 | | |
| 君勿○也 | 4/10/18 | 當即有○ | 5/27/2 | 營 yíng | 2 |
| 乃使從者○馬於津 | 4/10/18 | 聖從山中○曰 | 5/27/3 | | |
| ○從者酒 | 4/14/1 | 三呼三○ | 5/27/3 | 妍○種之術 | 1/1/9 |
| ○清露 | 5/24/23 | 必有○矣 | 6/28/23 | 古公○城 | 8/35/13 |
| 伏地而○水 | 5/26/23 | 外演聖德以○天心 | 6/29/13 | | |
| ○其水者 | 6/29/16 | ○春夏之氣 | 7/33/28 | 贏 yíng | 1 |
| 以○溲食惡為慈 | 7/34/21 | 其○天矣 | 8/35/23 | | |
| 下○王之溲者 | 7/34/22 | 反氣○數 | 9/39/25 | 寒就蒲（○）〔贏〕於 | |
| ○之以酒 | 9/38/16 | 今豈有○乎 | 10/43/10 | 　東海之濱 | 10/44/6 |
| 渴○霧露 | 9/42/12 | 必可○難 | 10/45/18 | | |
| ○酒食肉 | 10/45/1 | 參○其變 | 10/45/21 | | |
| 孤之○食不致其味 | 10/45/1 | 天變、地○、人道便利 | 10/45/21 | | |

| | | | | |
|---|---|---|---|---|
| **郢 yǐng** | 15 | 燭○ | 4/12/17 | |
| 謀欲入○ | 4/12/18 | 身爲○隸 | 7/30/25 | |
| 二曰磐○ | 4/13/4 | | | |
| 磐○以送其死女 | 4/13/4 | **雍 yōng** | 8 | |
| 一名磐○ | 4/13/7 | 次曰仲○ | 1/1/18 | |
| 吾欲乘危入楚都而破其○ | 4/13/22 | ○一名吳仲 | 1/1/18 | |
| 不得入○ | 4/13/22 | 太伯、仲○望風知指 | 1/1/20 | |
| 始子言○不可入 | 4/13/25 | 太伯、仲○歸 | 1/1/22 | |
| 而王入○者 | 4/13/27 | 仲○立 | 1/2/2 | |
| 徑至於○ | 4/14/12 | 是爲吳仲○ | 1/2/2 | |
| 吳師遂入○ | 4/14/13 | 仲○卒 | 1/2/3 | |
| 吳王入○ | 4/14/23 | ○滯五戰 | 4/14/12 | |
| 三戰破○王奔發 | 4/16/5 | | | |
| 乃去○ | 4/17/1 | **擁 yōng** | 2 | |
| 大夫諸稽○曰 | 7/31/26 | | | |
| 越王乃召相國范蠡、大 | | 左手○秦姬 | 3/3/28 | |
| 　夫種、大夫○ | 8/36/1 | 今勞萬姓○於岐路 | 8/35/8 | |

**求○士薦之公子光** 3/6/19
**乃得○士專諸** 3/6/20
**知其○士** 3/6/24
**訴恃其與水戰之○也** 4/10/20
**吾聞○士之闘也** 4/10/21
**形殘名○** 4/10/23
**○士所恥** 4/10/23
**吾之○也** 4/11/3
**慶忌之○** 4/11/8
**願因王子之○** 4/11/15
**天下之○士也** 4/11/18
**此是天下○士** 4/11/19
**豈可一日而殺天下○士**
**　二人哉** 4/11/19
**不○也** 5/18/17
**涉患犯難則使○** 5/19/8
**敗軍之將不敢語○** 7/32/23
**今國相剛○之人** 7/34/2
**皆有帶甲之○** 8/36/30
**民飽軍○** 8/37/21
**○以善謀** 9/41/1
**吾不欲匹夫之小○也** 10/44/15
**以○斷之** 10/45/9
**不○** 10/45/10
**○哉** 10/45/16
**大王知臣○也** 10/49/7

---

**影 yǐng** 1

追形逐○ 9/42/6

---

**瀴 yǐng** 1

水靜則無漚○之怒 8/37/14

---

**庸 yōng** 6

壽夢以巫臣子狐○爲相 2/2/22
使范蠡、洩○率師屯海
　通江 5/25/4
大夫曳○曰 7/31/9
　　　　7/31/23,10/45/13
大夫曳○、扶同、皋如
　之徒 10/48/28

---

**傭 yōng** 5

使公子蓋餘、燭○以兵
　圍楚 3/7/17
公子蓋餘、燭○二人將
　兵遇圍於楚者 3/8/4
闔閭復使子胥、屈蓋餘
　、燭○習術戰騎射御
　之巧 4/9/2
殺吳亡將二公子蓋餘、

---

**壅 yōng** 2

四瀆○閉 6/28/6
不敢○塞 8/35/21

---

**喁 yóng** 2

天下○○ 6/29/15

---

**永 yǒng** 4

則兼受○福 5/26/11
○受萬福 7/34/6
○辭萬民 7/35/1
越王深念○思 9/39/18

---

**甬 yǒng** 3

吾請獻勾○東之地 5/26/16
東至於勾○ 8/36/13
吾置君於○東 10/47/20

---

**勇 yǒng** 29

楚畏我○ 3/4/29
○於策謀 3/5/1
○而且智 3/6/11
遂有○壯之氣 3/6/14

---

**詠 yǒng** 1

因爲○歌三代之風 2/2/12

---

**用 yòng** 52

示不可○ 1/1/22
中國侯王數○兵 1/1/25
○孫叔敖 3/4/1
○不煩官府 3/4/5
財○盡焉 3/4/6
何○姓字爲 3/5/31
王無○之 3/6/16
臣聞諸侯不爲匹夫興師
　○兵於比國 3/6/17
欲以爲○ 3/6/24
非○有力徒 3/6/29
未有所○ 4/9/3
欲○兵 4/9/22
臣願○命 4/11/28

| | | | | | |
|---|---|---|---|---|---|
| 寡人已知將軍〇兵矣 | 4/12/9 | **憂 yōu** | 51 | 亦何〇乎 | 9/41/8 |
| 惟所欲〇 | 4/12/12 | | | 弔有〇 | 10/43/14 |
| 寡人知子善〇兵 | 4/12/13 | 且爲楚〇 | 3/4/17 | 故面有〇色而不悅也 | 10/48/7 |
| 王徒好其言而不〇其實 | 4/12/14 | 〇思二子 | 3/4/23 | 臣聞主〇臣勞 | 10/48/14 |
| 魚腸之劍已〇殺吳王僚也 | 4/13/4 | 〇父不活 | 3/4/24 | 大夫種內〇不朝 | 10/48/29 |
| 楚〇子期爲將 | 4/13/15 | 日已夕兮予心〇悲 | 3/5/21 | 王何〇乎 | 10/49/1 |
| 子常〇兵 | 4/13/15 | 吾故求同〇之士 | 3/7/1 | 勾踐〇文種之不圖 | 10/49/4 |
| 因〇子常 | 4/13/15 | 吾何〇矣 | 3/7/14 | | |
| 誰使汝〇讒諛之口 | 4/14/24 | 然〇除事定 | 4/8/14 | **優 yōu** | 1 |
| 不〇尺兵斗糧 | 4/14/27 | 殆且有篡殺之〇 | 4/9/28 | | |
| 任〇無忌多所殺 | 4/16/4 | 同〇相救 | 4/10/3 | 集洲渚兮〇恣 | 7/32/4 |
| 王信〇嚭之計 | 5/17/11 | 又〇慶忌之在鄰國 | 4/10/9 | | |
| 王不我〇 | 5/17/14 | 吾之〇也 | 4/10/14 | **尤 yóu** | 2 |
| 〔其〕大臣〔僞而〕無〇 | 5/17/24 | 王不〇鄰國疆（場） | | | |
| 〇智圖國則使賢 | 5/19/8 | 〔場〕之患 | 4/15/11 | 恐罹〇也 | 5/24/21 |
| 不爲〇器 | 5/22/3 | 魯君〇之 | 5/17/19 | 入不被〇 | 7/31/24 |
| 垂功〇力 | 5/23/5 | 得無所〇哉 | 5/21/2 | | |
| 今汝不〇吾言 | 5/24/1 | 〇惑潰亂 | 5/21/16 | **由 yóu** | 5 |
| 太子友知子胥忠而不〇 | | 所患外不〇 | 5/23/10 | | |
| 、太宰嚭佞而專政 | 5/24/20 | 而近其大〇 | 5/23/10 | 〇是 | 3/4/7 |
| 聽而〇之 | 5/27/10 | 類有大〇 | 5/25/21 | 何〇而可 | 4/8/11 |
| 堯〇治水 | 6/28/8 | 其意有愁毒之〇 | 5/25/22 | 於是干將不知其〇 | 4/9/6 |
| 此天所以爲我〇 | 6/28/29 | 周室何〇焉 | 5/26/12 | 譬〇磐石之田 | 5/17/13 |
| 自〇者危其國 | 7/30/22 | 胸中愁〇 | 5/26/22 | 吾之〇也 | 7/31/13 |
| 〇而相欺 | 7/31/7 | 帝乃〇中國之不康 | 6/28/6 | | |
| 士樂爲〇 | 7/31/9 | 〇爲福堂 | 7/30/9 | **游 yóu** | 15 |
| 〇兵與大王相持 | 7/32/24 | 今寡人冀得免於軍旅之〇 | 7/30/24 | | |
| 〇又助之 | 7/33/9 | 然尙有泛濫之〇 | 7/30/29 | 出〇於野 | 1/1/4 |
| 聽〇讒夫之語 | 7/34/9 | 亦子之〇也 | 7/31/13 | 闔閭出入〇臥 | 4/16/25 |
| 采葛之婦傷越王〇心之苦 | 8/36/19 | 解〇失患 | 7/31/23 | 晝〇蘇臺 | 4/16/26 |
| 〇工不報 | 9/39/7 | 身臨〇勞 | 7/31/28 | 馳於〇臺 | 4/16/27 |
| 願納以供箕帚之〇 | 9/40/12 | 孤何〇焉 | 7/32/1 | 聖爲人少而好〇 | 5/21/10 |
| 今不〇天之道 | 9/41/6 | 孤何〇 | 7/32/10 | 適〇後園 | 5/24/22 |
| 臣聞古之聖君莫不習戰 | | 上下有〇 | 7/33/9 | 徊復翔兮〇屬 | 7/32/6 |
| 〇兵 | 9/41/26 | 范蠡、文種〇而占之曰 | 7/33/12 | 〇於不可存之地 | 7/32/16 |
| 習〇弓矢 | 9/42/15 | 故後無報復之〇 | 7/33/14 | 起〇臺其上 | 8/35/28 |
| 百家能人〇 | 9/42/20 | 主疾臣〇 | 7/33/18 | 勾踐之出〇也 | 8/35/30 |
| 軍士皆能〇弓弩之巧 | 9/43/4 | 則大王何〇 | 7/33/23 | 雖有五臺之〇 | 8/36/12 |
| 孤〇夫子之策 | 10/43/9 | 吳當有〇 | 7/34/31 | 無多臺〇 | 8/36/27 |
| 今〇三 | 10/49/18 | 蓄金之〇 | 8/36/5 | 多作臺〇以罷民 | 8/36/28 |
| 以諸侯大夫不〇命 | 10/50/13 | 我王何〇能不移 | 8/36/22 | 豸鹿〇於姑胥之臺 | 9/41/10 |
| | | 望觀其群臣有〇與否 | 9/37/30 | 載飯與羹以〇國中 | 10/43/21 |
| **幽 yōu** | 3 | 雖懷〇患 | 9/38/1 | | |
| | | 孤聞主〇臣辱 | 9/38/3 | **猶 yóu** | 18 |
| 居不〇 | 7/30/27 | 則君臣何〇 | 9/38/17 | | |
| 其意（其）〔甚〕〇而深 | 9/42/4 | 寡人被辱懷〇 | 9/38/24 | 天〇令有之 | 1/1/5 |
| 魯穆柳有〇公爲名 | 10/50/24 | 勾踐國〇 | 9/41/7 | 〇傲色於我哉 | 4/10/24 |

| | | | | | |
|---|---|---|---|---|---|
| ○無難矣 | 4/12/12 | 豈○斯之服哉 | 2/2/12 | 其敵○萬人之力 | 4/10/14 |
| 蓋聞仁者殺人以掩謗者 | | ○子四人 | 2/2/24 | 而○萬人之力也 | 4/10/15 |
| 　○弗爲也 | 4/12/21 | 禮○舊制 | 2/2/25 | 水中○神 | 4/10/17 |
| ○不能得此寶 | 4/13/13 | 何先王之命○ | 2/3/5 | ○陵人之氣 | 4/10/20 |
| 吳○欲滅之 | 4/15/9 | 昔前君○命 | 2/3/19 | 子○當死之過者三 | 4/10/27 |
| ○治救痾疥 | 5/22/13 | 未○所與合議 | 3/3/25 | 子○三死之過 | 4/10/29 |
| 國○不至顛隮 | 5/23/3 | ○敢諫者 | 3/3/29 | 子○三不肖之愧 | 4/10/29 |
| 於秦餘杭山卑○ | 5/27/26 | ○一大鳥 | 3/3/29 | 子○三不肖而威於我 | 4/11/2 |
| 宰嚭亦葬卑○之旁 | 5/27/27 | 楚平王○太子名建 | 3/4/8 | 大王○命 | 4/11/6 |
| 今之世○人之市 | 7/30/21 | 伍奢○二子 | 3/4/16 | 王○意焉 | 4/11/10 |
| 中復○豫 | 7/33/20 | 臣○二子 | 3/4/18 | 夫人○三惡以立於世 | 4/11/22 |
| ○縱毛爐炭之上幸其焦 | 7/34/9 | 何侯之○ | 3/4/28 | ○利於國 | 4/11/26 |
| ○躄者不忘走 | 8/37/2 | 建○子名勝 | 3/5/17 | ○頃而嘆 | 4/11/29 |
| ○效其義 | 8/37/11 | 江中○漁父乘船從下方 | | 群臣莫○曉王意者 | 4/11/29 |
| 然○聽君王之令 | 10/44/12 | 　泝水而上 | 3/5/19 | 君雖○令 | 4/12/11 |
| ○未可戰 | 10/45/8 | 適會旁○人窺之 | 3/5/20 | 楚國郡臣○一朝之患 | 4/12/19 |
| 意者○以今日之姑胥 | 10/47/14 | ○其饑色 | 3/5/23 | 吳新○伍員、白喜 | 4/12/23 |
| | | ○頃 | 3/5/24,4/11/27 | 楚國○事 | 4/12/24 |
| **遊 yóu** | 2 | 　4/16/10,5/26/25,7/33/12 | | 吳王○女滕玉 | 4/12/26 |
| | | 吾見子○饑色 | 3/5/26 | 出之○神 | 4/13/8 |
| 不○於臺 | 3/4/7 | 豈敢○嫌哉 | 3/5/27 | 服之○威 | 4/13/8 |
| 令女往○其上 | 4/16/17 | 中○七星 | 3/5/28 | 然人君○逆理之謀 | 4/13/9 |
| | | 笥中○飯 | 3/6/2 | 故去無道以就○道 | 4/13/9 |
| **友 yǒu** | 11 | 君○遠逝之行 | 3/6/5 | 客○酬其直者 | 4/13/11 |
| | | 罔○識者 | 3/6/9 | ○市之鄉三十、駿馬千 | |
| 則爲無親○也 | 3/5/11 | 遂○勇壯之氣 | 3/6/14 | 　匹、萬戶之都二 | 4/13/11 |
| 朋○之讎 | 3/5/12 | 而○切切之色 | 3/6/14 | 而況○市之鄉、駿馬千 | |
| 會於○人之喪 | 4/10/20 | 彼光○內志 | 3/6/16 | 　匹、萬戶之都 | 4/13/13 |
| 於○人之喪席而輕傲於 | | 其怒○萬人之氣 | 3/6/21 | 奈何而○功 | 4/13/28 |
| 　士大夫 | 4/10/20 | 寧○說乎 | 3/6/22 | ○美裘二枚、善珮二枚 | 4/13/29 |
| 與仁者○ | 5/22/21 | 遭公子光之○謀也 | 3/6/24 | ○二文馬 | 4/13/31 |
| 亦得與龍逢、比干爲○ | 5/24/6 | 前君壽夢○子四人 | 3/6/26 | 願二君○謀 | 4/14/5 |
| 太子○知子胥忠而不用 | | ○立者適長也 | 3/6/28 | 其臣下莫○死志 | 4/14/9 |
| 　、太宰嚭佞而專政 | 5/24/20 | 非用○力徒 | 3/6/29 | ○盟至今未改 | 4/14/20 |
| 太子○曰 | 5/24/22 | 然楚國○ | 3/7/14 | 若今○難而棄之 | 4/14/21 |
| 敗太子○於（始）〔姑〕 | | 常○愧恨之色 | 3/7/24 | ○能還吳軍者　4/14/26,4/15/1 | |
| 　熊夷 | 5/25/4 | 又○江海之害 | 4/8/16 | 欲○天下 | 4/15/8 |
| 越王遂師（入）〔八〕 | | 豈○天氣之數 | 4/8/20 | 楚○賢臣如是 | 4/15/9 |
| 　臣與其四○ | 8/36/24 | ○ | 4/8/20 | 死如○知 | 4/15/24 |
| 未聞敢死之○ | 9/37/29 | 故南大門上○木蛇 | 4/9/1 | 未○所損我者 | 4/15/26 |
| | | 未○所用 | 4/9/3 | 未○人臣報讎如此者也 | 4/15/27 |
| **有 yǒu** | 306 | 其○意乎 | 4/9/7 | 吾○女子 | 4/16/10 |
| | | ○缺 | 4/9/15 | 令死者○知 | 4/16/17 |
| 天猶令○之 | 1/1/5 | 而之貪王之重賞也 | 4/9/16 | 未○定計 | 4/16/19 |
| 昌○聖瑞 | 1/1/19 | 殆且○篡殺之憂 | 4/9/28 | 太子未○定 | 4/16/20 |
| 其當○封者 | 1/1/23 | 豈○內意以決疑乎 | 4/10/5 | 闔閭○頃召子胥謀立太子 | 4/16/21 |
| 從而歸之者千○餘家 | 1/1/24 | 今聞公子慶忌○計於諸侯 | 4/10/10 | 興於○嗣 | 4/16/21 |

| | | | | | |
|---|---|---|---|---|---|
| 太宰嚭既與子胥○隙 | 5/17/15 | 惟君王○意焉 | 5/26/18 | 將以○擊也 | 7/34/17 |
| 諸侯○相伐者 | 5/17/20 | 前○胥山 | 5/26/25 | 魚以○悅死於餌 | 7/34/18 |
| 大臣○所不聽者也 | 5/18/3 | 故○避乎 | 5/27/1 | 知父將○不順之子 | 7/34/20 |
| 此君上於（王）〔主〕 | | 當即○應 | 5/27/2 | 君○逆節之臣 | 7/34/20 |
| 　○邃 | 5/18/5 | 且吳○大過六 | 5/27/9 | 越將○福 | 7/34/31 |
| 大臣將○疑我之心 | 5/18/9 | ○忠臣伍子胥忠諫而身死 | 5/27/9 | 吳當○憂 | 7/34/31 |
| 必將○報我之心 | 5/18/15 | 言○頃 | 5/27/17 | 今十○二月己巳之日 | 8/35/8 |
| ○報人之意、而使人知 | | 今子尙○遺榮 | 5/27/18 | 寡人之計未○決定 | 8/35/18 |
| 　之〔者〕 | 5/19/3 | 使死者○知 | 5/27/24 | 臣愚以爲可無始○終 | 8/36/3 |
| 今吳王○伐齊、晉之志 | 5/19/10 | 鯀娶於○莘氏之女 | 6/28/3 | 君臣○差 | 8/36/6 |
| 今大夫○賜 | 5/19/15,5/19/20 | 等之群臣未○如鯀者 | 6/28/8 | 雖○五臺之游 | 8/36/12 |
| 寡人晝臥○夢 | 5/21/1 | 觀鯀之治水無○形狀 | 6/28/9 | 無○政令 | 8/36/23 |
| 後房鼓震篋篋○鍛工 | 5/21/3 | 召其神而問之山川脈理 | | ○罪不赦 | 8/36/28 |
| 大王聖德氣○餘也 | 5/21/5 | 　、金玉所○、鳥獸昆 | | 聞○饑寒爲之哀 | 8/36/29 |
| 鄰國貢獻財○餘也 | 5/21/7 | 　蟲之類及八方之民俗 | | 皆○帶甲之勇 | 8/36/30 |
| 後房篋篋鼓震○鍛工者 | 5/21/7 | 　、殊國異域土地里數 | 6/28/21 | 今欲○計 | 8/37/3 |
| 其○所知者 | 5/21/10 | 必○應矣 | 6/28/23 | 氣○盛衰 | 8/37/13 |
| ○頃而起 | 5/21/13 | 乃○白狐（○）〔九〕 | | 必○壞敗 | 8/37/20 |
| ○道當行 | 5/21/16 | 　尾造於禹 | 6/28/23 | 外○侵境之敵 | 8/37/21 |
| 動則○死 | 5/22/15 | 天下○道 | 6/28/31 | 內○爭臣之震 | 8/37/21 |
| ○人若以此首事 | 5/22/19 | ○受其饑 | 6/29/1 | 天○四時 | 8/37/22 |
| 無忘○功 | 5/22/21 | ○受其寒 | 6/29/1 | 人○五勝 | 8/37/22 |
| 無赦○罪 | 5/22/21 | ○所納貢 | 6/29/5 | 未○四時之利、五勝之便 | 8/37/23 |
| 吳王聞齊○沒水之慮 | 5/23/1 | 封○功 | 6/29/14 | 望觀其群臣○憂與否 | 9/37/30 |
| ○不庭之臣 | 5/23/9 | 爵○德 | 6/29/14 | 奈何而○功乎 | 9/38/3 |
| 君不賤○功之臣 | 5/23/19 | 大小○差 | 6/29/22 | 面○愧色 | 9/38/9 |
| 父不憎○力之子 | 5/23/19 | 進退○行 | 6/29/22 | ○貪分之毀 | 9/38/12 |
| 今太宰嚭爲寡人○功 | 5/23/19 | 往來○常 | 6/29/22 | 各○一等 | 9/38/15 |
| ○功蒙賞 | 5/23/22 | 雖○鳥田之利 | 6/29/27 | 而士○未盡進辭○益寡 | |
| ○霸王之功 | 5/24/1 | 十○餘歲 | 6/29/29 | 　人也 | 9/38/18 |
| 我徒○功於吳 | 5/24/3 | ○人生而言語 | 6/29/29 | ○九術 | 9/38/23 |
| ○我外之心 | 5/24/5 | 自後稍○君臣之義 | 6/30/1 | 雖○九術 | 9/38/24 |
| 孤不使汝得○所見 | 5/24/5 | 雖○洪水之害 | 7/30/19 | 皆○怨望之心 | 9/39/8 |
| 何能○知 | 5/24/7 | 天○曆數 | 7/30/20 | ○餘材 | 9/39/12 |
| ○何所見 | 5/24/9 | 德○薄厚 | 7/30/20 | 物○死生 | 9/39/21 |
| 必○敢諫之臣 | 5/24/14 | 德○廣狹 | 7/30/21 | 夫天時○生而不救種 | 9/39/23 |
| 必○敢言之交 | 5/24/14 | 氣○高下 | 7/30/21 | 雖○堯舜之德 | 9/39/24 |
| ○敢諫者死 | 5/24/20 | 若魂魄○〔知〕 | 7/30/25 | 夫天時○生 | 9/39/25 |
| 志在○利 | 5/24/24 | 然尙○泛濫之憂 | 7/30/29 | ○美之士 | 9/40/3 |
| 夫黃雀但知伺螳螂之○味 | 5/24/25 | ○諸大夫懷德抱術 | 7/31/31 | 越王勾踐竊○二遺女 | 9/40/11 |
| 復○甚者 | 5/24/28 | ○何辜兮譴天 | 7/32/4 | 後必○殃 | 9/40/14 |
| ○孔子之教 | 5/24/28 | 事將○意 | 7/33/6 | 未嘗○不合也 | 9/40/20 |
| 惟○所獲 | 5/25/1 | 上下○憂 | 7/33/9 | 非吳○越 | 9/40/25 |
| 天子○命 | 5/25/16 | 王之疾至己巳日○瘳 | 7/33/26 | 越必○吳 | 9/40/25 |
| 類○大憂 | 5/25/21 | 各○其詞 | 7/34/1 | 且越○聖臣范蠡 | 9/41/1 |
| 否則吳國○難 | 5/25/22 | 寡人○疾三月 | 7/34/12 | 將○修飾攻戰 | 9/41/1 |
| 其意○愁毒之憂 | 5/25/22 | 寡人○疾 | 7/34/14 | 而○其衆 | 9/41/3 |

| | | | | | |
|---|---|---|---|---|---|
| 豈敢○反吾之心乎 | 9/41/4 | 我○大事 | 10/46/15 | 今君○欲破魯以廣齊 | 5/18/3 |
| 其後○激人之色 | 9/41/5 | 父母昆弟○在疾病之地 | 10/46/16 | ○發玉聲以教孤 | 5/19/6 |
| 臣聞狼子○野心 | 9/41/8 | 其○死亡者 | 10/46/17 | 其君〔○〕從之 | 5/20/16 |
| 臣聞鄰國○急 | 9/41/17 | 如吾父母昆弟之○死亡 | | ○從其君 | 5/20/17 |
| 孤○報復之謀 | 9/41/24 | 葬埋之矣 | 10/46/17 | ○與白虎并重 | 5/22/19 |
| 今聞越○處女 | 9/41/26 | 士○疾病 | 10/46/18 | 今日○見二人相對 | 5/23/17 |
| 妾不敢○所隱 | 9/41/29 | 復誅○罪者五人 | 10/46/20 | 吳○恐齊、宋之爲害 | 5/26/5 |
| 而忽自○之 | 9/42/3 | 將○戰爭之氣 | 10/46/22 | ○不恭王命 | 5/26/7 |
| 道○門戶 | 9/42/4 | 其士卒○問於王曰 | 10/46/22 | 禹退○齋 | 6/28/19 |
| 亦○陰陽 | 9/42/4 | 而未○稱吾意者 | 10/46/23 | ○哀吟曰 | 7/32/5 |
| 楚○弧父 | 9/42/15 | 見敵而○怒氣 | 10/46/24 | ○恐其不卒也 | 7/33/5 |
| 弩○斗石 | 9/43/1 | ○司將軍大徇軍中曰 | 10/46/24 | 用○助之 | 7/33/9 |
| 矢○輕重 | 9/43/1 | 越既○之 | 10/47/21 | ○不進口之所嗜 | 7/34/12 |
| 無○遺言 | 9/43/2 | 誨化○道之國 | 10/47/29 | ○因良時 | 8/36/3 |
| 無○不神 | 9/43/3 | 故面○憂色而不悅也 | 10/48/7 | 越王○問相國范蠡曰 | 9/41/24 |
| ○天氣即來陳之 | 10/43/10 | 吾聞天○四時 | 10/48/9 | ○爲受教 | 9/42/24 |
| 今豈○應乎 | 10/43/10 | 人○盛衰 | 10/48/9 | 父兄○復請曰 | 10/44/2 |
| 爲○子胥 | 10/43/11 | 孤竊○言 | 10/48/21 | ○見於卜筮 | 10/44/7 |
| 弔○憂 | 10/43/14 | ○敢侵之者 | 10/48/27 | 越父兄○諫曰 | 10/44/10 |
| 賀○喜 | 10/43/14 | 范蠡亦○斯言 | 10/49/10 | 吾國之民○勸孤伐吳 | 10/44/17 |
| 其父母○罪 10/43/17,10/43/17 | | 子○陰謀兵法 | 10/49/18 | ○將加之以誅 | 10/45/25 |
| 民家○三年之畜 | 10/43/23 | 孔子○頃到〔越〕 | 10/49/27 | ○徇於軍 10/46/18,10/46/19 |  |
| 豈敢○不盡力者乎 | 10/44/3 | 魯穆柳○幽公爲名 | 10/50/24 | ○令安廣之人佩石碣之 | |
| 其民必○移徙之心 | 10/44/6 | | | 矢 | 10/46/27 |
| 孤不欲○征伐之心 | 10/44/9 | **酉 yǒu** | **3** | ○敗之於郊 | 10/47/3 |
| 吳國○成 | 10/44/10 | | | ○敗之於津 | 10/47/3 |
| ○敢諫伐吳者 | 10/44/11 | 而臨○ | 7/33/8 | 吾心○不忍 | 10/47/9 |
| 今夫差衣水犀〔之〕甲 | | 青龍在○ | 7/34/19 | ○奔越 | 10/49/3 |
| 者十○三萬人 | 10/44/14 | 以乙○與吳戰 | 10/44/21 | 吾答之○無他語 | 10/49/15 |
| 損其○餘 | 10/45/5 | | | ○嘆曰 | 10/49/21 |
| ○功必加 | 10/45/14 | **又 yòu** | **44** | | |
| 吾將○不虞之議 | 10/45/22 | | | **右 yòu** | **36** |
| 乃復命○司與國人曰 | 10/45/23 | ○復三朝悲吟而命我曰 | 2/3/2 | | |
| 承命○賞 | 10/45/23 | 太子建○適晉 | 3/5/15 | ○手抱越女 | 3/3/29 |
| ○不從命者 | 10/45/23 | 漁父○歌曰 | 3/5/21 | 階席左○皆王僚之親戚 | 3/7/25 |
| 吾將○顯戮 | 10/45/23 | ○謂女子曰 | 3/6/5 | 左○共殺專諸 | 3/7/28 |
| 使孤○辱於國 | 10/46/2 | ○有江海之害 | 4/8/16 | 斷臣○手 | 4/11/12 |
| ○辱於諸侯 | 10/46/3 | ○憂慶忌之在鄰國 | 4/10/9 | 左○欲殺之 | 4/11/18 |
| 勾踐○命於夫人、大夫曰 | 10/46/5 | ○何懼焉 | 4/10/13 | 乃誡左○曰 | 4/11/19 |
| 國○守禦 | 10/46/5 | ○受眇目之病 | 4/10/23 | 左○廻旋 | 4/12/4 |
| 即斬○罪者三人 | 10/46/6 | 秦師○敗吳師 | 4/15/23 | 當左○進退 | 4/12/11 |
| 斬○罪者三人 | 10/46/7 | ○焚之 | 4/15/24 | ○手抉其目 | 4/14/24 |
| 10/46/13,10/46/14 | | ○何殺生以愛死 | 4/15/24 | 少聞於左○ | 5/20/11 |
| 道祐○德兮 | 10/46/11 | ○傷昭王困迫 | 4/16/2 | 吳王乃使太宰嚭爲○校 | |
| ○不從令者如此 | 10/46/13 | 〔其〕士〔民○〕惡甲 | | 司馬 | 5/22/10 |
| 勾踐乃命○司大徇軍 | 10/46/14 | 兵〔之事〕 | 5/17/24 | ○軍皆玄裳、玄輿、黑 | |
| 其○父母無昆弟者 | 10/46/15 | ○使明大夫守之 | 5/18/1 | 甲、烏羽之矰 | 5/25/12 |

| | |
|---|---|
| 顧左○曰 | 5/26/23 |
| 謂左○曰 | 5/26/25 |
| 左○曰 | 5/26/26,5/26/27 |
| ○手操枹而鼓之 | 5/27/5 |
| 顧謂左○曰 | 5/27/23 |
| 范蠡乃令左○皆食岑草 | 7/33/29 |
| 左○易處 | 8/35/22 |
| 謹左○ | 9/38/11 |
| 左○者 | 9/38/11 |
| 願王明選左○ | 9/38/11 |
| 願王審於左○ | 9/38/13 |
| 聞於左○ | 9/39/12 |
| 執左○也 | 9/42/25 |
| 左蹉○足橫 | 9/42/28 |
| ○手若抱兒 | 9/42/28 |
| ○手發機 | 9/42/29 |
| ○而不○ | 10/46/26 |
| 越王中分其師以爲左○軍 | 10/46/27 |
| 復令於○軍 | 10/46/29 |
| 使左軍〔○軍〕涉江鳴鼓 | 10/46/30 |
| 越王陰使左○軍與吳望戰 | 10/47/1 |
| 越之左○軍乃遂伐之 | 10/47/2 |

**幼 yòu**　　1

| | |
|---|---|
| 負老攜○ | 1/1/17 |

**囿 yòu**　　1

| | |
|---|---|
| 大敗之於○ | 10/47/3 |

**祐 yòu**　　10

| | |
|---|---|
| 是天○之 | 3/5/2 |
| 神靈之○福也 | 5/23/8 |
| 是文武之德所○助 | 5/26/9 |
| 皇天○助 | 7/30/9,10/48/2 |
| 祗○在側 | 7/30/12 |
| 天道○之 | 7/30/30 |
| 道○有德兮 | 10/46/11 |
| 福○千億 | 10/48/5 |
| 蒙天靈之○、神（祇）〔祇〕之福 | 10/50/16 |

**箊 yū**　　1

| | |
|---|---|
| 袁公即杖篠○竹 | 9/41/29 |

**于 yú**　　13

| | |
|---|---|
| 姜嫄怪而棄○阨狹之巷 | 1/1/5 |
| 必授國以次及○季札 | 2/2/28 |
| 吳人立餘昧子州○ | 2/3/20 |
| 入○雲中 | 4/14/13 |
| 王○興師 | 4/15/10 |
| 徙○鄢若 | 4/17/1 |
| 以立名○荊蠻 | 5/23/6 |
| 乃命王孫駱告勞○周 | 5/26/5 |
| 乃殛鯀○羽山 | 6/28/10 |
| 鯀投○水 | 6/28/10 |
| 在○九山東南 | 6/28/14 |
| 聞帝使文命○斯 | 6/28/16 |
| 自勾踐至○親 | 10/50/19 |

**余 yú**　　11

| | |
|---|---|
| ○寶（加）〔嘉〕之 | 5/26/11 |
| 伯父若能輔○一人 | 5/26/11 |
| 越之前君無○者 | 6/28/3 |
| 號曰無○ | 6/29/26 |
| ○始受封 | 6/29/26 |
| 無○賈（林）〔朴〕 | 6/29/27 |
| 無○傳世十餘 | 6/29/28 |
| 我是無○君之苗末 | 6/29/30 |
| 無○ | 10/50/23 |
| 無壬去無○十世 | 10/50/23 |
| 從無○越國始封至餘善返越國空滅 | 10/50/28 |

**於 yú**　　607

| | |
|---|---|
| 出游○野 | 1/1/4 |
| 復棄○林中 | 1/1/6 |
| 復置○澤中冰上 | 1/1/6 |
| 公劉避夏桀○戎狄 | 1/1/12 |
| 二人託名採藥○衡山 | 1/1/21 |
| 恐及○荊蠻 | 1/1/25 |
| 令季歷讓國○太伯 | 1/1/26 |
| ○是季歷蒞政 | 1/1/27 |
| 業○養老 | 1/1/28 |
| 追封太伯○吳 | 1/2/2 |

| | |
|---|---|
| 葬○梅里平墟 | 1/2/2 |
| 魯成公會○鍾離 | 2/2/11 |
| ○乎哉 | 2/2/13 |
| ○是吳始通中國 | 2/2/16 |
| 今欲授國○札 | 2/2/27 |
| 臣誠耕○野 | 2/2/27 |
| 昔周行之德加○四海 | 2/2/27 |
| 今汝○區區之國、荊蠻之鄉 | 2/2/28 |
| 意在○季札 | 2/3/2 |
| 重發言○口 | 2/3/2 |
| 苟可施○國 | 2/3/5 |
| 前人誦之不絕○口 | 2/3/6 |
| 諸侯與曹人不義而立○國 | 2/3/7 |
| 季札不受而耕○野 | 2/3/9 |
| 乃封季札○延陵 | 2/3/10 |
| 富貴之○我 | 2/3/19 |
| 沉湎○酒 | 3/3/28 |
| 淫○聲色 | 3/3/28 |
| ○是伍舉進諫曰 | 3/3/29 |
| ○是莊王曰 | 3/3/30 |
| ○是莊王棄其秦姬、越女 | 3/4/1 |
| 不遊○臺 | 3/4/7 |
| 平王使無忌爲太子娶○秦 | 3/4/8 |
| 胥爲人少好○文 | 3/4/18 |
| 長習○武 | 3/4/19 |
| 時加○已 | 3/4/27 |
| 豈貪○侯 | 3/4/28 |
| ○是子胥歎曰 | 3/4/30 |
| 何明○世 | 3/4/31 |
| 勇○策謀 | 3/5/1 |
| 願吾因○諸侯以報讎矣 | 3/5/8 |
| 俱戮○市 | 3/5/9 |
| ○乎 | 3/5/10,3/6/8 5/23/23,7/31/15,7/34/28 |
| 宋元公無信○國 | 3/5/13 |
| 乃告之○鄭 | 3/5/17 |
| 乃潛身○深葦之中 | 3/5/24 |
| 得形○默 | 3/5/31 |
| 已覆船自沉○江水之中矣 | 3/6/1 |
| 疾○中道 | 3/6/1 |
| 適會女子擊綿○瀨水之上 | 3/6/2 |
| 已自投○瀨水矣 | 3/6/7 |
| 行乞○市 | 3/6/9 |
| 來入○吳 | 3/6/12 |
| 市吏○是與子胥俱入見王 | 3/6/12 |
| 恐子胥前親○王而害其謀 | 3/6/15 |

| | | | | | |
|---|---|---|---|---|---|
| 必葬我○虞山之巔 | 4/16/17 | 必死百段○王前 | 5/21/20 | 姬姓○周 | 5/26/2 |
| 波太子夫差日夜告（許） | | 不顧○命 | 5/21/21 | 未踰○黃池 | 5/26/4 |
| 〔○〕伍胥曰 | 4/16/19 | 無伐○齊 | 5/22/4 | 與楚昭王相逐○中原 | 5/26/6 |
| 臣聞祀慶○絕後 | 4/16/21 | 稽首謝○勾踐 | 5/22/4 | 今齊不賢○楚 | 5/26/7 |
| 興○有嗣 | 4/16/21 | ○是吳王乃使門人提之 | | 天福○吳 | 5/26/8 |
| 恐不能奉統○吳國 | 4/16/23 | 蒸丘 | 5/22/8 | 不熟○歲 | 5/26/9 |
| 端○守節 | 4/16/23 | 子胥欲盡誠○前王 | 5/22/23 | 出○（商）〔商〕、魯 | |
| 敦○禮義 | 4/16/23 | 齊與吳戰○艾陵之上 | 5/22/24 | 之間 | 5/26/10 |
| 立射臺○安里 | 4/16/25 | 乃使行人成好○齊 | 5/23/1 | 而歸告○天子執事 | 5/26/10 |
| 秋冬治○城中 | 4/16/26 | 吾前王履德明〔聖〕達 | | 吳與越戰○檇李 | 5/26/14 |
| 春夏治○城外 | 4/16/26 | ○上帝 | 5/23/4 | 達○秦餘杭山 | 5/26/22 |
| 射○鷗陂 | 4/16/26 | 爲子西結彊讎○楚 | 5/23/5 | 以至○亡 | 5/27/9 |
| 馳○游臺 | 4/16/27 | 若子○吳則何力焉 | 5/23/8 | 何必使吾師眾加刃○王 | 5/27/18 |
| ○是太子定 | 4/16/27 | 不陷○大難 | 5/23/9 | 不敢加誅○人主 | 5/27/19 |
| 南伐○越 | 4/17/2 | 掛吾目○門 | 5/23/12 | 無罪○天 | 5/27/20 |
| 請伏國人○郊 | 5/17/7 | 坐○殿上 | 5/23/12 | 不負○人 | 5/27/21 |
| 率眾以朝○吳 | 5/17/10 | 以孝事○寡人 | 5/23/20 | 吾負○生 | 5/27/24 |
| 日夜爲言○吳王 | 5/17/11 | ○眾大夫如何 | 5/23/20 | ○秦餘杭山卑猶 | 5/27/26 |
| 使子胥使○齊 | 5/17/14 | 參○桀紂 | 5/23/27 | 越王使軍士集○我戎之功 | 5/27/26 |
| 乃屬其子○齊鮑氏而還 | 5/17/15 | 吾貫弓接矢○鄭楚之界 | 5/23/28 | 鯀娶○有莘氏之女 | 6/28/3 |
| 會魯使子貢聘○吳 | 5/17/16 | 自致○斯 | 5/23/28,10/50/17 | 嬉○砥山 | 6/28/4 |
| 此君上○（王）〔主〕 | | 欲報前王之恩而至○此 | 5/23/29 | 家○西羌 | 6/28/5 |
| 有遽 | 5/18/5 | 公子多怨○我 | 5/24/3 | 自中國至○條方 | 6/28/7 |
| 則君立○齊 | 5/18/5 | 我徒有功○吳 | 5/24/3 | 四嶽乃舉鯀而薦之○堯 | 6/28/7 |
| 危○累卵 | 5/18/5 | 託汝子○齊鮑氏 | 5/24/4 | 齊○黃帝巖嶽之下 | 6/28/18 |
| 百姓習○戰守 | 5/18/6 | 投之○江中 | 5/24/7 | 始○霍山 | 6/28/20 |
| 〔將〕明○法禁 | 5/18/6 | ○是吳王謂被離曰 | 5/24/10 | 乃有白狐（有）〔九〕 | |
| 入臣○吳 | 5/18/14 | 臣命何異○子胥 | 5/24/12 | 尾造○禹 | 6/28/23 |
| 夫越之彊不過○魯 | 5/18/16 | ○是不誅 | 5/24/16 | 天人之際○茲 | 6/28/25 |
| 吳之彊不過○齊 | 5/18/16 | 闕爲闕溝○（商）〔商〕 | | 我受命○天 | 6/28/28 |
| 乃至○此 | 5/18/21 | 魯之間 | 5/24/18 | 南到計○蒼梧 | 6/28/30 |
| 直士舉賢不容○世 | 5/19/7 | 欲與魯晉合攻○黃池之上 | 5/24/19 | 寫流沙○西隅 | 6/29/3 |
| 勢在上位而不能施其政 | | 乃以諷諫激○王 | 5/24/21 | 決弱水○北漢 | 6/29/3 |
| 令○下者 | 5/19/9 | 陷○深井 | 5/24/26 | 通江東流至○碣石 | 6/29/4 |
| 深○骨髓 | 5/19/14 | 莫過○斯 | 5/24/27 | 疏九河○潛淵 | 6/29/4 |
| 願一與吳交戰○天下平 | | 無欲○鄰國 | 5/24/28 | 開五水○東北 | 6/29/4 |
| 原之野 | 5/19/17 | 莫過○斯也 | 5/25/3 | 歸○中國 | 6/29/5 |
| 臣以下吏之言告○越王 | 5/20/7 | 敗太子友○（始）〔姑〕 | | 以固冀○此 | 6/29/6 |
| 抵罪○吳 | 5/20/8 | 熊夷 | 5/25/4 | 堯禪位○舜 | 6/29/7 |
| 棲○會稽 | 5/20/8 | 吳敗齊師○艾陵之上 | 5/25/5 | 令民歸○里閭 | 6/29/16 |
| 將使使者來謝○王 | 5/20/10 | 出火○造 | 5/25/10 | 鳳凰棲○樹 | 6/29/18 |
| 少間○左右 | 5/20/11 | 冠蓋不絕○道 | 5/25/17 | 鸞鳥巢○側 | 6/29/18 |
| 〔棲○〕會稽 | 5/20/12 | 始周依負○晉 | 5/25/17 | 麒麟步○庭 | 6/29/18 |
| 忽晝假寐○姑胥之臺而 | | 故忽○夷狄 | 5/25/18 | 百鳥佃○澤 | 6/29/19 |
| 得夢 | 5/20/22 | 孤躬親聽命○藩籬之外 | 5/25/20 | 益避禹之子啟○箕山之陽 | 6/29/23 |
| 臣鄙淺○道 | 5/21/9 | 與諸侯、大夫列坐○晉 | | 治國○夏 | 6/29/24 |
| 子以道自達○主 | 5/21/16 | 定公前 | 5/25/21 | 啟使使以歲時春秋而祭 | |

| | | | | | |
|---|---|---|---|---|---|
| 禹〇越 | 6/29/25 | 〇子奈何 | 7/33/4 | 退臥〇舍 | 8/36/16 |
| 立宗廟〇南山之上 | 6/29/25 | 孤聞〇外 | 7/33/5 | 縱〇南林之中 | 8/36/17 |
| 乃封其庶子〇越 | 6/29/26 | 見大夫種、范蠡而言越 | | 〇吾之心 | 8/36/17 |
| 春秋祠禹墓〇會稽 | 6/29/28 | 王復拘〇石室 | 7/33/13 | 弱兮羅兮輕霏霏 | 8/36/20 |
| 爲民請福〇天 | 6/29/31 | 則功（寇）〔冦〕〇五霸 | 7/33/16 | 臣聞吳王兵彊〇齊、晉 | 8/37/7 |
| 與大夫種、范蠡入臣〇吳 | 7/30/8 | 名越〇前古 | 7/33/17 | 而怨結〇楚 | 8/37/7 |
| 守國〇邊 | 7/30/14 | 太宰嚭即入言〇吳王 | 7/33/23 | 大王宜親〇齊 | 8/37/7 |
| 昔湯繫〇夏臺 | 7/30/16 | 下囚臣勾踐賀〇大王 | 7/33/25 | 深結〇晉 | 8/37/7 |
| 文王囚〇石室 | 7/30/16 | 大縱酒〇文臺 | 7/33/31 | 陰固〇楚 | 8/37/7 |
| 存亡繫〇人 | 7/30/17 | 〇是范蠡與越王俱起 | 7/34/3 | 而厚事〇吳 | 8/37/7 |
| 湯改儀而媚〇桀 | 7/30/17 | 〇乎休哉 | 7/34/5 | 以號令〇天下 | 8/37/14 |
| 文王服從而幸〇紂 | 7/30/17 | 雉以眩移拘〇網 | 7/34/17 | 達〇策慮 | 8/37/19 |
| 變異不及〇民 | 7/30/19 | 魚以有悅死〇餌 | 7/34/18 | 輕〇朝事 | 8/37/19 |
| 豈況〇人君乎 | 7/30/19 | 是故爲無愛〇人 | 7/34/21 | 子胥力〇戰伐 | 8/37/20 |
| 大王不覽〇斯 | 7/30/22 | 今越王入臣〇吳 | 7/34/22 | 死〇諫議 | 8/37/20 |
| 今寡人冀得免〇軍旅之憂 | 7/30/24 | 送〇蛇門之外 | 7/34/25 | 侵辱〇吳 | 9/37/28 |
| 愧〇前君 | 7/30/26 | 願死〇轂下 | 7/34/27 | 列坐〇後 | 9/38/5 |
| 不合〇寡人之意 | 7/30/26 | 百姓拜之〇道 | 8/35/6 | 〇是越王默然不悅 | 9/38/8 |
| 〇是大夫種、范蠡曰 | 7/30/26 | 復〇越國 | 8/35/7 | 願王審〇左右 | 9/38/13 |
| 時過〇期 | 7/30/30 | 無德〇民 | 8/35/7 | 自免〇窮厄之地 | 9/38/20 |
| 今君王國〇會稽 | 7/31/6 | 今勞萬姓擁〇岐路 | 8/35/8 | 臣聞高飛之鳥死〇美食 | 9/38/21 |
| 窮〇入吳 | 7/31/6 | 〇是范蠡進曰 | 8/35/9 | 深泉之魚死〇芳餌 | 9/38/21 |
| 君王委國〇種 | 7/31/10 | 吳封地百里〇越 | 8/35/10 | 易〇脫屣 | 9/38/25 |
| 客官〇吳 | 7/31/12 | 南造〇山 | 8/35/11 | 而況〇吳乎 | 9/39/4 |
| 付國〇文祀 | 7/31/16 | 北薄〇海 | 8/35/11 | 祭陵山〇會稽 | 9/39/5 |
| 委國〇一老 | 7/31/17 | 亡棪樓〇會稽之山 | 8/35/14 | 祀水澤〇江州 | 9/39/6 |
| 志在〇還 | 7/31/17 | 昔公劉去邰而德彰〇夏 | 8/35/16 | 乃使大夫種獻之〇吳王 | 9/39/11 |
| 不私〇外 | 7/31/26 | 亶父讓地而名發〇岐 | 8/35/16 | 聞〇左右 | 9/39/12 |
| 孤雖入〇北國 | 7/31/31 | 欲委屬〇相國 | 8/35/18 | 惟問〇子 | 9/39/19 |
| 遂別〇浙江之上 | 7/32/1 | 〇是范蠡乃觀天文 | 8/35/18 | 原〇陰陽 | 9/39/20 |
| 其〇心胸中會無怵惕 | 7/32/2 | 擬法〇紫宮 | 8/35/19 | 明〇孤虛 | 9/39/20 |
| 去復返兮〇乎 | 7/32/7 | 未見〇內 | 8/35/26 | 審〇存亡 | 9/39/20 |
| 〇乎哀兮忘食 | 7/32/8 | 合氣〇后土 | 8/35/27 | 何子之年少〇物之長也 | 9/40/3 |
| 〇是入吳 | 7/32/10 | 起離宮〇淮陽 | 8/35/29 | 習〇土城 | 9/40/10 |
| 寡人〇子亦過矣 | 7/32/13 | 中宿臺在〇高平 | 8/35/29 | 臨〇都巷 | 9/40/10 |
| 豈況近臥〇華池 | 7/32/15 | 駕臺在〇成丘 | 8/35/29 | 三年學服而獻〇吳 | 9/40/10 |
| 集〇庭廡乎 | 7/32/15 | 立苑〇樂野 | 8/35/30 | 乃勾踐之盡忠〇吳之證也 | 9/40/12 |
| 今越王放〇南山之中 | 7/32/15 | 燕臺在〇石室 | 8/35/30 | 豸鹿游〇姑胥之臺 | 9/41/10 |
| 游〇不可存之地 | 7/32/16 | 齋臺在〇（襟）〔稷〕山 | 8/35/30 | 荆榛蔓〇宮闕 | 9/41/10 |
| 子胥明〇一時之計 | 7/32/18 | 休息食室〇冰廚 | 8/35/30 | 內惑〇君 | 9/41/15 |
| 秘〇宮室之中 | 7/32/19 | 懸膽〇戶 | 8/36/9 | 類〇佞諛之人 | 9/41/17 |
| 越王伏〇前 | 7/32/19 | 不絕〇口 | 8/36/9 | 寡人逆群臣之議而輸〇越 | 9/41/19 |
| 范蠡立〇後 | 7/32/20 | 〇子何如 | 8/36/10 | 及〇萬民 | 9/41/20 |
| 來歸〇吳 | 7/32/22 | 東至〇勾甬 | 8/36/13 | 還〇吳 | 9/41/21 |
| 吾復置子〇石室之中 | 7/32/26 | 西至〇檇李 | 8/36/13 | 〇是吳種越粟 | 9/41/22 |
| 望見越王及夫人、范蠡 | | 南至〇姑末 | 8/36/13 | 頓〇兵弩 | 9/41/25 |
| 坐〇馬糞之旁 | 7/32/29 | 北至〇平原 | 8/36/13 | 出〇南林 | 9/41/27 |

| | | | | | |
|---|---|---|---|---|---|
| 處女將北見○王 | 9/41/27 | 〔能〕（傳賢）〔博取〕 | | 越兵橫行○江淮之上 | 10/47/24 |
| 問○處女 | 9/41/28 | ○諸侯 | 10/44/29 | 越王還○吳 | 10/47/24,10/47/28 |
| 長○無人之野 | 9/42/2 | 吾問○申包胥 | 10/45/13 | 當歸而問○范蠡曰 | 10/47/24 |
| 妾非受○人也 | 9/42/3 | 審○聲音 | 10/45/18 | 何子言之其合○天 | 10/47/25 |
| ○是范蠡復進善射者陳音 | 9/42/8 | 聞○周室 | 10/45/19,10/45/24 | 實《金匱》之要在○上 | |
| 嘗步○射術 | 9/42/10 | 令諸侯不怨○外 | 10/45/19 | 下 | 10/47/26 |
| 臣聞弩生○弓 | 9/42/11 | | 10/45/24 | 天變○上 | 10/47/27 |
| 弓生○彈 | 9/42/11 | 乃入命○夫人 | 10/45/25 | 功可象○圖畫 | 10/47/30 |
| 投○中野 | 9/42/12 | 吾見子○是 | 10/45/27 | 德可刻○金石 | 10/47/30 |
| ○是神農皇帝弦木爲弧 | 9/42/14 | 使孤有辱○國 | 10/46/2 | 聲可託○絃管 | 10/47/30 |
| 生○楚之荊山 | 9/42/15 | 有辱○諸侯 | 10/46/3 | 名可留○竹帛 | 10/47/30 |
| 以其道傳○羿 | 9/42/16 | 功隳○天下 | 10/46/3 | 將害○子 | 10/48/12 |
| 逢蒙傳○楚琴氏 | 9/42/16 | 勾踐有命○夫人、大夫曰 | 10/46/5 | 范蠡辭○王曰 | 10/48/14 |
| 臣前人受之○楚 | 9/42/20 | 以徇○軍 | 10/46/6,10/46/14 | 乃使○吳 | 10/48/16 |
| 五世○臣矣 | 9/42/20 | 徙軍○郊 | 10/46/7 | 誠恐讒○大宰嚭 | 10/48/16 |
| 道出○天 | 9/43/3 | 徇之○軍 | 10/46/7,10/46/13 | 不親○朝 | 10/48/29 |
| 事在○人 | 9/43/3 | 以謝○二三子 | 10/46/8 | 人或讒之○王曰 | 10/48/29 |
| 乃使陳音教士習射○北 | | 令國人各送其子弟○郊 | | 而令君王霸○諸侯 | 10/48/29 |
| 郊之外 | 9/43/3 | 境之上 | 10/46/9 | 憤發○內 | 10/48/30 |
| 葬○國西 | 9/43/4 | ○乎○乎 | 10/46/12 | 色變○外 | 10/48/30 |
| 免○天虐之誅 | 10/43/9 | 復徙軍○境上 | 10/46/13 | 昔子胥○吳矣 | 10/49/9 |
| 還歸○國 | 10/43/9 | 復徙軍○檇李 | 10/46/14 | 吾王既免○患難 | 10/49/13 |
| 吾誠已說○國人 | 10/43/10 | 又徇○軍 | 10/46/18,10/46/19 | 雪恥○吳 | 10/49/13 |
| 以暴露百姓之骨○中原 | 10/43/13 | 旋軍○江南 | 10/46/20 | ○彼爲佞 | 10/49/14 |
| 往宦士三百人○吳 | 10/43/14 | 其士卒有問○王曰 | 10/46/22 | 相求○玄冥之下 | 10/49/15 |
| 將免者以告○孤 | 10/43/17 | 吳悉兵屯○江北 | 10/46/26 | 上賊○下 | 10/49/16 |
| 七年不收〔○〕國 | 10/43/23 | 越（君）〔軍〕○江南 | 10/46/27 | 願幸以餘術爲孤前王○ | |
| 今國之父兄日請○孤曰 | 10/43/23 | 將戰○江 | 10/46/28 | 地下謀吳之前人 | 10/49/19 |
| 昔夫差辱吾君王○諸侯 | 10/43/24 | 乃以黃昏令○左軍 | 10/46/28 | ○是種仰天嘆曰 | 10/49/19 |
| 臣觀吳王得志○齊、晉 | 10/44/4 | 復令○右軍 | 10/46/29 | 越王葬種○國之西山 | 10/49/22 |
| 以忘○我 | 10/44/5 | ○夜半 | 10/46/29 | 與之俱浮○海 | 10/49/24 |
| 臣當卜之○天 | 10/44/5 | 大敗之○囿 | 10/47/3 | 霸○關東 | 10/49/25 |
| 吳民既疲○軍 | 10/44/5 | 又敗之○郊 | 10/47/3 | 從弟子奉先王雅琴禮樂 | |
| 困○戰鬥 | 10/44/6 | 又敗之○津 | 10/47/3 | 奏○越 | 10/49/26 |
| 寒就蒲（羸）〔贏〕○ | | 圍吳○西城 | 10/47/4 | 徙○吳矣 | 10/50/20 |
| 東海之濱 | 10/44/6 | 入○江陽、松陵 | 10/47/4 | | |
| 又見○卜筮 | 10/44/7 | 射○十里 | 10/47/5 | **俞 yú** | **2** |
| 功名聞○諸侯 | 10/44/11 | 故求置吾頭○南門 | 10/47/8 | | |
| ○是越民父勉其子 | 10/44/16 | 入海陽○三道之瞿水 | 10/47/11 | ○ | 6/28/11,6/29/6 |
| 臣觀吳王北會諸侯○黃 | | 遂棲吳王○姑胥之山 | 10/47/12 | | |
| 池 | 10/44/18 | 請成○越王 | 10/47/12 | **臾 yú** | **6** |
| 吳告急○夫差 | 10/44/22 | 異日得罪○會稽 | 10/47/13 | | |
| 夫差方會諸侯○黃池 | 10/44/22 | 王已屬政○執事 | 10/47/18 | 須○ | 4/16/14,5/27/4 |
| 乃使人請成○越 | 10/44/22 | 吾置君○甬東 | 10/47/20 | 得保須○之命 | 7/32/12 |
| 會楚使申包胥聘○越 | 10/44/25 | 天〔既〕降禍○吳國 | 10/47/20 | 今大王好聽須○之說 | 7/34/8 |
| 臣郤○策謀 | 10/44/26 | 與齊、晉諸侯會○徐州 | 10/47/22 | 且須○而生 | 10/48/17 |
| 誠聞○戰 | 10/44/28 | 致貢○周 | 10/47/23 | 吾命須○之間耳 | 10/49/17 |

## 禺 yú　　1

時加○中　　8/35/9

## 魚 yú　　20

持麥飯、鮑○羹、盎漿　　3/5/24
好嗜○之炙也　　3/7/5
從太湖學炙○　　3/7/5
使專諸置○腸劍炙○中
　進之　　3/7/26
專諸乃擘炙○　　3/7/26
與夫人及女會蒸○　　4/12/27
王食○辱我　　4/12/27
一曰○腸　　4/13/4
○腸之劍已用殺吳王僚也　　4/13/4
○腸劍逆理不順　　4/13/6
治○為膾　　4/16/13
○臭　　4/16/14
唯○鱉見矣　　5/19/5
身為○鱉　　5/19/13,5/20/9
○鱉食汝肉　　5/24/8
駭○入淵　　6/29/10
○以有悅死於餌　　7/34/18
深泉之○死於芳餌　　9/38/21

## 隅 yú　　3

在西北○　　1/1/26
寫流沙於西○　　6/29/3
乃穿東南○以達　　10/47/11

## 虞 yú　　8

晉獻公滅周北○　　1/2/5
○公以開晉之伐虢氏　　1/2/5
必葬我於○山之巔　　4/16/17
乃葬○山之巔　　4/16/18
內輔○位　　6/29/8
唐○卜地　　8/35/13
以待不○　　10/45/17
吾將有不○之議　　10/45/22

## 愚 yú　　15

臣誠○　　3/4/7
寧類○者也　　3/6/22

○者受佞以自亡　　4/12/25
夫〔差〕○而不仁　　4/16/23
其君○而不仁　　5/17/24
智而○　　5/20/5
○哉　　5/21/17
天下之○　　5/24/27,5/24/27
太宰嚭○而佞言　　5/27/10
勾踐○黯　　7/33/2
臣○以為可無始有終　　8/36/3
臣之○劣　　9/42/26
臣○不能知　　10/44/28
〔夫〕越性脆而○　　10/50/1

## 漁 yú　　18

江中有○父乘船從下方
　泝水而上　　3/5/19
○父渡我　　3/5/20
○父欲渡之　　3/5/20
○父又歌曰　　3/5/21
○父知其意也　　3/5/22
○父乃視之　　3/5/23
○父去後　　3/5/23
○父曰　　3/5/26,3/5/28,3/5/30
胥乃解百金之劍以與○者　　3/5/27
吾為○丈人　　3/5/31
誠○父曰　　3/5/32
○父諾　　3/5/32
顧視○者　　3/6/1
○者之子應募曰　　4/14/27
公乃與○者之子橈　　4/14/28
○父者子　　4/14/29

## 餘 yú　　42

三年○　　1/1/10
從而歸之者千有○家　　1/1/24
外郭三百○里　　1/1/26
夷子○喬疑吾　　1/2/4
次曰○祭　　2/2/24,3/6/27
次曰○昧　　2/2/24,3/6/27
命弟○祭曰　　2/3/9
○祭十二年　　2/3/12
吳王○祭怒曰　　2/3/13
○祭卒　　2/3/18
○昧立　　2/3/18
吳人立○昧子州于　　2/3/20

相去不遠三百○里　　3/4/22
前王○昧卒　　3/6/25
○昧卒　　3/6/28
使公子蓋○、燭傭以兵
　圍楚　　3/7/17
公子蓋○、燭傭二人將
　兵遇圍於楚者　　3/8/4
闔閭復使子胥、屈蓋○
　、燭傭習術戰騎射御
　之巧　　4/9/2
○恨蔚恚　　4/10/25
殺吳亡將二公子蓋○、
　燭傭　　4/12/17
彼楚雖敗我○兵　　4/15/26
則君制其○矣　　5/19/12
大王聖德氣有○也　　5/21/5
鄰國貢獻財有○也　　5/21/7
達於秦○杭山　　5/26/22
吳王止秦○杭山　　5/27/2
於秦○杭山卑猶　　5/27/26
無余傳世十○　　6/29/28
十有○歲　　6/29/29
孤承前王〔○〕德（得）　　7/30/14
縱橫八百○里　　8/36/13
願論其○　　9/39/6
越王乃使木工三千○人　　9/39/7
有○材　　9/39/12
損其有○　　10/45/5
謀之二十○年　　10/47/16
給君夫婦三百○人　　10/47/20
願幸以○術為孤前王於
　地下謀吳之前人　　10/49/19
樓船之卒三千○人　　10/49/22
從無余越國始封至○善
　返越國空滅　　10/50/28

## 諛 yú　　6

誰使汝用讒○之口　　4/14/24
諂○無極　　5/23/23
輕而讒○　　5/27/10
六曰遺之○臣　　9/39/2
類於佞○之人　　9/41/17
道○者眾　　10/44/17

| | | | | | | |
|---|---|---|---|---|---|---|
| 子胥乃○太子建俱奔鄭 | 3/5/14 | 自豫章○楚夾漢水爲陣 | 4/14/6 | 亦得○龍逢、比干爲友 | 5/24/6 |
| 鄭定公○子產誅殺太子建 | 3/5/17 | 今子常無故○王共殺忠 | | 汝嘗○子胥論寡人之短 | 5/24/10 |
| 伍員○勝奔吳 | 3/5/17 | 臣三人 | 4/14/7 | 欲○魯晉合攻於黄池之上 | 5/24/19 |
| ○勝行去 | 3/5/19 | ○妹季芊出河灘之間 | 4/14/12 | ○定公爭長未合 | 5/25/6 |
| ○子期乎蘆之漪 | 3/5/21 | 楚大夫尹固○王同舟而去 | 4/14/12 | 吳王躃左足○褐決矣 | 5/25/20 |
| 胥乃解百金之劍以○漁者 | 3/5/27 | 辛陰○其季弟巢以王奔隨 | 4/14/17 | ○諸侯、大夫列坐於晉 | |
| 妾獨○母居 | 3/6/3 | 隨君（作）〔卜〕昭王 | | 定公前 | 5/25/21 |
| 長跪而○之 | 3/6/4 | ○吳王 | 4/14/19 | 不可○戰 | 5/26/1 |
| 妾獨○母居三十年 | 3/6/6 | 大夫子期雖○昭王俱亡 | 4/14/21 | ○楚昭王相逐於中原 | 5/26/6 |
| 何宜饋飯而○丈夫 | 3/6/7 | 陰○吳師爲市 | 4/14/22 | 吳○越戰於檇李 | 5/26/14 |
| ○之俱入 | 3/6/11 | 即割子期心以○隨君盟 | | 吾○君爲二君乎 | 5/26/16 |
| 市吏於是○子胥俱入見王 | 3/6/12 | 而去 | 4/14/22 | 死○生 | 5/27/1 |
| 王僚○語三日 | 3/6/13 | 吾○分國而治 | 4/14/26 | 敗○成 | 5/27/1 |
| 每入○語 | 3/6/14 | 公乃○漁者之子橈 | 4/14/28 | 且吳○越同音共律 | 5/27/12 |
| 專諸方○人鬭 | 3/6/20 | 謂○語 | 4/14/29 | 舜○四嶽舉鯀之子高密 | 6/28/10 |
| 欲○之并力 | 3/7/1 | ○之分國而治 | 4/15/1 | ○益變共謀 | 6/28/21 |
| ○吳邊邑處女蠶 | 3/7/10 | 臣念前人○君相逢於途 | 4/15/1 | 傳位○益 | 6/29/23 |
| 而○謀國政 | 4/8/10 | ○子同袍 | 4/15/10 | ○大夫種、范蠡入臣於吳 | 7/30/8 |
| 何敢○政事焉 | 4/8/12 | ○子同仇 | 4/15/11 | 夫驥不可○匹馳 | 7/31/10 |
| ○歐冶子同師 | 4/9/3 | 使楚師前○吳戰 | 4/15/19 | 往而必反、○君復讎者 | 7/31/21 |
| 常○盡日而語 | 4/9/25 | 楚司馬子成、秦公子子 | | 窮○俱厄 | 7/31/22 |
| ○謀國事 | 4/10/2 | 蒲○吳王相守 | 4/15/20 | 進○俱霸 | 7/31/22 |
| 吾之怨○喜同 | 4/10/3 | （○）〔敗〕楚師於淮澨 | 4/15/22 | 上○等之 | 7/31/24 |
| ○之俱事吳王 | 4/10/6 | 汝○吾俱亡 | 5/17/15 | 用兵○大王相持 | 7/32/24 |
| 而○大王圖王僚於私室 | | 太宰嚭既○子胥有隙 | 5/17/15 | 越之○吳 | 7/33/2 |
| 之中 | 4/10/11 | 〔此〕不可○戰 | 5/17/25 | 可○不可 | 7/33/21 |
| 訴恃其○水戰之勇也 | 4/10/20 | 而君功不○焉 | 5/18/3 | 即以手取其便○惡而嘗之 | 7/33/25 |
| 要離○之對坐 | 4/10/21 | 而下○大臣交爭〔也〕 | 5/18/5 | 於是范蠡○越王俱起 | 7/34/3 |
| ○日戰不移表 | 4/10/22 | 而○吳爭彊 | 5/18/12 | ○種蠡之徒 | 7/34/27 |
| ○神鬼戰者不旋踵 | 4/10/22 | 吾嘗○越戰 | 5/18/14 | 王○夫人歎曰 | 7/35/1 |
| ○人戰者不達聲 | 4/10/22 | 禍○福爲鄰 | 5/19/1 | 何能○王者比隆盛哉 | 8/35/26 |
| 今子○神鬭於水 | 4/10/22 | ○吳人戰 | 5/19/5 | 今但因虎豹之野而○荒 | |
| 乃○子胥見吳王 | 4/11/5 | 臣竊自擇可○成功而至 | | 外之草 | 8/36/17 |
| 何不○我東之於吳 | 4/11/16 | 王者 | 5/19/9 | 越王遂師（入）〔八〕 | |
| 坐○上風 | 4/11/17 | 願一○吳交戰於天下平 | | 臣○其四友 | 8/36/24 |
| 乃一旦○吳王論兵 | 4/11/31 | 原之野 | 5/19/17 | ○之無奪 | 8/36/25 |
| 君○王謀誅之 | 4/12/21 | ○寡人伐齊 | 5/20/17 | 則○之 | 8/36/27 |
| 子常○昭王共誅費無忌 | 4/12/26 | ○戰而勝 | 5/20/20 | 望觀其群臣有憂○否 | 9/37/30 |
| ○夫人及女會蒸魚 | 4/12/27 | 將○齊戰 | 5/20/22 | ○之盟曰 | 9/38/1 |
| 王前嘗半而○女 | 4/12/27 | 故悲○子相離耳 | 5/21/18 | ○之論事 | 9/38/16 |
| 〔使男女〕鶴〕俱入羨門 | 4/12/30 | ○死人俱葬也 | 5/22/3 | 願王請大夫種○深議 | 9/38/19 |
| 吳拔六○潛二邑 | 4/13/16 | 且○賊居 | 5/22/12 | 天○其災 | 9/39/14 |
| 今臣○之爭鋒 | 4/13/27 | 又○白虎并重 | 5/22/19 | ○之不爲親 | 9/40/25 |
| 昭公不○ | 4/13/30 | ○智者謀 | 5/22/21 | 不○未成冤 | 9/41/1 |
| 公不○ | 4/13/31 | ○仁者友 | 5/22/21 | 吳王乃○越粟萬石 | 9/41/18 |
| 唐成相○謀 | 4/13/31 | 汝常○子胥同心合志 | 5/22/22 | ○神俱往 | 9/42/6 |
| 以子元○太子質 | 4/14/3 | 齊○吳戰於艾陵之上 | 5/22/24 | ○氣俱發 | 9/42/29 |

| | |
|---|---|
| ○出昭王 | 4/14/22 |
| ○有天下 | 4/15/8 |
| 吳猶○滅之 | 4/15/9 |
| ○殺夫概 | 4/15/21 |
| 將○報以百金而不知其家 | 4/16/9 |
| 子胥○報百金 | 4/16/12 |
| 王○立太子 | 4/16/20 |
| 今王○立太子者 | 4/16/22 |
| 齊大夫陳成恒○弒簡公 | 5/17/19 |
| 今君又○破魯以廣齊 | 5/18/3 |
| ○終壽命 | 5/21/17 |
| 子胥○盡誠於前王 | 5/22/23 |
| ○以妖孽挫衄吾師 | 5/23/7 |
| 乃○專權擅威 | 5/23/25 |
| ○報前王之恩而至於此 | 5/23/29 |
| 昔前王不○立汝 | 5/24/2 |
| 而○殺之 | 5/24/15 |
| ○與魯晉合攻於黃池之上 | 5/24/19 |
| ○切言之 | 5/24/20 |
| ○啄螳螂 | 5/24/25 |
| 無○於鄰國 | 5/24/28 |
| 而○伐之 | 5/26/5 |
| 不知愧辱而○求生 | 5/27/21 |
| 吳王臨○伏劍 | 5/27/23 |
| ○得我山神書者 | 6/28/18 |
| 今君王○士之所志 | 7/31/18 |
| 尙○繳微矢以射之 | 7/32/15 |
| 吾○赦子之罪 | 7/32/22 |
| 乃擇吉日而○赦之 | 7/33/2 |
| 親○爲賊 | 7/33/2 |
| 而○赦之 | 7/33/3 |
| 囚臣○一見問疾 | 7/33/23 |
| 孤○以此到國 | 8/35/9 |
| 今○定國立城 | 8/35/12 |
| 豈直○破彊敵收鄰國乎 | 8/35/14 |
| 今大王○國樹都 | 8/35/17 |
| ○築城立郭 | 8/35/18 |
| ○委屬於相國 | 8/35/18 |
| 孤○以今日上明堂、臨 | |
| 　國政 | 8/36/1 |
| 吾○采葛 | 8/36/10 |
| ○獻之 | 8/36/11 |
| 吾○因而賜之以書 | 8/36/12 |
| 今○有計 | 8/37/3 |
| 今○奉不羈之計 | 9/38/20 |
| 今○伐吳 | 9/38/21, 10/48/1 |
| 夫○報怨復讎、破吳滅 | |

| | |
|---|---|
| 敵者 | 9/38/23 |
| 利所○以疲其民 | 9/39/1 |
| 惟○伐吳 | 9/39/18 |
| 吾○伐吳 | 9/39/18 |
| 早○興師 | 9/39/18 |
| 今○復謀吳 | 9/40/20 |
| 以順敵人之○ | 9/41/10 |
| 徒○干君之好 | 9/41/14 |
| 太宰嚭固○以求其親 | 9/41/15 |
| 王○試之 | 9/42/7 |
| ○仕 | 10/43/21 |
| 孤不○有征伐之心 | 10/44/9 |
| 吾不得不從民人之○ | 10/44/9 |
| 吾不○匹夫之小勇也 | 10/44/15 |
| 吾○士卒進則思賞 | 10/44/15 |
| 吾○與之徼天之中 | 10/44/27 |
| ○民所○ | 10/45/4 |
| 吾○〔與之〕徼天之中 | 10/45/12 |
| ○入胥門 | 10/47/4 |
| 惟○以窮夫差 | 10/47/9 |
| 越如○入 | 10/47/10 |
| 吾○聽子言 | 10/47/18 |
| 范蠡從吳○去 | 10/48/7 |
| 范蠡議○去 | 10/48/12 |
| 臣終○成君霸國 | 10/48/15 |
| ○將逝矣 | 10/48/20 |
| ○因諸侯以伐之 | 10/49/2 |
| 夫子何說而○教之 | 10/50/2 |
| ○徙葬琅邪 | 10/50/3 |
| 越王○爲伐三桓 | 10/50/13 |

| **寓 yù** | **1** |
|---|---|
| 周行○內 | 6/29/2 |

| **馭 yù** | **1** |
|---|---|
| 攉戟○殳 | 10/46/10 |

| **喻 yù** | **1** |
|---|---|
| 忠臣必以吾爲○矣 | 10/49/22 |

| **預 yù** | **2** |
|---|---|
| 慮不○定 | 5/20/19 |
| 兵不○（辦）〔辨〕 | 5/20/19 |

| **遇 yù** | **13** |
|---|---|
| 反○奢爲國相 | 3/4/22 |
| 道○申包胥 | 3/5/9 |
| 子胥○之 | 3/6/2 |
| ○之於途 | 3/6/20 |
| 公子蓋餘、燭傭二人將 | |
| 　兵○圍於楚者 | 3/8/4 |
| ○一窮途君子而輒飯之 | 4/16/11 |
| 齊○擒 | 5/18/7 |
| 皆○困厄之難 | 7/30/27 |
| 終來○兮何幸 | 7/32/7 |
| 且吳王○孤 | 7/33/18 |
| 適○吳王之便 | 7/33/24 |
| ○民如父母之愛其子 | 8/36/29 |
| 國中僮子戲而○孤 | 10/43/22 |

| **愈 yù** | **4** |
|---|---|
| 待吾疾○ | 7/33/17 |
| 三月不○ | 7/33/18 |
| 至三月壬申病○ | 7/33/26 |
| 吳王如越王期日疾○ | 7/33/30 |

| **嫗 yù** | **3** |
|---|---|
| 一老○行哭而來 | 4/16/10 |
| ○曰 | 4/16/10 |
| ○遂取金而歸 | 4/16/13 |

| **禦 yù** | **6** |
|---|---|
| 寡人不免於縶○之使 | 4/8/13 |
| 君無守○ | 4/8/16 |
| 出亡之君勑臣守○ | 7/31/17 |
| 關爲守○ | 9/42/22 |
| ○戰士也 | 9/42/23 |
| 國有守○ | 10/46/5 |

| **豫 yù** | **4** |
|---|---|
| 圍於○章 | 4/13/21 |
| 於是圍楚師於○章 | 4/13/22 |
| 自○章與楚夾漢水爲陣 | 4/14/6 |
| 中復猶○ | 7/33/20 |

| | |
|---|---|
| | 4/11/4、4/11/31、4/13/22 |
| | 4/13/26、4/13/27、5/18/13 |
| | 5/21/18、5/22/16、5/26/16 |
| | 5/26/24、5/26/26、7/32/16 |
| | 7/33/1、7/33/17、7/33/26 |
| | 7/34/3、7/34/11、7/34/25 |
| | 7/34/26、7/34/28、9/40/23 |
| | 9/41/2、9/41/7、9/41/16 |
| 津吏○ | 4/10/17 |
| 訴○ | 4/10/18、4/10/28、4/11/1 |
| 時要離乃挫訴○ | 4/10/21 |
| 誠其妻○ | 4/10/25 |
| 訴乃手劍而捽要離○ | 4/10/27 |
| 離○ | 4/10/27 |
| 要離○ | 4/10/29 |
| | 4/11/1、4/11/6、4/11/10 |
| | 4/11/11、4/11/21、4/11/23 |
| 椒丘訴投劍而嘆○ | 4/11/3 |
| 子胥乃見要離○ | 4/11/5 |
| 要離即進○ | 4/11/7 |
| 見○ | 4/11/14 |
| 慶忌止之○ | 4/11/19 |
| 乃誠左右○ | 4/11/19 |
| 從者○ | 4/11/20、4/11/23 |
| 伍子胥、白喜相謂○ | 4/11/26 |
| 吳王問子胥、白喜○ | 4/11/27 |
| 子胥、白喜對○ | 4/11/28 |
| 問○ | 4/12/2、5/22/22、8/36/1 |
| 孫子○ | 4/12/2、4/12/3 |
| | 4/12/7、4/12/10、4/12/14 |
| 乃令○ | 4/12/4 |
| 顧謂執法○ | 4/12/7 |
| 執法○ | 4/12/8 |
| 馳使下之令○ | 4/12/9 |
| 於是乃報吳王○ | 4/12/12 |
| 子胥諫○ | 4/12/14 |
| | 9/39/13、9/40/13、9/40/24 |
| 孫武○ | 4/12/18、4/15/26 |
| 司馬成乃謂子常○ | 4/12/20 |
| 子常○ | 4/12/25 |
| 女怒○ | 4/12/27 |
| 乃召風湖子而問○ | 4/13/2 |
| 風湖子○ | 4/13/3 |
| | 4/13/3、4/13/5、4/13/10 |
| 昭王○ | 4/13/3、4/13/5、4/13/10 |
| 一○魚腸 | 4/13/4 |
| 二○磐郢 | 4/13/4 |

| | |
|---|---|
| 三○湛盧 | 4/13/4 |
| 燭對○ | 4/13/6 |
| 亦○豪曹 | 4/13/7 |
| 薛燭對○ | 4/13/11 |
| 子胥陰令宣言於楚○ | 4/13/14 |
| 越王（元）〔允〕常○ | 4/13/18 |
| 吳王謂子胥、孫武○ | 4/13/25 |
| 二將 4/13/25、4/13/26、4/13/29 |
| 伍胥、孫武○ | 4/13/28 |
| 群臣誹謗○ | 4/14/1 |
| 故○ | 4/14/4 |
| 吳王於是使使謂唐、蔡○ | 4/14/4 |
| 史皇○ | 4/14/7 |
| 闔閭之弟夫概晨起請於 | |
| 闔閭 | 4/14/8 |
| 夫概○ | 4/14/9 |
| 其弟懷怒○ | 4/14/15 |
| 謂其兄辛○ | 4/14/16 |
| 辛○ | 4/14/16 |
| 謂隨君○ | 4/14/18 |
| 乃辭吳王○ | 4/14/20 |
| 誚之○ | 4/14/24 |
| 乃令國中 | 4/14/26、5/24/19 |
| 漁者之子應募○ | 4/14/27 |
| 當道扣橶而歌○ | 4/14/28 |
| 子胥歎○ | 4/15/2 |
| 乃使人謂子胥○ | 4/15/3 |
| 為我謝申包胥〔○〕 | 4/15/5 |
| 申包胥哭已歌○ | 4/15/8 |
| 為賦《無衣》之詩○ | 4/15/10 |
| 豈○無衣 | 4/15/10 |
| 包胥○ 4/15/11、4/15/13、10/45/2 |
| | 10/45/4、10/45/6、10/45/8 |
| 二子○ | 4/15/18 |
| 子西○ | 4/15/23 |
| 子期○ | 4/15/24 |
| 子胥等相謂○ | 4/15/26 |
| 其詞○ | 4/16/3、7/30/9 |
| 乃長太息○ | 4/16/8 |
| 人問○ | 4/16/10 |
| 嫗○ | 4/16/10 |
| 人○ | 4/16/12 |
| 因更名閶門○破楚門 | 4/16/15 |
| 名○望齊門 | 4/16/16 |
| 女○ | 4/16/17 |
| | 9/41/28、9/42/2、9/42/4 |
| 波太子夫差日夜告（許） | |

| | |
|---|---|
| 〔於〕伍胥○ | 4/16/19 |
| 伍子胥○ | 4/16/20 |
| 齊使大夫高氏謝吳師○ | 5/17/6 |
| 乃往諫○ | 5/17/12 |
| 子胥謂其子○ | 5/17/14 |
| 因讒之○ | 5/17/15 |
| 召門人而謂之○ | 5/17/20 |
| 因謂○ | 5/17/22 |
| 成恒○ | 5/17/23、5/18/8 |
| 子貢○ | 5/17/23、5/18/2 |
| | 5/18/10、5/18/16、5/18/21 |
| | 5/19/2、5/19/7、5/20/2 |
| | 5/20/2、5/20/17、5/20/21 |
| 故○不如伐吳 | 5/18/6 |
| 謂吳王○ | 5/18/11、5/20/7 |
| 身御至舍〔而〕問○ | 5/18/20 |
| 乃召子貢○ | 5/20/16 |
| 見定公○ | 5/20/19 |
| 定公○ | 5/20/21 |
| 告○ | 5/21/1 |
| 太宰嚭○ 5/21/4、5/27/1、7/33/1 |
| | 7/33/4、7/33/15、7/34/1 |
| | 9/41/12、9/41/13、9/41/17 |
| 召王孫駱問○ | 5/21/8 |
| 王孫駱○ 5/21/9、5/25/7、5/26/24 |
| 其妻從旁謂聖 | 5/21/13 |
| 公孫聖仰天嘆○ | 5/21/14 |
| 妻○ | 5/21/15、10/49/16 |
| 公孫聖○ | 5/21/17、5/21/19 |
| 乃仰天歎○ | 5/21/20 |
| 聖乃仰頭向天而言○ | 5/22/6 |
| 太宰嚭趨進○ | 5/22/9 |
| 諫○ | 5/22/11 |
| 吳王謂嚭○ | 5/22/21 |
| 齊王○ | 5/23/2 |
| 乃讓子胥○ | 5/23/4 |
| 釋劍而對○ | 5/23/8 |
| 群臣問○ | 5/23/13 |
| 吳王怒○ | 5/23/14 |
| 群臣賀○ | 5/23/21 |
| 子胥據地垂涕○ | 5/23/22 |
| 吳王大怒○ | 5/23/25 |
| 謂被離○ | 5/23/28 |
| 大怒○ | 5/24/4 |
| 仰天嘆○ | 5/24/5 |
| 言○ | 5/24/7 |
| | 5/27/22、6/29/15、10/48/19 |

| | | | | | |
|---|---|---|---|---|---|
| 謂之○ | 5/24/8 | 越王復使謂○ | 5/27/17 | 大夫皓進○ | 7/31/24 |
| 於是吳王謂被離○ | 5/24/10 | 勾踐謂種、蠡○ | 5/27/18 | 大夫諸稽郢○ | 7/31/26 |
| 王召而問○ | 5/24/11 | 種、蠡○ | 5/27/19 | 越王仰天歎○ | 7/32/1,9/38/3 |
| 駱○ | 5/24/11 | 越王復瞋目怒○ | 5/27/20 | 因哭而歌之○ | 7/32/3 |
| | 5/24/12,5/24/13,5/24/15 | 越王謂太宰嚭○ | 5/27/22 | 又哀吟○ | 7/32/5 |
| 王怪而問之○ | 5/24/21 | 顧謂左右○ | 5/27/23 | 吳王夫差○ | 7/32/13 |
| 太子友○ | 5/24/22 | 名○女嬉 | 6/28/3 | 乃進○ | 7/32/14 |
| 太子○ | 5/24/27 | 地○石紐 | 6/28/5 | 太宰嚭諫○ | 7/32/18 |
| 〔乃〕合諸侯〔而〕謀○ | 5/25/7 | 帝○ | 6/28/7 | 吳王謂范蠡○ | 7/32/20 |
| 吳王親對○ | 5/25/16 | 四嶽○ | 6/28/8 | 范蠡對○ | 7/32/22 |
| 乃告趙鞅○ | 5/25/21 | 帝怒○ | 6/28/8 | | 8/35/13,9/41/25 |
| 入謁定公○ | 5/26/2 | 四嶽謂禹○ | 6/28/10 | 范蠡○ 7/32/26,7/33/5,7/33/19 | |
| 周王答○ | 5/26/10 | 禹○ 6/28/11,6/28/24,6/28/31 | | 7/33/21,7/34/31,8/35/16 | |
| 越王對○ | 5/26/15 | 天柱號○宛委 | 6/28/14 | 8/35/23,8/35/26,8/35/28 | |
| 大夫種○ | 5/26/18 | 東顧謂禹○ | 6/28/17 | 8/36/2,8/36/4,8/37/9 | |
| 5/27/15,7/31/19,8/36/3 | | 故名之○《山海經》 | 6/28/22 | 10/44/17,10/44/18,10/44/20 | |
| 8/36/24,9/38/21,9/38/23 | | 塗山之歌○ | 6/28/24 | 10/47/15,10/47/25,10/48/22 | |
| 9/38/25,9/41/19,9/41/23 | | 禹乃啞然而笑○ | 6/28/28 | 王顧謂太宰嚭○ | 7/32/29 |
| 10/44/4,10/48/4 | | 謂舟人○ | 6/28/29 | 召太宰嚭謀○ | 7/33/2 |
| 越王○ 5/26/18,5/27/16,7/30/13 | | 益○ | 6/28/30 | 召范蠡告之○ | 7/33/5 |
| 7/30/18,7/30/22,7/31/7 | | 堯○ | 6/29/6 | 果子胥諫吳王○ | 7/33/10 |
| 7/31/11,7/31/19,7/31/31 | | 乃號禹○伯禹 | 6/29/6 | 范蠡、文種憂而占之○ | 7/33/12 |
| 7/32/13,7/33/20,7/33/26 | | 官○司空 | 6/29/6 | 伍子胥復諫吳王○ | 7/33/13 |
| 8/35/14,8/35/18,8/35/23 | | 遂更名茅山○會稽之山 | 6/29/13 | 召范蠡○ | 7/33/18 |
| 8/35/27,8/36/9,8/36/24 | | 國號○夏后 | 6/29/14 | 越王明日謂太宰嚭○ | 7/33/23 |
| 8/36/25,9/38/6,9/38/13 | | 命群臣○ | 6/29/19 | 因入○ | 7/33/25 |
| 9/38/18,9/38/22,9/38/23 | | 後○ | 6/29/21 | 吳王出令○ | 7/33/31 |
| 9/39/4,9/39/6,9/39/16 | | 號○無余 | 6/29/26 | 其辭○ 7/34/3,10/48/2 | |
| 9/39/21,9/39/22,9/40/2 | | 其語○「鳥禽呼」 | 6/29/29 | 伍子胥入諫○ | 7/34/7 |
| 9/40/3,9/40/9,9/40/18 | | 指天向禹墓○ | 6/29/30 | 越王稽首○ | 7/34/26 |
| 9/41/23,9/42/3,9/42/10 | | 號○無壬 | 6/30/2 | 仰天歎○ | 7/34/29 |
| 9/42/11,9/42/21,9/42/26 | | 種復前祝○ | 7/30/11 | 謂范蠡○ | 7/34/30 |
| 9/43/2,10/43/12,10/44/9 | | 大夫扶同○ 7/30/15,10/45/19 | | 王與夫人歎○ | 7/35/1 |
| 10/44/26,10/45/1,10/45/3 | | 大夫苦成○ | 7/30/19 | 顧謂范蠡○ | 8/35/8 |
| 10/45/11,10/47/26,10/49/28 | | 7/31/21,8/37/17,10/45/15 | | 蠡○ 8/35/9,10/47/26 | |
| 顧左右○ | 5/26/23 | 於是大夫種、范蠡○ | 7/30/26 | 於是范蠡進○ | 8/35/9 |
| 對○ | 5/26/23 | 聞古人○ | 7/30/27 | 越王謂范蠡○ | 8/35/11 |
| 謂左右○ | 5/26/25 | 大夫計硯○ | 7/31/6 | 群臣○ | 8/36/10 |
| 左右○ 5/26/26,5/26/27 | | 7/31/29,10/45/20 | | 謂侍者○ | 8/36/16 |
| 吳王歎○ | 5/26/28 | 大夫皋如○ | 7/31/8 | 種○ 8/36/25,8/36/26,9/38/26 | |
| 謂太宰嚭○ 5/26/28,9/41/22 | | 7/31/28,10/45/18 | | 9/39/7,9/40/8,9/40/21 | |
| 呼○ | 5/27/3 | 大夫曳庸○ | 7/31/9 | 10/43/10,10/48/24,10/48/24 | |
| 聖從山中應○ | 5/27/3 | 7/31/23,10/45/13 | | 10/49/7,10/49/13,10/49/16 | |
| 吳王仰天呼○ | 5/27/3 | 計硯○ | 7/31/16 | 越王召五大夫而告之○ | 8/37/1 |
| 辭○ 5/27/5,7/34/4,9/40/22 | | 9/38/7,9/38/15,9/38/18 | | 扶同○ | 8/37/3 |
| 大夫種謂越君○ | 5/27/14 | 9/39/21,9/39/23,9/40/3 | | 諸侯○可 | 8/37/10 |
| 乃如大夫種辭吳王○ | 5/27/16 | 大夫范蠡○ 7/31/20,10/45/17 | | 大夫浩○ | 8/37/21 |

| | | | | | |
|---|---|---|---|---|---|
| 大夫句如○ | 8/37/22 | 越王乃問包胥○ | 10/44/25 | **月 yuè** | 46 |
| 與之盟○ | 9/38/1 | 包胥乃○ | 10/44/29 | 居三○ | 1/1/17 |
| 蹈席而前進○ | 9/38/5 | 越王乃請八大夫○ | 10/45/11 | 三○ | 3/4/16,7/32/19,9/43/4 |
| 進計硯而問○ | 9/38/9 | 大夫文種 | 10/45/16 | 日○昭昭乎侵已馳 | 3/5/20 |
| 計硯對○ | 9/38/9,9/39/19 | 勾踐乃退齋而命國人 | 10/45/22 | ○已馳兮何不渡爲 | 3/5/22 |
| 故傳○ | 9/38/13 | 乃復命有司與國人 | 10/45/23 | 三○得其味 | 3/7/5 |
| 越王乃請大夫種而問○ | 9/38/19 | 令國中○ | 10/45/24 | 四○ | 3/7/22 |
| 一○尊天事鬼 | 9/38/26 | 王乃令大夫○ | 10/46/1 | 三○不成 | 4/9/7 |
| 二○重財幣以遺其君 | 9/38/26 | 勾踐有命於夫人、大夫○ | 10/46/5 | 六○ | 4/9/22,4/15/18 |
| 三○貴糴粟稟以虛其國 | 9/39/1 | 與之訣而告之○ | 10/46/8 | 後三○ | 4/11/16,7/33/1 |
| 四○遺美女以惑其心 | 9/39/1 | 徇○ | 10/46/20 | 九○ | 4/12/26,4/15/21 |
| 五○遺之巧工良材 | 9/39/2 | 其士卒有問於王○ | 10/46/22 | 十○ | 4/14/8,5/26/21 |
| 六○遺之諛臣 | 9/39/2 | 勾踐○ | 10/46/23 | 七○ | 4/15/19,10/44/25 |
| 七○彊其諫臣 | 9/39/2 | | 10/47/18,10/50/4 | 今年七○辛亥平旦 | 5/22/17 |
| 八○君王國富 | 9/39/3 | 有司將軍大徇軍中○ | 10/46/24 | 遂九○使太宰嚭伐齊 | 5/22/20 |
| 九○利甲兵以承其弊 | 9/39/3 | 相謂○ | 10/46/30 | 日○炙汝肉 | 5/24/8 |
| 名○東皇公 | 9/39/5 | 使令入謂吳王○ | 10/47/19 | 非厥歲 | 6/28/17 |
| 名○西王母 | 9/39/5 | 吳王辭○ | 10/47/20 | 三○庚子 | 6/28/18,6/28/19 |
| 乃請計硯問○ | 9/39/18 | 當歸而問於范蠡○ | 10/47/24 | 禹行十○ | 6/28/26 |
| 勾踐歎○ | 9/40/5 | 樂師○ | 10/47/28 | 五○ | 7/30/8 |
| 越王謂大夫種○ | 9/40/7,9/40/20 | 遂作章暢辭○ | 10/48/1 | 日○不可並照 | 7/31/10 |
| 得苧蘿山鬻薪之女○西 | | 大夫種、蠡 | 10/48/1 | 日○含色 | 7/31/30 |
| 施、鄭旦 | 9/40/9 | 行謂文種○ | 10/48/8 | 今年十二○戊寅之日 | 7/33/6 |
| 乃使相國范蠡進○ | 9/40/10 | 蠡復爲書遺種○ | 10/48/8 | 後一○ | 7/33/17 |
| 太宰嚭從旁對○ | 9/41/11 | 范蠡辭於王○ | 10/48/14 | 三○不愈 | 7/33/18 |
| 而令之○ | 9/41/18 | 召大夫種○ | 10/48/24 | 至三○壬申病愈 | 7/33/26 |
| 越王又問相國范蠡○ | 9/41/24 | 人或讒之於王○ | 10/48/29 | 寡人有疾三○ | 7/34/12 |
| 自稱○袁公 | 9/41/28 | 種諫○ | 10/49/1 | 今年三○甲（戌）〔戍〕 | 7/34/18 |
| 越王問○ | 9/42/1 | 謂臣○ | 10/49/9 | 今三○甲辰 | 7/34/30 |
| 號○ | 9/42/8 | 其妻○ | 10/49/11 | 今十有二○己巳之日 | 8/35/8 |
| 越王請音而問○ | 9/42/9 | 於是種仰天嘆○ | 10/49/19 | 正○ | 8/37/1 |
| 音○ | 9/42/9,9/42/11,9/42/12 | 又嘆○ | 10/49/21 | ○滿則虧 | 8/37/12 |
| | 9/42/26,9/42/30,9/43/3 | 自笑○ | 10/49/21 | 越王勾踐十年二○ | 9/37/28 |
| 故歌○ | 9/42/13 | 孔子○ | 10/49/28 | 三○釋吾政 | 10/43/20 |
| 陳音○ | 9/42/21 | 越王喟然嘆○ | 10/50/1 | 其夏六○丙子 | 10/44/20 |
| 號其葬所○「陳音山」 | 9/43/5 | 謂太子興夷○ | 10/50/15 | 冬十○ | 10/45/11 |
| 謂大夫種○ | 10/43/9 | | | 三○不掃 | 10/46/1 |
| 因約吳國父兄昆弟而誓 | | **約 yuē** | 5 | 九○丁未 | 10/48/14 |
| 　之○ | 10/43/15 | | | 孟冬十○多雪霜 | 10/50/8 |
| 今國之父兄日請於孤○ | 10/43/23 | ○束不明 | 4/12/7 | | |
| 孤辭之○ | 10/44/1 | 既以○束 | 4/12/7 | **悅 yuè** | 24 |
| 父兄又復請○ | 10/44/2 | 下以○身 | 5/21/16 | | |
| 越父兄又諫○ | 10/44/10 | 周室卑（弱）○ | 5/25/16 | 其意大○ | 4/12/1 |
| 乃大會群臣而令之○ | 10/44/11 | 因○吳國父兄昆弟而誓 | | 吳王忽然不○ | 4/12/13 |
| 蠡、種相謂○ | 10/44/12 | 　之曰 | 10/43/15 | 於是吳王大○ | 4/12/17,7/34/6 |
| 而誓之○ | 10/44/13 | | | 昭王大○ | 4/13/13 |
| 越王復召范蠡謂○ | 10/44/16 | | | | |

| | | | | | |
|---|---|---|---|---|
| 吳王大〇 | 5/18/19 | 〔夫〕〇 | 5/17/12 | 昔天以〇賜吳 | 5/26/15,5/27/7 |
| | 5/20/16,5/21/8,7/33/28 | 願王釋齊而前〇 | 5/17/13 | 今天以吳賜〇 | 5/26/16,10/47/16 |
| | 9/39/12,9/40/12 | 吾嘗與〇戰 | 5/18/14 | 如〇王不忘周室之義 | 5/26/17 |
| 越王大〇 | 5/20/6 | 夫〇君、賢主〔也〕 | 5/18/14 | 〇王曰 | 5/26/18,5/27/16,7/30/13 |
| 宮女〇樂琴瑟和也 | 5/21/7 | 子待我伐〇而聽子 | 5/18/15 | | 7/30/18,7/30/22,7/31/7 |
| 衆民〇喜 | 6/29/31 | 夫〇之彊不過於魯 | 5/18/16 | | 7/31/11,7/31/19,7/31/31 |
| 魚以有〇死於餌 | 7/34/18 | 主以伐〇而不聽臣 | 5/18/16 | | 7/32/13,7/33/20,7/33/26 |
| 越國大〇 | 8/36/18 | 且畏小〇而惡彊齊 | 5/18/17 | | 8/35/14,8/35/18,8/35/23 |
| 越王〇兮忘罪除 | 8/36/21 | 且夫畏〇如此 | 5/18/19 | | 8/35/27,8/36/9,8/36/24 |
| 於是越王默然不〇 | 9/38/8 | 臣（誠）〔請〕東見〇王 | 5/18/19 | | 8/36/25,9/38/6,9/38/13 |
| 國人喜〇 | 10/43/10 | 子貢東見〇王 | 5/18/19 | | 9/38/18,9/38/22,9/38/23 |
| 孤〇而許之 | 10/44/4 | 〇王勾踐再拜稽首 | 5/18/21 | | 9/39/4,9/39/6,9/39/16 |
| 臺上群臣大〇而笑 | 10/48/6 | 〔其志〕畏〇 | 5/19/2 | | 9/39/21,9/39/22,9/40/2 |
| 故面有憂色而不〇也 | 10/48/7 | 〇王再拜 | 5/19/4,5/19/12 | | 9/40/3,9/40/9,9/40/18 |
| 〇兵敢死 | 10/50/2 | 吳〇之士繼踵連死、肝 | | | 9/41/23,9/42/3,9/42/10 |
| 軍人〇樂 | 10/50/7 | 　腦塗地者 | 5/19/17 | | 9/42/11,9/42/21,9/42/26 |
| | | 〇王憔然避位 | 5/20/2 | | 9/43/2,10/43/12,10/44/9 |
| **越 yuè** | **344** | 〇王大悅 | 5/20/6 | | 10/44/26,10/45/1,10/45/3 |
| | | 〇王送之金百鎰、寶劍 | | | 10/45/11,10/47/26,10/49/28 |
| 右手抱〇女 | 3/3/29 | 　一、良馬二 | 5/20/6 | 〇王不聽 | 5/26/19 |
| 於是莊王棄其秦姬、〇女 | 3/4/1 | 臣以下吏之言告於〇王 | 5/20/7 | 〇王復伐吳 | 5/26/21 |
| 〇虧禮儀 | 3/6/7 | 〇王大恐 | 5/20/7 | 〇兵至 | 5/27/4 |
| 欲以絕〇明也 | 4/8/22 | 〇使果來 | 5/20/10,5/20/16 | 〇君勾踐下臣種敢言之 | 5/27/7 |
| 欲東并大〇 | 4/8/24 | 〇亂之必矣 | 5/20/20 | 今上天報〇之功 | 5/27/8 |
| 〇在東南 | 4/8/24 | 〇吾宮堂 | 5/21/3 | 且吳與〇同音共律 | 5/27/12 |
| 〇在巳地 | 4/9/1 | 湯湯〇宮堂者 | 5/21/7 | 昔〇親戕吳之前王 | 5/27/12 |
| 示〇屬於吳也 | 4/9/2 | 〇軍入吳國 | 5/22/1 | 〇王謹上刻青天 | 5/27/13 |
| 〇前來獻三枚 | 4/9/4 | 流水湯湯〇宮堂者 | 5/22/2 | 大夫種謂〇君曰 | 5/27/14 |
| 〇鷲向日而熙 | 4/10/4 | 〇之爲病 | 5/22/14 | 〇王敬拜 | 5/27/15 |
| 而誰能涉淮踰泗、〇千 | | 願大王定〇而後圖齊 | 5/22/15 | 〇王復使謂曰 | 5/27/17 |
| 　里而戰者乎 | 4/12/16 | 〇王侍坐 | 5/23/18 | 〇王復瞋目怒曰 | 5/27/20 |
| 臣聞吳王得〇所獻寶劍 | | 〇王慈仁忠信 | 5/23/20 | 〇王謂太宰嚭曰 | 5/27/22 |
| 　三枚 | 4/13/3 | 〇渡江淮 | 5/23/28 | 〇王乃葬吳王以禮 | 5/27/26 |
| 臣聞〇王（元）〔允〕 | | 南服勁〇 | 5/24/1 | 〇王使軍士集於我戎之功 | 5/27/26 |
| 　常使歐冶子造劍五枚 | 4/13/5 | 〇人掘汝社稷 | 5/24/2 | 昔〇之前君無余者 | 6/28/3 |
| 臣聞此劍在〇之時 | 4/13/10 | 不知〇王將選死士 | 5/25/2 | 歸還大〇 | 6/29/11 |
| 吳王以〇不從伐楚 | 4/13/18 | 〇王聞吳王伐齊 | 5/25/3 | 而留〇 | 6/29/15 |
| 南伐〇 | 4/13/18 | 〔以〇亂告〕 | 5/25/6 | 啓使使以歲時春秋而祭 | |
| 〇王（元）〔允〕常曰 | 4/13/18 | 今大國〇次而造弊邑之 | | 　禹於 | 6/29/25 |
| 〇王（元）〔允〕常恨 | | 　軍壘 | 5/25/15 | 乃封其庶子於〇 | 6/29/26 |
| 　闔閭破之檇里 | 4/15/17 | 大則〇人入〔吳〕 | 5/25/22 | 以承〇君之後 | 6/30/1 |
| 〇盜掩襲之 | 4/15/17 | 〇聞吳王久留未歸 | 5/26/4 | 〇之興霸自（元）〔允〕 | |
| 二子東奔適吳〇 | 4/16/4 | 二十年〇王興師伐吳 | 5/26/14 | 　常矣 | 6/30/3 |
| 南伐於〇 | 4/17/2 | 吳與〇戰於檇李 | 5/26/14 | 〇王勾踐五年 | 7/30/8 |
| 〇王聞之 | 5/17/10,7/33/5 | 〇追破吳 | 5/26/14 | 〇王仰天太息 | 7/30/11 |
| 嚭喜受〇之賂 | 5/17/10 | 如〇之來也 | 5/26/15 | 來歸〇國 | 7/30/13 |
| 愛信〇殊甚 | 5/17/11 | 〇王對曰 | 5/26/15 | 〇王仰天歎曰 | 7/32/1,9/38/3 |

| | | | | | |
|---|---|---|---|---|---|
| ○王夫人乃據船哭 | 7/32/2 | ○王勾踐臣吳 | 8/35/6 | ○王服誠行仁 | 9/40/15 |
| ○王聞夫人怨歌 | 7/32/9 | 至歸○ | 8/35/6 | ○王夏被毛裘 | 9/40/16 |
| 今○王放於南山之中 | 7/32/15 | 復於○國 | 8/35/7 | 君王自陳○國微鄙 | 9/40/21 |
| 吾非愛○而不殺也 | 7/32/17 | ○王策馬飛輿 | 8/35/10 | ○乃使大夫種使吳 | 9/40/22 |
| 夫差遂不誅○王 | 7/32/19 | 吳封地百里於○ | 8/35/10 | ○國涊下 | 9/40/22 |
| 吳王召○王入見 | 7/32/19 | ○王謂范蠡曰 | 8/35/11 | ○王信誠守道 | 9/40/24 |
| ○王伏於前 | 7/32/19 | ○之霸也 | 8/35/27 | 非吳有○ | 9/40/25 |
| 今○王無道 | 7/32/21 | ○王乃召相國范蠡、大 | | ○必有吳 | 9/40/25 |
| 棄○歸吳乎 | 7/32/22 | 　夫種、大夫郢 | 8/36/1 | 且○有聖臣范蠡 | 9/41/1 |
| 臣在○不忠不信 | 7/32/23 | ○王是日立政 | 8/36/7 | 觀○王之使使來請糴者 | 9/41/1 |
| 今○王不奉大王命號 | 7/32/23 | ○王念復吳讎 | 8/36/7 | 寡人卑服○王 | 9/41/2 |
| 此時○王伏地流涕 | 7/32/25 | 吳王聞○王盡心自守 | 8/36/11 | 臣聞○王饑餓 | 9/41/5 |
| ○王、范蠡趨入石室 | 7/32/27 | ○王乃使大夫種索葛布 | | 臣必見○之破吳 | 9/41/10 |
| ○王服（攢）〔犢〕鼻 | 7/32/27 | 　十萬、甘蜜九党、文 | | 吳王乃與○粟萬石 | 9/41/18 |
| 望見○王及夫人、范蠡 | | 　笥七枚、狐皮五雙、 | | 寡人逆群臣之議而輸於○ | 9/41/19 |
| 　坐於馬糞之旁 | 7/32/29 | 　晉竹十廋 | 8/36/13 | 臣奉使返○ | 9/41/19 |
| 彼○王者 | 7/32/30 | 以○僻狄之國無珍 | 8/36/15 | 大夫種歸○ | 9/41/20 |
| ○之與吳 | 7/33/2 | 此○小心念功 | 8/36/15 | ○國群臣皆稱萬歲 | 9/41/20 |
| 誅討○寇 | 7/33/3 | 夫○本興國千里 | 8/36/16 | ○王粟稔 | 9/41/20 |
| 大王垂仁恩加○ | 7/33/4 | 乃復增○之封 | 8/36/18 | 王得○粟 | 9/41/21 |
| ○豈敢不報哉 | 7/33/4 | ○國大悅 | 8/36/18 | ○地肥沃 | 9/41/22 |
| 今大王既囚○君而不行誅 | 7/33/11 | 采葛之婦傷○王用心之苦 | 8/36/19 | 於是吳種○粟 | 9/41/22 |
| 吳王遂召○王 | 7/33/12 | ○王悅兮忘罪除 | 8/36/21 | ○王又問相國范蠡曰 | 9/41/24 |
| 見大夫種、范蠡而言○ | | ○王內修其德 | 8/36/22 | 今聞○有處女 | 9/41/26 |
| 　王復拘於石室 | 7/33/13 | ○王內實府庫 | 8/36/23 | ○王乃使使聘之 | 9/41/27 |
| 今○王已入石室 | 7/33/14 | ○王遂師（入）〔八〕 | | 見○王 | 9/42/1 |
| 今大王誠赦○王 | 7/33/16 | 　臣與其四友 | 8/36/24 | ○王問曰 | 9/42/1 |
| 名○於前古 | 7/33/17 | ○王乃緩刑薄罰 | 8/36/30 | ○王即加女號 | 9/42/7 |
| ○王出石室 | 7/33/18 | ○王召五大夫而告之曰 | 8/37/1 | ○女 | 9/42/8 |
| ○王明日謂太宰嚭曰 | 7/33/23 | ○國遁棄宗廟 | 8/37/1 | 當世勝○女之劍 | 9/42/8 |
| ○王因拜 | 7/33/24 | ○承其弊 | 8/37/9 | ○王請音而問曰 | 9/42/9 |
| 乃赦○王得離其石室 | 7/33/28 | ○王勾踐十年二月 | 9/37/28 | ○王傷之 | 9/43/4 |
| ○王從嘗糞惡之後 | 7/33/29 | ○王深念遠思 | 9/37/28 | 今○國富饒 | 10/43/24 |
| 吳王如○王期日疾愈 | 7/33/30 | 得○國 | 9/37/28 | （誠）〔○〕四封之內 | 10/44/2 |
| 今日為○王陳北面之坐 | 7/33/31 | 反○五年 | 9/37/29 | ○父兄又諫曰 | 10/44/10 |
| 於是范蠡與○王俱起 | 7/34/3 | ○王即鳴鐘驚檄而召群臣 | 9/38/1 | ○王會軍列士而大誡衆 | 10/44/12 |
| ○王迷惑 | 7/34/13 | 於是○王默然不悅 | 9/38/8 | 於是○民父勉其子 | 10/44/16 |
| 大王以○王歸吳為義 | 7/34/20 | ○王乃請大夫種而問曰 | 9/38/19 | ○王復召范蠡謂曰 | 10/44/16 |
| 今○王入臣於吳 | 7/34/22 | ○王乃使木工三千餘人 | 9/39/7 | 聞○掩其空虛 | 10/44/19 |
| ○王之崇吳 | 7/34/23 | 必為○王所戮 | 9/39/14 | 乃使人請成於○ | 10/44/22 |
| 遂赦○王歸國 | 7/34/25 | ○王深念永思 | 9/39/18 | ○王復悉國中兵卒伐吳 | 10/44/25 |
| ○王稽首曰 | 7/34/26 | ○國熾富 | 9/40/5 | 會楚使申包胥聘於○ | 10/44/25 |
| ○王再拜跪伏 | 7/34/28 | ○王謂大夫種曰 | 9/40/7, 9/40/20 | ○王乃問包胥曰 | 10/44/25 |
| 吳王乃（隱）〔引〕○ | | ○王勾踐竊有二遺女 | 9/40/11 | ○王固問〔焉〕 | 10/44/28 |
| 　王登車 | 7/34/29 | ○國涊下困迫 | 9/40/11 | ○國之中 | 10/45/3, 10/45/5 |
| ○將有福 | 7/34/31 | ○貢二女 | 9/40/12 | ○王請八大夫曰 | 10/45/11 |
| 望見大○山川重秀 | 7/35/1 | 臣聞○王朝書不倦 | 9/40/14 | （○）〔赴〕國家之急 | 10/46/16 |

| | | |
|---|---|---|
| ○〔君〕〔軍〕於江南 | 10/46/27 | ○王喟然嘆曰 10/50/1 |
| ○王中分其師以爲左右 | | 〔夫〕○性脆而愚 10/50/1 |
| 　軍 | 10/46/27 | ○之常〔性〕也 10/50/2 |
| 今○軍分爲二師 | 10/47/1 | ○王使人如木客山 10/50/3 |
| 以圍○ | 10/47/1 | 秦桓公不如○王之命 10/50/6 |
| ○王陰使左右軍與吳望戰 | 10/47/1 | 勾踐乃選吳○將士 10/50/6 |
| ○之左右軍乃遂伐之 | 10/47/2 | ○乃還軍 10/50/7 |
| ○王追奔 | 10/47/4 | 自○滅吳 10/50/9 |
| ○軍大懼 | 10/47/5 | ○王以邾子無道而執以 |
| ○軍壞敗 | 10/47/6 | 　歸 10/50/12 |
| 吾知○之必入吳矣 | 10/47/8 | ○王欲爲伐三桓 10/50/13 |
| 然○之伐吳 | 10/47/9 | 從窮○之地 10/50/16 |
| ○如欲入 | 10/47/10 | 從無余○國始封至餘善 |
| ○軍明日更從江出 | 10/47/11 | 　返○國空滅 10/50/28 |
| ○軍遂圍吳 | 10/47/11 | |
| 請成於○王 | 10/47/12 | |
| 天以○賜吳 | 10/47/15 | **鉞 yuè　　　　　　　1** |
| ○可逆命乎 | 10/47/16 | |
| ○既有之 | 10/47/21 | 王親秉○ 5/25/11 |
| ○兵橫行於江淮之上 | 10/47/24 | |
| ○王還於吳 | 10/47/24,10/47/28 | **樂 yuè　　　　　　　29** |
| ○王默然無言 | 10/48/4 | |
| ○王面無喜色 | 10/48/6 | 觀諸侯禮○ 2/2/11 |
| 乃從入○ | 10/48/8 | 深問周公禮○ 2/2/11 |
| ○王必將誅子 | 10/48/8 | 成公悉爲陳前王之禮○ 2/2/11 |
| 夫○王爲人長頸鳥喙 | 10/48/10 | 罷鐘鼓之○ 3/4/1 |
| ○王陰謀 | 10/48/12 | 安民以爲○ 3/4/3 |
| ○王惻然 | 10/48/19 | 臣聞安其妻之○ 4/11/11 |
| 是天之棄○而喪孤也 | 10/48/20 | ○師扈子非荆王信讒佞 4/16/1 |
| ○王愀然變色 | 10/48/23 | 南城宮在長 4/16/25 |
| ○王乃收其妻子 | 10/48/27 | 興○石城 4/16/27 |
| ○王乃使良工鑄金象范 | | 宮女悅○琴瑟和也 5/21/7 |
| 　蠡之形 | 10/48/27 | ○府鼓聲也 5/21/8 |
| ○王默然 | 10/49/2 | 聞○不聽 6/28/12 |
| 又奔○ | 10/49/3 | 無改畝以爲居之者○ 6/29/21 |
| ○王召相國大夫種而問之 | 10/49/6 | 士○爲用 7/31/9 |
| ○王默然不應 | 10/49/11 | 立苑於○野 8/35/30 |
| ○王復召相國 | 10/49/17 | 則○之 8/36/27 |
| 乃爲○王所戮 | 10/49/20 | 君○臣歡 9/40/1 |
| ○王遂賜文種屬盧之劍 | 10/49/21 | 男即歌○ 10/43/23 |
| 南陽之宰而爲○王之擒 | 10/49/21 | 聽○不盡其聲 10/45/2 |
| ○王葬種於國之西山 | 10/49/22 | 齊苦○之喜 10/45/10 |
| ○王既已誅忠臣 | 10/49/24 | 莫不懷心○死 10/46/24 |
| 從弟子奉先王雅琴禮樂 | | 群臣爲○ 10/47/28 |
| 　奏於○ | 10/49/26 | 乃命○作伐吳之曲 10/47/28 |
| ○王乃被唐夷之甲 | 10/49/26 | ○師曰 10/47/28 |
| 孔子有頃到〔○〕 | 10/49/27 | 功成作○ 10/47/29 |
| | | 可以共患難而不可共處 |

| | |
|---|---|
| ○ | 10/48/11 |
| 滅淫○ | 10/49/8 |
| 從弟子奉先王雅琴禮○ | |
| 　奏於越 | 10/49/26 |
| 軍人悅○ | 10/50/7 |

**蹴 yuè　　　　　　　1**

蹴○微進　　　　　5/24/24

**嶽 yuè　　　　　　　12**

| | |
|---|---|
| 乃命四○ | 6/28/6 |
| 四○乃舉鯀而薦之於堯 | 6/28/7 |
| 四○曰 | 6/28/8 |
| 舜與四○舉鯀之子高密 | 6/28/10 |
| 四○謂禹曰 | 6/28/10 |
| 禹乃東巡登衡○ | 6/28/15 |
| 齋於黃帝巖○之下 | 6/28/18 |
| 復返歸○ | 6/28/19 |
| 徊集五○ | 6/28/20 |
| 不離三○之困 | 7/30/29 |
| 拆○破械 | 7/31/1 |
| ○象已設 | 8/35/27 |

**云 yún　　　　　　　7**

| | |
|---|---|
| 故○ | 1/1/27 |
| 詩○ | 6/28/20 |
| 乃辭○ | 6/28/23 |
| 而○湯文困厄後必霸 | 7/30/23 |
| 而○委質而已 | 7/31/15 |
| 而子昔日○ | 10/43/10 |
| 今子○去 | 10/48/20 |

**雲 yún　　　　　　　4**

| | |
|---|---|
| 赤菫之山已令無○ | 4/13/11 |
| 入于○中 | 4/14/13 |
| 啄蝦矯翾兮○間 | 7/32/4 |
| 夫飛鳥在青○之上 | 7/32/14 |

**郧 yún　　　　　　　2**

| | |
|---|---|
| 奔○ | 4/14/14 |
| ○公辛得昭王 | 4/14/15 |

| 在 zài | 89 |
| --- | --- |
| 其○昌乎 | 1/1/20 |
| ○西北隅 | 1/1/26 |
| 孤○夷蠻 | 2/2/12 |
| 意○於季札 | 2/3/2 |
| 使者○門 | 3/4/26 |
| 失其所○ | 3/5/7 |
| 聞太子建○宋 | 3/5/8 |
| 太子既○鄭 | 3/5/15 |
| 追者○後 | 3/5/19 |
| 亡○諸侯未還 | 3/6/28 |
| 顧○東南之地 | 4/8/15 |
| 楚○西北 | 4/8/23 |
| 越○東南 | 4/8/24 |
| 吳○辰 | 4/8/24 |
| 越○巳地 | 4/9/1 |
| 不知其所○ | 4/9/20 |
| 我○於此 | 4/9/20 |
| 聞臣○吳而來也 | 4/9/23 |
| 喜聞臣○吳 | 4/9/29 |
| 又憂慶忌之○鄰國 | 4/10/9 |
| 將法○軍 | 4/12/10 |
| 臣聞此劍○越之時 | 4/13/10 |
| 周之子孫○漢水上者 | 4/14/18 |
| 求昭王所○日急 | 4/15/3 |
| 申包胥亡○山中 | 4/15/8 |
| 寡君出○草澤 | 4/15/8 |
| 寡君今○草野 | 4/15/14 |
| 吳○楚 | 4/15/17 |
| 存沒所○ | 4/15/24 |
| 此計○君耳 | 4/16/20 |
| 華池○平昌 | 4/16/25 |
| 南城宮○長樂 | 4/16/25 |
| ○心腹之病 | 5/17/12 |
| 丘墓○焉 | 5/17/20 |
| 吾兵已○魯之城下矣 | 5/18/9 |
| 勢○上位而不能施其政 | |
| 　令於下者 | 5/19/9 |
| 然德○ | 5/22/18 |
| 群臣悉○ | 5/23/18 |
| 子胥○焉 | 5/23/18 |
| 讒夫○側 | 5/23/23 |
| ○上位者 | 5/24/14 |
| 志○有利 | 5/24/24 |
| 今臣但虛心志○黃雀 | 5/24/25 |
| 孤之事君決○今日 | 5/25/19 |

| 不得事君（命）〔亦〕 | |
| --- | --- |
| 　○今日矣 | 5/25/19 |
| 二國君臣並○ | 5/26/3 |
| 吾之○周 | 5/26/16 |
| 聖○ | 5/27/2 |
| 范蠡○中行 | 5/27/4 |
| 石紐○蜀西川也 | 6/28/5 |
| ○于九山東南 | 6/28/14 |
| 赤帝○闕 | 6/28/14 |
| 祉祐○側 | 7/30/12 |
| 興衰○天 | 7/30/17 |
| 今大王雖○危困之際 | 7/31/5 |
| 豈得以○者盡忠、亡者 | |
| 　為不信乎 | 7/31/13 |
| 志○於還 | 7/31/17 |
| 心○專兮素蝦 | 7/32/6 |
| 伍胥○旁 | 7/32/14 |
| 夫飛鳥○青雲之上 | 7/32/14 |
| 臣○越不忠不信 | 7/32/23 |
| 雖○窮厄之地 | 7/32/30 |
| ○玉門第一 | 7/33/6 |
| 謀利事○青龍 | 7/33/8 |
| 青龍○ | 7/33/8 |
| 皇○上 | 7/34/4 |
| 青龍○酉 | 7/34/19 |
| 德○土 | 7/34/19 |
| 刑○金 | 7/34/20 |
| 中宿臺○於高平 | 8/35/29 |
| 駕臺○於成丘 | 8/35/29 |
| 燕臺○於石室 | 8/35/30 |
| 齋臺○於（禁）〔稷〕山 | 8/35/30 |
| 厥咎安○ | 9/38/14 |
| 則霸王之術○矣 | 9/38/19 |
| 忠臣尚○ | 9/41/24 |
| 吉凶決○其工 | 9/41/26 |
| 道（女）〔要〕○斯 | 9/43/2 |
| 事○於人 | 9/43/3 |
| 老弱○後 | 10/44/19 |
| ○孤之側者 | 10/45/1 |
| 子○軍寇之中 | 10/46/16 |
| 父母昆弟有○疾病之地 | 10/46/16 |
| 不○前後 | 10/47/21 |
| 實《金匱》之要○於上 | |
| 　下 | 10/47/26 |
| 臣所以○朝而晏罷若身 | |
| 　疾作者 | 10/49/1 |
| 妻子○側 | 10/49/12 |

| ○君為忠 | 10/49/14 |
| --- | --- |
| 其六尙○子所 | 10/49/18 |

| 再 zài | 16 |
| --- | --- |
| 如是者○ | 3/5/20 |
| 如是至○ | 3/5/25 |
| 子胥○餐而止 | 3/6/4 |
| 時不○來 | 3/7/19 |
| 如是○ | 4/14/28 |
| 越王勾踐○拜稽首 | 5/18/21 |
| 越王○拜 | 5/19/4, 5/19/12 |
| 稽首○拜稱臣 | 7/32/10 |
| 吾聞君子一言不○ | 7/34/28 |
| 越王○拜跪伏 | 7/34/28 |
| 天地○清 | 7/35/1 |
| 豈料○還 | 7/35/2 |
| ○返南鄉 | 8/35/12 |
| 謹○拜獻之〔大王〕 | 9/39/12 |
| 恐不○還 | 10/49/15 |

| 載 zài | 4 |
| --- | --- |
| 受命九○ | 6/28/8 |
| 乘四○以行川 | 6/28/20 |
| 三○考功 | 6/29/11 |
| ○飯與羹以游國中 | 10/43/21 |

| 簪 zān | 1 |
| --- | --- |
| 鄭君送建母珠玉○珥 | 3/7/7 |

| 臧 zāng | 5 |
| --- | --- |
| 子○聞之 | 2/3/7 |
| 將立子○ | 2/3/7 |
| 子○去之 | 2/3/8 |
| 願附子○之義 | 2/3/8 |
| 已附子○之義 | 2/3/19 |

| 葬 zàng | 22 |
| --- | --- |
| ○於梅里平墟 | 1/2/2 |
| 吳欲因楚○而伐之 | 3/7/17 |
| 骸骨不○ | 4/8/12 |
| ○於國西閶門外 | 4/12/28 |
| 必○我於虞山之巔 | 4/16/17 |

| | | | | | |
|---|---|---|---|---|---|
| 乃○虞山之巔 | 4/16/18 | 乃有白狐（有）〔九〕 | | ○執諸侯之柄 | 5/25/8 |
| 與死人俱○也 | 5/22/3 | 　尾○於禹 | 6/28/23 | 小○嬖妾、嫡子死 | 5/25/22 |
| 以○我以爲直者 | 5/22/7 | 我○彼昌 | 6/28/25 | 否○吳國有難 | 5/25/22 |
| 越王乃○吳王以禮 | 5/27/26 | 東○絕迹 | 6/29/2 | 大○越人入〔吳〕 | 5/25/22 |
| 人一隕土以○之 | 5/27/27 | ○井示民 | 6/29/18 | 盟國一人○依矣 | 5/26/11 |
| 宰嚭亦○卑猶之旁 | 5/27/27 | 南○於山 | 8/35/11 | ○兼受永福 | 5/26/11 |
| ○我會稽之山 | 6/29/20 | 皆○國門之期 | 10/45/23 | ○行明矣哉 | 6/28/25 |
| 土階三等○之 | 6/29/20 | ○鼎足之羨 | 10/49/23 | 否終○泰 | 7/30/30 |
| ○於國西 | 9/43/4 | | | 彼興○我辱 | 7/31/4 |
| 號其○所曰「陳音山」 | 9/43/5 | **懜 zào** | **1** | 我霸○彼亡 | 7/31/4 |
| 乃○死問傷 | 10/43/13 | | | 雖○恨悔之心 | 7/31/6 |
| 必哭泣○埋之如吾子也 | 10/43/20 | 越王○然避位 | 5/20/2 | ○萬綱千紀無不舉者 | 7/31/10 |
| 吾○埋殯送之 | 10/46/17 | | | 臣死○死矣 | 7/32/14 |
| 如吾父母昆弟之有死亡 | | **躁 zào** | **1** | 克之○加以誅 | 7/33/14 |
| 　○埋之矣 | 10/46/17 | | | ○功（寇）〔冠〕於五霸 | 7/33/16 |
| 越王○種於國之西山 | 10/49/22 | 躁○摧長惡兮 | 10/46/10 | ○大王何憂 | 7/33/23 |
| ○一年 | 10/49/23 | | | 目臥○攻之以蓼 | 8/36/8 |
| 欲徙○琅邪 | 10/50/3 | **則 zé** | **106** | 足寒○漬之以水 | 8/36/8 |
| | | | | ○利也 | 8/36/26 |
| **遭 zāo** | **8** | 飛○沖天 | 3/3/30 | ○成之 | 8/36/26 |
| | | 鳴○驚人 | 3/3/31 | ○生之 | 8/36/26 |
| 堯○洪水 | 1/1/9 | 能致二子○生 | 3/4/17 | ○與之 | 8/36/27 |
| ○夏氏世衰 | 1/1/11 | 不然○死 | 3/4/17 | ○樂之 | 8/36/27 |
| ○殷之末世衰 | 1/1/25 | ○爲不忠 | 3/5/10 | ○喜之 | 8/36/27 |
| ○公子光之有謀也 | 3/6/24 | ○爲無親友也 | 3/5/11 | ○害之 | 8/36/27 |
| 楚荊骸骨○發掘 | 4/16/6 | ○光之父也 | 3/6/27 | ○敗之 | 8/36/28 |
| ○此默默 | 5/23/23 | 斯○其術也 | 4/8/19 | ○殺之 | 8/36/28 |
| ○洪水滔滔 | 6/28/5 | ○亡矣 | 4/9/15 | ○奪之 | 8/36/28 |
| 今○辱恥 | 7/30/14 | 迎風○僵 | 4/11/6 | ○苦之 | 8/36/28 |
| | | 負風○伏 | 4/11/6 | ○怒之 | 8/36/29 |
| **早 zǎo** | **4** | ○亦亡君之土也 | 4/15/12 | 日中○移 | 8/37/12 |
| | | 我入○（波）〔決〕矣 | 4/16/20 | 月滿○虧 | 8/37/12 |
| ○失侍御 | 4/16/22 | 且夫上驕○犯 | 5/18/4 | 水靜○無漚瀯之怒 | 8/37/14 |
| 宜○圖之 | 7/33/14 | 臣驕○爭 | 5/18/4 | 火消○無熹毛之熱 | 8/37/14 |
| ○欲興師 | 9/39/18 | 乃君立於齊 | 5/18/5 | ○吳可滅矣 | 8/37/20 |
| 且君王○朝晏罷 | 10/47/16 | ○王不疑也 | 5/18/13 | ○君臣何憂 | 9/38/17 |
| | | 故臨財分利○使仁 | 5/19/7 | ○霸王之術在矣 | 9/38/19 |
| **造 zào** | **13** | 涉患犯難○使勇 | 5/19/8 | 物至○收 | 9/39/26 |
| | | 用智圖國○使賢 | 5/19/8 | 吉往○凶來 | 9/40/25 |
| 隨地○區 | 1/1/9 | 正天下、定諸侯○使聖 | 5/19/8 | ○周何爲三家之表 | 9/41/13 |
| ○築大城 | 4/8/21 | ○君制其餘矣 | 5/19/12 | 水戰○乘舟 | 9/41/24 |
| 臣聞越王（元）〔允〕 | | ○可銷也 | 5/22/4 | 陸行○乘輿 | 9/41/25 |
| 　常使歐冶子○劍五枚 | 4/13/5 | 不發○傷 | 5/22/14 | 袁公○飛上樹 | 9/42/1 |
| 自闔閭之○也 | 4/16/15 | 動○有死 | 5/22/15 | 夫劍之道○如之何 | 9/42/2 |
| 出火於○ | 5/25/10 | 出○罪吾士衆 | 5/23/6 | 死○（裹）〔裹〕以白茅 | 9/42/12 |
| 今大國越次而○弊邑之 | | 若子於吳○何力焉 | 5/23/8 | 此○寡人之罪也 | 10/43/13 |
| 　軍壘 | 5/25/15 | 聞人言○四分走矣 | 5/23/13 | 勝○滅其國 | 10/44/10 |

| | | | | |
|---|---|---|---|---|
| 不勝○困其兵 | 10/44/10 | 周室何罪而隱其○ | 4/14/19 | 以○號謚 | 5/26/12 |

不勝○困其兵　10/44/10
吾欲士卒進○思賞　10/44/15
退○避刑　10/44/15
善○善矣　10/45/2
　　　　10/45/4,10/45/6
邦國南○距楚　10/45/7
西○薄晉　10/45/7
北○望齊　10/45/7
○不得與三軍同饑寒之
　節　10/45/10
○不能斷去就之疑　10/45/10
審賞○可戰也　10/45/14
○士卒不怠　10/45/14
審（伐）〔罰〕○可戰　10/45/15
審罰○士卒望而畏之　10/45/15
審物○可戰　10/45/16
審物○別是非　10/45/16
審備○可戰　10/45/17
審聲○可戰　10/45/18
廣恩知分○可戰　10/45/20
○可戰　10/45/21
○可　10/45/21
○吾良人矣　10/45/25
○非吾之民也　10/45/25
○是子〔也〕　10/45/27
○是（子）〔我〕也　10/45/27
王出○復背垣而立　10/46/1
○吳願長爲臣妾　10/47/15
前○無滅未萌之端　10/48/15
後○無救已傾之禍　10/48/15
去○難從　10/50/2

**責 zé**　5

椒丘訴卒於詘○　4/10/24
吾以畏○天下之慚　5/27/1
諸大夫之○也　7/30/15
而○士之所重　9/38/8
是孤之○　10/46/3

**賊 zé**　11

王獨奈何以讒○小臣而
　踈骨肉乎　3/4/14
兩○相逢　3/5/30
吾所謂渡楚○也　3/5/30
兩○相得　3/5/31

周室何罪而隱其○　4/14/19
且與○居　5/22/12
親欲爲○　7/33/2
時加卯而○戊　7/33/7
是日○其德也　7/34/20
上○於下　10/49/16
上○下止　10/49/17

**幘 zé**　1

遣下吏太宰嚭、王孫駱
　解冠○　5/22/4

**澤 zé**　6

復置於○中冰上　1/1/6
仰天行哭林○之中　3/5/7
寡君出在草○　4/15/8
行到名山大○　6/28/21
百鳥佃於○　6/29/19
祀水○於江州　9/39/6

**擇 zé**　6

闔閭謀○諸公子可立者　4/16/19
臣竊自○可與成功而至
　王者　5/19/9
乃○吉日而欲救之　7/33/2
大王之○日也　8/35/10
惟王選○美女二人而進之　9/40/9
揀○精粟而蒸　9/41/21

**曾 zēng**　4

臣昔嘗見○拆辱壯士椒
　丘訴也　4/10/15
○無所知乎　5/27/2
○不聞相國一言　7/34/12
寡人○聽相國而誅之　7/34/16

**憎 zēng**　1

父不○有力之子　5/23/19

**增 zēng**　7

吾將復○其國　5/23/20

以○號謚　5/26/12
立○樓冠其山巔　8/35/29
○之以封　8/36/12
乃復○越之封　8/36/18
○封益地賜羽奇　8/36/21
今官不加○　10/48/30

**繒 zēng**　3

中校之軍皆白裳、白髦
　、素甲、素羽之○　5/25/10
左軍皆赤裳、赤髦、丹
　甲、朱羽之○　5/25/11
右軍皆玄裳、玄輿、黑
　甲、烏羽之○　5/25/12

**甑 zèng**　1

揭釜○而歸古公　1/1/17

**札 zhá**　25

次曰季○　2/2/24,3/6/27
季○賢　2/2/25
季○讓曰　2/2/25
我欲傳國及○　2/2/26
今欲授國於○　2/2/27
必授國以次及于季○　2/2/28
讓季○　2/3/1
意在於季○　2/3/2
吾知公子○之賢　2/3/2
季○謝曰　2/3/4
○復謝曰　2/3/6
○雖不才　2/3/8
吳人固立季○　2/3/8
季○不受而耕於野　2/3/9
必以國與季○　2/3/10
乃封季○於延陵　2/3/10
欲授位季○　2/3/18
季○讓　2/3/18
○之賢也　3/6/27
以及季○　3/6/28
念季○爲使　3/6/28
使季○於吾　3/7/17
季○使還　3/8/1
季○曰　3/8/1

| 疹 zhěn | 1 |
|---|---|
| 令孤子、寡婦、疾○、<br>　貧病者 | 10/43/20 |

| 振 zhèn | 4 |
|---|---|
| 一鼓皆○ | 4/12/4 |
| 以○其旅 | 5/25/14 |
| 無姬姓之所○懼 | 5/25/17 |
| 威○八都 | 10/46/11 |

| 陣 zhèn | 14 |
|---|---|
| 自豫章與楚夾漢水爲○ | 4/14/6 |
| 子常遂濟漢而○ | 4/14/6 |
| 楚二師○於柏舉 | 4/14/8 |
| 設○爲備 | 5/23/2 |
| 方○而行 | 5/25/10 |
| 戴旗以○而立 | 5/25/11 |
| 〔既〕○ | 5/25/13 |
| 軍○固陵 | 7/30/9 |
| 望敵設○ | 7/31/26 |
| 然行○隊伍軍鼓之事 | 9/41/26 |
| 軍行成○ | 10/46/6 |
| 躬率君子之軍六千人以<br>　爲中○ | 10/46/28 |
| 出死士（以）三百人爲<br>　○關下 | 10/49/27 |
| ○兵未濟秦師降 | 10/50/8 |

| 朕 zhèn | 1 |
|---|---|
| ○知不能也 | 6/28/9 |

| 賑 zhèn | 1 |
|---|---|
| 夫人○窮途少飯 | 3/6/3 |

| 震 zhèn | 5 |
|---|---|
| 後房鼓○篋篋有鍛工 | 5/21/3 |
| 後房篋篋鼓○有鍛工者 | 5/21/7 |
| 後房鼓○篋篋者 | 5/22/2 |
| 威○四海 | 5/23/22 |
| 內有爭臣之○ | 8/37/21 |

| 爭 zhēng | 18 |
|---|---|
| 雖冤不○ | 3/4/19 |
| ○界上之桑 | 3/7/11 |
| 今臣與之○鋒 | 4/13/27 |
| 不敢陳戰○之辭 | 5/17/7 |
| 臣驕則○ | 5/18/4 |
| 而下與大臣交○〔也〕 | 5/18/5 |
| 而與吳○彊 | 5/18/12 |
| 而○一日之勝 | 5/22/12 |
| 見難○死 | 5/23/21 |
| 我以死○之 | 5/24/3 |
| 與定公○長未合 | 5/25/6 |
| 徒以○彊 | 5/25/18 |
| 無以○行而危國也 | 5/26/1 |
| 夫君子○寸陰而棄珠玉 | 7/30/24 |
| 二國○道 | 7/31/4 |
| 必角勢交○ | 8/37/8 |
| 內有○臣之震 | 8/37/21 |
| 將有戰○之氣 | 10/46/22 |

| 征 zhēng | 4 |
|---|---|
| 夫吳徒知蹍境○伐非吾<br>　之國 | 5/25/2 |
| 孤不欲有○伐之心 | 10/44/9 |
| 使以○不義 | 10/45/24 |
| 吾方往○討我宗廟之讎 | 10/46/8 |

| 蒸 zhēng | 6 |
|---|---|
| 與夫人及女會○魚 | 4/12/27 |
| ○而不炊 | 5/21/2 |
| 兩鑊○而不炊者 | 5/21/5 |
| 入門見鑊○而不炊者 | 5/21/22 |
| 於是吳王乃使門人提之<br>　○丘 | 5/22/8 |
| 揀擇精粟而○ | 9/41/21 |

| 整 zhěng | 2 |
|---|---|
| 兵已○齊 | 4/12/12 |
| 臣請按師○兵 | 8/37/16 |

| 正 zhèng | 18 |
|---|---|
| ○見斬二愛姬 | 4/12/9 |

| ○如其言 | 4/16/18 |
|---|---|
| ○天下、定諸侯則使聖 | 5/19/8 |
| ○身臂而奮 | 5/19/17 |
| ○言以忠君 | 5/20/4 |
| 三王居其○地 | 8/35/25 |
| ○月 | 8/37/1 |
| 斯○吳之興霸 | 8/37/11 |
| 莫如○身 | 9/38/10 |
| ○身之道 | 9/38/10 |
| 莫得其○ | 9/42/20 |
| ○道里也 | 9/42/24 |
| 願聞○射之道 | 9/42/26 |
| 臣聞○射之道 | 9/42/26 |
| 此○射持弩之道也 | 9/42/30 |
| ○孤之身 | 10/47/21 |
| 知進退存亡而不失其○ | 10/48/9 |
| ○犯玉門之第八也 | 10/49/16 |

| 政 zhèng | 40 |
|---|---|
| 民化其○ | 1/1/12 |
| 於是季歷蒞○ | 1/1/27 |
| 任以國○ | 2/2/22,3/4/1 |
| 當國○ | 2/2/29 |
| 不聽國○ | 3/3/28 |
| 諸侯專爲○ | 3/6/18 |
| 而與謀國○ | 4/8/10 |
| 何敢與○事焉 | 4/8/12 |
| ○從楚起 | 4/15/8 |
| 內飾其○ | 5/18/15 |
| 勢在上位而不能施其<br>　令於下者 | 5/19/9 |
| 太宰嚭執○ | 5/23/18 |
| ○敗道壞 | 5/23/23 |
| 太子友知子胥忠而不用<br>　、太宰嚭佞而專○ | 5/24/20 |
| 使攝行天子之○ | 6/28/9 |
| 五年○定 | 6/29/11 |
| 因傳國○ | 6/29/14 |
| 臣聞亡國之臣不敢語○ | 7/32/23 |
| 臨○之後 | 7/33/30 |
| 且大王初臨○ | 7/34/18 |
| 孤欲以今日上明堂、臨<br>　國○ | 8/36/1 |
| 吾王今以丙午復初臨○ | 8/36/4 |
| 臣願急升明堂臨○ | 8/36/6 |
| 越王是日立○ | 8/36/7 |

| | | | | | |
|---|---|---|---|---|---|
| 無有○令 | 8/36/23 | 之 zhī | 1593 | 周○太王知西伯○聖 | 2/2/26 |
| 時問○焉 | 8/36/24 | | | 王○道興 | 2/2/27 |
| ○平未虧 | 8/37/19 | 吳○前君太伯者 | 1/1/3 | 昔周行○德加於四海 | 2/2/27 |
| 得返國修○ | 9/38/2 | 后稷○苗裔也 | 1/1/3 | 今汝於區區○國、荆蠻 | |
| 不領○事 | 9/40/7 | 台氏○女姜嫄 | 1/1/3 | ○鄉 | 2/2/28 |
| 〔今〕寡人不能爲○ | 10/43/16 | 見大人跡而觀○ | 1/1/4 | 奚能成天子○業乎 | 2/2/28 |
| 三年釋吾○ | 10/43/19 | 因履而踐○ | 1/1/4 | 且今子不忘前人○言 | 2/2/28 |
| 三月釋吾○ | 10/43/20 | 恐被淫泆○禍 | 1/1/5 | 昔前王未蔑○時 | 2/3/1 |
| 內○無出 | 10/45/26,10/46/3 | 履上帝○跡 | 1/1/5 | 吾知公子札○賢 | 2/3/2 |
| 外○無入 | 10/45/26,10/46/3 | 天猶令有○ | 1/1/5 | 我心已許○ | 2/3/3 |
| 王已屬○於執事 | 10/47/18 | 姜嫄怪而棄于阨狹○巷 | 1/1/5 | 子○國也 | 2/3/4 |
| 宗廟輔○ | 10/48/3 | 牛馬過者折易而避○ | 1/1/6 | 吾願達前王○義 | 2/3/4 |
| 朝夕論○ | 10/48/28 | 適會伐木○人多 | 1/1/6 | 非前王○私 | 2/3/4 |
| | | 衆鳥以羽覆○ | 1/1/7 | 乃宗廟社稷○制 | 2/3/4 |
| 鄭 zhèng | 19 | 收而養○ | 1/1/7 | 何先王○命有 | 2/3/5 |
| | | 相五土○宜 | 1/1/8 | 前人誦○不絕於口 | 2/3/6 |
| 子胥乃與太子建俱奔○ | 3/5/14 | 姸營種○術 | 1/1/9 | 而子○所習也 | 2/3/6 |
| ○人甚禮之 | 3/5/15 | 行人無饑乏○色 | 1/1/10 | 子臧聞○ | 2/3/7 |
| 太子既在○ | 3/5/15 | 封○台 | 1/1/10 | 子臧去○ | 2/3/8 |
| ○信太子矣 | 3/5/15 | 奔戎狄○間 | 1/1/11 | 以成曹○道 | 2/3/8 |
| （大）〔太〕子能爲內 | | 脩公劉、后稷○業 | 1/1/13 | 願附子臧○義 | 2/3/8 |
| 　應而滅○ | 3/5/15 | 薰鬻戎姤而伐 | 1/1/13 | 吾誠避○ | 2/3/8 |
| 即以○封太子 | 3/5/16 | 古公事○以犬馬牛羊 | 1/1/14 | 吳人舍○ | 2/3/9 |
| 太子還○ | 3/5/16 | 而亦伐○不止 | 1/1/14 | 故晉、楚伐○也 | 2/3/12 |
| 乃告之於○ | 3/5/17 | 遂○荆蠻 | 1/1/21 | 封○朱方 | 2/3/13 |
| ○定公與子產誅殺太子建 | 3/5/17 | 爲夷狄○服 | 1/1/21 | 楚怨吳爲慶封故伐○ | 2/3/16 |
| 因迎故太子建母於○ | 3/7/7 | 國民君而事○ | 1/1/22 | 吳擊○ | 2/3/16 |
| ○君送建母珠玉簪珥 | 3/7/7 | 荆蠻義○ | 1/1/24 | 已附子臧○義 | 2/3/19 |
| 〔子常〕走奔○ | 4/14/11 | 從而歸○者千有餘家 | 1/1/24 | 富貴○於我 | 2/3/19 |
| 遂引軍擊○ | 4/14/25 | 數年○間 | 1/1/24 | 如秋風○過耳 | 2/3/20 |
| ○定公前殺太子建而因 | | 遭殷○末世衰 | 1/1/25 | 楚○亡臣伍子胥來奔吳 | 3/3/27 |
| 　迫子胥 | 4/14/26 | 脩先王○業 | 1/1/27 | 身坐鐘鼓○間而令曰 | 3/3/29 |
| 自此○定公大懼 | 4/14/26 | 守仁義○道 | 1/1/28 | 集楚國○庭 | 3/3/30 |
| 今從君乞○之國 | 4/15/1 | 遵公劉、古公○術 | 1/1/28 | 罷鐘鼓○樂 | 3/4/1 |
| 乃釋○國 | 4/15/3 | 天下歸○ | 1/1/28 | 建章華○臺 | 3/4/2 |
| 吾貫弓接矢於○楚之界 | 5/23/28 | 虞公以開晉○伐虢氏 | 1/2/5 | 不聞以土木○崇高、蟲 | |
| 得苧蘿山鬻薪之女曰西 | | 凡從太伯至壽夢○世 | 1/2/6 | 　鏤○刻畫、金石○清 | |
| 　施、○旦 | 9/40/9 | 成公悉爲陳前王○禮樂 | 2/2/11 | 　音、絲竹○淒唳以○ | |
| | | 因爲詠歌三代○風 | 2/2/12 | 　爲美 | 3/4/3 |
| 證 zhèng | 5 | 豈有斯○服哉 | 2/2/12 | 前莊王爲抱居○臺 | 3/4/4 |
| | | 楚○亡大夫申公巫臣適吳 | 2/2/15 | 豈前王○所盛、人君○ | |
| 王之○也 | 6/28/24 | 導○伐楚 | 2/2/15 | 　美者耶 | 3/4/6 |
| 此吾德薄不能化民○也 | 6/29/2 | 楚恭王怨吳爲巫臣伐○也 | 2/2/20 | 而幸愛○ | 3/4/10 |
| 乃勾踐之盡忠於吳之○也 | 9/40/12 | 壽夢欲立○ | 2/2/25 | 頃○ | 3/4/11 |
| 是天氣前見亡國之○也 | 10/43/11 | 奈何廢前王○禮 | 2/2/25 | 無忌日夜言太子○短 | 3/4/11 |
| 是凶妖之○也 | 10/49/15 | 而行父子○私乎 | 2/2/25 | 太子以秦女○故 | 3/4/12 |
| | | 爾無忘寡人○言 | 2/2/26 | 不能無怨望○心 | 3/4/12 |

| | | | | | |
|---|---|---|---|---|---|
| 平王乃召伍奢而按問○ | 3/4/13 | 求○樹下 | 3/5/24 | 公子何因而欲害○乎 | 3/6/26 |
| 奢知無忌○讒 | 3/4/13 | 因歌而呼○曰 | 3/5/25 | 則光○父也 | 3/6/27 |
| 因諫○曰 | 3/4/13 | 胥乃解百金○劍以與漁者 | 3/5/27 | 札○賢也 | 3/6/27 |
| 可以其父爲質而召○ | 3/4/17 | 此吾前君○劍 | 3/5/27 | 適長○後 | 3/6/28 |
| 此前知○士 | 3/4/20 | 吾聞楚○法令 | 3/5/28 | 即光○身也 | 3/6/29 |
| 平王謂伍奢○譽二子 | 3/4/20 | 豈圖取百金○劍乎 | 3/5/29 | 吾力弱無助於掌事○間 | 3/6/29 |
| 外愧諸侯○恥 | 3/4/22 | 掩子○盎漿 | 3/5/32 | 陳前王○命 | 3/6/30 |
| 爲兄卦○ | 3/4/27 | 已覆船自沉於江水○中矣 | 3/6/1 | 令知國○所歸 | 3/6/31 |
| 何侯○有 | 3/4/28 | 適會女子擊綿於瀨水○上 | 3/6/2 | 以捐先王○德 | 3/6/31 |
| 父子○愛 | 3/4/30 | 子胥遇○ | 3/6/2 | 知進○利 | 3/7/1 |
| 吾○生也 | 3/4/31 | 遂許○ | 3/6/4 | 吾故求同憂○士 | 3/7/1 |
| 而亦何○ | 3/5/1 | 長跪而與○ | 3/6/4 | 欲與○并力 | 3/7/1 |
| 父兄○讎 | 3/5/1 | 君有遠逝○行 | 3/6/5 | 此社稷○言也 | 3/7/2 |
| 是天祐○ | 3/5/2 | 何不飽而餐○ | 3/6/5 | 願公子命○ | 3/7/3 |
| 執而囚○ | 3/5/3 | 掩夫人○壺漿 | 3/6/6 | 好嗜魚○炙也 | 3/7/5 |
| 楚追○ | 3/5/4 | 子胥○吳 | 3/6/8 | 安坐待公子命○ | 3/7/5 |
| 使者追及無人○野 | 3/5/4 | 吳市吏善相者見○ | 3/6/9 | 欲以解殺建○過 | 3/7/7 |
| 王聞○　3/5/6,4/14/22,5/18/20 | | 吾○相人多矣 | 3/6/9 | 楚○邊邑脾梁○女 | 3/7/10 |
| 仰天行哭林澤○中 | 3/5/7 | 非異國○亡臣乎 | 3/6/10 | 爭界上○桑 | 3/7/11 |
| 胥欲往○ | 3/5/8 | 王宜召○ | 3/6/10 | 滅吳○邊邑 | 3/7/11 |
| 伍奢初聞子胥○亡 | 3/5/8 | 與○俱入 | 3/6/11 | 吳欲因楚葬而伐○ | 3/7/17 |
| 楚○君臣且苦兵矣 | 3/5/9 | 公子光聞○ | 3/6/11 | 以觀諸侯○變 | 3/7/18 |
| 爲○奈何 | 3/5/10 | 彼必復父○讎 | 3/6/12 | 伍胥知光○見機也 | 3/7/18 |
| 　　4/8/16,5/18/9,8/35/12 | | 陰欲養○ | 3/6/12 | 專諸○事 | 3/7/19 |
| 吾聞父母○讎 | 3/5/11 | 子胥知王好○ | 3/6/13 | 當此○時　　3/7/20,4/17/1 | |
| 兄弟○讎 | 3/5/11 | 遂有勇壯○氣 | 3/6/14 | 內〔空〕無骨鯁○臣 | 3/7/22 |
| 朋友○讎 | 3/5/12 | 而有切切○色 | 3/6/14 | 常有愧恨○色 | 3/7/24 |
| 以雪父兄○恥 | 3/5/12 | 王僚知○ | 3/6/14 | 王僚乃被棠銕○甲三重 | 3/7/24 |
| 子能亡○ | 3/5/13 | 伍胥○諫伐楚者 | 3/6/15 | 自宮門至於光家○門 | 3/7/25 |
| 吾能存○ | 3/5/13 | 王無用○ | 3/6/16 | 階席左右皆王僚○親戚 | 3/7/25 |
| 子能危○ | 3/5/13 | 何以言○　　3/6/18,4/13/3 | | 使專諸置魚腸劍炙魚中 | |
| 吾能安○ | 3/5/13 | 臣固不敢如王○命 | 3/6/19 | 　進○ | 3/7/26 |
| 國人惡○ | 3/5/14 | 求勇士薦○公子光 | 3/6/19 | 盡滅○ | 3/7/28 |
| 鄭人甚禮○ | 3/5/15 | 伍胥○亡楚如吳時 | 3/6/20 | 乃封專諸○子 | 3/8/1 |
| 乃告○於鄭 | 3/5/17 | 遇○於途 | 3/6/20 | 立者從○ | 3/8/3 |
| 關吏欲執○ | 3/5/17 | 其怒有萬人○氣 | 3/6/21 | 是前人○道 | 3/8/3 |
| 將去取○ | 3/5/18 | 何夫子○怒盛也 | 3/6/22 | 楚封○於舒 | 3/8/5 |
| 關吏因舍○ | 3/5/18 | 聞一女子○聲而折道 | 3/6/22 | 以客禮事○ | 4/8/10 |
| 子胥呼○ | 3/5/19 | 子視吾○儀 | 3/6/22 | 楚國○亡虜也 | 4/8/11 |
| 漁父欲渡○ | 3/5/20 | 何言○鄙也　　3/6/23,7/30/16 | | 寡人不免於縶繺○使 | 4/8/13 |
| 適會旁有人窺○ | 3/5/20 | 夫屈一人○下 | 3/6/23 | 今幸奉一言○教 | 4/8/13 |
| 與子期乎蘆○漪 | 3/5/21 | 必伸萬人○上 | 3/6/23 | 臣聞謀議○臣 | 4/8/14 |
| 子胥即止蘆○漪 | 3/5/21 | 陰而結○ | 3/6/24 | 何足處於危亡○地 | 4/8/14 |
| 乃渡○千潯○津 | 3/5/22 | 遭公子光○有謀也 | 3/6/24 | 顧在東南○地 | 4/8/15 |
| 漁父乃視○ | 3/5/23 | 而進○公子光 | 3/6/24 | 又有江海○害 | 4/8/16 |
| 子胥疑○ | 3/5/24 | 光既得專諸而禮待○ | 3/6/25 | 臣聞治國○道 | 4/8/17 |
| 乃潛身於深葦○中 | 3/5/24 | 天以夫子輔孤○失根也 | 3/6/25 | 豈有天氣○數 | 4/8/20 |

| | | | | | | |
|---|---|---|---|---|---|
| 人○所易〔也〕 | 5/18/1 | 腦塗地者 | 5/19/17 | 過姑胥○臺 | 5/21/19 |
| 子○所易 | 5/18/2 | 孤○願也 | 5/19/18 | 子爲占○ | 5/21/19 |
| 人○所難〔也〕 | 5/18/2 | 思○三年 | 5/19/18 | 言○ | 5/21/20 |
| 今君悉四境○中 | 5/18/7 | 願空國、棄群臣、變容 | | 願王圖○ | 5/21/21 |
| 出大臣以瓔○ | 5/18/7 | 　貌、易姓名、執箕帚 | | 吳王聞○ | 5/22/5,5/24/4 |
| 是君上無彊敵○臣 | 5/18/7 | 　、養牛馬以事○ | 5/19/19 | 吾天○所生 | 5/22/5 |
| 下無黔首○士 | 5/18/8 | 孤○意出焉 | 5/19/20 | 神○所使 | 5/22/5 |
| 吾兵已在魯○城下矣 | 5/18/9 | 孤賴（矣）〔先〕〔人 | | 顧力士石番以鐵鎚擊殺○ | 5/22/6 |
| （吾）〔若〕去〔而〕 | | 　○〕賜 | 5/20/1 | 天知吾○冤乎 | 5/22/6 |
| 　○吳 | 5/18/9 | 夫吳王（○）爲人〔也〕 | 5/20/2 | 於是吳王乃使門人提○ | |
| 大臣將有疑我○心 | 5/18/9 | 不以身死隱君○過 | 5/20/4 | 　蒸丘 | 5/22/8 |
| 請○救魯而伐齊 | 5/18/10 | 順君○過以安其私 | 5/20/6 | 及從勾踐○師伐齊 | 5/22/10 |
| 君因以兵迎○ | 5/18/10 | 是殘國傷君○佞臣也 | 5/20/6 | 伍子胥聞○ | 5/22/11 |
| 臣聞○ | 5/18/11 | 越王送○金百鎰、寶劍 | | 臣聞興十萬○衆 | 5/22/11 |
| 千鈞○重加銖〔兩〕而移 | 5/18/11 | 　一、良馬二 | 5/20/6 | 百姓○費 | 5/22/11 |
| 今〔以〕萬乘○齊而私 | | 臣以下吏○言告於越王 | 5/20/7 | 國家○出 | 5/22/11 |
| 　千乘○魯 | 5/18/12 | 賴大王○賜 | 5/20/9 | 不念士民○死 | 5/22/12 |
| 棲○會稽 | 5/18/14 | 何謀○敢〔慮〕 | 5/20/10 | 而爭一日○勝 | 5/22/12 |
| 不即誅○ | 5/18/14 | 東海役臣勾踐○使者臣種 | 5/20/11 | 臣以爲危國亡身○甚 | 5/22/12 |
| 必將有報我○心 | 5/18/15 | 甲二十領、屈盧○（予） | | 而棄心腹○疾 | 5/22/13 |
| 夫越○彊不過於魯 | 5/18/16 | 　〔矛〕、步光○劍 | 5/20/14 | 皮膚○疾 | 5/22/13 |
| 吳○彊不過於齊 | 5/18/16 | 請悉四方○內士卒三千 | | 今齊陵遲千里○外 | 5/22/14 |
| 此僻狹○國、蠻夷○民 | 5/18/20 | 　人以從下吏 | 5/20/15 | 更歷楚趙○界 | 5/22/14 |
| 孤聞〔○〕 | 5/19/1 | 其君〔又〕從○ | 5/20/16 | 越○爲病 | 5/22/14 |
| 今大夫○弔〔孤〕 | 5/19/1 | 夫空人○國 | 5/20/17 | 臣○言決矣 | 5/22/15 |
| 孤○福矣 | 5/19/1 | 悉人○衆 | 5/20/17 | 以狂惑○心 | 5/22/16 |
| 且夫無報人○志、而使 | | 子貢去〔○〕晉 | 5/20/18 | 陰前○辰也 | 5/22/17 |
| 　人疑○〔者〕 | 5/19/2 | 越亂○必矣 | 5/20/20 | 辛○本也 | 5/22/18 |
| 有報人○意、而使人知 | | 君爲○奈何 | 5/20/21 | 不知當世○所行 | 5/22/24 |
| 　○〔者〕 | 5/19/3 | 何以待○ | 5/20/21 | 齊與吳戰於艾陵○上 | 5/22/24 |
| 事未發而聞○者 | 5/19/3 | 修兵伏卒以待○ | 5/20/21 | 吳王聞齊有沒水○慮 | 5/23/1 |
| 舉事○大忌也 | 5/19/4 | 晉君許○ | 5/20/21 | 無出境○謀 | 5/23/3 |
| 今大夫辱弔而身見○ | 5/19/6 | 吳王果興九郡○兵 | 5/20/22 | 今前王譬若農夫○艾殺 | |
| 孤賴天○賜也 | 5/19/6 | 因過姑胥○臺 | 5/20/22 | 　四方蓬蒿 | 5/23/5 |
| 臣聞〔○〕 | 5/19/7,5/20/19 | 忽晝假寐於姑胥○臺而 | | 斯亦大夫○力 | 5/23/6 |
| 今吳王有伐齊、晉○志 | 5/19/10 | 　得夢 | 5/20/22 | 乃前王○遺德 | 5/23/8 |
| 君○福也 | 5/19/11 | 請占○ | 5/21/2 | 神靈○祐福也 | 5/23/8 |
| 吳王分其民○衆以殘吾國 | 5/19/12 | 子爲寡人占○ | 5/21/4 | 有不庭○臣 | 5/23/9 |
| 孤○怨吳 | 5/19/14 | 王○興師伐齊也 | 5/21/4 | 此孤僅○謀 | 5/23/10 |
| 而孤○事吳 | 5/19/14 | 爲予陳○ | 5/21/9 | 非霸王○事 | 5/23/10 |
| 如子○畏父 | 5/19/14 | 知鬼神○情狀 | 5/21/11 | 吳國○命斯促矣 | 5/23/11 |
| 弟○敬兄 | 5/19/14 | 願王問○ | 5/21/11 | 乃見王○爲擒 | 5/23/11 |
| 此孤○死言也 | 5/19/14 | 吳王晝臥姑胥○臺 | 5/21/12 | 以觀吳國○喪 | 5/23/12 |
| （情）〔請〕〔遂言○〕 | 5/19/15 | 使子占○ | 5/21/12 | 王怪而視○ | 5/23/13 |
| 願一與吳交戰於天下平 | | 急詣姑胥○臺 | 5/21/12 | 吳王置酒文臺○上 | 5/23/18 |
| 　原○野 | 5/19/17 | 非子〔○〕所〔能〕知也 | 5/21/14 | 寡人聞○ | 5/23/19 |
| 吳越○士繼踵連死、肝 | | 女子○言也 | 5/21/17 | 君不賤有功○臣 | 5/23/19 |

| | | | | | |
|---|---|---|---|---|---|
| 父不憎有力○子 | 5/23/19 | 夫吳徒知踰境征伐非吾 | | 吳王掇而食○ | 5/26/25 |
| 吾將爵○上賞 | 5/23/20 | ○國 | 5/25/2 | 謂糞種○物 | 5/26/26 |
| 以還助伐○功 | 5/23/20 | 出三江○口 | 5/25/2 | 盛夏○時 | 5/26/27 |
| 寡人以前王○故 | 5/23/25 | 入五湖○中 | 5/25/2 | 秋霜惡 | 5/26/27 |
| 不得爲前王○臣 | 5/23/26 | 天下○危 | 5/25/3 | 投胥山○巔 | 5/26/28 |
| 恐吳國○亡矣 | 5/23/27 | 吳王不聽太子○諫 | 5/25/3 | 吾以畏貴天下○慚 | 5/27/1 |
| 大王勉○ | 5/23/28 | 吳敗齊師於艾陵○上 | 5/25/5 | 子試前呼○ | 5/27/2 |
| 吾貫弓接矢於鄭楚○界 | 5/23/28 | 則執諸侯○柄 | 5/25/8 | 右手操枹而鼓○ | 5/27/5 |
| 破楚見凌○讎 | 5/23/29 | 勸○以高位 | 5/25/8 | 吳王書其矢而射種、蠡 | |
| 欲報前王○恩而至於此 | 5/23/29 | 辱○以不從 | 5/25/8 | ○軍 | 5/27/5 |
| 吳王聞子胥○怨恨也 | 5/23/30 | 吳師皆文犀、長盾、扁 | | 大夫種書矢射○ | 5/27/7 |
| 乃使人賜屬鏤○劍 | 5/23/31 | 諸○劍 | 5/25/10 | 越君勾踐下臣種敢言○ | 5/27/7 |
| 有霸王○功 | 5/24/1 | 中校○軍皆白裳、白髦 | | 今上天報越○功 | 5/27/8 |
| 我以死爭○ | 5/24/3 | 、素甲、素羽○繒 | 5/25/10 | 敬而受○ | 5/27/8 |
| 卒得汝○願 | 5/24/3 | 望○若荼 | 5/25/11 | 王知○乎 | 5/27/9 |
| 今乃忘我定國○恩 | 5/24/3 | 左軍皆赤裳、赤髦、丹 | | 聽而用○ | 5/27/10 |
| 有我外○心 | 5/24/5 | 甲、朱羽○繒 | 5/25/11 | 無僭侈○過 | 5/27/11 |
| 上配夏殷○世 | 5/24/6 | 望○若火 | 5/25/12 | 昔越親戕吳○前王 | 5/27/12 |
| 盛以鴟夷○器 | 5/24/7 | 右軍皆玄裳、玄輿、黑 | | 而幸伐○ | 5/27/13 |
| 投○於江中 | 5/24/7 | 甲、烏羽○繒 | 5/25/12 | 君被五勝○衣 | 5/27/15 |
| 汝一死○後 | 5/24/7 | 望○如墨 | 5/25/12 | 帶步光○劍 | 5/27/15,10/49/27 |
| 謂○曰 | 5/24/8 | 今大國越次而造弊邑○ | | 仗屈盧○矛 | 5/27/16 |
| 投○江中 | 5/24/9 | 軍壘 | 5/25/15 | 瞋目大言以執○ | 5/27/16 |
| 汝嘗與子胥論寡人○短 | 5/24/10 | 無姬姓○所振懼 | 5/25/17 | 何王○忍辱厚恥也 | 5/27/17 |
| 乃髡被離而刑○ | 5/24/10 | 孤○事君決在今日 | 5/25/19 | 世無萬歲○君 | 5/27/17 |
| 王孫駱聞○ | 5/24/10 | 孤窮親聽命於藩籬○外 | 5/25/20 | 二子何不誅○ | 5/27/19 |
| 王誅○ | 5/24/12 | 臣觀吳王○色 | 5/25/21 | 人臣○位 | 5/27/19 |
| 必有敢諫○臣 | 5/24/14 | 其意有愁妻○憂 | 5/25/22 | 願主急而命○ | 5/27/19 |
| 必有敢言○交 | 5/24/14 | 主君宜許○以前期 | 5/26/1 | 人○所惡 | 5/27/20 |
| 先王○老臣也 | 5/24/14 | 吳王愧晉○義 | 5/26/3 | 今君抱六過○罪 | 5/27/21 |
| 豈非宰嚭○讒子胥 | 5/24/15 | 晉侯次○ | 5/26/4 | 乃引劍而伏○、死 | 5/27/22 |
| 而欲殺○ | 5/24/15 | 而欲伐○ | 5/26/5 | 越王使軍士集於我戎○功 | 5/27/26 |
| 闕爲闈溝於（南）〔商〕 | | 吳又恐齊、宋○爲害 | 5/26/5 | 人一隔土以葬○ | 5/27/27 |
| 魯○間 | 5/24/18 | 〔以〕辟遠兄弟○國 | 5/26/6 | 宰嚭亦葬卑猶○旁 | 5/27/27 |
| 欲與魯晉合攻於黃池○上 | 5/24/19 | 以遠辟兄弟○國 | 5/26/7 | 越○前君無余者 | 6/28/3 |
| 欲切言○ | 5/24/20 | 是文武○德所祐助 | 5/26/9 | 夏禹○末封也 | 6/28/3 |
| 王怪而問○曰 | 5/24/21 | 出於（南）〔商〕、魯 | | 帝顓頊○後 | 6/28/3 |
| 聞秋蜩○聲 | 5/24/22 | ○間 | 5/26/10 | 鯀娶於有莘氏○女 | 6/28/3 |
| 往而觀○ | 5/24/22 | 余實（加）〔嘉〕○ | 5/26/11 | 得薏苡而吞○ | 6/28/4 |
| 夫黃雀但知伺螳螂○有味 | 5/24/25 | 如越○來也 | 5/26/15 | 帝堯○時 | 6/28/5 |
| 天下○愚 | 5/24/27,5/24/27 | 吾請獻勾甬東○地 | 5/26/16 | 帝乃憂中國○不康 | 6/28/6 |
| 魯承周公○末 | 5/24/28 | 吾○在周 | 5/26/16 | 悼黎元○罹咎 | 6/28/6 |
| 有孔子○教 | 5/24/28 | 如越王不忘周室○義 | 5/26/17 | 四嶽乃舉鯀而薦○於堯 | 6/28/7 |
| 而齊舉兵伐○ | 5/24/28 | 亦寡人○願也 | 5/26/17 | 等○群臣未有如鯀者 | 6/28/8 |
| 不知吳悉境內○士 | 5/25/1 | 行人請成列國○義 | 5/26/17 | 乃更求○ | 6/28/9 |
| 盡府庫○財 | 5/25/1 | 今幸擒○ | 5/26/18 | 使攝行天子○政 | 6/28/9 |
| 暴師千里而攻○ | 5/25/1 | 顧得生稻而食○ | 5/26/23 | 觀鯀○治水無有形狀 | 6/28/9 |

| | | | | | |
|---|---|---|---|---|---|
| 子胥明於一時○計 | 7/32/18 | 以睨燕公 | 7/33/15 | 狸○卑身 | 7/34/17 |
| 不通安國○道 | 7/32/18 | 方爲太宰嚭○ | 7/33/17 | 負玉門○第九 | 7/34/18 |
| 無拘群小○口 | 7/32/18 | 吾聞人臣○道 | 7/33/18 | 誠事○敗 | 7/34/18 |
| 秘於宮室○中 | 7/32/19 | 疾○無瘳 | 7/33/19 | 歲位○會將也 | 7/34/19 |
| 寡人聞貞婦不嫁破亡○家 | 7/32/20 | 賴公○策耳 | 7/33/20 | 知父將有不順○子 | 7/34/20 |
| 仁賢不官絕滅○國 | 7/32/20 | 豈孤○志哉 | 7/33/20 | 君有逆節○臣 | 7/34/20 |
| 吾欲赦子○罪 | 7/32/22 | 惟公圖○ | 7/33/21 | 下飲王○溲者 | 7/34/22 |
| 臣聞亡國○臣不敢語政 | 7/32/23 | 數言成湯○義而不行○ | 7/33/21 | 是上食王○心也 | 7/34/23 |
| 敗軍○將不敢語勇 | 7/32/23 | 因求其糞而嘗○ | 7/33/22 | 下嘗王○惡者 | 7/34/23 |
| 臣○願也 | 7/32/25 | 以瘳起日期○ | 7/33/22 | 是上食王○肝也 | 7/34/23 |
| 吾復置子於石室○中 | 7/32/26 | 王召而見○ | 7/33/24 | 越王○崇吳 | 7/34/23 |
| 夫人衣無緣○裳 | 7/32/27 | 適遇吳王○便 | 7/33/24 | 惟大王留意察○ | 7/34/24 |
| 施左關○襦 | 7/32/28 | 請嘗大王○溲 | 7/33/25 | 相國置○ | 7/34/25 |
| 望見越王及夫人、范蠡 | | 即以手取其便與惡而嘗○ | 7/33/25 | 送於蛇門○外 | 7/34/25 |
| 　坐於馬糞○旁 | 7/32/29 | 王○疾至己巳日有瘳 | 7/33/26 | 王其勉○ | 7/34/26,10/48/23 |
| 君臣○禮存 | 7/32/29 | 何以知○ | 7/33/26,10/49/16 | 與種蠡○徒 | 7/34/27 |
| 夫婦○儀具 | 7/32/29 | 臣竊嘗大王○糞 | 7/33/27 | 王勉○ | 7/34/28 |
| 一節○人 | 7/32/30 | 應春夏○氣 | 7/33/28 | 至三津○上 | 7/34/29 |
| 一介○士 | 7/32/30 | 臣以是知○ | 7/33/28 | 孤○屯厄 | 7/34/30 |
| 雖在窮厄○地 | 7/32/30 | 執牧養○事如故 | 7/33/29 | 孤蒙上天○命 | 7/34/30 |
| 不失君臣○禮 | 7/32/30 | 越王從嘗糞惡○後 | 7/33/29 | 至浙江○上 | 7/35/1 |
| 寡人傷○ | 7/32/30 | 臨政○後 | 7/33/30 | 百姓拜○於道 | 8/35/6 |
| 願大王以聖人○心 | 7/33/1 | 今日爲越王陳北面○坐 | 7/33/31 | 今王受天○福 | 8/35/6 |
| 哀窮孤○士 | 7/33/1 | 群臣以客禮事○ | 7/33/31 | 霸王○迹自（期）〔斯〕 | |
| 爲子赦○ | 7/33/1 | 今國相剛勇○人 | 7/34/2 | 　而起 | 8/35/7 |
| 乃擇吉日而欲赦○ | 7/33/2 | 意者內慚於仁○存也 | 7/34/2 | 今十有二月己巳○日 | 8/35/8 |
| 越○與吳 | 7/33/2 | 奉觴上千歲○壽 | 7/34/4 | 大王○擇日也 | 8/35/10 |
| 寡人承天○神靈 | 7/33/3 | 臣聞內懷虎狼○心 | 7/34/7 | 得相國○策 | 8/35/12 |
| 前王○遺德 | 7/33/3 | 外執美詞○說 | 7/34/7 | 孤不能承前君○制 | 8/35/14 |
| 囚○石室 | 7/33/3 | 今大王好聽須臾○說 | 7/34/8 | 亡眾棲於會稽○山 | 8/35/14 |
| 而欲赦○ | 7/33/3 | 不慮萬歲○患 | 7/34/8 | 追以百里○封 | 8/35/15 |
| 召范蠡告○曰 | 7/33/5 | 放棄忠直○言 | 7/34/9 | 將尊前君○意 | 8/35/15 |
| 心獨喜○ | 7/33/5 | 聽用讒夫○語 | 7/34/9 | 復以會稽○上 | 8/35/15 |
| 今年十二月戊寅○日 | 7/33/6 | 不滅瀝血○仇 | 7/34/9 | 而宜釋吳○地 | 8/35/16 |
| 陰後○辰也 | 7/33/7 | 不絕懷毒○怨 | 7/34/9 | 并敵國○境 | 8/35/17 |
| 用又助○ | 7/33/9 | 猶縱毛爐炭○上幸其焦 | 7/34/9 | 不處平易○都 | 8/35/17 |
| 所求○事 | 7/33/9 | 投卵千鈞○下望必全 | 7/34/10 | 據四達○地 | 8/35/17 |
| 臣謂大王惑○深也 | 7/33/11 | 願大王察○ | 7/34/11 | 將焉立霸王○業 | 8/35/17 |
| 得無夏殷○患乎 | 7/33/11 | 是相國○不慈也 | 7/34/12 | 寡人○計未有決定 | 8/35/18 |
| 久○不見 | 7/33/12 | 又不進口○所嗜 | 7/34/12 | 西北立龍飛翼○樓 | 8/35/19 |
| 范蠡、文種憂而占○曰 | 7/33/12 | 是相國○不仁 | 7/34/12 | 臣○築城也 | 8/35/23 |
| 克○則加以誅 | 7/33/14 | 棄守邊○事 | 7/34/13 | 崑崙○象存焉 | 8/35/23 |
| 故後無報復○憂 | 7/33/14 | 親嘗寡人○溲 | 7/34/14 | 寡人聞崑崙○山乃地○柱 | 8/35/24 |
| 遂免子孫○患 | 7/33/14 | 寡人曾聽相國而誅○ | 7/34/16 | 吾○國也 | 8/35/25 |
| 宜早圖○ | 7/33/14 | 是寡人○不智也 | 7/34/16 | 扁天地○壤 | 8/35/25 |
| 後必爲吳○患 | 7/33/15 | 何大王○言反也 | 7/34/17 | 乘東南○維 | 8/35/25 |
| 昔者齊桓割燕所至○地 | | 夫虎○卑勢 | 7/34/17 | 非糞土○城 | 8/35/26 |

| | | | | | |
|---|---|---|---|---|---|
| 越○霸也 | 8/35/27 | 則苦○ | 8/36/28 | 而五年未聞敢死○士、 | |
| 苟如相國○言 | 8/35/27 | 則怒○ | 8/36/29 | 　雪仇○臣 | 9/38/2 |
| 孤○命也 | 8/35/28 | 遇民如父母○愛其子 | 8/36/29 | 今孤親被奴虜○厄 | 9/38/4 |
| 勾踐○出游也 | 8/35/30 | 如兄○愛其弟 | 8/36/29 | 受囚破○恥 | 9/38/4 |
| 得天下○中 | 8/36/3 | 聞有饑寒爲○哀 | 8/36/29 | 謬哉君王○言也 | 9/38/6 |
| 蓄金○憂 | 8/36/5 | 見其勞苦爲○悲 | 8/36/30 | 君王○不能使也 | 9/38/6 |
| 目臥則攻○以蓼 | 8/36/8 | 皆有帶甲○勇 | 8/36/30 | 君○所輕也 | 9/38/7 |
| 足寒則漬○以水 | 8/36/8 | 越王召五大夫而告○曰 | 8/37/1 | 士○所重也 | 9/38/8 |
| 出入嘗○ | 8/36/9 | 惟大夫誨○ | 8/37/2 | 今王易財○所輕 | 9/38/8 |
| 吳王好服○離體 | 8/36/9 | 昔（○）〔者〕亡國流民 | 8/37/3 | 而責士○所重 | 9/38/8 |
| 使女工織細布獻○ | 8/36/10 | 臣聞擊鳥○動 | 8/37/4 | 孤○所得士心者何等 | 9/38/9 |
| 以求吳王○心 | 8/36/10 | 聖人○謀 | 8/37/5 | 治○門也 | 9/38/10 |
| 以作黃絲○布 | 8/36/11 | 故前無剝過○兵 | 8/37/6 | 君○根也 | 9/38/10 |
| 欲獻○ | 8/36/11 | 後無伏襲○患 | 8/37/6 | 正身○道 | 9/38/10 |
| 雖有五臺○游 | 8/36/12 | 宜損○辭 | 8/37/6 | 君○所以盛衰者也 | 9/38/11 |
| 吾欲因而賜○以書 | 8/36/12 | 夫吳○志猛驕而自矜 | 8/37/8 | 磻溪○餓人也 | 9/38/12 |
| 增○以封 | 8/36/12 | 因而伐○ | 8/37/9 | 西伯任○而王 | 9/38/12 |
| 吳王得○ | 8/36/15 | 雖五帝○兵 | 8/37/9 | 魯○亡囚 | 9/38/12 |
| 以越僻狄○國無珍 | 8/36/15 | 孟津○會 | 8/37/10 | 有貪分○毀 | 9/38/12 |
| 不忘吳○效也 | 8/36/15 | 武王辭○ | 8/37/10 | 齊桓得○而霸 | 9/38/12 |
| 吾雖封○ | 8/36/16 | 斯正吳○興霸 | 8/37/11 | 何患群臣○不使也 | 9/38/13 |
| 吾君失其石室○囚 | 8/36/17 | 諸侯○上尊 | 8/37/12 | 冀聞報復○謀 | 9/38/14 |
| 縱於南林○中 | 8/36/17 | 故溢堤○水 | 8/37/13 | 與○論事 | 9/38/16 |
| 今但因虎豹○野而與荒 | | 燜乾○火 | 8/37/13 | 飲○以酒 | 9/38/16 |
| 　外○草 | 8/36/17 | 水靜則無漚瀁○怒 | 8/37/14 | 指○以使 | 9/38/16 |
| 於吾○心 | 8/36/17 | 火消則無熹毛○熱 | 8/37/14 | 示○以色 | 9/38/16 |
| 吳王得葛布○獻 | 8/36/18 | 今吳乘諸侯○威 | 8/37/14 | 則霸王○術在矣 | 9/38/19 |
| 乃復增越○封 | 8/36/18 | 隨而襲○ | 8/37/16 | 吾昔日受夫子○言 | 9/38/20 |
| 賜羽毛○飾、机杖、諸 | | 吳○君臣爲虜矣 | 8/37/16 | 自免於窮厄○地 | 9/38/20 |
| 　侯○服 | 8/36/18 | 亦能沉○ | 8/37/17 | 今欲奉不羈○計 | 9/38/20 |
| 采葛○婦傷越王用心○苦 | 8/36/19 | 亦能殺○ | 8/37/18 | 以雪吾○宿讎 | 9/38/20 |
| 乃作苦○詩 | 8/36/19 | 亦能朝○ | 8/37/18 | 臣聞高飛○鳥死於美食 | 9/38/21 |
| 我君心苦命更○ | 8/36/19 | 亦能使○ | 8/37/18 | 深泉○魚死於芳餌 | 9/38/21 |
| 號絺素兮將獻○ | 8/36/20 | 今吳承闔閭○軍制、子 | | 人○所好 | 9/38/22 |
| 利○無害 | 8/36/25 | 　胥○典教 | 8/37/18 | 何以定而制○死乎 | 9/38/22 |
| 成○無敗 | 8/36/25 | 狂佞○人 | 8/37/19 | 安能知○ | 9/38/24 |
| 生○無殺 | 8/36/25 | 外有侵境○敵 | 8/37/21 | 湯、文得○以王 | 9/38/25 |
| 與○無奪 | 8/36/25 | 內有爭臣○震 | 8/37/21 | 桓、穆得○以霸 | 9/38/25 |
| 則成○ | 8/36/26 | 昔湯武乘四時○利而制 | | 願大夫覽○ | 9/38/26 |
| 則生○ | 8/36/26 | 　夏殷 | 8/37/22 | 五曰遺○巧工良材 | 9/39/2 |
| 則與○ | 8/36/27 | 桓繆據五勝○便而列六國 | 8/37/22 | 使○起宮室 | 9/39/2 |
| 則樂○ | 8/36/27 | 未有四時○利、五勝○便 | 8/37/23 | 六曰遺○諛臣 | 9/39/2 |
| 則喜○ | 8/36/27 | 未聞敢死○友 | 9/37/29 | 使○易伐 | 9/39/2 |
| 則害○ | 8/36/27 | 相國范蠡、大夫種、句 | | 使○自殺 | 9/39/3 |
| 則敗○ | 8/36/28 | 　如○屬儼然列坐 | 9/37/30 | 守○以神 | 9/39/4 |
| 則殺○ | 8/36/28 | 與○盟曰 | 9/38/1 | 大夫○術 | 9/39/6 |
| 則奪○ | 8/36/28 | 幸蒙諸大夫○策 | 9/38/2 | 奉而獻○ | 9/39/7 |

| | | | | | |
|---|---|---|---|---|---|
| 皆有怨望○心 | 9/39/8 | 棄忠臣○言 | 9/41/9 | 故作彈以守○ | 9/42/13 |
| 而歌木客○吟 | 9/39/8 | 以順敵人○欲 | 9/41/10 | 絶鳥獸○害 | 9/42/13 |
| 乃使大夫種獻○於吳王 | 9/39/11 | 臣必見越○破吳 | 9/41/10 | 飛土逐害」○謂也 | 9/42/14 |
| 賴大王○力 | 9/39/12 | 豸鹿游於姑胥○臺 | 9/41/10 | 弧矢○利 | 9/42/14 |
| 謹再拜獻○〔大王〕 | 9/39/12 | 願王覽武王伐紂○事也 | 9/41/10 | 黃帝○後 | 9/42/15 |
| 大王受○ | 9/39/14,9/40/14 | 則周何爲三家○表 | 9/41/13 | 生於楚○荊山 | 9/42/15 |
| 遂受〔○〕而起姑蘇○臺 | 9/39/14 | 徒欲干君○好 | 9/41/14 | 爲兒○時 | 9/42/15 |
| 行路○人 | 9/39/15 | 咈君○心 | 9/41/14 | 當是○時 | 9/42/16,10/47/24 |
| 不絕嗟嘻○聲 | 9/39/15 | 前縱石室○囚 | 9/41/15 | 弓矢○威不能制服 | 9/42/17 |
| 必察天地○氣 | 9/39/20 | 受其寶女○遺 | 9/41/15 | 加○以力 | 9/42/17 |
| 天地○氣 | 9/39/21 | 大王察○ | 9/41/15 | 琴氏傳○楚三侯 | 9/42/18 |
| 雖有堯舜○德 | 9/39/24 | 雖啼無聽宰嚭○言 | 9/41/16 | 自楚○三侯傳至靈王 | 9/42/19 |
| 無如○何 | 9/39/25 | 非忠臣○道 | 9/41/17 | 自稱○楚累世 | 9/42/19 |
| 太陰所居○歲 | 9/40/1 | 類於佞諛○人 | 9/41/17 | 自靈王○後 | 9/42/19 |
| 君○道德也 | 9/40/2 | 封亡國○後 | 9/41/18 | 臣前人受○於楚 | 9/42/20 |
| 何子○年少於物○長也 | 9/40/3 | 五霸輔絕滅○末者也 | 9/41/18 | 惟王試○ | 9/42/20 |
| 有美○士 | 9/40/3 | 而令○曰 | 9/41/18 | 弩○狀何法焉 | 9/42/21 |
| 子○道也 | 9/40/3 | 寡人逆群臣○議而輸於越 | 9/41/19 | 弩○所向 | 9/42/25 |
| 吾○霸矣 | 9/40/5 | 復還斗斛○數 | 9/41/21 | 臣○愚劣 | 9/42/26 |
| 計硯○謀也 | 9/40/5 | 亦使大夫種歸○吳王 | 9/41/21 | 願聞正射○道 | 9/42/26 |
| 其必受○ | 9/40/8 | 可留使吾民植○ | 9/41/22 | 臣聞正射○道 | 9/42/26 |
| 惟王選擇美女二人而進○ | 9/40/9 | 孤有報復○謀 | 9/41/24 | 古○聖人 | 9/42/27 |
| 得苧蘿山鬻薪○女曰西 | | 輿舟○利 | 9/41/25 | 臣未能如古○聖人 | 9/42/27 |
| 　施、鄭旦 | 9/40/9 | 臣聞古○聖君莫不智戰 | | 夫射○道 | 9/42/27,9/42/30 |
| 謹使臣蠡獻○大王 | 9/40/11 | 　用兵 | 9/41/26 | 此正射持弩○道也 | 9/42/30 |
| 願納以供箕帚○用 | 9/40/12 | 然行陣隊伍軍鼓○事 | 9/41/26 | 願聞望敵儀表、投分飛 | |
| 乃勾踐○盡忠於吳○證也 | 9/40/12 | 願王請○ | 9/41/27 | 　矢○道 | 9/42/30 |
| 且聚敢死○士數萬 | 9/40/14 | 越王乃使使聘○ | 9/41/27 | 求○銖分 | 9/43/2 |
| 國○寶 | 9/40/16 | 問以劍戟○術 | 9/41/27 | 盡子○道 | 9/43/2 |
| 國○咎 | 9/40/17 | 願一見○ | 9/41/28 | 人○所習 | 9/43/3 |
| 孤蒙子○術 | 9/40/20 | 惟公試○ | 9/41/29 | 乃使陳音教士習射於北 | |
| 與○不爲親 | 9/40/25 | 夫劍○道則如○何 | 9/42/2 | 　郊○外 | 9/43/3 |
| 觀越王○使使來請糴者 | 9/41/1 | 妾生深林○中 | 9/42/2 | 軍士皆能用弓弩○巧 | 9/43/4 |
| 今吾使○歸國 | 9/41/4 | 長於無人○野 | 9/42/2 | 越王傷○ | 9/43/4 |
| 豈敢有反吾○心乎 | 9/41/4 | 竊好擊○道 | 9/42/3 | 孤用夫子○策 | 10/43/9 |
| 其後有激人○色 | 9/41/5 | 誦○不休 | 9/42/3 | 免於天虐○誅 | 10/43/9 |
| 民○困窮 | 9/41/5 | 而忽自有 | 9/42/3 | 有天氣即來陳○ | 10/43/10 |
| 今不用天○道 | 9/41/6 | 凡手戰○道 | 9/42/5 | 吳○所以彊者 | 10/43/11 |
| 順地○理 | 9/41/6 | 見○似好婦 | 9/42/5 | 是天氣前見亡國○證也 | 10/43/11 |
| 而反輸○食 | 9/41/6 | 奪○似懼虎 | 9/42/5 | 聽孤說國人○辭 | 10/43/12 |
| 因君○命 | 9/41/6 | 杳○若日 | 9/42/6 | 寡人不知其力○不足 | |
| 〔今〕狐雉○相戲也 | 9/41/6 | 王欲試○ | 9/42/7 | 　〔也〕 | 10/43/12 |
| 而雉信○ | 9/41/7 | 乃命五板○墮長高習○ | | 以暴露百姓○骨於中原 | 10/43/13 |
| 而寡人給○以粟 | 9/41/7 | 　教軍士 | 9/42/8 | 此則寡人○罪也 | 10/43/13 |
| 仇讎○人不可親 | 9/41/8 | 當世勝越女○劍 | 9/42/8 | 吳封孤數百里○地 | 10/43/15 |
| 今大王捐國家○福 | 9/41/9 | 楚○鄙人 | 9/42/10 | 因約吳國父兄昆弟而誓 | |
| 以饒無益○讎 | 9/41/9 | 彈起古○孝子 | 9/42/11 | 　○曰 | 10/43/15 |

| | | | | | |
|---|---|---|---|---|---|
| 寡人聞古○賢君 | 10/43/15 | 無以行○ | 10/44/28 | 父母昆弟有在疾病○地 | 10/46/16 |
| | 10/44/13 | 敢問君王○所〔以與○〕 | | 吾視○如吾父母昆弟○ | |
| 四方○民歸○若水 | 10/43/15 | 戰者何 | 10/44/29 | 疾病也 | 10/46/16 |
| 令醫守○ | 10/43/18 | 在孤○側者 | 10/45/1 | 吾葬埋殯送○ | 10/46/17 |
| 貺○以壺酒、一犬 | 10/43/18 | 孤○飲食不致其味 | 10/45/1 | 如吾父母昆弟○有死亡 | |
| 必哭泣葬埋○如吾子也 | 10/43/20 | 越國○中 | 10/45/3,10/45/5 | 葬埋○矣 | 10/46/17 |
| 而簡銳○ | 10/43/21 | 吾博愛以子○ | 10/45/3 | 與○同食 | 10/46/18 |
| 凡四方○士來者 | 10/43/21 | 忠惠以養○ | 10/45/3 | 自謂未能得士○死力 | 10/46/21 |
| 必朝而禮○ | 10/43/21 | 富者吾安○ | 10/45/5 | 將有戰爭○氣 | 10/46/22 |
| 孤餔而啜○ | 10/43/22 | 貧者吾予○ | 10/45/5 | 即爲○軾 | 10/46/22 |
| 民家有三年○畜 | 10/43/23 | 夫戰○道 | 10/45/8 | 君何爲敬蠅蟲而爲○軾 | 10/46/22 |
| 今國○父兄日請於孤曰 | 10/43/23 | 知爲○始 | 10/45/9 | 吾思士卒○絕久矣 | 10/46/23 |
| 孤辭○曰 | 10/44/1 | 以仁次○ | 10/45/9 | 今蠅蟲無知○物 | 10/46/23 |
| 非二三子○罪也 | 10/44/1 | 以勇斷○ | 10/45/9 | 故爲○軾 | 10/46/24 |
| 〔寡人○罪也〕 | 10/44/1 | 即無權變○謀 | 10/45/9 | 軍士聞○ | 10/46/24 |
| 何敢勞吾國○人 | 10/44/2 | 以別衆寡○數 | 10/45/9 | 又令安廣○人佩石碣○ | |
| 以塞吾○宿讎 | 10/44/2 | 則不得與三軍同饑寒○ | | 矢 | 10/46/27 |
| （誠）〔越〕四封○內 | 10/44/2 | 節 | 10/45/10 | 張盧生○弩 | 10/46/28 |
| 以除君王○宿讎 | 10/44/3 | 齊苦樂○喜 | 10/45/10 | 躬率君子○軍六千人以 | |
| 孤悅而許○ | 10/44/4 | 則不能斷去就○疑 | 10/45/10 | 爲中陣 | 10/46/28 |
| 臣當卜○於天 | 10/44/5 | （決）〔決〕可否○議 | 10/45/10 | 吳師聞○ | 10/46/30 |
| 市無赤米○積 | 10/44/6 | 吾欲〔與○〕徹天○中 | 10/45/12 | 越○左右軍乃遂伐○ | 10/47/2 |
| 其民必有移徙○心 | 10/44/6 | 無所以行○ | 10/45/13 | 大敗○於圉 | 10/47/3 |
| 寒就蒲（嬴）〔蠃〕於 | | 審罰則士卒望而畏○ | 10/45/15 | 又敗○於郊 | 10/47/3 |
| 東海○濱 | 10/44/6 | 吾將有不虞○議 | 10/45/22 | 又敗○於津 | 10/47/3 |
| 以可會○利 | 10/44/7 | 皆造國門○期 | 10/45/23 | 吾知越○必入吳矣 | 10/47/8 |
| 犯吳○邊鄙 | 10/44/7 | 五日○內 | 10/45/24 | 以觀汝○破吳也 | 10/47/8 |
| 吳王雖無伐我○心 | 10/44/8 | 過五日○外 | 10/45/25 | 定汝入我○國 | 10/47/9 |
| 亦雖動○以怒 | 10/44/8 | 則非吾○民也 | 10/45/25 | 然越○伐吳 | 10/47/9 |
| 孤不欲有征伐○心 | 10/44/9 | 又將加○以誅 | 10/45/25 | 入海陽於三道○翟水 | 10/47/11 |
| 吾不得不從民人○欲 | 10/44/9 | 自今日○後 | 10/45/26 | 遂棲吳王於姑胥○山 | 10/47/12 |
| 王與○盟 | 10/44/10 | 壞○以土 | 10/45/28,10/46/4 | 意者猶以今日○姑胥 | 10/47/14 |
| 乃大會群臣而令○曰 | 10/44/11 | 是子○罪 | 10/46/2 | 曩日○會稽也 | 10/47/14 |
| 然猶聽君王○令 | 10/44/12 | 是孤○責 | 10/46/3 | 若徹天○中 | 10/47/14 |
| 而誓○曰 | 10/44/13 | 反闔外宮○門 | 10/46/4 | 將許○成 | 10/47/15 |
| 不患其衆〔○〕不足 | | 乃坐露壇○上 | 10/46/5 | 會稽○事 | 10/47/15 |
| 〔也〕 | 10/44/13 | 列鼓而鳴○ | 10/46/6 | 謀○二十餘年 | 10/47/16 |
| 而患其志行○少恥也 | 10/44/13 | 徇○於軍 | 10/46/7,10/46/13 | 豈不緣一朝○事耶 | 10/47/17 |
| 今夫差衣水犀〔○〕甲 | | 與○訣而告○曰 | 10/46/8 | 今日得而棄○ | 10/47/17 |
| 者十有三萬人 | 10/44/14 | 吾方往征討我宗廟○讎 | 10/46/8 | 君何忘會稽○厄乎 | 10/47/17 |
| 不患其志行○少恥也 | 10/44/14 | 令國人各送其子弟於郊 | | 勾踐憐○ | 10/47/19 |
| 而患其衆○不足〔也〕 | 10/44/14 | 境○上 | 10/46/9 | 正孤○身 | 10/47/21 |
| 吾不欲匹夫○小勇也 | 10/44/15 | 皆作離別相去○詞 | 10/46/9 | 吳○土地民臣 | 10/47/21 |
| 吾國○民又勸孤伐吳 | 10/44/17 | 子離父母○養、親老○ | | 越既有○ | 10/47/21 |
| 須明年○春然後可耳 | 10/44/17 | 愛 | 10/46/15 | 越兵橫行於江淮○上 | 10/47/24 |
| 恐天下聞○ | 10/44/22 | （越）〔赴〕國家○急 | 10/46/16 | 何子言○其合於天 | 10/47/25 |
| 吾欲與○徹天○中 | 10/44/27 | 子在軍寇○中 | 10/46/16 | 此素女○道 | 10/47/25 |

| | | | | | | |
|---|---|---|---|---|---|---|
| 一言即合大王○事 | 10/47/25 | 何大王問犯玉門○第八 | 10/49/10 | **支** zhī | | 2 |
| 實《金匱》○要在於上 | | 一國○相 | 10/49/11 | | | |
| 　下 | 10/47/26 | 匹夫○能 | 10/49/12 | ○傷日下 | | 3/4/27 |
| 昔吳○禍王 | 10/47/27 | 我悉徙宅自投死亡○地 | 10/49/13 | 四○布陳 | | 5/19/20 |
| 僭天子○號 | 10/47/27 | 盡九術○謀 | 10/49/14 | | | |
| 乃命樂作伐吳○曲 | 10/47/28 | 吾答○又無他語 | 10/49/15 | **知** zhī | | 143 |
| 誨化有道○國 | 10/47/29 | 是凶妖○證也 | 10/49/15 | | | |
| 誅無義○人 | 10/47/29 | 相求於玄冥○下 | 10/49/15 | 古公○昌聖 | | 1/1/19 |
| 受霸王○功 | 10/47/29 | 正犯玉門○第八也 | 10/49/16 | 太伯、仲雍望風○指 | | 1/1/20 |
| 臣請引琴而鼓○ | 10/47/30 | 吾命須臾○間耳 | 10/49/17 | ○古公欲以國及昌 | | 1/1/20 |
| 我王○德 | 10/48/3 | 九術○策 | 10/49/18 | 周之太王○西伯之聖 | | 2/2/26 |
| 不惜群臣○死 | 10/48/6 | 願幸以餘術爲孤前王於 | | 吾○公子札之賢 | | 2/3/2 |
| 失人臣○義 | 10/48/7 | 　地下謀吳○前人 | 10/49/19 | 不○所謂 | | 3/4/7 |
| 前則無滅未萌○端 | 10/48/15 | 吾悔不隨范蠡○謀 | 10/49/20 | 奢○無忌之讒 | | 3/4/13 |
| 後則無救已傾○禍 | 10/48/15 | 越王遂賜文種屬盧○劍 | 10/49/21 | 此前○之士 | | 3/4/20 |
| 王○慚辱 | 10/48/16 | 南陽○宰而爲越王○擒 | 10/49/21 | 從者○其謀 | | 3/5/16 |
| 成伍子胥○事 | 10/48/17 | 後百世○末 | 10/49/22 | 漁父○其意也 | | 3/5/22 |
| 夫恥辱○心不可以大 | 10/48/17 | 越王葬種於國○西山 | 10/49/22 | 女子○非恒人 | | 3/6/4 |
| 流汗○愧不可以忍 | 10/48/17 | 樓船○卒三千餘人 | 10/49/22 | 子胥○王好之 | | 3/6/13 |
| 辜賴宗廟○神靈 | 10/48/18 | 造鼎足○義 | 10/49/23 | 王僚○之 | | 3/6/14 |
| 大王○威德 | 10/48/18 | 或入三峰○下 | 10/49/23 | 子胥○公子光欲害王僚 | | 3/6/16 |
| 國○士大夫是子 | 10/48/19 | 與○俱浮於海 | 10/49/24 | ○其勇士 | | 3/6/24 |
| 國○人民是子 | 10/48/20 | 孔子聞○ | 10/49/26 | 令○國之所歸 | | 3/6/31 |
| 是天○棄越而喪孤也 | 10/48/20 | 越王乃被唐夷○甲 | 10/49/26 | ○進之利 | | 3/7/1 |
| 分國共○ | 10/48/21 | 杖屈盧○矛 | 10/49/27 | 伍胥○光之見機也 | | 3/7/18 |
| 日前○神莫能制者 | 10/48/25 | 夫子何以教○ | 10/49/28 | 未○吉凶 | | 3/7/19 |
| 言○者死 | 10/48/26 | 丘能述五帝三王○道 | 10/49/28 | 於是干將不○其由 | | 4/9/6 |
| 視○者狂 | 10/48/26 | 故奏雅琴以獻○大王 | 10/49/28 | 吾不○其理也 | | 4/9/7 |
| 封百里○地 | 10/48/27 | 越○常〔性〕也 | 10/50/2 | 師○爍身以成物 | | 4/9/10 |
| 有敢侵○者 | 10/48/27 | 夫子何說而欲教○ | 10/50/2 | 不○其所在 | | 4/9/20 |
| 越王乃使良工鑄金象范 | | 取（元）〔允〕常○喪 | 10/50/3 | 王不○汝○神也 | | 4/9/20 |
| 　蠡○形 | 10/48/27 | 三穿（元）〔允〕常○墓 | 10/50/4 | 一國所○ | | 4/9/26 |
| 置○坐側 | 10/48/28 | 秦桓公不如越王○命 | 10/50/6 | 事未可○ | | 4/9/29 |
| 自是○後 | 10/48/28 | 軍士苦○ | 10/50/6 | 子○之乎 | 4/10/27,4/10/29 |
| 大夫曳庸、扶同、皋如 | | 遂作河梁○詩 | 10/50/7 | 不○ | 4/10/27,4/11/1 |
| 　○徒 | 10/48/28 | 中國皆畏○ | 10/50/9 | 王子所○ | | 4/11/15 |
| 人或讒○於王曰 | 10/48/29 | 魯哀公以三桓○逼來奔 | 10/50/12 | 吾○其情 | | 4/11/15 |
| 文種棄宰相○位 | 10/48/29 | 吾自禹○後 | 10/50/15 | 子胥深○王之不定 | | 4/11/29 |
| 乃懷怨望○心 | 10/48/30 | 承（元）〔允〕常○德 | 10/50/15 | 世人莫○其能 | | 4/11/30 |
| 今已滅○ | 10/49/1 | 蒙天靈○祐、神（祗） | | 胥乃明○鑒辯 | | 4/11/31 |
| 欲因諸侯以伐○ | 10/49/2 | 　〔祇〕○福 | 10/50/16 | ○孫子可以折衝銷敵 | | 4/11/31 |
| 三桓亦患哀公○怒 | 10/49/2 | 從窮越○地 | 10/50/16 | 王不○口之稱善 | | 4/12/1 |
| 國人悲○ | 10/49/3 | 籍楚○前鋒 | 10/50/16 | 使○其禁 | | 4/12/4 |
| 與○俱歸 | 10/49/4 | 以摧吳王○干戈 | 10/50/16 | 寡人已○將軍用兵矣 | | 4/12/9 |
| 勾踐憂文種○不圖 | 10/49/4 | 從晉、齊○地 | 10/50/17 | 寡人○子善用兵 | | 4/12/13 |
| 越王召相國大夫種而問○ | 10/49/6 | 夫霸者○後 | 10/50/17 | 邦人莫○其罪 | | 4/12/20 |
| 夫差○誅也 | 10/49/9 | 其慎○哉 | 10/50/18 | 民莫○其過 | | 4/12/22 |

| | | | | |
|---|---|---|---|---|
| 昭王不〇其故 | 4/13/2 | 未〇所就 | 7/31/4 | 自〇難　10/49/6,10/49/14 |
| 不〇其名 | 4/13/2 | 孰〇其非暢達之兆哉 | 7/31/5 | 其〇相國何如人也　10/49/6 |
| 自〇不可進 | 4/14/7 | 民親其〇 | 7/31/8 | 大王〇臣勇也　10/49/7 |
| 〔申包胥〕〇不可 | 4/15/6 | 使民〇分 | 7/31/22 | 不〇臣仁也　10/49/7 |
| 吾未〇吳道 | 4/15/19 | 福見〇吉 | 7/31/30 | 〇臣（心）〔忠〕也　10/49/7 |
| 死如有〇 | 4/15/24 | 妖出〇凶 | 7/31/30 | 不〇臣信也　10/49/7 |
| 如其無〇 | 4/15/25 | 孰〇返兮何年 | 7/32/5 | 子不〇也　10/49/13 |
| 深〇琴曲之情 | 4/16/8 | 吳王〇范蠡不可得爲臣 | 7/32/25 | 〇人易　10/49/14 |
| 將欲報以百金而不〇其家 | 4/16/9 | 何以〇之　7/33/26,10/49/16 | | |
| 不〇其家 | 4/16/12 | 臣以是〇之 | 7/33/28 | |
| 不〇其臭 | 4/16/14 | 臣聞桀登高自〇危 | 7/34/10 | **枝 zhī　　　5** |
| 令死者有〇 | 4/16/17 | 然不〇所以自安也 | 7/34/10 | |
| 寡人〇之 | 5/17/16 | 前據白刃自〇死 | 7/34/10 | 不知螳螂超〇緣條　5/24/23 |
| 有報人之意、而使人〇 | | 而不〇所以自存也 | 7/34/11 | 徘徊〇陰　5/24/24 |
| 之〔者〕 | 5/19/3 | 惑者〇返 | 7/34/11 | 不傷其〇　6/29/16 |
| 孤雖〇要領不屬 | 5/19/19 | 焉能〇其忠信者乎 | 7/34/13 | 竹〇上頡橋（未）〔末〕 |
| 貪功名而不〇利害 | 5/20/2 | 〇父將有不順之子 | 7/34/20 | 　墮地　9/41/29 |
| 外明而〇時 | 5/20/4 | 而吳不〇也 | 8/35/21 | 左手若附〇　9/42/28 |
| 〇其前而不〇其後 | 5/20/5 | 孤未〇策謀 | 8/37/2 | |
| 其有所〇者 | 5/21/10 | 天下莫不聞〇 | 8/37/3 | **祗 zhī　　　1** |
| 〇鬼神之情狀 | 5/21/11 | 不可〇其情 | 8/37/5 | |
| 非子〔之〕所〔能〕〇也 | 5/21/14 | 不〇德薄而恩淺 | 8/37/15 | 蒙天靈之祐、神（〇） |
| 天〇吾之冤乎 | 5/22/6 | 以〇其信 | 9/38/15 | 　〔祗〕之福　10/50/16 |
| 不〇其禍 | 5/22/12 | 〇其智盡實 | 9/38/17 | |
| 不〇當世之所行 | 5/22/24 | 范蠡明而〇內 | 9/38/18 | **織 zhī　　　2** |
| 吳不〇所安集 | 5/23/2 | 安能〇之 | 9/38/24 | |
| 何能有〇 | 5/24/7 | 〇會際也 | 9/39/22 | 使女工〇細布獻之　8/36/10 |
| 太子友〇子胥忠而不用 | | 諸侯莫不聞〇 | 9/41/3 | 女工〇兮个敢遲　8/36/20 |
| 、太宰嚭佞而專政 | 5/24/20 | 君何不〇過乎 | 9/41/14 | |
| 不〇螳螂超枝緣條 | 5/24/23 | 未能悉〇其道 | 9/42/10 | **直 zhí　　　15** |
| 不〇黃雀盈綠林 | 5/24/24 | 〇可否也 | 9/42/24 | |
| 夫黃雀但〇伺螳螂之有味 | 5/24/25 | 左手不〇 | 9/42/29 | 以〇諫事楚莊王　3/3/28 |
| 不〇臣挾彈危擲 | 5/24/25 | 寡人不〇其力之不足 | | 價〇百金　3/5/28 |
| 不〇空塆其旁闇忽墻中 | 5/24/26 | 〔也〕 | 10/43/12 | 其〇幾何　4/13/10 |
| 不〇吳悉境內之士 | 5/25/1 | 以〇其意 | 10/44/8 | 客有酬其〇者　4/13/11 |
| 夫吳徒〇踰境征伐非吾 | | 臣愚不能〇 | 10/44/28 | 〇士舉賢不容於世　5/19/7 |
| 之國 | 5/25/2 | 〇爲之始 | 10/45/9 | 〇行以爲國　5/20/4 |
| 不〇越王將選死士 | 5/25/2 | 君將不〇 | 10/45/9 | 臣好〇言　5/21/21 |
| 曾無所〇乎 | 5/27/2 | 廣恩〇分則可戰 | 10/45/20 | 以葬我以爲〇者　5/22/7 |
| 王〇之乎 | 5/27/9 | 〇分而不外 | 10/45/20 | 以曲爲〇　5/23/24 |
| 不〇愧辱而欲求生 | 5/27/21 | 今蠹蟲無〇之物 | 10/46/23 | 公孫聖〇說而無功　5/27/10 |
| 使死者有〇 | 5/27/24 | 吾〇越之必入吳矣 | 10/47/8 | 〇心不撓　7/31/25 |
| 使其無〇 | 5/27/24 | 范蠡〇勾踐愛壤土 | 10/48/6 | 放棄忠〇之言　7/34/9 |
| 朕〇不能也 | 6/28/9 | 〇進退存亡而不失其正 | 10/48/9 | 〇眡道行　7/34/31 |
| 吾不〇其咎 | 7/30/15 | 明〇進退 | 10/48/10 | 豈〇欲破彊敵收鄰國乎　8/35/14 |
| 若魂魄有〔〇〕 | 7/30/25 | 人莫〇其所適 | 10/48/23 | 〇復不聞　9/42/7 |
| 其無〇 | 7/30/26 | 吾聞〇人易 | 10/49/6 | |

| | | | | | | |
|---|---|---|---|---|---|---|
| 自○於此 | 4/15/2 | 故求○吾頭於南門 | 10/47/8 | 沂水而上 | 3/5/19 |
| 自○於斯 | 5/23/28,10/50/17 | 吾○君於甬東 | 10/47/20 | 乃潛身於深葦之○ | 3/5/24 |
| 四時○貢 | 6/29/31 | ○酒文臺 | 10/47/28 | 蘆○人 | 3/5/25,3/5/25,4/14/28 |
| 王雖牽○ | 7/30/10 | ○之坐側 | 10/48/28 | 子胥乃出蘆○而應 | 3/5/25 |
| 推身○君 | 7/31/26 | 遂○而去 | 10/50/5 | ○有七星 | 3/5/28 |
| 德○八極 | 8/35/13 | | | 子爲蘆○人 | 3/5/31 |
| 專恩○令 | 8/36/1 | **滯 zhì** | 2 | 已覆船自沉於江水之○矣 | 3/6/1 |
| 孤之飲食不○其味 | 10/45/1 | | | 疾於○道 | 3/6/1 |
| 人○其命 | 10/46/24 | 雍○五戰 | 4/14/12 | 笞○有飯 | 3/6/2 |
| ○貢於周 | 10/47/23 | 今懷夏將○ | 7/31/17 | 公子光伏甲士於窟室○ | 3/7/22 |
| 自○相國 | 10/49/12 | | | 使專諸置魚腸劍炙魚○ | |
| | | **質 zhì** | 8 | 　進之 | 3/7/26 |
| **智 zhì** | 15 | | | 何爲○道生進退耶 | 4/8/13 |
| | | 可以其父爲○而召之 | 3/4/17 | 夫妻俱入冶爐○ | 4/9/9 |
| 勇而且○ | 3/6/11 | 爲○ | 4/13/23 | 投於爐○ | 4/9/11 |
| 慶忌、明○之人 | 4/11/10 | 以子元與太子○ | 4/14/3 | 季孫拔劍之鍔○缺者大 | |
| 夫○者除讒以自安 | 4/12/24 | 唐侯使其子乾爲○於吳 | 4/14/5 | 　如黍米 | 4/9/14 |
| 非○也 | 4/14/17 | 齊子使女爲○於吳 | 4/16/15 | 復命於國○作金鉤 | 4/9/16 |
| 不○也 | 5/18/17 | 無余○（林）〔朴〕 | 6/29/27 | 而與大王圖王僚於私室 | |
| ○者不棄時以舉其功 | 5/18/18 | 而云委○而已 | 7/31/15 | 　之○ | 4/10/11 |
| 用○圖國則使賢 | 5/19/8 | 人民朴○ | 9/42/12 | 水○有神 | 4/10/17 |
| ○而愚 | 5/20/5 | | | 閨接矢不可○ | 4/11/9 |
| 與○者謀 | 5/22/21 | **擲 zhì** | 1 | 於○流 | 4/11/17 |
| 是寡人之不○也 | 7/34/16 | | | 三捽其頭於水○ | 4/11/18 |
| 權懸而○衰 | 8/37/15 | 不知臣挾彈危○ | 5/24/25 | 題湊爲○ | 4/12/28 |
| 以觀其○ | 9/38/16 | | | 乃舞白鶴〔於吳市○〕 | 4/12/29 |
| 人竭其○ | 9/38/17 | **鷙 zhì** | 1 | 入于雲○ | 4/14/13 |
| 知其○盡實 | 9/38/17 | | | ○肩 | 4/14/14 |
| 人盡其○ | 9/38/18 | ○鳥將（搏）〔搏〕 | 8/37/4 | 乃令國○曰 | 4/14/26,5/24/19 |
| | | | | 得一樵而行歌道○ | 4/14/27 |
| **雉 zhì** | 4 | **鏑 zhì** | 1 | 申包胥亡在山○ | 4/15/3 |
| | | | | 何惜草○之骨 | 4/15/25 |
| ○以眩移拘於網 | 7/34/17 | 取鉄○ | 4/12/7 | 乃投金水○而去 | 4/16/9 |
| 〔今〕狐○之相戲也 | 9/41/6 | | | 投金水○而去矣 | 4/16/12 |
| 而○信之 | 9/41/7 | **中 zhōng** | 115 | 秋冬治於城○ | 4/16/26 |
| 而○必死 | 9/41/7 | | | 今君悉四境之○ | 5/18/7 |
| | | ○心歡然 | 1/1/4 | 精誠○廉 | 5/20/3 |
| **置 zhì** | 12 | 復棄於林○ | 1/1/6 | ○世自棄 | 5/21/18 |
| | | 復置於澤○冰上 | 1/1/6 | 下堂○庭 | 5/23/31 |
| 復○於澤中冰上 | 1/1/6 | ○國侯王數用兵 | 1/1/25 | 投之於江○ | 5/24/7 |
| 使專諸○魚腸劍炙魚中 | | 人民皆耕田其○ | 1/1/26 | 投之江○ | 5/24/9 |
| 　進之 | 3/7/26 | 與○國時通朝會 | 1/2/6 | 吳王○心恨然 | 5/24/15 |
| 吳王○酒文臺之上 | 5/23/18 | 於是吳始通○國 | 2/2/16 | 不知空垎其旁闇忽培 | 5/24/26 |
| ○高樓上 | 5/24/8 | ○心切怛 | 3/4/23 | 入五湖之○ | 5/25/2 |
| ○貨以設詐 | 7/30/21 | 恩從○出 | 3/4/30 | 〔夜○乃令〕服兵被甲 | 5/25/9 |
| 吾復○子於石室之中 | 7/32/26 | 仰天行哭林澤之○ | 3/5/7 | ○校之軍皆白裳、白髦 | |
| 相國○之 | 7/34/25 | 江○有漁父乘船從下方 | | 　、素甲、素羽之贈 | 5/25/10 |

| | | | | | |
|---|---|---|---|---|---|
| 日○無期 | 5/25/15 | 王乃令國○不行者 | 10/46/7 | 不忍覩○臣伍子胥及公 | |
| 與楚昭王相逐於○原 | 5/26/6 | 子在軍寇之○ | 10/46/16 | 　孫聖 | 5/27/24 |
| 胸○愁憂 | 5/26/22 | 有司將軍大徇軍○曰 | 10/46/24 | 臣聞大夫種○而善慮 | 7/31/8 |
| 西坂○可以匿止 | 5/26/25 | 越王○分其師以爲左右 | | 豈得以在者盡○、亡者 | |
| 聖從山○應日 | 5/27/3 | 　軍 | 10/46/27 | 　爲不信乎 | 7/31/13 |
| 范蠡在○行 | 5/27/4 | 躬率君子之軍六千人以 | | 臣在越不○不信 | 7/32/23 |
| ○冬氣定 | 5/27/14 | 　爲○陣 | 10/46/28 | 心念其○ | 7/33/30 |
| 帝乃憂○國之不康 | 6/28/6 | ○水以待吳發 | 10/46/30 | 放棄○直之言 | 7/34/9 |
| 自○國至於條方 | 6/28/7 | ○大駭 | 10/46/30 | 焉能知其○信者乎 | 7/34/13 |
| 乃案《黃帝○經曆》 | 6/28/13 | 亦即以夜暗○分其師 | 10/47/1 | 是其○信也 | 7/34/15 |
| 舟○人怖駭 | 6/28/28 | 若徹天之○ | 10/47/14 | 乃勾踐之盡○於吳之證也 | 9/40/12 |
| 歸於○國 | 6/29/5 | 〔墓〕○生爆風飛砂 | | 棄○臣之言 | 9/41/9 |
| ○州諸侯 | 6/29/12 | 　（砂）石以射人 | 10/50/4 | 非○臣之道 | 9/41/17 |
| 內美釜山○愼之功 | 6/29/13 | ○國皆畏之 | 10/50/9 | ○臣尙在 | 9/41/24 |
| 其於心胸○會無怵惕 | 7/32/2 | | | 今伍子胥○諫而死 | 10/43/11 |
| 心○內慟 | 7/32/10 | **忠** zhōng | 49 | ○惠以養之 | 10/45/3 |
| 今越王放於南山之○ | 7/32/15 | | | 吳殺○臣伍子胥 | 10/48/1 |
| 秘於宮室之○ | 7/32/19 | 伍氏三世爲楚○臣 | 3/4/7 | 知臣（心）〔○〕也 | 10/49/7 |
| 吾復置子於石室之○ | 7/32/26 | 父奢以○信慈仁 | 3/4/21 | 盡言竭○ | 10/49/8 |
| 吳王起入宮○ | 7/32/26 | 平王內慚囚繫○臣 | 3/4/21 | 在君爲○ | 10/49/14 |
| ○復猶豫 | 7/33/20 | 則爲不○ | 3/5/10 | ○臣必以吾爲喻矣 | 10/49/22 |
| 逢戶○ | 7/33/24 | 吾聞楚殺○臣伍奢 | 3/6/11 | 越王既已誅○臣 | 10/49/24 |
| 時加禺○ | 8/35/9 | 臣不○無行 | 4/10/11 | | |
| 琅琊東武海○山也 | 8/35/22 | 非○也 | 4/11/11 | **衷** zhōng | 1 |
| ○宿臺在於高平 | 8/35/29 | 以旌其○ | 4/11/20 | | |
| 得天下之○ | 8/36/3 | 內傷○臣之心 | 4/12/23 | 賴天降（哀）〔○〕 | 5/23/7 |
| ○夜潛泣 | 8/36/9 | 虐殺○良 | 4/14/4 | | |
| 乃使國○男女入山采葛 | 8/36/11 | 今子常無故與王共殺○ | | **終** zhōng | 13 |
| 縱於南林之○ | 8/36/17 | 　臣三人 | 4/14/7 | | |
| 國○蕩蕩 | 8/36/23 | 願王更隱撫○節 | 4/16/7 | ○老地上 | 3/5/1 |
| 日○則移 | 8/37/12 | 正言以○君 | 5/20/4 | 欲○壽命 | 5/21/17 |
| ○心迷惑 | 9/38/24 | 然○臣不顧其軀 | 5/21/20 | 否○則泰 | 7/30/30 |
| 乃使相者國○ | 9/40/9 | ○而獲罪 | 5/22/7 | ○始一分 | 7/31/26 |
| 妾生深林之○ | 9/42/2 | 敢不盡○ | 5/22/15 | ○不返顧 | 7/32/2 |
| 投於○野 | 9/42/12 | 越王慈仁○信 | 5/23/20 | ○我命兮君都 | 7/32/7 |
| 牛爲○將 | 9/42/22 | ○臣掩口 | 5/23/23 | ○來遇兮何幸 | 7/32/7 |
| 射弩未發而前名其所○ | 9/42/27 | 舍讒攻○ | 5/23/24 | 必念○始 | 7/34/26 |
| 以暴露百姓之骨於○原 | 10/43/13 | 今臣不○不信 | 5/23/26 | 臣愚以爲可無始有○ | 8/36/3 |
| 載飯與羹以游國○ | 10/43/21 | 吾始爲汝父○臣立吳 | 5/24/1 | 而火救其○ | 8/36/5 |
| 國○僮子戲而遇孤 | 10/43/22 | 汝不○信 | 5/24/4 | 泰○必否 | 10/48/9 |
| 國○空虛 | 10/44/18 | 後世必以我爲○ | 5/24/6 | 臣○欲成君霸國 | 10/48/15 |
| 越王復悉國○兵卒伐吳 | 10/44/25 | 不○不信 | 5/24/14 | 蠡○不還矣 | 10/48/26 |
| 吾欲與之徹天之○ | 10/44/27 | 太子友知子胥○而不用 | | | |
| 越國之○ | 10/45/3,10/45/5 | 　、太宰嚭佞而專政 | 5/24/20 | **鍾** zhōng | 2 |
| 吾欲〔與之〕徹天之○ | 10/45/12 | 天念其○ | 5/26/7 | | |
| 令國○曰 | 10/45/24 | 有○臣伍子胥○諫而身死 | 5/27/9 | 魯成公會於○離 | 2/2/11 |
| 內○辱者 | 10/45/27 | 不○無信 | 5/27/22 | 拔居巢、○離 | 3/7/10 |

| | | | | | |
|---|---|---|---|---|---|
| 二曰○財幣以遺其君 | 9/38/26 | 道諛者○ | 10/44/17 | 朝○ | 2/2/11 |
| 主○負也 | 9/42/23 | 以別○寡之數 | 10/45/9 | 深問○公禮樂 | 2/2/11 |
| 矢有輕○ | 9/43/1 | 將以（使）〔夾〕攻我○ | 10/47/1 | ○之太王知西伯之聖 | 2/2/26 |
| 吾輕其○ | 10/46/19 | 人○分解 | 10/47/7 | 昔○行之德加於四海 | 2/2/27 |
| 後○水者 | 10/49/24 | 親○皆失 | 10/50/20 | ○道就成 | 2/3/6 |
| | | | | ○廻四十七里 | 4/8/21 |
| **衆 zhòng** | **43** | **州 zhōu** | **15** | ○十里 | 4/8/22 |
| | | | | ○人無怨色 | 4/10/12 |
| ○鳥以羽覆之 | 1/1/7 | 吳人立餘眛子○于 | 2/3/20 | ○之子孫在漢水上者 | 4/14/18 |
| ○士擾動 | 3/7/28 | 楚白○犂之孫 | 4/9/23 | ○室何罪而隱其賊 | 4/14/19 |
| 以攻僚○ | 3/7/28 | 平王誅○犂 | 4/9/23 | 困暴齊而撫○室 | 5/20/13 |
| 吳作鉤者甚○ | 4/9/16 | ○犂何罪 | 4/9/24 | 魯承○公之末 | 5/24/28 |
| 爲鉤者○ | 4/9/18 | 白○犂 | 4/9/24 | ○室卑（弱）約 | 5/25/16 |
| 何以異於○夫子之鉤乎 | 4/9/18 | 咸言費無忌讒殺伍奢、 | | 始○依負於晉 | 5/25/17 |
| 王乃舉○鉤以示之 | 4/9/19 | 　白○犂 | 4/12/19 | 姬姓於○ | 5/26/2 |
| 子辱我於大家之○ | 4/10/28 | 太傅伍奢、左尹白○犂 | 4/12/20 | 乃命王孫駱告勞于○ | 5/26/5 |
| 吾辱子於千人之○ | 4/11/1 | 殺伍奢、白○犂 | 4/16/1 | ○王答曰 | 5/26/10 |
| 遂破楚○ | 4/14/11 | 九○關塞 | 6/28/5 | ○室何憂焉 | 5/26/12 |
| 亡國失○ | 4/15/24 | 觀地分○ | 6/29/5 | 吾之在○ | 5/26/16 |
| 率○以朝於吳 | 5/17/10 | 領統○伯以巡十二部 | 6/29/6 | 如越王不忘○室之義 | 5/26/17 |
| 吳王分其民之○以殘吾國 | 5/19/12 | 中○諸侯 | 6/29/12 | ○行寓內 | 6/29/2 |
| 讒人益○ | 5/20/3 | 悉九○之土 | 6/29/24 | ○行天下 | 6/29/11 |
| 悉人之○ | 5/20/17 | 祀水澤於江○ | 9/39/6 | ○文不以困爲病 | 7/30/18 |
| 臣聞興十萬之○ | 5/22/11 | 與齊、晉諸侯會於徐○ | 10/47/22 | 殷爲○所滅 | 7/33/11 |
| 戮我○庶 | 5/23/3 | | | 西止○宗 | 8/35/11 |
| 出則罪吾士○ | 5/23/6 | **舟 zhōu** | **11** | ○雄威折萬里 | 8/35/13 |
| 將失○矣 | 5/23/14 | | | ○千一百二十一步 | 8/35/19 |
| 於○大夫如何 | 5/23/20 | 吳師敗而亡○ | 3/3/24 | 上愧○王 | 9/38/2 |
| 乃悉士○將踰章山 | 5/26/4 | 復得王○而還 | 3/3/24 | ○亡以褒姒 | 9/40/17 |
| 何必使吾師○加刃於王 | 5/27/18 | 楚大夫尹固與王同○而去 | 4/14/12 | 則○何爲三家之表 | 9/41/13 |
| 斬以示○ | 6/29/12 | 徙其大○ | 5/25/5 | 聞於○室 | 10/45/19, 10/45/24 |
| ○瑞並去 | 6/29/21 | 黃龍負○ | 6/28/28 | 致貢於○ | 10/47/23 |
| 轉從○庶爲編戶之民 | 6/29/29 | ○中人怖駭 | 6/28/28 | ○元王使人賜勾踐 | 10/47/23 |
| ○民悅喜 | 6/29/31 | 謂○人曰 | 6/28/29 | 〔臺〕○七里 | 10/49/25 |
| ○天悲哀 | 7/30/10 | 龍曳尾舍○而去 | 6/28/30 | 皆輔○室 | 10/50/5 |
| 破敵攻○ | 7/31/27 | 水戰則乘○ | 9/41/24 | | |
| 亡○樓於會稽之山 | 8/35/14 | 輿○之利 | 9/41/25 | **洲 zhōu** | **2** |
| ○安道泰 | 8/36/23 | 乃乘扁○ | 10/48/23 | | |
| 必順辭和○ | 8/37/5 | | | 走犬長○ | 4/16/27 |
| 士散而○解 | 8/37/15 | **周 zhōu** | **42** | 集○渚兮優恋 | 7/32/4 |
| 聖人能從○ | 8/37/18 | | | | |
| 而有其○ | 9/41/3 | 踰梁山而處岐○ | 1/1/16 | **粥 zhōu** | **1** |
| 道○而微 | 9/42/27 | ○三里二百步 | 1/1/25 | | |
| 越王會軍列士而大誡○ | 10/44/12 | 任○、召而伐殷 | 1/2/1 | 給其糜○ | 10/46/18 |
| 不患其○〔之〕不足 | | 達子○章 | 1/2/3 | | |
| 　〔也〕 | 10/44/13 | 廬子○緐 | 1/2/4 | | |
| 而患其○之不足〔也〕 | 10/44/14 | 晉獻公滅○北虞 | 1/2/5 | | |

| | |
|---|---|
| 乃封專○之子 | 3/8/1 |
| 以仁義聞於○侯 | 4/8/9 |
| ○侯不信 | 4/8/10 |
| ○侯聞之 | 4/9/29 |
| 恐合○侯來伐 | 4/10/9 |
| 昔專○之事於寡人厚矣 | 4/10/9 |
| 今聞公子慶忌有計於○侯 | 4/10/10 |
| 歸窮於○侯 | 4/11/11 |
| 不下○侯之士 | 4/11/11 |
| 要離乃奔○侯而行怨言 | 4/11/14 |
| 孫子顧視○女連笑不止 | 4/12/6 |
| 以霸天下而威○侯 | 4/12/16 |
| 貪而多過於○侯 | 4/13/28 |
| 侵食○侯 | 4/14/5 |
| ○將既從還楚 | 4/16/15 |
| 闔閭謀擇○公子可立者 | 4/16/19 |
| ○侯有相伐者 | 5/17/20 |
| 外事○侯 | 5/18/15 |
| 正天下、定○侯則使聖 | 5/19/8 |
| 外事○侯而不能也 | 5/19/18 |
| 朝○侯也 | 5/21/6 |
| 威加○侯 | 5/24/1,10/47/29 |
| 〔乃〕合○侯〔而〕謀曰 | 5/25/7 |
| 則執○侯之柄 | 5/25/8 |
| 吳師皆文犀、長盾、扁 | |
| 　○之劍 | 5/25/10 |
| ○侯貢獻 | 5/25/16 |
| 爲○侯笑 | 5/25/19 |
| 與○侯、大夫列坐於晉 | |
| 　定公前 | 5/25/21 |
| 中州○侯 | 6/29/12 |
| ○侯去益而朝啓 | 6/29/23 |
| 當吳王壽夢、○樊、闔 | |
| 　閭之時 | 6/30/3 |
| 幸蒙○大夫之謀 | 7/30/14 |
| ○大夫之責也 | 7/30/15 |
| ○侯並救王命 | 7/30/30 |
| 以國累○侯大夫 | 7/31/7 |
| 今事棄○大夫 | 7/31/12 |
| 何○大夫論事一合一離 | 7/31/14 |
| 吾顧○大夫以其所能 | 7/31/15 |
| 願○君之風 | 7/31/19 |
| 結和○侯 | 7/31/23 |
| 大夫○稽郢曰 | 7/31/26 |
| 有○大夫懷德抱術 | 7/31/31 |
| ○侯賓服 | 7/34/6 |
| 賜羽毛之飾、机杖、○ | |

| | |
|---|---|
| 侯之服 | 8/36/18 |
| 機杖茵褥○侯儀 | 8/36/21 |
| 辱流○侯 | 8/37/2 |
| 必輕○侯而凌鄰國 | 8/37/8 |
| ○侯曰可 | 8/37/10 |
| ○侯之上尊 | 8/37/12 |
| 今吳乘○侯之威 | 8/37/14 |
| 或謂○大夫愛其身 | 9/37/29 |
| 幸蒙○大夫之策 | 9/38/2 |
| 重負○臣大夫 | 9/38/4 |
| 外愧○侯 | 9/38/24 |
| ○侯莫不聞知 | 9/41/3 |
| 率○侯以伐其君 | 9/41/11 |
| 不達○侯 | 9/42/2 |
| ○侯相伐 | 9/42/17 |
| 然後○侯可服 | 9/42/18 |
| 昔夫差辱吾君王於○侯 | 10/43/24 |
| 功名聞於○侯 | 10/44/11 |
| 臣觀吳王北會○侯於黃 | |
| 　池 | 10/44/18 |
| 乃發習流二千人、俊士 | |
| 　四萬、君子六千、○ | |
| 　御千人 | 10/44/20 |
| 夫差方會○侯於黃池 | 10/44/22 |
| 〔能〕（傳賢）〔博取〕 | |
| 　於○侯 | 10/44/29 |
| 敢告○大夫 | 10/45/13 |
| 令○侯不怨於外 | 10/45/19 |
| | 10/45/24 |
| 有辱於○侯 | 10/46/3 |
| 與齊、晉○侯會於徐州 | 10/47/22 |
| ○侯畢賀 | 10/47/24 |
| 而令君王霸於○侯 | 10/48/29 |
| 欲因○侯以伐之 | 10/49/2 |
| ○侯怖懼皆恐惶 | 10/50/8 |
| 以○侯大夫不用命 | 10/50/13 |

### 竹 zhú　　　7

| | |
|---|---|
| 不聞以土木之崇高、蠹 | |
| 　鏤之刻畫、金石之清 | |
| 　音、絲○之淒唳以之 | |
| 　爲美 | 3/4/3 |
| 越王乃使大夫種索葛布 | |
| 　十萬、甘蜜九党、文 | |
| 　笥七枚、狐皮五雙、 | |
| 　晉○十廋 | 8/36/13 |

| | |
|---|---|
| 袁公即杖篠箖○ | 9/41/29 |
| ○枝上頡橋（未）〔末〕 | |
| 　墮地 | 9/41/29 |
| 斷○續○ | 9/42/13 |
| 名可留於○帛 | 10/47/30 |

### 逐 zhú　　　6

| | |
|---|---|
| 吳兵○之 | 4/14/18 |
| ○昭王而屠荊平王墓 | 4/15/27 |
| 與楚昭王相○於中原 | 5/26/6 |
| 或○禽鹿而給食 | 6/29/27 |
| 追形○影 | 9/42/6 |
| 飛土○害」之謂也 | 9/42/14 |

### 燭 zhú　　　7

| | |
|---|---|
| 使公子蓋餘、○傭以兵 | |
| 　圍楚 | 3/7/17 |
| 公子蓋餘、○傭二人將 | |
| 　兵遇圍於楚者 | 3/8/4 |
| 闔閭復使子胥、屈蓋餘 | |
| 　、○傭習術戰騎射御 | |
| 　之巧 | 4/9/2 |
| 殺吳亡將二公子蓋餘、 | |
| 　○傭 | 4/12/17 |
| 以示薛○ | 4/13/6 |
| ○對曰 | 4/13/6 |
| 薛○對曰 | 4/13/11 |

### 主 zhǔ　　　28

| | |
|---|---|
| 〔民人無廢○〕 | 3/8/2 |
| 必不爲君○所親 | 4/8/14 |
| 是君上驕〔○心〕 | 5/18/4 |
| 此君上於（王）〔○〕 | |
| 　有邊 | 5/18/5 |
| 孤○制齊者 | 5/18/8 |
| 夫越君、賢○〔也〕 | 5/18/14 |
| ○以伐越而不聽臣 | 5/18/16 |
| 明○任人不失其能 | 5/19/7 |
| 希睹人○ | 5/21/13 |
| 子以道自達於○ | 5/21/16 |
| ○君宜許之以前期 | 5/26/1 |
| 不敢加誅於人○ | 5/27/19 |
| 願○急而命之 | 5/27/19 |
| 聖王賢○ | 7/30/27 |

| 壯 zhuàng | 8 |
|---|---|
| 遂有勇○之氣 | 3/6/14 |
| 臣昔嘗見曾拆辱○士椒 | |
| 　丘訴也 | 4/10/15 |
| ○士所當 | 4/10/18 |
| 我辱○士椒丘訴於大家 | |
| 　之喪 | 4/10/25 |
| 此天下○士也 | 4/11/4 |
| 年○未孳 | 6/28/4 |
| 令○者無娶老妻 | 10/43/16 |
| 老者無娶○婦 | 10/43/17 |

| 狀 zhuàng | 8 |
|---|---|
| 具陳其○ | 3/6/10 |
| 王僚怪其○偉 | 3/6/12 |
| 子胥怪而問其○ | 3/6/21 |
| 知鬼神之情○ | 5/21/11 |
| 觀鯀之治水無有形○ | 6/28/9 |
| ○若驚鳥揚天 | 6/29/10 |
| ○類龍蛇 | 9/39/10 |
| 弩之○何法焉 | 9/42/21 |

| 追 zhuī | 20 |
|---|---|
| ○謚古公爲太王 | 1/2/2 |
| ○封太伯於吳 | 1/2/2 |
| 雖悔何○ | 3/5/3 |
| 復遣○捕子胥 | 3/5/4 |
| 楚○之 | 3/5/4 |
| 使者○及無人之野 | 3/5/4 |
| 即發大軍○子胥 | 3/5/6 |
| ○者在後 | 3/5/19 |
| 走○奔獸 | 4/11/8 |
| 吾嘗○之於江 | 4/11/9 |
| ○之必破矣 | 4/14/9 |
| 王○於吳寇 | 4/14/12 |
| 越○破吳 | 5/26/14 |
| ○就禹之所 | 6/29/9 |
| 其悔可○乎 | 7/34/24 |
| ○以百里之封 | 8/35/15 |
| ○形逐影 | 9/42/6 |
| 越王○奔 | 10/47/4 |
| 孰可○乎 | 10/48/24 |
| 臣願大王勿復○也 | 10/48/26 |

| 墜 zhuì | 1 |
|---|---|
| 案○籍 | 7/31/3 |

| 屯 zhūn | 5 |
|---|---|
| 使太子○兵守楚留止 | 4/16/24 |
| 使范蠡、洩庸率師○海 | |
| 　通江 | 5/25/4 |
| 孤之○厄 | 7/34/30 |
| 吳悉兵○於江北 | 10/46/26 |
| ○乎 | 10/48/1 |

| 拙 zhuō | 1 |
|---|---|
| ○也 | 5/19/3 |

| 斫 zhuó | 1 |
|---|---|
| 夫○剉養馬 | 7/32/28 |

| 窋 zhuó | 3 |
|---|---|
| 子不○立 | 1/1/11 |
| 公子光伏甲士於○室中 | 3/7/22 |
| 入○室裏足 | 3/7/26 |

| 啄 zhuó | 4 |
|---|---|
| 欲○螳螂 | 5/24/25 |
| 顧鳥鵲○江渚之蝦 | 7/32/3 |
| ○蝦矯翮兮雲間 | 7/32/4 |
| 夫越王爲人長頸鳥○ | 10/48/10 |

| 濁 zhuó | 3 |
|---|---|
| 不○其流 | 6/29/16 |
| 以別清○ | 10/45/19 |
| 清○者 | 10/45/19 |

| 擢 zhuó | 2 |
|---|---|
| ○假海內 | 7/31/1 |
| ○戟馭殳 | 10/46/10 |

| 繳 zhuó | 1 |
|---|---|
| 尙欲○微矢以射之 | 7/32/15 |

| 茲 zī | 1 |
|---|---|
| 天人之際於○ | 6/28/25 |

| 粢 zī | 1 |
|---|---|
| ○稷黍禾 | 1/1/8 |

| 孳 zī | 1 |
|---|---|
| 年壯未○ | 6/28/4 |

| 子 zǐ | 648 |
|---|---|
| 謂無○ | 1/1/5 |
| ○不窋立 | 1/1/11 |
| ○慶節立 | 1/1/12 |
| 君○不以養害害所養 | 1/1/15 |
| 邠人父○兄弟相帥 | 1/1/17 |
| 古公三○ | 1/1/18 |
| 生○昌 | 1/1/19 |
| ○昌立 | 1/1/28 |
| 太○發立 | 1/2/1 |
| ○季簡 | 1/2/3 |
| 簡○叔達 | 1/2/3 |
| 達○周章 | 1/2/3 |
| 章○熊 | 1/2/3 |
| 熊○遂 | 1/2/3 |
| 遂○柯相 | 1/2/3 |
| 相○彊鳩夷 | 1/2/3 |
| 夷○餘喬疑吾 | 1/2/4 |
| 吾○柯盧 | 1/2/4 |
| 盧○周繇 | 1/2/4 |
| 繇○屈羽 | 1/2/4 |
| 羽○夷吾 | 1/2/4 |
| 吾○禽處 | 1/2/4 |
| 處○專 | 1/2/4 |
| 專○頗高 | 1/2/5 |
| 高○句畢立 | 1/2/5 |
| （卑）〔畢〕○去齊 | 1/2/6 |
| 齊○壽夢立 | 1/2/6 |
| 使○反將 | 2/2/15 |
| 敗○反 | 2/2/18 |

| | | | | | |
|---|---|---|---|---|---|
| 於是公○光心動 | 3/7/18 | ○有當死之過者三 | 4/10/27 | 楚聞吳使孫○、伍○胥 | |
| 於是公○見專諸曰 | 3/7/20 | ○知之乎 | 4/10/27,4/10/29 | 、白喜爲將 | 4/12/18 |
| 季○未還 | 3/7/20 | ○辱我於大家之衆 | 4/10/28 | 司馬成乃謂○常曰 | 4/12/20 |
| ○弱 | 3/7/21 | ○有三死之過 | 4/10/29 | 今○殺人以興謗於國 | 4/12/22 |
| 公○光伏甲士於窟室中 | 3/7/22 | ○有三不肖之愧 | 4/10/29 | ○即危矣 | 4/12/24 |
| 公○光爲我具酒來請 | 3/7/23 | 吾辱○於千人之衆 | 4/11/1 | 今○受讒 | 4/12/25 |
| 公○光佯爲足疾 | 3/7/26 | ○無敢報 | 4/11/1 | ○常曰 | 4/12/25 |
| 公○光伏其甲士 | 3/7/28 | 前拔○劍 | 4/11/2 | ○常與昭王共誅費無忌 | 4/12/26 |
| 乃封專諸之○ | 3/8/1 | ○有三不肖而威於我 | 4/11/2 | 乃召風湖○而問曰 | 4/13/2 |
| 公○蓋餘、燭傭二人將 | | ○胥乃見要離曰 | 4/11/5 | 風湖○曰 | 4/13/3 |
| 　兵遇圍於楚者 | 3/8/4 | 吳王聞○高義 | 4/11/5 | | 4/13/3,4/13/5,4/13/10 |
| 聞公○光殺王僚自立 | 3/8/4 | 乃與○胥見吳王 | 4/11/5 | 臣聞越王（元）〔允〕 | |
| 乃舉伍○胥爲行人 | 4/8/10 | ○何爲者 | 4/11/5 | 　常使歐冶○造劍五枚 | 4/13/5 |
| 闔閭謂○胥曰 | 4/8/10 | 吳王心非○胥進此人 | 4/11/7 | ○以殺父 | 4/13/7 |
| 伍○胥膝進 | 4/8/11 | 今○之力不如也 | 4/11/10 | ○胥陰令宣言於楚曰 | 4/13/14 |
| 非夫○ | 4/8/13 | 臣聞安其妻○之樂 | 4/11/11 | 楚用○期爲將 | 4/13/15 |
| 寡人非○無所盡議 | 4/8/15 | 願王戮臣妻○ | 4/11/12 | ○常用兵 | 4/13/15 |
| ○胥良久對曰 | 4/8/17 | 吳王乃取其妻○ | 4/11/13 | 因用○常 | 4/13/15 |
| 寡人委計於○ | 4/8/20 | 王○所知 | 4/11/15 | 退○期 | 4/13/15 |
| ○胥乃使相土嘗水 | 4/8/21 | 今戮吾妻○ | 4/11/15 | 楚昭王使公○囊瓦伐吳 | 4/13/21 |
| 闔閭復使○胥、屈蓋餘 | | 願因王○之勇 | 4/11/15 | 二○何功 | 4/13/22 |
| 　、燭傭習術戰騎射御 | | 殺吾妻○ | 4/11/21 | 獲楚公○繁以歸 | 4/13/23 |
| 　之巧 | 4/9/2 | 爲新君而殺故君之○ | 4/11/21 | 吳王謂○胥、孫武曰 | 4/13/25 |
| 與歐冶○同師 | 4/9/3 | 伍○胥、白喜相謂曰 | 4/11/26 | 始○言郢不可入 | 4/13/25 |
| ○以善爲劍聞於王 | 4/9/6 | 吳王問○胥、白喜曰 | 4/11/27 | ○常欲之 | 4/13/30,4/13/31 |
| 使○作劍 | 4/9/7 | 於二○何如 | 4/11/28 | ○常三年留之不使歸國 | 4/13/30 |
| 今夫○作劍 | 4/9/8 | ○胥、白喜對曰 | 4/11/28 | 竊馬而獻○常 | 4/14/1 |
| 殺其二○ | 4/9/17 | 吳王內計二○皆怨楚 | 4/11/28 | 固請獻裘、珮於○常 | 4/14/3 |
| 而○獨求賞 | 4/9/18 | ○胥深知王之不定 | 4/11/29 | 以○元與太○質 | 4/14/3 |
| 何以異於衆夫○之鉤乎 | 4/9/18 | 乃薦孫○於王 | 4/11/30 | 唐侯使其○乾爲質於吳 | 4/14/5 |
| 貪而殺二○ | 4/9/19 | 孫○者 | 4/11/30 | ○常遂濟漢而陣 | 4/14/6 |
| 於是鉤師向鉤而呼二○ | | 知孫○可以折衝銷敵 | 4/11/31 | 今○常無故與王共殺忠 | |
| 　之名 | 4/9/20 | 七薦孫○ | 4/11/31 | 　臣三人 | 4/14/7 |
| 寡人誠負於○ | 4/9/21 | ○胥託言進士 | 4/12/1 | ○常不應 | 4/14/8 |
| 吳王問○胥曰 | 4/9/22 | 而召孫○問以兵法 | 4/12/1 | ○常不仁 | 4/14/9 |
| ○必故陳兵堂下門庭 | 4/9/27 | 孫○曰 | 4/12/2,4/12/3 | 遂以其部五千人擊○常 | 4/14/10 |
| 側聞○前人爲楚荊之暴怒 | 4/9/30 | | 4/12/7,4/12/10,4/12/14 | 〔○常〕走奔鄭 | 4/14/11 |
| 臣聞大王收伍○胥之窮厄 | 4/10/1 | 孫○乃親自操枹擊鼓 | 4/12/5 | 吾殺其○ | 4/14/16 |
| 問○胥曰 | 4/10/2,4/10/9 | 孫○顧視諸女連笑不止 | 4/12/6 | 周之○孫在漢水上者 | 4/14/18 |
| ○不聞河上歌乎 | 4/10/3 | 孫○大怒 | 4/12/6 | 大夫○期雖與昭王俱亡 | 4/14/21 |
| ○胥不然其言 | 4/10/6 | 孫○復撝鼓之 | 4/12/11 | 即割○期心以與隨君盟 | |
| 今聞公○慶忌有計於諸侯 | 4/10/10 | 寡人知○善用兵 | 4/12/13 | 　而去 | 4/14/22 |
| 以付於○ | 4/10/10 | ○胥諫曰 | 4/12/14 | 伍胥、孫武、白喜亦妻 | |
| 今復欲討其○ | 4/10/11 | | 9/39/13,9/40/13,9/40/24 | 　○常、司馬成之妻 | 4/14/25 |
| 何乃天○ | 4/10/12 | 孫○爲將 | 4/12/17 | 鄭定公前殺太○建而困 | |
| ○以言之 | 4/10/15 | 殺吳亡將二公○蓋餘、 | | 　迫○胥 | 4/14/26 |
| 今○與神鬭於水 | 4/10/22 | 　燭傭 | 4/12/17 | 漁者之○應募曰 | 4/14/27 |

| | | | | |
|---|---|---|---|---|
| 公乃與漁者之○橈 | 4/14/28 | 父死○代 | 4/16/24 | 伍○胥聞之 | 5/22/11 |
| ○胥軍將至 | 4/14/28 | 寡人從○ | 4/16/24 | 合壬○歲前合也 | 5/22/17 |
| ○胥聞之 | 4/14/28,8/36/16 | 立夫差爲太○ | 4/16/24 | 視如赤○ | 5/22/21 |
| 漁父者○ | 4/14/29 | 使太○屯兵守楚留止 | 4/16/24 | 汝常與○胥同心合志 | 5/22/22 |
| ○胥歎曰 | 4/15/2 | 於是太○定 | 4/16/27 | ○胥獨何言焉 | 5/22/23 |
| 吾蒙○前人之恩 | 4/15/2 | 吳以○胥、白喜、孫武 | | ○胥欲盡誠於前王 | 5/22/23 |
| 乃使人謂○胥曰 | 4/15/3 | 　之謀 | 4/17/1 | 乃讓○胥曰 | 5/23/4 |
| ○之報讎 | 4/15/4 | 使○胥使於齊 | 5/17/14 | 爲○西結彊讎於楚 | 5/23/5 |
| ○ | 4/15/4 | ○胥謂其曰 | 5/17/14 | 若○於吳則何力焉 | 5/23/8 |
| 與○同袍 | 4/15/10 | 乃屬其○於齊鮑氏而還 | 5/17/15 | 伍○胥攘臂大怒 | 5/23/8 |
| 與○同仇 | 4/15/11 | 太宰嚭既與○胥有隙 | 5/17/15 | ○言不祥 | 5/23/14 |
| ○且就館 | 4/15/13 | ○胥爲彊暴力諫 | 5/17/16 | ○胥在焉 | 5/23/18 |
| 秦使公○○蒲、○虎率 | | 會魯使○貢聘於吳 | 5/17/16 | 父不憎有力之○ | 5/23/19 |
| 　車五百乘 | 4/15/18 | 孔○患之 | 5/17/20 | ○胥據地垂涕曰 | 5/23/22 |
| 二○曰 | 4/15/18 | ○無意一出耶 | 5/17/21 | 紂殺王○比干 | 5/23/27 |
| 楚司馬○成、秦公○○ | | ○路辭出 | 5/17/21 | ○胥歸 | 5/23/28 |
| 　蒲與吳王相守 | 4/15/20 | 孔○止之 | 5/17/21 | 吳王聞○胥之怨恨也 | 5/23/30 |
| ○胥久留楚求昭王 | 4/15/20 | ○張、○石請行 | 5/17/21 | ○胥受劍 | 5/23/31 |
| ○胥、孫武、白喜留 | 4/15/22 | 孔○弗許 | 5/17/22 | 公○多怨於我 | 5/24/3 |
| 楚○期將焚吳軍 | 4/15/23 | ○貢辭出 | 5/17/22 | 託汝○於齊鮑氏 | 5/24/4 |
| ○西曰 | 4/15/23 | 孔○遣之 | 5/17/22 | ○胥把劍 | 5/24/5 |
| ○期曰 | 4/15/24 | ○貢北之齊 | 5/17/22 | 吳王乃取○胥屍 | 5/24/7 |
| ○胥等相謂曰 | 4/15/26 | ○貢曰 | 5/17/23,5/18/2 | ○胥因隨流揚波 | 5/24/9 |
| 樂師扈○非荊王信讒佞 | 4/16/1 | 　5/18/10,5/18/16,5/18/21 | | 汝嘗與○胥論寡人之短 | 5/24/10 |
| 二○東奔適吳越 | 4/16/4 | 　5/19/2,5/19/7,5/20/2 | | ○何非寡人而不朝乎 | 5/24/11 |
| 扈○遂不復鼓矣 | 4/16/8 | 　5/20/2,5/20/17,5/20/21 | | ○以我殺○胥爲重乎 | 5/24/12 |
| ○胥等過溧陽瀨水之上 | 4/16/8 | ○之所難 | 5/18/1 | ○胥位下 | 5/24/12 |
| 乞食於一女○ | 4/16/9 | ○之所易 | 5/18/2 | 臣命何異於○胥 | 5/24/12 |
| 女○飼我 | 4/16/9 | ○貢南見吳王 | 5/18/11 | 非聽宰嚭以殺○胥 | 5/24/13 |
| 吾有女○ | 4/16/10 | ○待我伐越而聽○ | 5/18/15 | 夫○胥 | 5/24/14 |
| 遇一窮途君○而輒飯之 | 4/16/11 | ○貢東見越王 | 5/18/19 | 悔殺○胥 | 5/24/15 |
| ○胥欲報百金 | 4/16/12 | 如○之畏父 | 5/19/14 | 豈非宰嚭之讒○胥 | 5/24/15 |
| ○胥歸吳 | 4/16/13 | 夫○胥爲人 | 5/20/3 | 此爲二○胥也 | 5/24/16 |
| ○胥至 | 4/16/14 | ○貢去 | 5/20/6 | 夫差既殺○胥 | 5/24/18 |
| 齊○使女爲質於吳 | 4/16/15 | ○貢不受 | 5/20/7 | 太○友知○胥忠而不用 | 5/24/20 |
| 吳王因爲太○波聘齊女 | 4/16/16 | ○貢館五日 | 5/20/10 | 、太宰嚭佞而專政 | 5/24/20 |
| 太○亦病而死 | 4/16/18 | 乃召○貢曰 | 5/20/16 | ○何爲袷衣濡履 | 5/24/22 |
| 闔閭謀擇諸公○可立者 | 4/16/19 | ○貢去〔之〕晉 | 5/20/18 | 太○友曰 | 5/24/22 |
| 波太○夫差日夜告（許） | | ○貢返魯 | 5/20/22 | 太○曰 | 5/24/27 |
| 　〔於〕伍胥曰 | 4/16/19 | ○爲寡人占之 | 5/21/4 | 有孔○之教 | 5/24/28 |
| 王欲立太○ | 4/16/20 | 使○占之 | 5/21/12 | 吳王不聽太○之諫 | 5/25/3 |
| 伍○胥曰 | 4/16/20 | ○何性鄙 | 5/21/13 | 敗太○友於（始）〔姑〕 | |
| 太○未有定 | 4/16/20 | 非○〔之〕所〔能〕知也 | 5/21/14 | 　熊夷 | 5/25/4 |
| 闔閭有頃召○胥謀立太○ | 4/16/21 | ○以道自達於主 | 5/21/16 | 天○有命 | 5/25/16 |
| 今太○不祿 | 4/16/22 | 女○之言也 | 5/21/17 | 小則嬖妾、嫡○死 | 5/25/22 |
| 今王欲立太○者 | 4/16/22 | 故悲與○相離耳 | 5/21/18 | 而歸告於天○執事 | 5/26/10 |
| 莫大乎波秦之○夫差 | 4/16/22 | ○爲占之 | 5/21/19 | 伯父令○來乎 | 5/26/10 |

| | |
|---|---|
| ○復生 | 5/26/27 |
| ○胥所謂旦食者也 | 5/26/28 |
| ○試前呼之 | 5/27/2 |
| 有忠臣伍○胥忠諫而身死 | 5/27/9 |
| 今○尙有遺榮 | 5/27/18 |
| 二○何不誅之 | 5/27/19 |
| ○爲臣 | 5/27/22 |
| 乃誅嚭幷妻○ | 5/27/23 |
| 不忍覩忠臣伍○胥及公 | |
| 　孫聖 | 5/27/24 |
| 使攝行天○之政 | 6/28/9 |
| 舜與四嶽舉鯀之○高密 | 6/28/10 |
| 小○敢悉考績以統天意 | 6/28/11 |
| 因夢見赤繡衣男○ | 6/28/16 |
| 三月庚○ | 6/28/18, 6/28/19 |
| 女嬌生○啓 | 6/28/26 |
| 即天○之位 | 6/29/11 |
| ○歸父 | 6/29/15 |
| 益避禹之○啓於箕山之陽 | 6/29/23 |
| 帝禹○也 | 6/29/24 |
| 啓遂即天○之位 | 6/29/24 |
| 乃封其庶○於越 | 6/29/26 |
| 願二三○論其意 | 7/30/15 |
| 堯傳天○ | 7/30/20 |
| ○弑其父 | 7/30/21 |
| 夫君○爭寸陰而棄珠玉 | 7/30/24 |
| 吾聞父死○（伐）〔代〕 | 7/31/12 |
| 以付二三○ | 7/31/12 |
| 亦○之憂也 | 7/31/13 |
| 父○共氣 | 7/31/13 |
| ○問以事 | 7/31/18 |
| 寡人於○亦過矣 | 7/32/13 |
| ○不念先君之讎乎 | 7/32/13 |
| ○胥明於一時之計 | 7/32/18 |
| 而○及主俱爲奴僕 | 7/32/21 |
| 吾欲赦○之罪 | 7/32/22 |
| ○能改心自新 | 7/32/22 |
| ○既不移其志 | 7/32/26 |
| 吾復置○於石室之中 | 7/32/26 |
| 爲○赦之 | 7/33/1 |
| 於○奈何 | 7/33/4 |
| 果○胥諫吳王曰 | 7/33/10 |
| 伍○胥復諫吳王曰 | 7/33/13 |
| 遂免○孫之患 | 7/33/14 |
| 伍○胥趨出 | 7/33/31 |
| 伍○胥入諫曰 | 7/34/7 |
| 知父將有不順之○ | 7/34/20 |

| | |
|---|---|
| 吾聞君○一言不再 | 7/34/28 |
| 夫○故不一二見也 | 8/36/4 |
| 於○何如 | 8/36/10 |
| 遇民如父母之愛其○ | 8/36/29 |
| 今吳承闔閭之軍制、○ | |
| 　胥之典教 | 8/37/18 |
| ○胥力於戰伐 | 8/37/20 |
| 吾昔日受夫○之言 | 9/38/20 |
| 惟問於○ | 9/39/19 |
| 何○之年少於物之長也 | 9/40/3 |
| ○之道也 | 9/40/3 |
| 孤蒙○之術 | 9/40/20 |
| 臣聞狼○有野心 | 9/41/8 |
| ○胥爲人臣 | 9/41/14 |
| ○無乃聞寡人言 | 9/41/16 |
| 今○爲寡人謀事 | 9/41/25 |
| 吾聞○善劍 | 9/41/28 |
| 孤聞○善射 | 9/42/9 |
| 願○一二其辭 | 9/42/10 |
| 彈起古之孝○ | 9/42/11 |
| 孝○彈者奈何 | 9/42/11 |
| 孝○不忍見父母爲禽獸 | |
| 　所食 | 9/42/13 |
| 守臣○也 | 9/42/21 |
| 盡○之道 | 9/43/2 |
| 願○悉以教吾國人 | 9/43/2 |
| 孤用夫○之策 | 10/43/9 |
| 而○昔日云 | 10/43/10 |
| 爲有○胥 | 10/43/11 |
| 今伍○胥忠諫而死 | 10/43/11 |
| 將率二三○夫婦以爲藩 | |
| 　輔 | 10/43/16 |
| 女○十七未嫁 | 10/43/17 |
| 生○三人 | 10/43/19 |
| 生○二人 | 10/43/19 |
| 長○死 | 10/43/19 |
| 季○死 | 10/43/19 |
| 必哭泣葬埋之如吾○也 | 10/43/20 |
| 令孤○、寡婦、疾疹、 | |
| 　貧病者 | 10/43/20 |
| 納官其○ | 10/43/20 |
| 國中僮○戲而遇孤 | 10/43/22 |
| 非二三○之罪也 | 10/44/1 |
| 盡吾君○ | 10/44/3 |
| ○報父仇 | 10/44/3 |
| 於是越民父勉其○ | 10/44/16 |
| 吳已殺○胥 | 10/44/16 |

| | |
|---|---|
| 太○留守 | 10/44/19 |
| 其夏六月丙○ | 10/44/20 |
| 乃發習流二千人、俊士 | |
| 　四萬、君○六千、諸 | |
| 　御千人 | 10/44/20 |
| 丙（戍）〔戌〕遂虜殺 | |
| 　太○ | 10/44/21 |
| 吾博愛以○之 | 10/45/3 |
| 春秋奉幣、玉帛、○女 | |
| 　以貢獻焉 | 10/45/7 |
| 則是○〔也〕 | 10/45/27 |
| 則是（○）〔我〕也 | 10/45/27 |
| 吾見○於是 | 10/45/27 |
| 是○之罪 | 10/46/2 |
| 吾固誠○ | 10/46/3 |
| 以謝於二三○ | 10/46/8 |
| 令國人各送其○弟於郊 | |
| 　境之上 | 10/46/9 |
| ○離父母之養、親老之 | |
| 　愛 | 10/46/15 |
| ○在軍寇之中 | 10/46/16 |
| 雖吾○不能過也 | 10/46/20 |
| 自吾○亦不能脫也 | 10/46/21 |
| 躬率君○之軍六千人以 | |
| 　爲中陣 | 10/46/28 |
| 見伍○胥頭 | 10/47/5 |
| 拜謝○胥 | 10/47/7 |
| ○胥乃與種、蠡夢 | 10/47/8 |
| 吾欲聽○言 | 10/47/18 |
| 何○言之其合於天 | 10/47/25 |
| 僭天○之號 | 10/47/27 |
| 吳殺忠臣伍○胥 | 10/48/1 |
| ○來去矣 | 10/48/8 |
| 越王必將誅○ | 10/48/8 |
| ○若不去 | 10/48/11 |
| 將害於○ | 10/48/12 |
| 成伍○胥之事 | 10/48/17 |
| 國之士大夫是○ | 10/48/19 |
| 國之人民是○ | 10/48/20 |
| 今○云去 | 10/48/20 |
| 妻○受戮 | 10/48/21 |
| 臣聞君○俟時 | 10/48/22 |
| 妻○何法乎 | 10/48/22 |
| 越王乃收其妻○ | 10/48/27 |
| 昔○胥於吳矣 | 10/49/9 |
| 妻○在側 | 10/49/12 |
| ○不知也 | 10/49/13 |

| | |
|---|---|
| 與○長訣 | 10/49/15 |
| ○有陰謀兵法 | 10/49/18 |
| 其六尙在○所 | 10/49/18 |
| 伍○胥從海上穿山脅而 | |
| 　持種去 | 10/49/23 |
| 伍○胥也 | 10/49/24 |
| 孔○聞之 | 10/49/26 |
| 從弟○奉先王雅琴禮樂 | |
| 　奏於越 | 10/49/26 |
| 孔○有頃到〔越〕 | 10/49/27 |
| 夫○何以教之 | 10/49/28 |
| 孔○曰 | 10/49/28 |
| 夫○何說而欲教之 | 10/50/2 |
| 孔○不答 | 10/50/3 |
| 越王以邾○無道而執以 | |
| 　歸 | 10/50/12 |
| 立其太○何 | 10/50/12 |
| 謂太○興夷曰 | 10/50/15 |
| ○翁 | 10/50/18 |
| ○不揚 | 10/50/18 |
| ○無彊 | 10/50/18 |
| ○玉 | 10/50/19 |
| ○尊 | 10/50/19 |
| ○親 | 10/50/19 |

**梓** zǐ　　　　　　　　　　1

| | |
|---|---|
| 陽爲文○ | 9/39/9 |

**紫** zǐ　　　　　　　　　　1

| | |
|---|---|
| 擬法於○宮 | 8/35/19 |

**字** zì　　　　　　　　　　4

| | |
|---|---|
| 請丈人姓○ | 3/5/30 |
| 何用姓○爲 | 3/5/31 |
| 青玉爲○ | 6/28/15 |
| 案金簡玉○ | 6/28/19 |

**自** zì　　　　　　　　　118

| | |
|---|---|
| ○號爲勾吳 | 1/1/22 |
| 故○號勾吳 | 1/1/24 |
| 伯夷○海濱而往 | 1/2/1 |
| 王可○取 | 3/4/9 |
| 願王○備 | 3/4/12 |

| | |
|---|---|
| 以○濟達 | 3/4/30 |
| 已覆船○沉於江水之中矣 | 3/6/1 |
| ○守貞明 | 3/6/6 |
| 已○投於瀨水矣 | 3/6/7 |
| 但欲○復私讎耳 | 3/6/16 |
| 欲以○媚 | 3/6/20 |
| ○其分也 | 3/6/26 |
| ○宮門至於光家之門 | 3/7/25 |
| 遂○立 | 3/7/28 |
| 聞公子光殺王僚○立 | 3/8/4 |
| 要離乃○斷手足 | 4/11/24 |
| 欲以○納 | 4/12/1 |
| 孫子乃親○操枹擊鼓 | 4/12/5 |
| 夫智者除讒以○安 | 4/12/24 |
| 愚者受佞以○亡 | 4/12/25 |
| 乃○殺 | 4/12/28 |
| 昭公○服一枚 | 4/13/30 |
| 三年○囚 | 4/14/2 |
| ○豫章與楚夾漢水爲陣 | 4/14/6 |
| ○小別山至於大別山 | 4/14/6 |
| ○知不可進 | 4/14/7 |
| 此鄭定公大懼 | 4/14/26 |
| ○致於此 | 4/15/2 |
| 而〔○〕（即）〔稷〕 | |
| 　會之 | 4/15/19 |
| ○立爲吳王 | 4/15/21 |
| ○霸王已來 | 4/15/27 |
| ○投於瀨水 | 4/16/11 |
| ○傷虛死 | 4/16/12 |
| ○闔閭之造也 | 4/16/15 |
| （耳）〔○〕治宮室 | 4/16/25 |
| 騶魯以○尊 | 5/18/3 |
| 內不○量 | 5/19/4, 5/20/8, 5/20/11 |
| 臣竊○擇可與成功而至 | |
| 　王者 | 5/19/9 |
| 非但○哀 | 5/21/15 |
| 子以道○達於主 | 5/21/16 |
| 中世○棄 | 5/21/18 |
| ○謂老狂 | 5/22/23 |
| 今大夫昏耄而不○安 | 5/23/6 |
| 寡人豈敢○歸其功 | 5/23/7 |
| 今退○計 | 5/23/26 |
| ○致於斯 | 5/23/28, 10/50/17 |
| 吾非○惜 | 5/23/29 |
| ○殺何益 | 5/23/30 |
| 急令○裁 | 5/24/5 |
| ○我死後 | 5/24/6 |

| | |
|---|---|
| ○以爲安 | 5/24/23 |
| 夫差豈敢○多其功 | 5/26/8 |
| 吳王還歸○〔黃〕池 | 5/26/12 |
| 吳王不○殺 | 5/27/17 |
| 吳王仍未肯○殺 | 5/27/18 |
| ○中國至於絛方 | 6/28/7 |
| ○稱玄夷蒼水使者 | 6/28/16 |
| ○合如此 | 6/28/30 |
| 不能○立 | 6/29/29 |
| ○後稍有君臣之義 | 6/30/1 |
| 越之興霸○（元）〔允〕 | |
| 　常矣 | 6/30/3 |
| 故湯王不以窮○傷 | 7/30/18 |
| ○用者危其國 | 7/30/22 |
| 何必○傷哉 | 7/31/4 |
| 願各○述 | 7/31/8 |
| 天性○然 | 7/31/13 |
| 子能改心○新 | 7/32/22 |
| ○謂遂失范蠡矣 | 7/32/25 |
| 臣聞桀登高○知危 | 7/34/10 |
| 然不知所以○安也 | 7/34/10 |
| 前據白刃○知死 | 7/34/10 |
| 而不知所以○存也 | 7/34/11 |
| 霸王之迹○（期）〔斯〕 | |
| 　而起 | 8/35/7 |
| 修德○守 | 8/35/14 |
| 而怪山○生者 | 8/35/22 |
| 一夕○來 | 8/35/22 |
| 吳王聞越王盡心○守 | 8/36/11 |
| 夫吳之志猛驕而○矜 | 8/37/8 |
| 願王虛心○匡 | 8/37/20 |
| 不能○輔 | 9/38/4 |
| ○免於窮厄之地 | 9/38/20 |
| 使之○殺 | 9/39/3 |
| 君王○陳越國微鄙 | 9/40/21 |
| 以○稱滿 | 9/41/14 |
| ○稱曰袁公 | 9/41/28 |
| 而忽○有之 | 9/42/3 |
| ○楚之三侯傳至靈王 | 9/42/19 |
| ○稱之楚累世 | 9/42/19 |
| ○靈王之後 | 9/42/19 |
| 勾踐○度未能滅 | 10/44/23 |
| ○近及遠 | 10/45/22 |
| ○今日之後 | 10/45/26 |
| ○今以往 | 10/46/3 |
| 吳卒○屠 | 10/46/11 |
| ○吾子亦不能脫也 | 10/46/21 |

| | | | | | |
|---|---|---|---|---|---|
| 公劉○ | 1/1/12 | 樓船之○三千餘人 | 10/49/22 | 抵○於吳 | 5/20/8 |
| 古公○ | 1/1/22 | 遂○ | 10/50/18 | 抵○上國 | 5/20/12 |
| 將○ | 1/1/26,3/6/27,10/50/15 | 興夷即位一年○ | 10/50/18 | 忠而獲○ | 5/22/7 |
| 季歷○ | 1/1/28 | 翁○ | 10/50/18 | 無赦有○ | 5/22/21 |
| 西伯○ | 1/2/1 | 不揚○ | 10/50/18 | 出則○吾士衆 | 5/23/6 |
| 太伯祖○ | 1/2/2 | 無彊○ | 10/50/19 | ○莫大焉 | 5/27/13 |
| 仲雍○ | 1/2/3 | 玉○ | 10/50/19 | 無○於天 | 5/27/20 |
| 壽夢病將○ | 2/2/24 | 尊○ | 10/50/19 | 今君抱六過之○ | 5/27/21 |
| 壽夢○ | 2/2/29 | | | 斯人犯○ | 6/28/30 |
| 昔曹公○ | 2/3/6 | **族** zú | **3** | ○及善人 | 6/28/31 |
| 餘祭◉ | 2/3/18 | | | 將孤之○耶 | 7/30/15 |
| 絃矢○發 | 3/3/31 | 遂滅其○ | 4/12/26 | 妾無○兮負地 | 7/32/4 |
| 莊王○ | 3/4/2 | 誅夷白氏○幾滅 | 4/16/4 | 抵○邊境 | 7/32/11 |
| 深念平王一旦○而太子立 | 3/4/10 | 穌負命毀○ | 6/28/7 | 吾欲赦子之○ | 7/32/22 |
| 前王餘眛○ | 3/6/25 | | | 至今獲○ | 7/32/24 |
| 餘眛○ | 3/6/28 | **阻** zǔ | **1** | 不以其○罰 | 7/33/7 |
| 楚平王○ | 3/7/14 | | | 越王悅兮忘○除 | 8/36/21 |
| 平王○ | 3/7/14 | 險○潤濕 | 4/8/16 | 有○不赦 | 8/36/28 |
| 椒丘訴○於詰賁 | 4/10/24 | | | 此則寡人之○也 | 10/43/13 |
| 揀練士○ | 4/11/16 | **俎** zǔ | **1** | 其父母有○ | 10/43/17,10/43/17 |
| ○不卻行 | 4/12/8 | | | 非二三子之○也 | 10/44/1 |
| 士○不恩 | 5/20/3 | 使得奉○豆 | 5/20/9 | 〔寡人之○也〕 | 10/44/1 |
| 請悉四方之內士○三千 | | | | ○不赦 | 10/44/12 |
| 　人以從下吏 | 5/20/15 | **祖** zǔ | **3** | 是子之○ | 10/46/2 |
| 請出士○三千 | 5/20/16 | | | 即斬有○者三人 | 10/46/6 |
| 不可以應○ | 5/20/19 | 太伯○卒 | 1/2/2 | 斬有○者三人 | 10/46/7 |
| 修兵伏○以待之 | 5/20/21 | 臨水○道 | 7/30/8 | | 10/46/13,10/46/14 |
| ○得急召 | 5/21/13 | 群臣○道 | 7/34/26 | 復誅有○者五人 | 10/46/20 |
| 不意○得急召 | 5/21/17 | | | 異日得○於會稽 | 10/47/13 |
| ○得汝之願 | 5/24/3 | **組** zǔ | **1** | 不時得○ | 10/47/19 |
| 士○分散 | 5/26/21 | | | 必以獲○ | 10/49/8 |
| 無瞁○ | 6/30/2 | 死必連綦○以罩吾目 | 5/27/25 | | |
| 願大王○意 | 7/33/4 | | | **醉** zuì | **1** |
| 又恐其不○也 | 7/33/5 | **罪** zuì | **45** | | |
| 天地○號 | 8/35/28 | | | ○之 | 4/14/1 |
| 守吏○也 | 9/42/22 | 蒙○受辱 | 4/8/12 | | |
| 今疲師休○ | 10/44/5 | 州犁何○ | 4/9/24 | **檇** zuì | **5** |
| 吾欲士○進則思賞 | 10/44/15 | 前人無○ | 4/9/31 | | |
| 越王復悉國中兵○伐吳 | 10/44/25 | 臣詐以負○出奔 | 4/11/12 | 破○里 | 4/13/19 |
| 惟是興馬、兵革、○伍 | | 要離乃詐得○出奔 | 4/11/13 | 越王（元）〔允〕常恨 | |
| 　既具 | 10/44/27 | 以無○聞於天下 | 4/11/14 | 　闔閭破之○里 | 4/15/17 |
| 則士○不怠 | 10/45/14 | 無○見誅 | 4/11/15 | 吳與越戰於○李 | 5/26/14 |
| 審罰則士○望而畏之 | 10/45/15 | 將之○也 | 4/12/7 | 西至於○李 | 8/36/13 |
| 吳○自屠 | 10/46/11 | 邦人莫知其○ | 4/12/20 | 復徙軍於○李 | 10/46/14 |
| 其士○有問於王曰 | 10/46/22 | 是（囊）〔瓦〕之○也 | 4/12/25 | | |
| 吾思士○之怒久矣 | 10/46/23 | 周室何○而隱其賊 | 4/14/19 | | |
| 潛伏其私○六千人 | 10/47/2 | 嚴王何○國幾絕 | 4/16/6 | | |

| | | |
|---|---|---|
| 而不御〇 | 7/34/2 | |
| 相國范蠡、大夫種、句 | | |
| 　如之屬儼然列〇 | 9/37/30 | |
| 列〇於後 | 9/38/5 | |
| 側席而〇 | 10/46/1 | |
| 大夫側席而〇 | 10/46/4 | |
| 乃〇露壇之上 | 10/46/5 | |
| 置之〇側 | 10/48/28 | |
| | | |
| **阼** zuò | 1 | |
| | | |
| 乃賜弓弩王〇 | 5/26/12 | |
| | | |
| **鑿** zuò | 2 | |
| | | |
| 〇池積土 | 4/12/28 | |
| 〇龍門 | 6/29/5 | |
| | | |
| **蹠** (音未詳) | 1 | |
| | | |
| 〇蹴微進 | 5/24/24 | |

# 附　　　錄

# 全書用字頻數表

全書總字數 ＝ 39,327
單字字數　 ＝ 2,293

| | | | | | | | | | | | | | | | |
|---|---|---|---|---|---|---|---|---|---|---|---|---|---|---|---|
| 之 | 1593 | 公 | 127 | 未 | 86 | 即 | 59 | 罪 | 45 | 常 | 39 | 觀 | 34 | 賜 | 29 |
| 王 | 886 | 二 | 126 | 故 | 86 | 已 | 58 | 又 | 44 | 報 | 39 | 皆 | 33 | 聲 | 29 |
| 不 | 796 | 伐 | 125 | 寡 | 86 | 百 | 58 | 北 | 44 | 義 | 39 | 望 | 33 | 主 | 28 |
| 曰 | 787 | 將 | 125 | 令 | 85 | 哉 | 58 | 江 | 44 | 聖 | 39 | 分 | 32 | 足 | 28 |
| 子 | 648 | 乎 | 124 | 成 | 84 | 歸 | 58 | 斯 | 44 | 難 | 39 | 定 | 32 | 帝 | 28 |
| 於 | 607 | 自 | 118 | 殺 | 83 | 身 | 57 | 辭 | 44 | 白 | 38 | 怨 | 32 | 秦 | 28 |
| 以 | 561 | 前 | 118 | 蠡 | 83 | 卒 | 57 | 安 | 43 | 亦 | 38 | 恐 | 32 | 高 | 28 |
| 而 | 549 | 得 | 118 | 入 | 82 | 門 | 57 | 往 | 43 | 作 | 38 | 惟 | 32 | 陽 | 28 |
| 其 | 507 | 諸 | 118 | 父 | 82 | 孫 | 57 | 金 | 43 | 信 | 38 | 舉 | 32 | 誠 | 28 |
| 吳 | 496 | 一 | 117 | 後 | 78 | 請 | 57 | 南 | 43 | 昭 | 38 | 召 | 31 | 嘗 | 28 |
| 也 | 435 | 中 | 115 | 相 | 78 | 名 | 56 | 眾 | 43 | 計 | 38 | 存 | 31 | 稷 | 28 |
| 人 | 404 | 太 | 115 | 師 | 78 | 德 | 56 | 過 | 43 | 破 | 38 | 武 | 31 | 彊 | 28 |
| 臣 | 358 | 道 | 114 | 願 | 78 | 功 | 55 | 雖 | 43 | 馬 | 38 | 怒 | 31 | 臨 | 28 |
| 為 | 347 | 行 | 111 | 從 | 77 | 食 | 55 | 文 | 42 | 萬 | 38 | 勝 | 31 | 伯 | 27 |
| 越 | 344 | 年 | 110 | 敢 | 77 | 還 | 55 | 周 | 42 | 千 | 37 | 僚 | 31 | 風 | 27 |
| 國 | 325 | 下 | 108 | 亡 | 76 | 勾 | 54 | 封 | 42 | 仁 | 37 | 魯 | 31 | 飛 | 27 |
| 大 | 315 | 見 | 108 | 生 | 76 | 若 | 54 | 豈 | 42 | 城 | 37 | 九 | 30 | 疾 | 27 |
| 者 | 309 | 士 | 107 | 立 | 76 | 用 | 52 | 敗 | 42 | 盡 | 37 | 好 | 30 | 患 | 27 |
| 有 | 306 | 兵 | 107 | 女 | 75 | 明 | 52 | 善 | 42 | 興 | 37 | 色 | 30 | 惡 | 27 |
| 夫 | 269 | 我 | 107 | 必 | 74 | 憂 | 51 | 意 | 42 | 且 | 36 | 位 | 30 | 朝 | 27 |
| 吾 | 242 | 則 | 106 | 出 | 73 | 踐 | 51 | 誅 | 42 | 右 | 36 | 妻 | 30 | 方 | 26 |
| 無 | 236 | 言 | 104 | 謀 | 72 | 問 | 50 | 餘 | 42 | 失 | 36 | 宮 | 30 | 甲 | 26 |
| 君 | 228 | 日 | 102 | 山 | 71 | 會 | 50 | 親 | 42 | 西 | 36 | 專 | 30 | 告 | 26 |
| 胥 | 228 | 復 | 102 | 因 | 70 | 閭 | 50 | 求 | 41 | 季 | 36 | 號 | 30 | 哀 | 26 |
| 乃 | 225 | 命 | 101 | 至 | 70 | 忠 | 49 | 東 | 41 | 晉 | 36 | 賢 | 30 | 要 | 26 |
| 天 | 199 | 如 | 98 | 戰 | 70 | 長 | 49 | 莫 | 41 | 氣 | 36 | 土 | 29 | 俱 | 26 |
| 何 | 191 | 事 | 97 | 地 | 68 | 禹 | 49 | 喜 | 41 | 諫 | 36 | 少 | 29 | 夏 | 26 |
| 今 | 186 | 民 | 96 | 然 | 68 | 闔 | 49 | 當 | 41 | 霸 | 36 | 加 | 29 | 差 | 26 |
| 使 | 174 | 去 | 95 | 此 | 67 | 離 | 49 | 臺 | 41 | 聽 | 36 | 利 | 29 | 鳥 | 26 |
| 楚 | 168 | 上 | 94 | 范 | 66 | 內 | 48 | 敵 | 41 | 及 | 35 | 忌 | 29 | 愛 | 26 |
| 與 | 168 | 能 | 94 | 十 | 65 | 兮 | 48 | 世 | 40 | 汝 | 35 | 志 | 29 | 窮 | 26 |
| 聞 | 165 | 遂 | 93 | 時 | 65 | 群 | 48 | 里 | 40 | 服 | 35 | 取 | 29 | 小 | 25 |
| 三 | 164 | 種 | 92 | 受 | 64 | 嚭 | 48 | 政 | 40 | 陰 | 35 | 奔 | 29 | 六 | 25 |
| 所 | 162 | 齊 | 92 | 五 | 63 | 外 | 47 | 神 | 40 | 絕 | 35 | 居 | 29 | 反 | 25 |
| 可 | 149 | 心 | 90 | 來 | 62 | 辱 | 47 | 焉 | 40 | 讎 | 35 | 勇 | 29 | 札 | 25 |
| 是 | 146 | 孤 | 90 | 水 | 61 | 月 | 46 | 滅 | 40 | 力 | 34 | 威 | 29 | 伏 | 25 |
| 知 | 143 | 軍 | 90 | 四 | 61 | 平 | 46 | 左 | 39 | 石 | 34 | 重 | 29 | 坐 | 25 |
| 死 | 142 | 在 | 89 | 伍 | 61 | 守 | 46 | 光 | 39 | 室 | 34 | 教 | 29 | 法 | 25 |
| 欲 | 130 | 謂 | 89 | 劍 | 61 | 宰 | 46 | 昔 | 39 | 貢 | 34 | 被 | 29 | 恥 | 25 |
| 矣 | 129 | 侯 | 88 | 非 | 60 | 進 | 46 | 既 | 39 | 棄 | 34 | 樂 | 29 | 起 | 25 |

| 字 | 數 | 字 | 數 | 字 | 數 | 字 | 數 | 字 | 數 | 字 | 數 | 字 | 數 | 字 | 數 |
|---|---|---|---|---|---|---|---|---|---|---|---|---|---|---|---|
| 退 | 25 | 葬 | 22 | 玉 | 18 | 固 | 16 | 拜 | 14 | 遇 | 13 | 忽 | 11 | 斬 | 10 |
| 深 | 25 | 稱 | 22 | 申 | 18 | 乘 | 16 | 桓 | 14 | 疑 | 13 | 臥 | 11 | 畢 | 10 |
| 發 | 25 | 讒 | 22 | 仰 | 18 | 哭 | 16 | 笑 | 14 | 鳴 | 13 | 舍 | 11 | 幾 | 10 |
| 鼓 | 25 | 姓 | 21 | 向 | 18 | 荊 | 16 | 迭 | 14 | 審 | 13 | 虎 | 11 | 琴 | 10 |
| 獻 | 25 | 承 | 21 | 兩 | 18 | 通 | 16 | 陣 | 14 | 鄰 | 13 | 春 | 11 | 等 | 10 |
| 止 | 24 | 返 | 21 | 宜 | 18 | 圖 | 16 | 淮 | 14 | 默 | 13 | 秋 | 11 | 粟 | 10 |
| 兄 | 24 | 思 | 21 | 泣 | 18 | 歌 | 16 | 異 | 14 | 竊 | 13 | 庫 | 11 | 飯 | 10 |
| 古 | 24 | 美 | 21 | 爭 | 18 | 隨 | 16 | 設 | 14 | 久 | 12 | 庭 | 11 | 盟 | 10 |
| 母 | 24 | 留 | 21 | 社 | 18 | 懼 | 16 | 貪 | 14 | 勿 | 12 | 書 | 11 | 解 | 10 |
| 同 | 24 | 酒 | 21 | 空 | 18 | 弓 | 15 | 野 | 14 | 司 | 12 | 側 | 11 | 蒼 | 10 |
| 合 | 24 | 登 | 21 | 負 | 18 | 厄 | 15 | 章 | 14 | 羽 | 12 | 堂 | 11 | 遣 | 10 |
| 弟 | 24 | 黃 | 21 | 音 | 18 | 市 | 15 | 勞 | 14 | 別 | 12 | 徙 | 11 | 廣 | 10 |
| 忘 | 24 | 歲 | 21 | 病 | 18 | 州 | 15 | 渡 | 14 | 委 | 12 | 盛 | 11 | 樊 | 10 |
| 尙 | 24 | 對 | 21 | 除 | 18 | 更 | 15 | 結 | 14 | 官 | 12 | 都 | 11 | 橫 | 10 |
| 幸 | 24 | 手 | 20 | 理 | 18 | 私 | 15 | 象 | 14 | 昌 | 12 | 堯 | 11 | 獨 | 10 |
| 治 | 24 | 包 | 20 | 湯 | 18 | 姑 | 15 | 間 | 14 | 施 | 12 | 惑 | 11 | 頭 | 10 |
| 苦 | 24 | 目 | 20 | 猶 | 18 | 念 | 15 | 飲 | 14 | 皇 | 12 | 揚 | 11 | 冀 | 10 |
| 射 | 24 | 矢 | 20 | 寶 | 18 | 物 | 15 | 亂 | 14 | 御 | 12 | 極 | 11 | 翼 | 10 |
| 悅 | 24 | 制 | 20 | 漁 | 18 | 直 | 15 | 境 | 14 | 掩 | 12 | 賊 | 11 | 斷 | 10 |
| 陳 | 24 | 恩 | 20 | 慶 | 18 | 厚 | 15 | 禍 | 14 | 晝 | 12 | 馳 | 11 | 鰷 | 10 |
| 稽 | 24 | 追 | 20 | 懷 | 18 | 建 | 15 | 鄙 | 14 | 習 | 12 | 墓 | 11 | 驚 | 10 |
| 七 | 23 | 悉 | 20 | 任 | 17 | 待 | 15 | 履 | 14 | 頃 | 12 | 輕 | 11 | 允 | 9 |
| 八 | 23 | 救 | 20 | 忍 | 17 | 徒 | 15 | 戮 | 14 | 喪 | 12 | 諾 | 11 | 孔 | 9 |
| 夷 | 23 | 祭 | 20 | 投 | 17 | 郢 | 15 | 歡 | 14 | 圍 | 12 | 濟 | 11 | 犬 | 9 |
| 耳 | 23 | 魚 | 20 | 決 | 17 | 動 | 15 | 盧 | 14 | 集 | 12 | 邊 | 11 | 布 | 9 |
| 攻 | 23 | 就 | 20 | 走 | 17 | 備 | 15 | 獲 | 14 | 順 | 12 | 關 | 11 | 血 | 9 |
| 害 | 23 | 夢 | 20 | 始 | 17 | 智 | 15 | 饑 | 14 | 置 | 12 | 議 | 11 | 倭 | 9 |
| 家 | 23 | 適 | 20 | 流 | 17 | 游 | 15 | 讓 | 14 | 語 | 12 | 戶 | 10 | 但 | 9 |
| 海 | 23 | 變 | 20 | 甚 | 17 | 策 | 15 | 靈 | 14 | 輔 | 12 | 旦 | 10 | 沉 | 9 |
| 執 | 23 | 氏 | 19 | 致 | 17 | 視 | 15 | 于 | 13 | 暴 | 12 | 未 | 10 | 到 | 9 |
| 處 | 23 | 囚 | 19 | 修 | 17 | 須 | 15 | 夕 | 13 | 歷 | 12 | 交 | 10 | 屈 | 9 |
| 福 | 23 | 危 | 19 | 骨 | 17 | 愧 | 15 | 示 | 13 | 龍 | 12 | 仲 | 10 | 府 | 9 |
| 遠 | 23 | 各 | 19 | 許 | 17 | 鉤 | 15 | 吉 | 13 | 嶽 | 12 | 肉 | 10 | 抱 | 9 |
| 數 | 23 | 老 | 19 | 赦 | 17 | 察 | 15 | 衣 | 13 | 工 | 11 | 助 | 10 | 果 | 9 |
| 養 | 23 | 困 | 19 | 陵 | 17 | 蒙 | 15 | 步 | 13 | 凶 | 11 | 赤 | 10 | 近 | 9 |
| 禮 | 23 | 益 | 19 | 期 | 17 | 說 | 15 | 呼 | 13 | 友 | 11 | 辛 | 10 | 青 | 9 |
| 顧 | 23 | 奢 | 19 | 傳 | 17 | 遺 | 15 | 弩 | 13 | 火 | 11 | 和 | 10 | 客 | 9 |
| 口 | 22 | 悲 | 19 | 達 | 17 | 駱 | 15 | 祀 | 13 | 先 | 11 | 河 | 10 | 徇 | 9 |
| 夜 | 22 | 壽 | 19 | 賞 | 17 | 木 | 14 | 恨 | 13 | 后 | 11 | 垂 | 10 | 津 | 9 |
| 奉 | 22 | 廟 | 19 | 擊 | 17 | 丘 | 14 | 面 | 13 | 次 | 11 | 背 | 10 | 紂 | 9 |
| 宗 | 22 | 鄭 | 19 | 寶 | 17 | 共 | 14 | 首 | 13 | 池 | 11 | 降 | 10 | 郊 | 9 |
| 易 | 22 | 應 | 19 | 硯 | 17 | 吏 | 14 | 殷 | 13 | 舟 | 11 | 唐 | 10 | 原 | 9 |
| 急 | 22 | 屬 | 19 | 再 | 16 | 邑 | 14 | 逆 | 13 | 余 | 11 | 涕 | 10 | 姬 | 9 |
| 耶 | 22 | 奈 | 19 | 多 | 16 | 卑 | 14 | 終 | 13 | 免 | 11 | 祐 | 10 | 容 | 9 |
| 術 | 22 | 干 | 18 | 形 | 16 | 彼 | 14 | 造 | 13 | 車 | 11 | 草 | 10 | 席 | 9 |
| 虛 | 22 | 元 | 18 | 良 | 16 | 枚 | 14 | 富 | 13 | 妾 | 11 | 婆 | 10 | 弱 | 9 |
| 傷 | 22 | 正 | 18 | 味 | 16 |  |  | 訴 | 13 |  |  |  |  | 息 | 9 |

| 字 | 頻 | 字 | 頻 | 字 | 頻 | 字 | 頻 | 字 | 頻 | 字 | 頻 | 字 | 頻 | 字 | 頻 |
|---|---|---|---|---|---|---|---|---|---|---|---|---|---|---|---|
| 涉 | 9 | 耕 | 8 | 壬 | 7 | 增 | 7 | 帶 | 6 | 付 | 5 | 商 | 5 | 瀨 | 5 |
| 衰 | 9 | 躬 | 8 | 玄 | 7 | 潛 | 7 | 庸 | 6 | 代 | 5 | 惜 | 5 | 繫 | 5 |
| 財 | 9 | 逃 | 8 | 并 | 7 | 器 | 7 | 淫 | 6 | 巧 | 5 | 梧 | 5 | 證 | 5 |
| 康 | 9 | 鬼 | 8 | 曳 | 7 | 擒 | 7 | 統 | 6 | 戊 | 5 | 累 | 5 | 勸 | 5 |
| 船 | 9 | 匿 | 8 | 竹 | 7 | 樹 | 7 | 細 | 6 | 由 | 5 | 脫 | 5 | 蘇 | 5 |
| 蛇 | 9 | 婦 | 8 | 狂 | 7 | 築 | 7 | 逐 | 6 | 矛 | 5 | 責 | 5 | 覺 | 5 |
| 連 | 9 | 宿 | 8 | 辰 | 7 | 選 | 7 | 閉 | 6 | 亥 | 5 | 貧 | 5 | 嶺 | 5 |
| 郭 | 9 | 情 | 8 | 並 | 7 | 燭 | 7 | 散 | 6 | 休 | 5 | 博 | 5 | 襲 | 5 |
| 尊 | 9 | 梁 | 8 | 性 | 7 | 縱 | 7 | 殘 | 6 | 印 | 5 | 欺 | 5 | 溲 | 5 |
| 湛 | 9 | 第 | 8 | 昆 | 7 | 謗 | 7 | 焚 | 6 | 考 | 5 | 童 | 5 | 閭 | 5 |
| 湖 | 9 | 逢 | 8 | 林 | 7 | 薦 | 7 | 著 | 6 | 伺 | 5 | 答 | 5 | 橋 | 5 |
| 賀 | 9 | 雪 | 8 | 附 | 7 | 覆 | 7 | 貴 | 6 | 克 | 5 | 華 | 5 | 羅 | 5 |
| 慈 | 9 | 寒 | 8 | 冠 | 7 | 觴 | 7 | 辜 | 6 | 妖 | 5 | 詞 | 5 | 商 | 4 |
| 感 | 9 | 晝 | 8 | 屍 | 7 | 閼 | 7 | 隊 | 6 | 孝 | 5 | 備 | 5 | 川 | 4 |
| 敬 | 9 | 舜 | 8 | 度 | 7 | 獸 | 7 | 傾 | 6 | 役 | 5 | 嗣 | 5 | 切 | 4 |
| 虜 | 9 | 詐 | 8 | 持 | 7 | 類 | 7 | 嗟 | 6 | 杖 | 5 | 園 | 5 | 午 | 4 |
| 精 | 9 | 費 | 8 | 昧 | 7 | 壞 | 7 | 塞 | 6 | 肖 | 5 | 愁 | 5 | 弔 | 4 |
| 蓋 | 9 | 鄉 | 8 | 候 | 7 | 蘆 | 7 | 塗 | 6 | 邪 | 5 | 損 | 5 | 比 | 4 |
| 廢 | 9 | 量 | 8 | 冤 | 7 | 體 | 7 | 概 | 6 | 邦 | 5 | 新 | 5 | 牛 | 4 |
| 穀 | 9 | 開 | 8 | 素 | 7 | 乞 | 6 | 聘 | 6 | 侍 | 5 | 腸 | 5 | 台 | 4 |
| 誰 | 9 | 勢 | 8 | 索 | 7 | 刃 | 6 | 飾 | 6 | 兒 | 5 | 辟 | 5 | 句 | 4 |
| 論 | 9 | 微 | 8 | 討 | 7 | 己 | 6 | 幣 | 6 | 延 | 5 | 農 | 5 | 永 | 4 |
| 賴 | 9 | 腹 | 8 | 託 | 7 | 引 | 6 | 罰 | 6 | 弧 | 5 | 飽 | 5 | 字 | 4 |
| 薄 | 9 | 虞 | 8 | 寇 | 7 | 斗 | 6 | 蒸 | 6 | 怖 | 5 | 奪 | 5 | 戎 | 4 |
| 避 | 9 | 試 | 8 | 張 | 7 | 毛 | 6 | 裳 | 6 | 拘 | 5 | 寧 | 5 | 早 | 4 |
| 隱 | 9 | 路 | 8 | 接 | 7 | 丙 | 6 | 彈 | 6 | 枝 | 5 | 弊 | 5 | 曲 | 4 |
| 蠻 | 9 | 雍 | 8 | 啟 | 7 | 甘 | 6 | 諛 | 6 | 波 | 5 | 暢 | 5 | 朱 | 4 |
| 凡 | 8 | 儀 | 8 | 旋 | 7 | 刑 | 6 | 賤 | 6 | 況 | 5 | 漢 | 5 | 尾 | 4 |
| 占 | 8 | 慮 | 8 | 曹 | 7 | 艾 | 6 | 擇 | 6 | 炎 | 5 | 熊 | 5 | 扶 | 4 |
| 犯 | 8 | 蔡 | 8 | 清 | 7 | 冶 | 6 | 澤 | 6 | 初 | 5 | 爾 | 5 | 材 | 4 |
| 田 | 8 | 質 | 8 | 犁 | 7 | 否 | 6 | 禦 | 6 | 采 | 5 | 臧 | 5 | 沒 | 4 |
| 列 | 8 | 遭 | 8 | 率 | 7 | 折 | 6 | 駭 | 6 | 保 | 5 | 蒲 | 5 | 巡 | 4 |
| 收 | 8 | 髮 | 8 | 移 | 7 | 改 | 6 | 鐵 | 6 | 勉 | 5 | 僻 | 5 | 依 | 4 |
| 吟 | 8 | 操 | 8 | 莊 | 7 | 災 | 6 | 權 | 6 | 恃 | 5 | 磐 | 5 | 兔 | 4 |
| 壯 | 8 | 謝 | 8 | 棲 | 7 | 狄 | 6 | 驕 | 6 | 約 | 5 | 膝 | 5 | 刻 | 4 |
| 宋 | 8 | 趨 | 8 | 椒 | 7 | 或 | 6 | 篋 | 6 | 恋 | 5 | 褐 | 5 | 庚 | 4 |
| 男 | 8 | 簡 | 8 | 給 | 7 | 拔 | 6 | 微 | 6 | 悔 | 5 | 銷 | 5 | 征 | 4 |
| 具 | 8 | 釋 | 8 | 黑 | 7 | 臾 | 6 | 嘷 | 6 | 效 | 5 | 震 | 5 | 剋 | 4 |
| 咎 | 8 | 露 | 8 | 慎 | 7 | 迎 | 6 | 夕 | 5 | 根 | 5 | 據 | 5 | 卻 | 4 |
| 怪 | 8 | 踰 | 8 | 業 | 7 | 便 | 6 | 巳 | 6 | 桐 | 5 | 機 | 5 | 徊 | 4 |
| 狀 | 8 | 恒 | 8 | 節 | 7 | 俟 | 6 | 尹 | 6 | 狼 | 5 | 激 | 5 | 按 | 4 |
| 狐 | 8 | 卜 | 7 | 葛 | 7 | 咸 | 6 | 予 | 6 | 狹 | 5 | 積 | 5 | 殆 | 4 |
| 侵 | 8 | 丈 | 7 | 嘆 | 7 | 殃 | 6 | 升 | 6 | 珠 | 5 | 興 | 5 | 省 | 4 |
| 倉 | 8 | 云 | 7 | 慚 | 7 | 苗 | 6 | 尺 | 5 | 胸 | 5 | 謹 | 5 | 穿 | 4 |
| 員 | 8 | 仇 | 7 | 誡 | 7 | 倚 | 6 | 屯 | 6 | 乾 | 5 | 轉 | 5 | 迫 | 4 |
| 旁 | 8 | 化 | 7 | 劉 | 7 | 納 | 6 | 戈 | 6 | 偽 | 5 | 壞 | 5 | 凌 | 4 |
| 桀 | 8 | 匹 | 7 | 壚 | 7 | 崩 | 6 |  |  | 參 | 5 |  |  | 浬 | 4 |

| 字 | 數 | 字 | 數 | 字 | 數 | 字 | 數 | 字 | 數 | 字 | 數 | 字 | 數 | 字 | 數 |
|---|---|---|---|---|---|---|---|---|---|---|---|---|---|---|---|
| 宴 | 4 | 煩 | 4 | 寵 | 4 | 巷 | 3 | 烹 | 3 | 誦 | 3 | 爐 | 3 | 圭 | 2 |
| 振 | 4 | 瑞 | 4 | 歡 | 4 | 幽 | 3 | 祥 | 3 | 誨 | 3 | 譬 | 3 | 朴 | 2 |
| 捐 | 4 | 禽 | 4 | 鷥 | 4 | 扁 | 3 | 訣 | 3 | 貌 | 3 | 鐘 | 3 | 米 | 2 |
| 晏 | 4 | 詩 | 4 | 瘳 | 4 | 指 | 3 | 貨 | 3 | 趙 | 3 | 飄 | 3 | 伸 | 2 |
| 校 | 4 | 載 | 4 | 郟 | 4 | 桂 | 3 | 陷 | 3 | 輒 | 3 | 覽 | 3 | 似 | 2 |
| 殊 | 4 | 遁 | 4 | 廻 | 4 | 泉 | 3 | 雀 | 3 | 銀 | 3 | 鶴 | 3 | 努 | 2 |
| 泰 | 4 | 雉 | 4 | 鬪 | 4 | 洪 | 3 | 鹿 | 3 | 隙 | 3 | 囊 | 3 | 夾 | 2 |
| 烏 | 4 | 竭 | 4 | 衝 | 4 | 活 | 3 | 傅 | 3 | 際 | 3 | 鑄 | 3 | 妊 | 2 |
| 疲 | 4 | 箕 | 4 | 半 | 3 | 炭 | 3 | 壺 | 3 | 餌 | 3 | 顯 | 3 | 戒 | 2 |
| 皋 | 4 | 綏 | 4 | 奴 | 3 | 狡 | 3 | 提 | 3 | 僵 | 3 | 沂 | 3 | 束 | 2 |
| 眞 | 4 | 聚 | 4 | 本 | 3 | 界 | 3 | 殖 | 3 | 嘻 | 3 | 枹 | 3 | 每 | 2 |
| 缺 | 4 | 領 | 4 | 瓜 | 3 | 疥 | 3 | 涵 | 3 | 嘯 | 3 | 窕 | 3 | 沖 | 2 |
| 釜 | 4 | 撫 | 4 | 瓦 | 3 | 砂 | 3 | 焦 | 3 | 歐 | 3 | 悁 | 3 | 肝 | 2 |
| 假 | 4 | 暮 | 4 | 皮 | 3 | 紀 | 3 | 痛 | 3 | 稻 | 3 | 捽 | 3 | 角 | 2 |
| 啄 | 4 | 樓 | 4 | 全 | 3 | 茅 | 3 | 絲 | 3 | 蔓 | 3 | 逌 | 3 | 谷 | 2 |
| 孰 | 4 | 漿 | 4 | 劣 | 3 | 苟 | 3 | 翕 | 3 | 蝦 | 3 | 袷 | 3 | 供 | 2 |
| 寅 | 4 | 熟 | 4 | 戍 | 3 | 虐 | 3 | 舒 | 3 | 衝 | 3 | 亶 | 3 | 佟 | 2 |
| 密 | 4 | 緣 | 4 | 戊 | 3 | 貞 | 3 | 裁 | 3 | 調 | 3 | 嫄 | 3 | 刺 | 2 |
| 屠 | 4 | 螂 | 4 | 卯 | 3 | 赴 | 3 | 距 | 3 | 黎 | 3 | 跣 | 3 | 卦 | 2 |
| 崇 | 4 | 衛 | 4 | 均 | 3 | 俯 | 3 | 隅 | 3 | 冀 | 3 | 鋂 | 3 | 叔 | 2 |
| 崑 | 4 | 賦 | 4 | 岐 | 3 | 冥 | 3 | 雅 | 3 | 奮 | 3 | 歛 | 3 | 呱 | 2 |
| 巢 | 4 | 銳 | 4 | 巫 | 3 | 卿 | 3 | 黍 | 3 | 學 | 3 | 繒 | 3 | 奇 | 2 |
| 庶 | 4 | 鋒 | 4 | 李 | 3 | 哺 | 3 | 嫌 | 3 | 曆 | 3 | 闇 | 3 | 妹 | 2 |
| 扈 | 4 | 駕 | 4 | 甫 | 3 | 徑 | 3 | 弑 | 3 | 橈 | 3 | 黿 | 3 | 姒 | 2 |
| 淵 | 4 | 羅 | 4 | 豆 | 3 | 挫 | 3 | 毀 | 3 | 濁 | 3 | 覲 | 3 | 孟 | 2 |
| 猛 | 4 | 衡 | 4 | 酉 | 3 | 案 | 3 | 溪 | 3 | 燒 | 3 | 鸒 | 3 | 岸 | 2 |
| 琅 | 4 | 豫 | 4 | 伴 | 3 | 桑 | 3 | 祿 | 3 | 燕 | 3 | 瞱 | 3 | 帛 | 2 |
| 祖 | 4 | 踵 | 4 | 帚 | 3 | 浙 | 3 | 禁 | 3 | 穆 | 3 | 竆 | 3 | 弦 | 2 |
| 貫 | 4 | 靜 | 4 | 房 | 3 | 浮 | 3 | 經 | 3 | 蕩 | 3 | 丁 | 2 | 忿 | 2 |
| 逝 | 4 | 餐 | 4 | 戾 | 3 | 畜 | 3 | 葦 | 3 | 遵 | 3 | 匕 | 2 | 快 | 2 |
| 途 | 4 | 鮑 | 4 | 抵 | 3 | 盍 | 3 | 裘 | 3 | 錯 | 3 | 丸 | 2 | 怛 | 2 |
| 部 | 4 | 戴 | 4 | 放 | 3 | 祖 | 3 | 詣 | 3 | 骸 | 3 | 才 | 2 | 拆 | 2 |
| 陸 | 4 | 濱 | 4 | 昏 | 3 | 祝 | 3 | 軾 | 3 | 戲 | 3 | 丑 | 2 | 杯 | 2 |
| 割 | 4 | 濡 | 4 | 杭 | 3 | 翁 | 3 | 違 | 3 | 濫 | 3 | 丹 | 2 | 板 | 2 |
| 厥 | 4 | 爵 | 4 | 泄 | 3 | 臭 | 3 | 頓 | 3 | 禪 | 3 | 井 | 2 | 松 | 2 |
| 惠 | 4 | 績 | 4 | 炊 | 3 | 袁 | 3 | 頊 | 3 | 蕭 | 3 | 尤 | 2 | 泗 | 2 |
| 惻 | 4 | 聰 | 4 | 盲 | 3 | 迷 | 3 | 僅 | 3 | 闌 | 3 | 支 | 2 | 泛 | 2 |
| 戟 | 4 | 臂 | 4 | 秉 | 3 | 區 | 3 | 僭 | 3 | 瀆 | 3 | 爪 | 2 | 芊 | 2 |
| 曾 | 4 | 螳 | 4 | 肯 | 3 | 唯 | 3 | 嘉 | 3 | 蟲 | 3 | 牙 | 2 | 阿 | 2 |
| 棘 | 4 | 鴻 | 4 | 表 | 3 | 域 | 3 | 嫗 | 3 | 謬 | 3 | 乏 | 2 | 俞 | 2 |
| 盜 | 4 | 齋 | 4 | 雨 | 3 | 堅 | 3 | 彰 | 3 | 顙 | 3 | 他 | 2 | 削 | 2 |
| 翔 | 4 | 職 | 4 | 俗 | 3 | 悵 | 3 | 摧 | 3 | 盧 | 3 | 孕 | 2 | 叛 | 2 |
| 雲 | 4 | 藏 | 4 | 勁 | 3 | 掃 | 3 | 滿 | 3 | 疆 | 3 | 弗 | 2 | 奏 | 2 |
| 嫁 | 4 | 軀 | 4 | 垣 | 3 | 推 | 3 | 端 | 3 | 羅 | 3 | 禾 | 2 | 帥 | 2 |
| 愈 | 4 | 雙 | 4 | 姜 | 3 | 授 | 3 | 綱 | 3 | 鏤 | 3 | 伊 | 2 | 怠 | 2 |
| 殿 | 4 | 顏 | 4 | 屏 | 3 | 族 | 3 | 蓄 | 3 | 孽 | 3 | 兆 | 2 | 恬 | 2 |
|   |   | 騎 | 4 |   |   | 淺 | 3 | 裏 | 3 | 懸 | 3 |   |   | 星 | 2 |

| 字 | | 字 | | 字 | | 字 | | 字 | | 字 | | 字 | | 字 | |
|---|---|---|---|---|---|---|---|---|---|---|---|---|---|---|---|
| 柯 | 2 | 啼 | 2 | 寢 | 2 | 諷 | 2 | 響 | 2 | 仍 | 1 | 沂 | 1 | 弭 | 1 |
| 毒 | 2 | 喋 | 2 | 暝 | 2 | 輪 | 2 | 巖 | 2 | 介 | 1 | 甫 | 1 | 律 | 1 |
| 洲 | 2 | 媚 | 2 | 榮 | 2 | 辨 | 2 | 鷹 | 2 | 仕 | 1 | 甸 | 1 | 祥 | 1 |
| 洩 | 2 | 揀 | 2 | 演 | 2 | 遲 | 2 | 躡 | 2 | 仗 | 1 | 秀 | 1 | 恤 | 1 |
| 珍 | 2 | 援 | 2 | 漬 | 2 | 霏 | 2 | 鑿 | 2 | 卯 | 1 | 豕 | 1 | 挂 | 1 |
| 盈 | 2 | 棠 | 2 | 漪 | 2 | 館 | 2 | 刎 | 2 | 叩 | 1 | 防 | 1 | 斫 | 1 |
| 盾 | 2 | 渴 | 2 | 碣 | 2 | 嬰 | 2 | 邪 | 2 | 史 | 1 | 乖 | 1 | 昨 | 1 |
| 眇 | 2 | 犀 | 2 | 管 | 2 | 攉 | 2 | 泫 | 2 | 巨 | 1 | 乳 | 1 | 枯 | 1 |
| 祉 | 2 | 番 | 2 | 網 | 2 | 營 | 2 | 剄 | 2 | 幼 | 1 | 佩 | 1 | 柄 | 1 |
| 祇 | 2 | 短 | 2 | 綿 | 2 | 牆 | 2 | 殂 | 2 | 穴 | 1 | 兒 | 1 | 柏 | 1 |
| 羿 | 2 | 稍 | 2 | 維 | 2 | 矯 | 2 | 洿 | 2 | 匠 | 1 | 典 | 1 | 柳 | 1 |
| 茂 | 2 | 筋 | 2 | 舞 | 2 | 臆 | 2 | 偟 | 2 | 吐 | 1 | 函 | 1 | 段 | 1 |
| 英 | 2 | 萌 | 2 | 誓 | 2 | 膽 | 2 | 埳 | 2 | 吁 | 1 | 坤 | 1 | 洞 | 1 |
| 述 | 2 | 酣 | 2 | 誤 | 2 | 薛 | 2 | 惙 | 2 | 妄 | 1 | 帖 | 1 | 狩 | 1 |
| 革 | 2 | 鈞 | 2 | 賓 | 2 | 谿 | 2 | 喁 | 2 | 妃 | 1 | 彿 | 1 | 癸 | 1 |
| 倍 | 2 | 階 | 2 | 遙 | 2 | 邃 | 2 | 撝 | 2 | 宇 | 1 | 怵 | 1 | 眉 | 1 |
| 倖 | 2 | 隆 | 2 | 銖 | 2 | 醜 | 2 | 瘀 | 2 | 宅 | 1 | 戕 | 1 | 矜 | 1 |
| 兼 | 2 | 傲 | 2 | 鞅 | 2 | 鍾 | 2 | 眈 | 2 | 扣 | 1 | 拒 | 1 | 禹 | 1 |
| 剛 | 2 | 嗜 | 2 | 頗 | 2 | 鍛 | 2 | 軹 | 2 | 旨 | 1 | 招 | 1 | 耄 | 1 |
| 恭 | 2 | 圓 | 2 | 飼 | 2 | 隸 | 2 | 偉 | 2 | 汗 | 1 | 拙 | 1 | 胡 | 1 |
| 旅 | 2 | 填 | 2 | 髦 | 2 | 霜 | 2 | 筥 | 2 | 污 | 1 | 朋 | 1 | 芋 | 1 |
| 珮 | 2 | 廉 | 2 | 魂 | 2 | 駿 | 2 | 絺 | 2 | 灰 | 1 | 杏 | 1 | 苟 | 1 |
| 紐 | 2 | 慍 | 2 | 鳶 | 2 | 櫱 | 2 | 郎 | 2 | 羊 | 1 | 氛 | 1 | 苑 | 1 |
| 脅 | 2 | 溢 | 2 | 墮 | 2 | 壘 | 2 | 博 | 2 | 舌 | 1 | 沮 | 1 | 陋 | 1 |
| 脈 | 2 | 滂 | 2 | 嬉 | 2 | 擾 | 2 | 痏 | 2 | 亨 | 1 | 決 | 1 | 倦 | 1 |
| 茫 | 2 | 溝 | 2 | 嬌 | 2 | 穢 | 2 | 熛 | 2 | 佛 | 1 | 炎 | 1 | 借 | 1 |
| 荒 | 2 | 溫 | 2 | 廚 | 2 | 織 | 2 | 廩 | 2 | 佃 | 1 | 牧 | 1 | 倒 | 1 |
| 記 | 2 | 滔 | 2 | 憐 | 2 | 繡 | 2 | 灘 | 2 | 判 | 1 | 罔 | 1 | 剖 | 1 |
| 豺 | 2 | 溧 | 2 | 憤 | 2 | 舊 | 2 | 絲 | 2 | 劫 | 1 | 羌 | 1 | 唇 | 1 |
| 郡 | 2 | 煙 | 2 | 撓 | 2 | 醫 | 2 | 諡 | 2 | 吞 | 1 | 肥 | 1 | 奚 | 1 |
| 寄 | 2 | 綏 | 2 | 毅 | 2 | 鞭 | 2 | 齎 | 2 | 吸 | 1 | 肩 | 1 | 娠 | 1 |
| 悽 | 2 | 羨 | 2 | 潮 | 2 | 嚥 | 2 | 潁 | 2 | 含 | 1 | 芳 | 1 | 峻 | 1 |
| 戚 | 2 | 腰 | 2 | 膝 | 2 | 曠 | 2 | 颭 | 2 | 妨 | 1 | 阻 | 1 | 峰 | 1 |
| 斛 | 2 | 葉 | 2 | 瞋 | 2 | 羹 | 2 | 疊 | 2 | 姒 | 1 | 陂 | 1 | 徐 | 1 |
| 晨 | 2 | 詮 | 2 | 編 | 2 | 藩 | 2 | 褵 | 2 | 妍 | 1 | 亭 | 1 | 挾 | 1 |
| 條 | 2 | 賂 | 2 | 翩 | 2 | 藥 | 2 | 鬻 | 2 | 岑 | 1 | 促 | 1 | 捕 | 1 |
| 渚 | 2 | 跡 | 2 | 餓 | 2 | 譁 | 2 | 裹 | 2 | 希 | 1 | 俊 | 1 | 挺 | 1 |
| 淚 | 2 | 跪 | 2 | 餒 | 2 | 識 | 2 | 墻 | 2 | 床 | 1 | 侮 | 1 | 料 | 1 |
| 琊 | 2 | 遊 | 2 | 駟 | 2 | 譚 | 2 | 樟 | 2 | 彷 | 1 | 係 | 1 | 朕 | 1 |
| 產 | 2 | 雷 | 2 | 墾 | 2 | 鏘 | 2 | 跐 | 2 | 快 | 1 | 俎 | 1 | 朗 | 1 |
| 符 | 2 | 電 | 2 | 甕 | 2 | 靡 | 2 | 迤 | 2 | 抉 | 1 | 咳 | 1 | 格 | 1 |
| 絃 | 2 | 預 | 2 | 壇 | 2 | 嚴 | 2 | 疎 | 2 | 把 | 1 | 咽 | 1 | 桃 | 1 |
| 脩 | 2 | 鼎 | 2 | 擁 | 2 | 籍 | 2 | 雞 | 2 | 抑 | 1 | 囿 | 1 | 消 | 1 |
| 規 | 2 | 僕 | 2 | 整 | 2 | 饒 | 2 | 乙 | 1 | 旱 | 1 | 垢 | 1 | 浴 | 1 |
| 竟 | 2 | 像 | 2 | 熾 | 2 | 騰 | 2 | 刀 | 1 | 杜 | 1 | 姦 | 1 | 浩 | 1 |
| 麥 | 2 | 匱 | 2 | 翮 | 2 | 巍 | 2 | 寸 | 1 | 沙 | 1 | 宦 | 1 | 烈 | 1 |
| 麻 | 2 | | | | | 攝 | 2 | | | 沃 | 1 | | | 狸 | 1 |

| | | | | | | | |
|---|---|---|---|---|---|---|---|
| 歃 1 | 掛 1 | 棺 1 | 罩 1 | 蜩 1 | 霆 1 | 翳 1 | 續 1 |
| 疹 1 | 採 1 | 棟 1 | 腦 1 | 誚 1 | 頡 1 | 聳 1 | 譴 1 |
| 眩 1 | 捨 1 | 植 1 | 落 1 | 豪 1 | 魄 1 | 臆 1 | 譽 1 |
| 矩 1 | 敖 1 | 椎 1 | 葭 1 | 賑 1 | 墨 1 | 薪 1 | 辯 1 |
| 砥 1 | 旌 1 | 菜 1 | 蜀 1 | 遜 1 | 齒 1 | 薨 1 | 闢 1 |
| 祠 1 | 晦 1 | 湊 1 | 裔 1 | 酸 1 | 勳 1 | 褻 1 | 黯 1 |
| 祗 1 | 梓 1 | 測 1 | 裝 1 | 銘 1 | 壇 1 | 襄 1 | 儷 1 |
| 秣 1 | 梱 1 | 滋 1 | 詰 1 | 雌 1 | 導 1 | 蹉 1 | 灑 1 |
| 租 1 | 械 1 | 皓 1 | 詭 1 | 雛 1 | 曉 1 | 蹈 1 | 疊 1 |
| 秘 1 | 梅 1 | 稅 1 | 賄 1 | 鳳 1 | 樽 1 | 轂 1 | 贖 1 |
| 耆 1 | 淹 1 | 窘 1 | 跨 1 | 鼻 1 | 橋 1 | 鍔 1 | 鑒 1 |
| 脆 1 | 淒 1 | 粥 1 | 運 1 | 億 1 | 樵 1 | 壙 1 | 鬚 1 |
| 荐 1 | 淪 1 | 紫 1 | 逼 1 | 價 1 | 熹 1 | 擲 1 | 鷗 1 |
| 茵 1 | 牽 1 | 経 1 | 酬 1 | 儉 1 | 磨 1 | 殯 1 | 戀 1 |
| 茲 1 | 猖 1 | 脾 1 | 鈹 1 | 劈 1 | 窺 1 | 璧 1 | 纓 1 |
| 虔 1 | 眼 1 | 萎 1 | 隕 1 | 墳 1 | 篡 1 | 簪 1 | 纔 1 |
| 夷 1 | 組 1 | 裂 1 | 飼 1 | 墜 1 | 翱 1 | 簞 1 | 蘿 1 |
| 訕 1 | 羞 1 | 詠 1 | 飴 1 | 寬 1 | 艘 1 | 糧 1 | 蠱 1 |
| 訖 1 | 翌 1 | 超 1 | 髡 1 | 寫 1 | 褥 1 | 薰 1 | 驗 1 |
| 豹 1 | 聊 1 | 逮 1 | 鳩 1 | 影 1 | 謁 1 | 蟬 1 | 髓 1 |
| 配 1 | 脯 1 | 鄂 1 | 厭 1 | 慕 1 | 辦 1 | 豐 1 | 麟 1 |
| 陘 1 | 莘 1 | 鈌 1 | 嘔 1 | 慰 1 | 遼 1 | 鎰 1 | 羈 1 |
| 偉 1 | 菥 1 | 雄 1 | 嫡 1 | 憎 1 | 錡 1 | 鎚 1 | 蠹 1 |
| 偏 1 | 茶 1 | 項 1 | 寤 1 | 憚 1 | 錙 1 | 題 1 | 籬 1 |
| 兜 1 | 袍 1 | 馭 1 | 嶇 1 | 播 1 | 險 1 | 颺 1 | 鬢 1 |
| 冕 1 | 訴 1 | 廖 1 | 幕 1 | 樞 1 | 雕 1 | 魏 1 | 驥 1 |
| 凰 1 | 豚 1 | 剽 1 | 態 1 | 潔 1 | 霑 1 | 瀝 1 | 鷥 1 |
| 剪 1 | 傍 1 | 募 1 | 慢 1 | 潰 1 | 霍 1 | 爍 1 | 叐 1 |
| 副 1 | 喟 1 | 愴 1 | 慟 1 | 潤 1 | 頸 1 | 犢 1 | 机 1 |
| 勒 1 | 喻 1 | 慭 1 | 截 1 | 潘 1 | 髻 1 | 繩 1 | 汭 1 |
| 務 1 | 喬 1 | 戢 1 | 旗 1 | 潯 1 | 黔 1 | 繳 1 | 豸 1 |
| 啞 1 | 場 1 | 搏 1 | 槁 1 | 熱 1 | 龜 1 | 襟 1 | 阰 1 |
| 唱 1 | 堤 1 | 搖 1 | 構 1 | 確 1 | 優 1 | 蹬 1 | 圿 1 |
| 啜 1 | 孳 1 | 暗 1 | 榛 1 | 篇 1 | 償 1 | 霧 1 | 姐 1 |
| 唳 1 | 寅 1 | 暇 1 | 漏 1 | 練 1 | 儲 1 | 顛 1 | 拊 1 |
| 婢 1 | 寐 1 | 楣 1 | 漸 1 | 緯 1 | 勵 1 | 鵲 1 | 洑 1 |
| 寂 1 | 尋 1 | 歇 1 | 漫 1 | 緩 1 | 擎 1 | 麒 1 | 邰 1 |
| 尉 1 | 幅 1 | 溺 1 | 熙 1 | 膚 1 | 擬 1 | 攘 1 | 陗 1 |
| 崎 1 | 循 1 | 照 1 | 甄 1 | 蔽 1 | 氄 1 | 寶 1 | 姤 1 |
| 強 1 | 愕 1 | 猿 1 | 綠 1 | 蔚 1 | 憿 1 | 繼 1 | 昳 1 |
| 彩 1 | 惶 1 | 瑯 1 | 綵 1 | 蓬 1 | 濕 1 | 耀 1 | 枏 1 |
| 徘 1 | 愀 1 | 瑟 1 | 翟 1 | 諂 1 | 環 1 | 贏 1 | 苃 1 |
| 惋 1 | 握 1 | 睹 1 | 腐 1 | 誹 1 | 瞬 1 | 躁 1 | 邲 1 |
| 悼 1 | 揭 1 | 稔 1 | 蒿 1 | 豎 1 | 穗 1 | 夔 1 | 党 1 |
| 惕 1 | 揮 1 | 稟 1 | 蒞 1 | 輟 1 | 繆 1 | 攜 1 | 剡 1 |
| 掖 1 | 敦 1 | 笮 1 | 蜜 1 | 輪 1 | 繁 1 | 曝 1 | 剗 1 |
| 捷 1 | 暑 1 | | 蝕 1 | 醉 1 | 縹 1 | 爛 1 | |

| | | | | | | | | |
|---|---|---|---|---|---|---|---|---|
| 恚 | 1 | 鷗 | 1 | | | | | |
| 珥 | 1 | 甌 | 1 | | | | | |
| 竻 | 1 | 磻 | 1 | | | | | |
| 蚍 | 1 | 縛 | 1 | | | | | |
| 塲 | 1 | 糜 | 1 | | | | | |
| 董 | 1 | 縶 | 1 | | | | | |
| 掇 | 1 | 蕙 | 1 | | | | | |
| 椌 | 1 | 貔 | 1 | | | | | |
| 皆 | 1 | 鍪 | 1 | | | | | |
| 筜 | 1 | 隰 | 1 | | | | | |
| 粊 | 1 | 簞 | 1 | | | | | |
| 浸 | 1 | 謾 | 1 | | | | | |
| 廈 | 1 | 貜 | 1 | | | | | |
| 梗 | 1 | 蹕 | 1 | | | | | |
| 殑 | 1 | 鯁 | 1 | | | | | |
| 瑑 | 1 | 繄 | 1 | | | | | |
| 筴 | 1 | 贏 | 1 | | | | | |
| 紷 | 1 | 蹭 | 1 | | | | | |
| 蔫 | 1 | 鯢 | 1 | | | | | |
| 荔 | 1 | 譽 | 1 | | | | | |
| 鉞 | 1 | 瀅 | 1 | | | | | |
| 厬 | 1 | 蘄 | 1 | | | | | |
| 幘 | 1 | 躄 | 1 | | | | | |
| 愬 | 1 | 饋 | 1 | | | | | |
| 愔 | 1 | 礜 | 1 | | | | | |
| 搏 | 1 | 躒 | 1 | | | | | |
| 氳 | 1 | 鷟 | 1 | | | | | |
| 筊 | 1 | 鑽 | 1 | | | | | |
| 筴 | 1 | 鰻 | 1 | | | | | |
| 裼 | 1 | 鸑 | 1 | | | | | |
| 銕 | 1 | 糶 | 1 | | | | | |
| 廡 | 1 | 坂 | 1 | | | | | |
| 皞 | 1 | 稟 | 1 | | | | | |
| 翫 | 1 | 褒 | 1 | | | | | |
| 蔜 | 1 | 悷 | 1 | | | | | |
| 虢 | 1 | 勑 | 1 | | | | | |
| 蝮 | 1 | 妬 | 1 | | | | | |
| 隤 | 1 | 遡 | 1 | | | | | |
| 餔 | 1 | 眠 | 1 | | | | | |
| 孌 | 1 | 鮋 | 1 | | | | | |
| 槖 | 1 | 掑 | 1 | | | | | |
| 溼 | 1 | 攢 | 1 | | | | | |
| 穀 | 1 | 燨 | 1 | | | | | |
| 蕠 | 1 | 蹝 | 1 | | | | | |
| 襃 | 1 | 蹴 | 1 | | | | | |
| 闟 | 1 | 召 | 1 | | | | | |
| 餕 | 1 | | | | | | | |

ISBN 957-05-0893-0 (621)  24523000

9 789570 508932

全　　　精裝　　　NT$　　900
吳越春秋逐字索引